本书为国家社会科学基金一般项目“中美电子资源国家标准比较研究”
（编号 16BTQ027）成果

数据和数字资源标准规范

（上）

肖珑　姚晓霞　［美］薛燕　［美］邓石　**主　编**

［美］马陈碧华　陈大庆　邵晶　刘春鸿　熊丽　**副主编**

GUANGXI NORMAL UNIVERSITY PRESS
广西师范大学出版社
·桂林·

出版统筹：汤文辉
出 品 人：乔祥飞
责任编辑：刘艳艳
闫 曦
责任校对：刘一江
责任技编：王增元
封面设计：异一设计

图书在版编目（CIP）数据

数据和数字资源标准规范 / 肖珑等主编. -- 桂林 : 广西师范大学出版社，2024. 12
ISBN 978-7-5598-5551-0

Ⅰ. ①数… Ⅱ. ①肖… Ⅲ. ①数字信息－信息管理－标准 Ⅳ. ①G203-65

中国版本图书馆 CIP 数据核字（2022）第 221479 号

广西师范大学出版社出版发行
（广西桂林市五里店路 9 号 邮政编码：541004
网址：http://www.bbtpress.com）
出版人：黄轩庄
全国新华书店经销
三河弘翰印务有限公司印刷
（河北省三河市黄土庄镇二百户村北 邮政编码：065200）
开本：787 mm × 1 092 mm 1/16
印张：54 字数：600 千
2024 年 12 月第 1 版 2024 年 12 月第 1 次印刷
定价：388. 00 元（上、下）

序　一

吴建中

21世纪是数字化的世纪。在以数据为主导的新一轮产业革命的带动下，数字化不仅向各行各业渗透，而且深深地融入并影响着人们的日常工作与生活。图书馆也不例外，其收藏、分编、流通、咨询及保存等各个业务流程都将在数字环境下运行，数字化发展已经成为当今全球图书馆事业发展的必然趋势。

在图书馆数字化迅猛发展的今天，"转型"与"共享"已经成为图书馆行业新一轮发展的热门话题。转型有赖于数字技术，而共享有赖于数据规范。通过数字化转型，图书馆不仅可以借助数字化将馆藏资源释放出来，让信息服务增添价值，而且可以走出围墙，实现图书馆资源与社会资源之间的交流和共享。但是，数据共享的基础是数据和数字资源的标准规范，如果没有可供共同遵循的标准规范，就难以发挥和保障数据可发现、易用、复用、互操作和共享的优势，更谈不上数据资源的可持续发展和数据基础设施建设。

为此，中国和北美的20多家高校图书馆及研究型图书馆的馆员通力合作，致力于为中文和英文语言区域图书馆员提供一部可供共同遵循和相互参照的数字资源建设与服务指南。经过4年多的辛勤努力，这一备受业界瞩目的合作研究成果终于与读者见面了。

本书具有如下几个特点。

首先，本书出自一批富有经验的一线图书馆员之手。他们来自中国和北美20多家高校图书馆及研究型图书馆，有的担任馆领导或主管，有的长期从事这一领域的专业研究与实践，他们不仅深刻理解标准规范对于业务建设的重要意义，而且在使用和操作上具有丰富的实践经验，尤其是在标准规范的可用性上有自己独到的见解。从撰稿责任者名单就可以看得出来，他们都是有专业功底、有职业经验的行家里手。

其次，本书在内容策划和设计上富有创意。它打破传统的框架，以数据和数字资源标准规范为主线，将与此相关的技术标准、专业应用和产业发展串联起来，并突出以用为主的理念，面向并支持数据行业和数字出版行业的实际应用和创新发展。本书不是一部单纯的标准规范著作，而是兼有入门书、参考书与指南的功能。本书在准确反映标准规范的同时，从利用者的角度出发，由浅入深、由表及里，从而增强了本书的可读性和可操作性。

再次，本书是中外图书馆员之间富有成效的合作的体现。参加本项目的图书馆员团队30余人，来自20多家图书馆，其研究领域涉及数字资源建设、技术服务、电子资源、知识组织、标准规范、学科服务、知识产权等。正是这些馆员之间跨领域、跨主题的携手合作，成就了本书的独特与精彩。他们不仅是一批与时俱进的专业工作者，而且富有远见，富有未来感，富有团结精神。

创新转型，数字先行；资源共享，规范为要。未来是数字的，在从以书为主体的传统图书馆向以人为主体的现代图书馆转型的进程中，数字化扮演了重要的角色。图书馆不仅通过数字化发展，突破“孤岛”模式，实现图书馆之间的大合作，而且通过转型和创新，提升服务能级，追求高品质的大发展。然而，所有这一切都离不开数据和数字资源的标准规范。没有标准规范，图书馆将止步于“孤岛”状态；有了标准规范，图书馆不仅能将自己的馆藏资源释放出来，而且能参与社会信息资源体系的大循环之中，让数据和数字资源不断地增值和扩展。

借本书出版之际，衷心感谢作者们不负众望，为图情出版界增添了一部精品力作，也热切期待本书为中外文化交流做出更大贡献。

吴建中博士，澳门大学图书馆馆长，国际图联（IFLA）图书馆建筑与设备委员会常委。1982年获华东师范大学硕士学位，1992年获英国威尔士大学哲学博士学位。2002—2016年任上海图书馆馆长、上海科技情报研究所所长。2016—2017年任上海市人民政府参事。曾任中国图书馆学会副理事长兼学术研究委员会主任、国际图联管委会委员（2001—2005年）、上海世博会主题演绎总策划师（2005—2010年）。出版《21世纪图书馆新论》《国际图书馆建筑大观》《世博会主题演绎》《转型与超越：无所不在的图书馆》《人的城市：世博会与城市发展》《知识是流动的》等著作20余部，发表论文300余篇。

序　二

［美］内蒂·拉格斯（Nettie Legace）

能为此书作序，我深感荣幸。几年前，东亚图书馆协会（Council on East Asian Libraries，CEAL）与我任职的“国家信息标准协会”（National Information Standards Organization，NISO）接洽，邀请我参加该协会在正式年会前举办的研讨会，描述和解释我们发布的几个与电子资源相关的标准。后来，我高兴地得知，CEAL将与高等教育文献保障系统/高校图书馆数字资源采购联盟（CALIS/DRAA）合作，将更多的由NISO发布的标准与推荐实施规范翻译成中文，并且进行相关调研，以进一步促进这些业界驱动的标准在中国的实施。这些中文译文与调研报告正是本书的主体。我为CALIS/DRAA/CEAL中美联合工作组成员的工作成果感到骄傲。这将大力促进信息的交流与互操作，从而使全世界受益。

请允许我简单介绍一下“国家信息标准协会”（NISO）。NISO成立于1939年，是美国国家标准学会（American National Standards Institute，ANSI）制定和管理图书馆科学领域国家标准的指定机构。时至今日，世界已发生巨大变化，NISO亦然。作为独立运营的非营利、非官方组织，我们获得ANSI认证，继续发布标准，但范围已经扩展至信息行业整体。我们发布的文件涵盖信息、文献、出版物与媒体的发现与传播等领域，尤其注重对学术交流以及思想与数据的交流产生影响的资源。

NISO的主要使命可概述为：

- 创造、发布及维护标准与最佳实施规范；
- 促进现行标准的实施；
- 对信息与技术相关社群开展教育；
- 孵化有领导力的思想活动，以推动技术发展。

NISO不仅发布ANSI批准的正式标准，同时也发布推荐实施规范。与标准相比，推荐实施规范虽然没有那么正式，但研制方式基本相似（见下面的描述）。NISO是由会员支持的组织。会员有两类：一类是投票会员，包括图书馆、图书馆协会、软件公司、出版社；另一类是由图书馆组成的图书馆标准联盟。投票会员可以就新项目和最终标准投票。图书馆标准联盟是我们网上教育讲座的积极支持者，这些讲座涵盖学术交流领域里的众多话题。

随着信息载体的日益数字化，NISO发布的标准与规范也在相应发生变化。我们所有近期项目的重点都与网络传播资源的成功获取、交换、交流以及描述有关。

我们发布的所有标准与规范都能从我们的网站免费获取。我们希望这些资料易于阅读，发布的标准与规范易于实施。

NISO代表美国参与国际标准化组织（International Organization for Standardization，ISO）第46技术委员会（TC46）有关信息与文献领域的工作，为世界各地从事标准工作的专业人员提供交流平台，同时改进我们的视角。事实上，诸多ISO TC46的相关标准都起源于ANSI/NISO标准。

NISO发布的所有标准与推荐实施规范，都是志愿者参与完成的。这些志愿者是来自图书馆、出版社或软件供应公司的专业工作人员。许多NISO会员参加我们的工作组，然而工作组的成员并不局限于NISO会员。这些专家代表了信息行业的各种观点和流派。他们无私地分享其专业知识与经验，使我们得以形成一个共同体，依据这些标准和规范来支持信息与知识的更好交流。他们的意见、建议是NISO质量保障的根本源泉。

NISO的质量也得益于我们研发标准的正式和公开机制。开发哪个项目，制定哪个标准，这些决定都是先由领导小组推荐，再由NISO投票会员最终定夺的。我们发展出了一项强有力的机制，可以使任何人，只要看到有制定一个新标准或推荐规范的必要，都可以提议一个新项目，与我们讨论并获得反馈意见。

一旦新项目获批，我们即通过公开透明程序邀请相关人员参与工作组。工作组的成员由不同利益相关方组成，由此保证最终发布的标准或规范不倾向于任何一方，而是代表了工作组每一位成员的立场，从而具有平衡性与平等性。NISO的工作极具合作性，工作组成员相互合作，共同承担工作量。他们非常珍惜互相学习与交流的机会。

当NISO标准与推荐实施规范初稿出来后，我们总是会向公众公开一段时间，征集公众意见。我们向标准目标社群宣传该标准，邀请社群成员阅读该标准并提供他们的看法与反馈。在此基础上，工作组采纳这些反馈并对收到的意见一一做出回复，充实初稿内容，为未来的完善做准备。公开征求意见是极为重要的一环，可以确保NISO最终发布的标准和规范代表各方的需求。

创建NISO标准和规范的工作组成员都是志愿者。如前所述，他们都在与标准和规范相关的机构组织有全职工作。他们在做好本职工作的同时，将时间和精力贡献给了NISO。这种付出对于他们个人和所在机构而言是有代价的，但他们明白，从长远来看，业界驱动所制定的标准有助于机构的开源节流。

利用标准和业界的推荐实施规范能使组织在同类工作中采用同种形式，从而降低与其他服务商或图书馆信息交流的成本，使他们有更多时间和资源专注于创新，开发独特、新颖的服务，提高用户服务的价值。标准和推荐实施规范有助于客户和用户清楚了解他们将得到什么，因此标准的实施也有助于促进公司与客户之间的信任。当一个组织投资于标准的实施，也就是在为其整体成功添砖加瓦。

我希望读完此书的读者能对今日电子资源诸多领域的描述与交流有一个更好的了解，这部著作将有助于为未来进一步的发展和交流打下更好的基础。

内蒂·拉格斯女士（Nettie Legace），美国国家信息标准协会执行副主任。

本序原文为英文，译者：邹秀英、马陈碧华、肖珑。

附：本序原文

Preface, Data and Digital Resources Standards and Recommended Practices

Nettie Lagace

I am very pleased and honored to be writing this preface to this book. Several years ago my organization, NISO, was approached by representatives of CEAL (the Council on East Asian Libraries) to participate in a pre-conference meeting to describe and explain several of the standards that we publish in the area of electronic resources. I was excited to later learn about the initiative described in this book, where more NISO standards and recommended practices have been translated and analyzed in order to further adoption of these community-driven works in China. I am proud of the work done by the members of CALIS, DRAA, and CEAL to create and promote these. It improves communication and interoperability of the information we all need to improve the world.

I would like to say a few works about NISO, the National Information Standards Organization. NISO was founded in 1939, designated by ANSI (the American National Standards Institute) to create and manage national standards in the area of library sciences. As the world has changed since that time, so has NISO. We are accredited by ANSI, but we function as an independent non-profit, non-governmental organization, still publishing standards, but broadening the scope of work to the information industry in general; we publish documents covering the areas of information, documentation, discovery and distribution of published materials and media. We concentrate on materials which affect scholarly communication and exchange of ideas and data.

Our mission can be listed as:

- NISO creates, publishes, and maintains standards and best practices
- NISO fosters adoption of existing standards

- NISO educates the community on information and technology-related issues
- NISO incubates thought leadership activities to advance technology

In addition to formal standards approved by ANSI, we also publish recommended practices, which are documents which are more informal than standards but are created in much the same way (described below). NISO is supported by our members, of which there are two types: Voting Members (libraries, library associations, software companies, publishers), who can vote on new projects and final standards, and Library Standards Alliance Members (libraries), who are supporters of our educational webinars which cover a broad spectrum of topics in the scholarly communications area.

As information is now primarily available in digital form, the nature of NISO's output has also kept pace. All of our more recent projects concentrate on the successful access to, interchange, communication, or description of materials that are delivered via the Internet.

All of our materials are available on the Internet for free via our website, as we want them to be easily read and adopted.

Representing the United States, NISO participates in ISO (International Organization for Standardization) TC46 work, which is the area of ISO responsible for "information and documentation"–this work supplies interaction with similar standards professionals from all over the world, improving our perspectives. Many ISO TC46 standards began as ANSI/NISO standards, in fact.

NISO projects, which produce the standards and recommended practices, are all accomplished by volunteer participants: professionals who work at libraries, publishers, or software suppliers to our market. Many NISO members participate on our working groups; however, working group membership is not limited to members only. These experts who represent the various perspectives of the industry should be credited with providing their knowledge and experience to create the outputs that we all rely on as a community to support better exchange of information and knowledge. Their input is a primary source of NISO's quality.

NISO's quality is also thanks to our formal, open processes for publication. Decisions at NISO about which projects to take on, and which projects to publish, are taken by leadership groups who make recommendations to the NISO Voting Members to approve. We have developed a strong process to allow anyone in the community who may see the need for a new standard or recommendation, to propose a new project and discuss it with us and receive feedback.

When new projects are approved, we support an open process to invite participation on a working group, which is then balanced by stakeholder type, so that the final product is not influenced by one "side" or another, but rather represents perspectives from everyone on the group, ensuring the final product is equitable. NISO work is extremely collaborative and the working group members cooperate to share the load. They appreciate the ability to learn from each other.

As drafts for NISO standards and recommended practices are finalized, we almost always apply an open period for public comment: we publicize the draft to its intended community and invite community members to read it and provide their thoughts and reactions. The working group then utilizes this input, responding to each comment individually, to make its document stronger and plan for future development. The public comment phase of the work is an important element which ensures the NISO output represents the needs of its audience.

The members of the working groups who create the NISO standards and recommended practices are volunteers; as mentioned above, they all have jobs at organizations that are affected by standards. They donate their time and work on NISO standards at the same time as they perform their "day jobs." This time represents a cost to them and their organization. But they recognize that community-developed standards will, in the long run, provide a cost savings.

Utilizing standards and industry recommendations allows organizations to follow the same formats for the same types of tasks and lowers the cost of exchange with other vendors or libraries, leaving them more time and resources to innovate and create unique aspects to their services that make them more valuable to their customers. Standards and recommendations help customers and users understand what they are getting, and so adoption of standards also contributes to better trust between a company and its customers. When an organization invests in standards adoption, it is also investing in its overall strategy for success.

I hope the audience of this book enjoys better understanding across the many areas of description and exchange in electronic resources today, and that this work helps build a better foundation for further development and communication.

(Nettie Lagace, Associate Executive Director, NISO-National Information Standards Organization.)

前 言

信息化时代，为了保障数据和数字资源传递的正确性，保证接收者能够从中准确提炼出信息、知识、智慧并获得科学正确的结论，使数字资源及其数据具备可发现性、易用性、复用性、互操作性、共享性，数据、信息和数字资源的采集编纂、加工描述、出版发布、服务发现、管理、长期保存、传递交换需要遵循统一的标准规范。这是数字化、智慧化时代保持信息产业不断创新升级和保持数据和数字资源可持续发展的前提和软性基础。

数字资源，又称数字信息资源，20世纪90年代以后也称为“电子资源”（详见本书第一章）。近年来，中国的数据和数字资源标准规范及相关标准化工作发展很快，但仍存在社会重视度不够、产业发展在前而标准规范滞后、内容体系亟待完善等问题。例如，曾听到多位美国东亚图书馆同行说，中国出版并出口美国的电子出版物中，有很多内容水平很高的资源，可用于中国学研究和东亚研究，但这些资源在数字出版过程中比较随意，没有遵循国际或者行业的标准规范，不符合美国高校数字图书馆的资源整理、整合检索、服务保存的要求，很难被用户发现和使用，也难以与这些图书馆的其他资源通过系统进行整合。

有鉴于此，一部分中美高校图书馆馆员在几次国际会议或者交流访问期间经过研讨，产生了一个共同的想法：可否从图书馆行业，也就是数据和数字资源管理与服务行业的角度做一点事情，推动标准规范在中国信息化产业及数字出版行业的应用，以保障中国数字资源相关行业产业的科学与可持续发展。这个想法得到了教育部高等教育文献保障系统（China Academic Library and Information System，CALIS）、高校图书馆数字资源采购联盟（Digital Resource Acquisition Alliance of Chinese Academic Libraries，DRAA）与北美东亚图书馆协会（Council on East Asian Libraries，CEAL）的支持。

CALIS/DRAA和CEAL经过磋商后，2016年春以“决议信”的方式签署了合作备忘。此后，来自中国7所高校图书馆（内地6所、香港1所）、北美16所高校图书馆的馆员组成联合项目组，共同开展了“中美翻译与研究美国电子资源标准规范合作项目”的研究工作。随后又以“中美电子资源国家标准比较研究”的名称，以中方成员为主，联合申请到了国家社会科学基金一般项目支持。

该项目开始于2016年，完成于2021年，历时5年。2022年2月，“中美电子资源国家标准比较研究”（项目编号：16BTQ027，以下简称“中美联合项目”）通过了全国哲学社会科学办公室的结项鉴定，几位评审专家对项目成果给予较高评价，最终结项成果被评为“优秀”。

此后，我们又将项目成果成书，加强了各章之间的逻辑联系，使其互为支撑，根据标准规范的发展更新了部分内容，在广西师范大学出版社几位认真负责的编辑的帮助下，修正了很多错误，书稿历经四校，终于在2024年年底出版。

1.本书内容源自中美联合项目的研究及其成果

中美联合项目的研究对象和研究目标是：组织中美高校图书馆联合团队，采用调查研究、案例收集、翻译研究、应用评估、比较分析、专家咨询等方法，对中美电子资源国家标准进行研究，包括其框架体系和研制流程、美国国家信息标准协会（National Information Standards Organization，NISO）的十余项电子资源标准规范的翻译及其应用研究、国内若干已完成的国家标准/行业标准等，从图书馆应用的角度为中国数字资源产业行业、信息化领域推荐一批可应用、可参考的数据和数字资源标准规范，并对其应用情况做出评价分析。其最终目标是促进中国数字资源标准规范的深入研究和发展，为数字资源产业、行业和信息化领域的软性基础设施建设提供内容和参考，为中国电子出版物走向世界、在技术标准方面得到国外用户的认可做出贡献。

2016年秋，联合项目组就在中美双方几位核心成员的组织、协调和带领下开始工作。尽管出现了一系列困难，例如原始文献和一手资料的收集并不顺利，标准规范的中英文翻译要格外严格、科学、准确，少数成员因不可抗拒因素而无法完成任务，以及新冠疫情全球大流行对交流造成影响，等等，但项目组最终还是圆满完成了项目目标，超额完成了项目计划任务，取得了如下多方面成果。

（1）翻译发布数据和数字资源的美国国家标准中文版13部，并经NISO授权后正式在网上公开发布，供中国学者和企业开放获取、深入研究和参考。自2018年逐个发布以来，发布网站上直接的全文下载次数已经超过3万次。发布网址：http://www.libconsortia.edu.cn/Standard/list.action。

（2）发表有关数据和数字资源标准规范发展现状、框架体系、实施应用、比较分析、深入研究等方面的中英文论文和短文14篇，其中13篇发表在核心期刊上。自2018年逐篇发表以来，在“中国知网”数据库中的总下载次数已超过3000次。

（3）数据和电子资源标准规范及相关专业术语的中英文对照表“术语索引”，共收集相关术语730余个。

（4）分别在中国首都北京和美国首都华盛顿主办了两次“中美数字资源标准规范研讨会”（CHINA-U.S. Forum on Standards for Digital Resources）国际会议，邀请中美双方数据和数字资源标准规范方面的机构和专家开展交流研讨，向专家做深度咨询，加强了宣传、培训和推广，受到了各方好评，现场参会人员逾200人。中文报道和会议资料见：http://

www.libconsortia.edu.cn/Acqothernotice/view.action?id=2bfeb3e9-0c49-47b6-935b-f76cbc544a9d（华盛顿）、http://www.libconsortia.edu.cn/Acqothernotice/view.action?id=6e3d03b0-d8d9-49c3-8cf2-32e506b89456（北京）。

（5）项目的最终综合性成果为专著一部：《数据和数字资源标准规范》（即本书），包括数据和数字资源标准规范的研究、NISO国家标准规范的中文版、研究论文和研究报告、标准规范相关术语的中英文对照索引。

2.本书的主要内容、架构与观点

本书的主要内容包括NISO发布的13部电子资源标准规范的中文译本及相关研究论文和研究报告，以及《术语索引》等，均为CALIS/DRAA/CEAL支持的“中美翻译与研究美国电子资源标准规范合作项目”、国家社科基金支持的“中美电子资源国家标准比较研究”项目的共同成果，成果的主要内容、观点和基本架构如下。

（1）提出了标准规范与产业行业并行、促进引领发展的研究指导思想。多年来，我国的数据、数字资源相关产业发展，基本处于“产业发展在前、标准规范滞后”的状况，标准规范主要是从已有产业行业中进行提炼。而要提高产能和效益，就要做到标准规范先行或与产业行业并行，引领和规范产业行业发展，确定框架体系，学习先进，努力促进跨行业通用、跨产业全流程的国家标准建设。这方面内容，详见本书第一章，以及核心期刊《图书情报工作》2018年第6期专题“以标准规范建设促进数字出版产业的有效发展”的论文和短文。

（2）创新构建了包括采集编撰类、加工描述类、出版发布类、服务发现类、交换传递类、管理统计类、长期保存类在内的数据/数字资源标准规范内容体系。一方面，强调标准规范的全面发展；另一方面，翻译介绍国外近年来比较先进的标准规范，供行业企业应用参考。详见本书第一章。

（3）在数据和数字资源标准规范内容体系的基础上，根据中国的相关发展需求，选取并认真翻译了13部NISO最新研制和修订的标准规范，并在取得NISO授权的基础上，面向国内正式公开发布中文版。这项工作由中美团队合作，按标准化流程（取得授权、中方翻译、美方翻译、中方审核、美方审核、美方总审、中方总审、上网发布）完成，耗时最长，投入人力最多，在本书中所占篇幅近半。标准规范中文版不仅文字严谨、科学准确，而且能够被公众公开获取、广为参考研究利用，促进行业产业发展。详见本书第二至十四章各章的第一节，以及中文版发布网站。

（4）在研究数据和数字资源标准规范内容体系和翻译NISO国家标准的基础上，完整收集数据和案例。运用比较分析的方法，一方面从理论上总结中美双方标准规范及其体系的发展状况；另一方面研究具体案例，研究全面又具体深入。特别是完成的14个研究报告中，对标准规范的内容和应用做了深入探讨，从中发现数据和数字资源标准规范体系中的问题与缺漏，提供建议与方案。详见本书第一章、第二至十四章各章的第二节，以及已发表的14篇论文。

（5）推动标准规范的行业理解。除了向公众提供标准规范中文版开放获取服务，还整理了各标准规范相关的中英文术语对照表“术语索引”，方便理解，提供相关研究参考。详见本书第十五章。

3.本书及相关成果的学术特点和应用价值

本书及相关成果在理论研究和实践应用两方面均有所成就。学术理论方面涉及信息科学、信息管理学、图书馆学、情报学、出版传播学等多学科领域，社会应用方面则可应用于信息技术研发、信息服务（如图书馆、博物馆）、数字出版传播等行业产业领域，详细如下。

（1）学术上创新构建体系、填补若干研究空白，加强了中美高校图书馆和研究型图书馆的学术交流合作。

一是厘清了数据、信息、数字资源之间的关系，创新构建了数据和数字资源标准规范内容体系，为标准规范的全面发展和深入研究奠定了基础。

二是对数据和数字资源标准规范进行了深入探讨，从标准规范的内容、应用到制定、维护、相关组织及其运行都做了全面研究，并通过编制《术语索引》梳理了数据与数字资源领域的常用术语和专有名词，填补了这方面的空白，为信息科学、信息技术、图书馆学、情报学、数据科学、数字出版、标准规范等领域的相关研究提供了参考。

三是加强了中美高校图书馆和研究型图书馆的学术交流与合作，使双方的合作不再仅仅局限于过往的图书馆实务（如馆际互借）等方面，通过标准规范中文版的翻译和论文撰写，以及比较分析研究，广泛探讨，互相借鉴，取长补短。

（2）实际应用方面，本书创新提出标准规范先行的思想，项目成果具备较高的应用价值，社会影响不断扩大。

一是提出了以标准规范建设促进数字资源相关产业有效发展的指导思想，认为标准规范是数据和数字资源行业产业的软性基础设施，应根据产业需要先行研讨创建，与产业行业发展并行，使其从产业发展伊始就能发挥促进引领和规范的作用，提高产业效益，保障科学发展。

二是翻译和介绍了近年的13部美国国家/行业标准，并深入研究了这些标准规范在行业产业中的应用及其利弊，为中国发展、研制或者采用数字资源相关标准规范提供参考。

三是通过出版、网络发布、会议宣传、培训等形式，在相关领域扩大了项目成果的社会影响。据不完全统计，可供公众开放获取的标准规范和相关的研究论文，全文下载量已近4万次；类似“全国信息与文献标准化研讨会”（全国信息与文献标准化技术委员会主办）等多个专业会议也邀请课题组负责人或成员到会介绍项目和成果。

四是逐步实现了社会效益。例如：中国图书进出口公司就参考采用了项目介绍的《图书的需求驱动采购》（Demand Driven Acquisition of Monographs，DDA）标准，面向国内外用户推出了自己的电子图书按需采购服务；CALIS和DRAA也修改采用了《标准化电子资源使用统计收割协议》（ANSI/NISO Z39.93，SUSHI），为全国高校图书馆提供了电子资源使用统计服务。

4. 本书的不足之处

尽管成就颇丰，本书仍存在诸多不足之处，今后还需要不断修订和完善。

（1）标准规范要求文字严谨、逻辑性强、定义明确，涉及大量术语。术语有严格的特指性，课题组中方成员与美方成员密切合作，就一些术语如何翻译最佳、在不同的标准规范中是否需要统一等问题进行反复讨论和沟通，以期中译本能够更好地帮助读者准确地理解标准规范。由于时间紧、任务重，这方面工作还有不足和欠缺，后续需要继续完善。

（2）在项目进行的过程中，NISO和中国标准化组织也在不断发展更新相关标准规范，例如制定新标准、停用或者修改更新旧版本。由于时间紧迫，课题组的研究未能全面补充反映新的变化，这方面课题组还会增加后续项目，持续进行研究。

5. 团队成员及本书的分工情况

参加中美联合项目研究和本书撰写的图书馆员团队共计30余人，主要来自下列机构的数字资源建设、技术服务、电子资源服务、知识组织、标准规范、学科服务、知识产权等工作与研究领域。中方团队由CALIS管理中心及DRAA秘书处牵头；美方团队由CEAL电子资源元数据标准规范工作组牵头，包括美国、加拿大的图书馆。

（1）主要团队成员名单如下（按国家/地区和机构列举，排名不分先后）。

中国：

内地：

- 北京大学图书馆/CALIS管理中心/DRAA秘书处：肖珑、姚晓霞、王晶晶、刘娟娟
- 西安交通大学图书馆：邵晶、张静、张雪蕾、尹飞、南希
- 中国人民大学图书馆：刘春鸿、蒋玲、郑惠伶
- 首都师范大学图书馆：熊丽、胡小丽、徐晓艺
- 厦门大学图书馆：陈娟、向佳丽、周红
- 深圳大学图书馆：陈大庆、叶兰、丁培、杨巍

香港：

- 香港大学图书馆：林秀丽

美国：

- 加州大学圣地亚哥分校图书馆：邓石、马陈碧华
- 加州大学伯克利分校东亚图书馆：薛燕
- 加州大学圣塔芭芭拉分校图书馆：陈垚

- 加州州立大学弗雷斯诺分校图书馆：刘铁威
- 夏威夷大学马诺亚分校图书馆：倪冬云
- 哥伦比亚大学东亚图书馆：王成志
- 克莱蒙特大学联盟图书馆：邹秀英
- 俄勒冈大学图书馆：王晓彤
- 纽约公共图书馆：方方
- 南加州大学图书馆：李唐
- 伊利诺伊大学厄巴纳—香槟分校图书馆：蒋树勇
- 华盛顿大学东亚图书馆：李坚屏
- 国际货币基金组织图书馆：钟静

加拿大：

- 不列颠哥伦比亚大学亚洲图书馆：尹杨玥
- 阿尔伯塔大学图书馆：张梦佳
- 维多利亚大学图书馆：柳瀛

（2）团队成员具体分工如下。

- 本书主编：肖珑、姚晓霞、薛燕、邓石
- 副主编：马陈碧华、陈大庆、邵晶、刘春鸿、熊丽
- NISO标准规范翻译统校审核：肖珑、姚晓霞、薛燕、邓石

第一章　数据和数字资源标准规范研究：

- 撰写：肖珑、邓石、马陈碧华

第二章　图书的需求驱动采购DDA：

- 标准规范翻译：邓石、马陈碧华、林秀丽、王成志、肖珑、姚晓霞、薛燕
- 研究报告撰写：邓石、马陈碧华、林秀丽、王成志、肖珑

第三章　知识库及其相关工具推荐实施规范KBART：

- 标准规范翻译：邓石、姚晓霞、刘娟娟、林秀丽、肖珑、薛燕
- 研究报告撰写：姚晓霞、刘娟娟、邓石、薛燕、林秀丽

第四章　电子期刊的展示与标识PIE-J：

- 标准规范翻译：陈娟、向佳丽、尹杨玥、林秀丽、姚晓霞、肖珑、薛燕、邓石
- 研究报告撰写：向佳丽、林秀丽

第五章　开放发现倡议ODI：

- 标准规范翻译：胡小丽、熊丽、薛燕、刘铁威、姚晓霞、肖珑、邓石
- 研究报告撰写：胡小丽、熊丽、刘铁威、薛燕

第六章 连续出版物内容交换协议PESC：

- 标准规范翻译：熊丽、徐晓艺、尹杨玥、李坚屏、肖珑、姚晓霞、薛燕、邓石
- 研究报告撰写：熊丽、徐晓艺、尹杨玥、李坚屏

第七章 信息交换格式ANSI/NISO Z39.2：

- 标准规范翻译：王晶晶、薛燕、马陈碧华、姚晓霞、肖珑、邓石
- 研究报告撰写：王晶晶、刘娟娟、薛燕、马陈碧华

第八章 访问许可及其标识ALI：

- 标准规范翻译：张静、邵晶、倪冬云、王成志、肖珑、姚晓霞、薛燕、邓石
- 研究报告撰写：张静、邵晶、倪冬云、王成志

第九章 NISO替代评价计量项目成果NISO Altmetrics：

- 标准规范翻译：邵晶、张雪蕾、尹飞、南希、邹秀英、王晓彤、肖珑、姚晓霞、薛燕、邓石
- 研究报告撰写：张雪蕾、邵晶、尹飞、邹秀英、王晓彤

第十章 书目款目的馆藏说明ANSI/NISO Z39.71：

- 标准规范翻译：向佳丽、陈娟、王晓彤、方方、肖珑、姚晓霞、薛燕、邓石
- 研究报告撰写：向佳丽、陈娟、周红、王晓彤

第十一章 转让实施规则Transfer 3.0：

- 标准规范翻译：刘春鸿、蒋玲、李唐、张梦佳、姚晓霞、肖珑、薛燕、邓石
- 研究报告撰写：刘春鸿、蒋玲、郑惠伶、李唐

第十二章 分析优化开放链接（IOTA）：面向链接解析器供应商的推荐实施规范：

- 标准规范翻译：刘春鸿、蒋玲、邹秀英、柳瀛、肖珑、姚晓霞、薛燕、邓石
- 研究报告撰写：蒋玲、刘春鸿、郑惠伶、邹秀英、柳瀛、肖珑

第十三章 标准化电子资源使用统计收割协议（SUSHI）ANSI/NISO Z39.93：

- 标准规范翻译：陈大庆、叶兰、蒋树勇、钟静、肖珑、姚晓霞、薛燕、邓石
- 研究报告撰写：陈大庆、叶兰、丁培、蒋树勇、钟静

第十四章 NISO SUSHI协议：COUNTER-SUSHI实施纲要：

- 标准规范翻译：陈大庆、丁培、张梦佳、陈垚、姚晓霞、肖珑、薛燕、邓石
- 研究报告撰写：陈大庆、丁培、杨巍、叶兰、张梦佳、陈垚

第十五章 术语索引：

- 刘娟娟、王晶晶、肖珑

6.感谢

记得有一句俗话：“做学问要想跟自己过不去，就去做标准。”几年来，在做这个项目、翻译NISO标准、对标准进行研究、编写成书的过程中，我们项目组成员深深体会了这一点。众所周知，标准是需要各方协商一致确定、共同使用和重复利用的，因此标准规

范的制定与研究工作是需要有奉献精神的，当一个标准在全世界被普遍采用的时候，因为各方的妥协和加入，就变成了集体的贡献和智慧，最初的起草人和呼吁者也就变得默默无闻了。同时，标准化工作又必须扎扎实实地进行，要符合标准化流程要求，文字必须科学和简洁，用语要反复斟酌，力求准确，不允许有任何感情色彩，同时要尽可能做到开放获取、方便利用。因此，从学术研究成就的角度来看，标准规范工作本身既枯燥又量大，个人和团队的成就在其中也很难凸显，创新突破和工作量更是极难表述。

感谢联合项目组成员对此的理解，以及大量默默无闻、踏踏实实的工作者，面对艰难推进的工作，无论有多少困难，大家都希望通过自己一心一意的工作，推进数字资源标准规范的科学前行，为产业行业的发展做出图书馆员的贡献。没有这样一批敬业尽责的成员，我们的项目不可能取得成功，不可能取得这么多成果。

感谢最初发起策划、呼吁开展这个项目的各位馆长和馆员们，感谢CALIS、DRAA、CEAL等中美双方各方面高瞻远瞩的合作交流，以及相关负责人对合作备忘的签署，为这项工作的开展奠定了组织基础，为中美高校图书馆和研究型图书馆的相互交流提供了可能和保障。请允许我们在这里记下各方负责人的名字：北京大学图书馆原馆长朱强研究馆员（曾任CALIS管理中心副主任、DRAA理事长）、现任馆长陈建龙教授（现任CALIS管理中心副主任、DRAA理事长），CEAL历任主席艾伦·哈蒙德女士（Ellen Hammond，2014—2016年在任，耶鲁大学东亚图书馆馆长）、程健馆长（Jim Cheng，2016—2018年在任，哥伦比亚大学东亚图书馆馆长）、沈志佳博士（Dr. Zhijia Shen，2018—2020年在任，华盛顿大学东亚图书馆馆长）。

感谢美国国家信息标准协会（NISO）提供美国国家标准的全文、中文版出版发布的授权，尤其感谢NISO执行负责人内蒂·拉格斯女士（Nettie Lagace），不仅为我们多次提供咨询，在我们举办的国际会议上演讲，还在百忙之中为本书作序。

感谢澳门大学图书馆馆长、上海图书馆原馆长吴建中博士为本书作序。与吴馆长相识已有20多年，多年来吴馆长对我们的研究和工作提供了很多指导，包括鼓励我们开展元数据研究；现在又欣然为本书写序，令我们深感荣幸。

感谢中国全国信息与文献标准化技术委员会（文标委）、全国图书馆标准化技术委员会（图标委）、全国新闻出版标准化技术委员会（新闻出版标委会）等各方面专家的支持，为我们提供咨询和审核，参加我们的讨论，帮助我们的研究工作取得进展。

感谢中国图书进出口公司张纪臣总经理、庞莉莉副总经理等诸位公司高管的支持，他们不仅与我们合作主办了两次国际会议，还特别关注本项目研究，并以开放的态度采用其中部分标准。企业的应用是标准规范发展的前提和基础，也是“以标准规范建设促进出版产业的有效发展”思想的实际体现。

本书原计划在2020年出版，但因为新冠疫情的暴发而有所耽误，加之我们希望为读者拿出一部高水平专著，因此反复打磨，故编写和校对工作一度进展缓慢。在这个过程中，整个团队的中美双方成员，特别是几位主编，克服疫情带来的各种困难，不离不弃地支持，横跨大洋两岸进行数十次讨论修订，最终完稿。

感谢之意不尽，唯希望读者诸君对本书的不足之处多多提出指正意见，使本书未来能够有机会在信息科学、信息技术、图书馆学、情报学、数字出版等领域的研究与应用中发挥更大作用，为中国数据与数字信息资源相关行业和产业发展做出贡献。

本书主编

2022年4月起草，2024年12月修订

总目录

上册

下册

第一章　数据和数字资源标准规范研究

第二章　图书的需求驱动采购 DDA

第一章　数据和数字资源标准规范研究

本章作者：

肖　珑（北京大学图书馆）

邓　石　马陈碧华（美国加州大学圣地亚哥分校图书馆）

第一节　数据和数字资源标准规范概述

1　数据和数字资源

1.1　数据和信息传递

人类社会已经发展到信息化时代，信息技术迅速发展、广泛应用，信息产生了巨大价值，信息经济持续壮大，影响着社会演变、经济发展、科学创新、文化进步。作为信息的表现形式、基础构成和传递载体，数据成为关键性生产资料、产品产出和最重要的资源之一，即人们常常论述到的“大数据”。

什么是数据？单纯从计算机科学角度来说，数据是一个信息项、一份资料、一段计算机代码，也可以是文字、数字、语音、图像、视频等；从信息管理学的角度来说，数据是载荷或记录信息的，按照一定规则排列组合的物理符号。人们对信息的接收就是对数据及其规则的解读，数据即转化为信息。也就是说，数据的内涵是信息，信息是对数据含义做出的解释；信息依赖于数据的表达、荷载、传递，从而产生意义和价值。[1]

数据作为信息资源，可以有多种分类方法，例如：

- 按行业划分，可以分为工业数据、农业数据、政府数据、科学数据、教育数据、金融数据、军事数据、地理环境数据、海洋数据等。还可以进一步细分，如工业数据可以细分为食品工业数据、机械工业数据、化工工业数据、能源工业数据等；科学数据可以细分为调查数据、观测数据、实验数据、各学科数据等。
- 按性质划分，可以分为定位数据、定性数据、定量数据、定时数据。
- 按计量层次划分，可以分为定类数据、定序数据、定距数据、定比数据。
- 按来源划分，可以分为商业数据、公开数据、原始数据、间接数据等。
- 按表现形式划分，可以分为数字数据、模拟数据。
- 按记录方式划分，可以分为地图、表格、影像、磁带、纸带、数字音频、数字视频等。
- 按数字化方式划分，可以分为矢量数据、格网数据等。

还有其他多种分类方法，不一一列举。

数据在传递信息的过程中，呈现出事实、数据、信息、知识、智慧5个不同阶段，每个阶段的信息属性和特征不同，概括称为“信息链”或者“信息传递五要素”，其状如金字塔模型（见图1–1–1）。其中，“事实”是人类思想和社会活动的客观反映，例如科学家在实验室开展某项实验，或者某公司进行产品销售，或者某个出版社生产文献数据库等。“数据”是事实的数字化、编码化、系列化、结构化。这个阶段的数据，强调的是“小数据”，是指某一类或某个个体的具体数据，例如实验数据、销售数据、文献数据库的数据等。“信息”是数据呈现出的内涵、内容，相对信息传递的连续体而言，本阶段强调的是某类或者某个具体信息，例如实验数据反映出的科学研究状况、销售数据反映出的销售情况、文献数据库中的各类文献信息等。“知识”是对信息的加工、提取、组织、评价，例如实验数据得出的科研结论、销售数据反映出的产品生产结论、从文献信息中归纳出的某学科或者主题的结论等。“智慧”则是知识的升华，是利用知识获取的更多利益，是对事物发展规律深刻的洞察和前瞻性的共识。

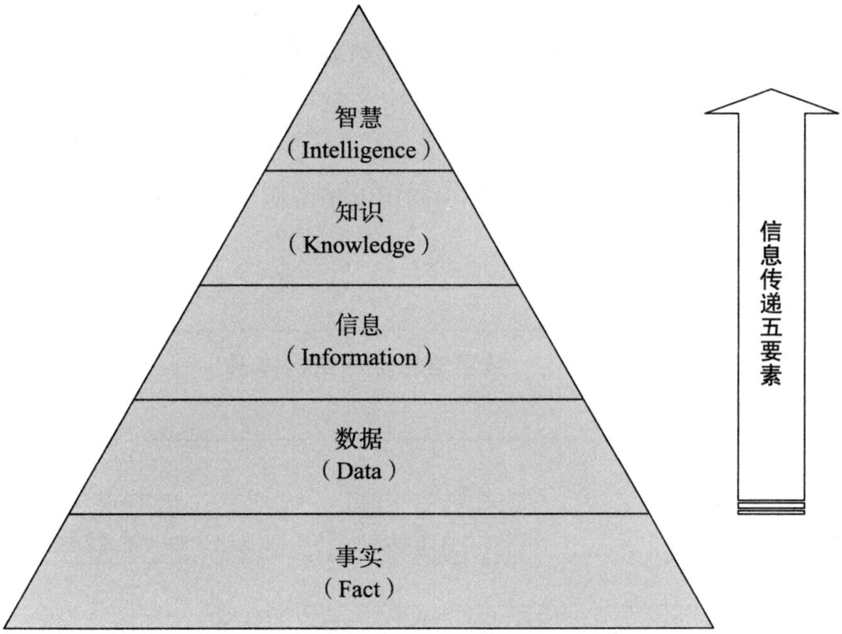

图 1–1–1　数据传递信息的金字塔模型 [2]

图 1–1–1 的金字塔模型，充分揭示了事实、数据、信息、知识和智慧之间的关系及数据传递信息的过程，信息由数据而来，知识由信息而来。在这个过程中，各方面发展的需要产生了大量的数字资源（digital resource）——以行业、学科、主题、数据类型、数据来源等为核心的数据集合，以文字、图像、音频、视频等数字形式生产和发行并按特定规则储存在一定载体上以供利用的信息及相关知识，如经济统计数据库、科学数据、地理信息系统数据、百科视频等。

1.2　数字资源及其结构体系

数字资源，也可以详称为数字信息资源（digital information resource），20 世纪 90 年代以来在信息管理领域一直被人们习惯性地叫作电子资源（electronic resources）。虽说三者涵盖的范围略有不同，比如说电子资源还包含模拟数字信号资源，但总的来说三者差别不是很大。关于电子资源的定义，可以参照国际图书馆协会联合会（International Federation of Library Associations and Institutions，IFLA）在2012年发布的文件《电子资源馆藏发展的关键问题：图书馆指南》（Key Issues for e-Resource Collection Development: A Guide for Libraries）中的相关内容："电子资源是指那些需要通过计算机访问的资料，无论是通过个人电脑、大型机还是手持移动设备。他们可以通过互联网远程访问或在本地使用。常见类型有：电子期刊、电子图书、全文（集成）数据库、索引文摘数据库、参考数据库（传记、词典、指南、百科等）、数值和统计数据库、电子图像、电子音频/视频等。"[3]这可以看作是电子资源的完整定义。

数字资源包含多种类型，常用的数字资源结构体系如图1-1-2，其划分标准如下：

- 按性质和功能划分，可分为一次文献（原始数据、原始文献）、二次文献（对一次文献加工整理后形成的信息资源）、三次文献（对二次文献进行综合分析、加工、整理后形成的信息资源）。
- 按生产途径和发布范围划分，可分为商用电子资源（正式电子出版物）、网络开放学术资源、特色资源等。

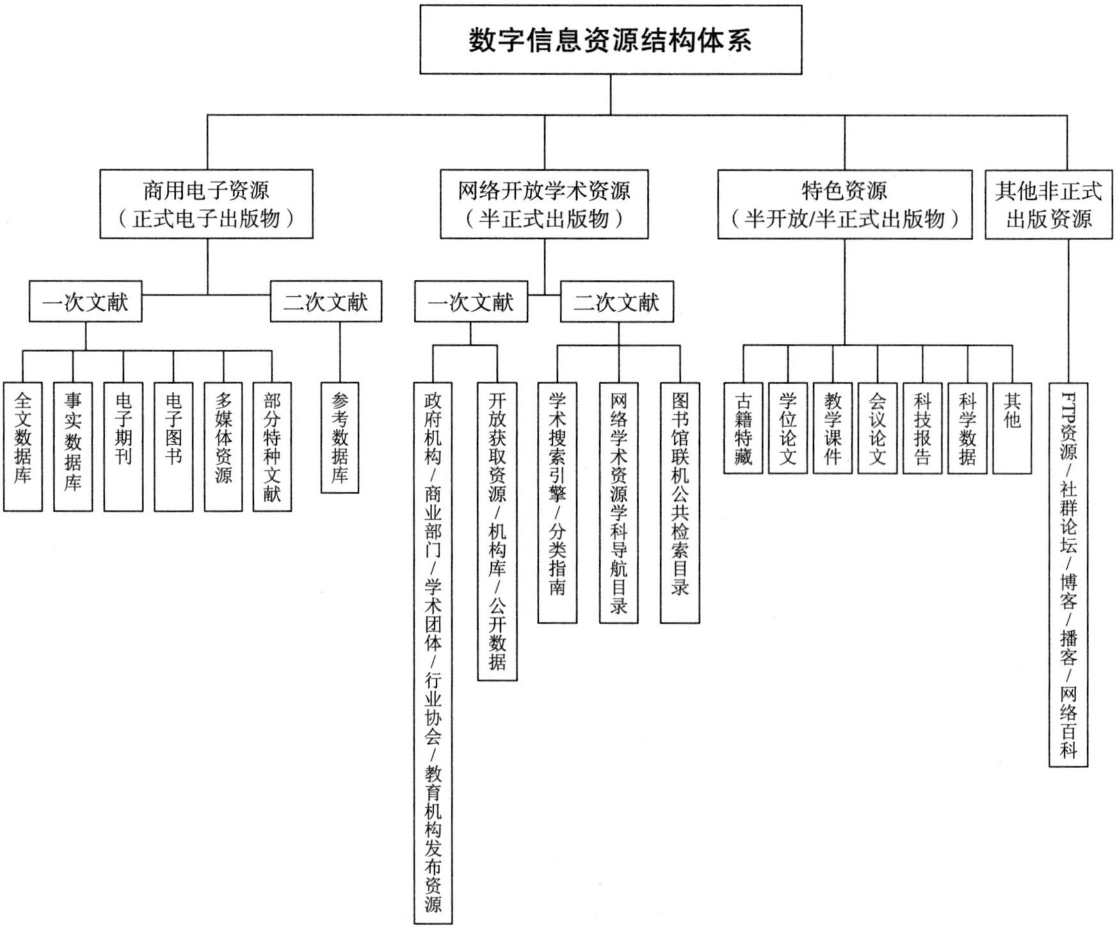

图1-1-2　数字信息资源结构体系[4]

- 按载体与格式划分，可分为光盘数据库、磁带数据库、硬盘数据库等，或者文本类、音频类、视频类等。
- 按学科划分，可分为农学、数学、物理学、天文学、航空航天、生命科学、计算机、电子工程、环境、地理、地质、地球物理学、医学/健康、工程技术、商业/经济、儿童、教育、新闻传播、法律、图书馆/信息科学、历史、文学、人类学、艺术、音乐、网络信息/组织/服务、海洋学、营养学、大众文化、体育/运动、宗教、社会和文化、旅游、气象/气候/天气预报、饮食，等等。

为了保证数据及数字资源传递的正确性，保证接收者能够从数据和数字信息资源中准确提炼出信息、知识、智慧并获得科学正确的结论，保证电子资源及其数据的可发现、易用性、复用性、互操作性、共享性，数据及数字资源的描述、出版发布、服务、管理、保存、传递交换需要遵循统一的标准规范，这是大数据时代保持信息化产业不断创新升级、数据和数字资源可持续发展的前提和软性基础设施。特别是对于出版界和图书馆界而言，在电子资源已成为用户使用和数字图书馆馆藏的主流资源的情况下，数据和数字资源标准规范的发展就成为资源建设和使用的重要考量和基础保障。

2　数据和数字资源标准规范

从前文所述数据和数字资源（数字信息资源、电子资源）的内涵与分类总结中可以看出，数据和数字资源标准规范基本属于信息科学、信息管理学、图书馆学、情报学、出版传播学等学科相关的行业产业领域，如信息服务行业、信息技术研发产业、出版传播产业等。本节对数据和数字资源标准规范的论述即以此为基础，兼顾其他。

2.1　标准规范概述

标准，是指通过标准化活动，按照规定的程序，经协商一致制定，为各种活动或其结果提供规则、指南或特性，供共同使用和重复使用的一种文件。标准化，是指为了在既定范围内获得最佳秩序，促进共同效益，针对现实问题或潜在问题确立共同使用和重复使用的条款，对标准进行编制、发布及实施应用的活动。[5]

按照制定和适用范围划分，标准一般分为国际标准（international standard）、区域标准（regional standard）、国家标准（national standard）、行业标准（industry standard）、地方标准（provincial standard）、企业标准（company standard）6大类。其中国际标准、国家标准的级别最高，通常为跨国、跨行业、跨机构、跨地域使用，由国际标准化组织（International Organization for Standardization，ISO）、国家标准化主管机构即国家市场监督管理总局、国家标准化管理委员会批准。行业标准次于国家标准，通常是在某一个行业内应用；应用较多的行业标准，经国家标准化主管机构批准后，也可以进一步成为国家标准，从而具备国家标准编号（包括代号、发布顺序号和发布年代号等）。标准还可以按内容划分为基础标准、产品标准、辅助产品标准、原材料标准、方法标准，按成熟程度划分为法定标准、推荐标准、试行标准、标准草案。①

标准也是标准、规范、规程等的统称，因内容对象不同而不同。一般来讲，针对产品、方法、符号、概念等基础标准，采用“标准”说法，如“核心元数据标准”，指的是所有元数据规范必须遵守的元数据核心元素集及相关定义；针对具体的技术事项，如规定产品、过程或服务应满足的技术要求等，则采用“规范”名称，如“电子图书元数据规范”，指的是电子图书著录所用元数据元素集及相关定义；针对具体的技术方法，则采用“规程”“规则”“实施纲要”等较为灵活的说法，如美国《NISO SUSHI协议：COUNTER-SUSHI实施纲要》（NISO RP-14-2012 NISO SUSHI Protocol: COUNTER-SUSHI Implementation Profile，见本书第十四章）。

标准的作用，在于通过共同遵循的规范、准则，推动传统产业转型升级，支持科技创新，成为经济社会发展的动力。随着信息化的发展和标准化战略的实施，数据和数字资源标准规范的发展逐渐加快，成为信息科学、信息管理、新闻出版、文献信息服务以及其他相关产业等各个领域技术研发、企业市场开拓、科研发展的最重要软性基础设施。要成为“一流企业做标准，二流企业做品牌，三流企业做产品”评判体系中掌控标准话语权的一流企业，具备一流科研水平，就必须交流、理解、学习和推介先进产业行业标准规范，做到标准规范先行，通过标准规范发展来引领相关技术和产业的发展，激发标准化工作的活力，发挥标准规范制定的话语权作用。

2.2 数据和数字资源生命周期

如前文论述，数字资源是在数据传递信息的过程中产生的，在这个过程中，数据和数字资源各自具有生命周期，二者相辅相成。作为软性基础设施的标准规范与之密切相关，不可分割，在不同阶段、不同环节都发挥着重要作用。

数据生命周期有链型、环型、矩阵型、层次型等多种常见模型，以美国地球观测数据网［Data Observation Network for Earth，DataONE，美国国家科学基金会（NSF）支持的研究机构］的科学数据生命周期模型（见图1-1-3）为例，该模型包含计划、采集、认证、描述、保存、发现、整合、分析8个环节。其中，“计划”（plan）指创建一个数据管理计划来控制数据处理；“采集”（collect）指通过各种方式获得数据；“认证”（assure）指数据质量控制和认证；“描述”（describe）指利用元数据记录数据的责任者、内容、格式、存储地点、产生—处理—分析过程以及相关背景等；“保存”（preserve）指数据保存在知识库或者数据库中心等；“发现”（discover）指数据的检索和发现；“整合”（integrate）是将不同的数据集整合在同一编码体系下；“分析”（analyze）指建立模型，对数据进行应用统

① 见参考文献［5］。

计分析。特别要说明的是，DataONE是闭环模型，并非线性模型，某些环节要素是贯穿始终的。例如“描述”所指的元数据在多个环节都有应用，不仅描述数据的内容、责任者，也对数据的产生—处理过程和保存情况有所记录，在不同环节上发挥了不同作用。

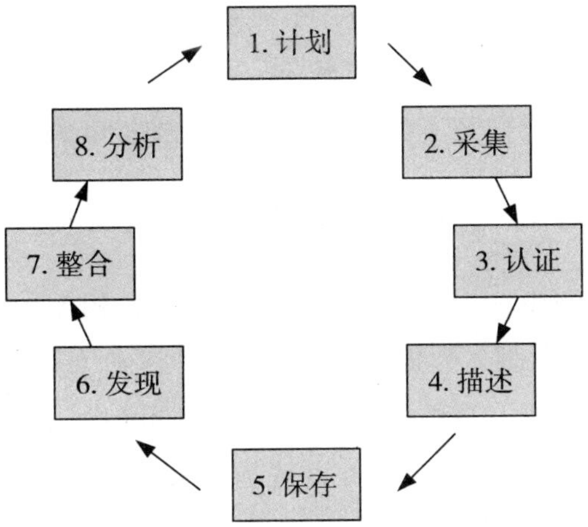

图1-1-3　DataONE数据生命周期模型[6]

数字资源的生命周期模型即建立在数据生命周期的基础之上，包括内容产生、内容采集、内容加工与组织、发布服务、管理与保存、处置等多个阶段。数据和数字资源标准规范在这些不同阶段产生和发挥标准化作用，以保障数据传递信息的正确，以及信息的易发现、易用性、可共享、可复用。

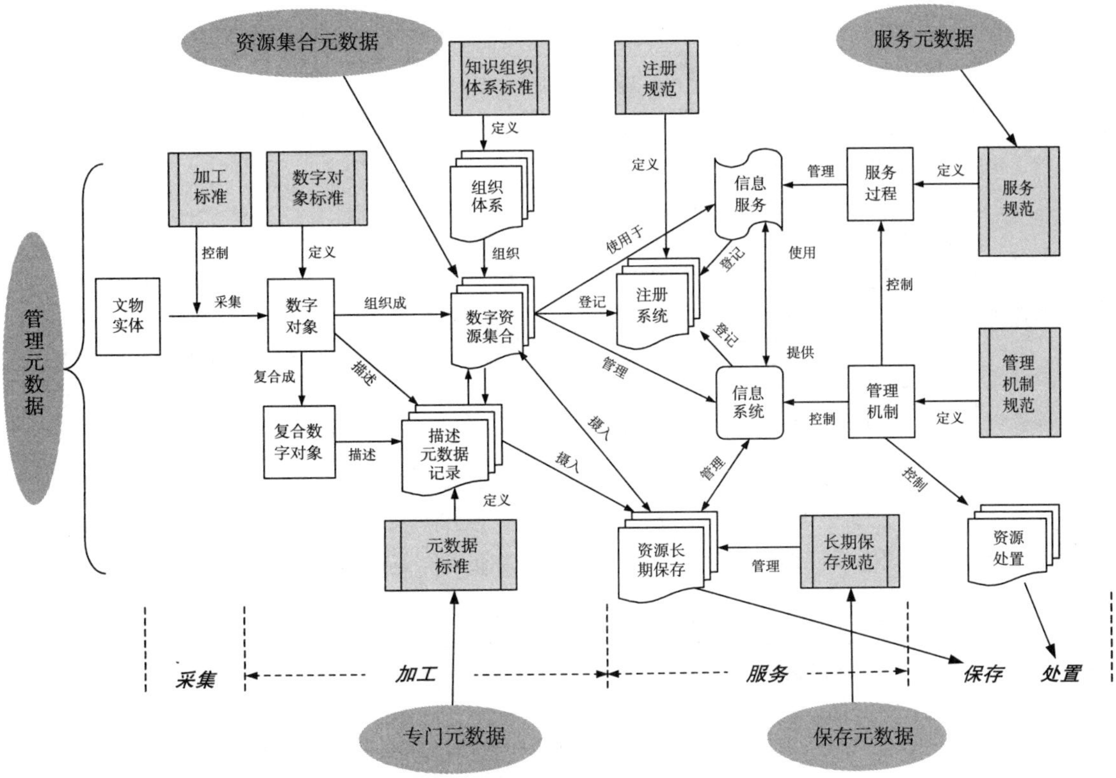

图1-1-4　数字资源生命周期中的元数据标准规范[7]

以数字资源生命周期中的元数据标准规范（见图1-1-4）为例，在采集、加工、服务、保存、处置等不同阶段，产生了数字加工规范、数字对象标准、元数据标准、数字对象标准、注册规范、服务过程规范、管理机制规范、长期保存规范等不同时序、不同方面、不同作用的标准规范。其中，元数据标准为一个完整体系，包括了贯穿数字资源生命周期的核心元素集标准、描述元数据（含专门元数据、内容元数据、资源集合元数据等）规范、管理元数据规范、服务元数据规范、保存元数据规范等不同类型。

2.3 数据和数字资源标准规范内容体系

在上述数据和数字资源生命周期理论的基础上，结合相关行业产业如信息服务（如图书馆）、信息出版（如书刊出版、数据库发布）、信息技术（如系统架构、发现服务）、信息管理等的发展及其业务流程，总结数据和数字资源标准规范的内容体系构成如下：采集编撰类、加工描述类、出版发布类、服务发现类、交换传递类、长期保存类、管理统计类，其基本关系和体系架构如图1-1-5。

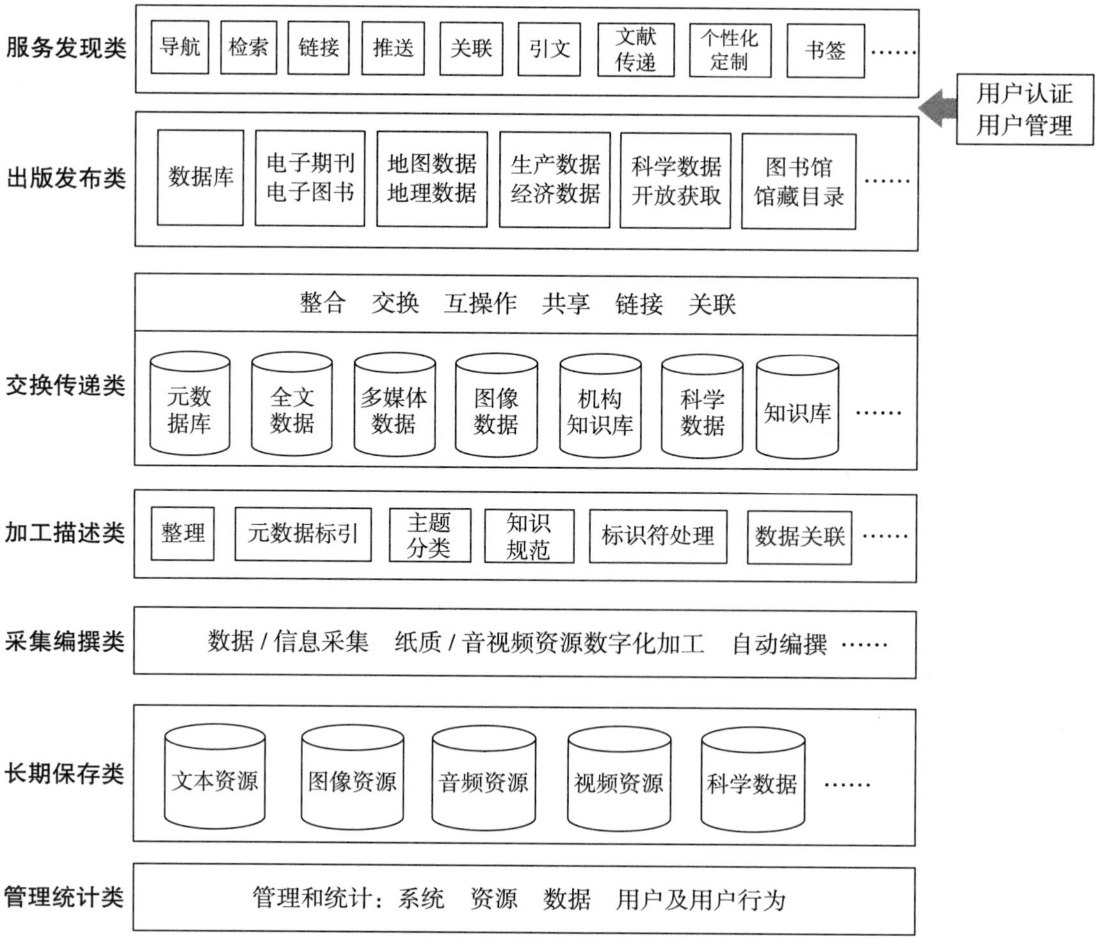

图1-1-5 基于生命周期理论的数据和数字资源标准规范内容体系

（1）采集编撰类：在对各类数据、信息、数字资源进行采集或集成，或对传统的纸质文献、音视频资源进行数字化加工，或由系统自动编撰生成文本、图像等新信息的数据和数字资源的生产过程中所采用的标准规范。例如美国推荐实施规范《图书的需求驱动采购》（NISO RP-20-2014 Demand Driven Acquisition of Monographs，DDA，为区别于术语DDA，本书简称NISO DDA，见本书第二章）、① 中国国家标准《图书馆馆藏资源数字化加工规范 第3部分：图像资源》（GB/T 31219.3-2014）[8] 等。②

（2）加工描述类：在对数据、信息、数字资源的内容和特征进行分析，对其进行整理、赋予标识、元数据标引、分类组织、主题索引、数据关联等处理的过程中所遵循的标准规范。这类标准数量比较多，是数据、信息、数字资源后续组织、存储与检索的基础。例如国际标准/中国国家标准《信息与文献 数字对象唯一标识符系统》（ISO 26324:2012 Information and Documentation—Digital Object Identifier System，中国国标编号GB/T 36369-2018）、[9]《信息与文献 都柏林核心元数据元素集》（ISO 15836:2009 Information and Documentation—The Dublin Core Metadata Element Set，中国国标编号GB/T 25100-2010），[10] 美国推荐实施规范《访问许可及其标识》（NISO RP-22-2015 Access License and Indicators，ALI，见本书第八章），中国国家标准《信息与文献 引文数据库数据加工规则》（GB/T 36067-2018）等。此外，这类标准也包括专业规范，如地理信息系统名词、汉语主题词表、人名规范、地名规范等。

（3）出版发布类：在将数据、信息、数字信息资源等发布、出版、传递，让用户能够以常规手段（如通过浏览器）查询浏览的这个过程中采用的标准规范，涉及网络协议、媒体特性、版权信息、易用性、信息导航、语言转换、质量控制等许多方面。如美国推荐实施规范《期刊文章在线补编材料推荐实施规范》（NISO RP-15-2013 Recommended Practices for Online Supplemental Journal Article Materials）、[11] 中国行业标准《专业内容数字阅读技术 产品封装》（CY/T 181-2019）。

（4）服务发现类：这类标准规范包含检索发现类和服务发现类两种。检索发现是指对用户的需求进行分析并和数据库中的信息匹配运算，再将检索结果反馈给用户，包括检索界面、功能、路径、技术、结果、关联等各方面；服务发现是指通过提供如网络阅读、引文链接、定制服务、馆际互借与文献传递、数字书签等各类服务，帮助用户使用和进一步发现数据和信息。如美国国家标准《信息检索 应用服务定义与协议规范》[ANSI/NISO Z39.50-2003 (S2014) Information Retrieval: Application Service Definition &

---

① 本节所列举的美国国家标准、推荐实施规范，均来自NISO网站，见参考文献[11]，其中一部分见本书各章，以下同。——作者注

② 本节所列举的中国国家标准、行业标准均可从国家市场监督管理总局、国家标准化管理委员会“全国标准信息公共服务平台”检索获得，见参考文献[8]，以下同。——作者注

Protocol Specification]、《数字书签和注释》(ANSI/NISO Z39.97-201x Digital Bookmarking and Annotation)，中国国家标准《信息与文献　书目数据元目录　第三部分：情报检索》(GB/T 19688.3-2005) 等。

（5）交换传递类：指各种异构平台、不同类型的数据和信息之间在整合、交换、互操作、共享数据时遵守的协议、接口、数据结构等标准规范。如美国《分析优化开放链接（IOTA）：面向链接解析器供应商的推荐规范》[NISO RP-21-2013 Improving OpenURLs Through Analytics (IOTA) : Recommendations for Link Resolver Providers，见本书第十二章]、国际标准/中国国家标准/美国国家标准《信息与文献　信息交换格式》[ISO 2709:2008 Information and Documentation—Format for Information Exchange，中国国标编号 GB/T 2901-2012，美国国标编号 ANSI/NISO Z39.2-1994 (R2016)，见本书第七章] 等。

（6）管理统计类：指在对系统、数据、资源、用户、用户行为、流程等进行规划、构建、管理、统计、评估等工作的过程中采用的标准规范。例如对系统模型的设计，对用户类型、用户认证、用户权限等的管理，对资源、数据、用户行为的各种相关数据进行累积、加工、分析、评估，生成各种信息报告，监控用户有无违规行为等。例如美国国家标准《标准化电子资源使用统计收割协议》[ANSI/NISO Z39.93 The Standardized Usage Statistics Harvesting Initiative (SUSHI) Protocol，见本书第十三章]、美国推荐实施规范《NISO 替代评价计量项目成果》(NISO RP-25-2016 Outputs of the NISO Alternative Assessment Metrics Project，NISO Altmetrics，见本书第九章)、中国文化行业标准《图书馆数字资源统计规范》(WH/T 47-2012) 等。

（7）长期保存类：指在对数据和数字资源进行长期保存和长期有效使用时应用的标准规范。例如中国图书馆行业标准《图书馆数字资源长期保存元数据规范》(WH/Z 1-2012)、《图书馆数字资源长期保存信息包封装规范》(WH/T 72-2015)，美国国家标准《科技报告　编制、格式和保存》[ANSI/NISO Z39.18-2005 (R201x) Scientific and Technical Reports-Preparation, Presentation, and Preservation] 等属于这一类标准。

上述7类，既是数据和数字资源标准规范内容体系的主要构成，也可以作为标准规范的分类依据。如果再结合标准规范的定义内涵与发展，还可按照制定和适用范围（即国际标准、区域标准、国家标准、行业标准、地方标准、企业标准）、内容（基础标准、产品标准、辅助产品标准、原材料标准、方法标准）、成熟程度（法定标准、推荐标准、试行标准、标准草案）等进行多元化复合分类。例如前文提到的美国《标准化电子资源使用统计收割协议》(ANSI/NISO Z39.93，SUSHI)，就可以同时属于管理统计类标准和国家标准。

第二节　数据和数字资源标准规范的发展

数据和数字资源标准规范的发展，主要表现在以下3个方面：（1）标准规范特别是国家标准的数量、内容分布与更新维护；（2）对标准规范的认知与实施应用；（3）标准规范相关组织的构成、运行、作用。本节将主要从这3个方面，概述和比较分析中国、美国数据和数字资源标准规范的发展情况，其中所引用的数据大部分截至2020年。

1　美国数据和数字资源国家标准的发展

1.1　标准化组织体系的科学运行保障标准规范的发展

美国的数据和数字资源标准规范，基本来源如下：

（1）国际标准化组织（ISO）制定的国际标准，或者国际图书馆协会联合会（IFLA）等行业组织制定的国际行业标准。这部分标准基本是被直接遵循使用的，如《信息与文献　数字对象唯一标识符系统》（ISO 26324:2012 Information and Documentation—Digital Object Identifier System）。

（2）美国国家信息标准协会（National Information Standards Organization，NISO）制定的国家标准规范。NISO经美国国家标准学会（American National Standards Institute，ANSI）授权认可，负责信息、文献、发现、出版发行、传媒等多个领域标准规范的制定、创建、发布、维护，促进应用、开展相关教育活动、孵化技术创新，拥有150多个会员。[①]

NISO负责制定的标准规范偏重技术性，在制定及达成共识的程度上包括两种级别。一种是相对基础性标准的高级别共识，称为标准（ANSI/NISO standards），标准中的规范元素必须被遵循使用。标准的制定由NISO投票成员审批，最终经ANSI批准发布，具有ANSI/NISO Z39系列编号，如《标准化电子资源使用统计收割协议》[ANSI/NISO Z39.93 The Standardized Usage Statistics Harvesting Initiative (SUSHI) Protocol]。[②]另一种是偏重技术事项和技术过程的低级别共识，通称为推荐实施规范（recommended practices）和技术报告（technical reports），主要是推荐在方法、数据或具体操作上的“最佳实践”或“指

① 据美国国家信息标准协会执行负责人内蒂·拉格斯女士在2018年3月19日CHINA-U.S. Forum on Standards for Digital Resources（美国华盛顿）和2018年8月20日“中美数字资源标准规范研讨会”（中国北京）两次国际会议发言整理，下同。——作者注

② 本节所列举的美国国家标准、推荐实施规范，均来自NISO网站，见参考文献［11］，其中一部分见本书各章，下同。——作者注

南”，通常代表某前沿领域的优秀模式或公认的产业惯例。规范中所有元素都可以由用户酌情采用，既可全部采纳，又可为满足特定需要修改使用。NISO规范的制定审批无须经过ANSI批准，由NISO负责管理和修订。规范具有NISO RP系列编号，如《图书的需求驱动采购》（NISO RP-20-2014 Demand Driven Acquisition of Monographs）。技术报告提供有关特定专题的有用信息，但不提供有关遵循的做法的具体建议。因此，它们是“描述性的”而不是“规定性的”。通常未达成共识的建议标准作为技术报告出版。技术报告具有NISO TR系列编号。[12]

（3）美国图书馆协会（American Library Association，ALA）、电气与电子工程师协会（Institute of Electrical and Electronics Engineers，IEEE）、万维网联盟（World Wide Web Consortium，W3C）等图书馆领域和信息技术领域的行业协会以及国会图书馆（Library of Congress，LC）等国家机构制定的行业标准规范，如《元数据对象描述框架》（Metadata Object Description Schema，MODS）。[13]

美国政府授权具有法律地位的ANSI对民间标准制定机构进行管理和协调、认定和审核美国国家标准，而NISO又是被ANSI认可的制定、维护和出版信息产业相关标准规范的组织，其制定的标准规范基本可以跨领域应用于信息科学、信息服务（如图书馆等信息服务机构）、信息出版（如出版商、数据库商）、信息技术（如软件开发商）等领域，由信息产业生态系统中所有利益相关方合作参与制定，因此美国的电子资源国家标准就以NISO制定的标准规范为主。

从NISO网站上发布的标准规范来看，数字资源标准规范大约有65项，基本是2010年以后制定或修订的，有少数还未完成最终版本。[14]这65项中，一部分为数据标准，如《都柏林核心元数据元素集》（ANSI/NISO Z39.85-2012 The Dublin Core Metadata Element Set）、《数据字典　数字静止图像的技术元数据》[ANSI/NISO Z39.87-2006 (R2017) Data Dictionary-Technical Metadata for Digital Still Images]；一部分为数字资源标准规范，如《PIE-J：电子期刊的展示与标识》（NISO RP-16-2013 PIE-J: The Presentation & Identification of E-Journals，PIE-J，见本书第四章），主要应用于电子期刊的展示与标识；还有一些是信息行业使用或从纸本文献时代发展而来，但也会应用到电子资源产业中，如《机构标识符：在信息供应链中标识机构》（NISO RP-17-2013 Institutional Identification: Identifying Organizations in the Information Supply Chain）。

1.2　标准规范发展成熟，内容体系比较完整

本节以NISO标准规范为例，总结美国数据和数字资源标准规范的特点。

（1）标准建设很快，基本能与行业产业发展并进

NISO标准规范制定的组织结构体系发展比较成熟，有比较完善的操作规范，包括批准立项、成立小组、确认工作范围和成果、收集意见、提出草案、公开征求意见、反馈

修改、正式发布、推广培训、维护更新等诸多环节。制定标准规范的提案通常由行业内相关机构根据需求提出，一般来自图书馆界、出版界、软件开发商等相关信息服务、出版与技术领域。例如《知识库及其相关工具推荐实施规范》[NISO RP-9-2014 Knowledge Bases and Related Tools (KBART) Recommended Practice，见本书第三章]，最早由英国连续出版物集团（United Kingdom Serials Group，UKSG）于2007年倡议；《开放发现倡议：提升发现透明度》（NISO RP-19-2014 Open Discovery Initiative: Promoting Transparency in Discovery，ODI，见本书第五章）是Ex Libris公司等于2011年6月美国图书馆协会新奥尔良年会期间，在邀请多位业内资深经理人会面并探讨与图书馆发现服务相关的共同关切问题后向NISO递交的提案；《图书的需求驱动采购》（NISO RP-20-2014，NISO DDA，见本书第二章）由图书馆员迈克尔·莱文-克拉克（Michael Levin-Clark，丹佛大学彭罗斯图书馆任职）代表一个非正式的需求驱动采购兴趣小组于2012年5月提议。

一旦提案由相关的专题委员会批准，该专题委员会就会成立提案工作组，邀请信息供应链行业中各利益相关方参与，制订工作计划，采集分析数据，研究制定标准草案，推荐标准的共识级别。通常NISO会有涉及不同环节的几个标准提案工作组同时推进，例如2016—2017年，同时在研发中的有关于替代计量方法的几项提案，即后来的《NISO替代评价计量项目成果》（NISO RP-25-2016 Outputs of the NISO Alternative Assessment Metrics Project，NISO Altmetrics）；2016年8月立项的《图书馆电子内容应用程序接口（API）灵活性框架》（Flexible API Framework for E-content in Libraries）；2017年4月发布的公开征求意见稿《标准化标签集》（NISO Z39.102-201x STS: Standards Tag Suite，批准后的编号为ANSI/NISO Z39.102-2017）；等等。[15] 从年代分布上看，几乎每年都有不止一项新标准/规范（或原有标准的重新修订）产生，发展势头很好。如表1-2-1所示：

表1-2-1　NISO电子资源国家标准时间分布（单位：项）[16]

时间	2008	2010	2011	2012	2013	2014
标准数量	1	4	2	5	5	6
时间	2015	2016	2017	2019	2020	不确定
标准数量	9	3	4	6	5	15

（2）内容体系完整，各个环节均有标准分布

从内容上看，这65项标准规范分布于前述数据和数字资源标准规范内容体系（见图1-2-1）中并支持产业行业发展的各个环节，其中最多的是加工描述类，如《PIE-J：电子期刊的展示与标识》（NISO RP-16-2013，PIE-J，见本书第四章），说明数据和数字资源的规范化加工处理对于电子资源产业发展是非常重要的；其次是交换传递类，如《分析优化开放链接（IOTA）：面向链接解析器供应商的推荐规范》（NISO RP-21-2013，IOTA，见本书第十二章），显示互联网时代信息资源的互操作与交换共享是不可或缺的。其中涉

及数字资源长期保存的标准规范非常有限，尚无比较全面的专项标准规范，不能不说是一种缺憾。好在已有美国联机图书馆中心（Online Computer Library Center，OCLC）和研究图书馆组织（Research Library Group，RLG）发起制定的《保存元数据实施战略》（PREservation Metadata: Implementation Strategies，PREMIS），[17]可以弥补这方面不足。

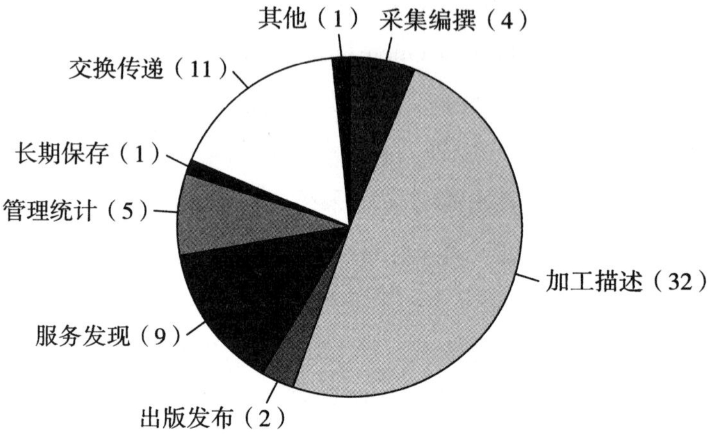

图1-2-1　NISO数据和数字资源国家标准规范内容分布（单位：项）

（3）标准规范的完成率较高

在这65项标准规范中，已完成并进入使用过程的为44项，完成率68%；未完成的21项中，有9项为新起草，其余为已有标准的修订和维护。也就是说，如果从标准规范起草制定算起，完成率可以达到86%。

（4）标准规范能够跟随行业产业发展不断维护更新

NISO标准制定之后会进行周期性的审核，通常每5年左右审核一次，发展成熟稳定的标准每10年左右审核一次，也有些标准规范根据发展变化的需求设为常年审核。审核的决定可以是重申、修订或撤销。撤销的标准规范一般在保留5年之后从NISO网站上删除并存档。在上述65项标准规范中，属于旧标准再次甚至第3次修订的有20项，属于已有标准增补续修的有5项，说明标准的更新频率较高，维护程度较好，标准化工作始终充满活力。

由NISO电子资源国家标准规范的情况可见，数据和数字资源标准化工作在美国颇受重视，其发展的规划性强，标准规范与产业同步发展，甚至先于并促进产业的发展，使得电子资源的建设和发展从一开始就比较规范，基础扎实，资源具备可发现性、易用性、复用性、互操作性、共享性。

在NISO数据和数字资源标准规范中，我们于2016年选取了部分比较新或者比较有影响的标准规范，对其内容及应用范围进行了深入研究，并推荐给行业参考（见表1-2-2）。此外，还有一些标准在国内已有较大影响，甚至已成为国际标准，如《都柏林核心元数据元素集》、《数字对象唯一标识符语法》[ANSI/NISO Z39.84-2005 (R2010) Syntax for the Digital Object Identifier］、《情景敏感服务的开放链接框架》［ANSI/NISO Z39.88–2004 (R2010)，The OpenURL Framework for Context-Sensitive Services］等，这方面的介绍已经很多，本书不再赘述。

表1–2–2 NISO数据和数字资源标准规范（部分）[18]

标准规范名称（中文）	标准规范名称（英文）	英文简称	标准规范编号
图书的需求驱动采购	Demand Driven Acquisition of Monographs	DDA	NISO RP–20–2014
知识库及其相关工具推荐实施规范	Knowledge Bases and Related Tools (KBART) Recommended Practice	KBART	NISO RP–9–2014
PIE-J：电子期刊的展示与标识	PIE-J: The Presentation & Identification of E-Journals	PIE-J	NISO RP–16–2013
开放发现倡议：提升发现透明度	Open Discovery Initiative: Promoting Transparency in Discovery	ODI	NISO RP–19–2014
连续出版物内容交换协议	Protocol for Exchanging Serial Content	PESC	NISO RP–23–2015
信息交换格式	Information Interchange Format	ANSI/NISO Z39.2	ANSI/NISO Z39.2–1994 (R2016)
访问许可及其标识	Access License and Indicators	ALI	NISO RP–22–2015
NISO替代评价计量项目成果	Outputs of the NISO Alternative Assessment Metrics Project	NISO Altmetrics	NISO RP–25–2016
书目款目的馆藏说明	Holdings Statements for Bibliographic Items	ANSI/NISO Z39.71	ANSI/NISO Z39.71–2006 (R2011)
转让实施规则3.0版	Transfer Code of Practice (Version 3.0)	Transfer 3.0	NISO RP–24–2015
分析优化开放链接（IOTA）：面向链接解析器供应商的推荐规范	Improving OpenURLs Through Analytics (IOTA): Recommendations and Enlightenment for Link Resolver Providers	IOTA	NISO RP–21–2013
标准化电子资源使用统计收割协议	The Standardized Usage Statistics Harvesting Initiative (SUSHI) Protocol	ANSI/NISO Z39.93	ANSI/NISO Z39.93–2014
NISO SUSHI协议：COUNTER-SUSHI实施纲要	NISO SUSHI Protocol: COUNTER-SUSHI Implementation Profile	COUNTER-SUSHI	NISO RP–14–2014

1.3 以应用为主导的NISO标准规范建设

为了保障所制定的标准规范能够被最大范围地采纳接受，NISO标准规范的建设是以应用为主导来进行的，在包括批准立项、成立小组、确认工作范围和成果、收集意见、提出草案、公开征求意见、反馈修改、正式发布、推广培训、维护更新等全部环节的工作流程中，自始至终贯穿了这个原则。因此，NISO标准规范得到了多方面的认可和应用。在前述65项标准规范中，有25项为正式国家标准（带有ANSI编号），还有一部分成为国际标准，也充分说明了这一点。如ISO《信息与文献　期刊的展示与标识》（ISO 8:2019 Information and Documentation—Presentation and Identification of Periodicals），2019年修订版中的数字期刊部分就是从NISO的《PIE-J：电子期刊的展示与标识》（NISO RP-16-2013，PIE-J）发展而来。[①]

（1）各利益相关方普遍参与前期标准规范制定

每个标准规范项目立项之后，即组织未来会应用该标准的各利益相关代表参加工作组，以保证标准能够体现各方利益，未来能够迅速为各方采纳。

以《图书的需求驱动采购》（NISO DDA）为例，前期工作组成员包括图书馆、出版商、电子图书集成商、纲目购书提供商、发现服务系统商、书目记录提供商等各方面代表，基本构成如下：

- 出版商：英国牛津大学出版社、英国帕格雷夫·麦克米伦出版社（Palgrave Macmillan）、美国约翰·威利公司（John Wiley）、荷兰爱思唯尔公司（Elsevier）。
- 电子图书集成商：美国JSTOR公司、Project Muse公司、ProQuest公司。
- 纲目购书提供商：美国YBP图书馆服务公司。
- 发现服务提供商：美国Ex Libris公司。
- 图书馆行业/图书馆联盟/图书馆信息服务：美国亚利桑那大学、瑞典乌普萨拉大学、美国加州大学尔湾分校、美国哈弗福德学院、美国丹佛大学、美国道格拉斯图书馆、美国加州电子图书馆联盟、美国联机图书馆中心（OCLC）。

由于NISO DDA符合产业行业发展需求，以及前期各方面积极参与，NISO DDA在2014年发布以后，在出版界、图书馆界得到了广泛的应用。据2020年粗略统计，已经有大约2000家出版社通过EBSCO、ProQuest、JSTOR等电子图书数据库集成商平台，应用NISO DDA，提供200万种电子书的采购或订阅服务；另外，电影流媒体数据库集成商如亚历山大街出版社（Alexander Street）也提供此类服务。NISO DDA为图书馆管理需求驱动采购项目提供了卓有成效的指南，促使出版界设计了灵活多样的销售和服务模式，为图书馆、出版者、经销商、数据库集成商等利益相关者提供了一种合作共赢的灵活模式，促进了各方的协调与合作；DDA还促进了中国出版界与北美东亚图书馆界合作开展DDA项目和相关服务；NISO DDA满足了用户“即看即得”的需求，助力维护学术交流的生态系统持续稳定地发展（详见本书第二章）。

---

① 见ISO 8:2019《信息与文献　期刊的展示与标识》“引言”（Introduction）：This document is based in part on the first edition of ISO 8 for its recommendations pertaining to print periodicals, and on NISO RP-16-2013, for its recommendations concerning digital periodicals（https://www.iso.org/obp/ui/#iso:std:iso:8:ed-2:v1:en）。——作者注

再如《标准化电子资源使用统计收割协议》(ANSI/NISO Z39.93，SUSHI)在初期制定时，系统提供商(Innovative Interfaces、Ex Libris两家公司)与数据库商(EBSCO公司与Swets公司)起到了非常关键的作用，故而当标准规范还在研发阶段时，Swets公司就于2005年11月宣布它作为第一个数据库商测试利用SUSHI将使用数据传输至Innovative Interfaces、Ex Libris，Ex Libris同时也宣布其成功测试SUSHI。这标志着SUSHI协议开发取得初步成功，直接带动了后续应用(详见本书第十三章)。

(2)努力开展宣传、培训、教育活动，促进各方对标准规范的认知

标准规范完成以后，NISO通常会成立相关的常务委员会(standing committee)，负责对标准规范内容进行宣传推广，对有关各方开展培训教育活动，收集标准规范的应用情况以及应用中的问题和意见，以备下一次的审核修订。

以《PIE-J：电子期刊的展示与标识》为例。PIE-J旨在为电子期刊出版商或供应商提供行业指引，以解决电子期刊展示与标识不规范带来的期刊文章获取障碍。PIE-J于2013年3月发布，此后成立了PIE-J常务委员会，通过如下方式进行宣传和介绍：

- 在正式/非正式出版物上发表文章，介绍PIE-J；
- 积极参加各种国际性/全国性专业会议，宣传PIE-J；
- 通过美国ISSN中心和各相关出版商发放宣传手册；
- 多次发放调查问卷，收集意见；
- 对出版商、图书馆员进行培训，推动PIE-J的应用。

2014年后，PIE-J逐渐为众多的出版商熟知并采用，不断有出版商宣布将其出版的电子期刊按照PIE-J规范进行展示与标识(详见本书第四章)。

(3)主动培育用户，开展示范性应用

在标准规范的制定和应用过程中，NISO努力保证二者不脱节，尽力使标准规范在制定完成后能发挥作用，发挥活力。要做到这一点，就要求相关的行业产业要有用户、有示范性应用，NISO为此采取了各种针对性很强的培育方法。

以《开放发现倡议：提升发现透明度》(ODI)为例。ODI增强了发现服务中内容覆盖的透明度，推动了基于中心索引的图书馆和信息发现服务的发展，为内容提供商、发现服务提供商和图书馆提供了最佳实践规范。为了推进在行业里的实际应用，NISO分别为内容出版提供商、发现服务提供商和图书馆制定了不同内容的“符合ODI规范确认清单”模板，涉及元数据、信息公开、技术格式、公平链接、文件格式与传输方式、使用统计等相关方面，鼓励其采纳ODI规范，公开发布“确认清单”。2014年ODI正式颁布后，一些主要内容提供商，如CREDO、EBSCO、Emerald、IEEE、Gale和SAGE等，相继在网站上公开其符合ODI规范的内容确认清单，如承诺元数据共享、可被发现服务检索到的内容、向发现服务系统提供数据库等，成为示范性用户。此后，EDS、Primo、Summon三个主要发现服务平台商，也相继在2014年和2015年发布声明支持ODI项目，并相继公开了其符合

ODI项目规范的内容确认清单（详见本书第五章）。

再如《知识库及其相关工具推荐实施规范》（KBART）。KBART促进了内容出版提供商和知识库提供商之间元数据的准确传输和及时交换，为信息供应链中的各利益相关者，如出版商、集成商、代理商、技术提供商和图书馆员等，提供了关于元数据在开放链接（OpenURL）标准中的作用的直接指导。2010年，KBART第1期规范发布（NISO RP-9-2010），培育了30余家用户；2014年，KBART第2期规范内容发布（NISO RP-9-2014），由于有了第1期的应用基础，国际市场上内容出版提供商对KBART的了解和认可更进一步，到2020年8月，通过KBART认证的内容出版提供商达到62家。KBART数据是一种被普遍接受的数据格式，可读性强，人和机器均可读，有助于图书馆员查阅和利用，随着高校数字资源的发展和建设，它被更多的内容提供商和知识库提供商使用，为高校和高校图书馆提供知识库服务（详见本书第三章）。

（4）注重在应用中的修订、完善和补充

如前所述，NISO非常注重标准规范的审核和修订，以保障标准规范能够适应信息化建设和经济发展需要。以《标准化电子资源使用统计收割协议》（ANSI/NISO Z39.93，SUSHI）为例，NISO SUSHI常务委员会作为专门维护机构，不仅承担SUSHI网站建设、利用会议宣传与推广SUSHI、负责SUSHI标准的解读等工作，还做了大量标准规范的维护、修订和补充完善工作，包括：

- 建设SUSHI开发者列表，为SUSHI客户端与服务器开发者提供平台；
- 提供SUSHI服务器注册列表，列出提供SUSHI服务的数据库商；
- 进一步推出《NISO SUSHI协议：COUNTER-SUSHI实施纲要》（NISO RP-14-2012，见本书第十四章），为SUSHI服务端及客户端应用的开发者提供指南；
- 制定SUSHI标准的持续维护流程和技术评审指南，实施不间断维护和管理，每隔一段时间就进行标准的升级与更新，2007年发布第1版之后，2014年再度修订（ANSI/NISO Z39.93-2014），以确保SUSHI标准的实时性和有效性。

2 中国数据和数字资源标准规范的发展

2.1 标准化体系健全，多个标准化组织同时运作

（1）标准化工作组织体系由国家标准化行政主管部门主导

根据《中华人民共和国标准化法》[19]和相关文献，以及笔者多年从事数据和数字资源标准规范工作的经验总结，我国的标准化工作组织体系设置如下。

- 由国务院标准化行政主管部门，即国家市场监督管理总局、国家标准化管理委员会统一管理全国标准化工作。国家标准化管理委员会负责下达国家标准计划，批准

发布国家标准，审议并发布标准化政策、管理制度、规划、公告等重要文件；开展强制性国家标准对外通报；协调、指导和监督行业、地方、团体、企业的标准化工作；代表国家参加ISO、国际电工委员会和其他国际性或区域性标准化组织；承担有关国际合作协议的签署工作；承担国务院标准化协调机制日常工作。[20]

- 行业分管，即国务院有关行政主管部门分工管理本部门、本行业的标准化工作。
- 地区分管，即省、自治区、直辖市标准化行政主管部门统一管理本行政区域的标准化工作。省、自治区、直辖市政府有关行政主管部门分工管理本行政区域内本部门、本行业的标准化工作。市、县标准化行政主管部门和有关行政主管部门，按照省、自治区、直辖市政府规定的各自的职责，管理本行政区域内的标准化工作。

（2）标准体系分级完整、分类健全

我国的标准体系，首先分类健全，包括国际标准、区域标准、国家标准、行业标准、地方标准、企业标准6大类；其次从标准共识和级别的角度来看，一是国家鼓励积极采用国际标准和区域标准，二是允许自行制定标准。自行制定的标准包括4级4类。

- 国家标准：指在全国范围内执行的统一技术要求，由国务院标准化行政主管部门制定。
- 行业标准：指没有国家标准但又需要在全国某个行业范围内执行的统一技术要求。由国务院有关行政主管部门制定，并报国务院标准化行政主管部门备案，在公布国家标准之后，该项行业标准即行废止。
- 地方标准：指没有国家标准和行业标准但又需要在省、自治区、直辖市范围内统一的工业产品的安全、卫生要求。地方标准由省、自治区、直辖市标准化行政主管部门制定，并报国务院标准化行政主管部门和国务院有关行政主管部门备案，在公布国家标准或者行业标准之后，该项地方标准即行废止。
- 企业标准：指没有国家标准和行业标准的，应当制定企业标准，作为组织生产的依据。企业的产品标准须报当地政府标准化行政主管部门和有关行政主管部门备案。

（3）存在多个数据和数字资源标准规范相关的标准化组织

在上述比较完整健全的标准化组织体系中，数据和数字资源标准规范的研制工作大致分布在以下几个行业标准化组织中：

- 全国信息与文献标准化技术委员会：简称“文标委”，成立于1979年，负责专业范围为信息和文献标准规范；[21]
- 全国图书馆标准化技术委员会：简称“图标委”，成立于2008年，主要负责图书馆管理、服务，图书馆古籍善本的收藏、定级、维修、保护，图书馆环境等领域标准化工作；[22]
- 全国新闻出版标准化技术委员会：简称“新闻出版标委会”，成立于2007年，负责全国新闻出版领域标准规范的制定、修订、宣传贯彻及其归口工作，包括：新闻出

版领域的基础性标准，以及图书、报纸、期刊、音像电子出版产品、数字出版产品在生产、管理、服务等方面的标准；[23]

- 全国信息技术标准化技术委员会：简称“信标委”，成立于1983年，主要负责信息技术领域的标准化工作，涉及信息采集、表示、处理、传输、交换、描述、管理、组织、存储、检索及其技术，以及系统与产品的设计、研制、管理、测试及相关工具的开发等方面。[24]

本书后续内容中有关中国数据和数字资源标准规范的统计分析，即主要以文标委、图标委、新闻出版标委会和信标委完成的标准规范（尤以国家标准为主）为基础进行分析。

2.2　数据和数字资源标准规范数量多、增长快

中国电子资源产业的发展起步很早，20世纪70年代即开始尝试自建数据库，90年代中期以后数据库产业开始蓬勃发展，尤其以万方数据库、中国知网（中国期刊网）等为代表的商业性数据库发展最快，已经逐步形成了产业链，并在最近几年开始走向世界。

作为电子资源行业核心竞争力要素之一的标准规范，其研究起步也很早，20世纪90年代国内相关专家就开始跟踪以DC元数据为核心的相关标准规范的发展，并在2000年之后开始研制标准规范。研制过程中，除了直接采用ISO等国际标准化组织的数字资源标准[如《信息与文献　都柏林核心元数据元素集》ISO 15836:2009，中国国标编号GB/T 25100–2010]，中国也开始自行制定国家标准、行业标准。例如2002年，在国家科技部支持下，国家科技图书文献中心（NSTL）、中国科学院文献情报中心、高等教育文献保障系统（CALIS）管理中心、国家图书馆等单位联合起来，开展“我国数字图书馆标准规范建设”大型科研项目，起草了一系列与电子资源、信息技术相关的标准规范，涉及数字资源加工、元数据、唯一标识符、信息交换协议等多方面内容。

我国自行研制的标准规范中，相当一部分最初是行业或者企业标准规范，经过应用和跨行业的一致同意，成为国家标准，编号多以GB/T（推荐性标准）开头。如图标委组织起草并颁布的《图像数据加工规范》（WH/T 46–2012）最初为文化部行业标准，后来成为国家标准《图书馆馆藏资源数字化加工规范　第3部分：图像资源》（GB/T 31219.3–2014）。

从目前可公开查阅到的文标委、图标委、新闻出版标委会和信标委的相关信息，可以看出国内数据和数字资源标准规范的数量及内容等方面的基本情况。下面这些信息主要来自国家市场监督管理总局、国家标准化管理委员会的“全国标准信息公共服务平台”、[25]“国家标准全文公开系统”、[26]各标委会的主页、相关介绍与研究文献等。

（1）成立于1979年的全国信息与文献标准化技术委员会，制定或修订了逾百项与文献信息有关的国家标准，其中涉及数据和数字资源的国家标准（现行）有39项，基本都是近十几年完成，如表1–2–3所示。

表1-2-3　全国信息与文献标准化技术委员会制定的数据和数字资源国家标准（部分）

标准规范编号	标准规范名称
GB/T 37965-2019	信息与文献　文化遗产信息交换的参考本体
GB/T 36369-2018	信息与文献　数字对象唯一标识符系统
GB/T 9999.1-2018	中国标准连续出版物号　第1部分：CN
GB/T 9999.2-2018	中国标准连续出版物号　第2部分：ISSN
GB/T 36068-2018	中国机读馆藏格式
GB/T 36067-2018	信息与文献　引文数据库数据加工规则
GB/T 13190.2-2018	信息与文献　叙词表及与其他词表的互操作　第2部分：与其他词表的互操作
GB/T 13190.1-2015	信息与文献　叙词表及与其他词表的互操作　第1部分：用于信息检索的叙词表
GB/T 34840.3-2017	信息与文献　电子办公环境中文件管理原则与功能要求　第3部分：业务系统中文件管理指南与功能要求
GB/T 34840.2-2017	信息与文献　电子办公环境中文件管理原则与功能要求　第2部分：数字文件管理系统指南与功能要求
GB/T 34840.1-2017	信息与文献　电子办公环境中文件管理原则与功能要求　第1部分：概述和原则
GB/T 35433-2017	信息与文献　图书馆及相关组织的注册服务
GB/T 35397-2017	科技人才元数据元素集
GB/T 35430-2017	信息与文献　期刊描述型元数据元素集
GB/T 34832-2017	信息与文献　CNMARC的XML表示
GB/T 34836-2017	信息与文献　文字名称表示代码
GB/T 34110-2017	信息与文献　文件管理体系　基础与术语
GB/T 34112-2017	信息与文献　文件管理体系　要求
GB/T 33994-2017	信息与文献　WARC文件格式
GB/T 32153-2015	文献分类标引规则
GB/T 32003-2015	科技查新技术规范
GB/Z 32002-2015	信息与文献　文件管理工作过程分析
GB/T 30535-2014	科技报告元数据规范
GB/T 3469-2013	信息资源的内容形式和媒体类型标识
GB/T 2901-2012	信息与文献　信息交换格式
GB/T 27702-2011	信息与文献　信息检索（Z39.50）应用服务定义和协议规范
GB/T 26162.1-2010	信息与文献　文件管理　第1部分：通则
GB/T 26163.1-2010	信息与文献　文件管理过程　文件元数据　第1部分：原则
GB/T 25100-2010	信息与文献　都柏林核心元数据元素集
GB/T 23269-2009	信息与文献　开放系统互连　馆际互借应用服务定义

续表

标准规范编号	标准规范名称
GB/T 23270.2-2009	信息与文献　开放系统互连　馆际互借应用协议规范　第2部分：协议实施一致性声明（PICS）条文
GB/T 23270.1-2009	信息与文献　开放系统互连　馆际互借应用协议规范　第1部分：协议说明书
GB/T 20163-2006	中国档案机读目录格式
GB/T 19688.5-2009	信息与文献　书目数据元目录　第5部分：编目和元数据交换用数据元
GB/T 19688.4-2005	信息与文献　书目数据元目录　第四部分：流通应用
GB/T 19688.3-2005	信息与文献　书目数据元目录　第三部分：情报检索
GB/T 19688.2-2005	信息与文献　书目数据元目录　第二部分：采访应用
GB/T 19688.1-2005	信息与文献　书目数据元目录　第一部分：互借应用
GB/T 19689-2005	信息与文献　交互式文本检索命令集

（2）成立于2008年的全国图书馆标准化技术委员会，起步较晚，但发展很快，目前已经完成了将近20项国家标准、30余项行业标准，其中涉及数据和数字资源的现行国家标准5项、行业标准19项，如表1-2-4所示。

表1-2-4　全国图书馆标准化技术委员会制定的数据和数字资源国家/行业标准（部分）

标准规范编号	标准规范名称
GB/T 33286-2016	中国机读书目格式
GB/T 31219.5-2016	图书馆馆藏资源数字化加工规范　第5部分：视频资源
GB/T 31219.4-2014	图书馆馆藏资源数字化加工规范　第4部分：音频资源
GB/T 31219.3-2014	图书馆馆藏资源数字化加工规范　第3部分：图像资源
GB/T 31219.2-2014	图书馆馆藏资源数字化加工规范　第2部分：文本资源
WH/T 72-2015	图书馆数字资源长期保存信息包封装规范
WH/T 68-2014	学位论文元数据规范
WH/T 65-2014	电子图书元数据规范
WH/T 64-2014	电子连续性资源元数据规范
WH/T 67-2014	期刊论文元数据规范
WH/T 62-2014	音频资源元数据规范
WH/T 63-2014	视频资源元数据规范
WH/T 66-2014	古籍元数据规范
WH/T 51-2012	图像元数据规范
WH/T 48-2012	数字对象唯一标识符
WH/Z 1-2012	图书馆数字资源长期保存元数据规范

续表

标准规范编号	标准规范名称
WH/T 47–2012	图书馆数字资源统计规范
WH/T 50–2012	网络资源元数据规范
WH/T 46–2012	图像数据加工规范
WH/T 45–2012	文本数据加工规范
WH/T 52–2012	管理元数据规范
WH/T 49–2012	音频数据加工规范
WH/T 43–2012	图书馆－射频识别－数据模型　第1部分：数据元素设置及应用规则
WH/T 44–2012	图书馆－射频识别－数据模型　第2部分：基于ISO/IEC 15962的数据元素编码方案

（3）成立于2007年的全国新闻出版信息标准化技术委员会，已经完成新闻出版领域的12项国家标准、53项行业标准，其中涉及数据和数字资源的标准规范约33项，如表1–2–5所示。

表1–2–5　全国新闻出版标准化技术委员会制定的数据和数字资源国家/行业标准（部分）

标准规范编号	标准规范名称
GB/T 38376–2019	新闻出版　知识服务　主题分类词表编制
GB/T 38379–2019	新闻出版　知识服务　知识单元描述
GB/T 38381–2019	新闻出版　知识服务　知识元描述
GB/T 38382–2019	新闻出版　知识服务　知识资源建设与服务工作指南
GB/T 38378–2019	新闻出版　知识服务　知识关联通用规则
GB/T 38380–2019	新闻出版　知识服务　知识资源通用类型
GB/T 38377–2019	新闻出版　知识服务　知识资源建设与服务基础术语
GB/T 32867–2016	中国标准关联标识符（ISLI）
CY/T 176–2019	数字图书阅读量统计
CY/T 177–2019	报纸新媒体内容传播量统计
CY/T 178–2019	出版物AR技术应用规范
CY/T 179–2019	专业内容数字阅读技术　标准体系表
CY/T 180–2019	专业内容数字阅读技术　阅读功能与标签
CY/T 181–2019	专业内容数字阅读技术　产品封装
CY/T 182–2019	专业内容数字阅读技术　多窗口数据通讯
CY/T 155–2017	数字期刊阅读量统计
CY/T 145.1–2016	数字出版内容卫星传输规范　第1部分：信息采集

续表

标准规范编号	标准规范名称
CY/T 145.2–2016	数字出版内容卫星传输规范　第2部分：数据导航
CY/T 145.3–2016	数字出版内容卫星传输规范　第3部分：数据传输
CY/T 145.4–2016	数字出版内容卫星传输规范　第4部分：数据接收
CY/T 145.5–2016	数字出版内容卫星传输规范　第5部分：信息回传
CY/T 133–2015	电子图书版权信息检测方法
CY/T 114–2015	电子图书质量检测方法
CY/T 125–2015	中小学数字教材加工规范
CY/T 111–2015	电子图书质量基本要求
CY/T 117–2015	电子书内容平台服务基本功能
CY/T 115–2015	电子书内容版权保护通用规范
CY/T 112–2015	电子图书版权记录
CY/T 116–2015	电子书内容平台基本要求
CY/T 110–2015	电子图书标识
CY/T 113–2015	电子图书阅读功能要求
CY/T 25–2013	电子书内容标准体系表
CY/T 82–2012	新闻出版数字资源唯一标识符

（4）成立于1983年的全国信息技术标准化技术委员会，主要负责信息技术领域的标准化工作，涉及信息采集、表示、处理、传输、交换、描述、管理、组织、存储、检索及其技术，以及系统与产品的设计、研制、管理、测试及相关工具的开发等方面。近年来，由于信息技术的快速发展，信标委制定或者修订了1200多项信息技术标准，其中一部分与数据和数字资源有关，如《信息技术　电子书　第3部分：元数据》（GB/T 18787.3–2015）、《信息技术　电子书　第4部分：标识》（GB/T 18787.4–2015）等。

2.3　标准规范内容体系完整，亟待国家标准引领发展

总结2.1和2.2节标准规范和标准化组织的发展情况，可以得出我国数据和数字资源标准规范发展的若干特点。

（1）坚持实用发展原则，努力发展标准规范

从表1–2–3、表1–2–4、表1–2–5列举的96项国家标准和行业标准来看，信息出版、信息服务、信息技术等相关行业均制定了大量的标准规范。在时间分布上（见表1–2–6），近十年逐渐加快发展速度，并努力在行业中应用，以满足行业产业发展需要。由此可见，近年来中国产业不断发展创新，对标准规范的需求在逐渐增加。

表 1-2-6 数据和数字资源国家标准/行业标准发布时间分布(单位:项)

时间	2005	2006	2009	2010	2011	2012	2013
标准数量	5	1	4	1	3	13	2
时间	2014	2015	2016	2017	2018	2019	总计
标准数量	11	15	8	12	6	15	96

(2)坚持国际化原则,努力做到与国际接轨

在标准的共识、采纳和制定方面,坚持国际化原则,加快对国际标准的跟踪研究,积极采用国际标准,努力做到与国际接轨。如中国国家标准《信息与文献 数字对象唯一标识符系统》(GB/T 36369–2018)即等同采用了“ISO 26324:2012 Information and Documentation—Digital Object Identifier System”,中国国家标准《信息与文献 都柏林核心元数据元素集》(GB/T 25100–2010)修改采用了“ISO 15836:2009 Information and Documentation—The Dublin Core Metadata Element Set”,国际标准《信息与文献 信息交换格式》(GB/T 2901–2012)等同采用了“ISO 2709:2008 Information and Documentation—Format for Information Exchange”等。

(3)标准规范内容体系较为完整

通过对表1-2-3、表1-2-4、表1-2-5列举的96项已完成的国家标准和行业标准进行内容数量和占比分析,数据和数字资源的采集编撰、加工描述、出版发布、服务发现、管理统计、长期保存、交换传递等诸多环节都有相关标准规范;与美国NISO标准规范的情况类似,都是加工描述类的标准数量最多(见图1-2-2)。

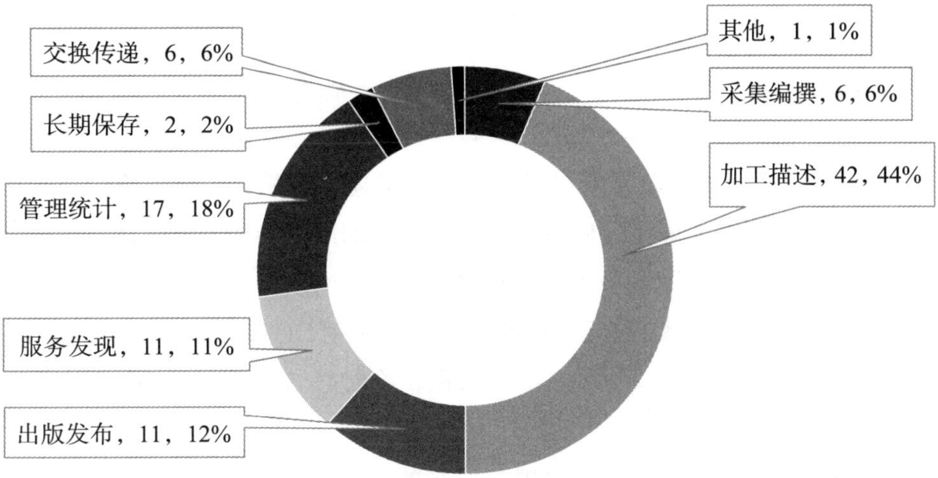

图 1-2-2 数据和数字资源国家标准/行业标准的内容分布(数量,占比)(数量单位:项)

(4)涉及相关行业较多,需要跨行业统筹协调

数据和数字资源标准规范涉及相关行业比较多,如信息技术、信息服务与文化机构(如图书馆、博物馆)、出版传播(尤其是数字出版)以及信息科学、信息管理等学科。

一方面，这些行业都在制定本行业的标准规范，因此标准规范数量多、内容分布广、标准规范领域不易缺漏；另一方面，跨行业统筹协调不足，导致部分标准重复制定，跨行业的适用性差。

以电子图书为例，信标委的《信息技术　电子书　第3部分：元数据》（GB/T 18787.3-2015）、[27]新闻出版标委会的《电子图书元数据》（CY/T 97-2013）、[28]图标委的《电子图书元数据规范》（WH/T 65-2014）[29]都是电子图书元数据标准，其内容和语义结构却有所不同（见表1-2-7）。

表1-2-7　信标委、新闻出版标委会、图标委的电子图书元数据内容和语义结构

标准起草单位	信标委	新闻出版标委会	图标委
标准规范内容	（1）电子书内容元数据，20个元素，与新闻出版标委会“电子图书元数据”基本一致。包括：题名、责任者、责任方式、出版者、描述（摘要）、文种、标识符、版本、出版日期、类型、格式、权限、学科分类、主题词、覆盖范围、定价、制作单位、制作时间、制作单位的联系方式、链接地址	电子图书的内容和属性，20个元素，包括：题名、责任者、责任方式、出版者、出版地、摘要、语种、标识符、版本、出版时间、类型、来源、格式、权限、学科分类、关键词、定价、制作者、制作时间、链接地址	基于DC元数据的描述元数据，19个元素，包括：题名、创建者、主题、描述、出版者、其他责任者、日期、类型、格式、标识符、来源、语种、关联、时空范围、权限、版本、馆藏信息、价格、书评
	（2）电子书设备元数据，20个元素，包括：产品名称、生产者、型号、功能、出厂时间、屏幕尺寸、支持格式、分辨率、色彩、刷新率、设备编号、外观颜色、产品规格、操作系统、外部环境、待机时间、屏幕类型、存储容量、配件、电池		
元数据语义结构	元素单层结构	元素单层结构	元素+修饰词结构

从内容上看，3个元数据规范对电子书内容的描述大致相同，其中信标委的标准还增加了电子书设备元数据，兼顾了硬件行业。从元数据的语义结构上看，新闻出版标委会和信标委的“电子图书元数据”均采用了元素单层结构，而图标委“电子图书元数据”则采用了元素+修饰词结构。虽然3种元数据都可以通过映射DC核心元数据集进行数据转换，但由于元素定义方法不同、语义结构不同，数据转换时必然会丢失一部分内容，影响数据的共享和互操作。

从标准制定的角度看，3个元数据规范发布的时间分别为2013年、2014年、2015年；在标准的“规范性引用文件”内容中，分别说明了标准规范制定时都参照了不同版本的“DC核心元数据元素集”，但彼此之间却没有协调和参照。按照《中华人民共和国标准化法》规定（见2.2.1节），公布国家标准之后即废止行业标准，应该以信标委《信息技术　电子书　第3部分：元数据》（GB/T 18787.3-2015），代替新闻出版标委会的《电子图书元数据》(CY/T 97–2013)和图标委的《电子图书元数据规范》(WH/T 65–2014),但由于缺乏协调,跨行业的实施比较困难,也并未见有书面说明注明后二者被代替或被废止。

(5)标准的公开获取、宣传维护与应用培训有待加强

要让国家标准真正得到应用,引领行业发展,就需要加强标准的公开获取、宣传维护与应用培训。从上述96项标准规范来看,带有GB编号的国家标准为52项,超过了二分之一,国家标准的数量和比例还是比较合适的。在这52项国家标准中,发布日期超过5年的标准规范又接近50%。这说明:

一是应建立专门的维护更新组织(或由现有的标委会真正兼顾起来),不断开展宣传推广工作,开展线上线下的国家标准培训,推进国家标准的广泛应用。

二是要加强标准全文的开放获取,在国家标准化管理委员会的“国家标准全文公开系统”(http://openstd.samr.gov.cn/bzgk/gb/index)之外,增加行业标准的公开获取,使公众可以方便获取标准规范全文,便于执行。

三是需对发布超过5年的标准规范,进行定期审核、评估和修订更新,以保证标准规范的活力和可持续发展。

仍以前文所述“电子图书元数据”为例,如果信息出版、信息服务、信息技术等不同行业对同一事项采用不同的标准规范,上游出版行业和下游服务行业采用不同的电子图书元数据标准,必然会导致数据的可发现性、易用性、复用性、互操作性、共享性都比较差,数据在不同平台之间无法做到无缝迁移,电子书行业也就难以克服技术障碍而获得快速发展。如果要改变这一点,一是要宣传和培训信标委制定的国家标准《信息技术 电子书 第3部分:元数据》(GB/T 18787.3–2015),推进其应用并发挥其引领作用;二是要吸纳行业标准的优点,特别是参照图标委的《电子图书元数据规范》(WH/T 65–2014),对国家标准进行修订和更新,信息产业链中各利益相关方才能加强跨行业的合作,保证标准规范能够反映不同行业的需求。

(6)推进实现“国家标准国际化”,提升中国的数字资源产业综合竞争力

在努力实现“国际标准本地化”的过程中,也亟须实现“国家标准国际化”的转变。从产业链的早期阶段提高竞争水平,提升中国数字资源产业综合竞争力,为中国的数据和数字资源相关产业走向世界、得到国外用户的认可做出贡献。

以上可以看出,近年来相关的国家标准和行业标准增长很快,2014—2019年增长的标准规范数量,是2005—2013年标准规范数量总和的2倍多(见表1–2–6)。与此同时,近年来信息相关产业行业发展极快,以数字出版产业为例,2016年数字出版(含互联网期刊、电子图书、数字报纸、博客应用、在线音乐、网络动漫、移动出版等)收入已经达5720.85亿元,比2015年增长29.90%;[30] 2018年,则达到8330.78亿元,[31] 比2016年又增加了46%。在这种情况下,要努力推进行业产业和标准规范这两方面的发展融合,一方面要不断制定跨行业通用、跨产业全流程的国家标准,另一方面要持续宣传、推广、培

训，促进其应用，改变“产业发展在前，标准规范滞后”的状况，使标准规范创新与产业行业发展并行，成为推动行业产业发展的基础之一，同时更好地规范和促进产业行业的发展。

第三节 数据和数字资源标准规范实例

本节以第一节图1-1-5“基于生命周期理论的数据和数字资源标准规范内容体系”为基础，选取若干国内外数据和数字资源标准规范案例简单介绍。其中，一部分标准规范属于近十年来内容较新（新起草版本或更新版本）、国内研究关注不多却很重要、可以推荐给相关产业行业的标准规范，这部分的译文和详细研究报告见本书第二至十四章；另一部分可以根据参考文献找到全文，其中有一些标准在国内已有较大影响，甚至已成为国际标准。

需要说明的是，各个案例的标准规范内容分类归属并不唯一，有些可以同时归属不同的类，这里只是比较粗略的内容分类而已。如《图书馆馆藏资源数字化加工规范 第3部分：图像资源》（GB/T 31219.3-2014）归属采集编撰类，但有一部分内容也属于加工描述类；《信息与文献 信息交换格式》（ISO 2709:1996 Information and Documentation—Format for Information Exchange，美国国家标准编号ANSI/NISO Z39.2，中国国家标准编号GB/T 2901-2012）是一种数据格式，既用于描述信息对象，也用于交换，因此可以归入加工描述类，但也与交换传递类紧密相关。

1 采集编撰类标准规范

《图书馆馆藏资源数字化加工规范 第3部分：图像资源》（GB/T 31219.3-2014 Specification of Library Collections Digitization—Part 3: Image Resources）：全国图书馆标准化技术委员会制定的国家标准，2014年9月由国家质量监督检验检疫总局、中国国家标准化管理委员会发布，2015年1月开始实施。该标准规定了图书馆等文化和信息服务机构（如博物馆）图像类馆藏资源（如普通图书类、胶卷胶片类、古籍类、拓片地图类、手稿乐谱类、照片彩绘类、报纸类等）的数字化加工标准和工作规范，包括长期保存级、复制加工级、发布服务级的参数，数字化加工设备的选择，数字化加工技术和流程，元数据加工，数字对象命名规则，质量控制等。该标准既适用于非数字化的以不同形式和载体存储的信息资源，又适用于最初产生时即以数字图像形态存在的原生数字图像资源，也适用于文献经过数字化加工后派生出的数字图像资源。[32]

《图书的需求驱动采购》（NISO RP-20-2014 Demand Driven Acquisition of Monographs，NISO DDA）：美国国家信息标准协会（NISO）发布的推荐实施规范，2014年6月发布英文版，2018年3月发布中文版。需求驱动采购（DDA），也称为用户驱动采购，是图书馆进行馆藏发展特别是电子图书采购的一种方法，即用户从备选书目库选书后，图书馆按照用户需求采购图书。作为一种采购方式，DDA最早出现于1998年，后来因为应用广泛，出版商、经销商、集成商、图书馆等各方面都希望对此有所规范，NISO遂于2012年成立了工作组并制订了该推荐实施规范，其推荐内容包括：DDA的要素、目标、项目参数选择、配置选项、DDA的MARC书目记录管理、备选书目库图书的删除、项目评估、对未拥有资源提供长期使用、DDA联盟考量、公共图书馆DDA等。NISO DDA是常用于电子图书的推荐实施规范，也可用于印本出版物。NISO DDA推荐实施规范的发布，为图书馆有效管理需求驱动采购项目提供了指南，促使图书出版业设计灵活多样的需求驱动采购模式，促进各利益相关者之间的协调与合作。详细内容和研究见本书第二章。

2 加工描述类标准规范

《信息与文献 数字对象唯一标识符系统》（GB/T 36369-2018，Information and Documentation—Digital Object Identifier System）：由全国信息与文献标准化技术委员会制定，2018年6月由国家市场监督管理总局、中国国家标准化管理委员会发布，2019年1月开始实施。该标准等同采用了ISO的《信息与文献 数字对象唯一标识符系统》（ISO 26324:2012 Information and Documentation—Digital Object Identifier System）标准，规范了数字对象唯一标识符（Digital Object Identifier，DOI）及其系统的如下相关内容：（1）DOI名称的语法和显示；（2）包括分配原则、颗粒度、描述、唯一性和持久性在内的分配方法；（3）DOI解析功能组件；（4）包括DOI元数据在内的对DOI名称进行创建、注册和管理的基本原则和内容。这个标准主要用于信息加工中赋予资源对象唯一标识。根据其内容，DOI名称可以用来标识任何形式的对象，无论对象是物理的或数字的，还是抽象的；一个DOI名称被永久性地分配给一个对象，提供关于该对象当前信息的可解析的持久链接，包括互联网中对象的位置和信息，并且一直保持不变；在DOI系统中，一个DOI名称可以被嵌入不同类型的系统或地址中，如URL地址、E-mail地址、其他标识符体系、描述性元数据等，并且可以被永久解析，解决了网络环境下数字对象因环境变化而常常“失联”的难题。[33]

《信息与文献 都柏林核心元数据元素集》（GB/T 25100-2010，Information and Documentation—The Dublin Core Metadata Element Set）：由全国信息与文献标准化技术委员会制定，2010年9月由国家质量监督检验检疫总局、中国国家标准化管理委员会发布，2010年12月开始实施。该标准参考“都柏林核心元数据计划”（Dublin Core Metadata

Initiative，DCMI）和美国国家标准《都柏林核心元数据元素集》（ANSI/NISO Z39.85:2007 The Dublin Core Metadata Element Set），修改采用了ISO的《信息与文献　都柏林核心元数据元素集》（ISO 15836:2009 Information and Documentation—The Dublin Core Metadata Element Set），主要用于在信息加工中对资源对象的内容及外在特征进行描述。

都柏林核心元数据，起源于1995年3月在美国俄亥俄州的都柏林（Dublin）召开的第一次元数据研讨会，这次会议讨论制定出一个核心的元数据集用于数字资源的发现，并以会议的地点将这个核心集命名为Dublin Core Metadata，简称DC。此后DC逐步发展成为具有规范的语义定义和内容编码体系的比较成熟的元数据标准，并以其简单性、模块化、可扩展性、可交换性、可选择性、可重复性、可修改性、多语种化等特点，在多个国家广泛应用，被翻译成30多种语言，2003年成为国际标准（ISO 15836:2003），此后又进一步修改，编号为“ISO 15836:2009”和“ISO 15836-1:2017”。

《信息与文献　都柏林核心元数据元素集》（GB/T 25100-2010）描述了DC的15个元素，每一个元素均有一个用于人阅读的描述性标签（label，中文）和一个用于计算机处理的唯一标记，即元素名称（name，英文），包括名称（title）、创建者（creator）、主题（subject）、描述（description）、出版者（publisher）、其他责任者（contributor）、日期（date）、类型（type）、格式（format）、标识符（identifier）、来源（source）、语种（language）、关联（relation）、时空范围（coverage）、权限（rights）。作为核心元数据元素集，这是一个应用于不同领域间资源描述的标准，是根据各类资源的共同特点确定的，在实施中往往还需要增加各种专门领域的元数据，扩展构成各种应用纲要（application profile）的形式。[34]

《知识库及其相关工具推荐实施规范》[NISO RP-9-2014 Knowledge Bases and Related Tools (KBART) Recommended Practice，KBART]：美国国家信息标准协会（NISO）发布的推荐实施规范，2010年发布第1版（编号NISO RP-9-2010），2014年3月发布第2版（编号NISO RP-9-2014），2019年6月发布《KBART自动化：自动检索电子馆藏》（编号NISO RP-26-2019），目前已启动第3版修订；中文版根据第2版翻译而成，2018年3月发布。KBART是为了解决开放链接（OpenURL）有效性而产生的推荐实施规范，主要用于规范加工电子资源知识库中的链接数据、提高知识库数据效率。它对内容提供商和知识库开发商之间的元数据交换和传输的方法、频率、格式等都做了细致的规范，并进一步扩展到联盟、开放获取内容、电子书和会议论文集等。它为信息供应链中的各利益相关者提供了关于元数据在OpenURL标准中作用的直接指导，为出版商、集成商、代理商、技术提供商和图书馆员推荐数据格式和交换指南，用于各自知识库中馆藏数据使用时的信息交换。KBART第1版侧重于期刊文献，第2版对原版本内容进行了扩展，解决了元数据供应中更细粒度、更复杂的问题，包括与联盟相关的元数据传输、开放获取出版物的元数据传输、电子图书和会议论文集的元数据传输等。目前KBART已被国外多家内容提供商认可和使用。详细内容和研究见本书第三章。

《PIE-J：电子期刊的展示与标识》(NISO RP-16-2013 PIE-J: The Presentation & Identification of E-Journals，PIE-J)：美国国家信息标准协会（NISO）发布的推荐实施规范，2013年3月发布英文版，2018年6月发布中文版。PIE-J旨在为电子期刊出版商和内容供应商提供加工指引，规范电子期刊元数据的描述展示，提高使用者查找期刊文章的效率和准确率，解决困扰出版界及图书馆界已久的电子期刊元数据标识不规范而引发的一系列问题。PIE-J主要提出了几方面的规范：刊名变更后电子期刊元数据的标识、刊名历史的清晰展示、电子期刊ISSN号的准确提供、编次体系的清晰显示以及原始出版信息的保留、从便于使用者获取角度标识的元数据、纸本期刊原貌的完整保留等。在PIE-J常务委员会不断的推广鼓励下，PIE-J为众多的出版商熟知并采用，对中国电子期刊的出版、展示和标识，以及电子期刊出版商和供应商无疑具有重要参考价值。详细内容和研究见本书第四章。

《信息交换格式》[ANSI/NISO Z39.2-1994 (R2016) Information Interchange Format，ANSI/NISO Z39.2]：美国国家标准，最近一次修订和重申确认（reaffirm）后的发布时间为2016年3月，2018年3月发布中文版。ANSI/NISO Z39.2规定了适用于描述所有形式资源的MARC书目信息数据的通用交换格式要求，可应用于系统之间的数据交换以及任何不同媒介之间的记录交换。Z39.2诞生于1966年，最初就是为了推出机器可读的机读目录MARC格式；此后经历了数次修订与审核，1969年3月得到Z39标准委员会批准；1970年7月，通过美国国家标准学会（ANSI）的批准；1971年，首次被认证为美国国家标准《书目信息磁带交换格式》(ANSI Z39.2-1971 Format for Bibliographic Information Interchange on Magnetic Tape)；1974年开始再次修订，后被认证为《信息科学：文献著录信息交换》(ANSI Z39.2-1979 Information Sciences-Bibliographic Information Interchange)；此后又进行了一系列的修订，1994年被批准为《信息交换格式》(ANSI / NISO Z39.2-1994 Information Interchange Format)，该版本在2016年3月24日重新认证，编号为ANSI/NISO Z39.2-1994 (R2016)。

ANSI/NISO Z39.2-1994是Z39.2标准的最后一个版本，之后于2005年被ISO采用，并作为最新标准命名为《信息与文献　信息交换格式》(ISO 2709:1996 Information and Documentation—Format for Information Exchange)，在国际上替代了Z39.2。Z39.2诞生半个多世纪以来，被北美乃至全世界各国信息相关组织所接纳，得到了广泛应用，并被各个国家根据本国实际情况改编，衍生出众多具有各国特色的MARC格式，如UKMARC（英国）、CANMARC（加拿大）以及国际通用的UNIMARC等，中国的CNMARC也是参照了这些标准制定的。而ISO 2709:1996在中国也被等同采用，命名为《信息与文献　信息交换格式》(GB/T 2901-2012)。详细内容和研究见本书第七章。

《访问许可及其标识》(NISO RP-22-2015 Access License and Indicators，ALI)：美国国家信息标准协会（NISO）发布的推荐实施规范，2015年1月发布英文版，2020年3月发布中文版。ALI的诞生与全球数字资源出版规模逐步扩大、用户对开放资源获取需求和利用激增相关，其目标是通过一种标准化的方式在文章级别描述和特定作品显示的权利状态，从而使读者以简明的方式了解特定作品是否可以免费使用或拥有怎样的再利用权利，以达到明晰出版商、集成商、内容提供商、基金资助者、机构管理者、图书馆及下游用户之间权利的目的，避免权利边界模糊导致的利益冲突和法律风险。ALI规定了标记加工免费阅读内容的元数据标识，以及使用/再用该内容的许可条款的链接。基于这些标识，人和机器得以确定该内容的免费阅读状态。在很多情况下，“免费阅读”(free to read)和“许可参见”(license reference)元数据的结合使用标识了开放获取内容。这些标识包括日期成分，便于人和机器都可以充分理解内容的访问权和再用权随着时间推移而产生的变化。ALI目前在美国得到了相关标准如《JATS：期刊文章标签集》(ANSI/NISO Z39.96-2015 JATS: Journal Article Tag Suite，JATS)的认可和使用，部分出版社如施普林格·自然出版集团(Springer Nature)、发现服务系统如Primo也开始应用ALI的两个元数据；我国的学者也受到启发，开始关注这方面的进展和应用。详细内容和研究请见本书第八章。

《书目款目的馆藏说明》[ANSI/NISO Z39.71-2006 (R2011) Holdings Statements for Bibliographic Items，ANSI/NISO Z39.71]：美国国家标准，1999年发布初版(编号Z39.71-1999)，2006年10月发布修订版(编号ANSI/NISO Z39.71-2006)，2011年3月对修订版再次重申确认后编号为ANSI/NISO Z39.71-2006 (R2011)，2020年4月发布中文版。ANSI/NISO Z39.71规定了书目款目馆藏说明的加工与展示要求，以确保馆藏信息交流和交换的一致性。其现行版本ANSI/NISO Z39.71-2006 (R2011)坚持了一个馆藏说明标准的原则，著录方式更灵活，协调了不同标准间标识符号的冲突，解决了同题名多版本文献著录的难题，术语界定简明易懂，适用于任何实体或电子载体书目款目的馆藏说明，适用于文献收藏机构直接管理或通过其他途径获得的电子资源，适用于手工和机读方式的馆藏记录。详细内容和研究见本书第十章。

3 出版发布类标准规范

《期刊文章在线补编材料推荐实施规范》(NISO RP-15-2013 Recommended Practices for Online Supplemental Journal Article Materials)：美国国家信息标准协会(NISO)发布的推荐实施规范，2013年发布。这是NISO和美国国家先进信息服务联合会(National Federation of Advanced Information Services，NFAIS)联合研制的标准，主要目标是帮助学术出版界在快速变化的技术环境中研发出一种标准化方法，对已出版网络期刊文章的补充材料进行收录、处理、出版发布和保存，以减轻出版流程中各参与方(作者、编辑、同行评审专家、出版者、图书馆、二次文献制作方、长期保存方)的压力和负担，确保与期刊文章相关的补充材料能够加入学术交流中并得到保存。本标准涉及的实践环节包括：补充材料的遴选、编辑、管理和收录、确保发现和可查找，参考文献引用，元数据和封装，链接维护，提供上下文背景，补充材料保存，权限管理，等等。[35]

《专业内容数字阅读技术　产品封装》（CY/T 181–2019，Professional Content Digital Reading Technology-Product Package）：全国新闻出版标准化技术委员会制定的行业标准，2019年5月由国家新闻出版署发布，同年7月开始实施。该标准是“专业内容数字阅读技术”系列标准之一，主要用于新闻出版行业专业内容数字阅读产品的设计、开发、封装和应用，规定了新闻出版行业专业内容数字阅读产品的封装目的、封装原则、封装结构和技术规范、产品封装包以及扩展原则，以便将资源信息可以完整、规范和可靠地整合在一起，形成相对独立的产品封装信息包，保证产品在不同系统、不同程序和硬件上能够出版发布，并实现同样的使用效果。①

4　服务发现类标准规范

《电子图书阅读功能要求》（CY/T 113–2015，Requirements of E-book's Reading Function）：全国新闻出版标准化技术委员会制定的行业标准，2015年1月由国家新闻出版广电总局发布和实施。该标准规定了阅读电子图书时必备和可选功能、性能的基本要求，包括内容展示功能、检索功能、下载等辅助功能、支持多种格式等系统功能，保障了电子图书的阅读服务、检索服务、下载服务、封装交换等多种功能的实现。[36]

《开放发现倡议：提升发现透明度》（NISO RP–19–2020 Open Discovery Initiative: Promoting Transparency in Discovery，ODI）：美国国家信息标准协会（NISO）发布的推荐实施规范，2014年6月发布第1版（编号NISO RP–19–2014），2020年6月发布修订版（编号NISO RP–19–2020），中文版据第1版翻译而成，并于2018年3月发布。最近十多年来，图书馆的发现服务普遍使用集中式元数据仓储（中心索引），以实现对其大部分资源的统一检索。这些资源既包括来自众多内容提供商的授权资源，也包括免费资源。所以，基于集中式元数据仓储的发现服务是一个复杂的生态系统，涉及内容提供商、图书馆和发现服务提供商之间相互关联的问题与利益。ODI通过对元数据、信息公开、技术格式、公平链接、文件格式与传输方式、使用统计等相关问题的探索，为内容提供商、发现服务提供商和图书馆提供了最佳实施规范。ODI提高了发现服务中内容覆盖的透明度，推动了基于集中式元数据仓储的图书馆发现服务的发展。ODI目前已经得到了国外内容提供商、发现服务提供商和图书馆的广泛认可和多方应用。详细内容和研究见本书第五章。

---

① 据国家新闻出版署 2019 年 5 月发布的版本。——作者注

5 交换传递类标准规范

《连续出版物内容交换协议》(NISO RP-23-2015 Protocol for Exchanging Serial Content，PESC)：美国国家信息标准协会（NISO）发布的推荐实施规范，2015年5月发布，2019年8月发布中文版。PESC是针对连续出版物内容在不同环境之间交换传递而制定的规范，可以和《连续出版物在线信息交换标准》(ONIX for Serials)共同使用。众所周知，连续出版物涵盖的类型和传递范围极广，从通俗杂志到学术期刊，从以图片为主的内容到以文本为主的内容，从每日添加新内容（甚至每小时添加新内容）的出版物到几年添加一次新内容的出版物，等等。连续出版物内容和数量的激增，加之内容提供者为特定连续出版物打包的方式可能无法匹配内容接收方的需求，使得连续出版物所处的交换环境高度复杂，不同的合作方都难以低成本、高效率地进行内容交换。PESC规范了传递的内容包格式和一致性标准，提升了传递效率和数据质量，并通过实例提供了关于连续出版物内容包装和交换的实施指南，使得大规模的连续出版物内容接收和管理的自动化成为可能。详细内容和研究见本书第六章。

《转让实施规则，3.0版》(NISO RP-24-2015 Transfer Code of Practice，Version 3.0，Transfer 3.0)：英国连续出版物集团（UKSG）和美国国家信息标准协会（NISO）先后主持并发布的推荐实施规范，2007年4月UKSG发布第1版，2008年9月UKSG发布第2版，2014年转由NISO主持，同年发布第3版Transfer 3.0，2019年发布第4版Transfer 4.0（编号NISO RP-24-2019）。中文版据第3版翻译而成，2018年9月发布。《转让实施规则》的出现，是因为近年来期刊更换出版者、发布平台、数据库商、集成商的现象（称为“期刊转让”或者“期刊迁移”）越来越普遍，对图书馆、中间机构和读者都造成了负面影响，最常见的问题是在线访问失效或无法继续订阅。《转让实施规则》明确了为什么期刊会被迁移、迁移涉及什么以及最严重的问题发生在哪里，其目标是推出一套适用于在线期刊（而非印本期刊）从一个出版商或出版平台迁移到另一个出版商或出版平台时的迁移指导标准，尤其对出版商、数据库商提出了流程规范，并鼓励业界接受这些标准作为期刊出版质量和性能的水平基线。详细内容和研究见本书第十一章。

《分析优化开放链接（IOTA）：面向链接解析器供应商的推荐实施规范》[NISO RP-21-2013 Improving OpenURLs Through Analytics（IOTA）：Recommendations and Enlightenment for Link Resolver Providers，IOTA]：美国国家信息标准协会（NISO）发布的推荐实施规范，2013年4月发布，2020年3月发布中文版。IOTA起源于开放链接（OpenURL）标准的实施应用。NISO于2004年制定了开放链接OpenURL 1.0标准（即ANSI/NISO Z39.88-2004 The OpenURL Framework for Context-Sensitive Services，情景敏感服务的开放链接框架），主要用于解决出版商、数据库商、集成商链接关系脆弱的问题，

并使链接解析器在诸多复本中链接到“适当复本”（appropriate copy）。这项技术标准可以很好地支持链接图书馆供应链中的各种资源，比如用户从检索结果的元数据或引文等，直接链接图书馆的书目记录或者文章全文。典型的学术图书馆每周可收到数千个OpenURL链接请求，但随之出现的问题是，这些馆藏链接或者全文链接往往不是很稳定，不能如预期的那样准确工作，导致图书馆服务质量下降。NISO试图通过分析改进OpenURL即IOTA标准弥补这一缺陷，使OpenURL引用链接系统更加精确，解决OpenURL元数据质量不均衡的问题。IOTA的主要工作原理是依据特定的评估指标，通过收集和分析数据，挖掘出正常工作和非正常工作的OpenURL，生成分数，从而对内容提供商开放链接质量进行测量评估；还可以让OpenURL提供者查明链接问题，寻找并发现OpenURL错误解析的原因，进一步优化开放链接。详细内容和研究见本书第十二章。

6 管理统计类标准规范

《开放存档信息系统参考模型》（CCSDS 650.0-M-2 Reference Model for an Open Archival Information System，OAIS）：由美国空间数据系统咨询委员会（Consultative Committee for Space Data Systems，CCSDS）2002年发布、2012年修订的信息保存系统模型推荐实施规范。[37] OAIS作为一个开放式保存信息系统模型，是由人和系统共同组成的，承担保存信息和传递信息的责任。OAIS系统由6个主要功能模块组成，分别为摄取（ingest）、存档（archival storage）、数据管理（data management）、访问（access）、管理（administration）、长期保存规划（preservation planning）。这6个模块相互作用，共同完成OAIS的保存和服务功能。OAIS系统为信息生产者、信息管理者、信息消费者提供了一个标准化的交互环境，在这个环境中，信息以标准化的提交信息包（Submission Information Package，SIP）、存档信息包（Archival Information Package，AIP）、发布信息包（Dissemination Information Package，DIP）封装形式，在不同的功能模块之间完成交互；同时，通过系统管理模块以及有关政策、规范、程序、工作流等来监测和控制整个系统的运行。OAIS模型的实现，可以保障接收信息生产者的适当信息，对信息进行控制和长期保存，确保信息消费者能够理解、获取和使用这些信息。OAIS系统适用于生产和制作长期可用信息的组织和机构，也适用于负责处理和发布此类信息的其他组织和机构，被人们普遍认可为数字信息管理和长期保存系统的基本构架，并在2012年被应用为ISO的标准，重新命名为《空间数据和信息传递系统—开放存档信息系统（OAIS）—参考模型》（ISO 14721:2012 Space Data and Information Transfer Systems-Open Archival Information System (OAIS)-Reference Model）。[38]

《NISO替代评价计量项目成果》（NISO RP-25-2016 Outputs of the NISO Alternative Assessment Metrics Project，NISO Altmetrics）：美国国家信息标准协会（NISO）发布

的推荐实施规范，2016年9月发布，2020年8月发布中文版。传统的文献计量学是以引文数据为主，从一定程度上表明学术成果的影响力，但引文数据无法有效计量用户在线行为、社交媒体影响力、文献管理软件中收录参考文献情况等，且无法衡量非传统学术成果（如数据集、软件工具等）引用量。因此，替代计量学作为一种在知识环境中衡量某项研究学术影响力的扩展方法，受到越来越多的关注和应用。NISO Altmetrics项目始于2013年，旨在克服阻碍替代计量法被广泛采用的局限性并填补若干空白领域，其成果NISO Altmetrics推荐实施规范注重包括图书馆员、研究管理者、人力资源招聘委员会成员、基金机构成员、学者/研究人员、出版社/编辑、媒体机构从业人员/公共信息机构从业人员/记者、内容平台提供者在内的8个利益相关方的共同需求，在以下方面取得成就：（1）细化了替代评价计量成果类型，既有期刊论文、图书或图书章节等传统文献类型，也有研究数据集、科学软件、会议海报和演示文稿、学位论文、电影、戏剧或音乐演出、博客、讲座、在线课程和教学活动等新兴类型；（2）建立了数据计量标准，如数据集、数据引用、数据使用等概念；（3）促进研究成果使用永久标识符；（4）构建数据质量指标体系；（5）建议、鼓励提交数据质量规范报告。NISO Altmetrics推荐实施规范发布以后，在美国受到了各利益相关方的广泛关注和宣传推广，并在实际工作中得到实施应用；在中国也引起了学者的广泛关注和热烈讨论，部分机构库和社交媒体开始嵌入相关的计量工具。详细内容和研究见本书第九章。

《标准化电子资源使用统计收割协议（SUSHI）》[ANSI/NISO Z39.93-2014 The Standardized Usage Statistics Harvesting Initiative (SUSHI) Protocol，ANSI/NISO Z39.93]：美国国家标准，2007年10月发布第1版（编号ANSI/NISO Z39.93-2007），2013年1月发布第2版（编号ANSI/NISO Z39.93-2013），2014年12月再次发布修订版（编号ANSI/NISO Z39.93-2014），2020年4月发布中文版。ANSI/NISO Z39.93是应图书馆希望更高效地收集符合《网络电子资源在线使用统计》（Counting Online Usage of Networked Electronic Resources，COUNTER）标准的使用数据之需而产生的数据采集与传输的标准协议，解决了图书馆长期以来手工处理COUNTER格式的使用统计数据的问题。该标准实现了图书馆电子资源使用数据的自动化收割和管理目标。Z39.93定义了一个利用Web服务（Web Services）框架收割电子资源使用数据的自动请求与响应模式，这个模式代替人工来收集使用数据的统计报告。该标准基于“简单对象访问协议”（Simple Object Access Protocol，SOAP）传输请求与响应消息，使用版本化的Web服务描述语言（Web Services Description Language，WSDL）描述Web服务的命名空间和操作，并包含SUSHI传输句法的XML Schema。详细内容和研究见本书第十三章。

《NISO SUSHI协议：COUNTER-SUSHI实施纲要》（NISO RP-14-2014 NISO SUSHI Protocol: COUNTER-SUSHI Implementation Profile，COUNTER-SUSHI）：中文全称可以逐字翻译为“美国国家信息标准协会标准化电子资源使用统计收割协议：网络电子资

源在线使用统计-标准化电子资源使用统计收割协议实施纲要”，美国国家信息标准协会（NISO）发布的推荐实施规范。2012年8月发布第1版（NISO RP-14-2012），2014年随着SUSHI修订版（ANSI/NISO Z39.93-2014）的发布，COUNTER-SUSHI也升级发布了第2版（NISO RP-14-2014），2020年8月发布中文版。COUNTER-SUSHI是SUSHI协议应用的配置框架指导，用于提升SUSHI客户端和服务器实施过程中的交互性和一致性，不仅为SUSHI服务端及客户端应用的开发者提供指南，还可为COUNTER审核员验证内容提供商的SUSHI服务器提供依据。COUNTER-SUSHI侧重讨论了通过SUSHI协议提供COUNTER报告传递的各类不同XMLSchema，推荐了SUSHI检索COUNTER报告时如何定义SUSHI请求和SUSHI响应信息以及COUNTER XML报告格式，并提供了XML文件内容的指南以及一些SUSHI实施的实用主题，如安全性、SUSHI客户端身份验证。详细内容和研究见本书第十四章。

7　长期保存类标准规范

《保存元数据实施战略》（PREservation Metadata: Implementation Strategies，简称PREMIS）：由美国联机图书馆中心（OCLC）和研究图书馆组织（RLG）联合发起并制定，是支持保存数字资源对象并确保其长期可用性的保存元数据国际标准。目前最新版本为PREMIS 3.0版，由美国国会图书馆（Library of Congress，LC）资助，PREMIS编辑委员会负责维护更新，发布在美国国会图书馆网站上并具备永久域名，以鼓励人们应用。[39]

PREMIS的制定源起于2003年，其最初目标是定义一个核心的、具有普适意义的、由数据字典支持的保存元数据集；确定并评估可供数字对象保存系统选择的元数据编码、保存、管理和交换的策略。2005年，OCLC和RLG联合工作组发布了一份237页的《保存元数据数据字典：PREMIS工作组最终报告》（Data Dictionary for Preservation Metadata: Final Report of the PREMIS Working Group），内容包括：（1）PREMIS 数据字典1.0版；（2）相关的背景与数据模型等报告；（3）特别主题、术语、应用举例。这部数据字典以保存元数据框架为起点，定义了一套可执行的保存元数据核心元素和数据模型，并提供了实施、使用和管理保存元数据的指南。PREMIS数据字典在当年即获得了“数字资源典藏联盟”（Digital Preservation Coalition）的“数字资源保存年度奖”和“英国保存奖”（British Conservation Awards）之“数字保存奖”，2006年又获得“美国档案管理员保存发布奖”（American Archivists Preservation Publication Award）。此后PREMIS不断进行修订，2008年发布了《PREMIS保存元数据数据字典2.0版》（PREMIS Data Dictionary for Preservation Metadata Version 2.0）；2015年发布了PREMIS 3.0版。此外，PREMIS工作组还发布了XML Schema并更新到3.0版；2011年发布了PREMIS OWL本体方案，已更新到了3.0版。

PREMIS 3.0版包括数据字典、XML Schema以及相关支持文档，全面支持在数字保存系统中实现保存元数据的应用。其数据字典构建基于5个实体的数据模型定义：知识实体、对象、事件、权限和代理。数据字典中定义的每个语义单元，在数据模型中都具备一个实体属性。从数据和数字资源发展的角度看，PREMIS的发布使保存元数据从概念走向了应用，从理论向实践推进了一大步，使保存机构在保存元数据的编码、封装、存储、管理和应用方面具备了可行性；特别是这项跨机构跨行业的保存元数据标准，既建立在大量机构的保存实践经验的基础上，又在数字资源长期保存领域统一了多方面的意见和观点，最大限度上实现了各领域数字资源长期保存的共享目标。

《图书馆数字资源长期保存元数据规范》（WH/Z 1–2012，Preservation Metadata Specification for Digital Library）：由全国图书馆标准化技术委员会制定的行业标准化指导性技术文件，2012年由文化部发布。该标准基于“开放存档信息系统”（Open Archival Information System，OAIS）模型，修改采用了《保存元数据实施战略》PREMIS 2.1版，强调包括知识实体、对象、事件、权限和代理5个实体的数据模型，应用了PREMIS的核心保存元数据和数据字典，以使保存元数据能够在保存系统中支持和记录数字资源保存过程，包括：创建清晰的数字资源来源记录并记录其随时间而改变的流程；记录数字对象的真实性，证明没有被无法记录的方式所改变；记录数字对象经历的技术处理；描述数字对象的技术环境和起源环境；制定权限管理信息；等等。[40]

参考文献

［1］马费成，宋恩梅，赵一鸣. 信息管理学基础［M］. 第3版. 武汉：武汉大学出版社，2018：1—13.

［2］崔宇红，李伟绵. 科学数据管理实践［M］. 北京：科学出版社，2021：1—30.

［3］International Federation of Library Associations and Institutions (IFLA). Key Issues for e-Resource Collection Development: a Guide for Libraries［EB/OL］.［2024-12-20］. https://www.ifla.org/wp-content/uploads/2019/05/assets/acquisition-collection-development/publications/Electronic-resource-guide.pdf.

［4］肖珑，张春红，等. 数字信息资源的检索与利用［M］. 第3版. 北京：北京大学出版社，2024：10—15.

［5］中华人民共和国国家质量监督检验检疫总局，中国国家标准化管理委员会. 标准化工作指南　第1部分：标准化和相关活动的通用术语（GB/T 20000.1–2014）［S］. 北京：中国标准出版社，2015.

［6］Data Observation Network for Earth (DataONE). Data Life Cycle［EB/OL］.［2021-08-10］. https://old.dataone.org/data-life-cycle.

［7］肖珑，申晓娟. 国家图书馆元数据应用总则规范汇编［M］. 北京：国家图书馆出

版社，2011：5—8.

［8］国家市场监督管理总局，国家标准化管理委员会. 全国标准信息公共服务平台［EB/OL］.［2021–08–10］. http://std.samr.gov.cn/.

［9］International Organization for Standardization (ISO).ISO 26324: 2012 Digital Object Identifier System［EB/OL］.［2021–08–13］.https://www.iso.org/standard/43506.html.

［10］International Organization for Standardization (ISO). ISO 15836: 2009 Information and Documentation-The Dublin Core Metadata Element Set［EB/OL］.［2021–08–13］. https://www.iso.org/standard/52142.html.

［11］［12］［14］［16］［18］National Information Standards Organization (NISO). Standards and Publications［EB/OL］.［2021–08–10］. http://www.niso.org/publications/.

［13］Library of Congress (LC). Metadata Object Description Schema［EB/OL］.［2021–08–10］. http://www.loc.gov/standards/mods/.

［15］National Information Standards Organization (NISO). ANSI/NISO Z39.102–2017, STS: Standards Tag Suite［EB/OL］.［2022–02–20］. https://www.niso.org/publications/z39102–2017–sts.

［17］［39］Library of Congress (LC). PREMIS Preservation Metadata［EB/OL］.［2021–08–10］. http://www.loc.gov/standards/premis/.

［19］全国人大常委会. 中华人民共和国标准化法［EB/OL］.［2021–08–10］.http://www.npc.gov.cn/wxzl/gongbao/1988–12/29/content_1481259.htm.

［20］国家标准化管理委员会. 机构职责［EB/OL］.［2021–08–10］. http://www.sac.gov.cn/zzjg/jgzz/#.

［21］全国信息与文献标准化技术委员会. 标委会概况［EB/OL］.［2021–08–10］. https://netl.istic.ac.cn/sso/tc46/home#.

［22］全国图书馆标准化技术委员会. 图标委简介［EB/OL］.［2021–08–10］. http://www.nlc.cn/tbw/.

［23］全国新闻出版标准化技术委员会. 标委会介绍［EB/OL］.［2021–08–10］. http://tc527.org.cn/.

［24］中国电子技术标准化研究院. 全国信息技术标准化技术委员会［EB/OL］.［2021–08–10］. http://www.cesi.cn/201703/2264.html.

［25］国家市场监督管理总局，国家标准化管理委员会. 全国标准信息公共服务平台［EB/OL］.［2021–08–10］. http://std.samr.gov.cn/.

［26］国家标准化管理委员会. 国家标准全文公开系统［EB/OL］.［2021–08–10］. http://openstd.samr.gov.cn/bzgk/gb/index.

［27］全国信息技术标准化技术委员会. 信息技术　电子书　第3部分：元数据（GB/T

18787.3–2015）[EB/OL] .[2021–08–10] . http://openstd.samr.gov.cn/bzgk/gb/newGbInfo?hcno=0DB22CF91E364BEA306EC4D8501D6764.

[28] 全国新闻出版标准化技术委员会. 电子图书元数据（CY/T 97–2013）[S] . 北京：中国书籍出版社，2014.

[29] 全国图书馆标准化技术委员会.电子图书元数据规范（WH/T 65–2014）[EB/OL].[2021–08–10] . https://www.mct.gov.cn/whzx/zxgz/wlbzhgz/202008/t20200813_874118.htm.

[30] 魏玉山. 2016—2017中国数字出版产业年度报告 [EB/OL].[2021–08–10]. http://www.bookdao.com/article/398796/.

[31] 张立，王飚，李广宇. 2018—2019中国数字出版产业年度报告 [M] .北京：中国书籍出版社，2019：18—20.

[32] 全国图书馆标准化技术委员会. 图书馆馆藏资源数字化加工规范　第3部分：图像资源 [EB/OL] .[2021–08–10] . http://openstd.samr.gov.cn/bzgk/gb/newGbInfo?hcno=44146FD5BCF6F599BD2B7390B2D306BF.

[33] 全国信息与文献标准化技术委员会. 信息与文献　数字对象唯一标识符系统（GB/T 36369–2018）[S] . 北京：中国标准出版社，2018.

[34] 全国信息与文献标准化技术委员会. 信息与文献　都柏林核心元数据元素集（GB/T 25100–2010）[S] . 北京：中国标准出版社，2010.

[35] National Information Standards Organization (NISO). NISO RP–15–2013 Recommended Practices for Online Supplemental Journal Article Materials [EB/OL] . [2021–08–10] . http://www.niso.org/standards-committees/supplemental.

[36] 全国新闻出版标准化技术委员会. 电子图书阅读功能要求（CY/T 113–2015）[S].北京：中国书籍出版社，2015.

[37] Consultative Committee for Space Data Systems (CCSDS). CCSDS 650.0–M–2 Reference Model for an Open Archive Information System (OAIS) [EB/OL] . [2021–08–10] . https://public.ccsds.org/pubs/650x0m2.pdf.

[38] International Organization for Standardization (ISO). ISO 14721:2012 Space Data and Information Transfer Systems-Open Archival Information System (OAIS)-Reference Model [EB/OL] . [2021–08–10] . https://www.iso.org/standard/57284.html.

[40] 全国图书馆标准化技术委员会. 图书馆数字资源长期保存元数据规范（WH/Z 1–2012）[EB/OL] . [2021–08–10] . https://www.mct.gov.cn/whzx/zxgz/wlbzhgz/202008/t20200812_874086.htm.

第二章　图书的需求驱动采购DDA

第一节　标准规范译者

邓　石　马陈碧华（美国加州大学圣地亚哥分校图书馆）

林秀丽（香港大学图书馆）

王成志（美国哥伦比亚大学东亚图书馆）

肖　珑　姚晓霞（北京大学图书馆）

薛　燕（美国加州大学伯克利分校东亚图书馆）

第二节　研究报告作者

邓　石　马陈碧华（美国加州大学圣地亚哥分校图书馆）

林秀丽（香港大学图书馆）

王成志（美国哥伦比亚大学东亚图书馆）

肖　珑（北京大学图书馆）

基本信息

名称：图书的需求驱动采购

简称：DDA

发布时间：2014年6月24日

发布时间（中译本）：2018年3月19日

标准规范编号：NISO RP-20-2014

修订时间：

修订后编号：

主要责任者：美国国家信息标准协会DDA工作组

中文版译者：邓石　马陈碧华　林秀丽　王成志　肖珑　姚晓霞　薛燕

类型：推荐实施规范

关键词：需求驱动采购，用户驱动采购，循证采购，电子图书，馆藏发展

摘要：需求驱动采购（DDA），也称为用户驱动采购，是图书馆用来进行馆藏发展的一种方法，即用户从备选书目库选书后，图书馆按照用户需求采购图书。本推荐实施规范讨论并向出版商、经销商、集成商、图书馆做了如下推荐：DDA的要素、目标、项目参数选择、配置选项、DDA的MARC书目记录管理、备选书目库图书的删除、项目评估、对未拥有资源提供长期使用、DDA联盟考量、公共图书馆DDA等。尽管DDA更常用于电子图书，但这种方法亦可用于印本出版物；DDA的推荐为这两类出版物提供了一套最佳实践方法，同时也阐明了它们的不同之处。

英文版国际标准书号（ISBN）：978-1-937522-44-5

中文版国际标准书号（ISBN）：978-1-937522-81-0

英文版链接：https://www.niso.org/publications/rp-20-2014-dda

中文版链接：http://www.libconsortia.edu.cn/Standard/list.action

其他关联标准规范：

NISO RP-9-2014　知识库及其相关工具推荐实施规范

NISO RP-26-2019　KBART自动化：自动检索电子馆藏

Introduction

Title: Demand Driven Acquisition of Monographs

Abbreviation: DDA

Publication Date: June 24, 2014

Publication Date(Chinese Version): March 19, 2018

ANSI/NISO Serial Number: NISO RP-20-2014

Revised Date:

Revised ANSI/NISO Serial Number:

Creator: National Information Standards Organization DDA Working Group

Chinese Version Translated By: Shi Deng, Bie-Hwa Ma, Connie Lam, Chengzhi Wang, Long Xiao, Xiaoxia Yao, Susan Xue

Type: Recommended Practice

Keywords: Demand driven acquisition, patron-driven acquisition, evidence-based acquisition, e-book, collection development

Abstract: Demand driven acquisition (DDA), also referred to as patron-driven acquisition, is a method used by libraries for collection development where monographs are purchased at their point of need when selected by users from a pool of potential titles. This Recommended Practice discusses and makes recommendations for publishers, vendors, aggregators, and libraries about key aspects of DDA, goals and objectives of a DDA program, choosing parameters of the program, profiling options, managing MARC records for DDA, removing materials from the consideration pool, assessment of the program, providing long-term access to un-owned content, consortial considerations for DDA, and public library DDA. Although DDA is more commonly used for e-books, the method can also be applied to print publications and these recommendations provide a single set of best practices for both formats, with articulation of differences where they occur.

English Version ISBN: 978-1-937522-44-5

Chinese Version ISBN: 978-1-937522-81-0

English Version URL: https://www.niso.org/publications/rp-20-2014-dda

Chinese Version URL: http://www.libconsortia.edu.cn/Standard/list.action

Relation:

NISO RP-9-2014　Knowledge Bases and Related Tools (KBART) Recommended Practice

NISO RP-26-2019　KBART Automation: Automated Retrieval of Customer Electronic Holdings

第一节　图书的需求驱动采购

关于NISO推荐实施规范[①]

A NISO Recommended Practice is a recommended "best practice" or "guideline" for methods, materials, or practices in order to give guidance to the user. Such documents usually represent a leading edge, exceptional model, or proven industry practice. All elements of Recommended Practices are discretionary and may be used as stated or modified by the user to meet specific needs. This recommended practice may be revised or withdrawn at any time. For current information on the status of this publication contact the NISO office or visit the NISO website (www.niso.org).	美国国家信息标准协会（NISO）的推荐实施规范以引导使用者为目的，推荐在方法、资料或具体操作上的“最佳实践”或“指南”。这些文件通常代表某前沿领域、优秀模式，或公认的行业惯例。推荐实施规范中所有元素都可以由用户酌情采用，既可全部采纳，又可为满足特定需要修改使用。 本推荐实施规范可能会随时被修改或撤销。有关本出版物的现状信息，请联系NISO办公室或访问NISO网站（www.niso.org）。

中文译本ISBN：978-1-937522-81-0[②]

This document is a translation of the English version of a National Information Standards Organization (NISO) recommended practice, RP-20-2014 Demand-Driven Acquisition (DDA) of Monographs. The only version approved by the National Information Standards Organization is the English language version, available at https://www.niso.org/publications/rp-20-2014-dda. The National Information Standards Organization and the China Academic Library & Information System/Digital Resource Acquisition Alliance of Chinese Academic Libraries retain copyright in this translation and all rights are reserved. Should there be any difference between the English version and the Chinese version, the English version would prevail.	本推荐实施规范为美国国家信息标准协会NISO RP-20-2014 Demand-Driven Acquisition（DDA）of Monographs《图书的需求驱动采购》的中文译本。该标准唯一经由美国国家信息标准协会批准的是英文版，原件请见https://www.niso.org/publications/rp-20-2014-dda。美国国家信息标准协会及中国高等教育文献保障系统/高校图书馆数字资源采购联盟对中文译本持有并保留版权。如有任何问题，请以NISO批准的英文原版为准。

① 第二至十四章第一节关于知识产权的说明，中英文为各自独立文本，故保留英文以方便读者查看。——作者注

② 本书所有NISO标准规范的翻译和译文权利，均已得到NISO授权，为此NISO为每个标准规范中文版的单独发布提供了一个ISBN号。——作者注

This translation has been provided as a service to the library community by the Task Group on Translation and Research Project on Electronic Resources Standards and Recommended Practices, consisting of members from the Council on East Asian Libraries (CEAL), China Academic Library & Information System (CALIS)/Digital Resource Acquisition Alliance of Chinese Academic Libraries (DRAA).	应图书馆行业所需，北美东亚图书馆协会（CEAL）、中国高等教育文献保障系统（CALIS）暨高校图书馆数字资源采购联盟（DRAA）提供此中译本。
Translated by: Shi Deng, Bie-Hwa Ma, University of California,San Diego Library Connie Lam, University of Hong Kong Libraries, and Chengzhi Wang, University of Columbia Libraries	翻译： 加州大学圣地亚哥分校图书馆：邓石、马陈碧华 香港大学图书馆：林秀丽 哥伦比亚大学东亚图书馆：王成志
Reviewed by: Long Xiao, Peking University Library	审校： 北京大学图书馆：肖珑
Reviewed & edited by: Long Xiao, Xiaoxia Yao, Peking University Library Susan Xue, University of California, Berkeley Library Shi Deng, University of California, San Diego Library	总审与统稿： 北京大学图书馆：肖珑、姚晓霞 加州大学伯克利分校东亚图书馆：薛燕 加州大学圣地亚哥分校图书馆：邓石

前言

关于这项推荐实施规范

2012年5月，迈克尔·莱文–克拉克代表一个非正式的需求驱动采购（DDA）兴趣小组向NISO递交了一项提案，要求研发图书需求驱动采购的推荐实施规范。

越来越多的图书馆通过需求驱动采购（DDA）项目采购部分图书。DDA可使图书馆做到：

- 向用户提供对大范围图书的即时访问，一旦有需求即刻采购；
- 向用户提供比传统采购模式更多的可使用和购买的图书；
- 如果实施恰当，DDA可使按需购买成为可能，图书馆或得以节省经费，或可以用现有的图书经费额度获得更高的图书使用率。

正如在背景及问题陈述一节（第1.1节）中指出的那样，已有几种不同的DDA模式在使用中，同时也发现了一些问题。该提案建议开发一种灵活的DDA模式，适用于图书出版商、经销商、数据库集成商和图书馆。这种模式能让图书馆制定的DDA项目，既满足不同的单馆资源建设及预算需求，又能加入联盟并跨数据库集成商实施其计划。

这项提案在2012年5月和6月分别由NISO商务信息专题委员会和有投票权的成员机构批准。2012年8月，DDA工作组成立。工作组成员代表来自图书馆、出版商、电子图书数据库集成商、纲目购书供应商，以及受DDA影响的发现服务提供商和书目记录供应商。

NISO商务信息专题委员会成员

以下人员作为NISO商务信息专题委员会委员，监督了这项工作的执行，并批准了这项推荐实施规范。

Nawin Gupta
Association of Subscription Agents (ASA)

Timothy Strawn
California Polytechnic State University

Christine Stamison
Center for Research Libraries

Norm Medeiros
Haverford College

Greg Raschke
North Carolina State University Libraries

Karla Strieb
Ohio State University Libraries

Denise Davis
Sacramento Public Library

Gary Van Overborg
Scholarly iQ

Charles Watkinson
University of Michigan Library

DDA工作组成员

以下人员作为NISO DDA工作组成员，制定并通过了这项推荐实施规范：

Lenny Allen
Oxford University Press

Stephen Bosch
University of Arizona

Scott Bourns
JSTOR

Karin Byström
Uppsala University

Terry Ehling
Project Muse

Barbara Kawecki (Co-chair)
YBP Library Services

Lisa Mackinder (Chair, Access Models Subcommittee)
University of California, Irvine

Norm Medeiros (Liaison to Business Information Committee)
Haverford College

Lisa Nachtigall (Chair, Technical Issues Subcommittee)
Wiley

Kari Paulson
ProQuest

Cory Polonetsky
Elsevier

Jason Price
Statewide California Electronic Library Consortium (SCELC)

Lorraine Keelan (Chair, Metrics Subcommittee)
Palgrave Macmillan

Michael Levine-Clark (Co-chair)
University of Denver

Rochelle Logan
Douglas County Libraries

Dana Sharvit
Ex Libris

David Whitehair
OCLC

致谢

DDA工作组向以下参与DDA初稿制定的非DDA工作组人员致以特别的感谢：

Rick Anderson
University of Utah

Beth Bernhardt
UNC Greensboro

Tara Tobin Cataldo
University of Florida

Robin Champieux
Oregon Health & Science Library

Jim Dooley
University of California, Merced

Judith Emde
University of Kansas

Anne Cerstvik Nolan
Brown University Library

Mary Fran Prottsman
University of Southern California

Peter Spitzform
University of Vermont

Sadie Williams
Ebook Library

此外，我们要感谢所有通过重点小组访谈、演讲和问卷调查向我们提供反馈的人们。

1　导言

需求驱动采购（DDA）已成为学术图书馆馆藏发展战略中的常见组成部分，并有望扩展到其他类型的图书馆。DDA可以通过多样化方法实现。本规范对这些可行性方法进行综述并总结出具体的建议，为实施和管理DDA项目的图书馆、出版商、数据库集成商和经销商提供指南。

1.1　背景和问题陈述

图书馆通过电子图书数据库集成商和纲目购书供应商实施需求驱动采购（DDA）项目来购买部分藏书。DDA使得图书馆能够向用户提供大范围书目的即时访问，一旦有需求即刻购买。尽管“用户驱动采购（PDA）”一词使用普遍，但在此项推荐实施规范中还是始终使用术语“需求驱动采购（DDA）”。

图书馆采用DDA，是因为它具有将馆藏图书从可能使用转为实时使用的再平衡潜力。DDA使图书馆向用户提供比传统采购模式更多的可使用和购买的图书。如果实施恰当，DDA可使只按需购买成为可能，图书馆可以用现有图书经费额度获得更高的图书使用率。图书馆还可以用需求来佐证图书的收藏价值，进而防止图书经费预算的潜在削减。

在传统的图书预付采购模式下，采购流程在图书馆收书后就终止了。DDA则不同，它需要对预选入“备选书目库”内的书目进行长期管理，以备采购。图书馆必须执行规则与程序，向库内添加书目，保留库内早已出版但尚未购买的书目。这些规范可以包括定期自动删除部分书目记录，同时保留需永久保存的书目记录，区分已拥有的和未拥有的内容，以及在无法完全预测支出的情况下管理预算。采购过程从购书收藏演变成对提供需求驱动访问的发现工具进行长期管理。

到目前为止，DDA主要被学术图书馆采纳，也有少数公共图书馆参与DDA项目。由于这种广泛的DDA经验，学术图书馆、学术出版商和纲目购书供应商特别关注的一些问题就变得清晰起来。

- DDA有可能会打乱整个学术传播供应链，因此图书馆、出版商和数据库集成商必须共同致力于建立基于互惠互利的长期可持续模式。
- 由于一本书的采购会持续多年，这可能会导致出版商无法规划一个支持研究成果传播的完整财务计划。
- 纲目购书供应商需要从图书销售商向备选书目库管理服务供应商转型。
- 图书馆需要在研究馆藏的典藏保管和面向当前教学研究资源需求提供访问这二者之间，重新考虑平衡。

尽管存在这些不确定因素，有一点很明确，即DDA将会在一定规模上为图书馆所采用，所以出版商、经销商、供应商和图书馆员需要共同帮助完善其实践方法和工具，以使学术传播供应链继续有效地发挥作用。由于部分或所有这些问题会同样被公共图书馆、出版商和图书经销商所关注，本工作组进一步探讨了DDA对各类图书馆的具体影响。

有些DDA项目还包括印本图书，但多数DDA项目已经集中在电子图书上。虽然某些具体的采购细节因两种资源格式而异，但对于二者的DDA流程来讲，相似之处多于差异之处。因此，DDA工作组研发了一组适用于两种格式的最佳实践，并在差异之处做了清晰说明。

1.2 范围

该项推荐实施规范旨在确定出版商、经销商、数据库集成商和图书馆能够有效实施DDA的最佳做法。这些指南允许图书馆制定DDA项目时，既可满足不同的单馆资源建设和预算需求，还能加入联盟，并可跨数据库集成商实施计划。同时，还会考虑到DDA给图书馆各方面运作带来的影响。

这些建议包括：

- 添加和管理备选书目库书目的最佳做法，包括自动更新和删除发现记录的方法；
- 开发能够满足出版商和图书馆的电子图书DDA模式，在防止免费发现导致的无意交易、临时租用和购买这3个基本方面保持一致；
- 管理印本图书和电子图书DDA的方法；
- 按需印刷（POD）解决方案与DDA链接的方法；
- 开发图书使用计量的工具和策略；
- 能同时在图书馆本馆和联盟两个层级操作的模式；
- 对未拥有的电子图书内容提供长期访问权的指南。

1.3　方法

本规范中的信息来自于：DDA工作组进行的几次焦点小组访谈；列在附录中的3次问卷调查结果；工作组成员的知识与经验。除附录的问卷调查外，上述其他信息的引用未在规范中标明。

1.4　术语和定义

用于此项推荐实施规范中的术语及其定义如下。

- 添加记录（add file）：为图书馆备选书目库新增图书生成一组发现记录，也可用于添加到图书馆目录和发现工具中。
- 自动购买（auto-purchase）：在DDA项目中，图书馆是否购买一本电子图书的永久访问，是根据用户使用统计决定的。自动购买取决于图书馆对其DDA项目参数的设置，可以发生在一本书达到一定次数的使用或短期借阅之后。本规范中，术语"购买"一词通指自动购买。
- 备选书目库（consideration pool）：在图书馆的DDA项目中，所有具有潜在购买可能性的图书。
- 删除记录（delete file）：为图书馆备选书目库中已不存在的图书生成一组发现记录或记录标识符，也可用于从图书馆目录和发现工具中删除记录。
- 需求驱动采购（demand-driven acquisition，DDA）：图书馆根据用户实时使用需求的资源采购。
- 发现记录（discovery record）：在备选书目库中，由供应商/经销商向图书馆提供的可用于发现服务的机读目录（MARC）记录。
- 循证采购（evidence-based acquisition，EBA）：一种DDA模式。由图书馆和经销商/出版商谈判同意，由后者提供对备选书目库中电子图书的访问，作为交换，图书馆同意在DDA项目结束时（通常是一年以后）购买一定数量的图书。图书馆的选购可以根据自定标准进行，但通常是根据图书的使用情况。该模式又称循证选购（evidence-based Selection，EBS）或用量驱动采购（usage-driven acquisition，UDA）。

- 免费发现（free discovery）：某些DDA模式中的一个特征，指触发购买电子图书之前提供的免费访问。这种访问通常限定浏览时间或浏览页数，或限定访问书中的部分章节，例如正文前部分。又称免费浏览。
- 乘数（multiplier）：在DDA联盟项目中，乘数是指联盟采购可共享访问图书单价的倍数。例如，一个联盟采购所用的乘数是5，所付的价格就是一本书单价的5倍。乘数是由图书馆联盟与出版商通过数据库集成商谈判而定。
- 用户驱动采购（patron-driven acquisition，PDA）：常用作"**需求驱动采购**"的同义词，也可以泛指基于用户直接或间接反馈的图书馆采购，包括基于教师请求和资源使用统计分析。就其常用意义而言，本规范通用"**需求驱动采购（DDA）**"。
- 购买记录（point-of-purchase record）：图书馆通过DDA项目采购一本书之后上载的MARC记录，旨在永久性使用。
- 购买后使用（post-purchase use）：发生在自动购买之后的任何使用。相对于**购买前使用**而言。
- 购买前使用（pre-purchase use）：发生在自动购买之前的任何使用。相对于**购买后使用**而言。
- 短期借阅（short-term loan，STL）：在DDA项目中对电子图书的短期租用（通常指一天、一周或一个月）。
- 触发点（trigger）：在DDA项目中引起财务交易（例如短期借阅或自动购买）的任何事件。
- 无拥有权图书（un-owned title）：在备选书目库之内，使用量尚未达到触发购买的图书。
- 更新记录（update file）：为图书馆更新备选书目库中的图书生成一组发现记录，用于替换所有相关图书的现存记录。

2 DDA要素

DDA项目的结构是多元化的，但成功的、可持续的项目包括以下一个或多个组成要素。根据不同的需求和理念，各图书馆、出版商和供应商会以不同的方式来突出这些要素。

2.1 可持续性

需求驱动采购模式的可持续性对出版商和图书馆而言非常重要，对经销商来说也同样重要。只有在不给图书馆造成预算超支风险的情况下向其用户提供大量内容，DDA才能运行。价位和触发点的设置，要保证项目提供正常的发现和使用服务并能够全年运行，不会因为预算不足而放弃。价格设置过高或触发点设置过低的模式，都会使DDA不可持续。

出版商需要设置既能保持收益又能持续出版图书的定价模式。过多削减出版商收益的模式在短期内或可持续，但长远来看会损害学术传播生态系统。尽管建议如何定价远超出本规范的范围，但关键是要认识到，与定价相结合的模式必须有利于所有利益相关者。

2.2　免费发现

早期的DDA项目没有提供机会让用户确认一本书是否满足其需求，造成图书馆和联盟购买了大量不需要的图书，并且预算超支。有些早期项目在启用后数周之内就被迫关闭。更成熟的DDA项目提供免费发现图书内容的选择，使得图书馆的DDA得以持续，这是这些项目的一个重要特征。有些免费发现的模式，在触发购买之前提供对全部内容的限时访问（例如5分钟或10分钟），或提供对图书部分内容（如目录和前言）的无限制访问，或对图书一定页数的访问。

免费发现方法的建立，可以确保多数触发财务交易的图书使用是实质性和有意义的。用户首先需要确认的是，一本书是否与其主题有关并满足其研究需求；没有免费发现，用户可能会意外触发短期借阅和虚假点击购买。免费发现的设置既要防止意外触发购买，又不能允许出现太多有效和有意义的免费使用（那样，出版商、数据库集成商和经销商就不会有收益）。

虽然不太理想，但提供整本书的最初若干次免费使用，也会防止意外购买。这种模式并不能防止多次虚假点击触发购买，但可确保图书不会因单次虚假点击而触发购买。

2.3　临时租用

有些DDA项目涉及电子图书通过短期借阅（STL）方式进行临时租用。STLs允许图书馆支付一天、一周或一个月内一次使用的费用，这只占直接购买图书成本的一小部分。由于学术图书馆中大多数馆藏图书只被使用几次，STLs使图书馆为使用率低的图书付款成为可能。有些项目允许图书馆设置触发购买前的STLs数量；有些项目允许图书馆设置STLs数量，但同时规定上限；而有些项目根本不允许STLs。大多数图书馆采用与最终购买相结合的STL。有些图书馆明确表示只对使用单一STLs、不涉及采购的DDA项目感兴趣，也有些图书馆设立不含STLs，仅依据有效使用决定购买的DDA项目。正如在“3 DDA项目目标”一节中①所讨论的那样，对任何图书馆而言，无论选择临时租用或STL，都应该与图书馆DDA项目的总体目标相符。

---

① 原文为“第三章”，本书因重新调整了编号，有所改动，后同。——译者注

STLs的期限可以长短不一，几乎所有的图书馆都会选择1天或7天的借阅期。期限较长的STLs比较昂贵，但某些时候对同一用户而言，却又比1周内多次单日借阅要便宜一些。仅就成本而言，它很难通过整个DDA项目得到全面节减，所以图书馆应尽可能从最短的STL中获益。然而，也有足够数量的图书馆希望有更长时间的STLs，数据库集成商和出版商应尽可能地灵活应对。

很显然，选择使用STL模式的图书馆会发现其成本比购买使用过的图书有明显节省，但这种配置模式从长远来看对出版商来说是不可持续的。即使设想更多的图书馆会把那些在传统采购模式下不予购买的图书通过DDA项目改为可用图书，STL收益可能也无法弥补因取代购买模式而造成的损失。

声明收益减少的出版商质疑是否是STLs造成了这一局面。然而，大多数DDA项目比较新，可能需要更长乃至超过其存在时效的时间，才能有足量STLs并产生购买，弥补因其取代单一购买模式而造成的损失。承认收益可能会减少，继而可能会对出版商出版图书、支持学术生态的能力产生负面影响这一现实很重要。我们必须建立考虑到这一财务现实的STL模式，否则STL作为一种模式将根本不可持续。

2.4 购买

所有DDA项目都是提供购买选项的，尽管少数图书馆仅以STLs作为DDA项目的唯一选择。仅提供STL的项目不多见，而且很明显，多数图书馆更倾向于购买那些使用最多的图书。在电子图书DDA项目中，购买可作为项目的最终目标（以及将永久访问、用户选择驱动资源建设作为项目重点），也可作为访问某些资源最经济实惠的方式（对于频繁使用的图书，从长远来看永久访问的成本比额外支付STL更便宜，最终也比电子图书打包订阅便宜）。既然图书馆有不同目标，何时触发购买应该是可以灵活设置的。

购买是印本图书DDA项目的唯一选项。虽然图书馆能够选择中介采购来调整这个过程，或者在有一定数量请求后再购买，购买仍是DDA项目中使用印本图书的唯一途径。

有些图书馆已表示对中介采购模式感兴趣，该模式可跟踪STLs和其他使用量。图书馆可根据图书的使用规律来决定采购品种。使用此模式的一种可能方法，是在数据库集成商的平台上管理配置、加载记录和临时租用，但在出版商的平台上购买电子图书。

2.5 替代模式

DDA项目涉及免费发现、短期借阅和最终触发自动购买，其运行需要复杂的技术系统支持。希望向图书馆客户提供DDA项目的经销商和出版商应该探索那些既能提供此业务，但又不必额外投资开发更多业务软件的模式。

一个已由几个出版商成功使用的替代模式是循证采购（EBA），又称循证选购（EBS），或用量驱动采购（UDA）。在这种模式中，出版商同意在固定时间内（通常是一年）向图书馆提供对一些图书的访问，图书馆则同意在该项目结束时，按一定额度偿付其中一部分图书的永久访问。当该项目期满后，出版商向图书馆提供使用数据，图书馆以承诺额度或更高额度选购图书。理想的情况是，图书馆会最终购买有效使用的图书。但图书馆的风险是，图书馆承诺支付额度高于实际使用费用，最终会购买使用少或没有使用的图书。对出版商的风险是，如果图书馆没有承诺足够的支付经费，图书馆用户对图书内容的使用费用可能会超出图书馆最终支付的费用总额。因此，确定一个恰当的预算非常重要。出版商和图书馆应该理解，该项目的预算需要持续多年的调整，可能是一个重复迭代的过程。

3　DDA项目目标

建立DDA项目，首先要考虑的是项目的总体目标。使用DDA项目能提供比传统模式下更多的图书内容访问，还能节省开支，或重新分配文献资源经费。很多情况下，DDA项目能够提供更多的图书内容访问，同时比传统的采购模式节省经费。DDA项目也可用于建设永久性馆藏。

3.1　项目的广度

DDA项目可以视作建设图书文献资源的主要手段之一，也可作为对现有采购模式的一种补充手段。图书馆建立DDA项目，需要认真考虑为什么建立这个项目，由此决定提供多大的备选书目库，设定什么样的配置，打算用几个供应商，是否包括印本图书，以及安排多少预算。

图书馆选择扩展DDA项目的同时，可供访问的图书量也会越来越大。有些图书不会出版电子版，即使出版电子版也不一定会通过DDA项目提供，所以想建设综合馆藏的图书馆应该考虑含有印本图书的DDA。电子图书通常限于少量的数据库集成商平台（提供不同的DDA模式），或仅限一个出版商平台（通常受限于基础设施，只提供循证采购模式）。因此，希望拓展DDA的图书馆需要与多个供应商合作，采用多个DDA模式。

3.2　访问与拥有

DDA项目中，永久馆藏和临时访问图书的目标各有利弊。如果目标是拥有，图书馆会希望在使用周期的早期购买图书。一般来说，这个目标的费用会更昂贵，但是图书馆对达到最低使用量的所有图书有永久使用权。如果目标是大范围访问，图书馆会希望在使用周期的后期购买图书，或根本不购买。一般来说，这个目标的费用会更便宜，图书馆能够支持访问更多图书，但相对来说具备永久访问权的图书会很少。

实际上，图书馆设置触发购买前的STLs越多，图书馆的总体开支会越少，但是图书馆最终拥有的图书也会越少。图书馆在购买之前很少设置或不设STLs，就会支出更多费用，但会拥有更多图书内容的永久访问权。DDA项目应该有充分的灵活性，满足从完全拥有到完全访问整个范围内的需求。

4 项目参数选择

广义而言，DDA是图书馆提供对一定范围内图书的访问，然后根据用户需要支付使用费用的一个过程，实现DDA的途径很多。当实施一个项目时，图书馆应该首先考虑自己的目标，然后确定下列哪些因素能实现这些目标。

4.1 项目的总体目标和理念

正如“3 DDA项目目标”一节所示，图书馆的目标决定如何构建DDA项目。比如一架天平，一端是图书馆设置的单一自动购买DDA项目，即一本书在首次使用时便有效触发购买。由于每次使用的费用相当于一本书的全价，这种模式最昂贵，所以只采用单一自动购买的图书馆，只能在预算内向用户提供较少量的图书。在天平的另一端，图书馆可以设置单一短期借阅（STLs）的DDA项目，即图书的每次使用都只是租用。这种模式的单次交易很便宜，因为大多数图书仅被使用几次，总体成本相对来讲更便宜。少数使用量高的图书可能最终会支付书价的几倍费用。一般来说，尽管单一STL模式的费用低，图书馆能在其预算内为用户提供更多的图书，但在现实中，大多数图书馆采用STLs和自动购买相结合的模式，即STLs达到一定数量后触发购买。购买触发前，STLs越多，项目的总体成本就越低，图书馆向用户提供的图书数量就越大。可以想象，如果备选书目库中有足够比例的图书在STLs达到一定数量后被购买，其总体成本就会高于该备选书目库中图书的总体价值。但一般来说，这未曾发生过。

4.2 触发和交易

4.2.1 概述

触发是DDA项目中任何促成财务交易的行为。如何实施有关财务交易的触发将决定图书馆可以向用户提供多少图书、图书馆会开支多少以及多少图书会被永久收藏。

财务交易是针对图书具体使用的一种付款形式，它有两种基本类型。

- 短期借阅：时间短暂，成本比购买电子图书更便宜。
- 购买：含带永久访问，一般相当于图书全价或更高。

在一些DDA项目中，有些使用是免费的，不会触发任何财务交易。而在另一些DDA项目中，使用累积到一定的数量后会触发财务交易。通常图书有免费使用期（或限定使用页数，或限定使用时间），一旦超过该使用限定，就会触发财务交易。此外，某些DDA项目中的某几类使用，如下载、打印或复制/粘贴，也总是会触发财务交易。大多数项目允许使用经费代码按专题层面跟踪财务交易。

4.2.2　自动财务交易

有两种类型的自动财务交易：STLs和自动购买。两者可以配置结合使用，也可分开单独使用。在设置DDA项目时，图书馆首先需要确定是想结合使用还是分开使用。不设置STLs，任何（超出免费发现期间的）有效使用都会导致图书以全价购买，但不会再支付任何额外的费用。设置STLs会更便宜，并可支付大多数图书的使用费用，但不会包含对这些图书的拥有权。

其次要考虑的是，对于同时使用两种交易类型的项目，要考虑购买前STLs的使用限量是多少。如上所述，STLs越多，图书馆在整体项目中开支会越少，但最终拥有的图书也就会越少。STLs越少，则会出现相反的情况。随着图书馆使用DDA模式经验的积累，使用限量会随着时间推移得到调整。

STLs并不总是一个选项。一些经销商会在限量使用之后触发自动购买。例如，一本电子图书，不管使用页数，前两次使用可能是免费的，在第3次使用时即会触发自动购买。

对某些经销商来说，虽然STLs是一个选项，但在自动购买之前会有使用量限制。例如，图书馆可在项目中设置自动购买之前至多有3次STLs。

在某些情况下，为了保护图书按定价销售，即使经销商通常会提供STLs选项，出版商也可能会选择限制STLs的数量或根本不允许STLs。

图书馆或许希望针对不同类型的图书采用不同的交易模式。举例来说，对技术类图书采用比人文类图书更多的STLs。虽然没有DDA供应商会设置这样多层次的交易模式，但图书馆可与一个供应商设置多项配置，不同配置使用不同规则。

4.2.3　循证采购（EBA）

循证采购（evidence-based acquisition，EBA），又称循证选购，是指约定使用期结束后触发的、根据使用期间的图书使用统计支付预先谈判好的费用。图书馆和出版商在采用EAB项目时需要共同决定下列3点。

- **决定哪些图书可供选用**　这可能是平台上全部可供图书包，也可能是基于某个主题或出版日期的图书包，或是单种图书的选购。
- **决定购买之前，需要提供多长的图书使用期**　图书馆通常给予相当长时间的图书访问期，理想的状况是历时一整年，并允许这些图书用于整个学年周期。值得注意的是，临近该EBA项目使用期满才出版、添加到备选书目库中的图书，其使用机会少于那些在使用期伊始就添加的图书。
- **决定图书馆承诺或投入多少经费**　虽然有多种方法确定经费总额，但是谈判中通常以图书馆近年度购买该出版商图书的码洋作为基准。这既保证出版商保持与过去相同的收益，又确保图书馆不会超支。项目经过一年后，图书馆和出版商可以根据使用情况重新谈判。

中介是EBA的一个重要方面，指图书馆员根据使用统计数据的评估决定购买哪些图书。一些图书馆员会珍惜这个额外的监督环节，而另一些馆员则希望是低人力参与、无中介的项目。

4.3 借阅期

确定触发点和财务交易类型之后，如果使用短期借阅，下一步是确定借阅期。现有的项目提供借阅一天、一周或一个月的选项，虽然大多数图书馆只采用一天或一周的借阅期（最常见的是一天借阅期）。借阅期越短，单次借阅成本就越低，整体项目成本可能会越低。然而，鉴于很多一天期的STLs会在相对较短的时间内集中，一周或一月的借阅就可能会降低某些图书的STLs总量。这样的借阅期选项能否降低整体项目的成本是令人怀疑的。因此，图书馆还是尽可能地利用最短期限的借阅。

4.4 印本图书

设置项目时的另一个考虑是，是否要包含印本图书。大多数DDA项目只包含可即时向用户提供的电子图书。印本图书的交付期则需要数天或更长时间。在决定是否包含印本图书时，图书馆应该评估其用户对所需图书延迟交付的容忍意愿，并据此决定延迟时间的长短。建立一个含有印本图书的DDA项目时，需要考虑是否、如何与电子图书重复，如何决定把哪些印本图书收入备选书目库中、在哪里订购、因加急订购和邮寄而增加的成本会是多少。很多图书只出版印本，或者有电子版却不放在DDA项目中，所以那些力图全面收藏的图书馆会希望在DDA中含有印本图书。由于图书可能会绝版，采用含印本图书DDA项目的图书馆应该意识到，添加到备选书目库的印本图书未必会长期供应。图书馆可与经销商合作，建立定期检查机制，将备选书目库中的旧书目与诸如“在版书目”、纲目购书供应商以及二手书数据库等信息源比对检查，将无货可供的图书发现记录从备选书目库中删除。

4.5 按需印刷（POD）

有两种类型的按需印刷（print on Demand，POD）服务会影响DDA项目。供应商提供的POD，即按需求印刷图书并邮寄给用户，可作为含印本图书DDA项目的一个部分。供应商提供的POD可以降低含印本图书DDA项目中对绝版印本图书仍产生需求的风险，因为即使印本图书已售罄，出版商仍可通过供应商提供的POD，比较容易地继续供应这些图书。

本馆POD，是一种在图书馆本地按需印刷图书的服务类型。这对于希望通过DDA项目提供印本图书复本让用户就近即时使用的图书馆来说，是一个很有吸引力的选项。不过，现有的本馆POD，可选的最新图书书目相对很少。

4.6 供应商

4.6.1 概述

图书供应商各有不同，有些提供专门的DDA项目和基础设施，另外一些只能处理DDA项目中的某些方面。在本节讨论范畴之内，供应商是指出售图书的实体，或在某些情况下是管理电子图书的实体。需要提醒的重点是，并不是所有的供应商都能提供相同的图书，即使能提供相同的图书，一些供应商可能也无法提供符合DDA项目条件的图书电子版。供应商通常会是平台提供商（如果是电子图书集成商和出版商提供平台，则他们始终会是平台提供商），但并不总是如此（例如纲目购书供应商会以中间商身份跨多个平台提供图书内容）。纲目购书供应商与各类供应商合作，以中间商的身份跨多个平台提供第4.6.2至4.6.5节中所描述的相同选项（例如商业数据库集成商可以提供无中介DDA项目，纲目购书供应商也可如此）。

截至目前，电子图书可通过数据库集成商获得，也可直接从出版商处得到。但并不是每本书都可从这两处获得，也不是每个数据库集成商都能提供每一种电子图书。因此，目前是不可能从一个供应商处实现电子图书的全面收藏；确定哪些图书能通过哪个平台获取，是一个挑战。

图书馆可以选择与特定数据库集成商合作，或直接以出版商作为供应商；也可以通过纲目购书项目与某些特定数据库集成商和出版商合作，或者通过纲目购书项目从一批数据库集成商和出版商中获取电子图书的首发版。

图书馆与越多的电子图书供应商合作，图书重复的概率就越大。重复会发生在不同的DDA项目之间，也会发生在租订和永久访问图书包之间。通过纲目购书供应商的纲目购书项目，或直接向纲目购书供应商购买图书，可以管控跨平台的图书重复。当图书馆选择直接和不同电子图书供应商合作时，他们必须自己来处理跨平台的图书重复问题。

图书馆选择含印本图书的DDA，可以与纲目购书供应商合作，将印本和电子图书DDA项目整合成一个采购配置，或者也可以通过更多供应商管理含印本图书的DDA项目。

4.6.2 商业性数据库集成商

数据库集成商提供的图书访问远多于各出版商单独提供的品种。他们可以提供大量出版商的图书，从而取代从单一出版商获取图书。每个数据库集成商会在其平台上提供稍微不同的出版商和图书品种的组合，但未必是一个出版商的所有图书。不可避免的是，当图书馆选择使用一个数据库集成商时，就意味着有些图书内容无法获取。

数据库集成商通常设置能自动管理的DDA项目。在3种平台（商业性数据库集成商、高校出版社数据库集成商、出版商）中，商业性数据库集成商仍然是传统上唯一能够提供无中介、无缝衔接的DDA平台，尽管这一现状正在快速改变。而且，因为开发管理DDA

项目各方面的技术性基础设施成本很高，目前只有商业性数据库集成商提供STLs和免费发现服务。但是，并非所有的数据库集成商都提供这些功能。每个数据库集成商会有稍微不同的模式，所以在着手DDA项目之前，了解并熟悉这些情况是很重要的。

数据库集成商通常比出版商具有更严格的数字版权管理（DRM），这意味着管理电子图书的数据库集成商在同时使用、打印、下载、拷贝和共享方面可能会有更多限制。由于这个原因，虽然数据库集成商能够提供图书馆喜欢的无中介模式平台，但有些图书馆仍可能会选择在出版商平台上直接与出版商合作，以期使用限制较少的电子图书。如第2.4节所述的中介采购，图书馆可以通过数据库集成商来管理大部分的DDA流程，但在出版商平台上购买图书。

4.6.3 高校出版社数据库集成商

有些数据库集成商的平台是由高校出版社或非营利机构管理，注重高校出版社和其他学术图书内容。尽管在内容广度上与商业数据库集成商类似，横跨一系列出版商，但就DRM应用和DDA流程的较低自动化程度而言，它们则与出版商平台更接近。有些高校出版社数据库集成商正积极开发类似商业数据库集成商的DDA项目。由于情况变化很快，要考虑对其他数据库集成商和出版商平台评估时遇到的同类问题，这点很重要。

4.6.4 出版商

出版商在自身平台上提供访问的内容经常多于他们供应给数据库集成商平台的内容，而且DRM一般比较少。有时候某些图书只供应出版商平台，而不提供给数据库集成商平台：反之亦然。

出版商平台尚无管理无中介DDA项目的设计。因而，当DDA项目选择使用出版商平台时，图书馆要选择循证采购作为其DDA模式。

有些图书馆会因图书内容选择使用出版商平台，有些图书馆会出于对数据库集成商平台严格DRM的顾虑而选择出版商平台。

4.6.5 纲目购书供应商

在建立DDA项目时要考虑的另一件事是，是否通过纲目购书供应商来管理项目。与纲目购书供应商合作的好处是：可以整合更广泛的纲目购书项目或其他图书采购方式，如订单订购，删除重复采购；能够做比数据库集成商DDA项目更精细水平的配置，以及能够管理跨数据库集成商的多个DDA项目并删除重复记录。纲目购书供应商还可以在图书馆下载纲目订书记录时，将同时段的发现记录一并整合。

只要数据库集成商与不同的出版商合作，希望提供广泛图书内容的图书馆就需要与多个数据库集成商合作。如果不与纲目购书供应商合作，图书馆就需在不同的数据库集成商之间人工（或开发本馆的自动程序）删除重复记录。图书馆能够和多个数据库集成商分别设定配置，但这仍可能导致某种程度的重复。

有计划发展含印本图书DDA项目的图书馆很可能要与纲目购书供应商合作，这能帮助图书馆配置参数、删除与电子图书重复的配置、传递记录以及采购。

那些目前尚无纲目购书项目并只想与一个数据库集成商合作DDA项目的图书馆，可能不需要纲目购书供应商的增值服务。但许多没有纲目购书项目，甚至只与单个数据库集成商合作的图书馆，选择与纲目购书供应商合作DDA，就是因为其配置参数、删除重复图书、整合其他图书采购方式和维护记录的优势。

5　配置

确定DDA备选书目库中要添加哪些图书是一个复杂的过程。这个过程应该包括：确定相对于预算而言的理想库容，决定基于现实需求和机构目标的主题范围宽窄，仔细配置并确定在备选书目库中添加图书的合适类型。

5.1　保障基于预算和用户且规模适当的备选书目库

现在，没有图书馆有能力购买已出版的每一本印本或电子图书。许多允许数据库集成商在备选书目库中提供所有图书的早期DDA项目非常短命，因为图书馆为此支出经费太多太快。有些图书馆发现备选书目库中含有太多通俗性内容，或是从不会考虑购买的图书内容，如教科书、操作手册和重印本。对于大多数图书馆而言，DDA项目只是用于采购图书的方法之一。许多图书馆希望将DDA项目整合到已有的馆藏发展活动中，如纲目购书项目和订单订购。

在DDA项目的环境下，参数配置允许图书馆根据内容层次、出版日期、主题、出版商、许可模式、原出版国、价格以及语言等参数，限制加入备选书目库的图书。参数配置还允许图书馆在建立备选书目库时只包含新出版的新书目，而不是以前出版、新近添加的“新”电子图书。如今，多数图书馆的DDA项目的配置不同于其纲目购书项目的配置，甚至许多没有纲目购书项目的图书馆也采用了纲目购书供应商的DDA项目配置。传统的纲目购书项目配置注重限定或强调学术出版，然而DDA配置目标恰恰与之相反。DDA的配置范围应该更加广泛，以便为用户提供最大范围的、满足一系列适当标准的图书访问。

5.2　确定图书（主题和非主题参数）

图书馆进行DDA项目配置时，有很多参数可供选择。主要的大类包括丛书、出版商、主题以及非主题参数，诸如图书的内容层次、价格、出版日期、图书类型如教科书和重印本等。如果图书馆打算协调其DDA项目和纲目购书项目，可将不愿自动收入到纲目购书项目中的图书添加到DDA的备选书目库中。由于DDA项目的目的是提供访问，而不一定是购买，DDA项目配置的参数或规则应该比纲目购书项目的配置更为广泛全面。

有多种扩大DDA配置的方法可供考虑。图书馆可选择在已有主题范围内拓展非主题参数，例如容纳以前被排除的类别或出版商。图书馆也可以选择将主题范围扩展、超出其核心课程重点，例如包含一个不属于教学范围，但和教学/学习其他领域相关的主题（如语言学或建筑学）。最后，图书馆也可以选择扩大到所有的学科领域，以待其用户最终会选择一些不符合当前馆藏发展参数的图书。尽管在现有模式下不太容易做到，但图书馆仍希望在购买前对边缘学科图书设置的STLs使用量高于核心学科图书。

5.3 与印本图书的关系——重复还是不重复

根据图书馆DDA项目的目标，图书馆需要决定是否允许与现有的馆藏印本重复。迄今为止，图书馆在是否允许与馆藏印本重复方面的态度大相径庭，多数允许至少在某些情况下可重复。某些正尝试评估电子图书格式的用户接受度的图书馆，通常允许重复其馆藏印本，这样用户可在电子书和印本之间进行选择。那些旨在节省经费的图书馆则可能决定他们不能负担图书复本。

5.4 回溯图书

普遍的建议是任何DDA项目还应该在备选书目库中包含一定量的回溯图书。备选书目库的规模与预算有直接关联。备选书目库的规模太小、太窄会导致几乎没有采购行为，因而就不会用尽预算拨款。同理，备选书目库的规模太大可能会导致超支，或可能要比原计划提前关闭某些图书的访问。图书馆必须在备选书目库的规模和费用支出目标之间找到平衡。这种平衡将帮助确定图书可以回溯到何时。

6 管理DDA的MARC记录

DDA项目建立在多种MARC记录的基础上。备选书目库中的图书可通过发现记录访问，一旦图书被购买，发现记录会被购买记录取代。管理MARC记录时，图书馆需要考虑如何利用不同的书目记录来配合各种工具以管理图书的发现、访问、采购和使用。MARC记录的管理要随图书在访问和获取上的变化而添加、删除和更换，或在购买图书时将书目记录升级。多数图书馆采用文档更新，包括记录的添加、删除或更新来促进这一流程。

6.1 发现记录

发现记录是所有DDA项目的基础MARC记录。图书馆无论是从电子图书集成商、纲目购书供应商、书目数据中心，还是从其他MARC记录供应商处获取发现记录时，都应该仔细考虑馆内的实施情况及记录的用户化定制程度，以支持DDA项目。

6.1.1 用户化定制与完善

发现记录可以按本馆需要进行用户化定制。定制856链接字段，可以把用户引导到数据库集成商平台的指定图书。一般情况下，图书馆可以自行做用户化规定，以保证与馆内电子图书编目方法保持一致。发现记录及连同发票提供的购买记录可以相同，也可以有不同的定制要求。此外，如果使用代理服务器来访问数据库集成商的电子图书数据库，供应商可以在发现记录856字段中的数据库集成商链接地址前加入代理服务器的链接地址。图书馆也可以考虑是否在其中一个字段或子字段中加入代码或字符串，以便在图书馆目录中识别DDA图书。这种做法也能让图书馆在需要时，从目录中识别和删除DDA发现记录。图书馆也可在图书添加到备选书目库时，在其记录中添加入库时间信息，以协助评估及批量删除书目记录。为馆内需求加入其他标识（如经费代码），也会有助于评估工作。最后，图书馆也应考虑添加数据库集成商的电子图书标识符，便于在收到删除文档或购买记录文档时匹配书目记录。

许多图书馆也选择由第三方数据供应商提供图书内容目录、摘要和作者生平等信息，以完善图书馆的MARC记录。这样在发现阶段可加强支持对内容的关键词深度检索，从而对资源有更集中和全面的了解。这些完善后的数据即使是在购买后加入购买记录中的，也可增加图书的借阅量。鉴于完善后的元数据能提高图书的可发现性，应尽可能加入更多元数据，这对各方都有利。

6.1.2　可发现性

可发现性是DDA项目成功的关键。图书馆通过提供深度元数据和扩大书目访问来尽可能加大备选书目库的能见度，可能会带来更多使用。目前是有一批用于图书内容访问的工具，但并不是所有图书馆都拥有这些工具，各图书馆对这些工具的用法亦有不同，因此如何或是否在DDA项目中利用它们也因馆而异。

6.1.2.1　图书馆目录/联机公共目录

对许多图书馆而言，研究始于图书馆目录（而且对于许多图书馆来说，这是图书的唯一访问点）。对使用发现工具及参与联盟目录的图书馆而言，图书馆目录又是为其他资源发现传送馆藏信息的工具。

发现记录应定期加载到图书馆的联机公共目录OPAC中，一般来说每周一次，这样可使备选书目库不断更新、增加新书。图书馆可以使用供应商提供的混合新书/修订/删除书目的更新文档，或将流程分开处理，即用加载文档添加新书，用删除文档删除图书。图书馆可在任何时间提取这些文档，但加载的工作应该定期进行。

6.1.2.2　发现工具

发现工具是用于访问图书馆几乎所有资源的单一入口。已安装发现工具的图书馆，会把它作为图书馆网页的主要检索选项，暗示用户由此开始检索。由于强调将发现工具作为主要检索选项，DDA发现记录也应该加载到发现工具中。

6.1.2.3　共享目录/联盟目录

参与共享目录的图书馆也可将发现记录加载到联盟环境，以提高图书的可发现性。然而，许多图书馆选择不在共享目录中加载发现记录，以此来控制风险，以防非本馆用户到馆访问本馆未拥有的图书，从而触发购买，这也是合理的解决方案。其他图书馆，特别是主要用户群喜欢检索联盟目录的图书馆，应该将发现记录加载到共享空间中。

图书馆对本馆DDA项目和联盟DDA项目的发现记录在处理上可能有所不同，在联盟项目中重要的是可访问所有图书。

6.1.2.4 其他访问点

通过链接解析器提供电子图书访问的图书馆，需要考虑是否将备选书目库中的书目或只是已购书目加入知识库中。尽管这样做会加大备选书目库每次添加新书时的更新工作量，但它可以扩大访问，从而增加发现和使用量。图书馆也可将题名级的记录链接到电子资源管理系统（ERMS）中平台级的记录。

6.2 购买记录

6.2.1 概述

DDA项目中的MARC购买记录随买书发票一起送达。由于图书馆不会为DDA的触发式购买预先在图书馆自动化系统（ILS）中建立订购记录，购买记录会包含生成ILS订购记录以及支持电子发票的采购信息。对这些数据的要求因系统而异，可根据馆内实际情况考虑提出。DDA购买记录只会依据触发购买的品种提供。撰写本文时，短期借阅交易不是以这种方式来处理，详情在第6.3节讨论。因此，当加载购买记录覆盖相关发现记录时，购买记录提供了将已购图书发现记录删除的解决方案。使用代码来区分目录中的发现记录和其他记录的图书馆，不妨也使用不同的代码来辨识购买记录。

6.2.2 图书馆目录/公共联机目录

DDA项目中的MARC购买记录应该在购买图书及取得记录后尽快加载到图书馆的OPAC中。这些记录需要一个匹配点，以便覆盖相对应的发现记录。

6.2.3 发现工具

使用发现工具的图书馆，当收到购买记录时，应按常规流程而非DDA项目途径，将记录加载到已购买拥有的数字资源内容中。

6.2.4 共享目录/联盟目录

参与共享/联盟目录的图书馆，当收到购买记录时，应按常规流程而非DDA项目途径，将记录提交到已购买拥有的数字资源内容中。

6.3 ILS中的费用支出跟踪

6.3.1 概述

图书馆致力于跟踪管理STL费用支出的流程。理想的做法是自动将STL的发票导入ILS系统的采购模块，该模块会自动建立STL订购记录。要达成这样的结果，流程与第6.2.1

节的描述相似，图书馆从供应商处取得的MARC记录必须是包含采购信息的STL MARC记录，以生成ILS订购记录并支持电子发票。除DDA购买之外，许多图书馆也已将该流程运用于印本图书自动订购，理论上该流程还可以应用到STL及DDA项目的发票流程中。不过目前可以应用在STLs、包含发票数据的MARC记录的处理程序，市场上并不存在，需要加以开发。

6.3.2　短期借阅的订购记录

利用MARC记录自动进行STL发票管理的程序有潜力，但很复杂。嵌入发票数据的STL MARC记录会用来覆盖图书馆当初加载的MARC发现记录。这个覆盖流程在每次出现STL时都会重复，覆盖次数与DDA项目的STLs次数成正比。当然，不是DDA备选书目库中的每本图书都会触发STL购买，只有其中很少一部分图书会达到预设的STLs使用量继而触发购买，因此图书馆在决定是否使用覆盖程序时应考虑这个因素。

将MARC记录加载到ILS系统需要耗费员工的时间及精力，该工作量应作为计算时效的一个因素。此外，重复覆盖MARC记录可能会出现错误，所以图书馆要意识到它会增加工作量的潜在可能性，在实施时要谨慎。如果图书馆曾对发现记录做过本馆编辑，相关的字段应加以保护，以免每次加载STL MARC记录时被覆盖。有必要密切监测覆盖流程，以确保被保护字段得到保留。如果被保护字段无法保留，每次加载覆盖STL MARC记录后都需要重做本馆编辑，图书馆原本希望通过自动程序达到省时省力的效果亦会减弱。

可以用另一种做法代替覆盖程序，即图书馆在收到STL发票时人工建立STL订购记录。这个过程所涉及的员工时间和精力因DDA项目的STLs使用量不同而不等。然而，如果ILS系统能支持建立记录模板，人工建立STL订购记录的工作量便可减轻。使用记录模板可以减少员工建立单个订购记录的时间，因为模板可以包括所有常规数据，只有STL价格需要人工输入。

图书馆在决定实施STL类型跟踪和付款流程时要考虑本馆实际情况。没有一个解决方案是适合所有或者多数图书馆的。当决定如何跟踪STL付款时，ILS系统功能、员工水平、本馆政策和规范全部都要考虑。没有一个跟踪STL付款的方法可以完全让图书馆员工省时省力。

6.3.3　自动购买的订购记录

使用MARC购买记录跟踪购买流程比跟踪STLs容易。图书馆可以如第6.3.2节所述做人工处理，或者随DDA经销商系统提供的含嵌入式发票数据的MARC记录（假设DDA经销商有此能力）进行自动处理，图书馆ILS系统依据这些数据建立附加订购记录。这一流程在许多图书馆中用来助力印本图书自动订购，因此也可以在图书馆收到DDA购买记录时应用。

7 从备选书目库删除图书

7.1 书目删除原因

某些情况下图书馆要从备选书目库中删除图书。这可能是馆藏发展的选择，或因图书太多会给相对有限的预算带来压力，或因图书被出版商从数据库集成商处删除，也或者因为图书不再通过DDA项目提供。此外，图书馆可能会因图书不再符合配置条件而将其删除，例如从只收藏最近5年出版图书的项目中删除6年前出版的图书。

有些图书馆可能会以与印本馆藏删除书目的相同理由来删除图书（例如主题的恰当性、时效性，有没有新版，是否与印本或其他电子书重复），但DDA项目也有其影响删除决定的特定因素。不同于传统的馆藏发展，DDA取决于购买前的访问，因此价格从多方面影响删除决定。图书馆可能会因图书需要确认是图书定价涨超过限定门槛而从备选书目库删除该图书，或因财政困难而删除高于一定价格的图书。随着DDA项目的扩展，对于经销商而言，定期通知图书馆书价涨过预设门槛，以便图书馆更易删除图书是非常重要的。此外，如果备选书目库的扩大超过预算能负担的潜在需求，图书馆可能需要缩小备选书目库的总体规模。在极端情况下，图书馆可能因为财务危机或预算经费在财政年结束前用尽，需要暂时中止DDA项目。

如果需要暂时或长期缩小备选书目库，图书馆必须考虑用户的期望。很多时候，图书馆的用户并不知道所访问的电子图书是DDA项目的一部分，所以删除他们曾经访问的图书可能会让他们感到困惑和沮丧。因此，保留所有曾被以任何形式访问（无论是免费浏览还是STL）的图书是合理的，因为它们至少可能会被一个用户再次使用。如果有必要从备选书目库删除大量图书，那么就着眼于保留最近使用的图书。

出版商也可能基于各种原因从DDA项目或数据库集成商平台删除图书。例如，图书因为绝版而无法提供，与作者协议的变更，有可能被更多课程采用，商业模式调整，或出版权已转移到另一出版商。出版商也可能从DDA项目中删除某些方面的图书（例如限制或减少STL的选项），但仍维持在其他方面的供应（例如少量的STLs，或只限购买）。

图书馆可以考虑保留备选书目库的删除书目清单，作为日后评估DDA项目之用。

7.2 配置（主题及非主题参数）

如果删除项目揭示出备选书目库中添加了不需要的图书，图书馆便要考虑调整发现库的参数配置。例如，某特定主题领域可能包括不符合图书馆需求的图书，图书馆便应调整参数以取消该主题领域的图书，或只包括指定价格以上/以下的图书，或包括/排除某特定出版商的该主题图书。其他需要考虑的配置因素包括但不限于：特定的国会图书馆主题/

分类、杜威分类或医学主题词表的主题，出版商类型（商业出版社、高校出版社、协会等），经费代码（如果图书馆采用经费代码），出版物类型（通俗、学术、教材等）。图书馆的需求决定了其参数配置可宽泛可具体。当采用参数配置助推DDA项目时，图书馆对DDA项目运行后的参数审核非常重要，要有足够的数据以评估DDA备选书目库参数配置的效益。

尽管目前还不存在，纲目购书供应商、数据库集成商以及其他提供参数配置服务的供应商应该考虑建立一种机制，类似于按配置标准自动添加图书的方法，允许从备选书目库中自动删除图书。随着DDA项目的成熟，图书馆会更需要从备选书目库中删除图书，且能够自动执行这个程序，这会让各方都受益。

7.3 频率

图书馆从DDA备选书目库删除图书记录的频率取决于删除原因及其涉及的馆内流程。很多数据库集成商会定期提供DDA项目的更新文档及删除文档。这个周期可以是每月、每季度，甚至每半年一次。图书馆要紧随出版商，将出版商不再为DDA项目或数据库集成商平台提供的图书删除。数据库集成商应该向图书馆提供删除通知及删除文档，以便图书馆自动处理。最符合图书馆利益的做法就是尽快操作DDA项目的删除流程，以避免向用户提供已不存在的图书。

如果删除图书是因为图书馆的删除计划，则该计划的时间表会决定删除频率。图书馆要根据删除计划涉及的工作量来考虑和决定频率。一旦开始删除计划，重要的是要遵循一个严格的时间表，以确保书目从所有发现源中删除（包括本馆、联盟及成员馆的OPAC，电子图书平台供应商，发现工具，链接解析器及ERMS），避免这些待删除图书触发财务交易。换句话说，图书馆要避免为已决定删除的图书支付短期借阅或购买的费用。

7.4 发现记录

从发现库中删除书目，需要图书馆将发现记录从各个系统中除去。这一节将概述删除这些记录的方法。

7.4.1 本馆目录/联机公共目录

“6 管理DDA的MARC记录”一节提到，图书馆将收到的MARC发现记录加入OPAC时有许多选择。如果数据库集成商或出版商确定要从发现库中删除图书，图书馆应与提供MARC发现记录的数据库集成商或供应商合作，对方亦要提供与发现记录有共同匹配字段的删除记录。例如，如果图书馆从一家数据库集成商获得了MARC发现记录，且每条记录含有唯一标识符，那么删除记录应来自同一数据库集成商，并包含相同唯一标识符（通常是数据库集成商对该图书书目的ID编号），图书馆可以凭此固定编号匹配记录。

当收到删除文档或图书馆决定要从发现库删除书目时，图书馆必须从OPAC中删除每个相关书目。这项工作要以自动化或人工方式逐个完成，具体取决于图书馆的ILS系统、馆内流程和人力资源。具体删除方法和流程要和负责维护ILS记录的员工讨论，但应尽可能着眼于采用批量处理。

7.4.2 发现工具

如果图书馆已经将发现记录加载到发现工具，记录从OPAC中删除时亦应从发现工具中删除。

7.4.3 共享目录/联盟目录

如果图书馆已经将发现记录加载到共享目录/联盟目录，记录从本馆的OPAC中删除时亦应从共享目录/联盟目录中删除。

7.4.4 其他

图书馆可能也在其他系统中激活、加载或“打开”发现记录，例如ERMS系统或链接解析器。作为删除工作流程的一部分，记录应同时从所有系统中删除，以确保各个系统均为用户提供正确数据。

值得注意的是，如果图书馆决定从备选书目库中删除图书，图书馆必须与电子图书平台供应商/供应商、数据库集成商，或负责管理DDA项目的出版商沟通有关决定。图书馆必须确保从所有发现源（包括电子图书平台）删除图书，以免图书不慎被使用而引起财务交易。

8 评估

8.1 评估需求

评估应该是任何DDA项目的一个组成部分，要在计划过程中尽早考虑。长远来看，如果从项目伊始就在技术规范中定义所需的数据元素，会令评估工作更轻松。DDA项目的总体目标是制订评估计划的基础。正如“3 DDA项目目标”一节指出，DDA项目可以用来访问比传统模式更多的图书，可以用来节省经费，还能做到这二者兼顾；DDA项目也可以用作建立永久馆藏。为省钱而设计的DDA项目与为扩大访问而设计的DDA项目，要用不同的计量指标进行评估。对于旨在省钱的项目，评估有助于严谨控制备选书目库及相关费用；而对于旨在扩大访问的项目，评估重点放在怎样发展备选书目库以支持更广泛使用。总之，所有DDA项目都应评估两大方面：基于项目目标的整体效益和预测支出。在评估DDA项目时，重要的是兼顾触发财务交易的使用及购买后的使用。

8.2 数据来源

使用统计数据通常可以从供应商的网站获取，一般包括COUNTER格式的图书使用报告和经销商/供应商的专门报告。COUNTER报告适用于不分类型的使用计量和跨平台比较。经销商/供应商报告经常包括有关DDA的专门数据，一般包括一系列不同的使用类型。

8.2.1　网络电子资源在线使用统计

COUNTER是为电子书使用统计定义数据元素的标准，可以兼容和比较跨电子图书供应商的COUNTER使用数据。因此，图书馆希望使用COUNTER报告，比较多个数据库集成商或出版商平台的DDA项目电子图书使用统计，甚至比较DDA项目与其他电子图书内容的使用统计。虽然跨供应商的标准化COUNTER报告很有用，但它缺少价格数据和DDA项目相关的特定数据，而这些附加数据只包括在经销商/供应商的报告中。图书馆要全面分析一个DDA项目，就需要结合使用由供应商生成的COUNTER报告和经销商/供应商各自准备的报告。

8.2.2　经销商/供应商报告

供应商平台（无论数据库集成商还是出版商）通常可以增加COUNTER报告中没有提供的统计功能。例如报告经常包括短期借阅和购买的价格数据，可用来分析单次使用成本，或与COUNTER报告合并使用。此外，经销商/供应商报告可能包括DDA的某些特定使用信息，比如图书的STLs量、购买量、免费浏览的次数（甚至时长）、购买后的使用量，所有这些数据对评估DDA项目是否成功很有价值。最后，经销商/供应商报告有时也会额外提供COUNTER报告未提供的使用统计，例如浏览一本书的时长、浏览页数、拷贝页数、打印页数和下载次数等。不过这些不是跨平台的标准化数据，所以难以做跨供应商的比较。

8.2.3　流通数据

对于含有印本图书的DDA项目，图书馆需要分析流通数据，因此必须了解图书馆自动化系统（ILS）如何生成审核文档以取得正确数据。由于许多ILS系统需要累积流通数据（例如想要生成一个5年前的全年流通数据报告就不太可能），定期（也许每年）保存由DDA项目所购图书的流通报告非常有用，可以比较不同时期的流通情况。

8.2.4　付款数据

某些情况下，供应商网站不提供DDA项目的付款数据。这时图书馆需要从他们的ILS系统采访模块或用其他方法提取这些数据，以便于与COUNTER报告和经销商/供应商报告整合。

8.3　评估DDA项目的整体效果

评估DDA项目可以使用多类型计量指标。但不是所有这些指标都适用于所有类型的项目，图书馆应基于项目目标选择评估指标。

8.3.1　降低成本

如果项目的目标是降低成本，那么重要的是考量总体支出、单次使用成本及被DDA项目取代/改进的采购项目成本。降低成本包含多个数据切入点，最基本的是将DDA项目的总体支出与DDA项目取代或改进的采购项目的总体支出做比较。如果DDA项目的支出由特定账户支付，且购买图书在本馆书目及订购记录中已被标识为DDA购买，那么跟踪付款便非常简单。类似数据在需要时可以用来分组比较。

以下是其他成本计量指标，如能收集，对评估会很有用：

- 每本书的购买成本；
- 成本与已揭示图书数量的比较；
- 已购图书及备选书目库图书的单次使用成本。

正如前面所述，DDA项目中所有图书记录加载到图书馆目录时都应该包含DDA标识符。这不仅对记录管理很重要，对收集评估数据也很重要。

总体支出可能反映不出DDA项目成功与否的全貌。例如，一个项目的成本降低了，但如果实际使用的图书也减少了，那就不算有效益。对大多数高使用量图书来说，单种书的购买成本也许是一个投资回报的较好指标。但由于这些图书在购买前有高使用量（多次STLs加上购买成本），它的购买成本可能会高于那些只有一次STL的低使用量图书。总体使用数据与总体采购数据结合，可能会是衡量成本是否成功降低的最有效方法。

DDA项目有多种类型的使用方式，因此单次使用成本计量可能有些棘手。虽然最简单的是以触发交易来计量相关成本，但图书馆还应该考虑其他使用类型的价值，包括免费发现和购买后的使用。

有一个重要的注意事项是，当利用单次使用成本数据评估DDA项目时，以单一年度（或多年度）的单次使用成本作为购买成本数据是短视的。图书购买的投资回报可能要在购买使用多年后才可实现。

有许多方式可以计量成本降低。对支持评估过程指标的选择，取决于DDA项目的目标。计量指标要有明确定义并在项目初期执行，以期成功收集有用的数据。

8.3.2 使用，已购图书的增加使用，已购内容的继续使用

已购图书的使用是评估的重要组成部分。大部分COUNTER报告和经销商/供应商的使用报告都是年度报告，因此不难得出长期的使用状况。如果DDA项目供应商也处理其他类型的交易（例如订单订购），就需要有能识别使用数据中交易类型的机制。DDA项目中已购图书的使用，备选书目库中图书的使用，以及其他已购电子图书的使用是需要区分的。如前所述，虽然COUNTER报告便于跨供应商的比较，但它不能评估DDA项目所有类型的使用。在某些情况下，供应商网站的其他报告也可能包含有价值的信息。这些报告可以显示电子图书的独立使用次数、电子图书使用时长、浏览页数，以及下载、打印和复印数量的统计数据。

为了成功收集有用数据，计量指标应在项目伊始就定义和实施。只计量导致购买的使用量，或计量不分类型的总体使用量，是比较容易的，但为了做更细致的使用评估，评估

方案应该考量各种使用之间的相互影响。建立健全计量指标以便对购买前/后的使用都进行评估，这对评估方案至关重要。

8.4　支持预测支出的评估方案

8.4.1　影响支出的因素

是否有能力管理DDA项目的支出是许多图书馆的一个顾虑。图书馆在极短时间内将经费用尽的奇闻比比皆是，但也有些图书馆表示他们的DDA项目经费未能充分使用。以上两种情况都显示图书馆需要采用DDA项目的使用数据来预测未来支出。驱动经费支出有两大主要因素。第一是触发活动。不支持图书在触发购买前有大量使用的自动购买项目，使用经费的速度会比其他项目快。短期借阅（STL）项目因支持完全购买前的某些使用而被视为控制支出的一种手段。第二个驱动经费支出的主要因素是备选书目库的规模。规模越大的备选书目库会导致支出越多，但不一定是以线性方式上升。其他变数，诸如非DDA项目的图书数量，图书馆目录中的电子图书数量，用户群的规模及其研究需求，肯定也会起一定作用。

8.4.2　管理触发到购买周期的评估项目

评估DDA项目生命周期（从触发到购买）的计量指标取决于实施项目的类型。一个在购买前可使用X次的自动购买项目，其计量会区别于经过X次短期借阅（STLs）后由中介采购决定的项目。例如，对于一本书使用3次后便会触发自动购买的项目，需要认真监控备选书目库中的图书使用，因为大量已使用过2次的图书可能很快就会转化为购买。而如果是经过3次STLs后才会购买，那么鉴别已达到门槛的图书便是计算短期内购买量的良好预测方式。由单一活动（如下载或打印）触发的自动购买项目，因为没有购买前的引导，则较难评估。最好的做法是确定由单一活动触发购买的比例，根据这个数字计划未来支出。随着时间的推移，图书馆和供应商根据过往情况预测未来使用量和支出的能力会日渐增强。

8.4.3　备选书目库管理的评估项目

用于管理备选书目库的计量指标可能是DDA项目中最多样的数据。指标可以简单，例如比较备选书目库中图书与已购图书的百分比，或者可以复杂到按主题、出版商或出版年比较备选书目库中的图书与已购图书的比例。更细分的主题、出版商或出版年数据会有利于估算备选书目库中可购图书的种类。然而相关字段的数据很多时候都欠规范，因此这类数据很难应用。

评估内容应该是由项目总体目标决定的。最基本的流程是决定哪些记录可包含在备选书目库中。如果项目是基于一组出版商，则出版商应该是评估起点。如果基于参数配置选择备选书目库记录，则参数配置为评估起点。如果项目旨在扩大访问，则备选书目库无须多做管理或评估（因为越大越好），但出于某些原因，大部分DDA项目都会审核备选书目库并加以修改，因此重要的是在DDA项目伊始就要建立备选书目库的评估体系。

概括已购图书特点的计量指标会对评估备选书目库非常有用。如果已购图书集中在某些主题、出版商、出版年上，这就意味着这些领域在备选书目库有扩大的潜力。但如果某个已购领域显示没有被持续使用，它们便不应再被加强。反过来看，如果备选书目库中大部分图书没有被大量使用或购买，这些领域的曝光度便会减少，就应该修订项目和现有备选书目库的基本配置。

用于管理备选书目库的计量指标可以是复杂的。购买模式和使用模式的组合，可以先提供框架，然后再进行主题、出版商和出版日期等其他方面因素的过滤。评估方案应该以本馆需求为主导，因为即使是提前规划好的项目，仍然需要员工用大量时间去评估。

8.5 评估联盟DDA项目的指标

在第8.1至8.4节提及的所有指标均可应用于对联盟DDA项目的评估，但还有其他只适用于联盟的重要评估指标。由于采购和拥有均为联盟共享内容，这些指标可以佐证商业模式和成本分摊计划是合理的、DDA计划中各个机构的收益（即成本/效益比例）是尽可能公平的。使用是核心，需要跨整个联盟对其做评估，也要在各个机构的层面进行跟踪。这些应该包括：

- 联盟中各机构使用的比例或触发购买的次数；
- 各机构在购买前的使用数量和标识；
- 各机构在购买后的使用数量和标识。

这些数据应该既在项目层面又在书目层面进行计量，使联盟能够得出某一机构或某些机构图书使用的百分比。这类计量，特别是与主题、出版商等数据结合后，可以判断某一类型资源是否更适用于联盟/单个机构的DDA项目。

与单个机构的项目一样，重要的是如何长期跟踪跨机构的使用。

9 关注未拥有内容的长期使用

DDA项目的前提是事先向图书馆用户提供大量的图书内容，只有在使用时才付款。就此而言，DDA代表了图书馆馆藏管理的根本性转型。图书馆不再（作为一个文化记录的管理者）购买并长期保存一本图书，而是在书目中先添加一本书的书目记录，直到有人使用时才会购买。如果这本书在DDA项目中从未被使用，会怎样呢？如果使用是在久远的未来，其时书已脱销，又会怎样呢？数据库集成商或出版商仍然能够在有需求时提供这本书吗？在这种情况下，谁会成为保存文化的管理者呢？随着我们更大规模地采用DDA，我们需要采取措施保护文化记录。

9.1 未拥有的电子图书内容

假设有一本电子图书，很少或甚至没有图书馆购买，出版商或数据库集成商因此会认为它不太可能有较高使用量，会出于经济动机对该书停止服务吗？虽然我们希望并非如此，但不难想象停止为数百本甚至更多即将宣布绝版的图书提供平台服务，将节省不少经费。与其深入探讨这类事情是否会发生，我们更需要发展一套机制，以确保未来某时用户需要时可以满足其所需。

诸如Portico和LOCKSS等机构提供的服务，是在出版商撤销某种书或出版商停业时，也无法从任何其他来源获取该书的情况下，向用户提供电子图书的使用。这种模式可以比较好地确保DDA项目期间没有购买且又停止供应的图书的获取。在撰写本文时，已经有60个出版社承诺将其电子图书保存在Portico。如果有更多出版商参与，DDA作为长期的馆藏建设模式更可持续。

9.2 未拥有的印本图书内容

虽然在旧书市场购买印本图书比以前容易许多，但不保证图书在需要时就有。传统上，当印本图书售罄且无法预期更进一步的销售量时，出版商会做出绝版或无限期缺货的决定。当一本书的销售量比预期低很多时，出版商通常会将余本清仓之后宣布绝版。随着允许每次只印一本书的大规模POD服务兴起，没有任何图书会因为仓储量的成本而必须绝版。广泛地参与这些服务，会使得印本图书的DDA更可持续。

10 DDA联盟的考虑

10.1 联盟特有的问题

联盟一直是建立在馆藏发展共建和资源共享的基础上。电子图书为这些目标带来挑战，因为各图书馆常常不能分享或出借其购买的电子图书。很多联盟认为DDA是一种方法，有利于向用户提供更多的图书内容，并兼顾共享拥有与更广泛访问的目标。虽然实施DDA早有先例，如1999年科罗拉多联盟与NetLibrary的合作项目，但2011年的Orbis Cascade联盟却是先行采用现行做法的第一个联盟。从此许多联盟开始运用各种方法实施试用项目，包括乘数模式、限制性使用模式和购买俱乐部模式。

从规划与实施的角度来看，DDA联盟项目有其独特的挑战。包括决定选择一个符合联盟目标的最佳模式，得到出版商参与，寻求各图书馆对共同目标的认可，设置DDA项目的参数，建立经费模式，管理跨多个图书馆的书目记录（这些图书馆可能使用不同的ILS系统/共享目录）。此外，联盟各成员馆有可能已有自己的DDA项目或其他电子图书内容。因此，参与联盟的图书馆需要考虑如何采用最佳方法管理复本。而适用于个体图书馆DDA项目的其他有关考虑，也应一并纳入联盟项目之中。

10.2 乘数模式

DDA联盟最通用的方法是乘数模式。该模式下联盟可以组合STLs和自动购买。联盟和出版商按双方事先达成的协议，在购买一本电子图书时由联盟支付该书单价若干倍的费用。一般而言，联盟谈判是在代表联盟的数据库集成商与出版商之间进行的。很多情况下，谈判的内容是基于参与图书馆的数量，购买印本图书和复本的历史数据。这些数据一般由纲目购书供应商提供。这种模式的挑战是：愿意参与项目的出版商数量，联盟接受不同乘数以增加成员馆访问内容的意愿，以及全部谈判所花费的时间。

10.3 限制性使用模式

限制性使用模式最早被加拿大的Novanet公司采用。相较于乘数模式，此模式使联盟能够向图书馆开放更多访问内容，允许联盟按图书目录价格购买一本书，但购买之后且在自动购买第2个复本之前，该书每年的使用次数是有限的。

10.4 购买俱乐部模式

购买俱乐部模式有很多种。此模式允许联盟所有成员馆看到同样的备选书目库，任何成员馆中的任何一位用户都能触发购买成员馆未拥有的图书。此模式中最通用的形式是，触发购买的图书由用户所在图书馆付款，所购买的书仅限该图书馆使用，不与其他联盟成员馆共享。此方法不需要出版商许可。另一种变通的形式是含有一种浮动折扣，即第一个图书馆支付一本书的全价，随后如果其他图书馆再买同本书时，则按折扣价购买。此形式需要出版商许可。这两种形式都还没有被广泛采纳，主要是因为联盟唯一的好处是只分担对备选书目库的管理，并没有共享拥有的内容，而这点通常是DDA联盟形成的重要驱动力。

10.5 本馆馆藏复本的管理

许多联盟中的图书馆会有自己的电子图书馆藏。是否可能控制复本取决于这些馆藏的性质。一般来说，由于就联盟项目的参数达成共识、就共享访问权进行谈判等颇为艰难，联盟DDA项目应比本馆DDA项目有优先权。各馆需要防止新电子图书内容从本馆DDA项目加入——虽然某些情况下有些项目（例如基于出版商的项目）比其他项目（例如基于主题的DDA项目）易于做到这一点。如果是从同一个数据库集成商或纲目购书供应商，这些流程会容易许多。如果图书馆已经有了电子图书馆藏，就很难防止复本随着早期出版内容的回溯从联盟项目中入馆。在这种情况下，图书馆可能需要设法防止本馆用户访问这些从联盟项目中添加的复本，这样本馆使用时便不会触发联盟购买，但这需要员工投入大量时间来管理。

11 公共图书馆DDA

公共图书馆供应商采用不同的方法管理需求驱动采购。有些允许用户在供应商平台而不是图书馆目录上阅读全部收藏内容。用户可以在图书馆的“推荐采购表”推荐新书（或复本）。有些图书馆提供各类型资源的请求购买流程。大部分公共图书馆每周评估用户的请求，少数按月或按季度去管理这个过程。图书馆员根据馆藏发展政策评估购书请求，若相符便购买。大多数情况下，公共图书馆不会将他们没有拥有的图书的MARC数据输入图书馆目录中。

12 建议

DDA项目的运作有很多方式。一些模式对某个图书馆或出版商是理想的运作模式，但不见得适用于其他图书馆或出版商。以下建议试图说明不同的利益相关者有不同的DDA目标、不同的财务现状和不同的需求，同时也需要相互让步。因此在一个非常广泛的层面上，灵活性至关重要。第12节中的建议是由第1—11节发展而来，其依据在第1—11节中有更详细的说明。

12.1 建立目标

DDA项目可以依不同的目标设置，因此DDA目标决策作为规划的第一步至关重要。DDA可以取代传统的馆藏发展实践，或可以只是其补充。在现实中，图书馆可尝试同时设立几个目标，包括：

- **节省经费** – 此目标可通过3种方法实现：
- – 提供对少量图书的访问。
- – 相对于永久访问（购买），注重临时访问（STLs）。一般做法是在购买之前设置更多次数的STLs。
- – 在循证采购DDA项目中，对购买前使用设置更高的门槛。
- **更明智地使用同等数额的经费** – 用DDA取代某些购书项目，用被取代项目的同等经费投资DDA。此目标可通过以下两种方法实现：
- – 提供大容量的备选书目库，注重临时访问。此模式可使用同样的经费，访问更多图书。
- – 提供较小容量的备选书目库，强调永久访问。设置STL和自动购买的费用总和不超过被取代项目的预算。
- **提供更广泛的访问** – 这取决于预算目标，可通过以下方法实现：

- 参数配置尽可能广泛（可根据出版年或主题而定），以扩大备选书目库的规模。
- 相对于永久访问（购买），注重临时访问模式（STLs）。一般做法是在购买之前设置更多数量的STLs。
- 在循证采购DDA项目中，对购买前使用设置更高的门槛。

- **通过用户反馈建立永久馆藏**–如果DDA项目的目标是对用户选择的图书提供永久访问（假设用户在此过程中能够提供宝贵指导意见），那么触发购买前使用次数要设置得比较低（此模式通常较贵）。此目标可通过以下方法实现：
- 参数配置比较严格，以缩小备选书目库的规模。
- 相对于临时访问（STLs），注重永久访问模式（购买），一般做法是在购买之前少量设置或不设STLs。
- 在循证采购DDA模式中，对购买前使用设置较低的门槛。

12.2 选择可使用内容

图书馆在为备选书目库选择内容时，应考虑以下因素。

- 并非所有印本图书都有电子版。
- 没有一个供应商能够提供所有的电子图书。
- 不是所有的电子图书都能通过DDA或同样模式获取。

因此：

- 若希望内容比较全面，需要与多个供应商合作，采用多种模式，因而工作流程也就会复杂化。
- 若希望范围尽可能广泛，就有必要包含印本图书。
- 纲目购书供应商能够帮助管理含多个供应商的DDA项目。

出版商在选择通过DDA提供哪些内容时，应做以下考虑：

- 大多数图书馆会限制采用供应商和模式的数量，为的是既能比较容易管理工作流程，又能通过不同平台和不同模式对图书内容提供最大的访问量。

12.3 选择DDA模式

可用的DDA模式有多种。某些情况下，图书馆可能会认为使用内容的范围和类型比某个供应商提供的访问模式更重要。而在另一些情况下，图书馆可能需要通过特定模式指定特定内容。例如，图书馆若只想与提供STLs服务的供应商合作，那就仅限于提供这种模式的数据库集成商。而图书馆若想优先考虑提供最广泛的内容，则会选择采用多种DDA模式。

以下是3种基本模式，以及每一基本模式衍生的不同模式。其中有些模式可以结合采用，例如一次STL导致自动购买。图书馆在做选择时，应考虑第12.1节中所列的各项议题。

- 自动购买模式
- – 免费浏览期后的第一次使用触发购买，或者
- – 在事先设置的使用次数之后触发购买，通常是1—3次，或者
- – 在事先设置的STLs次数之后触发购买，次数由图书馆根据数据库集成商和出版商之间达成协议后的参数决定。
- 短期借阅模式
- – STLs是在免费浏览期后触发的使用。自动购买前所允许的短期借阅（STLs）次数，是由图书馆根据第12.1节列出的DDA目标以及数据库集成商与出版商之间达成协议的参数决定的，或者
- – STLs是在免费浏览期后触发的全部使用，但不会导致自动购买。
- 循证采购模式
- – 根据对DDA项目实施期间使用数据的分析，图书馆按预先达成协议的数额购买其中一些图书的永久访问。

出版商会希望参加上述一些或者全部模式。有些出版商顾虑短期借阅的可持续性，可能会设置STLs的上限，或限制对某种类型内容提供STLs，如仅允许对回溯内容的STLs（或允许较多STLs）。

12.4　配置

当配置DDA参数时，重要的是必须要有相当可观的图书内容供用户发现。因此，在项目预算内配置应该尽可能宽泛。DDA配置目标应该是在满足机构教学研究广泛需求的前提下，尽可能提供更多的图书内容。所以，DDA配置应该宽泛，不能像传统的纲目购书项目配置一样试图缩小学术出版物的范围。例如，DDA项目不是要排除远离核心教学的边缘性学术专著，而是要寻求包括此类图书，并观察是否有用户使用它们。

DDA项目的配置参数，应该根据以下几个方面的内容尽可能地宽泛定义，并且符合第12.1节提及的DDA目标：

- 主题覆盖范围能够提供大范围内容的访问，甚至包括非核心主题。
- 回溯范围应该有利于提供相当可观的内容：
- – 尤其是在有其他限制的DDA项目（例如那些只注重核心出版商的DDA项目）中；和
- – 按图书馆的选择，决定是否与已拥有的印本图书或电子图书馆藏重复。

12.5　加载记录

DDA的前提是发现图书内容，因此拥有尽可能多的发现选项是关键。当加载记录时，图书馆应该：

- 及时定期加载记录；
- 尽可能将记录加载到多种发现工具中；
- 添加记录标识符，以方便记录的屏蔽或删除；
- 完善元数据，以提高可发现性。

一旦图书被购买，图书馆应该加载购买记录，以便进入采购和付款流程。

12.6 删除内容

在某些情况下，某些图书不能再从供应商或特定的DDA模式持续获取，那就应该从备选书目库中删除。管理这个过程时，图书馆应该：

- 尽快从所有的发现工具中删除书目记录，此工作往往通过供应商提供的删除文档完成；
- 定期从备选书目库中删除书目记录；
- 保存删除书目的记录，用于未来的评估。

尽管尚不存在，纲目购书供应商、数据库集成商以及任何其他提供DDA配置的机构，应该考虑建立类似于添加图书的机制，允许根据既定标准，从备选书目库自动删除书目记录。随着DDA项目的成熟，图书馆会有更多从备选书目库删除书目记录的需求。能够自动执行这个流程，会使各方受益。

12.7 评估

图书馆应该从一开始就规划评估工作，以确保跟踪和收集正确数据。评估项目应该根据第12.1节中所述的DDA项目目标设计。广义而言，图书馆可能希望评估以下几点。

- **整体效益**–基于项目的目标，可以结合以下几点来衡量效益：成本的降低、访问量的增加、拥有量的增加，或使用量的增加。上述几点会以不同的方式来计量。
- **降低成本**–降低成本可以通过比较DDA项目的总成本与它所取代项目的总支出来计算，或者比较DDA的单次使用成本（包括任何免费使用）和DDA所取代项目的单次使用成本。按单次使用成本衡量价值也许会不切实际，尤其是比较电子图书DDA项目与印本图书购买项目，因为对电子图书和印本图书的使用计量是无法比较的。
- **使用情况**–从旧模式到DDA项目应用后增加的使用量进行评估，可能会有利于证实DDA项目的价值，但是图书馆应该注意到电子图书和印本图书使用的计量方法会不同，就好像比较苹果与橘子。研究使用时应该注意到，DDA的使用有多种类型（免费浏览、触发付款的使用，以及购买后的使用）。而这些不同类型的使用，或许在某些评估方案中值得汇总评估，而在其他方案中应区分评估。
- **预测支出**–为了建立DDA项目，尽可能优化与预算相关的备选书目库规模，能够根据过去的使用记录自信地预测支出是颇有价值的。收集与备选书目库规模相关的触发点、交易和其他购买前使用的数据，能够有利于辨识使用规律，例如与备选书目库规模相关的年均开支、STLs/自动购买的平均次数，以及一本书触发交易之前的平均使用时长。更细致的研究可能会发现因不同的主题、出版商或出版日期而产生的差异。

- **管理备选书目库** – 对使用和经费支出的评估，可用于完善备选书目库。例如，使用记录可以提示扩大或缩小某主题的内容范围。经费支出的规律也可能提示扩大或缩小备选书目库的总体规模。

12.8 保存

DDA是基于图书内容在用户需要时被使用这一假设而设计。因此，非常重要的是用户在遥远的未来对未拥有内容仍可以访问。图书馆和出版商必须共同努力，以确保内容可以随时使用，通过如Portico或LOCKSS的第三方解决方案也许可行。

12.9 联盟DDA

许多联盟已经试行了DDA项目，在大多数情况下，是共享对备选书目库和任何已购买内容的访问。在某些情况下，DDA项目只共享对备选书目库的访问，而永久使用的图书内容则仅限于触发购买的图书馆访问。以下是三种基本的联盟模式：

- **乘数模式** – 数据库集成商代表联盟与出版商谈判，制定出图书目录单价的倍数，该联盟将分担购买费用、共享内容。建立这个乘数时，联盟成员馆的起点应该是获取该出版商最近的采购情况及其复本模型。纲目购书供应商往往可以帮助获取这些信息。
- **限制性使用模式** – 联盟按单册电子图书支付共享访问的费用，但按预先谈判协议，对购买第2个复本之前的使用次数设置上限。
- **购买俱乐部模式** – 联盟只共享对备选书目库的访问，由使用内容的图书馆支付购买，所购买的图书不能跨联盟共享。这种模式只允许共同分担备选书目库的管理，但没有共享内容永久访问的好处。

当建立联盟DDA项目时，参与的图书馆需要制定订划，管理与本馆DDA或其他电子图书项目的重复问题。在某些情况下，删除复本部分是不可能的。

12.10 公共图书馆DDA

大多数已经采用DDA项目的公共图书馆，都是采纳用户建议添加新书或复本作为馆藏。公共图书馆DDA一般是通过中介，通常不经过本馆书目进行管理。在其他许多方面，公共图书馆可以利用这些建议，为实施与管理DDA项目做参考。

附录A：问卷调查结果

2013年8月，DDA工作组做了3次网上问卷调查。第1次是针对所有愿意参加者的一般性调查，第2次只针对参与联盟的成员馆，第3次针对公共图书馆。收回99份一般性调查问卷，17份联盟调查问卷和14份公共图书馆调查问卷。

在一般性调查问卷中有75个问题，主要是关于访问模式、参与DDA项目的现状、购买和短期借阅（STL）触发点、并发用户模式、发现库、预算/支出、计量指标和评估、技术服务支持以及联盟数据。大多数的问题可填写评语，因此收到大量的反馈。

针对联盟的调查问卷有24个问题，集中在DDA参与、挑战、STLs的使用、乘数模式的运用、经费、已购图书的拥有、已购图书的编目、发现以及计量指标。

针对公共图书馆的调查问卷有12个问题，集中在电子图书的供应、用户对电子图书的访问、DDA或“推荐采购表”的采用、经费预算和采用DDA的利弊。

大多数的问题可填写评语，因此收到大量的反馈，为DDA工作组完善此推荐实施规范提供了充分的参考数据。

完整的调查结果（已删除受访者和机构的具体名称），可在NISO网站上获取：www.niso.org/apps/group_public/download.php/12541/DDA_Survey_Results.pdf

参考文献

Books In Print® [website] . Bowker, a ProQuest affiliate. http://www.bowker.com/en-US/products/servlib_bip.shtml.

COUNTER Code of Practice for e-Resources. Release 4. COUNTER (Counting Online Usage of Networked Electronic Resources), April 2012. Available at: http://www.projectcounter.org/code_practice.html.

E-BASS25 Project-Examining Models for Consortial PDA: Orbis Cascade Alliance Case Study. E-BASS25, March 13, 2013. Available at:http://ebass25.rhul.ac.uk/files/2013/03/Orbis-Cascade-Case-Study.pdf.

Levine-Clark, Michael. *Demand-Driven Acquisition in the Colorado Alliance of Research Libraries*. Presented at the American Library Association Annual Conference, June 30, 2013. Slide presentation available at: http://www.slideshare.net/MichaelLevineClark/alliance-dda-alcts-ala-annual–2013.

LOCKSS (Lots of Copies Keep Stuff Safe) [website] . http://www.lockss.org/about/principles/.

MARC 21 Format for Bibliographic Data. Washington, DC: Library of Congress, Network Development and MARC Standards Office, 1999 with updates 1–17 (September 2013). Available at: http://www.loc.gov/marc/bibliographic/ecbdhome.html.

Portico Services & Benefits: E-Book Preservation Service［webpage］. http://www.portico.org/digital-preservation/services/e-book-preservation-service.

Price Jason, John McDonald. Beguiled by Bananas: A Retrospective Study of the Usage & Breadth of Patron vs. Librarian Acquired EBook Collections. *Proceedings of the Charleston Library Conference*. 2009. Available at: http://docs.lib.purdue.edu/cgi/viewcontent.cgi?article=1027&context=charleston.

Richard, Jennifer, Bill Slauenwhite, Denise Parrott. *Made in Nova Scotia: a new model for consortial eBook collections*. Presented at APLA Conference, May 15, 2013. Presentation slides available at: http://apla2013.ca/sites/apla2013.ca/files/slides/APLA%20Ebook%20DDA%20Presentation_final.ppt.

Special Issue: Patron-Driven Acquisitions: Current Successes and Future Directions. *Collection Management*, 2010, 35(3–4). Available at: http://www.tandfonline.com/toc/wcol20/35/3–4#.U5e4siguKSo.

Swords, David, ed. *Patron-Driven Acquisitions: History and Best Practices*. Berlin: DeGruyter Saur, 2011. ISBN 978–3110253016.

Ward, Suzanne M. *Guide to Implementing and Managing Patron-Driven Acquisitions*. Chicago: Acquisitions Section of the Association for Library Collections & Technical Services, American Library Association, 2012. ISBN 978–0838986080.

第二节　需求驱动采购的标准：美国NISO DDA的发展和作用

1　引言

需求驱动采购（Demand Driven Acquisition，DDA），也称用户驱动采购（Patron Driven Acquisition，PDA），是图书馆图书文献资源建设的一种方法，主要用于电子图书的采访，也可以用于印本图书的采访。图书馆通过这种方法选择内容广泛的具有潜在购买可能性的图书，纳入图书备选库供用户免费发现，在用户产生使用需求之际即刻购买或租阅。DDA以其独特的优势受到图书馆青睐，被广泛采用，但在采用过程中也出现一些预料不到的问题和风险，影响其可持续发展。因此，来自美国的图书馆、出版商、经销商、电子图书数据库集成商等图书出版链中的各利益相关者组成的一个DDA兴趣小组向美国国家信息标准协会（NISO）提案，并积极合作发布了《图书的需求驱动采购》（Demand Driven Acquisition of Monographs，简称DDA，为区别于术语DDA，本书简称NISO DDA），为DDA走向标准化和可持续发展奠定了基础。中国的一些出版商和电子图书数据库集成商也开始提供DDA。笔者试图通过对有关DDA/PDA文献的考察，介绍DDA标准化发展、NISO DDA的制定过程、NISO DDA的特点与作用，以及DDA标准化发展中面临的挑战，为中国图书馆DDA标准化建设提供参考。

2 DDA/PDA的发展趋势

从早期的图书馆文献可以看到，DDA/PDA作为一种电子图书的采购模式，是由NetLibrary于1998年率先推出的。[1]这种模式结合了图书馆的两种传统采购方法，即用户推荐采购和纲目购书计划。DDA/PDA在随后的几年发展缓慢，但在2008年之后出现上升趋势，被图书馆广泛试用和采用。[2]在2010年和2012年美国大学与研究图书馆协会（Association of College & Research Libraries，ACRL）发布的《学术图书馆十大发展趋势》中，DDA/PDA于2010年被列为第1位（“学术图书馆中用户需求驱动的资源建设不断增长”），[3]2012年被列为第7位（“电子图书的用户驱动采购模式将成为常态”），[4]说明DDA/PDA在2012年时已普遍存在，并继续发展。

根据“图书馆学与信息科学文摘”数据库（Library，Information Science & Technology Abstracts，LISA）文献检索DDA/PDA相关关键词和不完全统计，这种上升趋势也在2009—2020年（截至2020年7月）有关DDA/PDA文章的撰写数量及发表时间趋势图（见图2-2-1）中体现出来。例如，最早的文章出现于2009年，只有2篇，然而2010年出现14篇，2011年48篇，比2010年翻了3倍多。发表在学术刊物上的文章在2010—2011年共计50篇，占其总数的81%。P. D.穆勒（P. D. Moeller）在回顾这两年有关采访文献时分析指出，图书馆电子图书的迅猛增加和PDA的采纳是被广泛探讨的话题。这时期有不少文章探讨图书馆通过馆际互借按需采购的ILL PDA模式（又称ILL-Purchase-on-Demand，ILL-POD），也有不少文章分享采用电子图书PDA的工作中的成功经验、失败教训以及遇到的各种各样的问题与挑战，并记录了有关电子图书PDA配置的设置、不同模式的采用（包括与印本并用和联盟PDA）、提供商书目记录的批量下载、工作流程的形成等。[5]2011年出版了两本有关PDA的专著。一本是《用户驱动采购：当前成功与未来方向》（*Patron-Driven Acquisitions: Current Successes and Future Directions*），由期刊《馆藏发展》（*Collection Management*）第35卷第3、4期作为专辑出版，共收录文章14篇。此书主要针对用户对使用图书的期待随电子图书的增加而改变，以及图书馆资源建设的理念随经费紧缺而调整的现状，通过对过去10年的研究数据来看图书馆资源建设的发展动态以及新趋势——用户驱动采购——的形成与发展，从印本图书以ILL-POD为主的用户驱动采购、新兴电子图书PDA、用户参与图书馆资源建设的创新理念3个方面进行探讨。[6] 另一本是由D.A.斯沃德（D. A. Swords）编辑的《用户驱动采购：历史与最佳实践》（*Patron Driven Acquisitions: History and Best Practices*），此书分12章，从PDA应需而生的背景与原因、PDA的大环境与现存问题、PDA模式与实施实例3个部分为出版社及图书馆采纳实施电子图书PDA提供应用指南。此书指出，PDA是科技与电子图书时代的产品，作为一种破坏性技术，它所具有的潜力可以从根本上改变图书馆几十年来形成的实践经验和出版社、图书经销商、图书馆及图书馆用户等各利益相关者之间长期建立的关系。[7] 可以说此时的出版商已经意识到PDA正在打乱图书供应链的秩序。此书应该是首部专门介绍如何应用PDA及PDA对图书馆和图书出版业的影响的图书。

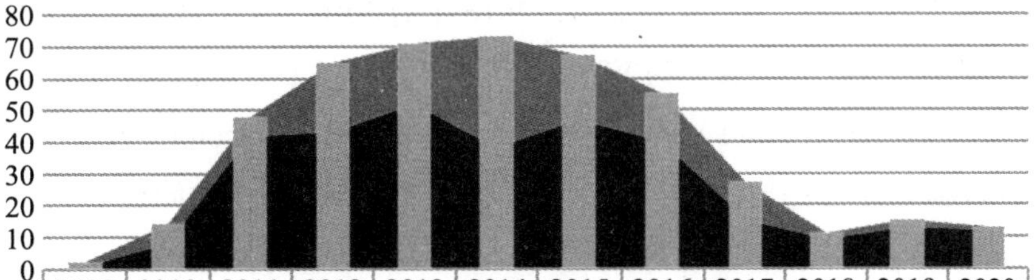

	2009	2010	2011	2012	2013	2014	2015	2016	2017	2018	2019	2020
其他刊物	1	6	6	22	19	35	20	15	12	2	2	1
学术刊物	1	8	42	43	52	38	47	40	15	9	13	12
文章总数	2	14	48	65	71	73	67	55	27	11	15	13

图2-2-1　北美DDA相关文献发表时间趋势图（2009—2020年）（单位：篇）

2012—2013年，PDA/DDA文章发表数量继续增长并达到顶峰，2012年65篇，2013年71篇，发表在学术刊物的文章共计95篇，约占其总数的70%。A.德雷塞尔豪斯（A. Dresselhaus）在回顾这两年采访文献时指出，大量文献记录PDA的实施及实施中出现的问题、工作流程，以及对PDA项目的评估，财政预算吃紧是更多图书馆关注和采用DDA的主要原因，也是导致图书馆寻求联盟PDA以求联盟成员馆分担图书经费的原因之一。[8] K.J.富尔顿（K.J. Fulton）也通过文献回顾综述PDA的兴起、采用DDA的优势及实施时所要考虑的因素及挑战性问题等。[9] 另外，2012年出版了S.M.沃德（S.M. Ward）的专著《用户驱动采购的实施与管理指南》（*Guide to Implementing and Managing Patron-Driven Acquisitions*），主要介绍根据馆际互借需求购买印本图书及PDA购买电子图书两种模式，以及实施时所要考虑的因素，包括不利因素。[10]

2014—2015年，PDA/DDA文章发表数量仍处于顶峰时期，2014年73篇，2015年67篇，发表在学术刊物的文章85篇，约占其总数的61%，说明图书馆对DDA的极大关注仍在继续。此时的文章除了继续记录PDA/DDA实施现状与问题之外，更多对DDA项目及不同模式进行评估，如短期借阅（STL）、循证采购（EBA）、联盟、多模式并用，不同形式或多形式资源的模式，对馆藏建设的评估分析，对图书使用的比较分析（印本与电子版、DDA与传统模式、联盟与本馆等），对工作流程的分析与总结等。此时的PDA/DDA项目已经包括图书之外的流媒体。另有D.帕克（D. Parker）撰文指出DDA模式开始介入期刊文章，包括DeepDyve、Get it now和ReadCube 3种新模式，后两种类似于DDA模式。[11]这两年有两部专著出版。2014年出版由K.布瑞吉（K. Bridges）编辑的《用户基础的馆藏发展：概述》（*Custmoer-Based Collection Develoment: An Overview*），此书汇集了11篇文章和来自13家不同图书馆或图书馆联盟的实例，从不同层面专门探讨电子图书PDA作为用户驱动馆藏发展的优势与存在的问题，以供后来者借鉴。文献中共用14篇书评介绍此书。2015年出版T.S.阿尔恩特（T.S. Arndt）的专著《启动电子图书的需求驱动采购：图书馆信息技术协会指南》（*Getting Started with Demand-Driven Acquisitions for E-Books: A LITA Guide*），文献中共有7篇书评，2015年有2篇，2016年有5篇。其中D.L.威利（D.L. Wiley）的书评、M.D.温克（M.D. Winek）的书评及S.E.托马斯（S.E. Thomas）的书评分别指出此书作者T.S.阿尔恩特（T.S. Arndt）根据她在狄金森学院（Dickinson College）实施DDA的经验，以及结合NISO DDA提出的分组于7个章节的200多个开放式问题，被认为是带注解的清单，帮助图书馆员带着问题思考决定DDA项目实施中的各个环节，从图书馆资源建设政策、优化用户访问的工作流程、经费、编目、评估及参与联盟DDA等方面，启发图书馆员考虑如何成功实施与管理DDA项目。[12][13][14]

2016—2017年，有关DDA的文章开始减少，2016年55篇，2017年27篇，发表在学术刊物的文章共计55篇，约占67%。这一时期的文章继续探讨以往的各种话题，包括A.罗尔（A. Roll）的文章探讨将DDA与纲目计划相结合，使DDA优选既可扩展可选内容访问，又能满足用户即刻使用之需。[15]文献中对DDA项目的各种评估仍然占据主导地位。2016年出版的专著《应用驱动采购实施与评估：图书馆员应用指南》（*Implementing & Assessing Use-Driven Acquisitions: A Practical Guide for Librarians*），有6篇书评介绍此书，其中T.霍拉瓦（T. Horava）指出此书将PDA、DDA、EBA、馆际互借按需采购（Interlibrary Loan-Purchase on Demand，ILL-POD）、按篇付费阅读（Pay-per-view，PPV）等归类为使用驱动采购（Use-driven Acquisitions，UDA），为实施及评估DDA提供实用入门指南。[16]此书提及的2015年8月佛罗里达大学（University of Florida）问卷调查显示，在510家调查对象中，341家（67%）使用DDA/PDA，其中274家（94%）用于电子图书，63家（22%）用于印本图书，80家（28%）采用馆际互借按需采购等（见图2-2-2）。[17]在64家被调查的公共图书馆中，38家（59%）使用DDA。[18]此时期新的DDA模式开始出现，如ProQuest的"从访问到拥有"（Access-to-Own，ATO）、[19][20]OverDrive的"按次付费借阅"（Cost-per-circ，CPC）、[21]期刊文章级的"按篇付费阅读"（PPV）DDA模式[22]等。以上说明DDA项目作为图书馆采访的一种模式，虽然还在继续演变发展，但已经趋于稳定和成熟。

#	Answer	Bar	Response	%
1	E-Books		274	94%
2	Print books		63	22%
3	ILL-Books on Demand / Purchase-on-Demand		80	28%
4	Journal articles		46	16%
5	Reference		15	5%
6	Streaming videos		26	9%
7	Consortia		43	15%
8	Course Reserves		12	4%
9	Music scores		3	1%
10	Other		7	2%

图2–2–2　美国佛罗里达大学（University of Florida）问卷调查结果：采用DDA的资源类型[23]

2018—2020年，有关DDA的文章显著减少并维持在每年十几篇，2018年11篇，2019年15篇，2020年截至7月13篇，发表在学术刊物的文章共计34篇，约占87%。这一时期，由各大学图书馆或图书馆联盟评估本馆或联盟DDA项目的文章继续占主导地位，包括DDA不同模式的对比、印本项目的实施、DDA模式与其他采购模式的对比、DDA项目的价值与投资回报率、多元化DDA项目对馆藏建设多元化与包容性的影响，等等；同时首次出现K.唐尼（K. Downey）、Y.A. Zhang的跨馆DDA项目比较研究的文章，对比8家大型大学图书馆的DDA项目4家DDA包括STL和4家DDA无STL，根据各图书馆采用DDA项目3至5年的触发购买数据，分析结果显示无STL的DDA项目的成本效益比有STL的DDA项目高；[24]此外，还出现多篇探讨DDA项目使用购买趋势的预测模式的文章。

纵观上述2009年以来LISA数据库中收录的有关DDA/PDA的460多篇文章中，有50%的文章为图书馆或图书馆联盟采纳DDA项目的个案介绍，其中北美图书馆占主要部分，欧洲图书馆占很少一部分。其他文章或专门探讨DDA，或将DDA作为图书馆资源建设或采购的一部分来探讨，或从出版生态体系探讨DDA的可持续性；还有出版社、电子图书集成商介绍推出各种不同的DDA模式与服务的文章，以及不少书评文章，等等。随着时间的推移，这些文献显示图书馆对DDA项目的关注从初期对DDA/PDA的试用摸索与经验总结转移到近期对项目的各个环节运作、图书馆资源建设、用户发现使用、成本效益等的评估。2014年6月NISO DDA发布后，除了少数文章引用NISO DDA，还没有看到有关探讨NISO DDA发布与实施对出版社提供DDA项目和图书馆管理DDA项目的作用及影响的文献。

中国（不包括香港特区、澳门特区和台湾地区）关于DDA的研究，始于2011年刊载于《中国图书馆学报》的文章《读者决策的图书馆藏书采购》。[25]2014年NISO DDA发布时，《现代图书情报技术》亦有相关的报道。[26]吴锦荣在2017年曾以中国知网为检索工具检索相关文献，"篇名"或者"关键词"选择"读者决策采购"或者"读者驱动采购"，并分析国内对DDA的研究。他检得文献196篇，其中，2011年3篇，2012年15篇，

2013年28篇，2014年59篇，2015年44篇，2016年36篇，2017年11篇。国内学者对DDA的研究，表现出从“认识和争论”到“思考和模仿”的发展历程，研究内容主要包括国外DDA的背景、演变、模式及国外DDA案例介绍和对国内的启示等。[27]笔者仿照吴锦荣的方法，并加入“需求驱动采购”，以延续吴氏的分析。笔者查得文献275篇，其中2017年29篇，2018年28篇，2019年21篇，2020年1月至8月13篇（见图2–2–3）。内容与吴氏分析相若，即使近年增加了国内图书馆的案例分享，然而仔细查证内容，发现当中不少是关于纸本图书的DDA采购。包括长春医学高等专科学校的“你选书，我买单”活动，[28]张一翠等分享的西安交通大学图书馆读者决策采购模式[29]及广东省立中山图书馆的“你悦读，我采购”活动[30]等。使用DDA采购电子图书的案例，只有2020年冯慧分享华南理工大学图书馆的例子。[31]这些例子显示国内图书馆已从探索进入使用DDA采购电子图书的阶段，NISO DDA的最佳实践经验若能发挥作用，将有助于DDA项目发挥效能，令各方都能获益。

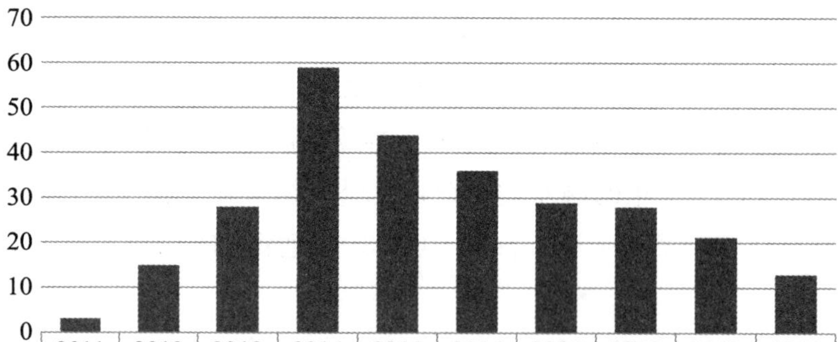

	2011	2012	2013	2014	2015	2016	2017	2018	2019	2020
■中国文献发表数量	3	15	28	59	44	36	29	28	21	13

图2–2–3　中国DDA相关文献发表时间趋势图（2011—2020年）（单位：篇）

近年来中国台湾地区的文献，极少期刊论文或专著侧重需求驱动采购（DDA）/用户驱动采购（PDA）的探讨，多半是在专著章节或文章中提及或简单介绍这个新型采购模式。王梅玲等在2016年出版的《馆藏发展与管理》一书中将PDA列为电子资源采购模式之一。[32]陈亚宁在2015年的文章中探讨馆藏资源建设方式的趋势时指出，馆藏建设以需求驱动为主，以满足使用者的即时需求，并简要介绍NISO的DDA模式。[33]胡曼华在她2015年的演讲中，引导听众重新认识PDA，并整理了加州州立大学（California State University）、Orbis Cascade图书馆联盟（Orbis Cascade Alliance）、爱荷华大学（University of Iowa）及她所任职的伊利诺伊大学芝加哥分校（University of Illinois at Chicago，UIC）在PDA上的成功采购模式。她认为“PDA虽然是个不错的采购模式，帮助图书馆做经费的管控，但需要和图书经销商之间协调一个合理的采购规范；在采用PDA同时，仍然需要保留馆员的传统专业采访角色，以确认馆藏的平衡发展”。[34]

从大量的文献中可以看出，DDA已经成为北美图书馆资源建设和图书采访方法并以各种各样的方式被图书馆广泛采纳，在中国也被一些图书馆采纳。NISO DDA的发布，为出版社、图书经销商、电子图书集成商、图书馆采用DDA项目的规范化管理及可持续发展提供指南。笔者试图通过本报告介绍NISO DDA的发展与作用，吸引更多图书馆参考NISO DDA规范，有效实施DDA，并在实践中探讨NISO DDA的影响力并进一步完善NISO DDA。同时，笔者也希望通过对NISO DDA的介绍，帮助中国的出版界和图书馆界对这一采访模式的规范化管理有比较全面和详细的了解，并促进发展中国特色的DDA实施规范。

3　NISO DDA产生的背景

美国犹他大学（University of Utah）图书馆副馆长兼美国学术出版学会（Society for Scholarly Publishing）的R.安德森（R. Anderson）认为，近年来DDA/PDA之所以被北美图书馆广泛采纳，是因为在网络/数字化资源成为信息资源主流的环境下，图书馆通过猜测用户需求采集并永久性收藏资源已经没有任何意义。图书馆财政预算的缩减和文献资源价格，特别是学术期刊价格的持续上涨，使这种传统方式明显变得不实际，而且许多图书馆在财力上无以为继。图书馆采用PDA/DDA，从以备需求采购（just-in-case）转型为即时需求采购（just-in-time），主要是针对图书资源建设而言。与传统的读者推荐采购不同的是，图书馆为用户提供自行发现、识别与获取所需资源的平台，并根据财力及用户需求与提供商签订包括在线阅读或下载数量等的购买条款，在用户确实使用并达到购买条件的情况下即刻触动付费程序。[35]

因此，DDA这一采购模式正广泛应用于电子图书等数字资源采购中，并逐渐改变靠学科馆员按学校教学科研需求订购的模式。根据ProQuest于2015年9月问卷调查数字显示，在参与问卷调查的460多家图书馆中，89%的图书馆采购电子图书，70%的图书馆采用多项不同的采购模式，而且15%的图书馆采用4种或多于4种的采购模式。在这460多家图书馆中，有48%使用DDA购买，22%使用DDA短期借阅。[36]这说明DDA以其独特的优势，在北美高校图书馆中陆续被广泛采纳。但是在DDA应用中也出现了一些预料不到的风险或令图书馆员顾虑的问题。从北美图书馆界有关DDA应用实践的文献记录中，笔者可以归纳总结出以下几个主要问题。

第1个也是最大的风险，就是不能预测DDA的使用率和无法控制所需经费，图书馆在短时间内将设定的经费用尽的例子比比皆是。同时，又有些图书馆表示，由于某种原因，其DDA项目经费在一定时间内未能充分使用。[37]例如：爱荷华大学在推行DDA项目时，设定使用10次才触发购买。纵使如此，馆方仍发现无法控制支出，经费的使用速度远超预期。为避免项目提前结束，馆方只得大幅减少备选书目库的图书数量，通过采购配置及剔除贵价图书等方法，将备选书目由9万多种减至8000种。[38]

第2个风险在于如何设定购置模式，其中是否选用短期借阅也成为图书馆面临的一个难题。有些图书馆表示因经费紧缺只选择使用短期借阅而不设置触发购买的机制，有些图书馆顾虑只使用短期借阅会付出许多使用经费，图书馆却没有得到永久收藏的文献资源，有些图书馆表示多次短期使用的用户实际是同一个用户，也有些图书馆顾虑DDA图书经过短期借阅后自动触发购买的费用（N次短期借阅价格+电子图书标价）远远高于图书标价。例如：肯特州立大学图书馆（Kent State University Libraries）对短期借阅进行研究发现，短期借阅未必是最有效的使用经费的方法，时效性对短期借阅情况有重大的影响，也是决定应否选用短期借阅的关键因素。[39]

第3个风险是担心买到不需要的图书，或影响馆藏的长期发展。有些图书馆顾虑触发购买后的图书会出现几种情况：不再被使用、购买的是复本或是不属于图书馆资源建设范畴。例如华盛顿大学（University of Washington）采用循证采购的DDA模式，这种模式需要预先协定采购数额，导致采购了一些只使用一次，甚至未被使用的图书。[40]再如爱荷华大学表示馆藏发展除了要顾及即时需要外，还要为未来建设规划。DDA虽能满足读者的即时需求，但可能因此忽略了为未来建设馆藏的目标。[41]

第4个风险是还有些图书馆顾虑DDA备选书目库的书目数据，因缺乏人力资源进行管理，不能及时跟进。[42]例如：加州州立大学（California State University）实施DDA项目时，部分校园就出现了管理书目数据的人员不足以致未能有人及时导入相关的书目记录的情况。[43]

与此同时，出版商认为应对DDA也是对他们的挑战，例如怎样增加图书被发现的机会，应使用单一还是多种平台等。而DDA项目对北美出版界最大的挑战是短期借阅模式，它影响到电子图书出版的可持续发展，是北美出版界近年来最关注的一个话题。出版商最初希望短期借阅作为一种手段帮助图书馆从图书的发现和使用到购买，促进图书的销售，其价格一般设为书价的10%。不曾预料的是短期使用数量增加，图书购买数量急剧下降，有些图书馆由于经费的限制只对不涉及购买的短期借阅项目感兴趣，不仅导致出版商收益减少，而且导致出版商无法判断电子图书出版的营销利润，从长远而言威胁出版商持续支持图书的出版。[44]来自牛津大学出版社的R·塞格（R. Seger）和L·艾伦（L. Allen）撰文，从出版商的角度讨论短期借阅对图书出版的影响，详细介绍出版一本平均336页的学术专著，通过各个环节林林总总的花费大约需要1万美元，按销售350~700册预算，其成本回收有75%~80%是靠第一年的销售，而且图书馆的纲目采购是这些学术著作的主要销售渠道。与传统图书销售相反，尽管该出版商通过DDA项目向图书馆提供了价值1500万美元的电子图书内容供用户发现和使用，但是通过DDA项目的图书销售额仅占电子图书销售额的24%。每次使用只收取10%的书价，就如同免费向图书馆用户提供访问一样，如此继续，出版商在短期内不能收回成本，如何能够维持图书出版的正常营运？[45]因此，有些出版商对短期借阅颇有顾虑，认为它会干扰出版商对出版盈利的预测。[46]

针对上述种种问题和顾虑，实施规范化DDA的需求日益强烈。2012年5月，丹佛大学（University of Denver）图书馆的M.莱文-克拉克代表一个非正式的需求驱动采购（DDA）兴趣小组，向NISO递交了一项提案，要求开发图书需求驱动采购的实践规范，[47]即后来出版的NISO DDA。他指出，无规范的DDA现状明显扰乱现存的图书供应链，不仅影响到图书馆，也影响到出版商、经销商、数据库集成商和最终的用户，因此需要各方努力贯彻新的职责和做法，使学术交流的供应链持续有效地发挥作用。由此，他呼吁开发NISO DDA不只是要支持图书馆成功实施DDA项目，而且同时要保护图书供应链中其他利益相关者，使DDA项目可以持续发展。[48]

4　DDA走向标准化——NISO DDA的形成

对于M.莱文-克拉克的提案，NISO于2012年6月批准。2012年8月，NISO DDA工作组成立。工作组成员代表着图书供应链中的各方利益相关者，他们来自图书馆、出版商、电子图书数据库集成商、纲目购书提供商，以及受DDA影响的发现系统商和书目记录提供商等。[49]NISO还指出，尽管用户驱动采购（PDA）一词使用普遍，NISO还是确定在NISO DDA中使用"需求驱动采购（DDA）"一词。[50]在2015年3月北美东亚图书馆协会（Council on East Asian Libraries，CEAL）举办的NISO DDA培训班上，代表OCLC参与制定NISO DDA的D.怀特海（D. Whitehair）解释，PDA有传统的用户要求或推荐采购所需图书之意，而DDA与PDA的不同之处在于强调图书馆能够以比传统采购模式更切实的方式向用户提供大量的、内容广泛的、用户可能使用的备选图书书目，供用户免费发现，在用户产生使用需求之际即刻购买或租阅。

NISO DDA的准备工作历时近两年，包括焦点小组访谈，以及通过3次网上问卷调查收集反馈意见。第1次问卷调查是针对所有志愿者的一般性调查，包括访问模式、现阶段参与的DDA项目、购买和短期借阅、触发点（trigger）、并发用户模式（concurrent/simultaneous users）、备选书目库、预算/经费、衡量指标和评估、技术服务支持、联盟数据等75个问题，收回问卷99份。第2次问卷调查只针对参与联盟的成员馆，包括DDA参与、挑战、短期借阅的使用、乘数（multiplier）模式的运用、经费，对已购图书的拥有、编目、发现及衡量指标等24个问题，收回问卷17份。第3次问卷调查针对公共图书馆，包括电子图书的供应、用户对电子图书的访问、DDA或"推荐采购表"的采用、经费预算和采用DDA的利弊等12个问题，收回问卷14份。3份问卷调查中的大部分问题可填写评议，因此收到大量评议性的反馈。[51]

NISO DDA于2014年6月发布。它根据问卷调查结果分析以及工作组成员的阅历和经验，从以下10个方面对DDA进行了探讨并提出10项标准化的建议：DDA要素、DDA目标、项目参数选择、配置、书目记录管理、备选书目删除、项目评估、对无拥有权内容的长期访问，以及DDA联盟、公共图书馆DDA。其中，DDA要素是项目的核心内容和工作基础，主要包括可持续性、免费发现、临时租用、购买和可替换模式。[52]

5 NISO DDA的要素

DDA项目的可持续性是NISO DDA的第一要素，它不仅对图书馆，而且对出版商也非常重要。对图书馆来说，可持续性是指在经费允许的情况下能够向读者提供大量根据其自身需求自行发现的内容，而且价位和财务交易触发点的合理设置可使DDA项目能够全年正常运行，不会因预算不足被迫过早关闭。对出版商来说，可持续性意味着设置一种既能保持收益又能持续出版图书的定价模式，否则长期亏本会干扰破坏学术交流生态圈。

DDA项目通常包括免费发现、临时租用和购买等选择。免费发现，又称免费浏览，是DDA模式中的一个特征，即提供商在电子图书触发购买之前提供免费访问，免费发现通常是基于限定的浏览时间或浏览页数，或限定访问书中的部分章节，例如正文前面部分。早期DDA项目在触发购买或其他财务交易时存在着一些问题。例如，因点击随意性比较大而不能确定所有的触发财务交易是否都属于真正需求，由此导致购买了大量非实际需要的图书、预算超支等。免费发现的设置主要是为了解决上述问题，保证触发财务交易的多数图书被真正和有意义地使用。

临时租用是DDA项目中图书的短期借阅，时间不等，可以是一天、一周或一个月等，按每次使用付费。它使图书馆为那些使用率低的图书付款成为可能。但是有些图书馆只对不涉及购买的短期借阅项目感兴趣，而出版商担心短期借阅会使其收益减少，从长远而言不能持续地支持出版。

购买是所有DDA项目提供的选项，它可以是自动购买（auto-purchase）或中介购买（mediated-purchase）。自动购买是图书馆根据用户的使用，决定对一本电子图书永久访问的购买。这取决于图书馆如何设置其DDA项目的购买参数，即触发点，当一本书达到一定的使用次数或短期借阅之后自动触发购买。中介购买是指图书在使用之后需要通过图书馆员决定是否购买。对于使用率高的图书，或倾向购买使用率高的图书的图书馆来说，购买是永久访问的终极目标，而且与短期借阅相比，购买使用率高的图书从长期来看会更便宜实惠。因而图书馆要根据不同的目标灵活设置何时触发购买。

NISO DDA还有一个要素，就是提供可替代模式，例如使用得比较成功的循证采购。它是DDA的一种模式，通过这种模式，图书馆与出版商或经销商谈判并达成协议，同意由出版商提供对备选书目库内图书的无限制访问，作为交换条件，图书馆在项目结束之前（通常是一年）购买一定总额的图书。图书馆可以根据自定标准选购，但通常是根据图书的使用情况选购。因此，循证采购（EBA）又称循证选购（EBS）或用量驱动采购（UDA）。

选择这种模式，购买总额的预算是否恰当很关键，不论是对图书馆还是出版商来说都有一定的风险。图书馆的风险是，如果图书馆承诺支付的总额高于实际使用费用，图书馆最终会购买使用量少或没有使用的图书；出版商的风险是，若图书馆承诺的购买总额低于用户实际使用的费用，出版商会因此无法得到相应的实际收益。由于包括免费发现、临时租用和触发购买的DDA项目需要复杂的技术运作系统支持，对于那些希望提供DDA项目但又无财力和技术开发复杂系统的出版商/经销商来说，提供一个可替代模式，即循证采购模式是非常有帮助的。

围绕上述DDA的要素，NISO DDA对其他各方面做了进一步探讨，并指出，不论是采用哪种模式，要使一个DDA项目可持续地正常运作，图书馆需要根据NISO提出的上述10项标准化建议做全面考虑，并灵活运用其推荐的实施规范。根据NISO DDA的要素和10项标准化建议，笔者将NISO DDA的特点归纳如下。

6 NISO DDA的特点

6.1 强调可持续性

图书馆需要借鉴早期DDA经验，全方位规划设置切合实际的DDA项目，建立目标，并与图书馆各相关部门及时沟通，制定应对的流程、管理规则与程序，根据评估进行调整，保证项目的正常持续运转。出版商和其他利益相关者也需要和图书馆合作，在价位和模式的设置上不仅有利于各利益相关者，而且能够保持其在学术交流生态系统中持续稳定的发展。

要想使DDA项目可持续，确立目标是至关重要的第一步。根据NISO DDA工作组2013年第1次问卷调查中“对图书馆采用DDA的目标排序”，针对提供更广泛访问、降低财务预算、节省图书馆员时间、确定经费使用恰当、完善馆藏5个目标，74份收回问卷中，70.3%将“提供更广泛访问”列为第一目标，17.6%将之列为第二目标，10.8%列为第三目标，1.4%列为第四目标，没有任何图书馆将之列为第五目标（见图2–2–4）。通过该工作小组所计算出的图书馆对各项DDA目标的排序平均数（见表2–2–1），不难看出多数图书馆对这五大目标的平均优先顺序。74个图书馆对“提供更广泛访问”的目标排序平均数为1.43，名列五大优先目标之首，而“节省图书馆员时间”的目标排序平均数为4.22，名列第五。另外25份收回问卷列出其他目标，包括24小时7天不间断提供用户所需、图书馆空间的利用、确保购买用户使用的图书等。[53]

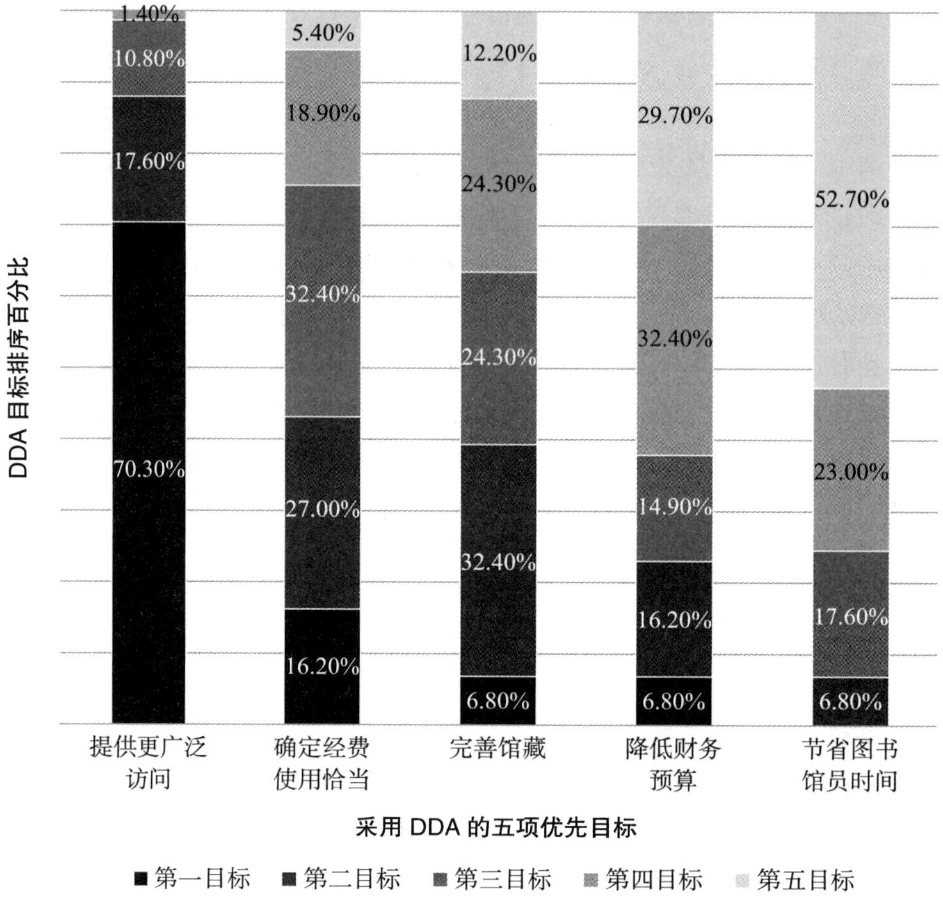

图2-2-4 各图书馆采用DDA的目标排序百分比

表2-2-1 DDA五大优先目标的排序

DDA五大优先目标 （按优先顺序排列）	DDA目标 排序平均数 1=第一目标，5=第五目标
1.提供更广泛访问	1.43
2.确定经费使用恰当	2.7
3.完善馆藏	3.03
4.降低财务预算	3.62
5.节省图书馆员时间	4.22

因此，DDA项目可因目标不同而有不同设置（见图2-2-5）。如果是以提供更广泛的访问为目标，内容配置可以尽量广泛，备选书目库的规模尽量扩大，相对于永久访问（购买）而言，更广泛的访问更强调短期借阅，即触发购买前设置更多次数的短期借阅。

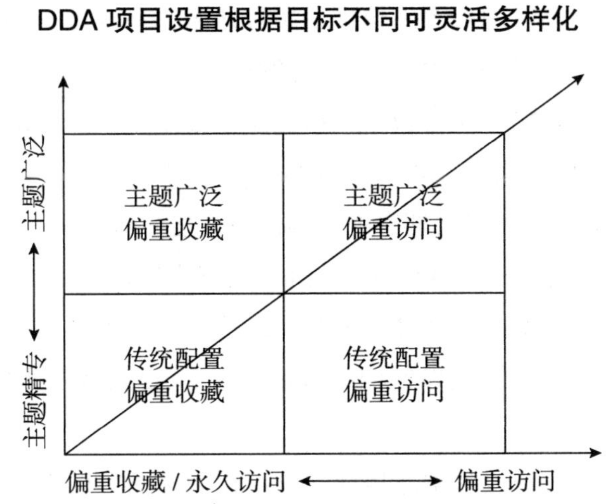

图2-2-5 目标设置灵活多样化

6.2 强调各方利益兼顾

DDA项目持续稳定发展的一个关键因素是要兼顾和平衡各方利益。因此，工作组由代表着图书供应链中的各方利益相关者组成。同时，NISO DDA的战略性指南不仅针对图书馆，而且也面向出版商及其他利益相关者。

在选择DDA模式方面，尽管可用的DDA模式有多种，但最基本的模式有3种：自动购买、短期借阅和循证采购。通常情况下，图书馆根据实际需求决定访问内容与类型，各种模式的设置可因需求而异。例如，自动购买可以设置在第一次使用时触发，也可以在多次使用后触发。出版商也可以参加一些或全部的模式，并可针对影响其出版可持续性的内容类型，在提供短期借阅时设置次数上限。

在选择可提供的图书内容方面，图书馆为备选书目库选择的电子图书或印本图书内容很难与一个提供商提供的内容完全契合，或者通过一种或一类DDA模式获取。因此，图书馆若想提供的范围比较全面，就需要考虑与多个提供商合作或采用多种模式。但选择越多，工作流程也就会越复杂。而纲目购书提供商则能够帮助图书馆管理含多个提供商的DDA项目，与图书馆合作共赢。

6.3 强调灵活性

NISO DDA旨在提供一种能同时被图书馆、出版商、经销商、电子图书数据库集成商等各利益相关者灵活运用的模式。各图书馆可以根据本馆的需求进行规划，例如下列情况。

在参数的设置上，对于可能利用率高的图书，图书馆可以考虑设置在第一次短期借阅时触发购买；对于可能利用率很低的图书，可以考虑设置在多次短期借阅后触发购买或不设置购买；触发的设置，也可选择自动触发或由图书馆员介入决定的触发。

在内容的配置上，可以考虑在图书馆项目预算之内，在满足机构广泛教学与研究需求的前提下，尽可能提供广泛内容，供用户自行发现。因此，DDA项目既可考虑传统的纲目购书模式下的学术性出版物，还可包括一些传统配置中不能包括的远离核心教学的边缘性著作，并可观察用户使用情况；DDA项目的配置也可以考虑是否包括回溯图书（即早期出版物），是否允许电子图书与已拥有的印本图书重复，等等。

NISO DDA的灵活性还体现在其模式不仅面向学术图书馆，还面向图书馆联盟和公共图书馆。目前已经有许多联盟在试行DDA项目，模式灵活多样，主要有3种基本定价模式：乘数（multiplier）模式、限定性使用（limited use）模式及购买俱乐部（buying club）模式。

乘数模式是指联盟（或通过数据库集成商）与出版商商定图书标价的一个倍数，作为该联盟成员分担支付的费用并共享所购买图书，乘数的议定是以联盟图书馆的成员数量、过往购买印本书的情况为基准的。

限定性使用模式是指允许联盟只购买第一个复本，这样可以开放更多访问内容，但对每本书的访问次数是有限制的；之后如果购买了更多复本，则可以放宽限制。

购买俱乐部模式是指联盟可以共享备选书目库，但由使用内容的图书馆触发购买，所购买的内容不与该联盟共享，这种模式只允许共同分担对备选书目库的管理，但并没有给予对内容永久访问的共享。当图书馆参与建立联盟DDA项目时，需要制订计划，管理本馆DDA项目或其他电子图书项目可能会出现复本的问题，在某些情况下，联盟DDA项目不具备删除复本的功能。

目前大多数公共图书馆的DDA项目主要是通过提供商采用不同方法操作管理，有些允许用户在提供商的平台而不是图书馆目录上阅读全部收藏的图书内容，有些允许用户在图书馆的“推荐采购表”上添加书名（或复本），有些图书馆设有对各类型资源的请求流程。大多数情况下，公共图书馆不会将他们没有拥有的图书的MARC数据输入图书馆目录中。尽管如此，公共图书馆考虑本馆DDA项目的实施与管理时，仍然可以在其他许多方面参考利用上述操作建议。

6.4 强调模式多样化

图书馆可以根据本馆的需求选择DDA项目的多种采购模式，例如：是否包括印本图书；是否选择通过某个经销商或提供商管理多家出版商，是否选择跨多家电子图书数据库集成商平台实施DDA项目；是否选择多个DDA项目满足不同层次、不同学科的需求；是否参与联盟DDA项目以及参与时是否同时保留或开展本馆的DDA项目，等等。

NISO DDA指出，在做出这些选择的同时，要考虑到它对各方面的影响。例如，如果同时开展本馆和联盟DDA项目，或者同时开展包括印本图书和电子图书的DDA项目时，如何处理可能出现的重复问题；如果包括印本图书，如何处理交付的时间延迟问题；如果选择多项DDA，如何处理工作流程的复杂化问题；等等。

6.5　强调管理与评估

DDA的前提是发现图书内容，有效管理其MARC书目记录是用户发现的关键。因此，NISO DDA对备选书目库内容记录的加载或删除做出标准化建议。

加载记录包括发现记录（discovery record）和购买记录（point-of-purchase record）两类。发现记录通常是提供商/经销商向图书馆提供的机读目录（MARC）记录，由图书馆加载纳入图书馆DDA的备选书目库中用于发现。购买记录是图书馆通过DDA项目采购一本书之际加载的MARC记录，旨在永久性使用。发现书目是使用户尽可能广泛发现备选图书的关键，应该定期和及时进行，尽可能将记录加载到多种发现工具中，并添加记录的标识以便在变动之际对相关记录进行屏蔽或删除，同时完善元数据以提高发现能力。一旦图书被购买，图书馆应该尽快加载购买记录，以便及时纳入采购和付款的流程。

当有些图书不再是提供商或特定DDA模式可以提供的内容时，在管理过程中，图书馆应该考虑尽快从所有发现工具中删除记录，此工作往往通过提供商提供的删除文档（delete file）完成。同时，图书馆还应建立定期从备选书目库中删除记录的流程。在删除的同时，要注意保存删除的记录用于未来的评估。

评估内容一定要从项目伊始就规划好，通常包括成本是否降低，访问量或使用量是否增加，永久访问的拥有是否增加等。根据评估的目标确定需要跟踪和收集的数据，才能保证所需数据的正确收集。DDA工作组指出，衡量降低成本和使用情况时，是无法将电子图书和印本图书做比较的，包括印本图书的DDA项目需要分析流通数据，而多数图书馆自动化系统的流通数据是累积的数据，因此图书馆需要定期收集储存流通报告，才能比较不同时期的流通情况。评估工作不仅有利于预测图书馆DDA的预算，同时可以根据使用情况在参数设置、内容配置等方面进行调整，保证项目的可持续性。

6.6　强调保存

DDA是基于图书内容在用户需求之际被使用这一假设进行的，而有些图书馆目前尚未拥有的内容在遥远的未来仍有可能被用户使用。NISO DDA指出，不论是印本图书还是电子图书，对尚未使用及无拥有权的图书保存很重要，图书馆和出版商必须共同努力，开发一套保存机制，例如通过像Portico或LOCKSS第三方服务机构保存未被使用和被撤销的图书；这不仅保存了尚未使用但已脱销/撤销的图书，也延伸了传统的以防万一的采购模式，保证图书在需要之际随时可使用。

6.7 结合并优化传统的读者推荐采购和纲目购书计划

NISO DDA不仅结合传统的读者推荐采购和纲目购书计划，而且将其延伸与优化。图书馆对DDA备选书目库的内容可以沿用并大胆调整传统纲目购书计划的配置，可以通过特定的模式决定特定的内容，或通过包括冷门及边缘性图书、早期出版的图书等，为尽可能广泛的内容提供发现使用机会，促进学术交流的繁荣。对于用户推荐购买，DDA项目的设置无缝衔接了用户在需求之际即刻使用和因使用而触发购买或租用，不仅满足用户的即时需求，也使图书馆的资源建设通过用户使用反馈而实现，充分证明图书馆资源的利用价值。

7 NISO DDA的作用

7.1 为图书馆有效管理DDA项目提供指南

NISO DDA在总结早期DDA项目实施经验的基础上，针对出现的问题和实施现状，从DDA运作和管理中的几个主要环节，例如参数的设置、模式的选择、内容的配置、发现记录和购买记录的管理、项目评估、联盟项目等来探讨问题，提供战略性的10项标准化建议，希望各图书馆和出版商等利益相关者在相互合作和让步的同时，能兼顾各自利益下不同的DDA目标及需求，根据财务能力等实际情况，灵活运用并有效管理一个或多个可持续的DDA项目。如前所述，2015—2020年发表的有关DDA的184篇文献中，还没有看到评估NISO DDA对图书馆实施采用DDA的影响力的文献。如果仅从引文看，有13篇引用了NISO DDA，其中大多是图书馆应用NISO DDA的具体实例。例如，P.凯尔西（P. Kelsey）在探讨美国东南大学（Southeastern University）图书馆DDA实施时，提到NISO DDA的重要性，认为尽管NISO DDA没有提供实施管理DDA的具体步骤，但是它从理论框架上对图书馆理解DDA及计划实施管理DDA是非常具有实用性的。[54]K.A.福伦（K.A. Falloon）提到在准备对史坦顿岛纽约市立大学学院（College of Staten Island）图书馆DDA电子图书进行成本效益分析时，参考了NISO DDA所建议的不能仅看每次购买或使用的价值，还要考虑其他的使用价值，例如免费浏览和购买后的使用等。[55]但是这些实例不能充分体现或衡量NISO DDA对图书馆实施采用DDA的影响力的广度与深度。

尽管如此，现有的数据显示图书馆通过DDA购买图书的数量继续增加。B.卡维基（B. Kawecki）和M.莱文–克拉克根据GOBI Library Solution平台提供的数据指出，自从2011年以来，印本图书的销售量明显递减，电子图书的出版在增加，通过DDA及非DDA模式的电子图书销售量持续增加（见图2–2–6）等。基于DDA及其电子图书市场环境的继续演变，建议NISO对NISO DDA进行评估及相应调整，以保持其有效作用。[56]

另外ProQuest于2016年出版白皮书《学术图书馆图书购买趋势》（*Academic Library Book Purchasing Trends*），[57] 2018年出版白皮书《为什么DDA会留住》（*Why DDA is here to stay*）。[58] 根据两份白皮书中问卷调查结果中的可比数据，可以看到使用多种采购模式及DDA采购电子图书的图书馆在继续增加（见图2–2–7），采用多种模式的图书馆从70%增加到93%，采用4种或4种以上模式的图书馆从15%增加到35%，采用DDA项目的图书馆从48%增加到63%，还有16%的图书馆采购印本图书时采用DDA。2018年白皮书还指出，决定图书馆采用DDA排序前三名的主要因素是：满足用户需求、使图书内容能够被访问、它的成本效益采购/订价模式。而且77%的图书馆相信DDA通过满足用户需求增加了馆藏的相关性。[59]

因此，笔者希望看到对NISO DDA的影响力有更深入的调研，特别是探讨NISO DDA对图书馆标准化管理DDA项目及其可持续发展的影响。

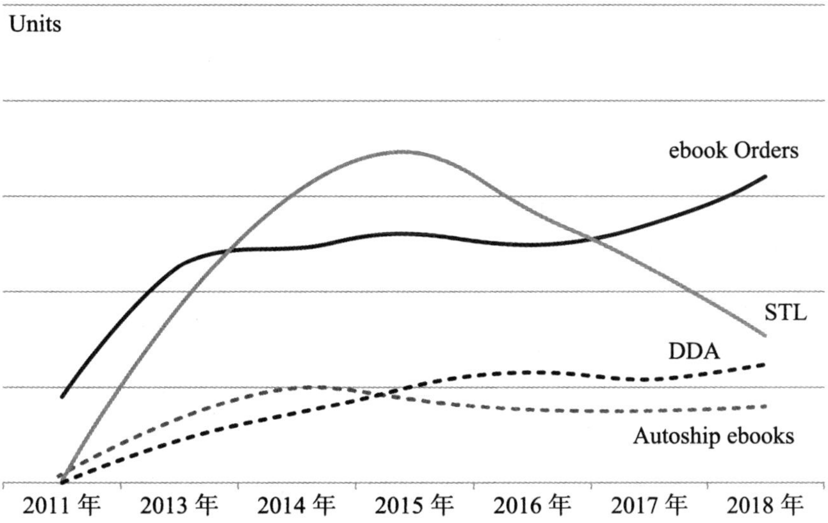

图2–2–6　GOBI Library Solution 电子图书销售趋势图

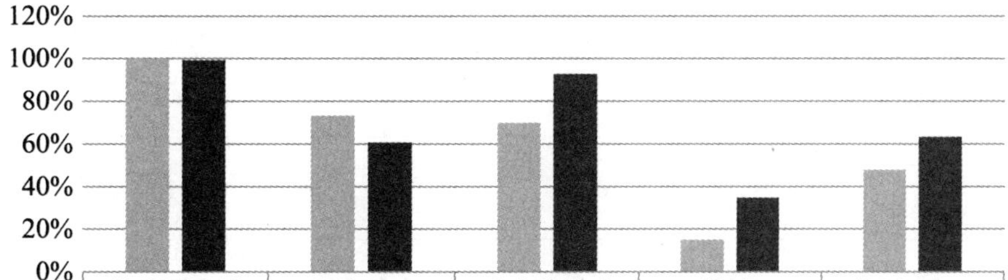

	学术图书馆	北美地区	采购多模式	4 模式 +	使用 DNA
■ 2015-09:460+ 参与者	100%	73%	70%	15%	48%
■ Late 2017:499 参与图书馆	99%	61%	93%	35%	63%

■ 2015-09:460+ 参与者　■ Late 2017:499 参与图书馆

图2–2–7　ProQuest对电子图书及DDA两次问卷调查结果对比表

7.2 促使图书出版业设计灵活多样化的DDA模式

自NISO DDA出版以来，参与提供DDA项目的出版商数量在持续增加，大多数出版商通过电子图书数据库商间接提供DDA项目。例如，根据2017年3月看到的电子图书集成商网上数据，有1500多家主要学术和高校出版商通过EBSCO eBooks & Audiobooks平台提供总计上百万种电子图书及7万种有声图书，PDA是其中一种采购模式；[60]有650多家出版商通过ProQuest Ebook Central平台（EBL & Ebrary）提供总计81万多种电子图书，其中参与DDA项目的图书有74万种；[61]还有130多家学术出版商通过JSTOR提供4.5万多种电子图书。[62]到2020年8月，EBSCO、ProQuest和JSTOR网站提供电子图书的出版社及电子图书的数量都有增加（见表2-2-2），[63][64][65][66]而且有些提供DDA或者EBA项目，例如参与JSTOR DDA项目的出版社有245家，提供9万多种新书，参与JSTOR EBA项目的出版社有94家，提供4.8万种回溯目录（backlist）图书。[67]也有一些出版商直接提供DDA项目及DDA电子图书供应平台，例如英国牛津大学出版社、剑桥大学出版社等；一些大型出版社直接通过自己的平台提供EBA项目，例如泰勒－佛朗西斯（Taylor & Francis）、约翰·威利、爱思唯尔（Elsevier）等。北美还有两家较大的电子图书数据库提供商：OverDrive和Axis360（Baker & Taylor旗下），服务市场主要是公共图书馆和中小学图书馆。尽管2016年OverDrive首次向一家公共图书馆提供DDA[68]之后，笔者没有再搜索到介绍其DDA的文献，但是搜到介绍OverDrive其他商业模式的信息，例如“按次借阅支付”（cost per checkout）、“数字图书俱乐部”（digital book clubs）、“学校教室短期借阅”（school short-term lease for classroom）等适合公共图书馆及中小学图书馆模式的介绍。[69]

表2-2-2 EBSCO、ProQuest和JSTOR电子图书及参与出版社的数量增长

电子图书	EBSCO			ProQuest		JSTOR	
	参与出版社（家）	电子图书（种）	有声图书（种）	参与出版社（家）	电子图书（种）	参与出版社（家）	电子图书（种）
2017年3月数据统计	1500+	100万+	7万	650+	81万+	130+	4.5万+
2020年8月数据统计	未见统计数字	160万+	14.6万+	750+	100万+	278万+	10万+

另外，D.法雷利（D. Farrelly）于2016年撰文介绍4家主要电影流媒体数据库集成商，其中亚历山大街出版社、Kanopy、Docuseek2等3家面向图书馆并提供PDA或EBA。从文章中提供的2016年的数据[70]到2020年8月集成商网站提供的数据，我们可以看到其中3家电影流媒体的数量几乎翻倍增加[71][72][73][74]（见表2-2-3）。例如亚历山大街出版社自2011年起提供近万种电影流媒体，[75]到2020年8月提供9万多种电影流媒体，以及提供

PDA、EBA项目，其中4.5万种可通过“从访问到拥有”（Access-to-own）的DDA模式访问。[76][77] Kanopy于2013年开始向学术图书馆提供教学流媒体PDA项目，[78] 数量从2016年的2.6万多种增加到2020年8月的3万多种，并于2016年开始面向公共图书馆，提供“按次播放付费”（cost per play）模式，有超过4000家学术和公共图书馆使用。[79]

表2-2-3　北美主要电影流媒体数据库集成商流媒体数量增长表（单位：种）

	Alexander Street	Kanopy	Film on Demand	Docuseek2
2016年11月数据统计	45,000+	26,000+	20,000+	900~
2020年8月数据统计	90,000+	30,000+	44,000+	1,600~

但是出版商在早期对DDA项目中的短期租借模式仍然持有顾虑，认为它扰乱出版商对图书出版盈利的预测，直接影响到图书的可持续出版和出版商的利益。正如NISO DDA工作组所预料，一些出版商在NISO DDA出版之际开始大幅提升短期借阅的价格或者限制提供短期借阅模式，在图书馆界引起很大反响。例如圣爱德华大学（St. Edward's University）图书馆提到，从2014年6月到2015年10月EBL提供的DDA项目陆续有近50家出版商，包括泰勒-佛朗西斯、约翰·威利、帕尔格雷夫·麦克米伦、施普林格等几家大出版商在内提升短期借阅的价格，周期为1天的短期借阅价格从平均书价的10%提升到25%，周期为7天的短期借阅价格从平均书价的16%提升到34%。结果造成图书馆短期借阅的平均费用从9.36美元上升到16.4美元，增加75%。从2015年3月起，陆续有出版社对短期借阅设置时滞期限，时滞期限有长有短，短至6个月，长至60个月（5年），有些出版商甚至取消短期借阅。[80] 出版商对短期借阅的提升价格、设置时滞期限，甚至取消等举措，使DDA短期借阅模式失去其原有的吸引力，迫使那些经费短缺的图书馆有限制使用或者放弃使用DDA短期借阅模式，转向其他模式，例如循证采购。

面对这一挑战，出版商、电子图书数据库商和图书馆近几年来一直在各种场合，如美国图书馆协会（American Library Association，ALA）年会、查尔斯顿会议（Charleston Conference™）年会，以及期刊*Against the Grain*等多方面展开对话，就如何在DDA项目可持续发展上找到合作共赢的平衡点积极寻求解决之道。例如ProQuest于2015年向图书馆用户进行“学术图书馆图书采访趋势”问卷调查，并根据对调查结果的分析，于2016年8月推出最新DDA采购模式——从访问到拥有（Access-to-own）。此模式类似从租到买（Rent-to-own）的商业概念模式，介于短期借阅与购买之间，允许图书馆将图书的每次使用付费累积，作为总体购买的一部分，一旦累计价达到或超过购买价，图书馆可以买断对图书的所有权。[81] 根据ProQuest在ALA 2017年年会上的介绍，如果出版商将出版新书的每次使用付费设置为书价的55%，当图书馆第2次使用时，累计付费是110%，超过书价的100%，图书馆也因此完成购买，由访问变成拥有。同理，如果出版商将过去出版图书的每次使用付费设置为书价的35%，当图书馆使用第3次时，累计付费是105%，超过书价的100%，图书馆就对图书有了拥有权。此模式实施之后，2017年3月ProQuest提到已有350多家出版社加入并提供35万多种图书，其中包括3万多种对短期借阅有时滞限制的图书。同时，已有30家图书馆采用此模式。ProQuest推行这种模式，不仅为图书馆提供了更多的选择，而且帮助出版商销售电子图书，旨在解决DDA项目与电子图书出版的可持续问题。

2018年8月之前发表的文献中有两篇探讨图书馆在2016年从短期借阅DDA转换到ATO的文章。T.戴维斯（T. Davies）的文章是关于斯威本科技大学（Swinburne University of Technology）图书馆的经验，而B.丹克（B. Denker）的文章是关于科罗拉多研究图书馆联盟（Colorado Alliance of Research Libraries）的经验。斯威本科技大学转换到ATO后，尽管ATO的使用费用高占DDA的70%，但是那些不能转换的ATO的短期借阅经费得到有效控制。图书馆根据DDA购买的图书在购买后使用率持续递增的趋势，使该校相信ATO是DDA有效持续的一种模式。从科罗拉多研究图书馆联盟初期的数据来看，ATO相对短期借阅而言，尽管借阅费用增加，但是图书购买的费用明显降低，因而降低了成本。[82]B.丹克还探讨转换过程中的各种复杂问题，例如DDA服务平台的转换、工作流程的转换、联盟图书馆的不同利益与需求，等等。因此，建议其他图书馆在考虑ATO时要参考NISO DDA。[83]笔者希望会有更多文章评估探讨此模式是否对改进电子图书出版的可持续性有成效。

电子图书集成商如EBL、Ebrary、EBSCO以及一些大型出版商如剑桥大学出版社、约翰·威利等从DDA早期与北美大型图书经销商YBP（即现在的GOBI Library Solutions from EBSCO，简称GOBI）合作，通过YBP提供DDA项目。YBP有着服务图书馆的丰富经验，特别是凭着现有印本纲目购买计划和GOBI平台可以提供一站式整套无缝衔接的便捷工作流程的优势，配合电子图书集成商、出版社和图书馆建立、管理及调整优化DDA项目，帮助图书馆在同时使用多经销商（multi-vendor）多项DDA及图书购买模式时管理控制复本购买等。[84]多篇文献介绍图书馆通过YBP实施DDA，其中堪萨斯大学图书馆介绍其与YBP合作，从2010年实施pDDA，2011年实施eDDA，到2018年不断优化其DDA模式，包括对STL的管理，以达到其节省经费和提高成本效益的目的。[85]笔者所在的加州大学圣地亚哥分校（UC San Diego）图书馆早期同时采用EBL、Ebrary和EBSCO的DDA项目，通过GOBI平台有效防止读者从不同DDA备选书目库触发购买复本的潜在可能。多年来GOBI随着图书馆资源建设需求的变化，与电子图书集成商和出版社合作灵活调整并提供多项服务模式，如将DDA纳入纲目购买计划，提供与图书馆现有纲目计划结合的印本或电子图书DDA项目（pDDA和eDDA），提供多经销商DDA项目、EBA项目和电子图书优选的纲目购买计划（e-preferred approval plan）等，为图书馆统筹资源建设提供便利。[86]

在许多出版商开始限制或者停止提供STL的同时，更多出版社开始提供循证采购模式，或直接向图书馆提供，例如泰勒-佛朗西斯、约翰·威利、爱思唯尔、牛津大学出版社、Kanopy、亚历山大街出版社等，或通过电子图书集成商或经销商平台提供，例如ProQuest、GOBI等。出版社或电子图书集成商提供EBA模式可以是当年出版的电子图书（frontlist），也可以是往年出版的电子图书（backlist）。EBA项目面向图书馆或图书馆联盟，例如Orbis Cascade图书馆联盟（包括39家分布在爱达荷州、俄勒冈州和华盛顿州的成员馆）于2011年开始采购联盟DDA。随着出版社对STL提价或设时滞限定，该联盟于2015年和约翰·威利签约试用联盟EBA，图书出版年代包括当年及往年。根据使用数据分析制定选书条件，比如确定至少7家成员馆有使用记录的图书可以购买等，由此确保联盟所投资的经费全部用于购买使用过的图书。由于试用及后期选购很成功，联盟又扩展并和多家提供商开展EBA项目。[87]笔者所在的哥伦比亚大学图书馆与泰勒-佛朗西斯于2019—2020年度实施一个较为灵活的为期3年、提供9万多种电子书的EBA实验项目。电子书为PDF格式，全书可下载，无限并发用户，无数字版权管理限制，基本依据使用数量确定选购。从第一年效果来看，双方都已达到预期目标。笔者所在的加州大学圣地亚哥分校图书馆在选用DDA项目的同时也选用多项EBA项目，如泰勒-佛朗西斯EBS、JSTOR EBA，以及曾经采用亚历山大街出版社流媒体EBA。

另外，JSTOR根据其初期对用户体验的观察发现，许多学生检索图书时点击到内容目录页为止，不会进一步进入并使用图书章节。经过调研发现，许多学生认为书是需要到图书馆去借的，相对来说要花很长时间阅读一本书并寻找他们所需要的部分。因此，JSTOR尝试将电子图书碎片化，以图书章节作为访问的单元，类似访问使用期刊内的文章一样。试用之后，发现学生因此很容易找到他们所需要的图书章节并且可以立即阅读和使用，同时图书的使用量大幅增长，其2016年头两个月的图书使用量占总使用量的40%。由此JSTOR将其平台上对图书章节的检索设置为默认检索，从而促进图书馆用户对图书章节更深层的发现和利用。该举措由此增加了DDA电子图书的销售，提高了电子图书出版的可持续性。[88]2020年6月，JSTOR宣布将其DDA项目纳入GOBI的多经销商DDA Service，为图书馆提供多项选择或可将JSTOR DDA纳入图书馆的纲目计划中，满足图书馆有效管理多项DDA项目的需求。[89]

面向公共图书馆及中学图书馆，OverDrive通过对其电子图书使用销售数据以及全国性图书馆“大图书馆阅读会”（Big Library Read）活动消费使用行为的分析发现，被推荐的图书不仅在图书馆网页上被浏览与借阅的次数很高，而且在亚马逊（Amazon）上的浏览次数也很高，从而促进对电子图书的发现与销售（见图2-2-8），因此推出数字图书俱乐部（Digital book club）模式。这种模式沿用了印本图书俱乐部“按复本使用”（one copy，one use）原则，即按固定价格允许多用户在固定短时间段的无限制使用，或者按书的复本单元批量提供折扣价。[90]到2019年3月，除OverDrive之外，还有ODILO和

Hoopla两家公司按此模式提供电子图书的借阅服务。[91]

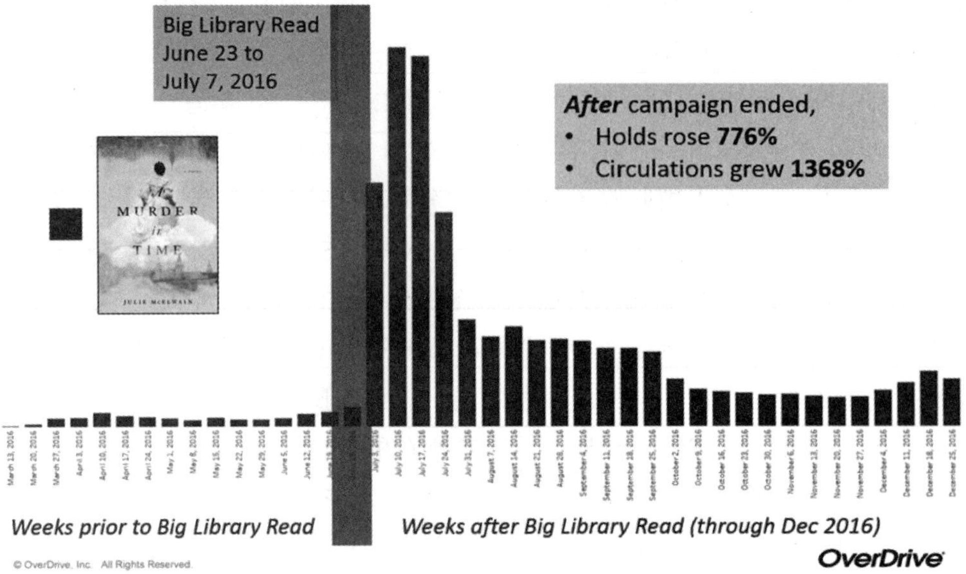

图2-2-8　OverDrive图书俱乐部模式读书活动前后浏览借阅对比图[92]

7.3　促进DDA各利益相关者之间的协调与合作

NISO DDA认识到图书馆及各利益相关者的不同目标及需求的重要性，因而代表这些利益相关者的工作组成员致力于促进DDA各利益相关者之间的协调与合作，提供一种能同时被图书馆、出版商、经销商、电子图书数据库集成商等各利益相关者接受的合作共赢的灵活运用的模式。图书馆和各利益相关者在运用这种模式时，可以按其目标及需求对提供的备选书目内容、类型、购买或租用触发点等设置不同的参数，既能保证图书馆在不超过预算的前提下，在用户有使用需求之际即刻购买或借阅图书，也能保证出版商在稳定收益的基础上持续出版图书。上述ProQuest根据对图书馆用户的问卷调查推出最新DDA采购模式——从访问到拥有（Access-to-own）、JSTOR将电子图书碎片化的尝试、OverDrive数字图书俱乐部模式是3个探索的实例。笔者希望在不久的将来会看到图书馆对这些新模式的有效性进行分析研究。

7.4　推动北美东亚图书馆界与中国出版界开展DDA项目

为促进东亚图书馆电子资源建设，CEAL于2013年11月成立东亚电子资源元数据标准规范工作组（CEAL Task Force on Metadata Standards and Best Practices for East Asian Electronic Resources，ERMB）。ERMB的职责包括：就改善电子资源及其元数据的质量与东亚电子资源内容提供商沟通，以期完善电子资源发现与访问的用户体验；解决电子资源从资源选择到用户使用的生态期中各个环节出现的问题，以及电子资源相关元数据在跨越不同系统和功能时产生的问题；适时建议调整、修改相关标准与实践规范。[93] DDA是ERMB所关注的一部分。

北美东亚图书馆在印本书刊采购上有通过严格或松散的联盟分工合作的传统。在电子资源采购上，通过严格的联盟或临时性的组团谈判的特征比较明显。近年来，北美东亚图书馆界已有一些图书馆、出版商、经销商、电子图书数据库集成商采用DDA或正在考虑采用DDA。因此，ERMB于2014年秋计划将NISO DDA翻译成中日韩文。DDA的中文翻译已成为中美高校图书馆联合开展的国家社科基金项目“中美电子资源国家标准比较研究”成果之一。2015年3月24日，ERMB在北美东亚图书馆2015年年会召开之际举办了培训班。培训班邀请OCLC参与制定NISO DDA的代表D.怀特海尔（D. Whitehair）对NISO DDA的发展及内容做详细的介绍，并邀请东亚图书馆界内实施DDA的图书馆和书商代表介绍DDA的实施情况，并将实施现状与NISO DDA做比较。[94] 报告之后有十分热烈的讨论，帮助学员们深刻理解NISO DDA的作用和意义。参加培训班的成员包括负责北美东亚资源建设的图书馆员以及负责技术服务的图书馆员，同时也包括服务东亚研究图书馆的出版商和电子图书数据库集成商。另外，笔者分别在2018年3月19日CEAL和高等教育文献保障系统/高校图书馆数字资源采购联盟（CALIS/DRAA）联合举办的“中美数字资源标准规范研讨会”（美国华盛顿），以及2018年8月20日CEAL、CALIS/DRAA与中国图书进出口（集团）总公司（简称中图公司）联合举办的“BIBF中美数字资源标准规范研讨会”（中国北京）上介绍NISO DDA。

2015年CEAL举办的NISO DDA培训班引起中国的一些出版商和电子图书数据库集成商的关注，其中中图公司邀请ERMB工作组成员为其公司成员举办培训班，帮助其员工深入理解NISO DDA及其他NISO相关标准规范，通过“易阅通”电子图书集成系统向图书馆提供DDA模式，并结合参与出版社的实际情况积极采纳NISO DDA，例如按时提供DDA电子图书的MARC数据等。

中图公司是中国目前提供DDA采购服务的主要供应商。2012年，中图公司开发了“易阅通”电子图书集成系统，这是中图公司自主研发的数字资源交易与服务平台，以“一个平台、海量资源、全球服务”为定位，为海内外用户提供服务。至2020年8月，易阅通聚合约290余万种电子书，中外文各一半；机构用户1000多个，其中国内客户约占90%。

近年来，易阅通平台根据图书馆用户的需要，逐步开始提供DDA模式的服务。易阅通DDA服务主要提供的是NISO DDA标准中的自动购买（auto-purchase）模式，即图书馆预存一笔钱作为DDA项目的起点，通过一定的使用量或使用时间来触发购买，如下载、打印、复制/粘贴等动作，高价书则需要馆员审核后确认采购。在这种模式下，图书馆可以通过提前设置，限定主题、出版商、出版日期、作者、价格等条件，有针对性地选择适合本馆的电子书对读者开放。当读者触发了电子书的购买机制时，图书馆即购买该书（永久访问权）。如果是买断模式，图书馆用户可免付平台费永久在线访问。

表2-2-4　易阅通触发购买参数列表

编号	名　　称	单　位
1	阅读全文停留时间	秒
2	资源详情页（TOC）访问次数	人
3	全文阅读比例	百分比
4	全文阅读绝对页数	页
5	下载单人次数	次
6	下载多人次数	次
7	拷贝单人次数	次
8	拷贝多人次数	次
9	打印单人次数	页
10	打印多人次数	页
11	拒访次数	次

此外，易阅通DDA允许图书馆设定采选期限、采购金额，可以根据图书馆要求设定高价书审核等技术参数，可以满足其他个性化需求。与以往电子资源包库采购，或者由馆员/读者在没有看到书的情况下选书的方式相比，DDA模式独具特色：采购来的文献都是读者确实需要的，避免了购入文献利用率低的现象，使读者获取资源更加高效、快捷，大大提高了资源的使用率。目前已经有美国加州大学、中国科学技术大学等多家高校图书馆使用易阅通DDA服务。

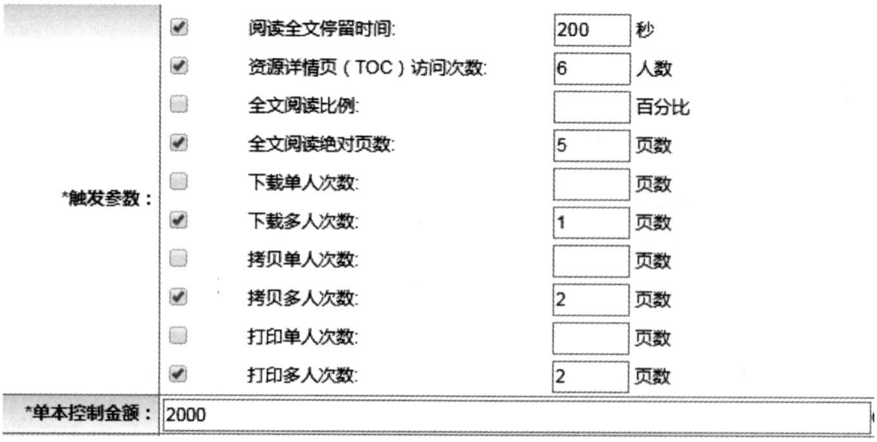

图2-2-9　某高校图书馆触发购买参数设定界面

DDA的做法，这几年在中国（不包括香港地区、澳门特区和台湾地区）几乎没有推进。前面的文献综述中也提到，有关DDA的文章大多是介绍图书馆实施DDA的个案，基本上以印本图书为主。最主要的原因是电子图书目前还无法普遍代替印本图书，而图书阅读本身反而被社交媒体取代了很多，所以这方面可以说是发展缓慢或处于停滞状态。

ISBN	标题 ⇕	类型 ⇕	触发时间	订单金额	触发条件	状态	操作
9781787561359	Advances in Mergers and Acquisitions; Advances in Mergers and Acquisitions	图书	2020-08-04	630.05	全文阅读比例	满足购买条件	审核
9780128094310	Crystallization in Multiphase Polymer Systems	图书	2020-07-20	1250	全文阅读绝对页数	满足购买条件	审核
9781591406150	Business Processes	图书	2020-05-26	562.19	全文阅读比例	满足购买条件	审核
9781783282326	Application Development with Qt Creator	图书	2020-05-20	144.31	全文阅读比例	已授权	
9781785287350	Building an RPG with Unity 5.x	图书	2020-05-20	247.43	全文阅读比例	已授权	

图2-2-10　某高校图书馆触发图书购买界面

中国香港的高校图书馆在过去10年发表DDA相关议题的文章不多，笔者在各大平台只检得2篇，分别是2014年香港科技大学[95]及香港中文大学[96]的DDA项目的成效分享。虽然没有研究文章，但各高校图书馆都在探索DDA的这种采购模式，分析其成本效益，对馆藏发展的影响及读者的使用情况。现时使用DDA采购电子资源的做法十分普遍，而且大都已使用多年。DDA模式不仅应用在电子图书上，还包括了流媒体，它已成为电子资源采购不可缺少的选项。各馆除各自参与不同的DDA项目外，也组成联盟购买。以香港大学为例，从2011年使用Ebook Library的DDA项目开始，现在共参与8个DDA项目，其中4个是通过香港高校联盟参与的。当中有使用触发购买机制的，例如Ebook Central、JSTOR ebooks，也有循证选书的，例如爱思唯尔公司的ScienceDirect ebooks、约翰·威利公司的Wiley UBCM，早期主要是西文图书，后来加入了亚历山大街出版社的流媒体。2017年增加了台湾华艺（iRead）的中文图书。由于电子资源增长速度远快于预算的增加速度，图书馆在经费不足的情况下，通过DDA项目的备选库提供大量资源，及时满足读者需求，提高了成本效益。然而，由于供应商提供书目数据往往滞后，图书馆出现了图书已从备选库中移除、但书目仍保留在图书馆目录中的现象。读者因为无法使用而投诉。有时又发现出版平台可以使用的图书无法在图书馆目录中查找。两者都使读者批评图书馆目录欠准确。如果能落实NISO DDA的最佳实践，相信对缓解此方面的问题有一定的效用。

中国台湾图书馆DDA/PDA项目的实施，以台湾学术电子书暨资料库联盟的规模最大，也最具代表性。2020年，该联盟有84个成员馆，各馆缴纳年度会费参与联盟，每年成员馆的数目略有变动。联盟主要由以下6个大学领导：台湾大学、台湾师范大学、中兴大学、云林科技大学、成功大学、高雄科技大学。目前该联盟参与4个PDA项目：Wiley西文电子百科、iRead eBooks华艺电子书、Hyread ebook电子书店中文电子书、udn读书馆（udn Library）中文电子书。华艺电子书成立于2000年，是台湾地区提供DDA采购服务的几大供应商之一。目前收录了近3000家出版社，逾8万本繁体中文电子书，为海内外用户提供服务。目前已经有美国、德国和中国香港等地图书馆联盟以及中国台湾学术电子书暨资料库联盟（84个成员馆）使用华艺DDA方案。Hyread ebook电子书店中文电子书平台提供出版商展示新书，服务读者试阅、借阅、购买电子书和杂志等，为图书馆以及联盟汇出读者借阅记录报表，了解读者阅读情况，进一步购买及管理图书。udn读书馆中文电子书的服务已获台湾岛内外600家图书馆采购，客户包括各级学校图书馆、政府机关、企业机构等。它提供畅销、热门电子书刊与免费借阅服务，用手机、平板电脑即可“走到哪、读到哪”。

早期PDA方案是Wiley西文电子书首先制定，中文书商陆续加入，参与的书商在慢慢增加。成员馆共同设定DDA/PDA备选书目的标准，由平台厂商提供备选书目和MARC数据。平台厂商提供使用统计数据，联盟以一个计算公式（见表2-2-5），将设定的两个参数的统计数字、每本电子书使用量和使用的成员馆数目转换成使用量调整值，作为购买的依据，联盟的经费由联盟的行政负责人统筹，按调整值的高低顺序购买。

表2-2-5　台湾学术电子书暨资料库联盟个别电子书使用量调整值换算法

计算方式

每本电子书的使用量（调整值）C=A1+B1=［（A）/总使用量平均值］+［（B）/联盟总馆数*10］

2020年联盟总馆数=84

公式试算举例	联盟总使用量（次）（A）	使用馆数（家）（B）	使用量/平均值（A1）	馆数/总馆数*10（B1）	调整后使用量C=A1+B1
电子书1	500	45	5.91	5.36	11.27
电子书2	82	30	0.97	3.57	4.54
电子书3	70	20	0.83	2.38	3.21
电子书4	130	4	1.54	0.48	2.01
电子书5	40	10	0.47	1.19	1.66
电子书6	77	5	0.91	0.60	1.51
电子书7	76	5	0.90	0.60	1.49
电子书8	100	1	1.18	0.12	1.30
电子书9	70	4	0.83	0.48	1.30
电子书10	50	5	0.59	0.60	1.19
电子书11	22	5	0.26	0.60	0.86

续表

公式试算举例	联盟总使用量（次）（A）	使用馆数（家）（B）	使用量/平均值（A1）	馆数/总馆数*10（B1）	调整后使用量 C=A1+B1
电子书12	22	5	0.26	0.60	0.86
电子书13	23	4	0.27	0.48	0.75
电子书14	39	1	0.46	0.12	0.58
电子书15	18	3	0.21	0.36	0.57
电子书16	35	1	0.41	0.12	0.53
合计	1354				
使用平均值	84.625				

目前联盟的PDA项目已进行到第6年，足以证明图书馆对于此采购模式的评价是不错的。然而某电子图书平台商表示，相较直接挑书买断的案型，PDA对于书商来说成本比较高，因为有比较多的前置作业，例如PDA提供的备选书目数量较多，备选书目库需要全数制作简易MARC数据，最终选购后的书单要再制作详细MARC数据，还有使用统计数据汇整各校使用状况的作业比较繁复。[97]

另外，台湾华艺电子书也向美国加州大学提供DDA服务，主要是NISO DDA推荐规范中的自动购买（auto-purchase）模式和循证购买模式。即图书馆预存一笔钱作为DDA项目的起点，图书馆可以通过提前设置，限定主题、出版商、出版日期、作者、价格等选书条件，选择适合本馆的电子书对读者开放。华艺提供书目并将一定的使用方式（如下载）、使用量、使用时间作为触发购买参数，而参数的设定也常因读者使用情形、各馆的需要及经费的多寡而异。当读者的使用到达或超过设定的购买参数时，图书馆即购买该书，图书馆用户可免付平台费永久在线访问。在合同年度终止时，若预存的经费仍有剩余，便按EBA采购模式，由图书馆员以华艺所提供的使用统计作为参考，选择并购买书籍。

Title	ISBN	School name	Number of online reading	Time Accessed	Publisher	Publish Year	IP IP Address	閱讀時間
父親與民國—白崇禧將軍身影集（上）戎馬生涯	9789571355474	Berkeley (UCB)	11	2014/12/16 03:52:08	時報文化出版企業股份有限公司	2012	169.229.108.211	55 min 42 sec
步步驚心 上卷	9789865947026	UC Irvine	1	2015/01/28 05:17:03	野人文化股份有限公司	2012	128.195.145.81	26 min 14 sec
西遊記主題接受史研究	9789577397386	UC San Diego (UCSD)	5	2015/03/16 09:43:27	萬卷樓圖書股份有限公司	2012	128.54.36.141	40 min 15 sec
古今文選	9789577484468	UC Santa Cruz (UCSC)	2	2015/03/15 08:21:41	麗文文化事業股份有限公司		128.114.34.22	16 min 56 sec

图2-2-11　加州大学各分校图书馆触发购买中文图书界面

8 结语

DDA已经成为图书馆图书文献资源建设的一种有效方法，它满足了用户“即看即得”的需求，缩短了传统的图书馆采购流程，有效利用了图书馆经费，提高了图书的使用率。它以其独特的优势被图书馆广泛采纳，但在采纳过程中也出现一些预料不到的问题和风险，影响出版商的利益，在一定程度上扰乱了图书供应链的秩序，出现了破坏图书出版可持续发展的现象。2014年NISO DDA的出版是DDA向标准化方向发展的重要里程碑，为DDA走向标准化和可持续发展奠定了基础。它为图书馆、出版商、经销商、电子图书数据库集成商等各利益相关者在合作共赢的基础上规范化采纳推广DDA提供了指南，对保护图书供应链中的各方利益起到积极的作用。

NISO DDA发布以来，对DDA的规范管理和解决DDA早期出现的一些问题有帮助，同时也促进出版商和电子图书数据库集成商不断努力，通过调研分析研发各种灵活多样的可持续模式。另外，出版商和内容提供商与图书馆积极合作，提供规范的COUNTER使用数据报告和使用数据跟踪分析报告，在帮助图书馆发现DDA使用规律，有效管理DDA项目经费，预防或减少经费预算失控及其他意想不到的问题等方面都起到积极作用。

从现有的文献中还没有看到以NISO DDA出版为界对DDA项目做前后比较评估，或探讨NISO DDA在哪些方面对图书馆有效采用和管理DDA项目起着积极的作用，在哪些方面还需要进一步总结经验，推荐和采用新的或更有效的规范和方法的部分。因而需要更深入的调查和比较研究，以便更好地改善用户体验，扩大馆藏，通过提升馆藏利用率和服务水平，保障图书馆出版链的可持续发展。B. 卡维基和M. 莱文–克拉克根据GOBI Solution的数据分析，建议基于DDA及其电子图书市场环境的继续演变，由NISO对NISO DDA进行评估并做出相应调整，以保持其有效作用。[98]

总而言之，NISO DDA的终极目标是提供运用灵活的DDA规范模式，不仅能满足用户“即看即得”的需求，保护图书馆及各利益相关者的利益，而且能够继续维护学术交流的生态系统持续稳定地发展。目前中国大陆和台湾地区的一些出版商已经开始向图书馆提供DDA模式，笔者希望北美东亚图书馆及中国图书馆与出版商和经销商积极合作，在继续关注、参与NISO DDA标准化发展的同时，借鉴NISO DDA标准化发展的实践经验，建设发展适合中国国情的DDA标准规范。

参考文献

[1] Hodges D, Preston C, Hamilton M J. Resolving the Challenge of E-Books [J]. *Collection Management*, 2010, 35: 196–200. DOI: 10.1080/01462679.2010.486964.

[2] POLANKA S. Off the Shelf: Patron-Driven Acquisition [EB/OL]. [2017-04-25]. http://www.booklistonline.com/Off-the-Shelf-Patron-Driven-Acquisition-Sue-Polanka/pid=3226359.

[3] ACRL. 2010 Top Ten Trends In Academic Libraries: A Review Of the Current Literature [J]. *College & Research Libraries News*, 2010, 71(6): 286–292.

[4] ACRL. 2012 Top Ten Trends In Academic Libraries: A Review Of the Trends and Issues Affecting Academic Libraries In Higher Education [J]. *College & Research Libraries News*, 2012, 73(6): 311–314.

[5] MOELLER P D. Literature Of Acquisitions In Review, 2010–11 [J]. *Library Resources & Technical Services*, 2013, 57(2): 87–99.

[6] Hoesly J. Patron-Driven Acquisitions: Current Successes and Future Directions [J]. *Library quarterly*, 2012, 82 (4): 522–525. DOI: 10.1086/667445.

[7] *Patron-driven acquisitions: History and Best Practices* [M]. Swords D A. Berlin/Boston: Walter de Gruyter GmbH & Co., 2011: 3, 7.

[8] Dresselhaus A. Literature Of Acquisitions In Review, 2012–13 [J]. *Library Resources & Technical Services*, 2017, 60(3): 169–181.

[9] Fulton K. J. The Rise of Patron-Driven Acquisitions: A Literature Review [J]. *Georgia Library Quarterly*, 2014, 51(3): 22–30.

[10] Caraway B, Medeiros N. Guide to Implementing & Managing Patron-Driven Acquisitions [J]. *Library Resources & Technical Services*, 2013, 57 (3): 179–180.

[11] Parker D. From Publisher Token Systems to Aggregation Plays: eBook and Journal Article Access is Converging [J]. *Against the Grain*, 2014, 26 (1): 58–59.

[12] Wiley D L. Getting Started with Demand-Driven Acquisitions for E-Books: A LITA Guide [J]. *Online Searcher*, 2015, 39 (6): 78–79.

[13] Winek M D. Getting Started with Demand-Driven Acquisitions for E-Books: A LITA Guide [J]. *Journal of Electronic Resources Librarianship*, 2016, 28(1): 56–57. DOI: 10.1080/1941126X.2016.1131066.

[14] Thomas S E. Getting Started with Demand-Driven Acquisitions for E-Books: A LITA Guide [J]. *Journal of Hospital Librarianship*, 2016, 16 (1): 91–91. DOI: 10.1080/15323269.2016.1118302.

[15] Ann R. Both Just-in-time and Just-in-case [J]. *Library Resources & Technical Services*, 2016, 60 (1): 4–11. DOI: 10.5860/lrts.60n1.4.

[16] Horava T. Implementing & Assessing Use-Driven Acquisitions: A Practical Guide for Librarians [J]. *Technical Service Quarterly*, 2017, 34 (1): 117–118.

［17］［23］Leonard M., Carrico S. UDA Library Survey, 2015［EB/OL］.［2020-08-08］. https://ufdcimages.uflib.ufl.edu/ir/00/00/71/94/00001/UDA_Library_Survey.pdf.

［18］Leonard M. Carrico S. PDA Public Library Survey, 2015［EB/OL］.［2020-08-08］. https://ufdcimages.uflib.ufl.edu/ir/00/00/71/93/00001/PDA_Public_Library_survey.pdf.

［19］DDA Alternative Launch［J］. *CILIP Update*, 2015 (Dec 2015/Jan 2016): 22-22.

［20］［81］ProQuest. Access-to-Own Now Available On ProQuest Ebook CentralTM Platform［EB/OL］.［2017-03-30］. https://about.proquest.com/about/news/2016/Access-to-Own-Now-Available-on-ProQuest-Ebook-Central-Platform.html.

［21］ENIS M. OverDrive to Introduce Cost Per Circ Option［J］. *Library Journal*, 2017, 143(12): 18-19.

［22］Harwell J H, Bunnelle J. Purchasing Articles by Demand Driven Acquisition: An Alternative Serial Distibution Model for Libraries［J］. *Against the Grain*, 2017, 29(1): 35-38.

［24］Downey K., Zhang Y. A Cross-Institutional Study of eBook Demand-Driven Acquisition (DDA) Use and Efficacy of Eight Large Academic Libraries［J］. *College & Research Libraries*, 81 (1): 27-42. DOI: 10.5860/crl.81.1.27.

［25］张甲，胡小菁. 读者决策的图书馆藏书采购——藏书建设2.0版［J］. 中国图书馆学报，2011-03-15，2011（2）：36—39.

［26］本刊讯. NISO就需求驱动的专著收购发布推荐实践［J］.现代图书情报技术，2014-04-25，2014（4）：98.

［27］吴锦荣. 国外图书馆联盟PDA模式及对深圳图书馆联盟的启示［J］. 图书情报工作，2017-07-05，61（2）：44—52.

［28］吴凤君. 基于“你选书我买单”活动的馆藏建设研究——以长春医学高等专科学校为例［J］. 现代经济信息，2019-06-25，2019（12）：435.

［29］张一翠等. 高校图书馆读者决策采购模式的创新与实践探索——以西安交通大学为例［J］. 图书馆学研究，2019-02-15，2019（3）：44—51.

［30］钱海钢. 用户需求驱动下的图书荐购服务模式探索——以广东省立中山图书馆“你悦读，我采购”为例［J］. 图书馆研究与工作，2019-07-04，2019（7）：61—65.

［31］冯慧. 学术型图书馆需求驱动采购效用分析——以华南理工大学图书馆DDA项目为例［J］，图书馆研究与工作，2020-05-10，2020（5）：28—32.

［32］王梅玲，范豪英，林呈潢，张郁蔚. 馆藏发展与管理［M］. 新北市：华艺，2016：177.

［33］陈亚宁. 馆藏发展的未来趋势分析（A Trend Analysis of Future Collection Development in Libraries）［J］. 台北市立图书馆讯，2015，32（4）：21—38.

［34］胡曼华演讲，台湾国际信息整合联盟协会李绍迪整理撰文. 美国各图书馆实施

PDA（DDA）电子书采购模式之经验谈. 台北市：台湾国际信息整合联盟协，2015.［EB/OL］.［2020-08-25］. http://www.ifii.org.tw/focus_trend_login.php?num=194&class=15.

［35］Anderson R. What Patron-Driven Acquisition (PDA) Does and Doesn't Mean: An FAQ［EB/OL］.［2015-04-25］. http://scholarlykitchen.sspnet.org/2011/05/31/what-patron-driven-acquisition-pda-does-and-doesnt-mean-an-faq/.

［36］［57］ProQuest. *Academic Library Book Purchasing Trends: a ProQuest Whitepaper*［M］. January 2016.

［37］［44］［46］［47］［49］［50］［51］［52］NISO. Demand Driven Acquisition of Monographs［EB/OL］.［2017-02-20］. https://www.niso.org/publications/rp-20-2014-dda.

［38］［41］Fischer K S, Wright M, Clatanoff K, et al. Give'em What They Want: A One-year Study Of Unmediated Patron-driven Acquisition of E-Books［J］. *College & Research Libraries*, 2012, 73(5): 469–492.

［39］Zhang Y, Downey K, Urbano C, KLINGLER T. A Scenario Analysis of Demand-Driven Acquisition (DDA) of E-Books in Libraries［J］. *Library Resources & Technical Services*, 2015, 59(2): 84–93.

［40］Proctor J. Demand-driven Acquisition and the Sunk Cost Model［J］. *Collection Building*, 2015, 34(1): 2–5.

［42］［53］NISO. Demand Driven Acquisition Of Monographs Summary Of Survey Result［EB/OL］.［2017-02-20］. https://groups.niso.org/apps/group_public/download.php/12541/DDA_Survey_Results.pdf.

［43］Shepherd J, Langston M. Shared Patron Driven Acquisition Of E-books In the California State University Library Consortium［J］. *Library Collections, Acquisitions and Technical Services*, 2013, 37(1–2): 34–41.

［45］Seger R, Allen L. STL: A Publisher's Perspective on PDA［J］. *Against the Grain*, 2014, 23(3): 30–34.

［48］NISO. NISO Press Release: NISO Launches New Initiative to Develop Recommended Practices for Demand-Driven Acquisition (DDA) of Monographs［EB/OL］.［2015-04-25］. https://www.niso.org/press-releases/2012/06/niso-launches-new-initiative-develop-recommended-practices-demand-driven.

［54］Kelsey P. Demand Driven Acquisitions: Perspectives from a Second Year Pilot at Southeastern Louisiana University［J］. *Louisiana Libraries*, 2016, 78(3): 27–35.

［55］Falloon K. A. Developing Mindful Collection Decision Making: A Case Study on Analyzing Acquisition E-book Projects Using Financial Concepts［J］. *Technical Services Quarterly*, 2020, 37(2): 101–119. DOI: 10.1080/07317131.2020.1728122.

［56］［98］Kawecki B., Levine-Clark M. Case Study: DDA (Demand-Driven Acquisition of Monographs): Success Stories［EB/OL］.［2020-08-02］. https://niso.org/niso-io/2019/03/case-study-dda-demand-driven-acquisition-monographs.

［58］［59］ProQuest. *Why DDA is Here to Stay: An Analysis of the Demand-Driven Acquisition model for libraries*［M］. June 2018.

［60］EBSCO eBooks & Audiobooks［EB/OL］.［2017-03-30］. https://www.ebscohost.com/ebooks.

［61］ProQuest Ebook Central［EB/OL］.［2017-03-30］. http://www.proquest.com/products-services/ebooks-main.html.

［62］Books at JSTOR［EB/OL］.［2017-03-30］. http://about.jstor.org/content-on-jstor-books.

［63］EBSCO eBooks［EB/OL］.［2020-08-29］. https://www.ebsco.com/products/ebooks.

［64］EBSCO Audiobooks［EB/OL］.［2020-08-29］. https://www.ebsco.com/products/audiobooks.

［65］ProQuest Ebook［EB/OL］.［2020-08-29］. https://about.proquest.com/products-services/ebooks/ebooks-main.html.

［66］JSTOR. Participating Book Publishers［EB/OL］.［2020-08-29］. https://www.jstor.org/librarians/products/books/publishers/.

［67］JSTOR. Ebook Acquisition Models［EB/OL］.［2020-08-02］. https://about.jstor.org/librarians/products/books/acquisition-models/.

［68］ENIS M. Sno-Isle, OverDrive Test Demand-driven Ebook Acquisition［EB/OL］.［2017-03-30］. http://lj.libraryjournal.com/2016/08/industry-news/sno-isle-overdrive-test-demand-driven-ebook-acquisition/.

［69］Heather N. ATG Interviews Steve Potash: Founder, OverDrive［J］. *Against the grain*, 2019, 31(1): 38–40.

［70］［76］Farrelly D. Digital Video: Merrily, Merrily, Merrily, Merrily Wading Into the Stream.［J］. *Computers in Libraries*, 2016, 36(9): 4–8.

［71］［77］Alexander Street, A ProQuest Company. Streaming video［EB/OL］.［2020-08-02］. https://alexanderstreet.com/page/streaming-video.

［72］［79］Kanopy Press［EB/OL］.［2020-08-09］. https://press.kanopy.com/.

［73］Film Media Group. Master Academic Video Collection［EB/OL］.［2020-08-02］. https://www.films.com/collection/1/1255/FOD/Master_Academic_Video_Collection.

［74］Docuseek2［EB/OL］.［2020-08-10］. https://docuseek2.com/.

［75］Alexander Street Launches New Search Platform［J］. *Advanced technology libraries*, 2011, 40(12):7–8.

［78］Bergman B J. Kanopy［J］. *Choice*: *Current Reviews for Academic Libraries*, 2016, 54(2): 186–186.

［80］BUCK T H, HILLS S K. Diminishing Short-Term Loan Returns: A Four Bear View of the Impact of Demond-Driven Acquisition on Collection Development at a Small Academic Library［J］. *Library Resources & Technical Services*, 2017, 61(1):51–56.

［82］DAVIES T. The Evolution Of An E-book Demand Driven-acquisition Programme At Swinburne University of Technology［J］. *Insights*: *the UKSG journal*, 2017, 30(2): 36–43. DOI: 10.1629/uksg.354.

［83］Denker B. Changing Demand Driven Acquisition Ebook Models: A History and Preliminary Results at the Colorado Alliance of Research Libraries［J］. *Journal of Library Administration*, 2018, 58(3): 282–292. DOI: 10.1080/01930826.2018.1436793.

［84］Baker K., Breaux A. The Evolution of Academic Book Vendor Services for eBooks［J］. *Against the Grain*, 2013, 25(2): 20–24. DOI: 10.7771/2380–176x.6468.

［85］Brown S., Currie L. Shaping an eDDA Program Through Assessment［J］. *Technical Services Quarterly*, 2019, 36(2): 155–176. DOI: 10.1080/07317131.2019.1584989.

［86］Tillack T., Roosink A. Finding the Right Mix: How GOBI Helps Libraries To Balance Sustainable Models In the Digital Era［EB/OL］.［2020–08–15］. https://igelu.org/wp-content/uploads/2019/09/igelu_aug19_singapore.original.1566869767.pdf.

［87］Robbeloth H., Ragucci M., DeShazo K. Evidence-Based Acquisition: A Real Life Account of Managing the Program Within the Orbis Cascade Alliance［J］. *Serials Librarian*, 2017, 73(3/4): 240–247. DOI: 10.1080/0361526X.2017.1388331.

［88］Parker D, Brown L. Blurring Lines-The Chapter, Not the Book, as the Unit of Discovery: An Interview with Laura Brown of JSTOR［J］. *Against the Grain*, 2016, 28(2): 47–48.

［89］JSTOR. GOBI Library Solutions from EBSCO Partners with Books at JSTOR on Demand-Driven Acquisition, 2020–06–30［EB/OL］.［2020–08–15］. https://about.jstor.org/news/gobi-library-solutions-from-ebsco-partners-with-books-at-jstor-on-demand-driven-acquisition/.

［90］［92］Burleigh D. Using Consumer Data to Illustrate How to Channel Drives Digital Sales［J］. *Publishing research quarterly*, 2017, 33(4): 380–391. DOI:10.1007/s12109–017–9555–y.

［91］Smith C. Bring book clubs online: Resources for Digital Book Clubs［EB/OL］.

[2020-08-02] . https://americanlibrariesmagazine.org/2019/09/03/bringing-digital-book-clubs-online/.

[93] CEAL ERMB Task Force. Charge [EB/OL] . [2016-02-20] . http://www.eastasianlib.org/subcommittees/ermb/sub_metadata_standards.htm.

[94] CEAL ERMB Task Force. Workshop on NISO DDA of Monographs and KBART [EB/OL] . [2016-02-20] . http://www.eastasianlib.org/subcommittees/ermb/docs/2015%20CEAL%20ERMB%20Workshop.doc.

[95] Kwok C., Chan D., Cheung A. Wong M K. Demand-Driven Acquisition at HKUST Library: the New Normal [J] . *Interlending & Document Supply*, 2014-11-11, 42(4): 153-158.

[96] 刘丽芝，吴玉珍. 需求驱动采购电子书的实践与思考——以香港中文大学图书馆为例 [J] . 图书馆论坛，2014-04-10，34（4）：127—134.

[97] 台湾学术电子书暨资料库联盟 [EB/OL] . [2020-08-25] . http://taebc.lib.ntnu.edu.tw/?q=search/node/pda.

[注] 本研究报告根据笔者的如下同名文章修改：

邓石，马陈碧华，林秀丽，王成志，肖珑.需求驱动采购的标准：美国NISO DDA的发展和作用 [J] . 图书情报工作，2018，62（6）。

第三章　知识库及其相关工具推荐实施规范 KBART

第一节　标准规范译者

邓　石（美国加州大学圣地亚哥分校图书馆）

姚晓霞（北京大学图书馆，CALIS管理中心）

刘娟娟（北京大学图书馆，CALIS管理中心）

林秀丽（香港大学图书馆）

肖　珑（北京大学图书馆）

薛　燕（美国加州大学伯克利分校东亚图书馆）

第二节　研究报告作者

姚晓霞（北京大学图书馆，CALIS管理中心）

刘娟娟（北京大学图书馆，CALIS管理中心）

邓　石（美国加州大学圣地亚哥分校图书馆）

薛　燕（美国加州大学伯克利分校东亚图书馆）

林秀丽（香港大学图书馆）

基本信息

名称：知识库及其相关工具推荐实施规范

简称：KBART

发布时间：2014年3月27日

发布时间（中译本）：2018年3月19日

标准规范编号：NISO RP-9-2014

修订时间：2019年6月18日

修订后编号：NISO RP-26-2019

主要责任者：美国国家信息标准协会KBART第二期工作组

中文版译者：邓石　姚晓霞　刘娟娟　林秀丽　肖珑　薛燕

类型：推荐实施规范

关键词：KBART，开放链接，知识库，数字资源规范，元数据

摘要：本推荐实施规范为内容提供商和知识库开发商之间及时地交换准确的元数据提供了实用性建议。它为信息供应链中的各利益相关者提供了关于元数据在开放链接（OpenURL）标准中的作用的直接指导，并为出版商、集成商、代理商、技术提供商和图书馆员推荐数据格式和交换指南，用于各自知识库中馆藏数据使用时的信息交换，也称为“链接解析器”。第一期推荐实施规范侧重于期刊文献，本修订版为第二期，对原版本内容进行了扩展，解决了元数据供应中更细粒度、更复杂的问题，包括与联盟相关的元数据传输、开放获取出版物的元数据传输、电子图书和会议论文集的元数据传输。

英文版国际标准书号（ISBN）：978-1-937522-41-4

中文版国际标准书号（ISBN）：978-1-937522-82-7

英文版链接：https://www.niso.org/publications/rp-9-2014-kbart

中文版链接：http://www.libconsortia.edu.cn/Standard/list.action

其他关联标准规范：NISO RP-26-2019　KBART自动化：自动检索电子馆藏

Introduction

Title: Knowledge Bases and Related Tools (KBART) Recommended Practice

Abbreviation: KBART

Publication Date: March 27, 2014

Publication Date(Chinese Version): March 19, 2018

ANSI/NISO Serial Number: NISO RP-9-2014

Revised Date: June 18, 2019

Revised ANSI/NISO Serial Number: NISO RP-26-2019

Creator: National Information Standards Organization KBART Phase II Working Group

Chinese Version Translated By: Shi Deng, Xiaoxia Yao, Juanjuan Liu, Connie Lam, Long Xiao, Susan Xue

Type: Recommended Practice

Keywords: KBART, OpenURL, Knowledge Base, Digital Resource Standard, Metadata

Abstract: This Recommended Practice contains practical recommendations for the timely exchange of accurate metadata between content providers and knowledge base developers. It provides all parties in the information supply chain with straightforward guidance about the role of metadata within the OpenURL linking standard, and recommends data formatting and exchange guidelines for publishers, aggregators, agents, technology vendors, and librarians to adhere to when exchanging information about their respective content holdings for use in knowledge bases, also called link resolvers. Expanding on the original recommendations, which focused on journal literature, this revision also addresses the more granular, complex issues that cause problems in metadata supply, including consortia-specific metadata transfer, metadata transfer for open access publications, and metadata transfer for e-books and conference proceedings.

English Version ISBN: 978-1-937522-41-4

Chinese Version ISBN: 978-1-937522-82-7

English version URL: https://www.niso.org/publications/rp-9-2014-kbart

Chinese version URL: http://www.libconsortia.edu.cn/Standard/list.action

Relation: NISO RP-26-2019 KBART Automation: Automated Retrieval of Customer Electronic Holdings

第一节　知识库及其相关工具推荐实施规范

关于NISO推荐实施规范

A NISO Recommended Practice is a recommended "best practice" or "guideline" for methods, materials, or practices in order to give guidance to the user. Such documents usually represent a leading edge, exceptional model, or proven industry practice. All elements of Recommended Practices are discretionary and may be used as stated or modified by the user to meet specific needs. This recommended practice may be revised or withdrawn at any time. For current information on the status of this publication contact the NISO office or visit the NISO website (www.niso.org).	美国国家信息标准协会（NISO）的推荐实施规范以引导使用者为目的，推荐在方法、资料或具体操作上的“最佳实践”或“指南”。这些文件通常代表某前沿领域、优秀模式，或公认的行业惯例。推荐实施规范中所有元素都可以由用户酌情采用，既可全部采纳，又可为满足特定需要修改使用。 本推荐实施规范可能会随时被修改或撤销。有关本出版物的现状信息，请联系NISO办公室或访问NISO网站（www.niso.org）。

中文译本ISBN：978-1-937522-82-7

This document is a translation of the English version of a National Information Standards Organization (NISO) recommended practice, RP-9-2014 Knowledge Bases and Related Tools (KBART) Recommended Practice. The only version approved by the National Information Standards Organization is the English language version, available at http://www.niso.org/publications/niso-rp-9-2014-kbart. The National Information Standards Organization and the China Academic Library & Information System / Digital Resource Acquisition Alliance of Chinese Academic Libraries retain copyright in this translation and all rights are reserved. Should there be any difference between the English version and the Chinese version, the English version would prevail.	本推荐实施规范为美国国家信息标准协会 NISO RP-9-2014 Knowledge Bases and Related Tools（KBART）Recommended Practice《知识库及其相关工具推荐实施规范》的中文译本。该标准唯一经由美国国家信息标准协会批准的是英文版，原件请见 http://www.niso.org/publications/niso-rp-9-2014-kbart。美国国家信息标准协会及中国高等教育文献保障系统/高校图书馆数字资源采购联盟对中文译本持有并保留版权。如有任何问题，请以NISO批准的英文原版为准。

This translation has been provided as a service to the library community by the Task Group on Translation and Research Project on Electronic Resources Standards and Recommended Practices, consisting of members from the Council on East Asian Libraries (CEAL), China Academic Library & Information System (CALIS)/Digital Resource Acquisition Alliance of Chinese Academic Libraries (DRAA).	应图书馆行业所需，北美东亚图书馆协会（CEAL）、中国高等教育文献保障系统（CALIS）暨高校图书馆数字资源采购联盟（DRAA）提供此中译本。
Translated by: Shi Deng, University of California, San Diego Library Xiaoxia Yao, Peking University Library Juanjuan Liu, China Academic Library & Information System	翻译： 加州大学圣地亚哥分校图书馆：邓石 北京大学图书馆：姚晓霞 高等教育文献保障系统管理中心：刘娟娟
Reviewed by: Xiaoxia Yao, Peking University Library Juanjuan Liu, China Academic Library & Information System Connie Lam, University of Hong Kong Libraries Shi Deng, University of California, San Diego Library	审校： 北京大学图书馆：姚晓霞 高等教育文献保障系统管理中心：刘娟娟 香港大学图书馆：林秀丽 加州大学圣地亚哥分校图书馆：邓石
Reviewed & edited by: Xiaoxia Yao, Long Xiao, Peking University Library Susan Xue, University of California, Berkeley Libraries Shi Deng, University of California, San Diego Library	总审与统稿： 北京大学图书馆：姚晓霞、肖珑 加州大学伯克利分校东亚图书馆：薛燕 加州大学圣地亚哥分校图书馆：邓石

前言

关于这项推荐实施规范

英国连续出版物集团（United Kingdom Serials Group，UKSG）是连接信息界的非营利性组织。它在2007年委托出版了报告《链接解析器和连续出版物的供应链》。该报告确认和描述了影响开放链接（OpenURL）有效性的一系列问题。该报告（在第7.1.1节中）建议成立一个工作组，目的在于确定和向整个业界推广“最佳实践”的解决方案，以改进与知识库间的元数据交换。

UKSG与NISO联合成立了一个工作组。该工作组成员来自电子资源供应链中各个环节，共同探讨UKSG报告中指出的问题，并提出解决方案。同时，工作组通过教育活动和信息枢纽中心对知识库及其相关工具（KBART）采纳者给予支持。NISO/UKSG KBART

联合工作组于2007年12月成立，其初始阶段的工作成果是2010年1月发表的第一期推荐实施规范（NISO RP-9-2010）。[①]

第一期授权和范围

KBART工作组的初期授权是完善对链接解析器和知识库的数据供应，以改善OpenURL链接的效率和有效性。这主要通过以下几个方面来实现：提供最佳实践指南，提供相关教育资料及组织相关活动，以及创建有关知识库信息的网络枢纽中心。

NISO/UKSG KBART工作组关注的是在信息供应链中向知识库提供数据时出现的问题。涉及开放链接的更广泛的问题不在该工作组关注的范围内。这些问题应该属于OCLC的职权范围，或是维护OpenURL开放链接标准［《情景敏感服务的开放链接框架》ANSI/NISO Z39.88-2004 (R2010)］的机构的责任，或是NISO其他工作组的职责范围。本工作组具体注重的是与馆藏相关的数据，而不是有关个体书的书目信息，书目信息不需要像馆藏数据一样定期更新。

KBART第二期

第一期工作完成时，对KBART继续做更具体的改进工作的需求明确凸现。为了支持这项工作的展开，工作组就成员代表做了重新调整。KBART第二期工作组在2010年2月至2013年3月继续工作，取得了以下成就。

（1）在第一期推荐实施规范的基础上完成了实施规范修订版，以使知识库供应链成员之间的互动更为顺畅。为达到这一目标，第一期报告中提供了最基本的建议，而第二期修订则把重点放在解决那些影响元数据供应的更具体和更复杂的问题上。因此，知识库提供商和他们的客户（主要是学术图书馆）将受益于由内容提供商所提供的更高质量的数据，出版商将受益于准确的内容链接，以及随之递增的内容使用量。

（2）提供教育和推广机会，满足供应链中的所有利益相关方的需求；提供对各功能的描述，以帮助改善知识库的数据供应；设定每种个案下完成这些工作的价值。通过这些教育推广活动，内容提供商可以对那些需要和使用他们数据的客户需求有更深层的理解；内容提供商可依据所推荐的最佳实践改进元数据质量；知识库提供商和图书馆则会得益于提供商所提供的更完善的元数据。

（3）建立一个集中的信息门户以支持教育活动和提供全面的信息资源，包括但不限于以下几点：

a. 词汇表（已在第一期时放在UKSG和NISO网站）；

b. 开放链接（OpenURL）入门介绍：目的、方法、价值（已包括在第一期的推荐实施规范中）；

---

① 原文为“NISO RP-7-2010”。但根据NISO网站的发布信息，2010年1月发表的第一期推荐实施规范编号实为NISO RP-9-2010。——译者注

c.介绍知识库供应链中参与者：角色、需求、职责、价值（已包括在第一期的推荐实施规范中）；

d.提供内容提供商与知识库提供商的认可框架；

e.最佳实践指南：提供知识库的格式与术语；

f.与其他标准/倡议/技术等的对照图，例如ONIX连续出版物在线馆藏信息（SOH）；

g.建立联系人注册网页，以便于查找内容提供商和知识库商所提供的元数据网页和相关技术支持联络人。

NISO“从发现到传递”专题委员会成员

“从发现到传递”专题委员会批准本推荐实施规范，时任成员如下：

Kristin Antelman

North Carolina State University Libraries

Pascal Calarco, Co-chair

University of Waterloo Library

Juli Marsh

The Library Corporation (TLC)

Tim Shearer

University of North Carolina Chapel Hill Libraries

Christine Stohn

Ex Libris, Inc.

Lucy Harrison, Co-chair

Florida Virtual Campus

Chris Shillum

Reed Elsevier

KBART第二期工作组成员

KBART第二期工作组制定并批准了本推荐实施规范，时任成员如下：

Magaly Bascones, Co-chair

JISC Collections

Andreas Biedenbach, former Co-chair

Independent Professional

Chad Hutchens, Co-chair

University of Wyoming Libraries

Benjamin Johnson

Serials Solutions

Noah Levin

Springer

Sheri Meares

EBSCO Information Services

Paul Moss

OCLC Online Computer Library Center

Gary Pollack

Jason Price

Claremont Colleges Library

Sarah Price, former Co-chair

University of Birmingham

Rose Robinson

Publishing Technology plc

Liz Stevenson

University of Edinburgh

Christine Stohn

Ex Libris, Inc.

Ruth Wells

Publishing Technology plc

Laird Barrett

Taylor and Francis

Julie Zhu

Cengage Learning

American Institute of Physics (AIP)

曾经参与KBART工作组部分工作但在后期批准阶段已离任的成员如下：

Louise Cole

Kingston University

Sherrard Ewing

Serials Solutions

Marieke Heins

Swets Information Services

Matthew Llewellin

The Royal Society

Catherine Sharp

University College London

Maria Stanton

Serials Solutions

Sarah Wright

Taylor and Francis

商标、服务商标

本标准中涉及的所有商标或服务商标，原拥有者保留知识产权。

1 第一期之后的KBART

KBART第一期推荐实施规范于2010年1月出版（NISO PR–9–2010），第一期的工作随之结束。与此同时，NISO/UKSG KBART工作组指出一些需要进一步讨论的议题，旨在改善用户使用知识库及链接解析器的体验。为此，NISO在2010年初成立了新的工作组，即KBART第二期工作组。第二期所考虑的几个关键议题是：与联盟相关的元数据传输（见“3　联盟的元数据”），审核关于开放获取出版物的元数据传输（见“4　开放获取元数据”），审核关于电子图书和会议论文集的元数据传输（见“5　电子图书和会议论文集”），以及建立认可框架以保证内容提供商实现认证（见“2　认证与合作”）。另外一项重要的工作是围绕KBART第一期推荐实施规范组织一系列推广活动，包括在会议上宣传介绍推荐实施规范，和在面向图书馆和出版商的各种出版物上撰写及发表有关文章。

1.1　建立认可流程及注册KBART

出版商网站上全文的使用量主要来自图书馆使用的介导技术。使用流量的重要组成部分来自OpenURL链接解析器，而链接解析器依赖于内容出版商提供给知识库的详细馆藏数据。因此，知识库信息的准确与不断更新就至关重要。KBART推荐实施规范正是通过使用文档格式和一组常用元数据字段及其数据格式，来优化元数据从内容提供商向链接解析器知识库的传输流程。KBART文档的规范化使文档传输及知识库更新的操作管理更容易。此外，一些图书馆联盟现在也期待将符合KBART格式的文档用于他们的知识库，并正在将这一要求纳入其与内容提供商的合同。第二期工作组早期阶段的一个重要成果是建立认可框架，这使得内容提供商可以实现KBART认证，并公开发布他们提供高品质元数据的承诺。

鼓励所有的内容提供商，不论是大数据库商还是小出版商，都通过kbart@niso.org向KBART工作组提交文档样例，以公开认证他们对KBART第一期推荐实施规范的采纳。一旦其文档的格式和内容被审核通过，并公开其认证（与推荐实施规范相符），提供商便被列入被认可机构的公开名单中。（随着第二期推荐实施规范的发布，工作组将会公布更新后的认可流程。有关新的认可与认证的流程细节，可参见第2.1节。）

除了认可流程，工作组还为内容提供商及知识库开发商提供联系人注册网站，用于注册下载馆藏元数据的机构建议说明，提供元数据的网页和联系人细节。所有已被KBART认可的提供商在注册网站上会有KBART商标附加在他们的名字上。KBART工作组为过去两年内所取得的成就感到自豪，并不断鼓励更多的内容提供商认可KBART并将其文档提交给工作组验证。

1.2 图书馆及图书馆联盟的KBART问卷调查

来自业界的反馈对KBART的工作很重要，对第二期工作所关注的具体问题尤其重要。KBART工作组于2012年1月在调查猴子网（Survey Monkey）做了一项调查，收集有关联盟题名列表使用情况、图书馆和出版界关于开放获取出版物元数据意见等信息。该调查发布在包括LIS-E-Resources、SERIAL-ST、ICOLC、Web4Lib和LIS-NESLI-Reps在内的电子邮件列表上，收回200多份问卷反馈。调查的汇总结果见于“3 联盟的元数据”和“4 开放获取元数据”。详细的调查问题和反馈见附录B。

1.3 KBART的推广

KBART第一期推荐实施规范于2010年1月出版，此后工作组在一些相关场合向图书馆及出版界报告了KBART的工作成果，从而增加了知名度。

KBART工作组的代表应邀在各种会议上发言，并发表文章。亮点之一是2011年2月发表在*Against the Grain*上的有关KBART的扩展报告。工作组还有多篇文章发表，以及进行了多场报告活动。这些文章、报告或演示文件的链接都已放在KBART网站上（https://www.niso.org/standards-committees/kbart）。[①]

工作组将从2013年底开始在各种会议上介绍KBART第二期推荐实施规范。

KBART工作组还为图书馆界所有利益相关方建立了一个电子邮件列表，有兴趣者可向kbart_interest-subscribe@list.niso.org发送电子邮件订阅。订户将定期收到有关工作组活动的通知和电子邮件，并可以主动在讨论组内提问或分享使用KBART推荐实施规范的经

---

① 英文原文中KBART信息枢纽中心链接已更改，见https://www.niso.org/standards-committees/kbart。——译者注

验。在撰写这项推荐实施规范之际，讨论组已有300多个订户。

1.4 KBART信息枢纽中心

KBART信息枢纽中心设在NISO网站，用以提供KBART推荐实施规范之外更多的信息，包括：

- KBART术语表；
- 有关认可的信息；
- 知识库供应链中联系人注册表；
- OpenURL及知识库的背景信息。

2 认证与合作

2.1 认证

KBART的支持流程包括可使内容提供商通过认可框架计划实现认证并公开承诺他们向供应链提供高品质元数据。其详细细节描述如下。

2.1.1 第二期认可

KBART第二期推荐实施规范取代第一期推荐实施规范。这意味着，从第二期推荐实施规范发布之日起，所有和KBART工作组联系的新的内容提供商应遵从第二期推荐实施规范并据此获得认可。已按第一期获得认可的内容提供商需查阅第2.1.4节。

值得注意的是，第二期推荐实施规范中并非每个字段都与内容提供商有关。例如，用于专著和会议论文集的一些个别字段将不会适用于纯期刊的元数据。然而，所有存在的字段应该被认为是硬性要求的字段，都需要尽力收集数据，尽管有时必须通过业务的其他领域或外部来源获取。

2.1.2 要求认可

知识库经销商可以通过确认他们的系统能够处理KBART格式文档来认可KBART第二期推荐实施规范。要求认可的步骤如下：

（1）阅读认可要求，可从https://www.niso.org/standards-committees/kbart/kbart-endorsement获取，其中包括样例文档的链接；①

（2）按要求格式准备电子期刊和电子图书的馆藏元数据；

（3）通过kbart@niso.org与KBART工作组联系，表示要求被认可的意愿，并提供以下样例文档：

① 英文原文的阅读认可要求链接地址为www.niso.org/workrooms/kbart/endorsement/，但实际已更改为https://www.niso.org/standards-committees/kbart/kbart-endorsement。——译者注

- 一个完整的A-Z总表样例；
- 一个A-Z总表内按销售资源包的列表样例（例如医药科技资源包）；
- 一个提供给联盟的资源包的列表样例（如果各个地区联盟包列表中的资源内容有所不同）；

（4）确保按照第6.1节的要求建立常规的数据交换流程。

2.1.3　验证认可

在KBART工作组中的知识库经销商将验证由要求认可的内容提供商提供的样例文档。验证的流程将核实以下内容：

（1）文档名称使用正确，层级使用恰当（例如某一资源包或联盟资源包）；

（2）文档符合KBART结构，数据所在位置正确；

（3）文档内每个字段按数据结构指南提供（例如准确使用日期格式）；

（4）提供所有硬性要求的数据字段（例如标识符、题名、URLs）。

KBART工作组也会抽样检查一些已知问题，例如如何表示前续题名等。

此外，还要求内容提供商进行下列活动以实现认证：

（1）将文档放在可公开使用的网站上供下载和重复使用；

（2）确保所提供的A-Z总表/资源包列表/地区性列表/联盟列表文档恰当呈现其馆藏的全貌；

（3）保持文档随馆藏的变化而不断更新，例如题名转换、停刊、内容变更等；

（4）以全新的文档覆盖过时的文档，以便知识库经销商下载并和其现存知识库文档作比较。

一旦内容提供商的文档被KBART工作组验证者批准：

（1）内容提供商应该在KBART注册网站（https://sites.google.com/site/kbartregistry/）注册其公司，提供可公开访问的网站链接，通过这个网站可以下载最新的KBART格式化文档。元数据文档应该是可供阅读的格式。

（2）KBART工作组将会为内容提供商的网站提供KBART商标。

（3）内容提供商可向其供应链的联络者提供KBART格式化的数据，或提供下载地址。

有了上述认证验证，利益相关方可以信任这些元数据，无需按题名做繁重的逐一验查就可在知识库内合适的精细层级激活馆藏。这确保了学者和学生用户通过机构介导系统访问的资源是准确的、全面的和及时的。

2.1.4　第一期已被认可者向第二期转移

KBART第一期被认可的内容提供商需要按第二期认证更新认可。这将涉及重新提交文档样本，由工作组中知识库经销商验证。第二期认证按时间将安排在第二期KBART推荐实施规范发布后6个月内进行。

2.2 合作事项

KBART的倡议和建议不是孤立存在的，而是依赖业界的参与并采取行动为终端用户改善整体使用环境，并由此使供应链更加快捷有效。正如第1.2节所述，该项目参考利用了问卷调查收集的数据和从演讲、宣传活动及讨论组收集的反馈。

不少机构及项目正在进行改善供应链中的元数据及其可发现性的工作，KBART工作组在该规范出版后会和他们联络以改善合作及元数据的供应。换言之，这是一个不断变化的领域。本节涵盖了KBART所联络的机构及倡议，以及未来可能出现改善的前景。

2.2.1 在EDItEUR和ONIX中的使用

KBART格式（一种有分隔符的txt文档）的价值在于，它既可以供人和机器阅读，也可以在内容提供商和知识库经销商系统之间以网页形式提供或通过FTP（文件传输协议）传输。而且这也是一种低成本的方法，使得那些缺乏足够的内部开发专长或资源的出版商也可有效地传输知识库元数据。

对那些重视自动上载潜力和使用KBART元数据通信可扩展格式的内容提供商来说，KBART工作组正在与EDItEUR[①]探讨，很有可能是基于现有的ONIX-SOH[②]信息，利用ONIX[③]实现KBART信息传送。这对那些已经在其他商务要求中使用ONIX套件等的内容提供商可能具有特别的价值。

作为这种格式的一部分，需要开发一个从KBART到ONIX的对照表，以确保元数据的要求无论是在信息的结构上还是在其目的上都匹配。虽然有关认可、可持续性以及信息本身还在探讨之中，但这是知识库元数据传输的一个积极步骤。

2.2.2 共享知识库的倡议

自KBART第一期推荐实施规范出版之后，业界曾有动议要建立业界共同拥有的中央知识库。这种共享服务在业界核实内容提供商的元数据以及将元数据向知识库经销商开放方面有巨大的潜力。

目前，内容提供商和多个知识库经销商之间强调多对多的元数据传输，依赖发送和接收单位开发和处理文档，效率低下。而且，图书馆经常发现错误的元数据，此后修改过的元数据可能又被内容提供商以同样错误的元数据覆盖。共享服务具备在文档内验证内容的潜力，并代表业界向知识库经销商提供保证。

目前向知识库经销商提供KBART文档的倡议实例包括：

- **KBART题名列表**——已被认可的内容提供商向业界提供符合KBART认证格式的题

① 即泛欧书业电子数据交换组织（Electronic Data Interchange to Europe，EDItEUR）。——译者注
② 即连续出版物在线馆藏信息（Serials Online Holdings，SOH）。——译者注
③ 即在线信息交换标准（Online Information eXchange，ONIX）。——译者注

名列表，并在KBART注册网站提供链接。

- **知识库+（knowledge base+，KB+）（www.kbplus.ac.uk/kbplus/）**——KB+由英国联合信息系统委员会电子资源采购联盟（JISC Collections）运营，是英国学术图书馆支持对电子资源管理的业界共享知识库。它提供准确和最新的数据，例如出版、许可和订购信息。KB+与KBART推荐实施规范兼容。KB+中的所有KBART文档可从www.kbplus.ac.uk/kbplus/publicExport网站获取。诸如EBSCO、ExLibris、OCLC、ProQuest（Serials Solutions）等机构和链接解析器提供商使用KB+中的数据。
- **全球开放知识库（GOKb）（gokb.org/）**——一个由Kuali OLE和JISC运营的国际合作项目。GOKb是开放的、业界共同管理的知识库，用于支持图书馆电子资源的管理。GOKb包括资源包、题名、托管平台、组织机构，以及许可等全球性的真实数据。

2.3　许可协议

KBART工作组一直和图书馆联盟合作，为许可协议中认证KBART推荐实施规范的陈述提供指南。这是业界采纳推荐实施规范的重要组成部分，进而成为许可协议样例的组成部分，在与内容提供商谈判时作为续签合同的一部分。

3　联盟的元数据

3.1　引言

图书馆通常组成联盟与内容提供商进行更好的采购洽谈。图书馆联盟经常采购仅供他们的成员馆使用的独特的资源包。虽然不会提供给每一个图书馆，但这些资源包也可以满足多个图书馆的需求。图书馆和负责联盟工作的员工需要跟踪资源包中可用的题名、内容覆盖的日期、访问的网址及其他细节，就像管理他们所购买的联盟之外的资源包一样。

根据以往的经验，对于这些非规范的资源包，图书馆和链接经销商一直很难从内容提供商那里获取准确的题名列表。有些内容提供商只能够为联盟资源包提供最低限度的题名数据，类似于市场营销列表中所提供的数据（例如题名和ISSN），而另外一些内容提供商则完全不能为联盟资源包提供任何数据。联盟代表认为，提供准确的联盟资源包的题名列表非常重要。KBART工作组建议，在适用情况下，内容提供商应尽力为特定的联盟资源包提供数据。

3.2 联盟问卷调查概要

正如第1.2节中所讨论的，为了探讨向联盟和联盟中各图书馆交付KBART文档的重要性，KBART工作组于2012年1月做了网上问卷调查。收回的问卷中有20份来自联盟代表，这些联盟代表着全球近2000家参与联盟的图书馆。收回的其他180份问卷来自于联盟服务的个体图书馆。全部调查结果（包括对许多问题的匿名个人意见）参见附录B。

代表联盟的受访者：

- （几乎所有回答）同意准确的“规范化”馆藏列表对联盟成员馆非常重要（问题17）；
- 认为KBART工作组解决联盟层级的馆藏列表的生成、配置及准确性的动议比较重要（问题18）；
- 对馆藏列表的提供，有些受访者认为比较有效，有些认为不太有效（问题19）；
- 认为联盟应该重视馆藏列表的配置问题（问题20）；以及
- 指出KBART倡议的3个首要任务是：解决开放获取的内容，建立一个可以下载规范化馆藏资源列表的数据交换中心，增加电子期刊出版商对KBART的认可（问题21）。

代表图书馆的受访者：

- 认为规范化的列表非常重要（问题29）；
- 认为他们知识库的准确率约是80%（问题32），虽然他们争取准确率超过95%（问题33）；
- 认为有高度重要性的题名列表，是那些涉及大的图书馆联盟（问题34）、只涉及联盟中多个成员馆（问题35）、只涉及个体图书馆自身（问题36）的列表；
- 每年更新题名列表（问题37），尽管超过一半的图书馆说他们希望每月甚至每周更新（问题39）；以及
- 明确地将可下载规范化馆藏列表的数据交换中心和解决开放获取的内容作为最重要的两个KBART倡议（问题40）。

本次问卷调查结果用于形成以下推荐建议。

3.3 与联盟相关文档的推荐做法

符合以下情况者，应该建立特定的联盟文档：

- 资源包有一个定制的题名列表，供特定联盟选购。

当内容提供商销售的资源包为全球通用时，不需要提供特定的联盟文档，用通用题名列表即可。

- 资源包中的内容覆盖日期是客户自定的。

例如，如果内容提供商提供的访问内容是从1995年至今，但是销售给某个联盟的资源包只包括从2000年至今的内容，那么它需要为联盟购买的资源定制创建涵盖其日期的题名列表。

3.4　文档内容及名称的变更

3.4.1　文档名称

文档应该（使用英文）命名为：

［提供商名称］_［地区/联盟］_［资源包名称］_［年年年年-月月-日日］.txt

“地区/联盟”应该包括资源包在哪里出售，或是销售给哪个联盟的信息。如果资源包是通用列表，应该使用“Global”。

出版商和经销商要避免在文档名称中使用特殊字符，例如：

题名列表不是专属某个地区或联盟的，它包括内容提供商的所有题名：

- JSTOR_Global_AllTitles_2013-01-14.txt
- TaylorandFrancis_Global_AllTitles_2012-08-30.txt

题名列表是某个联盟的特定资源包：

- IOP_NESLi2_Option1-2011_2012-05-31.txt

（年或日期作为资源包命名的一部分）

- OxfordJournals_SCELC_AllTitles_2013-01-09.txt

（包括联盟订购的所有资源的题名）

题名列表是某个地区的资源包：

Springer_Asia-Pacific_Medicine_2013-01-28.txt

3.4.2　何时产生单独的文档

提供商应该为每个资源包提供单独的文档。文档应该按照客户在知识库中期待使用的标签命名，使用下列语句：

［ProviderName］_［Region/Consortium］_［PackageName］_［YYYY-MM-DD］.txt

例如：

JSTOR_Global_ArtsandSciencesV_2013-01-14.txt

提供商和客户应该事前商定对复杂资源包的最合适命名。

总之，这些支持图书馆联盟使用KBART推荐实施规范的数据通信的变更，集中表现在要求提供联盟特定的文档。在KBART工作组中既定的第一期和第二期推荐建议之外，题名层级的元数据没有增加字段或变更。

4 开放获取元数据

4.1 是否为免费获取的内容？为什么对开放获取资源还要求元数据？

用户可以通过非图书馆的搜索引擎、从机构库或直接从出版商网站访问以免费和开放获取的形式使用的文章层级的内容。因此，值得再次陈述为什么需要内容提供商向链接解析器提供商输送免费和开放获取内容的元数据。由此需要先回溯链接解析器技术的重要性。它的价值在于将集成的电子内容传送给有关用户机构所属的一个单一空间，并传递适当的、经过验证的内容链接，这种链接是一般的搜索引擎所无法提供的。当用户与图书馆所用技术（如链接解析器和资源发现服务）进行互动时，他们所接触的内容是图书馆为他们订购的内容。因此，对于图书馆及其用户来说，将一个出版商提供的所有内容（免费和付费的）链接在一起是有道理的。对于出版商而言，这意味着流量是通过图书馆技术工具呈现的全部内容的组合，而不仅仅只是订购支付的资源。提供开放获取资源元数据在不断变化的学术信息传播的商业模式环境中越来越重要。

开放获取电子信息资源的馆藏对图书馆员和用户来说一直是个问题，原因多样，并有别于传统的付费电子内容的问题。自从KBART第一期推荐实施规范出版后，开放获取的内容变得越来越重要。许多大型出版商允许作者在收费期刊（混合开放获取）上或者是在100%开放获取期刊上发表开放获取文章。同时，也有开放获取的书籍出版。简而言之，这是一个正在发展的领域，也是一种新的电子内容使用模式，致力于改善内容发现的图书馆技术经销商、图书馆和内容提供商都不能忽视这个领域。KBART工作组在第二期推荐实施规范中决定围绕开放获取和免费内容的元数据问题做调查，从而改善对这一类型内容的访问。

提供开放获取和免费内容的馆藏元数据带来一系列独特的挑战。首先和最重要的是说明图书馆、出版商和经销商等对开放获取有多种定义。由于开放获取的定义众多且还在不断地演化，KBART工作组有意识地决定不去区分各种不同类型的开放获取内容。此外，KBART工作组也意识到开放获取和免费获取是有区别的。但是用户只是想要访问，并不一定关心内容的商业模式。KBART工作组要促进并改善访问和馆藏元数据的传输，不论是何种商业模式，在出版商平台上对开放获取内容和免费内容不区分对待。

4.2 开放获取问卷调查概要

在有关联盟和开放获取元数据的问卷调查中（见第1.2节和附录B），KBART工作组征询了一系列有关开放获取的问题。对这些问题的回答反映了这一领域的复杂性和重要性。几乎有70%的受访者认为同时在期刊层级和文章层级标识开放获取和免费内容会有用。

当问到图书馆员是希望开放获取和免费内容打包还是散布在各经销商和出版商的资源包中，回答几乎是分合参半，55%的愿意打包，45%的愿意分散。绝大多数受访者认为，在用户界面标明某期刊或文章是开放获取或免费的是重要或比较重要的。而且许多受访者的回答引出了更多问题。例如，许多受访者指出他们（和他们的用户）对混合型开放获取的纠结态度。此外，许多受访者对确认那些混合开放获取内容是否有时滞期限制表示担忧，并对临时免费内容可能会在某个不确定的时刻消失的情形表示极大的无奈。问卷调查参与者对开放获取和免费内容在文章层级提供元数据有明显的兴趣。在KBART第二期工作中，工作组不能解决问卷调查中提出的所有问题，有些超出KBART工作组的职权范围。但是工作组建议解决有关开放获取和免费内容元数据的问题，并且将解决开放获取资源问题的工作继续进行下去。

4.3　对开放获取类型的考虑

确定一篇文章或一本期刊是否通过开放获取、免费或付费的访问通常并不容易，因为会有多种可能性。混合型开放获取的期刊显然是有关开放获取电子馆藏元数据中最大的问题。一本期刊中一篇或多篇文章可能由于作者付费发表而可以开放获取，而此期刊中其他文章只能通过订购获取。在有些情况下，在一期或一卷期刊出版一定时间后，出版商会选择对期刊的所有内容开通开放获取。期刊的开放获取有以下几种情形：

- **延迟的开放获取**——某期刊除了最近12个月的内容，其他都可以开放获取，但最近12个月的内容需要订购。
- **期刊开放获取的转换**——某期刊被不同的出版商买进卖出时，可能在开放获取或免费提供与要求订购之间转换。
- **作者付费支持的混合开放获取**——某期刊总的来说是要求订购访问，但是其中有些文章是由作者付费支持开放获取。

在以上情形下，要想确定为什么某用户的访问可能在任何给定时间会被拒绝是非常困难的。由于KBART馆藏元数据文档是在期刊题名层级，而不是在文章层级，要有效处理各种各样的开放获取和免费的模式几乎是不可能的。KBART建议这种现象未来应在文章层级处理以达到最佳效果。目前，文章层级的数据通信传输没有包括在KBART工作范围内。

4.4　推荐实施规范的变更

KBART第二期推荐实施规范中，更改了一个字段（见表3-1-1），增加了一个字段，以及可选自由文体的元数据（见表3-1-2），旨在改善终端用户的访问，并使图书馆及内容提供商更容易排除访问障碍。

表3-1-1① 第二期中有变更的字段

字段名称	说　　明
备注（Notes）	有些内容提供商，尤其是混合型开放获取期刊提供商，希望增加有关开放获取访问内容覆盖范围的备注。KBART推荐使用可选项“备注”字段。在KBART第二期中，“备注”将作为自由文体可选项出现，这应该是最容易对某一具体期刊做细微解释的地方（包括但不限制开放获取的内容），并且对第三方经销商，例如链接解析器供应商和图书馆也会有帮助

表3-1-2 第二期中增加的要求字段

字段名称	说　　明
访问类型（access_type）	这个新的要求字段可以有两个值 F——用此值表示某一期刊提供开放获取或免费内容 P——用此值表示某一期刊要求对内容访问支付费用（例如订购、购买等）。如果是混合型的期刊，既包括免费也包括付费内容，出版商和经销商应该尽可能多次重复题名记录，以注明哪些内容覆盖范围是免费的，哪些是付费的。举例来说，如果某一期刊有一年的滚动墙，要求最近12个月的内容付费，那就要在一条记录的access_type字段中用“P”（付费值）来标明，再在另一条记录的access_type字段中用“F”（免费值）标明12个月以前的内容可以免费使用 备注1：混合型开放获取期刊题名是有问题的，因为KBART目前不能处理文章层级馆藏元数据。如果某一期刊含有部分开放获取或免费内容，访问类型就应该表示付费，使用“P”值。期刊题名使用“F”值时，其全部内容必须免费使用 备注2：当结合访问类型和时滞期限字段时，KBART建议重复这一期刊的馆藏信息中该题名两次。一条记录是关于滚动墙之前可以免费的内容（用免费值“F”），第二条记录是关于需要订购的内容（用付费值“P”），当然适当的访问日期应该在它们对应的记录中注明

5 电子图书和会议论文集

5.1 元数据的重要性

近年以来，电子图书元数据的重要性在出版界、图书馆界及电子商务界愈加显著。具体一本书的书目元数据仍然是关键，书目元数据标准的演变也已考虑到电子图书的格式。

然而在电子图书时代，内容提供商的网站所提供的传统的书目记录（附加网址和内容提供商的信息）并不是链接电子图书的唯一或最佳途径。网络资源的发现服务（利用链接解析器和图书馆书目作为基础数据源）可以摄取书目记录（如MARC 21记录）。但

① 原文为“表1”，因本书重新调整了章节编号，故图表编号也有所调整。——译者注

是当某电子图书的馆藏书目记录可能标志着具有不同访问限制的不同平台，且这些平台可能会消失时，该电子图书的书目记录远不能记录足够的馆藏动态。链接解析器（和知识库）可以提供从发现工具到内容的链接——而且是从一个地方同时无缝链接至电子期刊和电子图书。链接解析器知识库可以提供比传统图书馆书目更新的信息，因为图书馆的书目需要图书馆持续不断地提供及加载来自内容提供商的MARC记录和记录更新。链接解析器知识库提供商仅需要图书馆很少量的工作就可以设置由内容提供商持续传输的数据信息，促成电子图书内容的发现和访问。网络资源的发现工具越来越多地将来自MARC记录中的书目元素融入电子内容覆盖说明，从而允许从知识库到全文内容的发现和链接。

因此，图书馆界期待内容提供商向解析器知识库提供准确、及时和全面的电子图书馆藏元数据，以通过发现工具促进电子图书的发现使用以及提高图书馆的管理效率。到目前为止，事实证明由内容提供商提供的电子图书元数据的质量一直是有问题的。重要的元数据会缺失（例如电子版的ISBN）、过时或不正确。此外，每个内容提供商由于受限于自己的生产系统，送出的电子图书元数据有自己独特的格式。这需要链接解析器经销商为各个内容提供商制定专门的输入规则，从而导致输入的延迟和低效率。最后，由于内容提供商推出的新的电子图书远远多于新的电子期刊，电子图书元数据的准确性和及时性变得更加重要，以确保新的内容在出版之际可被立即发现。

会议论文集元数据的规范化需要特别注意。鉴于会议论文集是期刊和专著的混合体，元数据应该既包括相关连续出版物题名级信息，也包括卷层级题名的信息，并且需要从连续出版物题名到各卷题名的链接。链接连续出版物各卷与其会议论文集题名很重要，因为许多会议论文集包括上百甚至上千的卷期，跨越几十年。没有链接，就不能将这些卷期组合在一起。

内容提供商、转销商和图书馆员都明白建立一个准确的、全面的和包括最新信息的电子图书知识库的重要性。随着电子图书使用的不断增长，电子图书元数据在知识库内的规范化越来越成为当务之急。虽然KBART第一期推荐实施规范已于2010年出版，其中的一些推荐建议可应用于电子图书，但需要对这些应用于电子图书的字段做特别说明，并且需要增加一些只用于支持电子图书和会议论文集的字段。

5.2 题名变更

KBART第二期推荐实施规范强调，面临的另一个挑战是如何解决连续出版物，包括期刊和会议论文集题名变更的问题。许多期刊和会议论文集在其生命周期中改变题名，有时还不止一次。第一期推荐实施规范没有包括一个可以链接出版物历史上（仍然在线使用）各个题名的字段。当连续出版物需要在前续题名和现有题名之间建立链接关系时，许多图书馆员反映查找和维持新旧连续出版物题名关系十分困难。这个议题在NISO推荐实施规范《电子期刊的展示与标识》（NISO RP-16-2013）有更进一步的讨论。

KBART第二期建议一个新的字段——前续出版物题名标识符（preceding_publication_title_id），用于对连续性出版物，包括期刊和会议论文集做历史性的链接，具体描述见表3-1-3。

表3-1-3　第二期中关于题名变更的新字段

字段名称	说　明
前续出版物题名标识符（preceding_publication_title_id）	期刊和会议论文集的前续出版物题名标识符。出版商的专用题名标识符（见第6.6.13节）如果存在也需使用。 举例： 40026030 0146-6453

5.3　推荐实施规范内容的变更

这节将说明第一期推荐实施规范之后的两组主要变更。

第一，对现存的几个元数据字段（见第6.6节）给出注释，以区分用于专著还是连续出版物。

- 有些字段在第一期时专为电子期刊设置，不可用于电子图书。这些字段是：
  - *在线最早日期*（*date_first_issue_online*）
  - *在线最早卷号*（*num_first_vol_online*）
  - *在线最早期号*（*num_first_issue_online*）
  - *在线最新日期*（*date_last_issue_online*）
  - *在线最新卷号*（*num_last_vol_online*）
  - *在线最新期号*（*num_last_issue_online*）
- 有些字段既可以用于电子期刊也可以用于电子图书（包括会议论文集），但方法不同。例如，*印本标识符和在线标识符*用于电子期刊时，是指印本和电子版的国际标准刊号（ISSN和eISSN），但用于图书时，是指印本和电子版的国际标准书号（ISBN和eISBN）。
- 用于电子期刊时，*出版物题名*（*publication_title*）、*题名链接*（*title_url*）*及题名标识符*（*title_id*）很明确是连续出版物题名层级的元数据。用于电子图书时，同一字段中的元数据很明确是专著题名层级的元数据，但是用于会议论文集时，需要使用添加多行的元数据文档。在连续出版物题名层级，出版物题名、题名链接及题名标识符是指会议论文集的题名、网址和标识符。在专著层级，这些字段应用于会议论文集中具体某卷或会议论文集系列中具体某本书。
- 第一期推荐实施规范中的第一作者字段从现在起应该仅用于专著。

第二，7个新的元数据字段建议用于专著，1个新字段建议用于连续出版物，包括期刊系列和会议论文集系列。

- 增加的新字段——*出版物类型*（*publication_type*），用来区分连续出版物（即期刊和会议论文集系列）和专著（印本图书、电子书和会议论文集中某卷）。
- 增加的四个有关专著的新字段：
  - *印本专著出版日期*（*date_monograph_published_print*）
  - *在线专著出版日期*（*date_monograph_published_online*）
  - *专著卷号*（*monograph_volume*）
  - *专著版本*（*monograph_edition*）
- 除现存的*第一作者*（*first_author*）字段外，增加的新字段——*第一编者*（*first_editor*）用于电子图书和会议论文集。
- 增加的*丛书出版物标识符*（*parent_publication_id*）字段，用于表示会议论文集各卷和会议论文集系列的关联。
- 增加的*前续出版物题名标识符*（*preceding_publication_title_id*）字段，用于建立连续出版物后续题名与前续题名的关联。

这些新字段在表3-1-4中综述。

表3-1-4　关于电子图书和会议论文集的新字段

字段名称	说　　明
出版物类型（publication_type）	包括“连续出版物”（即期刊和会议论文集）或“专著”（即印本图书、电子图书及会议论文集各卷）的值
印本专著出版日期（date_monograph_published_print）	印本专著首次出版日期
在线专著出版日期（date_monograph_published_online）	在线专著首次出版日期
专著卷号（monograph_volume）	专著卷号（适用于电子图书和会议论文集；用于会议论文集时，指会议论文集系列的卷号）
专著版本（monograph_edition）	专著的版本
第一编者（first_editor）	第一编者（用于专著，即电子图书或会议论文集各卷）
丛书题名标识符（parent_publication_title_id）	丛书题名标识符。用于会议论文集时，丛书题名标识符是会议论文集的题名标识符
前续出版物题名标识符（preceding_publication_title_id）	用于期刊和会议论文集连续出版物，任何前续出版物题名的标识符

第6节：综述所有KBART第二期推荐实施规范，应该用于准备系统和样例文档的认可与认证。

6 与知识库有效交换元数据的指南

6.1 交换方法

内容提供商应该将馆藏数据在其网站专门提供元数据的网页上发布，或向链接解析器供应商提供可下载的FTP（文件传输协议）站点，尽可能减少交换双方的工作量。FTP是一个简单的协议，允许用户在网络上交换文档。它允许对元数据的访问仅限于授权用户，但是内容提供商应当意识到广泛传播关于访问内容的信息符合他们的最佳利益，因此应该用多个链接解析器（包括图书馆自行管理的链接解析器群）访问这些数据。

与通过电子邮件交换元数据相比，最好优先使用网站或FTP站点发布元数据，因为很难将电子邮件纳入检查、验证并上传新数据等自动化流程。电子邮件交换也存在受篇幅大小的限制、垃圾邮件过滤器和收件人能否及时接收的问题。但是，如果无法实现将元数据发布到网站或FTP站点，那么电子邮件是一个可以接受的选择。放在邮件正文的数据应该是来自带有制表分隔符的文档（参见第6.4.1节）；电子邮件主题行也应遵循第6.5.1节中的命名惯例。

6.2 交换频率

建议每月更新元数据。但是，如果更新内容的周期超过一个月，内容提供商可以选择低频率的更新时间表。反之，如果内容提供商提供的馆藏内容更新比较频繁，他们应该设置高频更新，而不是每月一次，尤其是在需要频繁更新那些当年度出版电子图书的情况下。更新应该发布到元数据的网页或FTP站点，其文档名称要按命名惯例标明适当的日期戳（参见第6.5节）。

6.3 数据联系人

内容提供商和知识库开发商均应指定专门的工作人员负责元数据文档及其交换。这样做可以及时解决任何可能发生的问题。内容提供商需要通知知识库开发商指定联系人有关数据交换流程中的任何变更。知识库开发商应该通知内容提供商指定联系人有关数据中的任何错误。双方的联系人有责任通知其机构内的相关人员并确保采取适当的行动。为了促进这种关系，KBART工作组提供了KBART注册网站（https://sites.google.com/site/kbartregistry/），它包括用来注册机构联系人的网页表格，以及机构平台和元数据的URL链接。

6.4　数据格式

6.4.1　内容提供商应该提供有制表分隔符值的元数据格式。

这种通用格式可以减少接收和加载数据的工作量并将数据交换中产生错误的可能性降至最低。最好用有制表分隔符的格式，不用逗号分隔的格式。逗号会经常在传输的元数据中使用，在此过程中可能被“注释掉”，因此使用逗号分隔的格式会比使用制表分隔符的格式出错率更大。有制表分隔符的格式可以很容易地从任何制表软件中输出。

6.4.2　所有元数据应该按纯文本格式提供。

如果提供的元数据格式可以支持附加的样式或格式，在提供数据时不要使用这些格式。数据不可以包括颜色、各种字体、斜体或其他标记。

6.4.3　文字应该使用UTF-8编码。

UTF-8字符集能够充分支持多种语言的书写文字。它也是各种软件中通用的输出选项，例如微软的列表软件（Microsoft® Excel®）。

6.4.4　每个出版物应该在文档中有它自己的一行，每列字段在第6.6节中有定义说明。

6.4.5　数据应该提供列标题（见第6.6.1节）。列标题和内容的第一行之间不要有空行。

6.4.6　如果一个题名内容覆盖范围的中断时间超出12个月，它需要列两次，但只有内容覆盖范围字段需要变更。

如果想要更详细地报告内容覆盖范围的中断，应该事先和链接解析器供应商就是否能够支持取得一致。

6.4.7　每行的格式应该一致。

例如，ISSN应该总是9位数，用连字符分隔。数据字段要遵循ISO 8601标准并一直使用第6.6节中描述的格式。

6.4.8　元数据文档应该按题名的字母顺序排列，以确保知识库开发人员方便地检查和输入文档。

6.5　文档命名

6.5.1　文档应该命名为：

［提供商名称］_［地区/联盟］_［资源包名称］_［年年年年–月月–日日］.txt

“地区/联盟”应该包括资源包在哪里出售，或哪个联盟使用的信息。如果资源包是通用列表，应该使用“Global”。

举例：

题名列表不是专属某个地区或联盟的，且包括内容提供商的所有题名：

- JSTOR_Global_AllTitles_2013–01–14.txt

- TaylorandFrancis_Global_AllTitles_2012-08-30.txt

题名列表是某个联盟特定的资源包：

- IOP_NESLi2_Option1-2011_2012-05-31.txt

（年份或日期作为资源包命名的一部分）

- OxfordJournals_SCELC_AllTitles_2013-01-09.txt

（包括联盟订购的所有题名）

题名列表是某个地区的资源包：

- Springer_Asia-Pacific_Medicine_2013-01-28.txt

6.5.2　如果数据在托管平台上，提供商的名称应是该平台的名称（不包括标点符号）。这将保证提供商的数据清楚地区别于由其他提供商提供的有类似名称的资源包。而且文档名称与存储的元数据文档名称应一致。

出版商和经销商应该避免在文档命名中使用特殊字符。允许使用大小写，只要提供商在整个传输过程中命名一致。

举例：

Oup_Highwire_AllTitles_2013-01-09.txt

Bloomsbury_IngentaConnect_Alltitles_2013-01-01.txt

6.5.3　提供商应该分别为每个资源包提供单独的文档。文档命名应该按照客户期待在知识库中见到的用法，使用下列句法：

［ProviderName］_［Region/Consortium］_［PackageName］_［YYYY-MM-DD］.txt

举例：

JSTOR_Global_ArtsandSciencesV_2013-01-14.txt

提供商和客户可事先就复杂的资源包约定最佳命名。

6.6　KBART 数据字段

6.6.1　字段和标题

内容提供商应该提供表3-1-5中包含的字段并按列提供制表符分隔的元数据文档。所有字段只要存在且适用，都应该视为必备字段。内容提供商应尽全力收集所有数据，尽管有时必须通过业务的其他领域或外部来源获取。

由于元数据文档的接收方期望收到的所有文档格式匹配，因此每一个字段都应该按照下面提供的顺序出现。即使内容提供商对某一特定字段不能提供任何信息或没有适用的信息，也应如此。为了避免混淆和不必要的错误，要求内容提供商提供的每个文档都要包括列标题。如果需要根据其他需求提供KBART推荐实施规范要求字段之外的信息，内容提供商允许在KBART所用的最后字段（位置25的“访问类型”）之后增加附加字段。

表3-1-5　KBART数据字段

字段名称	说　　明
出版物题名（publication_title）	连续出版物或专著题名（见第6.6.2节） 会议论文集系列题名应按连续出版物题名记录，其中各卷题名则按专著题名记录
印本标识符（ISBN书号/ISSN刊号等）（print_identifier）	印本格式标识符（见第6.6.3节） 连续出版物用ISSN刊号，专著用ISBN书号，等等。会议论文集可能会有ISSN刊号，其中各卷可能会有自己的ISBN书号
在线标识符（ISBN书号/ISSN刊号等）（online_identifier）	在线格式标识符（见第6.6.4节） 连续出版物用eISSN刊号，专著用eISBN书号，等等。会议论文集可能会有eISSN刊号，其中各卷可能会有自己的eISBN书号
在线最早日期（date_first_issue_online）	在线连续出版物最早一期的日期（见第6.6.5节） 仅适用于连续出版物
在线最早卷号（num_first_vol_online）	在线连续出版物最早一卷的卷号（见第6.6.6节） 仅适用于连续出版物
在线最早期号（num_first_issue_online）	在线连续出版物最早一期的期号（第见6.6.7节） 仅适用于连续出版物
在线最新日期（date_last_issue_online）	在线连续出版物最新一期的日期（见第6.6.8节） 如果是现刊，将此字段留空。仅适用于连续出版物
在线最新卷号（num_last_vol_online）	在线连续出版物最新一卷的卷号（见第6.6.9节） 如果是现刊，将此字段留空。仅适用于连续出版物
在线最新期号（num_last_issue_online）	在线连续出版物最新一期的期号（见第6.6.10节） 如果是现刊，将此字段留空。仅适用于连续出版物
题名链接（title_url）	题名链接网址（见第6.6.11节） 适用于连续出版物和专著。会议论文集系列的题名链接和其所含各卷的题名链接应该是不同的
第一作者（first_author）	第一作者（见第6.6.12节） 仅适用于专著
题名标识符（title_id）	题名标识符（见第6.6.13节） 适用于连续出版物和专著。会议论文集系列的题名标识符和其所含各卷的题名标识符应该是不同的
（出版物）时滞期信息（embargo_info）	（出版物）时滞期信息（见第6.6.14节） 描述资源转为可在线访问时间的限制
（内容）覆盖范围（coverage_depth）	（内容）覆盖范围（见第6.6.15节） 例如摘要或全文
备注（notes）	备注（见第6.6.16节） 自由文体字段用于描述内容覆盖范围政策的具体细节
出版商名称（publisher_name）	出版商名称（见第6.6.17节） 不要和第三方托管平台商名称混淆

续表

字段名称	说明
出版物类型（publication_type）	连续出版物或专著（见第6.6.18节） 期刊和会议论文集系列用“连续出版物”。印本图书、电子图书和会议论文集各卷用“专著”
印本专著出版日期（date_monograph_published_print）	印本专著首次出版日期（见第6.6.19节）
在线专著出版日期（date_monograph_published_online）	在线专著首次出版日期（见第6.6.20节）
专著卷号（monograph_volume）	专著卷号（见第6.6.21节） 适用于电子图书和会议论文集。对于会议论文集，用于会议论文集系列中的各卷
专著版本（monograph_edition）	专著版本（见第6.6.22节）
第一编者（first_editor）	第一编者（见第6.6.23节） 适用于专著，即电子图书或会议论文集各卷
丛书题名标识符（parent_publication_title_id）	丛书题名标识符（见第6.6.24节） 对于会议论文集各卷，丛书题名标识符就是会议论文集系列的题名标识符
前续出版物题名标识符（preceding_publication_title_id）	前续出版物题名标识符（见第6.6.25节） 适用于连续出版物和会议论文集系列
访问类型（access_type）	访问类型（见第6.6.26节） 可以是付费（P）或开放获取（F）

6.6.2 出版物题名

提供出版物完整题名，例如依照印本或网站主页上所显示的题名记录。特殊字符应该采用UTF-8字符集。避免使用缩写。题名中的前置定冠词应该包括在内，例如，“The Holocene”应该按其完整的正规形式记录为“The Holocene”，而不是“Holocene”。

每一连续出版物（期刊或会议论文集系列）应该有自己的题名。连续出版物的前续题名应该作为单独的条目分别列出，并注明此连续出版物使用该题名时所对应的覆盖日期，以便知识库开发人员能够准确地将其与后续题名或其他相关题名链接。

每一专著（会议论文集各卷或电子图书）应该有自己的题名。资源包的题名不可以在元数据文档中作为个体书目题名出现。每一资源包的题名列表，应该单独存档发送，该资源包题名应该在所送出的文档名称中。

会议论文集系列按连续出版物对待，而其中各卷按专著对待。会议论文集系列的题名应按连续出版物题名记录，而各卷题名应按专著题名记录。

6.6.3 印本标识符

提供印本出版物的标准标识符。一般是指ISSN刊号（共9个字符，包括连字符和校检码）或ISBN-13书号。

如果某个题名有多个ISSN刊号或多个ISBN书号存在，只需记录印本出版物的ISSN刊号或ISBN书号标识符。如果要输入其他附加标识符，可以在KBART所用最后字段（位置25的“访问类型”）之后增加附加字段，记录所需信息。见第6.6.1节说明。

6.6.4　在线标识符

如果已为某出版物题名创建了电子格式的标识符，应使用此字段记录。ISSN刊号使用所有9个字符，包括连字符和校检码。ISBN书号使用ISBN–13。如果需要，链接解析器可以将ISBN–10转换为ISBN–13。如果要输入其他附加标识符，可以在KBART所用最后字段（位置25的“访问类型”）之后增加附加字段，记录所需信息。见第6.6.1节说明。

6.6.5　在线最早日期

期刊：此字段应按YYYY-MM-DD格式记录在线最早一期的日期。只需记录所提供的实际日期部分。例如，如果期刊是年刊，按YYYY记录；如果期刊是季刊或月刊，按YYYY-MM记录；如果有具体日期，按YYYY-MM-DD记录。

图书：将此字段留空。

按ISO 8601的日期格式记录所有日期。如果日期是ISO 8601不支持的非数字日期（例如春季、夏季），不鼓励按此记录，最好按卷期号记录。如果一定要按非数字日期格式记录，内容提供商要保证在传输的整个过程中使用一致的格式。

6.6.6　在线最早卷号

期刊：记录在线最早一卷的卷号，不包括卷标文字（例如第某卷、卷）。亦可按各单位自有方式记录，例如，恰当的话，可以混合使用字母和数字。

知识库开发人员应该将这一数据和OpenURL检索中提供的数据以同样的逻辑予以常规化，以达到对检索中所用引文与电子资源的最优匹配。

图书：将此字段留空。

6.6.7　在线最早期号

期刊：记录在线最早一期的期号，不包括期标文字（例如第某期、期、号）。亦可按各单位自有方式记录，例如，恰当的话，可以混合使用字母和数字。

知识库开发人员应该将这一数据和OpenURL检索中提供的数据以同样的逻辑予以常规化，以达到对检索中所用引文与电子资源的最优匹配。

图书：将此字段留空。

6.6.8　在线最新日期

期刊：注明在线最新一期的日期，只需记录所提供的实际日期部分。应使用ISO 8601日期格式记录所有日期。如果日期是ISO 8601不支持的非数字日期（例如春季、夏季），不鼓励按此记录，最好按卷期号记录。如果一定要按非数字日期记录，内容提供商要保证在整个传输过程中使用一致的格式。

如果期刊是现刊，将此字段留空。

图书：将此字段留空。

6.6.9 在线最新卷号

期刊：记录在线最新一卷的卷号，不包括卷标文字（例如第某卷、卷）。亦可按各单位自有方式记录，例如，恰当的话，可以混合使用字母和数字。

知识库开发人员应该将这一数据和OpenURL检索中提供的数据以同样的逻辑予以常规化，以达到对检索中所用引文与电子资源的最优匹配。

如果期刊是现刊，将此字段留空。

图书：将此字段留空。

6.6.10 在线最新期号

期刊：记录在线最新一期的期号，不要包括期标文字（例如第某期、期、号）。不要包括增补或分册的编号。亦可按各单位自有方式记录，例如，恰当的话，可以混合使用字母和数字。

知识库开发人员应该将这一数据和OpenURL检索中提供的数据以同样的逻辑予以常规化，以达到对检索中所用引文与电子资源的最优匹配。

如果期刊是现刊，将此字段留空。

图书：将此字段留空。

6.6.11 题名链接

此字段记录题名主页的链接网址。

期刊：该链接网页应该是期刊各卷期列表页。

图书：该链接网页应该是图书目录页。

6.6.12 第一作者

图书：提供第一作者的姓氏（中文则提供全姓名）。

期刊：将此字段留空。

6.6.13 题名标识符

若使用题名标识符建立资源内容的链接，应该使用专用题名标识符建立该链接。如果有多个标识符，则只需提供用于链接题名的标识符。如果其他部门人员不需要知道或使用这些专用题名标识符，或者没有专用题名标识符时，将此字段留空。但是如果有*题名标识符*（*titleID*），就最好记录于此字段。

对于会议论文集系列或电子图书丛书，*题名标识符（titleID）是必备字段，记录在丛书题名标识符字段（parent_publication_title_id）*中，是用于绑定链接会议论文集系列或电子图书丛书中各卷题名的关键。

6.6.14 （出版物）时滞期

出版物时滞期字段记录资源在线出版时所设置的时滞期，通常是由出版商和内容提供商之间的合同限制而产生。向图书馆员提供时滞期信息至关重要（通常通过链接解析器提供商），它确保链接解析器对用户不能访问的内容不会生成访问链接。

供应链中的成员所面临的最大问题就是时滞期存在多种类型。在某些情况下，“一年前”是指电子资源数据在出版365天以后才能被访问获取；而在其他情况下，它意味着在本公历年度对电子资源没有访问权。

由于时滞期的复杂性，我们建议此字段遵循ISO 8601日期规范，其灵活性足以描述多种类型的时滞期。

以下指定的表达时滞期的具体方法是从ISO 8601标准中持续时间的句法派生而来，同时也增加使用该标准中未包括的几种特性。时滞期句法有3个部分：类型、长度和单位，如下所述。这3个部分按此顺序不加空格，形成单一字符串。

- 类型—所有时滞期涉及“滚动墙”时，以一个带有时间长度的时间点来表示（例如12个月以前）。如果可访问内容开始于滚动墙，时滞期类型为“R”｛在ISO 8601定义为“循环重复”（recurring）｝。如果可访问内容截止于滚动墙，则时滞期类型为“P”｛在ISO 8601定义为“时段”（period）｝。
- 长度——一个表达时滞期长度的整数。
- 单位—单位是“长度”中使用的数量单位，具体来说，“D”代表天，“M”代表月，“Y”代表年。为简单起见，“365天”总是相当于一年，而“30天”总是相当于一个月，闰年和不足30天的月份也是如此。“单位”字段也可注明时滞期的细节，例如滚动墙“滚动”的频繁程度等。

示例：

- 某一报纸数据库的订购模式是让客户访问获取过去整整一年的内容。每一天在添加新一期的同时，从用户可访问内容中删除一年前出版的一期。在这种情况下，可访问期限的最早日期每天都在变化，因此时滞期是按“R365D”来说明。
- 某一期刊的时滞期模式是提供本年度一月起的各期访问权。翌年一月，用户失去对上一年所有各期的访问权，只能够访问获取在新的年度中发布的各期。在这种情况下，用户只有公历年度当年的内容访问权。最早的可访问日期一年改变一次，因此时滞期记录为“RIY”。
- 可访问除本公历年年度之外的所有内容的，设为“P1Y”。
- 可访问公历年上一年度和本年度两年之内的所有内容的，设为“R2Y”。
- 可访问从刚好6个月前到现在的所有内容的，设为“R180D”。
- 可访问除了过去6个月之外的所有内容的，设为“P6M”。

如果某个时期的开始和结束阶段都有时滞期时，两个时滞期应该一并记录，开始阶段的时滞期记录在先。两个时滞期用分号隔开。例如，“R10Y；P30D”描述某一档案内容的可访问权是指包括过去10个公历年度但排除最近的30天。

6.6.15 （内容）覆盖范围

此字段将注明哪些内容被包括在覆盖范围和时滞期之内。它可以是其中以下3个值之一：

- 全文——表示文章的全文是可访问的。如果（在线版本）全文与其对应的印本全文不匹配，可以在备注字段中注明被排除的内容（例如“不包括图像”）。
- 文章摘选——内容覆盖范围只包括一些全文文章，但不包括所有的全文文章。覆盖政策的具体细节应在备注字段中注明。此值应该仅用于有相当数量的文章被省略时，通常是基于特殊政策的要求。例如，某一期刊的在线版本只包括印本版本中的研究文章，而不包括快讯或书评；某数据库可能只包括某些学科领域的文章。这些政策应该在备注字段中注明。如果是因技术问题导致仅有几篇文章缺失，则不适宜选用“文章摘选”一值。
- 摘要——内容覆盖范围只包括文章摘要。

上述提供的内容覆盖范围值可以组合使用并用分号分隔。例如，如果某期刊只包括文章摘选的摘要时（例如在文摘索引数据库中），此字段则使用“摘要；文章摘选”。围绕某一主题的全文产品应该设置为“文章摘选”。

6.6.16 备注

此字段是自由文体可选项，可按需求进一步解释内容覆盖范围。此字段也可用于描述内容覆盖政策的具体细节，例如“不包括快讯和书评”。如果某一期刊是混合型开放获取，此处可具体说明开放获取的内容覆盖范围。例如，如果某些文章是基于作者付费支持的开放获取，此字段可以备注“某些文章的开放获取由作者付费支持”。

此字段的数据传输可以设置为由链接解析器逐字显示，有助于终端用户识别被排除的资源内容。

6.6.17 出版商名称

如果资源包是包括多个出版商出版的内容集成，或者是关联到一个托管平台，且平台上所有内容不论出版商一律按A-Z完整列表，在以上情况下，此字段很重要。在这种情况下，应尽全力在此标识出版商。

6.6.18 出版物类型

此字段的值有两种可能：

- 连续出版物——期刊或会议论文集系列。
- 专著———本独立的图书或会议论文集系列中的一卷。

6.6.19 印本专著首次出版日期

用此字段记录会议论文集中各卷或电子图书的印本首次出版日期。此字段是必备字段，除非内容是原生数字化（即没有印本格式存在）。应使用ISO 8601日期格式记录所有日期。

6.6.20 在线专著首次出版日期

用此字段记录会议论文集中各卷或电子图书在线首次出版日期。此字段是必备字段。

应使用ISO 8601日期格式记录所有日期。

6.6.21　专著卷号

图书：如果有卷号，注明卷号。

会议论文集：注明会议论文集系列中的卷号。

文字的使用是可以接受的。

6.6.22　专著版本

图书：如果有版本项，注明版本。版本要与其出版日期相对应。亦可注明版本的附加文字，例如“第3版，修订版”。文字的使用是可以接受的。

6.6.23　第一编者

图书或会议论文集各卷：如果有编者，记录第一编者的姓氏（中文则记录全姓名）。

期刊：将此字段留空。

6.6.24　丛书题名标识符

如果某一专著属于某一会议论文集系列或电子图书丛书，那么应填写此字段。此字段的值（标识符）应该和会议论文集系列或电子图书丛书的*题名标识符*（*title_id*）一致。

6.6.25　前续出版物题名标识符

如果期刊或会议论文集系列有题名变更，注明前续题名标识符。此字段的值（标识符）应该和同一文档中前续题名的*题名标识符*（*title_id*）一致。

6.6.26　访问类型

访问类型有两种可能值：

- 以付费为基础（付费）—当访问内容完全基于一定的付费，无论是订购还是一次性购买（或两者的组合）时，访问类型使用代码“P”。
- 开放获取（免费）—当访问内容完全基于众多的开放获取模式中的任何一种（例如，金色开放获取、作者付费支持的开放获取等）时，使用代码“F”。

如果某一资源中有部分是开放获取或免费的内容，访问类型应按付费注明，设其值为“P”。如果设值为“F”（免费），则该资源全部内容都应免费获取。

如某一资源同时包括开放获取和付费的内容，该题名的记录应该根据需要多次重复列出，用以分别注明与其对应的内容覆盖范围和访问类型是付费还是免费的。例如，有一年滚动墙的某期刊，其最近12个月的内容是付费的，则在其第一条记录中的访问类型字段（access_type）中记录“P”（付费）。而对超过12个月的内容，将在其第二条记录的访问类型字段中记录“F”（免费）。有关访问的日期则记录于与其相对应的字段中。

7　下一步计划

随着KBART第二期项目的完成和推荐实施规范的出版，KBART工作组进入KBART

生命周期的新阶段。作为推荐实施规范的KBART在题名层级元数据的传输上已相对成熟。对KBART推荐实施规范的采纳正在稳步增长，社区真正承诺采用KBART格式文档作为一种低成本、低管理的方法，向知识库准确、及时、全面地提供电子馆藏元数据。

随着第二期推荐实施规范的发布，该项目将转交给NISO常设委员会。NISO常设委员会通常负责有关标准和最佳实践的教育和宣传活动，以及观察业界的环境和需要，对已出版的文件做任何必要的更新或修订。新的常委会将由链接解析器经销商、联盟代表、内容提供商和图书馆（包括一些现有的工作组成员）的代表组成。新组成员的具体职责是：

（1）继续测试和认可由寻求KBART认证的内容提供商提供的元数据文档；

（2）与内容提供商合作，在KBART第二期发布后6个月之内帮助已认证KBART第一期的内容提供商过渡到第二期的认证；

（3）与尚未认证的主要内容提供商群体合作，明确影响他们进行认证的问题并共同努力解决，宣传KBART的价值；

（4）继续收集业界采纳第二期推荐实施规范的反馈，这些对KBART今后的工作非常有必要；

（5）继续在学术会议上讨论KBART，并宣传在供应链中认证KBART元数据的价值；

（6）通过长期观察那些被测试和认证的产业集团来发展长远的可持续的认可流程。

第二期推荐实施规范发布之后，NISO将负责KBART未来发展的全部工作（没有UKSG的参与）。它希望和期待常委会成员的组成将是全球性的和跨行业的，以反映KBART带给整个业界的价值。

附录A：元数据文档范例

范例1a：仅限电子图书

注：下面的列表分成3部分以方便文档阅读。第2和第3部分代表排列在列表第1部分后面的其他字段。

出版物题名	印本标识符	在线标识符	在线最早日期	在线最早卷号	在线最早期号	在线最新日期	在线最新卷号	在线最新期号
Dante and Aquinas	978–1–909188–03–7	978–1–909188–07–5	2013–05–15					

题名链接	第一作者	题名标识符	时滞期限	内容覆盖范围	备注	出版商名称	出版物类型
http://www.ubiquitypress.com/files/DanteAndAquinas.pdf	Ryan	10.5334/bad		全文	出版需遵循CC-BY许可协议	Ubiquity Press	专著

印本专著出版日期	在线专著出版日期	专著卷号	专著版本	第一编者	丛书题名标识符	前续出版物题名标识符	访问类型
2013–05–15	2013–05–24		1	Took			F

范例1b：仅限电子图书

注：下面的列表分成3部分以方便文档阅读。第2和第3部分代表排列在列表第1部分后面的其他字段。

出版物题名	印本标识符	在线标识符	在线最早日期	在线最早卷号	在线最早期号	在线最新日期	在线最新卷号	在线最新期号
Designing Multi-Target Drugs	9781849733625	9781849734912	2012–04–12					
Dietary Sugars	9781849733700	9781849734929	2012–11–02					
Discrete Element Modelling of Particulate Media（会议论文集）	9781849733601	9781849735032	2012–08–06					
DNA Conjugates & Sensors	9781849734271	9781849734936	2012–10–18					
Drug Design Strategies: Computational Techniques and Applications	9781849731676	9781849733403	2012–01–18					
Innovations in Biomolecular Modeling and Simulations Vol 1	9781849734615	9781849735049	2012–05–24					
Innovations in Biomolecular Modeling and Simulations Vol 2	9781849734622	9781849735056	2012–05–24					

题名链接	第一作者	题名标识符	时滞期限	内容覆盖范围	备注	出版商名称	出版物类型
http://dx.doi.org/10.1039/9781849734912		9781849734912		全文			专著
http://dx.doi.org/10.1039/9781849734929		9781849734929		全文			专著
http://dx.doi.org/10.1039/9781849735032		9781849735032		全文			专著
http://dx.doi.org/10.1039/9781849734936		9781849734936		全文			专著
http://dx.doi.org/10.1039/9781849733403		9781849733403		全文			专著
http://dx.doi.org/10.1039/9781849735049		9781849735049		全文			专著
http://dx.doi.org/10.1039/9781849735056		9781849735056		全文			专著
http://dx.doi.org/10.1039/9781849734912		9781849734912		全文			专著

续表

印本专著出版日期	在线专著出版日期	专著卷号	专著版本	第一编者	丛书题名标识符	前续出版物题名标识符	访问类型
4/12/2012	2012-03-28	21		Morphy	2041		P
11/2/2012	2012-10-23	3		Preedy	2045		P
8/6/2012	2012-08-01	399		Wu	2042		P
10/18/2012	2012-11-30	26		Fox	1757		P
1/18/2012	2012-01-04	20		Banting	2041		P
5/1/2012	2012-05-24	23		Schlick	1757		P
5/1/2012	2012-05-24	24		Schlick	1757		P

范例2：第二期推荐实施规范字段

注：下面的列表分成3部分以方便于文档阅读。第2和第3部分代表排列在列表第1部分后面的其他字段。

出版物题名	印本标识符	在线标识符	在线最早日期	在线最早卷号	在线最早期号	在线最新日期	在线最新卷号	在线最新期号
常规日期+混合开放获取+前续题名								
Advances in Colloid and Interface Science	0001-8686		1967-01-01	1	1			
Advances in Space Research	0273-1177		1981-01-01	1	1			
Annals of Physics	0003-4916		1957-01-01	1	1			
Annals of the ICRP	0146-6453		1977-01-01	1	1			
Annals of the ICRP/ICRP Publication	0074-2740		1959-01-01	1		1975-12-31	23	
Advanced Powder Technology	0921-8831		1990-01-01	1	1			
联盟日期+混合开放获取+前续题名								
Advances in Colloid and Interface Science	0001-8686		1995-01-01	61				
Advances in Space Research	0273-1177		1995-01-01	15	1			
Annals of Physics	0003-4916		1995-01-01	241	1			
Annals of the ICRP	0146-6453		1995-01-01	25	1			
Advanced Powder Technology	0921-8831		1995-01-01	6	1			
Advances in Colloid and Interface Science	0001-8686		1995-01-01	61				
开放获取								
AASRI Procedia	2212-6716		2012-01-01	1				

续表

出版物题名	印本标识符	在线标识符	在线最早日期	在线最早卷号	在线最早期号	在线最新日期	在线最新卷号	在线最新期号
APCBEE Procedia	2212-6708		2012-01-01	1				
Acta Pharmaceutica Sinica B	2211-3835		2011-01-01	1	1			
Advances in Applied Mathematics	0196-8858		1980-01-01	1	1			
电子图书								
Marine Ecological Processes	978-0-387-79068-8	978-1-4757-4125-4						
Hydraulik für den Wasserbau	978-3-642-05488-4							
Iceland Geodynamics	978-1-4419-2840-5	978-3-540-37666-8						
会议论文集								
2010 IEEE International Conference on Acoustics Speech and Signal Processing (ICASSP)	978-1-4244-4295-9							
2011 IEEE International Conference on Acoustics, Speech and Signal Processing (ICASSP)	978-1-4577-0538-0							
2012 IEEE International Conference on Acoustics, Speech and Signal Processing (ICASSP)	978-1-4673-0045-2							
Proceedings of the IEEE International Conference on Acoustics, Speech, and Signal Processing	1520-6149		2008					

题名链接	第一作者	题名标识符	时滞期限	内容覆盖范围	备注	出版商名称	出版物类型
常规日期+混合开放获取+前续题名							
http://www.sciencedirect.com/science/journal/00018686		00018686		全文		Elsevier	连续出版物
http://www.sciencedirect.com/science/journal/02731177		02731177		全文		Elsevier	连续出版物

续表

题名链接	第一作者	题名标识符	时滞期限	内容覆盖范围	备注	出版商名称	出版物类型
http://www.sciencedirect.com/science/journal/00034916		00034916		全文		Elsevier	连续出版物
http://www.sciencedirect.com/science/journal/01466453		01466453		全文		Elsevier	连续出版物
http://www.sciencedirect.com/science/journal/00742740		00742740		全文		Elsevier	连续出版物
http://www.sciencedirect.com/science/journal/09218831		09218831		全文	某些文章的开放获取由作者付费支持	Elsevier	连续出版物
联盟日期+混合开放获取+前续题名							
http://www.sciencedirect.com/science/journal/00018686		00018686		全文		Elsevier	连续出版物
http://www.sciencedirect.com/science/journal/02731177		02731177		全文		Elsevier	连续出版物
http://www.sciencedirect.com/science/journal/00034916		00034916		全文		Elsevier	连续出版物
http://www.sciencedirect.com/science/journal/01466453		01466453		全文		Elsevier	连续出版物
http://www.sciencedirect.com/science/journal/09218831		09218831		全文	某些文章的开放获取由作者付费支持	Elsevier	连续出版物
开放获取							
http://www.sciencedirect.com/science/journal/22126716		22126716		全文		Elsevier	连续出版物
http://www.sciencedirect.com/science/journal/22126708		22126708		全文		Elsevier	连续出版物
http://www.sciencedirect.com/science/journal/22113835		22113835		全文		Elsevier	连续出版物
http://www.sciencedirect.com/science/journal/01968858		01968858		全文		Elsevier	连续出版物

续表

题名链接	第一作者	题名标识符	时滞期限	内容覆盖范围	备注	出版商名称	出版物类型
电子图书							
http://link.springer.com/book/10.1007/978	Valiela			全文		Springer New York	
http://link.springer.com/book/10.1007/978	Zanke			全文		Springer Berlin Heidelberg	
http://link.springer.com/book/10.1007/978	Sigmundsson			全文		Springer Berlin Heidelberg	
会议论文集							
http://ieeexplore.ieee.org/servlet/opac?punumber=5487364	5487364		全文				专著
http://ieeexplore.ieee.org/servlet/opac?punumber=5916934	5916934		全文				专著
http://ieeexplore.ieee.org/servlet/opac?punumber=6268628	6268628		全文				专著
http://ieeexplore.ieee.org/xpl/conhome.jsp?punumber=1000002	1000002		全文				连续出版物

印本专著出版日期	在线专著出版日期	专著卷号	专著版本	第一编者	丛书题名标识符	前续出版物题名标识符	访问类型
常规日期+混合开放获取+前续题名							
							P
							P
							P
						00742740	P
							P
							P
联盟日期+混合开放获取+前续题名							
							P
							P
							P
							P
							P
开放获取							
							F
							F

续表

印本专著出版日期	在线专著出版日期	专著卷号	专著版本	第一编者	丛书题名标识符	前续出版物题名标识符	访问类型
							F
							F
电子图书							
1995	2013		3				P
2003	2013		3				P
2006	2013		1				P
会议论文集							
2010	2012				1000002		
2011	2011				1000002		
2012	2012				1000002		

附录B：问卷调查结果

本附录是KBART第二期工作组在2012年1月组织的问卷调查的详细结果。问卷调查主要是调查有关联盟题名列表的使用情况以及图书馆界和出版界对开放获取资源元数据的意见。

1．您听说过NISO/UKSG KBART（知识库及其相关工具的推荐实施规范）吗？　生成图表　下载

	反馈百分比	反馈数量
是	81.4%	166
否	18.6%	38
	已作答	204
	未作答	4

2．您对KBART的目标及产品熟悉吗？　生成图表　下载

	反馈百分比	反馈数量
是	65.0%	132
否	35.0%	71
	已作答	203
	未作答	5

3．您认为在链接解析器用户界面显示某期刊开放获取或免费对您单位及用户是否有用？　生成图表　下载

	反馈百分比	反馈数量
非常有用	69.0%	109
有些用处	27.2%	43
用处不大	3.8%	6
没有用处	0.0%	0
	评论（选填）：查看意见	20
	已作答	158
	未作答	50

评论：

- 然而，用户通常不会去阅读备注，或者对备注内容产生误解。例如，我们备注只有部分期刊在时滞期后开放获取，如《美国医学会杂志》上的学术文章。
- 这对于我们单位来说非常有用，但是对用户来说用处不大。
- 从馆藏管理的角度来说，这对评估某一资源何时免费及其使用统计分析是非常有用的，但是对用户来说并不重要，因为用户可以通过任何搜索引擎进行访问。
- 使我们容易判别哪些资源可以在我们的链接解析器上激活。我们还可以快速判别并告知用户哪些内容一旦不再免费获取或我们没有订购，我们便无法控制它们的变化。
- 使我们容易判别哪些资源可以在我们的链接解析器上激活。我们还可以快速判别并告知用户哪些内容一旦不再免费获取或我们没有订购，我们便无法控制它们的变化。只要包含准确的馆藏数据。
- 我们会尽力通过调整目标文档名称的方式，在链接解析器中标注出哪些资源为“免费资源”。
- 回答这项比较困难。第一，我们不能确定所有用户能够完全理解“开放获取”的含义；第二，免费期刊访问时通常不稳定，或在未发送到链接解析器（知识库）之前被删掉，导致用户因为不能正常访问而失望。
- 从用户教育的角度来看这有些用处，但是实际上用户只是希望知道该资源内容是否可以访问。
- 我们有很多非本机构的用户（一些其他院校的学生，他们无法直接登录访问我们的资源），他们非常希望得知某一期刊或文章是否开放获取并可供他们使用。
- 目前我们的EBSCO链接解析器在一定程度上可以标识出开放获取资源题名，但是并非一直如此。

- 用户希望知道他们是否可以访问某些资源，而并不关心为什么。
- 跟踪资源使用情况以及区分出开放获取资源是非常重要的，其中混合开放获取是一大难点。
- 只要指明是整本期刊而非仅是其中一部分。
- 目前我们在SFX超链接菜单中为那些免费电子期刊目标链接标注，因而用户可以意识到免费内容的决定权在于出版商，免费内容可能会被删除，等等。
- 我们目前使用的Serials Solutions的360 Link系统，可以随时提供免费期刊和文章的链接。
- 非常必要！
- 如果用户能够获取某一内容，他们并不太关心该资源为何要付费，但是当他们访问资源遇到困难时，知道某一期刊是开放获取或免费访问就变得非常重要，这会给用户带来不同的期望。
- 如果出版商或系统平台能提供一个只包含开放获取资源的单独列表，这将是非常有用的。我们的知识库与链接解析器系统可以标识出哪些资源内容需要通过代理服务器为校外用户使用，而用户更希望开放获取资源不通过代理服务器获取。
- 从图书馆员的角度来说，我认为这些（开放获取资源的）信息是有用的，因为它可以帮助解决问题。

4．您认为在链接解析器的用户界面显示某文章开放获取或免费对您单位及用户是否有用？　生成图表　下载

	反馈百分比	反馈数量
非常有用	68.4%	106
有些用处	26.5%	41
用处不大	4.5%	7
没有用处	0.6%	1
	评论（选填）：查看意见	23
	已作答	155
	未作答	53

评论：

- 如果开放获取内容能够在使用统计报告中加以标识，将会非常有用。
- 尤其是仅有部分开放获取或免费内容的期刊。
- 尤其是在期刊中某些内容或文章是开放获取或免费的，但该期刊本身并没有完全开

放获取。

- 如果（开放获取的）文章在期刊内没有排列在一起，列出这些文章的列表是一个棘手的问题。
- ……但我们目前还不能处理知识库中的混合开放获取模式的期刊，我们还在调研通过自动读取外部信息的方式来识别混合开放获取模式下可供使用的文章。
- 如果链接解析器可以包括文章层级的数据，这将是非常有用的。但如果链接解析器中显示了某期刊开放获取、其实只有部分文章是开放获取的，用户会很失望。联系到下面的问题5，我不确定提示会有多大用处。但从获取免费资源的角度来看，对可能的访问进行提示比没有提示要好得多。
- 回答上述问题3的意见同样适用于此。
- 在问题5中，我倾向于选择使（开放获取）资源URL处于失效状态，但仍然向用户展示该资源。有了这个选项，用户可以在激活或复制粘贴到地址栏时了解该资源是不是免费资源。
- 虽然从用户教育的角度出发这些是有些用处的，但是实际上用户只是希望知道该资源内容是否可以访问。
- 我们有很多非本机构的用户（一些其他院校的学生，他们无法直接登录访问我们的资源），他们非常希望得知某一期刊或文章是开放获取并可供他们使用的。
- 这样的标识非常有用，但难以想象它会顺利运行并在实践中保持更新。因为取得题名的准确链接和（内容）覆盖范围信息已经是非常困难的（我认为链接解析器公司和出版商仍然需要为此进行很多努力），这必然会成为一项更具体而艰巨的任务。
- 用户希望知道他们是否可以访问某些资源，而并不关心为什么。
- 我们的用户不会在文章层级看到这些。
- 用户可能会假设特定期刊中的所有文章是（免费）可用的，很难预测这将是有用的还是会产生误导。
- 我对这种做法如何运行还是有疑问的，除非链接解析器可以在单独的知识库或平台检索是否有可用的开放获取文章。
- 我们知道用户会关注文章层级的内容，很多出版商也是在文章层级提供开放获取内容。我不确定知识库提供商和图书馆如何从文章层级上管理知识库内容，但我期待关于这项工作的计划！
- 如果能为这些（开放获取）可利用的具体文章提供使用统计，（这些标识）才会非常有用。
- 这些文章不需要标识。我和用户所关注的是，要有文章层级的链接。
- 非常必要！
- 我不太熟悉技术问题，但一直关注混合开放获取期刊中的开放获取文章的动态，觉得十分复杂，不知道是如何运行的。目前只要是PubMed中心资源内期刊中有美国国立卫生研究院（NIH）资助的可以开放获取的文章，我们就会简单地添加一个本地标注。

- 这种做法可能有用，例如，用户在不同时间使用同一期刊或者试图访问同一期刊的不同文章。但我认为用户可能不会太留意这些信息，因此实际上它并没有发挥其应有的作用。
- 很多用户在我们的发现系统中直接在文章层级链接资源内容，因而在我们的发现系统中设置链接解析器，从文章层级显示开放获取或免费内容是非常有用的。但是这需要更成熟的（技术）方法，明确标明被请求的文章是否可（免费）利用，而不能简单地只是给出一个一般的期刊链接并注明该刊是混合开放获取期刊和只有摘选的文章可（免费）利用。因此，元数据确实重要，但我们的链接解析器软件需要更成熟，以实现元数据的更好利用。

5．在未订购的混合开放获取期刊中，如果不确定某篇文章是否为开放获取或免费资源，您会如何向您的终端用户展示该文章？　生成图表　下载

	反馈百分比	反馈数量
有效链接/显示（可能指向一个死链接）	2.6%	4
失效链接/不显示（可能实际可用）	23.9%	37
有效链接/显示，并用文本提示最终用户该文章可能无法使用	**73.5%**	**114**
已作答		155
未作答		53

6．如果内容提供商与链接解析器在您的机构管理界面显示本机构电子馆藏中的某期刊是混合开放获取（但是没有指出哪些文章以及该刊中有多少篇文章是开放获取的），对您单位及用户是否有用？　生成图表　下载

	反馈百分比	反馈数量
非常有用	**44.8%**	69
有些用处	41.6%	64
用处不大	12.3%	19
没有用处	1.3%	2
已作答		154
未作答		54

7．您希望将各种开放获取和免费内容集合成一个资源包放在你们链接解析器的知识库中，还是散布在各经销商和出版商的资源包中？　生成图表　下载

	反馈百分比	反馈数量
集合成一个资源包	55.1%	81
散布在各经销商和出版商的资源包中	44.9%	66
	评论（选填）：查看意见	48
	已作答	147
	未作答	61

评论：

- 两种方式都是可被接受的。
- 了解个体经销商的资源包中哪些内容是免费的是有用的。
- 当开放获取或免费内容可利用时，需要一些标识来提示用户。
- 不确定，为非本机构用户提供一个免费资源接入点是很有用的，但这可能需要过滤器来完成。我们订购的混合开放获取期刊应该被完整包含在其资源包中，但完全免费的内容可以放到单独的资源包中。
- （将开放获取或免费文章）集合成一个资源包可能会有用。
- 对于大型出版商来说，按提供商和出版社来集合会更有用；而对于较小的出版商而言，集合成一个资源包是可以接受的。
- 将开放获取资源或免费内容集合成一个资源包是有用的，但是更有用的是提供并显示这些期刊与其出版商和资源包的链接。
- 将开放获取资源或免费内容集合成一个资源包是有用的，但是更有用的是能显示与每种期刊相关的出版商与资源包。
- 如果在知识库中将收费和开放获取内容集合在一起，对图书馆员来说则可能会更容易识别和管理。
- 两种方式各有好处。我个人其实不喜欢这些资源包方式，因为资源包的管理模式不够灵活。
- 为特定出版商的所有开放获取刊物设置目标链接，往往比提供一个一般的开放获取目标链接更加有用。
- 我认为如果出版商提供几个资源包（极有可能）且不将开放资源从付费内容题名中分离出来，那么开放获取题名内容在付费内容中更容易被激活。但是如果出版商在向知识库提供商发送数据时将开放获取资源与付费资源分离出来，那么最好可以在

知识库中单独“订阅”开放获取资源。

- 希望这两种方式同时存在，但是它们会相互排斥吗？
- 如果是一个资源包，其内容可以全部激活启用，则可由链接解析器自动更新。如果开放获取或免费内容散布在不同资源包中，我们就必须对每个平台目标链接进行监测，发现更新的内容并与订购内容相对照，以判断这些内容是否是免费或开放获取的。定期增加的免费内容数量庞大，导致（数据）更新工作困难且难以保持及时性，从而会错失很多优秀的免费或开放获取资源。
- 实际上，对这两种方式都没有特别强烈的倾向性。
- 或者按照学科、主题或类型（流通/档案）进行打包。
- 在出版商资源包中激活开放获取资源会引起困惑。在这种情况下，开放获取资源与混合开放获取资源应该清楚地区分开来。
- 建议两种方式并存。因为如果开放获取内容只散布在出版商的资源包中，而图书馆只订购了部分内容而非整个资源包，则图书馆有责任按题名添加所有免费资源。有些机构可能希望这样的控制，但如果机构和资源数量庞大而工作人员数量有限，这样做会导致效率低下。在这种情况下，激活一个资源包的方式会更有成效。明确指出哪些内容是免费或开放获取的，哪些内容的使用权限会在什么时间发生变化是很有帮助的。
- 当然首先要把这些内容罗列出来。
- 我希望可以看到为每个主要出版商集合独立的开放获取包（例如施普林格开放获取包、爱思唯尔开放获取包，等等）。那些独立出版的期刊或许可以与一两种其他的期刊放到集合的开放获取资源包中，那样可以更容易地找到与订购资源共用同一平台的开放获取资源，并且在链接解析器上单独激活这些内容，独立于订购内容。
- 我希望看到一个按照不同出版商、内容提供商或不同的内容平台列出的单独的免费内容列表，如Nature开放获取资源列表、BioOne开放获取资源列表。
- 虽然我选择“免费资源散布在提供商和出版商的资源包中”，但是实际上我的倾向性依据于现实情况，也就是说我倾向不限于一个选择。我希望可以将这些资源题名与同一出版商的其他资源集合在一起，因为我们可以生成一个标签，用户可以按照出版商或资源包的名字浏览资源题名。也有一些有用的开放获取内容包，非常方便，例如，在施普林格平台一次选择所有的开放获取内容题名。总之，选择的方法越多越好！
- 两者皆可。
- 很难从这两种选项中进行选择。我们希望看到主要学术出版商的资源包囊括他们所有的期刊。但是，一般来说单独将开放获取或免费内容集合成资源包也是有用的。

所以，人们可能会答复——两者皆可。

- 但在出版商的资源包中，我们倾向于将开放获取或免费资源单独打包。
- 再说一遍，混合开放获取期刊比较复杂，因为它们存在于更大的资源包中。
- 我更希望开放获取/免费期刊按提供商或出版商集合打包，而非与订购资源混合打包，或将所有开放获取资源集合成一个包罗万象的“开放获取”资源包。
- 现在对容易识别开放获取或免费内容是有用的。然而，如果提供商或出版商资源包中某种特定的期刊很明确（并容易抽取成一个子集）是开放获取的，那么放在一个文档中也就不成问题。
- 我不知道什么才是最好的选择，或许在个体出版商资源集合中抽取子集是一个好办法。
- 如果这些资源是散布在提供商的资源包中，那么要明确地标出那些开放获取的资源。
- 这取决于知识库的系统架构。如果是通过提供商/资源集合访问，（开放获取资源单独集合）就很重要；如果不是，则资源主题/内容优先，“价格”属性无关紧要。
- 从工作流程的角度来说，按出版商/提供商的内容进行集成会更容易。
- 只要我们能运行一个报表来核对内容题名。
- 开放获取内容可以散布存在，但要对其明确标识。但是，这也表明我们需要《开放获取期刊指南》（*DOAJ*）。那些资源集合对于我们确实有用，而且更容易管理。
- 如果这些开放获取资源被集合在一起，资源内容会更容易被发现，也能更迅速地同时激活启用它们。
- 有用的资源包集合方法按照出版商或主题进行。最近出版商向链接解析器知识库中新增的开放获取资源（如ScienceDirect免费和延迟开放期刊、Nature开放获取期刊）特别有益处，因为这些出版商可兼容OpenURL，在维护馆藏资源的准确性方面优于其他出版商。有些期刊往往（在链接、准确性等方面）来源不可靠，我们已开始对这些期刊标识注意事项以引起关注。
- 可以预计，假设一个出版商的资源包在一个特定目标链接或子目标链中接集合了他们所有的开放获取期刊，比起单一目标链接或一组跨越各出版商平台的所有开放期刊的目标链接，我们更倾向于这种方法。
- 资源散布在不同平台会影响使用统计或单次使用成本的计算。
- 要标明“开放获取期刊”。
- 按提供商集合开放获取资源。
- 想要确定混合开放获取期刊在什么程度上会扰乱现有的格局，可能还为时过早。
- 更具体地说，我们希望提供商资源包中单独集合开放获取或免费内容，并能从已订购的资源包中分离出来，甚或区分出订购资源包、混合开放获取资源包和完全开放获取或免费的资源包。另一种方案是，链接解析器使用一个资源包，但将这三种资源状态用标志进行标识，以便于图书馆仅激活启用可供图书馆用户使用的子集。

- 当图书馆没有订购某出版商的其他内容时，最好能提供该出版商单独的开放资源内容列表。
- 更易管理，综述一致，并可与其他知识库数据进行比较。
- 实际上我们希望同时采用两种方式。我们的部分用户没有访问订购内容的权限，因而能够标识出馆藏中所有的开放获取资源将有所帮助。
- 我不确定我们的大多数用户是否会对某资源是否开放获取真正感兴趣，他们所关注的是某资源是否能够访问以及资源的学术价值如何。
- 对于少数出版商或资源包，我们当前的链接解析器（超链接技术）会收集混合开放获取资源题名，整合到一个单独的“筛选免费内容”资源包，与那些完全开放获取或必须付费的资源区分开来。如果我们激活这些资源，则会向用户提示不是所有的文章都是可用的。目前为止我们还没有打算激活这些资源，因为它们经常会使用户混淆，但是我们会考虑激活一些高质量期刊的资源链接，特别是那些拥有一定数量开放获取文章的期刊。

8．您认为KBART未来还需研究哪些本问卷中未涉及而与开放获取和/或免费内容相关（馆藏元数据）的问题？ ↓下载

	反馈数量
查看意见	35
已作答	35
未作答	173

评论：

- 区分哪些文章是首次出版/先于印本出版，或机构库中有可用的预印本，这也是比较有用的。
- 混合开放获取期刊的探索工作仍需继续。现存的问题是，当知识库中某一期刊标明为开放获取或免费时，其政策又发生变化或对某些内容限制访问。
- 通过机构知识库访问开放获取内容的可能性。
- 关注机构知识库可用的开放获取或免费内容，确保其内容在其他研究型数据库（如PubMed、Scopus、ISI等）和链接解析器知识库中可以利用；争取获得更多关于出版商免费内容的政策（如某出版物有多长时间可以免费使用等）。

- 是否能够探索在发现服务系统中显示开放获取或免费内容，而不是在知识库中？
- 我认为付费资源在一定时间后转变为开放获取资源的问题还没有很好地解决。一些出版商的模式是：当年（或卷）的期刊付费，但是，较早的卷期转变为开放获取内容。这种模式在我们现有的系统中难以管理。
  1. 当前的KBART推荐实施规范还不包含中文、日文、韩文相关领域，如日语表音（文字）。
  2. 我们开发了一种称为JEEPway的API服务，可以对开放获取内容进行选择，而且可以在链接解析器的结果窗口实施。您可以利用以下网址查看测试反馈：http://jeepway.lib.kyushu-u.ac.jp/jeepway/api/test.反馈新版本网址：http://121.1.213.210/jeepway/api/index?target=［%22base%22］&response=0&maxno=10&title=Linking%20Service%20to%20Open%20Access%20Repositories&aulast=sugita.您可以对更多的信息进行提问。为保护个人隐私与安全，请删除姓名和邮箱信息。
- 网站上的内容描述——起止日期。要查遍各个角落来发现关于什么内容可用的说明也很令人失望。
- 不确定KBART如何处理免费访问资源的时滞期。一种办法是资源持有方每月向链接解析器经销商提供明确的关于卷/期/页的免费访问节点。关于混合开放获取期刊，我认为由于绝大部分期刊中开放获取文章只占很小比例，如果我们没有订购，就不会考虑激活。我希望这种混合开放获取模式在我们真正面临是否激活非订购的混合开放获取期刊的问题前就已不再存在。我注意到爱思唯尔目前已有几期期刊一经出版即开放获取。出版商或许应该每年在混合开放获取期刊中推出一期，专门出版开放获取文章？这样我们如果没有订购，可以只激活期刊中那些仅包括开放获取文章全文的特刊。
- 不知道这是否能够实现。这是否是指一些由较小的研究中心、图书馆或协会直接编辑的小型评论文章？
- 没有。
- 这些期刊是否会提供永久开放获取的URL？是否由原作者提供还是收割？学校/机构与开放获取有何关联？
- 希望有一种方法能明确标识出免费的过刊，也希望能有更容易的方法来跟踪免费试用的资源，许多期刊在发行之前大概有长至一年的试用期。如果激活这些资源，必须记住以后要进行停用。同时这也存在另一些问题，当某出版商对其所有资源提供持续一个月左右的免费访问时，很难知道访问是否持续有效！
- 需要区分（由研究者或机构付费的）金色开放获取内容，由出版商发布的（有滚动墙的）开放过刊，以及只是促销用的免费访问内容。
- 目前我想不到其他问题。

- 鉴于题名会消失，需要一种机制校验开放获取题名的链接。
- 法语题名和元数据翻译。
- 出版商送给我们和链接解析器的数据经常有错，我们深感困扰。感谢你们为标准化工作做出的努力。
- 不确定。
- 没有。
- 问题一，跟踪开放获取题名何时变成许可使用或消失。问题二，URL变化及内容覆盖数据更新。在被许可的内容中，通常有一个责任方来向知识库提供商提供这些数据，但是对于政府出版物而言，实际上没有一个机构负责数据更新和保证数据的可靠性。
- 链接解析器供应商应该特别注意标识：（1）什么时候免费或开放获取期刊有时滞期；（2）这个时滞期是多长时间。
- 使用统一的方法表达开放获取资源馆藏时滞期信息对我们用户来说将会有帮助。
- 是否可以标识当前内容需要付费，但过刊可以开放获取或免费？
- 如果期刊可以在其网站特定的地方明确识别是开放获取的，使用户和图书馆对此非常清楚，那就太好了。这就意味着我们需要开放获取的标准定义和本调查中提到的开放获取层级。
- 关于时滞期的说明很有用，但常会被用户忽略。
- 也许利用链接解析器调查全文目标链接（getSelectedFulltext）的使用情况是一种解决方案。
- 从服务角度来讲，知识库中“看似可用而不可用”的误导比“看似不可用而可用”的误导更糟糕。如果我们不能从文章层级识别出混合开放获取期刊中的免费内容，我们就不必这样做。
- 题名层级及章节层级的电子图书元数据。
- 最理想的状态是能链接到混合开放获取期刊中开放获取或免费的单篇文章。当然这需要出版商/提供商的广泛参与和改变，并需要一段时间。与此同时，所建议的标识出混合出版物的做法将会非常有帮助。
- 关于期刊在时滞期后提供免费或开放获取的问题。《开放获取期刊指南》（*DOAJ*）只列出了完全开放获取的期刊，很多出版物提供开放获取的过刊，但这很难进行识别。尤其是图书馆没有订购该出版物的其他内容的时候，如果能将这些开放获取和免费的过刊单独列出会很有用。
- 没有。

9．您代表图书馆联盟还是单独的图书馆？	反馈百分比	反馈数量
图书馆联盟（填写此项您可跳过下页的问题）	5.1%	7
图书馆（跳过本页的问题，填写下页的问题）	**88.3%**	**121**
两者都是（若您选择此项，请填写所有问题！）	7.3%	10
	已作答	137
	未作答	71

10．您所在的联盟中有多少家机构？	反馈数量
查看意见	15
已作答	15
未作答	193

评论：

- 1000。
- 大约500。
- 17家图书馆服务于44家英国全民健康医疗服务体系。
- 80（很多官方出版物图书馆）。
- 16。
- 65。
- 实际上我们图书馆拥有开放资源的链接解析器，供联盟成员和个体图书馆使用。
- 4和88（2个联盟）。
- 75。
- 30家左右公共图书馆，有些是公共暨学术图书馆。
- 我们图书馆是CONSORT（4个学术图书馆）和OhioLINK（88个学术图书馆和公共图书馆）的成员，但我的观点不代表任何一个联盟。
- OhioLINK–87。
- 大约55。
- 70。
- 11。

11. 您的机构提供多少个定制的电子期刊资源包？ 生成图表 下载

	反馈百分比	反馈数量
0	14.3%	2
1-3	**21.4%**	**3**
4-6	7.1%	1
7-9	0.0%	0
10-12	**21.4%**	**3**
13-15	0.0%	0
16-18	7.1%	1
19-21	0.0%	0
>21	**21.4%**	**3**
不知道	7.1%	1
	已作答	14
	未作答	194

12. 你们定制的资源包平均有多少参与者？ 生成图表 下载

	反馈百分比	反馈数量
0	7.1%	1
1-3	0.0%	0
4-6	14.3%	2
7-9	7.1%	1
10-12	7.1%	1
13-15	0.0%	0
16-18	7.1%	1
19-21	0.0%	0
>21	**35.7%**	**5**
不知道	21.4%	3
	已作答	14
	未作答	194

13．《UKSG链接解析器和连续出版物供应链的概述》(http://www.uksg.org/projects/linkfinal)		生成图表	下载
		反馈百分比	反馈数量
非常有用		37.5%	6
有些用处		56.3%	9
用处不大		6.3%	1
没有用处		0.0%	0
		评论（选填）：查看意见	1
		已作答	16
		未作答	192

评论：

– 我之前没有阅读过这个文件。所推荐的建议可能会有用。

14．出版商/提供商注册和数据交换中心列表：(http://sites.google.com/site/kbartregistry/)		生成图表	下载
		反馈百分比	反馈数量
非常有用		50.0%	8
有些用处		50.0%	8
用处不大		0.0%	0
没有用处		0.0%	0
		评论（选填）：查看意见	2
		已作答	16
		未作答	192

评论：

– 我需要联系几位出版商，谢谢。

– 需要进行补充。另外令人失望的是，有些拥有KBART馆藏文档的出版商没有列入其中，访问其文档时必须登录他们的机构管理平台。

15．推荐实施规范：(http://www.niso.org/publications/rp)	反馈百分比	反馈数量
非常有用	**93.8%**	**15**
有些用处	6.3%	1
用处不大	0.0%	0
没有用处	0.0%	0
	评论（选填）：查看意见	2
	已作答	16
	未作答	192

评论：

- 我们使用《共享电子资源谅解备忘录》（SERU）指南来简化许可过程。
- 我不断把推荐实施规范发送给有多种出版物的出版商。

16．您的机构成员中，认为KBART产品有用的机构成员所占比例？	反馈百分比	反馈数量
0%	0.0%	0
10%	0.0%	0
20%	21.4%	3
30%	7.1%	1
40%	0.0%	0
50%	7.1%	1
60%	7.1%	1
70%	7.1%	1
80%	14.3%	2
90%	7.1%	1
100%	**28.6%**	**4**
	已作答	14
	未作答	194

17．您认为拥有准确的“规范化”的馆藏资源列表对联盟成员馆是否重要？　生成图表　下载

	反馈百分比	反馈数量
非常重要	**93.8%**	**15**
比较重要	0.0%	0
不太重要	6.3%	1
不重要	0.0%	0
	已作答	**16**
	未作答	**192**

18．您认为KBART工作组在联盟层级上解决馆藏资源列表的生成、配置及准确性是否重要？　生成图表　下载

	反馈百分比	反馈数量
非常重要	**57.1%**	**8**
比较重要	42.9%	6
不太重要	0.0%	0
不重要	0.0%	0
	已作答	**14**
	未作答	**194**

19．您是否有效地直接或者通过知识库/链接解析器提供商，向您定制的联盟资源包提供准确的、最新的电子期刊馆藏数据？　生成图表　下载

	反馈百分比	反馈数量
非常有效	21.4%	3
比较有效	**50.0%**	**7**
不太有效	28.6%	4
无效	0.0%	0
	评论（选填）：查看意见	4
	已作答	**14**
	未作答	**194**

评论：

- ……但是现在联盟为它们的成员馆激活绝大多数的资源数据，因此我们不经常被要求提供最新的馆藏数据。
- 不管联盟的性质如何，我们希望每个机构都能知道自己所应拥有权限的馆藏信息并与我们分享信息。这些信息来自出版商或经销商。我认为联盟在这方面是比较松散的。
- 很难从出版商那里获取联盟应得的准确馆藏数据。知识库与链接解析器提供商也面临同样的问题，并且无法检测出版商提供的内容列表的准确性。
- 作为链接解析器提供商，我们必须依赖联盟为我们提供准确的联盟馆藏信息。与出版商沟通获取联盟馆藏列表，通常也只能获得本机构的馆藏列表，而不是联盟的馆藏列表。也就是说，每个图书馆需要清楚自己拥有哪些资源，并激活使用自己的馆藏，因为只有少数联盟提供可用的联盟馆藏列表。

20．您认为联盟应该在什么程度上关注为知识库提供商或图书馆配置准确的馆藏资源列表？ 生成图表 下载

	反馈百分比	反馈数量
显著关注	**78.6%**	**11**
比较关注	21.4%	3
稍微关注	0.0%	0
不需关注	0.0%	0
	评论（选填）：查看意见	2
	已作答	**14**
	未作答	**194**

评论：

- 图书馆目前依赖链接解析器来管理所有的大型资源包。如果知识库提供商不能获取准确的馆藏资源列表，那么这个问题会沿着供应链首先影响到使用联盟服务的图书馆，并最终影响到终端用户，使他们无法使用图书馆通过联盟协议购买的期刊资源。
- 仍然认为资源经销商应该负责提供联盟层级的馆藏列表，而不是由联盟向链接解析器经销商提供。在谈判大宗资源许可时，只要涉及多个题名就应该包括提供准确馆藏列表的条款，尤其是题名数量超过50的资源包。

21．请为以下KBART倡议对您联盟的重要性进行排序： 生成图表 下载

	1-最重要	2	3	4	5	6-不重要	平均得分	评价数量
可下载标准化馆藏资源列表的数据交换中心	**46.2% (6)**	23.1% (3)	7.7% (1)	0.0% (0)	0.0% (0)	23.1% (3)	7.15	13
增加电子期刊出版商的参与	**42.9% (6)**	35.7% (5)	7.1% (1)	7.1% (1)	7.1% (1)	0.0% (0)	8.14	14
增加集成平台商的参与	35.7% (5)	**42.9% (6)**	0.0% (0)	0.0% (0)	21.4% (3)	0.0% (0)	7.64	14
解决定制联盟共享列表问题	**23.1% (3)**	**23.1% (3)**	**23.1% (3)**	15.4% (2)	7.7% (1)	7.7% (1)	6.62	13
解决可选格式问题（电子图书、会议论文集等）	23.1% (3)	**38.5% (5)**	23.1% (3)	0.0% (0)	7.7% (1)	7.7% (1)	7.08	13
解决开放获取内容问题	**57.1% (8)**	14.3% (2)	14.3% (2)	7.1% (1)	0.0% (0)	7.1% (1)	8.14	14
							评论（选填）：查看意见	1
							已作答	**14**
							未作答	**194**

评论：

– 数据交换中心可能仅限于英国，因此跟我们没有关系。

22．您愿意向您的联盟成员发送一份简短的在线调查问卷（类似本次调查，但发送给您的联盟图书馆）吗？ 生成图表 下载

	反馈百分比	反馈数量
愿意	21.4%	3
不愿意	**78.6%**	**11**
已作答		**14**
未作答		**194**

23．如果您回答愿意，请在此填写您的Email，便于我们日后联系。 下载

鉴于信息安全与个人隐私，填写结果在此不予显示。

24．您所在的联盟认为馆藏列表的哪方面存在最大问题？	下载
	反馈数量
查看意见	5
已作答	5
未作答	203

评论：

- 一个事实问题是供应商变更了资源包的内容，但是在链接解析器的文档中却没有体现。我去年4月份做过一次简短的调查，发现有20%的馆藏资源和列在链接解析器列表中的资源不匹配。
- 将（联盟）馆藏与（参与）学校捆绑，（明确）谁得到哪些资源？
- 错误数据。没有描述期刊名称的变更。当某种期刊变更名称，出版商通常会将新题名的EISSN添加到期刊的曾用名中，导致期刊与多个供应商匹配时比较困难。另一个问题是，将前续题名的ISSN和馆藏资源信息添加到当前期刊的条目下，并在列表中只显示期刊的新题名。
- 错误数据。没有描述期刊名称的变更。将当前期刊的EISSN添加到先前期刊的条目下，但只列出当前期刊的题名。
- 定制化服务与准确性。

25．您认为KBART工作组还应注意其他哪些信息或问题？	下载
	反馈数量
查看意见	2
已作答	2
未作答	206

评论：

- 在KBART馆藏资源文档中，希望期刊记录能有单独的文档，以区别于电子图书、会议论文集或其他类似单本专著的电子产品。
- 【注：第二条意见与第一条重复，由同一人提供。】

26.《UKSG链接解析器和连续出版物供应链的概述》(http://www.uksg.org/projects/linkfinal)　　生成图表　　下载

	反馈百分比	反馈数量
非常有用	29.3%	29
有些用处	**60.6%**	**60**
用处不大	10.1%	10
没有用处	0.0%	0
其他（请填写）：查看意见		12
	已作答	99
	未作答	109

评论：

- 有用，但是有点陈旧。如果能有一个更新的报告会更有用！
- 不了解。
- 别忘了关注并包括其他语言、其他国家（例如非洲、亚洲、拉丁美洲的国家）。
- 作为负责电子期刊在线访问的图书馆员，这份文件提供了重要且有用的信息，说明KBART正在很好地发挥着作用。
- 以前没有看过，但现在发现它非常有用，并且具有前瞻性。大概一年前我就意识到每个链接解析器公司都在做同样的工作。如果能有一个中枢数据交换中心，那么更多的信息就能得到检验和审核，而不会出现同样的信息被不同的公司检验5遍甚至更多的情况。这对出版商和图书馆来说都会更容易，因为只需要在中枢数据交换中心进行处理就可以。
- 不清楚。
- 现在还不确定。
- 我们不使用。
- 有利于理解链接解析器复杂的工作特点，不同单位和部门需要共同合作来保证全部系统功能的正常运行。
- 自其出版以来，已使用过多次。
- 没有用过。
- 曾经在向高级管理者解释关键概念时用过。

27. 出版商/提供商注册和数据交换中心列表：(http://sites.google.com/site/kbartregistry/)

生成图表　下载

	反馈百分比	反馈数量
非常有用	**46.4%**	**45**
有些用处	43.3%	42
用处不大	10.3%	10
没有用处	0.0%	0
评论（选填）：查看意见		15
已作答		97
未作答		111

评论：

- 难以保持更新？
- 我不清楚。
- 最好能直接提供最熟悉相关内容的经销商负责人的联系方式。
- 我对这些联系人列表的更新状态不抱任何希望，尤其是这种具体联系人列表。出版商方面好像人员流动很频繁，如果我给他们发邮件一周都收不到回复，我不知道到底是因为他们特别忙，还是他们已经离职了！
- 很遗憾还有很多出版商没有加入进来！但是可喜的是，在你联系一家出版商前可以查到他们是否已经在系统中正式注册过。
- 没有关注过。
- 如果更加全面会更有用。
- 现在还没有意见。
- 希望更多出版商加入列表和联盟！
- 非常有用，但需要更广泛地宣传。
- 只要注册表能保持更新。
- 希望列表能包含更多的出版商/提供商。
- 还没有使用过。

– 现在我觉得它可能会有用。

– 除非网站公布的数据标注“最后编辑”的时间，否则有些会失去实用性。

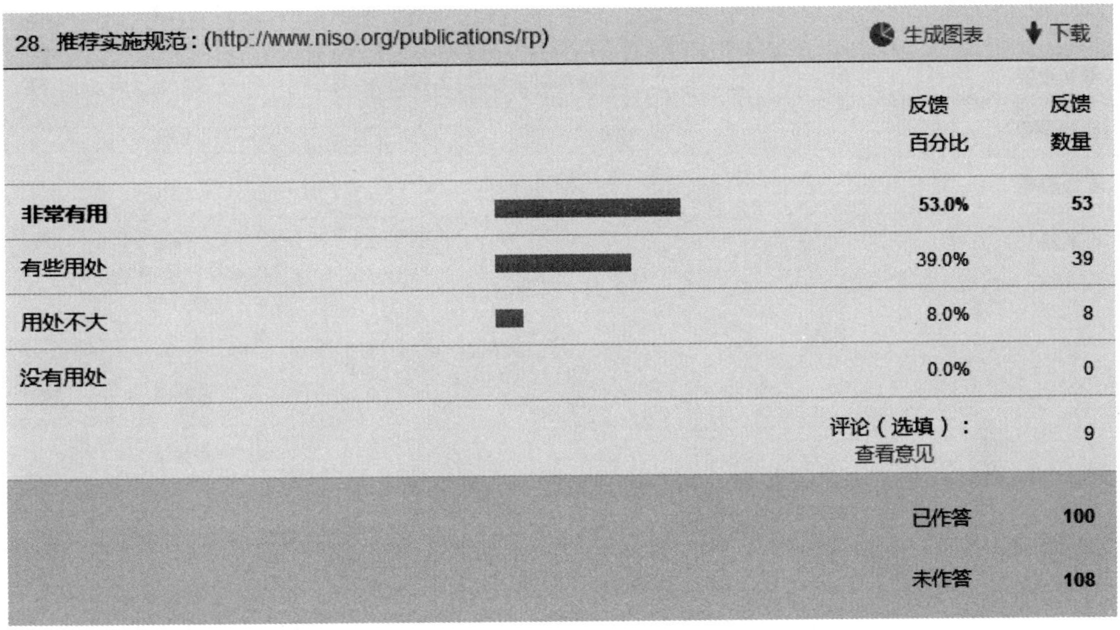

28. 推荐实施规范：(http://www.niso.org/publications/rp)　　生成图表　　下载

		反馈百分比	反馈数量
非常有用		53.0%	53
有些用处		39.0%	39
用处不大		8.0%	8
没有用处		0.0%	0
		评论（选填）：查看意见	9
		已作答	100
		未作答	108

评论：

– 偶尔具有相当的参考性。

– 不太清楚。

– 这是参与的第一步。

– 这个间接地对我们有用，因为我们使用一个商业的链接解析器。

– 非常赞成这种标准化的做法，尽力让内容提供商意识到他们应该做什么及这样做对他们的好处是什么。

– 我已经用了一年，真的非常喜欢这种将必要的信息标识清楚的方式。

– 不知道。

– 现在还不太清楚。

– 当重新设计我们的内部系统时已经使用了，在处理馆藏元数据时使他们与行业标准接轨。

29．对您的图书馆来说，收到由知识库提供商（如EBSCO, Ex Libris, OCLC, Serials Solutions））的"规范化"的馆藏列表以易于处理是否重要？ 生成图表 下载

	反馈百分比	反馈数量
非常重要	89.9%	98
比较重要	8.3%	9
不太重要	0.9%	1
不重要	0.9%	1
评论（选填）：查看意见		16
已作答		109
未作答		99

评论：

- 这对有效操作至关重要。
- 我们自己开发知识库，因而没有知识库提供商，但是列表对我们也非常有用。
- 不同经销商的文档格式转换时非常浪费时间。
- 第30题意见：我觉得比例约为40%，但是我们必须管理整个列表及数据，并且纠正它们。
- 列表的一致性有助于提高链接的有效性！
- 只要列表数据完整并准确，我不介意数据是什么格式。我可以用Excel处理后在我们的知识库中使用。
- 我们已经使用一种链接解析器（Ex Libris的SFX）很多年了，但是由于发现系统的需求，有些图书馆已经开始考虑更换他们的链接解析器。我们也正在考察发现系统，如果有必要的话我们也希望进行系统迁移。在数字时代，如果因为数据传输方面的问题而使系统更换陷于僵局，这会令人非常失望，也非常难以向上级管理者解释！
- 希望我们在许可/订购资源内容时收到的题名列表也能被发送给知识库提供商，尽量不要分别发送给图书馆员和知识库提供商两份不同的列表，因为那样需要做大量题名匹配的工作。
- 谢谢您，但我们倾向于您将这份规范化列表发送给知识库提供商。

- 非常重要！几年前我们重新发布了馆藏列表和知识库，那也是第一次向公司重新发布，然而说实话这简直就是一场噩梦！它比我见过的任何重新发布的版本都要糟糕，结果导致我患上高血压。话虽如此，我们对现在合作的提供商比较满意。
- 我们通常不会对订购资源进行大幅度的改变，但它可能会对平台的改变有所帮助。
- 实际上，它非常重要！
- 很大的问题是，出版商通常不提供给我们实际的订购列表，获取列表对我们图书馆来说更加困难。
- 我选择的是“比较重要”，但我其实对它并不了解。我是假设我们一旦理解了它是什么，就会觉得它很有用。
- 事实上，我希望能为我们单位定制列表。由于我们进行IP认证，出版商一定知道我们订购的内容范围，我不明白为什么出版商不能提供这些列表。
- 同样重要的是，我们需要更新我们自己的记录。

30．在您馆收到的出版商和集成商发送的列表中，有多少比例可以被知识库提供商使用？　生成图表　下载

	反馈百分比	反馈数量
0%	7.5%	8
10%	6.6%	7
20%	0.9%	1
30%	4.7%	5
40%	3.8%	4
50%	1.9%	2
60%	1.9%	2
70%	5.7%	6
80%	5.7%	6
90%	3.8%	4
100%	3.8%	4
不知道	53.8%	57
	已作答	106
	未作答	102

31．准确的电子期刊馆藏数据对您馆及用户是否重要？ 生成图表 下载

	反馈百分比	反馈数量
非常重要	99.1%	108
比较重要	0.9%	1
不太重要	0.0%	0
不重要	0.0%	0
评论（选填）：查看意见		14
已作答		109
未作答		99

评论：

- 对从我们的发现系统（Summon）链接至检索结果来说，这部分至关重要。
- 如果信息不准确，那么会感到很失望。
- 现在这是大多数的用户发现期刊文章的唯一方法，因此这个列表绝对重要。如果馆藏信息错误，则相应的文章也就找不到，大多数用户会在向图书馆寻求帮助前放弃查找该文章。
- 当用户有访问权限时你却告诉他们不能访问，这样做不太好。不管他们是放弃，还是通过谷歌检索发现他们其实可以访问，这都对图书馆不利。如果我们告诉用户可以访问，但实际又无法获取文章时，这又会导致增加一些不必要的咨询工作量。
- 第30题：我们图书馆没有收到太多出版商发送给我们知识库提供商的内容列表。当他们发送给我们本地特定的列表时，我们通常需要对其进行调整后才能存储到知识库中使用。
- 准确的馆藏数据，才能保障成功的链接。不准确的馆藏数据，则会导致链接失败。
- 大量的电子期刊使用都来自链接解析器。如果馆藏数据不准确，要么链接至那些未授权访问的内容会让用户失望，要么阻碍用户获取有访问权限的内容，这也是对订购资金的一种浪费。

- 没有准确的电子期刊馆藏数据，用户就无法找到他们需要的文章。我们也知道用户常常不会报告他们遇到的问题，而我们通常只会去调查被报告的问题。
- 这是至关重要的。因为我总要花费大量时间与我们知识库提供商修正数据。
- 终于，这是一个我们能理解的问题。
- 我认为这对图书馆员维护用户的信任是非常重要的。我最关心的关于电子资源和用户的两个主要问题是：期刊馆藏数据的准确性和用户界面的变化。当数据有差错，或意外变化，就会破坏用户对我们的信任，再想重新赢回这种信任就非常困难了。
- 令人苦恼的是电子期刊馆藏数据会有很多变化，这导致所有的同行、知识库、出版商或经销商效率低下。尤其是图书馆，如果有足够的人力，必须不断地核查馆藏的准确性。
- 重复一遍，它非常重要。
- 非常重要！

32．您认为您馆当前的电子期刊馆藏数据中准确性如何？　生成图表　下载

	反馈百分比	反馈数量
<60%	3.7%	4
60%	2.8%	3
65%	1.8%	2
70%	11.9%	13
75%	12.8%	14
80%	**16.5%**	**18**
85%	14.7%	16
90%	12.8%	14
95%	10.1%	11
>95%	1.8%	2
不知道	11.0%	12
	已作答	**109**
	未作答	**99**

33．您馆对电子期刊馆藏数据的准确率的期望值是多少？　生成图表　下载

	反馈百分比	反馈数量
<60%	0.0%	0
60%	0.0%	0
65%	0.0%	0
70%	0.9%	1
75%	0.9%	1
80%	0.9%	1
85%	0.9%	1
90%	3.8%	4
95%	17.9%	19
>95%	**66.0%**	**70**
不知道	8.5%	9
	评论（选填）：查看意见	15
	已作答	**106**
	未作答	**102**

评论：

- 其实没有考虑过这个问题。希望数据都能完全准确，但这实际上难以实现。
- 第32题，数据是猜测的……
- 高质量、可靠的用户体验对我们来说是至关重要的。
- 永远不会是完美的。事情总在不停变化，即便是印本馆藏也有数据错误的时候。
- 一些出版商或SFX目标链接检索准确率很低，如ProQuest、Misc free。
- 很难预测这一点。我们现正开展题名逐一检测的项目。
- 我们在对资源包激活之前进行广泛检测以保证准确率。
- 除了进行耗时的随机检测，我没有其他评测办法。
- 我们不可能达到100%的准确率，因为我们无法跟随变化完成全部更新。
- 100%的准确率是最好的。
- 当然这只是估计。
- 我们检测Ex Libris对我们本地知识库的更新，并进行必要的修正。

– 我们没有正式的规定层级，但我认为95%是合理的。
– 第32题很难回答，我们希望数据完全准确。
– 这简直是梦想（我猜测目前的数据可能会更糟糕）。

34．标准化电子期刊资源包列表对大型图书馆联盟是否重要？ 生成图表 下载

	反馈百分比	反馈数量
非常重要	**68.2%**	**75**
比较重要	25.5%	28
不太重要	4.5%	5
不重要	1.8%	2
	评论（选填）：查看意见	15
	已作答	110
	未作答	98

评论：
– 我们有很多标准化的资源包。
– 我猜测你们参考的是NESLi2① 列表。
– 不知道该如何理解这个问题，知道别人拥有什么资源对我们来说很重要吗？
– 图书馆联盟成员提供给图书馆联盟的准确列表涉及一种规模经济，否则各图书馆都要分别做重复性的工作。
– 不知道我理解得是否正确，如果出版商提供的资源包为许多图书馆所共有，那么这个列表当然是非常重要的。
– 如果资源包是唯一的选择，那是特别重要的。例如，一个特定的全文数据库，所有订购图书馆都要通过这个资源包获取同样的内容。
– 及时维护更新对图书馆有重要影响：反之亦然。因此，图书馆要设法争取更多价值和利益。
– 当我能自动激活一个资源包而不用去人工维护它时，我感觉如释重负。

① 即英国国家试点许可证计划二期，Phase 2 of the National Pilot Site Licence Initiative，NESLi2。——译者注

- 定制联盟资源包对我们的联盟来说更重要。目前来看，出版商的许可措施导致每个联盟的资源不尽相同。如果我们有相同的集合资源，那么有一个标准化的列表会比较好，但通常这种情况比较少。
- 标准化的资源包是非常重要的。如JSTOR数据库就是能尽量为用户提供方便的鲜明实例，例如我们都拥有完全相同的JSTOR Arts & Sciences。
- 很疑惑为什么要划分“大型”？
- 如果我们订购的资源允许取消订购后的访问获取，那么列表和馆藏就特别重要。
- 出版商如果能提供给我一份准确的列表，我肯定会喜极而泣了。至少我会把它上传给知识库经销商。对于大型图书馆来说，标准化列表是非常必要的，分别管理单独采购（的资源）是没有问题的。就是大列表引起了我们的很多问题。
- 令人很失望头疼的是：题名变更/停用。出版商提供的列表中通常不包括旧的题名，因为这些题名的期刊当前已不再出版，但是我们仍然可以访问。这是一个出版商将前续题名内容归入最新题名并成为一种优势的实例。
- 我们大多数的全文使用都来自标准资源包，如JSTOR、集成数据库。

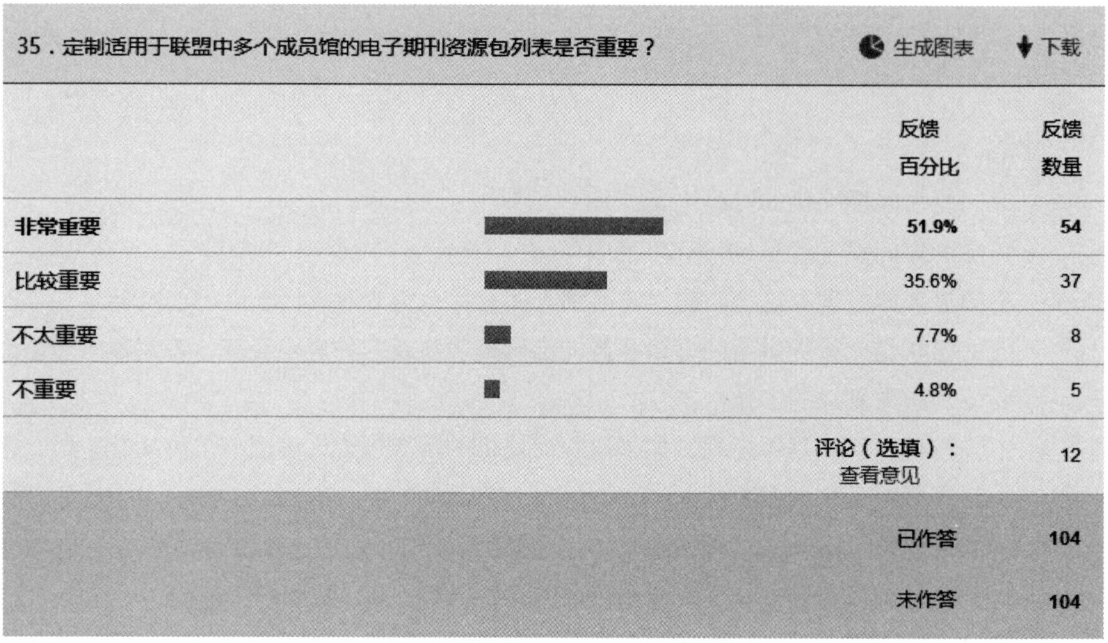

35．定制适用于联盟中多个成员馆的电子期刊资源包列表是否重要？　生成图表　下载

	反馈百分比	反馈数量
非常重要	51.9%	54
比较重要	35.6%	37
不太重要	7.7%	8
不重要	4.8%	5
评论（选填）：查看意见		12
已作答		104
未作答		104

评论：

- 我们使用了很多NESLi2和SHEDL[①]的资源包。

① 即苏格兰高等教育数字图书馆（The Scottish Higher Education Digital Library，SHEDL）。——译者注

- 我们在定制资源包时通常只针对我们机构的需求进行谈判。
- 如果联盟成员的数量足够大，我们的链接解析器经销商将创建一个联盟的目标链接（如NESLi2电子期刊资源），这些定制的内容列表对确保准确性非常重要。
- 大多数出版商的资源包用处不大，因为多数图书馆会使用资源包之外的一些内容。例如订阅题名就不包括在采购的资源包中。
- 这些列表也需要是准确的，这样图书馆可以获取为用户采购资源的访问信息。
- 当我能激活一个资源包而不用去人工维护它时，我感觉如释重负。
- 非常重要。我们的联盟资源包几乎很少与标准化列表完全匹配。
- 出版商将英国NESLi2资源包快速发送给链接解析器公司是非常非常重要的。
- 我们没有加入联盟。
- 目前我们还没有使用这样的资源包，但以后可能会考虑。
- 这对联盟成员是非常重要的。
- NESLi资源包是另一重要资源，因此拥有准确的元数据对我们来说非常重要。

36．定制适合您图书馆的电子期刊资源包列表是否重要？ 生成图表 下载

	反馈百分比	反馈数量
非常重要	67.9%	74
比较重要	22.9%	25
不太重要	7.3%	8
不重要	1.8%	2
	评论（选填）：查看意见	16
	已作答	109
	未作答	99

评论：

- Teldan提供列表非常及时，非常棒。我们现在的提供商就没有这样高效。
- 遗憾的是，在标准资源包与我们实际获得的资源之间存在少量但重要的差别。
- 或多或少有用。因为仅仅为我们图书馆定制的电子期刊资源包数量已经很少了。
- 如果需要的话，我们可以设法维护我们自己的内容列表，但供应商能够提供帮助是非常受欢迎的，因为我们的时间可以用在其他许多方面。

- 非常重要的是确保你正在激活的内容与访问权限范围许可的内容相匹配。如果可以定制，则会在定制的链接解析器的目标链接内进行选择。
- 再说一遍，我其实不太理解这个问题。当然这样一个资源包列表对图书馆来说是重要的，但我还是对知识库提供商优先处理此事不抱希望。
- 我只是希望能在出版商网站上下载针对我们机构的KBART文档，并把它上传到我们链接解析器对应于出版商的“所有题名”的目标链接。这是我的工作。
- 我不需要，因为知识库提供商提供定制的列表，但如果能直接从出版商处获得有用的内容格式就最好了。
- 如果我们图书馆订购一些定制的电子期刊资源包（我们之前很少订购），对连续出版物/电子资源馆员来说，有一个出版商提供的准确列表就很重要，这样就可以准确跟踪我们链接解析器中的期刊。我不会期望我们的链接解析器在知识库中只针对我们单个图书馆定制数据库。
- 我非常高兴能得到出版商提供的这些列表，但是各列表的准确性和完整性变化很大。爱思唯尔的列表服务非常好，可以直接从数据库中提取馆藏数据——数据非常准确。我认为其他大多数出版商是手工处理题名列表的，大多质量不高。
- 我们只有很少非联盟采购的资源包。如果我们有，这些列表将对我们非常重要。我们非常有幸加入了两个非常活跃的高校联盟（分别是加拿大全国性联盟CRKN和安大略省级联盟OCUL，两个都是学术图书馆联盟）。
- 对我们非常重要的是能够从任何资源提供商那里定制资源包，例如订购某个主题资源包的全部内容题名，和其他主题包中的部分内容题名，以此组成我们的核心订购资源。同时，将我们本馆馆藏上传到集成服务平台（例如订购电子期刊代理平台）也是非常重要的，因为这是专属我们图书馆的。但是除了需要KBART在技术上保证我们在链接解析器中上传我们自定资源或修改现有资源包的可行性，我不确定在其他方面是否需要KBART的介入。
- 都重要。但如果只能选择两项的话，我会选择标准化资源包和联盟资源包，因为我无法控制它们，并且它们比本地资源列表要大得多，因此更难于维护且耗费时间。
- 我不明白出版商为什么不能向我们提供这些列表。
- 我们有大量的单独订购，而非大宗交易。
- 我们没有太多的定制资源包，因为我们大多数资源都是单独订购。然而，从特定出版商那里获得一份准确的、规范化的所有订购资源的列表是重要的，实际上对我们馆来说是独特的资源包。

37．您多久更新联盟的标准化电子期刊资源包列表？　生成图表　下载

	反馈百分比	反馈数量
长于一年	14.6%	14
每年一次	**39.6%**	**38**
每半年一次	12.5%	12
每季度一次	10.4%	10
每月一次	15.6%	15
每周一次	7.3%	7
	评论（选填）：查看意见	26
	已作答	**96**
	未作答	**112**

评论：

- 当需要的时候就进行更新。
- 我们希望Serials Solutions公司完成这项工作。
- 我对第37和38题关于“每隔多久更新”的理解，是对我们知识库中不准确的内容进行修正，或由于知识库不能反映当前资源变化而需进行本地调整（如出版商变更、题名变更等）的频率。
- 我们机构中有专门的团队，负责每天向链接解析器知识库提交电子期刊的变更和增加目标链接的请求。
- 当我发现有很多错误时，我就会更新，并没有按照固定的周期。
- 当检测到有问题的时候进行更新。
- 我们比较信任全文集成数据库的链接解析器经销商，并依赖他们的每周自动更新。
- 每月更新，但这是不够的。
- 依赖EBSCO的A到Z服务进行变更，并且只是当读者向我们反映错误的时候才会修正。
- 需要时更新。

- 发现问题后我通常报告给我们的链接解析器提供商，他们可以及时为所有用户做出修改。但有时候我也会自己在链接解析器中进行修改（希望我正确理解了这个问题）。
- 当我们没有定制联盟资源列表时，我们会使用标准列表。CRKN一直在努力完善更多的联盟资源列表（我也参与其中）。我们在系统更换和出现问题时进行更新，或者更新此前不能马上访问的内容（例如年初还没有上线一些新题名）。
- 如果这些列表可以设置成自动更新，我们会这样做。
- 有时候甚至是每天更新！
- 我不理解这个问题。
- 我们会定期更新所有的资源：所有集成商的资源每个月进行一次更新。四大出版商、大多数的学术出版社和社团出版社至少每季度更新，这取决于更新内容的多少和我们收到更新通知的时间。另外一些其他的情况，当用户或图书馆员询问列表中没有的期刊时，我们会进行更新。还有在出版商给出的期刊数量没有真正变化时，我们仅更新一次。
- 每半年到一年更新一次。
- 通过数据提供商进行数据自动更新。
- 我更愿意更新能更频繁一些，但这根本无法改变。
- 通常出版商每季度更新一次资源包中新增加的题名。
- 我们在链接解析器中更频繁地检测和更新相同的信息，也就是说，有变化的时候就进行更新。
- 通常是由用户、咨询馆员或馆际互借员工发现问题后，再进行更新。
- 根据需要。
- 每当发现错误的时候进行更新。
- 我们依赖于链接解析器的知识库提供的更新。
- 我不知道这是否涉及我们内部的一些列表，或者是指我们链接解析器中元数据的更新？我们通过链接解析器每两周自动更新资源列表，但是不会将这些更新的列表与我们拥有的记录进行检测。

38．您每隔多久更新定制的适用于联盟中多个成员馆的电子期刊资源包列表？　生成图表　下载

	反馈百分比	反馈数量
长于一年	18.2%	16
每年一次	**42.0%**	**37**
每半年一次	11.4%	10
每季度一次	8.0%	7
每月一次	11.4%	10
每周一次	9.1%	8
	评论（选填）：查看意见	18
	已作答	88
	未作答	120

评论：

- 同上。
- 这个问题不适用于我们，但是如果要做的话，应该是每年一次。
- 不适用于我们。
- 作为英国的一个成员机构，每年我都向链接解析器发送定制的联盟层级的资源包列表（NESLi2资源）。
- 这通常是由联盟管理者来完成的。
- 除非检测到存在的问题。
- 总体上我们尽量每年对每个资源进行更新，但需要进行每月回访直到所有新的期刊/期刊转换被处理。
- 或者需要时更新。
- 您的意思是在链接解析器中更新吗？
- 如果我们有定制的联盟列表，联盟一般会为我们更新，并能往后顺延。如此CRKN的2011年资源包将转为2012年资源包并被激活，无需我们采取任何特殊措施。当新的定制列表可使用时，我们可以进行激活。
- 不适用于我们。
- 我不理解这个问题。
- 意见同第37题。
- 通过数据提供商进行数据自动更新。

- 重复一遍，我希望更新能更频繁。
- 我们在链接解析器中更频繁地检测和更新相同的信息，也就是说，有变化的时候进行更新。
- 同上。
- 我们主要依赖于链接解析器的更新，但对NESLi的资源，我们力争每年和我们的记录进行检测核对。

39．您更喜欢哪种更新计划？　生成图表　下载

	反馈百分比	反馈数量
长于一年	2.0%	2
每年一次	**26.5%**	**26**
每半年一次	9.2%	9
每季度一次	12.2%	12
每月一次	23.5%	23
每周一次	**26.5%**	**26**
	评论（选填）：查看意见	19
	已作答	98
	未作答	110

评论：

- 或者每当有资源包更新的时候。
- 需要保持最新的内容。
- 这有助于我们管理在一年中订购的资源和出版商的更新。
- 经常进行较小规模的更新更容易管理，这也意味着链接解析器经销商对于更新的请求处理得更快。
- 太多对平台再设计/新平台的临时通知，很难做得到少于每周一次的更新频率。
- 或者是需要时更新。提供准确而完整的资源访问对图书馆的服务与使命来说很关键。
- 我不确定是否理解了这个问题。我希望链接解析器能定期更新资源内容。是他们与内容提供商合作并确保电子期刊资源包的准确性。
- 取决于资源包变化的多少。我通常是每周都会处理资源包中新的可利用的文档，因为SFX也是每周发送更新信息。如果资源包中没有重大变化，我只会每年进行一次全部重新上传资源包的工作。

- 我发现一个列表很难只更新一次，因为它总会出现新的变化（比如新题名）。但我倾向于维持最少量的更新。出版商通常不会在每年1月1日就准备好新的期刊或题名转换的更新，总有一些变化会在年中出现。因此，相对于埋没所有新内容，我们更希望在一年中尽可能早地更新可利用的新资源，后加的新内容可以随后更新。
- 取决于资源包。对某些资源包来说，如果没有包含很大数量的资源并且没有太多的题名变化，就无需每月更新。例如许多学会和协会出版商。然而集成的资源包需要每月更新。
- 每年利用相关工具一次性添加可利用的新题名。
- 我们每周按接收SFX发送的更新而更新。
- 取决于出版商。有些内容是每月更新。有些内容如果没有变化，那每月一次就太频繁了。
- 偏向选择每季度更新，因为电子期刊变化太快。但实际上是每年更新。
- 频繁，但是保证了向终端用户提供最新的数据。
- 只要不是我负责更新的工作。
- 我认为应该只要有变化就进行更新（我对电子资源追踪了解不多，这只是我在图书馆众多工作中的其中一项）。
- 最好在夏季。
- 当资源变化或可用时更新。

40．请根据情况为以下KBART倡议对您图书馆的重要性进行排序，1-7的每个数字仅使用一次。　生成图表　下载

	1-最重要						7-不重要	平均得分	评价数量
可下载标准化馆藏列表的数据交换中心	**51.0% (53)**	14.4% (15)	11.5% (12)	6.7% (7)	2.9% (3)	5.8% (6)	7.7% (8)	7.64	104
添加电子期刊出版商参与者	17.5% (18)	**25.2% (26)**	15.5% (16)	18.4% (19)	14.6% (15)	6.8% (7)	1.9% (2)	6.43	103
添加集成商参与者	10.8% (11)	**19.6% (20)**	13.7% (14)	15.7% (16)	15.7% (16)	15.7% (16)	8.8% (9)	5.44	102
解决定制联盟共享列表问题	14.9% (15)	**20.8% (21)**	14.9% (15)	11.9% (12)	10.9% (11)	8.9% (9)	17.8% (18)	5.51	101
解决定制的本地资源列表问题	16.7% (17)	**28.4% (29)**	15.7% (16)	7.8% (8)	10.8% (11)	8.8% (9)	11.8% (12)	6.09	102
解决可选格式问题（电子图书、会议论文集等）	14.6% (15)	**19.4% (20)**	11.7% (12)	11.7% (12)	12.6% (13)	14.6% (15)	15.5% (16)	5.39	103
解决开放获取内容问题	**20.6% (21)**	14.7% (15)	10.8% (11)	15.7% (16)	10.8% (11)	15.7% (16)	11.8% (12)	5.69	102
								评论（选填）：查看意见	10
								已作答	**104**
								未作答	**104**

评论：

- 在所有格式中，优先处理电子期刊会比较有用。
- 发现这很难进行排序，因为它们都很重要！
- 对电子图书而言，如何在链接解析器中标准化地标示电子图书各版本很重要。
- 所有这些都很重要！电子图书是个值得注意的领域，我不确定链接解析器是否是最合适的处理工具。目前，我们把电子图书列入馆藏目录中。但从长远来看，我还是认为应该将其在链接解析器中激活。会议论文集比图书更可能被索引，自然也应成为链接解析器收录数据的重要部分。链接解析器的主要作用就是指引用户通过引文索引直接在线获取全文。因此，所有建立索引的内容都应收录到链接解析器中。
- 我馆也使用知识库/链接解析器服务，我们一直尽量从出版商或提供商那里获取准确的馆藏，因为我们没有商业伙伴那样的人手来完成这项工作。我们还发现，使用MARC记录的电子图书比使用知识库链接的电子图书更有优势，因为在图书馆机读书目中我们既可以检索印本期刊馆藏也可以检索印本和电子专著馆藏。
- 我不太明白“添加电子期刊出版商参与者”和“添加集成商参与者”是什么意思。
- 我们觉得把MARC记录放到图书馆机读书目中更有用一些，目前阶段我们没有看到在知识库中展示电子图书的需求。
- 很难比较这些问题的重要性！
- 这是澳大利亚联盟的事。
- 解决题名变更问题。

41．您馆关于馆藏列表存在最突出的问题是什么？ ↓下载

	反馈数量
查看意见	72
已作答	72
未作答	136

评论：

- 出版商不能及时通报新增的内容和剔除的内容（主要是剔除的内容）。
- 不清楚我们访问内容的覆盖范围。
- 主要是Serials Solutions公司列表的错误之处，以及不得不去解决这些问题。
- 出版商提供的列表与我们实际可访问的资源之间的差异。链接解析器提供商要提高更新知识库的速率。链接解析器中馆藏资源是捆绑销售时，必须使用不同的资源包

的某些部分才可激活（全部）馆藏。

- 本馆馆藏的变化。
- 无法修改任何馆藏信息。
- 获得正确并准确的出版物起止年份、前续题名与后续题名数据。
- 不准确的资源覆盖范围；没有显示题名变更；不正确的ISSN。
- 资源（超过50%）描述经常不准确，尤其是开放获取资源，例如免费的医学期刊。我们也经常向A-Z列表相关提供商要求建立即时资源包来描述我们的资源。
- 列表难于发现；缺乏统一的标准格式；缺乏准确性和完整性。
- ISSN和ISBN包含连字符或破折号；电子图书有多个ISBN和作者。
- 出版商不能提供包含前续题名、停刊、题名转换、新题名等诸如此类的准确信息，并且不能理解这个问题。NESLi2的大型资源包是最难处理的。我们不确定JISC知识库项目是不是解决这个问题的最好方法，也不确定JISC是否意识到他们所提供列表的误差或遗漏的规模。好像已有数个机构（如KBART、JISC等）都为解决这些问题而努力，他们的工作应该有合理的解释和说明。
- 题名变更（在题名变更历史中，只倾向于在新题名下列出所有卷期）。
- 就像往墙上钉果冻，现有的数据是不可信的，导致我们信息管理人员的形象较差。
- 1.我们在一月份获取添加到我们的链接解析器中的最新定制的联盟共享列表。这项工作目前由图书馆来完成，而非出版商。因为不是所有的列表都符合KBART格式，将从出版商那里获取的可利用列表处理成适用于上传到链接解析器中的数据需要花费很多时间和精力，而且是一个漫长的过程。所以，一直要到3月份才能有准确的馆藏数据。2.混合开放获取资源如何向终端用户展示。我们现在用“预警”备注向用户说明不是所有的资源都是可访问的。3.电子图书的各种版本向用户的展示不明确。4.较大的平台更新或资源的出版商转换没有在他们激活的链接解析器中清楚地传达出来，导致许多图书馆担心无法保障链接的及时重新定位。出版商与链接解析器经销商之间缺乏经常及时的沟通。
- 不可靠的馆藏信息（ProQuest Central、SFX“其他免费类别”目标链接），另外，如您所说：开放获取的问题。
- 必须对资源的访问进行人工检测，才能相信出版商/集成商的陈述。
- 准确性，要将资源题名变更和出版商转换后所拥有的权限考虑在内。
- 阈值的界定，如是用DD-MM-YYYY还是用卷/期/年。准确表达时滞期。增加附加/先前订购/开放获取资源列表。
- 对电子图书来说，缺乏标识的一致性：ISBN格式不一致，有的有空格，有的没有；有的有连字符，有的不用。
- 由于一些个别的期刊总在不断变化，需要保持列表的准确性。

- 准确性，最新信息，免费获取。
- 任何的不准确性和不完整性。
- 不准确和不完整。
- 数据不准确或不完整。有时候一些题名本应该包含在其中，却漏掉了；反之亦然。
- 列表好像与我们预期的数据或链接解析器拥有的数据从来都不匹配。
- 我从出版商那里得到的列表（爱思唯尔除外）都是不完整、不准确的，需要进行大量的人工检测工作。
- 首先是需得到列表，其次要确保所列数据是准确的，可访问的。
- 跟踪题名变更，有几种不同类型。有些期刊在出版过程中变更题名。许多出版商过去的做法是将某刊所有的卷期都列入"当前"题名下，导致了一些问题。我很高兴大多数主要的出版商现在已经设置了单独的页面来展示新的题名及其相应的卷期。题名在出版商间转换也是一个问题，尤其是内容也跟着移动。出版商/集成商所提供数据的不准确性也是存在的一个问题。我们曾收到的列表中题名的起始时间都是相同的，尽管有些实际起始时间在所列起始时间多年之后；我们也收到一些列表包含许多年的内容。但实际上并没有在线。我们收到的列表还有其他错误。这也是当链接解析器公司说他们依赖于出版商/集成商的数据时我们感到失望的原因，因为我们知道他们的数据可能是错的！
- 完整性，准确性，标准化。
- 在出版商的网站上寻找列表并组织这些列表。我们使用自产的电子资源管理平台，无法使用EDI导入这些列表，我们必须先将其另外保存（内部共享驱动器），直到我有时间将其与我们电子资源管理平台中的题名列表进行比对。
- 不准确的馆藏信息为最终用户带来了很多困扰和失望。
- 列表不能保持一致。例如，知识库提供商会修正数据，但不准确性又会出现在下个月或未来几个月的（出版商的）列表中。另外很难理解提供商对有些内容的组合方式，他们似乎对能否包含哪些内容有些莫名其妙的打包规则（例如他们拒绝提供OSA会议论文集的题名列表，而将其所有会议论文集统统列在"OSA会议论文集"题名下）。
- 更新。
- 获得法语或国际内容的列表。题名变更及在平台之间的题名转换。
- 出版商网站上的期刊列表、我们链接解析器中的期刊列表和我们要续订电子期刊时发送给我们的Excel列表存在差异。
- 我们的订阅/馆藏相关的内容列表的日期范围。
- 数据不准确。
- 随题名变更不断调整题名列表。

- 列表有时不准确，有时包含在列表中的一些内容不能使用。
- 获得准确的更新馆藏列表。
- 不准确的馆藏会让最终用户感到失望。
- 印本资源ISSN与电子资源eISSN：ISSN没有使用规范格式；缺少ISSN；题名记录不统一（有时候包括以“the”开头的停用词，有时候不包括）；出版商在列表中提供他们自设的期刊代码，但没有标准的标识符；他们的电子表格过于复杂，例如，表格中好像有上百万列的数据，我们使用时必须进行删除或隐藏处理。
- 除非我们另行保持单独的电子期刊资源/馆藏列表，并用以核查由Serials Solution提供给我们的订购期刊，此外没有其他的方法得知列表是否有遗漏、新增、错误移除或不正确添加。
- 使用印本和电子的ISSN在链接解析器和知识库中进行匹配。
- 有太多的馆藏列表，而且用太多的时间去更新与维护，例如图书馆机读书目、A-Z列表、PubMed Linkout、Serhold等。电子图书缺乏标准化。
- 当题名的出版商转换时，应该解决题名取消后的权限问题，以获取正确的馆藏。
- 我们的提供商在数据更新方面做得非常好，但我们联盟的OpenURL链接解析器公司做得不是很好。另一个与OpenURL链接解析器相关的问题是，它以一种方案使用于所有情况。链接是按联盟订购的期刊资源包在馆藏级激活的，不管题名。虽然有些内容在出版商平台上可以利用，但是还没有上传到联盟平台，或联盟还没有获取该资源。
- 首先是不准确的馆藏内容覆盖日期，其次是不准确的题名列表（通常指资源包的组合构成），以及新订购资源激活和使用宽限期的可变性。现在已经是1月份的第3周了，我们仍然还在等待Wiley数据库2012年全部资源题名的完整馆藏列表。
- 期刊题名变更。我希望期刊曾使用过的每个题名能对应其正确的年、卷。
- 列表的不完整性，且缺乏详情。不准确及错误信息，尤其是相关阈值的信息，以及馆藏列表中哪些内容发生了变化的信息。
- 缺乏准确性。个人认为题名变化导致数据重复录入。
- 某出版商的每一家客户所订购内容的题名列表。
- 列表与我们实际能够访问的内容存在误差。
- 列表更新不够频繁，传输到我们的链接解析器既不够频繁，也不够准确。
- 获取联盟资源包中正确的题名与馆藏列表是面临的一个问题，因为他们需要花费大量时间进行更新与核查。此外，有的资源包不提供深层链接，如LexisNexis。
- 出版商将回溯的资源过刊分别销售，但是会在我们的链接解析器中列出所有卷期，因此我们的用户会突然试图访问我们没有购买的过刊。
- 这不是我的主要工作。我们订购了Serials Solutions 360 Core，我认为它应该帮助我们获取订购资源的最新馆藏信息。通过此次问卷调查我知道它并非如此。

- 不要再考虑电子本、印本、缩微胶卷差别的问题，期刊就是期刊，发行方式不是主要的。人们希望知道他们是否可以访问某一特定的期刊文章，然后我们来考虑它是以哪种格式提供使用。
- 保持最新。
- 处理没有ISSN号的内容。
- 最大的问题是出版商经常不能向我们提供准确的列表。
- 能否识别题名变更。
- 馆藏列表没有包含题名或ISSN的变更（有些出版商提供的题名列表中，将多个前续题名的卷期列在其最新题名下）。
- 缺少前续题名或题名变更。
- 需要更新的列表数量以及它们之间的不一致性都在上升。不能信任单个馆藏列表，需要进行相互对照核查。
- 它们经常出错，有时候尽管只是一点错误，但是它足以让人对其失去全部信任，因而要耗费大量时间进行检测。
- 出版商的题名列表，无论是来自出版商自己还是JISC，都与他们发送给第三方提供商（如Serials Solutions）的数据不匹配。
- 保持更新。
- 一直需要人工更新。
- 准确的起止日期；最新的URL；期刊发展过程中的题名变更；添加印本馆藏内容。
- （难以）从出版商那里获取准确的馆藏列表，（因此需要）耗时加工将其上传到链接解析器和编目目录中。
- 缺乏标准的格式，并非所有出版商都提供EXCEL或CSV格式的列表。
- 资源包中的题名变更和移除。

42．您认为KBART工作组还应关注其他哪些信息或问题？	↓下载
	反馈数量
查看意见	12
已作答	12
未作答	196

评论：

- 平台的变更，以及其经常导致的中断问题。

- 链接解析器的知识库应更多关注有特定国家意义的资源。
- 并非所有图书馆都使用专有知识库，部分图书馆会自己做这项工作。
- 免费的知识库（如Journal Tocs、Dialnet、Mirabel等）。
- 美国对链接解析器供应商存在偏见，但这个问题也使数据库供应商（如Gale Cengage）需要对解析器供应商开展更多工作。
- 回到问题5，我对现在的情况喜忧参半。如果在未订购的混合开放获取期刊中，没有明确一篇文章是否可作为开放获取或免费资源使用，我们倾向于不向用户展示它是可用的。但近期SFX改变以前做法，将这些内容向用户展示为可用。我们已经在菜单中添加了文字说明向用户解释可能存在错报的误导信息。尽管如此，用户还是会混淆，不理解为什么一些内容显示链接可用但其实无法获得。现在我意识到，我们面临“两害相权取其轻”的问题，但我担心这种错误的误导信息最终将彻底瓦解用户对我们信息导引的信任。看似不可用却可用的误导信息妨碍用户从图书馆中寻找可用的免费资源，这也是一个大问题。但是看似可用而不可用的误导关系到图书馆的信誉，是个巨大的问题，我们需要寻求更好的解决方法。
- 继续努力！
- 目前，提供定制服务附注字段的需求很大，尤其我们的本馆资源，需要进行更好的位置标识。而在加拿大，我们也迫切地需要存档和公布许可信息。
- 继续向内容提供商强调规范化列表对于和链接解析器进行传递数据的重要性。去年我注意到他们已经开始慢慢地意识到这是将他们的内容呈现给终端用户的方式。
- 澳大利亚图书馆可能会订购联盟包，也订购一些没有包含在联盟包中的个别题名资源。他们也希望实现订购资源在时滞期后的开放获取。这将涉及对3种出版商列表的管理，以保证链接解析器对所有题名的识别。
- KBART需要持续关注与本倡议相关的问题，如NISO工作组关于相关期刊呈现和OpenURL的质量问题的工作。我相信你们都知道这些问题，但我提到这些是因为有效地影响一些领域的变化需要这些工作组之间的协调，例如文章层级的开放获取指示符。
- 关于开放获取期刊的问题，请注意有些最新的开放获取期刊是不可信的。参见杰莱杰弗里·比尔（Jeffrey Beall）的研究成果。

参考文献

Culling, J. *Link Resolvers and the Serials Supply Chain*［M］. Oxford: Scholarly Information Strategies, 2007. Available at: http://www.uksg.org/projects/linkfinal.

Data Elements and Interchange Formats-Information Interchange-Representation of Dates and Times. ISO 8601:2004. Geneva: International Organization for Standardization, 2004. Available from: http://www.iso.org/iso/home/store/catalogue_tc/catalogue_detail.htm?csnumber=40874.

GOKb: Global Open Knowledgebase [website]. http://gokb.org/search/kbart.

KBART Information Hub [website]. Available at: http://www.niso.org/workrooms/kbart/ and http://www.uksg.org/kbart/hub.

KBART Registry [website]. https://sites.google.com/site/kbartregistry/.

Knowledge Base+ [website]. Jisc Collections.http://www.jisc-collections.ac.uk/knowledgebaseplus/.

NISO/EDItEUR Joint Working Party.*ONIX for Serials: Serials Online Holdings (SOH) Format*. Version 1.2. EDItEUR, June 2011. Available at: http://www.editeur.org/120/ONIX-SOH/.

The Open URL Framework for Context-Sensitive Services.ANSI/NISO Z39.88–2004 (R2010). Bethesda, MD: National Information Standards Organization, 2004 (reaffirmed 2010). Available at: http://www.niso.org/standards/z39–88–2004.

Sarah Pearson, Andreas Biedenbach. KBART-Making Content Discoverable Through Collaboration [J] . *Against the Grain*, February 2011, 23(1): 22–23. Available from: http://www.against-the-grain.com/2011/03/v–23–1–table-of-contents/.

PIE-J: Presentation & Identification of E-Journals. NISO RP–16–2013. Baltimore, MD: National Information Standards Organization, 2013. Available at: http://www.niso.org/publications/rp/rp–16–2013.

Stevenson, Liz, and Chad Hutchens. KBART-How It Will Benefit Libraries and Users [J] . *Against the Grain*, February 2011, 23(1): 28–29. Available from: http://www.against-the-grain.com/2011/03/v–23–1–table-of-contents/.

Stohn, Christine, Sherrard Ewing, Sheri Meares, and Paul Moss. Building and Maintaining Knowledge Bases for OpenURL Link Resolvers-Process, Produros and Challenges [J] . *Against the Grain*, February 2011, 23(1): 26–27. Available from: http://www.against-the-grain.com/2011/03/v–23–1–table-of-contents/.

Zhu, Julie, Gary Pollack, Ruth Wells, and Matthew Llewellin. KBART-Providing Standardized, Accurate, and Timely Metadata: Methods and Challenges. *Against the Grain*, February 2011, 23(1): 24–25. Available from: http://www.against-the-grain.com/2011/03/v–23–1–table-of-contents/.

第二节　知识库数字资源元数据传输：NISO KBART解析

1　KBART项目起源与发展概况

《知识库及其相关工具推荐实施规范》[Knowledge Bases and Related Tools(KBART) Recommended Practice，简称KBART]，是由美国国家信息标准协会（NISO）推荐的实施规范，作为提高知识库数据效率和有效性的数字资源规范，为信息供应链中的各利益相关方之间的元数据交换的格式和规范等问题提供有效的改善途径，解决影响开放链接（OpenURL）有效性的问题。

1.1　KBART第一期发展

随着开放链接的广泛应用，其链接的有效性问题逐渐引起了业界的关注。2006年初，英国连续出版物集团（United Kingdom Serials Group，UKSG）出版了《链接解析器和连续出版物的供应链》（Link Resolvers and the Serials Supply Chain）研究报告。该报告确认和描述影响开放链接有效性的一系列问题，并建议成立一个工作组，目的在于确定和向整个业界推广“最佳实践”的解决方案，以改进出版商以及内容提供商链接解析器与知识库之间进行交换的元数据的质量和及时性，从而提高其对图书馆界的影响。

2008年1月，KBART第一期联合工作组正式成立，[1]由UKSG与NISO共同主持，来自电子资源供应链中的各个环节的成员代表共同探讨UKSG研究报告中指出的问题，并提出相应的解决方案，对KBART规范采纳者给予支持，实现知识库供应链成员之间更加顺畅地互动。工作组成立初期，主要关注那些在信息供应链中向知识库提供数据时出现的问题，通过提供最佳实践指南和相关教育资料，组织相关活动，讨论信息供应链中各利益相关方的角色定位和发挥的价值，建立有关知识库信息的网络枢纽中心等来完善链接解析器和知识库的数据供应，以使OpenURL的效率和有效性得到提升，[2]同时为教育学习活动提供全面的资源支持。知识库提供商及其客户（主要是高校图书馆）均受益于内容提供商所提供的高质量的数据。2010年1月，第一期推荐实施规范（NISO RP-9-2010）发布，主要是对期刊元数据提供最基本的建议，为信息供应链中的各方提供了关于元数据格式的直接指导，确保内容提供商与知识库开发者之间准确的元数据交换。[3]

1.2　KBART第二期发展

2010年2月NISO启动KBART第二期工作，为了更好地探讨存在的问题，在第一期版本的基础上，第二期工作改善知识库及链接解析器的用户体验，KBART工作组成员进行了相应的调整，进一步研究第一期中讨论的问题，重点放在解决那些影响元数据供应中更具体和更复杂的问题上，[4] 修订元数据供应传输规范，深入调查用户需求，改善知识库的数据供应情况，明确提供商合作框架，同时建立信息门户，开展系列推广活动，并提供全面的信息资源。2014年4月，KBART第二期推荐实践规范（NISO RP-9-2014）修正草案发布，该草案完善了联盟元数据、开放获取元数据、电子图书和会议论文集的相关内容。

1.3　KBART自动化规范的发展

随着图书馆数字资源需求驱动采购和循证采购等模式的发展，许多图书馆也开始定制馆藏内容，图书馆馆藏内容列表与出版商提供的内容列表不一致的情况时有发生，因而图书馆员需要持续追踪机构馆藏资源信息。而且即使图书馆馆藏内容列表与出版商的标准内容列表一致，图书馆员对大量的馆藏资源进行查找或追踪时，也需要投入很大的精力。KBART自动化工作组于2017年成立，目的是搭建图书馆、内容提供商、发现服务提供商等行业链中各利益相关者之间的桥梁，帮助解决定制知识库和相关工具的需求和相关问题。[5]

2019年6月，KBART自动化工作组发布《KBART自动化：自动检索电子馆藏》（NISO RP-26-2019 KBART Automation: Automated Retrieval of Customer Electronic Holdings）。[6] 该推荐实施规范支持及时准确地交换，支持内容提供商访问控制系统和知识库之间KBART格式馆藏报告，并且在不需要图书馆员持续操作和维护的情况下，允许知识库系统更准确地反映特定的机构可访问的内容及其特有馆藏。该版本推荐实施规范通过向内容提供商提供附加信息和说明来增强KBART格式，并使用API对机构馆藏进行自动定期更新，有助于提高内容提供商和机构知识库之间馆藏数据的自动传输和自动检索的效率。同时对于图书馆工作人员而言，KBART自动化规范如能顺利广泛实施，图书馆员可以利用计算机程序快速进行知识库配置，从而极大提高工作效率。

1.4　KBART第三期发展

2019年12月，KBART第三期工作启动，[7] 工作组将根据新的需求变化完善和扩展KBART第三期发展报告，更好地实现链接解析器与电子资源管理系统的关联来揭示图书馆馆藏内容，增加对内容提供商创建相关文件及元数据的说明指南，以及相关字段的说明信息；提供程序化操作指南，支持KBART自动化，方便内容提供商或图书馆员管理馆藏目录；完善了对多媒体等内容类型及多语种的支持；对文章或章节级的问题进行探讨；并希望能为实施KBART提供更多示例和实践。

2021年3月在美国东亚图书馆年会上，代表IEEE参与制定KBART三期的J. Zhu在其报告中特别指出，KBART三期将支持非拉丁语系语种，以及在标准元数据列表格式中增加翻译题名、音译题名、内容语种等。此举将对包括中文在内的非拉丁语系语种元数据的供应与传输有极大改善。①

1.5　KBART中译本简介

中国各高校在知识库建设方面已经进行了大量的研究和实践，但各高校间知识库建设规范仍然处于百家争鸣的状态，并未形成权威见解。2014年4月，KBART第二期推荐实践规范（NISO RP-9-2014）修正草案征求公众意见[8]之后修订发布。2016年，美国东亚电子资源元数据标准规范工作组（Council on East Asian Libraries，CEAL）与中国高等教育文献保障系统（China Academic Library and Information System，CALIS）管理中心及高校图书馆数字资源采购联盟（Digital Resource Acquisition Alliance of Chinese Academic Libraries，DRAA）理事会合作开展中美电子资源国家标准比较研究项目，将KBART推荐实施规范列为研究内容之一，在双方的合作与努力下，通过CALIS与DRAA的力量将KBART介绍到中国，促进中国相关标准与规范的研究与制定，推动国内知识库建设的标准化和国际化。

KBART第二期推荐实践规范中译本《知识库及其相关工具推荐实施规范》，是以NISO第二期工作组发布的NISO RP-9-2014为英文原本，由北京大学图书馆、CALIS管理中心、美国加州大学圣地亚哥分校图书馆、美国加州大学伯克利分校东亚图书馆、香港大学图书馆的多位老师共同合作完成，在翻译和研究过程中发现电子资源规划建设现存的问题，并不断进行数字资源规范的应用与交流探讨，经过对英文版本的翻译、中译本审校、总审及统稿等工作，该中译本于2018年3月分别在DRAA网站（http://www.libconsortia.edu.cn/Standard/list.action）和CALIS网站（http://www.calis.edu.cn/pages/list.html?id=9b5c5e63-e972-4260-8c09-8cc5a866e8b8）发布并可公开获取。

2　KBART规范的主要内容和特点

2.1　细化元数据标准

KBART第一期主要解决了期刊题名级元数据的规范化及传输问题。在此基础上，KBART第二期推荐实施规范以联盟元数据、开放获取出版物元数据以及电子书和会议论文集元数据的传输为具体切入点，细化推荐实施规范中对元数据规范的描述。在联盟元数据方面，明确列出了应当建立联盟文档的特定情形及文档命名方法，并指明了何时需要列出单独的文档。开放获取出版物方面，在强调链接解析器技术的重要性的同时，陈述了

① 原文见：https://www.eastasianlib.org/newsite/wp-content/uploads/2021/03/CEAL2021-ODI-Zhu.pdf。——作者注

为什么需要内容提供商向链接解析器提供商输送免费和开放获取内容的元数据。虽然开放获取的定义在不断发展，但KBART工作组在出版商平台上对开放获取内容和免费内容没有区别对待。电子书与会议论文方面，书目元数据关联到具体的一本书仍然是关键，并且书目元数据标准的演变已考虑到电子图书格式。链接解析器知识库提供商仅需要图书馆做很少量的工作就可以设置由内容提供商持续传输的数据信息，促成电子图书内容的发现和访问。KBART第二期推荐实施规范面临的另一个挑战是如何解决连续出版物，包括期刊和会议论文集题名变更的问题。许多期刊和会议论文集在其生命周期中变更题名，有时还不止变更一次。第一期推荐实施规范没有包括一个可以链接出版物历史上（仍然在线使用）的各个题名的字段。当连续出版物需要在前续题名和现刊题名之间建立链接关系时，许多图书馆员反映查找和维持新旧连续出版物题名关系存在困难。这个议题在NISO推荐实施规范《PIE-J：电子期刊的展示与标识》（NISO RP-16-2013）中有更进一步的描述。KBART自动化推荐实施规范则重申了KBART中的要素，对数据传输提出了具体建议并做了进一步的调整，报告文档将继续支持制表符分隔的文本格式，内容提供商也将报告文档上传URL支持HTTPS访问，用户可以使用API对馆藏内容进行自动配置和更新。[9] KBART第三期内容也对上述题名变更的问题做了进一步改善，可以实现对历史版本的跟踪，并可对添加、删除等更改进行标记。

2.2 注重用户需求

KBART推荐实施规范的修订，更加注重用户的需求。2012年1月，KBART工作组在调查猴子网（Survey Monkey）上做了一项面向图书馆及图书馆联盟的KBART问卷调查，探讨向联盟和联盟中各图书馆交付KBART文档的重要性，并收集有关使用联盟题名列表以及开放获取出版物元数据的意见。调查收回200多份反馈问卷，其中，20份来自联盟代表，这些联盟代表着近2000家参与联盟建设的图书馆，其他180份问卷来自个体图书馆。在关于开放获取元数据的调查内容中，各图书馆对问题的回答反映出开放获取领域的复杂性和重要性，70%的参与者认为同时在期刊层级和文章层级标识开放获取和免费内容是有用的。绝大多数参与者认为在用户界面表明某期刊或文章是开放获取或免费是重要的或比较重要的。在KBART第二期工作中，工作组根据调查的问题及参与调查的各图书馆及图书馆联盟的回答，深入挖掘不同用户的需求。工作组虽然不能马上解决用户问卷调查中涉及的所有问题，但建议重点并持续解决有关开放获取和免费内容元数据的问题。随后，定制知识库和相关工具的需求在出版界和图书馆界被广泛关注。经多次讨论，2017年，KBART自动化工作组成立，探讨自动检索电子馆藏的相关问题，将内容提供商、图书馆、发现服务提供商联系起来，希望可以实现符合用户需求的定制化报告的更新。KBART第三期更是关注高校资源建设和数字资源市场发展的需求，细化KBART报告元素及其说明，借助自动化成果，在题名历史追踪和管理、题名层级和内容类型完善等方面进行深入地探讨。

2.3 建立KBART信息枢纽

为了更好地展示KBART工作的相关信息，KBART工作组依托NISO网站建立了KBART信息枢纽中心（https://www.niso.org/standards-committees/kbart）。该中心提供KBART推荐实施规范之外更多的信息，包括但不限于以下几点：

（1）KBART发展的背景和历程：描述KBART从第一期、第二期至KBART自动化规范各阶段的源起和发展重点；

（2）最佳实践指南：包括知识库的格式与术语；

（3）词汇表：即KBART推荐实施规范术语表；

（4）开放链接OpenURL入门介绍、目的、方法和价值等（已包括在第一期的推荐实施规范中）；

（5）介绍知识库供应链中参与者的角色、需求、职责和价值（已包括在第一期的推荐实施规范中）；

（6）提供内容提供商与知识库提供商的认可框架；

（7）与其他标准/倡议/技术等的对照图：例如ONIX连续出版物在线馆藏信息（Serials Online Holdings，SOH）；

（8）注册网页及联系人：建立注册网页，可以查找内容提供商和知识库提供商列表，以及各提供商所给出的元数据网页和相关技术支持联络人；

（9）KBART其他相关资源：常见问答、关联会议和文献等。

2.4 明确合作认可框架

KBART推荐实施规范要求内容提供商通过认可框架实现认证并承诺提供高品质的元数据，内容提供商必须确认他们的系统平台可以处理符合KBART格式的文件，并且提交样例文档，经认证之后，利益相关者可信任这些元数据并加以利用。KBART第二期推荐实施规范发布后，取代了第一期推荐实施规范，所有新申请的内容提供商需要按照第二期进行认证；在KBART第一期被认可的内容提供商需要按第二期认证被重新认可。KBART推荐实施规范通过提供标准化的统一文档格式和一组常用元数据字段及其数据格式和固定字段顺序，优化元数据从内容提供商向链接解析器知识库的传输流程。KBART文档的规范化使文档传输及知识库更新的操作管理更容易。KBART推荐实施规范无需按题名逐一验查就可在知识库内合适的精细层级激活馆藏，最终用户通过使用图书馆介导系统准确、全面、及时地访问馆藏资源。KBART第二期对联盟元数据进行了规范，可以帮助图书馆联盟建设知识库，并在与内容提供商的合作中对符合KBART格式的文档进行相关约定。

3 KBART规范的国际应用现状

3.1 资源提供商和知识库提供商的探索与实践

鉴于KBART的支持流程包括可使内容提供商通过认可框架计划实现认证并公开他们向供应链提供高品质元数据的承诺，内容提供商对规范的认可是KBART应用的关键之一。KBART第一期结束后，到2011年3月，已有31家出版商签署协议，[10]愿意提供符合第一期推荐实施规范的元数据，以推进内容提供商和知识库提供商之间元数据的准确传输和及时交换。

KBART第二期侧重于联盟元数据、开放获取元数据、电子图书等的数据交换，国际市场上内容提供商对KBART的了解和认可更进一步。第二期结束后，通过KBART认证的内容提供商达到48家。第二期KBART规范提到的让知识库提供商利用KBART文档的方式有3种。①KBART题名列表：已被认可的内容提供商向业界提供符合KBART认证格式的题名列表，并在KBART注册网站提供链接。②KB+（https://www.kbplus.ac.uk/kbplus7/）：能够提供准确和最新的数据，例如出版、许可和订购信息等。KB+与KBART推荐实施规范兼容。KB+中和KBART相关的文档可从其网站获取。诸如EBSCO、ExLibris、OCLC以及ProQuest（Serials Solutions）等机构和链接解析器使用KB+的数据提供商。③全球开放知识库（GOKb）（gokb.org/）：GOKb是开放的、业界共同管理的知识库，用于支持图书馆电子资源的管理。GOKb包括资源包、题名、托管平台、组织机构及许可等全球性的真实数据。

2019年KBART自动化工作组发布《KBART自动化：自动检索电子馆藏》后，内容提供商和知识库提供商之间可以实现KBART格式的馆藏数据及时准确地交换。随着KBART第三期工作的进一步开展，KBART报告将支持数据集、网站、音视频等更多内容类型，各项问题不断得到解决，越来越多数字资源的链接解析器商业产品接受并遵从KBART规范，如Annual Reviews出版社、英国皇家化学会（Royal Society of Chemistry，RSC）、施普林格·自然出版集团（Springer Nature）等，也有开放资源平台如OCLC等，到2020年8月，在KBART网站注册认证的内容提供商已有62家。

我国高校图书馆数字资源采购联盟由国内多所高校发起成立，各成员馆团结合作开展引进数字资源的采购工作。联盟自成立至今，已成功引进100多个外文数据库，合作的数据库商有70多家，其中已注册KBART规范的数据库商有25个。

3.2 高校方面的研究与应用

KBART数据是一种普遍被接受的数据格式，可读性强，人和机器均可读，有助于图书馆员更容易查阅和利用知识库平台的内容。随着图书馆数字资源的发展和建设，知识库逐渐成为图书馆的资源枢纽，KBART推荐实施规范在开放链接标准的支持下，可以推动高质量知识库数据在图书馆的资源列表中更好地被发现。

在业界，NISO“电子资源管理数据标准与最佳实践评估小组”（NISO ERM Data Standards & Best Practices Review）在2012年发布的《电子资源管理系统未来标准需求白皮书》将链接解析器及知识库标准列为电子资源管理相关的五大类标准之一，KBART能够实现资源获取及资源信息变更，方便知识库供应链中的成员彼此进行交互，而且KBART的数据元素完全符合电子资源管理先导计划（Electronic Resource Management Initiative，ERMI）的功能，ERMI数据元素可吸纳KBART的部分元素。2013—2014年间，美国纽约城市大学女王学院图书馆（Queens College Library，QCL）在经历了预算亏损之后，面临被取消大量电子期刊资源订购许可的危机。在采用ExLibris SFX和Microsoft Excel等工具后，女王学院图书馆力争完善KBART指南来分析永久访问许可条款下的期刊列表。[11]利用KBART规范对数据进行处理与分析后，图书馆有效识别了永久访问的期刊列表。由于生成的数据遵循KBART格式，图书馆将其迁移到知识库中用于提升内容发现服务。2016年6月，北美连续出版物集团（The North American Serials Interest Group，NASIG）第三十一届年度大会（NASIG 31st Annual Conference）上，S.米尔斯（S.Meares）、M.凡·巴勒古伊（M.Van Ballegooie）和K.威尔森（K.Wilson）介绍了“KBART深度探究”，向出版界及图书情报界分享了KBART概述、元数据交换方法、期刊和专著的KBART规范，以及如何构建符合知识库和相关工具推荐实践的标题列表的方法，并对KBART推荐实施规范中的常见问题进行讨论。[12]

信息环境下高校图书馆已经建设了丰富的数字资源馆藏，且数字资源馆藏数量仍在不断增加，资源数据管理、交换传输、资源集合定制、资源发现等问题也随之凸显，需要内容供应商和图书馆之间加强沟通和协作，促进数据与服务的融合。2015年以来，爱思唯尔（Elsevier）公司针对图书馆工作流程创建了可供图书馆员自动检索使用的API，ScienceDirect的KBART API中的许多功能为KBART自动化工作组发布推荐实施规范提供了参考依据。[13]随着用户对定制内容的需求的增加，2019年1月，KBART自动化工作组协助施普林格·自然出版集团实现了SpringerLink内容的KBART自动化，图书馆员可以立即在第三方平台上查看和检索本机构所订购的资源内容数据。[14]由于不同的内容提供商之间在数据管理上存在差异，内容提供商也根据KBART自动化推荐实施规范的相关要求积极寻求调整方案。2019年初，约翰·威利立足于图书馆用户需求，建立工作流程，在Wiley在线图书馆平台创建了内容发现页面，为Wiley平台资源产品提供KBART文件的相关服务，并为图书馆的KBART自动化实施提供协助。[15]内容提供商与图书馆建立合作与联系，获得图书馆的机构数据信息后，图书馆将机构信息发送给知识库，由知识库向内容提供商发送数据请求，内容提供商向知识库提供图书馆的期刊和专著等的KBART馆藏报告，图书馆员可以在知识库平台上查看和检索本机构所订购的资源内容数据。在知识库调度程序的支持下，图书馆可以向内容提供商发送请求，及时上传和更新知识库内容列表。如图3-2-1。[16]

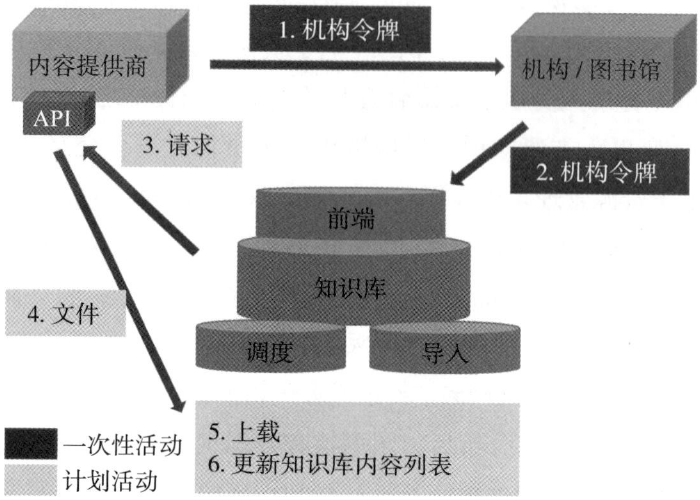

图3-2-1　内容提供商、图书馆、知识库之间的KBART自动化数据交换示意图

4　KBART规范在国内应用的相关思考与建议

4.1　KBART推荐实施规范在国内需突破应用瓶颈

目前国内不同机构和数据系统之间既独立发展，又相互合作和支持，但在数字资源描述与管理方面缺乏统一的元数据标准，KBART推荐实施规范对电子期刊、电子图书、会议论文集等类型内容的交换和管理进行规范，有助于提高图书馆电子资源管理系统知识库的准确性和更新频率。深圳大学图书馆曾在设计和开发电子资源管理系统时对KBART标准进行了研究，但最终没有促成与内容提供商的合作。目前KBART尚未在国内高校得到有效应用，对国内数字资源供应链中相关的内容提供商、知识库提供商以及图书馆等各方不具有强有力的执行效力。

图书馆作为资源建设、管理和使用的枢纽，需要为数字资源元数据的规范化与数据交换的标准化继续努力。国内图书馆联盟发展趋势较好，但多数联盟没有规范的数据中心。近年来国内图书馆界及数字资源领域对文章层级的元数据需求越来越多，而KBART第二期中馆藏元数据文档的规范和数据传输是面向期刊或专著的题名层级，而不是面向文章层级，而且对于期刊和专著类型以外的内容类型没有相应的支持，这也使KBART在国内的应用遭遇瓶颈。我国在“双一流”建设导向下，高校重视学科建设，内容提供商也不断发布面向学科或不同主题的资源包，且有的图书也按章节提供，文章或章节层级的数据是各高校和内容提供商的共同需求，KBART目前还无法实现这样细粒度的处理。KBART第三期工作组已经对相关问题展开了探讨，增加了多媒体及其他文本的内容类型，主要涉及音频、视频、图像等多媒体内容类型及博客、网站、手稿、数据集等文本内容类型，同时增加对非拉丁语系语种元数据的支持，并建议为文章及章节层级的馆藏数据提供相应的技术支持，为推进解决数据的准确性、更细粒度等问题提供参考。[17]

4.2　联盟合作与联盟元数据规范是资源建设的迫切需求

图书馆联盟的兴起促进了图书馆之间以及图书馆与数据内容提供商、系统平台提供商等的广泛合作。我国图书馆联盟发展趋势较好，以高校图书馆数字资源采购联盟（DRAA）为例，联盟成员馆越来越重视采购资源元数据的揭示和统计。近年来，DRAA不断加强数字资源的规范化建设，并持续对联盟引进的数字资源元数据进行收割和评价，推进了联盟资源包元数据质量的提高。但是联盟从内容提供商那里获取的资源包元数据，有些内容仍然存在部分题名列表不准确、国际标准连续出版物号（ISSN/EISSN）或ISBN/EISBN缺失、内容覆盖日期缺失、内容列表名称混乱等问题。无论是对教学科研还是对图书馆资源建设而言，内容提供商确保提供准确的联盟资源包内容列表十分重要。KBART工作组建议，在可能的情况下，内容提供商应尽力为特定的联盟资源包提供资源数据。这也为我国的数字资源集团采购工作带来了福音。高校图书馆数字资源采购联盟已有近700家成员馆，仅2015—2019年联盟成员馆集团采购引进数据库的总费用就高达94.76亿人民币，累计采购155个引进数据库。各成员馆对其采购的数字资源元数据需要花费很大精力去管理，元数据质量也需要进一步提高。KBART应用实践将对我国图书馆联盟及其成员馆数字资源的规范管理和应用实践具有重要的参考意义。

4.3　KBART标准有利于推动国内开放获取资源的建设和发展

开放获取是在经济环境和学术需求的形势推动下逐步发展的新领域，开放数据、数据共享、数据交流的需求也越来越多，对元数据的存储、交流和利用提出了更多新要求。近年来学术界及出版界对开放获取的探索和实践越来越多，在改善数据访问和馆藏数据传输等方面面临许多挑战。KBART第二期关注解决有关开放获取和免费内容元数据的问题，并且建议将解决开放获取资源问题的工作继续进行下去，建立一个可以下载规范化馆藏资源列表的数据交换中心。数字资源共建共享及数据交流过程中，馆藏数据及元数据的规范化是图书馆的迫切需求。数据越规范，对数据的描述就越容易被理解，更加有利于数据的交流和利用。现阶段国内对开放资源也进行了很多政策、技术等层面的相关研究和实践，建设了不同的开放资源和开放数据平台，同时也有不少非开放资源平台陆续出台开放获取政策，在混合资源平台中如何有效处理开放获取、免费和付费的不同模式，还需要进一步探索。

5 结语

随着知识与资源全球化的趋势日渐发展，数字资源建设已成为图书馆发展和服务的重要组成部分，尤其在开放获取越来越火热的学术环境下，参与国际合作成为各图书馆保持与时俱进和持续学习的不二选择。多年来CALIS与DRAA致力于推动高校图书馆资源共建，注重资源共享与国际合作。DRAA于2015年成立DRAA规范化建设工作组，开展资源建设标准规范的研究，KBART自第一期开始以提高OpenURL链接的准确性为出发点，对元数据交换和传输的方法、频率、格式等都做了细致的规范，并在第二期扩展到联盟、开放获取内容、电子书和会议论文集，被多家内容提供商认可并陆续使用。随着KBART自动化的实施和第三期各项问题的研究的开展，KBART将越来越符合数字资源交换和管理的需求，KBART格式报告也将在内容提供商、知识库、图书馆电子资源管理系统的信息供应链中起到重要的作用，如能在国内广泛地、具体地实施，有利于国内外资源合作建设的优势互补，促进数据资源供应链各利益相关者的合作共赢，也为国内标准规范体系的建立带来新技术、新方法和新思路，实现更加国际化、规范化的电子资源管理。

参考文献

［1］KBART Phase I［EB/OL］.［2020-08-03］. https://www.niso.org/node/15671.

［2］PESCH O. The KBART's Potential Beyond OpenURL Linking［J］. *The Serials Librarian*, 2014, 67(3): 231-239.

［3］Knowledge Bases And Related Tools (KBART), KBART Phase I［EB/OL］.［2023-08-20］. https://www.niso.org/node/15671.

［4］Knowledge Bases And Related Tools (KBART)［EB/OL］.［2020-08-20］. https://www.niso.org/standards-committees/kbart.

［5］Abigail Wickes. Why Not Custom KBART? Converging Trends of Automation and Migration［J］. *Serials Review*, 2018, VOL. 44(4): 257-258. https://doi.org/10.1080/00987913.2018.1583944.

［6］NISO RP-26-2019 KBART Automation: Automated Retrieval of Customer Electronic Holdings［EB/OL］.［2020-08-20］. https://www.niso.org/publications/niso-rp-26-2019-kbart-automation.

［7］Knowledge Bases And Related Tools (KBART), Work Proposal, NISO KBART Phase III［EB/OL］.［2020-08-20］. https://www.niso.org/standards-committees/kbart.

［8］本刊讯. NISO发布知识库和相关工具（KBART）推荐做法修正案［J］. 现代图

书情报技术，2014，(06): 99.

［9］Nettie Lagace. The NISO KBART Automation Working Group: Modernizing Knowledgebase Communications［J］. *Serials Review*, 2018, 44(3): 251–252: https://doi.org/10.1080/00987913.2018.1522200.

［10］NISO and UKSG Announce 30 More Publishers Endorse KBART［EB/OL］.［2020-08-24］. http://www.niso.org/news/pr/view?item_key=2cb1258029b469c4b419afcea97cfcf7f76c1d2e.

［11］BLANCHAT KM. Optimizing KBART Guidelines to Restore Perpetual Access［J］. *Collection Building*, 2015, 34(1):13–16.

［12］Ballegooie MV, Meares S, Wilson K. Deep Dive into KBART［J］. *The Serials Librarian*, 2017, 72:1–4, 15–25.

［13］KBART, the Next Generation: Why Automation Is Top Of Everyone's Wish List［EB/OL］.［2020-08-24］. https://libraryconnect.elsevier.com/articles/kbart-next-generation-why-automation-top-everyone-s–wish-list.

［14］KBART Automated Holdings Feeds: Next Generation Content Management for Libraries［EB/OL］.［2020-08-24］. https://www.springernature.com/gp/librarians/news-events/all-news-articles/industry-news-initiatives/kbart-automated-holdings/16471340.

［15］How to Kick the Knowledgebase Blues［EB/OL］.［2020-08-24］. https://www.wiley.com/network/librarians/supporting-researchers/how-to-kick-the-knowledgebase-blues.

［16］Robert Heaton, Andrée Rathemacher, Noah Levin, Christine Stohn.Six Impossible Things: Moving KBART into the Next Decade［EB/OL］.［2020-09-02］. https://digitalcommons.uri.edu/cgi/viewcontent.cgi?article=1073&context=lib_ts_presentations.

［17］Andrée Rathemacher, Noah Levin. KBART Phase III Update［EB/OL］.［2020-09-10］. https://www.niso.org/events/2020/06/niso-annual-members-meeting-and-standards-update.

［注］本研究报告根据笔者的如下文章修改：

姚晓霞，刘娟娟，邓石，薛燕. 突破开放链接瓶颈的数字资源规范KBART解析［J］. 图书情报工作，2018，62（6）。

第四章　电子期刊的展示与标识 PIE-J

第一节　标准规范译者

陈　娟　向佳丽（厦门大学图书馆）

尹杨玥（加拿大不列颠哥伦比亚大学亚洲图书馆）

林秀丽（香港大学图书馆）

姚晓霞　肖　珑（北京大学图书馆）

薛　燕（美国加州大学伯克利分校东亚图书馆）

邓　石（美国加州大学圣地亚哥分校图书馆）

第二节　研究报告作者

向佳丽（厦门大学图书馆）

林秀丽（香港大学图书馆）

基本信息

名称：PIE-J：电子期刊的展示与标识

简称：PIE-J

发布时间：2013年3月25日

发布时间（中译本）：2018年6月13日

标准规范编号：NISO RP-16-2013

修订时间：

修订后编号：

主要责任者：美国国家信息标准协会PIE-J工作组

中文版译者：陈娟　向佳丽　尹杨玥　林秀丽　姚晓霞　肖珑　薛燕　邓石

类型：推荐实施规范

关键词：电子期刊，元数据，展示与标识

摘要：该推荐实践规范向出版商和平台提供商提供电子期刊编排上的指导，尤其在刊名编排、ISSN准确使用、引用实践等方面，以及解决某些连续出版物馆员长期关注的问题。

英文版国际标准书号（ISBN）：978-1-937522-05-6

中文版国际标准书号（ISBN）：978-1-937522-83-4

英文版链接：https://www.niso.org/publications/rp-16-2013-pie-j

中文版链接：http://www.libconsortia.edu.cn/Standard/list.action

其他关联标准规范：

ISO 8:2019　信息与文献　期刊的展示与标识

NISO RP-21-2013　分析优化开放链接（IOTA）：面向链接解析器供应商的推荐规范

NISO RP-9-2014　知识库及其相关工具推荐实施规范

NISO RP-26-2019　KBART自动化：自动检索电子馆藏

NISO RP-24-2019　转让实施规则4.0版

NISO RP-15-2013　期刊文章在线补编材料推荐实施规范

Introduction

Title: PIE-J: The Presentation & Identification of E-Journals

Abbreviation: PIE-J

Publication Date: March 25, 2013

Publication Date (Chinese Version): June 13, 2018

ANSI/NISO Serial Number: NISO RP–16–2013

Revised Date:

Revised ANSI/NISO Serial Number:

Creator: National Information Standards Organization PIE-J Working Group

Chinese Version Translated By: Juan Chen, Jiali Xiang , Crystal Yin, Connie Lam, Xiaoxia Yao, Long Xiao, Susan Xue, Shi Deng

Type: Recommended Practice

Keywords: e-journals, metadata, presentation and identification

Abstract: This Recommended Practice was developed in order to provide guidance on the presentation of e-journals—particularly in the areas of title presentation, accurate use of ISSN, and citation practices—to publishers and platform providers as well as to solve some long-standing concerns of serials librarians.

English Version ISBN: 978–1–937522–05–6

Chinese Version ISBN: 978–1–937522–83–4

English version URL: https://www.niso.org/publications/rp–16–2013–pie-j

Chinese version URL: http://www.libconsortia.edu.cn/Standard/list.action

Relation:

ISO 8:2019　Information and Documentation — Presentation and Identification of Periodicals

NISO RP–21–2013　Improving OpenURLs Through Analytics (IOTA): Recommendations for Link Resolver Providers

NISO RP–9–2014　Knowledge Bases and Related Tools (KBART) Recommended Practice

NISO RP–26–2019　KBART Automation: Automated Retrieval of Customer Electronic Holdings

NISO RP–24–2019　Transfer Code of Practice (Version 4.0)

NISO RP–15–2013　Recommended Practices for Online Supplemental Journal Article Materials

第一节　PIE-J：电子期刊的展示与标识

关于NISO推荐实施规范

A NISO Recommended Practice is a recommended "best practice" or "guideline" for methods, materials, or practices in order to give guidance to the user. Such documents usually represent a leading edge, exceptional model, or proven industry practice. All elements of Recommended Practices are discretionary and may be used as stated or modified by the user to meet specific needs.	美国国家信息标准协会（NISO）的推荐实施规范以引导使用者为目的，推荐在方法、资料或具体操作上的“最佳实践”或“指南”。这些文件通常代表某前沿领域、优秀模式，或公认的行业惯例。推荐实施规范中所有元素都可以由用户酌情采用，既可全部采纳，又可为满足特定需要修改使用。
This recommended practice may be revised or withdrawn at any time. For current information on the status of this publication contact the NISO office or visit the NISO website (www.niso.org).	本推荐实施规范可能会随时被修改或撤销。有关本出版物的现状信息，请联系NISO办公室或访问NISO网站（www.niso.org）。

中文译本ISBN：978–1–937522–83–4

This translation has been provided as a service to the library community by the Task Group on Translation and Research Project on Electronic Resources Standards and Recommended Practices, consisting of members from the Council on East Asian Libraries (CEAL), China Academic Library & Information System (CALIS)/Digital Resource Acquisition Alliance of Chinese Academic Libraries (DRAA).	应图书馆行业所需，北美东亚图书馆协会（CEAL）、中国高等教育文献保障系统（CALIS）暨高校图书馆数字资源采购联盟（DRAA）提供此中译本。
Translated by: Juan Chen, Jiali Xiang, Xiamen University Library	翻译： 厦门大学图书馆：陈娟、向佳丽
Reviewed by: Crystal Yin, University of British Columbia Asian Library Connie Lam, University of Hong Kong Libraries	审校： 不列颠哥伦比亚大学亚洲图书馆：尹杨玥 香港大学图书馆：林秀丽
Reviewed & edited by: Xiaoxia Yao, Long Xiao, Peking University Library Susan Xue, University of California, Berkeley Libraries Shi Deng, University of California, San Diego Library	总审与统稿： 北京大学图书馆：姚晓霞、肖珑 加州大学伯克利分校东亚图书馆：薛燕 加州大学圣地亚哥分校图书馆：邓石

前言

有关本推荐实施规范

引文是众多学术研究的基础。开放链接（OpenURL）系统和其他参考链接系统的目标是连接研究人员与其所需要的内容。准确识别内容必须具备以下两点：首先，引用的必须是文章发表时期刊的刊名，这可能与期刊目前的刊名不同；其次，必须使用正确的国际标准连续出版物号（ISSN），以便链接能被准确地解析。尽管学术出版界已广泛将数字对象唯一标识符（DOI）作为文章的永久链接，研究人员仍继续依赖已存在的引文和引文元素来访问学术期刊和通俗杂志中的文章（见附录D：CrossRef和DOI）。

除非期刊网站准确并统一地列出涵盖其出版内容的所有刊名，否则用户对所期望内容的访问将显著减少，图书馆、出版商、供应商或研究人员都非赢家。例如，在他们的网站上，许多电子期刊出版商和集成商将发表在早期刊名上的数字化内容放置在当前刊名下，并使用当前的ISSN，从而严重阻碍了研究人员对所需内容的寻找和识别。在网站上仅使用最新的期刊刊名对研究人员来说实属帮倒忙，他们或者不能找到所需要的内容，或者会错误引用从而导致未来无法找到该项内容。研究人员在查寻错误引用的文章时常常认为该篇文章无法获得，实际是因为他们用错误的刊名进行检索。只要是基于引用的学术体系占主导地位，出版商和平台提供商就需要关于如何呈现期刊内容的指南，以便帮助用户通过正确的引文访问其内容。

辛迪·赫弗（Cindy Hepfer，布法罗大学技术服务中心连续性资源编目组长）、史蒂夫·沙德尔（Steve Shadle，华盛顿大学连续出版物编目馆员）、雷吉娜·雷诺兹（Regina Reynolds，美国国会图书馆国际标准连续出版物号中心主任）、海恩·阮（Hien Nguyen，美国国会图书馆CONSER专家）和莱斯·霍金斯（Les Hawkins，美国国会图书馆CONSER项目协调员）向NISO递交一份提案，希望制定解决这些问题的推荐实施规范。该提议于2010年2月经NISO商务信息专题委员会批准通过。

本推荐实施规范的制定是为了向出版商和平台提供商提供电子期刊展示——尤其在刊名展示、ISSN准确使用、引用实践等方面的指南，以及解决某些连续出版物馆员长期关注的问题。

NISO专题委员会成员

本推荐实施规范获批准时，商务信息专题委员会包括以下成员：

Ivy Anderson
California Digital Library

Denise Davis, Co-Chair
Sacramento Public Library

Herbert Gruttemeier
Institut de l'Information Scientifique et Technique (INIST)

William Hoffman
Swets Information Services

Norm Medeiros
Haverford College

Christine Stamison
Swets Information Services

Timothy Strawn
California Polytechnic State University

Karla Strieb, Co-Chair
Ohio State University Libraries

Gary Van Overborg
Scholarly iQ

Charles Watkinson
Purdue University Libraries

Michael Zeoli
YBP Library Services

NISO电子期刊展示与标识工作组成员

以下人员服务于NISO电子期刊展示与标识工作组，该组制定并批准本推荐实施规范：

Robert Boissy, Co-Chair
Springer

Edward Cilurso
Taylor & Francis

Sheri Meares
EBSCO Information Services

Nancy Murray
Ithaka/JSTOR/Portico

Patricia Feeney
CrossRef

Cindy Hepfer, Co-Chair
University at Buffalo

Laurie Kaplan
Serials Solutions

Kathy Klemperer
Harrassowitz

Lou Knecht
National Library of Medicine

Regina Romano Reynolds
U.S. ISSN Center, Library of Congress

Rose Robinson
Publishing Technology plc

Steve Shadle
University of Washington

Andrea Twiss-Brooks
University of Chicago

致谢

电子期刊展示和标识工作组特别感谢以下非正式工作组成员的贡献：

Janet Carter
University of California, Los Angeles

Les Hawkins
Library of Congress

Cynthia Hodgson
NISO

Annette Hooss
Harrassowitz

Nettie Lagace
NISO

Shane Marmion
William S. Hein & Co

Elisabeth Moscara
IEEE

Karen Wetzel
NISO (formerly)

Hazel Woodward
Cranfield University

Kathleen Sheedy
American Psychological Association

工作组同样想感谢授权在推荐实施规范和刊名历史来源中使用其网页截图的机构：

ACM, ACS Publications Division, American Institute of Physics, ASME Journals, BMJ Group, Cambridge University Press, EBSCO Publishing, Elsevier, Empire State STEM Learning Network, Guilford Press, IEEE, ISSN International Centre, J-Stage, John Wiley & Sons, Library of Congress, MDPI, Metapress, Nature Publishing Group, OCLC, Oxford University Press, Project Muse, ProQuest LLC, PubMed Central, SAGE Publications, Society of Rheology, Springer Publishing Co., Taylor & Francis LLC, University of Pittsburgh School of Law, and William S. Hein & Co..

商标、服务标识

1 导言

1.1 目的与范围

本推荐实施规范指南为电子期刊出版商和供应商提供指导，以确保即使时间推移，电子期刊内容仍能被用户可靠地发现、引用和访问。

电子期刊（e-journals）是全球学术基础建设的关键组成部分。与纸本期刊一样，电子期刊的内容及其有关元数据已成为历史学术记录的一部分。引用纸本期刊的文章，以及如今引用电子期刊的文章，构成众多学术研究的基础。

电子期刊的出版商和供应商会为其网站设计的多样化感到自豪。然而，展示、标识和链接这些网站上所列出的出版物的方式，会使得最终用户发现和访问文章的任务或轻松，或沮丧，甚或徒劳无功。雷吉娜·罗马诺·雷诺兹和辛迪·赫弗在其发表于《信息标准季刊》（*Information Standards Quarterly*，第21卷第2期，18—24页）上的文章《寻找电子期刊展示的最佳实践》（In Search of Best Practices for the Presentation of E-Journals）中已经对有关问题做了很好的归纳。

NISO电子期刊展示和标识工作组的目标是传播简洁的指南，指南中尽可能少用行话，并提供如何良好展示在线期刊内容的清晰案例。

本推荐实施规范指南解决以下问题：

- 保留最初发表文章的刊名和引用信息；
- 刊名历史的显示，包括与刊名变更及相应元数据相关的信息；
- 显示期刊不同格式和刊名变更时正确的ISSN；
- 保留和显示期刊出版历史上重要的出版信息，包括出版商名称、清晰的卷期号和出版日期、编辑和编辑委员会、资助机构和出版频率；
- 图形设计和包含有助于对所有内容进行访问的信息；
- 回溯数字化的特殊考虑。

电子内容的展示是一个广泛而详细的话题，其中许多方面未包含在此推荐中。PIE-J工作组的目标是确保随着时间的推移，用户能够可靠地发现、引用和访问电子期刊的内容。为实现这一目标，本推荐实施规范着意针对电子期刊——无论原生或回溯数字化电子期刊——只关注刊名信息展示和相关的元数据元素，以及与刊名标识和内容永久访问相关的实践。

具体地说，本推荐实施规范不涉及或不适用于：

- 连续更新的内容，即“集成资源”，诸如数据库、活页服务、众多参考工具书以及大多数的网站。集成资源的关注点是展示当前的内容，而不是对早期内容的长期发现和访问。

- 期刊网站设计的诸多方面，除非这些方面与刊名的恰当展示、刊名的历史相关，或能够有助于内容的迅速访问；
- 期刊应当如何出版的整体方面的许多问题（学术期刊和其他杂志出版指南见“ISO 8:1977 期刊展示格式”①）；
- 虽然本电子期刊展示和标识未讨论美国康复法案第508节有关网站可访问性的标准，但出版商和供应商在整体网站设计中还是应考虑网站的可访问性。更多详细信息，参见http://www.section508.gov/index.cfm?fuseAction=1998Amend。

本推荐实施规范指南的应用将改善用户对资源的发现和访问。这将有利于研究人员、作者、图书馆员、在线供应商和出版商。作者的文章将不会因善意但曾经不正确的引用而“丢失”；研究人员将能找到他们所需的信息；图书馆员将能更好地管理馆藏；在线供应商和出版商将因出版物使用率的上升而获益。同样重要的是，视期刊历史上的不同刊名为单独的刊名，将使出版商增加数据包中的期刊数量，同时也和图书馆报告的馆藏数量更为接近。此外，期刊出版历史上所有的刊名都显示并为研究人员所发现，期刊整体使用量以及被更多引用的可能性也将增加。

建设性建议贯穿于本推荐实施规范指南，既帮助原生数字内容的展示，也支持最初仅以纸本形式出版而后续数字化的期刊内容，附录部分的实例，旨在表明有很多方法可以提供清晰和准确的信息，以促进电子期刊内容的长期访问。

1.2 术语及其定义

以下术语在本推荐实施规范中使用时具有以下含义：

- 后附文、后页（back matter）：指任何印刷在期刊末尾、主要文章之后的资料。可能包括参考书目、索引、尾注、广告商名单、读者回复卡等。
- 原生数字期刊（born-digital journal）：一种最初以数字形式出现的电子期刊，尽管它也可能同时以纸本形式出版。相对于“回溯数字化内容”而言。
- 年代（chronology）：出版商用于标识单个或连续出版物所使用的日期，即涵盖的日期。
- 引用刊名（citation title）：引用某期刊文章时该期刊所使用的刊名。
- 现刊名（current title）：现在正在使用的刊名。亦可参考前刊名和后续刊名。
- 数字对象唯一标识符名称（Digital Object Identifier，DOI name）：描述DOI系统内唯一对象的字符串。DOI®是数字对象标识符的首字母的缩略词。更多有关DOI的

① 原文如此，应为“ISO 8:1977，文献—期刊展示格式”（ISO 8:1977 Documentation-Presentation of Periodicals）。——译者注

参考资料见附录D和附录E。

- 电子期刊（electronic journal，e-journal）：可以通过电子传输方式访问或通过电子（与实体相反）的方式传输的期刊。虽然通常在网站发布，但是也可以通过诸如电子阅读器等移动设备来递送。
- 编次（enumeration）：出版商在多卷或连续单元上使用的顺序数字/字母标识，用于标识各个体书目或实体单元，以展示每个部分和作为整体的书目单元的关系（示例：卷和期，例如“第4卷，第10期”）。亦可参考年代。
- 前刊名、曾用名（former title）：之前的刊名。刊名可能会因所有权、涵盖范围、内容以及分割或合并等变化而更改。参见“后续刊名”。
- 出版频率（frequency）：连续出版物出版的预定期限，例如每月、每季度。
- 前辅文、前页（front matter）：在正文第一页之前，即主要文章之前的所有信息。可能包括简书名、扉页（通常在第一页或题名页之后的说明，在图书中更为常见）、题名页、目次、编辑寄语或读者来信、致谢（贡献者目录）、插图目录、表格目录、编辑和编辑委员会成员姓名、刊头信息，也可能包括“标题信息”或“期刊导航”标识，它们通常包括了期刊本身的元数据或某期某篇文章的元数据。
- 国际标准连续出版物号（ISSN）：国际标准连续出版物号，是连续出版物或其他连续性资源以特定介质出版时的唯一标识（ISO 3297）。
- 链接ISSN（ISSN-L）：由ISSN网络指定的连接ISSN以实现连续性资源的不同介质版本之间的配置或链接（ISO 3297）。
- 链接解析器（link resolver）：一个自动化系统，能将引文元数据自动转换为可能发现所引用内容的一个或多个网络地址。
- 主要刊名变化（major title change）：刊名有重大变化，需申请新的ISSN和书目描述，由ISSN和图书馆编目规则决定。
- 元数据（metadata）：提供有关其他数据信息的数据。典型的期刊元数据包括刊名、ISSN、日期、出版商和主题信息。
- 出版商（publisher）：委托、创建、收集、验证、编辑、管理和发布纸本/电子格式信息的个人或机构。
- 回溯数字化内容（retroactively digitized content）：最初未以电子形式出版，但之后转换为电子媒介的内容。
- 资助机构（sponsoring bodies）：诸如社团、公司和政府实体等，通常与期刊的出版商共同列出。
- 后续刊名（succeeding title）：替代原刊名的期刊题名，也称为“后刊名”。另见“前刊名”。

- 刊名缩写（title abbreviation）：刊名的缩写，通常根据某种缩写方案的规定创建，如ISO 4。
- 刊名历史（title history）：期刊相继使用刊名的完整回溯，列出从第一期到最新出版期号所使用的所有刊名。

2　推荐实施规范

2.1　刊名与引用信息

对于需要获取完整原文的使用者来讲，保留期刊原名与引用信息至关重要。

2.1.1　以显著、清晰和一致的方式在期刊的所有内容页中管理刊名的地方标明期刊全名。

2.1.2　期刊的所有不同版本（例如印刷、电子/在线、光盘）都使用相同的刊名。

2.1.3　将文章、期号、卷号和日期与其出版时所用刊名相关联。刊名之下要以曾用刊名标识当时出版所有内容，而不是用现刊名。

2.1.4　构建“引用”功能时，使用文章发表时的刊名、卷号、期号和日期。

2.1.5　确保期刊出版商或提供商传递的所有出版信息（例如目次通知、提供给链接解析器的信息，以及数据输出、电子邮件引用或文章）均为该文章发表时的刊名和其他标识引用信息。

2.2　刊名变更与刊名历史

新的刊名变更应当合理，并申请新的ISSN。尽可能向使用者提供完整的刊名历史，以清晰地显示前后题名之间的关系。图书馆员可能是了解刊名历史有关信息的绝好来源。

2.2.1　确保对现有刊名的更改是基于期刊内容或者收录范围的更改。避免对刊名进行修饰性的更改，这可能会让使用者感到混乱或失去品牌影响力。

2.2.2　在更改刊名之前，向相应的ISSN中心进行咨询，以判断刊名更改对ISSN和刊名缩写的影响。参见附录C。

2.2.3　刊名更改应从新一卷或新出版年开始时进行。

2.2.4　提供刊名历史。包括完整的期刊题名、出版日期范围、现用刊名的ISSN。如果适用的话，至少还应提供其最近前刊名/后续刊名。参见附录B和附录C。

2.3　国际标准连续出版物号（ISSN）

提供准确完整的ISSN，可以让使用者通过链接服务获取期刊，也便于图书馆标识和管理电子期刊。期刊的纸本和电子版要求配置单独的ISSN，并且刊名的每次重大更改也需要配置不同的ISSN。链接ISSN服务会将同一刊名下所有格式的期刊聚集到一起。参见附录C。

2.3.1 确保期刊曾使用过的各个刊名均有各自的ISSN。向相应的ISSN中心核对ISSN数据。

2.3.2 确保期刊的每种格式均有自己的ISSN。向相应的ISSN中心申请所需的ISSN。

2.3.3 显示同一刊名的所有ISSN并详细注明各ISSN对应的格式。例如，ISSN XXXX-XXXX（纸本）、ISSN YYYY-YYYY（在线）、ISSN-L XXXX-XXXX（链接ISSN）。

2.4 编次与年代系统

编号系统有助于使用者了解他们是否获取了已出版的所有内容。出版日期对于表示信息的及时性或时间段至关重要。

2.4.1 在开始使用一个新题名时，应使用清晰简明的编次系统。例如Vol.1、No.1（2011 Jan 3）。

2.4.2 至少应标明出版日期。

2.4.3 平列期刊的标识信息（诸如卷号、期号和页码），并尽可能在该刊各个版本中保持标识一致。例如，介绍一份过去仅有纸本的电子期刊时，应在其电子版中使用纸本的编次系统。

2.4.4 将期刊内容公布在网上时，应使用原来的编次和年代系统，而不应依据新设的编次和年代系统对原有内容进行回溯性重新编号。

2.5 出版信息

为了保存期刊的历史以及编辑人员的信息，期刊网站上应长期显示并保留相关重要信息，以便为读者了解期刊内容提供背景资料。

2.5.1 提供“关于期刊”或“期刊信息”页面，包含以下重要的标识信息：编辑和编辑委员会成员、ISSN、出版商名称（和地址）、资助或责任机构、范围和目的、出版频率、出版或版权日期、刊头信息、勘误和撤回政策。如果可能，还应包括诸如规范准则和同行评议状态之类的相关信息。确保各卷号均保留这些信息。

2.5.2 在期刊的网站上清晰地标明期刊的刊名历史并提供相应的链接。

2.5.3 保留独特的期号级非文章信息，例如期刊的前页和后记、期刊封面或其他期号级元数据或信息。

2.5.4 提供相关链接或联络信息，以方便图书馆员就书目历史或刊名显示提出意见或疑问。

2.6　内容的获取

对于当前的和潜在的读者而言，发现期刊全文的能力相当重要。同时，对于促进学术研究的信息最终传播来讲，这种能力也不可或缺。

2.6.1　提供期刊现用名和全部曾用名的展示以及搜索途径，以保证该网站所管理的期刊的所有题名均可通过浏览列表和搜索功能获取。

2.6.2　清晰展示所有的卷号、期号和出版日期。

2.6.3　使用目录（包括勘误表），以便于使用者浏览和了解期刊的当前情况。

2.6.4　对于电子期刊网站上无法显示或提供检索的内容，例如现在的出版商不享有版权的较早内容，尽量标明获取途径。如可行，提供其他网站的链接。

2.6.5　无论是从纸本转电子的期刊还是原生的电子期刊，保留其出版时的所有内容。不要对其内容删减、重新命名或重新编号。

2.7　纸本数字化内容的保存

进行纸本期刊数字化的项目，可参照2.1至2.6以及2.7中的相关条款。即使某些内容缺失，数字化工作仍应当继续开展。可咨询图书馆员获取相关建议，并据此开展原始资料数字化工作。

2.7.1　将期刊的原始卷或期、封面封底以及所有的内部页面全部数字化，包括空白页、部分空白页以及广告（广告也是历史记录的组成部分）。

2.7.2　将可以获取的所有内容数字化，即使内容不完整，但要清楚地指明缺失的部分。这种做法方便使用，此外，未来如发现缺失的内容并将其继续数字化时，也能够准确地将缺失部分插入期刊中。

附录A：实例

本附录通过使用屏幕截图，为PIE-J推荐实施规范提供实例，这些截图大多是2011年秋经许可从各电子期刊出版商和服务提供商网站上截取的。虽然所有例子描述的都是英文电子期刊，但PIE-J指南同样适用于非英文电子期刊。有些例子阐释了最佳实践但同时也存有疑问，这种情况也证明了PIE-J的必要性。各实例的关注点已被点明并加以解释（带有红框、箭头/文本），因为它们至少强调了本推荐实施规范的部分具体条款。最后，如目的和范围章节所指出的，PIE-J附录A表明，有多种方式可以提供清晰准确的信息以便于电子期刊内容长期访问。

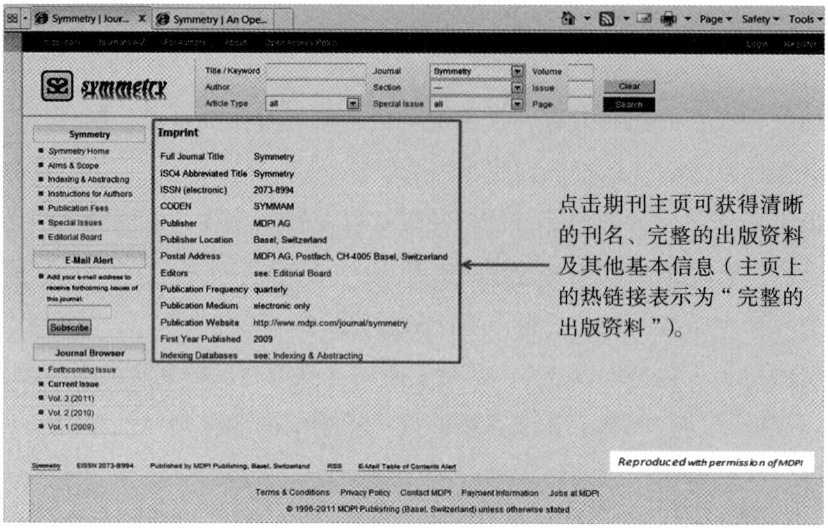

例1　与“规范”正文2.5.1相关

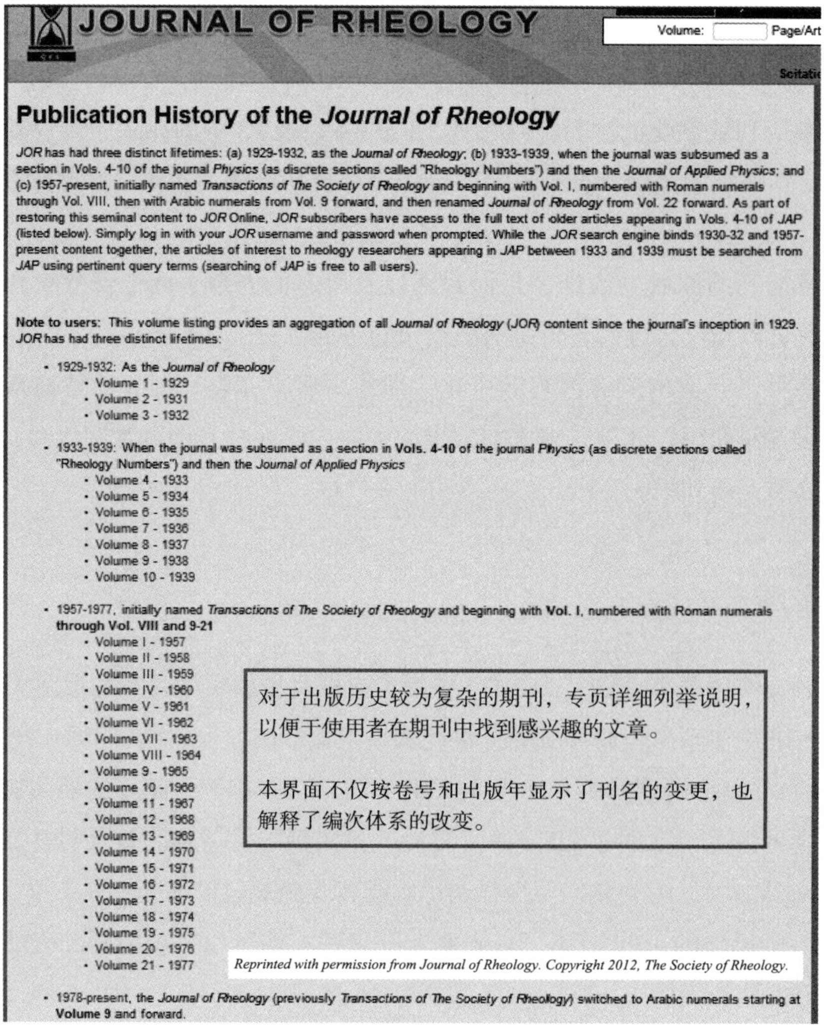

例2　与“规范”正文2.2.4相关

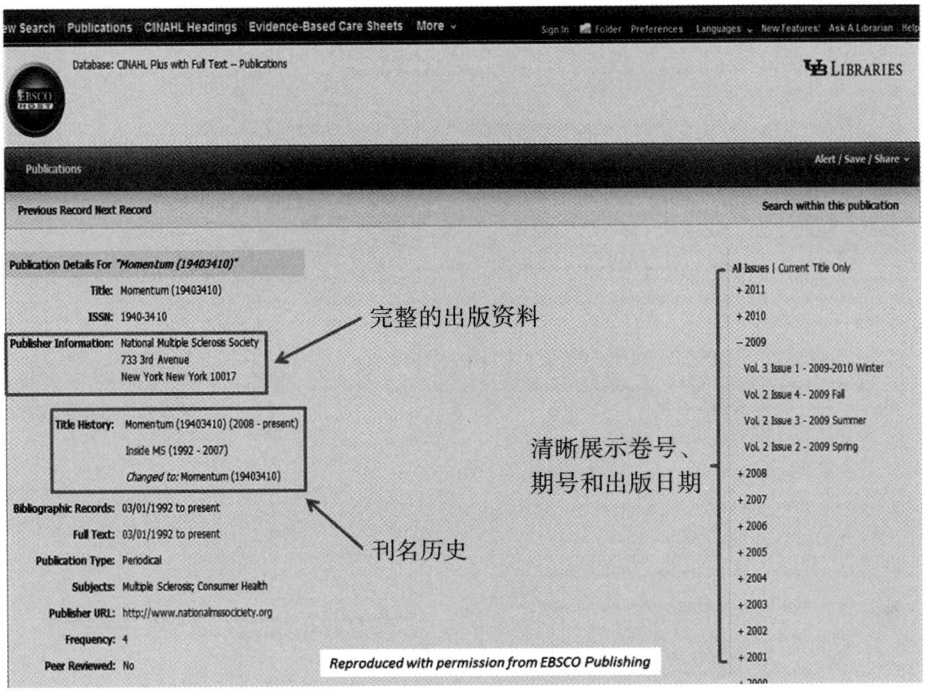

例3　与“规范”正文2.2.4、2.5.1和2.6.2相关

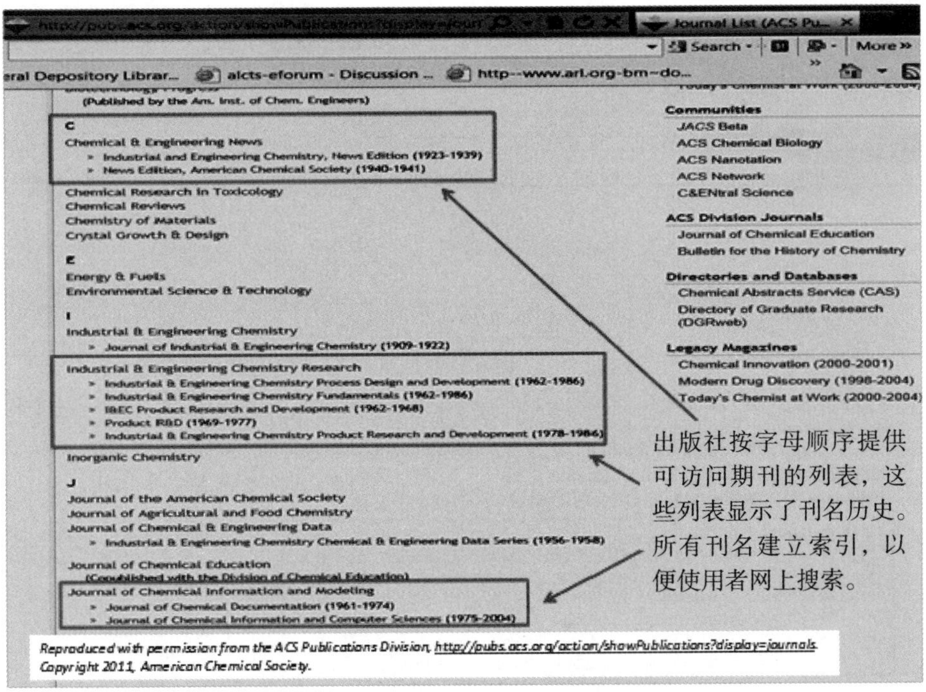

例4　与“规范”正文2.2.4和2.6.1相关

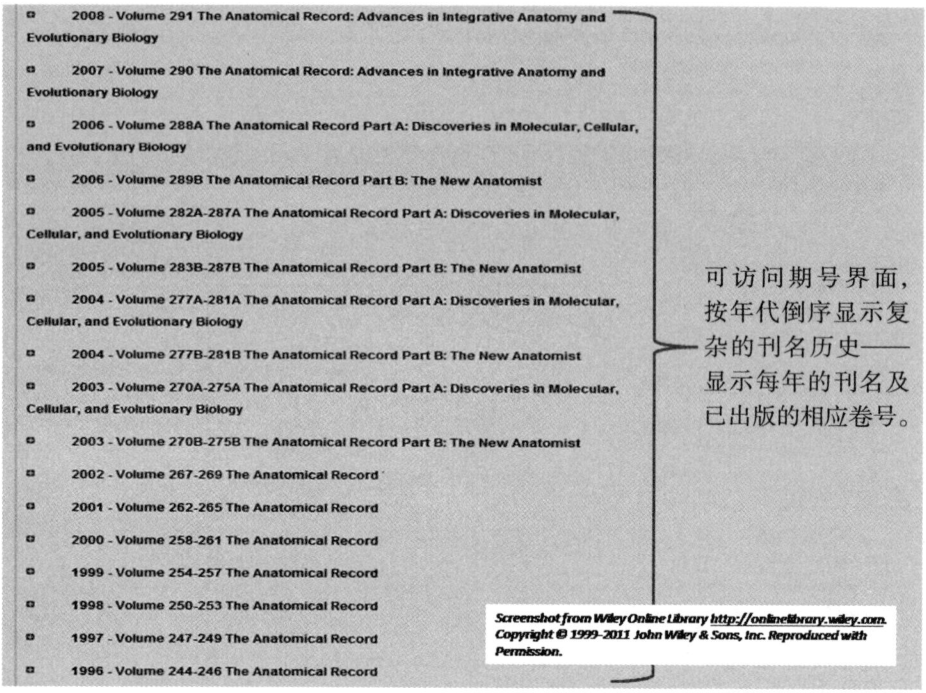

例5　与“规范”正文2.2.4相关

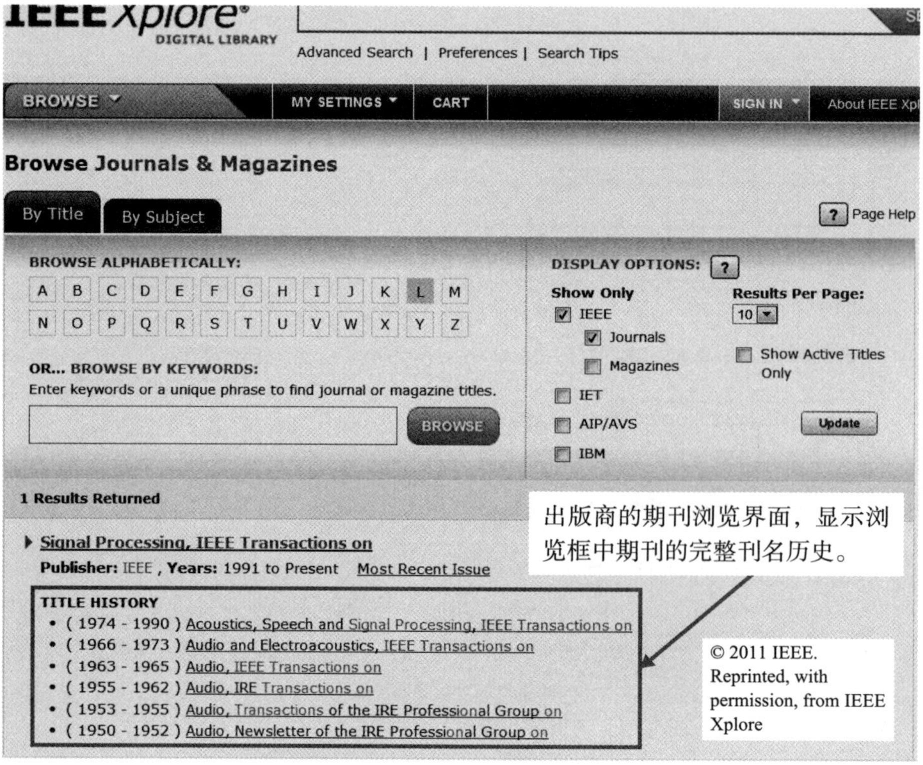

例6　与“规范”正文2.2.4和2.6.1相关

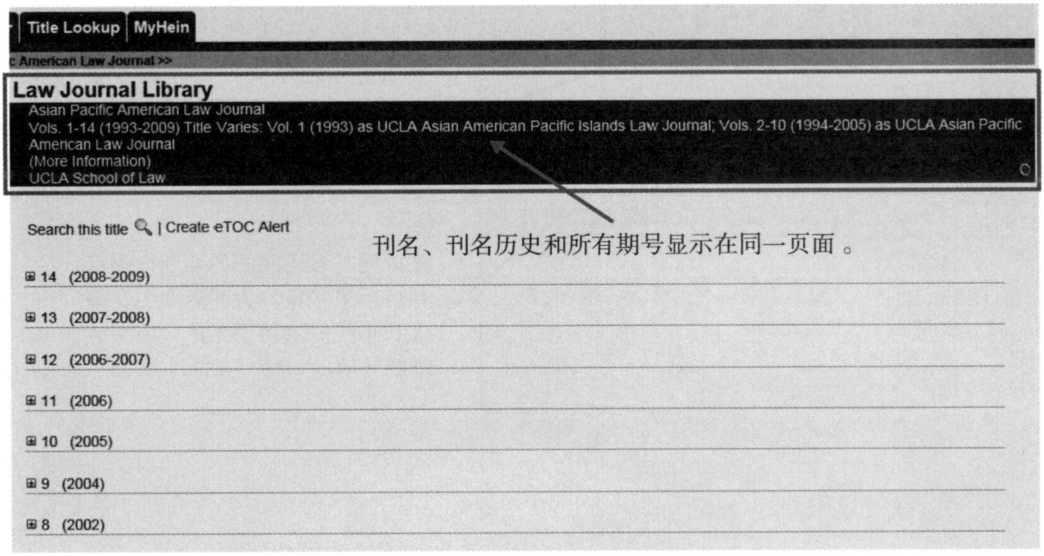

例7　与“规范”正文2.2.4相关

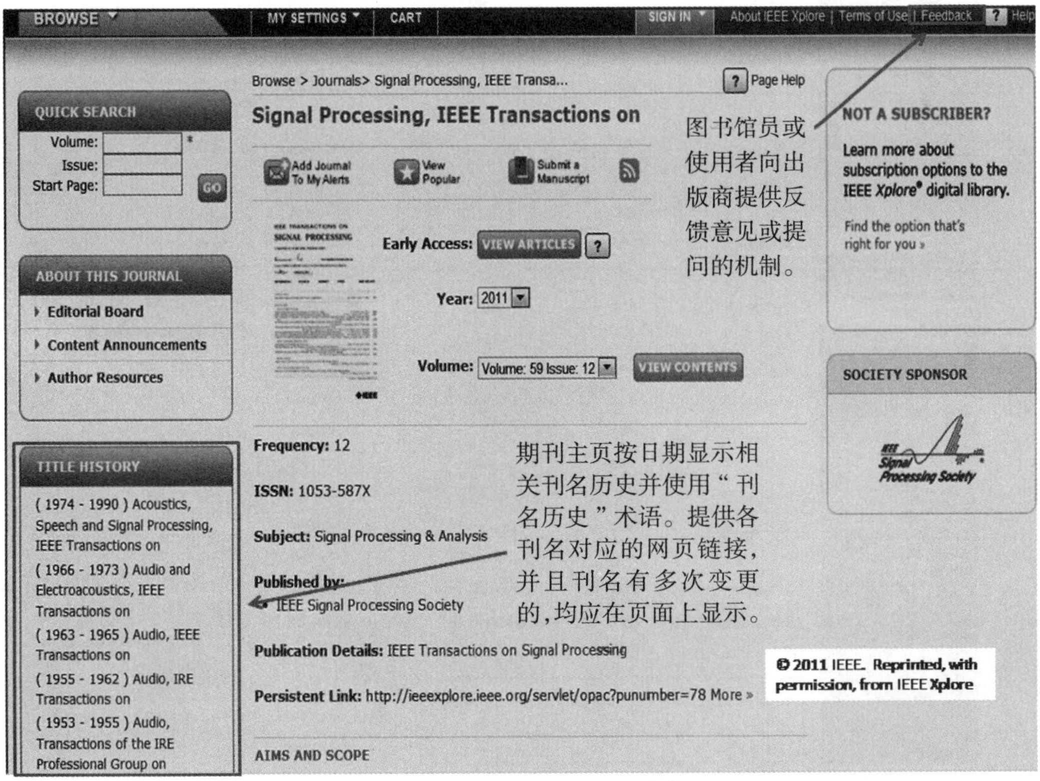

例8　与“规范”正文2.2.1、2.2.4和2.5.4相关

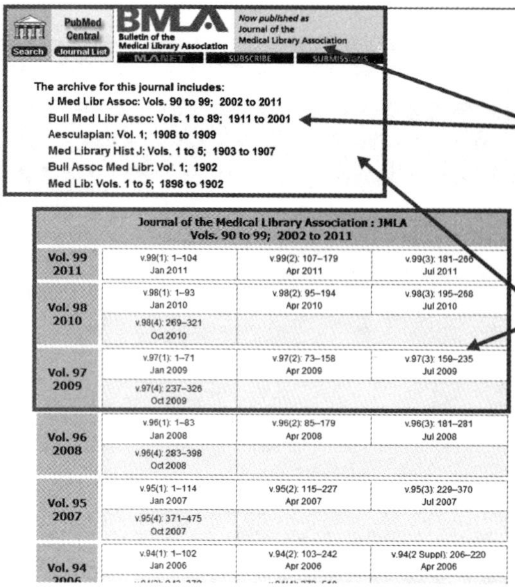

页眉显示使用者当时正在查找《医学图书馆协会公报》，在同一页面上该期刊现用题名为《医学图书馆协会杂志》。

该页面上可访问的各期刊均附有刊名历史链接，为刊名变更、编次和年代提供易于浏览且层次清晰的导航。

Reproduced with permission of PubMed Central,
http://www.ncbi.nlm.nih.gov/pmc/journals/72/

例9　与“规范”正文2.2.4、2.4.4、2.6.1和2.6.2相关

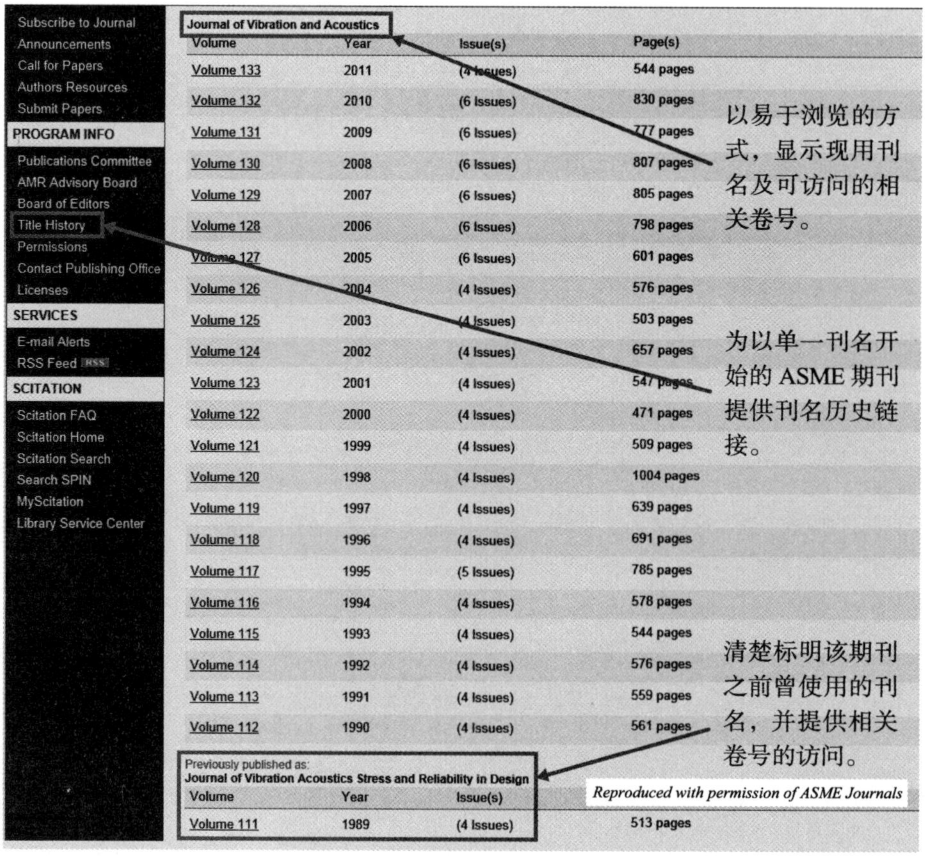

以易于浏览的方式，显示现用刊名及可访问的相关卷号。

为以单一刊名开始的ASME期刊提供刊名历史链接。

清楚标明该期刊之前曾使用的刊名，并提供相关卷号的访问。

Reproduced with permission of ASME Journals

例10　与“规范”正文2.2.4和2.5.2相关

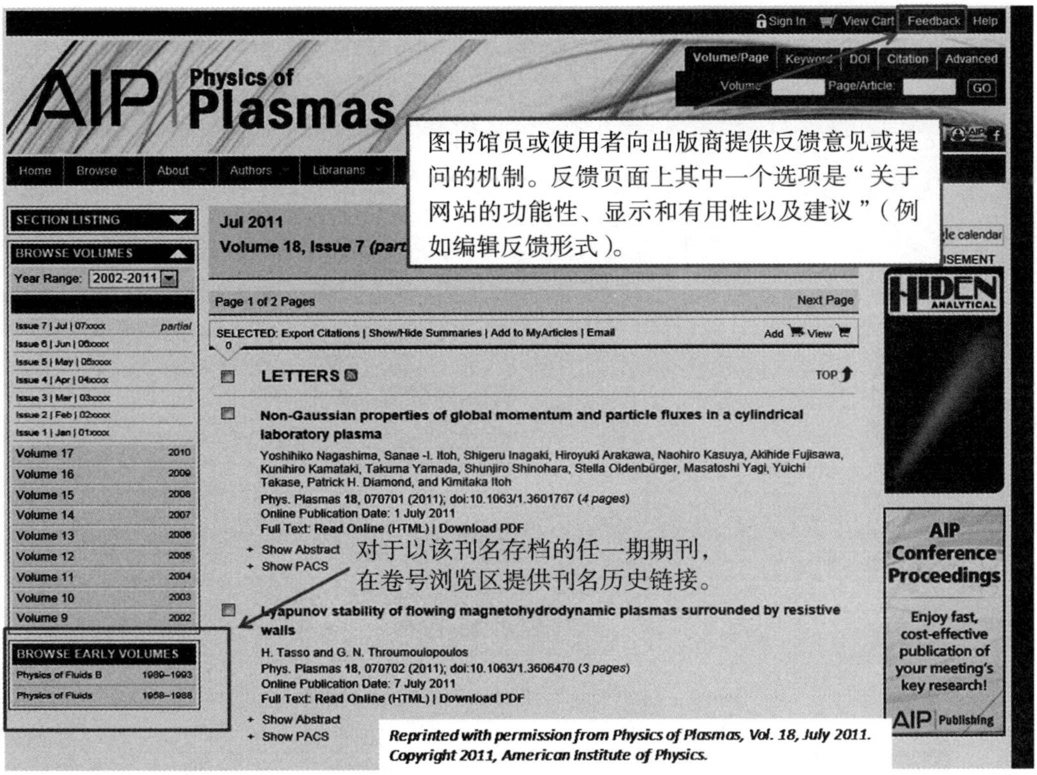

例11　与“规范”正文2.2.4和2.5.4相关

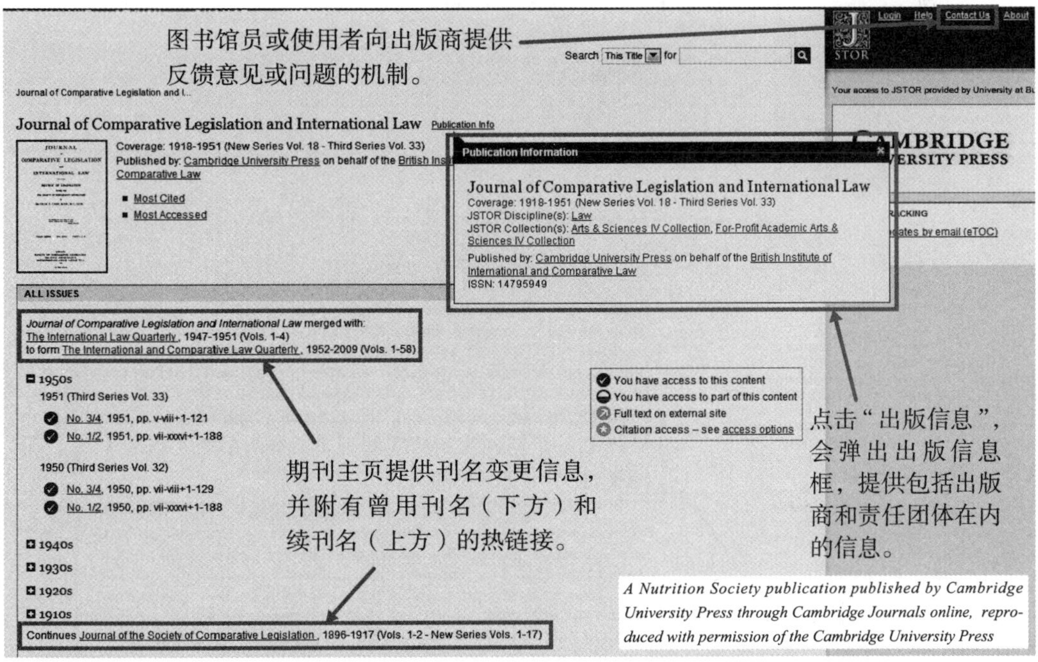

例12　与“规范”正文2.2.4、2.5.1和2.5.4相关

例13 与“规范”正文2.2.3和2.2.4相关

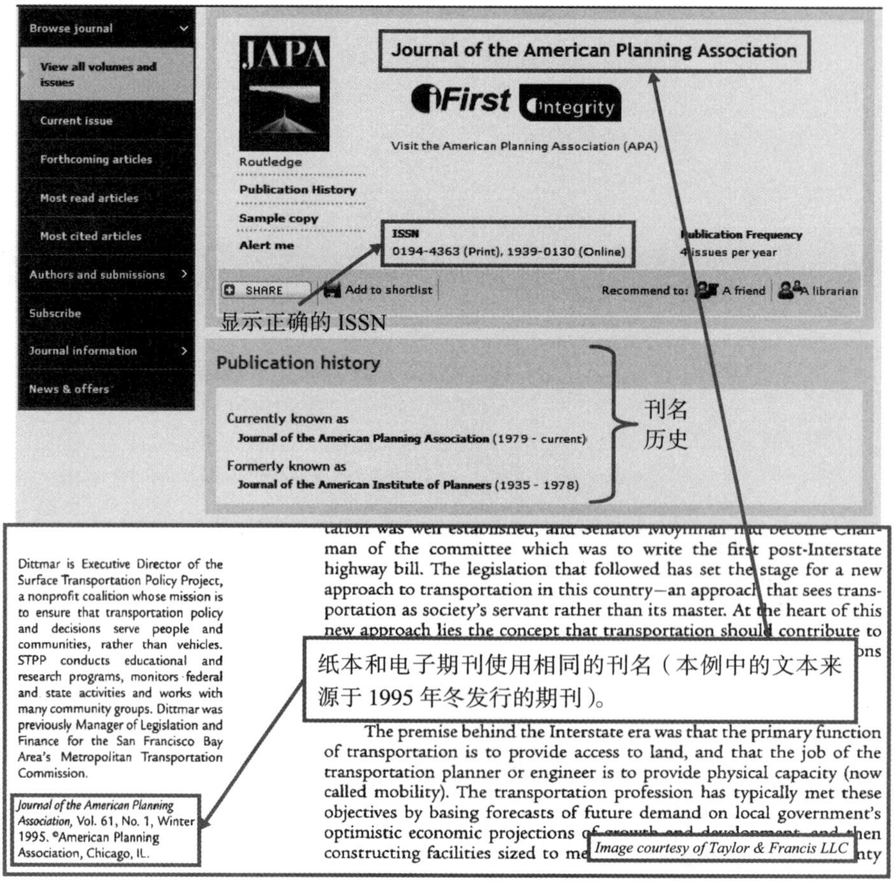

例14 与“规范”正文2.1.2、2.2.4和2.3.3相关

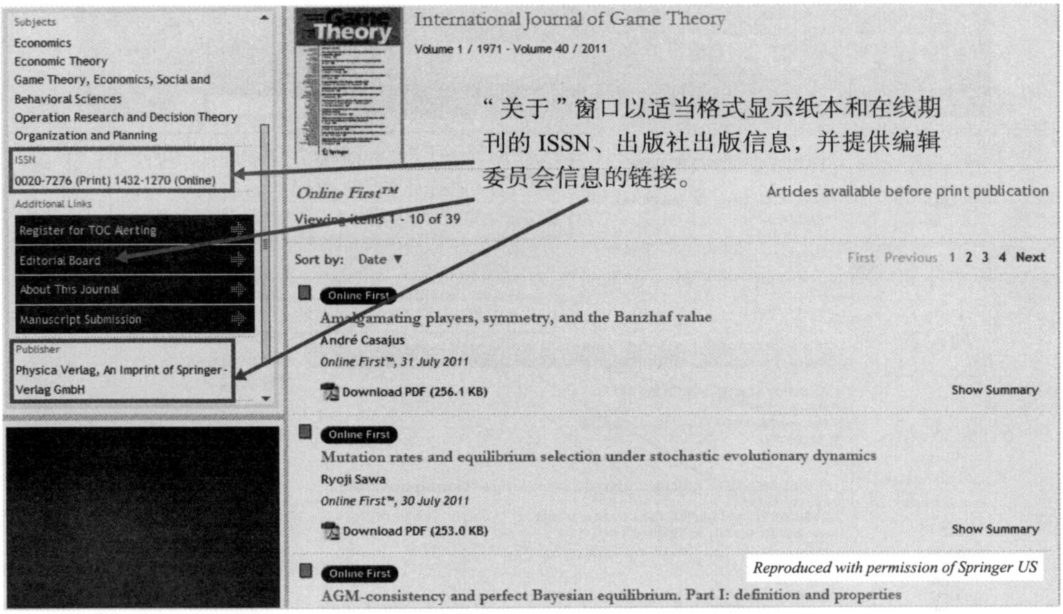

例15　与“规范”正文2.3.3和2.5.1相关

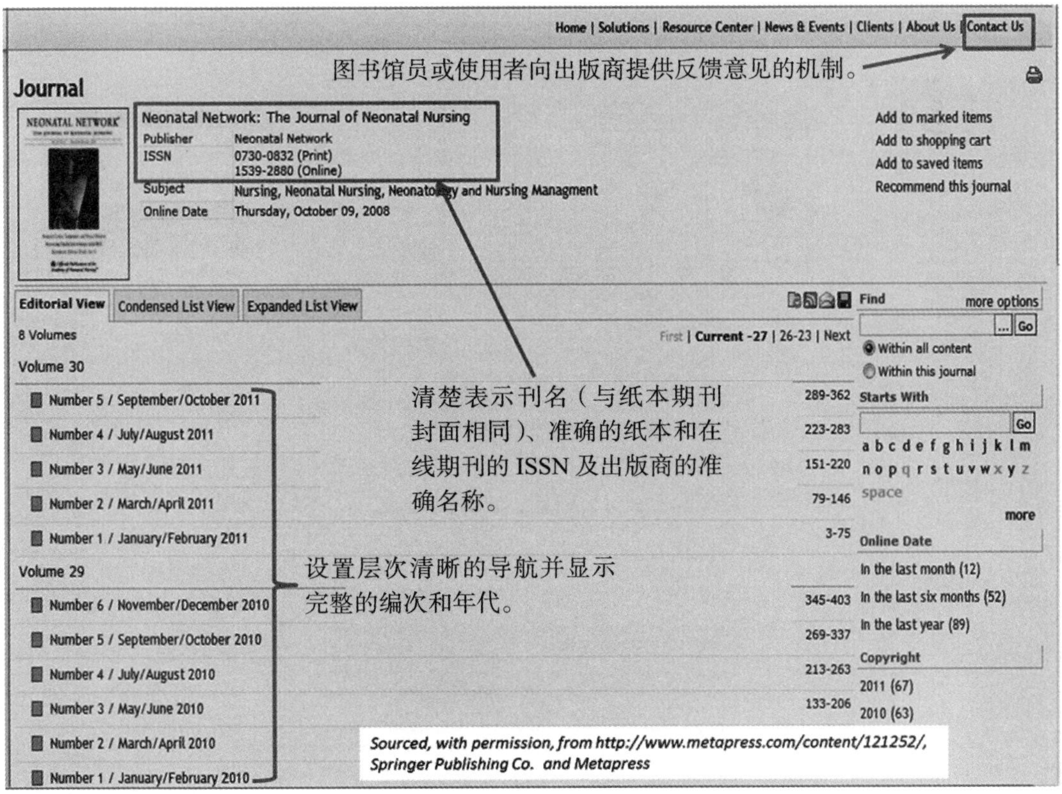

例16　与“规范”正文2.1.2、2.3.3、2.5.4和2.6.2相关

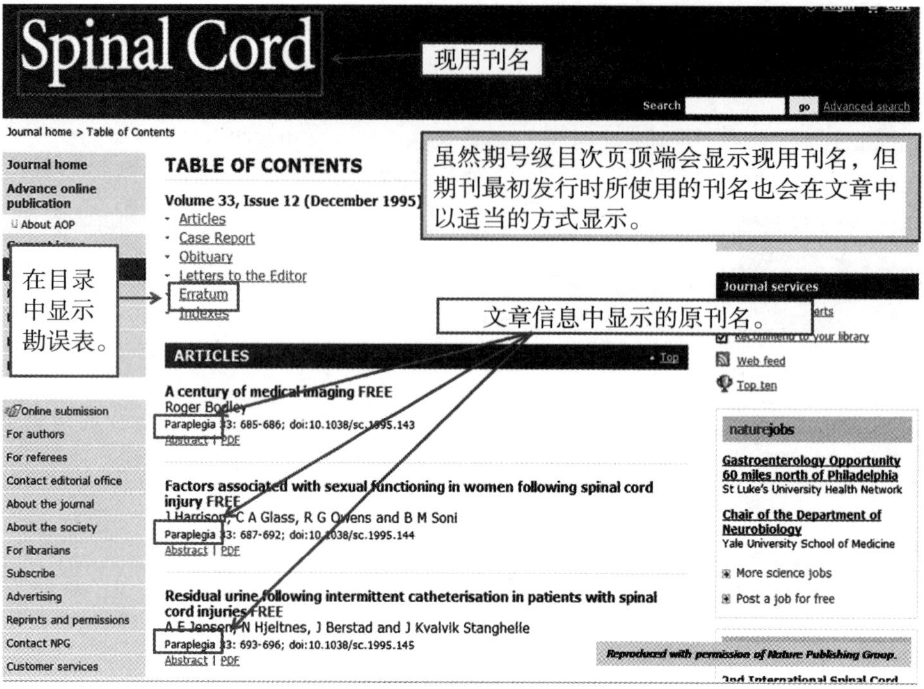

例17　与“规范”正文2.1.3、2.2.4和2.6.3相关

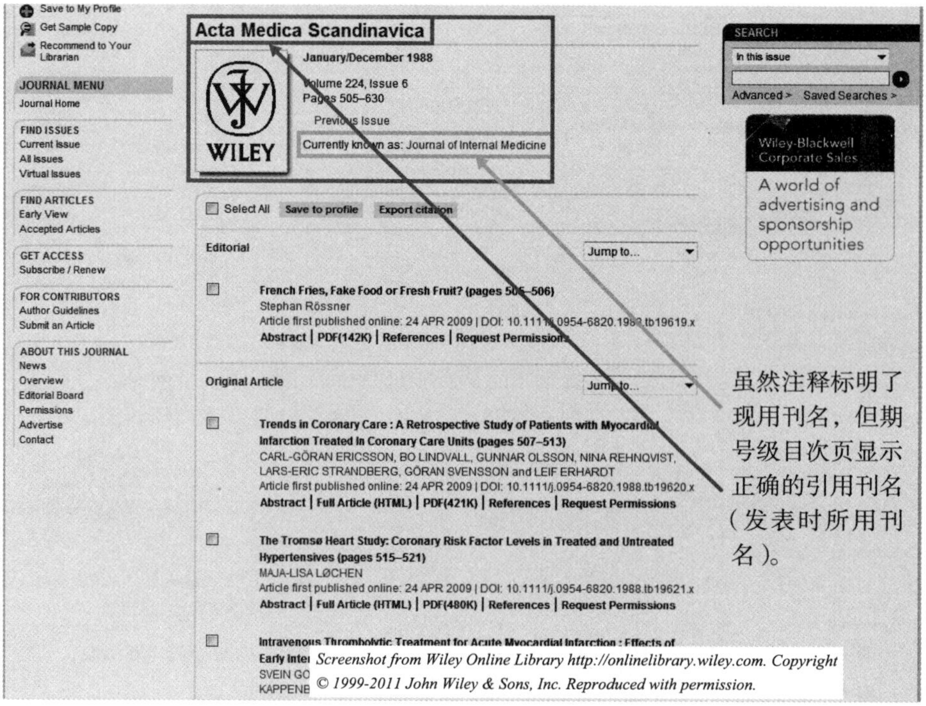

例18　与“规范”正文2.1.3和2.2.4相关

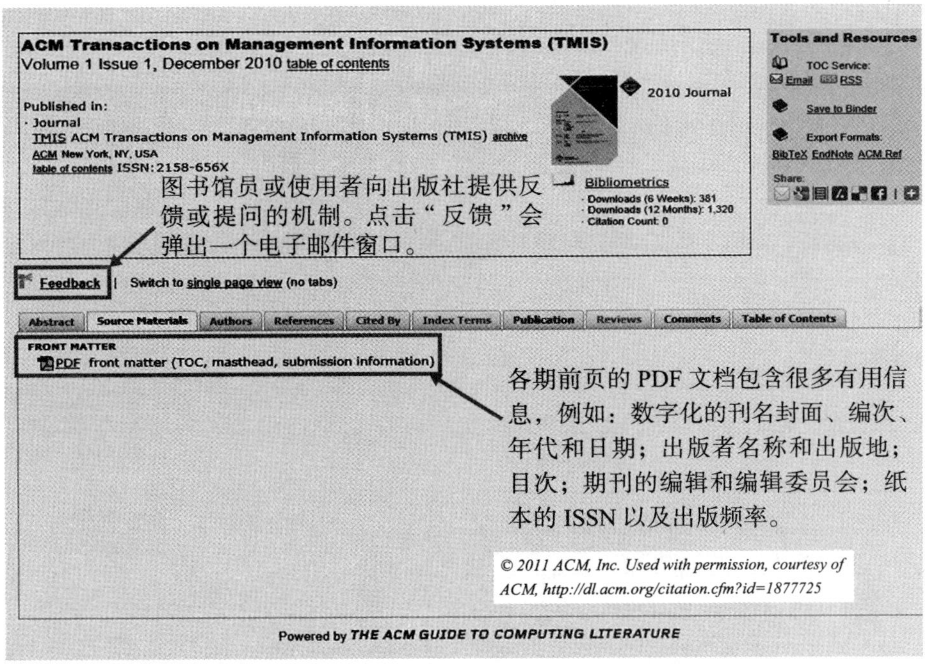

例19　与“规范”正文2.5.3和2.5.4相关

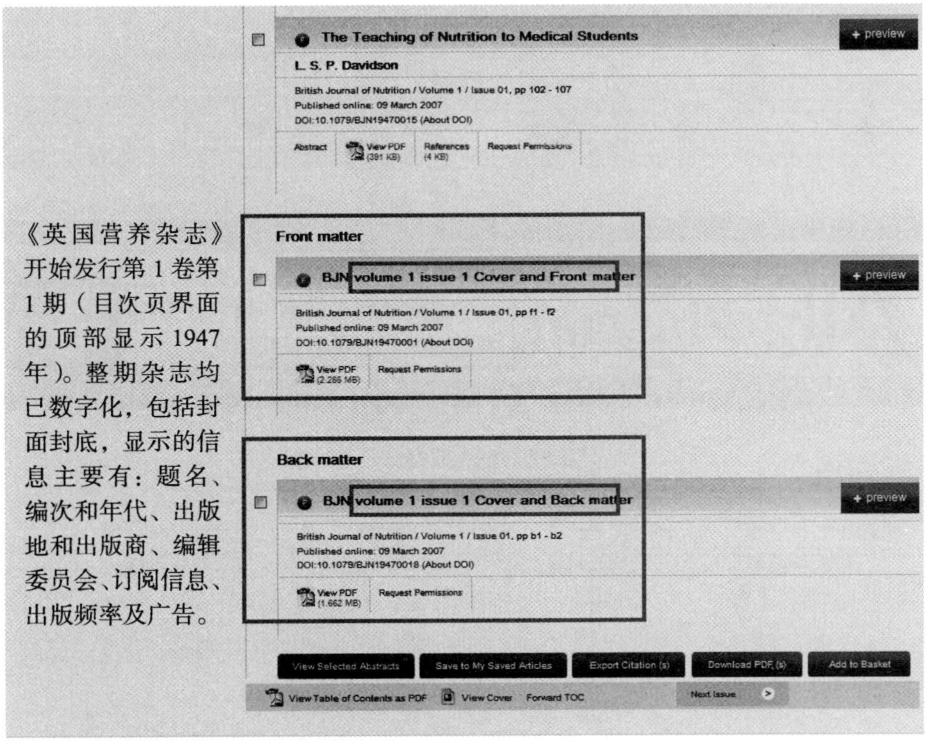

A Nutrition Society journal published by Cambridge University Press through Cambridge Journals Online, reproduced with permission of Cambridge University Press

例20　与“规范”正文2.5.3相关

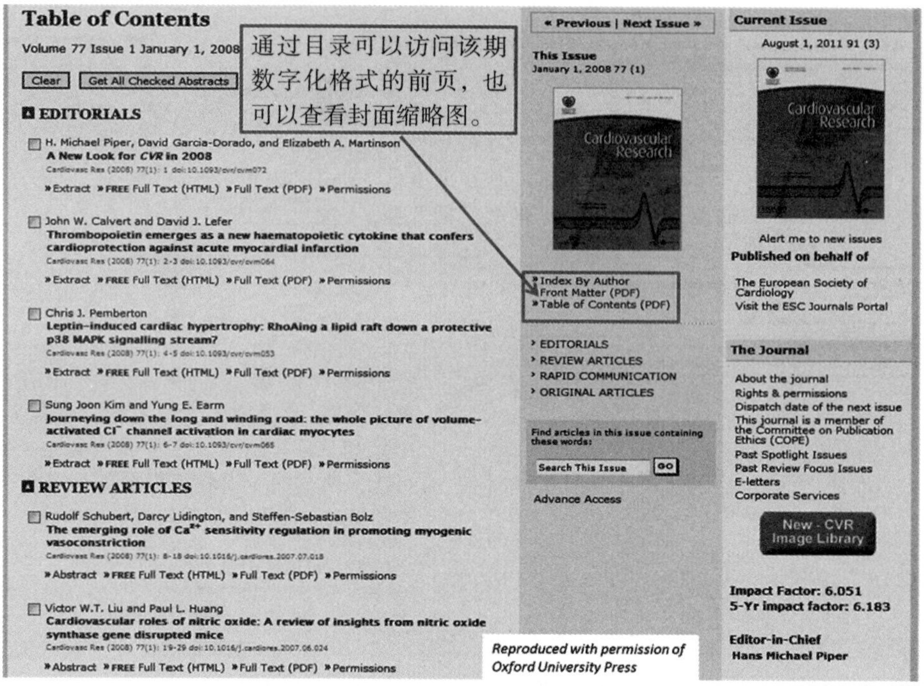

例21　与“规范”正文2.5.3相关

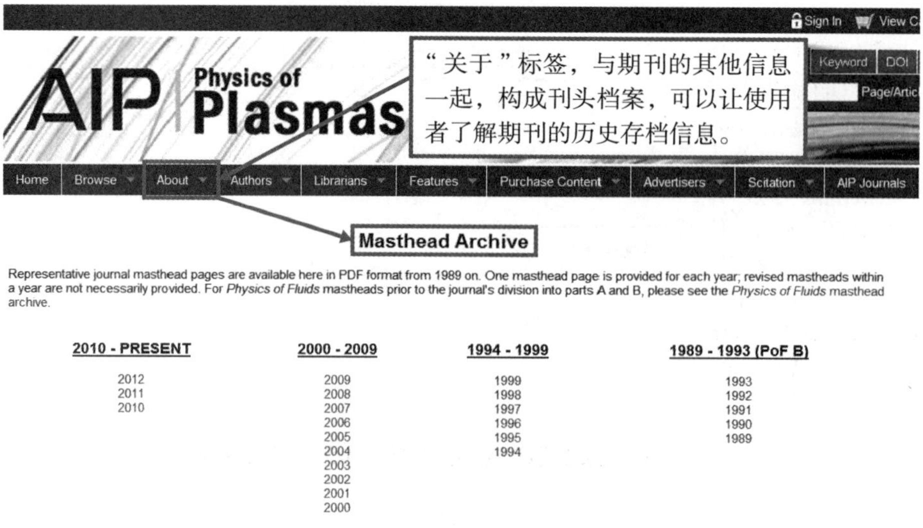

Reprinted with permission from Physics of Plasmas. Copyright 2012, American Institute of Physics.

例22　与“规范”正文2.5.1和2.5.3相关

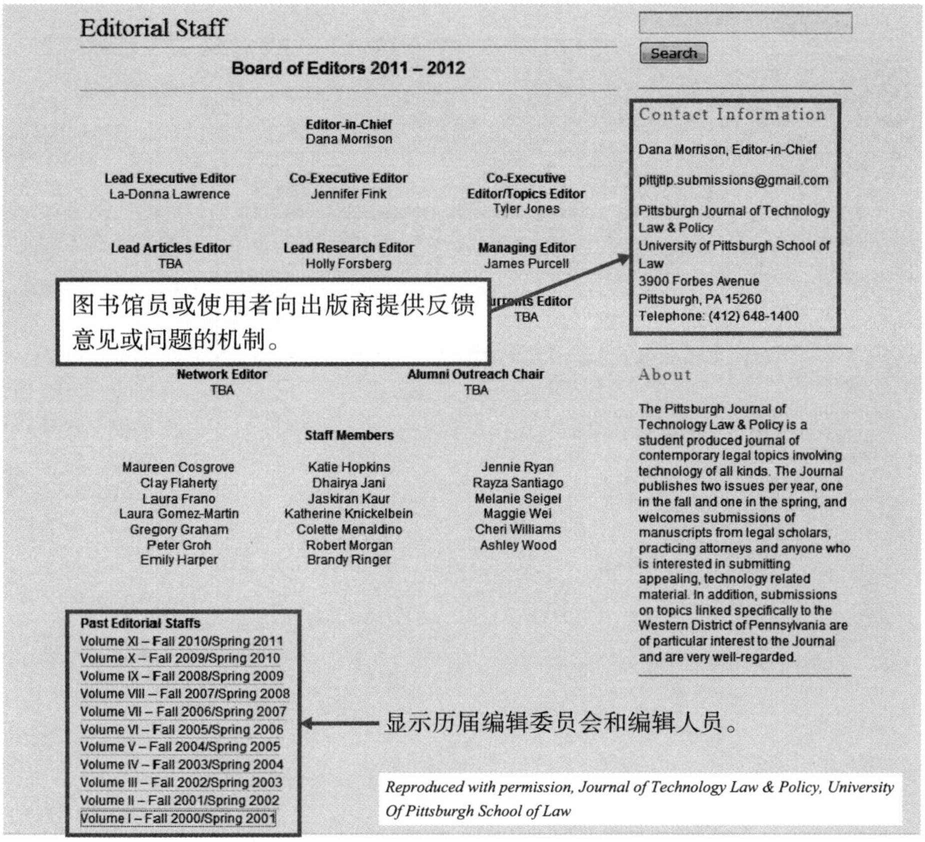

例23　与“规范”正文2.5.1和2.5.4相关

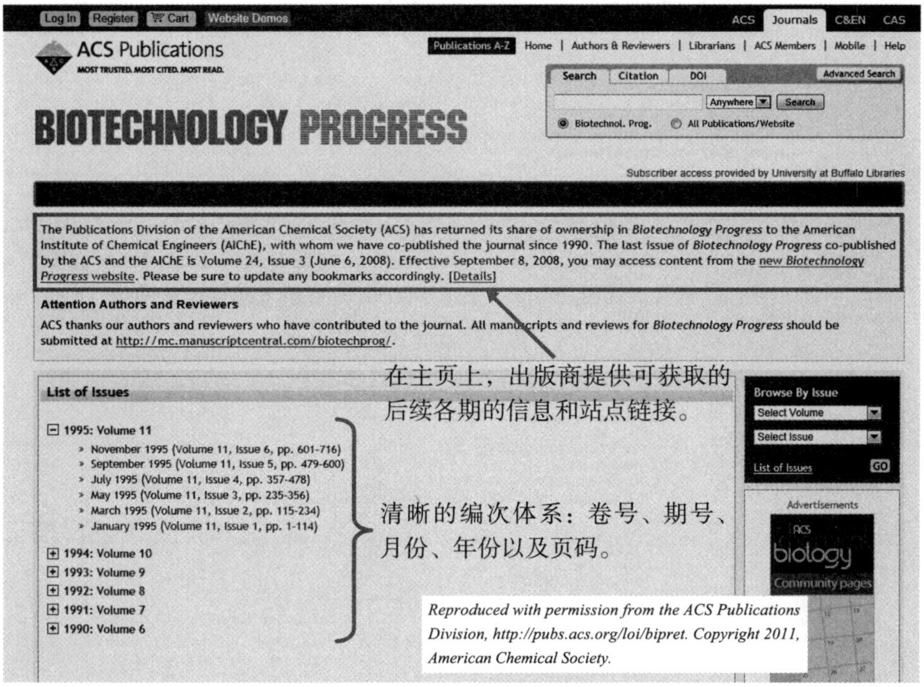

例24　与“规范”正文2.6.2和2.6.4相关

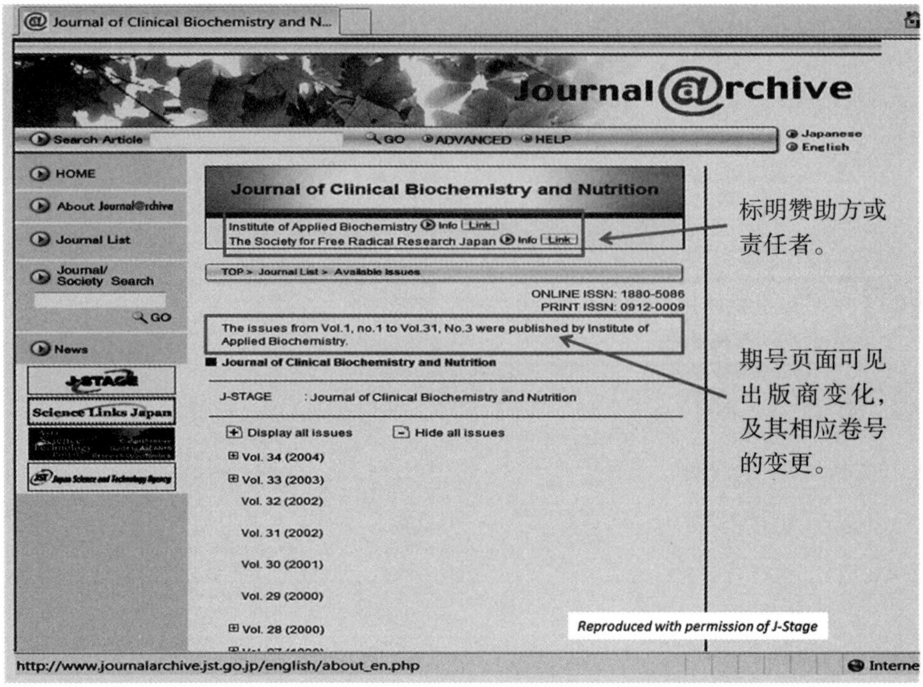

例25　与“规范”正文2.5.1和2.6.4相关

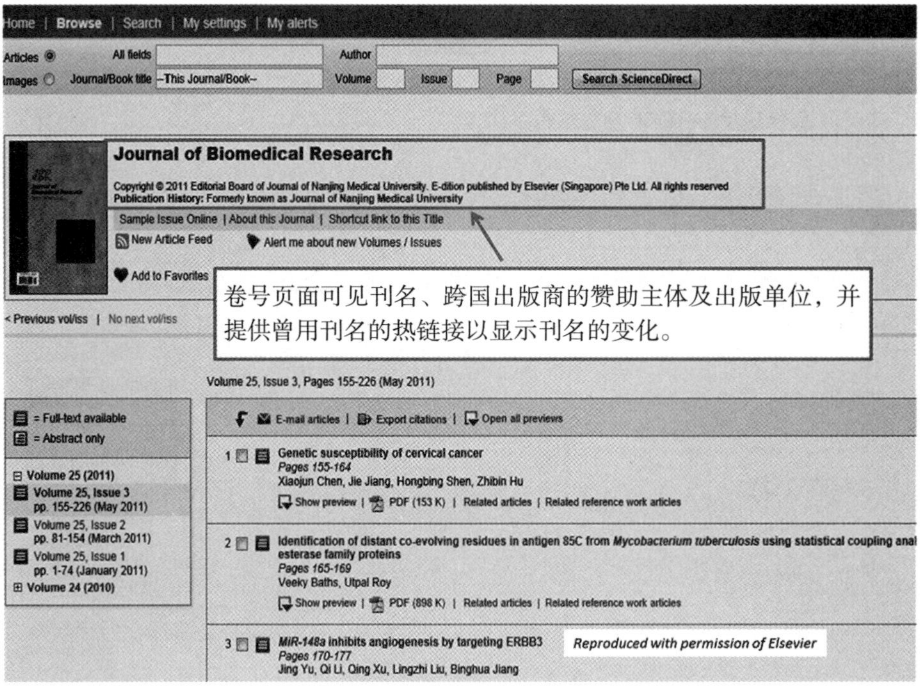

例26　与“规范”正文2.5.1和2.6.4相关

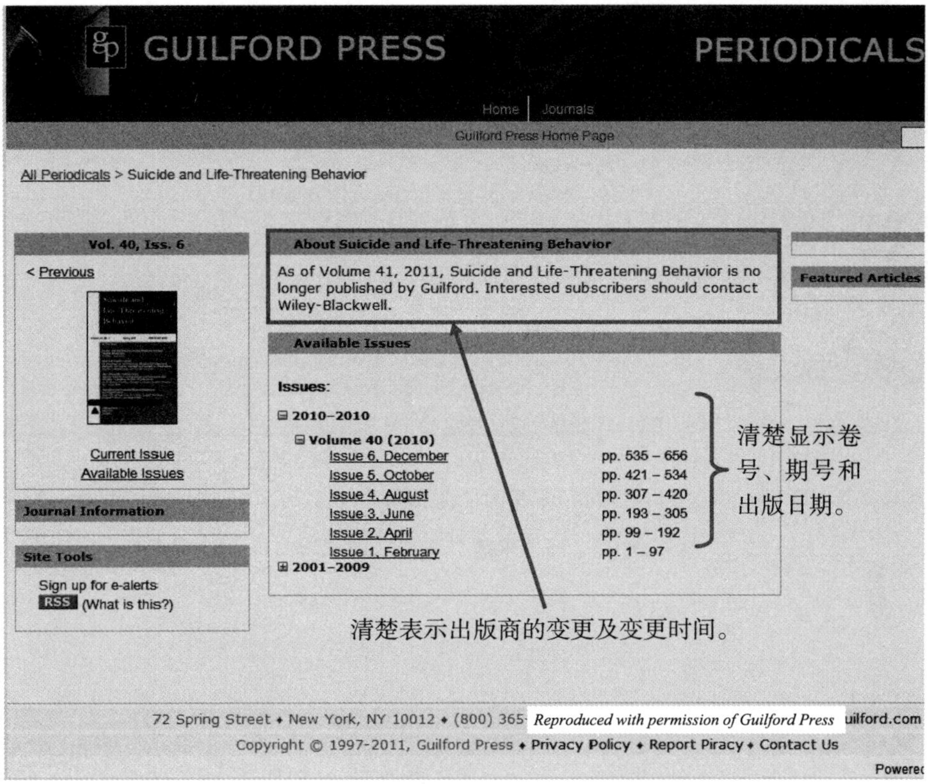

例27　与“规范”正文2.6.2和2.6.4相关

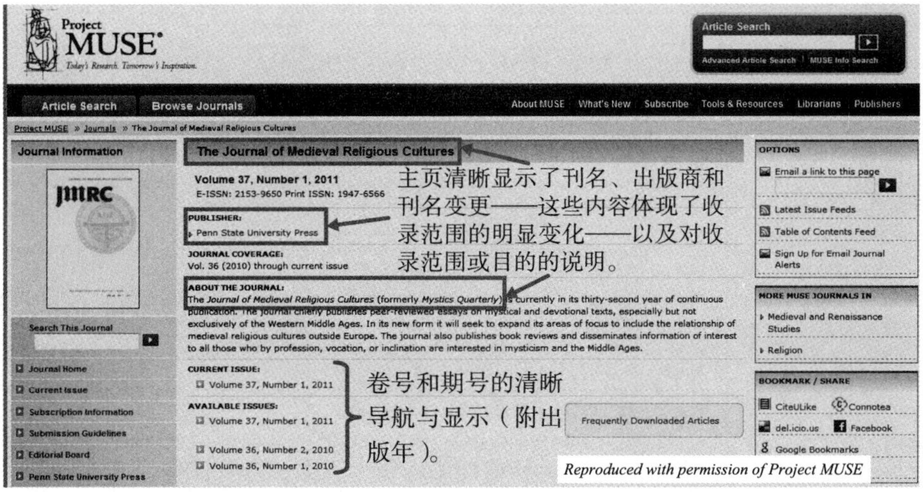

例28　与“规范”正文2.2.4、2.5.1和2.6.2相关

Innovations in Education & Training International

Publication details, including instructions for authors and subscription information:
http://www.tandfonline.com/loi/riie19

Editorial

Available online: 10 Dec 2010

准确引用应使用 2000 年编辑出版时所用刊名《Innovations in Education & Training International》，而非现用刊名《Innovations in Education and Teaching International》，现用刊名是 2001 年开始使用的，在封面上有显示。

To cite this article: (2000): Editorial, Innovations in Education & Training International, 37:3, 179-180

To link to this article: http://dx.doi.org/10.1080/713768751

Image courtesy of Taylor & Francis LLC

例29　与“规范”正文2.1.4相关

虽然没有编次，但提供出版日期（月和年）作为该期时事通讯的唯一标识。

Empire State STEM Learning Network　DECEMBER 2010

Newsletter

"STEM education" refers to the teaching and learning of the Science, Technology, Engineering, and Mathematics disciplines, in an integrated, innovative and applied fashion to a level of challenge sufficient for college and workforce readiness.

In this Issue:

- STEM Focus in Smart Scholars Early College High School RFP
- Regional STEM Hub Development
- Student Media Coverage of STEM at ESM
- STEM Centers Launched at NYSCI
- "STEHM" Learn & Earn

Smart Scholars Early College High School RFP—STEM Focus

A $6 million grant to support the second cohort of the Smart Scholars Early College High School (ECHS) program has been provided by Governor Patterson from the Community Projects Fund. As announced on December 7, 2010 by Joseph Frey, Deputy Commissioner, Office of Higher Education at the State Education Department, "The Smart Scholars ECHS Program seeks to support students traditionally underrepresented in postsecondary education by providing them the opportunity and preparation to accelerate the completion of their high school studies while earning significant college credit at the same time."

The Request for Proposal includes bonus points for proposals that infuse a strong STEM or Career and Technical Education focus into their ECHS curriculum, in recognition of the value of "afford[ing] high needs students with opportunities to prepare for and pursue high performance, high-growth jobs in critical areas of the State's economy." A Bidders Conference is scheduled for January 4, 2011 with registrations due by December 30, 2010; proposals must be postmarked by January 28, 2011. For full details and contact information click here.

Regional STEM Hubs in Development

The Empire State STEM Learnin Reproduced with permission of Empire State STEM learning Network
teams across the Empire State. Building upon the hub model developed by MST Connect in the

例30　与“规范”正文2.4.2相关

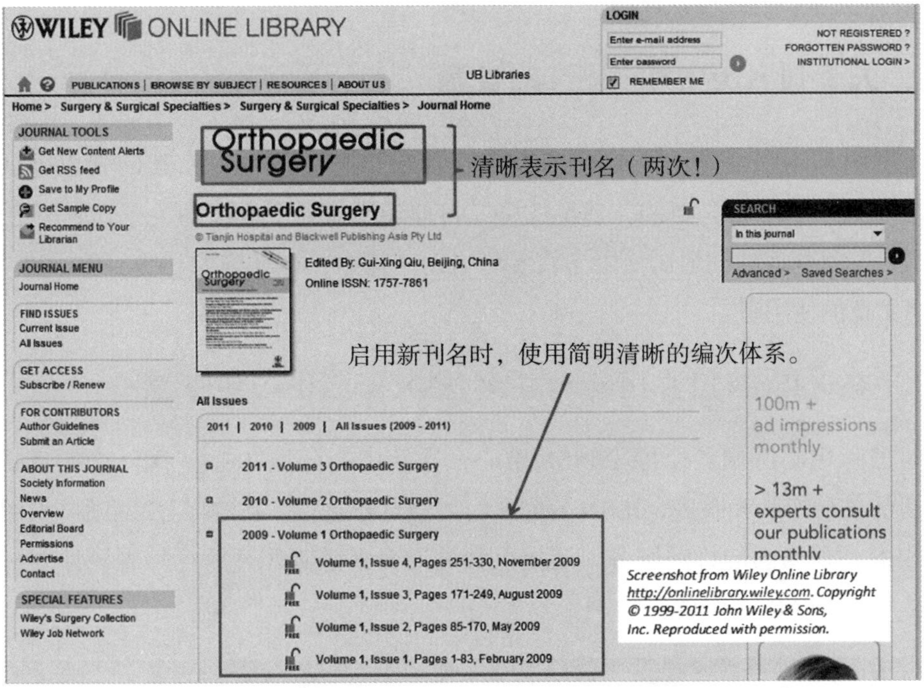

例31　与“规范”正文2.1.1和2.4.1相关

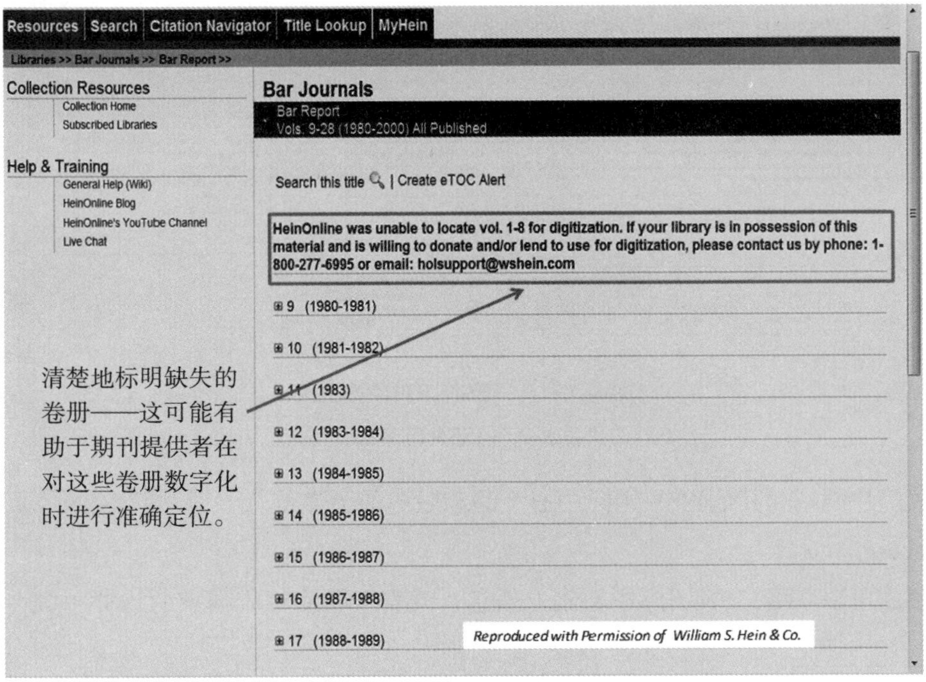

例32　与“规范”正文2.7.2相关

附录B：关于刊名历史和ISSN的资源

对于试图利用引文获取文章的研究人员而言，刊名历史（如某期刊以前的刊名和ISSN列表）通常是非常必要的。遗憾的是，目前还没有一个全面的关于刊名历史的资源。因此，本附录所整理的刊名历史参考资源将有助于建立一个准确的刊名历史，以帮助那些在线查找文章的使用者。

B.1 查询ISSN门户网站和其他ISSN国际中心的资源

ISSN国际中心协调各个国家ISSN中心，这些中心分配ISSN。国际中心还提供基于ISSN注册的各种产品和服务，ISSN分配的官方全球数据库。ISSN门户网站（见图4–1–1）提供对ISSN注册访问的订阅服务，还提供数据库搜索定制和开放存档先导计划—元数据收割协议（OAI-PMH）服务。

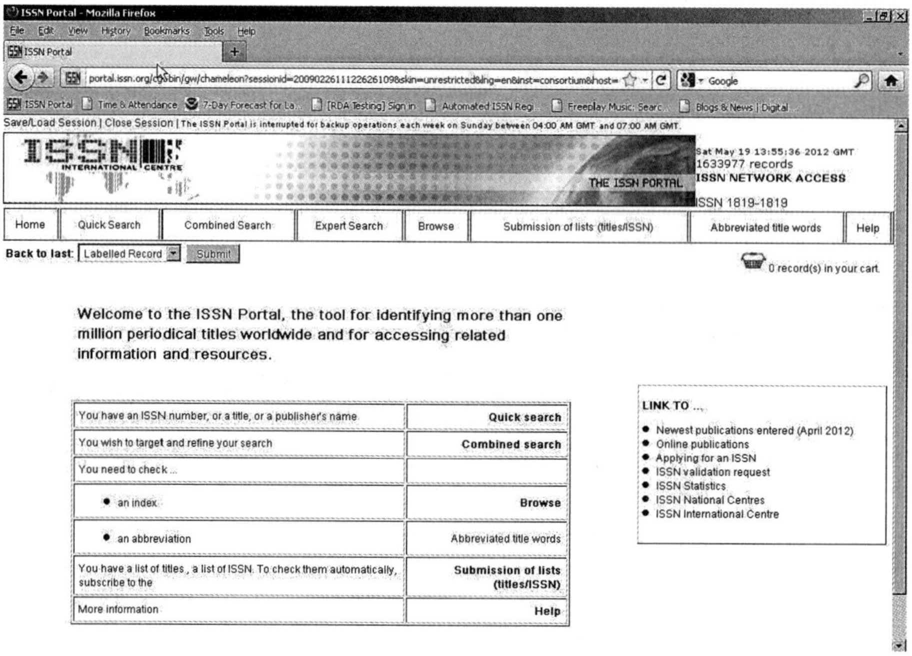

图4–1–1[①] ISSN门户网站主页

（本图使用已获得ISSN国际中心许可。）

有关门户网站和其他ISSN国际中心产品和服务的更多信息，请访问ISSN主页：http://www.issn.org。

出版商可以联络ISSN国际中心索取信息，或直接联络相应国家的ISSN中心，这些国

① 原文为“图 1”，因本书重新调整了章节编号，故图表编号也有所调整。——译者注

家中心可以通过以下来源找到：

- 国家中心名单：

http://www.issn.org/2-22666-National-Centres.php

- 国家中心分布图：

http://www.issn.org/2-22646-World-map-of-the-ISSN-Centres.php

- 跨国出版商名单：

http://www.issn.org/2-22649-Multinational-publishers.php

如出版商位于没有ISSN中心的国家，它们应联系ISSN国际中心：http://www.issn.org/2-23190-Contact.php。有关ISSN的更多信息，请参见附录C。

B.2　过刊的PDF文档核查

当出版商接管另一家出版商的期刊时，新出版商不应该假定该期刊拥有稳定的刊名或出版历史。浏览扫描的过刊封面（无论是由之前的出版商提供或是在档案中找到）可以帮助新出版商为用户提供有关该出版物可能拥有的早期刊名的准确信息。以期刊*Critical Sociology*（ISSN 0896-9205）为例，假设之前的出版商在其网站上提供了所有PDF扫描件，如图4-1-2所示，对扫描的过刊的回溯揭示了这本期刊曾用名*The Insurgent Sociologist*。

图4-1-2　期刊封面扫描

（本图使用已获得Sage出版公司许可。）

扫描的文章、目录、刊头、封面等，都可以帮助确定文章最初发表时登载期刊的刊名。编辑声明中可能还有其他信息。例如，1999年3月出版的*The Insurgent Sociologist*编者按中提供了关于本刊历史的信息（见图4-1-3），验证了在其他地方发现的有关本刊的出版信息。

EDITORS' INTRODUCTION:
FROM THE PAGES OF *THE INSURGENT SOCIOLOGIST*

RHONDA F. LEVINE
Colgate University

and

BETH MINTZ
University of Vermont

More than twenty-five years have past since the debut of *The Insurgent Sociologist* as an alternative voice in sociological study. Over the years, the journal has provided an outlet for critical and radical scholarship often unwelcome in traditional sociology departments and professional journals. Certainly, the journal was a product of the political and intellectual ferment of the time. The student movements of the 1960s and early 1970s supplied a vision of a different world, and sociology offered the tools for implementation.

The Insurgent Sociologist first appeared as a newspaper of the now-defunct Sociology Liberation Movement/Union of Radical Sociology. In 1971 it began publishing as a quarterly journal, headquartered at the University of Oregon with an editorial collective guided by the late Al Szymanski. In 1987, in a very different political context, the journal changed its name to *Critical Sociology*. In 1999, with volume 24, *Critical Sociology* began a new phase. We are now produced by a commercial publisher and no longer housed at the University of Oregon. Indeed, we have come a long way from our modest beginnings.

This issue of *Critical Sociology* celebrates the journal's beginning, the 15 years when it was called called *The Insurgent Sociologist*. We present edited versions of influential articles that appeared in those years, most of which became the basis for books and extended research agendas. Each article has been updated by its author(s) in an introduction reflecting on its relevance in light of ensuing research and assessment of the scholarly developments since the original publication. The articles have ben edited in order to include as wide a range of contributions as possible, given our space limitations. For the complete versions, please refer to the original publication.

Critical Sociology 25,2/3

图4-1-3　编者按中的出版历史

（本图使用已获得Sage出版公司许可。）

B.3　利用乌利希期刊指南（Ulrichsweb™）

“乌利希期刊指南”是一个订阅使用的数据库，记录了世界上以200多种语言出版的30余万种期刊，其范围包括学术期刊、电子期刊、同行评审期刊、通俗杂志、报纸和通讯。数据库中的记录包括期刊出版信息、ISSN、语言、主题、摘要和索引收录情况、全文数据库收录情况、刊名历史信息、目录和评论。

例如，假设*Critical Sociology*（ISSN 0896–9205）的新出版商想要确定或确认刊名历史，如图4-1-4所示，他们可以从默认的搜索页面搜索刊名或ISSN号。

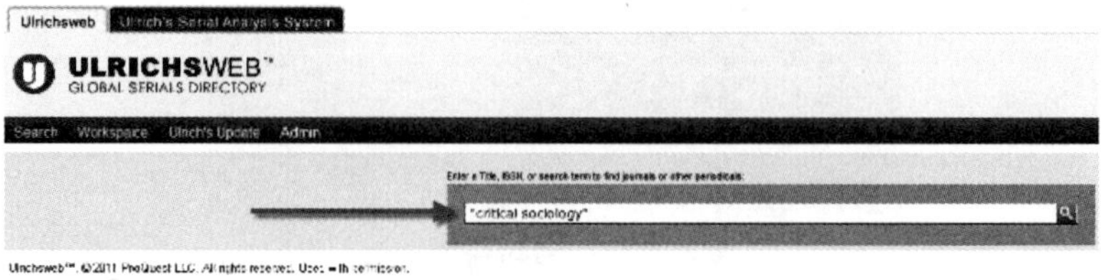

图4-1-4　“乌利希期刊指南”的搜索界面

（本图使用已获许可，箭头由后来添加。）

在“乌利希期刊指南”中检索期刊*Critical Sociology*的结果，如图4-1-5中所示。

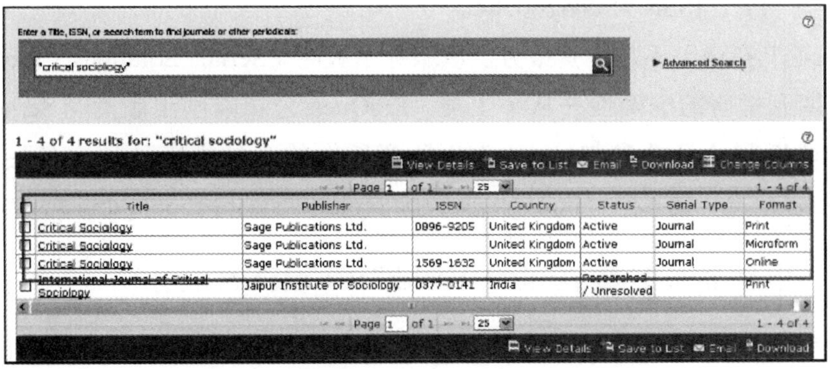

Title	Publisher	ISSN	Country	Status	Serial Type	Format
Critical Sociology	Sage Publications Ltd.	0896-9205	United Kingdom	Active	Journal	Print
Critical Sociology	Sage Publications Ltd.		United Kingdom	Active	Journal	Microform
Critical Sociology	Sage Publications Ltd.	1569-1632	United Kingdom	Active	Journal	Online
International Journal of Critical Sociology	Jaipur Institute of Sociology	0377-0141	India	Researched / Unresolved		Print

图4-1-5 “乌利希期刊指南”搜索结果显示

（本图使用已获许可，强调方框为后来添加。）

图4-1-5最后一列呈现的是该出版物有3种可用格式（纸本、缩微和在线），并提供纸本和在线格式的ISSN。点击纸本版本入口结果显示的是有关纸本版本的附加信息（见图4-1-6）。

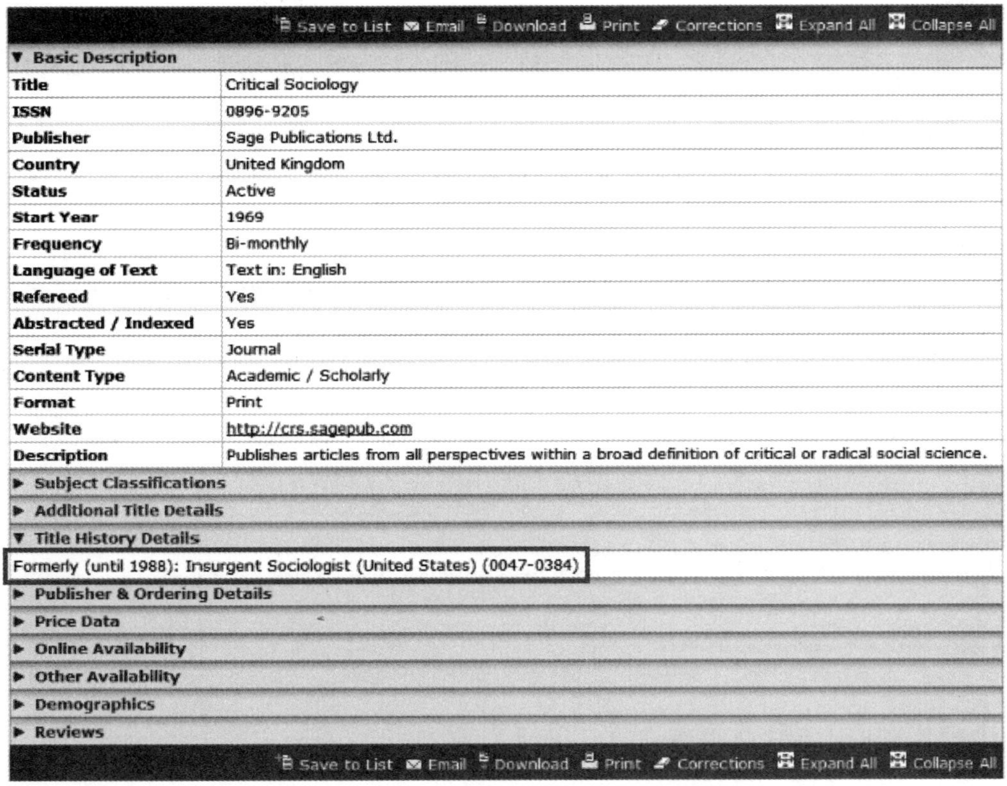

Title	Critical Sociology
ISSN	0896-9205
Publisher	Sage Publications Ltd.
Country	United Kingdom
Status	Active
Start Year	1969
Frequency	Bi-monthly
Language of Text	Text in: English
Refereed	Yes
Abstracted / Indexed	Yes
Serial Type	Journal
Content Type	Academic / Scholarly
Format	Print
Website	http://crs.sagepub.com
Description	Publishes articles from all perspectives within a broad definition of critical or radical social science.

图4-1-6 “乌利希期刊指南”显示纸本期刊

（本图使用已获许可，强调方框为后来添加。）

就刊物出版历史而言，该条记录表明该出版物在1969—1987年间曾用*Insurgent Sociologist*作为刊名，ISSN为0047–0384。

“乌利希期刊指南”不是免费服务。该服务出版商（Serials Solutions，ProQuest公司）保持乌利希期刊指南的准确性并从中受益。ProQuest公司鼓励出版商与Serials Solutions联系，以验证期刊信息并参与Ulrich为出版商所做的对外推广计划。有关联络Serials Solutions的更多信息，请参考：http://www.serialssolutions.com/about/publishers/。

B.4 利用世界书目数据库（WorldCat）xISSN服务

如果知道某特定期刊的ISSN，出版商也许可以通过使用xISSN服务（http://xissn.worldcat.org）来确定该期刊的ISSN/刊名历史。“演示功能”（Demo function）和“刊名历史工具”（Title History）两个工具特别有用。但必须指出所获得的数据可能不完整或不准确，因为其来源是各图书馆贡献给WorldCat的信息。

以*Critical Sociology*为例，从xISSN服务主页，出版商可以点击“演示功能”或刊名历史工具链接（见图4–1–7）。

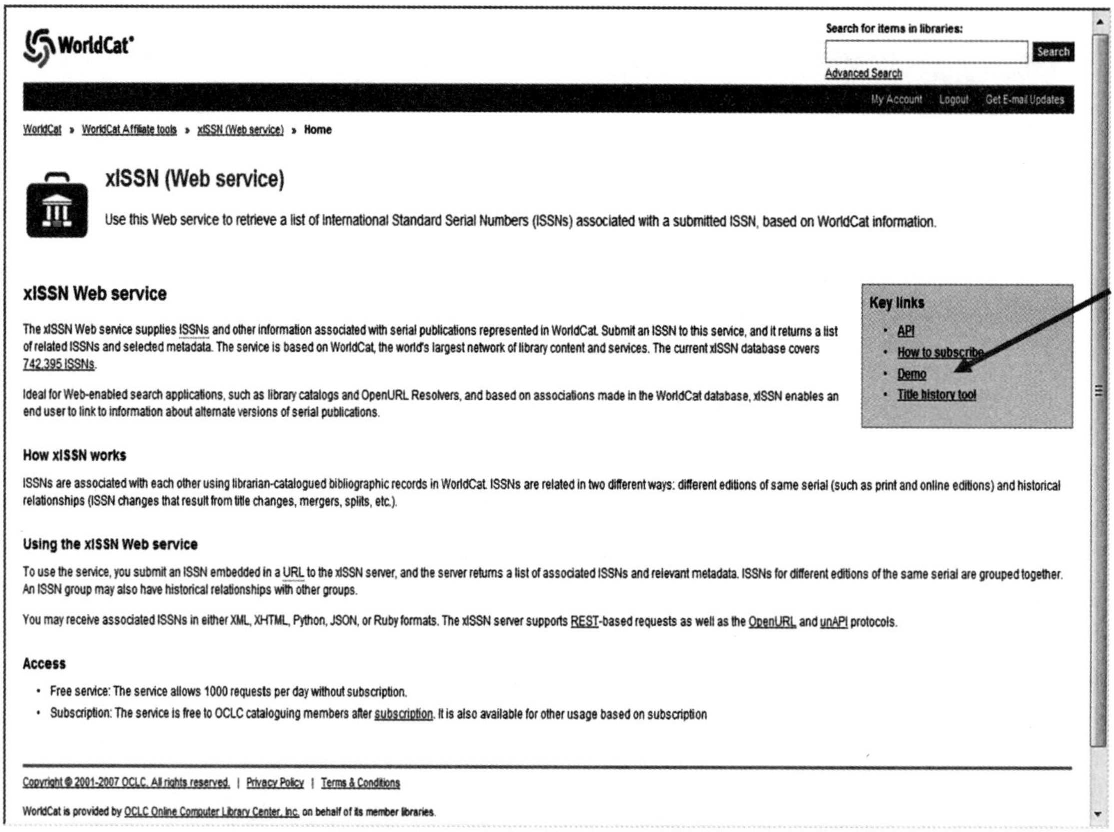

图4–1–7 WorldCat xISSN网络服务展示和题名历史工具链接

（本图使用已获OCLC许可。版权所有OCLC；OCLC、WorldCat和WorldCat标志为OCLC商标和服务商标。箭头为后来添加。）

在演示页面中，出版商输入ISSN，并点击提交按钮（见图4-1-8）。

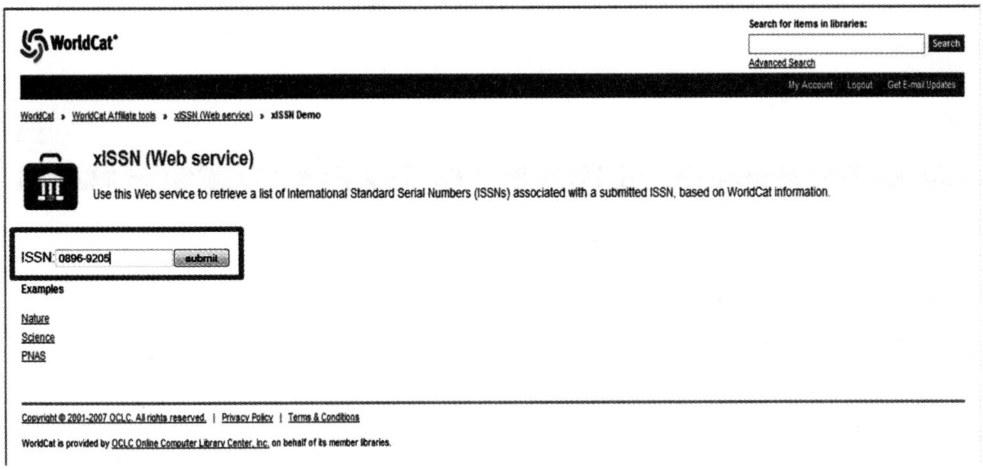

图4-1-8 WorldCat xISSN网络服务展示界面

（本图使用已获OCLC许可。版权所有OCLC；OCLC、WorldCat和WorldCat标志为OCLC商标和服务商标。强调方框为后来添加。）

检索结果显示，期刊*Critical Sociology*于1988年春正式出版。纸本期刊ISSN为0896-9205，电子期刊ISSN为1569-1632；1988年之前，该期刊名为*The Insurgent Sociologist*（从1969年到1987年秋），分配的ISSN为0047-0384（见图4-1-9）。

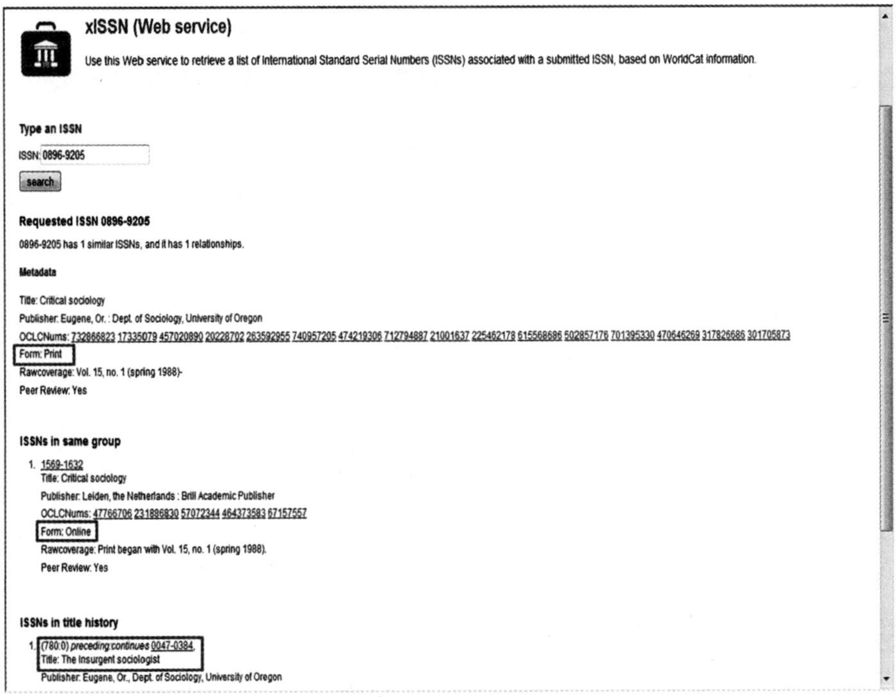

图4-1-9 WorldCat xISSN网络服务展示搜索结果

（本图使用已获OCLC许可。版权所有OCLC；OCLC、WorldCat和WorldCat标志为OCLC商标和服务商标。强调方框为后来添加。）

刊名历史工具的工作方式与演示功能模块类似。输入ISSN（见图4-1-10），生成的结果可显示刊名、格式和关系。然而，它不提供例如日期、出版商和同行评议等更具体的信息（见图4-1-11）。

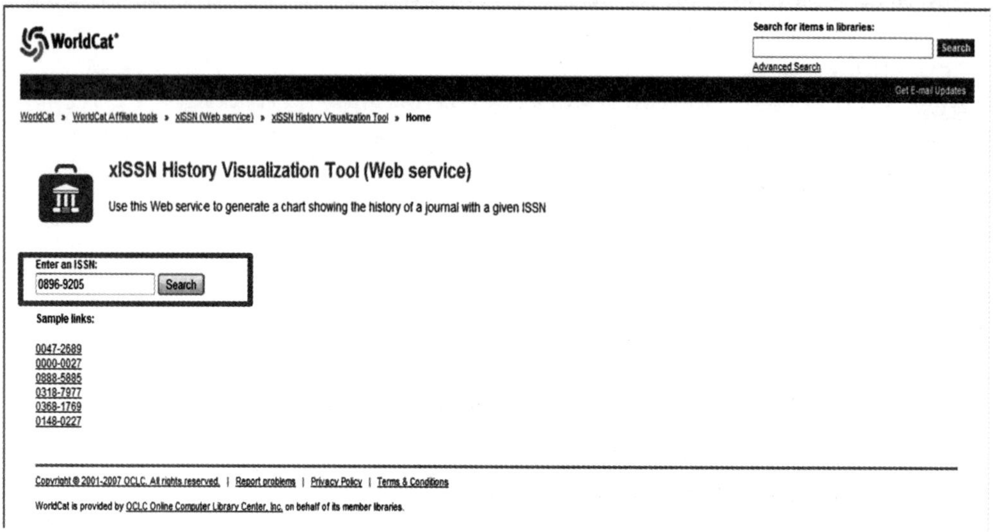

图4-1-10　WorldCat xISSN网络服务刊名历史工具界面

（本图使用已获OCLC许可。版权所有OCLC；OCLC、WorldCat和WorldCat标志为OCLC商标和服务商标。强调方框为后来添加。）

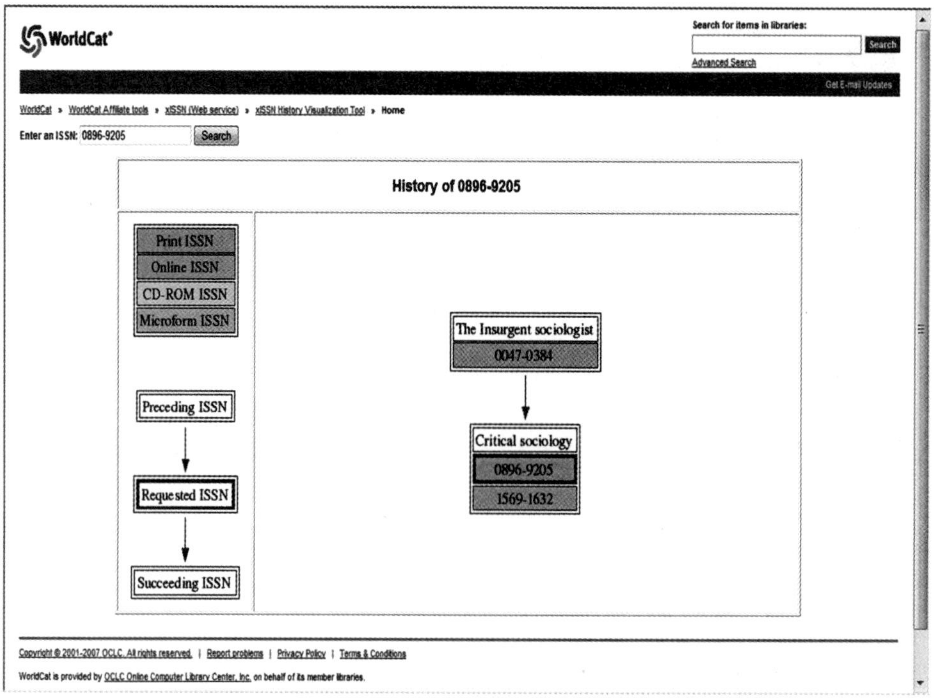

图4-1-11　WorldCat xISSN刊名历史工具检索结果显示

（本图使用已获OCLC许可。版权所有OCLC；OCLC、WorldCat和WorldCat标志为OCLC商标和服务商标。）

通过使用“刊谱”形式，刊名历史工具能可视化呈现了复杂的刊名历史。图4-1-12显示的是超复杂的《英国皇家化学学会期刊》刊谱的一部分，涉及在很长一段时间内一系列期刊的合并、拆分和并入。

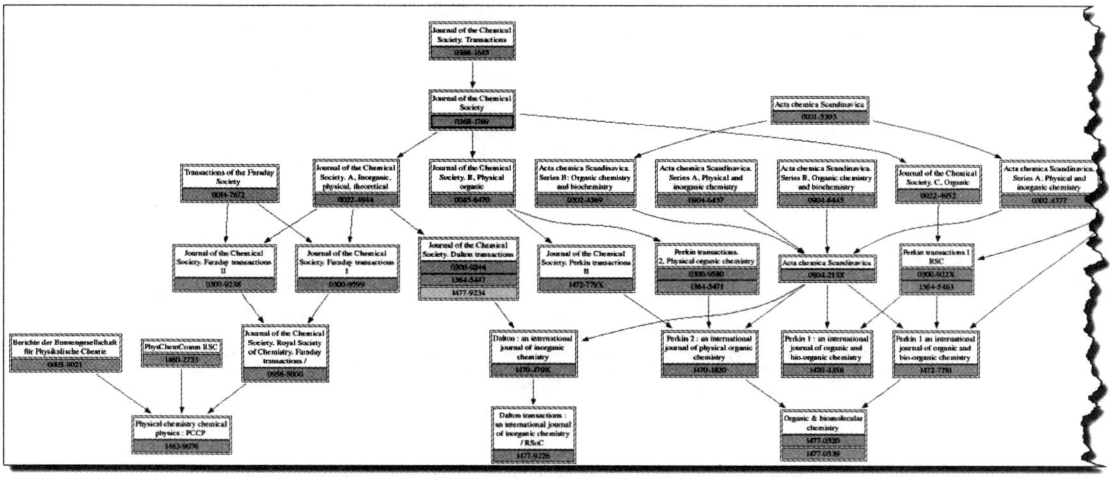

图4-1-12　WorldCat xISSN刊名历史的刊谱显示

（本图使用已获OCLC许可。版权所有OCLC；OCLC、WorldCat和WorldCat标志为OCLC商标和服务商标。）

注意：由于xISSN服务依赖于个体图书馆对WorldCat的贡献（基于期刊上显示的ISSN），不能保证所显示的ISSN是准确或完整的。然而，一般来说，WorldCat准确地反映了分配给美国连续出版物的ISSN。xISSN本来是一个免费服务，因为它允许在未订购的情况下每天搜索1000次。由于存在上述局限，向适合的ISSN国家中心验证刊名/ISSN历史总是一个好主意。

B.5　检索图书馆目录

编目人员在图书馆目录记录中提供有关期刊的大量信息。遗憾的是，没有任何一个单一的图书馆目录能全面地覆盖连续出版物的出版信息——甚至ISSN的注册也不能，因为注册仅限于已分配了ISSN的连续出版物。但是，有些图书馆目录可以提供从xISSN服务或ISSN网络产品/服务无法获得的额外有用信息。

到目前为止，讨论的资源限于连续出版物。使用图书馆目录时需要注意，图书馆目录包括图书馆中的所有资源：图书、期刊、DVD、CD等。根据刊名进行关键词检索，有时可能无法得到最精确的结果。

美国国会图书馆目录（http://catalog.loc.gov）是现存最全面的图书馆目录之一。主页提供了默认的关键词搜索，通过使用搜索框旁边的下拉菜单，可以轻松地将其限制为“刊名关键词”搜索（见图4-1-13）。

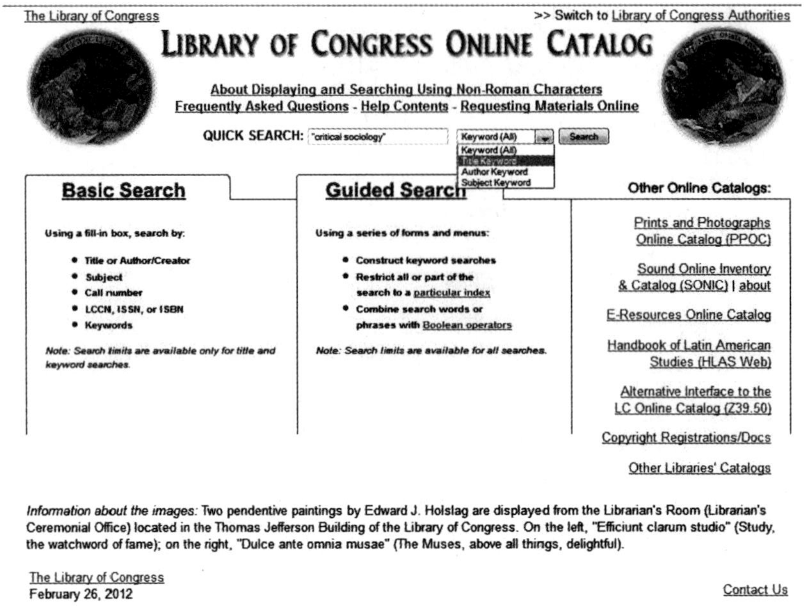

图4-1-13 美国国会图书馆线上目录搜索界面

（本图使用已获国会图书馆许可。）

搜索词组“*Critical Sociology*”（通过类似于谷歌搜索对词组加引号），该期刊书目记录没有出现在第一组结果中，因为该词组是刊名中过于常用的短语。

图书馆目录通常提供高级检索，或通过限定为连续出版物检索，或提供如ISSN特定字段检索，了解这点将十分有用。在美国国会图书馆目录中，基本检索和引导式检索都可通过ISSN检索。在基本或引导式检索页面中使用*Critical Sociology*的ISSN进行检索，显示结果如图4-1-14所示。

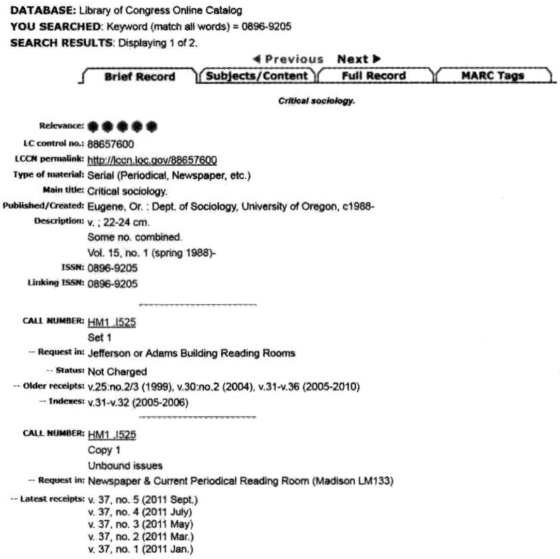

图4-1-14 美国国会图书馆线上目录简要书目记录显示

（本图使用已获国会图书馆许可。）

该简要书目记录提供了图书馆藏有的期数以及期刊的一些基本信息，包括最初的出版信息以及出现在第一期上的编号和日期（1988年春、第1期、第15卷）。

当查看图书馆目录记录时，最好使用完整/详细记录以获得有关该期刊的更多信息（包括刊名变更信息）。*Critical Sociology*的完整记录显示包括出版频率、之前刊名（“Continues: *Insurgent Sociologist*”）以及可用的在线版本（见图4-1-15）。

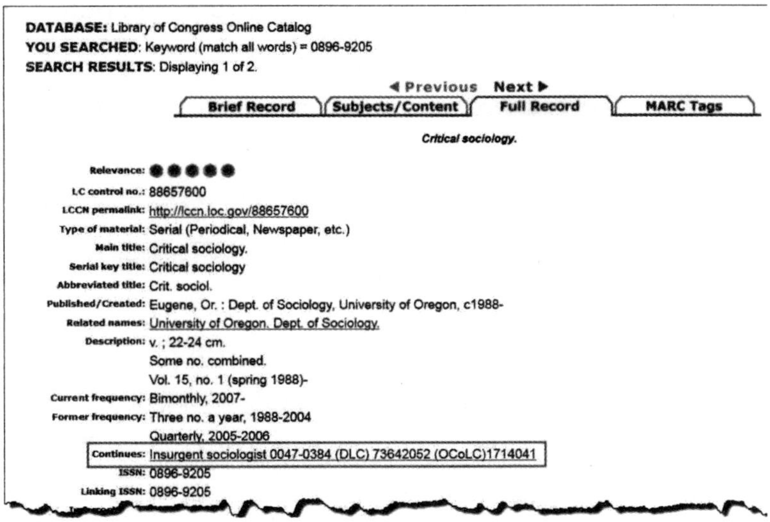

DATABASE: Library of Congress Online Catalog
YOU SEARCHED: Keyword (match all words) = 0896-9205
SEARCH RESULTS: Displaying 1 of 2.

◀ Previous　Next ▶

Brief Record | Subjects/Content | Full Record | MARC Tags

Critical sociology.

Relevance: ●●●●●
LC control no.: 88657600
LCCN permalink: http://lccn.loc.gov/88657600
Type of material: Serial (Periodical, Newspaper, etc.)
Main title: Critical sociology.
Serial key title: Critical sociology
Abbreviated title: Crit. sociol.
Published/Created: Eugene, Or. : Dept. of Sociology, University of Oregon, c1988-
Related names: University of Oregon. Dept. of Sociology.
Description: v. ; 22-24 cm.
Some no. combined.
Vol. 15, no. 1 (spring 1988)-
Current frequency: Bimonthly, 2007-
Former frequency: Three no. a year, 1988-2004
Quarterly, 2005-2006
Continues: Insurgent sociologist 0047-0384 (DLC) 73642052 (OCoLC)1714041
ISSN: 0896-9205
Linking ISSN: 0896-9205

图4-1-15　美国国会图书馆线上目录完整记录显示

（本图使用已获国会图书馆许可。强调方框为后来添加。）

由于美国国会图书馆并未全部收藏曾经出版的所有期刊，美国国家医学图书馆的目录（http://www.ncbi.nlm.nih.gov/sites/entrez?db=nlmcatalog）和美国国家农业图书馆的目录（http://agricola.nal.usda.gov/）也有助于检索刊名历史。如果期刊未在美国出版，在期刊出版所在国家的国家图书馆目录中搜索是一个好主意。国家图书馆名单可在维基百科（http://en.wikipedia.org/wiki/List_of_national_libraries）上找到。

附录C：国际标准连续出版物号（ISSN）

国际标准连续出版物号（ISSN）是连续出版物和类似出版物中最广泛使用的国际标识符。ISSN的适用范围包括纸本或数字形式的期刊、杂志、通讯、年鉴，以及诸如持续更新的数据库和指南等资源。作为唯一能识别连续出版物的ISSN，它在诸如链接解析器、电子资源管理系统、文章数据库、期刊集成资源和图书馆目录等系统和服务中是一项关键标识符。ISSN为出版商、图书馆、订阅机构、邮政服务、知识产权管理机构、档案馆、数字化领域、图书馆联合目录及其他机构所使用。

以下是ISSN的一些关键要点。更多完整的信息请参考ISSN国际中心网站（http://www.issn.org）。

- 缩写“ISSN”既是单数形式也是复数形式。
- 在巴黎ISSN国际中心的协调下，ISSN由全球88个国家的ISSN中心分配。每个国家的ISSN中心将ISSN分配给在本国出版的连续性资源。ISSN国际中心为没有ISSN中心的国家的连续性资源分配ISSN。
- 申请人应根据其出版地所在国家向适当的ISSN中心提出申请。如果涉及多个国家，应向被视为主要出版地所在国家申请。如果出版地所在国家没有ISSN中心，应向ISSN国际中心申请。对于跨国出版商的连续出版物，ISSN的分配按国家中心之间拟定的协议进行管理（协议列表见http://www.issn.org/2-22649-Multinational-publishers.php）。
- ISSN通常可以在第一期出版之前或之后的任何时间分配。如在出版物出版之前提交ISSN申请，须确保出版信息（例如标题、版本说明、预定出版日期）已经固定。
- 申请获得ISSN不收取费用。
- 期刊的每种介质载体需要一个单独的ISSN。例如，纸本一个ISSN，在线版本则需不同的ISSN，只读光盘（CD-ROM）版本需要另一个ISSN。
- ISSN应在资源页面显著的位置上显示。如果出版物具有多种版本，例如纸本和在线，则应当在每个版本上同时呈现两个版本的ISSN并附相应的标签，以便它们可以被区分。例如，ISSN XXXX-XXXX（纸本）；ISSN YYYY-YYYY（在线）。
- ISSN-L（链接ISSN）支持连续性资源的不同介质版本之间的配置或链接。ISSN-L是分配给某个资源的不同介质版本的ISSN中的一个，用于将同一资源的特定介质的ISSN聚合在一起。无论某连续性资源存在多少不同的介质版本，仅指定一个ISSN-L。一个连续性资源仅与一个ISSN-L相关联。ISSN-L不对同一资源的较早和较晚的刊名进行聚合。相关的ISSN-L还可以显示在每个介质版本上，与每种介质版本的ISSN一起显示，例如ISSN-L YYYY-YYYY（链接ISSN）。
- ISSN可以分配给停止出版的期刊，无论该期刊是纸本还是数字格式。这使得ISSN可应用于存档和数字化项目。
- ISSN可由主要出版商或需要连续出版物唯一标识符的其他机构提出申请。需要大量ISSN的项目需联系相应的ISSN中心进行商讨。
- 如果主管的ISSN中心确定某刊名有重大更改，根据ISSN政策，需分配新的ISSN。刊名的微小调整，例如开头不定冠词或介词的变化，则不需要注册新的ISSN。其他可能看起来很小的刊名变化，例如副刊名调整，可以申请新的ISSN，因为图书馆编目规则认为所改变的是刊名主体的一部分。出版商在所有这些情况下应联系他们的ISSN中心，以确定是否需要新的ISSN。在图书馆系统和ISSN数据库中，任何时候刊名变更都会分配新ISSN，而新旧ISSN之间会建立链接。
- 所有ISSN分配都附有元数据，包括连续出版物的出版日期，出版地和出版商（现在和之前），刊名别称、早期和之后的刊名，相关介质版本。

- ISSN和ISSN元数据收录在ISSN国际中心的ISSN注册数据库中，该数据库可作为多种产品提供使用：ISSN门户网站、在线网络订阅产品、数据文件、OAI-PMH网络服务和其他用途。
- ISSN与许多其他元数据和标识标准进行互操作。例如，ISSN或ISSN-L可以嵌入DOI或OpenURL中。参见ISSN国际标准ISO 3297示例。

附录D：开放式参考链接系统和数字对象唯一标识符

D.1　有关开放式参考链接系统

开放式参考链接系统（CrossRef）是一个独立会员组织和数字对象唯一标识符（DOI®）的注册机构，为学术出版商提供协作服务。CrossRef DOI是跨出版商引文链接网络的核心，涵盖期刊、图书、会议论文、标准和技术报告等各种类型的内容。

出版商会员提交基本引文元数据以及与之相连的每个通过CrossRef注册的DOI。每个CrossRef DOI必须链接到包含DOI解析的书目信息的响应页面。

有关CrossRef和DOI的完整信息，请参阅CrossRef网站：http://crossref.org。

D.2　刊名级DOI的最佳实施规范

CrossRef DOIs已经为众多学科的2万余种期刊注册。虽然为期刊创建DOI不是对CrossRef出版商的硬性要求，但强烈建议他们这样做。刊名级DOI没有存放费用。刊名层级DOI的最佳实施规范如下：

- 应为储存在CrossRef的每种期刊的每个版本创建一个不同的DOI。任何变更需要新的ISSN时也应该产生新的刊名级DOI。
- 刊名级DOI应当解析到在CrossRef数据库中、显示相同刊名和ISSN的一个响应页面。
- 一旦分配，就应保持刊名级DOI。
- 当期刊所有权变更时，刊名级DOI维护的责任转交给新的所有者。

刊名级DOI样本：

ISSN标准（ISO 3297）推荐如本例中所示：DOI后缀包含ISSN（带连字符），小写字母“issn”和结束符“.”置前：

Učenye zapiski universiteta imeni P.F. Lesgafta：http://dx.doi.org/10.5930/issn.1994–4683

其他使用中的后缀模式如：

工业和服务指标：http://dx.doi.org/10.1787/16096932

Informes de la Construcción：http://dx.doi.org/10.3989/ic

D-Lib杂志：http://dx.doi.org/10.1045/dlib.magazine

D.3 CrossRef DOI和ISSN互操作性

如附录C所述，ISSN用来识别连续出版物刊名。CrossRef刊名级DOI无法标识作为整体的期刊。相反，它标识并创建一个转到期刊主页的持久链接，以确保对该期刊有关信息的持续访问。ISSN用作CrossRef系统中刊名的主要标识符——用于刊名级DOI的元数据限于刊名、刊名缩写、ISSN和期刊URL。

D.4 CrossRef系统中刊名和ISSN管理

CrossRef系统中的刊名信息来自首次将某期刊储存到该系统时出版商所提供的元数据。出版商决定了储存在系统中的准确刊名和ISSN。储存在CrossRef的每种期刊至少需提供一个ISSN，但鼓励出版商提交期刊所有的ISSN（CrossRef目前不支持储存元数据时提交链接ISSN）。链接ISSN可以由CrossRef工作人员添加为“备用ISSN”。备用ISSN用于帮助查询匹配，但未包含在请求获得的元数据中。

刊名和ISSN的组合未经外部机构验证。每个提交储存的期刊都会经过一个数字验证。一旦CrossRef系统中已存在某刊名或ISSN，在没有CrossRef干预的情况下，便无法创建具有相同刊名或ISSN的新出版物。当出版商请求对刊名做重大更改时，应指引他们向相关机构申请新的ISSN。

D.5 CrossRef系统中刊名管理历史

现行刊名管理规则于2007年施行。2007年10月之前提交的期刊不受每种期刊一个ISSN规则的限制。因此，CrossRef刊名列表（参见http://www.crossref.org/titlelist/titleFile.csv）不是最终的，并可能包含重复或不正确的刊名。

附录E：相关标准和推荐实施规范

E.1 数字对象唯一标识符（DOI）系统

数字对象唯一标识符（DOI）系统是国际标准化组织（ISO）制定的一项标准，名称为“ISO 26324:2012 信息与文献　数字对象唯一标识符系统”（http://www.iso.org/iso/catalogue_detail.htm?csnumber=43506）。DOI系统由国际DOI基金会监督（http://www.doi.

org）。DOI名称是分配给数字对象的唯一字母数字字符串。DOI提供关于数字对象的信息，包括该对象的URI。一旦分配了DOI，就可以根据需要更新DOI URI，使DOI成为该对象始终不变的定位符。每个DOI是唯一的，并为互联网上的电子资源全文提供稳定和持久链接。与URI不同，DOI不随时间改变，即使资源迁移到新的地址，DOI也保持不变。DOI名称被广泛采用，因为它为学术资料提供可执行、可互操作和持久的链接。

E.2　期刊展示格式

在ISO（国际标准化组织）内部，已经对“ISO 8:1977 文献—期刊展示格式”提出了修订（http://www.iso.org/iso/catalogue_detail.htm?csnumber=3585）。该标准“为了使编辑和出版商以有利于其使用的格式展示期刊而制定了相关规则。遵守这些规则将会使编辑和出版商的自身工作变得有序和明晰。这些要求的重要性视情形而变化，有时可能会违反某些艺术、技术或广告的考量”。该修订案提议将文献范围扩展至电子和纸本期刊。

虽然PIE-J和ISO 8的总体目标相同，旨在为出版商在期刊展示方面提供指南，但实际上PIE-J是一组指南，而ISO 8是标准。此外，PIE-J专注于电子期刊固有的问题，而ISO 8则适用于所有刊物。

E.3　ISSN

“ISO 3297:2007　信息与文献　国际标准连续出版物号”（简称ISSN，http://www.iso.org/iso/catalogue_detail?csnumber=39601）是一项标准，用来“定义和促进使用标准代码（ISSN）作为连续出版物和其他连续性资源的唯一标识符。每个国际标准连续出版物号（ISSN）是特定连续出版物或其他连续性资源在特定的媒介上的唯一标识符。ISO 3297:2007还描述了一种机制，‘链接ISSN（ISSN-L）’提供相同连续性资源的不同媒介版本之间的配置或链接”。

ISSN是连续出版物的标准标识符。ISSN的展示和应用在标识包含电子期刊在内的所有连续出版物方面起着关键作用，因此在PIE-J中扮演着重要角色。

E.4　知识库和相关工具

作为美国国家信息标准协会和英国连续出版物集团（NISO/UKSG）的联合项目“知识库及其相关工具（KBART）”的一部分，KBART推荐实施规范第一期（http://www.niso.org/publications/rp/RP-2010-09.pdf）推荐了一些有关刊名列表格式和发布的最佳实践。KBART推荐实施规范第二期工作组（http://www.niso.org/workrooms/kbart）将以KBART项目第一期发布的最初推荐为基础制定第二期推荐实施规范，以便促进知识库供应链成员之间的顺畅互动。鉴于第一期规范提供了实现该目标的最基本建议，第二期规范将侧重于解决这一领域中的更有深度、更复杂的问题，正如第一期规范“后续计划”部分所阐述。

PIE-J和KBART是相关的，因为出版商通常会从同一个刊名列表中运行包括网络和链接应用在内的多项应用。清楚了解刊名历史和ISSN分配对于这两种实施规范都很重要。

E.5 美国国家信息标准协会/高级信息服务联盟的期刊文章补编资料项目

这是美国国家信息标准协会和全国高级信息服务联合会的联合项目，旨在为出版商在期刊文章补充资料的入选、处理、展示和保存提供推荐实施规范（NISO RP-15-2013[①]）（参见http://www.niso.org/workrooms/supplemental）。

“期刊文章补编资料项目”不是与PIE-J重叠的另一项标准或PIE-J的最佳实践部分，该项目与补充资料的正确描述相关，这些补充材料对于电子期刊而言越来越重要。

E.6 期刊转让

英国连续出版物集团制定了“转让实施规则”，该实施规则“响应学术期刊界对一致性指南的需求，以帮助出版商确保当期刊被转让时，图书馆员和读者可以方便地查阅到该期刊的内容，并将变更过程发生中断的概率降至最低”（参见：http://www.uksg.org/transfer）。

由于出版商通常将刊名列表作为辨认出版商之间转让期刊内容的方式，PIE-J和期刊转让是密切相关的。清晰地掌握刊名历史和ISSN分配对于以上两种实施规范都很重要。

参考文献

Agreements for the ISSN Assignments to Continuing Resources Issued by Multinational Publishers. [Listed by ISSN Centre and by Publisher.] Paris: ISSN International Centre, 2008. Available at: http://www.issn.org/2-22649-Multinational-publishers.php.

Association for Library Collections and Technical Services (ALCTS) Serials Section. *What's in a Name? Presentation Guidelines for Serial Publications.* Chicago, IL: The ALCTS Serials Section, 1995 (?). Available at: http://www.loc.gov/issn/basics/basics-whatsinaname.html.

20世纪90年代中期ALA ALCTS连续出版物部发行的手册。该手册涉及下列问题：“什么是连续出版物？”“为什么连续出版物的展示很重要？”“在选择刊名时应当考虑什么？”“应当如何展示刊名？”“为什么刊名变更是个问题？”“什么是ISSN？如何获得ISSN？”“为什么需要ISSN？”

Brown, Diane, Elaine Stott, and Anthony Watkinson. *Serial Publications: Guidelines to*

① 即Recommended Practices for Online Supplemental Journal Article Materials（期刊文章在线补编资料推荐实施规范）。——译者注

Good Practice in Publishing Printed and Electronic Journals (2nd edition). Worthington, UK: ALPSP, 2003.

该书由学术与专业学会出版商协会、订阅代理与中间商协会、出版商协会连续出版商执行委员会以及英国连续出版物集团资助出版，篇幅不长，主要讨论和引导纸本文献的出版，旨在为出版商解决图书馆技术服务问题提供规范（例如装订过程的优化、发票信息的建议、连续出版物代理等）。纸本期刊出版规范后亦有电子期刊出版规范，较为简短。虽然该书主要关注纸本期刊（例如，刊名页章节写道："为便于装订，理想的期刊卷册应当刊名页和目录页在前，作者和主题索引在后…"），但仍然有几个为电子期刊提供单独编号规范的实例。有几章或部分节的内容适用于电子期刊，但与PIE-J的部分内容重叠。这本书包含了一些已经得到很好实践的例子，还有一些有用的附录，包括参考文献列表、相关标准和出版商清单。

Caplan, Priscilla. NISO/NFAIS Workshop Explores Best Practices in Ejournal Publishing. *Library Hi Tech News*, 2000, 17(s). Available at: http://www.emeraldinsight.com/journals.htm?issn=0741-9058&volume=17&issue=5&articleid=1489545&show=html.

2000年2月，NISO和NFAIS共同主办了一个研讨会，以确定是否应当为电子期刊出版的某些方面制定一套最佳实施规范或正式标准。主要参会者包括商业出版商、学术协会、二级出版商、图书馆以及为上述团体提供服务的供应商。该报告概述了会议重点讨论的问题、四份不同角度的会议报告以及参会者的讨论成果。雷吉娜·罗马诺·雷诺兹提出了与PIE-J相关的话题。他指出，图书馆员的愿望清单是：出版商/集成商在期刊主页（发行机构、地点和出版商）提供"刊头"信息，在刊名展示上保持一致，在相应刊期保留曾用刊名并提供访问链接，并同时显示纸本和电子期刊的ISSN。会议结束当日，与会者一致表示，各团体之间需要合作。会议指出，数字出版是动态发展的，在当前这个时间节点较为适当的做法是制定一些最佳实施规范来引导其按照众多利益相关者期望的方向发展，但又不会对脆弱的学术出版生态系统有过多的干扰。

Documentation-Presentation of Periodicals. ISO 8:1977. Geneva: International Organization for Standardization, September 15, 1977. Ordering information available at: http://www.iso.org/iso/catalogue_detail.htm?csnumber=3585.

England, Deberah. Journal Title Display and Citation Practices. *The Serials Librarian*, 2009, 56(54): 271–281. Available at: http://www.tandfonline.com/doi/pdf/10.1080/03615260802687161.

本文报道了莱斯·霍金斯、雷吉娜·罗马诺·雷诺兹和史蒂文·沙尔德在北美连续出版物集团（NASIG）2008年年会上所做的报告。这3人都谈到了期刊网站展示出现的问题，这些问题可能会影响编目记录的创建。他们通过举例说明了刊名变化展示的不充分可能导致用户无法访问所需的材料，图书馆甚至无法弄清它们付费购买内容的范围。设立NISO工作小组制定关于刊名展示和引用的实施规范是最佳做法。

Ercelawn, Ann. *Best Practices for Ejournals: Publication and Website Design Guidelines*. Nashville, TN: Vanderbilt University, August 2005. Available at: http://www.library.vanderbilt.edu/ercelawn/bestpractices.html.

该网站的创建者列出了电子期刊供应商创建电子期刊网站时应当考虑的14点最佳实践。虽然该网站范围比PIE-J更广，但其提供了与刊名展示和刊名变更相关的3个要点，以及其他有用的技巧。

Hawkins, Les. Best Practices for Presentation of E-journal Titles on Provider Web Sites and in Other E-content Products. *Serials Review*, 2009, 35(3): 168–169. Available at: http://www.sciencedirect.com/science?_ob=MImg&_imagekey=B6W63-4WKJ5F4-1-1&_cdi=6587&_user=681891&_pii=S0098791309000744&_origin=search&_zone=rslt_list_item&_coverDate=09%2F30%2F2009&_sk=999649996&wchp=dGLbVlz-zSkzV&md5=6c6c914aeb70f50e987ee569ec4b63f8&ie=/sdarticle.pdf.

在电子期刊论坛专栏中，霍金斯解释道，由于期刊网站和电子内容访问工具中期刊元数据的不准确显示，研究人员很难找到他们在网上寻找的文章，即使它们是存在的。这导致电子期刊、期刊包和集成资源的价值无法实现。他指出，NISO将成立一个工作组（如PIE-J），旨在制定一套致力于刊名展示、正确ISSN和网站其他基本书目数据提供的最佳实施规范。

Hepfer, Cindy, Steve Shadle, Regina Reynolds, Hien Nguyen, and Les Hawkins. *Recommended Practices for the Presentation and Identification of E-Journals: A Proposed NISO Work Item*. Baltimore, MD: National Information Standards Organization, December 10, 2009. Available at: http://www.niso.org/apps/group_public/download.php/3621/NISOProposedWorkItem_ejournalrep10dec09.doc.

Information and Documentation-Digital Object Identifier System. ISO 26324:2012. Geneva: International Organization for Standardization, April 23, 2012. Ordering information available at: http://www.iso.org/iso/iso_catalogue/catalogue_tc/catalogue_detail.htm?csnumber=43506.

Information and Documentation-International Standard Serial Number (ISSN). ISO 3297: 2007. Geneva: International Organization for Standardization, September 1, 2007. Ordering information available at: http://www.iso.org/iso/catalogue_detail?csnumber=39601.

Information and Documentation-Rules for the Abbreviation of Title Words and Titles of Publications. ISO 4:1997. Geneva: International Organization for Standardization, December 15, 1997. Ordering information available at: http://www.iso.org/iso/iso_catalogue/catalogue_tc/catalogue_detail.htm?csnumber=3569.

ISSN International Centre [website] . Available at: http://www.issn.org.

KBART: Knowledge Bases and Related Tools. NISO RP-9-2010. Baltimore, MD: National Information Standards Organization, January 2010. Available at: http://www.niso.org/publications/rp/RP-2010-09.pdf.

Library of Congress Online Catalog [website] . Washington, DC: Library of Congress. Available at: http://catalog.loc.gov.

List of national and state libraries. Wikipedia. Available at: http://en.wikipedia.org/wiki/List_of_national_libraries.

NAL Catalog (AGRICOLA) [website] . Beltsville, MD: National Agricultural Library. Available at: http://agricola.nal.usda.gov/.

NISO/NFAIS. *Recommended Practices for Online Supplemental Journal Article Materials*. NISO RP-15-2013, Baltimore, MD: National Information Standards Organization, January 2013. Available at: http://www.niso.org/publications/rp/rp-15-2013.

NLM Catalog [website] . Bethesda, MD: National Library of Medicine. Available at: http://www.ncbi.nlm.nih.gov/sites/entrez?db=nlmcatalog.

Open Archives Initiative Protocol for Metadata Harvesting (*OAI-PMH*), version 2.0. Ithaca, NY/Los Alamos, NM: The Open Archives Initiative, June 14, 2001. Available at: http://www.openarchives.org/OAI/openarchivesprotocol.html.

Reynolds, Regina Romano, and Cindy Hepfer. In Search of Best Practices for the Presentation of EJournals. *Information Standards Quarterly*, vol.21, issue 2 (spring 2009), pp.18-24. Available at: http://www.niso.org/publications/isq/free/FE_E-Journals_Presentation_isqv21no2.pdf.

这篇文章为在线展示电子期刊创设了一套最佳实践案例。作者认为，为了让研究人员能根据已发表文献的引用信息检索到文章，需要某些关键元素：正确的刊名格式，准确的ISSN(s)，刊名变更的适当显示和索引，不同期刊格式保持刊名一致，以及指导研究人员引用一篇文章时使用文章最初发表时的刊名。

Syntax for the Digital Object Identifier. ANSI/NISO Z39.84-2005 (R2010). Baltimore, MD: National Information Standards Organization, September 30, 2005 (reaffirmed May 13, 2010). Available at: http://www.niso.org/standards/z39-84-2005/.

The OpenURL Framework for Context-Sensitive Services. ANSI/NISO Z39.88-2004 (R2010). Baltimore, MD: National Information Standards Organization, April 15, 2005 (reaffirmed May 13, 2010). Available at: http://www.niso.org/standards/z39-88-2004/.

TRANSFER Code of Practice, version 2.0. Burford, Oxon: UKSG, September 19, 2008. Available at: http://www.uksg.org/sites/uksg.org/files/TRANSFER_Code_of_%20Practice_2_0.pdf.

Ulrichsweb ™ [website] . Seattle, WA: Serials Solutions, continuously updated. Available at: http://ulrichsweb.serialssolutions.com.

WorldCat xISSN Service [website] . Dublin, OH: OCLC, Inc. Available at: http:\xissn.worldcat.org.

第二节　优化电子期刊展示与标识的PIE-J规范解析

1　引言

不少研究人员或许都曾有过类似经历，手握期刊文章的引用信息（文章名、刊名、卷号、期号和页码），但无论通过文献发现系统还是数据库期刊导航都无法找到所需文章。研究人员反复核实引文信息，但所查找的文章仍踪迹全无。经多方求助，找到所需文章后发现，该期刊刊名变更——出版商将期刊数字化时，原刊名下的文章被编排到新刊名页面下，使开放链接系统无法正确匹配，最终导致检索失败。这一现象反映了出版商或供应商电子期刊元数据展示与标识不规范给使用者带来的检索障碍。事实上，电子期刊标识不规范带来的消极影响远不止于此：使用者检索受挫，图书馆员咨询工作量上升，电子期刊使用率下降，数据库商满意度受损甚至数据库续订取消，电子期刊供应链上的各方无疑都可能是受害者。[1]为此，2013年美国国家信息标准协会（NISO）发布《PIE-J：电子期刊的展示与标识》(PIE-J: The Presentation & Identification of E-Journals，简称PIE-J）推荐实施规范，[2]以期为电子期刊元数据的展示与标识提供相对统一的标准示范，促进电子期刊内容的长期访问获取。

自PIE-J规范公布以来，美国PIE-J委员会成员及其他研究人员陆续在美国的相关刊物上发表了一些有关PIE-J的文章。这些文章主要关注PIE-J的主要内容和意义、[3]PIE-J对提高电子期刊内容获取的积极作用[4]以及PIE-J与ISO标准的比较等，[5]对PIE-J的普及与推广起到了积极作用。目前我国电子期刊展示与标识尚无统一的实践指导标准，2003年以来国内学者开始关注开放链接（OpenURL），部分研究论及电子期刊元数据质量对开放链接质量的重要影响。[6]但对电子期刊元数据的质量与标准缺乏进一步的专门讨论，且由于PIE-J尚未被正式翻译介绍到国内，目前国内亦尚未见对美国电子期刊展示与标识标准PIE-J的专门解读与分析。因此，本报告拟通过对PIE-J的系统解析，使PIE-J在国内获得更多的关注与了解，国内电子期刊出版商或供应商能更加重视电子期刊元数据的规范，以期促进国内电子期刊供应链上的各方合作优化电子期刊元数据，提高开放链接质量，解决电子期刊难以搜寻这个长期困扰各方的问题。

2　PIE-J规范的制定背景及意义

数字信息技术的发展极大地改变了期刊出版状况，颠覆了期刊的阅读使用方式，电子期刊已成为学术研究的重要参考资料。为帮助研究人员对文献资源进行准确定位，开放链接（OpenURL）以及开放式参考链接系统（CrossRef）等相继问世，各种资源发现系统也应运而生。但这些系统的顺利运行，需要以电子期刊元数据为基础。"如果电子期刊的内容供应商未将期刊原刊名同时显示在内容供应商的网站和知识库供应商的刊名列表页面，那么OpenURL链接解析器就不能提供全文的文本链接。"[7] 正如EBSCO信息服务部人员指出的那样，原刊名及其范围的准确表述对于链接、列表及发现工具的成功至关重要。

作为连续出版物，期刊发展过程中难免出现刊名变更、期刊格式和其他出版信息的改变。但如上文所述，电子期刊出版商或供应商如果未能在电子期刊页面妥善展示和处理这些元数据，可能会导致链接失效或发现系统无法正确匹配，最终影响使用者对期刊文章的获取。因此，规范出版商或供应商对电子期刊元数据的展示与标识是提高开放链接质量的重要环节，也是电子期刊进一步发展亟待解决的问题。

在此背景下，2010年美国纽约州立大学布法罗分校（University at Buffalo，the State University of New York）图书馆馆员与施普林格出版社（Springer）代表共同发起成立电子期刊展示与标识工作组，试图推动制定统一的电子期刊展示与标识标准。后来，工作组成员逐渐增加，包括了图书馆员、出版商、订阅机构、平台提供商、CrossRef、国际标准连续出版物号（ISSN）中心、索引服务组织以及数字化存档组织。经多方共同努力，工作组决议最终获得NISO商务信息专题委员会的批准。2013年，NISO正式公布《PIE-J：电子期刊的展示与标识》推荐实施规范，旨在为电子期刊出版商和内容供应商提供指引，规范电子期刊元数据的展示，提高使用者对期刊文章的查找效率和准确率，解决困扰出版界及图书馆界已久的因电子期刊元数据标识不规范而引发的一系列问题。

3　PIE-J规范的主要内容分析

PIE-J规范由正文、附录和参考文献3部分组成。正文包括前言、第1节"导言"和第2节"推荐实施规范"。前言简要交代推荐实施规范产生的背景；第1节阐明该实施规范制定目的和讨论范围并对规范中出现的22个专业术语进行定义；第2节是PIE-J的主体，分别从刊名与引用信息、刊名变更与刊名历史、ISSN、编次与年代系统、出版信息、内容的获取、纸本数字化内容的保存7个方面对电子期刊元数据的展示和标识进行具体规定。

与其他电子期刊标准相比，PIE-J最大的特点是在附录A中通过32个实例，对电子期刊标识进行实例指导。这些例子是从各出版商或供应商网站上经许可后进行的屏幕截图，通过批注或评论的方式具体演示了电子期刊展示与标识中存在疑问的地方。因此，PIE-J具有较好的实践指导意义，出版商或供应商在电子期刊展示时可直接适用。

PIE-J的主要内容可归纳为以下几个方面。

3.1 刊名变更后电子期刊元数据的标识

刊名变更后电子期刊元数据标识不规范是使用者获取文章失败的主要原因之一。期刊发展过程中，刊名变更时有发生，然而在期刊数字化时，部分出版商因疏漏或出于便于编排或市场效应等方面的考虑，将原刊名下的文章编排到了新刊名下。这导致“引文信息出现死链接，学生和研究人员无法获得他们所需的文章”，从而成为电子期刊展示的最主要“痛点”。[8]

针对这个问题，PIE-J通过“刊名与引用信息”以及“刊名变更与刊名历史”两个章节对电子期刊的刊名提出规范意见。PIE-J强调，对于试图获取完整原文的使用者来讲，保留原刊名与引用信息非常重要。首先，应当以显著、清晰和一致的方式在期刊的所有内容页标明期刊全名，且期刊的纸本、电子版或光盘版应使用相同刊名。其次，对于刊名变更的期刊，应将文章、卷号、期号和日期与文章发表时的所用刊名相关联；构建“引用”功能时，用文章发表时的刊名、卷号、期号和日期，而不应将原刊名下文章的元数据编排到现有刊名之下，以免引起混淆。再次，禁止随意变更刊名，刊名的更改应当是基于期刊内容或者收录范围的更改。对于刊名变更的期刊，应当在目录页、文章首页等显著位置显示原刊名，为使用者查找文章提供线索（参见图4-2-1）。

图4-2-1　提供刊名变更相关信息（编译自PIE-J附录A）

3.2　清晰展示刊名历史

刊名历史为研究人员查询期刊文章提供重要指引。PIE-J多次强调，对于刊名历史较为复杂的期刊，应当提供刊名历史链接，提供清晰的刊名历史列表，包括完整的刊名、出版日期范围、现用刊名的ISSN。为便于研究人员查找文章及出版商梳理所收购或购买期刊的复杂刊名历史，PIE-J在附录中将获取刊名历史的各种渠道进行了整合，如下。

第一，通过ISSN中心查询刊名历史。ISSN中心由设在巴黎的国际ISSN中心与分布在全球89个国家和地区的ISSN国家中心组成，负责管理和分配连续出版物的ISSN。ISSN国际中心发行的ISSN国际注册信息数据库（The ISSN International Register），列出了ISSN中心所分配的所有连续出版物的ISSN，是查询全球连续出版物标识的重要来源。ISSN International Register目前提供在线版本，ISSN国际中心对该在线数据库持续更新，每年有近13万条的更正和修改记录。在ISSN International Register中输入期刊的ISSN，可以查询到期刊的刊名、ISSN、出版频率、语言、出版商、出版地、其他版本的格式等数据，如果有的话，还会提供该刊名相关的其他信息，如曾用刊名等。[9]

第二，通过过刊的扫描文档核查期刊的刊名历史。PIE-J指出，这种情况主要出现在出版商收购另一家出版商期刊的情况下，此时新出版商对所收购期刊的刊名历史可能不甚了解，可通过查阅过刊的相关扫描文档进行核查。过刊的封面、编辑声明等处都可能显示该期刊的曾用刊名，甚至会有刊名变更的专门说明。

第三，利用“乌利希期刊指南”数据库（Ulrichsweb™）查询刊名历史。ProQuest公司的Ulrichsweb™数据库是全球权威的期刊书目数据库，提供950个学科的33万多种期刊的详细书目数据。在数据库的搜索页面输入期刊的刊名或ISSN便可以轻松地查询到包括刊名历史在内的期刊详细出版信息。[10]但由于该数据库需要付费订阅，未购买该数据库的出版商或研究人员难以通过该途径获取期刊的详细出版信息。

第四，通过使用“世界书目数据库”（WorldCat）的xISSN服务获取刊名历史信息。“世界书目数据库”是OCLC公司的在线编目联合目录，可以查询全球1万家图书馆的书目数据。xISSN是WorldCat提供的一项在线查询服务，[11]通过输入连续出版物的ISSN，可以显示该刊物的ISSN及其他元数据信息，包括期刊历史。未订阅者每天可提交一万次的查询请求，OCLC的编目成员订阅后即可免费使用。因此，它不失为出版商或使用者查询刊名历史的一种便捷经济的方式。但PIE-J也特别强调，xISSN的服务依赖于各图书馆对WorldCat的贡献，因此xISSN服务所提供的ISSN的准确性和完整性并不能完全保证。

最后，通过图书馆目录查询刊名历史。图书馆的期刊编目记录通常包含了期刊的众多出版信息。PIE-J认为，有些图书馆目录可提供通过xISSN服务无法获取的其他有用信息。作为现存最全面的图书馆目录之一，美国国会图书馆目录是PIE-J首推的图书馆目录。PIE-J在附录中演示了在国会图书馆主页通过普通检索和高级检索查询期刊详细信息的过程。该检索可获得包含馆藏期刊数量、第一期的编号和日期等期刊基本信息，也可进一步查询出版频率、曾用刊名及可获取的多载体版本情况等详细书目信息。[12]这种查询方式的缺点在于受图书馆所藏期刊种类的限制，有时需要根据各图书馆的收藏特色查询多个图书馆的目录以互相补充。

3.3 提供准确的电子期刊ISSN

国际标准连续出版物号ISSN是根据国际标准ISO 3297制定的连续出版物的数字标识代码，是连续出版物的独有标识。2012年，美国NISO“分析优化开放链接”（Improving OpenURLs Through Analytics，IOTA，见本书第十二章）工作组对24家主要数据库商的OpenURL元素权重调研发现，ISSN在各数据库商的OpenURL元素中所占的比重相当高，平均比重为88.5%，其中在爱思唯尔（Elsevier）、Embase、JSTOR三家数据库商的OpenURL中，ISSN的比重更是高达100%。在OpenURL中权重越高的元素对链接成功的影响越大。[13]这意味着在期刊刊名发生变更的情况下，即便电子期刊的其他元数据，如刊名、卷号、出版日期等的表示不准确或不规范，只要更新了ISSN，那么OpenURL仍可能进行正确匹配，从而准确定位到期刊全文。反之，如果电子期刊的ISSN表示不准确或不规范则很可能增加OpenURL链接失败的概率。因此，研究人员坦言“ISSN信息表示不准确成为影响电子期刊文章获取的一大障碍”。[14]

目前电子期刊ISSN存在的问题主要在于：不同格式的期刊（纸本、电子版或光盘版）混用同一个ISSN；电子期刊未标注ISSN及刊名变更后的期刊未更新ISSN。按大多数图书馆采用的编目规则，刊名变更后的期刊会被编目为一个新的书目记录，各书目记录需要各自的ISSN进行标识。[15]如果电子期刊未及时更新ISSN，则可能与图书馆目录不匹配，从而影响使用者对期刊的获取及图书馆对电子期刊的管理。

PIE-J建议纸本和电子期刊应当各自配有ISSN，并且刊名的每次主要更改也需要配有不同的ISSN。具体包括：首先，确保期刊曾使用过的各个题名均有各自的ISSN，向相应的ISSN中心核对数据。其次，确保每种格式的期刊均有自己的ISSN，向相关的ISSN中心申请所需的ISSN。再次，显示同一题名的所有ISSN并详细标注各ISSN所对应的格式。例如，ISSN XXXX-XXXX（纸本）、ISSN YYYY-YYYY（在线）。

ISSN的申请和使用都是免费的，新的ISSN并不会增加出版商的成本。ISSN中心也为新ISSN的申请提供了便捷的方式。例如，美国ISSN中心规定，为避免出版不正确的ISSN，出版商在刊名变更之前应当提前通知ISSN中心。该通知就视为新ISSN的申请，具体流程与之前的ISSN申请相同。而其他出版信息和出版频率的改变通常不影响ISSN的分配。[16]

3.4 显示清晰的编次体系并保留原始出版信息

编次体系不统一是电子期刊存在的另一个重要问题。清晰简明的编次体系，有助于研究人员查询和获取文献资料，也便于图书馆或其他文献收藏机构对期刊进行管理。PIE-J要求在展示一种新的电子期刊时，使用简明清晰的编次系统。例如，Vol.1，No.1（2011）。出版日期对于电子期刊至关重要，是电子期刊编次系统中需要标明的。同时，为便于读者查询资料，期刊数字化时，应当使用原来的编次和年代体系，而不应依据新设的编次和年代对电子期刊内容进行重新编号。

另外，部分出版商在期刊数字化过程中，并未将纸本期刊的所有页面扫描，只保留期刊目录、文章等主要信息，而期刊正文之前的扉页、题名页、编辑寄语、插图页或者致谢等页面信息均被删除。事实上，这些看似无关紧要的信息，是研究人员了解期刊内容的重要背景，也是期刊发展历史的重要见证。

因此，PIE-J规范在"出版信息"中强调，为保存期刊的历史及编辑人员的信息，应当在网页上持续显示并保留相关的重要信息。首先，提供"关于期刊"或"期刊信息"页面，包括编辑和编辑委员会成员、ISSN、出版者名称（地址）、发起人或负责机构、范围和目的、出版频率、出版或版权日期、版头信息、勘误和撤回政策等信息。如有可能，还应包括诸如伦理准则和同行评议状态之类的相关信息，并确保各卷号均保留这些信息。其次，电子期刊应保留独特期号的非文章信息。例如期刊的前言、后记、封面、其他期号元数据或信息。另外，PIE-J还建议出版商在电子期刊的页面为图书馆员提供对于书目历史或刊名展示提出意见或反馈的链接或联络信息。

3.5　从便于使用者获取的角度标识元数据

PIE-J坦言，对实际和潜在读者而言，发现期刊全文的能力相当重要，这对促进学术研究信息的传播不可或缺。但如今，"一些出版商在保持期刊核心内容不变的情况下，希望创造一种不同于纸本期刊的标识。许多标识信息不能一目了然地显示，为缺乏经验的使用者以及编目人员理解这些信息带来了更多的困难"。[17] 这无疑有违电子期刊创设的初衷，便于使用者对期刊内容的获取始终是电子期刊展示和标识所应坚持的首要原则。

为便于使用者成功获取所需文章，PIE-J建议，第一，电子期刊出版商应提供期刊现用和曾用刊名的显示和搜索途径，以保证网页上的所有题名均可以通过浏览列表和搜索功能获取。第二，清晰地表述所有的卷号、期号和出版日期。第三，在期刊页面提供带有勘误表的目录，便于使用者浏览和了解期刊的当前情况。第四，如有可能，对于电子期刊网页上无法显示或提供检索的内容，标明获取途径。例如，当前的出版商对较早的期刊内容不享有版权时，可提供可获取的其他网址的链接。

3.6　尽可能完整保留纸本期刊的原貌

PIE-J既适用于原生数字期刊，也适用于数字化的纸本期刊。在纸本期刊数字化的过程中，可能会遇到某些内容页面缺失的情况，部分页面的缺失不应影响整个数字化工程的继续进行。

PIE-J一再强调，应当尊重期刊的历史，即应尽量保留期刊的原貌，将期刊的原卷或期、前后封面及所有的内容全部数字化，包括前后空白页及广告。期刊的广告可能是期刊时代背景的反映，是期刊历史记录的组成部分，应予以保留。同时，如图4–2–2所示，PIE-J建议将可获取的所有内容数字化，即使目前的内容是不完整的，也要清楚地展示缺失的部分，以便日后发现缺失内容时更加便利准确地将缺失部分补充到电子期刊中。另外，PIE-J希望负责期刊数字化的工作人员多与图书馆员沟通，必要时咨询图书馆员以获取专业意见。

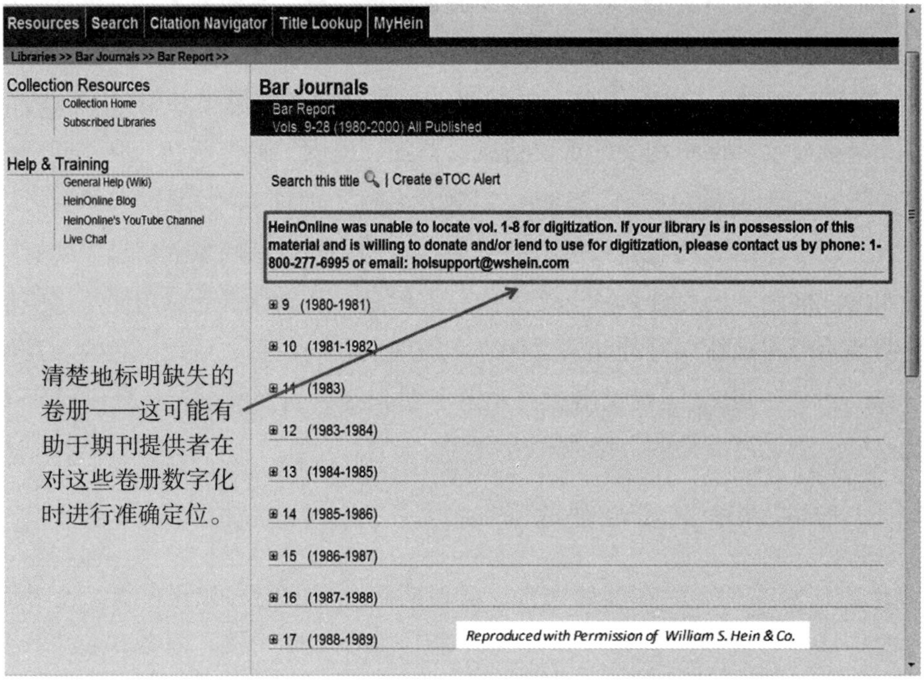

图4–2–2　以适当方式清晰标明缺失卷册（编译自PIE-J附录A）

4　PIE-J规范在美国的推广应用情况

PIE-J规范作为NISO的推荐实践规范，旨在为电子期刊出版商或供应商提供行业指引，以解决电子期刊展示与标识不规范带来的期刊文章获取障碍，用户可按照规范中的陈述使用或加以修改，以满足特定要求。2013年3月25日，NISO在其网站正式公布了PIE-J，并提供免费的全文下载链接。

在PIE-J发布后不久，PIE-J常务委员会成立。该常务委员会为PIE-J的推广发挥了重要组织领导作用，其主要职责在于：持续不断地推动PIE-J推荐实践的发展，在全国和全球范围内，鼓励图书馆员与电子期刊出版商或供应商联络，将该规范以正式或非正式的方式介绍推广给他们，并负责解答有关PIE-J的咨询及收集整理相关的评论和信息。[18] PIE-J常务委员会积极践行其职责，从多方面促进PIE-J的应用推广。

第一，写文章介绍和推荐PIE-J规范。PIE-J委员会成员在相关出版物上介绍和推荐PIE-J规范。例如，NISO《信息标准季刊》（*Information Standards Quarterly*）、《连续出版物图书馆员》（*The Serials Librarian*）及英国连续出版物集团（United Kingdom Serials Group，UKSG）《洞察力》（*Insights*）等刊物上都有介绍PIE-J的文章。

第二，通过多个会议宣传。PIE-J常务委员会成员积极参与一些全国性会议或国际会议，在会议上介绍和推荐PIE-J规范，包括北美连续出版物集团（The North American Serials Interest Group，NASIG）、电子资源与图书馆（Electronic Resources and Libraries，ER&L）、美国图书馆学会（American Library Association，ALA）、学术研究出版组织（Academic Research Publishing Group，ARPG）以及UKSG的年会。在2013年和2014年的NISO公开电话会议中，PIE-J常务委员会成员对PIE-J进行专门介绍。2016年CRS馆藏信息委员会发起网络研讨会，邀请出版商、内容供应商、电子资源馆员和元数据馆员参加，对PIE-J规范进行介绍并举例说明PIE-J对解决刊名变更导致的电子期刊文章查找困难的积极作用。

第三，通过美国ISSN中心进行宣传。PIE-J委员会印制了PIE-J的宣传手册，放在美国ISSN中心，发放给申请ISSN的出版商进行宣传推广。

第四，通过调查问卷推广PIE-J并收集意见。PIE-J委员会通过网上发放调查问卷的方式，向图书馆员、出版商或平台提供商进行问卷调查。

第五，通过图书馆员宣传。出版商或供应商是PIE-J的主要使用对象，委员会鼓励图书馆员向与之合作的出版商或供应商推荐PIE-J规范。为便于图书馆员与出版商联络，PIE-J委员会还制作了专门的推荐信样本，供图书馆员下载使用。[19]

通过上述途径的介绍和推广，PIE-J为众多的出版商熟知并采用。其全文下载量从公布之后不久的1000次增长到2015年的9007次，下载量在两年时间内增长了9倍之多。这表明PIE-J获得了较高的公众关注，也从侧面反映了PIE-J符合电子期刊出版的需求。如，知名学术出版商SAGE于2014年宣布，将SAGE出版的电子期刊按照PIE-J规范推荐的建议措施进行展示与标识。[20]

2015年3月，PIE-J常务委员会对PIE-J的应用情况展开了一次问卷调查，198人对该项问卷调查进行了反馈，其中17%是出版商或供应商，83%是图书馆员。在受访的出版商或供应商中，有88%的人表示了解PIE-J；69%的人表示已经将PIE-J建议的电子期刊标识与他们自己公司的电子期刊标识进行过对比；可喜的是有53%受访者表示已经或计划按照PIE-J建议对他们的在线期刊平台进行某些改变。另外，受访图书馆员中，有65%的人表示已经阅读过PIE-J，有13%的图书馆员表示已经按照PIE-J网站提供的示范信与出版商或供应商进行过联络，推荐他们采用PIE-J进行电子期刊标识。

5 PIE-J规范对我国电子期刊展示与标识的启示

5.1 我国电子期刊展示与标识存在的问题

PIE-J指出的电子期刊标识方面存在的问题，在我国电子期刊出版中亦可能存在。因此，有必要对我国电子期刊的展示与标识现状及存在的问题进行审视和剖析。

我国电子期刊的数量正在快速增长，电子期刊用户早已跨出国界，国外不少图书馆购买了我国的数据库产品。目前我国电子期刊的展示与标识尚无统一的指导原则，各出版商或供应商对电子期刊元数据的描述方式各不相同，这些都可能影响用户对电子期刊的使用及我国电子期刊产品在国外的推广。

清华大学图书馆研究人员对众多资源发现系统分析后指出："元数据不够规范是目前几个主流发现系统存在的最严重问题。发现系统获取元数据的渠道多样、来源复杂，加上当前学术期刊发布平台各不相同，造成一本期刊/一篇文章被多个平台收录和揭示，且不同平台的元数据描述规范不同，给海量元数据仓储数据的去重带来很大困难"。[21]可见，规范电子期刊的元数据展示，提升元数据质量，是优化资源发现系统的根本。具体来讲，目前中国电子期刊标识存在的主要问题如下。[22]

第一，ISSN信息表示不准确。主要表现为：题名变更后未更新ISSN、不同题名使用同一ISSN。例如：

《交通医学》[v.1（1987）–v.17（2003）] ISSN 1006–2440；

《中国交通医学杂志》[v.18（2004）–v.20，no.2（2006）]ISSN 1006–2440；

《交通医学》[v.20，no.3（2006）–]ISSN 1006–2440。

该期刊2004年经历了刊名变更，但出版商未更新ISSN，这无疑会影响期刊文章的准确获取。

第二，刊名展示不规范。部分期刊刊名变更频繁，但未提供清晰的刊名历史，部分期刊甚至对曾用刊名只字未提；将原刊名下的文章全部编排到现用刊名下，导致原刊名下的文章无法通过发现系统进行检索。

例如，1975年创刊的《成都医药通讯》，在1980年更名为《成都医药》，2005年更名为《现代临床医学》。笔者在"中国知网"和"万方学术期刊"这两个国内常用的电子期刊检索平台检索后发现（参见图4–2–3和图4–2–4），这两个数据库的电子期刊页面均未提供该期刊的刊名历史链接，虽然中国知网在页面标明了曾用刊名为《成都医药》，但读者无法在电子期刊页面获知该期刊1975年到1980年的曾用名《成都医药通讯》。同时，这两个电子期刊数据库均将1975年以来该期刊各期全文链接（万方电子期刊仅提供2001年以来的各期期刊）放置在现用刊名《现代临床医学》之下。这极可能出现上文分析的原刊名下各期文章在文献发现系统中“隐身”，影响使用者对曾用刊名下期刊全文的准确查找和使用。

第三，编次体系不连续或未保留纸本期刊的编次体系。编次体系不连续主要表现在部分期刊前后的编号内容和格式不统一。例如，某本期刊的期号列表显示两种不同格式，1935年第16期和1935年第5卷第3期。另外，电子期刊未完全保留原纸本期刊的编号，部分期号采用新的编次体系。例如，某期刊原文章页面的期号展示为1994年第3、4期，而电子期刊页面的期号展示为1994年Z1期、1994年Z2期。Z1和Z2可能是增刊的缩写，但随着出版年代的久远，这些微小的改变可能会让使用者感到困惑。

图4-2-3 中国知网电子期刊检索页面

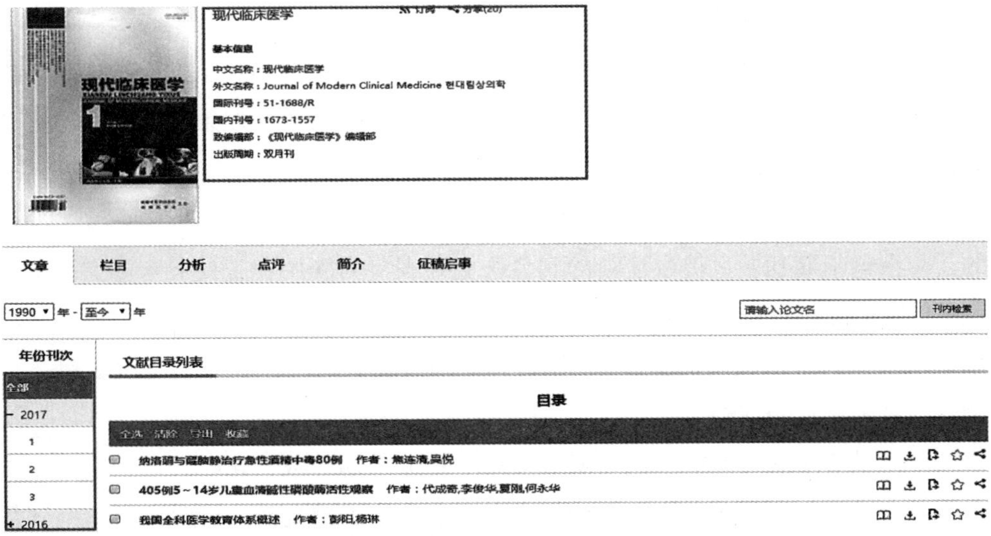

图4-2-4 万方电子期刊检索页面

第四，未完全保留期刊的原始信息。我国不少电子期刊并未完全按照纸本期刊的原貌扫描，原纸本期刊的扉页、编辑寄语、插图和广告等信息缺失的现象较为普遍。我国部分中文电子期刊主要由两种类型的页面组成：刊名和期刊主要出版信息页面、文章内容页面。刊名和主要出版信息页面仅包括刊名、出版日期、ISSN、出版单位、影响因子及按年份显示的各期目录。而纸本期刊的扉页、编辑寄语、插图和广告等信息页面并未扫描，这些看似无足轻重的资料日后可能成为研究人员进行研究的重要参考。

5.2 完善与优化我国电子期刊的展示与标识

由上文分析可见，目前我国电子期刊的展示和标识也存在PIE-J力图解决的类似问题。这些问题的直接结果是影响使用者对期刊文章的获取，长此以往，电子期刊供应链上的各方都可能是受害者。对于中国出版商或供应商而言，缺乏统一的电子期刊元数据标准也会影响中国数据库产品在国内以及海外市场的进一步推广。2012年北美东亚图书馆协会（Council on East Asian Libraries，CEAL）曾对国外用户获取中国电子资源遇到的问题和困难进行过专门讨论。多位馆员达成共识：语言和文化的障碍以及标准的缺乏给中国电子资源带来了新挑战，同时也使管理和发现这些电子资源更加困难。电子期刊元数据的不完整和不准确影响了国外用户对中国电子资源的获取和使用。统一元数据标准是解决目前中国电子资源获取障碍的有效途径。[23]

PIE-J是美国出版界与图书馆界在对电子期刊标识问题长期关注和讨论的基础上制定的，按照其建议进行标识，可优化电子期刊元数据，提高使用者的文章获取成功率，实现使用者、图书馆和出版商的共赢。我国目前缺乏统一的元数据标准，电子期刊展示与标识也面临美国电子期刊类似的困扰。PIE-J对中国电子期刊出版商和供应商无疑具有重要参考价值。

参照PIE-J，我国的出版商或供应商可以从以下几个方面优化电子期刊元数据的标识：

第一，要以便于使用者对电子期刊文章的获取作为电子期刊展示与标识的基本指导原则，而非单纯追求页面的美观或者短期效率。否则从长远来看，如果使用者无法成功获取所需文章，电子期刊也就失去了其存在的基本价值。

第二，禁止随意变更刊名，刊名的更改应当基于期刊内容或收录范围更改。刊名发生变更的，应在电子期刊主页提供清晰的刊名历史列表，为使用者查找文章提供线索，避免刊名变更带来的使用者检索障碍。

第三，出版商或供应商应提供电子期刊的准确ISSN信息，刊名的每次变更、不同格式的期刊均需要单独的ISSN。

第四，提供清晰简明的电子期刊编次体系。将纸本期刊数字化时，尽量沿用纸本期刊的编次体系，以避免编次体系变更给使用者带来的文章引用混淆。同时，纸本期刊数字化时，谨慎删减纸本期刊内容，尽量保留期刊的原始出版信息与面貌，纸本期刊的扉页、编辑寄语、插图和广告等信息也应尽可能保留。以上提到的建议，可以对照PIE-J附录A提供的电子期刊页面截图进行更加直观形象的指导。

6　结语

PIE-J作为NISO推荐的最佳实践规范之一，从刊名展示、刊名历史、ISSN信息及编次体系等方面通过简明的语言和形象的例子对电子期刊元数据的标识进行详细指引。虽然PIE-J旨在提高使用者对电子期刊文章查找的准确率与成功率，但事实上，PIE-J能使电子期刊供应链上各方利益得到更好的平衡与协调，进一步完善与发展电子期刊。正如美国国会图书馆的雷诺（R.R. Reynolds）指出的，“参照PIE-J展示与标识电子期刊，出版商和数据库集成商可以从更高的点击率和服务满意度中获益；编目人员可以更好地进行电子期刊编目，参考咨询馆员可以为研究人员查询资料提供更好的指引；数据库和图书馆目录能够更好地对接从而使开放链接（OpenURL）系统的运行更加顺畅；最终研究人员更容易查找到所需的文章。”。[24]

经过几年的推广应用，PIE-J已为不少图书馆及相关组织熟知并推荐，2019年4月国际标准化组织（International Organization for Standardization，ISO）发布了修订版《信息与文献　期刊的展示与标识》（ISO 8:2019 Information and Documentation-Presentation and Identification of Periodicals），即说明了这一点。NISO与ISO共同努力，通过ISO 8:2019，吸收采纳PIE-J规范，首次将期刊的展示与标识的标准从过去局限于纸本，扩展为现今包括纸本与电子期刊在内的所有期刊，进而将电子期刊的展示与标识推向国际标准化。[25]中国电子期刊出版商或供应商如果能够参照PIE-J优化电子期刊元数据的展示与标识，对于提高自身产品的竞争力，促进国内及海外市场的开拓将大有裨益。图书馆员，特别是电子资源采购馆员，在进行电子资源采购磋商中适时向数据库商介绍推荐PIE-J，也有利于提高电子资源采购的质量。

参考文献

［1］［8］［17］［24］Marshall D, Reynolds R.Having E-journal Title and ISSN Problems? Have Some PIE-J!［J］. *The Serials Librarian*, 2013, 65(1): 63–68.

［2］NISO. Recommended Practices For the Presentation and Identification of E-journals［EB/OL］.［2017–03–06］. http://www.niso.org/workrooms/piej/.

［3］Reynolds R R. PIE-J, Presentation and Identification of E-Journals: What's the point?［J］. *Insights*, 2013, 26(3): 311–314.

［4］［7］Pesch O. PIE-J for Improving Access to E-Journal content［J］. *The Serials*

Librarian, 2014, 67(2): 119–128.

[5] Presenters B B. Humble PIE-J and What is ISO 8: National and International Efforts Toward Improved Journal Presentation [J] . *Serials Librarian*, 2012, 62(1–4): 206–212.

[6] [13] 邱玉婷.国外开放链接质量控制的进展及启示 [J] .图书与情报，2013（3）: 80—86.

[9] ISSN International Center. The ISSN International Register, An Incomparable Working Tool [EB/OL] . [2017–04–06] .http://www.issn.org/services/subscribe-to-the-register/.

[10] Ulrichsweb. Ulrichsweb: Global Serials Directory [EB/OL] . [2017–04–06] . http://ulrichsweb.serialssolutions.com/login.

[11] OCLC.WorldCat xISSN [EB/OL] . [2017–04–06] . http://xissn.worldcat.org.

[12] Library of Congress.Library of Congress Online Catalog [EB/OL] . [2017–04–06] . http://catalog.loc.gov.

[14] Hawkins L. Best Practices for Presentation of E-journal Titles on Provider Web Sites and in Other E-content Products [J] . *Serials Review*, 2009, 35(3): 168–169.

[15] Reynolds R R, Hepfer C. In Search of Best Practices for the Presentation of E-Journals [J] . *Information Standards Quarterly*, 2009, 21(2): 18–24.

[16] Library of Congress. Changes Affecting ISSN [EB/OL] . [2017–03–06] . https://www.loc.gov/issn/basics/basics-brochure-serials.html.

[18] NISO. PIE-J Standing Committee Review Report [EB/OL] . [2017–03–06] . http://www.niso.org/apps/group_public/download.php/15680/Report_PIE-J_StandingCommittee.pdf.

[19] NISO. PIE-J Letter to Publisher/Provider [EB/OL] . [2017–03–06] . http://www.niso.org/apps/group_public/document.php?document_id=12536&wg_abbrev=piej-sc.

[20] Conrad L, Shadle S. Doing Journal History Right: a PIE-J story [EB/OL] . [2017–03–06] . https://2014charlestonconference.sched.com/event/71c0419a6529f24af46fa0e4073dd87a#.VfMNKpfMmao.

[21] 窦天芳，姜爱蓉.资源发现系统功能分析及应用前景 [J] . 图书情报工作，2012，56（7）：38—43.

[22] Lam C. Chinese E-resource Metadata Problems That Cause Access Issues [EB/OL] . [2017–04–22] . http://www.eastasianlib.org/ctp/Workshops/2014/CEAL_ERMB_Connie_rev.pptx.

[23] Ma B, Deng S, Xue S. Leveraging NISO Standards and Best Practices to Improve Discovery and Access of Digital Resources [J] . *International Journal of Librarianship*, 2016, 1(1): 17–37.

［25］Kaplan L, Reynolds R R. When an ISO Standard is Crossed with a NISO Recommended Practice, Good Things Result［EB/OL］.［2019-06-30］. http://www.niso.org/niso-io/2019/06/when-iso-standard-crossed-niso-recommended-practice-good-things-result.

［注］本研究报告根据笔者的如下文章修改：

向佳丽，林秀丽.优化电子期刊展示与标识的PIE-J规程解析［J］.图书情报工作，2018，62（06）.

第五章　开放发现倡议ODI

第一节　标准规范译者

胡小丽　熊　丽（首都师范大学图书馆）

薛　燕（美国加州大学伯克利分校东亚图书馆）

刘铁威（美国加州州立大学弗雷斯诺分校图书馆）

姚晓霞　肖　珑（北京大学图书馆）

邓　石（美国加州大学圣地亚哥分校图书馆）

第二节　研究报告作者

胡小丽　熊　丽（首都师范大学图书馆）

刘铁威（美国加州州立大学弗雷斯诺分校图书馆）

薛　燕（美国加州大学伯克利分校东亚图书馆）

基本信息

名称：开放发现倡议：提升发现透明度

简称：ODI

发布时间：2014年6月25日

发布时间（中译本）：2018年3月19日

标准规范编号：NISO RP-19-2014

修订时间：2020年6月24日

修订后编号：NISO RP-19-2020

主要责任者：美国国家信息标准协会ODI工作组

中文版译者：胡小丽　熊丽　薛燕　刘铁威　姚晓霞　肖珑　邓石

类型：推荐实施规范

关键词：开放发现，中心索引，发现服务

摘要：当代图书馆发现服务使用集中式中心索引实现对其大部分资源的统一检索，这些资源既包括来自众多内容提供商的授权资源，也包括免费资源。所以，基于中心索引的发现服务是一个复杂的生态系统，涉及内容提供商、图书馆和发现服务提供商之间相互关联的问题与利益。开放发现倡议（ODI）通过对元数据、信息公开、技术格式、公平链接、文件格式与传输方式、使用统计等相关问题的探索，为内容提供商、发现服务提供商和图书馆提供了最佳实施规范。开放发现倡议增强了发现服务中内容覆盖的透明度，推动了基于中心索引的图书馆发现服务的发展。

英文版国际标准书号（ISBN）：978-1-937522-42-1

中文版国际标准书号（ISBN）：978-1-937522-84-1

英文版链接：https://www.niso.org/publications/rp-19-2014-odi

中文版链接：http://www.libconsortia.edu.cn/Standard/list.action

其他关联标准规范：NISO RP-19-2020　开放发现倡议：提升发现透明度

Introduction

Title: Open Discovery Initiative: Promoting Transparency in Discovery

Abbreviation: ODI

Publication Date: June 25, 2014

Publication Date (Chinese Version): March 19, 2018

ANSI/NISO Serial Number: NISO RP-19-2014

Revised Date: June 24, 2020

Revised ANSI/NISO Serial Number: NISO RP-19-2020

Creator: National Information Standards Organization ODI Working Group

Chinese Version Translated By: Xiaoli Hu, Li Xiong, Susan Xue, Tiewei Liu, Xiaoxia Yao, Long Xiao, Shi Deng

Type: Recommended Practice

Keywords: open discovery, central index, discovery services

Abstract: The current generation of library discovery services use an aggregated central index to enable searching across a wide range of library related resources—both licensed and free—from multiple content providers. So, the domain of index-based discovery services involves a complex ecosystem of interrelating issues and interests among Content Providers (CPs), libraries, and Discovery Service Providers (DSPs). The Open Discovery Initiative (ODI) explores relevant issues, such as metadata elements, disclosure, technical formats, fair linking, file formats and methods of transfer, usage statistics, etc., and provides recommended best practices for CPs, DSPs and libraries. The Open Discovery Initiative increases the transparency in the content coverage of index-based discovery services and promotes the development of library discovery services based on centrally indexed search.

English Version ISBN: 978-1-937522-42-1

Chinese Version ISBN: 978-1-937522-84-1

English version URL: https://www.niso.org/publications/rp-19-2014-odi

Chinese version URL: http://www.libconsortia.edu.cn/Standard/list.action

Relation: NISO RP-19-2020　Open Discovery Initiative: Promoting Transparency in Discovery

第一节　开放发现倡议：提升发现透明度

关于NISO推荐实施规范

A NISO Recommended Practice is a recommended "best practice" or "guideline" for methods, materials, or practices in order to give guidance to the user. Such documents usually represent a leading edge, exceptional model, or proven industry practice. All elements of Recommended Practices are discretionary and may be used as stated or modified by the user to meet specific needs. This recommended practice may be revised or withdrawn at any time. For current information on the status of this publication contact the NISO office or visit the NISO website (www.niso.org).	美国国家信息标准协会（NISO）的推荐实施规范以引导使用者为目的，推荐在方法、资料或具体操作上的“最佳实践”或“指南”。这些文件通常代表某前沿领域、优秀模式，或公认的行业惯例。推荐实施规范中所有元素都可以由用户酌情采用，既可全部采纳，又可为满足特定需要修改使用。 本推荐实施规范可能会随时被修改或撤销。有关本出版物的现状信息，请联系NISO办公室或访问NISO网站（www.niso.org）。

中文译本ISBN：978-1-937522-84-1

This document is a translation of the English version of a National Information Standards Organization (NISO) recommended practice, RP-19-2014 Open Discovery Initiative: Promoting Transparency in Discovery. The only version approved by the National Information Standards Organization is the English language version, available at http://www.niso.org/publications/rp-19-2014-odi. The National Information Standards Organization and the China Academic Library & Information System / Digital Resource Acquisition Alliance of Chinese Academic Libraries retain copyright in this translation and all rights are reserved. Should there be any difference between the English version and the Chinese version, the English version would prevail.	本推荐实施规范为美国国家信息标准协会NISO RP-19-2014 Open Discovery Initiative：Promoting Transparency in Discovery《开放发现倡议：提升发现透明度》的中文译本。该标准唯一经由美国国家信息标准协会批准的是英文版，原件请见http://www.niso.org/publications/rp-19-2014-odi。美国国家信息标准协会及中国高等教育文献保障系统/高校图书馆数字资源采购联盟对中文译本持有并保留版权。如有任何问题，请以NISO批准的英文原版为准。

This translation has been provided as a service to the library community by the Task Group on Translation and Research Project on Electronic Resources Standards and Recommended Practices, consisting of members from the Council on East Asian Libraries (CEAL), China Academic Library & Information System (CALIS)/ Digital Resource Acquisition Alliance of Chinese Academic Libraries (DRAA).	应图书馆行业所需，北美东亚图书馆协会（CEAL）、中国高等教育文献保障系统（CALIS）暨高校图书馆数字资源采购联盟（DRAA）提供此中译本。
Translated by: Li Xiong, Xiaoli Hu, Capital Normal University Library	翻译： 首都师范大学图书馆：熊丽、胡小丽
Reviewed by: Susan Xue, University of California, Berkeley Libraries Tiewei Liu, California State University, Fresno Library	审校： 加州大学伯克利分校东亚图书馆：薛燕 加州州立大学弗雷斯诺分校图书馆：刘铁威
Reviewed & edited by: Xiaoxia Yao, Long Xiao, Peking University Library Susan Xue, University of California, Berkeley Libraries Shi Deng, University of California, San Diego Library	总审与统稿： 北京大学图书馆：姚晓霞、肖珑 加州大学伯克利分校东亚图书馆：薛燕 加州大学圣地亚哥分校图书馆：邓石

前言

关于本推荐实施规范

2011年6月，Ex Libris的奥伦·拜特·阿里（Oren BeitArie）、独立顾问詹妮·沃尔克（Jenny Walker）和图书馆界资深顾问马歇尔·布里丁（Marshall Breeding，之前就职于范德比尔特大学）提出了开放发现倡议ODI动议。在2011年6月美国图书馆协会新奥尔良年会期间，他们邀请多位业内资深经理人会面，探讨与图书馆发现服务相关的共同关切领域。此次首发会议后，他们正式向NISO递交了提案。同年末，NISO发现到传递专题委员会接受了该项提案并作为新的NISO项目立项。本实施规范即是该项目的实施成果。

NISO开放发现倡议（Open Discovery Initiative，ODI）工作组于2012年初启动，致力于定义新一代图书馆发现服务的最佳实践。这些新型发现服务使用集成式中心索引，实现对图书馆大范围资源的跨库检索，包括来自众多提供商的授权资源和免费资源。同时，与基于联邦检索技术的系统所提供的服务相比，发现服务所提供的功能更为完善，操作响应更为快捷。自2009年初起，基于中心索引检索的几家主要发现产品已正式上市并在全球图书馆广泛应用。

图书馆投资并将中心索引检索作为用户发现与访问授权内容的主要方式，这一举措对相关的行业实践提出了新的要求。为了促进通讯交流改善和明晰度提升，ODI确立了以下目标：

- 为图书馆提供方法以评估内容提供者在发现服务中的参与程度；
- 帮助规范内容提供商与发现服务提供商之间的协作流程；
- 定义模型以实现从发现服务到出版商内容资源的公平/无偏向链接；
- 决定哪些使用统计数据应被采集。

图书馆期待其所有的馆藏资源，包括授权与订购的电子资源，用户都可以通过所采用的发现服务检索获取。购买授权使用的资源时，图书馆希望清楚地了解该资源内容在发现服务中的获取程度。

基于项目前期调查（见2.7），ODI工作组同意在以下领域研发推荐实施规范：

（1）关于数据格式与数据传输的技术建议，包括传递方式与持续升级更新。

（2）关于（以自动方式或报告方式）沟通图书馆分发和揭示特定资源内容权限（例如仅限于订阅者或开放给所有使用者）的建议。该建议包括数据交换的技术规范，以及关于升级频率和其他组织细节的程序规范。

（3）明确规定描述符，包括针对单项文献或集合的内容的索引级别的描述符，以及内容可用性级别的描述符。

（4）界定从发现服务到出版内容的公平链接。

（5）决定使用统计数据的采集内容、服务对象和数据散播途径。

进而，工作组同意建立用以评估遵循该推荐实施规范的机制。

为了制定推荐规范以解决上述问题，组建了以下5个子工作组：

（1）技术格式

（2）图书馆权限沟通

（3）索引级别

（4）公平链接

（5）使用统计

制定规范初期，第2和第3子工作组合并在一起。

ODI的进一步目标是建立遵循推荐实施规范情况的评估机制。为了帮助图书馆更好地理解内容提供商与发现服务提供商的立场与作用，这些提供商可以采取措施来展示他们对开放发现倡议ODI推荐的实施规范的遵循情况。我们期待内容提供商与发现服务提供商独立、自愿地签署遵循实施规范的声明。在缺少自愿声明的情况下，图书馆可以用具备或缺少实施规范中的元素推断他们是否遵循该规范。

NISO发现到传递专题委员会成员

NISO发现到传递专题委员会监督了这项工作的进行并批准了这项推荐实施规范。时任小组成员如下：

Kristin Antelman
North Carolina State University Libraries
Pascal Calarco, Co-Chair
University of Waterloo Library
Lucy Harrison, Co-Chair
Florida Virtual Campus
Juli Marsh
The Library Corporation (TLC)
Peter Murray
Lyrasis
Tim Shearer
University of North Carolina Chapel Hill Libraries
Chris Shillum
Reed Elsevier
Christine Stohn
Ex Libris, Inc.

ODI工作组成员

NISO ODI工作组成员制定并批准了这项推荐实施规范，时任小组成员如下：

Marshall Breeding, Co-Chair
Independent Consultant
(formerly with Vanderbilt University)
Jenny Walker, Co-Chair
Independent Consultant (formerly
affiliated with Ex Libris)
Anya Arnold (through July 2012)
Orbis Cascade Alliance
Scott Bernier (from December 2013)
EBSCO Information Services
Jamene Brooks-Kieffer
University of Kansas Libraries (formerly
with Kansas State University Libraries)
Sara Brownmiller
University of Oregon Libraries
Lettie Conrad
SAGE Publications
Michael Gorrell (through November 2013)
EBSCO Information Services
Jeff Lang
Thomson Reuters
John Law
ProQuest
David Lindahl
University of Missouri-Kansas City Libraries
(formerly eXtensible Catalog Project)
Laura Morse
Harvard University
Michele Newberry
Unaffiliated (formerly University of Florida)
Peter Noerr (through June 2012)
MuseGlobal
Roger Schonfeld
Ithaka S+R
Ken Varnum
University of Michigan Library
Aaron Wood
Alexander Street Press

致谢

ODI工作组对于下列个人与组织的协助表示特别感谢：

- 感谢SAGE出版社，特别是伊丽莎白·雷昂纳德对ODI调研的支持。

- 感谢露西·哈里森（佛罗里达虚拟校区）、邦妮·劳勒（国家先进信息服务联合会，NFAIS）和杰夫·旁卡（联机图书馆中心，OCLC），作为工作组的观察员，他们提供了富有价值的建议与反馈意见。
- 感谢众多填写了ODI调查问卷的个人与组织。
- 感谢NISO的内蒂·拉格斯斯和辛西娅·霍奇森提供的支持与建议。

商标及服务商标

1 导言

1.1 目标与范围

1.1.1 目标

开放发现倡议旨在通过探索相关问题和制定推荐实施规范，推动当前基于中心索引检索的图书馆发现服务之进程。基于中心索引的发现服务是一个复杂的生态系统，涉及内容提供商、图书馆和发现服务提供商之间相互关联的问题与利益。

这种基于中心索引的发现模式，其索引集合由元数据、全文数据或者图书馆向用户所提供资源的其他表述数据组成，如期刊论文、图书章节、电子书、研究报告、参考资源、图像、地图、数据集、音视频和其他资源等。内容来自众多的信息提供商及其产品，诸如商业的和非营利的出版商、大学和其他研究机构，以及很多其他类型的组织机构。ODI关注的内容包括图书馆希望纳入其馆藏的任何资源，不论其订购的商业模式，也不论其授权类型为商业性的限制访问还是开放获取。

自2009年初以来，基于中心索引检索模式的几个主要发现服务系统已经向市场推出。它们的诞生很大程度上受到谷歌搜索模式的影响，和用户对一种单一、统一的资源搜索发现体验的期待。越来越多的图书馆，特别是服务于学术与研究机构的图书馆，已经投资购买这种基于中心索引的发现服务。作为资源获取服务界面之一，图书馆用户可以通过这些产品访问并获取快速扩充的信息资源。在图书馆决定用户如何访问其馆藏资源时，这些发现服务扮演着越来越重要的战略性角色。它们还代表着图书馆技术产业的增长，并且可能成为图书馆选择内容产品的一个考量因素。上述诸因素会引起对发现服务通过本推荐实施规范而获得改进与提升的关注。

为了高效工作，发现服务需要尽可能全面地覆盖内容资源。图书馆期望它们独家授权和采购的电子资源都可以在它们选择的发现服务中得以索引，进而要求在发现服务中完整、清晰地呈现每一类别的内容。对图书馆构成的挑战是，应该如何确保用户发现和获取那些发现服务不能呈现的内容。图书馆需要知道，是否有任何内容提供商被排除在外，或者其内容未被充分展示在某一发现服务中。

开放发现倡议旨在增强基于索引的发现服务中内容覆盖率的透明度，旨在推荐具有一致性的内容交换方式或者其他机制。完全透明能够使图书馆可以客观地评价发现服务和处理这些产品的日常操作问题。

发现服务依靠内容提供商和发现服务提供商合作提供信息资源的元数据或全文以建立高效实用的索引。目前，发现服务索引体系中的数据是基于内容提供商和发现服务提供商之间的私下协议和特别交换模式。基于中心索引的发现可能会通过增强对内容提供商资源的揭示而使其受益。但后者也产生一些顾虑，例如，图书馆用户可以绕开内容提供商的专用检索界面，这可能会降低或消除其品牌的知悉度，并且使内容提供商无法控制如何将内容呈现给最终用户。而且，随着图书馆推广发现服务，这些服务在多大程度上能够成功将读者引向内容提供商的资源，将极大影响出版商产品的使用量和感知价值。

ODI对从内容提供商向发现服务提供商传输数据制订标准协议的需求进行了调研。在数据交换与数据格式上采取一致性操作，旨在降低发现服务生态系统中内容流动的复杂度，降低那些可能会阻碍内容提供商或者潜在的发现服务提供商广泛参与的技术门槛。

图书馆需要清楚地知道自己所拥有的内容资源在发现服务中被揭示的程度，这是图书馆评估、选择发现服务和持续推进该项服务所必需的。图书馆要求了解以下特定信息：究竟有哪些文章、数据库和其他资源被呈现；这些内容是被全文索引、仅提供引文，还是两者皆有；元数据是来自集成数据库，还是文摘索引资源。

在基于中心索引的发现服务运行中，很多不同的因素决定它的揭示方式、检索结果排序，以及连接用户与内容资源的方式。对于任何既定的内容项来说，来自不同内容提供商的多种元数据元素可由发现服务系统编定索引。以期刊论文为例，其全文内容可能由出版社提供，引文数据由数据库集成商提供，文摘或受控词汇可能由另一个供应商提供。内容提供商向发现服务提供内容，以便使用该发现服务的图书馆用户更多地访问其资源。因此，对于每种类型的内容提供商来说，其贡献的内容被适当认可是非常重要的。例如，如果一条由文摘索引服务提供的记录链接到由另一家提供商提供的全文资源，那么该文摘索引服务提供者在这项发现服务过程中如何获益呢？为此，ODI组建公平链接子工作组，就此类问题进行探讨并提出建议。

开放发现倡议意识到并致力于消除发现服务中可能存在的偏见及顾虑，尤其是当发现服务提供商与内容产品或服务提供商隶属于同一母公司时，可能存在偏见的担忧。当某发现服务提供商和某内容提供商有独家授权的协议或者建立其他可能引起偏向性的业务关系时，形成偏见的顾虑会产生。制定相关推荐实施规范，意在缓解业界对发现服务提供商因利益冲突及其他关系导致偏见的顾虑。通过解释与相关内容提供商以及第三方的业务联系，并且申明其发现服务的中立性，服务提供商将摆正位置，令图书馆和内容提供商信任其服务的本质。

1.1.2 范围

广而言之，ODI主要关注与发现服务相关的中心索引组建的问题，无意涉足用户界面设计领域，也无意进入区分各发现服务产品的独家创新领域。

基于索引的发现服务领域广泛存在着许多不同的问题，其中一些问题已找到较为开放和标准的处理方法，而其他问题则依然停留在产品开发阶段。ODI意识到，即使在那些受项目关注并可能因此获益的问题中，有些优先级更高，而其他的则需要后续工作解决。

本规范范围

ODI关注的主要领域涉及发现服务集成式中心索引所展示的资源内容覆盖度。创建发现服务索引所使用的内容来自众多的信息提供商和内容产品，如商业的以及非营利的出版商、大学和其他研究机构，以及许多其他类型的组织机构。ODI关注的内容包括图书馆希望纳入其馆藏的任何资源，不论其订购的商业模式，也不论其授权类型为商业性的限制访问还是开放获取。

ODI旨在解决以下内容覆盖度方面的问题：

- 相对于提供的内容总量，内容提供商提供给某发现服务提供商内容的数量；
- 所提供内容的形式，比如是引用级别的元数据，还是也包括全文数据；
- 该发现服务运作时，呈现给用户的搜索结果是否不利于或者排斥某特定资源内容或者资源类型的文献；
- 元数据记录中所提供的特定元数据字段；
- 发现服务中被索引的特定元数据字段；
- 是否包含受控词表或者知识本体；
- 文摘与索引数据产品如何与发现服务相关联；
- 内容提供商如何在发现服务中进行品牌推广。

ODI旨在解决以下技术方面的问题：

- 内容提供商向发现服务提供商传输数据时应遵循的数据传输机制与协议；
- 内容提供商向发现服务提供商所提供文献记录的格式。

焦点问题之一是定义内容提供商传送给发现服务的元数据，以及授权用户可以访问的数据。这些数据流的透明度不够，因此需要对数据点予以定义，明确何种元数据或者数据元素在何种条件下可被何种用户获取的需求。例如，某家内容提供商可能允许某些元数据元素被纳入搜索索引中用于检索，但是不允许这些元素显示在最终用户界面上。与此相反，图书馆或许不明白哪些元素源自全文或者文摘及索引服务，在何种情况下可获取。有些元素或许会被展示给已认证用户，另一些则不会。业内即便对这些差异有些描述，其定义也经常很模糊。

ODI关注的另一个问题是有关发现服务是否基于商业关系，而非基于用户需求或者图书馆意愿而偏向某些数据库或者内容产品。提出本推荐规范的重要性在于，为通过发现系统进行检索的用户提供无偏向的链接，并且为实现这一目标而确保该发现服务运行的透明度。

非本规范范围

与发现服务的性能或者特点相关的问题不在ODI关注范围之内，因为这些是由市场竞争主导的商业与设计决策。

基于索引的发现服务，其以下方面不在ODI规范范围之内：

- **用户界面**——发现服务的用户界面组成可能会依赖于内容索引，但是不在本ODI关注范围之内。
- **相关度排序**——发现服务采用特定方法对检索结果排序。这些方法可能属于区分竞争性商业产品的专利技术领域。

此外，对相关度排序的需求——满足用户期待并与开放网络搜索应用技术同步——要求不断改进相关支撑技术和算法。在这种情况下，要求发现服务提供商持续发布具有高度动态和实质细节的搜索相关度算法是不切实际的，也是一种妨碍。因此，ODI工作组的结论是，在尽量鼓励公开相关度算法的同时，不期望发现服务提供商解释其采用的排序算法的任何细节（但是，如前所述，排序是否会导致呈现给用户偏向性的结果，在本倡议议题之内）。

- **与发现服务关联的应用程序接口**——有些发现服务提供商通过应用程序接口（API）为他们的发现索引提供使用通道。这是一整套的协议，允许计算机程序查询索引并且接收搜索结果。有些图书馆搭建了它们自己的使用界面去检索索引；另一些图书馆则利用API将发现服务检索到的数据嵌入到其他应用之中，例如将引文清单嵌入课程网站或者其他网络页面。

ODI工作组决定，本发现服务规范还处于基础阶段，此时不宜讨论API相关问题。这一决定其实比较勉强，因为图书馆对通过API进行数据访问的需求日益增长。由于提供接口给客户在很大程度上是供应商的商业决策，工作组感到API难以作为最佳方案来推荐。此外，要将API结果标准化的强烈愿望可能会给工作组的推荐规范增加相当大的复杂性。因此，现任委员会决定，有关发现服务API的最佳实践将被推迟到稍后的一轮工作中讨论。可参见4.2部分的后续步骤发展建议。

- **公平链接**——尽管“公平链接”被各利益相关方高度认可，但要为公平地呈现和排列链接而设定条件，注定是不切实际的，而且会侵犯利益相关方认为是具有产权性质的领域。
- **数据交换协议**——在内容提供商与发现服务之间进行数据传输的技术机制方面，ODI认为现有的协议与已经定义的方法已提供了充分的选择，不需要再专门为发现服务生态系统制定新的使用协议。在文档格式、（编码）框架、命名规范、传输机制等领域已经开展了大量工作并制定了不少标准。

1.2 术语与定义

为了确保术语在使用上具有一致性，ODI早期的工作之一就是创建与研究领域相关的术语词表。本推荐实施规范中所用术语及定义如下。

术　语	定　　义
检索模式和相关概念（Search Models and Related Concepts）	
中心索引（central index）	在某一中心位置存储内容并建立索引。将不同来源的内容资源通过统一格式化、索引与排序算法有序地排列聚合在一起。也可称为“中心索引检索引擎”
联邦检索（federated search）	一种一次查询多个不同来源的内容资源的检索方法。联邦检索涉及重构检索形式并将之推送到多个远程搜索引擎，查询结果经整理后呈现给用户
元数据检索（metasearch）	一种一次查询多个不同来源的内容资源的检索方法。元数据检索有时等同于联邦检索。然而，元数据检索也可以指对存储在同一位置的不同来源内容资源的统一检索
全文检索（full-text search）	一种对作品全文而不是其元数据进行检索的方法
数据定义（Data Definitions）	
全文（full text）	作品的完整文本。该文本可以全文呈现，也可以简单的字符呈现
仅索引（index only）	对搜索服务或者集成商的权限限制，只允许对部分内容进行索引，并且有限地或者无权向用户呈现内容。常常应用于要求将用户引向另一资源才能呈现全文的情况
片断（snippet）	作品文本的一小部分，通常包括与检索词相匹配的术语紧邻的文本。用于呈现检索结果，为最终用户提供检索结果的上下文
基本元数据（basic metadata）	直接提取自作品的文本描述（包括摘要、目录和样页）以外的元数据
扩展元数据（enhanced metadata）	由文本描述扩增的元数据，包括直接从作品中提取的部分或者全部摘要、目录和样页
数据交换模式（Methods of Data Exchange）	
收割（harvest）	从远程网络站点抽取索引和（或）全文的方法，以供异地进行检索和（或）揭示
同步聚合（syndication）	将内容推送至远程索引、文摘或揭示服务的方法
丰富站点摘要（rich site summary，RSS）	一种频繁推送发布内容的标准化模式。其推送内容包括元数据、发布日期和作者信息
Atom发布协议（Atom publishing protocol，AtomPub）	一种类似于RSS的用于发布聚合订阅源的标准模式。AtomPub提供了比RSS更强大的发布方法，优于博客和网页词条
屏幕抓取（screen scraping）	一种最简单地收割内容的方法，对于出版站点没有任何技术负担。可阅读文本被抽取出来并被索引、格式化，可供多种引擎搜索

续表

术　　语	定　　义
关联数据（linked data）	一种发布结构性数据的方法，目的是提供给机器做进一步处理，而非直接供人阅读
应用程序接口访问（application programming interface access，API access）	对通过应用程序接口揭示其服务与数据的方法的通用性描述。要求通过专属标准或者已公布标准对程序接口进行详细说明
角色（Actors）	
最终用户（end user）	信息检索过程中的最终用户
被授权方（licensee）	获得授权后可以访问他方内容与服务的机构或个人
授权方（licensor，unified）	权力持有者，可以授权给他方进行检索和（或）访问。也可以称作所有权人
内容提供商（content provider）	传播内容（文献或信息）的组织机构。可以是出版商、集成商、开放获取知识库或者机构知识库、文摘索引服务提供商等。同一内容可以来自多家内容提供商
出版商（publisher）	个人或者组织，主要从事授权出版、创作、收集、核实和编辑印本/电子信息。对于其自有内容，出版者也扮演着内容提供者的角色
集成商（aggregator）	从各种来源收集信息并统一提供搜索、揭示/访问服务的组织机构
开放获取知识库/机构知识库（Open Access Repository / Institutional Repository）	收集和传播学术机构在研究过程中产出内容的实体
文摘索引服务提供商（A&I service provider）	为出版内容提供文摘和索引服务（包括受控词表）的组织机构
授权相关术语（License Terms）	
认证访问（authenticated access）	一种通过验证最终用户的身份或者隶属机构而允许他们进行检索、查看元数据或内容的方法
订购（subscription）	通过特定的授权条款，允许一段时间内（通常一年）进行检索，访问元数据或内容
共同订阅方（mutual subscriber）	两个服务组织之间的合作，同意向其中一个人或一个机构提供同等的访问条款
市场产品（market product）	由内容提供商授权图书馆使用的特定的、明确的资源集，可以是引文数据库、一组电子期刊或电子书，或者其他可作为独立单元授权的出版物或资源集合

1.3　发现服务利益相关方

ODI尽力争取参与发现服务的各类组织机构的参与和贡献。这些组织机构包括3类利益群体：

- **内容提供商（CPs）**——此类组织机构提供内容产品或服务，主要供图书馆读者或者公众访问。此类组织所提供的内容被用来构建发现服务的中心索引。内容提供商包括商业机构和非营利组织。资源访问方式和授权模式具有多样性，包括仅限于订购机构中个人的访问授权和基于开放获取的访问授权。
- **发现服务提供商（DSPs[①]）**——此类组织机构创建基于中心索引的发现服务，以方便终端用户搜索图书馆提供的海量内容资源。
- **图书馆**——此类组织隶属于大学、研究机构或者商业公司，从众多内容提供商处获取内容资源，并且可能使用基于索引的发现服务。

2 发现服务与传递服务的演变

近几十年来，图书馆运用多种不同的工具与技术为读者提供搜索服务：检索馆藏资源、发现自己感兴趣的文献。无论是以前以印本资源为主的时代，还是如今图书馆收藏海量电子资源的时代，成功发现并传递资源都是图书馆的重要使命。随着图书馆资源发现与检索需求的不断变化发展，一系列产品应运而生。

2.1 目录与索引

在图书馆馆藏以印本资源为主的时期，图书馆自动化集成系统中的在线目录模块曾是读者检索图书和期刊的主要工具。各种印刷出版的索引也用来查找期刊文章。在线目录的查询范围仅限于图书馆自动化集成系统（ILS）的内容，一般是图书馆本地拥有或收藏的内容，并不涵盖其他平台管理的资源，也不能提供关于资源的细节。期刊题名，包括出版年份、卷期等信息一般可查询到，但是具体到每期的每篇文章的信息则无法查询。图书馆购买索引和文摘服务，订阅电子期刊和集成数据库，而这些资源都以自己的检索界面提供文章级的获取服务。对于图书馆读者来说，要逐一检索可能包含某一课题研究资料的各个电子资源往往力不从心，这种情况促使了同时跨资源检索系统的创建。

2.2 文摘与索引资源

文摘与索引（A&I）服务构成了资源发现工具和目前基于索引的发现系统的重要组成部分。文摘与索引服务的最初形态均是印本，研究人员可以根据自己感兴趣的课题查找相关文章。这些文摘与索引产品的出现在时间上早于在线技术，例如威尔森（H.W.Wilson）的《期刊文献读者指南》（*Reader's Guide to Periodical Literature*）就是从20世纪早期开始发行的。

文摘与索引的制作主要依赖人工完成，通常是由特定领域内具备专业知识的个人来负

① 即 Discovery Service Providers，DSPs。——译者注

责撰写每篇文章的概要或者摘要并给出相应的主题词。这种方法适用于一般领域，但是对于许多过于偏狭以及专业性很强的学科，需要专业的主题词表、索引技术或其他附加值方法。制作这些资源耗费大量商业成本，但对于研究人员极具价值。

如今的文摘与索引产品主要通过网络平台递送，有些由制作该资源的机构直接提供，其他则由获得授权将多种资源集成为多元跨学科产品的机构提供。集成商还可以从主要出版商处取得与其文摘索引产品相对应的文章全文的授权，以便能够在其使用平台上提供包括检索和递送全文在内的综合服务。这类产品还可以通过专有或者OpenURL的链接机制，从引文处链接到并未嵌入其产品中的文章全文。虽然文摘与索引产品涉及的内容范围较窄，但是其功能已类似于发现服务。

图书馆是文摘与索引产品的主要传播者，订购这些资源最能满足其研究人员的需求。图书馆也会订购文摘与索引产品所参考引用的电子期刊，或者直接向主要出版商购买，或者通过集成产品订购。为了使馆藏文章能够覆盖全部学科，图书馆会订购多种文摘与索引产品。图书馆用户需要明确了解他们可以使用哪些资源产品来完成文献调研。在很大程度上，相较于鉴别和使用众多不同的、具有自己独立检索界面和专有检索步骤的内容资源平台，基于索引的发现服务的出现简化了这一复杂的研究过程。

文摘与索引服务中存在一系列复杂的、与基于索引的发现生态系统相关的问题。这些服务的生产商会很自然地考虑自身利益，特别是如果这些生产商参与发现服务，他们需要确保图书馆会继续订购其产品。关于是否参与发现服务的决定并不易做出。发现服务如果不能使用原来摘要和索引产品固有的专业词表、索引和其他机制，就可能无法充分揭示资源。从其他提供商获取文摘与索引内容和全文资源授权的集成商，可能无权进一步传播这些内容。发现服务必须将产权内容（如摘要和专业词表）的访问限制在附属于订购机构的认证用户中。基于以上及其他一些因素，在有可能参与发现服务的内容提供商中，必须给予文摘与索引资源提供商特别的考虑。

2.3 元搜索工具

21世纪早期出现的一种技术，可以对图书馆的电子资源同时进行跨库检索。该技术设施可以对研究者的问题进行处理，将其发送至多个检索目标资源。该技术可以接收每一个目标资源返回的检索结果，并将之反馈给研究者。结果的呈现方式取决于该工具的性能和配置，可能按来源分组，或者汇总结果并排序。这种方法称为元搜索，有时也称作联邦检索。这种方法也有其固有的局限性，比如能够实时同步会话的目标资源数量有限。解决这一局限性的一种方法是创建学科集，由用户遴选对其研究课题最具针对性的目标资源并直接发起检索请求。

从技术层面来说，元搜索是通过模仿用户的检索会话与每一个目标资源进行交流。这种方法要求解析由每个目标传递过来的超文本语言，将其转化为结构化格式，以使元搜索工具接下来能够进行排序、揭示和其他处理。这种解析超文本语言的方法很脆弱，因为资源提供商做出的任何改变都需要更新解析算法。为此开发了专用连接器，有些组织机构专门为元搜索提供商创建和维护连接器。有些目标资源提供Z39.50或者SRU/SRW服务器，以方便元搜索产品利用这些已经建好的图书馆标准协议执行检索。另外，还为一些资源目标开发了其他技术如XML网关，用于回应元搜索请求并返回结构性数据，服务器流程不受其内容产品具体生产的影响。元搜索虽然实用，但在多信息流与多进程中实时响应用户检索请求时有其固有的性能局限。检索响应速度慢，可查询的检索目标数量有限，检索返回的结果有限等，都影响了元搜索这种检索模式的成功率与满意度。

NISO元搜索倡议于2003年5月启动，为支持该种检索模式制定了相关标准与推荐实施规范。

2.4 增强型图书馆目录

图书馆集成系统提供的在线目录，其操作界面和内容获取范围往往都不容易被图书馆用户所理解。相反地，诸如谷歌一类的搜索引擎却能简单易用，用户由此对图书馆检索的简捷性与全面性发展具有较高的期待。大约2005年前后，出现了增强版馆藏目录或者发现界面，其中包括优化的用户界面、基本检索和高级检索的检索式选项、结果相关度排序、替代检索式推荐、分面导航、增强型内容（例如图书封面、概述或者目录）等特征。这些发现界面大多能够应用于任何主流图书馆自动化集成系统（ILS），并且依赖基于集成系统内容资源和其他本地知识库构建的本地索引。通过选择使用元搜索组件，这类产品的范围可以扩展提供文章级别的内容。

2.5 基于索引的发现服务

基于索引的发现服务，最早于2009年提出，旨在提供一个单一的检索界面来检索到尽可能多的图书馆馆藏资源，即通过单一搜索框检索由图书馆提供的文章元数据和全文内容构成的索引，包括印本和本地自动化管理系统中的其他资源。基于索引的发现系统的创建者与图书馆内容资源提供商达成协议，取得后者资源的引文/全文元数据。构建的索引包括尽可能多的潜在内容，即图书馆有可能订阅或以其他方式添加到在线资源中的内容。发现服务还包括一项机制，即可以根据使用发现服务的某图书馆的订购情况配置内容。本地图书馆集成系统或者其他本地机构库中的元数据也可以纳入索引并定期同步。使用发现服务的图书馆读者会看到与其检索请求相匹配的结果清单。当用户选择结果清单中的一个条目并请求访问内容页时，发现服务会将请求链接至内容提供商的平台或服务器，这个链接通常通过图书馆所提供的OpenURL链接解析器完成。从图书馆自动化集成系统的印本资源中选中的文献会以链接的方式呈现，或者链接到本地联机目录对应的文献，或者链接到集成在发现服务界面中的相应服务选项。

这种基于索引的发现服务模式一般都绕过了内容提供商原有的服务界面，但是可以提供给图书馆用户同样的内容项进行浏览、下载、打印或者其他可用的选项。发现服务的目的不是重新发布索引中的资源，而是为图书馆用户增加一条获取资源内容的路径。

这种基于索引的检索模式比以前应用于图书馆的方法更有优势。与之前使用的元搜索技术相比，发现服务能够通过内容的前置索引，即时提供更加成熟精细的服务。

2.6　相关倡议

若干其他倡议提出了与发现服务使用有关的建议，其中与ODI最相关的列举如下。所提及的项目和报告的链接在参考文献中提供。

（1）COUNTER（www.projectcounter.org/）

“网络电子资源在线使用统计”（COUNTER[①]）是国际性的倡议，通过制定标准推动以一种一致、可信与兼容的方式记录和报告在线资源使用统计数据，服务于图书馆员、出版商和中间商。

COUNTER于2012年4月出版了最新版的实施规则（第4版）[②]，遵行COUNTER标准的内容提供商必须在2013年底前采用这一新版本。许多内容提供商向图书馆客户提供符合COUNTER标准的使用统计报告（完整的描述与推荐使用报告参见第4版“COUNTER电子资源实施规则”[③]表1，第5、6页）。基于索引的发现服务或许能或许不能直接嵌入全文内容，因此列表中有些涉及全文的报告并不适用。

COUNTER第3版特别强调了对元搜索服务的需求，但是这类服务正在被基于索引的发现服务快速取代。与COUNTER董事会成员以及COUNTER总裁的有限互动显示，COUNTER第4版并未特别探讨与基于索引的发现服务相关的应用。然而，新版确实在标准的COUNTER数据库报告1中，为发现服务可能相关的“检索数量”的计量加入了一些新的指标：

- **结果点击次数**——记录用户在某个特定结果中点击任意链接的次数。需要注意的是，如果用户点击了某特定结果的若干个链接，这只会计为一个结果点击。这种计数的意图是记录用户对这一结果有足够的兴趣，以便进一步调研。
- **记录浏览次数**——“结果点击次数”的一个子集，只计算用户要求查看详细记录的次数。

---

① 即 Counting Online Usage of Networked Electronic Resources，COUNTER。——译者注

② 即 COUNTER 实施规则（The COUNTER Code of Practice）。——译者注

③ 原文为 Code of Practice for e-Resources: Release 4，实际指 COUNTER 实施规则，下文同。COUNTER 实施规则后来确定，从 2014 年第 4 版开始正式称为 The COUNTER Code of Practice（再加版本号，如第 4 版为 The COUNTER Code of Practice for Release 4），详见 https://www.projectcounter.org/code-of-practice-sections/archived-code-of-practice-release-4/。——译者注

（2）“COUNTER实施规则”中的使用因子（www.projectcounter.org/usage_factor.html）

“使用因子（UF）项目总体目标是探索在线期刊使用统计怎样成为一种新的衡量期刊影响力和质量措施的基础。”现有的评价指标，例如期刊影响因子，一般都集中在期刊级的评价。使用因子指标利用“COUNTER电子资源实施规则”报告收集的数据。发现服务的全文检索使用统计可为使用因子的计算提供数据。

（3）数字图书馆联盟图书馆集成系统发现界面工作组（ILS-DI）（old.diglib.org/architectures/ilsdi/）

“在2007—2008年期间，数字图书馆联盟成立工作组，目的在于推荐标准接口以便利用支持用户发现的新应用程序来整合图书馆自动化集成系统中的数据和服务。”该工作组提出的技术建议定义了“实现图书馆自动化集成系统和外部发现应用程序之间有效互操作”的应用程序接口。

（4）国际图书馆联盟联合会（ICOLC）（icolc.net/）

摘自国际图书馆联盟联合会《全球经济危机及其对集团授权的影响再述》。“原则三（2010年新增）。我们鼓励出版商通过适合其主题的多个供应商获取内容资源。我们还鼓励在线内容提供商和集成商允许正在出现的发现服务提供商非独家地收录他们的元数据。多个访问平台将允许图书馆和图书馆联盟选择适合且可负担的内容和发现工具。我们鼓励供应商提供与图书馆任何特定内容需求相匹配的选项，例如重要程度、流通性、界面、访问、存档、保存和元数据。出版商、数据库商、图书馆联盟、图书馆和信息消费者的共同利益就是共同努力，提供消费得起的授权内容，同时保护企业整体利益。”

（5）JISC①发现项目（discovery.ac.uk/）

“JISC资助的发现项目于2011年5月启动，旨在创建‘一个元数据生态系统’来支持更好地访问图书馆、档案馆和博物馆的主要馆藏数据，并且促进针对英国教育和研究的新服务。”该项目的工作包括公开发布《开放发现元数据原则》，并邀请利益相关方签名支持并推行该协议。

（6）KBART–知识库及其相关工具（www.niso.org/workrooms/kbart）

NISO和UKSG发起的合作项目KBART旨在“制定并发布最佳实践指南，以促进知识库供应链上的成员间更顺畅地互动。”最初的推荐实施规范（NISO RP–9–2010）为内容提供商向知识库研发人员提交的题名列表格式化及传输方法提供了最佳范例，以提高通过使用开放链接解析器（OpenURL link resolver）获取资源的可访问性。修订后的推荐实施规范扩大了原来的建议范围，集中关注那些对元数据供应造成干扰的更细微、更复杂的问题。由于提供给知识库的元数据与提供给基于索引的发现服务提供商的元数据通常是一样的，执行KBART的建议应该也会改进发现服务中使用的数据。

① 指英国联合信息系统委员会（Joint Information Systems Committee）。——译者注

（7）音乐发现需求（committees.musiclibraryassoc.org/ETSC/MDR）

“音乐发现需求”文件旨在处理音乐资料引起的独特需求，这是成功的发现服务必须考虑的。该文件由音乐图书馆协会的新兴技术和服务委员会起草，并由音乐图书馆协会董事会正式批准。该文件讨论了相关问题，并尽可能地为发现服务界面提出具体的建议。3个附录中的电子表格提供了具体索引建议的技术细节。

（8）NFAIS推荐规范操作：发现服务（info.nfais.org/info/Recommended_Practices_Final_Aug_2013.pdf）

美国国家先进信息服务联合会（NFAIS）“成员同意制定实施规则，规则概述发现服务各参与方的权利和义务，以便在理解相互期望的基础上推进合作。”推荐实施规范旨在帮助那些作为内容拥有者向发现服务提供内容的成员，通过提供指南来维持信息传输过程中各参与方的利益对等和平衡。NFAIS制定的实施规则就是“信息界为紧跟技术进步而努力的理想，即使现在的技术对于全面贯彻仍有一定障碍”。

2.7　信息收集与结果

ODI工作的一项重要内容是从图书馆、内容提供商、图书馆发现服务提供商这些关键的利益相关方收集信息。尽管NISO ODI成员代表了所有3个主要的利益相关群体，工作组还是对这三方进行了更广泛的调研。调研结果有助于每个ODI子工作组确定自己工作的优先顺序并为其所做建议提供依据。

ODI中的每一个子工作组都推荐了适当的调研问题，进行了一系列后续采访来评估利益相关方最紧迫的需求。全面调研于2012年9月11日开始，2012年10月4日结束。调研问题及结果见附录A。

合并后的图书馆权利子工作组和索引级别子工作组编写了一套对各方都有用的数据元素，帮助了解哪些数据应被纳入发现索引，哪些数据用于生成检索结果，哪些数据应被揭示在屏幕上，以及发现服务用户如何使用这些元素。这套数据元素也为利益相关方（图书馆、内容提供商、发现服务提供商）确定子工作组的调研问题做了准备。

在评估调查结果的过程中发现，图书馆权利和索引级别子工作组提出的一些问题令很多调研受访者感到困惑。特别是来自内容提供商的反馈不足以支持形成最佳范例，为此对内容提供商进行了后续调研，确认第一次调研反馈的有效性，同时进一步探索妨碍内容提供商参与发现服务的潜在障碍。主要障碍大多来自对于商业模式的顾虑（怎样在更大的发现服务环境中持续证明他们服务的价值），包括在发现服务界面中通过适当的商标标识来认可他们的内容和服务；缺少与内容使用相关的指标，不公平链接，以及担心其内容在发现系统中缺少高级检索选项。研究过程中收到的诸多评论显示，发现服务提供商、内容提供商和图书馆之间需要更加透明和有益的对话。

3 推荐实施规范

3.1 总体建议

1.创建一个监督小组（常设委员会或工作组），为促进采纳这些推荐实施规范提供教育机会，为内容提供商和发现服务提供商采纳规范提供支持，为所有的利益相关方（内容提供商、发现服务提供商、图书馆）提供一个与发现平台各方面相关的持续讨论论坛，并且为目前工作的后续步骤设定时间表。

2.内容提供商和发现服务提供商可以采取具体措施与ODI的推荐实施规范保持一致，各机构自愿采取这些措施。附录B和附录C提供了自我检查符合推荐实施规范的清单。在这个阶段，NISO或其他正式组织不会对是否符合规范进行评估，评估主要通过业界来实现。

3.2 面向内容提供商的最佳推荐实施规范

3.2.1 提供给发现服务的元数据

基于索引的发现服务的发展趋势是要求内容提供商、发现服务提供商和图书馆合作，以确保最丰富的资源能够通过发现平台得以充分揭示。

3.2.1.2和3.2.1.3中列出的元素依据KBART（NISO RP–9–2014）元数据编码框架，该框架主要适用于连续出版物与专著题名，以改进A-Z列表、链接解析和开放链接。但是该框架在本规范中已经扩展至主题、文摘/描述、内容类型和内容格式等元素。这一延展旨在为各种需要描述的内容提供最低要求。

3.2.1.1　总体要求

1.内容提供商应该向发现服务提供商提供核心元数据以及隐含的完整全文或原始内容，以便发现服务提供商建立索引，满足授权用户和认证用户的需求。

2.为了实现这一目标，所有的内容提供商都应向发现服务提供商至少提供每个需要索引的文献的核心元数据元素（见3.2.1.2）。

3.内容提供商应当尽可能多地提供自己的内容资源，包括内容项（全文、脚本等）和附加的描述信息（摘要/描述、受控/不受控关键词）（见3.2.1.3）。

3.2.1.2　核心元数据

表5–1–1显示了内容提供商（CPs）提交给发现服务提供商（DSPs）、用于建立索引的每个文献的最低限元数据记录。此外，提供的元数据字段必须与内容类型相对应。表5–1–2提供了每个元数据项的样例。

［注释：很多内容提供商在他们的系统中合并了内容类型与内容格式。建议为此数据

提供单独的字段，但是如果数据的拆分过于繁琐，可以继续按当前的一个字段提供数据。]

表5-1-1 内容提供商所需提供的核心元数据元素

字段名	定 义
题名（Title）	某件文献的主标题
著者（Authors）	某件文献的著者 每个作者应该按姓、名的顺序列出。
出版商（Publisher Name）	某件文献的出版商名称
卷（Volume）	如适用，指资源卷数
期（Issue）	如适用，指资源期数
页码［Page（s）］	如适用，指资源页码
日期/日期范围 （Date/Date Range）	出版日期 对于连续出版物，指出版物所覆盖的日期范围
文献标识符 （Item Identifier）	文献印本或在线版本的一个或多个标准标识符（例如ISSN、OCLC号、ISBN、DOI等） 标识符前应当附加标识符类型标签
母体文献题名 （Component of Title）	用于描述单件文献所属出版物或连续出版物题名，例如收录论文的期刊题名，包含单曲的CD专辑题名等
母体文献题名标识符 （Component of Title Identifier）	上述定义的单件文献所属出版物题名的标准标识符（例如ISSN、OCLC号、DOI等） 该标识符前应当附加标识符类型标签
文献网址（Item URL）	指某件文献全文的开放链接或者直接链接
开放获取标注 （Open Access Designation）	遵照NISO开放获取元数据和指示符（OAMI）小组的建议，如果某件文献为开放获取，应当用“free_to_read”标明，否则保留空白。参见www.niso.org/workrooms/oami/
全文标识（Full Text Flag）	用“是 / 否”描述内容提供商是否允许发现服务提供商出于构建索引之目的访问这件文献的全文内容（或者非印刷载体的全尺寸或高清版本）。预计未来当发现服务提供商描述某一题名或集合的索引覆盖范围时会向图书馆揭示这一信息
内容类型（Content Type）*	用于识别所描述的内容是何种类型，如文本、录像、录音等。建议使用MARC 21头标中记录类型（06字符位）规范列表的文本表述来描述本字段内容
内容格式（Content Format）*	用于揭示所描述内容的种类，如专著、连续出版物、组件、集合等。建议使用MARC 21头标中书目级别（07字符位）规范列表的文本表述来描述本字段内容
* 很多内容提供商在他们的系统中合并了内容类型与内容格式。建议为此数据提供单独的字段，但是如果分离数据过于繁琐，可以继续按当前一个字段提供数据	

表 5-1-2　内容提供商提供的核心元数据元素示例

字段名	专著 & 连续出版物	文章 / 文献	手稿 / 非出版形式的内容	多媒体图像	多媒体录音	多媒体影像
题名（Title）	Nature	Derivation of pluripotent stem cells horn cultured human primordial germ cells	The evolution of cooperative signal comprehension in the domestic dog（Canis familiaris）	Portrait of Francoise en costume tailleur	Panama	The Scent of Green Papaya
著者（Authors）		Shamblott, MJ; Axelman, J; Wang, SP; Bugg, EM; Littlefield, J; Donovan, PJ; Blumenthal, PD; Huggins, GR; Gearhart, JD	Wobber, Victoria Elizabeth	Picasso, Pablo	Armstrong, Louis	Tran, Anh Dung; Lu, Man San; Truong, Thi Loc ; Yen-Khe, Tran Nu; Delhomme, Benoit; Abril, Jean-Philippe; Dedieu, Nicole; Roques, Jean-Pierre; Rossignon, Christophe; Negre, Alain; Ton-That, Tiet
出版商（Publisher Name）	Macmillan Journals Ltd.	New York Academy of Sciences			Future Noise Music Ltd	Kino International
卷（Volume）		95				
期（Issue）		23				
页码［Page（s）］		13726				
日期 / 日期范围（连续出版物的首期）［Date/Date Range（first issue for serials）］	19950105–	19981110	20060929	1946	2008	1993
文献标识符（Item Identifier）	ISSN 0028–0836 eISSN 1476–4687	DOI 10.1073/pnas.95.23.13726	OCLC 157003171		ISRC GBSUW0716131	LCCN 97505399
母体文献题名（Component of Title）	N/A	Annals of the New York Academy of Sciences.	N/A	N/A	Classic Song Book, Vol. 4	N/A
母体文献题名标识符（Component of Title Identifier）	N/A	0077–8923; 749–6632	N/A	N/A	UPC 884385621520	N/A
文献网址（Item URL）	http://www.nature.com/nature/index.html	http://linkresolver/?pid=username:password&id=doi: 10.1073/pnas.95.23.13726&noredirect=true		http://www.bridgemaneducation.com/ImageView.aspx?balid=166841	http://jazz.alexanderstreet.com/View/1030219	http://feat.alexanderstreet.com.View/1825104
开放获取标注（Open Access Designation）	N	N	free_to_read	N		N
全文标识（Full Text Flag）	N	N	N	N		N
内容类型（Content Type）	Book, Language Material	Article, Journal Article	Manuscript	Image, DVD, Movie	Musical sound recording	Projected medium
内容格式（Content Format）					Monographic component part	Monograph

3.2.1.3　增强型内容

表5-1-3中的元素可由内容提供商（CPs）提供给发现服务提供商（DSPs），可以是每个文献资源的全部或部分元素，以供发现服务提供商构建索引。在索引中纳入增强型内容并用于相关度排序，会极大改善用户的发现服务体验，这将对习惯使用受控词表的图书馆员和高级研究人员特别有利。表5-1-4为每一个元数据元素提供了示例。

表5-1-3　内容提供商提供的增强型内容

字段名	定　　义
索引数据（Indexing data）	用来描述文献内容的一个或多个关键词（取自受控词表或任意词条）
全文/脚本（Full Text / Transcript）	对于文本文献而言，是整个文献。对于音频和视频内容来说，就是该资源中有声内容的完整脚本。可能与所有被索引内容无关
摘要/描述（Abstract / Description）	对某文献的文本总结或者对（非文本资源）文献实体的描述

表5-1-4　内容提供商提供的增强型内容示例

字段名称	专著&连续出版物	文章/文献	手稿/非出版形式的内容	多媒体图像	多媒体录音	多媒体影像
索引数据（Indexing Data）	Science	Stem Cells; Regenerative Medicine; Mesenchymal Stem Cells; Differentiation; Therapy	Human-animal communication. Domestication	Female; Picasso's Mistress, Gilot, Drawing, Lover	Music & Performing Arts--Jazz	Music & Performing Arts—Film Romantic Relationships
全文/脚本（Full Text/ Transcript）	[full text]	[full text]	[full text]		[transcript]	[transcript]
摘要/描述（Abstract / Description）		Aging is associated with a progressive fail-ing of tissues…				An Academy Award nominee for Best Foreign Language Film, Tran Anh Hung's "luxuriant, visually seductive debut" (New York Times) recreates antebellum Vietnam through both the wide eyes of childhood and the deep blush of first love. In 1951 Saigon, 10 year old Mui (Lu Man San) enters household service for an affluent but troubled Vietnamese family. Despite her servile role, Mui discovers beauty and epiphany in the lush physical details that envelope her, while earning the fragile affection of the household's grieving matriarch. As she comes of age, the now grown Mui (Tran Nu Yen-Khe) finds her relationship with a handsome pianist she has admired since childhood growing in depth and complexity. Though steeped in writer-director Tran Anh Hung's southeast Asian heritage, The Scent of Green Papaya was realized entirely within a Parisian soundstage. The film's heady, scrupulously detailed and wholly authentic depiction of a society in decline, a family in quiet turmoil, and lovers on the threshold of romance earned the Camera D'Or at the Cannes Film Festival. A timeless evocation of life's universal enchantment and a powerful portrait of a vanished world, The Scent of Green Papaya is "a film to cherish." (Roger Ebert).

3.2.2　内容提供商提供给图书馆的元数据

ODI建议内容提供商向订购（资源）的图书馆公开其参与发现服务的程度。针对每个市场产品（期刊集合、文摘和索引数据库等），内容提供商应该公开其所提供内容的覆盖深度和内容深度，详情参见表5–1–5。

表5–1–5　内容提供商提供给图书馆的元数据概览

每项产品包括	公开信息			
	范　围	向发现服务提供商提供的可索引内容	内容提供商类型	内容接收方
例如： • 期刊集合 • 电子书集合 • 图像集合 • 音频集合 • 视频集合 • 数据库 • 数据集	期刊： • 一个或者多个日期区间 其他产品： • 全部数据；或 • 部分数据（描述范围）	适用于所提供内容的所有选项 • 元数据 • 索引数据 • 摘要/描述 • 全文	内容提供商提供市场产品时的身份，选项包括： • 出版商 • 集成商 • 文摘和索引服务提供商 • 开放获取知识库/机构知识库 全文文献一般来自出版商、集成商、开放获取知识库或机构知识库 文摘和索引记录一般来自文摘和索引服务提供商	可以使用内容的发现服务提供商，选项包括： • 向所有发现服务提供商开放，即内容可供任何感兴趣的发现服务商收割 • 按照协议提供给发现服务提供商（提供发现服务商列表）

3.2.3　信息公开

有些发现服务提供商和内容提供商可能希望在合同和其他协议中加入不公开约定（NDA）和类似的条款。但是不公开约定不应该被用来规避本文件有关公开和透明度的建议，参见3.3.2节和其他部分。

3.2.4　技术格式

基于索引的图书馆发现生态系统，包括为了建立中心索引而从内容提供商向发现服务提供商的数据传输。虽然基于索引的发现服务提供商目前数量相当有限，但潜在的内容提供商的数量是巨大的。鉴于存在大量的数据交换，采取最有效的传输机制将有利于所有利益相关方。

3.3.3节描述了主要元数据的编码框架、文件格式规范，以及发现服务生态系统中目前所使用的传输方法。

ODI建议从内容提供商向服务提供商的数据传输应该尽可能地使用合适的现存标准。一些直接适用的标准和协议包括“开放存档先导计划—元数据收割协议”（OAI-PMH）和KBART。一旦“资源同步框架”（ResourceSync）由NISO发布并有软件工具可以应用，它也很有潜力成为发现服务的一种数据传输机制。

3.3　面向发现服务提供商的最佳推荐实施规范

3.3.1　发现服务内容清单

发现服务提供商应该向现有的和潜在的用户提供有关数据库内容的充足信息，以确保按用户需求对内容进行准确评估。

3.3.1.1　元数据元素

虽然存在对元数据进行完整描述（从题名到文献）的需求，ODI还是建议在初始阶段采用题名级的元数据。根据内容种类，应当提供以下元数据：

1. 出版物题名；
2. （期刊）覆盖日期或者出版物出版日期；
3. 标准编号（标识符），例如ISSN、ISBN；
4. 内容格式和内容类型；
5. 覆盖深度，通过被索引的内容可显示。

表5-1-6　发现服务供应商提供给图书馆的元数据元素概览

字段名称	定　义
出版物名称（Publication Title）	文献题名
日期/日期范围（Date/Date Range）	出版日期 连续出版物日期范围
标识符（Identifier）	文献印本或在线版本的一个或多个标准标识符（例如ISSN、OCLC号、ISBN、DOI等） 标识符前应当有标识类别标签
内容格式（Content Format）*	用于揭示所描述内容的种类，如专著、连续出版物、组件、集合等 建议使用MARC 21头标中书目级别（07字符位）规范列表的文本表述来描述本字段内容
内容类型（Content Type）*	用于识别所描述的内容是何种类型，如文本、录像、录音等 建议使用MARC 21头标中记录类型（06字符位）规范列表的文本表述来描述本字段内容
被索引的内容（Content Indexed）*	所有适用于被索引内容的选项： • 元数据 • 索引数据 • 摘要/描述 • 全文

* 很多内容提供商在他们的系统中合并了内容类型与内容格式。建议为此数据提供单独的字段，但是如果分离数据过于烦琐，可以继续按当前一个字段提供数据。

内容格式用于揭示所描述的内容的种类，如专著、连续出版物、组件、集合等。建议使用MARC 21头标中书目级别（07字符位）规范列表的文本表述来描述本字段内容。内容类型用于识别所描述的内容是何种类型，如文本、录像、录音等。建议使用MARC 21头标中记录类型（06字符位）规范列表的文本表述来描述本字段内容

表5-1-7 发现服务提供商提供的元数据示例

字段名称	示例				多媒体内容录音	多媒体内容运动图像
	专著内容	期刊内容	手稿/非出版形式的内容	多媒体内容图像		
出版物题名（Publication Title）	Roses and rose culture	Nature	The evolution of cooperative signal comprehension in the domestic dog（Canis familiaris）	Portrait of Francoise en costume tailleur	Panama	The Scent of Green Papaya
日期/日期范围（Date / Date Range）	1892	19950105–20131212	20060929	1946	2008	1993
标识符（Identifier）	OCLC 21388020	ISSN 1476–4687			ISRC GBSUW0716131	LCCN 97505399
内容格式（Content Format）	Monograph	Serial	Manuscript	Image	Monographic component part	Monograph
内容类型（Content Type）	Language Material	Language material	Language material	Visual Material	Musical sound recording	Projected medium
被索引的内容（Content Indexed）	Metadata & Full Text	Metadata & Abstract	Metadata & Full Text	Metadata	Metadata	Metadata & Full Text（Transcript）

3.3.1.2 元数据元素的传输

1.在3.3.1.1节中所描述的元数据应该以可下载的形式提供。建议在相关情况下遵循KBART实施规范。然而，发现服务供应链中数据的数量和广度决定了其会与KBART规范的操作有出入。

2.格式。同KBART一样，ODI建议利用制表分隔符的文本文件进行元数据传输。

3.文件命名。发现服务所提供的文件，文件命名应采用UTF–8的编码形式，如下所示：

ProviderName_YYYY-MM-DD.CSV

日期信息显示生成文件的日期，例如：

ExLibrisPrimo_2013–01–28.csv。

4.元数据更新频率。现有用户应该按季度定期收到发现服务提供商发送的在3.3.1.1节列举的元数据更新信息。应当基于用户需求向未来用户提供相应数据。

5.报告的访问。图书馆工作人员对报告的访问权限应该采用互联网协议地址控制或者密码保护。发现服务提供商有责任保证报告的安全访问。

3.3.2 链接

ODI建议发现服务执行以下协议来确保公平链接。

1.发现服务不应该基于业务关系，在生成检索结果、进行相关性排序或决定链接顺序时所采用的方法上对内容提供商或产品（尤其是自有产品）予以差别对待。

2.在多个内容平台中存在相同内容（如一个主要出版商和一个二次文献数据库，或多个二次文献数据库）的情况下，发现服务提供商应该提供机制，使图书馆能够自行掌控哪些平台作为链接的目标内容以及按照何种次序或优先级呈现给用户。

3.发现服务提供商应该向所有用户（或者在其网站可供所有用户访问的区域）发布年度报告，说明其与内容提供商的业务联系，包括那些存在直接或间接从属关系的内容提供商，以及那些已经就元数据、直接链接或其他特殊安排与之达成有偿或其他协议的内容提供商。

4.发现服务提供商应该提供一个平等权利声明，确认在涉及理念和政治、内容提供源（特别是但不限于自有或其母公司提供的内容）以及任何其他相关因素方面，其用于生成结果集、相关度排序和链接次序的算法都具有中立性。

5.发现服务提供商应该将与某一检索结果相关的、涉及链接呈现方式的其他方面制做成图书馆可选择的配置选项（包括显示的链接数目、检索结果的链接排序，以及图书馆如何标示"获取全文"链接）。

6.当文摘和索引提供商能够提供链接时，发现服务提供商应该在发现服务索引中，提供从发现界面到文摘和索引界面的无缝链接（未必是全文链接）。

7.当发现服务的内容资源变化可能会影响到检索结果集、相关度排序或结果的链接顺序时，发现服务提供商应当向内容提供商和图书馆提供相关信息。

3.3.3　文件格式与传输方式

ODI建议发现服务应用以下规范来对数据进行传输。

1.在内容提供商应该如何向发现服务提供商传输数据以便发现服务最有效地构建索引方面，发现服务提供商需要清楚地描述其性能、局限和偏好。

2.当格式、框架或传输机制将会影响到发现服务的特色或性能时，发现服务提供商应当与内容提供商进行沟通。

3.元数据编码框架：在可能的情况下，建议使用稳健的编码框架来描述内容提供商的元数据。内容提供商和发现服务提供商应当就适当、可支持的编码框架达成一致，并最好向客户公开。表5-1-8列出了在图书馆和出版业中广泛使用的主要的元数据编码框架。ODI将在自己的工作室网站上持续发布最新的框架列表（www.niso.org/workrooms/odi/）。

表5-1-8　主要元数据编码框架

框　　架	框架链接
机读目录（MARC）	http://www.loc.gov/marc/
元数据对象描述框架（MODS）	http://www.loc.gov/standards/mods/mods-schemas.html
元数据编码和传输标准（METS）	http://www.loc.gov/standards/mets/
视觉资源协会核心类目（VRA）	http://www.loc.gov/standards/vracore/
都柏林核心元数据元素集（DC）	http://dublincore.org/documents/dcmi-terms/
知识库及其相关工具推荐实施规范（KBART）	http://www.niso.org/workrooms/kbart/
档案编码描述（EAD）	http://www.loc.gov/ead/
在线信息交换标准（ONIX）	http://www.editeur.org/8/ONIX/

4.内容提供商和发现服务提供商应当就元数据传输方式和日程安排达成一致。推荐表5-1-7的文档格式和表5-1-8的传输方式。

表5-1-9　文档格式

文档格式	示　例
文本（text）	csv，mrc，txt，etc.
可扩展标识语言（xml）	MARCXML，MODS XML，DC XML，etc.

表5-1-10　传输方法

传输方法	定　义
开放存档先导计划—元数据收割协议（OAI-PMH）	开放档案文献的元数据收割协议
资源同步框架（ResourceSync）	将定义于即将出版的NISO标准《资源同步框架说明》（Z39.99）
应用程序接口（API）	标准的或专用的应用程序接口
文件传输协议（FTP）	互联网工程任务组标准文件传输协议（Standard IETF File Transfer Protocol）

3.3.4　使用统计

3.3.4.1　有助于内容提供商的推荐建议

3.3.4.1.1　适用于内容提供商的推荐指标

发现服务提供商应该提供一套与多数内容提供商有关的简单的月度使用指标。更复杂的指标会在该项目的未来阶段考虑。推荐的指标有：

1.检索总数。一次检索就是一个由用户从搜索框发起的查询请求，通常等同于在线服务的搜索表单提交。

就文摘和索引数据库以及相似类型资源而言，在可能的情况下，发现服务提供商应该提供每个内容集合和用户的检索量，因为这些资源通常只有认证用户才能访问。这将有助于评估这些资源在发现过程中的使用情况。

对于内容已包含在发现服务的所有搜索结果中的大多数内容提供商，这个指标可能是没有用的，因为它可能不反映提供商的内容或用户需求，而仅仅是发现服务索引上运行的检索总数报告。

需要注意的是，原始查询搜索采取的筛选、排序或者换页操作不应该计数。这些改变应该被记录为行动，而不是更多搜索。由用户发起的搜索应该按照目的去跟踪，如一个搜索结果页面、RSS内容发布等。此外，任何发现服务创建的自动搜索，如对某个用户的建议或多个查询，不应该计作为用户发起的一个查询（该定义旨在与“COUNTER实施规则”保持一致）。

2.结果点击数。发现服务提供商应报告终端用户对从某一内容提供商资源返回的检索结果的点击次数。需要注意的是，当有多个为发现服务提供文章元数据的内容来源时，每个内容提供商都记录一个结果点击增量。此外还要注意，不论一个用户点击同一条记录多少次，一个结果应该只计一次，也就是说，如果一个用户多次点击查看一条记录的详细信息，那么计数应该是1。

就文摘和索引数据库以及相似类型资源而言，在可能的情况下，发现服务应该提供每个内容集合和用户的结果点击量，因为这些资源通常只有认证用户才能访问。这将有助于内容提供商评估这些资源在发现过程中的使用情况。

3.点进总数。该指标报告某一内容提供商的全文文献被终端用户选择访问的频率。**发现服务只能计量对内容的请求数量**，但不能监测有多少内容被成功获取或未能获取。点进总数指标还可能提供关于通过哪种途径为用户请求提供服务的信息，即通过OpenURL的链接还是发现服务的直接链接进行访问。

注意：当有多个内容来源为发现服务提供文章的元数据时，每个内容提供商都记录一个结果点击增量。

推荐指标应该以简单的CSV格式每月提供报告，以便内容提供商可以根据需要分析和整理数据。

建议COUNTER将上述建议指标收录到其规定格式与传输细节的"COUNTER实施规则"的下个版本中。

3.3.4.1.2　链接源标识

为了内容提供商能够识别并进而计算从发现服务跳转到其内容平台的用户流量，建议发现服务提供商的链接包含能够标识发现服务的来源网址（期望中介链接解析器通过OpenURL请求，将该来源标识传递给内容提供商）。

3.3.4.2　适用于图书馆的推荐指标

发现服务提供商应该向图书馆提供一组结构化的指标用以说明发现服务的使用情况。本项目的未来阶段应当考虑制定更复杂的指标。当前指标推荐如下。

1.每月检索总数。该指标报告发现服务中某用户检索总次数，以供跟踪逐月使用趋势。此外，在可能的情况下，发现服务应该对文摘和索引数据库以及相似类型资源提供每个内容集合的检索次数，因为这些资源通常只有认证用户才能访问。这将有助于评估这些资源在发现过程中的使用情况。

2.每月不重复访问者总数。该指标报告每月不重复访问者人数，向图书馆提供该馆用户的逐月使用趋势。

3.每月点进总数。该指标报告用户点击某一链接请求全文内容的总次数。这一指标显示用户认为发现服务提供对其研究有价值的结果的频率。就文摘和索引数据库以及相似类型资源内容集合的文献而言，在可能的情况下，发现服务应该提供每个内容集合的点击次数，因为这些资源有助于发现那些可能并非用户最终目标的文献，这将有助于评估这些资源在发现过程中的贡献。

4. 近期排名前500检索词。该指标报告特定时间段内500个使用频率最高的检索词。检索词数据使图书馆能够考量使用发现服务时的检索类型及检索主题。

5. 近期跳转到发现服务的排名前100个来源网址。该指标报告将用户链接到发现服务最常用的100个网址。这一指标用来向图书馆显示用户访问发现服务的渠道。

为了使图书馆能够分析其发现服务的使用情况，他们需要有权限获得上述指标并集成在图书馆管理系统或者使用分析工具中。为了满足这一需求，建议报告数据以CSV的格式提供。需要注意的是，发现服务的实现可能会导致图书馆原始内容平台的搜索次数下降。这并不意外，因为图书馆正在推动（用户）通过发现服务的搜索索引来访问本馆内容。然而，一旦引进发现服务，本地原始平台的全文检索量一般会增加。由于读者寻求的是全文，图书馆应该会发现，评估内容产品价值的更好指标是全文文献获取量，而非本地原始平台的检索量。

建议COUNTER将上述建议指标收录到其规定格式与传输细节的“COUNTER实施规则”的下个版本中。

4　后续发展步骤建议

ODI工作组提出了一系列问题，有待上述基本建议落实后再行商榷。

4.1　协作研讨

ODI工作组建议建立一个协商机制，以推动所有ODI利益相关方之间的进一步讨论，并将讨论拓宽到ODI工作组成员之外。这应该会为促进ODI推荐实施规范的采纳提供有教育意义的机会，为内容提供商和发现服务提供商采纳规范提供支持，为讨论发现平台方方面面持续性问题提供公开对话机制，并且为目前工作的后续步骤设定时间表。

4.2　应用程序接口（API）

随着图书馆越来越多地使用应用程序接口（API）来访问发现服务管理的数据，越来越需要对发现服务记录（实际上是记录中包含的个体数据元素）的使用权有清晰的理解。有些图书馆（例如密歇根大学、维拉诺瓦大学和北卡罗莱纳州立大学）完全或主要通过API的形式访问发现服务。其他图书馆也正在考虑从发现服务中动态抽取引文信息嵌入其他应用程序中。关于数据访问权还没有现行标准可用，只是在访问完整数据记录时，有着“认证用户”与“非认证用户”之别。对于图书馆来说，如果要在发现服务界面之外利用取自发现服务中的字段，何时使用才算合适？当可以这样使用时，哪些字段可以展示给认证用户？哪些可以展示给非认证用户？这些都是应该被讨论和可能被标准化的问题。

4.3　管理发现服务中的“受控”内容

有些内容提供商规定他们的内容或者部分内容（典型的如文摘和索引数据库），只有订阅该内容机构的发现服务用户才能访问。目前，提供此功能的发现服务提供商已经建立机制，定期报告受控内容的激活与使用情况。部分内容提供商建议为发现服务构建自动化机制，以便查询其系统，从而核对订购信息；为此建议制定标准，以避免研发多个专有机制。制定这样的标准已超出了当前ODI的工作范围，但是如果内容提供商继续对纳入发现服务索引的内容进行检索限制，在未来阶段工作中应该考虑制定此标准。

4.4　集合级发现服务内容的报告

ODI解决了图书馆对收取发现服务内容通用报告的需求。然而，本规范仅体现了最重要的需求，即提供诸如期刊题名、图书题名等“作品”级的报告。

图书馆员也希望能够获得“集合”级的相关信息。其部分请求如下。

1. 对于期刊集来说，需要报告可用资源包的全部内容，具体包括：

- 集成数据库，即其全部完整的目录是否都已纳入发现仓储中，如果没有，限制的内容是什么。
- 专业数据库，即非多学科集成文摘和索引数据库。
- 电子图书数据库，即不需要单项题名，而是需要对整体内容及来源进行描述。
- 其他类文献与报告，即不需要单项题名，而是需要对整体内容及来源进行描述。
- 电子参考资源，即百科全书、使用指南等数据库。

2. 对于这些集合内容，建议明确以下字段：

- 集合名称。
- 元数据来源，即出版商站点、集成数据库、专业数据库。
- 元数据级别，即最低限级别或增强型级别（参见前述3.2.1节提供给发现服务的元数据）。
- 元数据访问状态，即开放、需订购、其他。
- 全文访问状态，即开放、需订购、其他。

3. 建议下一步工作还应关注“知识库及其工具推荐实施规范”（KBART）和其他可能出现的业界相关规范。

4.5　发现服务用户的按需查询

建议在ODI未来阶段的工作中考虑授权给最终用户，使其能够查询其所在机构的发现服务，以核对某特定的馆藏、期刊或图书是否被纳入中心索引。

4.6 发现服务中公正/无偏向链接监测研究与分析

建议在ODI未来工作阶段，调研切实可行的方法，以对从发现服务到内容提供商的链接做进一步的分析，衡量无偏向链接的出现与内容使用之间的关系。

4.7 增进与COUNTER标准的互动

ODI建议增进与COUNTER标准的互动，以更好地理解其趋势及“COUNTER实施规则”的应用性。该准则涵盖了内容提供商和图书馆对于基于中心索引的发现服务的需求。

4.8 识别发现服务的特点与功能以满足文摘和索引服务提供商的需求

ODI建议未来进一步考虑文摘和索引提供商的具体需求，包括章节2.2和其他部分指出的问题，以便提出后续建议解决这些问题，并且最终鼓励这些服务的提供商参与发现服务中。

附录A：调研总结

2012年9月到10月间，ODI对图书馆员、内容提供商和发现服务提供商进行了问卷调查，以更多地了解他们对新的研究工具的满意度，评估跨行业规范中各种需求的存在价值。问卷调查涉及当前学术型元数据的传递/索引水平，在数据交换过程中的技术性成果/机遇，以及大力开发/分发发现工具使用数据的潜在益处。

ODI成员和NISO工作人员联系了2000多人参与此次问卷调查（从NISO的Newsline电子邮件列表和17个行业邮件列表的注册者中随机抽取）。美国和英国的跨行业者是主要邀请对象。

此次问卷调查共收集了871份完整问卷，其中782份来自图书馆员，74份来自出版商，15份来自发现服务提供商。ODI认为这些数据反映了图书馆对此事的积极参与，也反映了这些新工具对于图书馆读者和图书馆整体服务未来发展的价值。不过，问卷回复总数相对于全球图书馆总数的比重并没有被评估。

详细的问卷调查结果和分析报告之前已发布，可以从以下地址获得：www.niso.org/apps/group_public/download.php/9977/NISO ODI Survey Report Final.pdf

附录B：内容提供商符合ODI规范确认清单

当图书馆要求时，内容提供商可用下表表明其与ODI规范的一致性。第1列中的“Y”（符合）表示符合推荐实施规范。“P”表示部分符合规范，对此应在最后一栏备注说明。

"N"（不符合）指该项内容不符合规范要求。任何答复都可以附加备注说明。

符合/不符合/部分符合（Y/N/P）	推荐规范	参照内容	备注说明
	内容提供商向发现服务提供商提供的核心元数据以及隐含的完整全文/原创内容	3.2.1.1（1）	
	内容提供商提供给发现服务提供商用于索引的每个文献的核心元数据组成元素（见3.2.1.2）	3.2.1.1（2）	
	内容提供商尽可能多地为其内容提供内容项以及附加描述内容	3.2.1.1（3）	
	内容提供商应图书馆的请求，提供参与发现服务的说明，包括公开其内容覆盖度与内容深度	3.2.2	
	内容提供商与发现服务提供商之间的协议不包含保密条款	3.2.3	
	内容提供商向发现服务提供商传输数据时尽量使用已有标准，并且使用3.3.3中所列的其中一种元数据编码框架	3.2.4	

附录C：发现服务提供商符合ODI规范确认清单

当图书馆要求时，发现服务提供商可用下表表明其与ODI规范的一致性。第一列中的"Y"（符合）表示符合推荐实践规范。"P"表示部分符合规范，对此应在最后一栏备注说明。"N"（不符合）指该项内容不符合规范要求。任何答复都可以附加备注说明。

符合/不符合/部分符合（Y/N/P）	推荐规范	参照内容	备注说明
	发现服务为图书馆客户提供内容列表	3.3.1	
	链接	3.3.2	
	发现服务在与提供这项服务的内容提供商链接时不存在偏向	3.3.2（1）	
	提供机制，允许图书馆能够自行掌控哪些平台为链接的目标内容以及按照何种次序与优先级呈现给用户	3.3.2（2）	
	在内容索引与结果展示方面，发现服务确认无偏向。此方面的声明应每年发布	3.3.2（3）	
	发现服务在生成结果集、进行相关度排序以及决定链接次序上所用算法对内容提供商没有偏向	3.3.2（4）	
	与既定结果关联的链接可由图书馆进行配置	3.3.2（5）	
	在发现服务索引中提供从发现界面到文摘索引界面之间的无缝链接（未必是全文链接）	3.3.2（6）	
	发现服务向内容提供商提供使用指标的报告	3.3.4.1	
	报告检索总数	3.3.4.1.1（1）	

续表

符合/不符合/部分符合（Y/N/P）	推荐规范	参照内容	备注说明
	报告结果点击数	3.3.4.1.1（2）	
	报告点进总数	3.3.4.1.1（3）	
	报告标识发现服务的来源网址	3.3.4.1.2	
	发现服务为图书馆提供使用指标的报告	3.3.4.2	
	报告每月检索总数	3.3.4.2（1）	
	报告每月不重复访问者总数	3.3.4.2（2）	
	报告每月点进总数	3.3.4.2（3）	
	报告近期排名前500的检索词	3.3.4.2（4）	
	报告近期跳转到发现服务的排名前100个最常用来源网址	3.3.4.2（5）	

参考文献

Andrew D., Asher, Lynda M. Duke, and Suzanne Wilson. Paths of Discovery: Comparing the Search Effectiveness of EBSCO Discovery Service, Summon, Google Scholar, and Conventional Library Resources［J］. *College & Research Libraries*, *September* 2013, 74(5): 464–488. Available at: http://crl.acrl.org/content/74/5/464.full.pdf+html.

Dee, Baldwin, Michael Kucsak, and Alice Eng. Don't Touch that String! There Went the Databases［J］. *Information Outlook*, 2012, 16(5): 24–32. Originally presented at the 2012 Special Libraries Association Annual Conference, Chicago, IL, July 16, 2012. Available at: http://digitalcommons.unf.edu/library_facpub/7/.

COUNTER Code of Practice for e-Resources. Release 4. COUNTER, April 2012. Available at: http://www.projectcounter.org/code_practice.html.

COUNTER Code of Practice for Usage Factors. Draft Release 1. COUNTER, March 2012. http://www.projectcounter.org/usage_factor.html.

DCMI Usage Board. *DCMI Metadata Terms*. DCMI Recommendation. Dublin Core Metadata Initiative, June 14, 2012. Available at: http://dublincore.org/documents/dcmi-terms/.［Also published as ANSI/NISO Z39.85–2012, available at: http://www.niso.org/standards/z39-85-2012.］

Digital Library Federation ILS Discovery Interface Task Group (ILS-DI)［webpage］. http://old.diglib.org/architectures/ilsdi/.

Discovery Open Metadata Principles. London: JISC Discovery Programme, May 26, 2011. Available at: http://discovery.ac.uk/businesscase/principles/.

Ekins, Andy, and Lukas Koster. Unified Resource Discovery Comparison［website］. http://sites.google.com/site/urd2comparison/.

Encoded Archival Description (EAD)［website］. http://www.loc.gov/ead/.

ICOLC. *Revised Statement on the Global Economic Crisis and Its Impact on Consortial Licenses*. International Coalition of Library Consortia, originally issued January 31, 2009; reissued June 14, 2010. Available at: http://icolc.net/statement/revised-statement-global-economic-crisis-and-its-impact-consortial-licenses.

Information Retrieval: Application Service Definition & Protocol Specification. ANSI/NISO Z39.50–2003 (R2009). Baltimore, MD: National Information Standards Organization, approved 2003; reaffirmed 2009. Available at: http://www.niso.org/standards/z39–50–2003/.

Kelley, Michael. Stakeholders Strive to Define Standards for Web-Scale Discovery Systems. *The Digital Shift*, October11, 2012. Available at: http://www.thedigitalshift.com/2012/10/discovery/coming-into-focus-web-scale-discovery-services-face-growing-need-for-best-practices/.

KBART: Knowledge Bases And Related Tools. NISO RP–9–2010. Baltimore, MD: National Information Standards Organization, February 8, 2010. Available at: http://www.niso.org/publications/rp/rp–9–2010/.

Knowledge Bases and Related Tools (*KBART*) *Recommended Practice*. Phase II revision. NISO RP–9–2014. Baltimore, MD: National Information Standards Organization, March 27, 2014. Available at: http://www.niso.org/publications/rp/rp–9–2014/.

Knowledge Base And Related Tools (KBART)［webpage］. http://www.niso.org/workrooms/kbart.

Luther, Judy, and Maureen Kelly. The Next Generation of Discovery. *LibraryJournal.com*, March 15, 2011. Available at: http://www.libraryjournal.com/lj/home/889250–264/the_next_generation_of_discovery.html.csp.

MARC Standards［website］. http://www.loc.gov/marc/.

Metadata Encoding & Transmission Standards (METS)［website］. http://www.loc.gov/standards/mets/.

Metadata Object Description Schema (MODS)［website］. http://www.loc.gov/standards/mods/.

Music Library Association's Emerging Technologies and Services Committee. *Music Discovery Requirements*. Middleton, WI: Music Library Association, April 23, 2012. Available at: http://committees.musiclibraryassoc.org/uploads/ETSC/MDRdocument.pdf.

NISO Metasearch Initiative［webpage］. http://www.niso.org/workrooms/mi.

NISO Metasearch XML Gateway Implementers Guide. NISO RP-2006-02. Bethesda, MD: National Information Standards Organization, August 7, 2006. Available at: http://www.niso.org/publications/rp/RP-2006-02.pdf.

ONIX family of standards [website] . http://www.editeur.org/8/ONIX/.

The Open Archives Initiative Protocol for Metadata Harvesting. Version 2.0. Open Archives Initiative, June 14, 2002. Available at: http://www.openarchives.org/OAI/openarchivesprotocol.html.

Postel, J., and J. Reynolds. *File Transfer Protocol*. RFC 959 aka STD9. Internet Engineering Task Force, October 1985. Available at: http://www.rfc-editor.org/rfc/rfc959.txt.

Quint, Barbara. The Undiscovered Discovery. *Information Today*, July/August 2010, 27(7): 7-11. Available at: http://www.infotoday.com/IT/jul10/Quint.shtml.

Recommended Practices: Discovery Services.Philadelphia, PA: National Federation of Advanced Information Services, August 30, 2013. Available at: http://info.nfais.org/info/Recommended_Practices_Final_Aug_2013.pdf.

ResourceSync Framework Specification. NISO Z39.99-2014. National Information Standards Organization and Open Archives Initiative, April 21, 2014. Available at: http://www.niso.org/standards/z39-99-2014/.

Rowe, Ronda. Web-Scale Discovery: A Review of Summon, EBSCO Discovery Service, and World Cat Local. *The Charleston Advisor*, July 2010, 12(1): 5-10. Available at: http://dx.doi.org/10.5260/chara.12.1.5.

searchRetrieve. Version 1.0. OASIS Standard, January 30, 2013. Available at: http://www.loc.gov/standards/sru/oasis/.

Somerville, Mary M., Barbara J. Schader, and John Sack. *Improving the Discoverability of Scholarly Content in the 21st Century: Collaboration Opportunities for Librarians, Publishers, and Vendors*, A Sage White Paper. Thousand Oaks, CA: SAGE Publications, n.d. (est. 2011). Available at: http://www.sagepub.com/repository/binaries/librarian/DiscoverabilityWhitePaper/.

Vaughan, Jason. Web Scale Discovery Services. *Library Technology Reports*, January 2011, 47(1). Available at: http://dx.doi.org/10.5860/ltr.47n1.

VRA Core [website] . http://www.loc.gov/standards/vracore/.

Way, Doug. The Impact of Web-Scale Discovery on the Use of a Library Collection. *Serials Review*, 2010, 36(4): 214-20. Available at: http://dx.doi.org/10.1016/j.serrev.2010.07.002.

第二节　提高开放发现透明度：美国NISO ODI述评①

开放发现倡议（Open Discovery Initiative，以下简称ODI）是美国国家信息标准协会（NISO）发布的推荐实施规范。作为基于集成式中心索引的新一代图书馆发现服务的推荐实施规范，NISO ODI通过规范内容资源元数据格式、数据交换格式与传输标准，规范公平链接，促进元数据共享与内容交换的一致性，提高发现服务透明度，提升图书馆文献发现与传递服务能力，保障最终用户对文献资源的发现与检索效率。

1　NISO　ODI产生的背景

随着数字资源与网络资源逐渐成为馆藏与读者使用的主体资源，如何整合各类资源，满足读者一站式、方便、快捷地了解、查找、发现、使用资源的需求，成为图书馆文献发现与传递服务应用性研究的重要课题。近年来，信息化技术的发展，将基于集成式中心索引搜索模式的发现系统引入图书馆的服务中。

基于集成式中心索引的发现服务是指基于中心索引集合，实现对图书馆所有资源（包括所有来自不同提供者的订购资源和免费资源）的全覆盖搜索。其索引集合由元数据、全文数据或者其他资源内容的表述数据组成，包括期刊论文、电子书、研究报告、参考资源、图像、地图、数据集、音视频等各种资源类型。全球第一个网络资源发现系统Summon由ProQuest公司于2009年推出，随后，OCLC推出了WorldCat Local（简称WCL），Ex Libris公司推出Primo Central（简称Primo），EBSCOhost公司推出EBSCOhost Discovery System（简称EDS）。作为新一代的文献发现与传递服务模式，这几个主要发现系统一经投放到市场，立即引起全球图书馆的关注并迅速成为文献发现与传递的主体服务模式。[1]

基于集成式中心索引的发现服务是一个错综复杂的生态系统，在其为图书馆及最终用户在资源检索与发现上带来巨大益处的同时，也产生了一些新问题，对行业实践提出了新挑战。发现服务的推行涉及内容提供商（Content Providers，CPs）、发现服务提供商（Discovery Service Providers，DSPs）和图书馆等多个行业机构的利益，关联到元数据规

---

① 本书为国家社科基金项目“中美电子资源国家标准比较研究”的成果之一，在项目结项和本书定稿前夕，新版ODI（NISO RP-19-2020）正式发布（https://www.niso.org/publications/rp-19-2020-odi），由于结项时间紧迫，ODI的正文部分未再更新，仍为NISO RP-19-2014版。本研究报告在笔者之前研究论文［胡小丽，刘铁威，熊丽，薛燕．提高开放发现透明度：美国NISO ODI述评［J］．图书情报工作，2018，62（6）：51-60］的基础上，根据新版内容与新近研究进行了大量的更新与补充。同时，为了便于国内业界及时了解国外发现服务近况和促进新版规范的推行，将新版ODI中变化较多的若干附录的中译版附于后，以飨读者。——作者注

范、数据交换格式、数据传输标准、公平链接、使用统计等一系列相互纠缠问题。

内容提供商包括商业机构和非营利组织，是内容产品或服务的供应者，也是发现服务中心索引集的主要提供者。发现服务提供商是基于集成式中心索引的发现系统的构建者，图书馆从内容提供商处获得资源，从发现服务提供商处订购发现系统平台，进而向最终用户提供便捷的文献发现与传递服务。

在发现服务运行中，需要依靠内容提供商、发现服务提供商合作提供信息资源的元数据或全文以建立高效实用的索引。而图书馆在整个服务中需要清楚地知道自己所拥有的内容资源在发现服务中的被揭示程度，这是图书馆评估、选择发现系统和持续推进该项服务所必需的。例如，图书馆需要清楚地了解：哪些文章、数字资源被呈现；这些内容是被全文索引、仅提供引文，还是两者皆有；元数据是来自集成数据库还是文摘索引资源；等等。

集成式中心索引是整个发现服务的核心。但是现实情况中，中心索引体系的组建常常会基于内容提供者与发现服务提供商之间的私下协议和特别交换模式，其元数据质量、数据交换格式与方法、检索机制、检索结果相关度排序等方面会出现有失规范的现象，并且缺少必要的公开说明。这种情况为三方利益相关者都带来了隐忧，阻碍了发现服务的推广。对于图书馆来说，这一情况下，他们无法清楚地了解发现服务对馆藏资源的覆盖率与揭示程度，无法了解读者真实的文献使用需求与资源使用情况。对于内容提供者而言，基于集成式中心索引的文献发现模式虽然有利于提高资源的被发现概率和使用率，但是也带来了一些困扰。例如，图书馆用户可以绕开内容提供者提供的专用检索界面，这会无形降低或消除其品牌的知悉度，并且使内容提供商无法控制其内容最终呈现给用户的深度与方式。此外，内容提供商对发现平台是否可以公平地发现其内容资源也存有疑虑。对于发现服务提供商而言，一方面苦于索引仓储中元数据的数量有限和质量良莠不齐，另一方面烦恼于其链接机制的公平性常常被质疑。发现系统中，众多不同因素决定了内容的揭示方式、检索结果的排序以及用户访问内容资源的方式。但是如果发现服务提供商与内容提供商隶属于同一母公司，或者被发现其与某内容提供商之间存有独家授权的协议或其他业务关系，其检索机制与链接的公平性就会遭到质疑，从而影响其发现平台的被认可度。

上述问题伴随着发现服务的诞生而存在，如果没有必要的举措进行干预，势必会造成这一服务模式的停滞。图书馆、内容提供商、发现服务提供商等相关行业就此提出提升发现服务透明度和加强标准化建设的要求，ODI项目应运而生。

2 NISO ODI项目发展概况

ODI项目的创建得益于Ex Libris公司的奥伦·拜特·阿里、独立顾问詹妮·沃尔克和图书情报界资深顾问马歇尔·布里丁等人的努力。在2011年6月美国图书馆协会（American Library Association，简称ALA）新奥尔良年会期间，他们邀请多位业内资深经理人会面，探讨大家共同关切的图书馆发现服务焦点问题。在首发会议后，他们正式向NISO递交了提案。同年末，NISO发现到传递专题委员会接受了该项提案并于2012年初成立ODI工作组，正式确立了ODI项目。ODI工作组成员由来自图书馆、内容提供商和发现提供商的代表共同组成，马歇尔·布里丁和詹妮·沃尔克担任联合主席。

为了更好地了解相关行业对新一代发现服务的满意度及评估相关实践需求的紧迫性，制定切实有效的推荐实施规范，NISO工作组于2012年9月11日至10月4日在图书馆员、内容提供商和发现服务提供商中进行了大规模的跨行业问卷调研。调研涉及了学术型元数据的传递/索引层次、数据交换技术、改善发现工具使用数据等诸多方面。调研联系了相关领域2000多人，最终收集到有效问卷871份，其中782份来自图书馆员，74份来自出版商，15份来自发现服务提供商。[2]根据此次调研结果，工作组针对当时存在的迫切性问题，决定在第一阶段制定以下5个方面的推荐实施规范：（1）数据格式、数据交换标准、传输方式以及持续更新；（2）向图书馆反馈受限内容的开放方式与程度；（3）明确与单项内容或集合内容索引级别、内容可用性相关的描述符；（4）定义从发现服务到内容的公平链接；（5）发现服务使用统计数据的采集内容、服务对象和数据传播途径。

通过工作组成员的努力，2013年10月NISO工作组完成了推荐实施规范的草拟，并于2014年6月25日正式发布“NISO RP-19-2014 开放发现倡议：提高发现透明度”规范。[3]该文档界定了发现服务相关术语，回顾了文献发现与传递服务模式的演进历程，分别针对内容提供商和发现服务提供商提出了推荐实施规范，并列出了下一步要开展的重点工作。

NISO ODI正式发布之后，2014年10月27日，ODI决定成立常务委员会（Standing Committee），取代最初的工作组。常务委员依然由来自图书馆、出版社、发现服务提供商三方面的代表组成，哈佛大学图书馆的劳拉·莫尔斯（Laura Morse）和Sage公司的莱蒂·康拉德（Lettie Conrad）出任联合主席。NISO ODI也进入到阶段。ODI常务委员会的主要作用是促进ODI推荐实施规范的推广应用，并为内容提供商和发现服务提供商提供应用指导与支持，为所有发现平台的利益相关者建立一个持续论坛，等等。

在之后的几年中，ODI常务委员会的主要工作集中在：（1）敦促内容提供商和发现服务提供商进行ODI推荐实施规范的遵循确认并鼓励其公开发布确认清单。（2）加强与文摘、索引数据库提供商之间的沟通研讨。2017年1月开始对此问题进行全面的问卷调研。（3）发布相关资料，为图书馆提供ODI推荐实施规范应用指导。一方面提供模板发动图书馆向其内容提供商、发现服务提供商索求“符合ODI规范确认清单”；另一方面将内容提供商已公开发布的确认清单提供给图书馆，指导其更好地在发现服务中利用这些确认项。（4）召开各种座谈、答疑沟通会，发布宣传小册子，出版相关研究论著，推广ODI项目。（5）与“网络电子资源在线使用统计”（Counting Online Usage of Networked Electronic

Resources，COUNTER）项目组进一步沟通协作，在发现服务使用数据的收集与统计上进一步沟通研讨，为下一步工作的具体执行奠定基础。[4]

在常务委员会的努力下，ODI推荐实施规范被进一步推广。根据后续对内容提供商、发现服务提供商和图书馆的调查，以及发现服务生态环境的新进展与新数据，2018年，ODI常务委员会决定对2014版ODI推荐实施规范进行修订，并将以下7个方面作为修订时优先重点考查和确认的问题：（1）图书馆在ODI中的职责；（2）对开放获取（Open Access，OA）内容的处理，包括复合开放内容（Hybrid OA Content）；（3）对内容提供商更具意义的使用统计分析；（4）公平链接；（5）识别发现界面中的记录来源；（6）内容覆盖范围的公开（集合级的发现服务内容报告）；（7）附加元数据和内容元素的识别。[5]修订工作的提案于2019年1月获得批准。常务委员会在2019年春夏进行信息收集和问卷调查，并于2019年秋进行了调查分析汇总（问卷汇总摘要见NISO RP-19-2020附录D至G）。根据调研成果，2020年1月，ODI常务委员会提交了修订后的推荐实施规范草案征求公众意见，并最终于2020年6月24日正式刊布新版“NISO RP-19-2020 开放发现倡议：提高发现透明度”[6]。

针对内容提供商、发现服务提供商和图书馆的最佳实施规范，新版分别做了重要的更新和增补。首先，新版弥补了2014版图书馆实施规范的缺失，增加了一个新的章节（参见原文3.4，下同），对图书馆在发现服务中的系统运维、支持推广、培训与沟通等方面提供了推荐实施规范。其次，对内容提供商与发现服务提供商的推荐实施规范做了不同程度的更新与补充，包括内容提供商向发现服务提供商提供的元数据的重新规范（3.2.1）、公平链接（3.2.5.1和3.3.2.1）、发现服务内容清单（3.3.1）、使用统计（3.3.4）、开放获取内容处理（3.3.5）、认证（3.3.6）、替代范围清单（3.3.7）、记录显示（3.3.8）、相关度排序算法公开（3.3.9）、内容提供商元数据的使用（3.3.10）等。[7]

2020年新版颁布后，ODI常务委员会将下一步工作重心集中在以下工作上：（1）协作研讨，包括监控发现生态环境发展，确定所有ODI利益相关者的新需求；提供教育机会，以促进对发现平台的基本理解和ODI推荐实施规范的采用；在ODI推荐实施规范的使用过程中为内容提供商和发现服务提供商提供支持；提供开放式对话机制，讨论发现平台各方面相关的持续性问题；对于正在持续开展的工作，确定下一步工作安排。（2）重点研究与解决应用程序接口（API）、发现服务中记录来源识别等相关问题。

3 NISO ODI的核心内容与特点

ODI旨在增强新一代发现服务中内容资源覆盖的透明度，并向利益相关机构推荐实施一致性的内容交换机制。倡议由4部分组成：导言、发现与传递服务的演进、推荐实施规范、后续发展建议。其中，第3部分即推荐实施规范是其核心内容。

推荐实施规范，是ODI针对当前发现服务实践中的问题提出的重要建议。为了提高基于集中式中心索引的发现服务的透明度，保持数据交换的一致性，该实施规范对内容提供商、发现服务提供商、图书馆分别提出实践建议，规范了元数据项、传输机制、协作流程及相关事项。

3.1　倡议规范和共享元数据，增强索引中心仓储组建的透明度

对于基于集成式中心索引的发现系统而言，元数据的组建尤为重要。元数据可以简单地分为"薄""厚"两种元数据，亦可以意译为"简单"元数据和"详细"元数据。"薄"元数据（thin metadata）包含的字段非常少，例如来自开放式参考链接（CrossRef）的元数据。由于CrossRef是为数字对象唯一标识符（DOI）和开放链接（OpenURL）转换提供中立的解析和转换的公益组织，其包含的元数据只为生成OpenURL，包含题名、作者、合作者、来源、标识等基本信息。典型的"厚"元数据（thick metadata），除了"薄"元数据所含的基本信息外，还包含了主题、摘要等信息。[8]如果说元数据的规模影响着发现服务对资源的覆盖广度，那么元数据的"薄""厚"则影响着对资源的揭示度、检索结果的相关性排序、去重、分面揭示及进一步的数据挖掘，影响的是对资源的覆盖深度。

鉴于元数据的重要性和当前发现服务生态系统中相关的实际问题，基于索引的发现服务发展趋势要求内容提供商、发现服务提供商和图书馆合作以确保最丰富的资源能够通过发现平台得以充分揭示。内容提供商应该向发现服务提供商提供核心元数据以及隐含的完整全文或原始内容，以便发现服务提供商建立索引，满足授权用户的需求。

数据传输透明度不足，就需要定义各数据点，明确什么样的元数据或者数据元素在何种条件下可被哪类用户获取。为此，ODI的推荐实施规范明确了内容提供商传递给发现服务提供商的元数据内容，以及授权用户可以访问的数据。

ODI推荐的元数据标准依据的是KBART（NISO RP-9-2014 Knowledge Base and Related Tools）元数据编码框架。该框架主要适用于连续出版物与专著题名，用以改进A-Z列表，链接解析和开放链接。在ODI中已经扩展至主题、文摘/描述、内容类型和内容格式等元素。这一延展旨在为各类资源内容提供最低揭示指标。

3.1.1　内容提供商需提供的元数据

在2014年版推荐实施规范中，ODI所规范的内容提供商为发现服务提供的元数据元素有18个，分为核心元数据（15个）与增强型内容元数据（3个）。在2020年新版中，ODI取消了增强型内容元数据的表述，而将这18个统归于核心元数据，并增加"著者标识符（Author Identifier）"和"语言（Language）"两个字段，从而将内容提供商向发现服务提供的核心元数据扩增至20个字段，如表5-2-1所示。

表5-2-1 内容提供商需提供的核心元数据列表[9]

字段名称	释义
题名（Title）	某件文献的主标题
著者（Authors）	某件文献的著者 每个作者应该按姓、名的顺序列出
著者标识符（Author Identifier）	某件文献的著者的一个或多个标准标识符（例如ORCID、ISNI、VIAF等）
出版商（Publisher Name）	某件文献的出版商名称
卷（Volume）	如适用，指资源卷数
期（Issue）	如适用，指资源期数
页码［Page（s）］	如适用，指资源页码
日期/日期范围（Date/Date Range）	出版日期 对于连续出版物，指出版物所覆盖的日期范围
文献标识符（Item Identifier）	文献印本或在线版本的一个或多个标准标识符（例如ISSN、OCLC号、ISBN、DOI等） 标识符前应当附加标识符类型标签
母体文献题名（Component of Title）	用于描述单件文献所属出版物或连续出版物题名，例如收录论文的期刊题名，包含单曲的CD专辑题名等。
母体文献题名标识符（Component of Title Identifier）	上述定义的单件文献所属出版物题名的标准标识符（例如ISSN、OCLC号、DOI等） 该标识符前应当附加标识符类型标签
文献网址（Item URL）	指某件文献全文的开放链接或者直接链接
开放获取标注（Open Access Designation）	遵照NISO《访问许可及其标识》（NISO RP-22-2015 Access and License Indicators，ALI）推荐实施规范，如果某件文献为开放获取，应当用"免费阅读"（free_to_read）标明，否则保留空白。如标明"免费阅读"，应可以提供授权许可的相关元数据 参见本书第八章及https://www.niso.org/standards-committees/access-and-license-indicators
全文标识（Full Text Flag）	用"是/否"描述内容提供商是否允许发现服务提供商出于构建索引之目的访问这件文献的全文内容（或者非印刷载体的全尺寸或高清版本）。预计未来当发现服务提供商描述某一题名或集合的索引覆盖范围时会向图书馆揭示这一信息
内容类型（Content Type）*	用于识别所描述的内容是何种类型，如文本、录像、录音等。建议使用MARC 21机读目录格式头标中记录类型（06字符位）规范列表的文本表述来描述本字段内容
内容格式（Content Format）*	用于揭示所描述内容的种类，如专著、连续出版物、组件、集合等。建议使用MARC 21机读目录格式头标中书目级别（07字符位）规范列表的文本表述来描述本字段内容
语言（Language）	指某件文献所使用的语言。推荐使用MARC机读目录格式中的语言代码表述本字段内容。MARC语言代码列表参见https://www.loc.gov/marc/languages/language_code.html

续表

字段名称	释　　义
索引数据（Indexing data）	用来描述文献内容的一个或多个关键词（取自受控词表或任意词条）
全文/脚本（Full Text/Transcript）①	对于文本文献而言，是整个文献。对于音频和视频内容来说，就是该资源中有声内容的完整脚本。可能与所有被索引内容无关
摘要/描述（Abstract/Description）	对某文献的文本总结或者对（非文本资源）文献实体的描述
* 很多内容提供商在他们的系统中合并了内容类型与内容格式。建议为此数据提供单独的字段，但是如果分离数据过于繁琐，可以继续按当前一个字段提供数据②	

除了上述向发现服务提供商提供元数据信息外，ODI还建议内容提供商向图书馆和其他相关参与者公开其参与发现服务的程度。针对每个市场产品，如期刊集合、文摘或索引数据库等，披露其所提供内容的覆盖范围和内容深度，详情见表5-2-2。

表5-2-2　内容提供商提供给图书馆的元数据概览[10]

产品	公开信息			
	范围	向发现服务提供商提供的用于索引的内容	内容提供商类型	内容接收方
例如： • 期刊集合 • 电子书集合 • 图像集合 • 音频集合 • 视频集合 • 数据库 • 数据集	期刊： • 一个或者多个日期区间 其他产品： • 全部数据 • 或者部分数据（描述范围）	适用于所提供内容的所有选项： • 元数据 • 索引数据 • 摘要/描述 • 全文	内容提供商提供市场产品时的身份，选项包括： • 出版商 • 集成商 • 文摘和索引服务提供商； • 开放获取知识库/机构知识库 全文内容一般来自出版商、集成商、开放获取知识库或机构知识库 文摘和索引记录一般来自文摘和索引服务提供商	可以使用内容的发现服务提供商，选项包括： • 向所有发现服务提供商开放，即内容可供任何感兴趣的发现服务提供商收割 • 按照协议提供给发现服务提供商（提供发现服务提供商列表）

3.1.2　发现服务提供商需提供的数据信息

为了进一步提高发现服务的透明度，除了上述对内容提供商提出的元数据规范与共享

① 原表即NISO ODI（RP–19–2020）第3.2.1.2节之“表1：内容提供商提供的核心元数据元素”（Table 1: Core metadata elements to be provided by content providers）中无此字段，但是原文表2（Table2）样例表与“附录A内容提供商附合ODI规范确认清单”中皆有此字段，故疑原表遗漏了本字段，此处补入；其释义据NISO（RP–19–2014）之3.2.1.3节Table3中该字段的界定补入。在研读新版ODI时，发现不少细节错误，已列出（包括本文未涉及之处）并反馈给NISO，从其回复中获悉后期会有更正计划。——作者注

② 此处为原表中对标有“*”字段的解释，下文同。——作者注

建议外，ODI也要求发现服务提供商向图书馆和内容提供商提供充足的数据信息，以确保二者根据需求进行准确评估。

关于发现服务提供商所需提供的数据信息，ODI的建议也随着发现服务的发展有所变化。

在2014版ODI推荐实施规范中，ODI工作组认为在初始阶段采用题名级的元数据即可。根据内容资源的种类，建议提供以下5种元数据：（1）出版物题名；（2）出版物出版日期或者（连续出版物）的日期范围；（3）标准编号（标识符），例如ISSN、ISBN；（4）内容格式和内容类型；（5）覆盖深度，说明适用于被索引内容是元数据、索引数据、摘要/描述或全文等。

随着发现服务的推广与深化，因发现服务中元数据信息披露不充分所带来的问题越来越多，特别是由集合级的数据信息的揭示与共享不足所引发的问题关联面更广、影响更大。集合级的数据信息，关联到发现服务中记录来源的识别、集成式中心索引（知识库）对每个市场产品内容的覆盖度、数据独特性的揭示度、图书馆识别与激活资源的准确度、内容资源在发现服务中的使用率等一系列的问题。例如，如果市场产品（内容提供商所提供的市场订购单元或产品包）在发现服务中心索引中的名称及所包含的内容信息披露不充分，那么面对发现系统中心索引库中近似的产品题名，图书馆会因无法准确识别和激活其订购的数字资源产品而感到困扰和担忧，进而影响最终用户对资源的发现与使用；内容提供商也会因为产品使用率下降而利益受损。根据前期调研和2019年问卷调查中内容提供商、图书馆关于相关问题的反馈（参见NISO RP-19-2020附录G、F），在2020年ODI修订版中，ODI建议发现服务提供商向图书馆和内容提供商提供集合级和题名级两级数据信息。

ODI规范发现服务提供商提供的集合级数据信息包括提供者、市场产品、中心索引中的题名等11种数据信息，如表5-2-3所示。

表5-2-3　发现服务提供商需提供的集合级数据元素[11]

字段名	释　义
提供商（Provider）	向发现服务提供元数据的机构
市场产品（Market Product）	由内容提供商授权图书馆使用的特定的、明确的资源集，可以是引文数据库、一组电子期刊或电子书，或者其他可作为独立单元授权的出版物或资源集合
中心索引中的题名数量（Titles in Central Index）	中心索引中含有的市场产品题名数量
中心索引中的独有记录数量（Number of Unique Records in Central Index）	中心索引中含有的市场产品中独有记录的数量
知识库中的题名数量（Number of KB Titles）	在中心索引的链接解析知识库（Knowledge Base，KB）中列出的市场产品中的题名数量

续表

字段名	释　　义
中心索引中可全文检索的记录比例（Percent of Records FullText Searchable in Central Index）	中心索引中允许全文检索的市场产品中的记录的百分比
中心索引中检索摘要的记录比例（Percent of Records Abstract Searchable in Central Index）	中心索引中含有的市场产品中允许搜索摘要的记录的百分比
中心索引中可检索主题的记录比例（Percent of Records from Provider that are Subject Searchable in Central Index）	包含主题的记录的百分比。这些主题可以由作者或出版商提供，但不必是受控词汇
免费阅读的文献比例（Percent of Articles that are Free to Read）	不用授权给图书馆或最终用户，就允许用户免费访问全文内容的记录百分比
市场产品的最近更新日期（Date of Last Market Product Update）	中心索引中含有的市场产品的最近更新日期
报告的最近更新日期（Date of Last Report Update）	最近一次报告的更新日期

除了上述数据信息的提供，ODI还强烈建议发现服务提供商在每个月度报表上附上一个摘要页，显示内容提供商直接提供的每个市场产品的记录数在一定时间内的变化。

关于题名级元数据，在2014版ODI所推荐的6种的基础上，2020年新版也做了新的调整与补充，详细情况见表5-2-4。

表5-2-4　发现服务提供商需提供的题名级数据元素[12]

字段名称	释　　义
题名（Title）	内容题名
标准标识符 ［Standard Identifier（s）］	文献印本或在线版本的一个或多个标准标识符（例如ISSN、OCLC号、ISBN、DOI等），标识符前应当有标识类别标签
内容格式（Content Format）*	用于揭示所描述的内容的种类，如专著、连续出版物、组件、集合等。建议使用MARC 21机读目录格式头标中书目级别（07字符位）规范列表的文本表述来描述本字段内容*
内容类型 （Content Type）*	用于识别所描述的内容是何种类型，如文本、录像、录音等。建议使用MARC 21机读目录格式头标中记录类型（06字符位）规范列表的文本表述来描述本字段内容*
出版物日期范围（期刊）或出版日期 ［Dates of Coverage（journals）or Date of Publication］	出版日期 连续出版物日期范围
中心索引中的记录数量 （Number of Records in Central Index）	中心索引中独立书目记录的数据量
中心索引中可全文检索的记录比例 （Percent of Records FullText Searchable in Central Index）	不仅检索书目元数据和摘要，也允许检索全文的记录的百分比。对于文本类内容来说，是整个文档。对于音频或视频内容来说，是整个音视频内容材料的文字誊本。这些可能与已索引内容没有关联

续表

字段名称	释　　义
中心索引中可检索摘要的记录比例（Percent of Records Abstract Searchable in Central Index）	除了书目元数据之外，允许搜索摘要的记录的百分比。摘要可以是文本类资源的内容概括，也可以是非文本资源的描述说明
中心索引中可检索主题的记录比例（Percent of Records from Provider that are Subject Searchable in Central Index）	包含主题的记录的百分比。这些主题可以由作者或出版商提供，但不必是受控词汇
免费阅读的文献比例（Percent of Articles that are Free to Read）	允许用户不用付订阅费用亦可获取文献的记录的百分比
最近报告更新日期（Date of Last Report Update）	报告最近一次更新的日期
* 很多内容提供商在他们的系统中合并了内容类型与内容格式。建议为此数据提供单独的字段，但是如果分离数据过于繁琐，可以继续按当前一个字段提供数据	

如上所述，通过提供与共享元数据的倡议与规范，增强了发现服务覆盖的资源内容的透明度，也在一定程度上保障了元数据的规模、质量，提升了发现服务的效益。

3.2　倡议公平/无偏颇链接

在发现服务的测评与建设中，发现服务链接的公平性是一个非常重要的问题。链接的公平性关系到发现服务的检索结果是基于商业关系，还是基于最终用户需求或者图书馆的意愿。此问题直接关乎着发现服务的价值，关联着内容提供商、发现服务提供商、图书馆及最终用户的直接利益。因此，ODI关于公平链接的提倡得到利益相关行业的一致认可。鉴于这一问题的重要性，在2020年新版ODI中，特别增设“公平链接”章节，明确对内容提供商和发现服务提供商提出建议，以保障链接的公平性。

对于内容提供商，ODI希望其能继续支持开放链接（OpenURL）框架标准。[13]生成的OpenURL应该链接到记录本身，或者尽可能地指向内容提供商站点结构中的记录位置。此外，为了保证OpenURL的有效应用，要确保支持OpenURL解析所需的元数据不会被直接链接机制所需的数据取代。

对于发现服务提供商，ODI提出了以下6点建议：

（1）发现服务不应该基于有隐私协议的商业关系，在生成检索结果、进行相关性排序或决定链接顺序所采用的方法上对内容提供商或产品（尤其是自有产品）不应有差别对待。

（2）在多个内容平台中存在相同内容（如一个主要出版商和一个二次数据库，或多个二次数据库）的情况下，发现服务提供商应该提供机制，使图书馆能够自行掌控哪些平台作为链接的目标内容，以及按照何种次序或优先级呈现给用户。发现服务提供商应继续在其出站链接（outbound links）中支持OpenURL标准。

（3）发现服务提供商应该每年向其潜在和正式客户（主要为图书馆）发布报告或者在

其网站公开发表声明，说明其与内容提供商的业务联系，包括那些存在直接或间接从属关系的内容提供商，以及那些已经针对元数据、直接链接和其他特殊安排下与之达成有偿协议或其他协议的内容提供商。

（4）发现服务提供商应该提供一个平等权利声明，确认在涉及理念和政策、信息来源（特别是不限于自有或母公司提供的内容）以及任何其他相关因素时，其用于生成结果集、相关度排序以及链接次序的算法都具有中立性。

（5）发现服务提供商应该将与某一检索结果相关的、涉及链接呈现方式的相关部分设置为图书馆可选择的参数配置选项（包括显示的链接数目、检索结果的链接排序，以及图书馆如何标识“获取全文”的链接等）。

（6）当发现服务的内容资源变化可能会影响到检索结果集、相关度排序或结果的链接顺序时，发现服务提供商应当向内容提供商和图书馆提供相关信息。

3.3　规范数据格式与传输标准，保障内容交换的一致性

基于索引的发现服务，集成式中心索引的建设需要大量的数据交换，采取最有效的传输机制将有利于所有利益相关方。为了降低发现服务所需数据传输与交换的复杂度，保障传输数据的规范性与准确性，规范数据格式与数据传输标准就显得尤为重要。鉴于此，ODI提议在进行数据传输时应遵循以下原则和数据传输标准、协议。

（1）在内容提供商应该如何向发现服务提供商传输数据以便发现服务最有效地构建索引方面，发现服务提供商应该清楚地描述发现服务的性能、局限和偏好。

（2）当格式、框架或传输机制影响到发现服务的特点或性能时，发现服务提供商应当与内容提供商进行沟通。

（3）关于元数据编码框架，ODI建议尽可能地使用稳健的编码框架来描述元数据。此外，内容提供商和发现服务提供商应当就编码模式的使用达成一致，并最好向图书馆披露。目前在图书馆和出版业中使用比较广泛的元数据格式和编码标准有：MARC机读目录格式、《元数据对象描述框架》（Metadata Object Description Schema，MODS）、《元数据编码和传输标准》（Metadata Encoding and Transmission Standard，METS）、《视觉资源协会核心类目》（Visual Resources Association Core Categories，VRA）、《都柏林核心元数据元素集》（The Dublin Core Metadata Element Set，DC）、《知识库及其相关工具》（Knowledge Bases and Related Tools，KBART）、《档案编码描述》（Encoded Archival Description，EAD）和《在线信息交换标准》（ONline Information eXchange，ONIX）等。以上皆为ODI所推荐的标准、协议。

（4）关于数据传输与交换需遵从的标准与协议，ODI推荐的有：《开放存档先导计划—元数据收割协议》（Open Archives Initiative Protocol for Metadata Harvesting，OAI-PMH）、应用程序接口（API）、文件传输协议（FTP）和NISO的资源同步（ResourceSync）框架协议；

关于数据传输与交换的文本格式，ODI推荐使用文本文件和XML格式。文本文件有csv、mrc、txt等，可扩展标记语言（XML）包括MARC XML、MODS XML和DC XML等。

此外，在元数据传输的具体操作层面，ODI也有相关建议，例如在文件命名问题上，推荐采用UTF-8的编码形式，文件名包括提供者和文件生成日期（例如ExLibrisPrimo_2013-01-28.csv）；在元数据更新频率方面，建议应定期提供元数据更新信息；在发现服务提供商所提供的元数据报告访问方面，ODI认为图书馆员对报告的访问权限应该采用互联网协议地址控制或者密码保护，发现服务提供商有责任保证报告的安全访问，等等。

总之，为了发现服务生态环境中数据的交换与共享，保障数据内容的规范性与准确性，保障发现服务质量，上述ODI关于数据格式与数据传输标准方面的倡议与推荐既具有理论指导意义，又在实践层面规范了具体操作流程，为发现服务提供了基础保障。此外，发现服务的广泛推行，对于数据内容不太规范的中文数据库及图书馆自建数据库的数据建设也具有一定的借鉴意义，可以促进其数据建设和传输机制的规范化与标准化，促进其资源能被更好地整合到发现服务中。

3.4 重视数据统计，规范使用统计指标

使用统计分析，无论对于内容提供商还是图书馆来说，其重要性都是不言而喻的。发现服务提供商应该向内容提供商和图书馆分别提供一组结构化的指标以说明其资源在发现服务中的使用情况，这有助于鼓励内容提供商加大发现服务的参与度，也有利于图书馆监测发现服务中的问题，及时提出配置与功能的调整需求，提高发现服务效益。

3.4.1 关于提供给内容提供商发现服务使用数据的建议

在使用数据统计方面，ODI建议遵从COUNTER标准。关于发现服务提供商需向内容提供商提供的统计指标，在2014版中，ODI重点强调了检索总数、结果点击数和点进总数等指标在计数时要注意的问题，务必要遵守标准要求。例如在计算检索总数时，针对原始查询搜索采取的筛选、排序或者换页操作不应该计数，这些改变应该被记录为操作，而不是检索，等等。2020版ODI不再强调细节，而是直接以“COUNTER提供商发现报告”[14]为操作准则与范本。报告内容与发现服务提供商提供给图书馆的报告类似，不同的是提供给内容提供商的报告在针对某一具体内容的使用情况时，会汇总发现平台上内容提供商所有用户的使用情况。这样内容提供商可以及时了解到其内容在各平台上的使用情况。此外，为了内容提供商能够识别并计算从发现服务跳转到其内容平台的用户流量，ODI还建议发现服务提供商指向内容提供商的链接中包含来自发现服务的标识。

3.4.2 关于提供给图书馆发现服务使用数据的建议

对于图书馆而言，有关发现服务使用统计的指标，ODI建议发现服务提供商至少需要提供以下数据。

（1）每月检索总数：该指标记录了发现服务中用户检索总次数，可以跟踪每月的使用

情况。此外，由于文摘、索引数据库以及类似资源只有认证用户才能访问，为了评估这些资源在发现服务中的使用情况，发现服务提供商还应尽可能地提供此类资源每个内容集合的检索次数。

（2）每月不重复访问者总数：记录了每月访问人数，可以反映使用发现服务的图书馆用户的逐月变化情况。

（3）每月点进总数：是指用户点击某一链接请求获取全文内容的总次数。这一指标显示用户认为发现服务为其提供有价值的结果的频率。

（4）近期排名前500的检索词：显示特定时间段内前500个使用频率最高的检索词。此数据有助于图书馆对读者检索类型与检索主题信息的收集与挖掘。

（5）近期跳转到发现服务的排名前100个来源网址：指的是用户链接到发现服务最常用的100个链接。这一指标用来向图书馆显示用户接入发现服务的渠道。

上述指标有未纳入到COUNTER中的，ODI建议COUNTER将上述建议指标收录到其规定格式与传输细节的“COUNTER实施规则”的下个版本中。

除了使用数据统计指标的规范，ODI还建议发现服务提供商应该构建便捷、安全的线上渠道传递使用数据报告，并且指定专人负责处理和交付每月的使用报告，每月提交报告的时间应是可预期的。

通过上述一系列的推荐建议，ODI规范了发现服务提供商在使用数据上的统计工作与反馈机制，增强了透明度，有效查验了发现服务的效益，促进了发现服务利益相关方工作的自查与完善，提升了内容提供商对发现服务的参与度；也有利于图书馆掌握其馆藏资源利用情况，并通过相关统计数据的分析、挖掘，获取读者使用行为数据以了解读者需求，有效调整读者培训与资源采购工作；促进发现服务提供商改进平台功能，提升智能检索与文献推荐服务水平；等等，从而促进发现服务生态系统的良性运转。

4　NISO ODI推荐实施规范应用实践

为了推进ODI推荐实施规范在行业里的实际应用，ODI分别为内容提供商、发现服务提供商和图书馆制定了“符合ODI规范确认清单”模板，并鼓励他们公开发布“确认清单”，以增强发现服务的透明性，促进发现服务的良性发展。

4.1　内容提供商与ODI推荐实施规范

为确保内容提供商在发现服务中的参与力度和支持力度，ODI制订的“内容提供商符合ODI规范确认清单”（详见NISO RP-19-2020附录A）在元数据元素及共享、发现服务参与度说明、无保密条款声明、规范数据格式与传输标准、支持工具等各个方面均有确认项，主要内容如下：

（1）内容提供商向发现服务提供商提供核心元数据以及隐含的完整全文/原创内容。

（2）内容提供商提供给发现服务提供商，用于索引的每个文献的核心元数据元素和内容文献（全文、脚本等），共20个元素①，见表5–2–1。

（3）内容提供商应图书馆的请求，提供参与发现服务的说明，包括公开其内容覆盖度与内容深度。

（4）内容提供商与发现服务提供商之间的协议不包含保密条款。

（5）内容提供商向发现服务提供商传输数据时尽量使用已有标准，并且使用任一种推荐的元数据编码框架。

（6）内容提供商提供数据以支持OpenURL解决方案，产生的OpenURL应当链接到文献本身或者在内容提供商的网站架构中尽可能接近文献。

（7）内容提供商提供清晰的渠道用于报告与发现相关的支持问题。

前5个方面是2014年版ODI确认清单中的内容，后两个方面是2020年版“内容提供商符合ODI规范确认清单”中的新增内容。每个确认项包括符合（Y）、部分符合（P）、不符合（N）三个反馈项，并留有备注栏供说明情况。

自2014年ODI正式颁布以来，许多内容提供商，特别是一些主要内容提供商相继在网站上公开其符合ODI规范的内容确认清单，如CREDO、[15] EBSCO、[16] Emerald、[17] IEEE、[18] Gale[19] 和SAGE[20] 等。2020年版ODI正式颁布不久，目前这些公开的确认清单还未使用最新确认项，如图5–2–1中CREDO的确认清单，主要是针对2014版ODI确认项做的回复。

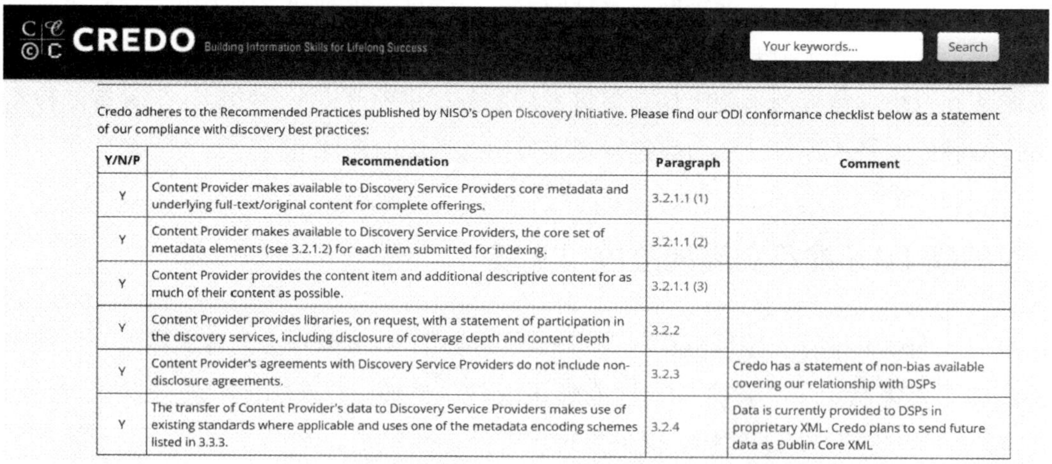

Credo adheres to the Recommended Practices published by NISO's Open Discovery Initiative. Please find our ODI conformance checklist below as a statement of our compliance with discovery best practices:

Y/N/P	Recommendation	Paragraph	Comment
Y	Content Provider makes available to Discovery Service Providers core metadata and underlying full-text/original content for complete offerings.	3.2.1.1 (1)	
Y	Content Provider makes available to Discovery Service Providers, the core set of metadata elements (see 3.2.1.2) for each item submitted for indexing.	3.2.1.1 (2)	
Y	Content Provider provides the content item and additional descriptive content for as much of their content as possible.	3.2.1.1 (3)	
Y	Content Provider provides libraries, on request, with a statement of participation in the discovery services, including disclosure of coverage depth and content depth	3.2.2	
Y	Content Provider's agreements with Discovery Service Providers do not include non-disclosure agreements.	3.2.3	Credo has a statement of non-bias available covering our relationship with DSPs
Y	The transfer of Content Provider's data to Discovery Service Providers makes use of existing standards where applicable and uses one of the metadata encoding schemes listed in 3.3.3.	3.2.4	Data is currently provided to DSPs in proprietary XML. Credo plans to send future data as Dublin Core XML

图5–2–1　CREDO符合ODI规范确认清单[21]

① 在NISO RP–19–2014“内容提供商符合ODI规范确认清单”中未列出具体元数据元素，在NISO RP–19–2020的“内容提供商符合ODI规范确认清单”中列出19个元数据元素，“Full Text Flag”（全文标识）元素未列出，但是NISO RP–19–2020第3.2.1节表1元数据元素表和表2元数据元素示例表中均有该元数据元素，故疑NISO RP–19–2020的“内容提供商确认清单”中遗失“Full Text Flag”元素。——作者注

在元数据共享方面，上述6家主要内容提供商都表示针对提交的每一单项会提供其核心元数据，并会尽可能多地提供其他内容项与附加描述。但是在尽可能完整提交其所有内容的核心元数据、全文及原创数据时，6家提供商支持度略有不同。CREDO、Emerald和IEEE三家表示完全支持，EBSCO、Gale和SAGE三家表示部分支持，且部分支持的情况也不尽相同。SAGE备注说明有两个产品暂不支持发现服务：SAGE统计（SAGE Stats）和美国政治统计（US Political Stats）。[22] Gale公开发布支持发现服务的数据库清单，并注明旗下产品对每个发现服务系统的数据共享情况，如图5–2–2所示。EBSCO既是内容提供商，亦是发现服务提供商，早在第1版ODI正式颁布之前，2014年4月EBSCO就公布了其开放共享与协作政策，共享内容包括来自240多个全文数据库的数据。近期，EBSCO更新了其开放政策。在2020年1月最新发布的“EBSCO关于技术互操作和书目记录共享的开放合作政策”[23]中，EBSCO更新了针对特定数据库进行数据共享的政策，向用户保证通过其合作伙伴公司的发现服务可以获得已订阅的所有EBSCO全文。通过这一政策，EBSCO旨在加强其开放协作力度，希望确保图书馆的发现服务中有适用的书目记录，可以100%链接到其已订阅的全文；希望促进图书馆的集成系统（ILS）、服务系统（LSP）和发现服务的集成，尽可能地创造无缝用户体验；希望改善图书馆的订购与相关系统的集成，优化图书馆员的工作流程等。但是，EBSCO也承认由于每个公司的资源不同，与合作伙伴的合作关系也有所不同。

Gale Databases Delivered to Discovery Partners - status as of 01/15/2020

Database/Archive	OCLC Worldcat Discovery Services	Summon/Primo Central Discovery Index	EBSCO EDS
Archives of Sexuality & Gender: LGBTQ History and Culture Since 1940, Part I		x	x
Archives of Sexuality & Gender: LGBTQ History and Culture Since 1940, Part II		x	
Archives Unbound	x	In Progress	x
Business Insights: Essentials	x	x	x
Business Insights: Global	x	x	x
The Economist Historical Archive, 1843-2015			x
Eighteenth Century Collection Online I & II	x	x	x
Gale Academic One File	x	x	x
Gale Academic OneFile Select	x	In Progress	x
Gale Business: Entrepreneurship	x		x
Gale eBooks	x	x	x
Gale General OneFile	x	x	x
Gale Health and Wellness	x	x	x
Gale In Context: Biography	x	x	x
Gale In Context: College	In Progress	In Progress	x
Gale In Context: Global Issues		x	x
Gale In Context: High School	x	x	x

图5–2–2　Gale数据库支持发现服务情况清单（部分）[24]

在数据的覆盖广度与深度方面，各内容提供商的说明也不尽相同。如图5–2–3，IEEE Xplore的说明中描述了可被发现服务索引到的内容产品及其起止年限、可检索的类型、内容提供商类型，以及提供给哪些发现服务提供商等信息。

Metadata Elements List to Libraries - IEEE

Market Product	Coverage Start	Coverage End	Content Provided to DSP for Indexing	Content Provider Type	Content Provided to
IEEE Journals	1884	Present	Full Text or Metadata	Publisher	Available to all Discovery Service Providers
IEEE Conference Proceedings	1951	Present	Full Text or Metadata	Publisher	Available to all Discovery Service Providers
IEEE Standards	1949	Present	Full Text or Metadata	Publisher	Available to all Discovery Service Providers
IEEE Wiley Books	1974	Present	Full Text or Metadata	Publisher / Aggregator	Available to all Discovery Service Providers
(IEEE) Wiley Telecommunications eBooks	2005	Present	Full Text or Metadata	Aggregator	Available to all Discovery Service Providers
(IEEE) MIT Press Books	1943	Present	Full Text or Metadata	Aggregator	Available to all Discovery Service Providers
(IEEE) Morgan & Claypool Books	2006	Present	Full Text or Metadata	Aggregator	Available to all Discovery Service Providers
(IEEE) now eBooks	2004	Present	Full Text or Metadata	Aggregator	Available to all Discovery Service Providers
(IEEE) SMPTE Digital Library	1916	Present	Full Text or Metadata	Aggregator	Available to all Discovery Service Providers

图5-2-3 IEEE提供给发现服务平台的元数据产品清单[25]

目前，上述6家内容提供商均向主要的图书馆发现服务系统提供了数据，如EBSCO的EDS、Ex Libris Primo、Ex Libris Summon、①OCLC WorldCat Discovery等。此外，他们还不同程度地推行了许多有助于发现服务的举措。例如Gale支持Open URL链接，允许从外部信息源链接到Gale数据库的全文。这样，来自图书馆发现服务、文摘和索引数据库以及其他使用Open URL链接的研究人员都能更好地访问Gale的资源。SAGE还在4个关键领域解决其产品的可发现性问题：开放网络发现、机构发现、专业数据库发现和跨SAGE发现，从而确保最终用户无论从哪里开始检索，使用何种设备都能够顺畅有效地获取SAGE内容。SAGE还与时俱进地完善了其MARC记录政策：免费提供电子书和参考产品（包括视频、数据集、案例研究）的MARC记录，客户可以从SAGE指定的平台上下载。符合MARC 21格式的记录包括“资源描述与检索”（Resource Description and Access，RDA）元素，从而推动了SAGE资源在图书馆的发现与使用。

在数据格式与传输方面，各家内容提供商都表示完全遵循ODI推荐实施规范，根据

① ProQuest于2015年底完成对Exlibrs的并购。重新调整后，2016年ProQuest Summon变更为Ex Libris Summon。——作者注

KBART提供多种标准格式（XLS、XLSX、CSV、HTML、XML等）的题名清单。

4.2　发现服务提供商与ODI推荐实施规范

关于ODI为发现服务提供商所提供的“发现服务商符合ODI规范确认清单”，NISO RP-19-2020较2014年版本有较大的更新与补充。NISO RP-19-2014的确认项包括为图书馆提供内容列表、链接说明、向内容提供商与图书馆提供使用统计报告4个方面。①新版则大幅度扩增为11个方面（原表见NISO RP-19-2020附录B），其主要内容及对上一版本的补充、更新情况如下。

（1）元数据内容及传输：如前文所述，关于发现服务提供商需要提供的元数据元素，新版ODI较上一个版本做了很大改动，分为集合级（11个，详见表5-2-3）和题名级（11个，详见表5-2-4）两组元素，在新版确认清单中详细列出了每一种元数据。同时，新版确认清单还列出了元数据元素传输确认事项，包括是否可以以下载方式提供数据、是否以制表符分隔的文本文件提供数据、是否使用“发现服务提供商名称_年_月_日.csv”命名惯例、是否提供月度报告、是否可以安全访问报告等。

（2）链接：包括链接的提供及在内容索引、结果展示、相关度排序等方面是否存有偏向；是否提供机制，允许图书馆自行决定哪些平台为链接目标内容以及按照何种次序与优先级呈现给用户等。此外，新版ODI还需确认：当影响到检索结果集、相关度排序或结果链接顺序的数据变化时，是否会向内容提供商和图书馆发送相关信息等。

（3）使用统计报告：不再具体列出向内容提供商共享的统计指标，而是确认是否提供符合COUNTER标准的报告，引向内容提供商的链接中是否包含发现服务标识；向图书馆提供的统计数据指标的确认项未做更新，主要包括每月的检索总数、访问者总人数（非人次总数）、点入总数以及近期排名前500的检索词和前100的来源链接网址，等等。

以下8个方面的内容，均为新版ODI确认清单新增的内容。

（4）文件格式与传输方式：主要与内容提供商确认在传输机制、格式、元数据编码、传输方式与日程等方面是否进行协商。

（5）显示标识：ODI是否针对所有服务内容，包括开放获取内容，显示访问许可及标识符。

（6）认证许可：是否提供机制，只允许认证用户检索某些数据库，只允许订阅用户激活数据库在发现服务中的配置。

（7）替代覆盖清单：是否列出已被索引的元数据可以替代专用数据并注明质量、深度等信息。

（8）记录显示：包括是否显示记录提供商徽标，是否可以应内容提供商要求从合并或

① 具体的确认清单可以参考NISO RP-19-2014附录C。——作者注

者分组记录中排除某记录，是否包含记录来源里的内容提供商平台链接等。

（9）相关度算法：是否提供文档描述相关度算法中是如何使用元数据及这种使用是否提高发现度的信息。

（10）数据使用情况：发现服务是否完整使用内容提供商所提供的核心元数据以及隐含的全文/原文内容。

（11）支持工具：是否提供清晰的渠道用于报告工具支持问题。

EDS、Primo、Summon是目前3个主要的发现服务平台。在第1版ODI推荐实施规范正式发布之后，EBSCO作为权威的学术资源内容提供商和主要的发现服务提供商于2014年6月26日公开发表声明宣布支持ODI项目，倡议协作、元数据共享和提升发现服务透明度。之后，Ex Libris（Primo）于2015年6月24日、ProQuest（Summon）于2015年6月26日发布声明支持ODI项目，并相继公开了其符合ODI项目规范确认清单。

根据EBSCO、[26] Ex Libris[27]公开的确认清单情况来看，此清单还未根据新版进行更新，依据的仍然是NISO RP-19-2014的确认项。根据3个发现服务平台当前与早期的确认清单，它们支持ODI项目的情况如下。

在向图书馆提供内容清单方面，EDS表示支持；根据Ex Libris和ProQuest[28]早期提供的确认清单，Primo与Summon为部分支持。Primo在备注栏说明提供集合级的数据，暂不提供题名级的数据。

在发现服务链接方面，3个平台都宣称支持公平链接，不会偏向任何内容提供商或内容产品。在允许图书馆干预链接目标与排列次序上，EDS和Primo表示完全符合ODI推荐实施规范。Primo声称致力于提供顺畅有效的发现体验，向用户提供最相关的内容与检索结果；并承诺坚持中立原则，与内容提供商没有排他性协议，对任何平台与提供商均无歧视，其搜索结果排序、内容链接、Primo Central收录的资料、发现开放获取的内容都秉持内容中立的原则。Summon声称部分符合规范，认为图书馆可以设定偏好，但是Summon系统在不偏向任何内容提供商的前提下，为避免某些链接无法访问，会兼顾考虑“最佳可访问链接”。

在向内容提供商和图书馆提供使用报告方面，3个系统都可以提供检索总数、结果点击数、点进总数、接入链接和检索词等相关的报告，但是报告的详略情况不一。例如，在每月的点进总数方面，Summon可以按内容提供商报告点进量，但是暂时还不能提供特殊集合内容的点进次数报告。Primo可以提供点进总数，但是也说明了此计数中既包括了全部链接全文的点击数，也包括记录中其他链接的点击数。EDS可以提供多个报告，关于每月访问人数（而不是人次）的报告目前还不能完全符合要求，其所提供的报告仍然重复计算来自同一IP地址以及来自个人的多次访问。但是，EDS的发现服务可以嵌入到Google Analytics跟踪分析中，用该工具中的使用会话/访问者数量作为这一统计的替代性报告。在排名前500的检索词反馈方面，EBSCO表示部分支持。

4.3　图书馆与ODI推荐实施规范

基于集成式中心索引的新一代发现服务，凭借上一代联邦检索无法比拟的便捷、快速、高效的检索体验，很快成为学术图书馆发现服务的主体模式，这一点由图书馆对新一代发现系统的引进即可管窥一斑。

早在2012年，ODI项目启动之初的调研数据就显示了发现服务在图书馆文献服务中的重要地位。根据ODI调研数据（见图5-2-4），在782份来自图书馆的调研问卷中，当被问及发现系统的使用情况时，74%的问卷显示已在使用发现系统，17%的问卷显示会在未来的1至2年内使用发现系统。根据《图书馆杂志》（*Library Journal*）的统计数据，截至2011年底，就已经有4128个[29]发现服务被应用。

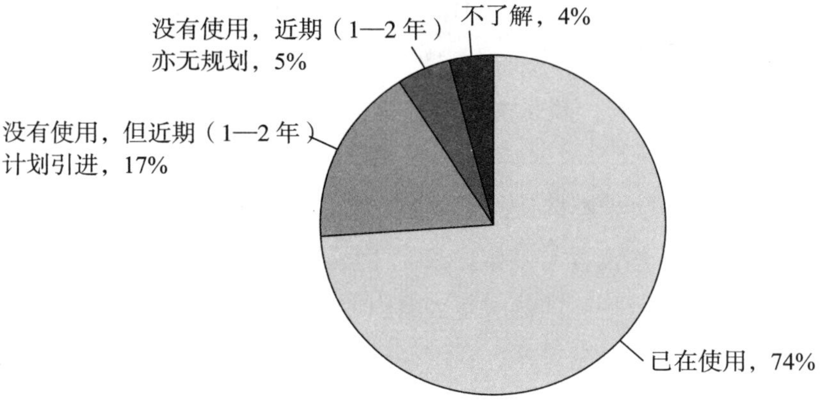

图5-2-4　贵馆使用发现系统了吗？（782份回复问卷）

国内图书馆在2009年后也陆续引进发现系统。以引入国际三大商业发现系统为例，截至2020年6月底，国内引入Primo发现系统的图书馆有68家[30]，引入Summon的图书馆有60家[31]，引入EDS/Find+①的图书馆有78家，[32]基本涵盖了国内重要研究型大学图书馆与研究院图书馆。

图书馆在发现服务和ODI的发起、推行中的角色与作用是不言而喻的。国外，例如东亚图书馆、哈佛大学图书馆都成立了专门小组，召开会议讨论、号召发现服务ODI支持事宜。在2017年5月Ex Libris发现服务的北美用户年会上，ODI常务委员会联合主席、哈佛大学图书馆系统部主任劳拉·莫尔斯（Laura Morse）号召用户协会联合敦促增强发现服务透明度，支持ODI推荐实施规范。她提出，图书馆应该：（1）倡议并积极参与开放获取；（2）与出版商、经销商一起发起专业会议，研讨协作利益、发现系统现状和学术链需求等；（3）跟踪并参与标准建设，特别是在ODI实施推广方面；（4）将经费用在值得投入的地方。她对图书馆下一步工作提出了具体的指导：（1）分析文摘与索引数据库在发现系统中缺失

① EDS进入中国后与江苏宝和数据股份有限公司进行技术合作，衍生出Find+。——作者注

的实际问题；（2）划出因文摘与索引资源缺失造成较大影响的图区，与此类内容提供商协作洽谈，最终通过Summon和Primo实现对此类资源的发现服务；（3）向咨询馆员和其他职员推荐ODI实施规范和相关工具，最大限度地优化发现系统。[33]

虽然，ODI项目在国内业界还未得到推广，但是发现服务正式被引入图书馆的工作与研究中已逾10年。在引入与建设过程中，国内图书馆在发现系统选型、资源配置、宣传推广等相关工作中也积累了一定的经验，遇到一些共同的问题，引发了一些思考，这些无疑都为ODI项目今后在国内的推广奠定了基础。

近10年，随着发现系统与服务在图书馆的广泛引入与持续发展，图书馆在维护发现服务生态链中的职责与具体工作内容已日渐清晰，暴露的矛盾与问题也日益集中并趋向典型化。在2019年对内容提供商、发现服务提供商和图书馆三方就“图书馆在ODI中的责任”这一问题调研的基础上，2020年ODI常务委员会推出NISO RP-19-2020，弥补了前一个版本的缺失，提出了最佳实践建议，增补了“图书馆附合ODI规范确认清单”（原表见NISO RP-19-2020附录C），从系统运维、支持与推广、培训与沟通3个方面提出了20项确认内容。

在系统运维方面，ODI推荐确认的主要内容有：（1）是否会指派专人负责发现服务相关工作，是否有相应的工作流程与协作。（2）在具体工作配置上，是否有配置决策、计划等文件并存档；进行配置或遇到问题时是否向内容提供商和发现服务提供商寻求帮助；对于选择与激活已订阅数据、结果排序、权重调整等工作是否了解并可操作；是否为发现服务配置代理服务器；是否会定期评估和更新发现服务配置；等等。

在支持与推广方面，ODI需要图书馆确认发现服务提供商与内容提供商相关支持事项，包括二者是否提供支持协议，是否提交符合ODI规范的声明及配置指南；图书馆是否敦促二者进一步遵循ODI规范，发现有不正确或不完整数据时是否向二者报告。

在图书馆培训与沟通方面，ODI需要图书馆确认是否为负责发现服务的相关人员进行技术与业务培训；是否为其他图书馆员和读者提供定期的使用培训；是否有正式文档、公告并定期更新；是否通过发现服务提供商提供的沟通渠道进行沟通和提出建议；是否与发现服务相关的工作岗位，如负责数字资源订购、一线读者服务的馆员定期开会，商讨发现服务系统配置与管理相关工作；等等。

自2020年新版ODI正式发布后，至今还没有图书馆公布相关确认清单。但是上述确认内容与面向图书馆最佳实践建议，涉及图书馆在发现服务中的主要工作、共性或典型性问题的处理，将图书馆在发现服务中的工作具体化和规范化，明确了图书馆在发现服务生态系统里的职责，为图书馆参与发现服务工作提供了目标、原则与具体操作指南。随着ODI项目的推广，这些内容必将极大地规范与推动图书馆，特别是国内图书馆在发现服务中的工作。

5　结语

基于集成式中心索引的发现服务模式极大地提升了图书馆的资源整合与文献发现服务水平，成为国内外学术研究型图书馆提供馆藏文献资源检索与发现的主体服务模式。ODI从解决实际困难出发，通过增强新一代发现服务重要环节的透明度，协调内容提供商、发现系统提供商和图书馆三方权益，提出最佳实施规范与建议，为发现服务的实践提供了解决方法与处理依据，推动了新一代发现服务的开发进程。

诚然，目前ODI项目在国内业界还未引起足够多的关注，也未有成熟的应用案例，但是其所涉及的元数据规范与开放共享、公平链接、数据格式与传输标准、使用统计规范、发现服务功能拓展与API开发、资源配置优化、发现服务推广培训等诸多方面的问题，都是国内外发现服务当前及未来发展所面临的重要问题。ODI推荐实施规范，为我们解决与完善发现服务现有问题、拓展发现服务及相关领域的工作研究提供了诸多有益的借鉴与启示。

例如，在图书馆发现服务业务规范建设方面，目前国内存在的普遍问题有：图书馆有关发现服务的工作重心更多地放在引入发现服务前的选型与上线实施工作上，在正式引入系统与服务后，日常的运维与服务常常缺少人员与制度保障。如人员方面，图书馆或者没有专职人员负责，更多地依赖发现服务提供商进行系统运维，有条件的图书馆也只是从技术部门或资源采购部门抽调1人或2人负责，在制度上缺少相关业务岗位的支持与联动。系统维护与管理人员常常不能及时掌握图书馆资源订购的变化，无法及时激活资源或更新知识库，或者不能及时地了解读者的问题与需求，做好问题排查与有针对性、持续地培训推广；在业务维护工作内容方面，图书馆也常常缺少制度规范，资源配置与检查的频度往往不足，问题的发现常常依靠读者投诉；常规工作中缺少促进工作改进所必要的数据统计与使用评估，这些都直接地影响了发现服务的使用效果，更不利于发现服务的持续与良性发展。

ODI有关图书馆职责的规范给我们带来了解决方案与具体实践参考：图书馆可以从内部相关部门岗位抽取人员，成立发现服务与推广工作小组，协调、梳理与明确图书馆、内容提供商、发现服务提供商以及图书馆内部资源建设、读者咨询与培训、技术支持等各相关部门和岗位在发现服务中的职责；完善图书馆内部相关制度建设，规范工作内容与协作流程，责任到岗，形成资源采购与建设、发现系统配置、读者咨询答疑、用户培训推广、发现服务评估与改进等工作的联动与良性循环，从实效上保障现有发现服务的良好运行，从用户实际需求出发，完善发现服务各方面工作，促进发现服务的持续、长足发展。

在发现系统功能拓展与延伸、发现系统与相关系统和服务融合、发现服务发展方向方面，ODI项目的相关倡议，以及其对应用程序接口（API）和验证标准的关注与建议，结合国内发展现状，也会引导我们进行一些新的探索。例如，可以加强发现系统与图书馆现有服务系统和项目的整合，如促进其与文献传递、馆际互借、机构知识库、学者知识网络等服务的相互关联与融合，以更好地发挥图书馆服务的整体功能与效益；在个性化服务建设上，可以跟踪、抽取、研究发现系统中的用户行为数据，融入用户画像研究，提升个性化知识服务；在发现系统服务模式上，可以突破发现系统现有的基于搜索框的资源检索服务模式，在知识库中融入更多OA资源、资源渠道、出版商及数据商信息、订购信息等数据，尝试融合情景感知机制，通过识别用户身份（是否授权用户、学术背景、研究方向、近期关注的学术热点、资源使用偏好等），进行需求与资源、服务的情景化匹配，探索基于发现系统、实现在不同情境下的主动、自适应、智能化的资源调度服务模式，等等。

在推动中文数字资源的元数据建设方面，随着国内发现服务的广泛开展与深化，无论是商购的中文数字资源，还是图书馆自建的特色资源，都暴露出一些重要问题，如在元数据框架、内容、取值、交换上缺少标准化、规范化建设，在全文链接机制上缺少对现有标准的支持，在使用统计、数据收割上常常不支持国内、国际任何标准等。这些问题既影响发现服务对中文资源的整合、揭示与使用评估，也不利于其他相关资源服务与数据集成服务的开展。而ODI项目的建立与推行也让我们对此有了进一步的反思：推动中文商业资源与自建资源的元数据标准化建设与开放共享，针对中文资源的现状，推动图书馆、出版商、数据库商、系统商之间的对话与合作，达成相关标准使用、交换和建设共识；进而呼吁国家层面，基于不同来源的元数据标准，构建国家元数据库，作为国家级公益与数据资产，实现对中文资源的最大发现。

以上几点想法仅为抛砖引玉，笔者相信，ODI规范的引入与推广，还会为我国的发现服务与其他相关领域的实践工作与理论研究带来更多、更深入的思考与探索。

当然，在发现服务这个复杂的生态系统中，还存在许多实践困难与发展思考，有赖于ODI规范的进一步推进与完善。例如，在OA资源的收录与获取上，随着开放获取运动的发展，图书馆认为可以进一步加大发现服务中可获取的开放获取资源量，同时还应提供更为明确的OA资源说明以方便使用。[34] 在发现服务内容激活方面，发现服务系统中常常发现一些内容提供商的产品包存在多条题名类似的选项下，致使图书馆工作人员无法确定哪一个是其订购的内容，且无法准确核验该集合中是否包含了全部订购资源，这就需要进一步地协调三方工作流程和优化中心索引数据。除了这些具体问题，在开放发现服务的发展与延伸上也有一些重要问题需要进一步探讨。例如，发现服务系统数据挖掘及与其他应用程序的数据对接、交换、集成与开放使用问题；基于发现服务统计的个性化智能推荐服务；基于语义、概念推理、人工智能的知识发现系统①构建；发现系统未来是否不再作为

① 基于人工智能的知识发现已有实践，例如 Yewno 知识发现系统目前与斯坦福大学图书馆合作测试运行（https://library.stanford.edu/search-services/yewno）。——作者注

独立的平台，而是融入下一代图书馆集成系统或服务系统中；等等。

上述这些问题，有的已经纳入ODI下一步的工作计划中，有的已引起业界和相关领域的关注。笔者相信，随着对发现服务及其拓展应用的不断聚焦，随着新技术、新理念在发现服务中的创新应用，与时俱进的ODI项目将会跨行业深度践行，有力地推动发现服务的持续发展，促进数字资源建设和数字化服务的规范化与标准化进程。

附录一：符合ODI规范确认清单（2020年修订版[①]中译稿）

附录A：内容提供商符合ODI规范确认清单

当图书馆要求时，内容提供商可用下表表明其与ODI规范的一致性。第1列中的“Y”（符合）表示符合推荐实施规范。“P”表示部分符合规范，对此应在最后一栏备注说明。“N”（不符合）指该项内容不符合规范要求。任何答复都可以附加备注说明。

符合/不符合/部分符合（Y/N/P）	推荐规范	参照内容	备注说明
	内容提供商向发现服务提供商提供的核心元数据以及隐含的完整全文/原创内容	3.2.1.1（1）	
	内容提供商提供给发现服务提供商用于索引的每个文献的核心元数据组成元素和内容文献（全文、脚本等）	3.2.1.1（2）	
	题名	3.2.1.2	
	著者	3.2.1.2	
	著者标识符	3.2.1.2	
	出版商	3.2.1.2	
	卷	3.2.1.2	
	期	3.2.1.2	
	页码	3.2.1.2	
	日期/日期范围	3.2.1.2	
	文献标识符	3.2.1.2	
	母体文献题名	3.2.1.2	
	母体文献题名标识符	3.2.1.2	
	文献网址	3.2.1.2	
	开放获取标注	3.2.1.2	

① ODI新版于2020年6月24日正式发布，编号：NISO RP-19-2020。附录一即为新版附录A、附录B和附录C的中译稿。——作者注

续表

符合/不符合/部分符合（Y/N/P）	推荐规范	参照内容	备注说明
	内容类型	3.2.1.2	
	内容格式	3.2.1.2	
	语言	3.2.1.2	
	索引数据	3.2.1.2	
	全文/脚本	3.2.1.2	
	摘要/描述	3.2.1.2	
	内容提供商应图书馆的请求，提供参与发现服务的说明，包括公开其内容覆盖度与内容深度	3.2.2	
	内容提供商与发现服务提供商之间的协议不包含保密条款	3.2.3	
	内容提供商向发现服务提供商传输数据时尽量使用已有标准，并且使用3.3.3中所列的其中一种元数据编码框架	3.2.4	
	内容提供商提供数据以支持OpenURL解决方案［即ANSI/NISO Z39.88–2004 (R2010)，情景敏感服务的开放链接框架（The OpenURL Framework for Context-Sensitive Services）］，产生的OpenURL应当链接到文献本身或者在内容提供商的网站架构中尽可能接近文献	3.2.5	
	内容提供商提供清晰的渠道，用于报告与发现相关的支持问题	3.2.6	

附录B：发现服务提供商符合ODI规范确认清单

当图书馆要求时，发现服务提供商可用下表表明其与ODI规范的一致性。第1列中的“Y”（符合）表示符合推荐实施规范。“P”表示部分符合规范，对此应在最后一栏备注说明。“N”（不符合）表示该项内容不符合规范要求。任何答复都可以附加备注说明。

符合/不符合/部分符合（Y/N/P）	推荐规范	参照内容	备注说明
	发现服务为图书馆客户提供集合级的内容列表	3.3.1.1	
	提供商	3.3.1.1	
	市场产品	3.3.1.1	
	知识库中的题名	3.3.1.1	
	中心索引中的题名	3.3.1.1	
	中心索引中的独有记录数量	3.3.1.1	
	中心索引中可全文检索的记录比例	3.3.1.1	
	中心索引中可检索摘要的记录比例	3.3.1.1	
	中心索引中可检索主题的记录比例	3.3.1.1	

续表

符合/不符合/部分符合（Y/N/P）	推荐规范	参照内容	备注说明
	免费阅读的文章比例	3.3.1.1	
	市场产品的最近更新日期	3.3.1.1	
	报告的最近更新日期	3.3.1.1	
	发现服务为图书馆客户提供题名级内容列表	3.3.1.2	
	题名	3.3.1.2	
	标准标识符	3.3.1.2	
	内容格式	3.3.1.2	
	内容类型	3.3.1.2	
	覆盖日期或出版日期	3.3.1.2	
	中心索引中的记录数量	3.3.1.2	
	中心索引中可全文检索的记录比例	3.3.1.2	
	中心索引中可检索摘要的记录比例	3.3.1.2	
	中心索引中可检索主题的记录比例	3.3.1.2	
	免费阅读的文章比例	3.3.1.2	
	报告的最近更新日期	3.3.1.2	
	元数据元素传输	3.3.1.3	
	以可下载的形式提供数据	3.3.1.3	
	以制表符分隔的文本文件提供数据	3.3.1.3（1）	
	使用“供应商名称_年_月_日.csv”的命名惯例	3.3.1.3（2）	
	提供月度报告	3.3.1.3（3）	
	安全访问报告	3.3.1.3（4）	
	链接	3.3.2	
	发现服务在与提供这项服务的内容提供商链接时不存在偏向	3.3.2（1）	
	提供机制，允许图书馆能够自行掌控哪些平台为链接的目标内容以及按照何种次序与优先级呈现给用户	3.3.2（2）	
	在内容索引与结果展示方面，发现服务确认无偏向。与此有关的声明应每年发布	3.3.2（3）	
	发现服务在生成结果集、进行相关度排序以及决定链接次序上所用算法对内容提供商没有偏向照顾	3.3.2（4）	
	与既定结果关联的链接可由图书馆进行配置	3.3.2（5）	
	当发现服务的文献变化可能影响结果集、相关度排序或者结果的链接次序时，发现服务向内容提供商和图书馆提供相关信息	3.3.2（6）	

续表

符合/不符合/部分符合（Y/N/P）	推荐规范	参照内容	备注说明
	文件格式和传输方式	3.3.3	
	发现服务提供商应向内容提供商提供关于自身能力、局限和偏好的清晰描述，以使后者明了应当如何向其传输数据，以便发现服务创建最有效的索引	3.3.3（1）	
	当格式、框架或传输机制会对发现服务的特色或性能产生影响时，应与内容提供商进行沟通	3.3.3（2）	
	使用双方都同意的稳健的元数据编码框架	3.3.3（3）	
	使用双方都同意的元数据传输方式和日程安排	3.3.3（4）	
	发现服务依照日程安排向所有内容提供商提供符合COUNTER标准的使用统计报告	3.3.4.1.1	
	当链接到内容平台或者链接解析器时，发现服务包含能够识别发现服务的来源URL	3.3.4.1.2	
	发现服务向图书馆提供使用指标的报告	3.3.4.2.	
	报告每月检索总数	3.3.4.2（1）	
	报告每月不重复访问者总数	3.3.4.2（2）	
	报告每月点进总数	3.3.4.2（3）	
	报告近期排名前500的检索词	3.3.4.2（4）	
	报告近期跳转到发现服务的排名前100的来源网址	3.3.4.2（5）	
	发现服务针对所有服务内容显示访问许可及其标识符	3.3.5	
	发现服务提供机制，只允许认证用户检索某些数据库	3.3.6（1）	
	如果内容提供商希望的话，发现服务应采取措施，以确保只有共同订户才能激活某些数据库	3.3.6（2）	
	发现服务替代覆盖列表清楚地表明已被索引的元数据字段可以替代专用数据，并且注明质量、深度和时效上的潜在差异	3.3.7	
	如果内容提供商希望的话，发现服务应该能够从合并或者分组记录中排除记录	3.3.8（1）	
	发现服务应该能够显示记录的资源提供商以及他们的徽标	3.3.8（2）	
	如果来源提供商的文献记录中提供了到其平台的链接，发现服务的记录中应该包含该链接	3.3.8（3）	
	发现服务提供文档，描述相关度算法通常如何使用元数据，以及这种使用如何提高可发现性	3.3.9	
	发现服务完整使用内容提供商提供的核心元数据以及隐含的全文/原文内容	3.3.10	
	发现服务提供商提供清晰的渠道，用于报告相关的支持问题	3.3.11	

附录C：图书馆符合ODI规范确认清单

图书馆可用下表表明其与ODI规范的一致性。第1列中的“Y”（符合）表示符合推荐实施规范。“P”表示部分符合规范，对此应在最后一栏备注说明。“N”（不符合）指内容不符合规范要求。任何答复都可以附加备注说明。

符合/不符合/部分符合（Y/N/P）	推荐规范	参照内容	备注说明
	图书馆指派专人向内容提供商订阅的内容配置发现服务、链接解析器、代理服务器以及其他与发现相关的工具。被指定的联系人之间应该互相协调工作	3.4.1.1（1）	
	通过发现服务工具，图书馆订阅内容启动链接、排序和认证选项，并可根据需要向内容提供商寻求说明	3.4.1.1（2）	
	图书馆对配置决定以及做出配置决定的理由存档	3.4.1.1（3）	
	图书馆定期评估和更新发现服务的配置	3.4.1.1（4）	
	图书馆为系统升级制订计划，并且根据需要向供应商寻求协助	3.4.1.2（1）	
	图书馆为发现工具的改进制订计划和存档，并且根据需要向供应商寻求协助	3.4.1.2（2）	
	图书馆通过发现服务的工具向内容提供商订阅内容选择恰当的数据库，并且在需要时向发现服务提供商和内容提供商进行说明	3.4.1.3	
	图书馆与发现服务提供商合作，了解究竟能对结果排序、提升和权重进行哪些调整（如果可以进行调整的话），并且根据需要进行说明	3.4.1.4	
	图书馆在链接解析器中向内容提供商订阅内容选择恰当的馆藏资源包，并且在需要时向链接解析器提供商和内容提供商进行说明	3.4.1.5（1）	
	图书馆定期评估和更新图书馆链接解析器的配置	3.4.1.5（2）	
	图书馆为发现服务、链接解析器和ODI链接配置代理服务器，并且根据需要进行说明	3.4.1.6	
	图书馆与供应商合作，制定有关运行期间以及运行后供应商提供何种支持的详细协议	3.4.2.1	
	图书馆定期检查和评估内容提供商和发现服务提供商提交的符合ODI规范声明以及出版商提供的图书馆配置指南	3.4.2.2（1）	
	图书馆倡议内容提供商和发现服务提供商逐渐遵循ODI规范	3.4.2.2（2）	
	图书馆使用供应商提供的工具，先向发现服务提供商，然后向内容提供商报告缺失、不完整或者不正确的数据库	3.4.2.3	

续表

符合/不符合/部分符合（Y/N/P）	推荐规范	参照内容	备注说明
	为管理发现服务、链接解析器、代理服务器和其他与发现相关的工具，图书馆为一名或多名员工提供培训	3.4.3.1（1）	
	图书馆为读者和员工提供有关如何使用发现服务工具的定期培训	3.4.3.1（2）	
	图书馆员工阅读正式文档、通告和更新，并且在配置中进行相关调整	3.4.3.1（3）	
	图书馆员工加入图书馆服务提供商的网上社区（listservs和论坛），参与对话，提供想法和建议，并且分享设计或者实施的创新性的方法	3.4.3.1（4）	
	从事签约、电子资源、系统和前台服务的图书馆员工定期开会，讨论订阅的内容配置发现服务、链接解析器、代理服务器和其他与发现相关的工具	3.4.3.2	

附录二：2019年ODI发现服务调研总结要点①

附录E：2019年对内容提供商的调研总结（要点）

开放获取

14个内容提供商回答了调研问卷，并非每个提供商都回答了全部问题。

（1）您是否向发现服务提供商提供开放获取的内容？

12个回答“是”，2个回答“否”

（2）您如何表示内容是开放获取的？

在8个回答中包含了多种做法。3个使用了KBART，1个只说在元数据中著录，1个使用了“免费阅读”标签，另外3家在单项文献层面以不同方式表示了开放获取状态。

（3）您是否激活了《访问许可及其标识》（NISO RP-22-2015, ALI）部分推荐的表示开放获取“免费阅读”的指示符？

8个回答中，有3个回答“是”，5个回答“否”。

（4）您对《访问许可及其标识》（NISO RP-22-2015，ALI）推荐实施规范描述的开放获取标识符有什么建议？

8个回答中，5个表示没有建议。另外3个回答中，1个表示为了采用开放获取标签，需要把他们的XML格式从“F”改成［sic］，询问是否有证据或研究表明，与ALI保持一

① 原文参见新版ODI（NISO RP-19-2020）的附录E、附录F和附录G。——作者注

致对于发现和链接到开放获取的出版物和论文有提升作用。

（5）您对“开放获取”（Open Access）与“公共领域”（Public Domain）的内容是否采用不同的标签？

8个回答中，7个回答“否”，其中3个没有发布过公共领域的内容。只有1家区分开放获取和公共领域内容。

发现系统对元数据的使用

（1）发现服务提供商没有一致采用的元数据元素中，您希望哪些能够出现在发现系统中？

10个提供商回答了这个问题。关于哪些元数据元素没有被发现服务提供商一致采用的问题，没有统一的回答。2个表示全文没有一致采用，还有人表示记录标识符（OCLC记录号）或者著者标识符（ORCID/VIAF URLs）没有被录入。另外，提供非传统资料类型（比如档案资料）供发现服务使用有时存在困难。其他答复还包括：哪些元数据元素被采用以及到内容的链接是如何创建的，在这些问题上透明度不够。

链接到全文的选项

10个提供商回答了问题。

（1）您更愿意以哪种方式链接到您的内容，请排序并注明原因。请注意这是您希望看到的情况，而非目前您的系统现状。

对该问题的回答显示，对各种链接方式没有明显的倾向。

	排序			
	1	2	3	4
开放链接（OpenURL）	3	4	3	0
预先计算链接（Precalculated link）	4	1	3	0
数字对象唯一标识符/开放式参考链接（DOI/CrossRef）	3	5	1	0
其他	0	0	0	2

其他链接方式：没有回答。

（2）当链接失败时，您发现哪些工具或数据对于解决问题有用？

内容提供商报告说，使用元数据分析客户关于链接失败的报告，重演问题以查找原因。1个提供商表示，在提供数据前采用了预防性工具以减少出现数据问题的概率。

（3）您向发现服务提供商/链接解析器供应商提供哪些链接数据元素？

答复中大多提到了KBART，其中少数表示提供直接链接或者支持直接链接的数据。由于OpenURL的访问成功率问题，少数提供商更倾向直接链接。

（4）您对全文链接有什么其他想法和评论？

该问题没有集中答案，但提到了电子内容真正独有的标识码、供应商透明度、更多使用到原生托管平台（而非全文、摘要或索引服务等替代性资源）的直接链接，以及减少对有潜在缺陷的OpenURL或者DOI的依赖。

使用统计

（1）您目前是否通过供应商的发现平台收到有关使用您提供的内容的统计报告？

9个回答中，有3个回答“是”，3个回答“不确定”，3个回答“否”。回答了“否”或者“不确定”的回答者多数没有回答其他问题。

（2）关于为什么发现服务没有您提供的内容的使用报告，您有何信息分享？（只有对问题1回答“否”者回复本题）

这个问题有2个回答。一个对问题1“否”的回答表示，他们和所有主要的发现服务提供商（DSPs）有协议，他们多次询问，却被告知其他发现服务提供商不提供使用统计指标。另一个答复者表示，他们对大型的发现服务提供商不太了解。

（3）您从哪些发现服务提供商那里收到使用统计数据？（只有对问题1回答“是”才需要回答本题）

2个回答EBSCO发现服务（EDS），2个回答Ex Libris Summon，2个回答Ex Libris Primo，1个回答WorldCat Discovery。

（4）您收到的统计报告是何种格式（比如csv、pdf、Excel、txt）？（只有对问题1回答“是”才需要回答本题）

1个收到Ex Libris Primo报告的答复者表示他们收到的是PDF文件。另外2个答复者表示他们收到Excel文件，他们提供的内容在所有主要的平台上（Ex Libris/Primo、Summon、EBSCO Discovery Service和WorldCat Discovery）都可以访问。

（5）您希望收到何种格式的统计报告？（只有对问题1回答“是”才需要回答本题）

所有答复者都表示希望收到Excel、CSV或者txt格式的报告。显然他们希望能够处理数据。

（6）您收到哪些数据（比如检索数量、结果点击数量、全文使用统计、点进和推荐访问、文章层级的使用统计）？（只有对问题1回答“是”才需要回答本题）

2个回答“结果点击数量”，2个回答“全文使用统计”，1个回答“文章层级的使用统计”，1个回答“检索数量”，1个回答“推荐访问”。

1个答复者对各个供应商的统计报告使用不同的指标和范围表示担忧。答复者强调供应商可能使用相同的术语，但是计算方法不同，这限制了机构使用报告信息。

（7）您还希望收到哪些数据？（只有对问题1回答“是”才需要回答本题）

回答提到了以下指标和元数据元素：

内容统计。了解有多少文章/章节被索引有助于保持时效性、评估是否需要重新索引。

图书馆可用的标准的、独有的标识符（Standard Unique Identifier for Libraries）。该答复者希望能够在该机构的业务系统中，使用独有的标识符快速将使用数据和客户信息链接起来。

（8）您对目前收到的使用报告有何具体反馈意见？（只有对问题1回答“是”才需要回答本题）

收到PDF格式报告的答复者担忧无法使用报告中的信息。另外2位答复者担忧的是缺少规范而无法合并来自不同供应商的信息，进而有效比对和分析。

（9）您收到的使用统计对于维护您和发现服务提供商的关系是否具有价值？（只有对问题1回答“是”才需要回答本题）

收到Excel文件的2个答复者回答“是”。收到PDF文件的答复者回答“否”。

（10）您对收到的使用统计有什么改进建议？（只有对问题1回答“是”才需要回答本题）

2个回答“提供标准格式”，1个回答“提供各发现供应商通用的指标/范围”，1个回答“包含内容提供商可以用来关联数据的一个主键（用户/图书馆）”，1个回答“从提供的报告中删除测试/样例数据”。

（11）如何改进报告才能增加其价值？（只有对问题10回答“否”才需要回答本题）

收到PDF文件的答复者回答，能够进行再利用和分析的格式会增加报告价值。

发现内容的来源

9个内容提供商回答了这些问题，他们都不提供文摘和索引类数据库。

（1）在合并记录的发现系统中，请指出了解记录元素来源的重要性。

4个回答“非常重要”，4个回答“重要”，1个回答“不重要”。

（2）在显示单个记录的发现系统中，请理解并说明为何选择显示单个记录的重要性。

5个回答“非常重要”（包括问题1回答“不重要”的提供商），4个回答“重要”。

（3）请指出在发现结果列表中识别记录/元数据元素来源的重要性。

4个回答“非常重要”，4个回答“重要”，1个回答“不重要”。回答“不重要”的是咨询顾问，而非内容提供商。

（4）在有分组/聚类记录的发现系统中，请理解并说明为何选择显示该主记录的重要性。

5个回答“非常重要”，4个回答“重要”。

（5）在有分组/聚类记录的发现系统中，请理解并说明在一组记录中如何排序的重要性。

5个回答“非常重要”，3个回答“重要”，1个回答“不重要”。

（6）请理解并说明使用统计是如何分布于元数据源的重要性（比如，1次点击是否计入与该记录关联的所有提供商的使用统计中，而非根据实际检索词匹配的元数据元素、单独计入该元数据的提供商的统计中）。

4个回答“非常重要”，5个回答“重要”。

（7）如果您对上述问题或者任何方面的重要性有补充评论，请您分享。

3个内容提供商回答了这个问题，都与知识缺口（knowledge gap）有关。2个提到不知道哪些发现服务合并或者聚类，1个希望在他们的记录是否以及如何被加强方面更加透明。

（8）如果来自您的产品的记录作为“主要”记录被显示（并且记录排序使用了贵公司的元数据），您是否可以接受来自其他产品的记录与它放在一组？

8个回答“是”，1个回答“否”。

图书馆在配置中的角色

11个内容提供商做了有效答复。有的答复者没有回答问题。

（1）您从图书馆客户那里收到哪些与发现和链接支持有关的问题类型？频率如何？

6个回答提到了链接问题（失效的数字对象唯一标识符、开放链接问题、缺少链接、错误链接），5个提到知识库问题（单项文献缺失、馆藏没有更新），4个提到元数据问题（缺失或者不正确），2个提到内容缺失或者数据库名令人费解/混淆，1个提到使用次数减少。频率从每天到每周不等。

（2）图书馆能够自行解决的最常见的支持问题是什么？

最常见的问题是关于激活正确的内容，3个内容提供商提到在知识库中选择正确的目标/馆藏地（targets/holdings），2个提到同样的问题，但是存在于发现索引中。2个答复者提到代理链接的问题（proxying links），其中1个提到开启多项链接选项，1个提到与报告有关的问题。

（3）有什么途径可以使图书馆成为更加主动的合作伙伴或者与发现服务更好地沟通？

3个提到在报告问题时提供具体的、可证的技术细节。2个提到就发现/链接问题联系发现服务提供商，然后由发现服务提供商联系内容服务提供商（其中1个还建议联系发现服务提供商和内容提供商双方）。1个建议图书馆员到发现服务和内容提供商的网站查找有关配置的操作指南，1个建议图书馆明确流程各部分的负责人。

（4）因误解配置选项或者出版内容描述而产生的最常见支持问题是什么？

最主要的问题是给馆藏命名，2个回答提到发现索引中，2个提到在知识库中。

（5）您认为相对于发现服务和内容提供商而言，图书馆的责任应该是什么？

最集中的答案是配置链接和中心索引。3个提到在发现索引中选择正确的馆藏，3个提到链接解析器中存在同样的问题，2个提到开启链接、排序和认证选项，2个提到定期评估以及更新发现链接和链接解析器中的配置，1个提到到NISO's ODI、KBART、ALI网站、供应商网站和出版商网站上查找推荐的配置操作。

另一个经常被提到的是图书馆人员安排。3个答复者建议图书馆指派专人负责配置发现服务和链接解析器工具，2个建议图书馆向读者和工作人员提供有关如何使用发现服务的定期培训，1个建议签订合约、电子资源、系统和服务台工作人员定期开会讨论发现服务和链接解析器配置。

（6）有什么好的图书馆实践可以提升用户体验？

推荐的做法包括：

- 员工培训，包括发现系统、研习班、编程和用户测试。
- 根据读者反馈改进发现界面。
- 先向发现服务报告问题，然后拿着报告问题序列号（ticket number）找内容提供商。
- 进行审查以确保内容存在于他们的发现服务中。

附录F：2019年对发现服务提供商的调研总结（要点）

注释：我们收到2家机构的回复，他们负责目前图书馆市场上的3个发现平台产品。

发现系统对元数据的利用

（1）哪些是内容提供商没有一致提供，但您希望您的发现系统能够利用的元数据元素？

2家发现服务提供商都提到一个困难的方面，即不同内容提供商如何对元数据标注保持一致，并且他们都希望看到更普遍地使用开放获取标识符和ORCID[①]。

1家提供商称图书数据尤其有问题。如哪怕能够在“图书”还是“电子图书”称谓这点上保持一致都有帮助。他们还希望在章节级和题名级的书目记录之间的映射方面看到清晰、一致的元数据。

总体上，希望记录之间的关系更加清楚。1个发现服务提供商提到，希望论文和研究数据之间能有更多关联。1个发现服务提供商还提到，缺少业界接受的标识符（比如ISXN、DOI等）是个问题。

链接到全文的选项

（1）您如何从全文和文摘索引提供商链接到内容（比如开放链接、预先计算链接、数字对象唯一标识符系统等）？请注意决定使用链接类型的记录特点。

我们收到2家发现服务提供商的回复，他们负责目前图书馆市场上的3个发现平台产品。他们都表示使用多种链接机制，包括开放链接、预先计算链接和数字对象唯一标识符

① 即开放研究者与贡献者身份识别码（Open Researcher and Contributor ID，ORCID）。——译者注

系统，会尽力为每个内容提供商提供最稳定的链接服务。1个提供商还提到提供专有链接（proprietary linking）的方式。

（2）当记录被分组或者聚类时，是否每个显示的记录都链接至全文？在这些情况下使用哪些种类的链接？

1个发现服务提供商并不对记录分组或聚类，所以该问题不适用。另一个表示图书馆通过链接解析器中的设置决定组群中记录的最佳链接方式。合并的记录可显示多种链接。

使用统计

（1）目前，贵机构是否向内容提供商提供包含经由您的发现层接口产生的信息/数据的使用统计报告？

我们收到2家机构的回复，他们负责目前图书馆市场上的3个发现平台产品。对3个平台产品的回答都是肯定的。

（2）如果是，报告中包括哪些数据元素？

本次调研工具并没有提供选项列表，这给对比答复造成了困难。有些情况下，答复者并没有提出我们合理推测他们都会提供的数据元素，比如客户或者访问机构的名称。而且，答复者使用他们的内部语言描述数据元素。在下面的表格中，我们试图将答复规范化，并且尽可能添加注释以区分答复中的差异。

数据元素	报告该指标的平台数
检索会话	1 of 3
检索	3 of 3
访问拒绝	1 of 3
记录访问次数（包括PDF全文请求、HTML全文请求、访问页数、供应商记录点击次数以及摘要访问次数）	3 of 3
各种“链接”请求（智能链接、自定义链接、链接到提供商平台）	2 of 3
被引用次数（Web of Science & Scopus数据）	1 of 3
推荐资源数	1 of 3
推荐主题数	1 of 3
访问机构市场（Access institution market）	1 of 3

注释：

记录访问次数：一个提供商表示他们提供多达3个不同的与记录访问相关的数据点（PDF全文、HTML全文和文摘访问）。从其他答复中看不出那些提供商是否提供这样的细节。

各种“链接”请求：一个提供商将链接请求分解为他们平台上能够提供的各种类型，也就是说不止一个数据点。

（3）以何种格式提供（比如csv、pdf、Excel、txt）？

一个提供商提供HTML、csv和tsv，另一个提供PDF和Excel。

（4）报告是否遵行ODI推荐给内容提供商的计量指标规范（RP 3.3.4.1.1[①]的内容）？

1个提供商表示他们遵行目前的ODI规范，另1个提供商表示他们支持的两个平台都部分遵守ODI规范。

（5）如果您回答“是”，请提供关于这些报告的补充反馈意见。比如，报告是否提供比ODI规范更多的数据？如果是，为什么提供？如果不是，为什么不提供？

没有回答。

（6）如果您对问题4回答“否”：如果贵机构正在遵行本推荐实施规范或者正在考虑遵行，需要多久可以提供这些报告？

回答部分遵行的供应商正在争取他们支持的发现平台之一完全遵行。

（7）如果您对问题4回答“否”：什么会影响贵机构向内容提供商提供发现层使用统计报告？该项目需要多长时间？

没有回答，因为所有答复者都回答说他们已经提供报告。

发现内容的来源

（1）您的发现服务如何处理来自多个来源的重复记录？

3个发现服务处理重复记录的方法各异：1个发现服务将元数据合并为一个记录，1个将记录分组/聚类，还有1个只显示一条记录。

如果分组/聚类：

（2）当多个资源都有同一条记录时，决定显示哪条记录的因素是什么？

将记录分组/聚类的发现服务表示被显示的记录是随机选择的。只显示一条记录的发现服务也回答了本题，提到按照相关性算法显示排名最高的记录。

（3）记录来源是否在结果列表中显示出来？

这个问题不适用于合并数据的发现服务。另外2个在结果列表中显示记录来源。

（4）当多个资源都有同一条记录时，如何选择显示哪个来源？

这个问题不适用于合并数据的发现服务。将记录分组/聚类的发现服务表示被显示的记录是随机选择的。只显示一条记录的发现服务则是按照相关性算法显示排名最高的记录。

（5）您如何决定哪条记录是优先选项，哪些是第二选项？

这个问题不适用于合并数据的发现服务。将记录分组/聚类的发现服务表示被显示的记录是随机选择的。只显示一条记录的发现服务则是按照相关性算法显示排名最高的记录。

（6）当分组记录的多个来源都与特定记录关联时，如何决定关联记录的显示顺序？

---

① 指新版ODI（NISO RP-19-2020）第3.3.4.1.1节内容。——作者注

这个问题不适用于合并数据的发现服务。将记录分组/聚类的发现服务表示被显示的记录是随机选择的。只显示一条记录的发现服务则是按照相关性算法显示排名最高的记录。

（7）当可以看到分组记录的多个来源时，如何统计各提供商的使用情况？

这个问题既不适用于合并数据的发现服务，也不适用于只显示一条记录的发现服务。第3个发现服务则是使用统计基于点击记录，而不是检索结果。

如果合并记录：

（8）记录来源是否在结果列表中显示出来？

只有合并记录的发现服务回答了这个问题，表示如果内容提供商提供表明来源的元数据，就会显示来源。

（9）是否记录中的所有元数据来源都出现在被显示的记录中？如果是，如何显示？如果否，您如何选择显示哪个？

合并记录的发现服务表示尽管使用了多个来源合并记录，但并不显示所有来源。

（10）在合并记录的情况下，（当用户点击记录或者通过该条记录访问全文时）如何进行使用统计？

所有发现服务都表示该问题对其不适用。

如果只显示一条记录：

（11）当多个资源都有同一条记录时，是什么因素决定显示哪个来源？

只显示一条记录的发现服务表示显示按照相关性算法排名最高的记录。

（12）当您的发现系统有多个来源的同一条记录时，如何选择显示其中的一个来源？

只显示一条记录的发现服务表示显示按照相关性算法排名最高的记录。

图书馆在配置中的角色

（1）您从图书馆客户那里收到哪些关于发现和链接支持的问题类型？频率如何？

内容相关的问题包括一般的内容询问、题名覆盖范围和管理员支持（如何在账户中添加内容以便在检索中显示该内容），以及元数据、标记、权限和可获取性。

和链接相关的问题还涉及安装和维护问题，尤其是链接失败、个性化和偏好。

频率：1个发现服务提供商表示他们每天收到有关支持问题，另1个没有回答。

（2）图书馆能够自行解决的最常见的支持问题是什么？

尽管2个提供商描述不同，馆藏数据不匹配似乎是图书馆能够自行解决的核心问题，这个问题导致链接不准确。发现服务提供商的知识库要正确并且要保持更新，而图书馆需要激活正确的馆藏或者题名覆盖信息。图书馆账户中的题名覆盖信息需要与他们的订阅/购买情况吻合。2个提供商都支持自动更新馆藏信息来解决这个问题。1个提供商提到一个以更新客户馆藏为目标的解决方案，而另一提供商提到一个更新出版商信息的解决办法。

（3）有什么途径可以使图书馆成为更主动的合作伙伴，或者与发现服务更好地沟通？

2个供应商都呼吁图书馆积极参与他们各自的网上社区（比如工作组、邮件列表讨论组和论坛），讨论最佳实践和解决常见问题。其他图书馆可以根据已经解决的问题提供有意义的支持，或者分享他们已经采用的创新性方法。

2个提供商都表示这些社区为发现服务提供商提供了有价值的反馈信息。

1个供应商呼吁自行出版机构注册内容取得DOI，以支持跨平台发现。

（4）因误解配置选项或者出版内容描述而产生的最常见支持问题是什么？

2个发现服务提供商都通过管理系统向客户提供与个性化选项相关的各种帮助文档。他们也都承认配置选项复杂。有时图书馆联系客服是因为对他们来说，有人指导比看培训视频更容易。另外，配置流程包含多个步骤，图书馆因为缺少某些步骤而无法成功配置时也会联系客服。

1个供应商表示他们正试图更好地理解用户体验，重新设计管理系统，以创建更加直观的用户体验。

（5）您认为相对于发现服务而言，图书馆的责任应该是什么？

3个主题出现在该问题的回答中：

- 图书馆应该积极融入他们（供应商）的用户社区。两个供应商都有活跃的用户社区，推动公开对话、解决问题和推广新特色。两个供应商都呼吁图书馆积极参与他们各自的用户社区。
- 图书馆应该对他们的发现层进行基本维护，包括阅读文档，要求客服解决问题时提供清晰的样例，并且尊重客服人员。
- 发现服务提供商应该提供在线和面对面客服支持。

（6）有什么好的图书馆实践可以提升用户体验？

两个提供商都强调了理解用户行为的重要性。他们建议定期开展旨在研究和理解用户活动、检索行为、期许和具体体验的活动，以判断他们是否有成功的体验。目标应该是优化用户的体验；两个提供商提到，认证、点击次数和链接失败这样的痛点会让图书馆失去用户。两个提供商都认为研究用户、向用户学习是创造更好体验的最重要实践。

附录G：2019年对图书馆的调研总结（要点）

发现元数据

ODI规范第3.2.1节包含了应该提供给发现服务的核心元数据和增强型内容列表。核心元数据包括题名、著者、出版商、卷、期、页码、日期/日期范围、文献标识符、母体文献题名、母体文献题名标识符、文献网址、开放获取标注、全文标识、内容类型、内容格式。增强内容包括索引数据、全文/脚本、摘要/描述。

（1）您认为还有哪些元数据元素没有在发现索引中充分表现出来？

收到的61个图书馆答复中提到了下列元数据元素：

- 主题（20%）
- 数字对象唯一标识符DOI（18%）
- 著者标识符（11%）
- 语言（10%）
- 版本（10%）

其中多数元素已经包含在ODI规范中，因此缺少这些元素是没有完全遵行第3.2.1节。著者标识符和语言没有包含在目前的ODI规范中。

开放获取

（1）您对用户在您的发现工具中能找到的预期开放获取内容数量是否满意？

多数图书馆（74%）或者对他们在发现层能够找到的开放获取内容数量不满意，或者不确定是否满意。由此我们得出结论，需要提供更多开放获取内容，还要更明确地让图书馆知道这些内容可用。至少一些图书馆员似乎并不充分了解他们的发现系统中什么是开放获取内容。

发现系统对元数据的使用

（1）在发现结果列表中识别记录/元数据元素的来源有多重要？

38个图书馆回答“非常重要”（3），40个回答“重要”（2），10个回答“不重要”（1）。对这个问题的答复平均值是2.3，介于“重要”（2）和“非常重要”（3）之间。

（2）您的发现服务如何处理多个信息来源的重复记录？

多数答复者使用Ex Libris Primo，该发现服务将一条记录后面的多条记录分组或者聚类，该条记录包含可以看到其他记录的链接。Primo用户的优势反映在相对多数答复者（53）报告说他们的发现系统分组或者聚类记录。需要指出的是，一些使用EBSCO EDS的答复者报告说他们的记录被合并，而实际上并没有合并。与此相似，一些Ex Libris Primo用户报告记录被合并，而实际上是聚类。这表明发现服务对于如何处理重复记录缺乏理解。

（3）理解元数据元素来源有多重要？

22个图书馆员回答了这个问题，其中9个称“非常重要”（3），11个称“重要”（2），2个称“不重要”（1）。平均值为2.3，介于“重要”（2）和“非常重要”（3）之间，且更接近“重要”。

（4）了解为什么选择显示单条记录有多重要？

只有14个答复，除1个答复外，其他都回答“重要”（2）或者“非常重要”（3）。平均值2.15，同样介于“重要”（2）和“非常重要”（3）之间，且更接近“重要”。

（5）了解为什么显示的主记录被选中有多重要？

收到52个答复，其中3个回答“不重要”（1），22个回答“重要”（2），27个回答“非常重要”（3）。平均值2.46，介于“重要”（2）和“非常重要”（3）之间。

（6）了解如何对分组/聚类中的记录进行排序有多重要？

收到52个答复，平均值2.2（“重要”）。8个回答不重要（1），25个回答“重要”（2），19个回答“非常重要”（3）。

（7）理解使用统计如何分布于元数据源有多重要？（比如，1次点击是否计入与该记录关联的所有提供商的使用统计中，而非只是与实际检索词匹配的元数据元素供应商分散使用）

9个认为这个使用统计问题“不重要”（1），25个认为“重要”（2），49个称“非常重要”（3）。平均值2.5。

链接到全文的选项

（1）您倾向用哪种机制从您的发现系统建立链接？请排序并注明原因。请注意这是您希望看到的情况，而非目前您的系统现状。

图书馆答复人员对倾向的链接机制进行了优先级排序。最高的选择是OpenURL和DOI/CrossRef。从更大的发现环境来看，这样的选择是有意义的。不论哪个发现平台，很多用户都是按照一定的路径访问到发现系统以外的内容，OpenURL解析器是主要的跨机构链接工具。

链接种类	排　序				
	1	2	3	4	没有回答
开放链接（OpenURL）	32	30	15	1	30
预先计算链接（Precalculated link）	17	20	39	1	31
数字对象唯一标识符/开放参考链接系统（DOI/CrossRef）	28	28	20	3	29
其他	1	1	3	52	51

其他链接方式：

8个答复者表示倾向直接链接到资源以避免链接失败。3个表示系统应该链接到图书馆集成系统中的记录。3个表示链接应该通过尽量少的点击到达内容（PDF等）。

（2）链接成功（得到正确的内容）比方案（优选内容平台）选择更重要吗？

93%的图书馆确实注意到，链接成功（得到正确的内容）目前比引导用户到优选的平台更重要。

（3）当链接失败时，您发现哪些工具或数据对于解决问题有用？

当调查链接失败时，56%的答复者报告说分析相关元数据和用户路径是解决链接问题的关键。27%的答复者表示搜索该内容在其他系统的链接有用。

（4）您提供什么工具（浏览器扩展软件、书签小工具等）将用户链接到您的主要发现界面之外的全文内容?

大多数答复者表示继续使用URL解析器，将用户链接到全文内容。一些答复者表示使用了浏览器扩展软件（browser extensions）和书签（bookmarklets）。

回　答	EDS	Primo	Summon	WorldCat	Other	Total
URL解析器	9	31	9	7	3	59
浏览器扩展软件	5	13	0	0	1	19
书签小工具	1	11	0	2	0	14
其他	4	8	1	0	0	13

答复中提到一些商业服务，诸如BrowZine、LibKey、谷歌学术、Kopernio、PubMed Central、Ezproxy、Scopus and Web of Science对终端用户有用。

发现系统的优化和设置

（1）请指出最初安装发现系统时与配置发现索引（比如激活馆藏、从发现索引记录建立链接、相关性排序以及链接解析器行为）相关的必要任务。贵馆承担了哪些配置工作?

总体上，21%的答复者报告说他们参与了“广泛的配置活动”，23%说他们的配置努力集中在发现索引和知识库，5%说供应商承担了配置工作，5%说他们的配置工作专注于数据迁移，2%集中在界面配置，2%致力于从各种平台载入数据。重要的是，11%无法回答这个问题，因为从事最初配置的工作人员已经离开。尽管没有明确说，但是可以推断，这些离职员工保管的信息已经不存在了。图书馆报告说他们的配置工作范围广泛，需要指出的是，只有那些小型机构（少于1000名全职人员）的工作人员没有提及他们承担了大量配置工作。这或许表示大量的配置工作是常态，需要有所预备。

（2）与上一问题关联，发现服务提供商提供了哪些协助?

总体上说，8%的答复者认为他们接受了优质的服务，38%承认（发现服务提供商）提供了协助，10%认为没有得到充分支持，1%表示没有得到支持，7%表示不知道，因为当时参与工作的人员已经离开。从答复中可以清楚看到，图书馆需要并且感谢发现服务提供商的支持。虽然只有大约10%的答复者表示没有得到足够支持，但不清楚那些表示得到了支持的图书馆是否还希望得到更多支持。此外，那些感觉得到了优质服务的正面回答可以显示出图书馆工作人员有多么感谢这些服务。

（3）哪些任务对于维护图书馆发现系统的功能是必要的?

总体上说，19%的答复者报告称保持系统更新对于维护发现系统是关键，18%称知识库和链接解析器配置是关键，14%称中心索引方面的工作很重要，11%称关键任务是（数据）收割和索引，还有1%称这不是他们的责任。

（4）与上题关联，哪些配置能让链接正确运行?

似乎OpenURL配置和EZproxy配置是最重要的方面。一个被反复提及的重要问题是他们的中心索引中有来自发现服务提供商的优质元数据。对该问题的答复情况如下：4%报告知识库配置，23%报告开放链接解析器配置，16%报告代理服务器配置，1%报告这并不在他们的职责范围内。引起注意的是，12%回答了问题，但是不知道哪些配置能够让链接正常运行，这表明图书馆需要更加熟悉这些系统的运行情况。

（5）调整结果排序需要哪些配置?

好像对于什么是可能的选项并不清楚。尽管没有哪个发现服务提供商允许对相关性排序进行太多设置，但还是可以做一些部分调整。即便如此，一些机构报告称根本不允许调整，而另一些表示他们可以做些调整。这些调整多数是关于增加某些种类的结果比重以及混合本地结果和中央发现索引。这表明可能需要对图书馆进行培训，同时在文档中标明到底可以针对检索结果进行哪些调整。

（6）当有新的馆藏加到中心索引时，有哪些程序可以确保这些馆藏被索引?

总体上说，32%的答复者确切报告说有一个具体的流程来保证为这些馆藏建立索引，9%称把这个任务送到另一个图书馆部门，估计那里会有一些流程。然而，19%的答复者称没有流程，另外还有5%回答不知道或者不适用，还有剩下的34%没有回答这个问题。有些答复者表示他们依赖发现服务提供商解决这个问题。

（7）还需要做哪些工作?

答复者称其他任务大多关于测试新馆藏库，验证它们是否正常工作，报告和更正错误。针对这个问题，没有回答的人相对比较多，可能表明多数机构没有考虑是否需要其他任务。对这个问题的调研结果如下：8%回答其他技术服务工作，17%回答验证新馆藏库可用，2%处理没有元数据的馆藏，5%回答不知道，3%回答其他任务，64%没有回答。

（8）您如何保持发现系统更新和确认新功能被正确实施?

总体上说，49%的答复者依赖供应商发布的消息。除了33%没有回答这个问题以外，有8%的受访者依赖与其他图书馆工作人员的讨论。因此，发布消息、邮件讨论组公告、文档和来自供应商的其他正式消息是最常见的追踪新功能的方式。一些答复者还提到对问题的反馈信息，但是和供应商沟通看起来最重要。

（9）有没有发生过这样的情况，发现系统初始配置不正确，您不得不去更正?

总体上，52%的答复者报告有系统初始配置不正确的情况，而只有22%回答没有过这样的情况，26%没有回答这个问题。有趣的是，大型机构更可能对此回答“有”。

（10）如果对上题的回答是“有”，请描述您从中吸取的教训。

对这个问题的回答各异，大概有下面几类：具体的本地化需求（3%），优先级排序（1%），文档（3%），理论理解（6%），中心索引/知识库（9%），供应商互动（10%），测试（8%），新功能（3%），没有教训（7%），没有回答（49%）。“理论理解”包括对发现系统如何运作有总体上更好理解的回答。以上答复大体分为以下4类："理论理解""中心索引/知识库""供应商互动"和"测试"。与供应商的沟通似乎有一定的困扰。此外，还有一些与测试有关的小贴士/技巧（tips）。

（11）在与中心索引相关的问题上，图书馆员在系统配置中起什么作用？

60个答复者回答说他们确实需要"一个电子资源馆员来确保知识库及时更新以反映新内容"，其中23个还回答说他们安排了"一个公共服务馆员来确保来自中心索引的内容能够在用户端显示"。

（12）有没有针对从事配置工作的图书馆工作人员的培训？

总体上，40%的答复者回答他们的机构已提供某种培训，31%回答没有，28%没有回答问题。

（13）请描述与发现系统配置相关的任何特别有挑战性的方面。

这个问题的回答非常多样，很多都是特定条件下才发生的，因此很难归类。最常见的是与中心索引相关、与复杂的后台相关的问题，以及缺少有足够技能的工作人员处理配置问题。下面是答案分类：

- 规范化：4%
- 相关性排序/增强/混合：1%
- 后台：12%
- 供应商培训文档：2%
- 中心索引问题：17%
- 黑匣子/不清楚发生了什么/为什么发生：2%
- 认证：1%
- 缺少有足够技能的工作人员：6%
- 社区层面的问题：1%
- 尚未提供的配置选项：3%
- 链接问题：4%
- 没有问题/运转良好：1%
- 开放获取：1%
- 收割：1%
- 去重：1%
- 外部安全要求：1%
- 未回答：41%

（14）您认为图书馆员在发现系统配置问题上的角色和责任是什么？

关于图书馆员的角色和责任没有一致答案。值得指出的是，有一些人支持主要依赖供应商进行发现系统管理。还有几个图书馆指出本地化的重要性，以及多个图书馆部门共同管理发现系统的重要性。一些图书馆强调理解发现系统各个方面的重要性。

（15）请说明您的图书馆针对发现系统配置创建了哪些相关的“联系人”任务？

总体上，60%的答复者报告说激活电子资源这个任务指派给了发现系统联系人。53%报告称记录中的链接配置是任务之一，28%报告说相关性排序是任务之一，12%列举了其他任务。

（16）请描述贵机构如何与发现服务提供商客服沟通，比如开错误报告单、发邮件给工作人员等。通过一个指定的联系人沟通，还是从事各项工作的图书馆工作人员都可以直接提交给供应商？

总体上，15%的答复者报告说他们的机构有指定人员处理所有与供应商的沟通，32%报告说有两个或者更多具体人员处理这类沟通，而21%报告说没有具体工作人员与供应商沟通，1%报告说图书馆联盟成员根据各图书馆情况个案处理，31%没有回答这个问题。

参考文献

[1] Breeding M. Automation Marketplace 2013: The Rush to Innovate [EB/OL]. [2020-07-10]. http://www.thedigitalshift.com/2013/04/ils/automation-marketplace-2013-the-rush-to-innovate/.

[2] NISO ODI Working Group. ODI Survey Report: Reflections and Perspectives on Discovery Services [EB/OL]. [2020-07-10]. https://groups.niso.org/apps/group_public/download.php/9977/NISO ODI Survey Report Final.pdf.

[3] Open Discovery Initiative Working Group. Open Discovery Initiative: Promoting Transparency in Discovery [S/OL].(2014-06-24) [2020-07-10]. https://www.niso.org/publications/rp-19-2014-odi.

[4] ODI Standing Committee. ODI Update [EB/OL]. [2020-07-15]. https://www.niso.org/standards-committees/odi/updates.

[5][6][7][9][10][11][12][34] Open Discovery Initiative Standing Committee. Open Discovery Initiative: Promoting Transparency in Discovery [S/OL].(2020-06-24) [2020-07-10]. https://www.niso.org/publications/rp-19-2020-odi.

[8] 窦天芳，姜爱蓉. 资源发现系统功能分析及应用前景 [J]. 图书情报工作，2012，56（7）：38—43.

[13] ANSI/NISO Z39.88-2004 (R2010) The OpenURL Framework for Context-Sensitive Services [S/OL].(2010-05-13) [2020-07-30]. https://www.niso.org/publications/z3988-2004-r2010).

[14] COUNTER. COUNTER: Provider Discovery Reports [EB/OL]. [2020-08-01].

https://www.projectcounter.org/wp-content/uploads/2016/02/APPM.pdf.

［15］［21］CREDO. Discovery Services and Metasearch Vendors［EB/OL］.［2020-08-01］. https://corp.credoreference.com/discovery.

［16］［26］EBSCO. EBSCO ODI Conformance Checklist［EB/OL］.［2023-11-01］. https://www.ebsco.com/odi-conformance-checklists.

［17］Emerald Publishing Limited. Open Discovery Initiative (ODI) Conformance Checklist［EB/OL］.［2020-08-01］. https://www.emeraldgrouppublishing.com/services/librarians/librarian-toolkit/resources-discovery/discovery-services.

［18］［25］IEEE Xplore. Open Discovery Initiative Conformance［EB/OL］.［2020-08-01］. https://ieeexplore.ieee.org/Xplorehelp/administrators-and-librarians/open-discovery-initiative-conformance.

［19］Gale. Gale ODI Compliance Checklist［EB/OL］.［2020-08-01］. https://support.gale.com/doc/odi-compliance.

［20］［22］SAGE Publications. Open Discovery Initiative: Conformance Checklist［EB/OL］.［2020-08-01］. https://uk.sagepub.com/en-gb/asi/indexing-discoverability#OpenDiscovery.

［23］EBSCO. EBSCO Open Collaboration Policy for Technical Interoperability and Bibliographic Record Sharing［EB/OL］.［2020-08-01］. https://www.ebsco.com/open-collaboration-policy.

［24］Gale. Gale Databases Delivered to Discovery Partners-status as of 01/15/2020［EB/OL］. (2020-01-15)［2020-08-01］. https://assets.cengage.com/gale/docs/technical/gale_ds_status.pdf.

［27］Ex Libris. Supporting NISO Open Discovery Initiative［EB/OL］.［2020-08-01］. https://www.exlibrisgroup.com/open-discovery-initiative/.

［28］ProQuest. ODI Conformance Checklist: Discovery Service Provider［EB/OL］.［2020-07-10］. http://media2.proquest.com/documents/NISO+ODI+conformance+checklist+-+Discovery+Service+Provider2.pdf.

［29］The Digital Shift. Automation Marketplace 2012: The Complete Survey Data［EB/OL］.［2020-07-20］. http://www.thedigitalshift.com/2012/03/ils/automation-marketplace-2012-the-complete-survey-data/#2011-sales.

［30］［31］艾利贝斯软件科技发展（北京）有限公司.CCEU用户协会［EB/OL］.［2020-07-10］. http://www.exlibris.com.cn/new/primolist.asp.

［32］资源发现EDS/Find+用户协会［EB/OL］.［2017-08-10］. http://www.smartlib.cn/do/list.php?fid=32.

［33］Morse L.&Aaron A. Increasing Depth and Scope of Content in Discovery Library

Advocacy Discussion [EB/OL] . [2020-07-10] . https://groups.niso.org/apps/group_public/download.php/18061/.

[注] 本研究报告根据笔者的如下文章修改：

胡小丽，刘铁威，熊丽，薛燕. 提高开放发现透明度：美国NISO ODI述评 [J] . 图书情报工作，2018，62（6）.

第六章　连续出版物内容交换协议PESC

第一节　标准规范译者

熊　丽　徐晓艺（首都师范大学图书馆）

尹杨玥（加拿大不列颠哥伦比亚大学亚洲图书馆）

李坚屏（美国华盛顿大学东亚图书馆）

肖　珑　姚晓霞（北京大学图书馆）

薛　燕（美国加州大学伯克利分校东亚图书馆）

邓　石（美国加州大学圣地亚哥分校图书馆）

第二节　研究报告作者

熊　丽　徐晓艺（首都师范大学图书馆）

尹杨玥（加拿大不列颠哥伦比亚大学亚洲图书馆）

李坚屏（美国华盛顿大学东亚图书馆）

基本信息

名称： 连续出版物内容交换协议

简称： PESC

发布时间： 2015年5月1日

发布时间（中译本）： 2019年8月5日

标准规范编号： NISO RP-23-2015

修订时间：

修订后编号：

主要责任者： 美国国家信息标准协会PESC工作组

中文版译者： 熊丽　徐晓艺　尹杨玥　李坚屏　肖珑　姚晓霞　薛燕　邓石

类型： 推荐实施规范

关键词： 连续出版物，内容交换，一致性，PESC

摘要： 连续出版物涵盖的范围极广，从通俗杂志到学术期刊，从以图片为主的内容到以文本为主的内容，从每日添加新内容（甚至每小时添加新内容）的出版物到几年添加一次新内容的出版物。由于连续出版物内容的激增，加之内容提供者为特定连续出版物打包的方式可能无法匹配内容接收方的需求，连续出版物所处的环境高度混乱。在这种极度混乱的环境中，不同的合作方传送显著不同的文件包，从而使得各方都难以降低成本，有效地进行内容交换。本推荐实施规范为学术交流社团成员提供了关于连续出版物内容包装和交换的指南，这些最佳实践将使得大规模的连续出版物内容接收和管理的自动化成为可能。通过实施这些最佳实践，各机构可以清楚获知已传送的内容，内容如何组织，以及在收到新的文件包时需要如何处理。

英文版国际标准书号（ISBN）： 978-1-937522-66-7

中文版国际标准书号（ISBN）： 978-1-937522-92-6

英文版链接： https://www.niso.org/publications/niso-rp-23-2015-protocol-exchanging-serial-content-pesc

中文版链接： http://www.libconsortia.edu.cn/Standard/list.action

其他关联标准规范：

ANSI/NISO Z39.96-2015　JATS：期刊文章标签集

ANSI/NISO Z39.96-2019　JATS：期刊文章标签集，版本1.2

ANSI/NISO Z39.102-2017　STS：标准化标签集

PESC Introduction

Title: Protocol for Exchanging Serial Content

Abbreviation: PESC

Publication Date: May 01, 2015

Publication Date (Chinese Version): August 5, 2019

ANSI/NISO Serial Number: NISO RP-23-2015

Revised Date:

Revised ANSI/NISO Serial Number:

Creator: NISO PESC Working Group

Chinese Version Translated By: Li Xiong, Xiaoyi Xu, Yangyue(Crystal) Yin, Jianping Lee, Long Xiao, Xiaoxia Yao, Susan Xue, Shi Deng

Type: Recommended Practice

Keywords: Serial Content, Content exchange, Conformance, PESC

Abstract: Serial publications represent a diverse content space ranging from popular magazines to scholarly journals, from content that is image-based to content that is text-based, from publications that have new content daily (even hourly) to those that might have new content only every few years. The manner in which the content creator packages the content for any particular serial publication may not match the needs of the recipient of that content and, given the proliferation of serial content, this creates a highly chaotic environment with different partners delivering significantly different looking content packages and making it difficult for all parties in the environment to work with content deliveries in a cost-efficient and effective way.

The recommendations in this document offer guidance to members of the scholarly communication community on preferred practices for the packaging and exchange of serial content that will enable the automation of processes to receive and manage serial content at scale. By following these practices, organizations can make it clear what content has been transmitted, how it is organized, and what processing is required when a new package is received.

English Version ISBN: 978-1-937522-66-7

Chinese Version ISBN: 978-1-937522-92-6

English version URL: https://www.niso.org/publications/niso-rp-23-2015-protocol-exchanging-serial-content-pesc

Chinese version URL: http://www.libconsortia.edu.cn/Standard/list.action

Relation:

ANSI/NISO Z39.96-2015 JATS: Journal Article Tag Suite

ANSI/NISO Z39.96-2019 JATS: Journal Article Tag Suite, version 1.2

ANSI/NISO Z39.102-2017 STS: Standards Tag Suite

第一节 连续出版物内容交换协议

关于NISO推荐实施规范

A NISO Recommended Practice is a recommended "best practice" or "guideline" for methods, materials, or practices in order to give guidance to the user. Such documents usually represent a leading edge, exceptional model, or proven industry practice. All elements of Recommended Practices are discretionary and may be used as stated or modified by the user to meet specific needs.	美国国家信息标准协会（NISO）的推荐实施规范以引导使用者为目的，推荐在方法、资料或具体操作上的“最佳实践”或“指南”。这些文件通常代表某前沿领域、优秀模式，或公认的行业惯例。推荐实施规范中所有元素都可以由用户酌情采用，既可全部采纳，又可为满足特定需要修改使用。
This recommended practice may be revised or withdrawn at any time. For current information on the status of this publication contact the NISO office or visit the NISO website (www.niso.org).	本推荐实施规范可能会随时被修改或撤销。有关本出版物的现状信息，请联系NISO办公室或访问NISO网站（www.niso.org）。

中文译本ISBN：978-1-937522-92-6

This translation has been provided as a service to the library community by the Task Group on Translation and Research Project on Electronic Resources Standards and Recommended Practices, consisting of members from the Council on East Asian Libraries (CEAL), China Academic Library & Information System (CALIS)/Digital Resource Acquisition Alliance of Chinese Academic Libraries (DRAA).	应图书馆行业所需，北美东亚图书馆协会（CEAL）、中国高等教育文献保障系统（CALIS）暨高校图书馆数字资源采购联盟（DRAA）提供此中译本。
Translated by: Li Xiong, Xiaoyi Xu, capital normal university library Yangyue (Crystal) Yin, Asian Library, University of British Columbia Jianping Lee, The Ohio State University	**翻译：** 首都师范大学图书馆：熊丽、徐晓艺 不列颠哥伦比亚大学亚洲图书馆：尹杨玥 华盛顿大学东亚图书馆：李坚屏
Reviewed & edited by: Long Xiao, Xiaoxia Yao, Peking University Library Susan Xue, University of California, Berkeley Library Shi Deng, University of California, San Diego Library	**总审与统稿：** 北京大学图书馆：肖珑、姚晓霞 加州大学伯克利分校东亚图书馆：薛燕 加州大学圣地亚哥分校图书馆：邓石

前言

关于本项推荐实施规范

许多不同的组织机构，例如图书馆、档案馆、索引服务商、内容集成商、出版商和内容生产商等，需要处理和交换由连续出版物构成的各种数字文件。在文件的生命周期中，基于多种不同的因素，连续出版物内容需要在不同的组织间，甚或是同一组织内部多次转移。在进行数字内容交换时，组成连续出版物内容的文件以某种方式包装在一起，且其打包方式很可能多种多样。

在连续出版物内容的交换过程中存在一系列元素，这些元素包括：

- 内容本身，以数字文件展示；
- 说明文件知识内容的描述性元数据；
- 描述文件关联性的结构性元数据；
- 发送多个文件时的清单，说明应该被展示的文件；
- 包含以上所有信息的文件包。

这些元素能够以多种不同的方式进行组合和传输。例如，NISO连续出版物内容交换协议工作组的成员已经通过以下方式收到或提供了此类内容：

- 含有多个附件的电子邮件（一个XML文件以及3个JPEG文件），邮件内容指明此为单一稿件；

- 包含数百个单独文件的ZIP格式文件，其中可能包含或不包含元数据或说明其关系的清单文件；
- tar格式文件，能够表现出全部内容文档间内含的目录结构的文件；
- EPUB（电子出版）格式，由HTML、XML和图像文件组成。

除了多样的传输方法和打包方式，文件包本身可能仅包含某期刊单一期号的少量文件，或包含某期刊上百万个过刊文件。

如果交换的内容量很少，或交换发生的频率很低，那么以上所述变化可能不是问题。但是如果那些机构需要持续交换大量连续出版物内容，这些变化则会导致交换困难以及效率低下。

为了解决这些问题，2013年6月NISO批准成立一个工作组，负责：

- 调查现行做法，研究目前使用的对策。基于调查的结果，工作组可能会发现是否能够直接广泛采用现行方法，或者更改现行方法以便更好地满足连续出版物内容的特殊需求，而不是从头开始创建新的方法。
- 制定可用于周期性出版物数字文件存档和交换的打包规范的推荐做法。

本指南提供了由PESC工作组制定的推荐规范，旨在以最佳方式管理连续出版物文件包内所有元素，以帮助内容提供商和内容接收方了解已传递和已接收的内容。

NISO内容和馆藏管理专题委员会成员

NISO内容和馆藏管理专题委员会批准了本项推荐实施规范，时任成员如下：

Marti Heyman, Co-chair
Cengage Learning

Betty Landesman, Co-chair
University of Baltimore

Éva Bolkovac
Yale University Library

Eric Childress
OCLC Research

Marjorie M.K. Hlava
Access Innovations / Data Harmony

Rebecca Kennison
K|N Consultants

Amy Kirchhoff
ITHAKA/JSTOR/Portico

Robert Klingenberger
Yale University Libraries

NISO连续出版物内容交换协议工作组成员

NISO连续出版物内容交换协议工作组制定并批准了本项推荐实施规范，时任成员如下：

Jean-Baptiste Bertrand
Chargé de système d'information documentaire-Cléo

Mark Donoghue
IEEE Publishing Technology

Laura Randall (from June 2014)
National Library of Medicine

Gabriele Schaefer (from February 2014)
Springer

Beth Friedman
Data Conversion Laboratory, Inc.

Leslie Johnston, Co-chair
National Archives and Records Administration

Laurie Kaplan
SerialsSolutions/ProQuest

Amy Kirchhoff
ITHAKA/JSTOR/Portico

Andrea Kudzia (through January 2014)
Cengage

Jennifer Melinn (through December 2013)
Wolters Kluwer

Oliver Pesch
EBSCO

Elizabeth Windsor
Project MUSE

Henning Schönenberger (through January 2014)
Springer

David Schott (through February 2014)
Copyright Clearance Center, Inc.

Linda Sussman
Cold Spring Harbor Laboratory Press

Lauren Syer (through February 2014)
Harvard University

Kimberly A. Tryka, Co-chair
National Institute of Standards and Technology

Stephen Want
U.S. Copyright Office

Amy Wood
Center for Research Libraries

Wei Zhao
OCUL/Scholars Portal

致谢

PESC工作组向以下参与PESC规范制定的非PESC工作组人员致以特别的感谢：

Marti Heyman
Cengage Learning

Nettie Lagace
NISO

Cynthia Hodgson
NISO

1　导言

1.1　目的和范围

连续出版物涵盖的范围极广，从通俗杂志到学术期刊，从以图片为主的内容到以文本为主的内容，从每日添加新内容的出版物（甚至每小时添加新内容）到几年添加一次新内容的出版物。由于连续出版物内容的激增，加之内容提供者为特定连续出版物打包的方式可能无法匹配内容接收方的需求，连续出版物所处的环境高度混乱。在这种极度混乱的环境中，不同的合作方传送显著不同的文件包，从而使得各方都难以降低成本，有效地进行内容交换。

本文件中的推荐实施规范为学术交流社团成员提供了关于连续出版物内容包装和交换的指南，将使得大规模的连续出版物内容接收和管理的自动化成为可能。通过遵循这些推荐实施规范，各机构可以清楚获知已传送的内容，内容如何组织，以及在收到新的文件包时需要如何处理。

1.2 术语和定义

本推荐实施规范中使用的术语及其定义如下。

术　语	定　义
参与者（Actors）	收发各方（参见附录B.2）
BagIt格式（BagIt）	一种分层文件打包格式，用以支持任意数字内容在磁盘或网络中的存储及传输。 来源：BagIt规范：http://tools.ietf.org/html/draft-kunze-bagit–10
校验和（Checksum）	从文件中通过算法推导出的一小段文本，用于确认文件是否损坏
合规（Conformance）	遵循本项推荐实施规范的指南 注："合规"按不同的层次定义
描述元数据（Descriptive Metadata）	关于文档知识内容的描述性元数据，与文档物理性或结构性特征的描述相对应
数字对象唯一标识符（Digital Object Identifier DOI®）	内容对象的唯一永久且可操作的数字标识符 注：ANSI / NISO Z39.84中定义了DOI语法，ISO 26324中定义了整个DOI系统
全文可扩展标记语言（Full-text XML）	包含书目元数据以及文章全文的可扩展标记语言文件
国际标准连续出版物号（ISSN）	国际标准连续出版物号，依据ISO 3297标准分配给连续型资源的8位数字号码
清单（Manifest）	文件包中所含款目的详细清单
元数据（Metadata）	描述数据并给出这些数据信息的一组数据集，例如描述文章全文信息的数据
文件包（Package）	发送给其他参与者的文件集 注：在开放存储信息系统中，文件包通常是指提交信息包
描述格式（Rendition）	内容的电子编码。 注：任何单篇文章都可能拥有一个或多个描述格式。描述格式有时由内容供应商提供，但有时必须由内容接收方创建。例如，以下是同一内容的不同描述格式： 文章页面图像的PDF文件 文章每一页面的一组TIFF图像 内容所有者提供的文章的HTML文件 根据内容所有者提供的全文XML，动态创建的HTML文件

续表

术　语	定　义
连续出版物（Serial）	持续发布的资源，由一系列相互独立的期或部分组成，通常有连续编号，没有预定的终止 例如：期刊、杂志、电子期刊、连续发布的名录、年报、报纸、专著系列，以及有一定时限但仍然具有连续出版物特征的期刊、杂志、通讯（例如某一事件的通讯） 来源：ISO 3297
连续出版物款目（Serial Item）	连续出版物内包含的最小的部分 例如文章、快报、书评、实例研究、正文前页（相对于卷或期而言）
结构元数据（Structural Metadata）	用于说明一系列文件之间关系的元数据，可以用来通过局部重建整体
Tar格式（Tar）	一种文件格式，将许多文件组合在一起，并在文件系统中保留了这些文件的关系
用例（Use cases）	内容在参与者之间交换的情景
ZIP格式（ZIP）	一种文件格式，将许多文件组合并压缩

2　推荐实施规范

2.1　文件包

文件包包括所有要发送的内容以及理解这些文件所需的其他信息，如2.1.1到2.1.4所述。最低限度，该文件包必须包括内容文件和清单文件。它还可以包括描述性元数据和结构性元数据。

2.1.1　文件包内容

该文件包可能包含3种类型的信息。

- 清单：描述文件包及其内容的清单文件。所有合规级别必须包括它。（见2.3）。
- 内容文件：内容文件的示例，包括连续出版物款目的全文（PDF或XML）、图像，补充材料、元数据和引用的参考文献。
- 元数据文件：描述要传送的内容款目的元数据。此文件仅在2级合规需要（见2.3.3）。

2.1.2　清单文件

所有的文件包必须包含一份清单文件，且需命名为“manifest”，并根据文件所用格式给予适当的文件扩展名。清单应包括与整个文件包相关的所有信息，列出所包含的文件［包含它们的目录结构（如果有的话）］以及与文件包内容相对应的合规级别的信息（见2.3）。

应明确规定manifest.txt文件的编码。如果使用BagIt格式打包，则需要在bagit.txt文件中说明。如果使用XML格式，除非在XML声明中另有明确说明，否则假定编码为UTF-8。

2.1.3　文件包结构

文件包的结构和文件命名规范中含有足够的信息才能有助于文件包接收者识别被传递

的连续出版物款目文件。因此，文件包内的文件应当按照能够反映内容逻辑结构的文件夹结构（见图6–1–1）进行组织，如下所示：

- 每个文件包都应有一个在包的根目录中显示的清单文件。它应该命名为“manifest”，并给予适当的文件扩展名（例如manifest.txt或manifest.xml）。
- 如果文件包内含有多个连续性出版物款目，则每个出版物的内容应显示在单独的文件夹中。为了确保包中文件夹名称的唯一性，文件夹名称可以从每个出版物的DOI®（或其他标识符）派生。
- 如果单个文件包中包含多组出版物款目（例如期刊卷期），则每组出版物都应由包含该连续出版物内容款目的单独文件夹来表示。通常，建议通过文件夹结构体现连续出版物发布的层次结构（例如，一期的文件夹可以使用期刊ISSN号、出版年、卷号和期号命名；如期刊中的文章没有期号或卷号，目录结构和文档命名则应包含ISSN号和出版年）。如果文件包中包含多期，则每期应由单独的文件夹表示，并且标明要发送的出版物的卷号和期号。当使用卷期编号的连续出版物预印本进行交换时，建议将此类内容另行分组并将卷/期编号指定为0。
- 如果文件包中包含多种期刊，则每种期刊都应由一个单独的文件夹表示，该期刊的期号和文章则显示在子文件夹中。期刊的文件夹命名应为该期刊文件包中使用的ISSN或其他唯一标识符。

图6–1–1　包结构图例

2.1.4 文件包格式

需要交换的内容文件需要使用ZIP、Tar、BagIt或其他常用格式打包。一种合适的格式可以：

- 允许将多个文件组合到单个容器（或文件，例如ZIP文件）中进行交换；
- 支持文件夹或目录结构，文件可以在文件包中有逻辑地分组；
- 交换所涉及的双方均能接受；

基于PESC工作组成员的经验，建议单个文件包内不超过100篇文章。

2.2 交换文件包

在长时间内从大量的合作伙伴中接收大量文件的机构可能会为他们设置FTP（或SFTP）账户，用以传输文件。其他常见的传输方法还包括rsync或OAI-ORE[①]。这些特定的方法可以确保文件包被发送到预定的目的地，该目的地可以自动监测新的文件包的到达，或者在OAI-ORE的情况下提取文件包。

对于一次性发送的小型文件包，两个合作机构可以通过电子邮件的形式进行交换，而不用费心创建FTP账户。一般来说，不建议采用这种方式，因为电子邮件账户很容易丢失文件包，且难于追踪。

在极少数情况下，合作伙伴可能会发送含有超大量内容的文件包，普通的FTP协议需要耗费数天时间传输文件包。这种情况下，可能需要使用高速文件传输软件（如Aspera）或递送硬盘实现文件传送。使用这些方法需要两个组织之间进行协商，包括硬盘的选择。

2.3 合规级别

1级应视为默认的合规级别。0级则允许组织之间的适当交换。如果交换涉及的任意一方，或者双方，均没有一个迅速产生和消化满足1级合规信息的工作流程，那么0级则可视为其最佳选择。2级合规很可能仅在以下情况使用：交换双方一致同意，更深度的信息交换可使双方互惠互利。

所有合规级别的示例及其对应的文件包文件结构请见附录A。

2.3.1 0级合规

对于符合0级的文件包来说，它必须包含被发送的内容文件以及一个单独的清单文件，包括以下信息。

对于整个文件包：

- 文件包的合规级别（0、1或2）；

---

① 即开放存档先导计划之对象重用和交换协议（Open Archives Initiative Object Reuse and Exchange，OAI-ORE），参见本节附录D“D.2 文件传输”。——译者注

- 文件包的创建日期；
- 文件包的默认用途（建议为新建、替换、版本、删除）：文件包内单个款目的用途可以用来替代文件包的默认用途（在两者用途不同的情况下）；
- 发件人姓名及联系信息；
- 所包括的连续出版物款目信息。

对于每个连续出版物款目：

- 属于它的文件。

对于每个文件：

- 其在文件包中的相对位置，即目录或文件夹结构。
- 如果个体文件不同于文件包的默认用途，则应标明其用途。
- 唯一标识符：DOI或其他全球唯一标识符为首选。如果没有DOI，应使用唯一标识出版物或该文件的专有ID。唯一标识符有助于后续对文件包中的文件进行有效的替换、版本修改和删除操作。如果使用标识符“type”标签（请参见附录A中的示例），建议使用期刊文章和交换标签库中<pub-id-type>属性的类型列表（请参阅http://jats.nlm.nih.gov/archiving/tag-library/1.1d1/?attr=pub-id-type）。

2.3.2 1级合规

1级合规要求符合0级所需的所有信息（内容文件和清单文件），并在清单文件中添加如下所述的附加信息。

对于每个单独的文件：

- 媒介类型（根据RFC 6838，媒介类型规范和注册程序）。
- 校验和与校验和类型（例如，MD5或SHA-1加密的哈希值）。
- 与文件包中其他文件的关系。这由清单中的<role>（角色）元素表示。参与交换数据的各方需协作确定适当的角色。示例文件中使用的建议角色列表见下：
  - component：figure graphic
  - component：formula graphic
  - component：marked up header
  - component：media
  - component：other
  - component：other graphic
  - component：page images
  - component：supplemental file
  - component：table graphic
  - data：marked up
  - rendition：multimedia

- rendition：page images
- rendition：web
- text：marked up full text
- text：marked up header
- text：plain

2.3.3　2级合规

2级合规要求符合1级所需的所有信息，并且需添加每个连续出版物款目：

- 文件包中包含的元数据文件——此文件可以包含元数据，或指向可以公开访问元数据的另一位置；
- 文件包中包含的出版信息文件——同样，文件可以包含出版信息，或指向可公开访问出版信息的其他位置。

2.4　合规级别说明

文件包可以在符合某个合规级别的同时，包含来自更高级别的一些附加信息。然而，添加了来自较高合规级别的部分信息却不会使该文件包达到这个更高的级别。例如，如果某文件包含的所有信息符合级别0，然后添加校验和信息（在1级中才需要），则该文件仍然被认为符合0级，除非包括所有1级的信息。

3　有效实施指南

本节为本推荐实施规范第2节有效性的最大化提供进一步指导。

3.1　包含/除外的资料

遵循本推荐实施规范的文件包应包括与该连续出版物款目相关的所有资料，且不应包含任何无关的资料。清单中引用的文件必须存在，并且包内文件应用过的所有文件也应存在。

文件包内不应包含与连续出版物款目无关的资料。无关的资料包括但不限于系统生成的文件，如Windows生成的thumbs.db文件，Mac生成的MACOSX文件夹，或清单中未列举的对连续出版物款目进行补充的文件。

3.2　确认

如果文件包包含XML数据，无论是关于连续出版物款目本身，还是该连续出版物款目的配套文件，该数据都应是有效的XML。在XML数据未标明模式的情况下，该XML应当符合格式规则。

3.3 文件命名

为了尽量降低不同系统和平台处理相同内容的难度，应在文件命名过程中注意以下两方面。

- 字符——对文件包中的所有文件和文件包本身命名时，避免使用诸如空格和标点符号等元素。在理想的情况下，文件名将限制为ASCII字符。如果需要使用非ASCII字符，则交换各方必须沟通并就所使用的编码达成一致。无论使用何种编码，文件名都必须在清单文件中准确表示。
- 唯一性——文件名在文件包内和文件包之间应该是唯一的，替换、版本修改和删除的文件应使用与之前的迭代一致的ID。即使在文件包中包含多级层次结构并且不要求唯一性的情况下，仍应该遵守这一原则。由于发送方不能控制接收方如何处理文件包，并且不能保证层次结构被保留，文件名在文件包中的唯一性就非常重要。

3.4 一致性

对于任何以自动化处理为目标的项目而言，一致性至关重要。关于连续出版物内容的包装，一致性适用于几个不同的方面。

3.4.1 文件命名的一致性

文件命名应该在各交换方之间保持一致。一旦命名模式建立并经发送方和接收方同意，该模式就不应该改变。如果需要更改模式，所有各方应在变更实施前沟通并同意变更。

3.4.2 传输文件类型的一致性

文件包类型（ZIP、Tar等）应该在各交换方之间保持一致。

3.4.3 连续出版物款目标识符的一致性

在交换过程中，文件包内和文件包之间所使用的连续出版物款目标识符的类型应该是一致的。其中可能存在这样的案例，即标识符会根据连续出版物款目类型的不同而变化（如一篇研究型文章也许有DOI，但是封面可能没有）。不论何种情况，每个具体案例中各交换方之间连续出版物款目标识符的类型的使用都应当是一致的，并成为各方的共识。

附录A：文件包示例

A.1 完整的一期

出版商一次发送完整的一期。该期由每篇文章的PDF全文文件组成。另外，每篇文章可能含有数字图表图像和补编文件。

A.1.1　文件包内容

符合0级或1级的文件包内容可以由以下示例表示：

简单ZIP文件包示例	BagIt文件包示例[①]
ZIP file：XYZv.18i4–08161021–1469331.zip ↳File：manifest.xml ↳Dir：ISSN-A_v1n1 ↳Dir：ISSN-A_v1n1_DOI1 ↳ Dir：graphic ↳File：DOI1.fig0001t.jpg ↳File：DOI1.fig0001f.jpg ↳File：DOI1.fig0002t.gif ↳File：DOI1.fig0002f.jpg ↳ File：DOI1.pdf ↳ File：DOI1.xml ↳Dir：ISSN-A_v1n1_DOI2 ↳ Dir：suppl ↳File：DOI2.suppl00001.pdf ↳File：DOI2.suppl00002.pdf ↳ File：DOI2.pdf ↳ File：DOI2.xml ↳Dir：ISSN-A_v1n1_DOI3 ↳ Dir：graphic ↳File：DOI3.fig0001f.jpg ↳ File：DOI3.pdf ↳ File：DOI3.xml ↳Dir：ISSN-B_2014 ↳Dir：ISSN-B_2014_DOI4 ↳ Dir：suppl ↳File：DOI4.suppl00001.pdf ↳ File：DOI4.pdf ↳ File：DOI4.xml	Bag ZIP：XYZv18i4.20140916.zip ↳File：bagit.txt ↳File：manifest.txt ↳Dir：data ↳Dir：ISSN-A_v1n1 ↳Dir：ISSN-A_v1n1_DOI1 ↳ Dir：graphic ↳File：DOI1.fig0001t.jpg ↳File：DOI1.fig0001f.jpg ↳File：DOI1.fig0002t.gif ↳File：DOI1.fig0002f.jpg ↳ File：DOI1.pdf ↳ File：DOI1.xml ↳Dir：ISSN-A_v1n1_DOI2 ↳ Dir：suppl ↳File：DOI2.suppl00001.pdf ↳File：DOI2.suppl00002.pdf ↳ File：DOI2.pdf ↳ File：DOI2.xml ↳Dir：ISSN-A_v1n1_DOI3 ↳ Dir：graphic ↳File：DOI3.fig0001f.jpg ↳ File：DOI3.pdf ↳ File：DOI3.xml ↳Dir：ISSN-B_2014 ↳Dir：ISSN-B_2014_DOI4 ↳ Dir：suppl ↳File：DOI4.suppl00001.pdf ↳ File：DOI4.pdf ↳ File：DOI4.xml

① 注意，在技术上不可能在BagIt中创建一个0级合规的文件包，因为BagIt需要所有文件的校验和。——原文注

A.1.2 清单——XML版本

各合规级别的文件包的XML清单如下所示：

A.1.2.1 0级合规清单

```xml
<manifest xmlns:xsi="http://www.w3.org/2001/XMLSchema-instance"
  xsi:noNamespaceSchemaLocation="pescConform0–element.xsd">
    <package_info>
        <conformance>0</conformance>
        <created>2015–01–26</created>
        <default_update_state>new</default_update_state>
        <sender>
            <name>Jane Smith</name>
            <email>jsmith@pubx.com</email>
            <organization>Publisher X</organization>
        </sender>
        <recipient>
            <name>Fred Jones</name>
            <email>fredj@archive.org</email>
            <organization>Archive Y</organization>
        </recipient>
    </package_info>
    <container>
        <item>
            <file>1741–427X_v2014/1741–427X_v2014_10.1155%2f2014%2f982913/1741–427X_v2014_10.1155%2f2014%2f982913.xml</file>
            <file>1741–427X_v2014/1741–427X_v2014_10.1155%2f2014%2f982913/1741–427X_v2014_10.1155%2f2014%2f982913.pdf</file>
            <file>1741–427X_v2014/1741–427X_v2014_10.1155%2f2014%2f982913/graphic/1741–427X_v2014_10.1155%2f2014%2f982913_001.tif</file>
            <file>1741–427X_v2014/1741–427X_v2014_10.1155%2f2014%2f982913/graphic/1741–427X_v2014_10.1155%2f2014%2f982913_002.tif</file>
            <file>1741–427X_v2014/1741–427X_v2014_10.1155%2f2014%2f982913/graphic/1741–427X_v2014_10.1155%2f2014%2f982913_003.tif</file>
            <file>1741–427X_v2014/1741–427X_v2014_10.1155%2f2014%2f982913/graphic/1741–427X_v2014_10.1155%2f2014%2f982913_004.tif</file>
```

```xml
            <file>1741-427X_v2014/1741-427X_v2014_10.1155%2f2014%2f982913/graphic/1741-427X_v2014_10.1155%2f2014%2f982913_005.tif</file>
    </item>
    <item>
    <update_state>replace</update_state>
    <file>1741-427X_v2014/1741-427X_v2014_10.1155%2f2014%2f982914/1741-427X_v2014_10.1155%2f2014%2f982914.xml</file>
            <file>1741-427X_v2014/1741-427X_v2014_10.1155%2f2014%2f982914/1741-427X_v2014_10.1155%2f2014%2f982914.pdf</file>
      </item>
      </container>
    </manifest>
```


A.1.2.2　1级合规清单


```xml
    <manifest xmlns:xsi="http://www.w3.org/2001/XMLSchema-instance"
     xsi:noNamespaceSchemaLocation="pescConform1-element.xsd">
        <package_info>
            <conformance>0</conformance>
            <created>2015-01-26</created>
            <id>982913_20150126</id>
            <default_update_state>new</default_update_state>
            <sender>
                <name>Jane Smith</name>
                <email>jsmith@pubx.com</email>
                <organization>Publisher X</organization>
            </sender>
            <recipient>
                <name>Fred Jones</name>
                <email>fredj@archive.org</email>
                <organization>Archive Y</organization>
            </recipient>
        </package_info>
  <container>
    <item>
      <identifier>
```

```
<type>doi</type>
<value>10.1155/2014/982913</value>
</identifier>
<file>
  <loc>1741-427X_v2014/1741-427X_v2014_10.1155%2f2014%2f982913/1741-427X_v2014_10.1155%2f2014%2f982913.xml</loc>
  <mime_type>text/xml</mime_type>
  <role>text:marked up full text</role>
  <checksum_type>sha512</checksum_type>
  <checksum_value>1e824a69eb88434d814ea19b0ea…</checksum_value>
</file>
<file>
  <loc>1741-427X_v2014/1741-427X_v2014_10.1155%2f2014%2f982913/1741-427X_v2014_10.1155%2f2014%2f982913.pdf</loc>
  <mime_type>application/pdf</mime_type>
  <role>rendition: page images</role>
  <checksum_type>sha512</checksum_type>
  <checksum_value>6f84b71bac71890fe519d81e0a23f134e31a…</checksum_value>
</file>
<file>
  <loc>1741-427X_v2014/1741-427X_v2014_10.1155%2f2014%2f982913/graphic/1741-427X_v2014_10.1155%2f2014%2f982913_001.tif</loc>
  <mime_type>image/tiff</mime_type>
  <role>component: figure graphic hires</role>
  <checksum_type>sha512</checksum_type>
  <checksum_value>c0e3063080ef66ac4cc1b070ab93d4c6b0a…</checksum_value>
</file>
<file>
  <loc>1741-427X_v2014/1741-427X_v2014_10.1155%2f2014%2f982913/graphic/1741-427X_v2014_10.1155%2f2014%2f982913_002.tif</loc>
  <mime_type>image/tiff</mime_type>
  <role>component: figure graphic hires</role>
  <checksum_type>sha512</checksum_type>
  <checksum_value>b25eb0eb98b283b898701ab6e81981d4981…</checksum_value>
```

</file>
<file>
<loc>1741-427X_v2014/1741-427X_v2014_10.1155%2f2014%2f982913/graphic/1741-427X_v2014_10.1155%2f2014%2f982913_003.tif</loc>
<mime_type>image/tiff</mime_type>
<role>component:figure graphic hires</role>
<checksum_type>sha512</checksum_type>
<checksum_value>9d73b89bca32859a81da9faeb590b93bc9729e…</checksum_value>
</file>
<file>
<loc>1741-427X_v2014/1741-427X_v2014_10.1155%2f2014%2f982913/graphic/1741-427X_v2014_10.1155%2f2014%2f982913_004.tif</loc>
<mime_type>image/tiff</mime_type>
<role>component:figure graphic hires</role>
<checksum_type>sha512</checksum_type>
<checksum_value>16c1e314446c05c0ca44807d51f2c335414471e…</checksum_value>
</file>
<file>
<loc>1741-427X_v2014/1741-427X_v2014_10.1155%2f2014%2f982913/graphic/1741-427X_v2014_10.1155%2f2014%2f982913_005.tif</loc>
<mime_type>image/tiff</mime_type>
<role>component:figure graphic hires</role>
<checksum_type>sha512</checksum_type>
<checksum_value>09827f4eeb51e4deaf39992fe06598bfe6cf16c0…</checksum_value>
</file>
</item>
<item>
<identifier>
<type>doi</type>
<value>10.1155/2014/982914</value>
</identifier>
<update_state>replace</update_state>

```
<file>
    <loc>1741-427X_v2014/1741-427X_v2014_10.1155%2f2014%2f982914/1741-427X_v2014_10.1155%2f2014%2f982914.xml</loc>
    <mime_type>text/xml</mime_type>
    <role>text: marked up full text</role>
    <checksum_type>sha512</checksum_type>
    <checksum_value>1e824a69eb88434d814ea19b0ea…</checksum_value>
</file>
<file>
    <loc>1741-427X_v2014/1741-427X_v2014_10.1155%2f2014%2f982914/suppl/1741-427X_v2014_10.1155%2f2014%2f982914-suppl.pdf</loc>
    <mime_type>application/pdf</mime_type>
    <role>component: supplemental file</role>
    <checksum_type>sha512</checksum_type>
    <checksum_value>6f84b71bac71890fe519d81e0a23f134e31a…</checksum_value>
</file>
<file>
    <loc>1741-427X_v2014/1741-427X_v2014_10.1155%2f2014%2f982914/1741-427X_v2014_10.1155%2f2014%2f982914-sup.pdf</loc>
    <mime_type>application/pdf</mime_type>
    <role>rendition: page images</role>
    <checksum_type>sha512</checksum_type>
    <checksum_value>6f84b71bac71890fe519d81e0a23f134e31a…</checksum_value>
</file>
</item>
</container>
</manifest>
```


A.1.3 清单——文本版本（用于BagIt格式）

A.1.3.1 1级合规文档清单

bagit.txt

Source-Organization: Publisher X

Contact-Name: Jane Smith

Contact-Email: jsmith@pubx.com

PESC-Conformance: 1

Bagging-Date: 2014–09–16

PESC-Update-State: new

External-Identifier: 982913_20150126

Recipient-Organization: Archive Y

Recipient-Name: Fred Jones

Recipient-Email: fredj@archive.org

manifest.txt

item: doi=10.1155%2f2014%2f982913

[CHECKSUM] 1741–427X_v2014/1741–427X_v2014_10.1155%2f2014%2f982913/graphic/1741–427X_v2014_10.1155%2f2014%2f982913_001.tif mime_type= image/tiff role="component: figure graphic hires"

[CHECKSUM] 1741–427X_v2014/1741–427X_v2014_10.1155%2f2014%2f982913/graphic/1741–427X_v2014_10.1155%2f2014%2f982913_002.tif mime_type= image/tiff role="component: figure graphic hires"

[CHECKSUM] 1741–427X_v2014/1741–427X_v2014_10.1155%2f2014%2f982913/graphic/1741–427X_v2014_10.1155%2f2014%2f982913_003.tif mime_type= image/tiff role="component: figure graphic hires"

[CHECKSUM] 1741–427X_v2014/1741–427X_v2014_10.1155%2f2014%2f982913/graphic/1741–427X_v2014_10.1155%2f2014%2f982913_005.tif mime_type= image/tiff role="component: figure graphic hires"

[CHECKSUM] 1741–427X_v2014/1741–427X_v2014_10.1155%2f2014%2f982913/graphic/1741–427X_v2014_10.1155%2f2014%2f982913_001.tif mime_type= image/tiff role="component: figure graphic hires"

[CHECKSUM] 1741–427X_v2014/1741–427X_v2014_10.1155%2f2014%2f982913/1741–427X_v2014_10.1155%2f2014%2f982913.pdf mime_type=application/pdf role="rendition: page images"

[CHECKSUM] 1741–427X_v2014/1741–427X_v2014_10.1155%2f2014%2f982913/1741–427X_v2014_10.1155%2f2014%2f982913.xml mime_type=text/xml role="text: marked up full text"

item: doi=10.1155%2f2014%2f982914

[CHECKSUM] 1741–427X_v2014/1741–427X_v2014_10.1155%2f2014%2f982914/

suppl/1741-427X_v2014_10.1155%2f2014%2f982914-suppl.pdf mime_type=application/pdf role="component: supplemental file"

[CHECKSUM] 1741-427X_v2014/1741-427X_v2014_10.1155%2f2014%2f982914/1741-427X_v2014_10.1155%2f2014%2f982914.pdf mime_type=application/pdf role="rendition：page images"

[CHECKSUM] 1741-427X_v2014/1741-427X_v2014_10.1155%2f2014%2f982914/1741-427X_v2014_10.1155%2f2014%2f982914.xml mime_type=text/xml role="text：marked up full text"

注意：每行描述一个文件，每行的第一个值是该文件的校验和。

A.1.4 2级合规

对于符合2级合规的文件包，在清单文件的级别中将至少包括以下文件中的一个：（1）一个元数据文件（命名为“metadata”，带有适当的扩展名）；（2）一个包含出版信息的文件（命名为“pub-info”，带有适当的扩展名）。目前并没有关于这些文件具体包括什么的规定，但是建议遵守现有公认的标准，例如元数据文件需遵循NISO《JATS：期刊文章标签集》或《都柏林核心元数据元素集》标准。

附录B：用例的补充细节

B.1 导言

用例小组负责枚举和描述连续出版物数据交换的情景。该小组识别了交换过程中不同的机构参与者，并且归纳了交换的两大类型：主要是全文交换，或主要是元数据交换。该小组通过参与者和交换类型的各种组合，检测哪些参与者可能参与哪一类交换，以及为什么参与。

应当注意的是，这些对潜在交换的描述，并不意味着所有或任何所描述的交换必须在合作机构之间发生。同时，在给定的交换中并不是必须要包含所有已标识的数据类型。

此外，区分不同的参与者和不同的交换场景，能够细化交换问题，但在现实中，交换问题通常会在一个参与者向另外一个参与者发送某些类型内容的过程中产生。

B.2 参与者

以下列表描述了连续出版物内容交换中涉及的参与者。一些机构可能以多种身份运营（例如提供全文集成服务以及发现服务），而属于某个类别（图书馆）的一些机构可能在另一类别（档案馆）的机构所描述的特定情景中进行活动。对本文件感兴趣的组织应该从他们和连续出版物内容有关的功能的角度来理解这个列表。

- 出版商/预印提供商：负责内容的原始创建和内容标记的机构。就某些方面而言，这些参与者可视为出版流程的起点。预印提供商的代表如Techset、Dartmouth Journal Services（DJS）和TnQ。
- 出版商托管：提供对连续出版物内容在线访问的机构。可以是出版商本身或像Project MUSE®、High Wire或Atypon®这样的机构。
- 发现服务/搜索引擎：这类机构提供一种基于软件的服务，该服务接收连续出版物的元数据，并经常接收其全文，这些出版物内容经索引后可以为用户的研究提供深度检索能力和含有相关性排序的检索结果，出版商和集成商均与检索方式无关，例如EBSCO发现服务™、ProQuest®Summon®服务、ExLibris®Primo®以及谷歌学术搜索。
- 全文集成商：这类机构接收内容——通常包括全文、图像、视频/音乐——然后将内容重新打包，以供用户进行研究时检索并获取内容，例如EBSCOhost®、ProQuest®和Gale。
- 存档服务：这类机构接收和存储连续出版物的内容，旨在将内容存档。代表机构如Portico®、PubMed Central、机构知识库和国家图书馆。
- 摘要和索引（A&I）服务/数据库托管：这类机构创建A&I数据或代管其他机构创建的A&I数据。例如Innodata®、GreenPoint、专业图书馆编目（A&I服务）、Gale（A&I数据库）、MLA（A&I服务和数据库）。
- 图书馆：图书馆通常是最终客户，接收连续出版物元数据或全文内容，并作为产品由用户使用。例如，大学图书馆通过订阅或许可服务接收电子期刊的内容。
- 转换服务提供商：这类机构根据其他机构（例如出版商或存档服务）提供的内容，创建全文XML以及图像、元数据和其他文档。例如数据转换图书馆（DCL™）和Apex CoVantage。

B.3　情景

下面列出的情景用来帮助理解连续出版物内容交换发生的大环境。其中，明确了两个广泛应用的案例：全文内容的交换；用于发现的元数据（和潜在的全文内容）交换。

关于每个广泛应用的案例，一般场景以及能考虑到的任何变化描述如下。

B.3.1　全文内容交换

（1）发送单刊最新发行一期的全部内容。

a. 发送某未编号期中“早期发行”或“预印版（PAP）”的文章。

b. 发送某编号期中“早期发行”或“预印版（PAP）”的文章。

c.发送单个期刊新发行的内容：可以是单篇文章或者连续出版物（有或没有卷期号）。

d.发送单个期刊多期新发行的内容。

e.发送多个期刊多期新发行的内容。

（2）针对期刊的单篇文章，发送更正或者更新的全文内容。

a.发送某未编号期“早期发行”或“预印版（PAP）”的更新内容。

b.发送某编号期“早期发行”或“预印版（PAP）”文章的更新内容。

c.发送某一整期更正或更新的全文内容。

（3）针对先前发送的连续出版物款目，发送删除通知信息。

a.发送已交付的某一整期的删除通知。

b.发送已交付的单篇文章的删除通知。

c.发送已交付的特定文章的部分内容的删除通知。

B.3.2 仅用于发现系统的文章级元数据交换，包含或不包含全文

（1）向搜索引擎和A&I服务发送单刊（整期）最新发行的文章元数据：不含全文。

（2）向搜索引擎和A&I服务发送单刊（整期）最新发行的文章元数据：含有全文以供索引。

a.发送单刊最新发行的内容：早期发行的文章。

b.发送单刊最新发行的内容：单篇文章。

c.发送单刊最新发行的内容：多卷期。

d.发送多个期刊/多卷期最新发行的内容。

e.发送单刊新近数字化的过刊内容：回溯。

（3）发送已交付的文章元数据的更正/更新内容：不含全文。

a.发送“文章早期版本”记录的替代元数据。

b.发送更正或更新的文章元数据：整期。

（4）发送已交付的文章元数据的更正/更新内容：含有全文以供索引。

a.发送更正或更新的文章元数据，含有全文以供索引：整期。

（5）发送已交付的连续出版物款目元数据的删除请求。

a.发送某一整期的删除通知。

b.发送已交付的文章级元数据的删除通知。

c.发送已交付文章的部分元数据的删除通知。

表6–1–1总结了不同参与者之间常见的内容交换。与上文中场景列表的目的相同，该表用于说明不同的场景，而不是明确列举可能在参与者之间发生的任何潜在交换；参与者始终可以协商其交换的内容。

表6-1-1　参与者之间发送连续出版物相关数据的场景

接受者（to）→ 发出者（from）	出版商/预印提供商（Publisher/Prepress Vendor）	出版商托管（Publisher Host）	发现服务/搜索引擎（Discovery/Search Engine）	全文集成商（Full-Text Aggregator）	存档服务（Archiving Service）	摘要和索引服务/数据库托管（A&I Service/Database Host）	图书馆（Library）	转换服务提供商（Conversion Vendor）
出版商/预印提供商（Publisher/Prepress Vendor）		FT/MD	FT/MD	FT/MD	FT/MD	FT/MD	FT/MD	
出版商托管（Publisher Host）			MD	MD	FT/MD	FT/MD	FT/MD	FT
全文集成商（Full-Text Aggregator）			MD		FT/MD	MD		
存档服务（Archiving Service）		FT/MD	MD		FT/MD			
摘要和索引服务/数据库托管（A&I Service/Database Host）			MD			MD		
转换服务提供商（Conversion Vendor）	FT/MD	FT/MD		FT/MD	FT/MD		FT/MD	

附录C：如何申请ISSN和DOI

本节内容摘自NISO出版的《PIE-J：电子期刊的展示与标识》（NISO RP-16-2013）。

C.1　国际标准连续出版物号（ISSN）

国际标准连续出版物号（ISSN）是连续出版物和类似出版物中最广泛使用的国际标识符。ISSN的适用范围包括纸本或数字形式的期刊、杂志、通讯、年鉴，以及诸如持续更新的数据库和指南等资源。作为唯一能识别连续出版物的ISSN，它在诸如链接解析器、电子资源管理系统、文章数据库、期刊集成资源和图书馆目录等系统和服务中是一项关键标识符。ISSN为出版商、图书馆、订阅机构、邮政服务、知识产权管理机构、档案馆、数字化领域、图书馆联合目录及其他所使用。

以下是ISSN的一些关键要点。更多完整的信息请参考ISSN国际中心网站（http://www.issn.org）。

- 缩写“ISSN”既是单数形式也是复数形式。
- 在巴黎ISSN国际中心的协调下，ISSN由全球88个国家的ISSN中心分配。每个国家的ISSN中心将ISSN分配给在本国出版的连续性资源。ISSN国际中心为没有

ISSN中心的国家的连续性资源分配ISSN。

- 申请人应根据其出版地所在国家向适当的ISSN中心提出申请。如果涉及多个国家，应向被视为主要出版地所在国家申请。如果出版地所在国家没有ISSN中心，应向ISSN国际中心申请。对于跨国出版商的连续出版物，ISSN的分配按国家中心之间拟定的协议进行管理（协议列表见http://www.issn.org/2-22649-Multinational-publishers.php）。
- ISSN通常可以在第一期出版之前或之后的任何时间分配。如在出版物出版之前提交ISSN申请，须确保出版信息（例如标题、版本说明、预定出版日期）已经固定。
- 申请获得ISSN不收取费用。
- 期刊的每种介质载体需要一个单独的ISSN。例如，纸本一个ISSN，在线版本则需不同的ISSN，只读光盘（CD-ROM）版本需要另一个ISSN。
- ISSN应在资源页面显著的位置上显示。如果出版物具有多种版本，例如纸本和在线，则应当在每个版本上同时呈现两个版本的ISSN并附相应的标签，以便它们可以被区分。例如，ISSN XXXX-XXXX（纸本）；ISSN YYYY-YYYY（在线）。
- ISSN-L（链接ISSN）支持连续性资源的不同介质版本之间的配置或链接。ISSN-L是分配给某个资源的不同介质版本的ISSN中的一个，用于将同一资源的特定介质的ISSN聚合在一起。无论某连续性资源存在多少不同的介质版本，仅指定一个ISSN-L。一个连续性资源仅与一个ISSN-L相关联。ISSN-L不对同一资源的较早和较晚的刊名进行聚合。相关的ISSN-L还可以显示在每个介质版本上，与每种介质版本的ISSN一起显示，例如ISSN-L YYYY-YYYY（链接ISSN）。
- ISSN可以分配给停止出版的期刊，无论该期刊是纸本还是数字格式。这使得ISSN可应用于存档和数字化项目。
- ISSN可由主要出版商或需要连续出版物唯一标识符的其他机构提出申请。需要大量ISSN的项目需联系相应的ISSN中心进行商讨。
- 如果主管的ISSN中心确定某刊名有重大更改，根据ISSN政策，需分配新的ISSN。刊名的微小调整，例如开头不定冠词或介词的变化，则不需要注册新的ISSN。其他可能看起来很小的刊名变化，例如副刊名调整，可以申请新的ISSN，因为图书馆编目规则认为所改变的是刊名主体的一部分。出版商在所有这些情况下应联系他们的ISSN中心，以确定是否需要新的ISSN。在图书馆系统和ISSN数据库中，任何刊名变更都会分配新ISSN，而新旧ISSN之间会建立链接。
- 所有ISSN分配都附有元数据，包括连续出版物的出版日期，出版地和出版商（现在和之前），刊名别称、早期和之后的刊名，相关介质版本。
- ISSN和ISSN元数据收录在ISSN国际中心的ISSN注册数据库中，该数据库可为多种产品提供使用：ISSN门户网站、在线网络订阅产品、数据文件、开放存档先导计划—元数据收割协议（OAI-PMH）网络服务和其他。

- ISSN与许多其他元数据和标识标准进行互操作。例如，ISSN或ISSN-L可以嵌入DOI或OpenURL中。参见ISSN国际标准ISO 3297示例。

C.2　开放式参考链接系统和数字对象唯一标识符

开放式参考链接系统（CrossRef）是一个独立会员组织和数字对象唯一标识符（DOI®）的注册机构，为学术出版商提供协作服务。CrossRef DOI是跨出版商引文链接网络的核心，涵盖期刊、图书、会议论文、标准和技术报告等各种类型的内容。

CrossRef是国际DOI基金会（IDF）的成员。该基金会是一个非营利会员制组织，是提供DOI服务和注册的注册机构联合会的治理和管理机构，也是DOI系统之ISO标准的注册机构（ISO 26324，http://www.doi.org/）。其他注册机构包括Airiti Inc.、中国知网（CNKI）、DataCite、娱乐标识符登记处（EIDR）、中国科学技术信息研究所（ISTIC）、日本链接中心（JaL C）、多语种欧洲DOI注册机构（mEDRA）和欧盟出版局（OP）。

出版商会员提交基本引文元数据以及与之相连的每个通过CrossRef注册的DOI。每个CrossRef DOI必须链接到包含DOI解析的书目信息的响应页面。CrossRef刊名级DOI无法标识作为整体的期刊。相反，它标识并创建一个到期刊主页的持久链接，以确保对该期刊有关信息的持续访问。

有关CrossRef和DOI的完整信息，请参阅CrossRef网站：http://crossref.org。

刊名级DOI的最佳实施规范

CrossRef DOIs已经为众多学科的2万余种期刊注册。虽然为期刊创建DOI不是对CrossRef出版商的硬性要求，但强烈建议他们这样做。刊名级DOI没有存放费用。刊名层级DOI的最佳实践如下：

- 应为储存在CrossRef的每种期刊的每个版本创建一个不同的DOI。任何变更需要新的ISSN时也应该产生新的刊名级DOI。
- 刊名级DOI应当解析到CrossRef数据库中、显示相同刊名和ISSN的一个响应页面。
- 一旦分配，就应保持刊名级DOI。
- 当期刊所有权变更时，刊名级DOI维护的责任转交给新的所有者。

CrossRef系统中刊名和ISSN管理

CrossRef系统中的刊名信息来自首次将某期刊储存到该系统时出版商所提供的元数据。ISSN用作CrossRef系统中刊名的主要标识符——用于刊名级DOI的元数据限于刊名、刊名缩写、ISSN和期刊URL。出版商决定了储存在系统中的准确刊名和ISSN。储存在CrossRef的每种期刊至少需提供一个ISSN，但鼓励出版商提交期刊所有的ISSN（CrossRef目前不支持储存元数据时提交ISSN-L。ISSN-L可以由CrossRef工作人员添加为“备用ISSN”。备用ISSN用于帮助查询匹配，但未包含在请求获得的元数据中）。

刊名和ISSN的组合未经外部机构验证。每个提交储存的期刊都会经过一个数字验证。一旦CrossRef系统中已存在某刊名或ISSN，在没有CrossRef干预的情况下，便无法创建具有相同刊名或ISSN的新出版物。当出版商请求对刊名做重大更改时，应指引他们向相关机构申请新的ISSN。

附录D：相关标准和推荐实施规范

本节主要涉及与本文相关的现有标准、最佳实践和技术。本节所包含的信息并不详尽。

D.1 文件格式

D.1.1 BagIt格式

BagIt格式是一种使用分层结构的文件打包格式。BagIt规范所描述的结构可用于创建符合本实施规范的文件包。

《BagIt文件打包格式（版本0.97）》[The Bagit File Packaging Formet (vo.97)]，IETF互联网草案，互联网工程任务组，2014年1月28日。http://tools.ietf.org/html/draft-kunze-bagit-10

D.1.2 Tar格式

Tar格式最初是作为磁带归档（并由此得名）的格式开发的，但是后来发展成一种以单个文件包归档和传送多个文件、目录和对象的格式。

《TAR（5）手册》[TAR (5) Manual] [网页]：https://github.com/libarchive/libarchive/wiki/ManPageTar5

D.1.3 ZIP格式

ZIP格式是一种文件打包格式和无损压缩程序，目前已经在公共领域使用。

《ZIP文件格式规范》（ZIP File Format Specification），使用说明，6.3.3版本，PKWare公司，2012年9月1日。https://www.pkware.com/documents/casestudies/APPNOTE.TXT

D.2 文件传输

Aspera [网站]：http://asperasoft.com/

《开放存档先导计划之对象重用和交换协议（OAI-ORE）——抽象数据模型》[Open Archives Initiative Object Reuse and Exchange (OAI-ORE) Specification-Abstract Data Model]，*开放存档先导计划，2008年10月17日*，参见：

http://www.openarchives.org/ore/1.0/datamodel

Rsync [网站]：http://rsync.samba.org/

D.3 校验和

Microsoft文件校验和完整性验证：

http://www.microsoft.com/en-us/download/details.aspx?id=11533

MD5 & SHA校验工具包2.0（MD5 & SHA Checksum Utility 2.0）：http://raylin.wordpress.com/

D.4 标识符

D.4.1 数字对象唯一标识符

DOI是内容对象的唯一、持久和可操作的数字标识符。DOI的后台是一个基础设施“系统”，为确保DOI标识符的持久性而建。就本推荐实施规范中所讨论的文件包而言，DOI可以用作该文件包中连续出版物款目的标识符。有关DOI的获取和使用的信息，请参阅附录C.2。

《数字对象唯一标识符语法》（Syntax for the Digital Object Identifier），ANSI / NISO Z39.84–2005(R2010)。贝塞斯达，马里兰州：美国国家信息标准协会，2005年9月30日，2010年5月13日重申。http://www.niso.org/standards/z39–84–2005/

《信息与文献　数字对象唯一标识符系统》（Information and Documentation—Digital Object Identifier System），ISO 26324:2012。日内瓦：国际标准化组织，2012年4月23日。

http://www.iso.org/iso/catalogue_detail.htm?csnumber=43506

D.4.2 国际标准连续出版物号

国际标准连续出版物号（ISSN）可以唯一标识连续出版物，因此在识别被传送的连续出版物款目是否归属于某特定连续出版物时非常有用。有关获取和使用ISSN的更多信息，请参阅附录C.1。

有关ISSN的一般信息，请访问http://www.issn.org。

《信息与文献　国际标准连续出版物号》[Information and Documentation-International Standard Serial Number (ISSN)，ISO 3297:2007]。日内瓦：国际标准化组织，2007年。

http://www.iso.org/iso/catalogue_detail?csnumber=39601

D.5 元数据

本节所列标准和规范，可用于描述本文中所列出的各种合规级别所要求的连续出版物的元数据方法。

D.5.1 都柏林核心元数据

《都柏林核心元数据元素集》（The Dublin Core Metadata Element Set）1.1版本。都柏林核心元数据计划，2012年6月14日。

http://www.dublincore.org/documents/dces/

同时亦发布为：

ANSI/NISO Z39.85（http://www.niso.org/standards/z39-85-2012）

ISO 15836（http://www.iso.org/iso/catalogue_detail?csnumber=52142）.

D.5.2 JATS：期刊文章标签集

《JATS：期刊文章标签集》（Journal Article Tag Suite），ANSI / NISO Z39.96-2012。巴尔的摩，马里兰州：美国国家信息标准协会，2012年8月9日。http://www.niso.org/standards/z39-96-2012/

《JATS：期刊文章标签集》支持文献网站：http://jats.nlm.nih.gov/

D.5.3 机读目录

《MARC标准》，美国国会图书馆。http://www.loc.gov/marc

D.5.4 媒介类型

《媒体类型规定和注册过程》（Media Type Specifications and Registration Procedures），RFC 6838，互联网工程任务组，2013年1月。http://www.rfc-editor.org/rfc/rfc6838.txt

注意：先前也称作MIME类型。

D.5.5 用于连续出版物的ONIX

《连续出版物在线信息交换标准》（ONIX for Serials），EDItEUR，http://www.editeur.org/17/ONIX-for-Serials/

D.6 其他相关标准和推荐实施规范

《开放存档信息系统》（Open Archival Information System，OAIS），CCSDS推荐实施650.0–M–2，华盛顿特区：美国空间数据系统委员会，2012年6月。可见于：http://public.ccsds.org/publications/archive/650x0m2.pdf

也发布为：ISO 14721:2012，http://www.iso.org/iso/catalogue_detail.htm?csnumber=57284

《PIE-J：电子期刊的展示与标识》（PIE-J: The Presentation & Identification of E-Journals），NISO RP–16–2013。巴尔的摩，马里兰州：美国国家信息标准协会，2013年3月。可见于：http://www.niso.org/publications/rp/rp–16–2013

《推荐格式规范》（Recommended Format Specifications），华盛顿特区：美国国会图书馆。可见于：http://www.loc.gov/preservation/resources/rfs/

附录E：常见问题

本推荐实施规范发布时的常见问题（FAQ）如下所示。常见问题的最新版本，请访问http://www.niso.org/workrooms/pesc/。

1. 如何在清单中显示其他文件，如清单内的补充材料？

补充材料文件将与清单中的其他文件一起列出。例如，在合规级别为0的清单的xml版本中：

```
<container>
    <item>
        <file>folder1/folder2/article.xml</file>
        <file>folder1/folder2/article.pdf</file>
        <file>folder1/folder2/image1.tif</file>
        <file>folder1/folder2/image1.jpg</file>
        <file>folder1/folder2/image2.tif</file>
        <file>folder1/folder2/image2.jpg</file>
        <file>folder1/folder2/sup-mat-1.doc</file>
    </item>
</container>
```

对于合规级别为1的清单，文件的基本结构同上，除了<file>元素将包含子元素保存文件位置和其他所需信息（请参阅附录A中合规级别为1的文件示例）。

2. 如果需要为单个内容款目接收两个数据流，该怎么办？例如，如果我想向某人发送文章的全文和图像，但是补充数据文件可能从另一个数据源发送？

虽然在撰写本文时没有委员会成员看到这种用例，但它有可能会在未来出现。PESC推荐的做法应该能够处理这种情况。其中需要确保发送者使用合规级别1或2，以确保每个单独的款目有一个唯一的标识符。在这种情况下，如果内容的第二部分以单独的文件包到达接收方，因其具有与先前项相同的标识符，将会触发接收方进一步检查文件包，特别是<更新状态>（<update_state>）元素，该元素可以表明第二次到达的部分是对第一次到达的内容的添加。

附录F：PESC合规级别的XSD框架

这些框架仅供参考，可能会更改。当实施PESC时，请参考以下网站中的模式和示例文件：http://www.niso.org/workrooms/pesc/。

F.1　合规级别为0

```
<xs:schema xmlns:xs="http://www.w3.org/2001/XMLSchema">
    <xs:element name="manifest">
        <xs:annotation>
```

```
            <xs:documentation>The &lt; manifest&gt, element contains the manifest for
                the package.</xs:documentation>
        </xs:annotation>
        <xs:complexType>
            <xs:sequence>
                <xs:element ref="package_info"/>
                <xs:element ref="container"/>
            </xs:sequence>
        </xs:complexType>
    </xs:element>
    <xs:element name="package_info">
        <xs:annotation>
            <xs:documentation>The &lt; package_info&gt; element contains metadata
                that relates to the entire package being delivered.</xs: documentation>
        </xs:annotation>
        <xs:complexType>
            <xs:sequence>
                <xs:element ref="conformance"/>
                <xs:element ref="created"/>
                <xs:element ref="default_update_state"/>
                 <xs:element ref="sender"/>
                <xs:element ref="recipient"/>
            </xs:sequence>
        </xs:complexType>
    </xs:element>
    <xs:element name="conformance" type="xs: integer">
        <xs:annotation>
            <xs:documentation>The &lt; conformance&gt; element contains the level of
                conformance to the PESC recommended practice. When using this schema
                the value should be "0".</xs: documentation>
        </xs:annotation>
    </xs:element>
    <xs:element name="created" type="xs： date">
        <xs:annotation>
```

```xml
        <xs:documentation>The &lt; created&gt; element contains the data the
            package was created in the format YYY-MM-DD.</xs:documentation>
    </xs:annotation>
</xs:element>
<xs:element name="sender" type="contact">
    <xs:annotation>
        <xs:documentation>The &lt; sender&gt; element contains contact information for
            the sender of the package.</xs:documentation>
    </xs:annotation>
</xs:element>
<xs:element name="recipient" type="contact">
    <xs:annotation>
        <xs:documentation>The &lt; recipient&gt; element contains contact
            information for the recipient of the package.</xs: documentation>
    </xs:annotation>
</xs:element>
<xs:element name="default_update_state">
    <xs:annotation>
        <xs:documentation>The &lt; default_update_state&gt; element contains
            contains a value that indicates the nature of the package contents (new,
            replace, version, or delete). This value applies to all items in the package
            unless the element &lt; update_state&gt; gives a different value for
            particular &lt; item&gt; elements.</xs:documentation>
    </xs:annotation>
    <xs:simpleType>
        <xs:restriction base="xs: string">
            <xs:enumeration value="new"/>
            <xs:enumeration value="replace"/>
            <xs:enumeration value="version"/>
            <xs:enumeration value="delete"/>
        </xs:restriction>
    </xs:simpleType>
</xs:element>
<xs:complexType name="contact">
```

```
        <xs:annotation>
            <xs:documentation>"contact" is a complex type that describes contact information
                for the sender and recipient of the package.</xs:documentation>
        </xs:annotation>
        <xs:sequence>
            <xs:element ref="name"/>
            <xs:element ref="email"/>
            <xs:element ref="organization"/>
        </xs:sequence>
    </xs:complexType>
    <xs:element name="name" type="xs: string">
        <xs:annotation>
            <xs:documentation>The &lt; name&gt; element contains the name of a
                contact. There are no constraints on how the name is formatted.</xs:
                documentation>
        </xs:annotation>
    </xs:element>
    <xs:element name="email" type="email">
        <xs:annotation>
            <xs:documentation>The &lt; email&gt; element contains contains an email
                address of a contact.</xs: documentation>
        </xs:annotation>
    </xs:element>
    <xs:element name="organization" type="xs: string">
        <xs:annotation>
            <xs:documentation>The &lt; organization&gt; element contains the name of
                the organization of the contact.</xs: documentation>
        </xs:annotation>
    </xs:element>
    <xs:simpleType name="email">
        <xs:restriction base="xs: string">
            <xs:pattern value="[A-Za-z0-9._%+-]+@[A-Za-z0-9.-]+\.[A-Za-z]
                {2, 6}"/>
        </xs:restriction>
```

```
</xs:simpleType>
<xs:element name="container">
    <xs:annotation>
        <xs:documentation>The &lt; container&gt; element may contain
            additional &lt; container&gt; elements or &lt; item&lt; elements.
            &lt; container&gt; represents a folder, or directory. By nesting &lt;
            container&gt; elements you can reproduce the nesting of volume/issue.
            </xs:documentation>
    </xs:annotation>
    <xs:complexType>
        <xs:choice>
            <xs:element maxOccurs="unbounded" ref="container"/>
            <xs:element maxOccurs="unbounded" ref="item"/>
        </xs:choice>
    </xs:complexType>
</xs:element>
<xs:element name="item">
    <xs:annotation>
        <xs:documentation>The &lt; item&gt; element contains references to
            the files that make up a single item, such as a journal article.</xs:
            documentation>
    </xs:annotation>
    <xs:complexType>
        <xs:sequence>
            <xs:element ref="update_state" minOccurs="0"/>
            <xs:element maxOccurs="unbounded" ref="file"/>
        </xs:sequence>
    </xs:complexType>
</xs:element>
<xs:element name="update_state">
    <xs:annotation>
        <xs:documentation>The &lt; update_state&gt; element contains contains
            a value that indicates the nature of the package contents (new, replace,
            version, or delete). This element is optional; it should be used only when
```

```
                the &lt; update_state&gt; of an item is different than the &lt; default_
                update_state&gt; of the package.</xs:documentation>
        </xs:annotation>
        <xs:simpleType>
            <xs:restriction base="xs: string">
                <xs:enumeration value="new"/>
                <xs:enumeration value="replace"/>
                <xs:enumeration value="version"/>
                <xs:enumeration value="delete"/>
            </xs:restriction>
        </xs:simpleType>
    </xs:element>
    <xs:element name="file" type="xs: anyURI">
        <xs:annotation>
            <xs:documentation>The &lt; file&gt; element contains the location of a
                particular file in the package.</xs:documentation>
        </xs:annotation>
    </xs:element>
</xs:schema>
```

F.2 合规级别为 1

```
<xs:schema xmlns:xs="http://www.w3.org/2001/XMLSchema">
    <xs:element name="manifest">
        <xs:annotation>
            <xs:documentation>The &lt; manifest&gt; element contains the manifest for
                the package.</xs:documentation>
        </xs:annotation>
        <xs:complexType>
            <xs:sequence>
                <xs:element ref="package_info"/>
                <xs:element ref="container"/>
            </xs:sequence>
        </xs:complexType>
    </xs:element>
```

```
<xs:element name="package_info">
    <xs:annotation>
        <xs:documentation>The &lt; package_info&gt; element contains metadata
            that relates to the entire package being delivered.</xs:documentation>
    </xs:annotation>
    <xs:complexType>
        <xs:sequence>
            <xs:element ref="conformance"/>
            <xs:element ref="created"/>
            <xs:element ref="id"/>
            <xs:element ref="default_update_state"/>
            <xs:element ref="sender"/>
            <xs:element ref="recipient"/>
        </xs:sequence>
    </xs:complexType>
</xs:element>
<xs:element name="conformance" type="xs:integer">
    <xs:annotation>
        <xs:documentation>The &lt; conformance&gt; element contains the level
            of conformance to the PESC recommended practice. When using this
            schema the value should be "0".</xs:documentation>
    </xs:annotation>
</xs:element>
<xs:element name="created" type="xs:date">
    <xs:annotation>
        <xs:documentation>The &lt; created&gt; element contains the
            data the package was created in the format YYY-MM-DD.</
            xs:documentation>
    </xs:annotation>
</xs:element>
<xs:element name="id" type="xs:string">
    <xs:annotation>
        <xs:documentation>The &lt; id&gt; element contains an identifier for the
            package.</xs:documentation>
```

```
        </xs:annotation>
    </xs:element>
    <xs:element name="sender" type="contact">
        <xs:annotation>
            <xs:documentation>The &lt; sender&gt; element contains contact
                information for the sender of the package.</xs:documentation>
        </xs:annotation>
    </xs:element>
    <xs:element name="recipient" type="contact">
        <xs:annotation>
            <xs:documentation>The &lt; recipient&gt; element contains contact
                information for the recipient of the package.</xs:documentation>
        </xs:annotation>
    </xs:element>
    <xs:element name="default_update_state">
        <xs:annotation>
            <xs:documentation>The &lt; default_update_state&gt; element contains
                contains a value that indicates the nature of the package contents
                (new, replace, version, or delete). This value applies to all items in
                the package unless the element &lt; update_state&gt; gives a different
                value for particular &lt; item&gt; elements.</xs:documentation>
        </xs:annotation>
        <xs:simpleType>
            <xs:restriction base="xs:string">
                <xs:enumeration value="new"/>
                <xs:enumeration value="replace"/>
                <xs:enumeration value="version"/>
                <xs:enumeration value="delete"/>
            </xs:restriction>
        </xs:simpleType>
    </xs:element>
    <xs:complexType name="contact">
        <xs:annotation>
            <xs:documentation>"contact" is a complex type that describes
```

```
            contact information for the sender and recipient of the package.</
            xs:documentation>
        </xs:annotation>
            <xs:sequence>
                <xs:element ref="name"/>
                <xs:element ref="email"/>
                <xs:element ref="organization"/>
            </xs:sequence>
        </xs:complexType>
<xs:element name="name" type="xs:string">
        <xs:annotation>
            <xs:documentation>The &lt; name&gt; element contains the name of a
            contact. There are no constraints on how the name is formatted.</xs:
            documentation>
        </xs:annotation>
</xs:element>
<xs:element name="email" type="email">
        <xs:annotation>
            <xs:documentation>The &lt; email&gt; element contains contains an
            email address of a contact.</xs:documentation>
        </xs:annotation>
</xs:element>
<xs:element name="organization" type="xs:string">
        <xs:annotation>
            <xs:documentation>The &lt; organization&gt; element contains the name
            of the organization of the contact.</xs:documentation>
        </xs:annotation>
</xs:element>
<xs:simpleType name="email">
        <xs:restriction base="xs:string">
            <xs:pattern value="[A-Za-z0-9._%+-]+@[A-Za-z0-9.-]+\.[A-Za-z]
            {2, 6}"/>
        </xs:restriction>
</xs:simpleType>
```

```xml
<xs:element name="container">
    <xs:annotation>
        <xs:documentation>The &lt; container&gt; element may contain additional &lt; container&gt; elements or &lt; item&lt; elements. &lt; container&gt; represents a folder, or directory. By nesting &lt; container&gt; elements you can reproduce the nesting of volume/ issue.</xs:documentation>
    </xs:annotation>
    <xs:complexType>
        <xs:choice>
            <xs:element maxOccurs="unbounded" ref="container"/>
            <xs:element maxOccurs="unbounded" ref="item"/>
        </xs:choice>
    </xs:complexType>
</xs:element>
<xs:element name="item">
    <xs:annotation>
        <xs:documentation>The &lt; item&gt; element contains references to the files that make up a single item, such as a journal article.</xs:
            documentation>
    </xs:annotation>
    <xs:complexType>
        <xs:sequence>
            <xs:element ref="identifier"/>
            <xs:element ref="update_state" minOccurs="0"/>
            <xs:element maxOccurs="unbounded" ref="file"/>
        </xs:sequence>
    </xs:complexType>
</xs:element>
<xs:element name="identifier">
    <xs:annotation>
        <xs:documentation>The &lt; identifier&gt; element contains an identifier for an item in a known system.</xs:documentation>
    </xs:annotation>
```

```
        <xs:complexType>
            <xs:sequence>
                <xs:element ref="type"/>
                <xs:element ref="value"/>
            </xs:sequence>
        </xs:complexType>
    </xs:element>
    <xs:element name="type" type="xs:string">
        <xs:annotation>
            <xs:documentation>The &lt; type&gt; element holds the name of the
                system used for the identifier. Examples are "doi" or "pmid".</xs:
                documentation>
        </xs:annotation>
    </xs:element>
    <xs:element name="value" type="xs:string">
        <xs:annotation>
            <xs:documentation>The &lt; value&gt; element holds the value of the
                identifier.</xs:documentation>
        </xs:annotation>
    </xs:element>
    <xs:element name="update_state">
        <xs:annotation>
            <xs:documentation>The &lt; update_state&gt; element contains contains
                a value that indicates the nature of the package contents (new, replace,
                version, or delete). This element is optional; it should be used only
                when the &lt; update_state&gt; of an item is different than the &lt;
                default_update_state&gt; of the package.</xs:documentation>
        </xs:annotation>
        <xs:simpleType>
            <xs:restriction base="xs:string">
                <xs:enumeration value="new"/>
                <xs:enumeration value="replace"/>
                <xs:enumeration value="version"/>
                <xs:enumeration value="delete"/>
```

```
            </xs:restriction>
        </xs:simpleType>
    </xs:element>
    <xs:element name="file">
        <xs:annotation>
            <xs:documentation>The &lt; file&gt; element contains the location of a
                particular file in the package.</xs:documentation>
        </xs:annotation>
        <xs:complexType>
            <xs:sequence>
                <xs:element ref="loc"/>
                <xs:element ref="mime_type"/>
                <xs:element ref="role"/>
                <xs:element ref="checksum_type"/>
                <xs:element ref="checksum_value"/>
            </xs:sequence>
        </xs:complexType>
    </xs:element>
    <xs:element name="loc" type="xs:anyURI">
        <xs:annotation>
            <xs:documentation>The &lt; loc&gt; element contains the location of the
                file in the package.</xs:documentation>
        </xs:annotation>
    </xs:element>
    <xs:element name="mime_type" type="xs:string">
        <xs:annotation>
            <xs:documentation>The &lt; mime_type&gt; element contains the mime-
                type of the file.</xs:documentation>
        </xs:annotation>
    </xs:element>
    <xs:element name="role" type="xs:string">
        <xs:annotation>
            <xs:documentation>The &lt; role&gt; element contextualizes the file in
                relation to other files in the package. Examples are "component:figure
```

```
                graphic web" or "component:figure graphic thumbnail".</
                xs:documentation>
            </xs:annotation>
        </xs:element>
        <xs:element name="checksum_type" type="xs:string">
            <xs:annotation>
                <xs:documentation>The &lt; checksum_type&gt; element contains the name
                    of the algorithm used to generate the checksum.</xs:documentation>
            </xs:annotation>
        </xs:element>
        <xs:element name="checksum_value" type="xs:string">
            <xs:annotation>
                <xs:documentation>The &lt; checksum_value&gt; element contains the
                    value of the generated checksum for the file.</xs:documentation>
            </xs:annotation>
        </xs:element>
    </xs:schema>
```

F.3　合规级别为2

```
<xs:schema xmlns:xs="http://www.w3.org/2001/XMLSchema">
    <xs:element name="manifest">
        <xs:annotation>
            <xs:documentation>The &lt; manifest&gt; element contains the manifest for
                the package.</xs:documentation>
        </xs:annotation>
        <xs:complexType>
            <xs:sequence>
                <xs:element ref="package_info"/>
                <xs:element ref="container"/>
            </xs:sequence>
        </xs:complexType>
    </xs:element>
    <xs:element name="package_info">
        <xs:annotation>
```

```
        <xs:documentation>The &lt; package_info&gt; element contains metadata
            that relates to the entire package being delivered.</xs:documentation>
    </xs:annotation>
        <xs:complexType>
            <xs:sequence>
                <xs:element ref="conformance"/>
                <xs:element ref="created"/>
                <xs:element ref="id"/>
                <xs:element ref="default_update_state"/>
                <xs:element ref="sender"/>
                <xs:element ref="recipient"/>
            </xs:sequence>
        </xs:complexType>
</xs:element>
<xs:element name="conformance" type="xs:integer">
        <xs:annotation>
            <xs:documentation>The &lt; conformance&gt; element contains the
                level of conformance to the PESC recommended practice. When
                using this schema the value should be "0".</xs:documentation>
        </xs:annotation>
</xs:element>
<xs:element name="created" type="xs:date">
        <xs:annotation>
            <xs:documentation>The &lt; created&gt; element contains the data the
                package was created in the format YYY-MM-DD.</xs:documentation>
        </xs:annotation>
</xs:element>
<xs:element name="id" type="xs:string">
        <xs:annotation>
            <xs:documentation>The &lt; id&gt; element contains an identifier for
                the package.</xs:documentation>
        </xs:annotation>
</xs:element>
<xs:element name="sender" type="contact">
```

```xml
        <xs:annotation>
            <xs:documentation>The &lt; sender&gt; element contains contact
                information for the sender of the package.</xs:documentation>
        </xs:annotation>
    </xs:element>
    <xs:element name="recipient" type="contact">
        <xs:annotation>
            <xs:documentation>The &lt; recipient&gt; element contains contact
                information for the recipient of the package.</xs:documentation>
        </xs:annotation>
    </xs:element>
    <xs:element name="default_update_state">
        <xs:annotation>
            <xs:documentation>The &lt; default_update_state&gt; element contains
                contains a value that indicates the nature of the package contents
                (new, replace, version, or delete). This value applies to all items in the
                package unless the element &lt; update_state&gt; gives a different
                value for particular &lt; item&gt; elements.</xs:documentation>
        </xs:annotation>
        <xs:simpleType>
            <xs:restriction base="xs:string">
                <xs:enumeration value="new"/>
                <xs:enumeration value="replace"/>
                <xs:enumeration value="version"/>
                <xs:enumeration value="delete"/>
            </xs:restriction>
        </xs:simpleType>
    </xs:element>
    <xs:complexType name="contact">
        <xs:annotation>
            <xs:documentation>"contact" is a complex type that describes contact
                information for the sender and recipient of the package.</xs:documentation>
        </xs:annotation>
            <xs:sequence>
```

```
                <xs:element ref="name"/>
                <xs:element ref="email"/>
                <xs:element ref="organization"/>
            </xs:sequence>
    </xs:complexType>
    <xs:element name="name" type="xs:string">
        <xs:annotation>
            <xs:documentation>The &lt; name&gt; element contains the name of a contact. There are no constraints on how the name is formatted.</xs:documentation>
        </xs:annotation>
    </xs:element>
    <xs:element name="email" type="email">
        <xs:annotation>
            <xs:documentation>The &lt; email&gt; element contains contains an email address of a contact.</xs:documentation>
        </xs:annotation>
    </xs:element>
    <xs:element name="organization" type="xs:string">
        <xs:annotation>
            <xs:documentation>The &lt; organization&gt; element contains the name of the organization of the contact.</xs:documentation>
        </xs:annotation>
    </xs:element>
    <xs:simpleType name="email">
        <xs:restriction base="xs:string">
            <xs:pattern value="［A-Za-z0-9._%+-］+@［A-Za-z0-9.-］+\.［A-Za-z］{2，6}"/>
        </xs:restriction>
    </xs:simpleType>
    <xs:element name="container">
        <xs:annotation>
            <xs:documentation>The &lt; container&gt; element may contain additional &lt; container&gt; elements or &lt; item&lt; elements. &lt; container&gt;
```

```
                represents a folder, or directory. By nesting &lt; container&gt; elements
                you can reproduce the nesting of volume/issue.</xs:documentation>
        </xs:annotation>
        <xs:complexType>
            <xs:choice>
                <xs:element maxOccurs="unbounded" ref="container"/>
                <xs:element maxOccurs="unbounded" ref="item"/>
            </xs:choice>
        </xs:complexType>
</xs:element>
<xs:element name="item">
        <xs:annotation>
            <xs:documentation>The &lt; item&gt; element contains references to
                the files that make up a single item, such as a journal article.</xs:
                documentation>
        </xs:annotation>
        <xs:complexType>
            <xs:sequence>
                <xs:element ref="identifier"/>
                <xs:element ref="update_state" minOccurs="0"/>
                <xs:element ref="metadata"/>
                <xs:element ref="publication"/>
                <xs:element maxOccurs="unbounded" ref="file"/>
            </xs:sequence>
        </xs:complexType>
</xs:element>
<xs:element name="identifier">
        <xs:annotation>
            <xs:documentation>The &lt; identifier&gt; element contains an
                identifier for an item in a known system.</xs:documentation>
        </xs:annotation>
        <xs:complexType>
            <xs:sequence>
                <xs:element ref="type"/>
```

```xml
                <xs:element ref="value"/>
            </xs:sequence>
        </xs:complexType>
    </xs:element>
    <xs:element name="type" type="xs:string">
        <xs:annotation>
            <xs:documentation>The &lt; type&gt; element holds the name of the
                system used for the identifier. Examples are "doi" or "pmid".</xs:
                documentation>
        </xs:annotation>
    </xs:element>
    <xs:element name="value" type="xs:string">
        <xs:annotation>
            <xs:documentation>The &lt; value&gt; element holds the value of the
                identifier.</xs:documentation>
        </xs:annotation>
    </xs:element>
    <xs:element name="update_state">
        <xs:annotation>
            <xs:documentation>The &lt; update_state&gt; element contains
                contains a value that indicates the nature of the package contents (new,
                replace, version, or delete). This element is optional; it should be used
                only when the &lt; update_state&gt; of an item is different than the
                &lt; default_update_state&gt; of the package.</xs:documentation>
        </xs:annotation>
        <xs:simpleType>
            <xs:restriction base="xs:string">
                <xs:enumeration value="new"/>
                <xs:enumeration value="replace"/>
                <xs:enumeration value="version"/>
                <xs:enumeration value="delete"/>
            </xs:restriction>
        </xs:simpleType>
    </xs:element>
```

```
<xs:element name="file">
    <xs:annotation>
        <xs:documentation>The &lt; file&gt; element contains the location of a
            particular file in the package.</xs:documentation>
    </xs:annotation>
    <xs:complexType>
        <xs:sequence>
            <xs:element ref="loc"/>
            <xs:element ref="mime_type"/>
            <xs:element ref="role"/>
            <xs:element ref="checksum_type"/>
            <xs:element ref="checksum_value"/>
        </xs:sequence>
    </xs:complexType>
</xs:element>
<xs:element name="loc" type="xs:anyURI">
    <xs:annotation>
        <xs:documentation>The &lt; loc&gt; element contains the location of
            the file in the package.</xs:documentation>
    </xs:annotation>
</xs:element>
<xs:element name="mime_type" type="xs:string">
    <xs:annotation>
        <xs:documentation>The &lt; mime_type&gt; element contains the
            mime-type of the file.</xs:documentation>
    </xs:annotation>
</xs:element>
<xs:element name="role" type="xs:string">
    <xs:annotation>
        <xs:documentation>The &lt; role&gt; element contextualizes
            the file in relation to other files in the package. Examples are
            "component:figure graphic web" or "component:figure graphic
            thumbnail".</xs:documentation>
    </xs:annotation>
```

```
        </xs:element>
        <xs:element name="checksum_type" type="xs:string">
            <xs:annotation>
                <xs:documentation>The &lt; checksum_type&gt; element contains the name
                    of the algorithm used to generate the checksum.</xs:documentation>
            </xs:annotation>
        </xs:element>
        <xs:element name="checksum_value" type="xs:string">
            <xs:annotation>
                <xs:documentation>The &lt; checksum_value&gt; element contains the
                    value of the generated checksum for the file.</xs:documentation>
            </xs:annotation>
        </xs:element>
        <xs:element name="metadata" type="xs:string">
            <xs:annotation>
                <xs:documentation>The &lt; metadata&gt; element contains the name
                    of the file that holds metadata about the item.</xs:documentation>
            </xs:annotation>
        </xs:element>
        <xs:element name="publication" type="xs:string">
            <xs:annotation>
                <xs:documentation>The &lt; publication&gt; element contains the name
                    of the file that holds publication information about the item.</xs:
                    documentation>
            </xs:annotation>
        </xs:element>
</xs:schema>
```

第二节　基于内容一致性的连续出版物内容交换协议规范解析

美国国家信息标准协会（NISO）发布的《连续出版物内容交换协议》（Protocol for Exchanging Serial Content，简称PESC）可以在一定程度上解决连续出版物的内容在出版商、出版商代理、发现服务组织方、转换供应商、存档服务商等不同的组织间大批量转移交换过程中格式不统一、交换困难、内容缺失、效率低下等问题。本节通过对PESC产生的背景、PESC内容包格式结构规范、PESC不同级别的一致性规范、PESC的有效实施指南以及PESC对我国行业标准的启示等方面进行详细深入的阐述，借以推进我国图书馆界对PESC协议的理解，增加连续出版过程中各方之间低成本、高效率地进行内容交换的可能性。同时，本节也阐述了PESC对我国图书馆界标准化的、统一的连续出版内容的交换协议标准的制定和实施所具有的重要借鉴意义。

PESC是对连续出版物的内容文档（如刊载文章的元数据集合）在多个组织（如出版商/内容集成商等）之间传递和转移的过程中推荐实施的文档内容转移协议。[1]该协议通过规范每个内容包中的所有元素的内容、结构、格式，帮助内容提供商和内容接收方了解已递送和接收到的内容，降低其因文档格式不匹配或不规范引起的传递内容失真、传递效率低下的问题，提升周期性出版物数字文件存档和交换的打包规范化程度。[2]目前，针对连续出版物信息交换的标准研究主要集中于《连续出版物在线信息交换标准》（ONIX For Serials，见后文介绍），即以标准XML格式在多个出版发行组织间交换期刊信息、订购信息的标准[3]的研究。但是对于该期刊刊登的内容文档（如一篇或多篇文章相关的元数据）在各组织机构间传递的标准协议，我国尚未有正式的标准规范和足够多的关注与研究。因此，分析学习美国NISO的PESC协议对于我国连续出版物内容交换的标准探究和制定具有重要的实践意义。

1　NISO PESC推荐协议的背景

1.1　PESC制定的必要性

1940年，美国学者菲利普·布鲁克（Philip Brooks）首次提出文档生命周期这一概念，即文档从产生到最终销毁或者永久保存的整个运动过程。[4]在中国，基于档案学角度的认识，将文档的生命周期划分为文档的制作/产生阶段、使用阶段、暂时保存阶段与永久保存阶段。[5]对于连续出版物来讲，其发布的是一系列相互独立的问题或内容，且按照一定的时间规则连续编号的持续发布的资源，例如期刊、杂志、年报等。[6][7]连续出版物涵盖的范围极广，从通俗杂志到学术期刊，从以图片为主的内容到以文本为主的内容，从每日一期的出版物（甚至以小时为单位出版）到几年一期的出版物。其内容文件（某一篇文章或某一批文章）的生命周期则更加复杂。在其生命周期中，基于多种不同的因素，其需要在不同的组织间转移，或者是同一组织内部多次转移，例如图书馆、档案馆、索引服务商、内容集成商、出版商和内容生产商之间。在各组织之间进行数字内容交换时，组成连续出版物内容的文件将以某种方式封装在一起，按照一定的方式打包。由于连续出版物内容的激增，不同的组织机构提供不同的内容包，使得连续出版物所处的环境高度混乱，连续出版物的出版商打包内容的方式可能无法匹配其他内容出版方的需求，从而使得各方都难以低成本并有效地进行内容交换。

PESC通过制定连续出版物内容文档在交换传递过程的标准格式，向所有参与连续出版物内容交换的机构成员提供了关于连续出版物内容的封装和交换的优选实践的指导，并使得大规模的连续出版物内容能够自动化地接收和管理。通过遵循这些惯例，各组织机构可以清楚说明已传送的内容、组织方式，以及知晓在收到新的内容包时需要如何处理。

1.2 PESC制定的重要性

1999年，欧美地区的出版机构制定了图书在线信息交换的国际标准，即《在线信息交换标准》(ONline Information Exchange，ONIX)，并于2001年正式发布。该标准旨在向图书出版商、批发商、零售商等产业链上所有参与者提供统一的图书产品编目信息格式（书名、国际标准书号、著者、出版社等），解决行业各机构间多种数据格式并存给信息交换带来的困扰。[8][9]此后ONIX发展为《图书在线信息交换标准》(ONIX for Books)，而连续出版物的在线信息交换标准则称之为《连续出版物在线信息交换标准》[ONIX for Serials，现又被包含在《订阅产品在线信息交换标准》(ONIX for Subscription Products)中]，其内容是关于连续出版物的信息（如国际标准连续出版物号、出版社、卷期、出版状况等）在格式和内容上的全面而细致的描述和规定。[10][11]

此标准可以帮助规范产业链中涉及的各机构对书目信息的要求和促进相互间传递交换，但是对于期刊或其他连续出版物上刊登的文章内容方面并没有明确的规定。而对于科学研究者来讲，他们更看重的是文章内容本身。如何更好地在不同的平台或机构中获取、利用无任何错误的文章，是大家更需要关注的事情。出版商根据特定需求，将文章先刊登在期刊中，然后传递到某个特定的期刊数据库平台，或者传递到知识发现系统当中，甚至是某个可进行文本数据分析的软件平台。多个平台组织之间进行文章或文本传输转移过程中，如果没有规范的格式标准，那将产生许多不利于文本接收和再次利用的状况，甚至产生不必要的错误，使接收者花费更高的成本去调整接收到的文档，以便于二次利用。

因此，构建连续出版物内容交换协议，既对发送方和接收方涉及的多个组织平台是非常必要且必须的，也是科研人员更好地阅读和获取文章、充分对文章内容进行深入分析的重要基础。

1.3 PESC的制定

为了解决这些机构平台间文档相互传递过程中可能存在的问题，2013年6月NISO批准成立PESC工作组，调查连续出版物内容交换涉及的不同参与者、每一参与者现有的内容文档组织方式，调查其传递过程中使用的对策和现行的方法。在调查结果的基础上，判定当前使用方法的可能性和问题，调整当前方法以便更好地满足连载内容的特定需求。

最后，根据这一规范，制定出了可用于周期性出版物数字文件存档和交换的打包规范的建议措施。最终，经PESC工作组编撰，NISO内容集成管理专题委员会批准了这项推荐实施规范。

2 PESC推荐实施规范的核心内容

连续出版物内容交换主要由不同的参与者、参与者之间传递的内容元素文件，以及交换过程中交换内容的传递标准3个部分组成。

首先，连续出版物内容交换过程中涉及多个参与者，如出版商、出版代理商、知识发现服务平台等。在交换过程中，不同的参与者，其在交换过程中的角色不同，对交换文档的要求也不尽相同。因此，我们需要明确参与者的身份及对文档的需求。出版商如Dartmouth Journal Services（DJS）和TnQ，他们主要负责内容的原始创建和标记，常规状态可视为交换传播流程的起点；出版代理商如Project MUSE、HighWire Press或Atypon这样的组织机构，其本身不负责内容的创建，而是接收连续出版物内容并提供对该内容的在线访问权限；知识发现系统则是提供深层文本内容检索，其所需的是全文元数据，并且以特定的方式再次组织为学者提供研究性服务，如ProQuest公司的Summon发现服务等；Egress这类全文聚合组织平台，则是需要对接收的内容重新打包调整，进而实现文本检索功能。

其次，在连载内容的交换过程中传递的是文章或文本的相关元素，这些元素包括：由数字文件表示的文章内容本身，基于文件知识内容的描述性元数据，描述文件关联性的结构性元数据，发送多个文件的描述性清单，以及包含以上所有信息的内容包。

同时，这些元素能够以多种不同的方式进行组合和传输交换，如表6-2-1所示。

表6-2-1 常见的连续出版物内容元素交换的方式[12]

组合方式	内　　容
邮件	用邮件文本表示单一稿件内容的含有多个附件的电子邮件（1个XML文件以及3个JPEG文件）
ZIP格式文件	包含数百个单独文件的ZIP格式文件，其中可能包含（或不包含）元数据或说明其关系的清单文件
Tar格式文件	能够隐秘地表现出文档间目录结构的文件
EPUB（电子出版）格式	由HTML、XML和图像文件组成

不同的参与者，其对文件元素的打包方式或有不同。同样地，不同的接受者，因其对文件元素的使用需求不同，其对文件内容元素的接收需求也不同。例如出版代理商，只需要提供全文的基本元素即可；知识发现系统，需要的则是尽可能多的元素集合。这也是对

内容文件传递一致性要求的合规级别不同。

基于此，PESC重点强调推荐实施中关于元素内容包的格式限定和内容传递一致性的合规级别限定功能。

2.1 规范内容包格式，提升传递效率

任何单篇文章或多篇文章都可能拥有一个或多个元素。内容包是指发送给其他参与者的文件集，包括所有要发送的内容文件以及理解这些文件所需的其他信息，即必须包括内容文件和清单文件。同时，它还可以包括描述性元数据和结构性元数据，如图6–2–1所示。

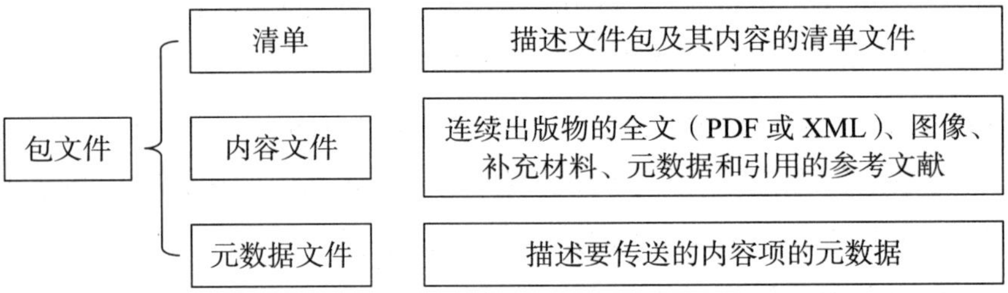

图6–2–1　内容包文件的组成[13]

其中，对于内容文件来讲，它可以有多种描述方式，如文章页面图像的PDF文件，文章每一页面的一组TIFF图像，文章的内容所有者提供的HTML文件，由内容所有者提供的全文XML实时创建的HTML文件。这4种方式在业内均有涉及，我们可根据文档提供方和接收方的需求，选择其中一种或多种方式作为其文档内容文件提供即可。

清单文件是所有内容包必须要有的一份文档，且须命名为“清单”。同时，该文档的扩展名格式可以根据惯用的方式适当地进行修改。清单将包括与整个内容包相关的所有信息，并列出包含的文件列表（包含它们的目录结构）。其中应明确规定manifest.txt文件的编码。

同时，PESC也限定了内容包文件本身的组织结构和格式。内容包文件的结构和文件命名规范中含有的大量信息，有助于内容包接收者识别正被传递的系列文件。

如图6–2–2所示，内容包内的文件应按照能够反映内容逻辑结构的方式进行组织，如果包内含有多个连续性出版物内容，则每个出版物的内容应显示在单独的文件夹中。为了确保包中文件夹名称的唯一性，文件夹名称可以从出版物的DOI®（或其他标识符）派生。[14]如果单个包中包含多组出版物信息（例如期刊系列），则每组都应由单独文件夹表示。通常，建议在文件夹中按照连续出版物发布的层次结构表示（例如，一个出版物文件夹可以使用期刊ISSN、出版年份、卷号和发行号命名；对于没有卷号或期号的期刊中的文章，则用ISSN和出版物年份进行文件命名）。如果包中包含多个连续出版物，则每个出版物应由单独的文件夹表示，并且标明要发送的出版物的数量和期号。

当对预印出版物文件包进行交换时，则建议将卷/期号指定为0且按“预印本”进行分组。

图6–2–2　内容包结构图例[15]

PESC也强调了内容包文件的格式，即需要使用ZIP、Tar、BagIt或其他常用格式打包。因为这类格式可以：（1）允许多个文件通过单个集合（或文件，例如ZIP文件）进行交换；（2）支持文件夹或目录结构，文件可以在包中进行逻辑分组；（3）对交换所涉及的双方均适用。

2.2　规范一致性级别，提升数据质量

一致性指的是内容提供方与接收方对内容文档需求的匹配程度，在PESC中以“合规级别”（Conformance Cevel）方式体现。合规级别越高，表明接收方可获取对方的信息越多越全；合规级别越低，表明接收方接收的内容相对较简单，即仅接收所规定的基本项目内容。

不同的参与者在连续出版物内容交换过程中均需要设定便于生产和消费信息的工作流程中的合规级别，其中1级合规是默认的一致性级别。如果交换涉及的两个参与者中任意

一方或者双方均没有基于1级合规的限定，那么0级则可视为其最佳选择。2级仅能在双方均同意的情况下，在更大程度的信息交换过程中使用，此时才是双方互惠互利的选择。

表6-2-2 合规级别对比表[16]

内容必含项	0级合规	1级合规	2级合规
内容包本身	内容包的一致性级别 内容包的创建日期 内容包的默认用途 发件人姓名及联系信息 包括的连续出版物信息	同0级	同1级
每个出版物	它所包含的文件	同0级	同1级 内容包中包含的元数据文件：此文件可以包含元数据或指向可以公开访问元数据的另一位置 内容包中包含的出版信息的文件：文件也可以包含信息或指向可访问出版信息的其他位置
每个文件	其在包中的相对位置，即目录或文件夹结构 如果不同于内容包的默认用途，则标明其用途 唯一标识符	同0级 介质类型（根据RFC 6838，介质类型规范和注册程序） 校验和与校验和类型（例如，MD5或SHA-1加密哈希值） 与包中其他文件的关系	同1级

如表6-2-2所示，对于符合0级合规的内容包来说，它必须包含正在发送的内容文件以及包含以上信息的清单文档。1级合规要求符合0级中所需的所有信息（内容文件和清单文件），并在清单文件中添加如下所述的附加信息。2级合规要求符合1级所需的所有信息，并且每个连续出版物需添加一部分内容。

同时，PESC还规定了一些补充细节，即内容包可以在遵从某个合规级别的同时，包含来自更高级别的一些附加信息。然而，添加了来自较高合规级别的一些信息后却不会使内容包达到比原级别更高的级别。例如，如果文件包含所有信息以使其符合级别0，然后添加校验和信息（在1级中才需要），则该文件仍然被认为符合0级，除非包括所有1级的信息。

3 PESC推荐实施规范的方法指南

3.1 PESC有效实施指南——基于完整出版物的传输实例

我们以某一出版商一次发送几个完整的出版物为例。这个出版物可以是几篇文章的

PDF格式的全文。另外，还有每篇文章自带的数字图表图像和补充文件。那么，它对应的内容包文件，我们可以写成图6-2-3的方式。

<table>
<tr><th>ZIP 文件包简例</th><th>BagIt 文件包简例</th></tr>
<tr><td>ZIP file: XYZv.18i4-08161021-1469331.zip
↳File: manifest.xml
↳Dir: ISSN-A_v1n1
↳Dir: ISSN-A_v1n1_DOI1
↳ Dir: graphic
↳File: DOI1.fig0001t.jpg
↳File: DOI1.fig0001f.jpg
↳File: DOI1.fig0002t.gif
↳File: DOI1.fig0002f.jpg
↳ File: DOI1.pdf
↳ File: DOI1.xml
↳Dir: ISSN-A_v1n1_DOI2
↳ Dir: suppl
↳File: DOI2.suppl00001.pdf
↳File: DOI2.suppl00002.pdf
↳ File: DOI2.pdf
↳ File: DOI2.xml
↳Dir: ISSN-A_v1n1_DOI3
↳ Dir: graphic
↳File: DOI3.fig0001f.jpg
↳ File: DOI3.pdf
↳ File: DOI3.xml
↳Dir: ISSN-B_2014
↳Dir: ISSN-B_2014_DOI4
↳ Dir: suppl
↳File: DOI4.suppl00001.pdf
↳ File: DOI4.pdf
↳ File: DOI4.xml</td><td>Bag ZIP: XYZv18i4.20140916.zip
↳File: bagit.txt
↳File: manifest.txt
↳Dir: data
↳Dir: ISSN-A_v1n1
↳Dir: ISSN-A_v1n1_DOI1
↳ Dir: graphic
↳File: DOI1.fig0001t.jpg
↳File: DOI1.fig0001f.jpg
↳File: DOI1.fig0002t.gif
↳File: DOI1.fig0002f.jpg
↳ File: DOI1.pdf
↳ File: DOI1.xml
↳Dir: ISSN-A_v1n1_DOI2
↳ Dir: suppl
↳File: DOI2.suppl00001.pdf
↳File: DOI2.suppl00002.pdf
↳ File: DOI2.pdf
↳ File: DOI2.xml
↳Dir: ISSN-A_v1n1_DOI3
↳ Dir: graphic
↳File: DOI3.fig0001f.jpg
↳ File: DOI3.pdf
↳ File: DOI3.xml
↳Dir: ISSN-B_2014
↳Dir: ISSN-B_2014_DOI4
↳ Dir: suppl
↳File: DOI4.suppl00001.pdf
↳ File: DOI4.pdf
↳ File: DOI4.xml</td></tr>
</table>

图6-2-3　ZIP格式与BagIt格式的文件包示例[17]

其中，我们可以看出，此次交换2种期刊，共计4篇全文及其对应的图片。两者的差异仅是内容包文件的格式不同，其内容是相同的。

同时，其对应的清单根据接受者的需求可以调整为0级、1级或者2级合规。不同级别合规清单的字段也不尽相同。而关于他们之间的不同之处，我们可在第2节PESC推荐实施规范的核心内容部分对比得知。

3.2　PESC有效实施指南——基于交换内容类型的实例分析

PESC推荐实施的过程看似较为复杂，最重要的原因是其参与者的类型不同，对连续出版物内容的需求不同，进而体现了其内容交换的类型不同，以及其对内容传递的一致性合规级别要求不同。PESC实例小组通过大量的实例研究，总结出交换内容的主要类型，即全文（FT）交换和元数据（MD）交换两种。

在连续出版物内容交换中常见的参与者包括出版商、出版代理商、发现服务、全文集成服务平台、存档服务平台、摘要索引服务/数据库代理、图书馆平台、转换供应商等。其中有一些参与者可以提供多种功能服务（例如全文集成服务以及发现服务）。他们之间内容交换的类型不局限于1种，表6-2-3则是对以上可能出现的匹配方式的一个梳理。

表6-2-3　不同参与者间内容交换类型对照表[18]

接收者 发出者	出版商	出版商代理	发现服务/搜索引擎	全文集成	存档服务	摘要和索引服务/数据库代理	图书馆	转换供应商
出版商		FT/MD	FT/MD	FT/MD	FT/MD	FT/MD	FT/MD	
出版代理商			MD	MD	FT/MD	FT/MD	FT/MD	FT
全文集成			MD		FT/MD	MD		
存档服务		FT/MD	MD		FT/MD			
摘要和索引服务/数据库代理			MD			MD		
转换供应商	FT/MD	FT/MD		FT/MD	FT/MD		FT/MD	

例如，出版商向出版代理商提供交换的内容既可以是单篇或多篇完整的期刊论文，也可以是某一篇或某几篇文章的不含全文的元数据。如摘要索引数据库作为内容提供者，向接收方发出的仅是不含全文的元数据（因为其本身并没有全文信息）。又如大学图书馆通过订阅或许可服务接收电子期刊的内容，这个过程既可以是全文的内容，也可以是元数据内容。

因此，不同的参与者，其对内容的需求不同，从而其内容交换的方式也不尽相同。我们在进行内容交换时需要提前明确发出者已有的内容、接收者需要的内容，以及两者的传递方式和方法。在此基础上，方可获得有效的连续出版物的交换内容。

4　PESC对美国连续出版物行业标准发展的影响

4.1　完善了美国连续出版物相关标准

为了更好地查看国际目前现有的相关标准，笔者从“中国知网标准数据总库”中收集了关于连续出版物的已发布标准（含废止标准）。去除中国标准，还剩国际组织及5个国家的18个标准，其中5个为美国标准（如表6-2-4所示）。

表6-2-4　连续出版物相关国外标准

标准名称	发布年份	发布者
国际标准连续出版物号.1985年3月修订	1971	美国国家标准学会
文献连续出版物的摘要卡	1979	国际标准化组织
国际标准连续出版物号.1985年3月修订	1979	美国国家标准学会
连续出版物35mm的缩微复制	1982	英国标准学会
图书馆和信息科学以及有关出版规程.对遗漏连续出版物的索赔要求	1983	美国国家标准学会
文献.连续出版物目录信息的表示	1985	国际标准化组织
连续出版物馆藏报告	1986	美国国家标准学会
文献期刊和其他连续出版物的介绍描述	1986	美国国家标准学会
文献工作　国际标准连续出版物号（ISSN）	1987	法国标准化协会
国际标准连续出版物号（ISSN）	1988	日本工业标准调查会
连续出版物和书籍中文献题录的标记代码规范	1989	英国标准学会
信息与文献　国际标准连续出版物号（ISSN）	1998	国际标准化组织
信息与文献　国际标准连续出版物号（ISSN）	2000	德国标准化学会
显微摄影术　连续出版物35 mm的缩微胶片.规范	2003	英国标准学会
信息与文献　国际标准连续出版物号（ISSN）	2007	国际标准化组织
信息与文献　国际标准连续出版物号（ISSN）	2007	英国标准学会
信息与文献　国际标准连续出版物号（ISSN）	2007	法国标准化协会
国际标准连续出版物号（ISSN）	2012	日本工业标准调查会

其中，美国标准主要包括4个方面：（1）针对连续出版物国际标准编号的相关规定的标准；（2）针对连续出版物在出版规范方面的标准；（3）针对连续出版物的馆藏收录的相关标准；（4）针对期刊等连续出版物的规范描述的标准。

无论这些标准是否仍在使用，至少我们可以明确地了解到，这些已有标准在内容上主要集中于连续出版物的著录方面，以期刊为例，主要包括期刊的著录项（期刊名、出版周期、期刊来源等）。

在连续出版物交换方面，目前主要的相关标准包括：（1）标识符标准，如《数字对象唯一标识符》（Digital Object Identifier，DOI）、国际标准连续出版物号（ISSN）；（2）元数据标准，如《都柏林核心元数据元素集》（the Dublin Core Metadata Element Set，DC）、《连续出版物在线信息交换标准》（ONIX for Serials）、《JATS：期刊文章标签集》（JATS：Journal Article Tag Suite）、MARC机读目录等。其中缺乏用于内容级别交换的标准。

从上述分析可以看出，作为连续出版物内容包装和交换指南，PESC完善了美国连续出版物标准，弥补了这方面的缺失。PESC使得大规模的连续出版物内容接收和管理的自动化成为可能，通过PESC的实施，各机构可以明了已传送的内容，内容如何组织，以及在收到新的文件包时需要如何处理。

4.2 美国连续出版物信息交换标准实施前景可期

基于PESC实例小组所做的大量的实例研究，我们可知在连续出版物内容交换中常见的参与者包括出版商、出版代理商、发现服务、存档服务平台、图书馆平台、转换供应商等；涉及的内容形式主要包括全文相关的内容和仅涉及元数据的内容两大方面；涉及的传输方式包括ZIP格式与BagIt格式等。PESC规范不同的参与者之间的内容传输格式和要求，其实施对于美国自身的连续出版物信息交换等方面具有重要的实践意义，具体如下。

从连续出版物本身来讲，其实施促进了对出版物文献内容的规范化长期保存。例如，美国目前较为有名的高质量期刊均有自己的独立平台。在出版商的网站（数据库）平台内，除去ONIX for Serials规定的期刊自身款目，将单篇文章的标题、摘要、正文、图表按照不同的卷期进行规范化的标注和存储。由此，往期数据进行标准化的替换，将以往缺失的数据或者无序的数据进行规范，有利于数据回溯，从文章级进行规范化的保存。

从出版代理商角度来讲，其实施促进了不同出版商数据的统一管理与规范，也降低了管理的成本。由于不同的出版商内容传输的标准格式不同，即使是同一个代理商（如iGroup或ProQuest），其综合平台内的数据管理也是非常混乱的。PESC将不同出版商的文献信息规范化后传递到代理商处，技术人员接收到相同标准的文件包，然后按照统一的标准进行数据汇总与前台展示，达到相同的存储与传输款目，从而降低了代理商的后期数据处理的成本，降低了数据的误差比例，提升了数据管理的效果。

从读者利用角度来讲，其实施提高了出版物文献获取的效率。PESC主要是从单篇文章或多篇文章内容角度制定的多平台信息交换的相关规定。规范的传输格式让读者在平台获取有效且准确的文章。

从发现服务角度来讲，其实施促进了图书馆数字资源发现系统的构建和实施。不同的参与者，其对文件元素的打包方式或有不同。同样地，不同的接受者，因其对文件元素的使用需求不同，其对文件内容元素的接收需求也不同。例如出版代理商，其只需要提供全文的基本元素即可；知识发现系统，其需要的则是尽可能多的元素集合。这也是对内容文件传递一致性要求的合规级别不同的体现。近几年，不同的发现系统开发商（如Summon、EDS等）均在扩充和提高其底层数据的规范和完备性，包括但不局限于传统的著录款目，规范自身的数据词典、匹配方式、数据间的逻辑关系等。文章内容级别的规范则是实现其发现功能最重要的基础。

PESC标准的确立，对于美国本土出版商、代理服务商、数字资源发现系统等均有不同程度的加成。这个加成既是其本身功能性的提升，也是其业务发展和行业竞争力的提升。

5 PESC对我国连续出版物行业标准发展的启示

5.1 我国连续出版物内容交换标准有待补充和制定

为了更好地查看国内已有的相关标准，笔者从“中国知网标准数据总库”中收集了关于连续出版物的已发布标准共24个（含废止标准），其中中国国内标准情况如表6-2-5所示。

表6-2-5　连续出版物相关中国标准

标准级别	标准名称	发布年份	发布者
中国标准	连续出版物著录细则	1987	行业标准－航天
国家标准	连续出版物著录规则	1985	国家标准局
国家标准	中国标准连续出版物号	2001	中华人民共和国国家质量监督检验检疫总局
国家标准	信息与文献　图书馆和档案馆的图书、期刊、连续出版物及其他纸质文献的装订要求　方法与材料	2013	中华人民共和国国家质量监督检验检疫总局；中国国家标准化管理委员会
国家标准	中国标准连续出版物号　第1部分：CN	2018	国家市场监督管理总局；中国国家标准化管理委员会
国家标准	中国标准连续出版物号　第2部分：ISSN	2018	中华人民共和国国家质量监督检验检疫总局；中国国家标准化管理委员会

从标准级别来看，国内现行的连续出版物相关标准主要以国家标准为主，数量相对较少，并且主要集中于连续出版物的著录、连续出版物号等自身的著录内容。而在连续出版物交换方面，相关国内标准有2条，如表6-2-6所示。其中，与本章研究的连续出版物内容交换最为密切的仅有1条，即《中国出版物在线信息交换　图书产品信息格式规范》。由此可得知国内缺乏连续出版物内容交换的相关标准。

表6-2-6　出版物信息交换相关标准

标准级别	标准名称	发布年份	发布者
国家标准	中国出版物在线信息交换　图书产品信息格式规范	2013	中华人民共和国国家质量监督检验检疫总局；中国国家标准化管理委员会
中国标准	出版物发货方与承运人物流信息交换标准	2011	行业标准－新闻出版

2014年，基于国际《图书在线信息交换标准》（ONIX for Books）3.0版本的内容，国家标准《中国出版物在线信息交换　图书产品信息格式规范》（简称CNONIX）在国家新

闻出版广电总局的指导下发布并正式实施。[19]这个标准统一了我国图书产品数据交换格式，对我国出版业发展产生了巨大影响。但CNONIX并没有如ONIX for Serials那样，采用ONIX for Books的编制原则及其所定义的许多数据元素，进而成为支持连续出版物元数据和贸易数据交换，支持结构化目次表的提供、样式变更的通知、出版日期表的提前通知以及单篇文章发行的通知等的标准。[20][21]ONIX for Serials至今尚未在国内引起广泛注意，也没有对应的“中国连续出版物在线信息交换标准”正式产生。

5.2 我国连续出版物内容交换协议制定中需注意的问题

连续出版物内容交换协议的制定过程中，我们需要着重注意的问题就是一致性问题。主要包括：

（1）命名的一致性。文件命名应该在交换的组织之间保持一致。一旦命名计划建立并由发送方和接收方同意，那么计划就不应该改变。如果需要更改计划，所有各方应在变更前及时沟通并同意变更。

（2）已传输文件的一致性。内容包类型（ZIP、tar等）在内容包接收时应保持一致。

（3）序列项标识符的一致性。在交换过程中，包中使用的出版物标识符的类型应该是一致的。其中，每一次出版物标识符类型的使用都应当需要相关双方达成一致意见并且充分理解。

相对于国外的连续出版物，我国电子期刊在展示和标识中存在一定的问题，[22]如ISSN号信息不准确（ISSN变更、ISSN与EISSN未区分等），因年代久远或外部因素而未完全保留期刊的原始信息，期刊编次体系混乱等。[23]这些问题在一定程度上限制了内容传递的有效性和准确性。因此，在制定协议时需尽可能地穷尽相关特殊情况。

5.3 参考PESC协议研究制定我国连续出版物内容交换标准

现阶段，欧美地区制定了图书和连续出版物在线信息交换相关的国际标准ONIX，主要是从编目格式的角度出发，针对图书产品编目信息格式，例如书名、ISBN、著者、出版信息等款目进行规范，按照统一的编目格式要求为图书出版商、批发商、零售商等产业链上所有参与者制定并提供规范的标准格式，用以解决行业各机构间多种数据格式并存带来的困扰。该标准在连续出版物方面，则主要是针对出版物的ISSN、出版社、卷期、出版状况等书目信息的相应规定，而不是针对其单篇文章或多篇文章内容的多平台信息交换的相关规定。PESC协议则是在该内容交换部分进行了重点阐述。

我国目前尚未有自己的连续出版物内容交换协议，参考PESC协议的相关内容和实施方法，对于我国连续出版物相关标准的建设有重大的现实意义。

（1）对于内容交换的参与者来讲，规范的交换标准规定了双方传递文件的格式和方法，降低了传输者和接收者的技术成本，使接收者不再需要重新解码编辑及其他技术手段的操作；规范的内容文档格式降低了双方的沟通成本，能够有效地传递连续出版物的多个相关文档的收录内容。

（2）从内容交换的文本来讲，规范的交换标准能够保证文档的规范性和准确性，不会出现因传输不当产生的文档内容错误或图表缺失等问题，在一定程度上保证文本的完整性。

（3）从内容交换的行为来讲，规范的交换标准能够明晰文本交换的整个过程，便于所有参与者对资源的长期管理和错误的回溯查缺。

6 总结

美国国家档案与文件管理局数字资源长期保存部主任兼NISO PESC工作组联合主席莱斯利·约翰斯顿（Leslie Johnston）指出："在进行连续出版物内容交换时，其需交换传递的文件被打包在一起，打包方式各种各样。目前，业界还没有一个标准的打包格式能满足个性化和粒度上的要求。PESC发布的推荐草案正是为了填补这一空白。"[24]美国国家标准和技术研究所研究数据图书馆员金伯利·特里卡（Kimberly A. Tryka）也说："该推荐实施规范给出了连续出版物内容打包方式和交换程度的推荐做法，遵循这些最佳实践，相关组织将能够很清楚地知道哪些内容已经传输了，这些已传输的内容是如何组织的，以及在接收到一个新的内容包时需要进行什么样的处理。"[25]

PESC的制定提升了美国境内连续出版物内容交换实施的可行性，规范了行业内各组织间的行为，促进了相同资源在不同平台之间的多样化使用。本节通过介绍PESC的规定，陈述了美国国家标准的实施细节，将进一步推动我国连续出版物内容交换标准的发展和完善，为我国制定相关的政策提供一定参考，弥补国内的不足，推动我国电子资源相关的标准协议的建设。

参考文献

［1］［12］［13］［15］［16］［17］［18］NISO Protocol for Exchanging Serial Content Working Group. Protocol for Exchanging Serial Content (PESC). NISO RP-23-2015.［EB/OL］. https://www.niso.org/standards-committees/pesc.

［2］Laurie Kaplan, Sara Bahmaier. Can You Be a PESCaterian Among the Fort Worth Stockyards?［J］. *The Serials Librarian*, 2015.68: 137-142.

［3］吴洁明，安秀敏. CNONIX应用指南［M/OL］. 中国ONIX标准应用研发联合实验室.［2015-11-16］. http://www.cnonixlab.com/post/show.do?post_id=12.

［4］张臻. 文件生命周期理论研究进展.［J］兰台世界. 上半月，2017(07)，10—16.

［5］傅荣校. 文件生命周期理论研究之一：文件和文件生命周期［J］. 档案，1994

（2）.13—15.

［6］ISO 3297-1986.文献工作——国际标准连续性出版物号［S］.国际标准化组织，1986.

［7］ISO 3297-2017. 信息与文献　国际标准连续出版物编号（ISSN）［S］. 国际标准化组织，2017.

［8］GC/ZX 29-2016. CNONIX国家标准应用指南［S］.国家新闻出版广电总局数字出版司，2016.

［9］Canepi K, Imre A. Not Just Drifting: Checking Online Serial Issue Availability［J］. *The Serials Librarian*, 2010, 58(1-4): 157-166.

［10］Electronic Data Interchange to Europe. EDItEUR International Standards［EB/OL］.［2021-07-31］. https://www.editeur.org/.

［11］刘晓星. 基于CNONIX标准的数据交换平台核心技术研究［D］.硕士学位论文. 北方工业大学，2016.

［14］ISO 26324:2012. Information and Documentation — Digital Object Identifier System.［S］. Geneva: International Organization for Standardization, April 23, 2012. http://www.iso.org/iso/catalogue_detail.htm?csnumber=43506.

［19］GC/ZX 44—2016. GC CNONIX国家标准应用示范工作项目标准［S］. 国家新闻出版广电总局数字出版司，2016.

［20］Anne McKee Presenters. Shaping Streamlining and Solidifying the Information Chain in Turbulent Times［J］. *The Serials Librarian*, 2012, 62(1-4):103-111.

［21］林佳红.《连续出版物在线信息交换标准》初探［N］. 中国出版传媒商报，2017-04-14（008）.

［22］LAM C. Chinese e-resource metadata problems that cause access issues［EB/OL］.［2017-04-22］. http: / /www.eastasianlib.org /ctp /Workshops/2014 /CEAL_E R MB_Connie_rev.pptx.

［23］向佳丽，林秀丽. 优化电子期刊展示与标识的PIE-J规程解析［J］. 图书情报工作，2018，62（6）：37—44.

［24］现代图书情报技术刊讯. NISO发布串行内容交换推荐实践草案［J］. 现代图书情报技术，2015（01）：13.

［25］NISO. NISO Releases Draft Recommended Practice on Exchanging Serial Content for Public Comment.［EB/OL］. http://www.niso.org/news/pr/view?item_key=cd3ccec3b4b8876be660848a77a947c99fb1635d.

［注］本研究报告根据笔者的如下同名文章修改：

徐晓艺，熊丽. 基于内容一致性的连续出版物内容交换协议规范：美国NISO_PESC解析［J］. 图书馆杂志，2021，40（1）：31—38。

本书为国家社会科学基金一般项目“中美电子资源国家标准比较研究”
（编号 16BTQ027）成果

数据和数字资源标准规范

（下）

肖珑 姚晓霞 ［美］薛燕 ［美］邓石 **主编**
［美］马陈碧华 陈大庆 邵晶 刘春鸿 熊丽 **副主编**

GUANGXI NORMAL UNIVERSITY PRESS
广西师范大学出版社
·桂林·

总目录

上册

下册

第七章　信息交换格式ANSI/NISO Z39.2

第八章　访问许可及其标识ALI

第七章　信息交换格式ANSI/NISO Z39.2

第一节　标准规范译者

王晶晶（北京大学图书馆）

薛　燕（美国加州大学伯克利分校东亚图书馆）

马陈碧华（美国加州大学圣地亚哥分校图书馆）

姚晓霞　肖　珑（北京大学图书馆）

邓　石（美国加州大学圣地亚哥分校图书馆）

第二节　研究报告作者

王晶晶（北京大学图书馆）

刘娟娟（北京大学图书馆，CALIS管理中心）

薛　燕（美国加州大学伯克利分校东亚图书馆）

马陈碧华（美国加州大学圣地亚哥分校图书馆）

基本信息

名称： 信息交换格式

简称： ANSI/NISO Z39.2

发布时间： 2016年3月24日

发布时间（中译本）： 2018年3月29日

标准规范编号： ANSI/NISO Z39.2-1994 (R2016)

修订时间：

修订后编号：

主要责任者： 美国国家信息标准协会

中文版译者： 王晶晶　薛燕　马陈碧华　姚晓霞　肖珑　邓石

类型： 国家标准

关键词： 信息交换格式，MARC，元数据，机读目录

摘要： 本标准规定了适用于描述所有形式资源的MARC书目信息数据的通用交换格式要求。该标准格式应用于系统之间的数据交换，系统内部数据处理则无必要遵照此格式。该标准可应用于任何媒体记录之间的交换。

英文版国际标准书号（ISBN）： 978-1-937522-70-4

中文版国际标准书号（ISBN）： 978-1-937522-85-8

国际标准连续出版物号（ISSN）： 1041-5653

英文版链接： https://www.niso.org/publications/ansiniso-z392-1994-r2016

中文版链接： http://www.libconsortia.edu.cn/Standard/list.action

其他关联标准规范：

ANSI X3.4-1986（R 1992） 编码字符集-7位美国国家信息交换标准代码（7位ASCII）

ANSI X3.27-1987　信息交换用磁带标签和文件结构

Introduction

Title: Information Interchange Format

Abbreviation: ANSI/NISO Z39.2

Publication Date: March 24, 2016

Publication Date(Chinese Version): March 29, 2018

ANSI/NISO Serial Number: ANSI/NISO Z39.2–1994 (R2016)

Revised Date:

Revised ANSI/NISO Serial Number:

Creator: National Information Standards Organization

Chinese Version Translated By: Jingjing Wang, Susan Xue, Bie-Hwa Ma, Xiaoxia Yao, Long Xiao, Shi Deng

Type: National Standard

Keywords: Information Interchange Format, Metadata, Machine-Readable Cataloging

Abstract: This standard specifies the requirements for a generalized interchange format that will accommodate MARC bibliographic information data describing all forms of material. It describes a generalized structure designed specifically for exchange of data between processing systems and not necessarily for use as a processing format within systems. It may be used for the communication of records in any media.

English Version ISBN: 978–1–937522–70–4

Chinese Version ISBN: 978–1–937522–85–8

ISSN: 1041–5653

English version URL: https://www.niso.org/publications/ansiniso-z392–1994–r2016

Chinese version URL: http://www.libconsortia.edu.cn/Standard/list.action

Relation:

ANSI X3.4–1986(R1992)　Coded Character Sets–7–Bit American National Standard Codes for Information Interchange (7–Bit ASCII)

ANSI X3.27–1987　Magnetic Tape Labels and File Structure for Information Interchange

第一节　信息交换格式

关于NISO标准

NISO standards are developed by the Working Groups and Committees of the National Information Standards Organization. The development process is a strenuous one that includes a rigorous peer review of proposed standards open to each NISO Voting Member and any other interested party. Final approval of the standard involves verification by the American National Standards Institute that its requirements for due process, consensus, and other approval criteria have been met by NISO. Once verified and approved, NISO Standards also become American National Standards.	美国国家信息标准协会（NISO）标准由NISO下设的工作组和委员会制定。其制定过程颇为严格，拟议标准经过各投票委员会成员和其他相关各方严谨的同行评审。标准的最终批准需经美国国家标准学会论证，确认NISO满足了其要求的正当程序、一致同意和其他批准条件。一经核实批准，NISO标准即成为美国国家标准。
This standard may be revised or withdrawn at any time. For current information on the status of this standard contact the NISO office or visit the NISO website at: www.niso.org.	本标准可能会随时被修改或撤销。有关本标准的现状信息，请联系NISO办公室或访问NISO网站（www.niso.org）。

中文译本ISBN：978-1-937522-85-8

This translation has been provided as a service to the library community by the Task Group on Translation and Research Project on Electronic Resources Standards and Recommended Practices, consisting of members from the Council on East Asian Libraries (CEAL), China Academic Library & Information System (CALIS)/Digital Resource Acquisition Alliance of Chinese Academic Libraries (DRAA).	应图书馆行业所需，北美东亚图书馆协会（CEAL）、中国高等教育文献保障系统（CALIS）暨高校图书馆数字资源采购联盟（DRAA）提供此中译本。
Translated by: Jingjing Wang, Peking University Library	翻译： 北京大学图书馆：王晶晶
Reviewed by: Susan Xue, University of California, Berkeley Libraries Bie-Hwa Ma, University of California, San Diego Library	审校： 加州大学伯克利分校东亚图书馆：薛燕 加州大学圣地亚哥分校图书馆：马陈碧华
Reviewed & edited by: Xiaoxia Yao, Long Xiao, Peking University Library Susan Xue,University of California, Berkeley Libraries Shi Deng, University of California, San Diego Library	总审与统稿： 北京大学图书馆：姚晓霞、肖珑 加州大学伯克利分校东亚图书馆：薛燕 加州大学圣地亚哥分校图书馆：邓石

前言

［本前言不是《美国国家信息交换格式标准》ANSI/NISO Z39.2–1994 (R2016) 的组成部分，仅提供信息。］

Z39.2是实现书目信息的自动化存储、传输和检索的重要标准之一。本标准于1971年第一次发布。1994年版本引入了两个变化：（1）删除对记录头标中第07—09字符的限制；（2）减少对“书目”数据的引用，因为本标准用于许多其他类型的数据，甚至在信息界中。

1966年，本标准最初由承担机器输入记录职责的美国国家标准Z39委员会第二分委员会起草。机器输入记录分委员会于1966年2月组建，定义了在磁带上交换书目记录的格式。该分委员会在其工作中力求确保：（1）格式适用于各种书目信息及相关数据；（2）格式不受硬件约束；（3）所有记录在结构基本相同的基础上，包括足够多的控制信息以标识独特性；（4）该记录和标识数据的方法可以提供最大程度上的可操作性，以使与其他格式间的转换简单易行。ANSI Z39.2–1971分别于1969年3月和1970年7月14日，通过了Z39标准委员会和美国国家标准学会批准。

机器输入记录分委员会于1974年重新召开会议，目的是对标准进行必要的定期审查和修订。该修订版，即ANSI Z39.2–1979的主要变化，是可向目次区款目添加一个用户可自行定义的部分，同时撤销每一款目长度为12个字符的要求。这种变化是为了表述任一记录内部关系的问题而做出的调整。目次区款目的重新定义将不会影响ANSI Z39.2–1971既有已实施的标准化。

1979年对格式的其他修改包括：（1）保留控制字段的附加字段标识符（也称字段号）；（2）限定字段号可使用的字符范围为字母数字字符；（3）对分隔符、字段终止符和记录终止符的字符规范（这些规范参见ANSI Z39.2–1971附录A1）；（4）在最后一个可变长字段之后使用字段终止符和记录终止符。自标准首次获得批准以来，一系列实施的文档相应而生，这些与标准的原始版本一起发布的实施附录不再必要，因此于1979年被删除。

1985年，新一轮标准的复审，做出以下改变：（1）取消003字段的使用限制；（2）将可能的头标和数据元素标识符代码值从ASCII基础字符扩展到ASCII图形字符（见《美国国家信息交换标准代码》，ANSI X3.4–1977）。这些改变使本标准与现行国际标准ISO 2709《文献目录信息交换用磁带格式》相符。

NISO感谢国会图书馆网络发展与机读编目标准办公室主任萨利·麦卡姆（Sally H. McCallum）在修订本标准过程中做出的贡献。

如果您有其他改进建议，欢迎发送至：National Information Standards Organization, 3600 Clipper Mill Road, Suite 302, Baltimore, MD 21211。

本标准由NISO组织编写并批准，而后提交ANSI审核，但并不意味着所有NISO投票成员均投了赞成票。本标准最初于1994年4月13日批准，最近一次重申时间是2016年3月24日。

NISO投票成员

本标准最初于1994年批准时，NISO投票成员名单见下：

American Association of Law Libraries
Gary J. Bravy

American Chemical Society
Robert S. Tannehill, Jr.
Leon R. Blauvelt (Alt)

American Library Association
Jean Hamrick
Sally H. McCallum (Alt)

American Psychological Association
Lois Granick
Maurine F. Jackson (Alt)

American Society for Information Science
Clifford Lynch

AT&T Bell Labs
W. David Penniman
Audrey M. Jackson (Alt)

Book Manufacturers' Institute
Douglas Horner

CAPCON Library Network
Dennis Reynolds

Catholic Library Association
Natalie A. Logan

CLSI, Inc.
Bob Walton

American Society of Indexers

Jessica Milstead

Nancy Mulvany

American Theological Library Association

J. Raymond Vandegrift

Apple Computer, Inc.

Mike Lawler

Art Libraries Society of North America

Patricia J. Barnett

Pamela J. Parry (Alt)

Association of American Publishers (AAP)

Sandra K. Paul Thomas D. McKee (Alt)

Association of American University Presses

Mary Lou Menches

Association of Information and Dissemination Centers

Bruce H. Kiesel

Association for Information and Image Management

Marilyn Courtot

Association of Jewish Libraries

Bella Hass Weinberg

Pearl Berger (Alt)

The Association for Recorded Sound Collections

Gerald D. Gibson

Donald McCormick (Alt)

Andy Lukes

Colorado Alliance of Research Libraries (CARL)

Ward Shaw

Data Research Associates, Inc.

Michael J. Mellinger

James Michael (Alt)

Dynix

Rick Wilson

EBSCONET

John Krontiras

Sharon Cline McKay (Alt)

Engineering Information Inc.

Eric Johnson

Mary Berger (Alt)

The Faxon Co., Inc.

Richard Rowe

Fritz Schwartz

Gaylord Information Systems

Robert Riley

Mary Ghikas (Alt)

Indiana Cooperative Library Services Authority

Barbara Evans Markuson

Janice Cox (Alt)

Information Workstation Group

John C. Gale

Library Binding Institute

Sally Grauer

Association of Research Libraries
Duane Webster

MINITEX
Anita Anker Branin
William Dejohn (Alt)

Music Library Association
Lenore Coral
Geraldine Ostrove (Alt)

National Agricultural Library
Joseph H. Howard
Samuel T. Waters (Alt)

National Archives and Records Administration
Alan Calmes

National Federation of Abstracting and Information Services
Betty Unruh
John Schnepp (Alt)

National Institute of Standards and Technology, Research Information Center, Office of Information Services
Diane Cunningham
Marietta Nelson (Alt)

National Library of Medicine
Lois Ann Colaianni

National Technical Information Service
Joseph E. Clark
John J. Elsbree (Alt)

Library of Congress
Henriette D. Avram
Sally H. McCallum (Alt)

Medical Library Association
Suzanne Grefsheim

The Research Libraries Group, Inc.
Wayne Davison
Kathy Bales (Alt)

Society for Technical Communication
James Mason

Special Libraries Association
Audrey N. Grosch

SUNY /OCLC Network
Glyn T. Evans
David Forsythe (Alt)

UMI
Don Willis

Unisys Corporation
Michel Ridgeway
James Thomas (Alt)

U.S. Department of Commerce, Printing and Publishing Division
William S. Lofquist

U.S. Department of Defense, Army Library Management Office
Dorothy Fisk McDysan
Diane Zehnpfennig (Alt)

OCLC, Inc.

Kate Nevins

Don Muccino

OHIONET Joel Kent

Greg Pronevitz (Alt)

Optical Publishing Association

John Nairn

R. Bowers (Alt)

PALINET

James E. Rush

Pittsburgh Regional Library Center

H. E. Broadbent III

Reference Technology, Inc.

John Nairn

U.S. Department of Defense, Defense Technical Information Center

Barbara Lesser

Gretchen Schlag (Alt)

U.S. Department of Energy, Office of Scientific and Technical Information

Mary Hall

Nancy Hardin (Alt)

U.S. ISBN Maintenance Agency

Emery Koltay

U.S. National Commission on Libraries and Information Science

Robert Dugan

UTLAS International U.S., Inc.

Bill Mooney

Syd Jones (Alt)

VTLS

Vinod Chachra

Carl Lee

H.W. Wilson Company

George I. Lewicky

NISO董事会

1994年NISO批准本标准时，董事会成员如下：

Paul Evan Peters, Chairperson

New York Public Library

Mary Ellen Jacob, Immediate Past Chairperson

John Regazzi, Vice Chair/Chair-elect

Engineering Information

Heike Kordish, Treasurer

New York Public Library

Patricia R. Harris, Executive Director

National Information Standards Organization

Directors Representing *Information Services*

James E. Rush

PALINET

Charles Bourne

DIALOG

Wilhelm Bartenbach

The Foundation Center

Directors *Representing Publishing*

Peter J. Paulson

Directors Representing *Libraries*

Lois Ann Colaianni

National Library of Medicine

Susan Vita

Library of Congress

Toni Carbo Bearman

University of Pittsburgh

OCLC/Forest Press

Carol A. Risher

Association of American Publishers, Inc.

Karen Runyan

Houghton Mifflin Company

NISO投票区成员

2016年NISO对本标准进行重申时，ANSI / NISO Z39.2–1994审查投票成员如下：

American Library Association

Jill Emery

American Psychological Association

Janice Fleming

Susan Hillson (Alt)

American Society of Civil Engineers

Bruce Gosssett

Charlotte McNaughton (Alt)

American Theological Library Association

Brenda Bailey-Hainer

Maria Stanton (Alt)

Association for Information Science & Technology

Mark Needleman

Dick Hill (Alt)

Association of Research Libraries

Sue Baughman

Pat Kent (Alt)

The Canadian Research Knowledge Network

Clare Appavoo

Yanick Beaudoin (Alt)

Minitex

Paul Swanson

Valerie Horton (Alt)

Cengage Learning

Marti Heyman

Cathi Gruber (Alt)

EBSCO Information Services

Oliver Pesch

Scott Bernier (Alt)

Ex Libris, Inc.

Mike Dicus

Olga Karanikos (Alt)

IEEE

Gerry Grenier

Adam Philippidis (Alt)

ITHAKA/JSTOR/Portico

Amy Kirchhoff

Bruce Heterick (Alt)

John Wiley & Sons, Ltd.

Duncan Campbell

Library of Congress

Sally McCallum

John Zagas (Alt)

National Federation of Advanced Information Services

Marjorie M.K. Hlava

Marcie Granahan (Alt)

Music Library Association
Nara Newcomer
David Sommerfield (Alt)

National Library of Medicine
Barbara Rapp
Jacque-Lynne Schulman (Alt)

National Archives and Records Administration
Laura McCarthy
Marilyn Redman (Alt)

OCLC
Andy Gartzke
Thomas Hickey (Alt)

NISO内容和藏书发展专题委员会

以下服务于内容和馆藏发展专题委员会的人员，负责对本标准重申的审查与监督：

Éva Bolkovac
Yale University Library

Amy Kirchhoff
ITHAKA/JSTOR/Portico

Eric Childress
OCLC

Robert Klingenberger
Yale University Library

Marjorie M.K. Hlava
Access Innovations / Data Harmony

Betty Landesman
University of Baltimore

Marti Heyman
Cengage Learning

Regina Reynolds
Library of Congress

Rebecca Kennison
K|N Consultants

商标、服务商标

本标准中涉及的所有商标或服务商标，原拥有者保留知识产权。

1　应用范围及领域

本标准规定了适用于多种类型数据的通用信息交换格式的要求，特别是对所有形式的资料和相关数据（如规范记录、馆藏、流通等）的书目描述。①它描述了一个广义结构或框架，该框架专门为处理系统之间的数据交换而设计，但不一定用作系统内的处理格式。本标准不指定记录的内容，并且通常也不指定字段号、指示符或数据元素标识符的定义。这些规范应在标准的特定具体实施时提供。该格式可以用于通过各种通信介质的记录的交换。

① 本标准提供了单一款目的描述或标识，或者与其他款目之间的关系。但没有指定如何记录这些关系的方法。例如，书目数据之间可能存在许多类型的关系，其中包括整体及其部分之间的垂直或层次关系（例如一个丛刊与其各单册的关系）；不同语言、形式或媒体的作品版本之间的水平关系，和作品之间的时间关系（例如一种期刊的旧刊与新刊之间的关系）。关系也可以记录在不同类型的单位之间：书目、馆藏、单件项目、文件等。——原文注

2 供参考的美国国家标准

本标准应该与以下美国国家标准结合使用。当这些标准被美国国家标准学会批准的修订版所取代时，应使用修订版。

ANSI X3.4–1986（R1992） 编码字符集–7位美国国家信息交换标准代码（7位ASCII）；

ANSI X3.27–1987 信息交换用磁带标签和文件结构。

3 定义

数据基地址（Base address of data）：一个参数，其值规定目次区的字段终止符后面字符的位置，其起始字符是头标的第一个字符。（例如，如果目次区包含两个12个字符的款目，则头标占据位置0–23；两个目次区款目，位置24–35和36–47；目次区字段终止符是位置48。因此，该记录的数据基地址为49。）

字符（Character）：一个因系统而异，确定长度的二进制数字的模式，被视为一个有意义的单元。

通信格式（Communications format）：见信息交换格式。

控制字段（Control field）：一个可变长字段，包含处理记录可能需要的参数或其他数据。

控制号（Control number）：机构传输一条记录时，用来代表这条记录的唯一的字符串。

数据元素（Data element）：一个已定义的信息单元。

数据元素标识符（Data element identifier）：一个代码，由一个或多个字符组成，用于标识可变长字段中的各个数据元素。

数据字段（Data field）：一个包含数据的可变长字段，通常不会为数据的处理提供参数。参见控制字段。

分隔符（Delimiter）：ASCII字符1/15，在本标准的可变长字段中用作各个数据元素的一个起始符、分隔符或终止符。（用于分隔符的符号是由ANSI X3.4规定的，其中该字符被命名为“单元分隔符”。）

目次区（Directory）：记录中可变长字段（控制和数据）位置的索引。该目次区由称为款目的定长字段组成。

款目（Entry）：目次区中的一个字段，提供有关可变长字段的信息。（在本标准的文本中，词条“款目”总是指向目次区中的一个字段，由于该词具有其他含义，为了清楚起见，可能有必要使用“目次区款目”一词。）

款目映射（Entry map）：一组参数，规定目次区中的款目结构。

字段（Field）：一个已定义的字符串，可以包含一个或多个数据元素。参见控制字段、数据字段、定长字段和可变长字段。

字段终止符（Field terminator，FT）：ASCII字符1/14，用于终止记录中的每个可变长字段。（用于字段终止符的符号是由ANSI X3.4规定的，其中该字符被命名为“记录分隔符”。）

文档（File）：相关记录的集合。

定长字段（Fixed field）：一个长度不变的字段，其长度由实施本标准时所有可能出现的情形来确定，或由与具体实施案例相关的定义来确定。（注意：此标准实施时，可因实施的需要而固定可变长字段的长度。）

格式（Format）：记录中数据的排列和标识。

FT：见字段终止符。

标识符长度（Identifier length）：一个参数，其值等于分隔符的长度加上记录中使用的数据元素标识符的长度。（标识符长度参数可以假定的值在4.2.6节中说明。）

指示符（Indicator）：一个由一个字符组成的数据元素，是与数据字段关联并提供关于此字段的附加信息。当指示符存在时，它们是字段中的第一个数据元素。

指示符计数（Indicator count）：一个参数，其值是各个数据字段的指示符数目。

信息交换格式（Information interchange format）：记录的交换格式，而不是记录的本地处理格式。

交换格式（Interchange format）：见信息交换格式。

头标（Leader）：一个定长字段，出现在每个记录的开始，并为处理记录提供参数信息。

长度（Length）：数据元素、字段、记录等的大小的度量。除非另有说明，否则本标准中的长度用字符表示。

参数（Parameter）：记录中的一个变量，为解释和处理该记录而被赋予的一个恒定值。

记录（Record）：根据本标准的规定组织的数据元素的集合。

记录长度（Record length）：一个参数，其值等于整个记录的长度，包括记录终止符。

记录终止符（Record terminator，RT）：ASCII字符1/13，用作记录的最后一个字符，紧跟最后一个数据字段的字段终止符。（用于记录终止符的符号是由ANSI X3.4规定的，其中该字符被命名为“组分隔符”。）

RT：见记录终止符。

状态（Status）：一个参数，标明记录与文档的关系（例如新、更新、删除等）。

结构（Structure）：记录中的定长字段和可变长字段的框架。

子字段（Subfield）：一个数据元素，被视为字段组成部分。

子记录（Subrecord）：记录中可被视为逻辑实体的一组字段。（当一条记录描述多个实体时，各个实体的描述可以被视为子记录。）

字段标识符/字段号（Tag）：一个字符串，用于标识或标记一个相关联的可变长字段。

记录类型（Type of record）：一个参数，规定记录特性和定义记录组件。

可变长字段（Variable field）：一个字段，其每次出现时的长度由构成该出现的数据长度决定。

4 信息交换格式

4.1 示意图

交换格式示意性地表示在图7–1–1中。

4.2 头标

头标应包括记录的前24个字符位置（0–23）。它示意性地表示在图7–1–2中。

4.2.1 记录长度

记录长度参数的值应记载于记录的字符位置0–4。这是一个五位数的十进制数，等于记录的长度，包括记录长度和记录终止符所用的位置。在交换格式中，记录的最大长度应为99,999个字符。（这里描述的记录长度是应用程序使用的逻辑性记录长度，而不是如ANSI X3.27中规定的将记录长度数据传送到系统软件的方法。）

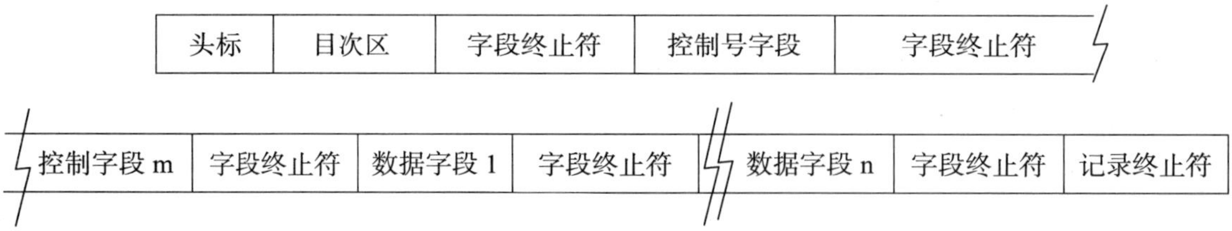

图7–1–1 交换格式示意图

图7–1–2 头标示意图

4.2.2 状态

状态参数的值应该是一个ASCII图形字符，占用记录的字符位置5。

4.2.3　记录类型

记录类型参数的值应该是一个ASCII图形字符，占用记录的字符位置6。

4.2.4　实施–定义的位置

记录的字符位置7–9应预留用于特定实施所需要的定义。

4.2.5　指示符计数

指示符计数参数的值应记载于记录的字符位置10。它是一位十进制数，等于每个可变长数据字段中出现的指示符数。如果记录不包括指示符，则此参数的值应设置为0。

4.2.6　标识符长度

标识符长度参数的值应记载于记录的字符位置11，是一位十进制数字，等于分隔符和可变长数据字段中的数据元素标识符的长度的总和。如果使用不带数据元素标识符的分隔符，则此参数的值应设置为1。如果既不使用分隔符，也不使用数据元素标识符，则该值应设置为0。

4.2.7　数据基地址

数据基地址参数的值应记载于记录的字符位置12–16，是一个五位数，等于头标和目次区的长度的总和。

4.2.8　实施–定义位置

记录的字符位置17–19应预留用于由特定实施所需要的定义。

4.2.9　款目映射

款目映射应记载于记录的字符位置20–23。（有关款目的描述，参见第4.3.1节。）它应包含四位十进制数，对应于目次区款目中除字段号之外的所有部分的长度。第一位数应等于目次区著录每个款目的“字段长度”部分的长度。第二位数应等于著录款目的“起始字符位置”部分的长度。第三位数应等于著录款目的实施–定义部分的长度。保留供将来使用的第四位数应设置为0。如果任一部分中没有出现在款目中，则款目映射中的相应字符将被设置为0。款目映射示意性地表示在图7–1–3中。

X=每个目次区款目的字段长度部分的长度

Y=每个款目的起始字符位置部分的长度

Z=每个款目的实施–定义部分的长度

O=保留供将来使用

X	Y	Z	O
20	21	22	23

X= 每个目次区款目的字段长度部分的长度
Y= 每个款目的起始字符位置部分的长度
Z= 每个款目的实施–定义部分的长度
O= 保留供将来使用

图7–1–3　款目映射

款目映射的使用如下所示：（1）设置为4500的款目映射所定义目次区的特性为，每个款目包括一个三字符字段号（不在款目映射中表示），一个四位数字段长度，以及一个五位数起始字符位置；（2）0520的款目映射集所定义目次区的特性为，每个款目包括一个三字符字段号，没有字段数据元素的长度，一个五位数起始字符位置和两个实施-定义数据的字符。

4.3 目次区

目次区应由一系列定长字段组成，以下称为“款目”。目次区应至少提供一个款目，用于每个后续可变长字段（控制和数据）。目次区应从记录的字符位置24开始，并以字段终止符结束。

4.3.1 款目

一个款目示意性地表示在图7-1-4中。目次区中的每个款目的长度等于款目映射中给出的长度的总和加上字段号的3个字符。字段号应该是每个款目的第一个元素。款目的其他部分的顺序应与其在款目映射中所规定其长度的顺序相同。款目的任何部分的长度不得超过9个字符。目次区中的所有款目应具有相同的结构。每个款目至少应包含字段号和字段长度或字段号和起始字符位置，并且应明确对应于规定的可变长数据字段或控制字段。

4.3.1.1 字段号

字段号应包含3个字母或数字的ASCII图形字符。对于字母字符，应用程序应使用大写或小写字母，但不能同时使用两者。前两个字符为0的字段号应规定为控制字段。其他字段号应规定为数据字段。

对于控制字段的字段号，字段号001应规定为控制号字段。字段号002应保留用于子记录。字段号003-009和00a-00z应保留用于特定实施的定义。

4.3.1.2 字段长度

一个款目的字段长度部分（如果存在）应包含由款目引用的可变长字段的长度，以一位十进制数表示。该长度应包括字段终止符和与字段相关的指示符。

字段号	字段长度（注释1）	起始字符位置（注释1）	实施-定义部分（注释2）

注释：
（1）不要求，但是这些部分中的至少一个必须存在。
（2）不要求。

图7-1-4 目次区中每个款目的结构

如果可变长字段的长度超过在款目的字段长度部分中一位十进制数可表示的最大长度

时，则用两个或更多个款目（为了解释，在此称其为目次区款目的“子集”）定义这种字段的位置和范围。子集中的所有款目应包含相同的字段号。除了子集中的最后一个款目之外，子集的每个款目中的字段长度应设置为0，以表示（1）字段的长度等于可表达的最大长度，以及（2）关于同一字段的超出长度的信息记录于目次区中的下一个款目中。子集中的最后一个款目的字段长度应该是前面款目字段长度部分的剩余长度。

4.3.1.3 起始字符位置

款目的起始字符位置部分（如果存在）应包含对应于款目引用的可变长字段中第一个字符的数据基地址的字符位置。（目次区后面的第一个字段的第一个字符编号为0。）起始字符位置应以一位十进制数表示。

4.3.1.4 实施-定义部分

款目的实施-定义部分（如果存在）应包含对应于款目引用的可变长字段相关的信息。目次区中的每个款目的这个部分应当具有相同的长度和定义。这不是一个数据项。

4.3.2 款目的顺序

对应控制字段的目次区款目应排在对应数据字段的款目之前。对应控制字段的款目应按如下字段号排序：001、002、009，00a、00b、00z。对应数据字段的款目可以以任何顺序记录，并且不需要与对应的可变长字段有相同的顺序。

4.4 可变长字段

记录跟在头标和目次区后面，由可变长字段组成。

4.4.1 可变长字段的顺序

在记录中控制字段应位于数据字段之前，并且应按目次区中对应款目相同的顺序排列。数据字段可以是任何顺序，并且不需要按对应款目的顺序排列。

4.4.2 控制字段

控制字段应由两个0字开头的字段号规定。控制字段应由数据和字段终止符组成；它们不应包含指示符、分隔符或数据元素标识符。

由字段号001标识的控制号字段应包含记录的控制号。控制号应由ASCII图形字符组成。每个记录应准确地包含一个控制号字段。（由于4.4.1的规定，控制号字段将始终位于数据基地址。）

4.4.3 数据字段

数据字段的数量、长度或内容没有受到限制，除了已经陈述或隐含的说明（例如那些受到总记录长度的限制）。数据字段可以包括指示符、分隔符和数据元素标识符，以及数据和字段终止符。数据字段的结构如图7-1-5所示。

图7-1-5　可变长数据字段的结构

4.4.3.1　指示符

当指示符存在时，它们将占据数据字段的第一个字符位置，并且置于可能存在的分隔符和数据元素标识符之前。记录中的每个数据字段应包括指示符字符位置的数值，由头标中的指示符计数参数的值确定，即使指示符之值尚未定义的所有字段也如此。

4.4.3.2　数据元素标识符

当使用数据元素标识符时，每个这样的标识符应在一个分隔符之前，并且每个这样的标识符应紧随在其标识的数据元素之前。实际上，一个分隔符和数据元素标识符的组合是开始和标识一个可变长数据字段内的数据元素的标记。每个标识符加上其关联的分隔符的长度应等于头标中所指定的标识符长度参数的值，并且与该记录的每个数据字段一致。如果使用数据元素标识符，它们必须在可变长数据字段中的第一个（也许是仅有的）数据元素之前。数据元素标识符应由ASCII图形字符组成。

4.4.3.3　多个数据元素

数据字段可以包含不止一个数据元素。每个数据元素可以是定长的或可变长度的，并且可以通过位置或通过使用数据元素标识符来标识。

4.5　记录终止符

记录的最后一个字符应是记录终止符，紧随在最后一个可变长字段的字段终止符之后。

5　其他相关美国国家标准

ANSI X3.22-1983 (R1990)　用于信息交换的记录磁带（800 CPI，NRZI）；

ANSI X3.39-1986 (R1992)　信息系统-用于信息交换的记录磁带（1600 CPI，相位编码）；

ANSI X3.54-1986 (R1992)　信息系统-用于信息交换的记录磁带（6250 CPI，组编码记录）；

ANSI / NISO Z39.47-1993　书目使用的扩展拉丁字母编码字符集（ANSEL）；

ANSI / NISO Z39.50-1992　信息检索应用服务定义和开放系统互连的协议规范。

第二节　Z39.2信息交换格式的应用与现状

20世纪60年代，计算机从科学计算逐渐扩展到数据处理、事务处理及机构的信息管理，图书馆也开始逐渐将计算机纳入整个管理体系，美国国会图书馆（Library of Congress，LC）是图书馆信息化的先驱。[1]然而每个图书馆对于图书信息数据的管理形式均不一样，而馆藏量不足的图书馆往往要从馆藏量高且利用率低的机构获取图书资源以及相应的数据资源。不同机构之间的数据沟通会受到数据结构异构的限制，导致信息失真。因此在数据获取时，双方要约定一种有关数据组织的结构性描述，以便能够准确地对数据进行获取及判定。Z39.2是实现书目信息的自动化存储、传输和检索的重要标准之一。

1　Z39.2的简介与发展

1.1　MARC机读目录格式

虽然MARC机读目录格式诞生于1966年，但早在20世纪60年代初，一批有远见的图书馆就试图将计算机引进日常工作体系。当时国会图书馆希望利用计算机来打印图书馆发行的集中编目卡片，这种编目卡片自20世纪初就已经存在，是北美乃至全世界图书馆界影响最大的产品。国会图书馆自1964年开始调研卡片目录机读形式的可行方法，1966年首先形成了MARC第一代格式，但只适用于英语著作类的文献。1966年11月开始进行“MARC试验项目”，参与试验项目的图书馆达十余所，第一代MARC格式磁带推出后所有参与的机构均试用了该格式。1967年经过一次修改之后，于1968年推出了第二代格式，即后来广泛使用的USMARC。第二代格式扩展了字符集与数据的组织结构，使其能够适配任何语种的资料与文献。[2]因此可以说，MARC对于数据结构的定义、存储方式等均有长达数年的设计与试验。

在MARC诞生之初，世界上计算机的发展程度还相当落后，当时各个图书机构都只能通过国家的计算中心来购买服务，用来存储自己的馆藏数据，在录入数据的时候甚至只能使用IBM卡（打孔卡）。而到了今天，计算机的影响已经深入到生活中的每个细节，甚至已经达到万物互联、万物皆计算的程度。即使计算机与互联网的变革已经到了如此程度，MARC机读目录格式依然屹立了40余年之久。在此期间，各大标准制定机构不断地对MARC进行修订，更新版本，使其在不断变化的信息传输环境下始终保持活力，可见其在制定之初，对数据组织的形式就极为超前，并且和硬件解耦，使其不被硬件的发展所制约，这不得不说可以称得上是信息传输领域的一个经典作品。

1.2 Z39.2的诞生

随着MARC机读目录格式的诞生，世界各地都纷纷根据自己的实际需求与场景，推出了各自的MARC格式，而在此之前，不得不提到Z39.2这个标准。

ANSI/NISO Z39.2是由美国国家信息标准协会（NISO）承担机器输入记录的Z39第二分委员会提出，旨在将MARC机读目录格式对数据传输标准的定义制定成标准，以推广MARC，从而实现异构数据源之间无障碍的传输，使图书管理机构利用该标准做到资源之间的互通有无，成为信息获取的准确性保障。Z39.2标准是MARC格式模板下的第一代产物，更严格地说，MARC格式于1966年由NISO提出时，机器输入记录分委会于同年2月组建，即同步制定了该标准作为首个数据传输标准并推广。而更重要的是，将第一代MARC目录格式制定为一种标准，能够将其权威性更广泛地传播。尽管Z39.2并没有被世界各国图书馆信息管理的所有应用场景采纳，但它的诞生仍然标志着MARC格式正式成为世界信息交换通用语。

机器输入记录分委员会在对Z39.2标准进行格式定义时，遵循了如下几个原则：

（1）格式适用于各种书目信息及相关数据；

（2）格式与硬件无关；

（3）所有记录在结构基本相同的基础上，还包括足够多的控制记录以标识其独特性；

（4）该记录和标识数据的方法在最大限度上简化并实现格式间的转换。

可见，Z39.2作为MARC格式的第一代标准，基本遵循了MARC的设计理念，使得其在日后的推广与延续中具有十分强大的活力。

1.3 Z39.2的版本与发展

Z39.2诞生于1966年，此后经历了数次的修订与审查，最近一次重新认证是在2016年。[3] 该标准于1969年3月和1970年7月14日，通过了Z39标准委员会和美国国家标准学会（American National Standards Institute，ANSI）的批准，1971年Z39.2第一版本诞生以来，首次被认证为ANSI Z39.2–1971《书目信息磁带交换格式》（Format for Bibliographic Information Interchange on Magnetic Tape）。

1974年，机器输入记录分委员会重新召开会议，对标准进行必要的定期审查和修订，该标准被批准为ANSI Z39.2–1979《信息科学 文献著录信息交换》（Information Sciences–Bibliographic Information Interchange，现已作废），本次修订中的主要变化包括可以向目次区条目添加可选的用户定义部分，以及可撤销长度为12个字符的要求。这种变化是为了标识记录内部关系而做出的调整。目次区的重新定义没有为ANSI Z39.2–1971的推行带来影响。1979年对格式的其他修改包括：

（1）保留控制字段的附加标签；

（2）标签被限定使用的字符范围包含字母数字字符；

（3）分隔符、字段终止符和记录终止符的字符规范（规范具体内容参见ANSI Z39.2–1971）；

（4）在最终变量字段之后使用字段终止符和记录终止符；

（5）自标准首次获得批准以来，一系列实施的文档相应而生，与标准的原始版本一起发布的实施附录不再必要，因此于本次修订时被删除。

1985年，在新一轮标准的复审中，做出以下改变：

（1）取消003字段的使用限制；

（2）将可能的头标区和数据元素标识符代码值从ASCII基础字符扩展到ASCII图形字符。

这次修订涉及的变化，使该标准与国际标准《文献目录信息交换用磁带记录格式》（ISO 2709:1981 Documentation-Format for Bibliographic Information Interchange on Magnetic Tape） 相符，后者几经修订，现版本为《信息与文献　信息交换格式》（ISO 2709:2008 Information and Documentation-Format for Information Exchange），详见http://www.iso.org/standard/41319.html。

1994年，以上所做出的修订被批准为《信息交换格式》（ANSI/NISO Z39.2–1994 Information Interchange Format）。1994年修订的标准版本于2016年3月24日重新认证，编号为ANSI/NISO Z39.2–1994（R2016），名称不变，仍为《信息交换格式》（Information Interchange Format）。

2　Z39.2信息交换格式的主要内容及特点

2.1　Z39.2的主要内容

Z39.2标准的整个格式主要可以分为3个主要功能区，分别为头标区、目次区以及数据区，其中头标区负责表示记录的长度、记录数据基地址、图书的类型等信息；目次区存储图书信息的各个字段名称及长度和地址信息，可以理解为图书信息的一个索引或者字典目录，通过其中记录的信息能够使计算机根据字符位置寻找到图书具体信息的存储位置；数据区则负责存储书目的具体信息。其格式构造示意图如图7–2–1所示。

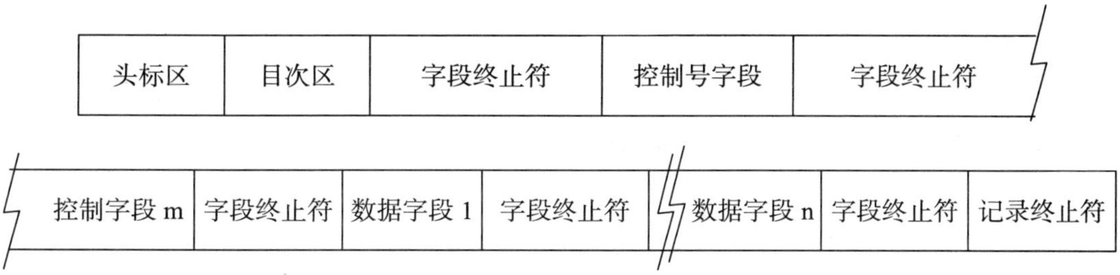

图7–2–1　Z39.2格式构造示意图

2.1.1 头标区

头标区又称记录头标，出现在每条数据记录的开头，并且是必备和不可重复的，主要负责存储记录的长度、数据基地址与书目各类的类型信息等，其长度固定占位24位字符。在信息传输格式中，一个字符为计算机读入一个ASCII码所能表示出的图形。头标区数据格式构造示意图如图7-2-2所示，其中数字代表数据元素在24位字符中所占的字符位置。

0—4	5	6	7—9	10
记录长度	记录状态	记录类型	执行代码	指示符计数
标识符长度	数据基地址	记录附加定义	地址目次结构	
11	12—16	17—19	20—23	

图7-2-2 头标区构造示意图

头标区中各数据元素含义如下。

1.记录长度：5个十进制数，右对齐，不足5个数字时左边用0补齐。本域由软件产生，用户不能更改。

2.记录状态：占1个字符，有5种状态，其中c代表修改过的记录，d代表删除的记录，n代表新记录，o代表曾为较高层次记录，p代表曾为不完整的预稿记录。

3.记录类型：占1个字符，a为印刷的文字资料，b为手稿性的文字资料。

4.执行代码：第7位字符表示书目级别，m代表专著，s代表连续出版物；第8位字符表示层次等级代码，#代表层次关系未定或不采用层次结构，0代表无层次等级关系，1代表最高层次的记录，2代表低于最高层次的记录；第9位字符未定义。

5.指示符计数：它为等于每个变量数据字段中出现的指示符数的十进制数字。如果记录不包括指示符，则此参数的值应设置为0。

6.标识符长度：它是等于分隔符和在可变数据字段中使用的数据元素标识符的长度的总和的十进制数字。如果使用分隔符而不使用数据元素标识符，则此参数的值应设置为1，如果既不使用分隔符，也不使用数据元素标识符，则该值应设置为0。

7.数据基地址：数据的基本地址参数的值将占据记录的字符位置12—16，右对齐，不足5位时左边补零，不可修改。它代表头标区和目次区的长度之和。

8.记录附加定义：

- 第17位字符存储编目等级，#代表完全级，表示该记录建立时依据了原作品；1代表次级1，表示该记录建立时未依据原作品；2代表次级2，表示该记录是预编记录；3代表次级3，表示编目未达到完全级的记录。
- 第18位存储著录格式，著录格式标识记录中的各著录项目是否采用《国际标准书目著录》（International Standard Bibliographic Description，ISBD）格式，空格代表完全采用ISBD格式，b代表不采用ISBD格式，i代表部分采用ISBD格式。

- 第19位未定义。

（9）地址目次结构：记录目次区各项数据字段长度占字符数，起始字符位置的长度，执行-定义部分字符数，未定义。

以一个例子来说明头标区的字符串所代表的含义，01123nam0#2200265###450#:01123是整个记录的字符数；n表明是新记录；a表明是印刷型文字资料；m表明是专著；0表示无层次等级关系；22分别表示指示符长度和子字段指示符长度均为2；00265是数据基地址；三位#分别表示记录编目等级完全级，描述完全采用ISBD格式；未定义。

Z39.2交换格式在区域内部的定义上相对灵活，例如在头标区中，跟在记录类型之后的参数并不固定该参数的具体类型（例如编目等级、著录格式），而是根据实际情况用于特定的定义。

2.1.2　目次区与数据区

目次区存储图书信息的各个字段名称及长度和地址信息，可以理解为图书信息的一个索引或者字典目录，通过其中记录的信息能够使计算机根据字符位置寻找到图书具体信息的存储位置。目次区由长度为12个字符位置的一系列目次区款目组成，每个款目包含字段标识符、字段长度、字段起始字符位置以及执行代码4个部分，由计算机自动生成，占位从整个条目的第24个字符开始，并以字段终止符结束，示意图如图7-2-3所示。

字段号	字段长度	起始字符位置	实施-定义部分

图7-2-3　目次区构造示意图

在条目结构中，字段长度是可变的，若字段的长度超过10，则将本字段扩展到第二个条目中作为本字段的子字段，来描述字段的位置和范围，因此对于每个控制字段的结构中，字段号也要预留后面的一位来确保能够在存在子字段的时候，来定位该子字段。实施定义部分则包含了字段的相关信息。

实际上，如图7-2-1所示，无论是在头标区、目次区或者是数据区，信息的具体内容都是由字段来承载的，而在Z39.2协议中，所有字段都有图7-2-3所示的数据结构。区别只在于，控制字段的字段号应按如下字段号排序：001、002……009，00a、00b……00z，而数据区字段的字段号可以以任何顺序来记录，并且目次区的控制字段在整个数据域中排在数据区字段之前。

数据区由多个可变长字段组成，每个字段间由字段分隔符隔开，是著录资料信息的具体体现。

2.2 Z39.2的目标特点

Z39.2作为旨在推广MARC为信息传输格式之权威的第一代产物，具有较大的优势。首先，Z39.2具有独立的元数据标识系统，所谓元数据，即描述数据的数据，也可以理解为带有描述性语义的数据。在20世纪60年代，信息存储的数据库还在使用定长字段，而该标准已经设计出了一套能够接纳变长数据的标识系统。除此之外，这种数据传输格式不依赖硬件的传输介质，无论用卡片、磁带、光盘还是现代的互联网，都可以完成对数据的组织，[4]并且完全独立于计算机的硬件设备体系，因此能够被世界各大图书机构所采用。

其次，一种标准，必须要拥有坚实的应用基础才能被广泛采用在MARC诞生之初，计算机普及水平极低，而恰恰在不久后，磁带开始普及，这为以纯文本形式存在的Z39.2提供了极为便利的传输环境，并且使之能够长期地保存下来。在后续的MARC试验项目的实施过程中，相关机构为以磁带为传输介质的MARC格式的传输方式，做了全方位成本分析，并在后续Z39.2的修正中，放弃了如出版地等数据字段，以节约存储成本。作为一种传输技术，其低成本的特点决定了该格式标准能够屹立于信息传输领域几十年。

3 Z39.2的应用、影响及现状

3.1 Z39.2的应用与影响

Z39.2作为美国NISO起草的第一代MARC格式标准，诞生之初便被美国各大信息媒体等领域迅速接纳。在1994年被重新认证时，参与投票的各大组织有数十个，例如美国图书馆协会、信息与传播中心协会、犹太图书馆协会、自动绘图公司、道琼斯Factiva数据库、国会图书馆、国防部信息技术中心等组织，均为各行业领衔机构。

之后，Z39.2迅速被北美乃至全世界各国信息相关的组织所采用，不久之后便被各国根据自己实际的需求改编，从而衍生出众多具有各国特色的MARC格式，例如与Z39.2血缘关系最近的BNB MARC（British National Bibliography MARC，英国国家书目机读目录格式），即后来的UKMARC。我国也参考了该标准，做了一些如字符集上的修改后，制定了适用于国内书目信息传输的CNMARC。

修改程度比较深的如UNIMARC，也是脱胎于Z39.2标准，但做了比较大的修改，极具创新性，其最大的特点是对于等级关系的表达。Z39.2在分析著录内容时，会把相关信息放在一个字段中，而德国的MAB格式采用多层的结构，把另一条著录信息放在前一条的一个子字段中，形成嵌套的数据结构，[5]而UNIMARC同时保留了两种做法，形成了一种流行于全世界的国际机读目录格式。

诸如此类的脱胎于Z39.2的格式，还有法国格勒诺布尔大学图书馆开发的MONOCLE、加拿大的CANMARC、拉丁美洲MARCAL等。[6]

3.2　Z39.2的现状及MARC的未来

Z39.2标准的最后一个版本为ANSI/NISO Z39.2–1994（ISSN 1041–5653），之后则于2005年被ISO采用，并命名为ISO 2709:1996，作为最新标准替代Z39.2标准，ISO 2709也因此代替了此前的编目信息磁带交换标准（ISO 2709:1981）。

尽管已经被新的ISO标准所取代，以Z39.2标准为代表的MARC机读目录格式仍然发挥着余热。该标准历经半个世纪而长存，虽然早在几十年前就已随着计算机体系的发展而遭受质疑，[7]但MARC格式也在不断进行自我革新，研究人员研制了21世纪的MARC格式——MARC 21。[8]MARC 21由美国国会图书馆和加拿大国家图书馆在1999年共同完成，是一种面向21世纪的新MARC格式，如今已经被北美以及欧洲部分国家所接纳。它是一种一体化格式，可用于描述、检索各种类型的文献，同时也承担了原有的MARC信息交换功能，并且能够与UKMARC、UNIMARC等标准兼容。它被广泛应用于规范、书目、分类、团体信息与馆藏等领域的数据交换与表达。[9]

此外，随着互联网的爆炸式发展，新兴的数据传输格式XML已经能够十分成熟地作为数据传输载体的格式，XML的管理技术已经成为图书情报系统的核心管理技术。[10]XML可以很方便地将内容从数据规则和表达中分离出来，XML标记的文档可以使用户更方便地提取和重用自己想用的内容，并使用自己喜欢的表达格式，这为用户提供了一个很好的按需定制的功能，具有非常好的灵活性。XML还可以使内容脱离格式，成为只和上下文相关的数据，以便于内容的检索、合并或者重用，满足了跨系统检索、整合甚至跨媒体出版的需求。[11]一个基于XML的通用存储方式，还可以帮助信息服务商管理和维护大量的不同内容。因此，同为描述性语言的元语言，XML显然能够完全替代以Z39.2为代表的MARC机读目录格式。

4　基于XML的Z39.2信息交换格式的元数据描述探讨

在实体信息资源和网络信息资源并存的今天，编目条例和机读目录格式也做了相应的调整，传统的MARC机读目录格式已在世界范围内普及，并通过美国信息标准协会等机构的努力，形成了成熟的信息交换格式标准，Z39.2作为具有里程碑意义的一个信息交换格式标准的版本，在全世界图书信息管理方面得到了广泛的应用，并持续至今。而在如今的信息时代，用户对于信息的检索通常基于互联网的搜索引擎来实现，但Z39.2交换格式的平面化的数据组织和严格的代码描述信息的方式，使得搜索引擎无法直接从交换格式中获取到关键信息，返回给用户有效的资料。

XML作为如今应用十分广泛的一种数据交换语言，能够将数据标签化，在通过转换机制将数据整合成XML格式后能够提供给前端可读性强、易被机器识别的数据结构。相较于软件工程中通过接口从后端获取数据，并通过脚本来组织成XML文件，针对Z39.2协议来设计XML转换器，则需要面向协议中的各项数据、字段和规则来制定相应的格式。基于XML对Z39.2协议的描述，能够为那些被Z39.2协议管理的资料数据提供更加直观有效的搜索效果，使之成为宝贵的网络资源。

4.1 Z39.2协议与XML语言转换的原理

Z39.2本质上是一种可被执行的，能够精确描述一种固定语法格式的特定领域语言。不同于其他如SQL数据库语言或HTML网页语言等特定领域语言，Z39.2交换协议对信息的组织十分严格，每个数据域所占有的位置都是固定的。而XML则属于相对灵活的特定领域语言，没有固定的标签集合，只提供了一种通用灵活的语法机制。因此如何将Z39.2的语言转换成语义相同的XML语言则成为了问题的关键。与编程语言一样，Z39.2也需要一款类似编译器的解析器，来针对Z39.2的语法进行解析，形成中间语言，再将其转换成XML语言。中间语言的选择可以是抽象语法树，也可以是其他中间表示，转换示意图如图7–2–4所示。

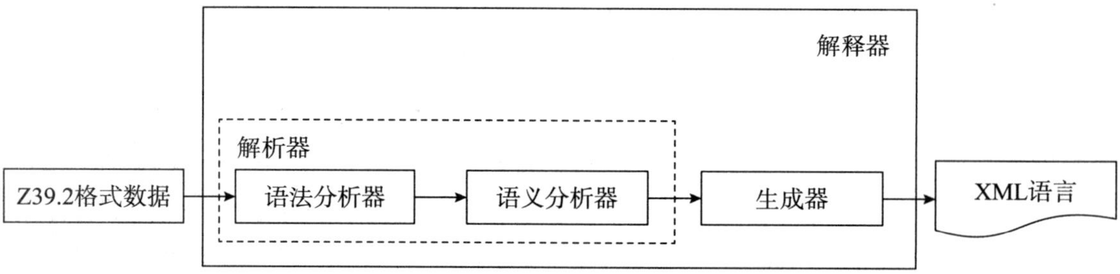

图7–2–4　Z39.2向XML语言转换示意图

4.2 Z39.2协议与XML语言转换的实例

首先在创建解析器时，要编写出Z39.2的文法文件，使得解析器能够根据Z39.2的文法生成对应的抽象数据结构。因为信息交换格式的数据类型和字段数量相对较少，可以使用枚举的方式建立对应的元素数据类型，从而规定某个元素的内容或者取值范围。

在计算机领域中，编译器对一种语言的识别首先要读取输入，根据读入的字节流，由词法分析器将字节流拆分成词法基本单元标识，并给出每个标识相应的词法类型。但Z39.2对信息数据的定义十分严格，它的每个具体的功能和字段都被固定在相应的位置上，因此在解释器工作的过程中，可以省略掉词法分析器的步骤，直接获取到对应位置上的数据即可获得该位置上数据的类型。例如，翻译器在读取到记录的第12–16个字符位置的数据时，查找Z39.2的格式表，即可得知该位置上的字符代表的是记录的数据基地址。

在得到输入字符中每个标记的类型之后，这些被赋予类型的词法单元会作为语法分析器（antlr）的输入，由语法分析器按照Z39.2的语法文件将这些标记转化为如抽象语法树或语法解析树之类的中间表示（IR），同样由于Z39.2对格式的严格规范，它并不会形成自然语言或编程语言中常见的由左递归引起的语法歧义的问题，因此，对于Z39.2交换格式的语法编写十分容易，以antlr中使用语法文件生成解析器的例子作为参照，可以编写出简洁清晰的语法文件，语法文件可以描述整个通信交换协议的语义。例1给出一段对字段数据的语法描述片段，其中的逻辑关系和连接关系均用通配符来表示。

例1：语法规则片段

Grammar field;

field：field_num|field_length|start_char|define；

field_num：‘0’ .. ‘9’ +；

Z39.2协议的语法规则简单，规则数量少，因而可以将语法解析树作为中间表示，使生成器生成相应的XML代码，语法解析树形式如图7-2-5所示，解释器内部运行机制如图7-2-6所示。

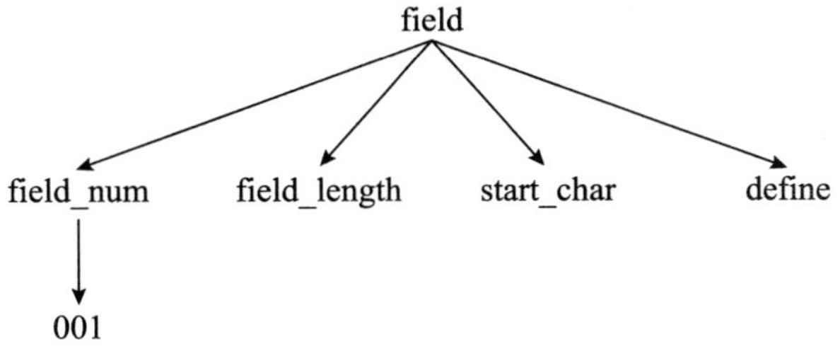

图7-2-5　对应语法片段的语法解析树

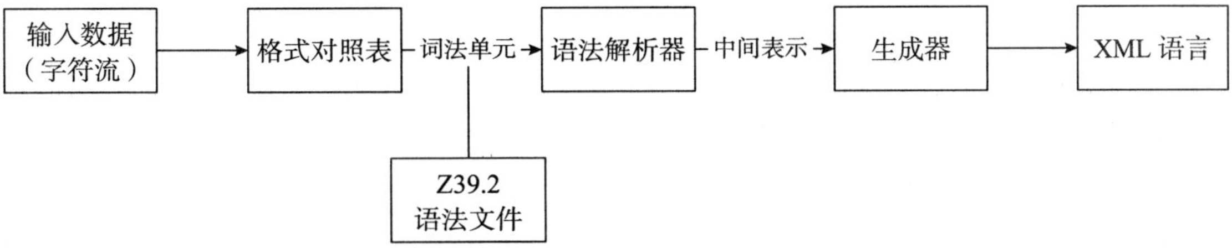

图7-2-6　解释器运行流程图

在通过解析器构建好中间表示之后，通过转换器读取中间语言，将中间语言所表示的抽象数据结构用XML的层级结构展现出来，效果如下：

书目信息：

记录头标：01217nam2 2200301 45

010 $a7-5320-3341-4$b 软精装 $d6.70

210 $a 北京 $ 北京大学出版社 $d1994.9

对应的 XML 片段描述如下：

<FIELD_010>

```
        <ISBN>7-5320-3341-4</ ISBN>
        <ISBN_SCOPE >软精装</ ISBN_SCOPE>
        <PRICE >6.70 </ PRICE>
    </ FIELD_010>
    <FIELD_210>
        <PUBLISHER_CITY>北京</ PUBLISHER_CITY>
        <PUBLISHER>北京大学出版社<PUBLISHER>
        <PUBLISHER_DATE >1994.9 <PUBLISHER_DATE >
    </ FIELD_210>
```

可以看到，在通过XML来描述Z39.2协议之后，能够清晰地用层级结构的代码块来展现通信格式中的信息数据，并将信息中的隶属关系直观地展现给阅读者，同时将异构数据源的数据统一到同一格式下。在XML Schema中，可以建立分级的命名空间，用以规范字段元素的命名、数据类型等。

现在，分布式存储的体系结构普及至各个领域，数据源之间的数据交换则显得至关重要，作为信息服务提供商之间沟通的桥梁，Z39.2可以满足大部分图书情报部门和组织的信息沟通应用场景，但在信息资源向网络大量倾斜的环境下，为了使各单位组织能够继续使用经典的Z39.2通信交换格式进行本地数据沟通，同时还能与其他应用场景无缝衔接，从而降低迭代成本，给Z39.2协议增加新的通用陈述语法则是效果十分显著的方法。

5 Z39.2对我国编目行业的启示

Z39.2在诞生之后，经过修订成为了著名的USMARC，UNIMARC也因此而问世。我国在对馆藏机构进行信息化时，为了满足图书馆处理馆藏数据的需要，引进了UNIMARC并制定了适合我国实际的CNMARC格式。[12] 为了推进中国机读书目数据向标准化、规范化方面的建设，文化部于1996年2月正式发布《中国机读目录格式》作为文化行业的标准在我国推广使用。近30年来我国各大中型馆都是依据CNMARC格式对中文书目进行计算机编目，因此所编制的书目数据基本符合ISO 2709，可用于国内外不同图书馆之间以标准的计算机可读形式交换书目信息。1997年10月，中国图书馆联合编目中心在北京成立，成为第一个全国性跨行业、跨系统、跨地区的联机编目中心。国内计算机编目事业日新月异，在很大程度上要归功于近年来各地图书馆认真遵循《中国机读目录格式》，在书目数据标准化、规范化方面所付出的心血。实践证明《中国机读目录格式》的确定确实为我国书目数据的规范处理奠定了坚实基础。虽然我国建立完善的馆藏书目信息传输机制的时间比国际主流稍显滞后，但依然迅速地参照国际标准制定了完善的方案并迅速实施，其中以Z39.2为主线的贯穿整个MARC历史的标准，为我国馆藏建设提供了成熟的格式参考。我国高等教育文献保障系统（CALIS）于1998年启动“九五”建设时设计研发的联机合作编目系统与联机公共检索系统，用于CALIS中外文书刊联合目录的建设，中文书目采购用CNMARC格式，西文基于MARC 21（USMARC）格式，充分遵循国际上权威的编目规则，2000年编制了《CALIS联机合作编目手册》，适用于各种文献资料类型。随着CALIS服务体系的不断发展，CALIS联机合作编目体系在国内高校逐渐得到广泛普及并延用至今，对国内编目工作产生了重大影响。

Z39.2标准曾经是图书馆人最引以为豪的作品，但任何产品或标准都有自己的生命周期，MARC这种经典的格式也不例外，经过了半个多世纪的历史，身份转换为ISO 2709，虽然已被新的标准替代，但作为一种蕴含着丰富语义的经典元数据语言，它终将长存于编目的历史长河中并成为永恒的经典，并继续服务图书馆的系统建设。

参考文献

［1］Library of Congress. Information Systems Office. *MARC Manuals Used by the Library of Congress*［M］. Information Science and Automation Division, American Library Association: U.S, 1970: 1.

［2］胡小菁，李恺. MARC四十年的发展及其未来［J］.中国图书馆学报，2010，36（2）：83—89.

［3］ISO/TC 46/SC 4 Technical interoperability. ISO 2709:2008 Information and Documentation-Format for Information Exchange［EB/OL］. https://www.iso.org/standard/41319.html, 2008-07.

［4］Avram H D. *The MARC II format*［M］. Washington: Library of Congress, 1968: 1.

［5］Avram H D.Report on the IFIJA Working Group on Content Desiguatom［R］. Washington D.C. U.S: Department of Health. Education & Welfare, 1974: 3-10.

［6］Anglada L. The Exchange of Bibliographic Records in Catalonia and the CATMARC Format［J］. *Intemational Cataloguing and Bibliographic Control*, 1982, 17(4): 57-58.

［7］编目精灵.“英美编目条例”退出舞台：从AACR到RDA［EB/OL］. http://catwizard.blogbus.com/logs/332fa950.html，2005-07-31.

［8］毛有桂.21世纪的MARC格式—MARC 21［J］.图书馆建设，2003，1（3）：43—45.

［9］Library of Congress. MARC 21 Format for Holdings Data［EB/OL］. http://publications.gc.ca/site/fra/112703/publication.html, 2013-04-03.

［10］David C. Fallside. XML Schema Part 0: Primer［EB/OL］. http://www.w3.org/TR/xmlhema0, 2001-1-17.

［11］曹志红，辛伟. 数字图书馆中基于XML的MARC元数据描述技术［J］.山东图

书馆季刊，2003，（1）：112—114.

［12］武永娜，方威明.MARC 21馆藏数据格式及其对CNMARC的启示［J］.新世纪图书馆，2005，1（3）：44—46.

第八章　访问许可及其标识ALI

第一节　标准规范译者

张　静　邵　晶（西安交通大学图书馆）

倪冬云（美国夏威夷大学马诺亚分校图书馆）

王成志（美国哥伦比亚大学东亚图书馆）

肖　珑　姚晓霞（北京大学图书馆）

薛　燕（美国加州大学伯克利分校东亚图书馆）

邓　石（美国加州大学圣地亚哥分校图书馆）

第二节　研究报告作者

张　静　邵　晶（西安交通大学图书馆）

倪冬云（美国夏威夷大学马诺亚分校图书馆）

王成志（美国哥伦比亚大学东亚图书馆）

基本信息

名称：访问许可及其标识

简称：ALI

发布时间：2015年1月5日

发布时间（中译本）：2020年3月8日

标准规范编号：NISO RP-22-2015

修订时间：

修订后编号：

主要责任者：美国国家信息标准协会ALI工作组

中文版译者：张静　邵晶　倪冬云　王成志　肖珑　姚晓霞　薛燕　邓石

类型：推荐实施规范

关键词：访问许可，开放获取，再用权，元数据

摘要：本推荐实施规范规定了标记免费阅读内容的元数据标识，以及使用/再用该内容的许可条款的链接。基于这些标识，人和机器得以确定该内容的免费阅读状态。在很多情况下，“免费阅读”（free_to_read）和“许可参见”（license_reference）元数据的结合使用标识了开放获取内容。这些标识包括日期成分，便于人和机器都可以充分理解内容的访问权和再用权随着时间推移而产生的变化。ALI旨在通过一种标准化的模式在文章级别向用户提示某篇作品是否可以免费阅读以及用户有哪些再用权，达到明晰出版商、集成商、内容提供商、基金资助者、机构管理者、图书馆及下游用户之间权利之目的，以避免由此产生的法律风险。

英文版国际标准书号（ISBN）：978-1-937522-49-0

中文版国际标准书号（ISBN）：978-1-937522-93-3

英文版链接：https://groups.niso.org/apps/group_public/download.php/14226/rp-22-2015_ALI.pdfNIS

中文版链接：http://www.libconsortia.edu.cn/Standard/list.action

其他关联标准规范：访问许可及其标识（ALI）框架（https://www.niso.org/schemas/ali/1.0）

Introduction

Title: Access License and Indicators

Abbreviation: ALI

Publication Date: January 5, 2015

Publication Date (Chinese Version): March 8, 2020

ANSI/NISO Serial Number: NISO RP–22–2015

Revised Date:

Revised ANSI/NISO Serial Number:

Creator: National Information Standards Organization ALI Working Group

Chinese Version Translated By: Jing Zhang, Jing Shao, Dongyun Ni, Chengzhi Wang, Long Xiao, Xiaoxia Yao, Susan Xue, Shi Deng

Type: Recommended Practice

Keywords: Access license, Open access, Re-use right, Metadata

Abstract: This recommended practice defines metadata indicators to be used to indicate free-to-read content and a link to license terms for the use/re-use of that content. Humans and machines will be able to assess the status of the content based on these indicators and in many cases the combination of the free_to_readand license_reference metadata will indicate Open Access content. The indicators include a date component so that content with access and re-use rights that change over time can be adequately understood by both humans and machines using the metadata. ALI strives to display the state of right of specific works in the article level through a standardized way so that readers understand the specific works whether you can use or use for free or have the right to reuse in a concise way in order to specify the rights between publishers, integrators, content providers, fund sponsors, institution administrators, libraries and downstream users to avoid the interest conflicts and legal risks caused by this.

English Version ISBN: 978–1–937522–49–0

Chinese Version ISBN: 978–1–937522–93–3

English Version URL: https://groups.niso.org/apps/group_public/download.php/14226/rp–22–2015_ALI.pdfNIS

Chinese Version URL: http://www.libconsortia.edu.cn/Standard/list.action

Relation: Access and License Indicators (ALI) Schemas (https://www.niso.org/schemas/ali/1.0)

第一节 访问许可及其标识

关于NISO推荐实施规范

A NISO Recommended Practice is a recommended "best practice" or "guideline" for methods, materials, or practices in order to give guidance to the user. Such documents usually represent a leading edge, exceptional model, or proven industry practice. All elements of Recommended Practices are discretionary and may be used as stated or modified by the user to meet specific needs.	美国国家信息标准协会（NISO）的推荐实施规范以引导使用者为目的，推荐在方法、资料或具体操作上的“最佳实践”或“指南”。这些文件通常代表某前沿领域、优秀模式，或公认的行业惯例。推荐实施规范中所有元素都可以由用户酌情采用，既可全部采纳，又可为满足特定需要修改使用。
This recommended practice may be revised or withdrawn at any time. For current information on the status of this publication contact the NISO office or visit the NISO website (www.niso.org).	本推荐实施规范可能会随时被修改或撤销。有关本出版物的现状信息，请联系NISO办公室或访问NISO网站（www.niso.org）。

中文译本 ISBN：978-1-937522-93-3

This document is a translation of the English version of a National Information Standards Organization (NISO) recommended practice, RP-22-2015 Access and License Indicators (ALI). The only version approved by the National Information Standards Organization is the English language version, available at https://www.niso.org/publications/rp-22-2015-ali. The National Information Standards Organization and the China Academic Library & Information System/Digital Resource Acquisition Alliance of Chinese Academic Libraries retain copyright in this translation and all rights are reserved. Should there be any difference between the English version and the Chinese version, the English version would prevail.	本推荐实施规范为美国国家信息标准协会NISO RP-22-2015 Access and License Indicators（ALI）《访问许可及其标识》的中文译本。该标准唯一经由美国国家信息标准协会批准的是英文版，原件请见https://www.niso.org/publications/rp-22-2015-ali。美国国家信息标准协会及中国高等教育文献保障系统/高校图书馆数字资源采购联盟对中文译本持有并保留版权。如有任何问题，请以NISO批准的英文原版为准。

This translation has been provided as a service to the library community by the Task Group on Translation and Research Project on Electronic Resources Standards and Recommended Practices, consisting of members from the Council on East Asian Libraries (CEAL), China Academic Library & Information System (CALIS)/Digital Resource Acquisition Alliance of Chinese Academic Libraries (DRAA).	应图书馆行业所需，北美东亚图书馆协会（CEAL）、中国高等教育文献保障系统（CALIS）暨高校图书馆数字资源采购联盟（DRAA）提供此中译本。
Translated by: Jing Zhang, Jingshao, Xi'an Jiaotong University Library Dongyun Ni, University of Hawai'i at Mānoa Library	翻译： 西安交通大学图书馆：张静、邵晶 夏威夷大学马诺亚分校图书馆：倪冬云
Reviewed by: Chengzhi Wang, Columbia University C. V, Starr East Asian Library	审校： 哥伦比亚大学东亚图书馆：王成志
Reviewed & edited by: Long Xiao, Xiaoxia Yao, Peking University Library Susan Xue, University of California, Berkeley Libraries Shi Deng, University of California, San Diego Library	总审与统稿： 北京大学图书馆：肖珑、姚晓霞 加州大学伯克利分校东亚图书馆：薛燕 加州大学圣地亚哥分校图书馆：邓石

前言

关于这项推荐实施规范

2013年，NISO成员批准了一项新的工作提案，即针对某特定文章能否开放获取（即任何用户都能通过期刊网站阅读该文章），以及用户可享有哪些再用权，研制提供相关信息的元数据及标识。

出版商以开放获取（Open Access）、增强获取（Increased Access）、公共获取（Public Access）等名义提供很多访问服务。然而针对这些服务，各期刊出版商之间、出版商内部关于使用的条款却不一致，有时使用条款要基于论文资助者的规定。许多出版商还提供了“混合型”出版模式，即某篇文章的作者可以通过付费来让自己的文章免费为读者访问，而所在期刊的其他内容则依旧保留订阅模式，这种模式会使情形更加令人困扰。

目前，出版商提供的“免费阅读”型文章中，再用条款和许可内容各式各样。有些出版社和机构更青睐知识共享许可协议（Creative Commons licenses），特别是知识共享署名许可协议（CC BY）作为再用条款，而其他一些出版商则为此签署专项合约或修改现有合约。

论文出资者发现，利益相关方之间缺乏信息交流和合作，造成在断定一篇特定文章是否符合他们的相关规则方面困难重重。混合型期刊出版商还没有建立一个简单易行的机制来标识某特定文章是否可供“免费阅读”以及下游用户是否拥有再用权。文章的作者很难确定自己是否符合既定论文资助者的规定。文章的读者则难以搞清他们对于特定文章能做什么和不能做什么。数据库集成商和服务提供商也没有形成单一的机制来确定哪些文章可以被合法收割。

本项目的目标是：

1. 建立书目元数据的特定格式，如果可能，建立一组描述学术作品读者使用权限的可视化标志；

2. 用于发布和推广这组元数据的推荐机制；

3. 撰写可行性报告，明确本项目中下游用户的再用权限，如果可行，在上述1和2的成果中包括这些权限信息；

4. 撰写报告，说明上述3项成果的采纳是否能够以及如何能够解决项目工作组研发的具体使用案例中的问题。

NISO“从发现到传递”专题委员会成员

“从发现到传递”（D2D）专题委员会批准了这项推荐实施规范，委员会成员如下：

Kristin Antelman
California Institute of Technology (Caltech)

Scott Bernier
EBSCO Information Services

Pascal Calarco, Chair
University of Waterloo Library

Lucy Harrison
Florida Virtual Campus

Juli McWilliams
The Library Corporation (TLC)

Peter Murray
Lyrasis

Chris Shillum
Reed Elsevier

Christine Stohn
Ex Libris, Inc.

Julie Zhu
IEEE

NISO访问许可及其标识工作组成员

NISO访问许可及其标识工作组（原名为“开放获取元数据及其指标工作组”）制定并批准了这项推荐实施规范。工作组成员包括：

Tim Devenport
EDItEUR

Gregg Gordon
Social Science Research Network (SSRN)

Julie Hardesty
Indiana University Bloomington Libraries

Jill Russel
University of Birmingham

Chris Shillum
Reed Elsevier

Ben Showers
JISC Collections (through November 2014)

Cecy Marden
The Wellcome Library
Cameron Neylon, Co-chair
Public Library of Science (PLOS)
John Ochs
American Chemical Society (ACS)
Edward Pentz, Co-chair
CrossRef
Heather Reid
Copyright Clearance Center (CCC)
Eefke Smit
International Association of STM Publishers
Christine Stohn
Ex Libris, Inc.
Greg Tananbaum, Co-chair
Scholarly Publishing & Academic Resources Coalition (SPARC)
Timothy Vollmer
Creative Commons
Maarten Zeinstra
Kennisland

致谢

访问许可及其标识工作组向以下参与该项工作的非正式工作组人员致以诚挚的感谢：

- Jeff Beck, National Center for Biotechnology Information, National Library of Medicine
- Geoffrey Bilder, CrossRef
- Paul Mostert, Elsevier
- Evan Owens, Cenveo Publisher Services
- Members of the NISO oa-indicators-info interest list, who provided significant input to the development of the use cases listed in Section 5.

1　导言

1.1　目的和范围

本推荐实施规范规定了标记免费阅读内容的元数据标识，以及使用/再用该内容的许可条款的链接。基于这些标识，人和机器得以确定该内容的免费阅读状态。在很多情况下，“免费阅读”（free_to_read）和“许可参见”（license_reference）元数据的结合使用标识了开放获取内容。这些标识包括日期成分，便于人和机器都可以充分理解内容的访问权和再用权随着时间推移而产生的变化。

1.2　术语和定义

用于这项推荐实施规范中的术语及定义如下：

术　　语	定　　义
时滞期（Embargo）	作品仅向已付费或拥有许可权限的用户开放的一段期限。时滞期之外，该作品可能成为“免费阅读”
免费阅读（Free-to-read）	任何人在上网时，无需付费或认证（包括注册），即可阅读的作品 注意：该作品或许无法实现永久性“免费阅读”
混合型期刊（Hybrid Journal）	期刊中一部分文章可以开放获取或免费阅读，而另外一部分文章则需要通过付费/订阅的途径来访问和阅读
许可（License）	与作品使用相关的协议，通常包括付费要求（如需付费）、使用、再用的条款，后者可能包括访问、复制、改编以及发行等
命名空间（Namespace）	可扩展标记语言（XML）元素名称中添加的前缀，从而避免不同XML应用中XML文档一起使用时的冲突
付费墙（Paywall）	限制电子资源内容仅为付费或许可用户访问的访问控制系统
公共许可（Public License）	提供给某一资源所有潜在用户的许可（或弃权声明） 注意：本推荐实施规范中规定的“许可参见”属性仅包含公共许可的内容
文本挖掘（Text Mining）	分析文本从而得出模式、趋势或其他含义的过程
统一资源标识符（URI）	用于识别某种互联网资源的一个字符串。这类标识允许用户对任何互联网上的资源进行交互操作。URI最普遍的形式是统一资源定位器（URL），也就是人们常说的网址
弃权声明（Waiver）	特定作品的内容持有人放弃自己的利益，使作品尽可能地进入公有领域的语言声明。知识共享（Creative Commons）组织创建的CC0工具就是弃权声明的一个例子

2　推荐实施规范概述

NISO访问许可及其标识工作组被授权研发学术作品访问状态的传送协议与机制。这是一个存在争议的领域，因为对访问模式的根本观点不同导致对“开放获取”的解读不同。工作组成员包括对该领域持有不同观点的各利益相关方。

所有利益相关方都同意，关于某特定全文在线学术出版物，有必要传播两条与之相关的关键信息：一是该出版物是否可以免费阅读，即任何通过网络访问的用户均可访问该资源；二是用户有哪些再用权。

本规范不仅考虑了被传播信息的范围，也包括各种传播机制。考虑到所涉及的政治、法律以及技术问题，首选一种简便方法传播最小信息集。因此，工作组提出了以下两点建议。

1.采用两个核心元数据，可以利用现有渠道传播。

（a）免费阅读（free_to_read）：一种简单状态，用来标识该出版物是否可实现网上免费阅读以及有无限制（如注册）。这一状态可以选择设置免费阅读起始日期，也可以视需要指定其结束日期。（见第3.1节）

（b）许可参见（license_reference）：包含URI的参见链接，链向许可中规定该作品如何使用的条款。许可规定及其包括的条款均无限制。可提供多个“许可参见”元素，每个元素可具有不同的起始日期。（见第3.2节）

2. 避免新创徽标或图标与“免费阅读”元素一起显示。工作组详细讨论了这一问题，最终决定新创徽标不属于该组的工作范围。工作组旨在创造一种简单易行的元数据交换方式，具体网站或系统应确定如何最好地将内容的使用状态传递给用户。

工作组认为这两个元数据元素能够涵盖大多数现有使用案例中的访问滞后（时滞期），以及文章发表后在某个特定时间激活访问的相关许可条款（见第5节“应用案例回顾”）。这一简单方法虽然不能完全涵盖所有使用案例，但为处理最常用案例提供了传播基本信息的框架。

工作组建议“免费阅读”和“许可参见”元数据使用XML语言编码并宣布其命名空间，并在适当时将该元数据与内容一起纳入现有的元数据发布渠道中。本推荐实施规范并未期待从已有的元数据格式和框架中采用等同元素，而是为<free_to_read>及<license_ref>宣布一个XML命名空间，该命名空间将确定这两个元素如何加现有元数据框架及工作流程中。各系统可采用合适的状态图标向用户展示“免费阅读”及“许可参见”元数据。

更多具体使用案例，见第5节。

理论根据

因为“开放获取”有不同的定义，所以工作组提议不用“开放获取”标识或命名起草中的元数据。工作组达成共识的解决方案是，提供传输用的事实元数据，从而使人和机器都能根据自己的标准做决定。

多种原因使工作组做出另一重要决定，即再用权不应用元数据表达。再用权会因用户身份而异（如：来自有机构使用许可的用户，非机构/无所属的用户，等等）。若元数据及许可两者均描述再用权，几乎可以确定两者表达互不兼容，由此也不具一致性。没有用户会相信元数据，因为他们知道自己受法律文件约束，而元数据可能是无用的或极具误导性的。对公司或机构用户而言，律师团队不会同意基于元数据许可的任何具体应用，除非他们同意将其加入使用许可。因此，大家一致同意的方法是在元数据中增加参见并链接到许可。

关于用户的再用权，需要指出的重要一点是，就法律状况以及各界观点而言，关于各种版本的学术手稿由何方持有法定权利仍有争议。就本推荐实施规范的目的而言，我们假定的一个基本原则是，出版商/数字对象持有方是传递访问状态元数据的来源或权威机构，他们有法定立场及权威来宣称具体权利。然而，应该明确的是NISO、工作组、推荐实施规范三者均不具备要求这样做的权利。实际上作为基本的最佳实践，所有利益相关方应该只宣称或提供那些他们自信有权威和地位合理拥有的权利。

工作组也不建议采用特定可视化标识来表示“免费阅读”和“许可参见”元素。各方反馈表明该领域已存在很多可视化标识，工作组关注的利益相关方不支持对起草中的元素再增加可视化标识。此外，关于许可大家已达成一致意见，即现有的可视化标识如Creative Commons图标足以满足本项目，添加额外标识反而可能会引起困扰。

3 元数据元素

本节描述两个核心元数据如何能通过现有渠道传输。

3.1 免费阅读

许多关键使用案例可以通过一个简单元数据字段来表示，通常亦以XML元素表述，用以表明用户可以在当前地址直接查阅内容，而无需支付费用或经过认证，这个元数据字段就是“免费阅读”（<free_to_read>）元素。没有“免费阅读”元数据，就不能标识访问状态，还需用户查阅其他信息以确定是否能阅读该内容。

“免费阅读”元素的存在是内容访问状态的一种简单标识，不具备任何关于再用权和限制使用的附加声明。在某些情形下，“免费阅读”元素的出现足以向用户提供可视化标识，指明该内容无需付费或认证即可获取。任何使用该元数据的系统，都需要在“免费阅读”元素存在的基础上，确定给用户展示什么样的可视化标识。

“免费阅读”元素有两个定义属性，如果适用，可用来表示起始和结束日期。起始和结束日期可以适用于访问滞后模式、特别优惠等情况，即在一段时间内或在特定日期后，可以免费阅读内容。若无起止日期，则表示免费阅读访问为永久性。任何日期元素都必须符合ISO 8601标准。为了最大限度地提高互操作性，确保与国际互联网工程工作组（Internet Engineering Task Force，IEFT）RFC 3339时间格式的兼容性，强烈建议采用YYYY-MM-DD格式（时间和时区不应包括在内）。

- 起始日期（start_date）：该属性用以标识某内容不会立即或无限开放。例如，该内容可能无法从发布日期起可用，但会在未来某时变得可获取。换言之，内容的免费使用存在短暂的时滞期。或者内容可能是在发布后的几个月内可用，但此期限后使用该内容即需付费。在后一种情况下，“起始日期”属性需要和结束日期（end_date）属性结合使用。

例如，如果一篇文章发表于2014年2月3日，一年后（即2015年2月3日）才对所有读者开放，其元数据编码为：

```
<free_to_read start_date="2015-02-03"/>
```

- 结束日期（end_date）：该属性在存在短期免费阅读期时使用。结束日期属性标识某内容停止免费使用的日期。

例如，一篇在2013年2月3日至2013年10月3日内免费使用的文章，编码为：

```
<free_to_read start_date="2013-02-03" end_date="2013-10-03"/>
```

3.2 许可参见

3.2.1 描述

“许可参见”（license_reference）元素应包含在任何为特定期刊文章或其他学术内容（图书章节、会议论文集文章等）使用的元数据中，来指向说明内容使用或再用的公共许可或弃权条款（人和机器可读的）。“公共”的含义是许可或弃权普遍适用于用户（即针对所有用户，而不是个人）。此元素中的数据必须包括一个表述为URI的稳定标识符，用以解析万维网上的可公开获取资源（见表8-1-1）。提供内容的平台负责元素中包含的URI链接。虽然没有机制要求这些URI持久存在，但是强烈建议，URI应当作为许可标识符进行构建和管理，以便最大限度地发挥其长期可用性和互操作性。

表8-1-1 许可参见URI实例

出版商	可能被使用的现存URI范例
美国化学学会	http://pubs.acs.org/userimages/ContentEditor/1218220609981/authorchoice_form.pdf
加利福尼亚大学出版社	http://ucpressjournals.com/assets/ucp_sample_auth_agr.pdf
生物医学中心（BioMed Central，CC BY v 2.0）	http://creativecommons.org/licenses/by/2.0
洛克菲勒大学出版社	http://www.rupress.org/site/subscriptions/terms.xhtml http://creativecommons.org/licenses/by-nc-sa/3.0/
英国应用辐射学学会	http://www.bjrpublications.org/page/copyright

对于某些出版商来说，能够表达使用权如何随时间变化这一点非常重要。下例所示是最简单的情形，其中，“起始日期”属性（见第3.1节）应当和“许可参见”元素一同使用：

<license_ref start_date="2014-02-03">http://www.psychoceramics.org/license_v1.html</license_ref>

<license_ref start_date="2015-02-03">http://www.psychoceramics.org/open_license.html</license_ref>

出版商可以从出版日期中识别出许可的URI，之后可以用其他许可取代基于开始日期的专有许可。这样就解决了时滞期限问题。举一个实例，以下编码标示，某内容从出版日期2014年2月3日开始遵从一项专有许可，一年后，从2015年2月3日开始，该内容遵从CC BY许可。

<license_ref start_date="2014-02-03">http://www.psychoceramics.org/license_v1.html</license_ref>

<license_ref start_date="2015-02-03">http://creativecommons.org/licenses/by/3.0/</license_ref>

"开始日期"属性和许可URI本身都不能提供任何实现这些属性的技术手段。任何正在使用该内容的下游用户需负责确定所用内容相关的特定许可条款。下游用户有责任检查每个"许可参见"元素中的"起始时间"属性，确定哪些条款目前正在使用。如上所述，起始日期应符合ISO 8601标准，并采用YYYY-MM-DD格式，不包含时间或时区。

注意，"许可参见"元素没有相应的结束日期属性。这是因为结束日期的存在会产生歧义。例如：

- 知识共享协议（CC）等开放许可没有结束日期；
- 使用结束日期可能无意中会在适用许可之间造成时间空白。

这种"许可参见"方法可以围绕着已得到承认的许可来发展社群规范。其实现方式是通过一个或一群组织，建立已得到承认的许可"白名单"来进行。这种方法可以更灵活地跟踪是否遵守了各种资助者和机构的授权要求。例如，澳大利亚研究理事会的公共获取声明允许提供免费阅读许可副本的链接，而英国研究理事会的政策规定，凡支付出版费的文章即可免费阅读，也可在CC BY协议下同样使用。

"免费阅读"和"许可参见"元数据的组合应用提供了一种机制，即通过文章出版平台标识或确定文章是否符合大多数资助者和机构政策的要求。

许多出版商使用自定义许可，因此可能会出现同一条款的不同表述。当URI在大量内容和出版平台之间保持一致时，本规范的价值就达到了最大化。因此，"许可参见"元素的使用应该鼓励许可选择的趋同，而不是要求使用一系列专用许可。为了获得更大效益，应最大可能地使涉及同一许可的多个URI一致。

3.2.2 许可URI（统一资源标识符）表达

本推荐实施规范力求平衡，既提供一致灵活的方式来传输许可位置，同时也尝试可变通的许可选择。严格意义上说，许可URI不是必须作为标识符，但当URI容易辨识、稳定并且持久时，其对于下游用户的价值最大。

为实现本推荐实施规范的价值最大化，强烈建议采用如下步骤创建和维护许可URI。

1.可行的情况下，使用与稳定持久的URI相关联的许可。如许可由第三方授权，则应使用授权方推荐的URI形式。

2.当URI由出版商控制时，需考虑域空间及其结构的可使用寿命，最大化实现URI的长期持久性。保持该许可URI的可持续使用，并且为该许可条款的新版本建立新的URI。

3.在知识共享许可的具体案例中，为实现最大化应用，URI应该采用知识共享许可（或许可授权商）推荐的形式。推荐的形式（见下面和表8-1-1中的示例）包括许可版本、许可地址（适用处）及后缀斜线。

4.许可文件本身应该包括自身URI标识。如以下示例中的范文：

如下许可的URI标识形式：

http://bjr.birjournals.org/site/misc/terms.xhtml

为了更好地服务终端用户，提高推荐标识“免费阅读”和“许可参见”的质量和实用性，建议提供给终端用户的许可应该清楚明确，易于理解。为此，推荐以下最佳实践作为提供给最终用户的许可范文。

- 如果你在使用已得到承认的许可，例如知识共享许可，即可以使用该许可的标准URI。例：http://creativecommons.org/licenses/by/2.0/
- 如果使用的是专有许可，做法如下：
  - 提供一个供人阅读的许可版本，语言尽量简洁；
  - 描述最终用户能对内容做哪些操作；
  - 描述是否有（最终用户使用内容时必须遵循的）任何许可条件；
  - 如果可能，将其作为许可的唯一版本。
- 首先，使用“许可参见”指向供人阅读的许可；其次，如有必要，将该供人阅读的许可链接到法律许可文本或已结构化/被标记的供机器阅读的许可。
- 为方便阅读/浏览许可文本（人可读版本和法律文本），许可文本中需提供章节标题。
- 为命名实体定义（如作者、作品、用户，等等）。
- 以规范的HTML或可访问的PDF（附有标题）形式提供可读许可（供人阅读的版本以及实际文本），以确保每位用户都可以在任何设备上阅读所访问内容的相关许可。

4　元数据发布推荐机制

为确保元数据的最广泛传输，应鼓励出版商、数据库集成商及其他内容提供商将“免费阅读”及“许可参见”元素包含于其所有标准元数据集中。这些元素的创建和推广使用应尽可能地成为标准编辑/生产流程的一部分。这些元数据应该成为向参考文献链接（CrossRef）和其他数字对象标识符（DOI）注册机构传送内容时不可或缺的组成部分，它包含在托管网站的文章/章节内容中，以内容提要的形式传递给第三方。

该元数据应与其他元数据一起嵌入内容本身，例如嵌入HTML META标签及PDF文件时，加在包含书目及其他元数据的地方。

另一个值得尝试的方法是，内容提供商可考虑将该元数据元素加入其他提醒服务渠道中，如电子目次服务（e-ToCs）和简易信息聚合（RSS）订阅推送以及直接提供的文摘索引服务。不论使用哪种渠道，更广泛地发布使用这些文章、图书章节或书目级元数据，很可能有助于推动发现和利用相关资源。

对新元素命名空间的使用，有助于阐明它们应如何加入现有框架和格式中。有关组织需考虑将“免费阅读”及“许可参见”嵌入现有格式中的最佳方式，现有格式包括《JATS：期刊文章标签集》（JATS）、《在线信息交换标准》（ONIX）、“资源描述框架”

（RDF）、《开放存档先导计划–元数据收割协议》（OAI-PMH）和《都柏林核心元数据元素集》（DC）。

5 应用案例回顾

工作组认定并分析了一些可能的应用案例，此举既有助于本推荐规范的研发，也检验其是否能完全解决这些案例的问题。

5.1 案例：终端用户需要发现、识别及访问免费阅读资源

行为主体： 终端用户、索引和文摘服务商、机构、出版商、元数据收割器。

描述： 当用户搜索某文献时，在搜索结果中标识该资源的访问状态会对用户有所帮助。对于通过混合/开放选择（Open Choice）计划可公开获取的文章，图书馆电子资源管理系统（ERM）目前或许还不能在其发现系统中表达这种访问状态。这是因为访问状态通常源自链接解析器的知识库或图书馆ERM，其管理都是在期刊/卷/期级，而非文章级。

案例问题是否解决？是。

在文章级的元数据中，出版商应传输一个机器可读的“免费阅读”（<free_to_read>）标识。发现系统、知识库以及其他第三方机制可以使用这些标识提供正确的访问状态。搜索引擎在其收割程序中也可以包括这些标识信息。

5.2 案例：终端用户需要了解资源的可读状态

行为主体： 终端用户、索引和文摘服务商、机构、出版商、元数据收割器。

描述： 读者访问某标准网页阅读某一篇期刊文章时，也许并不知道该文章可免费阅读。例如下面这种情况，某读者没有付费内容的访问权限，使用谷歌搜索时，搜索结果中会出现付费类的学术文章。对于读者来说，碰到付费墙令人沮丧，有可能会放弃这个最终或权威版本，转而阅读其他文本。有些情况下，技术/程序问题以及读者自身的困惑等外部原因可能导致访问被拒绝，读者并不知道自己有权阅读某篇文章（例如终端用户没有使用授权网络去访问他/她有权限使用的内容）。明确标识免费阅读内容有助于用户减少搜索替代版本的时间。识别标识应当简单易懂，即便是不熟悉学术内容和订阅情况的读者也应当能够理解。

案例问题是否解决？是。

在元数据中，出版商应当传输机器可读的“免费阅读”（<free_to_read>）标识。发现系统、知识库以及其他第三方机制应当使用这些标识提供正确的访问状态。搜索引擎在其收割程序中也可以包括标识过的这类资源。如果出版商对某篇文章同时持有多种版本（例如记录版本和采用稿件），那么在元数据中，每个版本都应当传输一个独特的机器可读的

“免费阅读”标识。

5.3　案例：终端用户需要了解资源的再用权限

行为主体：终端用户、出版商、机构库。

描述：对于在网上找到的内容，研究人员并不清楚在法律允许范围内他们能够和不能够做什么。例如，他们是否可以将文章（或部分文章）分发到课堂使用，是否能在参考文献管理工具或学术社交网络中使用文章全文，或是否能够在“开放教育资源”（OERs）中分享文章。能够再用的许可内容是有限的，因为识别哪些内容可以再用比较困难，尤其当读者想要在他/她所属机构之外分享这些内容时。明确标识可以再用的内容，还有可能防止对有限再用内容和不可再用内容的侵权使用行为。

案例问题是否解决？是。

在文章级的元数据中，出版商应提供一个机器可读的“许可参见”（<license_ref>）标识。需要指出，对再用权限的解读是用户的责任。网站/系统应该以元素中的相关信息为基础，以人可读的形式向用户展示内容的许可状态。

5.4　案例：终端用户需要了解资源子项的再用权限

行为主体：终端用户、作者、出版商。

描述：在单个案例或者是一些自动再用渠道中，有用户想要使用某篇文章中的部分内容（如摘要、图片、某篇学术文章中引用的整首诗歌，但不是整篇文章），这部分的再用权限和限制是否和整篇文章相同，都没有明确的说明。可能整篇文章（例如作者的原稿）的许可为CC BY，但是文章中可能包含一些内容（有时可能来自第三方），例如图片、数据集或者图表，分属不同的开放许可下（或者甚至属于定制许可），但它们没有明确的标识。这样就会增加用户再用侵权的可能性，所以许可方要在许可中避免包含重要的子项内容，第三方内容提供者可能会拒绝提供这些内容的免费阅读。

案例问题是否解决？是。

对某一内容中的子项（如期刊文章或书籍中的图表）分别进行标识，为每个部分添加一个“许可参见”（<license_ref>）统一资源标识符（URI）。这种做法目前并没有大规模实行，因此为子项加“许可参见”的做法十分有限。如何对内容子项进行标识不属于本推荐规范的范畴，但工作组希望，随着对“许可参见”URI的研发，使用“许可参见”标识内容子项将成为标准规范中的组成部分。

5.5　案例：机构库需要揭示免费阅读资源

行为主体：机构库（不论是机构还是主题类）、出版商。

描述：目前，对于作者和机构库管理者来说，很难确定他们可以对内容进行何种操作，且需要大量工作。问题包括：哪些文章（或文章的部分）用户可以直接访问，哪些文章他们可以向其他机构库传递。

案例问题是否解决？是。

出版者应当在文章级的元数据中提供一个机器可读的“许可参见”（<license_ref>）URI，如文章的任何部分有不同的许可，该URI还应当参见所有这些许可，共同对文章进行管理。对再用权限的解读是用户的责任。如果机构库复制某项内容，机构库管理者应该在元数据中提供与原版本相同的“许可参见”标识。

5.6 案例：终端用户需要文本挖掘内容

行为主体：终端用户、文本挖掘者、机构库。

描述：目前，对于文本挖掘者来说，很难确定他们可以访问挖掘的内容（例如哪些文章或者文章的哪些部分），以及如何使用挖掘得到的信息。这些问题的解决需要很大的工作量。

案例问题是否解决？部分解决。

出版商应当在文章级的元数据中提供一个机器可读的“许可参见”（<license_ref>）URI，如文章的任何部分有不同的许可，该URI还应当参见所有这些许可，共同对文章进行管理。许可中应当标识是否允许文本和数据挖掘，是否存在附加条款和条件。这里需要指出，对再用权限的解读是用户的责任。

5.7 案例：确保作者/出版商的权利主张符合许可声明

行为主体：作者、出版商、终端用户。

描述：在单个案例或者是一些自动再用渠道中，有用户希望使用某篇文章中的视觉图像。按正确的做法，该用户会寻找许可信息（例如在PubMed中心或类似资源中寻找），确保他/她具有这样做的权利。但在某些案例中，文章许可元数据是矛盾的或者是不正确的。例如，某篇文章可能有恰当的CC BY许可，但出版商（或添加元数据的人员）会制定出有冲突的许可说明，或者标识出在原许可中没有提到的其他限制。

案例问题是否解决？部分解决。

出版商应当在文章级的元数据中提供一个机器可读的“许可参见”（<license_ref>）URI，如文章的任何部分有不同的许可，该URI还应当参见所有这些许可，共同对文章进行管理。虽然错误和不一致的地方总会出现，如脚注GLAM文章[①]所述，但用户可以依赖

① 关于这个问题的讨论，见："Publishers Deliver Inconsistent XML to PubMed Central." *GLAM*, November 2012, volume II, issue XI. Available at: https://outreach.wikimedia.org/w/index.php?title=GLAM/Newsletter/November_2012/Contents/Open_Access_report&oldid=51485%20-%20Metadata_at_PubMed_Central#Metadata_at_PubMed_Central. ——原文注

由“许可参见”属性中正式提供的信息。本推荐规范只适用于公共许可，对于某一特定团体所做的任何关于再用权利的合同延展（或限制），“许可参见”属性并不适用。

5.8　案例：资助机构需要追踪研究成果是否遵从开放获取要求

行为主体：资助机构、机构。

描述：目前，对于资助机构来说，追踪其资助对象的研究成果，确保这些研究成果通过合规渠道出版或公布的工作，实施困难且效率低下。

案例问题是否解决？部分解决。

资助机构可以使用机器可读的“免费阅读”（<free_to_read>）和“许可参见”（<license_ref>）元数据，发展出各种自动生成的报告，对其资助的研究成果进行跟踪和分析。但关于跟踪研究成果这样广泛的问题，不在本工作组的研究范畴。

5.9　案例：机构需要报告关于研究成果遵循开放获取要求的状况

行为主体：机构、资助机构。

描述：对于机构来说，向其资助方报告开放获取政策遵循情况具有一定的挑战性。对于资助机构来说，管理和跟踪研究成果向更大范围的开放获取过渡，以及向政府资助机构汇报也具有同样的困难。

案例问题是否解决？部分解决。

资助机构可以使用机器可读的“免费阅读”（<free_to_read>）和“许可参见”（<license_ref>）元数据，发展出各种自动生成的报告，对其资助的研究成果进行跟踪和分析。但关于跟踪研究成果这样广泛的问题，不在本工作组的研究范畴。

附录A：表达元数据元素的方式

A.1　XML的应用

在XML中应用本规范“访问许可及其标识”[①]（ALI），推荐两种方式：将词汇直接包含在现有框架中，或使用一个独立框架再通过命名空间对其进行引用。

示例：带有引用命名空间的独立XML Schema

```
<?xml version="1.0" encoding="UTF-8"?>
<xsd:schema xmlns:xsd="http://www.w3.org/2001/XMLSchema"
```

① 此处原文为“Article and License Indicators”（ALI），与NISO核实此处是本规范从最早的题名“Article and License Indicators”（ALI）改为“Access and License Indicators”（ALI）时的疏漏，故仍按正式题名翻译。——译者注

```
targetNamespace="http://www.niso.org/schemas/ali/1.0/">
    <xsd:element name="free_to_read">
    <xsd:complexType>
        <xsd:attribute name="end_date" use="optional" type="xsd:date"/>
        <xsd:attribute name="start_date" use="optional" type="xsd:date"/>
    </xsd:complexType>
    </xsd:element>
    <xsd:element name="license_ref">
    <xsd:complexType>
        <xsd:simpleContent>
            <xsd:extension base="xsd:anyURI">
                <xsd:attribute name="start_date" use="optional" ype="xsd:date"/>
            </xsd:extension>
        </xsd:simpleContent>
    </xsd:complexType>
    </xsd:element>
</xsd:schema>
```

使用上述XML Schema的示例：

```
<document>
...
<free_to_read xmlns="http://www.niso.org/schemas/ali/1.0/" start_date="2014-01-01" end_
date="2014-12-31"/>
<license_ref xmlns="http://www.niso.org/schemas/ali/1.0/" start_date="2015-02-03">
    http://www.examplesite.org/open_license.html
</license_ref>
...
</document>
```

A.2 PDF元数据的应用 –XMP

在某内容对象（例如PDF文件）中，可扩展元数据平台（XMP）标准（ISO 16684）可以用来嵌入元数据。下面的示例展示了“免费阅读”（<free_to_read>）和“许可参见”（<license_ref>）元数据是如何嵌入的。

```
<?xml version="1.0" encoding="UTF-8"?>
```

```
<rdf:RDF
    xmlns:ali="http://www.niso.org/schemas/ali/1.0/"
    xmlns:rdf="http://www.w3.org/1999/02/22-rdf-syntax-ns#"
    xmlns:dc="http://purl.org/dc/elements/1.1/"
    <!-- more name spaces -->
    xmlns:xsd="http://www.w3.org/2001/XMLSchema#">
        <rdf:Description rdf:about="http://dx.doi.org/10.1234567890">
            <!--Various metadata elements can go here...-->
            <dc:title>A Breakthrough Paper</dc:title>

                <ali:free_to_read>
                    <rdf:Bag>
                        <rdf:li rdf:parseType="Resource">
                            <!--free to read period around X-Mas-->
                            <ali:start_date>2014-12-24</ali:start_date>
                            <ali:end_date>2014-12-31</ali:end_date>
                        </rdf:li>
                        <rdf:li rdf:parseType="Resource">
                            <!--free to read period for Valentine's Day-->
                            <ali:start_date>2015-02-14</ali:start_date>
                            <ali:end_date>2015-02-14</ali:end_date>
                        </rdf:li>
                    </rdf:Bag>
                </ali:free_to_read>

                <ali:license_ref>
                    <rdf:Bag>
                        <rdf:li rdf:parseType="Resource">
                            <!--applying a license from 1 Nov 2014 onwards-->
                            <ali:start_date>2014-11-01</ali:start_date>
                            <ali:uri>http://www.psychoceramics.org/license_v1.html
                            </ali:uri>
                        </rdf:li>
                        <rdf:li rdf:parseType="Resource">
```

```
                    <!--making the license more liberal one year later-->
                    <ali:start_date>2015-11-01</ali:start_date>
                    <ali:uri>http://www.psychoceramics.org/open_license.html
                    </ali:uri>
                </rdf:li>
            </rdf:Bag>
        </ali:license_ref>
    </rdf:Description>
</rdf:RDF>
```

如果一篇文章是完全免费阅读，没有任何日期限制，必须输入下列语句代替日期范围版本……

```
<ali:free_to_read>true</ali:free_to_read>
```

没有日期限制的“免费阅读”示例：

```
        <ali:free_to_read>true</ali:free_to_read>
        <ali:license_ref>
            <rdf:Bag>
                <rdf:li rdf:parseType="Resource">
                    <ali:start_date>2014-01-01</ali:start_date>
                    <ali:uri>http://www.psychoceramics.org/open_license.html
                </ali:uri>
                </rdf:li>
            </rdf:Bag>
        </ali:license_ref>
```

注意：完全“免费阅读”和具有日期范围的免费阅读互不兼容，只能选择其中一种。

A.3 资源描述框架

下面的示例展示了在同一个资源描述框架（RDF）中，“免费阅读”和“许可参见”元数据是如何表达的。

```
<?xml version="1.0" encoding="UTF-8"?>
<rdf:RDF
    xmlns:ali="http://www.niso.org/schemas/ali/1.0/"
```

```
xmlns:rdf="http://www.w3.org/1999/02/22-rdf-syntax-ns#"
xmlns:dc="http://purl.org/dc/elements/1.1/"
<!-- more name spaces -->
xmlns:xsd="http://www.w3.org/2001/XMLSchema#">
    <rdf:Description rdf:about="http://dx.doi.org/10.1234567890">
        <!--Various metadata elements can go here...-->
        <dc:title>A Breakthrough Paper</dc:title>

            <ali:free_to_read rdf:parseType="Resource">
                <!--free to read period around X-Mas-->
                <ali:start_date rdf:datatype="xsd:date">2014-12-24</ali:start_date>
                <ali:end_date rdf:datatype="xsd:date">2014-12-31</ali:end_date>
            </ali:free_to_read>
            <ali:free_to_read rdf:parseType="Resource">
                <!--free to read period for Valentine's Day-->
                <ali:start_date rdf:datatype="xsd:date">2015-02-14</ali:start_date>
                <ali:end_date rdf:datatype="xsd:date">2015-02-14</ali:end_date>
            </ali:free_to_read>

            <ali:license_ref rdf:parseType="Resource">
                <!--applying a license from 1 Nov 2014 onwards-->
                <ali:start_date rdf:datatype="xsd:date">2014-11-01</ali:start_date>
                <ali:uri rdf:resource="http://www.psychoceramics.org/license_v1.html"/>
            </ali:license_ref>
            <ali:license_ref rdf:parseType="Resource">
                <!--making the license more liberal one year later-->
                <ali:start_date rdf:datatype="xsd:date">2015-11-01</ali:start_date>
                <ali:uri rdf:resource="http://www.psychoceramics.org/open_license.html"/>
```

```
            </ali:license_ref>

        </rdf:Description>
</rdf:RDF>
```

如果一篇文章是完全免费阅读，没有任何日期限制，必须输入下列语句代替日期范围版本……

```
<ali:free_to_read rdf:datatype="http://www.w3.org/2001/XMLSchema#boolean">true</
ali:free_to_read>
```

没有日期限制的“免费阅读”示例：

```
<ali:free_to_read rdf:datatype="http://www.w3.org/2001/XMLSchema#boolean">true</
ali:free_to_read>
<ali:license_ref rdf:parseType="Resource">
    <ali:start_date rdf:datatype="xsd:date">2014-01-01</ali:start_date>
    <ali:uri rdf:resource="http://www.psychoceramics.org/open_license.html"/>
</ali:license_ref>
```

注意：完全免费阅读和具有日期范围的免费阅读互不兼容，只能选择其中一种。

A.4　JSON的应用

JavaScript对象简谱（JSON）应用示例，指定免费阅读的资源：

```
{
    "@context":"http://www.niso.org/schemas/ali/1.0/jsonld.json",
    "free_to_read":true
}
```

JSON应用示例中有免费阅读的起始和结束日期：

注意：如果出现了免费阅读按键，键值必须取“真”值或者是一个指定日期的JSON对象。如果取“假”值或任何其他数据类型，键值无效。

```
{
    "@context":"http://www.niso.org/schemas/ali/1.0/jsonld.json",
    "free_to_read":{
```

```
        "start_date":"2013-02-03",
        "end_date":"2013-10-03"
  }
}
```

JSON应用示例，指定免费阅读并提供许可URI：

```
{
    "@context":"http://www.niso.org/schemas/ali/1.0/jsonld.json",
    "free_to_read":true,
        "license_ref":"http://creativecommons.org/licenses/by/3.0/"
}
```

JSON应用示例，指定许可的起始日期：

```
{
    "@context":"http://www.niso.org/schemas/ali/1.0/jsonld.json",
    "free_to_read":true,
    "license_ref":{
       "start_date":"2014-04-04",
       "uri":"http://creativecommons.org/licenses/by/3.0/"
  }
}
```

JSON应用示例包含两个许可，每个许可具有不同的起始日期：

```
{
    "@context":"http://www.niso.org/schemas/ali/1.0/jsonld.json",
    "free_to_read":true,
    "license_ref": [
       { "start_date":"2014-04-04",
       "uri":"http://creativecommons.org/licenses/by/3.0/" },
       { "start_date":"2015-04-04",
       "uri":"http://creativecommons.org/licenses/by/4.0/" }
  ]
}
```

JSON上下文关系

上述所使用的情况应指向一个JSON链接数据（JSON-LD）文件，该文件对名称和数据类型均有定义（与XML的命名空间不同，JSON-LD中的上下文必须指向一个文件）。在上述的示例中使用了下列上下文关系。注意JSON-LD是如何定义XML示例中相同的命名空间的前缀的，http://www.niso.org/schemas/ali/1.0/。这样就能够确保，不论用XML还是JSON-LD进行编码，完整限定的名称都没有改变，例如http://www.niso.org/schemas/ali/1.0/free_to_read。


```
{
    "@context":{
    "@vocab":"http://www.niso.org/schemas/ali/1.0/",
    "xsd":"http://www.w3.org/2001/XMLSchema#",
    "free_to_read":{ "@type":"xsd:boolean" },
    "license_ref":{ "@type":"@id" },
        "uri":{ "@type":"@id" },
        "start_date":{ "@type":"xsd:date" },
    "end_date":{ "@type":"xsd:date" }
  }
}
```


参考文献

ARC Open Access Policy. Australian Research Council, last modified January 8, 2013. Available at: http://www.arc.gov.au/applicants/open_access.htm.

Budapest Open Access Initiative [website]. http://www.budapestopenaccessinitiative.org/.

Creative Commons [website]. http://creativecommons.org/.

Creative Commons. About CC0- "No Rights Reserved". Available at: http://creativecommons.org/about/cc0.

Creative Commons. Attribution 4.0 International (CC BY 4.0). Available at: http://creativecommons.org/licenses/by/4.0/.

CrossRef [website]. http://www.crossref.org/.

Data elements and interchange formats-Information interchange-Representation of dates and times. ISO 8601:2004. Geneva: International Organization for Standardization, 2004. Available at: http://www.iso.org/iso/home/store/catalogue_tc/catalogue_detail.htm?csnumber=40874.

Date and Time on the Internet: *Timestamps*. RFC 3339. Internet Engineering Task Force,

July 2002. Available at: http://www.rfc-editor.org/rfc/rfc3339.txt.

DOI (Digital Object Identifier) Registration Agencies［webpage］. http://www.doi.org/registration_agencies.html.

The Dublin Core Metadata Element Set. ANSI/NISO Z39.85–2012. Baltimore, MD: National Information Standards Organization, approved February 20, 2013. Available at: http://www.niso.org/standards/z39–85–2012.

Extensible Markup Language (XML)［website］. World Wide Web Consortium. http://www.w3.org/XML/.

Graphic technology-Extensible metadata platform (XMP) specification-Part 1: Data model, serialization and core properties. ISO 16684–1:2012. Geneva: International Organization for Standardization, February 9, 2012. Available at: http://www.iso.org/iso/home/store/catalogue_tc/catalogue_detail.htm?csnumber=57421.

JATS: Journal Article Tag Suite. ANSI/NISO Z39.96–2012. Baltimore, MD: National Information Standards Organization, August 9, 2012. Available at: http://jats.niso.org/.

The JavaScript Object Notation (JSON) Data Interchange Format. RFC 7159. Internet Engineering Task Force, March 2014. Available at: http://www.rfc-editor.org/rfc/rfc7159.txt.

"Meta data." Section 7.4.4 in: *HTML 4.01 Specification*. W3C Recommendation, December 24, 1999. Available at: http://www.w3.org/TR/1999/REC-html401–19991224/struct/global.html#h–7.4.4.

ONIX Family of Standards［webpages］. EDItEUR. http://www.editeur.org/8/ONIX/.

Open Access Scholarly Publishers Association (OASPA)［website］. http://oaspa.org/.

The Open Archives Initiative Protocol for Metadata Harvesting (OAI-PMH). Version 2.0. Open Archives Initiative, June 14, 2002；document last updated December 7, 2008. Available at: http://www.openarchives.org/OAI/2.0/openarchivesprotocol.html.

RCUK Policy on Open Access and Supporting Guidance. Research Councils UK, [2005]. http://www.rcuk.ac.uk/documents/documents/RCUKOpenAccessPolicy.pdf.

Resource Description Framework (RDF) [website]. World Wide Web Consortium. http://www.w3.org/RDF/.

Uniform Resource Identifier (URI): Generic Syntax. RFC 3986. Internet Engineering Task Force, January 2005. Available at: http://www.ietf.org/rfc/rfc3986.txt.

第二节　开放资源许可使用的权益平衡规范：NISO ALI解读

随着全球范围内数字资源出版规模逐步扩大，用户的开放资源获取需求激增，亟需进一步明确数字资源的使用权限及开放状态。因此，美国国家信息标准协会（NISO）于2013年批准了一项新的工作提案，即对某特定文章能否开放获取（即任何用户都能通过期刊网站阅读该文章），以及用户可享有的再用权进行揭示，并研制提供相关信息的元数据及标识。

1　《访问许可及其标识》的源起

《访问许可及其标识》（Access License and Indicators，ALI）是NISO的推荐实施规范之一，旨在通过一种标准化的方式在文章级别显示特定作品的权利状态，从而使读者以简明的方式了解特定作品是否可以免费使用或拥有怎样的再用权，以达到明晰出版商、集成商、内容提供商、基金资助者、机构管理者、图书馆及下游用户之间权利的目的，避免因此导致的利益冲突和法律风险。ALI在国外的数字期刊出版领域已有所应用，在该推荐实施规范中有专门的章节介绍其应用，也有学者对ALI的应用状况[1]及在有效揭示混合型开放获取（Hybrid open access）期刊方面的应用[2]进行了研究。关于ALI的专门研究为数甚少，郭进京在介绍2014年国际开放获取实践进展时有简要介绍，[3]陈雪飞在其科学网博客中编译了ALI的部分主要内容。[4]本研究将ALI最佳实施规范的基本内容及在国外出版界和图书馆界的应用与反馈予以归纳介绍，以期能够丰富国内相关研究，并对构建我国开放资源权益平衡机制有所助益。

2　ALI项目的背景及概况

2.1　开放获取资源带来的利益失衡问题

随着学术信息交流方式的不断发展，为推动科研成果在互联网环境下的自由传播，提高学术成果的公共利用程度，出版商提供的开放获取（open access）、扩展途径获取（increased access）、公共获取（public access）等新的出版模式不断涌现，打破了学术资源的价格垄断和使用权的壁垒，但随之也带来在公共获取权和用户再用权等问题上的混乱。出版社、作者、下游用户（downstream user）之间缺少信息交流与合作，导致了他们在确定特定作品是否符合他们的许可使用规定方面困难重重，开放资源的使用权益处于一种比较暧昧的状态。出版社/出版商缺少统一的可视化机制来标记某篇特定作品是否可以供

“免费阅读”（free-to-read），下游用户是否有再用（re-use）权；作者而很难确定自己发布的作品是否符合既定基金资助者提出的开放使用规则；下游用户则无法以一种简单而明确的方式知晓他们在使用特定作品时究竟可为还是不可为；基金资助者难以跟踪资助的科研成果是否遵从既定的开放政策；图书馆由于对特定作品或出版物是否开放或延迟开放无从知晓，难以充分揭示以为研究者所用。这种情况限制了开放资源的传播和利用，相关利益各方越来越需要用一种规范化、标准化的机制，实现在开放资源的权利状态描述上的一致性。

2.2　从OAMI到ALI

在这种背景下，2013年NISO成立了“开放获取元数据及标识”工作组（以下简称“工作组”），即Open Access Metadata and Indicators (OAMI) Working Group，其任务目标是标准化书目著录元数据以描述期刊论文的可获取性；同时，以可视化的方式揭示论文的被授权细节。[5]工作组由科学公共图书馆（Public Library of Science，PLOS）的卡梅伦·尼仑（Cameron Neylon）、开放式参考链接系统（CrossRef）的埃德·彭茨（Ed Pentz）以及代表学术出版和学术资源联盟（Scholarly Publishing and Academic Resources Coalition，SPARC）的格雷格·塔南鲍姆（Greg Tananbaum）联合担任主席，小组成员力求平衡各方利益，利益方包括出版商（营利的、非营利的、科技的、社会科学的、协会等）、出版服务供应商（版权和许可代理）、在线许可协议的定义者、图书馆自动化系统供应商和图书馆员。由于不同利益者对“开放获取”的理解不同，并且由于下游用户的再用权取决于许可协议这样的法律文件而不适宜用元数据表达，工作组决定放弃使用“Open Access Metadata and Indicators”，而采用“Access License and Indicators”作为名称。负责这项推荐实施规范的“从发现到传递”（The Discover to Delivery，D2D）专题委员会于2015年1月5日批准了ALI推荐实施规范，编号为NISO RP–22–2015。[6]

3　ALI推荐实施规范的主要内容及特点

3.1　ALI推荐实施规范的主要内容

ALI推荐实施规范在结构上分为8个部分，包括前言、第1节“导言”、第2节“推荐实施规范概述”、第3节“元数据元素”、第4节“元数据分布推荐机制”、第5节“应用案例回顾”、附录、参考文献等。[7]该推荐实施规范针对的是当前各种出版模式相互交织的背景下开放资源在许可权限和再用权方面的混乱局面，开发一套向用户和计算机提供以上信息的元数据及标识，是这项工作的原始动机。这套元数据及标识将用于提示哪些作品可以“免费阅读”，并附上该作品适用的“许可参见”（license_reference）链接以向用户提示其再用权。通过以上两个元素的结合便可以表明作品的开放获取状态，同时这两个元素中包含有显示日期的标识，这样就可以使用户和机器充分理解到有关访问权限和再用权的信息是会随着时间推移而发生变化的，从而较好地解决混合型期刊存在的延迟开放的问题。

这项推荐实施规范的核心内容是两个元数据元素：一个是“free_to_read”，它以XML语言元素表示用户在当前状态下可以直接查阅内容信息，而无需付费或经过认证。“free_to_read”表示内容的开放状态，并不附加有再用权和限制声明，它通常包含开始和结束两个时间标识，用于表示在一定时间内或特定时间后该作品将免费阅读，以适应存在时滞（embargo）的延迟开放情况，若没有起止时间则意味着该作品处于永久免费使用的状态。

另一个元数据元素是“license_reference”，它用来描述特定作品的使用权限或再用权限，ALI建议“license_reference”应被包含进所有描述特定期刊文章、图书章节或会议论文等内容的元数据中。该元素中必须包含URI（统一资源标识符）以使用户可以通过互联网获取该作品，同时它也需包含时间标识，用于表示使用权限或再利用权限如何伴随时间发生变化。但是需要注意的是该元素不要求有结束日期的标识，因为类似知识共享协议（CC）这样的开放许可协议没有结束日期。free_to_read与license_reference两个元数据元素的结合为用户和计算机提供了一种机制，能够通过信息资源发布者网站上的特定标识知晓作品的开放状态和许可使用权限，同时时间标识的添加有效地解决了混合型开放期刊的时滞问题。ALI推荐实施规范的内容还包括了以上两个机读格式元数据进行分配和聚合的方法以及发布元数据的推荐机制，并通过9种类型的用例回顾验证了实施效果。

3.2 ALI推荐实施规范的目标特点

本研究基于对ALI推荐实施规范的翻译、研读和梳理，将其内容按特点归纳如下。

3.2.1 利用许可说明表达用户的再用权

从OAMI到ALI，不仅仅是这项推荐实施规范的名称改变，更反映了工作组在规范制定过程中的一个重要的观念转变，那就是工作组认为用户的再用权不应该用元数据来表达。原因在于再用权会因不同的用户而有所不同，例如来自于授权站点的机构用户与不能识别、无法确认身份的用户，其再用权范围截然不同。在选择用元数据还是用许可来表达再用权的问题上，工作组认为如果同时使用这两个要素，几乎可以断定表达的结果是互不相容的，从而导致一个自相矛盾的结果。另一方面人们并不信任元数据表达的内容，而更信任许可协议这样具有法律约束力的文件，所以在解决再用权的表达问题上，元数据不仅毫无用处，而且可能会产生误导。除非许可协议允许，出版社的律师团队也不会允许用户在元数据的基础上进行任何操作。基于以上原因，在元数据中采用许可说明用以表达用户的再用权成为工作组最终达成的一致意见。

3.2.2 兼顾相关各方主体的权益

ALI推荐实施规范认为，在学术资源开放获取信息交流模式中，越来越多的开放获取途径导致了开放资源使用权的混乱局面，出版社内部、出版社之间的各种使用条款各不相同，尤其是“混合型”开放期刊（Hybrid OA Journal）使得作品的开放状态和使用权限变得更加复杂。另外，出版社提供的“免费阅读”型论文的再用权条款和许可内容也各式各样，缺少统一的标准化格式；同时，这种局面也让基金资助者难以知晓特定论文是否符合他们的相关规则，给作者和下游用户也带来了困扰。尽管各种主体的利益不同，但是所有相关利益方都一致同意必须传播两条与文章的权利状态有关的信息：一是某项特定成果是否可以开放获取；二是用户再用这些成果需要遵循哪些条款。

因此，ALI的目标即是规定一套元数据标识，用以指出免费阅读的内容，并附上使用或者再用该内容的许可条款的链接，通过free_to_read和license_reference两个元数据的结合，读者和计算机便可以在此基础上判断和识别特定作品的权利状态。这套机制可有效地达到兼顾各方利益的效果，读者可通过直观的方式了解到他们对于特定文章到底享有什么样的再用权；作者可以确定他们保有什么样的权利以及是否符合约定的资助政策；出版社可以通过这种机制向受众清晰地传达他们能否传播文章的内容；基金资助者可以此提升资助工作的开放性，并确认他们的资助政策是否被遵循；搜索引擎可以此帮助读者去发现、利用那些他们可免费获取的有权使用的资源；学术图书馆可以通过这种机制引导读者去利用可免费使用的资源。[8]

3.2.3　以最简方式实现权利的描述和表达

本着使标准最简化的宗旨，在充分考虑被传播信息的范围、传播机制以及所涉及的政策、法律及技术问题的基础上，工作组反复提炼，最终通过一个只包含两个核心信息的非常小的元数据集实现了目标。第一个元数据是free_to_read，用来确定特定作品是否可以实现在网上免费且无限制的阅读，这种情况可以有选择地确定免费阅读的开始时间和结束时间，以适应“时滞”。第二个元数据是license_reference，被称为许可说明或许可参考，它包含一个统一资源标识符（URI）引用链接，指向规定该作品该如何使用的许可条款。ALI通过两个示例对这两个元数据元素如何描述作品的权利状态进行说明。

示例1：

<free_to_read start_date="2015-02-03"/>

表示某作品自2015年2月3日起可免费使用。

<free_to_read start_date="2013-02-03" end_date="2013-10-03"/>

表示某作品属于临时开放状态，在2013年2月3日至10月3日之间可以免费使用。

示例2：

<license_ref start_date="2014-02-03"> http://www.psychoceramics.org/license_v1.html</license_ref>

<license_ref start_date="2015-02-03"> http://creativecommons.org/licenses/by/3.0/</license_ref>

表示某特定作品从2014年2月3日起遵从某一特定的专有许可，从2015年2月3日开始，该作品遵从知识共享许可协议3.0版（CC-BY 3.0）。

ALI为这两个元素的结合使用并传达基本的权利状态信息提供了框架，工作组提出3点建议：①freed_to_read和license_reference元素编码于XML中；②给元素声明一个命名空间；③将这两个元素尽可能地与本身内容一起包含于现有的元数据分布渠道之中。通过添加这两个元素系统便可向用户显示出适宜的图标，以表达当前开放获取内容的权利状态。至于采用何种图标，ALI认为应当避免再创造新的logo或图标，因为现有的可视性标识如知识共享许可协议（Creative Commons，CC）图标已经可以满足需要，为避免混乱就不再创设新图标。工作组认为尽管还存在少数例外情况，但是以上方式已经可以解决目前的大多数问题。

3.2.4 保障广泛传输的元数据分布推荐机制

为了确保元数据被最广泛传输，ALI鼓励出版商、数据库集成商以及内容提供商将free_to_read及license_reference元素包含于其所有标准元数据集中，并且建议在有可能的条件下，应该尽可能地使这些元数据的创建和补充成为标准化编辑、生产工作流程的一部分。元数据应该成为CrossRef和其他数字对象唯一标识符DOI注册机构的一个重要组成部分，包括在托管网站上（或内部）的文章/章节内容，并向第三方提供内容提要。元数据的广泛分布可有助于相关材料的发现和使用，因此ALI工作组建议将这些元数据与其他元数据一起嵌入内容本身，如嵌入HTML META标签及PDF文件中，同时建议内容提供商将元数据因素加入其他渠道中，如电子目次（e-ToCs）和简易信息聚合（Really Simple Syndication，RSS）以及直接提供给文摘索引服务方的信息中。ALI指出新元素使用命名空间有助于阐明它们应如何加入现有模式和格式中，因此建议有关组织认真考虑将free_to_read及license_reference两个元数据元素融入包括《JATS：期刊文章标签集》（Journal Article Tag Suite，JATS）、《在线信息交换标准》（ONline Information eXchange，ONIX）、“资源描述框架”（Resource Description Framework，RDF）、《开放存档先导计划－元数据收割协议》（Open Archives Initiative Protocol for Metadata Harvesting，OAI-PMH）和《都柏林核心元数据元素集》（Dublin Core Metadata Element Set，DC）在内的现有格式中的最佳方式。

4 ALI推荐实施规范的实施状况及建议

4.1 ALI的用例回顾

为了更好地阐明ALI可以适用于哪些情况，该推荐实施规范归纳了9种不同类型的用例回顾，同时也检验了这些建议对于这些用例是否适用。这些用例从其产生的结果来看可分为完全适用和部分适用两种类型。出版商在作品的元数据中提供的free_to_read或license_reference标识，可完全适用于终端用户查找、识别、访问免费阅读项，了解作品的可读状态及再用权限，甚至可以了解作品中的某个子内容的再用权限，还可以完全适用于机构知识库有效地揭示可免费阅读的内容，这对于机构库管理者来说，可帮助其确定哪些作品可直接获取，哪些文章可以传播到其他机构库。部分适用的类型包括适用于终端用户查找文本挖掘内容，用于确保作者或出版商的权利主张符合许可声明，用于资助机构追踪研究成果是否遵从开放获取许可并对开放获取的情况进行追踪。此外，ALI中还包含了各种格式的示例，用以说明free_to_read及license_reference两个元素在其他格式中的应用情况，包括可扩展标记语言XML、PDF元数据应用——XMP、RDF和JavaScript对象简谱（JSON）等，以帮助发布者和其他组织利用这些推荐的元数据元素。

4.2　ALI在国外相关行业中的适用情况

2014年12月，《JATS：期刊文章标签集》（ANSI/NISO Z39.96–2015，JATS：Journal Article Tag Suite NISO Z39.96–2015，JATS）接受NISO ALI 的建议，将两个新元素<ali:free_to_read>和<ali:license_ref>添加到标签集中，并在JATS标记库和NISO标准中进行备案。[9]琼贝（S.Chumbe）等将free_to_read和license_reference两个元素与dc.rights和cc:license进行比较研究，指出在实践中使用后两者共同对OA作品进行标识更为简单易行。而且，由于新的元素的实现很大程度上依赖于其自身的复杂性和具体要求的多寡，free_to_read和license_ref元素的具体应用相对面临更多的困难。而内容提供商更愿意使用完善程度和接受度高的元素，所以他们认为若ALI的着眼点侧重于在对现有元数据规范的改编利用，应当更有利于提高NISO规范在具体实践中的推广与应用。[10]

2016年6月在美国奥兰多召开了美国图书馆学会年会（American Library Association Annual Conference），图书馆馆藏及技术服务协会（Association for Library Collections & Technical Services，ALCTS）连续资源分会之大学及研究图书馆工作组会议（Continuing Resources section college and research libraries interest group meeting）。会上内蒂·拉格斯、埃莉斯·萨松尼（Elise Sassone）分别代表NISO ALI工作组、出版商对ALI进行了深入的讨论。[11]内蒂·拉格斯介绍了ALI推荐实施规范的目标和宗旨以及两个包含核心信息的元数据元素，指出为了ALI的有效实施必须充分广泛地利用现有的元数据发布渠道。她认为ALI推荐实施规范成功地解决了出版集团和读者之间的问题，可以使读者很容易辨别出什么是免费阅读，以及如何利用这些作品。在被问及ALI推荐实施规范面临的挑战时，内蒂·拉格斯回应NISO不能全面地确定出版社是否已经使用这项推荐实施规范，通常一个新的元数据的发展之路会很漫长，要取得成功则需要更多的支持者。施普林格·自然出版集团（Springer Nature）的发现及发现服务经理埃利森·萨松尼则表示，施普林格·自然出版集团已经采用了包括ALI在内的一系列推荐实施规范。此外，据相关文献报道，

Exlibris公司在Primo发现系统中使用了ALI，但同时也发现很多出版社不是错误地使用了这些标识，就是根本没有使用这些标识。[12] 这些情况表明推广ALI推荐实施规范的道路还很漫长，力度还应加强。

4.3 ALI用于发现混合型期刊中OA资源的建议

罗林斯学院（Rollins College）图书馆内森·霍斯伯勒（Nathan Hosburgh）在同次会议中陈述了混合型期刊给图书馆的OA资源揭示带来的困扰。[13] 这个问题普遍存在于图书馆电子期刊管理工作中。大多数图书馆的电子期刊管理工具只能管理到期刊级，导致了大量的OA文章被隐藏在混合型期刊里。[14] 用户在利用这些期刊管理工具查找资源时可能根本发现不了这些资源，只能通过图书馆服务系统发起馆际互借申请或者寻找其他可替代的资源，然而他们通过谷歌艺术这样的搜索引擎却可以很容易地获取全文，这是由于电子期刊管理工具或者机构库主要是通过链接解析器来发现文章是否可以开放获取，这种方式在揭示混合型期刊资源时遇到了瓶颈。桑德拉·考恩（Sandra Cowan）认为图书馆还可以通过改变内容提供商和发现服务提供商的做法来解决这个问题，这种改变将通过ALI推荐实施规范实现，ALI所提供的两个包含核心信息的元数据元素允许内容提供商向发现服务提供商指示出OA文章，发现工具可以利用文章级的访问链接而不再依靠机构的信息解析器提供访问。这种方式是具有可行性的，但是目前内容提供商和发现服务提供商适用ALI推荐实施规范的程度参差不齐，影响了适用的效果。[15] 因此，图书馆有必要积极呼吁内容提供商和发现服务提供商了解ALI的内容并尽快实施。

5 ALI对我国开放获取运动的启示

开放获取运动同样影响着中国，2014年李克强总理在全球研究理事会开幕致辞中指出："中国奉行互利共赢的开放战略，正在推进新一轮对外开放，扩大国际科技交流与合作，鼓励知识、技术、人才的全球流动，支持建立公共财政资助的科学知识开放获取机制，促进中国和世界科学事业共同发展。"[16] 他的发言表明了我国政府对开放获取运动的肯定与支持。但是与国外开放获取的快速发展及取得的成果相比，我国的发展稍显滞后，其中科研人员对开放获取资源在版权保护方面的担心是阻碍其发展的一个重要因素。[17] 在开放资源组织、集成与服务的背后，是不同利益相关方相互博弈的过程。[18] 在这一过程中，如何保护开放资源的版权是各方利益主体都密切关注的问题，也是直接影响开放获取运动进程的关键因素之一。

与此同时，我国学者已经关注到开放资源元数据元素的规范标引对于其组织、检索、发现与利用的重要意义，并且基于DC元数据元素集提出了我国开放获取学术专著的元数据元素集，其中的核心元素之一"权限"即是反映作品的访问权限和许可状态的元数据元素。[19]有关开放获取期刊的元数据元素的研究尚未有见报道，但已有学者强调开放资源元数据管理的关键是要采取一种广泛的元数据标准，以获得高度的一致性，进而从根本上解决元数据的互操作性。[20]NISO的ALI以一套简单的元数据元素实现了开放资源权利状态的可视化标签，以直观的方式显示出资源的许可状态和再用权限，对于我国构建统一的、标准化的开放资源元数据元素集有着重要的借鉴意义，如能遵从实施将有力推进我国的开放获取运动。

6　小结

开放资源的出现是互联网环境下学术信息交流模式的重大变革，打破了出版商在价格和知识产权两个方面的垄断地位，为图书馆和作者获取信息提供了更加广泛和多样的选择。开放获取的信息交流模式同时也是一个复杂的学术生态系统，出版商、内容提供商、服务提供商、图书馆、作者、终端用户等利益主体的角色不同、任务不同、权益不同，在这一生态系统中除了商业利益的博弈之外，还存在着开放获取资源权益使用上的法律风险。ALI旨在通过一套标准化的元数据机制为开放获取资源提供可视化的标识，以便用户了解某一特定内容的开放状态及再用权限，这一方式在一定程度上平衡了各利益主体的权利和义务，为开放获取信息交流模式的长期发展提供了技术上的支持和保障。ALI推荐实施规范的广泛实施需要图书馆、出版社、服务提供商等利益主体的共同努力，才能达到最佳的实践效果。同时值得注意的是，正是由于新提出的元素可以涵盖更多样化的使用属性，这一规范才可以更好地满足利益相关者的不同需要，一旦得以广泛采纳，将会提供更好的交互操作性，为各方提供便利。国内的OA运动方兴未艾，虽然目前尚未有关于国内规模较大的几家内容提供商适用ALI的报道，但是标准化是行业发展的趋势。本研究通过对NISO ALI推荐实施规范的解读，以期能对我国开放获取资源交流模式的规范化、法制化建设有所启示。

参考文献

［1］［11］［12］［13］Noriega A, Bulock C. Report of the ALCTS ContinuingResources Section College and Research Libraries Interest Group meeting, American Library Association Annual Conference［J］. *Technical services quarterly*, 2016, 34(3): 307–311.

［2］［14］Pennington B. Where is that? The Challenges of Including Hybrid Journal Articles in the Library Research Process［J］. *Serials review*, 2016, 42(4): 306–310.

［3］［18］郭进京，彭乃珠，张梦霞，等. 2014年国际开放获取实践进展［J］. 图书情报工作，2015，59（9）：119—126.

［4］陈雪飞. NISO推荐实践：电子内容访问许可标准编译［EB/OL］.［2017-11-16］. http://blog.sciencenet.cn/blog-1035376-876559.html.

［5］Nettie L, GREG T. NISO Open Access Metadata and Indicators Working Group: Creating a Crossaudience Solution［J］. *The Serials Librarian*, 2013(65): 123-127.

［6］NISO Discovery to DeliveryTopic Committee［EB/OL］.［2017-05-22］. http://www.niso.org/topics/d2d/.

［7］NISO Access and License Indicators［EB/OL］.［2017-05-24］. http://www.niso.org/workrooms/ali/.

［8］Landesman B. Taming the E-Chaosthrough Standards and Best Practices: an Update on Recent Developments［J］. *Serials review*, 2016, 42(3): 201-215.

［9］JATS.Comment 00406: Open Access Metadata and Indicators & JATS 1.1［EB/OL］.［2017-05-27］. http://jats.nlm.nih.gov/articleauthoring/1.1d3/.

［10］Chumbe S, Macleod R, Kelly B. We Should not Light an Open Access Lamp and Then Hide Itunder a Bushel!［C］//New Avenues for Electronic Publishing in the Age of Infinitecollections and Citizen Science: Scale, Openness and Trust: Proceedings of the 19th International Conferenceon Electronic Publishing. Amsterdam: The IOS Press, 2015: 102-112.

［15］Cowan S, Bulock C. Open Access in the World of Scholarly Journals: Creation and Discovery［J］. *The Serials Librarian*, 2017, 72(1-4): 194-200.

［16］李克强.在全球研究理事会2014年北京大会上的致辞［EB/OL］.［2017-11-16］. http://www.gov.cn/guowuyuan/2014-05/27/content_2688219.htm.

［17］刘钟美，张新鹤. 开放获取环境下我国科研人员对知识产权制度的认知与态度［J］. 图书情报工作，2016，60（16）：50—60，49.

［19］魏蕊. 科技类开放获取学术专著元数据元素集的构建［J］. 图书情报工作，2015，59（2）：106—111.

［20］黄如花，刘贵玉. 开放存取资源元数据管理的对策［J］. 情报理论与实践，2009，32（10）：5—8.

［注］本研究报告根据笔者的如下文章修改：

张静，邵晶，倪冬云，王成志.开放资源许可使用的权益平衡规范：NISO ALI解读［J］.图书情报工作，2018，62（06）。

第九章　NISO替代评价计量项目成果 NISO Altmetrics

第一节　标准规范译者

邵　晶　张雪蕾　尹　飞　南　希（西安交通大学图书馆）
邹秀英（美国克莱蒙特大学联盟图书馆）
王晓彤（美国俄勒冈大学图书馆）
肖　珑　姚晓霞（北京大学图书馆）
薛　燕（美国加州大学伯克利分校东亚图书馆）
邓　石（美国加州大学圣地亚哥分校图书馆）

第二节　研究报告作者

张雪蕾　邵　晶　尹　飞（西安交通大学图书馆）
邹秀英（美国克莱蒙特大学联盟图书馆）
王晓彤（美国俄勒冈大学图书馆）

基本信息

名称：NISO替代评价计量项目成果

简称：NISO Altmetrics

发布时间：2016年9月14日

发布时间（中译本）：2020年8月17日

标准规范编号：NISO RP-25-2016

修订时间：

修订后编号：

主要责任者：美国国家信息标准协会替代计量创始工作组

中文版译者：邵晶　张雪蕾　尹飞　南希　邹秀英　王晓彤　肖珑　姚晓霞　薛燕　邓石

类型：推荐实施规范

关键词：替代评价计量指标，替代评价计量分析，学术影响

摘要：替代计量学作为一种在知识环境中衡量某项研究学术影响力的扩展方法，受到越来越多的应用和关注。美国国家信息标准协会“替代评价计量项目”创立于2013年7月，由Alfred P.Sloan基金会资助，旨在解决阻碍替代计量法被广泛采用的若干局限和填补若干空白领域。本文件即为该项目成果，由以下3个工作组完成。

- **工作组A：**广泛研究了替代计量学的相关文献及其他交流文献，对不同利益相关方对于这些新评估方法的看法和需求进行了深度讨论。
- **工作组B：**创建了相关文件，用于帮助用户更好地理解关于数据计量的总体情况，从而提出改善建议，并帮助希望使用替代计量法的组织有效地相互沟通，以及与业界之外的组织交流。
- **工作组C：**研究并讨论了替代计量学领域内关于数据质量的相关问题，这是替代计量法可以应用于研究或其他实际操作的先决条件。

英文版国际标准书号（ISBN）：978-1-937522-71-1

中文版国际标准书号（ISBN）：978-1-937522-97-1

英文版链接：https://www.niso.org/publications/rp-25-2016-altmetrics

中文版链接：http://www.libconsortia.edu.cn/Standard/list.action

其他关联标准规范：

ANSI/NISO Z39.7-2013　信息服务与利用：图书馆和信息服务机构计量统计数据词典

ANSI/NISO Z39.93-2014　标准化电子资源使用统计收割协议

NISO RP-14-2014　NISO SUSHI协议：COUNTER-SUSHI实施纲要

NISO　替代计量计划第一期白皮书

Introduction

Title: Outputs of the NISO Alternative Assessment Metrics Project
Abbreviation: NISO Altmetrics
Publication Date: September 14, 2016
Publication Date (Chinese Version): August 17, 2020
ANSI/NISO Serial Number: NISO RP-25-2016
Revised Date:
Revised ANSI/NISO Serial Number:
Creator: National Information Standards Organization Altmetrics Initiative Working Group
Chinese Version Translated By: Jing Shao, Xuelei Zhang, Fei Yin, Xi Nan, Xiuying Zou, Xiaotong Wang, Long Xiao, Xiaoxia Yao, Susan Xue, Shi Deng
Type: Recommended Practice
Keywords: Alternative Assessment Metrics, Altmetrics, Scholarly Impact

Abstract: Altmetrics are increasingly being used and discussed as an expansion of the tools available for measuring the scholarly impact of research in the knowledge environment. The NISO Alternative Assessment Metrics Project was begun in July 2013 with funding from the Alfred P. Sloan Foundation to address several areas of limitations and gaps that hinder the broader adoption of altmetrics. This document, the output from the project, was created by three working groups.

"Working Group A" extensively studied the altmetrics literature and other communications and discussed in depth various stakeholders' perspectives and requirements for these new evaluation measures.

"Working Group B" created documents that are intended to help users better understand the landscape of data metrics and thus offer recommendations toward improvements, and to help organizations that wish to use altmetrics effectively communicate about them with each other and with those outside the community.

"Working Group C" studied and discussed issues of data quality in the altmetrics realm, an essential aspect of evaluation before metrics can be used for research and practical purposes.

English Version ISBN: 978-1-937522-71-1
Chinese Version ISBN: 978-1-937522-97-1
English Version URL: https://www.niso.org/publications/rp-25-2016-altmetrics
Chinese Version URL: http://www.libconsortia.edu.cn/Standard/list.action

Relation:

ANSI/NISO Z39.7-2013　Information Services and Use: Metrics & Statistics for Libraries and Information Providers Data Dictionary

ANSI/NISO Z39.93-2014　The Standardized Usage Statistics Harvesting Initiative (SUSHI) Protocol

NISO RP-14-2014　NISO SUSHI Protocol: COUNTER-SUSHI Implementation Profile

NISO　Alternative Metrics Initiative Phase 1 White Paper

第一节　NISO替代评价计量项目成果

关于NISO推荐实施规范

A NISO Recommended Practice is a recommended "best practice" or "guideline" for methods, materials, or practices in order to give guidance to the user. Such documents usually represent a leading edge, exceptional model, or proven industry practice. All elements of Recommended Practices are discretionary and may be used as stated or modified by the user to meet specific needs.	美国国家信息标准协会（NISO）的推荐实施规范以引导使用者为目的，推荐在方法、资料或具体操作上的“最佳实践”或“指南”。这些文件通常代表某前沿领域、优秀模式，或公认的行业惯例。推荐实施规范中所有元素都可以由用户酌情采用，既可全部采纳，又可为满足特定需要修改使用。
This recommended practice may be revised or withdrawn at any time. For current information on the status of this publication contact the NISO office or visit the NISO website (www.niso.org).	本推荐实施规范可能会随时被修改或撤销。有关本出版物的现状信息，请联系NISO办公室或访问NISO网站（www.niso.org）。

中文译本ISBN：978-1-937522-97-1

This translation has been provided as a service to the library community by the Task Group on Translation and Research Project on Electronic Resources Standards and Recommended Practices, consisting of members from the Council on East Asian Libraries (CEAL), China Academic Library & Information System (CALIS)/Digital Resource Acquisition Alliance of Chinese Academic Libraries (DRAA).	应图书馆行业所需，北美东亚图书馆协会（CEAL）、中国高等教育文献保障系统（CALIS）暨高校图书馆数字资源采购联盟（DRAA）提供此中译本。
Translated by: Jing Shao, Xuelei Zhang, Fei Yin, Xi Nan, Xi'an Jiaotong University Library	翻译： 西安交通大学图书馆：邵晶、张雪蕾、尹飞、南希
Review by: Xiuying Zou, Claremont Colleges Library Xiaotong Wang, University of Oregon Libraries	审校： 克莱蒙特大学联盟图书馆：邹秀英 俄勒冈大学图书馆：王晓彤
Reviewed & edited by: Long Xiao, Xiaoxia Yao, Peking University Library Susan Xue, University of California, Berkeley Libraries Shi Deng, University of California, San Diego Library	总审与统稿： 北京大学图书馆：肖珑、姚晓霞 加州大学伯克利分校东亚图书馆：薛燕 加州大学圣地亚哥分校图书馆：邓石

前言

关于本推荐实施规范

替代计量学作为一种在知识环境中衡量某项研究学术影响力的扩展方法，受到越来越多的应用和关注。美国国家信息标准协会“替代评价计量项目”创立于2013年7月，由Alfred P.Sloan基金会资助，旨在解决阻碍替代计量法被广泛采用的若干局限和填补若干空白领域。本文件即为该项目成果，由以下3个工作组完成。

- 工作组A：广泛研究了替代计量学的相关文献及其他交流文献，对不同利益相关方对于这些新评估方法的看法和需求进行了深度讨论。
- 工作组B：创建了相关文件，用于帮助用户更好地理解关于数据计量的总体情状，从而提出改善建议，并帮助希望使用替代计量法的组织有效地相互沟通，以及与业界之外的组织交流。
- 工作组C：研究并讨论了替代计量学领域内关于数据质量的相关问题，这是替代计量法可以应用于研究或其他实际操作的先决条件。

NISO商务信息专题委员会

本推荐规范是商务信息专题委员会系列规范的一部分。该专题委员会批准将这项推荐规范正式出版，时任委员会成员如下：

Yanick Beaudoin
International Development Research Centre

Anne Campbell, Co-chair
EBSCO Information Services

Todd Carpenter
National Information Standards Organization (NISO)

Suzanne Hopkins
Thomson Reuters

Nettie Lagace
National Information Standards Organization (NISO)

Stuart Maxwell
Scholarly iQ

Greg Raschke
North Carolina State University Libraries

Angela Riggio
University of California, Los Angeles

Siôn Romaine
University of Washington

Christine Stamison, Co-chair
NERL Program, Center for Research Libraries

Gavin Swanson
Cambridge University Press

Elizabeth Winter
Georgia Tech University Libraries

NISO替代计量学倡议工作组成员

以下人员服务于NISO替代计量学倡议工作组A，负责此推荐实施规范的第1部分内容。

Rachel Borchardt
American University Library

Robin Chin Roemer, Co-chair
University of Washington

Dianne Cmor
Nanyang Technological University

Rodrigo Costas
Centre for Science and Technology Studies, University of Leiden

Tracey DePellegrin
Genetics Society of America

Sharon Dyas-Correia
University of Toronto

Martin Fenner
DataCite

Karen Gutzman
Galter Health Sciences Library at

Brigitte Jörg
Thomson Reuters

Martha Kyrillidou
Principal, Martha Kyrillidou & Associates

Jean Liu
Altmetric

Joshua Lupkin
Tulane University

Beth Martin
University of North Carolina Charlotte, J. Murrey Atkins Library

Kim Mitchell
SAGE Publications

Sharon Parkinson
Emerald Publishing Group

Isabella Peters
Leibniz Information Centre for Economics

Northwestern University

Michael Habib, Co-chair

Independent, scholarly communications, publishing, library markets

Kazuhiro Hayashi

NISTEP (National Institute of Science & Technology Policy, Japan)

Ginny Pittman

Wolters Kluwer

Sheila Yeh

University of Denver University Libraries

以下人员服务于NISO替代计量学倡议工作组B，负责此项推荐实施规范的第2、第3及第4部分内容。

David Baker

CASRAI

John Bell

Dartmouth College Library

Jane Burpee

McGill University

Frank Cervone

University of Illinois at Chicago

Jody DeRidder

University of Alabama Libraries

Martin Fenner

DataCite

Susan Heckethorn

Los Alamos National Laboratory

Kristi Holmes, Co-chair

Galter Health Sciences Library at Northwestern University

David Kernohan

Jisc

Kim Mears

Augusta University

Ehsan Mohammadi

Galter Health Sciences Library at Northwestern University

Fiona Murphy

Murphy Mitchell Consulting Ltd.

Joy Painter

California Institute of Technology Library

Gordon Rogers

Thomson Reuters

Jochen Schirrwagen

Bielefeld University

Mike Taylor, Co-chair

Elsevier

Liaisons from CASRAI Research Dataset-Level Metrics:

Sunje Dallmeier-Tiessen

CERN

Rebecca Lawrence

Faculty of 1000

以下人员服务于NISO替代计量学倡议工作组C，负责此项推荐实施规范的第4部分内容。

Euan Adie

Angelia Ormiston

Altmetric

Scott Chamberlain

rOpenSci

Tilla Edmunds

Thomson Reuters

Martin Fenner

DataCite

Gregg Gordon

Social Science Research Network (SSRN)

Kornelia Junge

John Wiley & Sons, Ltd.

Stefanie Haustein, Co-chair

Université de Montréal

Stuart Maxwell

Scholarly iQ

Johns Hopkins University Press

Maria Stanton

American Theological Library Association (ATLA)

Greg Tananbaum, Co-chair

Scholarly Publishing and Academic Resources Coalition (SPARC)

Joe Wass

CrossRef

Zhiwu Xie

Virginia Tech University Libraries

Zohreh Zahedi

Centre for Science and Technology Studies, University of Leiden

致谢

替代计量学倡议工作组向为此项目付出努力的非正式工作组成员表示感谢。

工作组A：Mike Showalter, Plum Analytics

工作组B：Karen Gutzman, Galter Health Sciences Library at Northwestern University

1 替代计量学定义和使用案例

1.1 目的和范围

本节主要陈述工作组的工作成果，任务如下：

（1）提出替代评价计量中常用术语的具体定义，使不同利益相关方能够讨论同样的事情。

（2）确定替代计量学的主要用例和与其最相关的利益群体，并就替代评价计量在研究评估中的作用进行陈述。

1.2　替代计量学定义

在过去几年中，随着替代计量学发展成为一种实践，利益相关方之间开始使用一些约定的术语和惯例。下面是关于这些从业者如何理解各种术语的讨论。

1.2.1　什么是替代计量学？

替代计量学是一个广义概念，其中包含了多个与学术著作相关的数字指标集合。这些指标来源于研究生态体系中各利益相关方的参与和活动，以及学术产出，包括公共领域。

替代计量学定义中包含许多不同产出和学术参与形式，这使其有别于更成熟的引文计量法。与此同时，它也为这些传统计量的互补使用留下了可能性，包括用于衡量学术影响力的目标。无论如何，在替代计量评价背景下，替代计量学的发展使其测评不同于传统的基于引文的学术评价。

1.2.2　学术影响力和替代计量法在研究评价中扮演的角色

“学术影响力”这一概念很大程度上取决于不同研究利益相关方的价值观，并随时间推移不断演变。因此，在给定社群背景下阐明学术影响力这一概念对避免错误理解替代计量法很重要。同样，为避免过度限制，我们重点关注替代计量法现有和潜在的应用，包括在研究评价中的应用。

利益相关方的多样性和产生影响力的多种方式，使得对影响力的狭义定义变得不切实际。对于沿用传统学术交流方法的利益相关方来说，影响力与引文计量几乎为同义语。而对于那些对社会变迁有强烈兴趣的利益相关方来说，仅仅以引文计量作为影响力评价指标则可能不够充分。对于关注学术产出的广泛影响的利益相关方来说，替代计量法可通过计算成果的影响范围、社会相关性，以及来自某既定社群（包括公共领域成员）的关注，提供关于影响力的更深刻理解。

引文量、使用量和替代计量法对于衡量学术影响力来说，都是重要但不完美的指标。如同传统的基于引文的评价方法一样，替代计量法不宜不加批判地成为衡量学术影响力的完全替代品，因为如没有定性信息结合，一项研究产出获得的关注度或传播程度可能并不明确。

此外，需要注意到数据质量和指标构建也是评价具体替代计量数据的关键因素。对于那些不能清晰地符合推荐标准的指标而言，它们会因其难以评估，可能在衡量影响力或评价时被视为不太可靠。同样，在相关工具中呈现指标的方式，对使用者评估替代计量法及其有效性具有重要影响。例如，如果一篇论文的替代计量数据能简单明确地与其他类似文章的替代计量数据进行参照评估，即可帮助判断这种参照是否富有成效，进而有助于对替代计量法的积极评价。

1.3　主要使用案例

替代计量法的使用案例是由研究生态体系中不同的利益相关方推动发展的，他们中的大多数彼此直接有交互，有些在个人基础上重叠——例如一个研究者同时就职于某招聘委员会。角色模拟法的采用有助于呈现这些利益相关方收集、开发和使用替代计量法的不同方式，以及他们在需求、目标和使用中的潜在共性。

下表通过描述8个主要利益相关方角色模拟，以介绍替代计量法的几个主要用例。不同角色之间可能会互相关联，因为一人可能会充当多个角色，并且角色间会相互影响。为了进一步解释和说明各利益相关方间的关系，每个用例都根据3个总主题加以标记。

（1）成果展示：表明利益相关方对突出展示一个或多个学术产出取得的正面成果有兴趣。

（2）研究评价：表明利益相关方对评估研究的影响力或影响范围有兴趣。

（3）发现：表明利益相关方对发现或增加学术产出/研究者的可发现度有兴趣。

1.3.1 角色#1图书馆员

角色	使用案例	主题
作为一名图书馆员，我想要……	通过鼓励研究人员提交他们的作品来增加现有机构知识库的价值。例如，创建展示浏览和下载频次的报告	成果展示
	展示本机构学术产出的表现力（或某个特定作者的成果）	成果展示
	提升作者对他们学术产出的学术和社会影响力的认知，以及提升机构对这些成果的总体认知	成果展示
	监控使用量，并以此决定本机构应该订购哪些期刊和内容	发现 研究评价
	通过提供一系列公认的影响力报告服务，为教师和高校管理人员的晋升和终身教职审阅提供支持	成果展示 研究评价
	就教师/研究人员如何提升其工作的被关注和影响范围的可行方法，提供咨询	成果展示 发现

1.3.2 角色#2研究管理员

角色	使用案例	主题
作为一名研究管理者，我想要……	向其他利益相关方展示本机构成果。例如，我想向潜在的雇员、学生、合作者和其他研究人员展示本机构研究人员的成果	成果展示
	通过有效地展示研究人员研究产出的正面成果，支持研究人员申请竞争性的资助	成果展示
	衡量本机构学术产出的表现力和成果	研究评价
	预测和确定本机构的研究投资回报	研究评价
	比较/衡量本机构各部门/小组的表现力和成果	研究评价
	发现来自其他机构的潜在合作者，在资助申请和其他项目上开展合作	发现

1.3.3　角色#3招聘委员会成员

角色	使用案例	主题
作为一名招聘委员会成员，我想要……	向潜在雇员展示本机构或组织的最优秀之处	成果展示
	尽可能在最大范围内评估潜在雇员及其成果	研究评价
	发现我想要招聘的新人才	发现

1.3.4　角色#4资助机构成员

角色	使用案例	主题
作为一名资助机构成员，我想要……	评估申请资助的学者/研究人员的已有成果	研究评价
	评估本机构资助研究的广泛影响度（吸引的关注，引起的参与或影响）。例如，媒体报道中的引用对决策者和公众的影响	研究评价
	鉴别公共利益和需求的趋势，或新兴话题，以便我可以决定在哪些研究领域投资	发现
	向其他利益相关方展示本机构的投资回报，例如： 向公众展示其捐款得到合理有效的使用； 向政治家和政府机构展示他们的资金得到合理有效的使用	成果展示

1.3.5　角色#5学者/研究人员

角色	使用案例	主题
作为一名学者或研究人员，我想要……	评估我的研究成果的影响范围、参与度和影响力。例如，在我的作品集中加入替代计量数据来补充我的其他成果	成果展示
	评估同行研究成果的影响范围、参与度和影响力。例如，为另一所大学的研究人员申请终身教职写推荐信	研究评价
	遵守资助者、部门主管、研究管理者等关于提交相关报告的要求或规定	研究评价
	选择能够向相关读者最大程度揭示本人作品的期刊进行出版	发现
	选择能够跟踪计量或定性数据的出版物发表作品，以帮助我评估作品的影响范围、参与度和影响力	研究评价 成果展示
	发现我所在领域内有影响力的重要或有趣的研究	发现
	确定潜在合作者以及研究关联	发现
	发现正在进行讨论的研究，以及参与对话的可能性	发现

1.3.6　角色#6出版商/编辑

角色	使用案例	主题
作为出版商或编辑，我想要……	展示本期刊发表研究的影响范围、参与度和影响力	成果展示
	根据关注评估和其他计量数据深入了解动向，帮助编辑决策关注的主题或话题	研究评价
	通过向作者们提供对其研究的关注、计量数据和其他定性信息，鼓励他们在本期刊发表文章。例如，通过展示本期刊代表作者做的各类推介努力，来鼓励他们在本期刊发表文章	成果展示 研究评价
	发现公众感兴趣的一般趋势，以便我决定未来出版物的目标研究领域	发现

1.3.7 角色#7媒体人员/公共信息机构人员/记者

角色	使用案例	主题
作为媒体人员、公共信息机构人员、记者，我想要……	推广本机构或组织的研究产出，以便最大程度地扩大影响范围和参与度。例如，我想鼓励人们去阅读某位作者就某项重要研究所写的博客文章，并与之互动	成果展示
	确定关于本机构或出版物的研究产出的新闻宣传是否成功	成果展示
	发现提高本机构或本出版物的研究产出曝光度的方法	发现 成果展示
	发现受欢迎和有新闻价值的可报道文章或主题	发现

1.3.8 角色#8内容平台提供商

角色	使用案例	主题
作为内容平台提供商，我想要……	通过向读者展示相关内容的会话，帮助他们找到有趣、实用/相关的内容。例如，根据不同用户对该主题的关注，或根据它在某特定媒体平台上产生的讨论，提供分类、过滤、限定等	发现
	帮助作者集成查看和分析其研究的所有关注、计量数据和定性信息	成果展示

2 学术交流中的替代产出

2.1 背景与环境

NISO永久标识符和替代产出工作组调查了学术环境中替代研究产出和永久标识符的应用，以明确识别和追踪研究产出及其之间的关系。工作组的成员构成体现了对非传统研究产出和标识符感兴趣的各方之间的平衡，只有不到半数成员来自学术机构和图书馆。大多数成员来自出版商和学术生态体系中的其他组织。这些组织代表了对研究产出计量有兴趣的机构。

2.2 替代学术产出

NISO学术产出表［见https://sites.google.com/a/niso.org/scholarlyoutputs/上的谷歌（Google）文件］首次尝试了综合性的研究产出列表，包括传统学术出版物并扩展到更多的替代研究产出。在研制评价学术活动影响力的计量指标时，这些研究成果可能属于评估范围；同时需要认识到有意义的影响可能会远远超出传统出版流程，且常常涉及在研究过程中创建的丰富学术产出。这些成果按类别分组、按字母排序，附有已知当前工作的简要描述和文档（以及从事这些工作的人员情况）。可用的相关链接会列出，大多数条目会被集中到某个热点领域，以便通过近似上下文语境对其进行分组。这些热点领域为：基础科学，产能，软件和代码，通讯，数据，教育和培训资料，活动，灰色文献，图像、图表和视频，工业，仪器、设备和发明，方法论，出版物，监管、合规和立法，标准，以及其他。

这项工作并未完成，因为学术活动的本质在不断演变。然而，本列表中呈现的大量的研究产出，有助于更好地确定研究者或研究团队可能产生的学术作品的深度和广度。通过这一努力，工作组希望就此展开讨论，即如何利用集成数据、永久标识符和自动化工作流更好地获取和追踪完整的研究活动，就如尽可能利用出版物数据一样。

2.3　未来研究启示

这个领域的未来工作需要更全面的成果类型清单，这里展示的工作可作为该项努力的起点，并可获得那些对研究产出感兴趣者（如在英国、澳大利亚）的看法。未来的这一全面清单应有更多利益相关方加入，包括来自正在进行研究评估活动的国家资助机构。其他关键工作领域包括：整合不同研究评估框架；①正式评估尚未使用永久标识符管理，但却需要获取和关联长期运营的非传统研究成果类型的范围；为这些成果类型创建优先级列表，以便纳入跨研究范围和工作流的现有信息系统。这些活动可以帮助指导开发全面的替代计量标准和方法，并大大超出传统学术出版物的影响范围。

3　数据计量的研究与建议

3.1　概述

工作组B的建立是为了解决与非传统研究产出和标识符相关的工作领域的问题，其前期工作关注点是更好地理解数据计量。鉴于对开放科学方法的重视，以及基金资助者对被资助者成果公开获取的要求，这种关注尤其及时。本推荐实施规范的这一节描述的数据引用现状，是基于工作组与多个利益相关方组织的一系列交流沟通，如国际非营利组织

---

① Graham, K.E.R., H.L. Chorzempa, P.A. Valentine, & J. Magnan. "Evaluating Health Research Impact: Development and Implementation of the Alberta Innovates-Health Solutions Impact Framework." *Research Evaluation* 2012; 21(5):354–67. doi: 10.1093/reseval/rvs027.

Manville C., S. Guthrie, M.–L. Henham, B. Garrod, S. Sousa, A. Kirtley, S. Castle-Clarke, & T. Ling. "Assessing impact submissions for REF2014: An evaluation." Product Page. Santa Monica, CA: RAND Corporation, 2015 April 17. Report No.: RR–1032–HEFCE.

Morgan Jones, M. & J. Grant. "Making the Grade: Methodologies for Assessing and Evidencing Research Impact." In: Dean A, Wykes M, Stevens H, editors. *7 Essays on Impact*. Exeter, UK: University of Exeter; 2013.

Panel on Return on Investment in Health Research, 2009. *Making an Impact: A Preferred Framework and Indicators to Measure Returns on Investment in Health Research*. Canadian Academy of Health Sciences, Ottawa, ON, Canada. http://www.cahs-acss.ca/wp-content/uploads/2011/09/ROI_FullReport.pdf.

Sarli, C.C., E.K. Dubinsky, & K.L. Holmes. "Beyond Citation Analysis: A Model for Assessment of Research Impact." *Journal of the American Medical Library Association* 98, no.1(2010):17–23, doi:10.3163/1536–5050.98.1.008. http://www.ncbi.nlm.nih.gov/pmc/articles/PMC2801963/。——原文注

研究管理信息标准发展联盟（The Consortia Advancing Standards in Research Administration Information，CASRAI）、科学数据系统（DataCite）、英国联合信息系统委员会（Joint Information Systems Committee，JISC）；与来自其他正在进行的项目代表的沟通；以及工作组自身内部的交流沟通。第3节还给出了对数据计量的一组建议，针对一系列研究数据的团体，包括机构和知识库管理者、国际研究机构和资助者。

3.2 主要建议

- 研究数据计量指标应尽可能广泛提供。
- 数据引用必须遵循FORCE11（The Future of Research Communications and e-Scholarship，研究交流和电子仓储的未来）的“数据引用原则联合声明”（Joint Declaration of Data Citation Principles，https://www.force11.org/group/joint-declaration-data-citation-principles-final），特别是：
  - ○ 使用机器可操作的永久标识符；
  - ○ 提供引用所需的元数据；
  - ○ 提供一个登录页面；
  - ○ 数据引用应纳入参考文献列表或类似元数据。
- 需要制定研究数据使用统计标准。该标准应基于“COUNTER实施规则”（https://www.projectcounter.org/code-of-practice-sections/general-information/）[①]，但也应考虑到研究数据使用量的特性。数据下载计量指标应有两种公式，用来检测“人工”下载和以研究为重点的非人工软件代理下载。
- 研究资助者应在互操作实施标准以及获取计量数据方面提供某种机制，以支持数据仓储。
- 数据发现和共享平台应可通过应用程序接口（API）查询来支持和监控“流媒体”数据获取。

最近，有些方面尝试定义和识别大规模数据查询，但在这方面尚未达成共识。因此，本推荐实施规范不包括此类数据格式。关于本工作组推荐实施规范的更多信息，请参阅“调查结果”（见第3.6节）。

3.3 背景与环境

研究数据目前被认为是学术努力的主要目标。本推荐实施规范的这一节报告了与已发布研究数据有关的计量指标现状，并向在该领域工作的利益相关方提出建议。

① 原文如此，但网址已改为：https://www.projectcounter.org/code-of-practice-sections/archived-code-of-practice-release-4/。——译者注

发布数据集是学术交流的重要组成部分，如同期刊文章和其他资源，图书馆需要考虑发展数字数据集。但是，据报道，数据在出版物中经常被使用却未被正确引用。在文献中缺少数据引用的原因之一是缺乏数据发布标准。为了提升数据集的可见度，著名的国际数据引用DataCite（科学数据系统，https://www.datacite.org）联盟应运而生。它为数字和物理对象分配唯一的数字对象标识符（DOI）和元数据，重点关注研究数据。DataCite提供的唯一标识符和相关元数据应该能够促进数据再用，因为数据文献质量和数据再用满意度之间存在显著相关性。然而，缺乏广为接受的将引用数据作为独立学术产出的规则的状况，很大程度上导致了研究数据引用的缺失。为了应对此项挑战，2014年，"研究交流与电子仓储的未来"组织（FORCE11）与其他组织发表了"数据引用原则联合声明"，旨在促进数据引用的广泛采纳。

过去20年，研究人员一直在尝试衡量数据集的研究影响力。近年来，科学计量学专家、不同领域的研究人员以及资助机构也都在探索如何获取有关数据集的计量数据，作为确定数据研究影响力的证据。采集数据引用量是为了肯定科学家和数据发布者在创造、管理和存储研究数据方面所做的贡献，也为资助者提供数据再用的证据。

数据集与其他出版形式链接以及学术交流生态体系的日益透明化，是开展数据集计量的另一主要原因。虽然评估研究数据的影响力极为复杂，但是识别数据引用量的部分工作已经开始。从传统引用角度来看，2012年汤森路透（Thomson Reuters）推出数据引用索引（http://wokinfo.com/products_tools/multidisciplinary/dci），标引了来自不同学科的主要仓储库的数据集和引用。通过对检索、浏览和下载的使用统计，英沃森（Ingwersen）和恰范（Chavan）[①]提出了一项"数据使用量指标"，从新的角度来揭示数据集影响力。以同样的方法，费尔（Fear）[②]得出的结论是学术数据集的影响力不能以单一指标来评价，并由此建立了多种计量指标来衡量数据集的价值。斯特拉瑟（Strasser）、克雷茨（Kratz）和林（Lin）[③]的研究指出，数据引用仍未得到充分利用，除数据引用外，第二个最有价值的计量指标应该可以从知识库的下载数据获取。

3.4 数据计量定义

3.4.1 什么是已发布数据集?

在数据集计量背景下，一个已发布数据集被认为是能够访问或下载的被管理数据集合

---

① Ingwersen, P., and V. Chavan. "Indicators for the Data Usage Index (DUI): An Incentive for Publishing Primary Biodiversity Data Through Global Information Infrastructure." BMC Bioinformatics 12 (Suppl 15), S3 (2011). http://doi.org/10.1186/1471-2105-12-S15-S3.——原文注

② Fear, K.M. "Measuring and anticipating the impact of data reuse." University of Michigan. (2013). http://deepblue.lib.umich.edu/handle/2027.42/102481.——原文注

③ Strasser, C., John Ernest Kratz, and Jennifer Lin. "Make Data Count-Unit 1 Final Report." (2015). Figshare. http://dx.doi.org/10.6084/m9.figshare.1328291.——原文注

（http://www.w3.org/TR/vocab-dcat/#class-dataset）。在理想的情况下，它被分配一个永久标识符，并通过元数据描述："数据集可以生成为科学调研的一部分，它可以是由观察而制成的表格，或是仪器生成，或是分析得出的、混搭创建的，或以某些方式增强或改变的"（http://www.w3.org/TR/hcls-dataset）。数据集不一定是"数字的集合"，不同学科有不同的调研方法。在这种情况下，一个数据集可能是一个采访的手抄记录、一套数字化图像或其他研究过程产生的作品。请参阅第2节"学术交流中的替代产出"。

3.4.2 什么是数据引用?

数据引用是指在学术著作中提供对数据集的正式、结构化的参考引用，以征引数据集的完整参考信息来实现。相比之下，粒状引用则是一个问题。例如，只引用数据集的某项子集，诸如一个数据分量或是一个特定值（http://www.codata.org/task-groups/data-citation-standards-and-practices）。

2014年，由FORCE11组织中的数据引用推动小组（Data Citation Synthesis Group）发布了"数据引用原则联合声明"（https://www.force11.org/group/joint-declaration-data-citation-principles-final）。这些指导原则强调了研究数据的引用在学术交流中的作用，以提高数据生成贡献的声望及归属，支持数据再用。尽管越来越多的机构组织和个人都支持此声明，但是它缺乏指导实施的实用指南。

为了给希望实施"数据引用原则联合声明"的工作人员提供业务指导，FORCE11成立了数据引用实施小组（Data Citation Implementation Group，https://www.force11.org/group/data-citation-implementation-group），致力于以下主题的研究：

- 期刊文章在《JATS：期刊文章标签集》（JATS）XML Schema中的机读数据引用；
- 符合该联合声明的标识符方案清单；
- 数据存储、标识符验证和引用的出版工作流程使用案例。

3.4.3 什么是数据使用?

数据使用是指访问和下载已发布研究数据集这一行为（参见https://rd-alliance.org/sites/default/files/case_statement/RDA_WDS_WG_Publishing_Bibliometrics.pdf）。"网络电子资源在线使用统计"（Counting Online Usage of Networked Electronic Resources，COUNTER）是为定义网络电子资源使用量而设立的标准，包括期刊、数据库、图书和参考工具书。而关于数据集的相应标准尚未存在。"COUNTER实施规则"①中的很多方面也可用于研究数据，就如"让数据说话"（Making Data Count）项目对其约150,000研究数据集所做的一样（http://mdc.lagotto.io）。

"COUNTER实施规则"对非人工操作产生的数据明确不予考虑，无论是来自自动收割内容的软件，还是搜索引擎。由于机器代理在科学数据再利用中越来越普及，数据使用

① 即COUNTER Code of Practice，COUNTER实施规则。——译者注

统计必须考虑这些方面，这也是超越现有“COUNTER实施规则”的重要一步。例如，研究人员可能研发自动下载数据集最新复本的应用程序。重要的是要对这种访问的价值加以注意而不是忽略。此外，随着API的普遍使用和时间的推移，获取研究数据集可能会变得更为碎片化，也更为频繁，需要研发新的计量指标以适应这些趋势。对重复下载、多次下载失败的标准化计量，是以视某一时段内的重复下载活动为单一行为来进行的。

研究数据集与文本文件（如期刊文章）的另一个主要差别在于数据随时间的推移而更频繁地变化。因此，明确指明产生某一特定结果的数据集版本非常重要。数据集也常由多部分或多文件形态组成，因此使用统计的集成更为困难。

斯特拉瑟（Strasser）、克雷茨（Kratz）和林（Lin）解释到：许多仓储库不能报告任何与下载活动相关的数据，因此有必要制定和采用完善的报表工具和标准，包括ANSI/NISO“标准化电子资源使用统计收割协议”［The Standardized Usage Statistics Harvesting Initiative (SUSHI) Protocol］标准和NISO技术文档SUSHI-lite（http://www.niso.org/workrooms/sushi/sushi_lite/）。

3.4.4　什么是数据的替代计量法?

表面上看，数据的替代计量法在概念和技术上与期刊文章的替代计量法并没有实质差别。研究数据能够积累与其他类型的学术产出类似的计量数据（如一篇博客帖或分享文章的推文中所提到的数据，能够通过对两种类型成果采用相同检索机制获取）。

还有一些专用于数据的替代计量法。能够获得数据再利用和实验（如GitHub forks克隆模式）及协作模式（如GitHub collaborators协作者模式）的特定成果替代计量法已经存在，并且有可能很快就能出现更新的数据替代计量法（例如，类似于“Impactstory's Depsy软件页面排行”的数据附属页排名，它可以确定研究数据在其他有影响力数据集和研究中被再利用/再融合的程度，或通过文本挖掘直接链接到期刊文章中出现的数据集，就如同Depsy为软件所做的那样）。

3.4.5　什么是数据永久标识符?

标识符在计量发展中扮演着重要角色，无论与之相关的是一篇文章（如开放式参考链接系统数字对象唯一标识符，CrossRef DOI）、一个数据集（如科学数据系统标识符，DataCite DOI），还是一个人（如开放研究者与贡献者身份识别码，ORCID）。

我们建议，应该关注数据集的具体子集或组成的识别问题。这种情况较为普遍，尤其对于持续增长的数据（如时间序列数据）或者动态数据，更是特别的挑战。例如，DataCite和CrossRef网站都确立了用单个DOI来识别文件组成的方法，如一个出版类数据集里的数据成分。随着该领域逐步成熟，这些应变得可互操作（或理想地说，单一的共识标准）。详情参阅第4节“学术交流中的永久标识符”。

3.5 参与计量研究的机构组织

3.5.1 方法

工作组B的做法是调研非传统计量研究领域的现有最佳实践和标准。因此，工作组调查了相关组织机构，邀请部分人员参加工作组会议或寻求其他参与形式。

3.5.2 提供咨询的机构

参与咨询过程的机构如下所示。

- 网络电子资源在线使用统计（COUNTER，http://www.projectcounter.org/）：成立于2002年，旨在推进期刊和数据库下载数据标准。COUNTER是位于英国的国际组织。由供应商、中间商和图书馆员三方共同支持。
- 研究数据联盟（RDA，http://www.rd-alliance.org）：研究数据联盟旨在搭建社会和技术桥梁，促进数据开放共享。
- 研究管理信息标准发展联盟（http://casrai.org）：研究管理信息标准发展联盟是一个致力于改进研究利益相关方之间信息流通的国际组织。
- 英国联合信息系统委员会（http://www.jisc.ac.uk）：JISC是一家位于英国的组织，为英国高等教育机构提供基础设施和其他支持。JISC持续活跃在数据仓储库和更为广泛的数据共享领域。
- 科学数据系统（DataCite，http://www.datacite.org）：DataCite管理DOI和元数据，重点关注研究数据。
- BioCADDIE（http://biocaddie.org）：BioCADDIE是一个研究项目，旨在构建研究数据发现索引，以此增强数据的发现和使用。
- 加利福尼亚数字图书馆（http://www.cdlib.org），美国科学公共图书馆（PLOS，https://www.plos.org），以及资源建设与共享项目（DataONE，https://www.dataone.org）。3家机构均为“让数据说话”项目的合作伙伴（Making Data Count，http://mdc.lagotto.io/）。

3.6 调查结果

关于围绕数据引用而产生的问题，以及今后如何处理这些问题的建议在“数据引用原则联合声明”中有详细描述，斯塔尔（Starr）[①]等也提出了实施建议。我们的立场是推荐这些处于发展中的标准，并鼓励促进数据引用以及促进研究数据集的可引用性。

“COUNTER实施规则”提供了一组公认的建议来统计研究文章的下载量。这些建议

① Starr J. et al. [Achieving Human and Machine Accessibility of Cited Data in Scholarly Publications.] *PeerJ Computer Science* 1 (1). (2015). http://doi.org/10.7717/peerj-cs.1.——原文注

包括（通过头标信息识别）排除非人为下载及同一机器快速重复下载等参数。提出这些参数的目的是为了避免将网页自动抓取工具的下载量也纳入下载统计数量，或避免人为增加下载量的企图。然而，我们认识到，在数据下载时，会有一些机器下载数据集的合法使用案例，例如，通过CURL控制命令，或通过文件处理软件所下载的数据集。此外，将有益的网页抓取工具例如索引和搜索研究数据集工具，与普通网页链接跟踪抓取工具加以区分，亦可有用。

RDA发布数据文献计量学工作组是研究数据联盟/世界数据系统（The Research Data Alliance /World Data System，RDA/WDS）发布数据兴趣小组的一部分。它与其他RDA工作组联系，例如发布数据服务工作组，该组创建了DLISERVICE数据文献互连服务（http://dliservice.research-infrastructures.eu/）。尽管发布数据文献计量学工作组尚未发表任何建议或标准，但卡拉汉（Callaghan）、卡彭特（Carpenter）和克雷茨（Kratz）①于2014年发布了一项调查结果，指出缺乏下载量统计标准是影响数据使用的主要障碍。

CASRAI有一个相关的数据级别计量工作组（http://ref.casrai.org/Research_Dataset-Level_Metrics）。在与NISO工作组讨论后，两个工作组决定保持双边关系，CASRAI将重点关注数据质量指标，而不是数据使用量和共享。

JISC组织的“研究风险”活动旨在支持良好的研究数据管理。作为该活动的一个组成部分，JISC正在试点实施现有的“英国机构知识库使用统计”服务（Institutional Repository Usage Statistics UK，IRUS-UK，http://www.irus.mimas.ac.uk/），提供机构和学科领域研究数据仓储资源下载情况的文档级报告。IRUS（以及实验性的IRUSdataUK，http://rdmetrics.jiscinvolve.org/wp/2016/01/11/a-note-about-irusdatauk/）是COUNTER标准的一项实施，可以作为插件植入几乎所有常见的仓储库软件。

BioCADDIE对研究数据计量感兴趣。BioCADDIE相关工作组的联合主席们不是开始新一轮讨论，而是一致同意参加现有项目，即NISO、CASRAI、THOR和Making Data Count。

斯特拉瑟（Strasser）、克雷茨（Kratz）和Lin（林）于2015年调研了247家利益相关方。他们得出的结论是：尽管引用是数据影响力的关键衡量指标，但真正实施了相关标准和工作实践的数据仓储并不多；然而，大部分还是统计了数据下载量。作者在报告中指出，虽然数据引用被研究人员认为是识别数据使用的主要方法，其一致性和采用性却一直是弱项。这正是FORCE11声明希望解决的领域。目前，尽管人们对出版物的替代（社会共享）计量感兴趣，但对其用于数据领域却兴趣不大。然而作者指出，统计下载量被认为颇有价值，并且被收集数据的数据集创建者使用。

---

① Callaghan, S, T. Carpenter, and J. E. Kratz (2015). "Walk Softly and Carry a Large Carrot: How To Give Credit for Academic Work." In: FORCE2015, 12–13 January 2015, Oxford, UK. http://cedadocs.badc.rl.ac.uk/1125/1/FORCE2015_poster_final.pdf.——原文注

在与管理大数据流的人员讨论后，NISO工作组成员希望澄清本文件中描述的这种数据计量针对的是出版类研究数据集的离散数据，而不是大型数据中心创建、管理和服务的未处理数据流。

3.7 建议

研究人员、资助者、机构、数据仓储库和出版商日渐希望研究数据能在专用的数据仓储公开提供，并能提供工具和平台，以帮助他们理解其数据被应用的方式。随着对研究数据及研究数据再利用的兴趣变得重要与全球化，对数据再利用做出更为正式的评估并研发研究数据计量的最佳实践的需求也就应运而生。

研究数据计量必须在其他研究产出的更大文献计量学背景下开展。许多应用于研究文章、图书及图书章节的计量准则，也可以应用于研究数据。

因此，如下建议主要针对机构和仓储管理者、工作内容为研究数据的国际机构和资助者。

3.7.1 获取研究数据计量

就如同现在一般情况下研究数据是默认可供使用的（https://www.force11.org/group/joint-declaration-data-citation-principles-final），有关此类数据应用情况的数据也应循此方式创建和维护，使其尽可能广泛地得到应用。

3.7.2 数据引用

“数据引用原则联合声明”（Joint Declaration of Data Citation Principles，JDDCP，https://www.force11.org/group/joint-declaration-data-citation-principles-final）提出了数据引用应遵循的重要原则。实施数据引用原则的工作正在进行，例如FORCE11的“数据引用实施先导”项目（Data Citation Implementation Pilot，DCIP，https://www.force11.org/group/data-citation-implementation-pilot-dcip）、RDA/WDS发布数据兴趣小组，以及“地球和空间科学发布数据联盟”（Coalition on Publishing Data in the Earth and Space Sciences，COPDESS，http://www.copdess.org/）。以下一般建议对这些项目活动具有通用性。

3.7.3 机器可操作永久标识符

数据引用需要“一种持久的识别方法，可机器操作、全球唯一，且在社群中广泛使用”①。在一些社群中，如生命科学，很常见的现象是标识符的使用只针对本地某特定系统，不可跨系统机器操作。为这些社群提供全球唯一的、机器可操作的标识符的工作正在进行，例如DCIP项目，是通过标识符解析服务（Identifiers.org Resolution Service，http://identifiers.org）或名称解析服务（Name-to-Thing，http: //n2t.net）来提供的。

① https://www.force11.org/group/joint-declaration-data-citation-principles-final, principle 4 (unique identification)。——原文注

3.7.4　必备元数据

数据仓储应该提供数据引用的最小必备元数据（例如永久标识符、作者、题名、出版者、出版日期）。这应通过数据集的登录页面以人工或机读的形式完成，如使用类似于期刊文章最佳实施规范的“都柏林核心”元数据和PRISM HTML元标记（https://scholar.google.de/intl/en/scholar/inclusion.html#indexing）。当永久标识符支持元数据时，如使用DOI时，必备元数据也应当与永久标识符一起进行登记。

3.7.5　登录页面

根据斯塔尔（Starr）等人提出的建议，引用中包括的标识符应指向一个登录页面或一组页面，而非数据本身。登录页面应是永久性的，即使数据不再能够访问。

3.7.6　参考文献

数据引用应包括在引用资源的元数据里。对于许多文本资源，如期刊文章和图书章节，数据引用的自然位置就是参考文献列表。目前，只在全文中引用数据而不提供相关附加元数据的这一做法，限制了数据引用的采用，原因如下：（1）当全文获取受限时这些数据引用也可能无法获得；（2）当使用自动文本挖掘时难以发现它们。

3.7.7　研究数据使用统计

研究数据共享平台，包括数据仓储，应致力于发展标准和最佳实施规范，对研究数据的标准化使用统计进行收集和报告。这项工作应基于“COUNTER实施规则”，吸取期刊文章使用统计的经验，但应考虑到适用于研究数据的特殊因素。研究数据联盟（RDA）、COUNTER和NISO是重要的组织，也应参与这项标准化工作。

这方面的构想应该考虑到科研中机器代理下载的增长，并相应地反映此类活动。我们建议应该有两种统计公式：一种只测量“人为”下载，另一种则包括确定为真正以研究为目的的机器代理下载。如同目前通行的做法一样，应从统计报告中排除已知非结构性和毫无意义的代理下载。

默认情况下，仓储应使用标准的永久标识符，记录下载计数、头标信息、存储和创建时间。这些是支持符合COUNTER标准的必备参数，代表着应该成为研究数据管理的标准实践。与数据引用建议一致，应将机器可操作的永久标识符和登录页面用于研究数据使用统计。

随着科研资助者开始对研究数据管理支持方法的标准化，应当提供资金或其他援助机制，以支持数据仓储实施研究数据使用统计标准。

3.7.8　数据集的替代计量法

目前，相关社群似乎对数据的替代计量法缺乏兴趣。这也符合我们看到的期刊文献替代计量法的发展态势。[①]但是，社群中可能有些人会发现替代计量数据对他们的工作很重要（正如我们已经看到的，替代计量法对其他类型学术产出的重要性一样）。

---

① 此处原文如此，有脚注编号，但无脚注内容。——译者注

关于数据的替代计量法研究尚有限。我们鼓励对现有数据替代计量法和尚未确定的计量指标做更多调研。替代计量法的一个提供商，Altmetric LLP，提供了其数据以供分析：在其跟踪的600多万学术产出中，约0.3%（~15,500）是来自于figshare、Dryad、Zenodo和Pangea数据仓储的数据集。上文（第3.4节）提到过其他追踪数据专用计量法的提供商，分析其数据可能会有进一步的深入了解。

4 学术交流中的永久标识符

4.1 背景与环境

随着学术交流变得越来越数字化，永久标识符的使用已逐步增加。尤其是2000年开始使用的数字对象唯一标识符（Digital Object Identifier，DOI），在识别学术文章及近来的研究数据和替代科研产品时，已经变得非常普遍。与其他永久标识符一样，DOI基金会要求其用户采用一定的元数据和链接技术。而使用语义和其他标准方法的结果是，可以建立开放的基础设施，以支持互操作和开放科学。例如，ORCID组织、DataCite和CrossRef能够使用DOI和ORCID来匹配文件、数据和研究人员。

最近，在学术交流中使用的永久标识符的种类和数量有所增加。永久标识符能够使人、组织机构和学术产出相互链接，这正是替代计量法的一项基本组成。通过在本文中列出永久标识符并对其详细说明，我们希望鼓励支持开放科学和互操作性的相关工作，以及衡量、评估和报告研究基础设施与交流的有效性。我们的最终目标是尽可能地推广和促进永久标识符的广泛使用。

NISO永久标识符和替代产出工作组的重点包括调研替代研究成果，在学术环境中应用永久标识符，以清楚地识别研究产出及其之间的关系。永久标识符和替代产出工作组的组成体现了对非传统研究产出和标识符感兴趣的各方间的平衡，33名成员只有不足一半人来自学术机构和图书馆。出版商和学术生态体系中的其他组织构成了该工作组的大多数，其代表的组织是对研究产出计量感兴趣的机构。

4.2 “学术交流中的永久标识符”文档

“学术交流中的永久标识符”文档（参见https://sites.google.com/site/nisopersistentids/）是确定在跨多种学术领域里任何已知类型研究产出中常见永久标识符的环境扫描。永久标识符可以应用于多粒度级别的内容，从链接至数据集子集到链接至集成内容。这个文件的目的是提高对跨系统应用的永久标识符范围及复杂性的认知，以推广和促进永久标识符的使用。

学术环境正以惊人的速度发展和演变。任何现阶段有关永久标识符识别和特征归类的工作成果都会刚发布就过时。出于这些原因，为了促进学术界更广泛地参与，这个文档可在https://sites.google.com/site/nisopersistentids/网站在线获取。该文档尽可能提供了一组经过整理的永久标识符。根据能够获得的信息，提供至模式信息或项目站点的链接、域中相关性，以及关于永久标识符的其他注释。领域包括计算机应用、综合、政府、生命科学、定位、数学、媒体、物体、人物、物理科学、出版和标准。这项初步工作的选择标准包括在学术研究中常用的永久标识符，以及其他新出现的、历史的或已建立潜在价值的其他永久标识符。

我们邀请公众对本文件提出建议，以支持正在进行的关于永久标识符的主题讨论，这些标识符已经作为现代研究和学术工作的一部分。

4.3　未来研究启示

该领域未来的工作可以包括对永久标识符的属性进一步地描述和界定，诸如API的可用性、永久标识符作为RDF（资源描述框架）或其他数据格式的可用性。同时，也需要更好地检查每个标识符可用的相对数据量。其他工作领域可以包括对尚未使用永久标识符管理的非传统研究产出的范围评估，永久标识符是长期管理数据获取和关联的关键组成。最后，应该利用各种机会，帮助并支持对永久标识符和URI（统一资源标识符）利用进行有意义的讨论。归根结底，未来工作必须集中在以上和其他关键领域，以肯定永久标识符的价值，进而支持互操作性和数据交换。

5　替代计量法数据质量行为准则

5.1　目的和范围

此行为准则旨在改善替代计量数据质量，即提高数据提供和集成的透明度，并确保生成替代计量数据的在线事件的可复制性及准确性。它与从该数据得出的指标含义、有效性或解释无关。如同本推荐实施规范第1节中所定义的那样，替代计量学的“指标来源于研究生态体系中各利益相关方的参与和活动，以及学术产出，包括公共领域”。

5.2　数据质量行为准则术语

替代计量数据提供商（Altmetric data providers）：作为替代计量法在线事件数据源的平台［如推特（Twitter）、Mendeley参考文献管理和学术社交网络系统、脸书（Facebook）、F1000Prime、Github、幻灯片分享（SlideShare）、Figshare］。工作组意识到并非所有替代计量数据提供商都是学术交流社群的一部分，如Twitter和Facebook。

替代计量数据集成商（Altmetric data aggregators）：工具和平台，用于集成和提供在线事件、替代计量数据提供商的计量数据（如Altmetric.com、Plum、Analytics、PLOS

ALM、ImpactStory、CrossRef）。

透明度（Transparency）：所提供数据的信息和详细程度清晰，有据可查，对所有用户（人和机器）开放以供验证。

可复制性（Replicability）：一组数据在不同的提供商和集成商、不同的时间段之间保持一致的程度。

准确度（Accuracy）：收集的数据对其所描述资料的反映程度。

5.3 推荐规范

5.3.1 透明度

鼓励替代计量数据提供商，希望替代计量数据集成商提供下列信息，以实现透明：

- 如何产生、收集和管理数据的（T1）；
- 如何集成数据及产生派生数据的（T2）；
- 何时及如何更新数据的（T3）；
- 如何访问数据的（T4）；
- 如何监控数据质量的（T5）。

5.3.2 可复制性

鼓励替代计量数据提供商，希望替代计量数据集成商提供可复制的数据，以确保：

- 无论时间推移，所提供的数据可使用相同方法再生（R1）；
- 明确记录方法及其影响的变化（R2）；
- 明确记录错误修正后的数据变化（R3）；
- 同一时间内向不同用户提供的数据相同，如果不同，明确记录不同用户组的使用差异（R4）；
- 提供信息，说明数据是否能够以及如何被独立验证（R5）。

5.3.3 准确度

鼓励替代计量数据提供商，希望替代计量数据集成商提供准确数据，以确保：

- 该数据代表其声称要反映的情况（A1）；
- 识别和更正已知错误（A2）；
- 所提供数据的任何限制都予以沟通（A3）。

5.4 年度报告

通过遵循本行为准则，替代计量数据提供商及替代计量数据集成商同意提供一份公开的年度报告，详细记录他们如何遵守上述推荐实施规范。报告应遵循自行申报表（见附录A）中所提供的标准格式，这是对本行为准则推荐实施规范的补充，并且包括了经筛选的替代计量数据提供商和集成商的报告样本（见附录B）。

附录A：NISO替代计量学工作组C“数据质量”行为准则自行申报表

项目	描述	支持的行为准则推荐规范	集成商/提供商提交	自行申报表的最新更新
#1	列出全部可用数据和计量指标（提供商和集成商），以及收集这些数据的替代计量数据提供商（集成商）	T1	由数据集成商或提供商填写	
#2	为每个计量指标提供清晰定义	A1	由数据集成商或提供商填写	
#3	描述产生或收集数据的方法，以及如何长期维护数据	T1，T2，R1	由数据集成商或提供商填写	
#4	描述数据的所有已知限制	A3	由数据集成商或提供商填写	
#5	提供记录，审计追踪随时间推移数据生成和收集方法的变化，列出这些变化的所有已知影响。记录文档中应注明这些变化是影响整个数据历史的，还是仅仅从其发生的日期开始	R1，R2，R3	由数据集成商或提供商填写	
#6	描述数据如何集成	T2	由数据集成商或提供商填写	
#7	详细说明数据更新频率	T3	由数据集成商或提供商填写	
#8	描述如何获取数据	T4	由数据集成商或提供商填写	
#9	确认同时提供给不同数据集成商和用户的数据是相同的，如果不同，说明差异如何及其原因	R4	由数据集成商或提供商填写	
#10	确认是否所有检索方法会得到相同数据，如果不会，说明差异如何及其原因	R4	由数据集成商或提供商填写	
#11	描述数据质量监控过程	T5，A2	由数据集成商或提供商填写	
#12	提供可独立验证数据的过程	R5	由数据集成商填写	
#13	为疑似不准确的数据或计量提供报告和更正的过程	A2	由数据集成商或提供商填写	

附录B：NISO替代计量学工作组C“数据质量”行为准则自行申报表：样例*

（本附录不是ANSI/NISO RP-25-2016替代计量数据质量行为准则的一部分，列在此处仅供参考。请注意，以下数据由NISO替代计量学工作组C与部分替代计量集成商合作为本推荐实施规范收集。）

数据集成商样例：Altmetric.com

项目	描述	支持的行为准则推荐规范	集成商/供应商提交[①]	自行申报表的最新更新[②]
#1	列出全部可用数据和计量指标（提供商和集成商），以及收集这些数据的替代计量数据提供商（集成商）	T1	Altmetric收集的数据来源于：推特（Twitter）、脸书（Facebook）、谷歌+（Google+）、政策性文件、主流媒体、博客、Mendeley参考文献管理和学术社交网络系统、CiteULike、PubPeer、Publons、Reddit、维基百科（Wikipedia）、问答网站［Stack Exchange（Q&A）］上的运营站点、F1000评论和油管（YouTube）。更多详细信息，请访问支持（Support）页面：http://bit.ly/1SXDl4	2016/02/05
#2	为每个计量指标提供清晰定义	A1	Altmetric关注度是使用加权算法提供的指标，显示某特定研究成果收到的关注量。有关如何计算得分的完整详细信息，请访问：http://www.altmetric.com/blog/scoreanddonut/ Altmetric工具还提供数据源的原始提及（mention）数量，例如在谷歌+上我们看到的有关特定研究成果的帖子数量。原始计数可在应用程序中查看，例如在Altmetric详情页面（Details Page），或导出以进行进一步分析	2016/02/05
#3	描述产生和收集数据的方法，以及如何长期维护数据	T1，T2，R1	通过一系列方法收集数据，主要通过数据提供商API、第三方提供者API、文本挖掘和简易信息聚合（Really Simple Syndication，RSS）订阅源。有关对数据源收集方法的更多信息，请参阅支持页面	2016/02/05
#4	描述数据的所有已知限制	A3	Altmetric从2012年1月开始跟踪研究不同数据源的关注度，在此日期之前发表文章的数据收集可能不完整。为了跟踪研究成果的关注情况，必须具有本系统支持的唯一标识符，例如DOI、arXiv预印本标识符（arXiv ID）或国际标准书号（ISBN），并且有期刊、作者和日期的超链接或提及，以便跨不同新闻和政策来源操作文本挖掘模块收集。原始帖子的链接可能会中断，或帖子会被删除。我们仅跟踪公共页面，例如脸书的公开帖，无法访问非公开账户	2016/02/05
#5	提供记录，审计追踪随时间推移数据生成和收集方法的变化，列出这些变化	R1，R2，R3	Altmetric在2016年1月之前没有审计追踪机制	2016/02/05

① 所有字段都不应留白，如果提供者无法提供所需要的信息，则应该逐个说明不能提供的元素。——原文注

② 自行申报表的年度更新需要由那些声明遵循行为准则的替代计量数据提供商和集成商公开提供。随时间的推移，往年的报告应存档以记录行为准则的遵守情况。——原文注

续表

项目	描述	支持的行为准则推荐规范	集成商/供应商提交	自行申报表的最新更新
	的所有已知影响。记录文档中应注明这些变化是影响整个数据历史的，还是仅仅从其发生的日期开始			
#6	描述数据如何集成	T2	有关研究产出的在线事件，可以通过它们的外部永久标识符进行集成和映射，比如DOI、句柄（Handle）、PubMed标识符（PMID）、arXiv ID	2016/02/05
#7	详细说明数据更新频率	T3	不同数据源的更新频率不同——从实时到每日。有关各数据源更新频率的更多详细信息，请参阅支持页面：http://bit.ly/1SXDl4j	2016/02/05
#8	描述如何获取数据	T4	Altmetric通过终端用户界面、Altmetric应用程序接口（API）提供数据的访问，或根据机构或个人的请求向他们提供以科研为目的的数据集快照。API文档是开放的，见：http://api.altmetric.com	2016/02/05
#9	确认同时提供给不同数据集成商和用户的数据是相同的，如果不同，说明差异如何及其原因	R4	所有的Altmetric应用程序都基于同一个数据库。用户使用各个工具时访问的数据是相同的，按照访问级别缓存和限制的数据除外。访问级别因产品而异。出版商浏览器（Explorer for Publishers）、机构浏览器（Explorer for Institutions）、资助者浏览器（Explorer for Funders）、Altmetric证章（Altmetric Badges）和Altmetric商用API需要订阅才能访问所有数据。Altmetric浏览书签（Altmetric Bookmarklet）、机构库证章（Institutional Repository Badges）、学术图书馆馆员浏览器（Explorer for Academic Librarians）和研究人员API（Researcher API）是免费工具，可以访问所有提及数据。更多详细信息，请访问我们的产品页面：http://www.altmetric.com/products/。在Altmetric浏览器产品中看到的文章报告页面，或者点击Altmetric Badges时看到的文章页面，都会在我们使用的内容传递系统中缓存60分钟。因此，API即时输出结果显示的成果数据变更，可能一小时后才会在相关文章报告页面中反映出来	2016/02/05
#10	确认是否所有检索方法会得到相同数据，如果不会，说明差异如何及其原因	R4	不同的检索方法将导出相同的数据，因为所有Altmetric应用程序使用相同的基础数据库和API。然而，在Altmetric浏览器产品中看到的文章报告页面，或者点击Altmetric Badges时看到的文章页面，都会在我们使用的内容传递系统中缓存60分钟。因此，API即时输出结果显示的成果数据变更，可能一小时后才会在相关文章报告页面中反映出来	2016/02/05

续表

项目	描述	支持的行为准则推荐规范	集成商/供应商提交	自行申报表的最新更新
#11	描述数据质量监控过程	T5，A2	多种方式监控数据质量：通过人工管控数据来源；监控潜在的作弊行为和垃圾帖；设置阈值自动标记可疑活动，例如学术成果的关注变化率；创建可疑人员资料；人工监控Altmetric工作人员的警告和报告的问题。我们也定期进行数据清理工作，例如，与诸如CrossRef的外部数据源进行比照以保证数据准确性	2016/02/05
#12	提供可独立验证数据的过程（仅限集成商）	R5	参见项目#8——Altmetric利用API提供的工具和服务，文档详见：http://api.altmetric.com	2016/02/05
#13	为疑似不准确的数据或计量提供报告和更正的过程	A2	如发现疑似不准确的计量或数据，可以报告给support@altmetric.com和支持门户help.altmetric.com。提及信息如有遗漏，则可通过填写在线表单提交：www.surveymonkey.com/s/missedmentions。所有Altmetric详情页面（Details Pages）都包括“这页是什么？（What is this page?）”内容说明，以提供报告数据错误的机会，并链接到“遗漏提及信息”表单。该页面还提供了Altmetric数据的介绍	2016/02/05

NISO替代计量学工作组C“数据质量”行为准则自行申报表

数据提供商样例：CrossRef开放式参考链接系统事件数据平台（CrossRef Event Data，CED）

CrossRef CED是CrossRef的一项新服务，2016年推出。开放性是CED设计的核心。CrossRef在推动CED实行的同时，将努力遵守替代计量数据质量行为准则。

项目	描述	支持的行为准则推荐规范	集成商/供应商提交①	自行申报表的最新更新②
#1	列出全部可用数据和计量指标（提供商和集成商），以及收集这些数据的替代计量数据提供商（集成商）	T1	CED是收集事件数据的平台。它的数据收集组合了从非学术源积极收集的数据，以及允许学术源发送的数据。它专注于事件（“这些事件发生过”），而不是集成（“发生过很多事情”）或计量（“你达到这个记录”）。CrossRef CED在启动时，包括：	2016/02/05

① 所有字段都不应留白，如果提供者无法提供所需要的信息，则应该逐个说明不能提供的元素。——原文注

② 自行申报表的年度更新需要由那些声明遵循行为准则的替代计量数据提供商和集成商公开提供。随时间的推移，往年的报告应存档以记录行为准则的遵守情况。——原文注

续表

项目	描述	支持的行为准则推荐规范	集成商/供应商提交	自行申报表的最新更新
			从CrossRef DOI到DataCite DOI的链接。这些是出版商制定的数据集引用，用于指明一篇文章的元数据何时通过CrossRef引用了数据集 • **从DataCite DOI到CrossRef DOI的链接**。这些是数据集出版商制定的文章引用，用于在数据集元数据中指明数据集通过DataCite到CrossRef DOI的链接 • **推特（Twitter）DOI提及**。这是指通过其DOI或DOI登录页面提及一篇文章或数据集的推文。它适用于从属CrossRef和DataCite的DOI。数据由Twitter提供并由CrossRef CED过滤 • **维基百科（Wikipedia）DOI引用和非引用**。这些是对直接提及DOI的维基百科页面的编辑，或删除此类提及的编辑。数据由维基百科提供，并由CrossRef CED过滤 • **其他提供商提供的数据**。我们允许数据提供商为我们提供有关DOI的个别事件。我们正在与学术界知名数据提供商合作。每个事件都被记录，例如“该DOI被注释”。数据直接由提供商发送 • **脸书（Facebook）**。从Facebook API检索到的、特定DOI的“分享”“点赞”和“评论”的数量	
#2	为每个计量指标提供清晰定义	A1	CrossRef CED报告原始事件，而非计量数据。提供事件如下： • **从CrossRef DOI到DataCite DOI的链接**。CrossRef是学术交流的中心连接枢纽。出版商会在文章发布时存储相关元数据。其中包括通过DataCite到数据集的链接 • **从DataCite DOI到CrossRef DOI的链接**。研究人员将学术研究对象存储入DataCite以供引用。研究人员存储数据集并通过CrossRef DOIs提供至学术作品的链接 • **Twitter DOI提及**。人们通过学术作品的DOI或这些DOI解析的登录页面来讨论学术作品。CrossRef使用Twitter数据源，过滤CrossRef和DataCite DOI以及相应的登录页面	

续表

项目	描述	支持的行为准则推荐规范	集成商/供应商提交	自行申报表的最新更新
			• **Wikipedia DOI引用和非引用**。维基百科页面编辑是一个持续不断的过程。页面可引用DOI，编辑页面时可添加或移除DOI链接。CrossRef会跟踪这些事件的发生时间，并记录何时从页面中添加或删除DOI，记录DOI、页面和修订的编号 • **其他提供商提供的数据**。提供商能够将诸如共享或提及DOI的事件推送到CED服务中。事件的内容取决于数据源类型。CED将一字不差地呈现事件。事件由发生方提供 • **Facebook**。脸书图形应用程序接口（Facebook Graph API）允许CED查询其认知的每个DOI，并记录DOI被分享、点赞和评论的次数。每次数据收集都被视为一个事件	2016/02/05
#3	描述产生和收集数据的方法，以及如何长期维护数据	T1，T2，R1	• **从CrossRef DOI到DataCite DOI的链接**。当发现DataCite DOI被引用时，CrossRef识别CED中的存储并更新。在新数据存储的同时，也会同时产生并完成大量历史数据 • **从DataCite DOI到CrossRef DOI的链接**。当发现CrossRef DOI被引用时，DataCite识别CED中的存储并更新。在新数据存储的同时，也会同时产生并完成大量历史数据 • **Twitter DOI提及**。CrossRef CED订阅推特数据流（Twitter Firehose），使用CrossRef和DataCite DOI以及DOI解析的域名进行过滤。它存储所有提及DOI的推文。对于提及文章或数据集登录页面的推文，CED将尝试识别相应的DOI并记录该链接（包括DOI和登录页面的网址）。并非所有登录页面网址都能对应到DOI，但如果一项新技术能对以前未知的历史推文建立起对应关系，则会提升这类事件。Firehose是实时数据流 • **维基百科DOI引用和非引用**。CrossRef CED订阅维基百科的实时编辑流。对维基百科文章所做的任何编辑，CED都将分析编辑内容，查找已添加或删除的DOI。在维基百科页面记录中添加或删除DOI将被记录为一个事件。编辑流是实时的，并生成实时的事件流 • **其他提供商提供的数据**。CrossRef CED提供了一个“推送API”，使数据源能够将数据推送到CED	2016/02/05

续表

项目	描述	支持的行为准则推荐规范	集成商/供应商提交	自行申报表的最新更新
			提供商可批量或实时推送数据。这是一个一般功能，但使得学术领域的重要参与者能够发布DOI事件数据 • **Facebook**。可用Facebook API查询属于CrossRef或DataCite的每个DOI，并将结果直接存储。查询Facebook API会定期进行，但查询频率不能保证，因为这取决于数据或系统的实际可扩展性	
#4	描述数据的所有已知限制	A3	• **从CrossRef DOI到DataCite DOI的链接**。出版商必须提供数据。CrossRef有大约5000个出版商成员，其数据有差别 • **从DataCite DOI到CrossRef DOI的链接**。研究人员必须向DataCite提供数据 • **Twitter DOI提及**。推文中的所有DOI都能可靠识别。对于网站登录页面，CrossRef CED会尽最大努力进行解析，但没有百分之百可靠的方法。 • **Wikipedia DOI引用和非引用**。维基百科实时流或支持基础设施可能暂时不可用。如果发生这种情况，那些提及事件会被遗漏 • **其他提供商提供的数据**。被推送的数据内容由推送者负责。不过，因为他们是数据源，其推送的数据可能被认为是权威的且具有最佳可用质量 • **Facebook**。由于CrossRef CED会向Facebook API查询获取大量DOI，其更新间隔就完全取决于实际的系统可扩展性。CED可能优先更新活跃的DOI数据	2016/02/05
#5	提供记录，审计追踪随时间推移数据生成和收集的方法的变化，列出这些变化的所有已知影响。记录文档中应注明这些变化是影响整个数据历史的，还是仅仅从其发生的日期开始	R1，R2，R3	事件数据是直接传递。我们不提供计量分析。所有事件都有一个时间戳，记录其发生、生成或收集时间，因此，用于生成和收集事件的基础设施可与时间戳匹配。Lagotto软件是开源的，因此日期戳可以与正在运行的软件版本相关联	2016/02/05
#6	描述数据如何集成	T2	事件单独存储并单独返回。CED会收集数据、提供使用而无需集成	2016/02/05

续表

项目	描述	支持的行为准则推荐规范	集成商/供应商提交	自行申报表的最新更新
#7	详细说明数据更新频率	T3	CED提供了一个API，使用户可随时获取数据。一旦数据添加至CED后，就能通过API立即获得数据。 • **从CrossRef DOI到DataCite DOI的链接**。每次DOI元数据存储到CrossRef时，相关事件会发生并被推送到CED，从而有效创建一个实时流 • **从DataCite DOI到CrossRef DOI的链接**。每当DOI元数据存储到DataCite时，相关事件会发生并被推送到CED，从而有效创建一个实时流 • **Twitter DOI提及**。一个实时流 • **Wikipedia DOI引用和非引用**。一个实时流 • **其他提供商提供的数据**。取决于提供商，数据可以作为一个实时流接收或批量发送 • **Facebook**。Facebook活动的更新尚待确定	2016/02/05
#8	描述如何获取数据	T4	所有数据将通过CED API免费获取。原始数据将是与CED交互的主要途径。我们还将通过收取一定费用来提供服务级别协议（Service-level agreement，SLA），以保障服务一致性（确保对API调用的响应时间）。但是，数据将与免费版本相同	2016/02/05
#9	确认同时提供给不同数据集成商和用户的数据是相同的，如果不同，说明差异如何及其原因	R4	CED将提供一个API，允许用户对DOI进行查询以检索事件 CED还提供API的SLA版本。数据相同，但我们保证响应时间 所有数据将使用开放、单一的API。使用API的SLA版本提供相同数据	2016/02/05
#10	确认是否所有检索方法会得到相同数据，如果不会，说明差异如何及其原因	R4	所有检索方法产生相同数据。仅有单一API，尽管提供服务级别协议（SLA）来保证响应时间	2016/02/05
#11	描述数据质量监控过程	T5，A2	主要的故障模式是服务中断，意味着数据源变得不可用。这些数据源将逐个被监控，以确保有不断的数据流。对于CED，质量意味着一致性，而非检测作弊行为	2016/02/05
#12	提供可独立验证数据的过程（仅限集成商）	R5	所有数据免费提供。用于生成数据的软件源代码也免费提供	2016/02/05
#13	为疑似不准确的数据或计量提供报告和更正的过程	A2	CrossRef的支持服务能够处理请求。我们可以尝试重新处理原始数据以重新生成事件。我们可以用适当的日期戳补回缺失事件。我们不会将事件集成到计量数据或分数中，因此不会提供日后可能需要调整的分数	2016/02/05

NISO替代计量学工作组C“数据质量”行为准则自行申报表

数据集成商案例：PLOS（Public Library of Science，科学公共图书馆）文章级计量

项目	描述	支持的行为准则推荐规范	集成商/供应商提交[①]	自行申报表的最新更新[②]
#1	列出全部可用数据和计量指标（提供商和集成商），以及收集这些数据的替代计量数据提供商（集成商）	T1	PLOS从以下数据提供商收集计量数据 • **引用数据：** Web of Science、Scopus、CrossRef、PubMed、Europe PMC、DataCite • **替代计量数据：** 推特、脸书、Reddit、Mendeley参考文献管理和学术社交网络系统、CiteULike、F1000Prime、ScienceSeeker、学术博客（Research Blogging）、Wordpress.com、维基百科、开放研究者与贡献者身份识别码（ORCID）、科学公共图书馆评论（PLOS Comments） • **使用统计数据：** PLOS、PubMed Central、Figshare。	2016/02/05
#2	为每个计量指标提供清晰定义。	A1	• Web of Science：来自Web of Science数据库的引用计数 • Scopus：来自Scopus database数据库的引用计数 • CrossRef：来自为会员服务的CrossRef CitedBy的引用计数 • PubMed：来自PubMed Central全文文章的引用计数 • Europe PMC：来自Europe PubMed Central全文文章的引用计数 • DataCite：在DataCite元数据中作为相关标识符的参考文献数量 • Twitter：包含DOI或文章的期刊登录页面网址的推文数量 • Facebook：文章的期刊登录页面网址的分享、点赞和评论数量，包括私人活动 • Reddit：文章的Reddit得分，以及与DOI及期刊登录页面网址相关的评论数量 • Mendeley：个人用户和团体读者数量的计数 • CiteULike：书签数量 • F1000Prime：F1000得分和文章分类 • ScienceSeeker：博客帖子数量 • ResearchBlogging：博客帖子数量 • Wordpress.com：博客帖子数量	2016/02/05

① 所有字段都不应留白，如果提供者无法提供所需要的信息，则应该逐个说明不能提供的元素。——原文注

② 自行申报表的年度更新需要由那些声明遵循行为准则的替代计量数据提供商和集成商公开提供。随时间的推移，往年的报告应存档以记录行为准则的遵守情况。——原文注

续表

项目	描述	支持的行为准则推荐规范	集成商/供应商提交	自行申报表的最新更新
			• Wikipedia：全世界最受欢迎的20个Wikipedia网站中的Wikipedia页面数量，根据语言再细分 • ORCID：ORCID记录数量 • PLOS comments：PLOS文章页面的评论数量 • PLOS Usage stats：使用COUNTER标准、对PLOS网站的HTML页面浏览和PDF下载的使用统计 • PubMed Central Usage：PubMed Central的HTML摘要、全文页面浏览和PDF下载的使用统计 • Figshare：Figshare的PLOS附加信息使用统计	
#3	描述产生和收集数据的方法，以及如何长期维护数据	T1，T2，R1	通过公共或私有API收集数据。对于F1000Prime和PubMed Central，分别以每周或每月的频率批量下载使用数据	2016/02/05
#4	描述数据的所有已知限制	A3	科学公共图书馆文章级计量（PLOS ALM）服务始于2009年，随着时间的推移数据提供者逐渐增加。Twitter在2012年6月启动这项服务前，因其公共API在提供历史数据方面的限制，无数据可用。对于某些服务（例如Web of Science、Scopus、Mendeley、Facebook），只有计数可用	2016/02/05
#5	提供记录，审计追踪随时间推移数据生成和收集的方法的变化，列出这些变更的所有已知影响。记录文档中应注明这些变更是影响整个数据历史的，还是仅仅从其发生的日期开始	R1，R2，R3	没有可用于PLOS ALM数据的审计跟踪。运行ALM的开源软件的更新（可能会影响数据收集方式）记录在https://github.com/lagotto/lagotto/releases	2016/02/05
#6	描述数据如何集成	T2	数据通过永久标识符（DOI和PMID）逐月收集，在发布后的前30天内逐日进行	2016/02/05
#7	详细说明数据更新频率	T3	PLOS使用统计按日收集，PubMed Central使用统计按月收集，F1000Prime数据按周收集。Twitter数据在发布后的第一周，每6小时收集一次。所有其他数据基于文章发布后时长来收集，第一个月每日收集，随后的第一年内每周收集，第一年后每月收集	2016/02/05
#8	描述如何获取数据	T4	数据提供有以下方式：通过开放API（http://alm.plos.org/api，无需注册）；通过每篇PLOS文章的计量数据选项卡；通过ALM报告（http://almreports.plos.org）；以及通过Zenodo数据存储库按月下载CSV文件（例如，从2016年1月起开始提供的数据，http://doi.org/10.5281/ZENODO.44558）	2016/02/05

续表

项目	描述	支持的行为准则推荐规范	集成商/供应商提交	自行申报表的最新更新
#9	确认同时提供给不同数据集成商和用户的数据是相同的，如果不同，说明差异如何及其原因	R4	提供给不同集成商和用户的数据是相同的。唯一例外的是Web of Science数据，因为许可限制，只有PLOS服务能获得这些数据	2016/02/05
#10	确认是否所有检索方法会得到相同数据，如果不会，说明差异如何及其原因	R4	通过不同的检索方法提供的数据是相同的。唯一例外的是Web of Science数据，因为许可限制，这些数据不能通过API和每月CSV文件提供	2016/02/05
#11	描述数据质量监控过程	T5，A2	新收集数据的数据质量由每24小时运行一次的自动化程序监测，并查找异常值（活动异常峰值等）。数据质量也由PLOS工作人员人工监测，并将外部用户的反馈考虑进去	2016/02/05
#12	提供可独立验证数据的过程（仅限集成商）	R5	PLOS ALM服务使用开源软件运行（https://github.com/lagotto/lagotto），安装后可用于收集数据并与PLOS数据进行比较。也可以从数据提供者（如Mendeley、脸书、维基百科等）处直接获取，独立加以验证	2016/02/05
#13	为疑似不准确的数据或计量提供报告和更正的过程	A2	疑似不准确的数据或计量可以通过反馈表向PLOS工作人员报告（http://www.plosone.org/feedback/new）	2016/02/05

NISO替代计量学工作组C“数据质量”行为准则自行申报表

数据集成商案例：脸书（Facebook）

项目	描述	支持的行为准则推荐规范	集成商/供应商提交①	自行申报表的最近更新②
#1	列出全部可用数据和计量指标（提供商和集成商），以及收集这些数据的替代计量数据提供商（集成商）	T1	脸书为某一特定网址提供不同的在线事件计数。这些计数包括“分享”“点赞”和“评论”。根据某个特定网址脸书用户分享、点赞和评论的数量，提供每个社交共享行为的集成统计。公开的分享、点赞和评论（即不受特定用户群的限定）包含	2016/02/05

① 所有字段都不应留白，如果提供者无法提供所需要的信息，则应该逐个说明不能提供的元素。——原文注

② 自行申报表的年度更新需要由那些声明遵循行为准则的替代计量数据提供商和集成商公开提供。随时间的推移，往年的报告应存档以记录行为准则的遵守情况。——原文注

续表

项目	描述	支持的行为准则推荐规范	集成商/供应商提交	自行申报表的最近更新
			更多信息，如用户名和事件发生时间。可获取数据在有关脸书图形应用程序接口（Graph API）的信息中有进一步描述：https://developers.facebook.com/docs/graph-api	
#2	为每个计量指标提供清晰定义	A1	脸书提供以下事件计数： • **分享（Shares）**：意为脸书用户在自己或其他用户的Facebook空间上分享特定网址的次数。分享应是含有URL的帖子。公开的分享（即访问并不受某特定用户群限制）包括有关分享人员和分享时间信息。每位用户可以多次分享同一URL；因此，分享计数的集成统计不一定反映已分享该URL的单一用户数量 • **点赞（Likes）**：意为脸书用户对某特定帖子、分享或评论的点赞次数（通过点击脸书上的“点赞”按钮来表达）。每位脸书用户对于每个帖子或评论都只能点赞一次，但可以“取消点赞”相同的帖子，以删除此前的“点赞”。因此，每个点赞计数代表在某特定时刻点赞某一URL的用户总和 • **评论（Comments）**：意为脸书用户对自己或他人的帖子、分享或评论加以评论的次数。每位用户可以对同一篇帖子、分享或评论进行多次评论；因此，评论计数的集成统计不一定反映对特定URL发表评论的单一用户数量	2016/02/05
#3	描述产生和收集数据的方法，以及如何长期维护数据	T1，T2，R1	关于Graph API有详细文档，但是没有关于如何生成计数的信息，也不提供有关用户信息	2016/02/05
#4	描述数据的所有已知限制	A3	对于不能自由访问的网页（如当发布者需要Cookies或人工选择选项时），脸书无法正确确定规范的URL，因此不能提供正确的在线事件计数。脸书事件只能通过Graph API提供，没有更多关于所提供数据的限制性方面的信息	2016/02/05
#5	提供记录，审计追踪随时间推移数据生成和收集的方法的变化，列出这些变化的所有已知影响。记录	R1，R2，R3	脸书定期更新其API，有时会包括回溯性变更，由此与生成的分享、点赞和评论的计数无法向后兼容。API更新已版本化，并公开记录在https://developers.facebook.com/docs/apps/changelog 和 https://developers.facebook.com/blog/网站上	2016/02/05

续表

项目	描述	支持的行为准则推荐规范	集成商/供应商提交	自行申报表的最近更新
	文档中应注明这些变化是影响整个数据历史的，还是仅仅从其发生的日期开始		最新版本API是V2.5，于2015年10月7日发布	
#6	描述数据如何集成	T2	关于Graph API有详细记录，但没有关于如何集成计数的信息。https://developers.facebook.com/docs/sharing/webmasters/crawler	2016/02/05
#7	详细说明数据更新频率	T3	在Graph API中，脸书提供记录最新更新信息的时间戳	2016/02/05
#8	描述如何获取数据	T4	Graph API是开放使用的。用户需要注册来获得更高速率限制的API密钥	2016/02/05
#9	确认同时提供给不同数据集成商和用户的数据是相同的，如果不同，说明差异如何及其原因	R4	就目前所知，所有用户都是从Graph API中获得相同数据	2016/02/05
#10	确认是否所有检索方法会得到相同数据，如果不会，说明差异如何及其原因	R4	脸书有权限级别。检索数据的应用程序必须具备开放密钥。用户可将其账户设为公开或私有，也可将单个帖子的隐私设置从公开更改为限定于某特定用户群或者私有，反之更改亦可 通过API检索到的脸书数据只显示某一特定时刻的数据。如果在时间A发布的数据在时间B改变，则在A时检索所得结果与在B时结果不同，即使检索方法相同。API的更新有可能改变查询结果	2016/02/05
#11	描述数据质量监控过程	T5，A2	脸书在多个数据进入点设有内控，以尽可能保持准确性。但是，没有关于数据质量监控过程的进一步信息	2016/02/05
#13	为疑似不准确的数据或计量提供报告和更正数据的过程	A2	用户可以向脸书开发人员的故障网址提交请求。然而，除非需要更新API检索，否则没有足够信息表明脸书将采取什么行动来回应请求。看起来脸书并不会调整数据，而仅是修正API	2016/02/05

NISO替代计量学工作组C“数据质量”行为准则自行申报表

数据集成商样例：Mendeley参考文献管理和学术社交网络系统

项目	描述	支持的行为准则推荐规范	集成商/供应商提交①	自行申报表的最近更新②
#1	列出全部可用数据和计量指标（提供商和集成商），以及收集这些数据的替代计量数据提供商（集成商）	T1	Mendeley参考文献管理和学术社交网络系统提供了Mendeley用户添加到其个人图书馆的每篇学术文献的总读者统计数据。这些统计数据包括学术身份（学生、教授、图书馆员等）、学科（或子学科）、用户国别（可在Mendeley提供的列表中选择）。目前，这些个人背景统计信息中有些是强制性的，例如学科，有些是可选的，例如国别。这影响了Mendeley读者数量统计时的数据可用程度。Mendeley提供一个免费开放的API，可以非常快捷的方式集成读者计量数据，包括集成其背景特征信息。API的详细文档见：https://api.mendeley.com/apidocs	2016/07/25
#2	为每个计量指标提供清晰定义	A1	Mendeley读者，又名为“saves”（保存），即在一个给定的时间点数据库内元数据记录复本数	2016/07/25
#3	描述产生和收集数据的方法，以及如何长期维护数据	T1，T2，R1	一个文件的读者计数由一个批量集成处理开始，其操作即从Mendeley用户上传的所有文件中提取元数据。这个处理是使用文件哈希值（Filehash，将成为元数据的一部分）集成同一文件的所有数据，然后，将此添加到一个含有不同的文件哈希值，但使用相同标题、作者列表和出版年份的文件集群中。目前，我们没有使用DOI或其他标识符（如Arxiv或PMID）来确定文档所属的文件集，因为并不是目录中所有文件都具有这些标识符。批量集成处理大约按月在整个目录中运行一次，重新创建文件集群，为每个文件建立新的记数。对每个文件集中存在的元数据记录数量而言，每次用户向Mendeley个人图书馆中添加元数据记录时，现有的计数在批量集成处理运行间歇中几乎会同步增加（而不是从头开始计算）。如果新添加项能够与已有文件集相关联，则读者计数会增加1。如果是Mendeley的新建文档，那么在批处理前不会给出读者计数值。这意味着对于大多数的文件，读者数量几乎是实时增加的，除非是Mendeley的新文件；在后者情况下，新文件的读者数量积累可能会有长达一个月的滞后期，尽管通常情况下这种滞后会比较短	

① 所有字段都不应留白，如果提供者无法提供所需要的信息，则应该逐个说明不能提供的元素。——原文注

② 自行申报表的年度更新需要由那些声明遵循行为准则的替代计量数据提供商和集成商公开提供。随时间的推移，往年的报告应存档以记录行为准则的遵守情况。——原文注

续表

项目	描述	支持的行为准则推荐规范	集成商/供应商提交	自行申报表的最近更新
			对本系统而言，计数是不需要用户打开、注释或滚动PDF文件的。严格来讲该数字是批量集成处理中生成的一个文件集中的重复文件数量。因此，我们认为“保存”可能是一个更准确的术语。将来，我们可能添加其他计量指标来反映研究人员使用Mendeley进行的其他类型活动。用户加入公开或私人小组时所添加的文件不会使该文件的计数增加，因为此举并未创建另一个元数据记录。但是，如果此前他们并没有这份文件，而现在将此文件复制并保存在自己的个人文件夹中，则会增加计数。当某个用户删除其账户及其所有文件时，该文件的读者数量不会改变，直到重新运行批量集成处理和产生新的元数据记录数量。这同样适用于用户从其个人图书馆删除记录，即使他们仍是该文件所在组的成员。总之，记录的计数增加几乎是即时发生，但减少却是周期性的。还有其他一些方式会导致读者数量非单调增减，这将在下面进行描述 文件与文件哈希值经常会有不同，比较少见的是文件也含有不正确的用户输入数据。当发生这种情况时，集成处理可能会从主文件集中单独创建一个文件集或集群。这样一来，读者数量会分散在目录中的多个单独条目之中。当查询该文件的读者数量时，可能只能得到其中一个条目的数值，导致获得的读者数量低于实际数量，直到文件集群再次合并。随着技术的改进，以及用户清理或编辑不正确的条目，这些分散的文件集群可能在后续批处理中被添加到主文件集。根据合并文件集群的规模以及在此期间从用户个人库中删除的数据复本数量，这可能会导致读者数量激增。如果在批处理间歇中删除大量文档，则读者数量可能会急剧下降。获得不正确数据的另一种可能性是，如果已有多个文件集群使用相同标题，但是只有较小的那个文件集含有外部数据库标识符（如DOI），则基于标题的API查询和基于DOI的API查询会返回不同值。然而，这些情况非常少见，随着更多“原生数字”学术作品问世，获得不正确数据的情况正在减少 批处理重新初始化过程的运行并没有固定的时间间隔，上次是在3月中旬运行，最近一次是在2016年5月中旬运行。今年内，我们将努力争取将上述读者计数集成报告的方法转为采用事件驱动系统，后者会将读者活动推送给订阅者。这些活动将有时	2016/07/25

续表

项目	描述	支持的行为准则推荐规范	集成商/供应商提交	自行申报表的最近更新
			间戳，可能看起来像这样：Doc ID 3aa9c906-ce62-34b8-b54e-6b767858f473 由生物医学博士后于2016年5月8日19点48分09秒添加［实际API的响应将是JSON（JavaScript Object Notation，JavaScript 对象简谱）数据交换格式］ 以上做法可能不会改变Mendeley界面中呈现数字的方式，也不会影响读者总数。这些事件将通过API推送至Mendeley目录和其他订阅者，如Scopus、Altmetric.com和CrossRef's CED。最有可能的是，检索关于文件的扩展元数据，如题名、作者和摘要等，会需要第二次API调用。将来，我们可能在API响应或与文件有关的事件中添加信息，如读者的历史数据（无个人信息识别）、读者所属机构，文件是否已在PDF阅读器中打开、注释等。API需要API密钥和使用速率限制。读者数据是匿名的。公开可用的数据不包括关于贡献阅读量的个人标识信息。因此，不可能从外部来验证某文件的读者数量就是其在Mendeley的用户数量，不过随时间推移检视读者数量值的变化，可以确定，除了在Mendeley中添加或删除文件，其他过程不会改变这些数字	
#4	描述数据的所有已知限制	A3	Mendeley中储存的部分出版物没有读者数量；在这种情况下，会提供“读者数量正在计算”信息。这种情况常见于最近才添加到Mendeley目录中的文件。虽然在Mendeley创建账户时，选择学术身份和学科目前是强制性要求，但据报告，一些出版物的读者总数并没有关于用户学术身份的任何信息。尚不清楚该情况发生的原因，数据库、网络、检索或者分析方面的错误都有可能导致身份信息的缺失。 文件与文件哈希值经常会有不同，比较少见的是文件也含有不正确的用户输入数据。当发生这种情况时，集成处理可能会从主文件集中单独创建一个文件集或集群。这样一来，读者数量会分散在目录中的多个单独条目之中。当查询该文件的读者数量时，可能只能得到其中一个条目的数值，导致获得的读者数量低于实际数量，直到文件集群再次合并。随着技术的改进，以及用户清理或编辑不正确的条目，这些分散的文件集群可能在后续批处理中被添加到主文件集。根据合并文件集群的规模以及在此期间从用户个人库中删除的数据复本数量，这可能会导致读者数量激增。如果在批处理间歇中删	2016/07/25

续表

项目	描述	支持的行为准则推荐规范	集成商/供应商提交	自行申报表的最近更新
			除大量文档，则读者数量可能会急剧下降。获得不正确数据的另一种可能性是，如果已有多个文件集群使用相同标题，但是只有较小的那个文件集含有外部数据库标识符（如DOI），则基于标题的API查询和基于DOI的API查询会返回不同值。然而，这些情况非常少见，随着更多“原生数字”学术作品问世，获得不正确数据的情况正在减少	
#5	提供记录，审计追踪随时间推移数据生成和收集的方法的变化，列出这些变化的所有已知影响。记录文档中应注明这些变化是影响整个数据历史的，还是仅仅从其发生的日期开始	R1，R2，R3	可提供随时间推移产生和统计读者数量方法的变化信息。API更新记录详见https://api.mendeley.com/apidocs	2016/07/25
#6	描述数据如何集成	T2	文件与文件哈希值经常会有不同，比较少见的是文件也含有不正确的用户输入数据。当发生这种情况时，集成处理可能会从主文件集中单独创建一个文件集或集群。这样一来，读者数量会分散在目录中的多个单独条目之中。当查询该文件的读者数量时，可能只能得到其中一个条目的数值，导致获得的读者数量低于实际数量，直到文件集群再次合并。随着技术的改进，以及用户清理或编辑不正确的条目，这些分散的文件集群可能在后续批处理中被添加到主文件集。根据合并文件集群的规模以及在此期间从用户个人库中删除的数据复本数量，这可能会导致读者数量激增。如果在批处理间歇中删除大量文档，则读者数量可能会急剧下降。获得不正确数据的另一种可能性是，如果已有多个文件集群使用相同标题，但是只有较小的那个文件集含有外部数据库标识符（如DOI），则基于标题的API查询和基于DOI的API查询会返回不同值。然而，这些情况非常少见，随着更多“原生数字”学术作品问世，获得不正确数据的情况正在减少	2016/07/25
#7	详细说明数据更新频率	T3	如上详述，有两种更新过程。批处理更新过程重新计算文件读者数量，包括学科和学术身份，大约每月运行一次。实时处理则是每当文件被添加到用户的个人图书馆时就会发生	2016/07/25

续表

项目	描述	支持的行为准则推荐规范	集成商/供应商提交	自行申报表的最近更新
			目前还不能提供与读者数据一起传送的时间戳。我们正在努力从报告读者数量集成转为采用事件驱动系统，将读者活动推送给订阅者。这些事件将有时间戳，可能看起来像这样：Doc ID 3aa9c906-ce62-34b8-b54e-6b767858f473由生物医学博士后于2016年5月8日19点48分09秒添加（实际的API响应将是JSON格式） 一项例外是Mendeley用户可能会看到自己论文（即他或她著作的论文）的历史读者数据。对于这些论文，Mendeley会提供过去12个月的每月历史读者数据	
#8	描述如何获取数据	T4	数据可以通过Mendeley目录（https://www.mendeley.com/research-papers）或公开API（https://api.mendeley.com/apidocs）获取。API包含有关如何使用API进行数据提取的详细信息。但是，并非上述文档中所列全部数据都可以通过公开API获取（如创建日期）	2016/07/25
#9	确认同时提供给不同数据集成商和用户的数据是相同的，如果不同，说明差异如何及其原因	R4	所有用户从Mendeley API中获取相同数据	2016/07/25
#10	确认是否所有检索方法会得到相同数据，如果不会，说明差异如何及其原因	R4	对同一文件，在同一时间通过网络目录和API检索到的读者数量可能不同，其原因在于读者总数与依学科和学术身份而分的读者数量并非同步计算的。使用不同的元数据（如DOI、PMID、文档标题等）和不同的检索方法（网络目录相对于API）可能导致同一文件的读者数量不同，这种情况仅发生在文件集重复时，一个文件集含有标识符用于查询，而另一个却没有	2016/07/25
#11	描述数据质量监控过程	T5，A2	重新计算读者数量的批处理过程周期性大致按月运行，合并已修正元数据的重复文件集群。目录中不会显示元数据缺失的文档（缺少标题、作者等）	2016/07/25
#13	为疑似不准确的数据或计量提供报告和更正的过程	A2	Mendeley提供服务支持门户，以便用户提问和报告Mendeley使用故障（http://support.mendeley.com）；并提供反馈论坛（https://feedback.mendeley.com），以获得改进建议。用户还可以在其个人图书馆中更正疑似不正确的条目。如果因遗漏信息而造成不准确，则该新信息会添加到目录中	2016/07/25

NISO替代计量学工作组C“数据质量”行为准则自行申报表

数据集成商样例：Plum Analytics分析系统

项目	描述	支持的行为准则推荐规范	集成商/供应商提交①	自行申报表的最近更新②
#1	列出全部可用数据和计量指标（提供者和集成商），以及收集这些数据的替代计量数据提供商（集成商）	T1	Plum分析系统（Plum Analytics）有一套名为PlumX的平台产品。PlumX中的每个产品的描述可在我们的“产品页面”上找到（http://plumanalytics.com/products/） PlumX从许多来源收集计量数据，并将其分为5个计量类目。每个类别的来源主要如下： **使用量**：伯克利电子出版社（bepress）、bit.ly、国际应用生命科学出版社（CABI）、Dryad、DSpace、EBSCO、ePrints、脸书（Facebook）、figshare、福布斯（Forbes）、Github、机构知识库（Institutional Repositories）、OJS Journals、美国科学公共图书馆（PLOS）、PubMedCentral、Pure、RePEc、幻灯片分享（Slideshare）、社会科学研究网络（SSRN）、世界书目数据库（WorldCat）（详见http://plumanalytics.com/learn/about-metrics/usage-metrics/） **捕捉**：Delicious、EBSCO、GitHub、Goodreads、Mendeley参考文献管理和学术社交网络系统、SlideShare、Vimeo、油管（YouTube）（详见http://plumanalytics.com/learn/about-metrics/capture-metrics/）。 **提及**：亚马逊（Amazon）、博客（blogs）、脸书（Facebook）、GitHub、Goodreads、主流媒体（mainstream media）、Reddit、幻灯片分享（Slideshare）、SourceForge、StackExchange、Vimeo、油管（YouTube）、维基百科（Wikipedia）（详见http://plumanalytics.com/learn/about-metrics/mention-metrics/） **社交媒体**：Amazon、Facebook、Figshare、谷歌+（Google Plus）、Goodreads、SourceForge、Reddit、推特（Twitter）、Vimeo、YouTube（详见http://plumanalytics.com/learn/about-metrics/social-media-metrics/） **引用数据**：开放式参考链接系统（CrossRef）、PubMed Central、PubMed Central Europe、RePEc、Scopus（共同客户版）、SSRN、美国专利商标局（United States Patent and Trademark Office）（详见http://plumanalytics.com/learn/about-metrics/citation-metrics/）	2016/03/31

① 所有字段都不应留白，如果提供者无法提供所需要的信息，则应该逐个说明不能提供的元素。——原文注

② 自行申报表的年度更新需要由那些声明遵循行为准则的替代计量数据提供商和集成商公开提供。随时间的推移，往年的报告应存档以记录行为准则的遵守情况。——原文注

续表

项目	描述	支持的行为准则推荐规范	集成商/供应商提交	自行申报表的最近更新
#2	为每个计量指标提供清晰定义	A1	PlumX平台按来源提供原始使用量、捕捉、提及、社交媒体或引用计数，例如，挖掘关于特定书或文章的维基百科文章的数量。原始计数可通过应用程序查看，可通过小插件嵌入其他站点，也可导出。我们尽力将这些计量指标的命名与其获取来源保持一致。例如，Mendeley的“读者”和Delicious的“书签”。我们有超过35个具体细粒度计量指标。完整的清单及每一项的定义参见：http://plumanalytics.com/learn/about-metrics/	2016/03/31
#3	描述产生和收集数据的方法，以及如何长期维护数据	T1，T2，R1	数据经由多种方法收集，主要是通过数据提供者的API接口、第三方提供者API接口、文件传输协议（File Transfer Protocol，FTP）数据传输、开放存档先导计划–元数据收割协议（Open Archives Initiative Protocol for Metadata Harvesting，OAI-PMH）收割、网络抓取工具及简易信息聚合（Really Simple Syndication，RSS）订阅源 数据的长期维护如#7所述	2016/03/31
#4	描述数据的所有已知限制	A3	当PlumX开始使用计量来源时，来自该来源的历史数据量会有所变化 计算作品的提及时，我们的文本挖掘通常要求该作品是通过URL或其他与该作品关联的学术标识符被提及 第三方博客和新闻来源上的原始帖子的链接可能会中断，或可能被删除 对于发布在不同网址的计量数据集成的匹配合并算法（如下文#6所示），取决于其知识库跨越不同标识符（例如从DOI到PubMed ID）的方法。如果其跨越数据有误，则有可能会“过度合并”一个记录。任何此类实例均可发送至：PlumXSupport@ebsco.com。与此类似，如果没有足够的数据自动合并来自两个不同服务平台的两个预印本，它们也可能需要PlumX工作人员人工识别和合并 PlumX平台经授权从推特社交数据提供商Twitter/GNIP获取Twitter数据，并具备基于推文中链接域名的全部推文过滤视图。PlumX的Twitter历史数据始于2011年1月1日。平台支持URL缩短技术，具有匹配和合并技术。对于一个给定作品，可将来自多个分散URL的相关推文集合到单个视图中。但是，如果原作品发布在我们尚未跟踪的域，经由Plum Analytics团队识别和添加后，Twitter提及只会从添加该新域的时间开始计算	2016/03/31

续表

项目	描述	支持的行为准则推荐规范	集成商/供应商提交	自行申报表的最近更新
#5	提供记录，审计追踪随时间推移数据生成和收集的方法的变化，列出这些变化的所有已知影响。记录文档中应注明这些变化是影响整个数据历史的，还是仅仅从其发生的日期开始	R1，R2，R3	2016年3月，Plum Analytics报告称PlumX的审计追踪将于2016年4月开始	2016/03/31
#6	描述数据如何集成	T2	PlumX中的每个研究产出称为一个“作品”。PlumX跟踪超过40种不同类型的作品，包括书籍、图书章节、会议文集、期刊文章、幻灯片演示、视频等。完整的作品类型列表参见：http://plumanalytics.com/learn/about-artifacts/。 关于相同作品的不同版本（出版商+绿色开放获取+预印本+集成版本+A&I）的在线事件，可通过检查跨版本的匹配标识符（例如DOI、ISBN或URI）的算法来收集和集成 使用量、捕捉、社交媒体及提及的计量统计是将每个作品的所有版本的计数求和 引用计数并非将不同提供者的数据相加，因为这会导致引用量的重复计数。替代做法是，我们将作品的被引用计数以最大值报告 在PlumX控制面板（PlumX Dashboards）和PlumX+基金资助（PlumX+Grants）中，计量数据是根据研究人员、资助经费或任何其他用户定义的群体层次结构加以集成的，以便在集成级别进行比较。群体层次结构由每个用户定义，可能包括按学校或部门、地理位置、期刊期号或卷号进行分类 在PlumX基准（PlumX Benchmarks）中，计量数据是按机构集成的，这样可以对2012—2015年间接受国立卫生研究院（National Institutes of Health，NIH）基金资助的所有机构进行比较。计量数据还按NIH基金经费级别进行集成，以便用户可以看到任何NIH基金的投资回报（ROI）	2016/03/31
#7	详细说明数据更新频率	T3	计量数据与其数据源的更新频率一致，以保持最新。对于部分数据提供者，如Twitter，我们经授权使用部分推特数据流（Twitter Firehose），可实时获取计量数据。另外一些数据源，我们则每天更新计量数据，如每天更新EBSCO的使用量数据。其他提供商仅按周或月提供数据 每隔3—4小时，我们会刷新全部PlumX索引，从我们所有的数据源获得最新计量数据	2016/03/31

续表

项目	描述	支持的行为准则推荐规范	集成商/供应商提交	自行申报表的最近更新
#8	描述如何获取数据	T4	Plum Analytics提供多种数据访问方式，包括通过终端用户界面，客户可以整合到其网站的小插件、免费作品插件或平台的开放应用程序接口（API）。 文章级别插件可以通过以下标识符类型获取： • arxiv • cabi_abstract_id • doi • github_repo_id • isbn • nct_id • oclc • pmid • repo_url • slideshare_slideshow_id • sourceforge_repo_id • ssrn_id • us_patent_publication_id • vimeo_video_id • youtube_video_id 作者级别插件可以通过他们的PlumX用户标识符获取。此用户标识符还可以与公开可用的作者标识符（如ORCID）或特定机构的唯一作者标识符关联。PlumX的个人客户可以决定他们的PlumX用户标识符是公开还是私有 团组级别插件可以通过他们的PlumX团组标识符获取。这些团组标识符可以与特定机构的团组标识符匹配和关联。PlumX的个体客户可以决定他们的PlumX团组标识符是公开还是私有 基金资助级别插件可以通过他们的PlumX基金资助标识符来访问。这些基金资助标识符可以与特定机构或特定资助者标识符匹配并关联。PlumX的个体客户可以决定他们的PlumX基金资助标识符是公开还是私有 有关平台插件及API的文档信息可在此网站获取：https://plu.mx/developers	2016/03/31
#9	确认同时提供给不同数据集成商和用户的数据是相同的，如果不同，说明差异如何及其原因	R4	所有Plum Analytics应用程序都基于相同的数据集。用户使用各自工具访问的数据相同，但受访问级别限制的数据除外。访问级别因产品而异，但所有产品都需要订阅才能访问全部数据。作品级别的PlumX页面是免费和公开的，这些页面提供所有文章级计量数据	2016/03/31

续表

项目	描述	支持的行为准则推荐规范	集成商/供应商提交	自行申报表的最近更新
#10	确认是否所有检索方法会得到相同数据，如果不会，说明差异如何及其原因	R4	我们在Plum Analytics中使用自己的产品，全部PlumX产品套件是基于向客户公布的同一个API开发的。不同的检索方法会产生相同的数据	2016/03/31
#11	描述数据质量监控过程	T5，A2	数据质量通过各种不同方式监控。部分数据源（例如PlumX所涵盖的博客集）为人工选择，专注于研究型博客。博客集是应客户主导的请求创建的，Plum Analytics团队中的元数据图书馆员协调推动了该进程 对数据采用孤立点分析方法，以识别和调查潜在的作弊行为或错误的计量数据 书目数据匹配和合并技术优先考虑高质量数据源，如CrossRef，然后是未编辑数据源，如我们的网络抓取工具从开放网络采集的数据 在添加到PlumX之前，每个新计量数据源都经过严格的数据质量保证循环周期	2016/03/31
#13	为疑似不准确的数据或计量提供报告和更正的过程	A2	疑似不准确的计量或数据可以报告至：PlumXSupport@ebsco.com	2016/03/31

NISO替代计量学工作组C“数据质量”行为准则自行申报表

数据集成商案例：推特（Twitter）

项目	描述	支持的行为准则推荐规范	集成商/供应商提交①	自行申报表的最近更新②
#1	列出全部可用数据和计量指标（提供者和集成商），以及收集这些数据的替代计量数据提供商（集成商）	T1	推特通过其网页界面（http://www.twitter.com）及其API接口提供数据。API接口具体细节请见：https://dev.twitter.com/overview/documentation 推特明确地提供4种主要类型的对象信息：推文（Tweets）、用户（Users）、实体/实物（Entities）和地点（Places）。每类对象都有许多元数据字段，每个字段都有特定的含义。其中部分可用数据可以作为计量数据：	2016/02/05

① 所有字段都不应留白，如果提供者无法提供所需要的信息，则应该逐个说明不能提供的元素。——原文注

② 自行申报表的年度更新需要由那些声明遵循行为准则的替代计量数据提供商和集成商公开提供。随时间的推移，往年的报告应存档以记录行为准则的遵守情况。——原文注

续表

项目	描述	支持的行为准则推荐规范	集成商/供应商提交	自行申报表的最近更新
			• **关注者_计数**：特定用户当前所拥有的关注者数量。 • **点赞_计数**：表示某一推文被推特用户“点赞”的大约次数 • **推文转发_计数**：某一推文被转载的次数 某些计量数据也可从API调用中推导出来，例如，API查询搜索返回的记录总数，提及某个DOI的推文数量	
#2	为每个计量指标提供清晰定义	A1	没有提供每个指标清晰定义的详细信息	2016/02/05
#3	描述产生和收集数据的方法，以及如何长期维护数据	T1，T2，R1	计量数据的一些已知限制如下：① • 推特数据使用者应该很容易接受新字段的添加和字段排序的差异。并非全部字段都会出现在所有上下文中。一般来说，一个无效字段、一个空集、一个字段的缺失可视为同类情况 • 搜索结果中发现的推文与API输出结果存在一定程度的结构差异 • 推特的搜索服务，以及进一步而言，包括搜索API（Search API），都不是囊括全部推文的数据源。并非所有的推文都会被索引或可通过搜索界面获得 • 推特检索接口（Twitter Search API）是推特表述性状态转移（Representational State Transfer，REST）API的一部分。它允许查询最近或热门推文索引，搜索功能类似于推特移动终端或Web客户端，如Twitter.com搜索，但不完全一样。Twitter Search API搜索过去7天内发布的推文样本（如2016年2月1日的API信息所示）	2016/02/05
#4	描述数据的所有已知限制	A3		2016/02/05
#5	提供记录，审计追踪随时间推移数据生成和收集的方法的变化，列出这些变化的所有已知影响。记录文档中应注明这些变化是影响整个数据历史的，还是仅仅从其发生的日期开始	R1，R2，R3	虽然没有审计跟踪，但推特检索接口已然版本化	2016/02/05

①“#3 描述产生和收集数据的方法，以及如何长期维护数据”的全部内容，均应填写在“#4 描述数据的所有已知限制”中，原文如此。后文“#9”中的“参见 #3”指此处。——译者注

续表

项目	描述	支持的行为准则推荐规范	集成商/供应商提交	自行申报表的最近更新
#6	描述数据如何集成	T2	推特基于不同的API调用提供事件信息。推特计量数据集成取决于API调用情况。用户或替代计量数据集成商决定是否以及如何集成推特计量数据，诸如文件的推送和推文转发数量	2016/02/05
#7	详细说明数据更新频率	T3	一般认为推特数据是实时更新的，但如何定义“实时”并不清楚	2016/02/05
#8	描述如何获取数据	T4	推特检索接口文档提供了访问相关信息。访问REST API需要开放授权（OAuth），并受速率限制。公共流API提供所有推文样本。访问推特数据流（Firehose），获取完整的推文流，需要特殊许可	2016/02/05
#9	确认同时提供给不同数据集成商和用户的数据是相同的，如果不同，说明差异如何及其原因	R4	不能保证所有用户获得相同的数据。研究表明，对于不同的用户，时间轴数据会对最近的推文有随机遗漏，并且Search API功能的初衷也并非求全，而是仅提供过去7天中发布的最新推文样本的访问情况（参见#3）	2016/02/05
#10	确认是否所有检索方法会得到相同数据，如果不会，说明差异如何及其原因	R4	不能保证不同检索方法产生相同数据。研究表明，关注者_计数、点赞_计数和推文转发_计数不会即时反映出最新的变化	2016/02/05
#11	描述数据质量监控过程	T5，A2	Web服务提供关于最近一周中API运行健康状态信息，例如“正常运行”“有性能问题”或“遇到中断”。详见：https://dev.twitter.com/overview/status	2016/02/05
#13	为疑似不准确的数据或计量提供报告和更正的过程	A2	没有关于如何更正不准确数据或计量数据的信息	2016/02/05

NISO替代计量学工作组C“数据质量”行为准则自行申报表

数据集成商案例：维基百科（Wikipedia）

项目	描述	支持的行为准则推荐规范	集成商/供应商提交①	自行申报表的最近更新②
			从维基百科中可获得的核心计量指标是维基百科文章中的DOI被提及量。另一个可用于替代计量法的	

① 所有字段都不应留白，如果提供者无法提供所需要的信息，则应该逐个说明不能提供的元素。——原文注

② 自行申报表的年度更新需要由那些声明遵循行为准则的替代计量数据提供商和集成商公开提供。随时间的推移，往年的报告应存档以记录行为准则的遵守情况。——原文注

续表

项目	描述	支持的行为准则推荐规范	集成商/供应商提交	自行申报表的最近更新
#1	列出全部可用数据和计量指标（提供者和集成商），以及收集这些数据的替代计量数据提供商（集成商）	T1	计量指标是页面浏览量，但是似乎大多数集成商只使用如DOI的提及量，而不提及DOI的页面浏览量 维基百科不提供每篇文章的DOI提及量，这些数据需要从维基百科内容中获取	2016/02/05
#2	为每个计量指标提供清晰定义	A1	数据指维基百科内容（其页面）。此数据是在用户编辑页面时收集的。目前尚不清楚该数据何时可以通过API获得：https://www.mediawiki.org/wiki/API:Main_page	2016/02/05
#3	描述产生和收集数据的方法，以及如何长期维护数据	T1，T2，R1	维基百科通过API提供对所有内容的访问，并记录用户编辑页面时的数据变化。涉及替代计量，维基百科数据由许多集成商（如Altmetric、CrossRef CED、ImpactStory、Lagotto）进行集成，即提取那些提及学术文件标识符如DOI等的维基百科页面信息 数据集成不是由维基百科实行，而是由数据集成商或用户执行的。例如，关于PLOS文章的维基百科提及数量，Lagotto实例（Lagotto Instance）是集成了排名前25的维基百科语言网站中的全部DOI提及量来报告的	2016/02/05
#4	描述数据的所有已知限制	A3	可提供数据的限制尚不清楚	2016/02/05
#5	提供记录，审计追踪随时间推移数据生成和收集的方法的变化，列出这些变化的所有已知影响。记录文档中应注明这些变化是影响整个数据历史的，还是仅仅从其发生的日期开始	R1，R2，R3	因文章页面被编辑，维基百科上的内容会随时改变。这可能导致一致性方面的问题，在时间X的数据请求可能在X+1年内会得到不同结果 基于上述原因，与其他几家数据提供者一样，维基百科的计量数据实际上可能会下降，但我们几乎从未见到引用量和下载量下降的情况	2016/02/05
#6	描述数据如何集成	T2	维基百科根据维基百科页面的变化提供相关事件信息。维基百科计量数据的集成取决于API调用。用户或替代计量数据集成商决定是否以及如何集成维基百科的各种计量数据，例如某个文档的被提及量，是使用各种标识符（例如DOI、URL、PMID），或者在不同语言的维基百科文章里集成	2016/02/05
#7	详细说明数据更新频率	T3	目前尚不清楚更改维基百科页面后，需多长时间可通过API获得更新数据	2016/02/05

续表

项目	描述	支持的行为准则推荐规范	集成商/供应商提交	自行申报表的最近更新
#8	描述如何获取数据	T4	维基百科数据可以通过其API获取，相关信息可参见：https://www.mediawiki.org/wiki/API：Main_page。此外，有关批量下载的信息可登录：https://dumps.wikimedia.org/	2016/02/05
#9	确认同时提供给不同数据集成商和用户的数据是相同的，如果不同，说明差异如何及其原因	R4	相同时间通过API提供的数据对所有用户都是相同的	2016/02/05
#10	确认是否所有检索方法会得到相同数据，如果不会，说明差异如何及其原因	R4	不同检索方法应该会产生相同结果	2016/02/05
#11	描述数据质量监控过程	T5，A2	没有提供有关数据质量监控过程的信息	2016/02/05
#13	为疑似不准确的数据或计量提供报告和更正的过程	A2	从维基百科中可获得的核心计量指标是维基百科文章中的DOI被提及量。另一个可用于替代计量法的计量指标是页面浏览量，但是似乎大多数集成商只使用如DOI的提及量，而不提及DOI的页面浏览量。维基百科不提供每篇文章的DOI提及量，这些数据需要从维基百科内容中获取	2016/02/05

附录C：术语表

替代计量学文献中所用的术语众多，这些术语需要或已含有更加具体的定义。从中挑选的部分代表性术语见下列词汇表。

- **活动（Activity）**：浏览、阅读、保存、传播、提及、引用、复用、修改或以其他方式与学术产出交互的行为。
- **替代计量数据集成商（Altmetric data aggregator）**：工具和平台，用于集成和提供在线事件，以及提供来自替代计量数据提供商的派生计量数据。例如Altmetric.com、Plum Analytics、PLOS ALM、ImpactStory、CrossRef。
- **替代计量数据提供商（Altmetric data provider）**：用作替代计量法的在线事件源的平台。例如Twitter、Mendeley、Facebook、F1000Prime、Github、SlideShare、Figshare。
- **关注（Attention）**：注意、兴趣或意识。在替代计量法中，该术语通常用来描述围绕学术产出而产生的一系列参与和活动所捕获的内容。

- **文献计量学（Bibliometrics）：**一组用于测量、跟踪和分析学术文献的定量方法，是一个成熟的研究领域，将数学和统计分析应用于印本型学术文献。有时被定义为图书馆和情报学的一个分支。
- **内容平台提供商（Content platform provider）：**任何主办及提供学术/研究产出发现的数字平台。比如图书馆服务、摘要和索引数据库、机构知识库。
- **参与度（Engagement）：**用户和学术产出之间的交互水平或深度，通常是基于在线环境能够跟踪的活动。另请参阅“活动（Activity）”。
- **影响力（Impact）：**在学术界及更广泛的社会中，围绕或通过由某个人、某个成果或一组成果所产生的主观范围、深度及影响程度。对影响力的解释因其在研究生态体系中所处位置而异。
- **计量（Metrics）**①**：**以测量为目的的一种或一组方法。
- **在线事件（Online event）：**与学术产出相关的在线活动的记录实体，用于计算计量数据。
- **影响范围（Reach）：**用户关注的某一学术产出的影响范围，根据其在研究生态体系中所处位置进行定义。覆盖面与影响力密切相关。
- **研究生态体系（Research ecosystem）：**从事学术研究产生、呈现及评估的社群或社区。这些社群可能由多方面参与者、技术及概念组成。
- **研究产出（Research output）：**参见“学术产出（Scholarly output）”。
- **研究质量（Research quality）：**对学术产出独有价值及潜在影响力的评估，由具有资格的学科专家确定。在大多数情况下，对研究质量的评估可推测为定性评价方法的应用。研究质量不一定与研究影响力相关。
- **学术产出（Scholarly output）：**学者和研究者在学术/研究工作中创作或实施的产品。学术产出可能包括但不限于期刊文章、会议论文集、图书和图书章节、报告、博硕士学位论文、专辑、工作报告、学术作品、口头演示、表演、作品、展览、在线事件、软件和多媒体、作曲、设计、在线出版物和其他具有知识产权的形式。“学术产出”一词有时和“研究产出”作为同义词使用。
- **利益相关方（Stakeholder）：**创建、使用、应用或以其他方式投资于替代计量法或某特定替代计量指标的代理或参与者。
- **传统计量指标（Conventional metrics）：**一组基于收集、计算和使用学术引文的计量标准，通常在期刊层级。具体实例包括原始的和相对的（学科标准化的）引用计数以及期刊影响因子。

---

①“计量”的原文为 metrics，实际上在本推荐规范中，metrics 一词经常代指“计量指标”或“计量数据”。——译者注

- **使用量（Usage）**：基于用户访问一个或多个学术产出而产生活动的一项特定子集，通常发生于在线环境，并由诸如COUNTER等组织来进行计量。常见的示例包括HTML访问量和PDF下载量。

附录D：综合参考文献

Alperin, J.P. "Exploring Altmetrics in an Emerging Country Context." *Altmetrics14: Expanding Impacts and Metrics, Workshop at Web Science Conference, 2014*. http://dx.doi.org/10.6084/m9.figshare.1041797.

Alperin, J.P. "Geographic Variation in Social Media Metrics: An Analysis of Latin American Journal Articles." *Aslib Journal of Information Management*, 2015, 67(3): 289–304. http://doi.org/10.1108/AJIM–12–2014–0176.

Ball, A. & M. Duke. *How to Track the Impact of Research Data with Metrics: DCC How-to Guides*. Edinburgh: Digital Curation Centre, 2015. http://www.dcc.ac.uk/resources/how-guides.

Barnes, C. "The Use of Altmetrics as a Tool for Measuring Research Impact." *Australian Academic & Research Libraries*, 2015, 46(2): 121–134. http://dx.doi.org/10.1080/00048623.2014.1003174.

Borgman, C. (2013) "Response to 'The Future of Research Libraries.'" In Oliver Smithies Fellow and Lecturer, Balliol College. Oxford Internet Institute, 2013. Available online: http://www.oii.ox.ac.uk/events/?id=569.

Borgman, C.L., N. Enyedy, & J.C. Wallis. "Little Science Confronts the Data Deluge: Habitat Ecology, Embedded Sensor Networks, and Digital Libraries." *International Journal on Digital Libraries*, 2007, 7(1–2). http://doi.org/10.1007/s00799–007–0022–9.

Cai, L. & Y. Zhu. "The challenges of data quality and data quality assessment in the big data era." *Data Science Journal*, 2015, 14(2). http://dx.doi.org/10.5334/dsj–2015–002.

California Digital Library. "The Name-to-Thing (N2N) Resolver." (2015). http://n2t.net.

Callaghan, S., T. Carpenter, & J.E. Kratz (2015). "Walk Softly and Carry a Large Carrot: How To Give Credit for Academic Work." In: FORCE2015, 12–13 January 2015, Oxford, UK. http://cedadocs.badc.rl.ac.uk/1125/1/FORCE2015_poster_final.pdf.

CASRAI. "Research Dataset-Level Metrics." (2015). http://ref.casrai.org/Research_Dataset-Level_Metrics.

Chin Roemer, R. & Borchardt, R. "Institutional Altmetrics and Academic Libraries." *Information Standards Quarterly*, 2013, 25(2): 15–19. http://dx.doi.org/10.3789/isqv25no2.2013.03.

Chin Roemer, R. & Borchardt, R. *Meaningful Metrics: A 21st Century Librarian's Guide to Bibliometrics, Altmetrics, and Research Impact*. Chicago: ACRL Press, 2015.

CODATA International Council for Science: Committee on Data for Science and Technology. "CODATA-ICSTI Data Citation Standards and Practices." (2016). http://www.codata.org/task-groups/data-citation-standards-and-practices.

Colledge, L. *Snowball Metrics Recipe Book*. Amsterdam, The Netherlands: Snowball Metrics Program Partners, 2014.

Committee on Institutional Cooperation. "Developments in the US: STAR & U METRICS." https://www.cic.net/docs/default-source/umetrics/umetrics-presentation–(weinberg).pptx?sfvrsn=2.

Committee on Institutional Cooperation. "The UMETRICS Initiative." https://www.cic.net/docs/default-source/umetrics/umetrics-synthesis-document.pdf?sfvrsn=4.

COPDESS. "COPDESS: Coalition on Publishing Data in the Earth and Space Sciences." (2015). http://www.copdess.org/.

Costas, R., Z. Zahedi, & P. Wouters. "Disentangling the Meaning of Altmetrics: Content Analysis of Web of Science Scientific Publications." *Proceedings of the Altmetrics14: Expanding Impacts and Metrics Workshop, June 23, 2014* (2014). http://dx.doi.org/10.6084/m9.figshare.1041770.

Costas, R., Z. Zahedi, & P. Wouters. "Do Altmetrics Correlate with Citations? Extensive Comparison of Altmetric Indicators with Citations from a Multidisciplinary Perspective." *Journal of the Association for Information Science and Technology*, 2014, 66(10): 2003–2019. http://arxiv.org/abs/1401.4321_.

COUNTER. "The COUNTER Code of Practice." (2016). https://www.projectcounter.org/code-of-practice-sections/general-information/.

Data Citation Synthesis Group: Joint Declaration of Data Citation Principles. Martone M. (ed.) San Diego CA: FORCE11; 2014. https://www.force11.org/group/joint-declaration-data-citation-principles-final.

Data Level Metrics Project. Making Data Count: Project to develop Data-Level Metrics. http://mdc.lagotto.io/.

DataCite. "Welcome to DataCite." https://www.datacite.org/.

DLI Service. The Data Literature Interlinking. http://dliservice.research-infrastructures.eu/#/.

Eysenbach, G. "Can Tweets Predict Citations? Metrics of Social Impact Based on Twitter and Correlation with Traditional Metrics of Scientific Impact." *Journal of Medical Internet Research*, 2011.13(4): e123. http://www.jmir.org/2011/4/e123/.

Fear, K. M. "Measuring and anticipating the impact of data reuse." University of Michigan. (2013). http://deepblue.lib.umich.edu/handle/2027.42/102481_.

Force11. "Data Citation Implementation Group."(2016). https://www.force11.org/group/data-citation-implementation-group.

Force11. "Data Citation Implementation Pilot (DCIP)" (2016).https://www.force11.org/group/dcip.

Force, M.M. & N.J. Robinson. "Encouraging data citation and discovery with the data citation index." *Journal of Computer-Aided Molecular Design*, 2018, 28(10): 1043–1048. http://doi.org/10.1007/s10822–014–9768–5.

Galligan, F. & S. Dyas-Correia. "Altmetrics: Rethinking the Way We Measure." *Serials Review*, 2013, 39(1): 56–61. http://dx.doi.org/10.1016/j.serrev.2013.01.003.

Glänzel, W. & J. Gorraiz. "Usage Metrics Versus Altmetrics: Confusing Terminology?" *Scientometrics*, 2015, 102(3): 2161–2164. http://dx.doi.org/10.1007/s11192–014–1472–7.

Google Scholar. "Inclusion Guidelines for Webmasters." https://scholar.google.de/intl/en/scholar/inclusion.html#indexing.

Graham, K.E.R., H.L. Chorzempa, P.A. Valentine, & J. Magnan. "Evaluating Health Research Impact: Development and Implementation of the Alberta Innovates-Health Solutions Impact Framework." *Research Evaluation*, 2012, 21(5): 354–67. doi: 10.1093/reseval/rvs027.

Halevi, G. "The Becker Medical Library Model for Assessment of Research Impact—An Interview with Cathy C. Sarli and Kristi L. Holmes." *Research Trends*, 2013, 34. http://www.researchtrends.com/issue–34–september–2013/the-becker-medical-library-model/.

Haustein, S., T.D. Bowman, & R. Costas. "Interpreting 'Altmetrics': Viewing Acts on Social Media Through the Lens of Citation and Social Theories." In C. R. Sugimoto. *Theories of Informetrics and Scholarly Communication. A Festschrift in Honor of Blaise Cronin*. Berlin: De Gruyter, 2016, 372–405. http://arxiv.org/abs/1502.05701.

Haustein, S., T.D. Bowman, K. Holmberg, A. Tsou, C.R. Sugimoto, & V. Larivière. "Tweets as Impact Indicators: Examining the Implications of Automated 'Bot' Accounts on Twitter." *Journal of the Association for Information Science and Technology*, 2016, 67(1): 232–238. http://dx.doi.org/10.1002/asi.23456.

Haustein, S., T.D. Bowman, B. Macaluso, C.R. Sugimoto, & V. Larivière. "Measuring Twitter Activity of ArXiv E-prints and Published Papers." *Altmetrics14: Expanding Impacts and Metrics. An ACM Web Science Conference 2014 Workshop*. (2014). http://dx.doi.org/10.6084/m9.figshare.1041514.

Haustein, S., R. Costas, & V. Larivière. "Characterizing Social Media Metrics of Scholarly

Papers: The Effect of Document Properties and Collaboration Patterns: E0120495." *PLOS ONE*, 2015, 10(3). http://dx.doi.org/10.1371/journal.pone.0120495.

Haustein, S., I. Peters, C.R. Sugimoto, M. Thelwall, & V. Larivière. "Tweeting Biomedicine: An Analysis of Tweets and Citations in the Biomedical Literature." *Journal of the Association for Information Science and Technology*, 2013, 65(4): 656–669. http://doi.org/10.1002/asi.23101. http://arxiv.org/abs/1308.1838.

Haustein, S., C.R. Sugimoto, & V. Larivière. "Guest editorial: Social Media in Scholarly Communication." *Aslib Journal of Information Management*, 2015, 67(3). http://dx.doi.org/10.1108/AJIM–03–2015–0047.

Holmberg, K. "The Impact of Retweeting." *Altmetrics14: Expanding Impacts and Metrics. An ACM Web Science Conference 2014 Workshop*. (2014). http://dx.doi.org/10.6084/m9.figshare.1037555.

Identifiers.org. "Identifiers.org." (2016). http://identifiers.org/.

Immonen, A., P. Paakkonen, & E. Ovaska. "Evaluating the quality of social media data in big data architecture." *IEEE Access*, 2015, 3: 2028–2043. DOI: http://doi.org/10.1109/ACCESS.2015.2490723.

Ingwersen, P. & V. Chavan. "Indicators for the Data Usage Index (DUI): An Incentive for Publishing Primary Biodiversity Data Through Global Information Infrastructure." *BMC Bioinformatics 12* (Suppl 15), S3. (2011). http://doi.org/10.1186/1471–2105–12–S15–S3.

The International Association for Information and Data Quality (IAIDQ). "Glossary," last updated July 19, 2015, from: http://iaidq.org/main/glossary.shtml.

IRUS-UK. "Welcome to IRUS-UK." (2016). http://www.irus.mimas.ac.uk/.

Jisc. "A Note About IRUSdataUK." (2016). https://rdmetrics.jiscinvolve.org/wp/2016/01/11/a-note-about-irusdatauk/.

Kaur, J., M. JafariAsbagh, F. Radicchi, & F. Menczer. "Crowdsourced Disciplines and Universal Impact." *Proc. ACM Web Science Altmetrics Workshop* (2014). http://dx.doi.org/10.6084/m9.figshare.1037741.

Konkiel, S. "The Right Metrics for Generation Open: A Guide to Getting Credit for Open Science." (October 24, 2014). http://blog.impactstory.org/right-metrics-generation-open-post/.

Kraker, P., K. Jack, C. Schlögl, C. Trattner, & S. Lindstaedt. "Head Start: Improving Academic Literature Search with Overview Visualizations based on Readership Statistics." *WebSci*, 2014, 13. https://figshare.com/articles/Head_Start_Improving_Academic_Literature_Search_with_Overview_Visualizations_based_on_Readership_Statistics/696882.

Lewison, G. "Beyond Outputs: New Measures of Biomedical Research Impact." *Aslib*

Proceedings, 2013, 55(1/2): 32–42. http://dx.doi.org/10.1108/00012530310462698.

Lewison, G., G. Thornicroft, G. Szmukler, & M. Tansella. "Fair Assessment of the Merits of Psychiatric Research." *British Journal of Psychiatry*, 2007, 190: 314–318. http://dx.doi.org/10.1192/bjp.bp.106.024919 (http://www.ncbi.nlm.nih.gov/pubmed/17401037).

Lin, J. "A Case Study in Anti-gaming Mechanisms for Altmetrics: PLOS ALMs and Data Trust." *Altmetrics12, SCM Web Science Conference 2012 Workshop*. (2012). http://altmetrics.org/altmetrics12/lin/.

Lin, J. & M. Fenner. "An Analysis of Wikipedia References Across PLOS Publications." (2014). https://figshare.com/articles/An_analysis_of_Wikipedia_references_across_PLOS_publications/1048991.

Lupia, A. & C. Elman. "Openness in Political Science: Data Access and Research Transparency: Introduction." *PS, Political Science & Politics*, 2014, 47(1): 19. http://dx.doi.org/10.1017/S1049096513001716.

MacRoberts, M.H. & B.R. MacRoberts. "Problems of Citation Analysis: A Study of Uncited and Seldom-cited Influences." *Journal of the American Society for Information Science and Technology*, 2010, 61 (1), 1–12. http://doi.org/10.1002/(SICI)1097–4571(198909)40:5<342::AID-ASI7>3.0.CO; 2–U.

Manville C., S. Guthrie, M.–L. Henham, B. Garrod, S. Sousa, A. Kirtley, S. Castle-Clarke, & T. Ling. "Assessing impact submissions for REF2014: An evaluation." Product Page. Santa Monica, CA: RAND Corporation, 2015 April 17. Report No.: RR–1032–HEFCE.

Massey University. "Research Management Services." (2010). http://www.massey.ac.nz/massey/fms/Research_Management_Services/PBRF/PBRF%20Information%20–%20What%20Are%20Research%20Outputs.pdf.

Mayernik, M.S. "Bridging Data Lifecycles: Tracking Data Use via Data Citations Workshop." (2012). http://dx.doi.org/10.5065/D6PZ56TX.

McKerlich, R., C. Ives, & R. McGreal. "Measuring Use and Creation of Open Educational Resources in Higher Education." *International Review of Research in Open and Distance Learning*, 2013, 14(4): 90–103. http://www.irrodl.org/index.php/irrodl/article/view/1573/2637.

Morgan Jones, M. & J. Grant. "Making the Grade: Methodologies for Assessing and Evidencing Research Impact." In: Dean A, Wykes M, Stevens H, editors. *7 Essays on Impact*. Exeter, UK: University of Exeter, 2013.

Moriano, P., E. Ferrara, A. Flammini, & F. Menczer, "Dissemination of Scholarly Literature in Social Media."(2014). http://dx.doi.org/10.6084/m9.figshare.1035127.

Nason, E., L. Klautzer, & J. Rubin. *Policy and Practice Impacts of Research Funded by the Economic and Social Research Council. A Case Study of the Future of Work Programme, Supporting Data*. Cambridge, England: Rand Europe, 2007. http://www.esrc.ac.uk/files/research/evaluation-and-impact/case-study-future-of-work-programme-supporting-data/.

National Information Standards Organization (NISO). SUSHI-Lite Technical Report Working Group. (2016). http://www.niso.org/workrooms/sushi/sushi_lite/.

National Institute for Occupational Safety and Health. Filling the Knowledge Gaps for Safe Nanotechnology in the Workplace. (2013). http://www.cdc.gov/niosh/docs/2013–101/pdfs/2013–101.pdf.

National Institutes of Health and the National Science Foundation. "STAR METRICS Research Institution Participation Guide." (2015). https://www.starmetrics.nih.gov/static–2–1–0/Content/Downloads/STAR-METRICS-Participation-Guide.pdf.

Panel on Return on Investment in Health Research, 2009. *Making an Impact: A Preferred Framework and Indicators to Measure Returns on Investment in Health Research*. Ottawa: Canada: Canadian Academy of Health Sciences, http://www.cahs-acss.ca/wp-content/uploads/2011/09/ROI_FullReport.pdf.

Parsons, M. A., R. Duerr, & J. B. Minster. "Data Citation and Peer Review." Eos, Transactions American Geophysical Union, 2010, 91(34), 297–298. http://doi.org/10.1029/2010EO340001.

Patel, V.M., H. Ashrafian, K. Ahmed, S. Arora, S. Jiwan, J.K. Nicholson, A. Darzi, &T. Athanasiou. "How has Healthcare Research Performance Been Assessed? A Systematic Review." *Journal of the Royal Society of Medicine*, 2011, 104(6): 251–261. http://dx.doi.org/10.1258/jrsm.2011.110005.

PLOS ALM. "ALM Workshop 2014 Report." *PLOS ALM*(2014). http://dx.doi.org/10.6084/m9.figshare.1287503.

Priem, J., D. Taraborelli, P. Groth, & C. Neylon. "Altmetrics: A Manifesto."(2010). http://altmetrics.org/manifesto.

Research Data Alliance. "RDA-WDS Publishing Data Interest Group Bibliometrics Working Group Case Statement." https://rd-alliance.org/sites/default/files/case_statement/RDA_WDS_WG_Publishing_Bibliometrics.pdf.

Sarli, C.C., E.K. Dubinsky, & K.L. Holmes. "Beyond Citation Analysis: A Model for Assessment of Research Impact." *Journal of the American Medical Library Association*, 2010, 98(1): 17–23. doi:10.3163/1536–5050.98.1.008. http://www.ncbi.nlm.nih.gov/pmc/articles/PMC2801963/.

Sieber, J. E. & B. E. Trumbo. "(Not) Giving Credit Where Credit Is Due: Citation of Data Sets." *Science and Engineering Ethics*, 1995, 1(1): 11–20. http://doi.org/10.1007/BF02628694.

Starr, J., E. Castro, M. Crosas, M. Dumontier, R. R. Downs, R. Duerr…, T. Clark. "Achieving Human and Machine Accessibility of Cited Data in Scholarly Publications." *PeerJ Computer Science*, 2015, 1(1). http://doi.org/10.7717/peerj-cs.1.

Strasser, C., J.E. Kratz, & J. Lin. "Make Data Count-Unit 1 Final Report." (2015). Figshare. http://dx.doi.org/10.6084/m9.figshare.1328291.

Thomson Reuters. "The Data Citation Index on Web of Science." (2016). http://wokinfo.com/products_tools/multidisciplinary/dci/.

Thonon, F., R. Boulkedid, T. Delory, S. Rousseau, M. Saghatchian, W. van Harten, C. O'Neill, & C. Alberti. "Measuring the Outcome of Biomedical Research: A Systematic Literature Review." *PLOS ONE* 2015, 10(4), e0122239. http://dx.doi.org/10.1371/journal.pone.0122239.

The University of Auckland. "Research Outputs: Definition and Categories." (2013). https://www.auckland.ac.nz/en/about/the-university/how-university-works/policy-and-administration/research/output-system-and-reports/research-outputs—definition-and-categories.html.

World Wide Web Consortium (W3C). "Data Catalog Vocabulary (DCAT): 5.3 Class: Dataset."(2014). https://www.w3.org/TR/vocab-dcat/#class-dataset.

World Wide Web Consortium (W3C). "Dataset Descriptions: HCLS Community Profile." (W3C Interest Group Note 14 May 2015). https://www.w3.org/TR/hcls-dataset/.

Wouters, P. & R. Costas. "Users, Narcissism and Control: Tracking the Impact of Scholarly Publications in the 21st Century." (2012). http://research-acumen.eu/wp-content/uploads/Users-narcissism-and-control.pdf.

Zahedi, Z., M. Fenner, & R. Costas. "How Consistent are Altmetrics Providers? Study of 1000 PLOS ONE Publications using the PLOS ALM." Mendeley and Altmetric.com APIs. (2014): http://dx.doi.org/10.6084/m9.figshare.1041821.

Zahedi, Z. & N.J. van Eck. "Visualizing Readership Activity of Mendeley Users Using VOSviewer." (2014): http://dx.doi.org/10.6084/m9.figshare.1041819.

第二节　替代计量视角下学术成果影响力评估：NISO Altmetrics项目剖析

《NISO替代评价计量项目成果》（Outputs of the NISO Alternative Assessment Metrics Project，NISO Altmetrics）[1] 是以网络环境和在线工具为介质，用于评估学术影响力的推荐实施规范。NISO Altmetrics通过研究不同利益相关方对学术影响力的需求、目的和潜在共性，梳理了适用替代计量的学术成果类型，认为使用集成数据、永久标识符和自动化工作流捕捉、追踪完整的学术活动，将有助于更好地评估学术成果影响力的深度与广度，影响图书馆馆藏决策甚至未来发展。

1 NISO Altmetrics项目背景

1.1 替代计量学内涵及发展

历史上计量学多采用“名词+metrics”命名方式，替代计量学Altmetrics最初的形式是Alt-metrics，指基于新数据来源的计量，其中“Alt–”是alternative（替代）一词的缩写。Alternative有若干含义，如可替代的、另外的、非传统等，[2]因此altmetrics中文译文多为“替代计量”或“补充计量”。

引文数据从一定程度上表明学术成果的影响力，但无法有效计量用户在线行为、社交媒体影响力、文献管理软件中收录参考文献情况等，且无法衡量非传统学术成果（如数据集、软件工具等）引用量。与传统计量学相比，替代计量学趋向于学术成果多维度精细测量，具有成果影响方式广度宽、深度深、速度快、开放性等特点。2010年10月26日，詹森·普里姆（J.Priem）、达里奥·塔拉博雷利（D.Taraborelli）、保罗·格洛斯（P.Groth）和卡梅龙·尼伦（C.Neylon）正式在互联网上建立Altmetrics网站，并发表联合宣言，正式宣告替代计量学诞生。[3]

从早期文献可以看到，国外对替代计量学理论研究由来已久。早期研究内容涉及替代计量学理论、评价指标、数据来源、优势、工具等内容，后期则是通过基于替代计量指标开展探索性实证研究。替代计量学最早的研究始于2008年甚至更早，塔拉博雷利（Taraborelli）[4]认为影响因子不能作为唯一的主要指标来评价学术影响力，他提出了一种基于社交软件的分布式科学评价理念（Concept of Distributed Scientific Evaluation）；2009年，尼隆（Neylon）[5]以科学公共图书馆（Public Library of Science，PLOS）和F1000平台上的论文为统计对象，验证了文章级计量（Article Level Metrics，ALM）的可行性；2009—2011年，詹森（Jensen）、安德森（Anderson）、帕特森（Patterson）等[6]学者经过研究，一致认为标签（Tag）、讨论（Discussion）、博客（Blog）、评论（Comment）、推特（Twitter）、维基百科（Wikipedia）等社交媒体的引用和讨论数据可作为论文影响力的补充评价指标；勃伦（Bollen）[7]等学者研究了arXiv在线用户关注度对存档学术成果的影响，结果显示利用社交媒体交互对提升论文影响力起到积极作用；2013年，皮沃瓦（Piwowar）[8]对替代计量学科研评价全景进行了展望；同年，加利根（Galligan）[9]等学者对替代计量学的概念、计算方法、使用工具和未来发展进行了全面描述。

关于替代计量学在实证研究方面也有颇多收获。普里姆（Priem）[10]、博恩曼（Bornmann）、扎胡迪（Zahudi）[11][12][13][14]等人均开展了相关研究，使用博客（Blog）、维基百科（Wikipedia）、文献管理软件（如Mendeley）、脸书（Facebook）、开放式参考链接（CrossRef）、推特（Twitter）等一种或多种工具中的数据作为原始数据来源，将评价数据采集、长期维护、更新、局限、质量监控等内容作为研究重点。在应用方面，PLOS和社区爱好者通过开发API，创建并完善了多种替代计量工具，[15][16]目前ALMs、Altmetric.com、ImpactStory、PlumX均是较为主流的工具，可聚合来自不同数据源的多种指标和数据。这些工具大都提供了各类学术成果在社交媒体上的使用、引用、提及、分享、评论等数据，但不同工具在数据来源、挖掘深度等方面存在差异，具体见表9-2-1。

表9-2-1 替代计量工具特点比较

工具名称	服务模式	数据种类	数据源覆盖度	数据准确性、可靠性与可信度	计量指标基准	可视化图	API开放	传统计量指标	费用
ALMs	出版商	单一	广泛	高	文献级	无	支持	引文量	免费
Altmetric.com	服务提供商	较为单一	非常广泛	高	文献级	有	支持	无	部分免费
ImpactStory	服务提供商	多元化	非常广泛	较高	多类型研究成果	无	支持	引文量	付费
PlumX	服务提供商	多元化	非常广泛	较高	多类型研究成果	有	支持	引文量	付费
Webometric Analyst	服务提供商	多元化	较为广泛	高	多类型研究成果	有	支持	无	免费

2013年，约翰·威利公司选取了6种订购期刊和开放获取期刊进行为期6个月的替代计量分析服务，追踪这些期刊的发文在社交媒体网站中的“提及”量，数据来源包括推特、脸书、谷歌+、博客、报纸、杂志、文献管理软件Mendeley和CiteULike；施普林格·自然出版集团、PLOS期刊平台、生物医学（PMC）期刊出版平台、生物医学中心（BioMed Central）期刊出版平台、Scopus数据库、EDS发现系统等机构已陆续采用了替代计量工具来监测每篇科学论文的学术影响力；美国史密斯学会（Smithsonian）、医疗公司（MEDWave）、太平洋研究院、桑福德-伯纳姆（Sanford-Burnham）医学研究中心、科英布拉大学医疗中心（Coimbra Hospital and University Centre）、匹兹堡大学（University of Pittsburgh）等学术机构也采用了替代计量工具。

随着研究的深入，替代计量局限性逐步显现出来。[17][18][19][20][21]如，博伦（Bollen）、豪斯坦（Haustein）等学者通过日志挖掘、分析，认为替代计量方法受多重因素影响，存在文献覆盖率低、部分指标（如推特提及量）并不能有效反映学术成果影响力等情况；伍特斯（Wouters）等学者调研了16种替代计量工具特性，发现数据归一化处理困难；扎赫迪（Zahedi）与芬纳（Fenner）验证了工具测度结果的不一致性；罗纳德（Ronald）等学者认为替代计量数据容易造假；刘春丽认为，替代计量工具在数据源中的查询方式不同、更新频率不同、收集方式各异，缺乏统一遵循的最佳实践标准。由此可见，如果不制定标准规范，给出一套学术界公认的定义、计算方法、数据共享和数据质量监控标准，势必会造成评价数据标准不一致，无法由第三方对数据进行审计。

1.2 NISO Altmetrics项目的阶段工作

2013年7月，在阿尔弗雷德·斯隆（Alfred P. Sloan）基金会资助下，美国国家信息标准协会（NISO）正式启动了基于社区的替代评价计量项目，以促进替代计量学的应用推广。执行董事托德·卡彭特（Todd Carpenter）表示该项目将分成两个阶段进行，第一期拟邀研究人员、图书馆员、行政人员、资助者和出版商等进行访谈，明确替代计量关键问题及亟需制定标准和推荐做法的几个方面，最终形成白皮书；第二期工作组会根据白皮书制定相关标准和推荐实施规范。

1.2.1 NISO Altmetrics第一期工作重点

项目组邀请代表团共同探讨25个行动项目，通过3次会议和30次面谈，即每次邀请50–100人参与推特、维基百科和电子邮件会议互动来广泛收集意见；并与网络信息联盟（Coalition for Networked Information，CNI）、ALA、网络电子资源在线使用统计标准（Counting Online Usage of Networked Electronic Resources，COUNTER）、研究管理信息标准发展联盟、英国联合信息系统委员会等多家机构合作，建立项目初始问题表单，规划后续研讨会进程。2014年6月，NISO发布了《替代计量计划第一期白皮书》（Alternative Metrics Initiative Phase 1 White Paper），[22]主要介绍了一期工作研究结果以及下一步行动计划。借助ALA年会和数字图书馆联合会议（Joint Conference on Digital Library，JCDL）发放问卷，收集学术界对白皮书的反馈意见。

1.2.2 NISO Altmetrics第二期工作重点

2014年6月，NISO启动了项目第二期。为了建立可信、可应用的学术影响力评价新方法，工作组划分为3个小组（工作组A、工作组B和工作组C）。其中工作组A负责研读替代计量学相关文献，深度讨论不同利益相关方对替代计量学的看法和需求；工作组B负责与外部机构交流和推荐实施规范的撰写；工作组C负责数据质量的相关问题。各工作组通过线上虚拟会议、线下收集方式听取各利益相关方意见，在传播草案的同时不断讨论和改进。2016年9月，NISO正式发布《NISO替代评价计量项目成果》（NISO RP-25-2016）推荐实施规范。推荐规范针对不同利益相关方，明确了替代评价计量的重要性和使用案例；并就当前未能被充分评价的学术产出制定出更为全面的成果类型清单；就研究数据等内容开展数据替代评价计量；强调永久性标识符在学术交流中的作用；针对影响替代评价计量的数据质量问题，提出改进数据质量的建议。

目前，我国面临评价数据获取、追踪、质量监控、长期保存、数据交换等实际问题。因此，深入了解NISO Altmetrics内容实质，对我国建立公正合理、科学完善的学术评价机制是非常必要的。为此，本文拟对NISO A ltmetrics项目成果文本内容进行剖析，以期帮助国内图书馆界、科研学者、资助机构、数据提供者或集成者等更好地理解、解决评价数据所面临的实际问题，促进替代计量学在我国的广泛应用。

2　NISO Altmetrics项目的主要内容特点

从总体上来说，NISO Altmetrics的推广使学者不再从命名角度去理解替代计量学，而是将其视为一个独立的科学术语，认为替代计量学的研究对象、评估框架和信息工作流程均区别于传统计量方法。NISO Altmetrics旨在提升学术界对替代评价计量的信任度与接受度，建议数据提供者或数据集成者提供统一制式的报告，确保数据一致性，进而确保替代评价计量能在不同出版商或平台间准确交换数据。在内容上，NISO Altmetrics阐述了该推荐实施规范的目的和使用范围，明确了相关术语定义，重点介绍了替代评价计量的数据计量研究与建议、永久标识符和数据质量控制等方面内容，辅以数据提供者的数据质量自行申报表作为案例验证效果。其中，数据计量是推荐规范的核心内容，并对数据提供者或数据集成者提出了实践建议，规范了数据格式、数据交换方式、数据更新频率等，对公开数据集的数据引用提出建议，也在图书馆的资源配置、投资机构的回报率、研究人员的职称晋升等方面如何使用替代评价计量给出了评估方法和参考标准。NISO Altmetrics具体特点如下。

2.1　角色模拟法注重利益相关方的共性需求

就传统学术交流方法而言，引文计量可用来评价学术影响力的高低；但对于学术分享、探讨感兴趣的利益相关方而言，仅将引文作为学术影响力评价指标却远远不够，期望有更广的维度衡量其成果影响力。NISO Altmetrics重视利益相关方需求，考虑到利益相关方间的相关性（如某人充当多个角色，角色间会相互影响），为了进一步解释和说明利益相关方之间关系，工作组A将利益相关方分为8类角色，每类角色都有与之对应的3个主题（即感兴趣的3个方面）：成果展示（展示一个或多个学术产出）、研究评价（评估学术产出影响力或影响范围）和发现（发现或增加学术产出/研究者曝光度），针对每个主题分别提供相应的若干使用案例。8个主要利益相关方使用替代评价计量的案例详见表9-2-2。

表9-2-2 利益相关方使用替代计量案例

角色	主题	使用案例
图书馆员	成果展示	鼓励学者在机构知识库中提交学术成果。
		展示机构学术成果表现力
		提升作者对成果影响力的认知度
		提供影响力报告，助力人员晋升
		提供提升作者成果影响力咨询
	研究评价	监控使用量，决定期刊订购
		提供影响力报告，助力人员晋升
	发现	监控使用量，决定期刊订购
		提供提升作者成果影响力咨询
研究管理者	成果展示	向其他利益相关方展示机构成果
		通过成果展示，支持研究人员申请竞争激烈的资助
	研究评价	衡量本机构学术产出的表现力和成就
		预测和确定本机构的研究投资回报率
		衡量本机构内部门的成果表现力和成就
	发现	识别潜在合作者，开展合作
招聘委员会成员	成果展示	向潜在雇员展示本机构风采
	研究评价	尽可能在最大范围内评估潜在雇员及其成果
	发现	鉴别新雇员
资助机构成员	成果展示	向其他利益相关方展示本机构的投资回报
	研究评价	评估申请资助的学者/研究人员前期成果
		评估资助的研究成果更广泛的影响力
	发现	鉴别公共利益和需求的趋势以便资助
学者/研究人员	成果展示	评估个人成果的参与度和影响力
		选择可追踪定量或定性信息出版物，评估作品影响力
	研究评价	评估同行成果的参与度和影响力
		遵循报告提交约定
		选择可追踪定量或定性数据出版物，评估作品影响力
	发现	选择最大曝光度期刊
		发现研究领域内有影响力的重要的或有趣的研究
		识别潜在合作者以及研究间的联系
		发现并加入正在进行的研究

续表

角色	主题	使用案例
出版商/编辑	成果展示	展示发表在本期刊上的研究的参与度和影响力
		通过提供定性信息，鼓励作者投稿
	研究评价	关注度评估，帮助编辑决策主题或话题
		通过提供定性信息，鼓励作者投稿
	发现	识别公众感兴趣的趋势，确定出版物目标
媒体人员/公共信息机构人员/记者	成果展示	推广本机构或组织所产出的研究成果
		确定本机构研究产出的新闻宣传是否成功
		发现提高本机构的研究产出曝光度的方法
	发现	识别受欢迎和有新闻价值的文章或主题
		发现提高本机构的研究产出曝光度的方法
内容平台提供商	成果展示	帮助作者查看其研究成果的所有关注度、计量指标和定性信息的集成视图及分析
	发现	向用户展示内容会话，帮助其寻求有趣、实用或相关内容

以角色“图书馆员”为例，图书馆员希望利用替代计量方法计量分析激励本机构学者在机构知识库中存缴学术成果，这样既能直观反映学者学术成果影响力，又能挑选具有更大曝光度的期刊来发表成果。替代计量工具无论应用于机构知识库或者其他平台，都能客观、多维度地展示整个机构的学术表现力，从而提升机构在全球范围内的学术影响力与学术活力，而不是局限于总发文量和总被引量。3个主题案例存在交叉，即相同案例同时出现于“成果展示”和“研究评价”，或“成果展示”和“发现”，或“研究评价”和“发现”，图书馆员可利用替代计量工具分析、出具学术成果影响力分析报告，既展示了成果，又包含对成果的替代计量评价，也能够有助于机构人员在职称晋升时多维度展示个人学术影响力；图书馆员可利用替代计量工具来判断期刊发文活跃度、参与度和影响力，从而决定是否订购期刊，这既是对期刊质量的评价，又能增加学术成果的曝光度。由表9–2–2可见，不同利益相关方对替代评价计量需求各有侧重，尽管工作组A是根据利益相关方的调查问卷挖掘不同用户需求，但替代计量学应用应当不局限于这3个方面，工作组A建议扩大利益相关方范围，继续就新学术评估方法的观点和需求展开深度讨论。

2.2　细化替代评价计量成果类型

在白皮书中提到的学术成果类型，既有期刊论文、图书或图书章节等传统文献类型，也有研究数据集、科学软件、会议海报和演示文稿、学位论文、电影戏剧或音乐演出、博客、讲座、在线课程和教学活动等新兴类型。NISO Altmetrics以表单形式首次列出适用于替代评价计量的成果类型，并按照焦点领域分类，包括：基础科学，软件和代码，通信，数据，教育和培训资料，活动，灰色文献，图像、图表和视频，工业，仪器、设备和发明，方法论，出版物，标准等。[23]表单中提到的学术成果类型，将有助于更好地确定研究者或研究团队各类学术成果的影响力深度、广度、新度及个人/团队学术贡献度。国际研究信息组织（EuroCRIS）、欧洲开放获取基础设施研究项目（OpenAIRE）和英国机构知识库使用量统计（IRUS-UK）等机构已经完成了替代评价计量成果类型的梳理。研究数据集和科学软件被利益相关方视为具有价值的研究成果，但尚未为其他类型的成果提供明确定义。

2.3 建立数据计量标准

2.3.1 数据计量术语及其定义

在开放科学背景下，研究数据逐渐成为学术交流内容的重要组成部分。研究数据的计量概念包括：数据集、数据引用、数据使用等，其中数据集（Dataset）是指可公开访问或下载的数据管理集合，如访谈记录、数字化图像或其他类型出版物；数据引用（Data Citation）是指提供正规的结构化参考引用，引用对象为整个数据集；数据使用（Data Usage），是指访问或公开下载研究数据集的行为；数据替代计量，在概念与技术上等同于期刊文献的替代评价计量。需要强调的是，本章所指的研究数据，并非指大型数据中心创建、管理和服务的未处理数据流，而是指已公开研究数据集的离散数据。

2.3.2 多机构开展最佳实践调研，促进数据可引用性

工作组B通过小组会议模式调研了网络电子资源在线使用统计标准的国际组织（COUNTER）、研究数据联盟（The Research Data Alliance，RDA）、研究管理信息标准发展联盟（CASRAI）、英国联合信息系统委员会、科学数据系统（DataCite）、研究项目BioCADDIE、加利福尼亚数字图书馆、美国科学公共图书馆（PLOS）和大数据统一处理平台（DataONE）机构，围绕数据引用产生的问题，对今后如何处理这类问题提出了建议。

表9-2-3 各机构调查结果

组织名称	组织简介	调查结果
COUNTER	制定网络电子资源在线使用统计标准的国际组织	建议包括排除非人为下载及同一机器短时重复下载行为等参数
RDA	研究数据联盟，促进数据开放	未发表任何建议或标准
CASRAI	研究管理信息标准发展联盟，研究利益相关方之间信息流通	重点关注数据质量指标，非数据使用和共享
JISC	英国联合信息系统委员会，研究数据共享	试点实施现有的IRUS-UK服务，提供机构和学科领域研究数据知识库资源下载情况文档级报告

续表

组织名称	组织简介	调查结果
DataCite	管理数字对象唯一标识符（DOI）和元数据，重点关注研究数据	
BioCADDIE	研究项目，构建研究数据发现索引，增强数据发现和使用	对研究数据计量感兴趣
加利福尼亚数字图书馆	“让数据说话”（Making Data Count）项目合作伙伴	
美国科学公共图书馆		
DataONE		

2015年，斯特拉瑟（Strasser）和克雷茨（Kratz）等调研了247家利益相关方，[24]调查结果表明更多的研究人员、资助者、机构、出版者等都希望在专用数据知识库中利用工具和平台公开研究数据和数据集，并提供数据引用格式，文献、图书及图书章节的替代评价计量准则也可用于研究数据。许多知识库不能提供任何与下载活动相关的数据，缺乏下载量计数标准，这些都成为影响数据使用的主要障碍，因此有必要制定和采用强有力的报表工具和标准来指导实践。NISO Altmetrics建议推行以下研究数据计量最佳实践，以解决正式评估数据的迫切需求，这些需求包括：

（1）创建并维护研究数据及关联数据使用的数据，以便尽可能广泛地获取利用；

（2）遵循“数据引用原则联合声明”[25]（Joint Declaration of Data Citation Principles，JDDCP）提出的数据引用重要原则；

（3）对数据引用提供“一种持久的识别方法，可机器操作、全球唯一，且在社群广泛使用”；

（4）通过数据集登陆页面，以人工或机读形式提供数据引用最小元数据；

（5）数据引用中包括的标识符应指向登陆页面或一组页面，而非数据本身；

（6）数据引用应包括在引用资源的元数据中，如参考文献；

（7）数据使用统计应遵守COUNTER标准，[26]但计算公式应有两种：一种只检验“人为”下载，另一种包括被确定为真正以研究为目的的机器代理下载；

（8）随着数据集的替代评价计量认可度的提高，研究内容应进一步深入。

COUNTER标准主要是针对期刊、数据库、图书和参考工具书的使用统计标准，统计时排除机器下载数据，避免由于自动网页网络爬虫和人为恶意行为下载而导致下载量虚高。但鉴于机器代理在科学数据复用中越来越普遍，如采用CURL控制命令，或通过文件处理软件下载数据集、索引和搜索研究数据集，爬虫产品等都可被视为数据下载的合法案例，因此只检验“人为”下载的COUNTER标准就显得“力不从心”。尽管COUNTER现已开展约150,000个研究数据集的“Making Data Count”（让数据说话）项目，[27]NISO Altmetrics仍强调研究数据计量需要开发出超越现有COUNTER标准的数据计量标准以顺应数据计量发展。

2.4 促进研究成果使用永久标识符

使用永久标识符是提升非传统学术成果认可度的重要步骤，[28]可改变现代学术格局，促进广泛的数据互操作性和数据交换。永久标识符实现了各学术领域任何已知研究成果类型的唯一识别，识别对象包括链接、数据集子集、聚合内容等。工作组B重点研究在学术环境下如何应用永久标识符来明确识别和追踪研究成果及其关系。工作组B的33名成员中，只有不足一半的成员来自学术机构和图书馆。通过使用永久标识符，能够准确定位到各类学术成果，有效避免数据重复，有助于实时跟踪学术成果影响力。永久标识符经过识别解析后，能够链接至一个或更多数据，能够使人、组织和学术成果产生关联，增强数据的可用性，为替代计量推广应用奠定基础。提议使用永久标识符，旨在提高对跨系统永久标识符使用范围及复杂性的认知度，以达到宣传和促进永久标识符使用的目的。同时，NISO Altmetrics也提出下一步工作将围绕永久标识符的属性表征开展，如API可用性、永久性标识符作为资源描述框架（Resource Description Framework，RDF）或其他数据格式的可用性等。

2.5 构建数据质量指标体系

数据质量一直是影响替代计量发展的关键性因素。由于数据结构各异，且容易被人为造假，学者大都对替代计量学的应用持观望态度，替代计量方法也饱受多方质疑。NISO Altmetrics建议数据质量评价从透明度、可复制性和准确度三个层面展开，其构建的数据质量指标体系如图9-2-1所示。

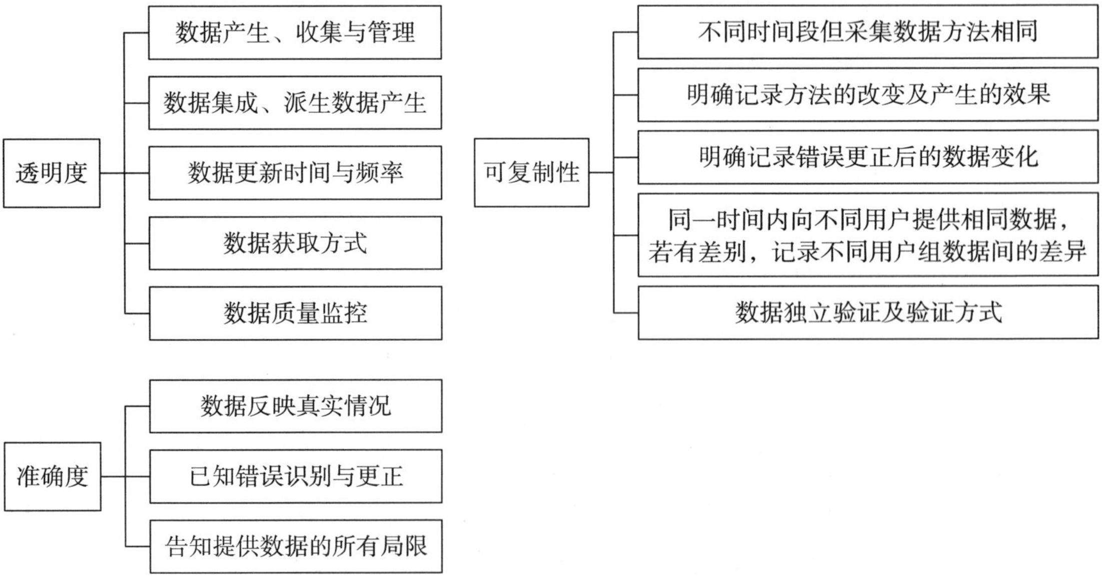

图9-2-1 NISO Altmetrics数据质量指标体系

NISO Altmetrics尝试从不同层面总结问题，以期解决数据质量问题，提出要从数据生命周期出发，追根溯源，通过对数据产生、数据收集和数据集合整个流程的梳理，从动态视角分析各环节影响数据质量的因素，采取恰当策略尽量避免数据质量问题的产生。由于相关研究尚处于起步阶段，NISO Altmetrics提供的解决数据质量问题的思路，距离解决实际问题还任重道远。这不仅需要政府部门或国际机构推动各种标准化细则，将其转化为具体执行方案，更需要数据提供者或数据集成者自觉遵守。

2.6 建议提交数据质量规范报告

NISO Altmetrics鼓励、建议替代评价计量数据提供者或集成者提供一份公开报告，详细描述其如何遵行推荐规范，并将一些数据提供者或数据集成者的示例列入附录。在附录中，列有替代计量学网站（Altmetric.com）、开放式参考链接系统、美国科学公共图书馆、文章级计量（ALM）、脸书、文献管理软件平台Mendeley、PlumX分析系统（Plum Analytics）、推特、维基百科数据质量规范报告示例，图9–2–2为Altmetric.com公司2016年数据质量规范报告示例。该示例提供了以下多项内容信息。

（1）提供所有可用数据来源和计量指标，包括替代评价计量数据的提供者。图9–2–2中Altmetric.com收集的数据来源于：推特、脸书、谷歌+，政策性文件、主流媒体、博客、文献管理系统Mendeley和CiteULike、学术交流在线平台PubPeer、同行评议Publons、新闻社区Reddit、维基百科、问答网站Stack Exchange、生物医学综合服务系统F1000和视频网站油管（YouTube）。

（2）为每个计量指标提供清晰的定义。如Altmetric.com使用加权算法计算关注度，为某篇特定研究产出所受到的关注量提供计量指标。

（3）描述数据产生、收集与维护的方法。如Altmetric.com通过数据提供者或第三方API、文本挖掘和简易信息聚合（Really Simple Syndication，RSS）订阅源获取数据。

（4）注明数据在获取、收集和维护过程中可能存在的问题。如2012年1月Altmetric.com开始根据来源追踪研究关注度，在此日期之前发表文章的数据可能不完整。

（5）提供记录追踪备注。如2016年1月前Altmetric.com无审计跟踪机制。

（6）注明数据集成方法。如Altmetric.com通过外部永久标识符（DOI，Handle，PMID即PubMed Unique Identifier，arXiv ID）进行集成和映射。

（7）注明数据更新频率。如Altmetric.com中不同数据源的更新频率不同。

（8）介绍数据获取方法。如Altmetric.com通过终端用户界面、API，根据请求提供数据访问，为机构或个人按需提供可用于科研的数据集快照等。

（9）不同用户是否获得相同数据。如Altmetric.com不同用户使用工具时可获得相同数据；但访问级别受数据缓存限制，因产品而异。

（10）不同检索方法是否导致数据不同。如Altmetric.com不同的检索方法导出相同数据。

（11）描述如何实施数据质量监控。如Altmetric.com通过手动管控数据源、监控潜在作弊行为和垃圾帖子、设置阈值自动标记方式，对可疑活动进行监控。

（12）注明是否提供可独立验证数据过程。如Altmetric.com提供工具和服务接口API。

（13）注明是否提供数据更正渠道。如Altmetric.com允许用户发送报告到support@altmetric.com。

表9-2-4　Altmetric.com公司2016年数据质量规范报告示例

项目	描　述	支持的行为准则推荐规范	集成商/供应商提交	自行申报表的最新更新
1	List all available data and metrics (providers and aggregators) and altmetric data providers from which data are collected (aggregators)	T1	Altmetric collects data from: Twitter, Facebook, Google+, policy documents, mainstream media, blogs, Mendeley, CiteULike, PubPeer, Publons, Reddit, Wikipedia, sites running Stack Exchange (Q&A), reviews on F1000, and YouTube. More details can be found on our Support page: http://bit. ly/1SXD14	2016/2/5
2	Provide a clear definition of each metric.	A1	The Altmetric score of attention is a weighted algorithm providing an indicator of the amount of attention a particular piece of research output has received. Full details on how the score is calculated can be found here: http://www.altmetric.com/blog/scoreanddonut/. Altmetric tools also provide the raw mention counts by source, e.g., the number of posts we have seen about a specific research output on Google+. Raw counts can be viewed in the application, e.g., in the Altmetric Details Page, or exported for further analyses.	2016/2/5
3	Describe the method (s) by which data are generated or collected and how data are maintained over time.	T1，T2，R1	Data are collected via a range of methods, largely via data provider APIs, third-party provider APIs, text mining and RSS feeds. More information on collection methods by source can be found on our Support page.	2016/2/5
4	Describe all known limitations of the data.	A3	Altmetric started tracking attention to research across sources in January 2012 and the data collected on articles published before this date is likely to be incomplete. In order to track attention to an output it must have a unique identifier that is supported in our system, e.g., Digital Object Identifier (DOI), arXiv ID, or International Standard Book Number (ISBN), and be hyperlinked or mentioned by journal, author and date in order to be collected by our text-mining modules operating across news and policy sources. Links to original posts may break, or posts be deleted We track public pages only, e.g., public Facebook posts, and cannot access private accounts.	2016/2/5
5	Provide a documented audit trail of how and when data generation and collection methods change over time and list all known effects of these changes. Documentation should note whether changes were applied historically or only from change date forward	R1，R2，R3	Altmetric does not have an audit trail before January 2016.	2016/2/5
6	Describe how data are aggregated	T2	Online events about research outputs are aggregated and mapped by their external persistent identifiers, e.g., DOI, Handle, PubMed Identifier (PMID), arXiv ID.	2016/2/5
7	Detail how often data are updated.	T3	Update frequency differs across data sources—from real-time to daily. More details on update frequency by source can be found on our Support page: http://bit. ly/1SXDl4j	2016/2/5

续表

项目	描　述	支持的行为准则推荐规范	集成商/供应商提交	自行申报表的最新更新
8	Describe how data can be accessed	T4	Altmetric provides access to the data via end-user interfaces, the Altmetric Application Programming Interface(API), or by providing a snapshot of the data set made available upon request to organizations or individuals for research purposes. Our API documentation is open and available here: http://api.altmetric.com	2016/2/5
9	Confirm that data provided to different data aggregators and users at the same time are identical and, if not, how and why they differ.	R4	All Altmetric applications are based on the same database. Users access the same data across each tool, except where data are cached and restricted according to access level. Access level varies across products. Explorer for Publishers, Explorer for Institutions, Explorer for Funders, Altmetric Badges, and the Altmetric Commercial API require a subscription to access all data. The Altmetric Bookmarklet, Institutional Repository Badges, Explorer for Academic Librarians, and the Researcher API are free tools that provide access to all mentions. More details can be found on our Products page: http://www.altmetric.com/products/. The article report pages seen within the Altmetric Explorer product or when the Altmetric Badges are clicked on are cached for 60 minutes by the content delivery network we use. Therefore, it is possible that a change to an output that appears in the API results immediately will not be reflected in the relevant article report page for up to an hour.	2016/2/5
10	Confirm that all retrieval methods lead to the same data and, if not, how and why they differ	R4	Different retrieval methods will lead to the same data as all Altmetric applications use the same underlying database and API. However, the article report pages seen within the Altmetric Explorer product or when the Altmetric Badges are clicked on are cached for 60 minutes by the content delivery network we use (Fastly). Therefore, it is possible that a change to an output that appears in the API results immediately will not be reflected in the relevant article-report page for up to an hour.	2016/2/5
11	Describe the data-quality monitoring process.	T5, A2	Data quality is monitored in a range of ways: by manually curating sources; monitoring potential gaming and spammy posts; setting thresholds to automatically flag suspicious activity, such as rate of change in attention for an output; creating suspicious-person profiles; and manually monitoring Altmetric staff's alerts and reported issues. Regular data clean-up tasks are also run, e.g., cross-referring data accuracy against external sources such as Crossref.	2016/2/5
12	Provide a process by which data can be independently verified (aggregators only).	R5	See item #8—the tools and services provided by Altmetric use the API documented at http://api.altmetric.com	2016/2/5
13	Provide a process for reporting and correcting data or metrics that are suspected to be inaccurate.	A2	Suspected inaccurate metrics or data can be reported to support@altmetric.com and via our Support portal: help.altmetric.com. Missed mentions can be reported via an online form: www.surveymonkey.com/s/missedmentions. All Altmetric Details Pages include a "What is this page?" message to provide opportunities for reporting data errors and linking to the Missed Mentions form. The page also provides an introduction to Altmetric data.	2016/2/5

从NISO Altmetrics主要内容与特点可以看出，推荐规范在一定程度上探索、发现并完善了现行的学术评价机制，为各行各界的利益相关方提供了一套新的影响力评价体系，提高了多方利益相关方对替代计量学的认知度、参与度。

3 NISO Altmetrics的推广应用与实践

NISO Altmetrics发布后，该项目转交NISO常设委员会继续开展宣传推广工作，并根据利益相关方反馈意见做出必要修订。NISO Altmetrics发布不久，就受到利益相关方的广泛关注，项目组、图书馆员、出版商、资助机构和数据提供者或数据集成者都积极响应，努力从以下方面推广实施。

（1）通过文献发表介绍和推荐。如在NISO《信息标准季刊》（*Information Standards Quarterly*）、《信息服务与利用》（*Information Services and Use*）、《连续出版物图书馆员》（*Serials Librarian*）、《连续出版物评论》（*Serials Review*）等知名刊物上发表文章，介绍和推荐；

（2）通过学术会议推广。如连续几年在国际科学计量学与信息计量学学会（ISSI）、国际管理与技术编辑学会（The International Society of Managing and Technical Editors）等高水平会议宣传推广；[29]

（3）通过调查问卷向多方利益者推广并收集建议意见；

（4）继续与其他数据来源平台沟通，邀请其遵循NISO Altmetrics等。

通过上述途径的宣传推广，NISO Altmetrics已逐步被多家替代计量数据提供者或数据集成者采用，数据提供者或数据集成者积极参与规范讨论和意见反馈，甚至开始新产品研发（如Paperbuzz.org）。如CrossRef全程参与NISO Altmetrics，[30]旨在创建一个开放透明的数据集，供研究人员、应用程序开发人员、出版商、出资者和第三方服务提供者等多元化社区成员使用，开源网络平台ImpactStory将使用CrossRef数据跟踪学术文章的在线热门话题。ImpactStory创始人之一普里姆指出，CrossRef事件数据完全开放，相信这将改变替代计量方法的游戏规则。

2017年12月，NISO召开了“推进替代计量学：最佳实践和新思路”的虚拟会议，[31]向来自出版界、数据提供者、大学图书馆等多位嘉宾继续宣传推广NISO Altmetrics。会议核心主题包括：如何证明图书馆投入工作、空间和资源的合理性，如何用数据解释机构投资回报率，使用哪些替代计量方法能确保科学数据集的可发现性、可用性和重复性等。同时，NISO也举办了计量指标研讨会的课程培训，[32]邀请了TBI通讯客户服务高级经理A.斯通（A. Stone）和洛杉矶自然历史博物馆首席图书馆员R.胡瑟（R.Hulser）分享替代计量学在工作中的应用。

同一时间，NISO在其官网公布了2017年度最受欢迎的100篇期刊论文，[33]以2017

年11月15日前Altmetric.com发布的关注分数（Attention Score）作为排序。从该排行榜可以看出，2017年讨论最多的内容涉及更广的社会时代精神，如解决性别歧视、工作机器人、气候变化影响等主题，超过一半的文章（53%）是医学期刊论文，或是针对医学读者。排名第一的文章为《来自五大洲18个国家的脂肪及碳水化合物摄入与心血管疾病和死亡率的关系（PURE）：一项前瞻性队列研究》[Associations of fats and carbohydrate intake with cardiovascular disease and mortality in 18 countries from five continents (PURE): a prospective cohort study]，替代计量关注分数为5876，其数据来源构成如图9–2–3所示，其中包括关于这篇文章的168篇新闻报道、21篇博客帖子、8313次推文、441篇Facebook帖子等。在100篇论文中，中国研究机构参与合作的共有7篇论文，分别来自中国人民大学、中国地质大学、中国科学院古脊椎动物与古人类研究所、中国科学院高能物理研究所等机构。

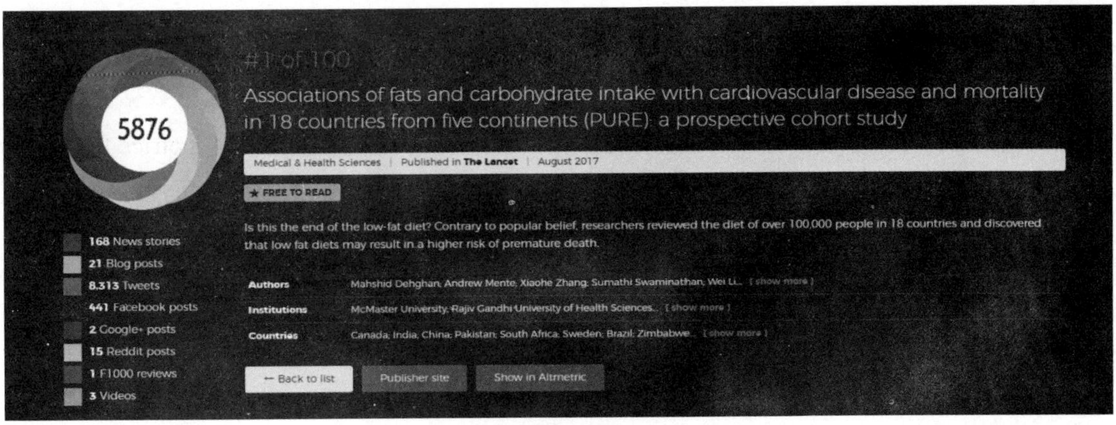

图9–2–2 替代计量数据来源构成情况

2018年11月15日，Altmetric.com发布了2018年度最受欢迎的100篇期刊论文。[34] Altmetric.com尝试将这100篇期刊论文按照主题、是否开放获取和分布国家进行了分类，并从不同角度追踪社会公众探讨这100篇论文的原因。从主题分类角度来看，44%的期刊论文隶属于医学健康科学，17%属于地球环境科学，11%属于人类社会研究，还有物理、历史、生物、信息与计算机等学科的论文；从是否支持开放获取角度来看，有41篇期刊论文支持开放获取（Open Access），13篇免费开放（Free Access），46篇不支持；从发文国家角度来看，美国（72篇）、英国（29篇）、澳大利亚（17篇）排名前三，中国位居第五。有中国机构参与的论文已有11篇，分别分布在医学健康科学（5篇）、地球环境科学（2篇）、研究与复现性（2篇）、历史与考古学（1篇）和生物学（1篇），开放获取和免费获取各2篇，国际合作论文9篇。《替代计量学期刊》（*Journal of Altmetrics*）（2018年创刊）[35] 是替代计量学领域的首本开放获取期刊，旨在促进社会公众对替代计量指标的发展及其影响力的理解。发表的论文均会被分配DOI，所有元数据可通过OAI-PMH提供索引服务。《替代计量学期刊》的创立，无疑推动了替代计量学实质性问题的研究与解决。

Altmetric.com在追踪了270万条研究成果、超过6250万次的提及（mention）后发布了2019年度最受欢迎的100篇期刊论文。[36]与往年不同的是，2019年引入了系统评价、研究人员写给编辑的信件、提交至医学期刊的案例研究及许多其他类型的学术产出，以表明存在多种途径能够影响研究人员的学术影响力。从出版期刊来看，发表在《自然》（*Nature*）、《柳叶刀》（*The Lancet*）、《科学》（*Science*）、《英国医学杂志》（*British Medical Journal*）等高质量期刊上的学术成果更易获得更高的替代计量关注分数。从发文机构来看，共有235所机构发表的期刊论文入选，其中哈佛大学以11篇论文入选居首，伦敦大学学院有6篇，牛津大学、布列根和妇女医院均为5篇；中国共有4家机构入选，分别是中科院（1篇）、北京大学（1篇）、西华师范大学（1篇）和广西妇幼保健院（1篇）。从开放获取角度来看，开放获取和免费开放的期刊论文共占64%，表明公众更易获得的期刊论文在替代计量关注分数上有更好的表现力。

从具体实践应用来看，部分数据提供者或数据集成者已经开始按照NISO Altmetrics提供统一规范的报告，并对数据质量进行监测，但实施力度仍有待加强。这与数据提供者或数据集成者、图书馆员等对替代计量学的认知度有关，同时也与NISO Altmetrics并不具有强制效力有关。NISO Altmetrics并不完善，仍有许多实际困境亟待解决。如各替代计量工具覆盖来源不一致，会导致同一成果在不同工具中的测量结果存在偏差；对于研究数据的使用量统计，尚未出台相关标准；受到不同平台数据开放政策影响，部分学术影响力交流平台（如ResearchGate）未纳入替代计量数据来源；此外，为研究数据提供永久标识符、成果类型清单、研究数据引用、互操作性、数据防操控等方面需要进一步探讨。这些问题部分已被纳入NISO Altmetrics下一阶段工作中。

4 NISO Altmetrics对我国替代评价计量发展的思考

替代计量学的应用给中国带来了机遇与挑战。2012年，替代计量学引入中国后迅速引起了国内学者的关注，研究对象主要集中在替代计量定义辨析、研究意义、计量工具、适用范围和与传统指标相关性等方面，[37][38][39]少部分学者开展了相关实证研究，[40][41][42][43]证明构建基于替代计量影响力评价模型的可行性。NISO Altmetrics发布后，国内对替代计量学的研究热情高涨，研究热点更偏向于探讨图书馆如何利用替代计量工具来开展相关服务，[44][45][46][47][48][49]探索如何基于替代计量方法开展学者影响力综合评价、[50][51][52][53]论文影响力评价或生命力研究，聚焦数据质量问题[54]研究、质量评估体系的构建[55][56]等。为了更好地促进替代计量学在我国的推广，图书馆界与出版机构多次组织了专题研讨会，邀请国内外专家分享替代计量学相关研究成果，对其发展中的问题进行集中探讨，以期进一步提升图书馆服务能力。

不少机构在机构知识库或其他平台嵌入替代计量工具，利用该工具来综合评价学术论文、学者、期刊、图书、数据集、网站等。但与国外替代计量的快速发展与取得的成果相比，替代计量学在我国的应用略显滞后，尚未有成熟的替代计量工具问世，研究多依赖于国外替代计量工具。从数据来源看，仅有新浪微博于2014年嵌入了Altmetric.com工具，尚未发现我国其他社交平台嵌入替代计量工具数据源，这直接影响了我国学术成果在替代评价计量方面的表现力。

国内利用替代计量工具有一定的局限性，具体体现在以下两方面。（1）由于网络安全等因素，部分国外替代计量工具数据源在国内无法访问。对学术论文或期刊而言，替代计量数据存在覆盖率低、显示度较差等问题；对使用者而言，无法判断高替代计量指标的学术期刊是高影响力期刊亦或是期刊推广行为所造成的替代计量值增加，不利于使用者客观评价与选择期刊。（2）相关研究已表明，替代计量学更青睐发达国家发表的学术成果，尽管中文学术成果也具有高水平学术价值，但由于语种原因，国外替代计量工具并不适用于揭示中文学术成果影响力。因此，我国亟待自主研发符合我国国情的替代计量工具。我国自主研发的替代计量工具应支持采集来自中国知网、万方、国家科技图书文献中心、高等教育文献保障系统、政策平台、新闻媒体、博客、微博、学术论坛、科学网、微信、知乎、豆瓣等多个国内平台的使用数据，并从政策导向方面引导国内交流平台制定数据开放政策，预留数据接口以便于后续数据采集。此外，也应采集国内可正常访问的数据来源，如维基百科、科学数据网站等，将多渠道来源的科学交流数据整合，实现实时监测学术成果影响力，以科学的计算方法、追踪审计、规范化报告直观展示数据提供者或数据集成者的提交数据质量规范，避免数据造假行为，提升数据透明度、准确度和可复制性；另一方面，NISO Altmetrics对我国社交平台申请成为国外替代计量工具数据源具有重要的参考意义。通过“走出去”与“引进来”，做到客观、公正、透明的学术成果评价，这样才能做好中国的替代计量服务。

早在2002年，科技部正式启动了“国家科学数据共享工程”，开始重视科研数据的管理，提供的科研数据服务多为以基础科学为导向的数据资源集成。2015年，《新媒体联盟地平线报告》将科研数据管理列为高校图书馆信息数据发展中期趋势，[57]国内图书馆就科研数据服务、科研数据管理、科研数据开放获取等内容开展了探索。2018年，我国正式发布《科学数据管理办法》，[58]要求进一步加强和规范科学数据管理，保障科学数据安全，提高开放共享水平。2019年2月，中国科学院发布《数据管理与开放共享办法》，[59]对数据管理开发的工作机制、适用范围、业务流程等内容做出规定。2018年起，甘肃省、湖北省、江苏省、陕西省、广西壮族自治区、山东省、四川省等省、自治区政府办公厅印发了各省区科学数据管理实施细则，均明确要求强制性汇交科技计划项目产生的科学数据，通过科学数据中心规范管理和长期保存。NISO Altmetrics从数据使用量、数据引用和替代计量三个角度为作者科学数据贡献度的认可提供了依据，尽管对于研究数据使用尚未有国际统一标准，但这对我国构建公开的研究数据集平台，为数据集赋予唯一永久标识符，推动对数据提交者学术贡献度的认可具有指导意义。

2019年8月，中宣部、教育部、科技部、中国科学技术协会联合印发《关于深化改革培育世界一流科技期刊的意见》[60]（以下简称《意见》）。《意见》指出，我国已是期刊大国（仅次于美国，位居世界第二位[61]），但目前缺乏有影响力的世界一流科技期刊，在全球科技竞争中劣势明显，优质稿源外流。NISO Altmetrics为我国特色科技期刊的发展道路提供了方向，我国科技期刊可通过多渠道增强期刊显示度，展示期刊的研究热点、范围和影响力，优化期刊网络传播能力，增加科学数据支撑结论的论文数量，采用定期或不定期的期刊推广扩散策略促进替代计量关注分数增长，提高期刊对高水平作者的吸引力，有效提升我国科技期刊的国际传播力和影响力。

5 结语

相较于传统引文计量，替代评价计量是一个全新的学科交流评价体系，是对学术成果影响力的综合评价。NISO Altmetrics通过对替代计量评价标准和最佳实践的探索，综合各利益相关方需求，为数据提供者或数据集成者的实践提供了依据，通过提高数据指标可信度推动了替代计量服务的发展。本文对NISO Altmetrics推荐实施规范进行了解读，以期对我国多种成果类型替代计量应用、替代计量提交数据规范、现行评价机制改革的推进、研究数据管理的创新应用有所启迪，从而推动学术成果评价规范化进程。

参考文献

[1] NISO. NISO RP-25-2016 Outputs of the NISO Alternative Assessment Metrics Project [EB/OL]. [2017-08-10]. https://groups.niso.org/apps/group_public/download.php/17091/NISO%20RP-25-2016%20Outputs%20of%20the%20NISO%20Alternative%20Assessment%20Project.pdf.

[2] 余厚强，任全娥，张洋，等. Altmetrics的译名分歧：困扰、影响及其辨析[J]. 中国图书馆学报，2019，45（1）：49—61.

[3] Priem J, Taraborelli D, Groth P, et al. Altmetrics: a Manifesto[EB/OL].[2017-10-12]. http://altmetrics.org/manifesto/.

[4] Taraborelli D. Soft Peer Review: Social Software and Distributed Scientific Evaluation [EB/OL]. [2018-05-10]. http://nitens.org/docs/spr_coop08.pdf.

[5] Neylon C,WU S. Article-level Metrics and the Evolution of Scientific Impact [J]. *PLOS biology*, 2009, 7(11): e1000242.

[6] Jensen M. The New Metrics of Scholar ly Authority [J]. *Chronile of Higher Education*, 2007, 53(41): 1.

[7] Shuai X, Pepe A, Bollen J.How the Scientific Community Reacts to Newly Submitted Preprints: Article Downloads, Twitter mentions, and Citations [EB/OL]. [2018-06-08]. https://arxiv.org/abs/1202.2461v1.

[8] Priem J, Piwowar H A, Hemminger B M. Altmetrics in the Wild: Using Social Media to Explore Scholarly Impact [EB/OL]. [2018-06-08]. https://arxiv.org/abs/1203.4745.

[9] Finbar G, Sharon D. Altmetrics: Rethinking the Way We Measure [J]. *Serials Review*, 2013, 39(1): 56–61.

[10] Priem J, Hemminger B M. Scientometrics 2.0: Toward New Metrics of Scholarly Impact on the Social Web [J]. *First Monday*, 2010, 15(7): 379–382.

[11] Zahedi Z, Costas R, Wouters P. How Well Developed are Altmetrics? A Cross-Disciplinary Analysis of the Presence of "Alternative Metrics" in Scientific Publications [J]. *Scientometrics*, 2014, 101(2): 1491–1513.

[12] Thwlwall M, Tsou A, Weingart S, et al. Tweeting Links to Academic Articles [J]. *Cybermetrics*, 2013, 17(1): 1–8.

[13] Bornmann L. What do Altmetrics Counts Mean? A Plea for Content Analyses [J]. *Journal of the Association for Information Science and Technology*, 2016, 67(4): 1016–1017.

[14] Haustein S, Peter I, Sugimoto C R, et al. Tweeting Biomedicine: An Analysis of Tweets and Citations in the Biomedical Literature [J]. *Journal of the American Society for Information Science & Technology*, 2014, 65(4): 656–669.

[15] 刘春丽. Altmetrics工具的发展、现况及相关问题 [J]. 图书情报工作，2016, 50（5）：87—92.

[16] Patterson M. Article-Level Metrics at PLOS Addition of Usage Data [EB/OL]. [2017-05-04]. https://blogs.plos.org/plos/2009/09/article-level-metrics-at-plos-addition-of-usage-data/.

[17] Procter R, Williams R, Stewart J, et al. Adoption and Use of Web 2.0 in Scholarly Communications [J]. *Philosophical Transactions of the Royal Society A: Mathematical, Physical and Engineering Sciences*, 2010, 368(1926): 4039–4056.

[18] Liu J, Adie E. Five Challenges in Altmetrics: a Toolmaker's Perspective [J]. *Bulletin of the American Society for Information Science and Technology*, 2013, 39(4): 31–34.

[19] Mike T, Stefanie H, Vincent L, et al. Do Altmetrics Work? Twitter and Ten Other Social Web Services [J]. *PLOS ONE*, 2013, 8(5): e64841.

［20］Li X M, Thelwall M, Giustini D. Validating Online Reference Managers for Scholarly Impact Measurement［J］. *Scientometrics*, 2012, 91(2): 461–471.

［21］Cheung M K. Altmetrics: Too Soon for Use in Assessment［J］. *Nature*, 2013, 494(7436): 176.

［22］NISO. Alternative Metrics Initiative Phase 1 White Paper［EB/OL］.［2016–12–10］. https://docplayer.net/4271006–Alternative-metrics-initiative-phase–1–white-paper.html.

［23］NISO. Scholarly Outputs［EB/OL］.［2018–10–09］. https://sites.google.com/a/niso.org/scholarlyoutputs/.

［24］Kratz J E, Strasser C. Researcher Perspectives on Publication and Peer Review of Data［J］. *PLOS ONE*, 2015, 10(2): e0117619.

［25］Forcell. Joint Declaration of Data Citation Principles-Final［EB/OL］.［2018–04–09］. https://www.force11.org/datacitationprinciples.

［26］COUNTER. Counting Online Usage of Networked Electronic Resources［EB/OL］.［2017–01–14］. https://www.projectcounter.org/.

［27］Kratz J E, Strasser C. Making Data Count［J］. *Scientific Data*, 2015, 2:150039.

［28］Haak l L, Meadows A, Brown J. Using ORCID, DOI, and Other Open Identifiers in Research Evaluation［J］. *Frontiers in Research, Metrics and Analytics*, 2018, 3:1–7.

［29］Tracking Scholarly Impact on the Social Web: an Altmetrics Workshop［EB/OL］.［2017–11–02］. https://blog.mendeley.com/2011/03/22/tracking-scholarly-impact-on-the-social-web-an-altmetrics-workshop/.

［30］CROSSREF. Altmetrics-crossref［EB/OL］.［2018–05–29］.https://www.crossref.org/categories/altmetrics/.

［31］NISO. Advancing Altmetrics: Best Practices and Emerging Ideas［EB/OL］.［2018–05–29］. https://www.niso.org/events/2017/12/advancing-altmetrics-best-practices-and-emerging-ideas.

［32］NISO.Metrics Case Studies［EB/OL］.［2018–05–29］. https://www.niso.org/events/2017/12/metrics-case-studies-training-thursday.

［33］ALTMETRIC.COM. Altmetric Reveals Most-mentioned Articles of 2017［EB/OL］.［2018–09–19］. https://www.altmetric.com/top100/2017/.

［34］ALTMETRIC.COM. Altmetric Reveals Most-mentioned Articles of 2018［EB/OL］.［2019–08–19］. https://www.altmetric.com/top100/2018/.

［35］Journal of Altmetrics［EB/OL］.［2019–08–20］. https://www.journalofaltmetrics.org.

［36］ALTMETRIC.COM. Altmetric Reveals Most-mentioned Articles of 2018［EB/OL］.［2020–07–13］. https://www.altmetric.com/top100/2019/.

［37］邱均平，余厚强.替代计量学的提出过程与研究进展［J］. 图书情报工作，2013，57（19）：5—12.

［38］刘恩涛，李国俊，邱小花，等. Altmetrics工具比较研究［J］. 图书馆杂志，2015（8）：85—92.

［39］王睿，胡文静，郭玮. 常用Altmetrics工具比较［J］. 现代图书情报技术，2014（12）：18—26.

［40］刘晓娟，赵卓婧，韦娱. 生命周期视角下的Altmetrics数据质量研究［J］. 图书情报知识，2019（2）：4，12—18.

［41］由庆斌，韦博，汤珊红. 基于补充计量学的论文影响力评价模型构建［J］. 图书情报工作，2014，58（22）：5—11.

［42］王贤文，刘趁，毛文莉. 数字出版时代的科学论文综合评价研究［J］. 中国科技期刊研究，2014，25（11）：1391—1396.

［43］杨柳，陈贡. Altmetrics视角下科研机构影响力评价指标的相关性研究［J］. 图书情报工作，2015，59（15）：106—114.

［44］王聪，刘春丽. Altmetrics在我国高校机构知识库应用分析［J］. 情报杂志，2016，35（12）：116—120.

［45］刘春丽. Altmetrics工具与机构知识库的整合与效果——以PlumX为例［J］. 图书情报工作，2015，59（24）：39—46.

［46］赵蓉英，郭凤娇，谭洁. 基于Altmetrics的学术论文影响力评价研究——以汉语言文学学科为例［J］.中国图书馆学报，2016，42（1）：96—108.

［47］赵蓉英，魏明坤，汪少震. 基于Altmetrics的开源软件学术影响力评价研究［J］. 中国图书馆学报，2017，43（2）：80—95.

［48］赵蓉英，郭凤娇. Altmetrics：学术影响力评价的新视角［J］. 情报科学，2017（1）：16—20.

［49］王鹏飞，刘烜贞. 基于内容分析的Altmetrics本质研究［J］. 图书情报工作，2017（2）：115—120.

［50］杨柳，丁楠，田稷. Altmetrics视角下机构知识库学者影响力评价研究［J］. 情报理论与实践，2017，40（6）：104—110.

［51］郭颖，肖仙桃. 国内学者影响力评价Altmetrics指标研究［J］. 情报理论与实践，2019，42（4）：64—70.

［52］曹丽江. 基于Altmetrics的学者影响力综合评价研究［D］. 硕士学位论文，苏州大学，2017.

［53］邹丹. 融合传统指标与Altmetrics指标的学者影响评估研究［D］. 硕士学位论文，西南大学，2018.

［54］刘晓娟，赵卓婧，韦娱. 生命周期视角下的Altmetrics数据质量研究［J］. 图书情报知识，2019（2）：4，12—18.

［55］余厚强，曹雪婷. 替代计量数据质量评估体系构建研究［J］. 图书情报知识，2019，188（02）：21—29，52.

［56］许健. 基于Altmetrics的高校图书馆服务能力评价指标体系构建研究［D］. 硕士学位论文，南昌大学，2018.

［57］新媒体联盟. 新媒体联盟地平线报告（2015图书馆版）［J］. 开放学习研究，2015（5）：39—49.

［58］国务院办公厅. 国务院办公厅关于印发科学数据管理办法的通知［EB/OL］.［2019-02-17］. http://www.most.gov.cn/mostinfo/xinxifenlei/fgzc/gfxwj/gfxwj2018/201804/t20180404_139023.htm.

［59］中国科学院. 中国科学院科学数据管理与开放共享办法［EB/OL］.［2019-02-20］. http://www.cas.cn/tz/201902/t20190220_4679797.shtml.

［60］中国科协. 四部门联合印发《关于深化改革培育世界一流科技期刊的意见》［EB/OL］.［2019-08-19］. http://www.xinhuanet.com/science/2019-08/19/c_138320888.htm.

［61］匡登辉. 从Altmetrics热点论文看科技期刊影响力——以Altmetric.com Top 100论文为例［J］. 中国科技期刊研究，2016，27（11）：1188—1194.

［注］本研究报告根据笔者的如下文章修改：

张雪蕾，邵晶，尹飞，南希，邹秀英，王晓彤. 替代计量视角下学术成果影响力评估：NISO AMMP项目剖析［J］. 图书情报工作，2020，64（2）。

第十章　书目款目的馆藏说明ANSI/NISO Z39.71

第一节　标准规范译者

向佳丽　陈　娟（厦门大学图书馆）

王晓彤（美国俄勒冈大学图书馆）

方　方（美国纽约公共图书馆）

肖　珑　姚晓霞（北京大学图书馆）

薛　燕（美国加州大学伯克利分校东亚图书馆）

邓　石（美国加州大学圣地亚哥分校图书馆）

第二节　研究报告作者

向佳丽　陈　娟　周　红（厦门大学图书馆）

王晓彤（美国俄勒冈大学图书馆）

基本信息

名称：书目款目的馆藏说明

简称：ANSI/NISO Z39.71

发布时间：2006年10月6日

发布时间（中译本）：2020年4月7日

标准规范编号：ANSI/NISO Z39.71-2006（R2011）

修订时间：2011年3月15日

修订后编号：ANSI/NISO Z39.71-2006（R2011）

主要责任者：美国国家信息标准协会

中文版译者：向佳丽　陈娟　王晓彤　方方　肖珑　姚晓霞　薛燕　邓石

类型：国家标准

关键词：馆藏信息，书目款目，馆藏说明

摘要：本标准规定了书目款目馆藏说明的展示要求，以确保馆藏信息交流和交换的一致性。本标准适用于任何实体或电子载体书目款目的馆藏说明，适用于文献收藏机构直接管理的，或通过其他途径获得的电子资源，适用于人工和机读方式的馆藏记录。

英文版国际标准书号（ISBN）：978-1-937522-31-5

中文版国际标准书号（ISBN）：978-1-937522-98-8

国际标准连续出版物号（ISSN）：1041-5653

英文版链接：https://www.niso.org/publications/z3971-2006-r2011

中文版链接：http://www.libconsortia.edu.cn/Standard/list.action

其他关联标准规范：（无）

Introduction

Title: Holdings Statements for Bibliographic Items

Abbreviation: ANSI/NISO Z39.71

Publication Date: October 6, 2006

Publication Date (Chinese Version): April 7, 2020

ANSI/NISO Serial Number: ANSI/NISO Z39.71–2006 (R2011)

Revised Date: March 15, 2011

Revised ANSI/NISO Serial Number: ANSI/NISO Z39.71–2006 (R2011)

Creator: National Information Standards Organization

Chinese Version Translated By: Jiali Xiang, Juan Chen, Xiaotong Wang, Kathy Fang, Long Xiao, Xiaoxia Yao, Susan Xue, Shi Deng

Type: National Standard

Keywords: holdings information, bibliographic items , holdings statements

Abstract: Specifies display requirements for holdings statements for bibliographic items to promote consistency in the communication and exchange of holdings information.The standard applies to holdings statements for bibliographic items in any physical or electronic medium. It may be applied to electronic resources available to an institution, either under its control, or available under other arrangements. It applies to both manual and automated means of recording holdings.

English Version ISBN: 978–1–937522–31–5

Chinese Version ISBN: 978–1–937522–98–8

ISSN: 1041–5653

English Version URL: https://www.niso.org/publications/z3971–2006–r2011

Chinese Version URL: http://www.libconsortia.edu.cn/Standard/list.action

Relation:

第一节　书目款目的馆藏说明

关于NISO标准

NISO standards are developed by the Working Groups and Committees of the National Information Standards Organization. The development process is a strenuous one that includes a rigorous peer review of proposed standards open to each NISO Voting Member and any other interested party. Final approval of the standard involves verification by the American National Standards Institute that its requirements for due process, consensus, and other approval criteria have been met by NISO. Once verified and approved, NISO Standards also become American National Standards.	美国国家信息标准协会（NISO）标准由NISO下设的工作组和委员会制定。其制定过程颇为严格，拟议标准经过各投票委员会成员和其他相关各方严谨的同行评审。标准的最终批准需经美国国家标准学会论证，确认NISO满足了其要求的正当程序、一致同意和其他批准条件。一经核实批准，NISO标准即成为美国国家标准。
This standard may be revised or withdrawn at any time. For current information on the status of this standard contact the NISO office or visit the NISO website at: www.niso.org.	本标准可能会随时被修改或撤销。有关本标准的现状信息，请联系NISO办公室或访问NISO网站（www.niso.org）。

中文译本 ISBN：978-1-937522-98-8

This document is a translation of the English version of an American National Standard, ANSI/NISO Z39.71-2006 (R2011) Holdings Statements for Bibliographic Items. The only version approved by the American National Standards Institution is the English language version, available at https://www.niso.org/publications/z3971-2006-r2011. The National Information Standards Organization (NISO) and China Academic Library & Information System/Digital Resource Acquisition Alliance of Chinese Academic Libraries retain copyright in this translation and all rights are reserved. Should there be any difference between the English version and the Chinese version, the English version would prevail.	本标准为美国国家标准ANSI/NISO Z39.71-2006 (R2011) Holdings Statements for Bibliographic Items《书目款目的馆藏说明》的中文译本。本标准唯一经由美国国家信息标准协会批准的是英文版，原件请见https://www.niso.org/publications/z3971-2006-r2011。美国国家信息标准协会及中国高等教育文献保障系统/高校图书馆数字资源采购联盟对中文译本持有并保留版权。如对译本有任何问题，请以NISO批准的英文原版为准。

This translation has been provided as a service to the library community by the Task Group on Translation and Research Project on Electronic Resources Standards and Recommended Practices, consisting of members from the Council on East Asian Libraries (CEAL), China Academic Library & Information System (CALIS)/ Digital Resource Acquisition Alliance of Chinese Academic Libraries (DRAA).	应图书馆行业所需，北美东亚图书馆协会（CEAL）、中国高等教育文献保障系统（CALIS）暨高校图书馆数字资源采购联盟（DRAA）提供此中译本。
Translated by: Jiali Xiang, Xiamen University Library Juan Chen, Xiamen University Library	翻译： 厦门大学图书馆：向佳丽、陈娟
Reviewed by: Xiaotong Wang, University of Oregon Libraries Kathy Fang, New York Public Library	审校： 俄勒冈大学图书馆：王晓彤 纽约公共图书馆：方方
Reviewed & edited by: Long Xiao, Xiaoxia Yao, Peking University Library Susan Xue, University of California, Berkeley Library Shi Deng, University of California, San Diego Library	总审与统稿： 北京大学图书馆：肖珑、姚晓霞 加州大学伯克利分校东亚图书馆：薛燕 加州大学圣地亚哥分校图书馆：邓石

前言

［本前言不是《书目款目的馆藏说明》ANSI / NISO Z39.71–2006（R2011）的组成部分，仅提供信息。］

关于本标准

标准的作用

NISO AL标准委员会在制定本标准的过程中遇到标准的作用这一哲理性问题。标准是应该设定目标，还是应该提供实际的规则（其中某些规则可能已经应用于实践）？ AL标准委员会（SC AL）在做出决定时，广泛考虑了图书馆界整体的需求。因此，新标准也允许适当保留不再作为规范的原有做法（指“不追溯原则”）。

一个馆藏标准还是两个？

自1989年以来，馆藏说明有两个标准：适用于连续出版物的ANSI Z39.44标准以及适用于非连续出版物的ANSI/NISO Z39.57标准。AL标准委员会首先考虑的问题是，NISO是应当继续支持两个馆藏说明标准，还是应该不考虑书目格式，仅制定一个馆藏标准。在

MARC书目格式统一的过程中，美国图书馆界已经表示支持整合的理念。由于书目原则和馆藏数据原则之间是相互关联的，委员会认为单一标准的概念适用于馆藏说明，正如其已经适用于书目数据一样。

另一个考虑的因素是，对于会议论文集、活页资料和电子出版物而言，很难在“连续”和“非连续”之间明确区分。并非所有图书馆都沿用相同的方式处理这些文献。因此，委员会相信单一馆藏标准是最合适的方法。

新旧馆藏标准之间的关系

对于已习惯于沿用旧标准来记录馆藏说明的人来说，标准的修订或新概念的引入无疑会令人困惑，收藏机构是否需要回溯以前的工作并按照最新的规则进行修改？当Z39.44–1986 取代了 Z39.42–1980时，按照旧标准创建的馆藏说明在新标准中可以兼容，或按“不追溯原则”执行。在Z39.44中，对于格式化编次和年代数据，使用者可以有两种选择，第二种选择就是按照旧标准的格式进行记录。因此，新标准的使用者既可以沿用旧格式记录馆藏，也可以更换为新标准格式。Z39.71–2006保持了这种惯例，支持按照旧标准记录馆藏说明。

某些旧规则所使用的代码和代码值在Z39.71–2006中已不再使用。这些代码在MARC格式中用“已废止”来表示。《MARC 21格式：背景和原理（MARBI，1996）》[①]［*The MARC 21 Formats*: *Background and Principles* (*MARBI, 1996*)］一文表述如下：“已废止的内容标识可能会继续出现在作废之前所记录的记录中。但在新记录中，这些已废止的内容标识不再使用。”

在修订过程中，AL标准委员会解决了各种标识符号不一致的问题。委员会审查了早期美国标准、ISO 10324、ANSI / NISO Z39.56–1996以及《连续出版物及其单篇文献的标识符》（SICI）中的标点符号。委员会认为由于SICI与馆藏说明标准的目标完全不同，二者所使用的标点符号无法总是完全一致。为了解决 ISO 10324、美国Z39.44 和 Z39.57标准之间标点符号的冲突，委员会决定采用美国标准的标点符号。AL标准委员会的此项决定是基于常识和尽可能减小对使用者影响的考虑。

NISO馆藏说明标准和《MARC 21馆藏数据格式》之间的关系

正如所有的MARC格式一样，《MARC 21馆藏数据格式》仅作为数据交流格式而非显示格式。NISO标准专门规定了馆藏说明的内容标准，而MARC馆藏格式则提供了馆藏记录的结构。AL标准委员会时常对《MARC 21馆藏数据格式》中的定义和代码进行检查，而且也会考虑格式变化所带来的影响。在本标准中，委员会采用了 MARC 馆藏格式所列举的载体形态标识代码，并建议对其进行相应的更改。

---

① 原文中多处出现“USMARC”，经与NISO核实，确认是编辑错误。根据ANSI/NISO Z39.7–2006版，原文中多处出现的“USMARC”均改为“MARC”。——译者注

NISO和ISO馆藏标准之间的关系

在1995年9月的会议期间，AL标准委员会成员回顾了ISO 10324“馆藏说明（简要级）”[①]国际标准。委员会对ISO 10324标准相当关注，因为只要有可能，NISO都会与国际标准相协调或采纳国际标准。委员会最终选择采用ISO标准而非1991年起草的Z39.71，作为1999年Z39.71的修订起点，后者亦成为2006年修订版的基础。

同题名的多版本

AL标准委员会考虑了如何处理同题名的多版本文献这一长期存在的问题（例如以印本和缩微形式、密纹唱片和高密度唱片、印本和在线等不同方式发行的同题名文献）。是应将每个版本都编为单独的书目记录，还是将所有版本都记载到一条记录上？电子出版物的日益增多加剧了多版本问题的辩论。事实上，如今的冲突本质上是一种书目表述的困境，因此已超出本标准的讨论范围。AL标准委员会已经制定了可以适应各种编目技术的馆藏标准。

各图书馆或团体有权决定使用哪些规则表示书目数据。馆藏说明隶属于由此产生的书目记录或记录。

馆藏范围项的两种选择

在Z39.71中，馆藏范围项的记录已经更加灵活。首先，详细级馆藏说明（第4级）可以使用连字符号结尾：待续馆藏说明。这种做法使得每次收录新馆藏时无需更新详细等级的馆藏说明。

其次，Z39.71允许部分简要级和部分详细级的混合馆藏说明。这项规定对于那些对早期卷册无法做出完整的详细记录，但对近期卷册拥有完整信息的收藏机构大有裨益。同时，这项规定也适用于之前按照Z39.42进行简要级馆藏说明记录而现在维护详细馆藏信息的机构。

重申

本标准最初于1997年10月29日至1998年1月31日由NISO投票成员投票通过，1999年3月26日经ANSI批准。经2005年的系统审查，委员会决定公布本修订版以回应某些评论并做细微修改。本修订版于2006年4月3日至2006年7月31日由NISO投票成员投票通过，2006年10月6日经ANSI批准。2006年版又于2011年1月14日经NISO投票成员投票通过，2011年3月15日经ANSI通过重申。

如果您有其他改进建议，欢迎发送至：National Information Standards Organization, 3600 Clipper Mill Road, Suite 302, Baltimore, MD 21211。

---

① ISO 10324的全称为《ISO 10324:1997，信息与文献—馆藏说明—简要级》（ISO 10324:1997, Information and Documentation-Holdings Statements-Summary Level）。——译者注

NISO投票成员

NISO在2006年对本标准投票时，投票成员包括以下机构及其代表：

3M

Susan Boettcher, Roger D. Larson (Alt)

American Association of Law Libraries

Robert L. Oakley, Mary Alice Baish (Alt)

American Chemical Society

Matthew Toussant

American Library Association

Betty Landesman

American Society for Information Science and Technology (ASIS&T)

Gail Thornburg

American Society of Indexers

Judith Gibbs

ARMA International

William Millican

Armed Forces Medical Library

Diane Zehnpfennig, Emily Court (Alt)

Art Libraries Society of North America (ARLIS/NA)

Pat Fragola

Association for Information and Image Management (AIIM)

Betsy A. Fanning

Association of Information and Dissemination Centers (ASIDIC)

Drucilla Ekwurzel

Association of Jewish Libraries

Caroline R. Miller, Elizabeth Vernon (Alt)

Association of Research Libraries

Duane E. Webster, Julia Blixrud (Alt)

Auto-Graphics, Inc.

Ruth Castillo, Paul Cope (Alt)

Ithaka/JSTOR/ARTstor

Evan Owens, Bruce Heterick (Alt)

John Wiley & Sons, Inc.

Clifford Morgan

Library Binding Institute

Debra Nolan

The Library Corporation

Mark Wilson, Wayne Hicks (Alt)

Library of Congress

Sally H. McCallum

Los Alamos National Laboratory

Richard E. Luce

Lucent Technologies

M.E. Brennan

Medical Library Association

Leopoldo Montoya, Carla J. Funk (Alt)

MINITEX

Cecelia Boone, William DeJohn (Alt)

Modern Language Association

Daniel Bokser, B. Chen (Alt)

MuseGlobal, Inc.

Kate Noerr, Clifford Hammond (Alt)

Music Library Association

Mark McKnight, David Sommerfield (Alt)

National Agricultural Library

Eleanor G. Frierson, Gary K. McCone (Alt)

National Archives and Records Administration

Nancy Allard

Baker Robbins & Company

Diane Carlisle

Barnes & Noble, Inc.

Douglas Cheney

Book Industry Communication

Brian Green

California Digital Library

Daniel Greenstein, John Kunze (Alt)

Cambridge Information Group

Gary Aiello, Matthew Dunie (Alt)

Checkpoint Systems, Inc.

Douglas Karp, Frank Palazzo (Alt)

College Center for Library Automation (CCLA)

Susan Campbell, Ann Armbrister (Alt)

Colorado State Library

Steve Wrede, Gene Hainer (Alt)

Copyright Clearance Center

Heather Reid, Tracey Armstrong (Alt)

CrossRef

Chuck Koscher, Edward Pentz (Alt)

DAISY Consortium

George Kerscher, Markus Gylling (Alt)

EBSCO Information Services

Gary Coker, Oliver Pesch (Alt)

Elsevier

Paul Mostert

Endeavor Information Systems, Inc.

Sara Randall, Shelley Hostetler (Alt)

Ex Libris, Inc

Susan Stearns, Ted Koppel (Alt)

Extensity

Eric Conderaerts, Eloise Sullivan (Alt)

Factiva

National Library of Medicine

Barbara Rapp, Betsy L. Humphreys (Alt)

National Security Agency

Kate Dolan

NFAIS

Marjorie Hlava

OCLC Online Computer Library Center

Thomas Hickey

Paratext

Robert Asleson, Eric Calaluca (Alt)

Polaris Library Systems

Candy Zemon, Paul Huf (Alt)

ProQuest Information and Learning

Christopher Rennie, Carol Brent (Alt)

Recording Industry Association of America

Bruce Block, Carlos Garza (Alt)

Ringgold, Inc.

Ralph Shoffner, Donald Chvatal (Alt)

RLG

Lennie Stovel

SAGE Publications

Carol Richman, Richard Fidczuk (Alt)

Serials Solutions, Inc.

Michael Showalter, Peter McCracken (Alt)

SirsiDynix

Greg Hathorn, Slavko Manojlovich (Alt)

Society for Technical Communication (STC)

Frederick O'Hara, Annette Reilly (Alt)

Society of American Archivists

Lisa Weber

Special Libraries Association (SLA)

Julie-Mae Stanley

Standards Australia

NISO董事会

NISO在2006年批准本标准时，董事会成员如下：

Director/Secretary

NISO

James Neal

Columbia University

Bruce Rosenblum

INERA, Inc.

CrossRef

Oliver Pesch

EBSCO Information Services

AL标准委员会

制定本标准1999年版本的NISO《书目款目的馆藏说明》的AL标准委员会，包括以下成员：

Martha Hruska, Co-chair

University of Florida

Ellen C. Rappaport, Co-chair

Albany Law School

Marjorie E. Bloss

Center for Research Libraries

John Espley

VTLS, Inc.

Helen E. Gbala

Ameritech Library Services

Rebecca S. Guenther

Library of Congress

Elaine Henjum

Florida Center for Library Automation

Myrtle Myers

Online Computer Library Center, Inc.

Suzanne L. Thomas

University of Pittsburgh

莎莉·麦卡勒姆（Sally McCallum，国会图书馆）对有关ISO标准和MARC格式方面提供了宝贵的帮助。

丽贝卡·根瑟和莱斯利·霍金斯（Rebecca Guenther，Leslie Hawkins，国会图书馆）依据重申核准投票时的反馈修订成此版本。

ANSI/NISO Z39.71-2006 (R2011)评审组投票区

NISO在2011年对本标准进行重申，时任ANSI/NISO Z39.71-2006 (R2011)审查投票成员来自以下投票区。NISO对本标准的批准不代表所有成员都投了赞成票。

American Library Association (ALA)

Cindy Hepfer

Association of Research Libraries (ARL)

Julia Blixrud

Ex Libris, Inc.

Nettie Lagace

National Federation of Advanced Information Services

Marjorie Hlava

National Library of Medicine (NLM)

Barbara Rapp

National Archives and Records Administration

Marilyn Redman

致谢

NISO标准是集体智慧、经验和努力的结晶。AL标准委员会在此向格林·T·埃文斯（Glyn T. Evans）所做的工作表示感谢，他曾担任委员会主席并制定了第一个ANSI馆藏说明标准——Z39.42。

1 范围和目的

1.1 范围

1.1.1 显示要求

本标准规定了书目款目馆藏说明的展示要求，以确保馆藏信息交流和交换的一致性。本标准适用于任何实体或电子载体书目款目的馆藏说明。它同时也适用于人工和机读方式的馆藏记录。

1.1.2 数据元素

本标准旨在标识与界定书目款目馆藏说明的数据元素，它适用于一个或多个图书馆或文献机构的馆藏说明。本标准规定了馆藏说明应当包括的数据项和数据元素。本标准没有规定馆藏说明中数据项的显示顺序，但规定了数据项中数据元素的内容、顺序和格式。

本标准独立于编目规则体系之外，既不规定机读数据格式中馆藏说明数据元素的表现方法，也不规定存储、显示或转换馆藏说明所用的载体。

1.1.3 馆藏说明关联

本标准要求馆藏说明与相应的书目款目标识相关联，但书目款目的标识方法不在本标准的范畴之内。

1.2 原则

1.2.1 具体性等级

本标准界定馆藏说明为4个具体性等级。决定使用哪个等级由各机构决定。收藏机构可根据自身情况和需要，选取其中任何一级进行记录。各等级应至少包括已指明的数据项，描述如下。本标准第3节的表10–1–2对该信息进行了概括。馆藏说明的4个等级如下。

第1级：款目标识数据项和馆藏位置数据项。

第2级：第1级馆藏说明信息加上记录日期项。如有必要，第2级馆藏说明可以包括一般馆藏项数据：出版物载体形态、馆藏完整性、采购政策、保留政策和本机构附注。

第3级：记录基本书目单元、补编/索引时，所需的第2级馆藏说明信息加上馆藏范围数据项。如有必要，第3级馆藏说明可以包括一般馆藏项数据。

第4级：记录基本书目单元、补编/索引时，所需的详细等级的第2级馆藏说明信息，加上馆藏范围数据项。如有必要，第4级馆藏说明可以包括一般馆藏项数据。

1.2.2 数据元素标识

本标准通过标点符号的使用以及数据项中数据元素的显示顺序来标识数据元素。本标准并未要求各数据项中数据元素的显示顺序和标点符号完全一致。

1.2.3 可选数据项或数据元素

可选数据项或数据元素的空缺并不一定表明该数据项或数据元素所表示的相关特征的缺失。可选数据项或数据元素的存在并不一定表明该数据记录是完整的。例如，缺少馆藏范围项并不一定能说明书目款目的完整程度。

1.2.4 已有馆藏

在需要明确记录馆藏范围时，本标准要求记录收藏机构已收藏的文本而不必记录缺藏的文本。但缺藏的书目款目可以在馆藏附注项或特定范围附注项中加以记录。

1.2.5 馆藏位置数和复本数量

单一馆藏说明中可以包含多个馆藏位置及复本信息。既可对馆藏按照某本馆藏说明进行记录，反映一本和一个馆藏位置，也可以作为组合馆藏说明加以记录，反映多个复本或多个馆藏位置或分馆馆藏位置。

1.2.6 形式

馆藏说明可以按照逐条级或压缩级两种形式进行记录。

1.2.7 编目体系

本标准的规定独立于任何特定的编目体系或规则之外（例如《英美编目条例》或《国际

标准书目著录》），也不属于任何机读格式（例如《MARC 21馆藏数据格式》）。由于采用不同的编目规则或政策，按照本标准记录的馆藏说明可能会对一个书目款目进行不同描述。

1.2.8 馆藏说明与书目款目的关系

馆藏说明应当仅反映款目标识项中所表示的书目款目。但是，只要收藏机构所采用的书目著录规则允许在一个书目记录中包含所有部分（例如补编或索引作为附注，在主要书目记录中加以记录），那么本标准允许在一个单一的馆藏说明中记录其他相关书目实体的馆藏。

1.2.9 格式

如果收藏机构拥有的某个书目款目有不同格式，例如实体/电子格式，那么馆藏说明的数量取决于描述或标识不同格式的书目款目所采用的方式。如果不同载体的文献分别由不同的款目标识描述或标识，那么各款目标识应有与其相对应的单独馆藏说明。如果不同载体的文献仅由一个款目标识描述或标识，那么不同载体的馆藏说明可能要与该款目标识链接起来。

1.3 参考资料

以下文档与书目馆藏直接相关：

Anglo-American Cataloguing Rules（英美编目条例）. Chicago: American Library Association, Current Edition and Revisions. Appendix B, Abbreviations.

ANSI X3.43–1986 (R1992). Local Time of the Day for Information Interchange, Representations of（用于信息交换的当地时间表示）. New York: American National Standards Institute, 1992.

ANSI X3.30–1997. Representation of Date for Information Interchange（用于信息交换的日期表示）. New York: American National Standards Institute, 1998.

ANSI Z39.44–1986. Serial Holdings Statements（连续馆藏说明）. New York: American National Standards Institute, 1986.

ANSI/NISO Z39.57–1989 (R1995). Holdings Statements for Non-Serial Items（非连续出版物馆藏说明）. Bethesda, MD: NISO Press, 1995.

ISO 832:1994. Information and Documentation-Bibliographic Description and References-Rules for the Abbreviation of Bibliographic Terms（信息与文献–参考文献著录规则–书目术语缩写规则）. Geneva, Switzerland: International Organization for Standardization, 1994.

ISO 10324:1997. Information and Documentation-Holdings Statements-Summary Level（信息与文献–馆藏说明–简要级）. Geneva, Switzerland: International Organization for Standardization, 1997.

MARC 21 Format for Bibliographic Data: Including Guidelines for Content Designation

（MARC 21 书目数据格式：包括内容标识指南）. Washington: Cataloging Distribution Service, Library of Congress, 1999 and updates.

MARC 21 Format for Holdings Data, Including Guidelines for Content Designation（MARC 21 馆藏数据格式：包括内容标识指南）. Washington: Cataloging Distribution Service, Library of Congress, 2000 and Updates.

2　定义

本标准中所使用的术语定义如下。

- **附加资料（Accompanying material）**：见“辅助书目单元”。
- **采访状态标识（Acquisition status designator）**：一般馆藏项中的数据元素，用来表示某个书目单元是否已经为记录机构所收藏或正在收藏。
- **相邻显示（Adjacent display）**：每一件馆藏的编次之后即紧跟其相对应年代的馆藏显示。另见“分开显示”。
- **按字母顺序标识（Alphabetic designation）**：见“编次”。
- **交替编次（Alternative enumeration）**：附加的、辅助的编次，用于某些多部分单元或连续性单元。注：交替编次除分级标识外，也提供连续编号顺序。例如“v.3: pt.1=fasc.7”表示各卷和分册的主要编次，以及单册的交替编次。
- **项（Area）**：见“数据项”。
- **基本书目单元（Basic bibliographic unit）**：记录馆藏的主要书目单元。注：基本书目单元的例子包括：一本书、一套多卷本百科全书、一份电脑文档、一张地图、一份音乐总谱、一组管弦乐章以及一份各部分单独命名的出版物。一个由若干无主次之分的书目单元所组成的书目实体被视为拥有多个基本书目单元，例如一套多媒体配套资料或一套音乐总谱和分谱。参见“辅助书目单元”“书目单元”。
- **书目款目（Bibliographic item）**：作为一个实体出版、发行或处理的书目单元或书目单元集合，无论何种载体形态，也不论是否连续出版，构成了单个书目著录的基础。注：在本标准中，书目实体是指由款目标识表示的实体。有些书目款目由一个或多个基本书目单元组成，有些则由一个基本书目单元和一个或多个的辅助书目单元组成。书目款目的例子包括：一本书、一套地图集、一份带乐章的音乐总谱、一张高密度数字光盘、一套多媒体配套资料、一份手稿馆藏、一卷缩微期刊、一盒附带小册子的录像带、一份连续发行更新的活页出版物、一本期刊和一份报纸。
- **书目单元（Bibliographic unit）**：构成书目款目的全部或部分的独立书目实体。注：一个书目单元可以是一个基本书目单元或一个辅助书目单元，也可以是单一部分单元、多部分或连续性的单元。书目单元并非必须与实体单元相对应。在一个书目款目中，各书目单元通常是单独命名且顺序并非完全连续。每个书目单元的内容主要取决于收藏机构所采用的书目著录规则。书目单元的例子包括：一本单卷册出版物、一本连续出版物、一套多卷册专著、一本附带的小册子、一盒录像带、一片附带录音光盘、一套乐谱和一套连续发行更新的出版物。

- **索书号（Call number）**：馆藏位置数据项中的数据元素，用来表示馆藏书目款目或书目单元的具体位置。注：本标准将索书号所附的分馆馆藏位置标识和复本标识视为不同的数据元素。
- **编次标题（Caption）**：被出版商用来表示多部分单元或连续性单元中各部分的单词、短语或缩略语。注：编次标题通常出现在编次前面，例如“卷”（volume）、“卷”（band）、“册”（heft）、“分册”（part）、“期”（number）、“册”（tome）、“面”（side，对录音光盘而言），或出现在编次后面（例如1.分册），也可围绕着编次（例如第17卷）。
- **基数（Cardinal number）**：表示一组内有多少款目的数字，例如一、二、1、2，等等。
- **停止出版（Ceased）**：见“收录完整或停止出版”。
- **年代（Chronology）**：馆藏范围项中的数据元素，用来表示出版商在连续性或多部分单元上所标注的日期，以便于识别/表示该出版物的出版日期。注：年代可以反映出版物的日期范围、出版日期、版权日期或印刷日期。
- **终止馆藏说明（Closed holdings statement）**：以馆藏最后一期的编次/年代结尾、而非连字符结尾的一系列编次/年代。参见“待续馆藏说明”。
- **合并编号（Combined numbering）**：出版商将两个或多个部分合并出版时，用合并编号来标识，例如“number 3/4”。
- **完整性标识（Completeness designator）**：一般馆藏项中的数据元素，用来表示收藏机构对连续性单元或多部分单元的已出版部分所收藏的数量。
- **组合馆藏说明（Composite holdings statement）**：由下列有关信息构成的馆藏说明，（a）在单个馆藏位置或分馆藏位置中，记录一个书目款目或书目单元的两个或多个复本信息，或（b）将两个或多个分馆藏位置的复本信息合并记录到一个单独的馆藏说明中。参见“特定复本馆藏说明”。
- **压缩级（Compress）**：在记录一个系列馆藏时，仅记录馆藏的第一部分和最后一部分的编次/年代。参见“逐条级”。
- **简缩级（Condense）**：见“压缩级”。
- **复本标识（Copy identifier）**：馆藏位置数据项中的数据元素，用来表示所记录的馆藏书目单元的特定复本。
- **特定复本馆藏说明（Copy-specific holdings statement）**：一种馆藏说明，用来表示收藏在单个馆藏位置的某书目单元的单个复本。参见“组合馆藏说明”。

- **新近收录（Currently received）**：在准备馆藏说明之时例行接收的最新出版物。
- **数据项（Data area）**：馆藏说明中由一个或多个数据元素组成的已定义片段。
- **数据元素（Data element）**：馆藏说明中可标识及可定义数据的基本单元。
- **日期信息（Date information）**：见“年代”。
- **日期范围（Date of coverage）**：出版商在书目单元上标注的时期或日期，以界定书目单元内容的年代限制。
- **印刷日期（Date of printing）**：出版商在书目单元上标注的书目单元的印刷/制作日期。
- **出版日期（Date of publication）**：出版商在书目单元上标注的书目单元的发行日期。
- **重印日期（Date of reprinting）**：出版商在再版书目单元上标注的书目单元的重印日期。
- **记录日期项（Date of report area）**：提供馆藏说明的记录日期或最后更新日期的数据项，显示了馆藏说明信息的时效性。
- **详细级馆藏说明（Detailed holdings statement）**：第4级馆藏说明所要求的数据元素集合，该组数据元素最详细地标识和记录特定机构所藏书目单元的各个部分。参见“简要级馆藏说明”。
- **显示（Display）**：数据的呈现，以一种可由人直接解释的形式。
- **元素（Element）**：见“数据元素”。
- **编次（Enumeration）**：馆藏范围项中的数据元素，为出版商在多部分或连续性单元上所标注的序列数字/字母标识，以识别单个书目或实体分册，并显示其与作为整体的书目单元之间的关系。
- **馆藏范围项（Extent of holdings area）**：表示所记录馆藏书目单元的范围、名称、编次/年代（视情况而定）的数据项。
- **单元范围（Extent of unit）**：馆藏范围项中的数据元素，包含机构书目单元记录中无连续标识符号的各部分数量的具体信息。
- **字段（Field）**：见“数据元素”。
- **缺期（Gap）**：多部分单元或连续性单元已出版部分在馆藏中的间断或中断。缺期可以反映未出版部分、已出版但图书馆尚未收录的部分或是否出版尚有存疑的部分。参见“非缺期中断”。
- **一般馆藏项（General holdings area）**：数据项，用来表示一个书目单元的馆藏完整性、采访政策和保留政策。
- **等级编次（Hierarchical enumeration）**：按逻辑将编次划分为两个或多个纵向等级结构。例如，一部作品可以分成若干卷，每卷又可分成多个分册，如v.1、pt.1–4、v.2、

pt.1–4等。

- **层次等级（Hierarchical level）**：体系层次结构中，一个或多个数据元素与其他数据元素之间的相对位置。这些相对位置表示该结构中数据元素之间的上下关系。
- **馆藏附注项（Holdings note area）**：包含自由文本信息的数据项，通常具有本地属性。注：馆藏附注项可包括在馆藏说明中或相应书目记录中未记录的信息，以进一步解释馆藏说明。
- **馆藏说明（Holdings statement）**：某特定书目款目的馆藏位置记录，如有必要，还包括书目款目单元的馆藏位置记录。注：在本标准中，馆藏说明仅反映现有馆藏，而不反映不再收藏或计划收藏的文献。馆藏说明可以是待续馆藏的。
- **索引（Index）**：对作品或一组作品的内容或派生概念的系统性指引，由一系列按字母、年代、数字或其他特定顺序排列的款目组成。通常与参考文献或指示符排在一起，以显示被索引的各内容或概念所处的具体位置。本标准将一个单独著录的索引（即该索引有自己的书目记录和款目标识）视为一个基本书目单元；而对在主要作品记录中所著录的索引，因其并非基本书目单元的组成部分，仅视其为辅助书目单元。
- **机构标识符（Institution identifier）**：馆藏位置数据项中的数据元素，用来表示一个机构。例如图书馆、组织、收藏、联盟，以及一个物理场所。
- **款目标识项（Item identification area）**：数据项，包含记录馆藏说明的书目款目标识。
- **款目标识（Item identifier）**：数据元素，是记录馆藏说明的书目款目的唯一标识。注：款目标识可由以下信息组成：国际标准连续出版物号、国际标准书号、国际期刊刊名代码、记录控制号、部分或全部的书目著录。
- **逐条级（Itemize）**：明确地、没有任何压缩地记录馆藏书目单元各个部分的馆藏说明。参见“压缩级”。
- **缺藏（Lacking）**：未收藏。
- **具体等级（Level of specificity）**：馆藏说明的细节或准确程度。本标准为收藏机构记录所藏书目单元定义了4个等级，从最简单的第1级到最详细的第4级。
- **馆藏位置数据项（Location data area）**：数据项，包括书目单元所处或可获取的机构、物理场所或收藏的标识信息，通常与分馆馆藏位置、复本标识以及架位信息一起出现。
- **必备的（Mandatory）**：按照本标准在形成馆藏说明时必须包括的信息。
- **有则必备（Mandatory if applicable）**：如果适合所著录的书目款目，按照本标准，在形成馆藏说明时必须包括的信息。
- **混合馆藏说明（Mixed holdings statement）**：编次/年代数据的简要级和详细级混

合的馆藏说明。

- **专著**（Monograph）：见“非连续性单元”。
- **专著丛编**（Monographic series）：一组相互关联的独立书目款目，除了拥有各自的题名外，还有一个适合于这一组款目整体的总题名。单个书目款目可以编号，也可以不编号。
- **专著集**（Monographic set）：见“多卷专著”。
- **多部分单元**（Multipart unit）：由一组独立实体单元组成的基本书目单元或辅助书目单元，这组独立实体单元是一套完整的或计划限数完整出版的出版物。例如，一套多卷专著、一套地图集。多部分单元可以以任何实体形态或载体出现。参见“单一部分单元”“连续性单元”。
- **多卷专著**（Multivolume monograph）：多于一卷的专著。又称“专著集”。见“非连续性单元”“多部分单元”。
- **单元名称**（Name of unit）：馆藏范围项中的数据元素，表示书目单元上原有的或编目人员为识别书目单元而拟定的名称或题名。
- **非公历年**（Non-calendar year）：与公历年（1—12月）不相对应的出版物月份周期。财务年度或学年就是非公历年的例子。
- **非缺期中断**（Non-gap break）：多部分单元或连续性单元已记录部分之间的中断，这些中断通常是因未出版或出版商的序列标识中止造成的。
- **非连续性单元**（Non-serial unit）：书目单元是单一部分或计划出版完毕的多部分书目单元。注：非连续性单元可以以任何实体形态或载体出现。参见“连续性单元”。
- **不适用**（Not applicable）：对所著录的书目款目不适用，或在馆藏说明所用的具体等级中没有意义。
- **尚未收录**（Not currently received）：记录机构尚未收录的新出版文献，不计原因。“尚未收录”并不等同于“收录完整或停止出版”。
- **不可重复**（Not repeatable）：在一个馆藏说明或一个数据项中仅可使用一次。
- **附注项**（Note area）：见“馆藏附注项”。
- **编号**（Numbering）：见“编次”。
- **已废止的**（Obsolete）：具有定义值，在早期标准中使用，本标准中不再使用。“已废止的内容标识可能会在其作废之前的记录中继续出现。但在新记录中不再使用。”见 *The MARC 21 Formats: Background and Principles, MARBI, 1996.*
- **待续馆藏说明**（Open-ended holdings statement）：以连字符结尾的一系列编次/年代。待续馆藏说明表示收藏机构还在继续收藏该题名的文献。第3级和第4级馆藏说明允许待续馆藏说明。参见“终止馆藏说明”。
- **可选的**（optional）：本标准可包括或不包括在馆藏说明中，取决于记录机构的需求。

- **序数（Ordinal number）**：表示在一个系列或序列中位置的一个数字。例如第一，第二、1st、2nd，等等。
- **载体形态标识（Physical form designator）**：一般馆藏项中的数据元素，用来标识书目单元载体形态或资源类型。注：载体形态标识的例子包括缩微胶卷、缩微平片、录像资料、文本、盲文本、合订本、平装本、地图、电脑文档、录音资料和模型。
- **实体部分（Physical part）**：见“件”。
- **实体件（Physical piece）**：见“件”。
- **实体单元（Physical unit）**：见“件”。
- **件，篇，幅，份，等等（Piece）**：书目单元的单独部分，通常为实体部分。
- **标点符号（Punctuation）**：既非数字又非字母但具有特定含义且起分隔作用的符号。
- **范围（Range）**：馆藏的区域或范围，在编次或年代数据中使用。
- **收录完整或停止出版（Received and complete or ceased）**：出版物部分已经出版完毕或出版物不再发行（已停止出版）。
- **相关书目单元（Related bibliographic unit）**：见“辅助书目单元”。
- **可重复的（Repeatable）**：馆藏说明或数据项中可多次使用的数据元素。
- **保留标识（Retention designator）**：一般馆藏项中的数据元素，用来表示收藏机构所藏书目单元的保留或保存期限。
- **辅助书目单元（Secondary bibliographic unit）**：对基本书目单元或其他辅助书目单元起补充或增补作用的离散书目单元。注：辅助书目单元的例子包括：一份图书中夹袋内的地图、一份报纸的增刊、一份连续出版物的单独索引、一套活页出版物的更新资料、一本教科书附带的答案册、一份多部分单元某部分的连续更新、一份唱片的附带小册子。辅助书目单元本身可以是单一部分单元、多部分单元或连续性单元。应注意的是，不同单元系列的“同等”书目部分，例如一套多载体配套资料或一套音乐总谱和分谱，被认为是一个基本书目单元。连续性和多部分单元的单独部分（如，卷），通常仅作为书目单元的部分而非辅助书目单元。参见“基本书目单元”“书目单元”。
- **部分（Segment）**：简要级馆藏说明的一部分，用来记录单一范围的馆藏。
- **分开显示（Separate display）**：馆藏说明先显示所有编次，然后再显示所有年代。参见“相邻显示”。
- **连续性单元（Serial unit）**：定期或不定期连续发行的基本书目单元或辅助书目单元，带有数字/年代标识，且预计无限期持续发行。连续性单元可以任何实体形态或载体出现。通常，具有连续性质的作品包括期刊、报纸、年度作品、报告、杂志、回忆录、会议论文集、诸如年会或其他社团及公司的事务记录，以及编号的专著从编。参见“单一部分单元”“多部分单元”。

- **丛编（Series）：**一套或一系列文献中单独编号或未编号的连续卷册。例如系列1、系列2等，或新系列。参见“专著丛编”。
- **架位标识（Shelving location identifier）：**以机构标识符表示机构或收藏时，显示馆藏架位信息的数据元素。
- **单一部分单元（Single-part unit）：**单个实体单元中完整的基本书目单元或辅助书目单元。注：单一部分单元可以任何实体形态或载体出现。参见“多部分单元”“连续性单元”。
- **特定范围附注（Specific extent note）：**在馆藏范围项之后，对其进行阐述或补充说明的数据元素。
- **分馆馆藏位置标识（Sublocation identifier）：**馆藏位置数据项中的数据元素，用来表示机构标识符所显示的收藏机构的分支或分馆藏。
- **简要级馆藏说明（Summary holdings statement）：**包括编次/年代的第1级（最高级）馆藏说明。参见“详细级馆藏说明”“组合馆藏说明”和“特定复本馆藏说明”。
- **补编（Supplement）：**在本标准中，补编指由同一出版商发行的与基本书目单元主题密切相关的出版物，仅次于基本书目单元但又相对独立。补编通常用来补充基本书目单元的某一特殊主题。某些补编定期或不定期连续发行，而某些补编则作为专著出版。本标准将带有自身款目标识（即书目描述）的补编视为一个基本书目单元，而非视为补编。被包括在主要作品（基本书目单元）款目标识中的补编则被视为一个辅助书目单元，除非该补编被明确列为此主要作品的一部分，在后者情形下，该补编被视为基本书目单元的一部分。
- **系统标识（System identifier）：**一个收藏机构或系统使用的标准标识，用来分配款目标识项中的记录控制号。
- **单元类型标识（Type of unit designator）：**一般馆藏项中的数据元素，以数字代码或显示文本表示所记录书目单元的性质，以及基本书目单元中的馆藏说明等级。
- **单元（Unit）：**见“书目单元”。

3　表格

本节包括“馆藏范围项”中使用的标点符号概览表、馆藏说明内容表和载体形态标识表。

3.1 馆藏范围项中使用的标点符号

表10-1-1 馆藏范围项中使用的标点符号

名称	符号	作 用	示 例
尖括号	< >	将特定范围附注项括起，尖括号前后各有一个空格	<Water-damaged>
空格		将数据项中的数据元素分开	v.1–9 10 <Tables> 1 1 <Index>
冒号	:	将两个不同顺序或等级的书目单元分开。冒号前后不使用空格	v.1:pt.1 v.1:no.1:pt.1
逗号	,	表示一组馆藏中的缺期。逗号前后不使用空格	v.1,v.3
等号	=	将交替编号体系分开。等号前后不使用空格	v.2:no.5=fasc.15
正斜杠（斜线）	/	表示合并编号、合并年代或非公历年年代数据。正斜杠前后不使用空格	v.1/2 1969/1970
连字符	–	表示一组不间断的或待续馆藏。连字符前后不使用空格	v.1–3 v.1–
圆括号	()	将记录在一起的编次和年代数据分开。圆括号前后均无空格	v.1(1983)
加号	+	将前后相连的两个基本书目单元或基本书目单元与辅助书目单元分开。加号前后各有一个空格	1 v. + 1 disk “Teacher’s Guide” 1 v. + 1 sound cassette
问号	?	表示年代中最后一位或两位数字不详。问号之前无空格；结尾的问号之后有一个空格	1950–197? 18??
引号	""	将书目单元名称括起。引号前后各有一个空格	“Index”
分号	;	表示非缺期中断。分号前后不使用空格	v.1–4;v.6
方括号	[ ]	将指定的编次或年代括起。方括号前后各有一个空格	[1981/1982]
注：在Z39.57–1989中，后斜线（\）用来将逐条列举的数据元素分开。该符号现在已废止。 注：另见章节4.4有关标点符号与分隔符的使用指南。			

3.2 馆藏说明的内容

表10-1-2 馆藏说明的内容

数据项或数据元素	第1级	第2级	第3级	第4级	可重复
款目标识项	M	M	M	M	NR
馆藏位置数据项	M	M	M	M	R
机构标识符	M	M	M	M	NR
分馆馆藏位置标识	O	O	O	O	R
复本标识	O	O	O	O	R

续表

数据项或数据元素	第1级	第2级	第3级	第4级	可重复
索书号	O	O	O	O	R
记录日期项	O	M	M	M	R
一般馆藏项1	NA	O	O	O	R
单元类型标识	NA	M	M	M	NR
载体形态标识	NA	M	M	M	NR
完整性标识	NA	M	M	M	NR
采访状态标识	NA	M	M	M	NR
保留标识	NA	M	M	M	NR
馆藏范围项	NA	NA	M[2]	M[2]	R
单元名称	NA	NA	MA[3]	MA[3]	R
单元范围	NA	NA	MA[3]	MA[3]	R
编次	NA	NA	MA[3]	MA[3]	R
年代	NA	NA	MA[3]	MA[3]	R
特定范围附注	NA	NA	MA[3]	MA[3]	R
馆藏附注项	O	O	O	O	R

M=必备的（Mandatory）
MA=有则必备（Mandatory if applicable）
O=可选的（Optional）
NA=在该级别不适用（Not used at the level specified）
R=可重复的（Repeatable）
NR=不可重复的（Not repeatable）

1. 当按照第2、3、4级馆藏说明标准记录一般馆藏项时，上述所有数据项或数据元素都是必备的（除“第5节数据项及数据元素”中排除的以外）。
2. 当按照第3级或第4级馆藏说明标准记录馆藏范围项时，以下数据元素至少有一项必备：单元名称、单元范围、编次或年代。
3. 除第5节未包括的，对于文本馆藏说明或非代码（文字表述）值，以上数据项或数据元素有则必备。

3.3 载体形态标识

表10–1–3对于一般馆藏项载体形态标识中所使用的代码和文字表述予以界定。实体形态可以使用这些代码或自然语言表达。在每组起始可以使用一般代码（以“u”结尾）或自然语言表述，或使用更具体的代码或文字。这些代码与MARC 21书目格式007字段的代码相对应。最新代码，请参考“MARC 21书目格式”。

表10-1-3 载体形态标识

代码值	定　义
au	地图资料
ad	地图资料，地图集
ag	地图资料，图表
aj	地图资料，地图
ak	地图资料，配置文件
aq	地图资料，模型
ar	地图资料，遥感影像图
as	地图资料，局部图
ay	地图资料，俯视图
az	地图资料，其他
cu	电脑文档
ca	电脑文档，盒式磁带
cb	电脑文档，盒式计算机芯片
cc	电脑文档，电脑盒式光盘
cf	电脑文档，盒式磁带
ch	电脑文档，盘式磁带
cj	电脑文档，磁盘
cm	电脑文档，磁光盘
co	电脑文档，光盘
cr	电脑文档，远程访问
cz	电脑文档，其他
du	地球仪
Da	天体地球仪
Db	行星或月球仪
dc	地球仪
de	地球月球仪
Dz	地球仪，其他
Ou	配套资料
Hu	缩微资料
Ha	缩微资料，穿孔卡片
Hb	缩微资料，单轴盒式缩微胶卷
hc	缩微资料，双轴盒式缩微胶卷
hd	缩微资料，盘式缩微胶卷

续表

代码值	定　义
he	缩微资料，缩微平片
hf	缩微资料，双轴盒式缩微平片
hg	缩微资料，不透明缩微品
hz	缩微资料，其他
mu	电影
mc	电影，卡式电影
mf	电影，盒式电影
mr	电影，盘式电影
mz	电影，其他
ku	非投影图像
kc	非投影图像，拼贴画
kd	非投影图像，素描
ke	非投影图像，绘画
kf	非投影图像，照相制版复制品
kg	非投影图像，负片
kh	非投影图像，影印画
ki	非投影图像，图片
kj	非投影图像，印刷品
kl	非投影图像，工程技术图
kn	非投影图像，图表
ko	非投影图像，闪视卡
kz	非投影图像，其他
qu	乐谱
gu	投影图像
gc	投影图像，幻灯影片（循环式）
gd	投影图像，幻灯影片
gf	投影图像，其他类型的幻灯影片
go	投影图像，幻灯影片卷
gs	投影图像，幻灯片
gt	投影图像，透明胶片
gz	投影图像，其他
ru	遥感影像
su	录音资料

续表

代码值	定　义
sd	录音资料，唱片
se	录音资料，录音筒
sg	录音资料，循环录音带
si	录音资料，声道胶片
sq	录音资料，录音卷
ss	录音资料，盒式录音带
st	录音资料，盘式录音带
sw	录音资料，钢丝录音
sz	录音资料，其他
tu	文本
ta	文本，普通印刷本
tb	文本，大字版印刷本
tc	文本，盲文本
td	文本，活页文本
tz	文本，其他
vu	资料
vc	录像资料，盒式循环录像带
vd	录像资料，影碟
vf	录像资料，盒式双轴录像带
vr	录像资料，盘式录像带
vz	录像资料，其他
zu	载体形式未详细说明
zm	多种载体形式
zz	其他载体形态

4　馆藏说明的结构

4.1　数据项

馆藏说明可以分为6个数据项（表10-1-2）。各级馆藏说明将这些数据项标识为必备的、不使用的或可选的。本标准并未详细规定这些数据项和标点符号的顺序。可选数据项的空缺并不一定表明该数据项所涉及相关特征的缺失。

4.2　数据元素

在各数据项中，本标准将会按照形式、标点符号和顺序详细显示各数据元素。各级馆藏说明将这些数据元素标识为必备的、不使用的或可选的。可选数据元素的空缺并不一定表明该数据元素所涉及相关特征的缺失。

在明确记录馆藏范围项时，本标准要求记录已收藏的部分而非缺藏的部分。然而，这并不会妨碍缺藏部分的记录，因为缺藏部分可以记录在馆藏附注项中。

4.3　等级

本标准规定了4个等级的馆藏说明，允许收藏机构根据不同目的、按照不同等级的细节要求记录馆藏。表10–1–2简要说明了4个等级馆藏说明所要求的必备的和可选的数据元素。

第1级馆藏说明标识了书目款目和馆藏机构，这对于单一部分单元来讲已经足够，但无法为多部分单元或连续性单元提供馆藏范围标识。该级别要求包括款目标识项和馆藏位置数据项。

第2级馆藏说明要求记录款目标识项、馆藏位置数据项和记录日期项。如果包含可选的一般馆藏项，那么该数据项要为收藏机构的馆藏范围提供一般性指南。

第3级馆藏说明通过尽可能压缩的方式，提供简要馆藏范围的说明。该简要级馆藏说明既可以是终止馆藏的，也可以是待续馆藏的。该级馆藏说明要求包括款目标识项、馆藏位置数据项、记录日期项以及有则必备的馆藏范围项。如果编次/年代有值，则仅需记录最高级别（第一级标识符）。

第4级馆藏说明提供详细的馆藏范围信息。详细级馆藏说明采用逐条级或压缩级皆可；详细级馆藏说明既可以是待续馆藏的，也可以是终止馆藏的。该级馆藏说明包括款目标识项、馆藏位置数据项、记录日期项以及有则必备的馆藏范围项。如果编次/年代有值，则必须记录最具体级别（包括所有等级）。

本标准允许收藏机构进行第3级和第4级馆藏范围项的混合记录。混合记录允许收藏机构在同一馆藏说明中既能简要记录某些馆藏范围项，又能详细记录另一些馆藏范围项。

4.4　标点符号和分隔符

标点符号与分隔符仅用于一般馆藏项和馆藏范围项。本标准未规定各数据项之间的分隔符，以及馆藏位置数据项、记录日期项或馆藏附注项中的标点符号。

馆藏说明中所使用的标点符号或格式在体系上应保持一致。馆藏说明的各数据项之间应当通过明确的标点符号（例如句号、连字符或双连字符）、格式（例如缩排）或换行符明确区分开来。

可能有必要在编次或年代中记录标点符号，即使该符号与本标准的表10–1–1中规定的标点符号相同。

如果书目单元带有的等级编次体系，是与书目单元各部分的内容相关而非与出版物本身相关，则可按照书目单元上的体系对该书目单元进行记录。见5.5.1.2节。

示例：

卷册编号部分的连字符记录为：

title 24:sect.1–1 to sect.16–1613

而不是

title 24:sect.1–1–sect.16–1613

4.5 馆藏说明的构成

馆藏说明应当仅反映书目款目的馆藏，该书目款目由款目标识项中所记录的款目标识表示。当文献资料由两个或多个书目记录来描述时，均需要单独的馆藏说明。只要记录机构未对辅助书目单元进行分别记录，那么本标准允许对辅助书目单元进行馆藏记录（例如补编或索引）。

每个馆藏说明可以仅包含一个款目标识项。当按照第1级记录时，馆藏位置数据项是可以重复的。如果需要具体描述多个馆藏位置，并且按照第2、3、4级记录时，记录日期项、一般馆藏项、馆藏范围项和馆藏附注项中的各项可以按需重复。

如果用一个标识来表示多个书目单元，并且按照第3、4级馆藏说明标准进行记录时，一般馆藏项和馆藏范围项可以按需重复。

4.6 不同实体和电子载体

当仅存在一个合适的款目标识时（例如，由于仅建立了一个单独的书目记录），本标准允许在一个单独的馆藏说明中包含不同实体/电子载体的书目款目信息。一般馆藏项和馆藏范围项可以按需重复。但是，如果不同载体的款目中存在单独的款目标识（由于建立了单独的书目记录），那么应根据相应的款目标识分别进行馆藏说明记录。

4.7 多个馆藏位置和复本

本标准允许在一个单独的馆藏说明中记录多个馆藏位置和多复本信息。

5 数据项和数据元素

表10–1–2列出了馆藏说明包含的数据项和数据元素。每个数据项和数据元素指定为M（必备）、MA（有则必备）、NA（在该级别不适用）或O（可选）。表10–1–2亦显示了

数据项或数据元素是否可重复。下文对数据项和数据元素进行了详细描述。

为了确保记录和阐释的一致性，本标准规定了数据元素在不同数据项的排列顺序和格式，但并未规定数据项在馆藏说明显示的顺序。

5.1　款目标识项

款目标识项包含书目款目的标识。本标准对款目标识的结构与标点符号未做专门规定。然而，如果款目标识是一个记录控制号，则应将收藏机构或系统的标准代码加上圆括号，直接置于款目标识之前。如果款目标识是ISBN、ISSN或CODEN，建议将ISBN、ISSN、CODEN这些名称置于款目标识之前。款目标识可以是一个国际标准连续出版物号（ISSN）、国际标准书号（ISBN）、国际标准音乐号（ISMN）、国际标准音像代码（ISRC）、国际期刊刊名代码（CODEN）、一个记录控制号、书目记录的部分或全部。

示例：

ISSN 0024-9319（国际标准连续出版物号）

ISBN 0-88022-497-5（国际标准书号）

CODEN JACSAT（美国材料试验学会所编期刊代码）

(OCoLC) 746293（OCLC记录控制号）

(DLC) 86-13927（美国国会图书馆记录控制号）

(FU) AAB0356（佛罗里达大学图书馆记录控制号）

New Yorker. ISSN 0028-729X（《纽约客》杂志，国际标准连续出版物号）

Simenon, Georges. Maigret goes home. ISBN 0-15-655163-9（国际标准书号）

5.2　馆藏位置数据项

馆藏位置数据项由以下数据元素构成：机构标识符、分馆馆藏位置标识、复本标识和索书号。它们应根据以上顺序依次显示，除非是特殊方式组合（见5.2.2和5.2.3）。本标准对数据元素之间的标点符号未做专门规定。数据的格式为自由文本。

5.2.1　机构标识符

本标准对机构标识符的构成未做规定。

示例：

DLC［依据“MARC[①]机构代码表”的美国国会图书馆的机构代码。］

5.2.2　分馆馆藏位置标识

本标准对分馆馆藏位置标识的结构未做规定。在使用时，分馆馆藏位置标识必须与其

① 此处原文为USMARC，经与NISO核实，确认是编辑错误，根据ANSI/NISO Z39.7-2006版，改为MARC。——译者注

机构标识符一起使用。在某些收藏机构标识体系里，分馆馆藏位置标识可以是机构标识符的一部分，而不是一个单独的元素，在有些情况下，它也可以是索书号的一部分（见5.2.4中的示例）。只有记录机构中的单个等级标识馆藏位置时，分馆馆藏位置标识才可重复使用。

示例：

DLC Law Lib.［美国国会图书馆法律馆的机构标识符和分馆馆藏位置标识。］

PITB［匹兹堡大学商学图书馆的分馆馆藏位置标识是机构标识符的一部分。］

5.2.3 复本标识

本标准对复本标识的记录方法未做规定。复本标识可以根据个体机构的不同做法缩写。

在使用时，复本标识应与分馆馆藏位置标识或机构标识符一起使用，或同时与两者一起使用。在某些情况下，复本标识可以明确地或隐含地作为索书号的一部分，这时无须重复在复本标识中的数据元素（见5.2.4中的示例）。复本标识项可以用来记录一个或多个复本馆藏。一个组合馆藏说明可用于记录：（a）收藏于单个馆藏位置或分馆馆藏位置中的一个书目单元的两个或多个复本；或者（b）复本在两个或多个分馆馆藏位置，但合并记录在一个馆藏说明中。也可选择用特定复本馆藏说明记录每一个复本的馆藏说明。

示例：

c.2

c.2–4

c.1,3

c2–5

cop.1,4

4个复本［复本标识用于记录所藏复本总数。］

79002534［登记号作为复本标识。］

32345012537786［条码号作为复本标识。］

DLC c.1–2 v.1–10［两个复本的组合馆藏说明。］

DLC c.1 v.1–5

DLC c.2 v.3–10［带有重复馆藏位置数据项的特定复本馆藏说明。］

5.2.4 索书号

本标准对记录索书号（包含标点、空格和大小写）的方法未做规定。在某些情况下，索书号可以包括明确或隐性的复本标识或卷（册）编号。索书号也可以被机构用来组成架位号或保管号，替代索书号。

示例：

PQ2637.I53A713 1990［基于美国国会图书馆分类体系的索书号。］

843.912 S2 c.2［基于杜威分类法的索书号，复本标识作为索书号的一部分。］

MIC89–3629［连续排列的缩微品排架号。］

FOLIO A［特大藏品位置标识。］

REF M557.B757 P7 c.1［分馆馆藏位置缩写及复本标识都是索书号的一部分。］

5.3　记录日期项

记录日期是遵照ANSI X3.30–1997规范进行，要求由8位数字字符组成，顺序依次为：第1–4位数为年，第5–6位数为月，最后2位数为日期，不详信息以00表示。如果整个日期都不详，8位数字全用0替代。不使用任何分隔符。当一个馆藏说明含有一个以上书目单元时，记录日期项可重复。

示例：

19910104［1991年1月4日］

19490500［1949年5月］

19700000［1970年］

00000000［日期未知］

5.4　一般馆藏项

一般馆藏项由5个数据元素组成：单元类型标识、载体形态标识、完整性标识、采访状态标识和保留标识。各个数据元素可以用代码值记录，也可以选择用文字替换元素值或用于显示。使用代码表示时，所有5个数据元素均需记录并显示，即使某个数据元素记录为“不适用”。使用文字表述时，仅记录那些适用的数据元素，不记录值为0的数据元素。

此项的数据置于圆括号内。使用代码时，它们的顺序如表10–1–2所示，并用逗号分隔。使用文字描述时，它们的顺序如表10–1–2所示，并用逗号分隔。逗号前后不空格。如果使用多个载体形态标识，个体机构可自行决定使用的标识。

示例：

（0,ta,1,4,8）

（0,zu,1,4,8）

（文本,新近收录,长期保存）

（缩微品）

（0,vf,0,0,8）

5.4.1　单元类型标识

该数据元素规定一般馆藏项/馆藏范围项中书目款目信息的构成。若使用文字表述，且馆藏说明是为了表述基本书目单元或馆藏范围项提供了书目单元名称时，一般不需要建立该单元类型标识。

使用代码表示时，应选用以下代码值：

代码	定　　义
0（zero）	信息无法获得；不适用
a	基本书目单元
c	辅助书目单元：补编、特辑、附加资料、其他辅助书目单元
d	索引

注：根据Z39.71–2006制定的馆藏说明，包含的基本书目单元用代码“a”表示。根据Z39.44–1986或Z39.57–1989制定的馆藏说明，包含的基本书目单元用代码“b”表示，后者代表详细级（已废止）的基本书目单元。

5.4.2　载体形态标识

该数据元素规定了一般馆藏信息/馆藏范围所属单元的载体形态。

使用代码表示其值时，应选用表10–1–3的代码。表10–1–3规定之外的载体形态，可用“zz”或自然语言表达（如平装、合订）。

使用文字表述时，如果书目单元是普通印本文本，本标识通常可省略。但排除书目单元同时包含文本及其他载体类型的情况（见附录之示例4）。

当文字描述与单元范围数据元素中的载体形态标识重复时，本标识通常可省略。

5.4.3　完整性标识

该数据元素对收藏机构某款目的收藏范围提供一般指南。对于连续出版物，它表示图书馆对某连续出版物出版以来所收藏的部分。其值的选择应依据该机构著录馆藏时对收藏情况的估计。用代码表示时，应选用以下代码值：

代码	定　　义
0（zero）	信息无法获得，或限制保留
1	完整（已收藏95%—100%）
2	不完整（已收藏50%—94%）
3	极不完整，或零散（已收藏文献低于50%）
4	不适用

上述代码值“1”“2”“3”中的百分比仅为一般指南，并非硬性规定，百分比可视各机构情况而定。

当收藏机构无法获得馆藏完整性有效信息时，则选用“0”代码记录馆藏。

示例：

某连续出版物共发行了80卷，收藏机构已有其中的60卷（约占75%），馆藏说明项中用代码“2”表示“不完整”。

代码“1”“2”“3”用于所有长期保留的单元（除非信息无法获得），“0”用于限制保留。使用文字表述时，如果适用的代码值为“0”，本标识可以省略。单一部分单元，用代码“4”表示（不适用）。非连续性单元，如用文字表述，且适用的代码值为“0”“1”“4”时，本标识可以省略。

5.4.4　采访状态标识

该数据元素规定了在记录馆藏说明时文献的采访状态。用代码表示时，应选用如下代码值：

代码	定　义
0（zero）	信息无法获得，或有限保留
1	其他
2	收录完整或停止出版
3	订购中
4	新近收录
5	尚未收录

“收录完整或停止出版”表示该出版物已全部出版，或者该出版物已不再出版（已停止出版）。

“新近收录”指按照惯例在记录馆藏说明时已收录的新出版文献。

“尚未收录”指无论何因，文献收藏机构尚未收录的新出版文献。“尚未收录”不等同于“完整或停止出版”。

代码“2”适用于已收录的单一部分单元、完整的多部分单元和已停止出版的连续出版物。“3”适用于正在订购，但目前尚未收录的出版物。

使用文字表述时，当适用的代码为“0”“1”或“2”（适用于非连续出版物），采访状态标识可省略。

5.4.5　保留标识

该数据元素规定了记录馆藏说明时文献的保留政策。用代码表示时，应选用如下代码值：

代码	定　义
0（zero）	信息无法获得
1	其他
2	保留，用更新材料替代除外
3	保留样本
4	保留到被缩微品或其他保存形式替代
5	保留到被累积本、置换本、修订本替代
6	有限保留（只有部分保留）
7	不予保留（所有部分均不保留）
8	永久保留（所有部分均永久保留）

如果收藏机构对书目单元的所有部分永久保留，则状态为“永久保留”。

如果收藏机构对书目单元仅保留一段时间（如当前三个月、当年）或仅保留特定的单元数量（如每第三期，最新两卷），则状态为“有限保留”，但使用特定替代标识（2、3、4、5）者除外。更多保留数量详细信息可以在馆藏附注项中说明。

如果收藏机构对书目单元概不保留（如某种期刊流通后注销），则状态为“不予保留”。

使用文字表述连续性单元时，如果代码值为“0”或“1”，保留标识可以省略。而对于非连续性单元，如用文字表述，代码值为“8”时，保留标识可以省略。

5.5 馆藏范围项

馆藏范围项包括以下数据元素：单元名称、单元范围、编次、年代和特定范围附注。

需要记录多部分单元的各部分时，馆藏范围项可重复，数据元素按照表10-1-2规定的顺序排列。

馆藏说明可按逐条级、压缩级或两者结合的形式记录。

馆藏范围项中的标点符号使用规则见表10-1-1。

以下章节中，5.5.1—5.5.1.6提供馆藏范围项指南；5.5.2—5.5.6提供馆藏范围项规则。

5.5.1 馆藏范围项指南

本节对数据元素的选择、逐条级与压缩级馆藏说明、辅助书目单元、编次与年代、缺期和非缺期中断、补编和索引提供指南。

5.5.1.1 数据元素的选择

至少要在此项中记录以下其中一个范围数据元素：单元名称、单元范围、编次、年代。

通常只有在记录辅助书目单元的馆藏时，需要著录单元名称数据元素。对于单一部分辅助书目单元，单元名称可以是表示馆藏范围项所需的唯一数据元素。

通常只有在书目单元缺少连续性标识时，需要著录单元范围数据元素，这种情况多发生在非连续性单元。

编次数据元素用于表示带有连续性标识的书目单元的馆藏范围。大多数连续性单元都记录编次数据元素。

年代数据元素通常与连续性单元的编次密切相关，适用时作为编次的附加成分记录。当无编次时，可以只用年代表示馆藏范围。

总之，可用下列任一数据元素详细说明馆藏范围：

- 单元名称（适用于单一部分辅助书目单元）
- 单元范围（适用于无顺序标识的书目单元）
- 编次（适用于除日期外的其他顺序标识的书目单元）
- 年代（适用于无编次顺序标识的书目单元）
- 编次与年代

5.5.1.2　逐条级与压缩级馆藏说明

逐条级馆藏说明列出了馆藏书目单元的各个部分，各部分之间以“空格”分隔。压缩级馆藏说明仅记录馆藏全部书目单元的第一部分和最后部分，第一部分和最后部分以连字符分隔。馆藏说明可以是逐条级或压缩级记录，也可以是两者的结合。

示例（逐条级馆藏说明）：

v.1 v.2 v.3 v.4 v.5

1 2 3 4 5

v.4:no.1(1993:Jan.) v.4:no.2(1993:Mar.) v.4:no.3(1993:May)

v.7:no.1(1995:spring) v.7:no.3(1995:fall) v.7:no.4(1995:winter)

[缺失部分的日期不显示]

示例（压缩级馆藏说明）：

v.1–5

1–5

v.4:no.1(1993:Jan.)–v.4:no.3(1993:May)

示例（逐条级与压缩级两者结合的馆藏说明）：

v.1 <1992 rev.ed> v.2–v.5 v.6 <1994 rev.ed> v.7–v.10

[最早一卷出版于1988年，卷1和卷6已分别在1992年和1994年再版。]

具备等级编次方案的书目款目是按照出版社提供的方案逐条级记录，其编次方案与各部分的知识内容有关，而与它们的书目出版形态无关。

示例：

4卷出版信息如下：

title 24:sect.1–1 to 16–1613

title 24:sect.17–1701 to end

title 25:sect.1–1 to 18–1562

title 25:sect.18–1600 to end/title 26

逐条级馆藏说明不对章节进行合并。最后一卷使用正斜杠符号记录合并编号出版的卷册：

title 24:sect.1–1 to 16–1613 title 24:sect.17–1701 to end

title 25:sect.1–1 to 18–1562 title 25:sect.18–1600 to end/title 26

简要级（第3级）压缩馆藏说明：

title 24–26［无缺期。］

5.5.1.3　辅助书目单元

如果辅助书目单元明确地或隐含地包含在与款目标识相关的书目记录中，馆藏范围项可以著录辅助书目单元的馆藏信息。如果没有基本书目单元，馆藏范围项可仅著录辅助书目单元信息。使用简要级（第3级）时，只要馆藏说明是明确的，辅助书目单元没有必要单独著录。

示例：

“Teacher’s guide” 2 v.

v.1–19

或

v.1–19 + “suppl.” v.1–12

1 kit

或

1 booklet + 1 sound cassette + 1 guide

1 score with 7 parts

或

1 score + 1 piano conductor part + 2 first violin parts + 2 second violin parts + 1 viola part + 1 cello part

连续出版物单期的补编通常不做简要级（第3级）记录。补编可以做详细级或混合级的馆藏说明。

5.5.1.4　编次与年代

当书目单元中的编次和年代都具备时，编次和年代都应当记录并显示。

编次和年代数据可以带括号或不带括号地分开显示。这种显示方式称为“分开”。

示例（分开显示）：

v.1–5(1901–1905)

v.2–6,8–14,17–20 1945–1949,1951–1957,1960–1963

编次和年代数据可以相邻显示，编次记录在前。这种显示方式称为“相邻”。相应年代置于小括号内。

示例（相邻显示）：

v.1(1901)–5(1905)

编次和年代应按逻辑顺序记录，即从最低编次到最高编次，从最早的日期到最近的日期。

当编次和年代数据彼此对应时，它们必须沿用相同的级别和顺序显示。

示例：

v.3(1985)–5(1987)

v.1:no.11(1983:Nov.)–5:12(1987:Dec.)

当编次和年代数据彼此不相对应时（缘于不同级别或顺序的记录），以相邻方式显示记录的年代数据应反映出版物提供的信息。如果编次和年代分开记录，按顺序记录编次，按广泛范围记录年代。

示例：

相邻显示：v.1(1902),3(1910),6(1907)–9(1910)

分开显示：v.1,3,6–9 1902–1910

示例—每年2期，缺第6卷（1982年）：

相邻显示：v.1(1980)–5(1982),7(1983)–21(1990)

分开显示：v.1–5,7–21 1980–1990

在简要级（第3级）馆藏说明记录中，对多部分单元和连续性单元只记录最高级的编次和年代。馆藏范围只在有缺期的情况下才被中断。

示例：

v.10(1910),v.14(1914)–v.23(1923)［连续性单元］

v.1 v.2 v.3 v.4 v.6 或者

v.1–4,6［多部分单元］

从编标识和次级编次永远记录在一起，但是编号和非编号的丛编标识不在此列，见5.5.4.1。

在第4级详细级馆藏说明记录中，最高级别的编次和年代数据连同其相应的次级数据都应记录。馆藏范围只能被缺期记录中断。

示例：

v.10:no.1(1910:Jan.)–v.10:no.9(1910:Sep.),v.14:no.2(1914:Feb.)–v.23:no.12(1923:Dec.)

包含简要级和详细级编次以及年代数据的混合馆藏说明只能被缺期记录中断。可能的情况下，在连字符两侧的馆藏描述字段应包括同样级别的编次和年代数据。

示例：

v.1(1970)–v.10(1979),v.12:no.3(1981:July)–v.20:no.4(1989:Oct.)

v.1–v.10,v.12:no.3–v.20:no.4 (1970–1979,1981:July–1989:Oct.)

5.5.1.5 缺期和非缺期中断

当记录一定范围的编次或年代时，该范围内的缺期以逗号表示。

示例：

v.5(1980)–6(1981),10(1985),12(1987)［缺第7–9卷、第11卷］

1942–1990,1994–［缺1991–1993年］

slide A-E,G［缺幻灯片F］

数据应尽量以积极方式记录与显示，即强调“有”而不是“无”。

按简要级（第3级）记录时，确定是否缺期要依据图书馆书目单元中的已收藏部分而定。换言之，在简要级记录中，如果以第一级编次记录标识的单元的任一部分被收藏，则此单元记录为入藏。

按第3级记录示例：

一种期刊每卷有6期，第3卷无一期入藏，而第7卷有两期入藏。缺期应在第2卷与第4卷之间，而不是在第6卷和第8卷之间：

示例–按第3级记录：

v.1(1980)–2(1981),4(1983)–8(1987)

按详细级（第4级）馆藏说明记录时，则应将缺期的详细情况加以记录。在逐条级馆藏说明中用空格分开不同的单元，并用逗号表示缺失的单元（见5.5.1.2）。

示例–按第4级记录，连续性单元：

v.5:no.1(1972:spring)–v.5:no.2(1972:summer),v.5:no.4(1972:winter)

示例–按第4级记录，非连续性单元：

v.1–15,17–25［压缩级，缺第16卷］

v.1 v.2 v.5 v.6［逐条级，缺第3、4卷］

或者，

v.1 v.2,v.5 v.6

v:1:pt.1 v.1:pt.2 v.2:pt.2

或者，

v:1:pt.1 v.1:pt.2,v.2:pt.2［逐条级，缺第2卷第1部分］

非缺期中断指的是编次、年代或多部分单元因未出版或因出版社编排数字顺序不规则而产生中断。可选择简要级或详细级馆藏说明，用分号表示非缺期中断。如果发生非缺期中断与缺期中断相邻时，分号可以与逗号紧邻。

示例：

v.1(1980)–v.4(1983);v.7(1986)–v.10(1989)［第5卷从未出版，缺第6卷］

no.1–8;v.3:no.1–［详细级，出版社从第9期起将以“no.”为单位更改为以“vol.”和“no.”为单位］

5.5.1.6 补编和索引

如果独立于基本书目单元之外，带有编号的补编或索引没有链接到分开的款目标识，则使用独立的馆藏说明，以编号记录补编或索引，并隶属于该基本书目单元下的款目标识。单元类型标识代码分别为“a”（基本书目单元）、“c”（补编）和“d”（索引）。

示例–3个馆藏说明隶属于同一个款目标识：

(a)v.1(1982)–［基本书目单元］

(c)no.1–3［补编］

(d)A-L M-Z［索引］

如果没有独立编号的补编或索引与基本书目单元下某卷或某期相关，在使用独立馆藏说明时，以该出版物编次与年代的等级结构记录补编或索引，并隶属于该基本书目单元下的款目标识。单元类型补编代码为“c”，索引代码为“d”。

示例：

(c)v.31:no.8:extra ed.(1996:Apr.28)

(c)1995:suppl.2

(d)v.106:index(1995)

(d)cumulative index no.1–26(1995:Dec.29)

没有单独款目标识的补编与索引，通常被视为辅助书目单元，不在简要级（第3级）馆藏说明中记录，仅在详细级（第4级）馆藏说明中记录。

还可选择将这些补编或索引作为基本书目单元的一部分；如果馆藏说明已经明确，不需要记录。有单独款目标识（如书目记录）的补编或索引，应作为该款目标识的基本书目单元。当补编或索引是其书目记录的基本书目单元时，单元类型标识的代码为“a”。

5.5.2 单元名称

数据元素“单元名称”由书目单元的题名或能描述该文献的简要标识组成。单元名称置于引号内。著录此单元名称的规则不在本标准规定范围内，建议采用现有的及适合的标准，如编目条例。

如有必要，单元名称可以用于识别指定单元。单元名称用于记录基本书目单元或辅助书目单元的馆藏范围。单元名称主要用于非连续性单元，但也用于以名称为标识的连续性单元。如配套资料的一部分、附加资料、补编，或单个款目标识项下具有多项分题名的连续性单元。

用加号将基本书目单元和辅助书目单元分开。还可选择将加号用于区分两项或多项基本书目单元。

示例：

“Statistical update for 1992”

“Supplement 1”[单元名称为“指南的第一补编”。]

“Atlas”[单元名称为“爱尔兰西北之人口地图”。]

“Teacher’s Guide” + 1 sound cassette[将盒式磁带著录为辅助书目单元的单一部分题名。]

“Aachen to Kodesh”“Koeberle to Zwischen”[单元只包括各部分的题名，无编次，如4.4中所示：“to”用于替换连字符或斜线。]

“Installation disk” + “Program disk” + “Help disk”[选用加号连接基本书目单元并作为单元名称。]

“Statutes” pt. 1–8 + “Cases” pt. 1–7

“Tätigkeitsbericht” 1980– + “Neuerwerbungen” 1979–[书目单元为两个部分组成的连续性单元，仅通过题名（名称）加以区分；两项基本书目单元。]

“Charter” ch.1–74 + “Code” titles 1–27 + “Amendments” 1935– + “Index” 1996：no.1

[“Charter”和“Code”是带有恒定卷数的多卷集，“Amendments”是当前出版的连续性年刊，仅保留最近一期索引，以上所有都附属于一个书目记录。]

5.5.3 单元范围

单元范围记录文献各个部分数量的总和，通常用阿拉伯数字表示，其后用一个专用术语表示文献特定类型。单元范围用于记录无顺序标识的书目款目。对于多部分组成的单元，总数可以是一个估计数。

如果是单一部分单元，并且已给出单元名称，则不需要记录单元范围。单一部分基本书目单元的单元范围是可选项，可用第2级馆藏说明记录。但如果这个单一部分基本书目单元有一个或多个辅助书目单元，则必须同时在简要级（第3级）和详细级（第4级）馆藏说明中记录。

示例：

2 sound cassettes

1 microfiche

179 sheets

ca. 1000 items

“Appendix”[仅有单元名称的单一书目单元，无需单元范围。]

1 v. + “Songs” 1 sound cassette[带有辅助书目单元的单一部分单元，由于存在辅助书目单元，必须记录基本书目单元的单元范围。]

如果某单元有连续性标识，则作为编次记录，不作为单元范围记录。

示例：

v.1–20,50–59［并非记录为“30 volumes”］

5.5.4 编次

如果单元具有编次顺序标识，则馆藏用编次记录。连续性单元通常含有编次，但也可能只有年代。连续性馆藏说明以编次或年代记录，或以编次和年代两者同时记录。

有些多部分非连续性单元带有编次，如多卷专著，可使用编次记录其非连续性馆藏。每册都含单册卷期标识的专著丛编，可以使用编次记录馆藏。

如果书目款目不包含编次信息，则不予记录。

连续性单元和多部分单元的编次按编次标题（推荐使用，可选）记录，后面紧跟着单册顺序标识（同样见5.5.4.2，编次标题）。

Band 5	记录为	Bd.5
volume 16, no. 3	记录为	v.16:no.3
third series	记录为	ser.3
63	记录为	63
volume 63	可选记录为	63

5.5.4.1 编次等级

如果书目单元有编次等级，可以采用简要级（第3级）、详细级（第4级）或混合级（简要级和详细级馆藏说明的结合）馆藏说明记录。

当记录第一级以下编次时，用冒号将各级编次分开。

示例：

v.1:no.1

Bd.1:T.1:Nr.3

1:2:1

对于有编号和无编号的第一级丛编标识，按第一级编次来记录丛编级。当第一级编次是一个丛编时，必须同时记录第二级编次。同样，使用冒号将第一级和第二级编次分开。

示例：

ser.3:v.1［第一级有编号的丛编“ser. 3”］

new ser.:v.1［第一级是无编号的“new series”］

注：根据本标准Z39.71–1999版制定的馆藏说明，使用缩写词“new ser.”，其后跟着冒号。根据标准Z39.42–1980 或 Z39.44–1986 制定的馆藏说明可使用已废止的缩写“n.s.”，

其后没有冒号。

如有必要，可在馆藏说明中同时记录第一级和次一级编次，在每个分段馆藏起讫处重复记录所有编次等级。

示例：

v.1:no.3–v.29:no.4

1:10–4:24

v.2:pt.1:no.1–v.5:pt.2:no.3,v.5:pt.2:no.5–

有等级结构的多部分单元可能会有第一级的编次标题和编次，而次一级标识只包含编次名称。当按详细级（第4级）馆藏说明记录时，按每部分出现的每个等级信息记录，以冒号分隔。当编次是等级单元的一部分时，不要给名称加引号。

示例–详细级、逐条级馆藏说明：

v.3:text v.3:documents v.3:index

title 42:rules:sect.1–2000

v.1:1st violin v.1:2nd violin v.1:viola v.1:violoncello

v.2:1st violin v.2:2nd violin v.2:viola v.2:violoncello

v.3:1st violin v.3:2nd violin v.3:viola v.3:violoncello

5.5.4.2　编次标题

编次标题可以与编次一起记录。建议记录编次标题，但为可选项。

示例：

volume 5	记录为	v.5 或 5

可以按出版物上出现的原始语种和文字著录编次标题和编次，需要时可提供音译。以单数记录编次标题。可以选择性地翻译编次标题。如果单元各部分不含编次标题，则无需著录标题。

如需提供适用的缩写，应根据《英美编目条例》（现行及修订版）附表B中提供的缩写著录编次标题。如果该表未涵盖可用的缩写，可以使用其他标准目录或ISO 832规定。如果没有合适的缩写，以全称形式记录编次标题。如果列表里提供了两种格式的缩写，采用更为简洁的格式（例如用“v.”而不是“vol.”）。

当编次标题为缩写格式并紧跟句点时，勿用空格号分隔编次标题和编次。未缩写的编次标题后需紧跟空格。

当带有等同于可辨识文本的符号作为编次标题出现时，著录其等同文本或其缩写。

记录编次标题以小写字母开头，除非编次标题本身的语言需要首字母大写。

示例：

tome 10	记录为	t.10

number 2	记录为	no.2
Band 3	记录为	Bd.3
volume 5	记录为	v.5 not vol.5
reel 32	依然是	reel 32
#6	记录为	no.6
nmbr 3	依然是	nmbr 3
3. Teil	记录为	T.3

编次标题无需在连字符号后重复。但需要明晰时，也可在连字符号后重复。

示例：

v.1–85

v.4:no.1–6:4

ser.1:v.1–ser.3:v.25

在多部分单元逐条级馆藏说明中，如果出现编次标题，在每个单元前重复。

示例：

v.1 v.1A v.1B v.2 v.2A v.3 v.4 Index［索引没有编次标题。］

作为一种选择，如有重沓的编次标题，可仅著录一部分。但对于无编号或有编号的丛编，则著录所有部分的编次标题。

示例：

volume no. 4	记录为	v.4 or no.4
bulletin no. 25	记录为	bull.25 or no.25
new series volume 1	记录为	n.s.:v.1

5.5.4.3　顺序标识

将所有编号信息转换成阿拉伯数字。

示例：

VII	记录为	7
six	记录为	6

作为一种选择，可将序数转换成基数。如果以序数著录，则遵照《英美编目条例》（现行及修订版）附表C（序数）。

示例：

first	记录为	1st or 1
troisième	记录为	3e or 3
3. Teil	记录为	T.3

大小写字母按书目款目上出现的方式著录。

示例：

23a

no.36B

v.B

可以选择用罗马字母替代非罗马字母。

如果书目款目是合并编号发行的（并非收录后装订成册的合订本），用正斜杠符号分隔相应数字。

示例：

v.5/6

v.5:no.1/2

v.4:no.4/v.5:no.1［合刊出版］

v.33/v.44:no.2［缩微胶卷或CD包含第33至44卷（第2期）］

当有编号单元的一部分缺少编号或字母标识，提供时可以加方括号。

示例：

［v.1］v.2 v.3［第1卷的编次为后加，逐条级形式。］

［v.1］–3［第1卷的编次为后加，压缩级形式。］

在逐条级馆藏说明或压缩级任一端的馆藏说明中，忠实记录文本上所显示的错误数字或字母标识，但在方括号内使用正确的标识，并在前面加“i.e.”。

示例：

v.1 v.2 v.2［i.e. 3］v.4［出版社提供的第3卷是不正确的编号。］

而不是：

v.1–2［i.e.3］;4

如果馆藏待续，在第3级（简要级）和混合馆藏说明中，置连字符于馆藏说明后。

作为选择，如果馆藏待续，也可在第4级（详细级）馆藏说明中将连字符置于最后。

示例：

16–31,33–

v.5:no.1–

如果馆藏文献是单卷，不用连字符。

示例：

v.5

如果馆藏终止，终止的编次后面不加标点符号。

示例：

v.1–105

如果文献上的顺序标识用的是排版或其他符号来替代顺序代号的话，应将其转换为相对等的阿拉伯数字。

示例：

v.1–5［卷册上使用一个或多个星号表示卷数］

如果转换使得它们意思不够明确，可以通过文字或适合的符号来表述。

示例：

v.1–6A;*–**［一个多部分单元，其中7卷使用编号，随后2卷使用“*”和“**”顺序编号（通常标星号卷是索引）。］

如果没有直接相对等的编号，见5.5.3单元范围。

5.5.4.4　多种编次

连续性单元或多部分单元中的各个单元都有自己的编次体系时，应按款目标识项中基本书目单元相应的编次进行记录。

对交替编次来说，如果除了有一种常规的编次体系外，还有其他编次体系，可记录一种或多种替代编次体系，置于常规编次体系之后，并用等号“=”分隔。有替代编次时，不同编次体系之间应存在对应关系。

示例：

v.1–3=no.1–36

ser.1:no.1–ser.2:no.4,ser.2:no.6=no.1–10,no.12［每个系列含有6期］

5.5.4.5　无编号的期刊期次

如果一个无编号、有名称的期次连接到一个单独的款目标识项，可单独记录。但如果它与其余单元一样连接到相同的款目标识项，这个无编号、有名称的期次可按馆藏的一部分记录在非压缩级和详细级（第4级）馆藏说明中。更常见的是，它会被压缩记录到更高一级的标识中。

示例：

Inaugural issue［创刊号］

Annual directory issue

5.5.5 年代

年代与编次一起平行记录，除非书目款目只包含年代。仅有年代顺序标识时，就用年代标注馆藏说明。当仅有年代标识馆藏说明时，年代不必记录在小括号内。

如果编次和年代都有，则两者都可以记录。如果仅有编次，则记录编次，不记录年代；如果仅有年代，则记录年代，不记录编次。

如有必要，在馆藏说明中记录第一级和次一级的年代，在每一个分段馆藏起讫处重复记录所有的年代等级。

根据需要，如果书目款目记载年代数据，但部分单元的年代有所遗漏，则可将遗漏的年代置于中括号内。

5.5.5.1　年代等级

只有最高一级年代数据（年）的时候，应该按简要级（第3级）馆藏说明记录。

记录详细级（第4级）馆藏说明时，不论是否有对应（详细级）的编次，应当记录第一级以下的年代数据。

在简要级（第3级）馆藏说明中，对于待续馆藏，须以连字符结尾。

在详细级（第4级）馆藏说明中，对于待续馆藏，可选择以连字符结尾。

或者，某种新近收录出版物的详细级馆藏说明使用待续馆藏说明（即假定该出版物的馆藏说明将定期更新）。

示例：

1969–

Bd.1(1968)–

v.5:no.1(1975:Jan.)–v.7:no.4(1977:Oct.),v.8:no.2(1978:Apr.)–

v.1:no.1(1994:spring)–v.3:no.4(1996:autumn)［终止馆藏、详细级馆藏说明］

如果仅有一年馆藏，不使用连字符。

示例：

1992

5.5.5.2　日期

当书目款目有多种日期时，应按下列顺序依次选择记录：

- 日期范围
- 出版日期
- 版权日期
- 印刷日期

重印日期不应该记录在馆藏说明中，因为年代信息必须与原版对应。重印信息只是作品书目著录的一部分。

必须记录年份的所有4位数。

示例：

1993/1994，而不是1993/94

如果有年代数据，但无法确定其确切的年代（如有些为非公历日期），在不详的数字位置上用问号表示。

示例：

198?

18??

如果第几世纪不明确时，不记录该日期。

如有必要，一个只能转换为两种公历日期之一的非公历日期可以记录为：5757［1996 or 1997］。

季、月、日等均按照出版物上的形式记录，需要时可音译。

根据《英美编目条例》（现行及修订版）附表B中的缩写，可提供适当的年代数据缩写。如果没有可用的缩写，可以使用其他标准目录或ISO 832规定。

示例：

1989:Jan.

1987:juil.

1993:mid-Sept.

如果记录第一级以下的年代，使用冒号分隔年与月。记录包含具体某日的年代数据时，不将此视为单独的等级，无需用冒号分隔。

示例：

1982:Feb.

1988:Feb.1 而不是1988:Feb.:1

如果记录的年代信息少于一天，使用冒号分隔某天内具体的时间标识。

示例：

1996:Oct.19:am［日报和晚报两个版本］

如果使用24小时制记录年代时间，包含的小时、分钟等用冒号分隔。如有必要，可包括世界标准时间以做补充。

示例：

1996:Oct.20:16:18:51.37–0400［在下午4点18分51秒37毫秒发送的计算机文件的特定版本］

单个书目单元的年代数据是非公历年或超过一个年度，用正斜杠符号分隔。

示例：

1989/1990–［非公历年或两年度］

1990/1992［三年度］

如果馆藏入藏终止，终止年后无标点符号。

示例：

1989–1995

t.2(1980)–9(1987)

如果出版物上有一种纪年，以此作为年代信息记录的基础。如果出版物上同时有公历纪年和其他纪年，使用公历纪年。

在简要级（第3级）馆藏说明中，将任何非公历日期转换成相应的最高级别公历日期（通常是年份），并以公历方式记录。

在详细级（第4级）馆藏说明中，任何非公历日期也可以用公历方式记录，并置于方括号内。

5.5.6　特定范围附注

特定范围附注可以加在任何数据元素之后。这个附注或与其紧随的数据元素有关，或与整个馆藏范围项有关，这取决于它在该项中的措辞和位置。特定范围附注置于尖括号内。

仅在需要明晰时，以特定范围附注记录与书目著录相关的信息。

示例：

1 videocassette <VHS>［在书目信息中没有特别注明盒式录像带的类型。］

1 sound disk <compact digital>［在书目信息中没有特别注明唱片的类型。］

v.1–9 v.10 <Tables> v.11 <Index>［该多卷集被数字顺序标识，第10卷和第11卷有专门题目作为附加信息。因为第10卷和第11卷是在全卷出版之后又出版的，所以其题名并未反映在记录馆藏信息的书目记录中。］

v.1–6 <bound> v.7–10 <unbound>［标识卷册的装订情况。］

"Decisions" 1 v. <In binder>［<合订><判决一旦以案例卷宗出版，就会被废弃>。］

v.1–12 v.12 <2nd ed.> v.13–28 v.28 <3rd ed.>［某专著丛编，保存所有卷册及其所有版本。］

v.1–2B v.3 <1997 ed.> v.4–5 v.6 <1995 ed.>［一整套全书，其中卷册随时会被新版本替代，但卷号不变。重印日期在1990年之后。］

5.6　馆藏附注项

所有与馆藏位置数据项有关的附注均应合并著录在一个馆藏附注项中。

附注项可包括访问限制、物理状态等信息。

在馆藏附注项内不必重复馆藏说明其他项中已包含的信息。只有当需要澄清书目著录中的含糊信息时，才在馆藏附注项记录与书目著录有关的信息。

当馆藏范围项中的附注信息含义不清或不适用，或无馆藏范围项时，可在馆藏附注项中包含有关特定馆藏范围的附注。

如果需要详细列举一个书目款目中未收藏的部分，或显示一个非缺期中断，可以在馆藏附注项中说明。

示例：

V.5 is badly water-damaged.	第5卷因水浸而严重破损。
Non-circulating.	未流通。
V.16 is lacking.	第16卷缺藏。
V.1 missing p.345;v.3 is extremely brittle.	第1卷缺第345页；第3卷极易破损。
Library set lacks slides 7–9.	图书馆全套缺幻灯片7–9。
DEZ treated 5/13/84.	于1984年5月13日做DEZ处理。
Transferred to safety film 3/3/78.	于1978年3月3日转换成安全胶片。
Master negative.	底片原本。
V.8 not published.	第8卷未出版。
Retain latest edition only.	只保留最新版。
Captions vary.	编次标题有变。

附录A：馆藏说明的示例

本附录不是ANSI/NISO Z39.71–2006 (R2011)《书目款目的馆藏说明》的一部分。仅提供信息。

简介

本附录涉及的31个示例代表了各类型馆藏说明。每个示例都用来说明Z39.71的一条或多条规则。提供以下选择性的示例指南，旨在便于查找有关各条规则的例证。

选择性的示例指南	示例序号
附加资料	2，5，8，10，12，13，18，19，20，21
档案资料	15，16
组合馆藏说明	27
压缩级馆藏说明	3，11，12，13，14，15，17，19，24，25，26，27
电子资源	29，30，31
逐条级馆藏说明	3，11，14，19，27，28
活页	19，20
缩微品	4，8，10，25
多种格式	4，10，12，25，30，31
音乐和录音	11，12，13，14
附注	6，8，9，11，12，14，18，19，21，22，24，25，29，30，31
连续出版的书目款目	22，23，24，25，26，27，29，30
特定范围附注	3，13，17，20，28
补编	17，18，21
视频资料	9

在示例中，前后为空格的双连字符“--”位于六项数据项的每项之间。此双连字符用于例证和方便阅读，而非本标准之规定。此外，示例中位于馆藏数据项之间的“XXX”代表收藏机构标识。“（SYS）”位于作为款目标识符的记录控制号之前，代表系统标识（见章节5.1）。

1. 单卷印本文本。

(SYS) 801–247897

Level 1: XXX

Level 2: XXX -- 19940621［一般馆藏项是可选项，所以不包含在第二级中（见3.2节）。］

Level 3: XXX -- 19940621

Level 4: XXX -- 19940621 --(a,ta,4,2,8)［“a”是目前关于基本书目单元的建议。］

或

XXX -- 19940621 --(b,ta,4,2,8)［“b”是已废止的关于基本书目单元的建议，新增馆藏说明时不使用。］

2. 多部分印本文本。

ISBN 0–262–18123–1

Level 1: XXX

Level 2: XXX -- 19890524

Level 3: XXX -- 19890524 --(a,ta,4,2,8) -- v.1–2

Level 4 (compressed): XXX -- 19890524 --(a,ta,4,2,8) -- v.1–2

或

Level 4 (itemized): XXX -- 19890524 --(a,ta,4,2,8) -- v.1 v.2

3. 逐条级和压缩级格式的多部分印本文本。（见5.5.1.2）

(SYS) 987654

Level 4: XXX -- 19950927 --(a,ta,4,2,8) -- v.1 <1992 rev. ed.> v.2–v.5 v.6 <1994 rev. ed.> v.7–10

4. 一个单卷印本文本，其缩微品也同时收藏。

ISBN 0–904351–114

Level 2: XXX Main C1 PZ7.D684 A1 1997 -- 19970303 --(a,ta,0,0,8)

XXX Main C2 Mic77–3276 -- 19970503 --(a,he,0,0,8)

或

ISBN 0–904351–114

Level 2: XXX Main C1 PZ7.D684 A1 1997 -- 19970303 --(text)

XXX Main C2 Mic77–3276 -- 19970503 --(microform)

5. 一个带有附加资料的印本文本。

(SYS) 2642345

Level 1: XXX Main QE653.H59

Level 2: XXX Main QE653.H59 -- 19930103 --(c,ta,1,0,0)

Level 3 or 4: XXX Main QE653.H59 -- 19930103 -- 1 v. + "Teacher's guide" pt.A-B

或

Level 3 or 4: XXX Main QE653.H59 -- 19930103 -- 1 v. + "Teacher's guide" 2 v.

6. 同一多卷专著的两套复本收藏在不同馆藏位置。

（第一馆藏位置为第3级或第4级馆藏说明，第二馆藏位置为第1级馆藏说明）

(SYS) 841–1728

XXX Art Library 155.444 -- 19920712 --(Incomplete) -- v.14,v.16–20 -- Pages 356–382 of v.18 lacking.

XXX Journalism 155.444

7. 一套多部分书目款目分别收藏在两个馆藏位置。

(SYS) 841–1728

Level 3 or 4: XXX Spec Coll c.1 RA423.B24 -- 19960111 --(a,ta,2,0,8)

-- v.1–10 XXX Reference c.1 RA423.B24 -- 19960111 --(a,ta,2,0,8) -- v.11–25

或

(SYS) 841–1728

Level 3 or 4: XXX Spec Coll c.1 RA423.B24 -- 19960111 --(incomplete) -- v.1–10 XXX Reference c.1 RA423.B24 -- 19960111 --(incomplete) -- v.11–25

8. 一个收藏在同一馆藏位置的缩微品原件和流通复制件的书目款目。

(SYS) 879432

Level 2: XXX Microreel 489 -- 199601111 --(microfilm) – Preservation master negative.

XXX Microreel 590 -- 199601111 --(microfilm) – Service copy.

9. 一套多部分的盒式录像带。

(SYS) 841–5228

Level 3 or 4 (compressed): XXX C1 HN535.2.M3J68 -- 19940525 --(videocassette, incomplete) -- no.1–3, no.5 -- VHS. Does not circulate.

或

Level 4 (itemized): XXX C1 HN535.2.M3J68 -- 19940525 --(a,vf,2,0,8) -- no.1 no.2 no.3 no.5 -- VHS. Does not circulate.

10. 一个带有不同类型附加资料的印本文本。

(SYS) 801–248140

Level 3 or 4: XXX -- 19930525 -- 1 v. +(model) ca. 300 pieces +"Teacher's guide" 1 sound cassette +1 sound disc+(microfiche)"Supplement" no.1–5

11. 具备总记录和分析记录的一套音频光盘，既可成套流通，又可以单独流通（4个独立的馆藏说明），光盘标识为卷1、卷2、卷3（第3级或第4级馆藏说明）。

(SYS) 891–7006

Level 3 or 4: XXX Music Lib. -- 19940204 --(sound disc) -- v.1

(SYS) 821–8675

Level 3 or 4: XXX Music Lib. -- 19940204 --(sound disc) -- v.2

(SYS) 821–5676

Level 3 or 4: XXX Music Lib. -- 19940204 --(sound disc) -- v.3

(SYS) 821–5000

Level 3 or 4: XXX Music Lib. -- 19940204 --(sound disc) -- v.1-3 – Discs also (compressed): circulate individually.

或

(SYS) 891-7006

Level 3 or 4: XXX Music Lib. -- 19940204 --(a,sd,1,0,8) -- v.1

(SYS) 821-8675

Level 3 or 4: XXX Music Lib. -- 19940204 --(a,sd,1,0,8) -- v.2

(SYS) 821-5676

Level 3 or 4: XXX Music Lib. -- 19940204 --(a,sd,1,0,8) -- v.3

(SYS) 821-5000

Level 3 or 4 (itemized): XXX Music Lib. -- 19940204 --(a,sd,1,0,8) -- v.1 v.2 v.3 -- Discs also circulate individually.

12. 一套附有剧情梗概的录音集，著录在一条书目记录中。

(SYS) 821-9786

Level 3 or 4: XXX Music Lib. -- 19870204 -- 2 sound disks +(text) "Plot (compressed) summary" 1 pamphlet -- In box.

13. 音乐总谱和分谱，分谱缺少编次，有些分谱具有多个复本。

（SYS）821-6493

Level 3 or 4: XXX Music Lib. -- 19970204 --(a,music,4,2,8) -- 1 score +(compressed) (a,music,1,2,8) 10 parts

或，

(SYS) 821-6493

Level 3 or 4: XXX Music Lib. -- 19970204 --(a,music,1,2,8) -- 1 score + flute 1st oboe 2nd oboe bassoon timpani 1st violin <4 cop.> 2nd violin <4 cop.> viola <2 cop.> violoncello <2 cop.> basso <2 cop.>

14. 四卷本合奏音乐，每卷包含4个乐谱，每个乐谱对应不同的乐器分谱。由于分谱没有具体的编次，在以下的逐条级馆藏说明（见5.5.4.1章节）中分谱题名或简单标识被用于替代二级编次。同时显示压缩级和逐条级馆藏说明。

(SYS) 821-1472

Level 4 (compressed): XXX Music Lib. Cop.1 -- 19970506 --(a,music,1,2,8) -- v.1-4 -- In 16 pts.

XXX Music Lib. Cop.2 -- 19970506 --(a,music,2,2,8) -- v.1-4 – In 16 pts.；cello part missing from all volumes.

或

(SYS) 821–1472

Level 4 (itemized): XXX Music Lib.Cop.1 –– 19970506 ––(a,cy,1,0,8) –– v.1:1st violin

v.1:2nd violin v.1:viola v.1:violoncello v.2:1st violin v.2:2nd violin

v.2:viola v.2:violoncello v.3:1st violin v.3:2nd violin v.3:viola

v.3:violoncello v.4:1st violin v.4:2nd violin v.4:viola v.4:violoncello

XXX Music Lib.Cop.2 –– 19970506 ––(a,cy,2,0,8) –– v.1:1st violin

v.1:2nd violin v.1:viola,v.2:1st violin v.2:2nd violin v.2:viola,v.3:1st

violin v.3:2nd violin v.3:viola,v.4:1st violin v.4:2nd violin

v.4:viola –– Cello parts missing from all volumes.

15. 一个手稿档案，馆藏不完整而且仍在采集中。

(SYS) 86–6493

Level 3 or 4 (compressed): XXX Archives –– 19860109 ––(a, text,2,4,8) –– 12 boxes

16. 一份信件手稿的存档记录。

(SYS) 92–A909

Level 3 or 4: XXX Rare Bks –– 19920104 ––(text) –– 1 item

17. 一个包含多部分单元的补编，前27卷出版后合订成26卷，第28卷包含3–4册，第29卷第4册缺失。（附注：没有收藏基本书目款目）

(SYS) 021–78909

Level 3: XXX SQ C1 8330.162.11 –– 19880806 –– "Supplement" v.1–27

<in 26 v.> v.28–29

或 XXX SQ C1 8330.162.11 –– 19880806 ––(c,ta,1,0,8) –– "Supplement" v.1–29

Level 4 (compressed): XXX SQ C1 8330.162.11 –– 19880806 –– "Supplement" v.1–27

<in 26 v.> v.28:pt.1–28:2,v.29:pt.1–29:3

18. 一部带有累积补编的作品。

(SYS) 189–1306

Level 3 or 4：

(Binder) + XXX Law Lib KF6452.A59D68 1995 –– 19970803 –– 1 v.

"Cumulative supplement" 1997:no.2 -- Discard when new issue received.

19. 一个持续更新插页的活页多部分书目款目，可通过逐条级和压缩级两种馆藏说明方式进行记录。

(SYS) 262–18944

Level 4 (itemized): XXX Law Lib KF1.P54 -- 19960505 --(a,binders,1,4,8) -- v.1–3 +(c,ta,2,4,8) "Updates" 1995:no.1 1995:no.2 1995:no.3 1995:no.4
1995:no.5 1995:no.6 1995:no.7 1995:no.8 1995:no.9 1995:no.10
1995:no.11 1995:no.12 1996:no.1 1996:no.2
1996:no.3, 1996:no.5 --
Updates are interfiled upon arrival.

或

Level 4 (compressed): XXX Law Lib. KF1.P54 -- 19960505 --(a,binders,1,4,8) -- v.1–3 +
(c,ta,2,4,8) "Updates" 1995:no.1–1995:no.12 1996:no.1–1996:no.3, 1996:no.5 -- Updates are interfiled upon arrival.

20. 一个由连续更新的合订本和活页装订本组成的书目款目。按照压缩级进行馆藏说明；多部分基本书目单元和辅助书目单元之间用分隔线分开；装订信息显示在特定范围附注项中。

(SYS) 170–29347

Level 4: XXX Law Lib KF3775.A6E49 -- 19880305 -- "Current Development" v.1–18 v.19:no.1–19:5 <binders>
+ "Cases" v.1–22 <bound>
+ "Decisions" <binders> v.23:no.1–23:28 v.24:no.1–24:9 1985:Sept.6–1986:Mar.26 1986:Apr.4–1986:May 30
<Decisions are discarded when they appear in "Cases" >
+"Federal laws" v.1–2 <binders>
+ "Federal regulations" v.1–4 <binders>
+ "Federal" suppl. no.761–764 1986:Apr.4–1986:May 30
<Interfiled into "Federal law" and "Federal Regulations" >
+ "Monographs" 1 v. <binder>
+ "Monograph" no.1–32 <Interfiled into "Monographs">

+ "State air laws" v.1–3 <binders>

+ "State water laws" v.1–3 <binders>

+ "State solid waste land laws" v.1–5 <binders>

+ "State laws" suppl. no.17–19 1986:Mar.28–1986:Apr.18

<Interfiled into "State air laws", "State water laws", and "State solid waste land laws">

+ "Mining" v.1–2 <binders>

+ "Mining" suppl. no.28–30 1986:Jan.31–1986:Apr.25

<Interfiled into "Mining">

21. 带有年度累积补编的文本。

(SYS) 984–52643

Level 3 or 4: XXX Law Lib KF6542.A59D68 -- 19960103 -- 1 v. + "Supplement" no.2(1996) -- Supplement is cumulative; earlier are discarded.

22. 非缺期中断的连续出版书目款目。

(SYS) 549–4367

Level 4: XXX -- 19970321 --(a,ta,1,4,8) -- v.1(1986)

v.5(1990); v.7(1991)– v.12(1996) -- Volume 6 not published.

23. 连续发行的书目款目。图书馆收藏包括1—6卷（完整）。

v.7:no.1,3–12;v.8–10 (complete); and v.11:no.1–10. The title is currently received; the holdings are permanently retained.

（SYS）351–77554

Level 2: XXX -- 19931017 --(text,complete,currently received, permanent retention)

Level 3: XXX -- 19931017 -- v.1(1983)–

Level 4: XXX -- 19931017 --(a,ta,1,4,8) -- v.1–v.6

v.7:no.1,v.7:no.3–v.7:no.12 v.8–v.10 v.11:no.1 v.11:no.10

1983–1988

1989:Jan.,1989:Mar.–1989:Dec.1990–1992 1993:Jan.–1993:Oct.

24. 图书馆拥有第108卷第1—18期的印本馆藏。此文献至今仍在收录，但仅保留当年现刊。

(SYS) 874–98334

Level 1: XXX

Level 2: XXX -- 19970317 --(0, ta,0,4,6) -- Retain latest year only.

Level 3: XXX -- 19970317 --(a,ta,0,4,6) -- v.108- 1996- -- Retain latest year only.

Level 4 (compressed): XXX -- 19970317 --(a,ta,0,4,6) -- v.108:no.1–108:18 1996:Jan.1–1996:Oct.15 -- Retain latest year only.

25. 文本和缩微格式均有馆藏的一种连续出版物。一定时期后，剔除文本格式馆藏保留缩微格式馆藏。

(SYS) 609–77238

Level 2: XXX MRR -- 19970317 --(microform, complete, currently received, permanently retained)

XXX Ag -- 19970317 --(text, currently received, not retained)

Level 4 (compressed): XXX MRR -- 19970317 --(a,hd,1,4,8) -- v.1–32 1949–1996

XXX Ag -- 19970317 --(a,ta,0,4,6) -- v.33:no.1–33:3 – Discard when microfilm received.

26. 图书馆拥有第1—8卷印本格式馆藏。该馆藏将永久保留，但近期不再收藏。

(SYS) 702–27612

Level 1: XXX

Level 2: XXX -- 19970317 --(not currently received)

Level 3: XXX -- 19970317 --(not currently received) -- v.1–8 1993–1996

Level 4(compressed): XXX -- 19970317 --(not currently received) -- v.1–8 1993–1996

27. 一个印本连续出版收藏两个复本，这两个复本均在连续收录中并会永久保留。复本1的馆藏包括：第3–22卷（完整），第23卷1–9期。复本2的馆藏包括：第1–21卷（完整），第22卷1–6、8–12期和第23卷1–3、5–8期。

(SYS) 534–82746

Level 3: XXX Sci Cop.1 -- 19970417 --(a,ta,1,4,8) -- v.3–23 1976–1996

XXX Sci Cop.2 -- 19970417 --(a,ta,1,4,8) -- v.1–23 1974–1996

Level 3 (composite): XXX Sci -- 19970417 --(a,ta,1,4,8) -- v.1–23 1974–1996

Level 4(composite): XXX Sci -- 19970417 --(a,ta,1,4,8) -- v.1:no.1–v.23:no.9 1974:Jan.–1996:Sept.

Level 4 (partly compressed, partly itemized):

XXX Sci Cop.1 -- 19970417 --(a,ta,1,4,8) -- v.3–v.22

v.23:no.1–v.23:no.9 1976–1995 1996:Jan.–1996:Sept.

XXX Sci Cop.2 –– 19970417 ––(a,ta,1,4,8) –– v.1–v.21

v.22:no.1–v.22:no.6,v.22:no.8–v.22:no.12

v.23:no.1–v.23:no.3,v.23:no.5–v.23:no.8 1974–1994

1995:Jan.–1995:June,1995:Aug.–1995:Dec.1996:Jan.–

1996:Mar.,1996:May–1996:Aug.

28.带有替补卷册、额外编号卷册、未编号卷册和袖珍本的多部分书目款目。各款目逐行显示；款目标识符号是分隔线。

(SYS)849–34072

XXX Law Lib. KFV2430 1950.A243 – 19970604 ––(a,ta,1,4,8)

v.1 <1995 ed.>

v.1A <1994 ed.>

v.1B <1993 ed.>

v.2 <1992 ed.>

v.2A <1991 ed.>

v.2B <1993 ed.>

v.3 <1993 ed.>

v.3A <1989 ed.>

v.3A:cumulative supp. <1996>

v.3B <1996 ed.>

v.4 <1996 ed.>

v.4A <1995 ed.>

v.5 <1993 ed.>

v.5A <1992 ed.>

v.6 <1996 ed.>

v.6A <1994 ed.>

v.7 <1996 ed.>

v.7A <1994 ed.>

v.8 <1995 ed.>

v.8A <1991 ed.>

v.9 <1992 ed.>

v.9A <1995 ed.>

v.10 <Tables> <1993>

v.11 <Rules of the Virginia Supreme Court> <1996>

v.12 <Index A-I> <1996>

v.13 <Index J-Z> <1996>

+ <Legal Ethics and Unauthorized Practice Opinions> <1991>

+ <Legal Ethics and Unauthorized Practice Opinions> <1996>

+ <Administrative Law Appendix> <1996>

+ "1996 Cumulative supplements" <Pocket parts for 1996; earlier are discarded>

29. 远程获取的电子期刊。虽然未收藏近5年的期刊，但馆藏范围可以选择性地保持开放以降低维护成本。

(SYS) 123456

XXX -- 19981116 --(a,cr,0,0,6) -- 1982–1993 -- The latest 5 years are not available in this electronic version; latest 5 years are available in paper only.

30. 期刊自1995年出版至今，同时收藏其印本和电子版。电子版缺少编次。

(SYS) 4321987

XXX Rapp Stor. -- 19981119 --(a,ta,1,4,8) -- v.1– 1995–

XXX Electronic Resource -- 19981119 --(a,cr,1,4,8) -- 1995– -- Continuously updated.

31. 数据库通过网络持续更新和只读光盘每季度更新。使用附注标识馆藏；馆藏范围信息并未作为格式化数据元素加以记录。

(SYS) 5678321

XXX Electronic Resource -- 19981119 --(a,cr,0,4,8) – Continuously updated.

XXX Soc. Sci. Lib. -- 19981119 --(a,co,1,4,2) -- Latest release only. Updated quarterly with reissue.

索引

本附录不是ANSI/NISO Z39.71–2006 (R2011)《书目款目的馆藏说明》的一部分，仅提供信息。

本索引遵循NISO TR02–1997《索引和相关信息检索设备指南》的建议。有关标准的条目使用章节编号而不是页码作为定位符号。前言的条目使用小写罗马数字。表格的定位符号以斜体显示。定义的定位符号是**粗体**。当定义的条目以与第2节“定义”中不同的单词顺序出现时，第2节中使用的术语将显示在定位符号之后的括号中。

① 原文为“5.5.1”，经核实为笔误。——译者注

第二节　确保馆藏信息交流与转换的一致性——馆藏说明标准ANSI/NISO Z39.71述评

1　引言

馆藏说明是指图书馆或其他文献收藏机构对馆藏文献资源进行的描述与说明，以揭示所藏文献资源。馆藏说明的对象既可以是实体馆藏，也可以是电子馆藏。早期图书馆界对馆藏文献的著录方式没有统一标准，各图书馆或收藏机构按照各自的方式描述和揭示馆藏，不利于馆藏信息的交流与转换。美国国家标准学会（American National Standards Institute，ANSI）自20世纪70年代便开始关注这一问题，于1980年发布了美国第一个馆藏说明标准。[1]历经近40年的演变与发展，美国馆藏说明标准形成了如今的版本《书目款目的馆藏说明》[ANSI/NISO Z39.71-2006 (R2011), ANSI/NISO Z39.71]。[2]

美国是图书馆行业较为发达的国家之一，其馆藏说明标准起步较早，历经多次修订，发展较为成熟。而我国馆藏说明标准《馆藏说明》(GB/T 24424-2009)，2009年首次发布，至今还未进行修订。与美国相比，我国的馆藏说明标准建设起步较晚，相关研究也相对较少。笔者以"馆藏说明"为题名和关键词在"中国知网"(CNKI)中未查询到专门的研究文章。目前可查询到的主要资料是我国馆藏说明国家标准起草小组组长贺燕老师主编的《图书馆馆藏组织与管理研究》，该书对我国馆藏说明标准的起草背景及美国馆藏说明标准的主要内容都有所介绍。[3]2016年，北美东亚图书馆协会（Council on East Asian Libraries，CEAL）、高等教育文献保障系统（China Academic Library & Information System，CALIS）管理中心及高校图书馆数字资源采购联盟（Digital Resource Acquisition Alliance of Chinese Academic Libraries，DRAA）理事会合作开展中美电子资源国家标准比较研究项目。[4]项目经授权选取了美国国家信息标准协会（NISO）的13项电子资源标准规范进行合作翻译与研究，《书目款目的馆藏说明》[ANSI/NISO Z39.71-2006 (R2011)]也位列其中，且是项目选取的13项标准规范中为数不多的获ANSI批准必须被遵循的美国国家标准之一。作为该翻译研究项目的参与者，笔者以ANSI/NISO Z39.71-2006 (R2011)原始文本为基础，结合翻译过程中的扩展研究与思考，拟从美国馆藏说明标准的发展历史、主要内容和特点、与其他标准之间的关系以及馆藏说明中的数据项和数据元4个方面对美国馆藏说明进行系统的梳理与分析，以期补充馆藏说明的相关研究资料，为我国馆藏说明标准的完善与发展提供有益参考。

2　美国馆藏说明标准的发展历史

2.1　CONSER项目推动馆藏说明标准的产生

"起初，这里一片混乱"，[5]NISO馆藏说明标准起草委员会委员在回顾美国馆藏说明标准的发展历史时这样形容。的确，直到20世纪70年代，美国尚未制定统一的馆藏说明标准，各图书馆或收藏机构按照自己的惯例和方式著录馆藏。1974年开始的美国连续出版物机读目录转换项目（Cooperative Online Serials Program，CONSER）直接推动了早期美国馆藏说明标准的制定。CONSER是合作编目项目（Program for Cooperative Cataloging,

PCC）的连续出版物合作项目，CONSER项目启动之初，旨在通过努力为参与该项目的40所机构创建通用的连续出版物数据库。后来，该项目进一步发展，扩展成为北美有关连续出版物和馆藏的连续、标准化且不重复的数据库。[6] 在CONSER项目进行过程中，参与机构认识到连续出版物的合作交流需要为连续出版物的描述与著录提供统一的指导，于是成立了专门的委员会来讨论这一问题。1979年底，美国第一个有关连续出版物的馆藏说明标准获得ANSI批准，并于1980年正式实施，这就是《简要级连续出版物馆藏说明》（ANSI Z39.42–1980）。

2.2 早期美国馆藏说明标准

ANSI Z39.42–1980是美国第1个馆藏说明标准，为连续出版物提供简要级的馆藏说明指引。该标准为连续出版物规定了3个等级的馆藏说明，为连续出版物的采访状态、完整性等规定了统一的标识代码，并统一了连续出版物著录过程中的标识符号和分隔符号。Z39.42–1980详细定义了10种标识符号与分隔符：连字符、逗号、斜杠、问号、冒号、分号、空格、圆括号、等号及方括号，并提供简单的使用示例。

在简要级馆藏说明标准发布后的不久，委员会又开始筹划详细级的馆藏说明标准。在听取各方意见并经过多次会议及投票讨论后，委员会最终决定制定一个同时包括简要级和详细级馆藏说明的标准。1986年，美国第2个馆藏说明标准《信息科学的美国国家标准——连续馆藏说明》（ANSI Z39.44–1986）[7] 正式发布。该标准取代了Z39.42–1980，为连续出版物提供简要级和详细级的馆藏说明指导。该标准最大的特点是，在1980年标准的基础上，增加了馆藏说明的第4个等级，即详细级的馆藏说明。

以上两个标准都是针对连续出版物，而专著等非连续出版物的馆藏著录也需要相应的标准进行指导。于是，美国第3个馆藏说明标准《非连续出版物馆藏说明》（ANSI/NISO Z39.57–1989）[8] 诞生。该标准为非连续出版物的馆藏描述与著录提供具体指导，便于非连续出版物馆藏数据的交流。

2.3 整合后的新一代美国馆藏说明标准

从1989年到1999年，美国一直并存着两个馆藏说明标准，即有关连续出版物馆藏说明的标准Z39.44–1986和用来规范非连续出版物馆藏说明的标准Z39.57–1989。在这10年间，统一两个馆藏说明标准的想法在逐渐萌芽、发展，但由于图书馆方面提出的一些问题未得到满意解决，新馆藏说明标准草案在第一次投票时未获通过。为此，统一馆藏说明标准的计划一度搁浅，但随着馆藏数据的MARC格式的发展，以及国际标准化组织（International Organization for Standardization，ISO）馆藏说明国际标准ISO 10324（《信息与文献—馆藏说明—简要级》，1997年发布）的起草发布，“一个馆藏说明标准”的起草再度启动并最终成为现实。[9] 一个统一的馆藏说明标准有利于与当时的MARC格式整合运动相协调，同时随着电子资源的发展，连续出版物与专著之间的界限日益模糊。因此，制定一个馆藏说明标准也是时代发展的需求。

在各方努力下，新一代馆藏说明标准《书目款目的馆藏说明》（ANSI/NISO Z39.71-1999）[10]于1998年经NISO委员会投票通过并获ANSI批准，1999年正式公布实施。Z39.71-1999结束了美国两个馆藏说明标准并存的局面，它既可以适用于期刊等连续出版物，也可以适用于专著等非连续出版物。与之前的馆藏说明标准相比，Z39.71-1999的进步主要体现在：详细规定了4个等级的馆藏说明，收藏机构根据自身需要选用；允许进行详细级和简要级的混合著录；对同题名多版本书目著录进行了特别说明；规定其不限于实体形式的书目，为电子载体的书目款目留下了空间。可以说自Z39.71-1999开始，美国现行馆藏说明标准的架构基本完成。

3　现行美国馆藏说明标准Z39.71-2006 (R2011) 版的内容和特点

3.1　Z39.71-2006 (R2011) 版的主要内容

为了适应新的发展，每5年，NISO一般会对其发布的标准进行审查或再确认。2005年NISO对Z39.71-1999馆藏说明标准进行了系统审查，对某些评论进行了回应并做了一些细微的修改。Z39.71的讨论修订稿于2006年经NISO投票委员会投票通过并获ANSI批准，形成了2006年版的馆藏说明标准Z39.71-2006。2011年，Z39.71-2006经NISO和ANSI的再次确认和认可，新版本ANSI/NISO Z39.71-2006 (R2011) 正式诞生。

ANSI/NISO Z39.71-2006 (R2011) 全名为《书目款目的馆藏说明》（Holdings Statements for Bibliographic Items），沿用了1999年版馆藏说明标准的名称和简称ANSI/NISO Z39.71，仅在后面加上修订和审查年份以示区别。为确切表达，Z39.71-2006 (R2011) 版详细规定了书目款目的馆藏说明要求，以确保馆藏信息交流和转换的一致性，既可适用于实体书目款目的说明，也可适用于电子载体书目款目的说明及文献收藏机构对电子资源的获取。Z39.71-2006 (R2011) 版正文由5个部分组成。

第1节对馆藏说明标准的内容范围和目的进行界定。规定馆藏说明分为4个等级：1级馆藏说明标识了书目款目和馆藏机构；2级馆藏说明要求著录款目标识项、一般馆藏项和记录日期项；3级馆藏说明通过尽可能压缩的方式，提供简要馆藏范围的说明，在2级馆藏说明数据项基础上增加馆藏范围项；4级馆藏说明是最详细级别的馆藏说明，在3级馆藏说明数据项基础上，如有编次/年代则需详细著录。决定使用哪个等级没有统一要求，收藏机构可根据自身需求，选取其中任何一级进行著录。

第2节对馆藏说明标准中所使用的术语进行专门定义，其中既有较为简单的术语，如“数据项”“数据元素”“相邻显示”“印刷日期”等，也有较为复杂的术语“书目款目”

“书目单元”“多部分单元”“辅助书目单元”等。

第3节提供了馆藏范围项中使用的标点符号一览表、馆藏说明包含的数据项和数据元素一览表，并对一般馆藏项载体形态标识中所使用的代码和文字表述予以界定。一般馆藏项载体形态标识中所使用的代码与“MARC 21书目格式”（MARC 21 Bibliographic Format）的007字段的代码相对应，收藏机构在著录时可参考“MARC 21书目格式”以核实最新代码。

第4节从数据项、数据元素、馆藏说明的等级、标识符号与分隔符、馆藏说明的构成、不同实体和电子载体、多馆藏地和复本7个方面进一步剖析了馆藏说明的结构。

第5节则进一步对馆藏说明包含的数据项和数据元素进行详细描述，详细规定了款目标识项、馆藏位置数据项、记录日期项、一般馆藏项、馆藏范围项及馆藏附注项中数据元素的排列顺序和格式。

3.2 Z39.71–2006 (R2011)版的特点

3.2.1 坚持一个馆藏说明标准的原则

作为Z39.71–1999的更新修订版，Z39.71–2006 (R2011)继续坚持“一个馆藏说明标准”的原则，既可适用于期刊等连续出版物的著录，也可适用于专著等非连续出版物的著录。对于制定“一个馆藏说明标准”的原因，新标准是这样回顾的：首先，MARC馆藏数据格式的统一在先，由于书目原则与馆藏数据之间是相互关联的，AL标准委员会（Standards Committee AL）认为一个标准统一适用于馆藏说明，正如其已经应用于馆藏数据一样；其次，会议论文集、活页资料和电子出版物很难在“连续”和“非连续”之间明确区分。并非所有图书馆沿用相同的方式处理这些资料。因此，制定一个馆藏说明标准更符合实际需求。

3.2.2 著录方式更加灵活

在Z39.71–2006 (R2011)中馆藏范围项的著录已经更加灵活。主要表现在以下两个方面。首先，详细等级的馆藏说明（level 4）可以使用连字符号结尾，且并不要求每次收录新馆藏时都进行更新。其次，Z39.71–2006 (R2011)允许部分简要级和部分详细级的混合馆藏说明。由于部分收藏机构对于早期卷册的收录信息可能不完整，仅可进行简要级的著录，对于大多数近期卷册的收录信息更加完整，允许混合著录更符合现实情况。另外，允许混合著录有利于新旧馆藏标准的衔接，这项规定便于之前按照Z39.42进行简要级著录而现在保留详细馆藏信息的机构进行馆藏著录。

3.2.3 协调了不同标准间标识符号之间的冲突

通过上文对美国馆藏标准发展历史的梳理可知，美国相继存在过几个馆藏说明标准，这些标准的标识符号不尽一致，加上ISO 10324国际标准的影响，标识符号的统一是新标准需要解决的主要问题之一。为此，NISO委员会审查了早期美国标准、ISO 10324、ANSI/

NISO Z39.56–1996以及《连续出版物及其单篇文献的标识符》（Serial Item and Contribution Identifier，SICI）中的标识符号。经反复对比分析，出于尽可能减少对使用者影响的考虑，委员会决定基本采用美国标准的标识符号。Z39.71–2006 (R2011)版在第3节中通过表格的形式对馆藏范围项中的标点符号进行了定义并举例，并在第4.4节中再次对标点符号和分隔符的使用进行举例说明。简明清晰的标识符号使用指南，便于收藏机构进行著录，也便于新旧著录信息之间的协调。

3.2.4　术语界定简明易懂

Z39.71–2006 (R2011)版对标准中使用的98个术语进行了界定，比ISO 10324所界定的术语多了45个。对于较为抽象的术语，专门举例补充说明，以便于使用者理解。

例如“书目款目”这一术语，该馆藏标准给出的定义为：一个书目单元或一组书目单元，无论何种载体形态，也不论是否连续，均作为一个实体出版、发行或处理，并构成单个书目著录的基础。定义较为抽象，仅提供定义，使用者可能仍不明白书目款目到底是何物。但配上馆藏说明标准随后提供的例子，这一定义易懂了许多。例如，书目款目的例子有一本书、一套地图集、一份带乐章的音乐总谱、一张高密度数字光盘、一套多载体配套资料、一份手稿馆藏、一卷缩微期刊、一盒附带小册子的录像带、一份连续发行更新的活页出版物、一本期刊和一份报纸。

3.2.5　解决了同题名多版本文献著录的难题

同题名多版本文献是指题名相同但以不同格式或不同载体发行的文献。例如，以纸本和缩微光盘发行的同题名文献、同题名的纸本或电子图书等。同题名多版本文献的著录是收藏机构文献著录时经常遇到的一个较为棘手的问题，电子资源的发展，使同题名多版本问题更加复杂。AL标准委员会在馆藏标准的修订过程中，对这一长期存在的问题进行了深入的考虑：是否应将每个版本都编为单独的书目记录或将所有版本都著录到一条记录上？

经过多方面的考虑，AL标准委员会指出同题名的多版本文献著录的冲突事实上是一种书目表达的困境，即该问题是书目问题而非馆藏问题。对同题名的多版本文献的著录，新标准最终表述如下：如果收藏机构收藏有不同格式的书目款目，例如实体/电子格式，那么馆藏说明的数量取决于描述或标识不同格式的书目款目所采用的方式。如果不同载体的文献分别由不同的款目标识描述或标识，那么各款目标识应有与其相对应的单独馆藏说明。如果不同载体的文献仅由一个款目标识描述或标识，那么不同载体的馆藏说明可能仅与该款目标识相呼应（表10–2–1）。

表10-2-1 同题名的多版本文献著录示例一览表①

馆藏文献情况	著录示例
印刷型单卷本，缩微品也同时收藏	ISBN 0-904351-114 Level 2: XXX Main C1 PZ7.D684 A1 1997 --19970303 --(text) XXX Main C2 Mic77-3276 --19970503 --(microform)
1995年以来出版的期刊，同时收藏纸质和电子版。电子版缺少编次	(SYS) 4321987 XXX Rapp Stor. -- 19981119 -- (a,ta,1,4,8) -- v.1- 1995- XXX Electronic Resource -- 19981119 -- (a,cr,1,4,8) - 1995- -- Continuously updated

4 美国馆藏说明标准与其他相关标准间的关系

现行美国馆藏说明标准不是凭空产生的，其产生发展是以美国及国际图书馆界的发展为大背景的。现行美国馆藏说明标准是在早期美国馆藏说明标准的土壤中发展起来的，同时也受到ISO国际馆藏标准及MARC馆藏数据格式的影响。三者之间的关系分析如下。

4.1 早期美国馆藏说明标准是现行标准Z39.71产生的土壤

早期美国馆藏说明标准是指《简要级连续出版物馆藏说明》(ANSI Z39.42-1980)、《信息科学的美国国家标准——连续馆藏说明》(ANSI Z39.44-1986)以及《非连续出版物馆藏说明》(ANSI/NISO Z39.57-1989)这三项馆藏说明标准。而1999年NISO发布的ANSI/NISO Z39.71-1999是在整合扬弃早期馆藏说明标准的基础上制定的，2006年和2011年的修订仅是微调。且在标准修订过程中涉及标识符号冲突问题的处理时，NISO委员会最终决定采用美国标准的标识符号。因此，可以说早期美国馆藏说明标准是现行美国馆藏说明标准产生的土壤。

新标准保持了新旧馆藏说明记录相适应的惯例。新标准提到，对于已经习惯于沿用旧标准来著录馆藏说明的人来说，标准的修订或新概念的引入无疑会令人一时措手不及或无所适从。但是新标准并不要求收藏机构必须重新调整并遵照最新的规则修订其馆藏说明记录。事实上，从1986年的Z39.44开始，对于编次和年代数据的格式，使用者便可以选择按照旧标准进行著录。因此，新标准继续保持了这一惯例，规定新标准的使用者同样既可以继续按照旧标准格式著录，也可以选择按照新标准格式著录。

4.2 馆藏说明标准Z39.71与“MARC 21馆藏数据格式”之间的关系

MARC（Machine Readable Catalogue），意指“机器可读目录”，美国MARC专家

① 此表内容编译自Z39.71-2006 (R2011)版标准附录A。——作者注

Crawford将其定义为，用来标识、存储和交流书目信息的标准格式。在美国，MARC馆藏数据格式经历了3个阶段的发展变化：20世纪60年代，美国国会图书馆（Library of Congress）的专家发明了MARC格式，这个阶段MARC格式又被称为LCMARC。自20世纪70年代起，MARC格式成为美国馆藏数据格式的国家标准，LCMARC改称USMARC。为便于书目信息的国际交流，1999年USMARC与加拿大MARC（CANMARC）整合形成MARC 21，2001年英国大英图书馆宣布采用MARC 21。[11] 如今“MARC 21馆藏数据格式”已为多国图书馆采用，是目前国际图书馆界较为通行的馆藏数据标准格式。

“MARC 21馆藏数据格式”（MARC 21 Format for Holdings Data）与NISO馆藏说明标准既有区别，又相互联系。对于两者的关系，Z39.71–1999曾做过清晰说明，Z39.71对二者关系的表述类似。首先，正如所有MARC格式一样，“MARC 21① 馆藏数据格式”仅作为数据交流格式（communication），而非显示格式（display），即NISO馆藏说明标准强调内容（content），而MARC格式则更关注结构（structure）。其次，两者又是相互联系的。在Z39.71起草和修订时，标准委员会考虑了“MARC 21馆藏数据格式”变化带来的影响，并尽可能与之相协调，且时常会对“MARC 21馆藏数据格式”中的定义和代码进行检查。在Z39.71最终定稿时，标准委员会也采用了“MARC 21馆藏数据格式”所列举的载体形态标识代码。第三，NISO馆藏说明标准与“MARC 21馆藏数据格式”一起共同运行并构成了馆藏数据表达的当前标准。[12]

4.3　馆藏说明国际标准ISO 10324对美国馆藏说明标准Z39.71的影响

1997年，国际标准化组织ISO发布了馆藏说明的国际标准《信息与文献—馆藏说明—简要级》（ISO 10324）。该标准适用于任何物理载体书目款目的简要级馆藏说明，规定了连续出版物和非连续出版物书目款目馆藏说明的数据项、数据元素、标识符号及内容要求等。

国际标准ISO 10324比美国馆藏说明标准Z39.71–1999早两年发布，ISO 10324对Z39.71–1999有着不容忽视的影响。1999年，NISO馆藏说明标准修订委员会的成员布劳斯（Bloss）和海伦（Helen）回顾了委员会对于ISO 10324国际标准的考量[13]：首先，由于NISO是ISO的美国成员，遵循国际标准很重要。其次，ISO馆藏说明标准的文本本身表述清晰简明，以该文本为蓝本进行补充或修改，比另外起草一套新的文本更加简便易行。

---

① 对比Z39.71–1999、ANSI/NISO Z39.71–2006及ANSI/NISO Z39.71–2006 (R2011) 3个版本的英文文本后，我们发现，ANSI/NISO Z39.71–2006 (R2011) 将ANSI/NISO Z39.71–2006中所有涉及MARC 21的表述均改为了USMARC。经与NISO项目副主任内蒂·拉格斯（Nettie Legace）女士邮件沟通，推测此处可能为笔误（clerical error），美国现在通行的MARC格式为MARC 21。故在ANSI/NISO Z39.71–2006 (R2011) 的中文译稿中，统一表述为MARC 21。——作者注

ANSI/NISO Z39.71-2006 (R2011)在前言中也对NISO馆藏说明标准与ISO馆藏说明标准之间的关系做了清晰说明：在1995年9月的会议期间，AL标准委员会成员对国际馆藏说明标准ISO 10324进行了回顾。委员会对ISO 10324标准相当关注，因为只要有可能，NISO都会与国际标准相协调或采纳国际标准。委员会最终选择采用ISO标准而非1991年起草的Z39.71，作为1999年Z39.71的修订起点，后者亦成为2006年修订版的基础。

5 馆藏说明Z39.71-2006 (R2011) 版中的数据项和数据元素

数据项是用来标识和定义馆藏说明的单位，馆藏说明由一个或多个数据项组成。而数据项又是由一个或多个数据元素组成的，数据元素是馆藏说明的基本组成单位。馆藏说明包括6个数据项，即款目标识项、馆藏位置数据项、记录日期项、一般馆藏项、馆藏范围项及馆藏附注项。馆藏说明标准将这些数据项标识为必备的、不使用的或可选的。收藏机构可根据自己选择的著录等级，选择采用不同的数据项。为便于收藏机构选用，Z39.71-2006 (R2011)版详细规定了各数据项的组成及数据元素在其中的排列与格式，具体规定如下。

5.1 款目标识项

款目标识项是指为所著录的馆藏进行书目款目唯一标识的数据项。款目标识可以是一个国际标准连续出版物号（ISSN）、国际标准书号（ISBN）、国际标准音乐号（ISMN）、国际标准音像代码（ISRC）及收藏机构的记录控制号等。款目标识项是1级到4级馆藏说明都必备的数据项，且不可重复。新标准建议，如果款目标识是一个记录控制号，则应将收藏机构或系统所设定的标准代码置于款目标识之前的小括号内。例如：(OCoLC) 746293、(DLC) 86-13927。如果款目标识是ISBN、ISSN或国际科技期刊代码（Code Number，简称CODEN），则建议将该款目标识置于ISBN、ISSN或CODEN之后。例如：ISSN 0024-9319、ISBN 0-8022-497-5、CODEN JACSAT。

5.2 馆藏位置数据项

馆藏位置数据项是指标识收藏机构、具体位置、书目单元的馆藏位置或可获取渠道的数据项。通常与分馆馆藏位置、复本标识及架位信息一起出现。馆藏位置数据项是1级到4级馆藏说明都必备的数据项，且可以重复使用。馆藏位置数据项通常依次由机构标识符、分馆馆藏位置标识、复本标识和索取号4个数据元素组成。新标准还规定了使用以上4个数据元素的具体要求，其中有两点需要特别注意。

首先，分馆馆藏位置标识必须与其收藏机构标识一起使用。例如，DLC Law Lib.（美国国会图书馆法律馆的机构标识符和分馆馆藏位置标识）。在某些收藏机构的标识体系中，分馆藏地并非独立存在，而是机构标识符的组成部分。例如：PITB（作为匹兹堡大学商学图书馆，分馆馆藏位置标识是机构标识符的一部分）。

其次，复本标识可以根据各收藏机构或各图书馆的不同惯例缩写。但复本标识应当与分馆馆藏位置标识或机构标识符一起使用。在某些情况下，复本标识还可以作为索书号的一部分，此时无须在复本标识项中重复著录。例如，REF M557.B757 P7 c.1（分馆馆藏位置缩写及复本标识都是索书号的一部分）。

5.3　记录日期项

记录日期项指提供馆藏说明的著录日期或最后更新日期的数据项，该数据项显示了馆藏说明的最新信息。记录日期项对于1级馆藏说明是可选数据项，而对于2、3、4级馆藏说明是必备数据项。新标准规定，著录日期应遵照ANSI X3.30–1997规范，由8位数字字符组成，顺序依次为：第1—4位数为年，第5—6位数为月，最后2位数为日期，不详信息以00表示。如果整个日期都不详，8位数字全用0替代。不使用任何分隔符。例如：19910104（1991年1月4日）、19490500（1949年5月）、00000000（日期不确定）。

5.4　一般馆藏项

一般馆藏项是用来表示馆藏书目单元的馆藏完整性、采访政策和保留政策信息的数据项。1级馆藏说明中不使用一般馆藏项，在2、3、4级馆藏说明中，收藏机构根据需要选择是否使用。一般馆藏项由单元类型标识、载体形态标识、完整性标识、采访状态标识和保留标识5个数据元素组成。各数据元素可以用代码值记录，也可以选择用文字替换或显示。用代码表示时，5个数据元素均需著录并显示，即使有些数据元素并不适用，仍需用“not applicable”（不适用）代码进行记录和显示。用文字表述时，仅著录那些适用的数据元素，不著录值为0的数据元素。例如：(0,zu,1,4,8)、(0,ta,1,4,8)、（印本，新近收录，长期保存）。

5.5　馆藏范围项

馆藏范围项是表示所著录的馆藏书目单元的单元范围、单元名称、编次/年代等的数据项。馆藏范围项在1级和2级馆藏说明中不使用，当收藏机构按照3级或4级馆藏说明标准进行馆藏范围项的著录时，单元名称、单元范围、编次、年代、特定范围附注5个数据元素中至少有一项是必备的。其中需要特别注意的有两个方面。

首先，是缺期与非缺期中断的标识。如果记录一定范围的编次或年代，该范围内的缺期以逗号标识。例如：v.5(1980)–6(1981),10(1985),12(1987)［缺第7–9卷、第11卷］；1942–1990, 1994–(缺1991–1993年部分)。另外，在著录缺期时，数量应当尽量以正向方式著录，即强调“有”而不是“无”。例如：slide A-E,G[缺幻灯片F]；非缺期中断指编次、年代或多部分单元因未出版或其他出版方的原因造成的中断。收藏机构在著录时，用分号表示非缺期中断，如果非缺期中断发生在中断旁，分号可以置于逗号旁边。例如，no.1–8;v.3:no.1–［详细级，出版社从第9期起将以“no”为单位更改为以“vol.”和“no.”为单位］；v.1(1980)–v.4(1983);v.7(1986)–v.10(1989)［第5卷从未出版，缺第6卷］。

其次，推荐收藏机构进行编次标识的著录。如可能，尽量对照出版物上原始的语言或蓝本进行转换，不建议另外创设一套编次标识代码。例如，tome 10（第10册）著录为t.10；number 2（第2号）著录为no.2；Band 3（第3卷）著录为Bd.3。编次标识的字母缩写可参照最新版的《英美编目条例》(Anglo-American Cataloguing Rules)，如果《英美编目条例》中未规定的，也可以参照其他标准或ISO 832中的相关规定。如果没有合适的缩写，可以保留全称。例如，reel 32（卷32）著录为reel 32；nmbr 3依然著录为nmbr 3。

5.6 馆藏附注项

2011年版美国馆藏标准对馆藏附注项的表述为，包含自由文本信息的数据项，即收藏机构根据自身需要进行著录的数据项。馆藏附注项可以包含在馆藏说明的其他著录项或书目记录中未著录的信息，以便对馆藏信息进一步解释。在1到4级馆藏说明中，馆藏附注项都是可选数据项。通常，馆藏附注项可能包括获取限制、馆藏书目的实际状况等信息。例如non-circulating（非流通），v.3 is extremely brittle（第3卷损毁严重）。馆藏说明的其他数据项中已经著录过的信息，无需在馆藏附注项中再加以著录，除非需要对其他数据项中的模糊信息进一步解释澄清。例如v.8 not published.（第8卷未出版），Transferred to safety film 3/3/78（于1978年3月3日转换成安全胶片），v.5 is badly water-damaged（第5卷因水浸而损毁严重）。即便某项文献在馆藏范围项中已经著录了相应的缺期或非缺期中断，但是如果需要进一步说明缺期的原因或更详细的情况，也可以在馆藏附注项中补充相关信息。

6 结语

准确的馆藏说明可帮助用户准确定位馆藏信息，遵循统一的馆藏说明标准，能确保馆藏信息交流与转换的顺畅，经调研证实，遵循馆藏说明标准对图书馆和用户都具有重要价值。[14] 从第一个馆藏说明标准发布算起，美国馆藏说明标准已历经近40年的发展，标准发展较为成熟且修订经验丰富。但美国馆藏说明标准的发展过程并非一帆风顺，历经新旧标准的更迭、两个标准的统一、标准的多次修订及再确认这样一个复杂漫长的过程，期间不乏争议、质疑甚至反对之声。NISO标准委员会广泛征求意见，平衡各方利益，才得以使现行版本的馆藏说明标准ANSI/NISO Z39.71–2006 (R2011)最终定稿。

2009年我国在参照国际标准ISO 10324及2006年版美国馆藏说明标准ANSI/NISO

Z39.71–2006的基础上，结合我国实际使用情况制定发布了我国首个馆藏说明国家标准《馆藏说明》（GB/T 24424–2009）。根据强制力不同，我国的国家标准分为强制性标准（GB）和推荐性标准（GB/T），《馆藏说明》（GB/T 24424–2009）属于推荐性标准，即各相关机构根据自身需要决定是否采纳遵循。GB/T 24424–2009发布至今已有多年，尚未进行第一次修订，将来标准的完善与修订在所难免。“择其善者而从之，其不善者而改之”，美国馆藏说明标准制定发展过程中，所出现过的争议点、新旧标准的衔接、各方利益的平衡以及与国际标准的协调等经验，可以为我国馆藏说明标准的发展与完善提供有益的借鉴与参考。

参考文献

［1］NISO. ANSI Z39.42–1980: American National Standard for Information Serial Holdings Statements at the Summary Level. New York: ANSI, 1980.

［2］NISO. ANSI/NISO Z39.71–2006 (R2011): Holdings Statements for Bibliographic Items.［EB/OL］［2018–8–6］. https://www.niso.org/publications/z3971–2006–r2011.

［3］贺燕.图书馆馆藏组织与管理研究［M］.北京：国家图书馆出版社，2009:120.

［4］肖珑，马陈碧华，邓石.中美电子资源国家标准发展比较研究：方法与现状［J］.图书情报工作，2018，62（06）：6—14.

［5］［13］Marjorie E, Helen E, Kevin M. Formatting Holdings Statements According to the NISO Standard Z39.71–1999［J］. *Serials Librarian, 2001*, 40(3–4).

［6］Clapper M.E. Serial Holdings Standards［J］. *Serials Librarian*, 1987, 11.

［7］NISO. ANSI Z39.44–1986: American National Standard for Information Sciences-Serial Holdings Statements. New York: ANSI, 1986.

［8］NISO. Information Standards Quarterly. Gaithersburg, MD: NISO, 1989.

［9］Bloss ME. The Epic Continues: Development of a Single NISO Standard for Holdings Statements for Bibliographic Items［J］. *Serials Review*, 1999, 25(4).

［10］NISO. ANSI/NISO Z39.71–1999: Holdings Statements for Bibliographic Items. Bethesda, MD: NISO Press, 1999.

［11］Deborah A.F, Richard JF. *MARC 21 for Everyone*: *A Practical Guide*［M］.Chicago: American Library Association, 2003:14.

［12］Moeller P, Wen-ying Lu. MARC 21 Format for Serials Holdings: A Survey on the Acceptance and Use of Standards［J］. *Serials Review*, 2005, 31(2).

［14］Jean Sibley B. Holding Patterns: Current Trends in Serial Holdings Statements［J］. *Technical Services Quarterly*, 2010, 27(1).

［注］本研究报告根据笔者的如下文章修改：

向佳丽，陈娟，周红，王晓彤．确保馆藏信息交流与转换的一致性——美国馆藏说明标准述评［J］．图书馆建设，2020（02）。

第十一章　转让实施规则 Transfer 3.0

第一节　标准规范译者

刘春鸿　蒋　玲（中国人民大学图书馆）

李　唐（美国南加州大学图书馆）

张梦佳（加拿大阿尔伯塔大学图书馆）

姚晓霞　肖　珑（北京大学图书馆）

薛　燕（美国加州大学伯克利分校东亚图书馆）

邓　石（美国加州大学圣地亚哥分校图书馆）

第二节　研究报告作者

刘春鸿　蒋　玲　郑惠伶（中国人民大学图书馆）

李　唐（美国南加州大学图书馆）

基本信息

名称：转让实施规则，3.0版

简称：Transfer 3.0

发布时间：2014年3月

发布时间（中译本）：2018年9月4日

标准规范编号：NISO RP-24-2015

修订时间：

修订后编号：

主要责任者：美国国家信息标准协会

中文版译者：刘春鸿　蒋玲　李唐　张梦佳　姚晓霞　肖珑　薛燕　邓石

类型：推荐实施规范

关键词：转让实施规则，美国国家信息标准协会，期刊迁移标准，出版者

摘要：《转让实施规则》明确了为什么期刊会被迁移、迁移涉及什么以及最严重的问题发生在哪里。其目的是推出一套适用于期刊从一个出版商或出版平台迁移到另一个时的迁移指导标准，并鼓励业界接受这些标准作为期刊出版质量和性能的水平基线。本规范条例主要关注的是在线内容，而非纸本内容。

英文版国际标准书号（ISBN）：978-1-937522-40-7

中文版国际标准书号（ISBN）：978-1-937522-87-2

英文版链接：https:www.niso.org/workrooms/transfer/

中文版链接：http://www.libconsortia.edu.cn/Standard/list.action

其他关联标准规范：

NISO RP-24-2019　转让实施规则，4.0版

ANSI/NISO Z39.96-2015　JATS：期刊文章标签集

ANSI/NISO Z39.102-2017　STS：标准化标签集

Introduction

Title: Transfer Code of Practice, Version 3.0

Abbreviation: Transfer 3.0

Publication Date: March, 2014

Publication Date (Chinese Version): September 4, 2018

ANSI/NISO Serial Number: NISO RP-24-2015

Revised Date:

Revised ANSI/NISO Serial Number:

Creator: National Information Standards Organization

Chinese Version Translated By: Chunhong Liu, Ling Jiang, Tang Li, Mengjia Zhang, Xiaoxia Yao, Long Xiao, Susan Xue, Shi Deng

Type: Recommended Practice

Keywords: Transfer Code of Practice, National Information Standards Organization, Journal Transfer Standard, Publisher

Abstract: This study gives a detailed accounts of Transfer Code of Practice in terms of three aspects, namely main contents and goals, transfer examples, and characteristics and functions. By systematically analyzing the contents, characteristics and application of Transfer Code of Practice, this study intends to provide the foundation for the management of periodical publications in China, and give guidance to the creation of the Chinese version of standards and regulations for digital publishing.

English Version ISBN: 978-1-937522-40-7

Chinese Version ISBN: 978-1-937522-87-2

English Version URL: https://www.niso.org/workrooms/transfer/

Chinese Version URL: http://www.libconsortia.edu.cn/Standard/list.action

Relation:

NISO RP-24-2019　Transfer Code of Practice (Version 4.0)

ANSI/NISO Z39.96-2015　JATS: Journal Article Tag Suite

ANSI/NISO Z39.102-2017　STS: Standards Tag Suite

第一节 转让实施规则，3.0版

关于NISO推荐实施规范

A NISO Recommended Practice is a recommended "best practice" or "guideline" for methods, materials, or practices in order to give guidance to the user. Such documents usually represent a leading edge, exceptional model, or proven industry practice. All elements of Recommended Practices are discretionary and may be used as stated or modified by the user to meet specific needs. This recommended practice may be revised or withdrawn at any time. For current information on the status of this publication contact the NISO office or visit the NISO website (www.niso.org).	美国国家信息标准协会（NISO）的推荐实施规范以引导使用者为目的，推荐在方法、资料或具体操作上的“最佳实践”或“指南”。这些文件通常代表某前沿领域、优秀模式，或公认的行业惯例。推荐实施规范中所有元素都可以由用户酌情采用，既可全部采纳，又可为满足特定需要修改使用。 本推荐实施规范可能会随时被修改或撤销。有关本出版物的现状信息，请联系NISO办公室或访问NISO网站（www.niso.org）。

中文译本ISBN：978-1-937522-87-2

This document is a translation of the English version of a National Information Standards Organization (NISO) recommended practice, RP-24-2015 Transfer Code of Practice. The only version approved by the National Information Standards Organization is the English language version, available at https://www.niso.org/publications/rp-24-2015-transfer. The National Information Standards Organization and the China Academic Library & Information System/Digital Resource Acquisition Alliance of Chinese Academic Libraries retain copyright in this translation and all rights are reserved. Should there be any difference between the English version and the Chinese version, the English version would prevail.	本推荐实施规范为美国国家信息标准协会NISO RP-24-2015 Transfer Code of Practice《转让实施规则》的中文译本。该标准唯一经由美国国家信息标准协会批准的是英文版，原件请见https://www.niso.org/publications/rp-24-2015-transfer。美国国家信息标准协会及中国高等教育文献保障系统/高校图书馆数字资源采购联盟对中文译本持有并保留版权。如有任何问题，请以NISO批准的英文原版为准。

This translation has been provided as a service to the library community by the Task Group on Translation and Research Project on Electronic Resources Standards and Recommended Practices, consisting of members from the Council on East Asian Libraries (CEAL), China Academic Library & Information System (CALIS)/Digital Resource Acquisition Alliance of Chinese Academic Libraries (DRAA).	应图书馆行业所需，北美东亚图书馆协会（CEAL）、中国高等教育文献保障系统（CALIS）暨高校图书馆数字资源采购联盟（DRAA）提供此中译本。
Translated by: Chunhong Liu, Ling Jiang, Renmin University of China Libraries	翻译： 中国人民大学图书馆：刘春鸿、蒋玲
Reviewed by: Tang Li, University of Southern California Library Mengjia Zhang (used to work for University of Alberta)	审校： 南加州大学图书馆：李唐 阿尔伯塔大学图书馆：张梦佳
Reviewed & edited by: Xiaoxia Yao, Long Xiao, Peking University Library Susan Xue,University of California, Berkeley Libraries Shi Deng, University of California, San Diego Library	总审与统稿： 北京大学图书馆：姚晓霞、肖珑 加州大学伯克利分校东亚图书馆：薛燕 加州大学圣地亚哥分校图书馆：邓石

前言

关于本项推荐实施规范

关于转让项目的动议由英国连续出版物集团[①]在2006年发起，旨在解决学术传播过程中期刊变更平台提供商或所有者的问题。在2006年的前10个月，EBSCO公司记录到有5000多种期刊变更了出版商。这种所有权的转让可能会对图书馆、中介机构（如期刊订购代理、链接解析器管理员，以及大型发现系统供应商）和读者产生负面影响。大多数情况下，期刊看起来似乎已消失，现有信息系统连接到期刊内容的链接也会中断，虽然该期刊仍在出版。

由图书馆、出版商、中介机构（如期刊订购代理）及其他与学术期刊供应链相关的机构代表共同成立了一个工作组。该工作组的目标是为期刊在出版商之间的转让制定流程和政策，以使期刊所有权的变动对利益相关者的干扰减至最低，并遵守一个一致同意的实施规则。

通告服务

为支持本规则的实施，一个在线通知服务系统建立了起来，转让合同签署后出版商即

① 即 United Kingdom Serials Group，UKSG。——译者注

可在此登记发布转让信息。图书馆和其他感兴趣方可以通过注册方式接收电子邮件通告，以便了解期刊所有权的转让情况。

2012年5月，“加强版转让通告服务”发布，该服务添加了一个可检索的数据库，网站为http://etas.jusp.mimas.ac.uk/。目前此加强版转让通告服务由英国连续出版物集团、JUSP①、JISC②和克兰菲尔德大学合作提供，由JUSP和MIMAS③代管。

项目转给美国国家信息标准协会

2014年，英国连续出版物集团转让工作组接洽美国国家信息标准协会（NISO），希望该组织接手《转让实施规则》的长期维护工作。NISO投票成员批准了此项业务，NISO商务信息专题委员会将本项规则添加到他们的职责范围。NISO转让实施规则常务委员会由此成立，成员包括部分之前的英国连续出版物集团工作组成员。常务委员会的工作内容是：鼓励出版商更广泛地采用规则；向三个主要利益相关团体（图书馆、出版商和业界）开展有关转让委员会及其工作内容的宣传教育；审查对规则提出的修改以及更新建议，并在需要的时候修订规则。

目前对于加强版转让通告服务的托管安排在较长时间内将保持不变。

修订历史

第1版《转让实施规则》在2007年4月发布。针对一些出版商关于需要解决不同商业模式的意见的反馈，第2版于2008年9月发布。

目前的3.0版本于2014年3月发布。新版本有一些关键更新，包括如何处理新内容类型、订户类型说明、期刊网址及重定向、命名，以及发布信息的时间和内容。关于修改的详细说明可以访问转让网站：www.niso.org/workrooms/transfer/。

本文件为NISO推荐实施规范，也是英国连续出版物集团《转让实施规则，3.0版》的再发布。

国家信息标准协会商务信息专题委员会成员

商务信息（BI）专题委员会批准了本实施规范从英国连续出版物集团转到美国国家信息标准协会，时任成员如下：

Denise Davis, Co-chair
Sacramento Public Library

Norm Medeiros
Haverford College

Christine Stamison
Center for Research Libraries

Nawin Gupta
Association of Subscription Agents (ASA)

Greg Raschke
North Carolina State University Libraries

Timothy Strawn
California Polytechnic State University

① 即期刊使用统计门户（Journal Usage Statistics Portal，JUSP）。——译者注
② 即英国联合信息系统委员会（Joint Information Systems Committee，JISC）。——译者注
③ 即英国曼彻斯特大学 Mimas 数据中心。——译者注

Karla Strieb, Co-chair

Ohio State University Libraries

Charles Watkinson

Purdue University

Gary Van Overborg

Scholarly iQ

英国连续出版物集团转让工作组成员

英国连续出版物集团转让工作组制定了《转让实施规则，3.0版》，成员如下：

Magaly Bascones

JISC Collections

Jennifer Bazeley

Miami University

Nancy Beals

Wayne State University

Rochelle Belanger

John Wiley & Sons, Ltd.

Kiersty Cooper

Nature Publishing Group

Anna Creech

University of Richmond

Tim Devenport

EDItEUR

Rob Edwards

Emerald

Louise Howes

Swets

Sonia Manjarres-Fernandez

John Wiley & Sons

Laura Jenkins

Emerald Publishing Group

Audrey McCulloch

ALPSP

Alison Mitchell

Nature Publishing Group

Mary Nugent

Taylor and Francis

Niamh O'Connor

Portland Press

Pappaparvathi Patham

Serials Solutions, ProQuest

Edward Pentz

CrossRef

James Phillpotts

Oxford University Press

Dani Roach

University of St. Thomas

Lucy Robinson

SAGE Publications

Adam Rusbridge

EDINA

Hildegard Schaeffler

Bavarian State Library

Heather Staines

SIPX

Melanie Watts

EBSCO Information Services

Tamara Welschot

Springer

Elizabeth Winter

Georgia Institute of Technology Libraries

Steve Wymbs

Elsevier

商标、服务商标

该标准中涉及的所有商标或服务商标，原拥有者保留并继续保留知识产权。

1 原则

《转让实施规则》(以下简称“规则”)的目的是促进实行适用于期刊在出版商或出版平台之间转让的标准，鼓励业界接受这些标准并将其作为评价工作质量和业绩的基本要求。本规范主要关注的是在线内容，而不是印本内容，唯一例外是本规范要求提供印本订购列表。

公开采纳规则并将其应用在实践中的出版商，被认为是“转让合规”。同意本规则的出版商可将其应用在他们完全拥有的期刊。转让合规的出版商应该在商业上尽力确保他们新谈判的第三方拥有的期刊合同也符合规则要求。如果已经在商业上尽力让第三方所拥有的期刊达成转让合规协议，没有成功的案例不会影响出版商转让合规的身份。

本规则的目的普遍适用于任何出版商，不论是否涉及第三方，或是否一家出版商被另外一家出版商收购。转让合规的出版商在转让中遇到的出版商如果并非是转让合规的出版商，本规则鼓励但不要求转让过程涉及的出版商必须遵循转让规则。本规则执行过程中不允许任何一方有违法违规行为，包括竞争、隐私和数据保护的法律和法规。

作为业界自愿参与实施的最佳实施规则，《转让实施规则》并不取代合同条款、知识产权、出版商之间的市场竞争。在所有的期刊转让中，以双方商定的合同条款为准。但是，采纳本规则的出版商应该选择在商业上尽力确保所进行的期刊转让合同和本规则一致。

出版商并非必须采纳本规则，每个出版商可以自由地签订与本规则条款有实质性区别的合同。如果出版商不采纳《转让实施规则》，也没有任何制裁。

本规则鼓励转让合规的出版商使用“加强版转让通告服务”(ETAS)[①](网站http://etas.jusp.mimas.ac.uk/)，提前给图书馆员和第三方提供关于即将进入或离开其出版组合范围的期刊信息。

本文件的附录中提供了一个简短的术语词汇表。此词汇表并不十分详尽，目的是定义某些关键术语，以帮助理解和避免模棱两可的诠释。

① 即 Enhanced Transfer Alerting Service，ETAS。——译者注

转让出版商－角色与职责

主要职责：

* 推进将准确、全面的订户和其他授权用户信息有效、迅速地转让到接收出版商，以确保用户可不间断地访问期刊内容。
* 帮助期刊内容有效和快速地转让到接收出版商。

2　数字内容文件

2.1　转让数字内容文件

转让出版商应将所有的数字内容文件（现刊和过刊，包括任何补充数据），在合同签字后的4个星期内或在有效转让日期4个月之前（以时间较晚者为准）提供给接收出版商。如果转让出版商不是期刊所有者，要在获得期刊所有者明确的书面许可后才能向接收出版商提供数字内容文件。

2.2　最后一期标页定版前的先行出版内容

转让出版商与接收出版商会就何时停止制作最后一期标页定版前的先行出版内容达成协议，以确保在有效转让日期后将出版的印本和在线内容符合接收出版商的内容格式。

2.3　其他数字资料

转让出版商也会与期刊所有者达成协议，是否向接收出版商转让为某些期刊设置的应用程序或音频/视频档案，以及是否转让为某些期刊开发的社交媒体账号的管理权（例如推特或脸书账号）。

2.4　许可条款

转让出版商将会向接收出版商表明所有内容最初出版时遵循的许可条款。

2.5　保存安排

转让出版商将会提醒接收出版商对所涉期刊所有的保存安排。

3 期刊访问

3.1 订户访问

如果接收出版商已经收到了所有的数字内容文件，但无法在有效的转让日期提供访问，转让出版商将继续向现有订户提供访问，直到接收出版商能够提供（数字内容）文件的访问，或持续到有效转让日期后的6个月，以时间较早者为准。如果在有效转让日期的6个月后，接收出版商没有提供数字内容文件访问，本规则鼓励转让出版商继续向现有订户提供访问。

3.2 永久访问权

转让出版商在有效转让日期之后将停止托管期刊的在线版本，尽管如此，他们也必须确保已授予永久访问权限的订户继续访问他们所授权的内容。无论是转让出版商还是接收出版商，或他们二者，均有履行确保用户能够永久访问的义务。本规则特意不指定实现永久访问的方法，但规定了转让出版商有责任确保已授予永久访问权限的订户在期刊被转让后将继续有权访问（见第7.3节）。

4 订户和非订户对期刊的访问

4.1 订购列表

转让出版商在合同签字后的4个星期内或在有效转让日期6个月前（以时间较晚者为准），向接收出版商提供期刊的订购户列表。如果在这个约定的时间点后订购列表有更新，转让出版商应向接收出版商提供更新的信息。转让出版商应尽力提供以下类型的订户数据：

- 购买了现刊印本/电子版期刊的单个机构或机构联盟成员；
- 个人订户（不包括会员订户）；
- 会员订户（征得期刊所有者或其他相关第三方组织的许可）；
- 前订户（最低限度为在上一年年底停止订购的用户）；
- 永久订户（即那些被授予永久访问权的用户），转让出版商将不再提供访问，但指定他们有权访问的卷/期范围。

对于上面的每一类订户，转让出版商应说明订购类别（仅在线、印本+在线、仅印本）。对于作为期刊库采购的一部分（作为电子版大宗交易或印本的一部分）的某种期刊，本规则不要求转让采购机构享有大幅度折扣的详细信息。

4.2 免费订户

转让出版商应确保接收出版商收到关于在线或印本期刊免费用户的信息，包括但不限于编委会成员、文摘和索引服务以及法定缴存图书馆等。该信息应在合同签字后的4周内，或者是有效转让日期4个月前提供，以时间较晚者为准。

5 其他内容和数据类型

5.1 在线编辑系统

转让出版商应在签完合同4周内或有效转让日期前的4个月，将其在线编辑系统里所有为已转让期刊未来出版准备的内容和数据提供给接收出版商，以时间较晚者为准。

5.2 制作中的内容（预出版）

如果有积压的尚未出版、正在制作中的内容，且转让出版商在转让日期前无法将其出版，转让出版商应在有效转让日期的6周前，向接收出版商提供该内容和相关的元数据。

5.3 使用统计

转让出版商应在有效转让日期后提供至少12个月的转让内容的统计数据，最好是“网络电子资源在线使用统计标准”[①]兼容的数据，以便机构订户可以访问此类信息。

6 期刊网址

转让出版商应将所转让期刊的现有域名转让给接收出版商。如果所涉期刊网址是转让出版商的域名的一部分，则转让出版商将在有效转让日期后的至少12个月内提供该期刊的链接，或在其网站的相关网页上（包括期刊的主页）直接重定向到接收出版商网站的相关网页。转让出版商应向接收出版商提供一份关于过渡时期的网址链接或重定向设置的准确概要。

为确保读者通过搜索引擎顺利发现检索内容，并确保搜索引擎索引在转让后对内容的自动、及时更新，转让出版商将对不再托管的数字内容文件建立HTTP301永久重定向。HTTP301应重定向至文章层级。保存时间为12个月，从转让日期开始计算或者从转让出版商停止托管在转让之前已发表的期刊文章之日开始计算。

---

① 即Counting Online Usage of Networked Electronic Resources，COUNTER。——译者注

7 信息通告

7.1 转让信息通告

转让出版商应尽力将期刊转让信息通告本规则中确认的所有群体（参见术语表）以及其他恰当的组织，时间为签署合同后4周内或有效转让日期前的4个月，以时间较晚者为准。

7.2 许可信息

转让出版商应向接收出版商提供一份列表，列出转让期刊的所有授权渠道，例如EBSCO、ProQuest、JSTOR等。

7.3 永久许可信息

如果因许可协议/大宗交易而授予某机构永久访问权，转让出版商应尽力在期刊转让信息中指明，除非过刊存档权仍由转让出版商保有。

7.4 期刊目次通报服务注册者

经与接收出版商商榷，转让出版商应确保在有效转让日期之前，所有期刊目次通报服务注册者都收到出版商或平台变更的通知，并提供可供其注册的接收出版商的期刊目次通报服务信息。

8 标识信息

8.1 数字对象唯一标识符所有权

如果转让内容已被分配数字对象唯一标识符（DOI），转让出版商应遵循DOI标识符注册机构建立的相关指南。对于CrossRef DOI的名字，转让出版商在签署合同后应尽快允许DOI名称所有权的变更，并遵守CrossRef DOI的名称所有权的转让指南。

8.2 国际标准期刊编号信息

转让出版商应告知接收出版商转让期刊目前所有版本（例如印本和在线）的ISSN，以及链接ISSN（或称“ISSN-L”）。如果该期刊曾使用不同的刊名和ISSN，或已被合并或分离出新刊名，那么相关的曾用刊名和ISSN编号也应该告知接收出版商。

接收出版商 - 角色与职责

主要职责：

* 自有效转让日期开始，确保现有订户和其他授权用户能够访问所接收的期刊内容。
* 确保订户和其他授权用户访问所接收期刊的内容的权限不被中断。

9　期刊访问

9.1　订户访问

接收出版商应从有效转让日期开始向现有订户提供访问。如果接收出版商届时还没有从转让出版商收到所有的数字内容文件，或者接收出版商虽然已收到所有数字内容文件，但无法从有效转让日期开始提供访问，那么必须允许转让出版商继续在非独家的基础上提供访问，直至接收出版商开始提供访问。

9.2　永久访问安排

已被期刊所有者授予永久访问其此前所出版内容权利的订户，必须继续享有此权利。转让或接收出版商，或二者，都有履行确保用户能够永久访问的义务（见第7.3节）。

9.3　保存安排

接收出版商应在有效转让日期后继续执行期刊现有的或同等的保存安排。接收出版商不应删除以前保存在过刊存档处中的内容，即使该出版商不再继续在同一过刊存档中存放内容。

10　许可条款

接收出版商将确保之前授权免费提供给用户的内容在当前的条款下将继续让用户获取。

11　信息通告

11.1　转让信息通告

接收出版商应尽力将期刊转让信息通告本规则中确认的所有群体（参见术语表），以及其他恰当的组织。时间是在合同签署后的4周内或有效转让日期前的4个月，以时间较晚者为准。

11.2 加强版转让通告服务

接收出版商负责使用“加强版转让通告服务”（http://etas.jusp.mimas.ac.uk/）宣布转让期刊，时限为在合同签署的4周内或有效转让日期前的4个月，以时间较晚者为准。

12 订购列表

接收出版商收到订购列表（第4.1节）后应尽快联系订购列表上的所有订户，并依据他们续订的情况安排继续访问未来出版期刊的卷期。

13 标识信息

13.1 数字对象唯一标识符所有权

如果转让内容已被分配数字对象唯一标识符（DOI），则接收出版商将遵循有关DOI注册机构建立的相关指南。对于CrossRef DOI的名字，接收出版商在签署合同后应尽快请求转让出版商同意转让，并遵守CrossRef DOI的名称所有权的转让指南。

13.2 国际标准期刊编号信息

接收出版商应通知相关的国际标准期刊编号（ISSN）中心有关转让的事宜。

术语表

术　　语	定　　义
文摘与索引服务 （Abstracting and indexing services）	提供搜索期刊内容信息的服务
标页定版前的先行出版内容 （Ahead of paginated issue）	在某一期期刊整期发行前由**转让出版商**先行出版的任何内容
存档（Archive）	保存以电子形式出版的学术文献的第三方组织 注：该组织的使命是确保未来的学者、研究人员和学生仍然可以访问这些文献。目前提供存档服务的有Portico、LOCKSS、CLOCKSS以及荷兰的KB
大宗交易（Big deal）	打包出售给一个机构或代表众机构谈判的联盟的**期刊库**
期刊库（Collection）	包括不止一种期刊的产品
联盟（Consortium）	一组机构集体谈判期刊的**订购**或**期刊库**的订购

续表

术 语	定 义
低折扣价格 （Deeply discounted prices）	某宗交易的报价，与正常的印本或在线**订购**价格相比有很大的折扣 注：可能是因为需要维持相关的**订购**，或是在发展中国家的采购，或是不包括现刊**订购**的期刊库的采购
数字内容文件（Digital content files）	以数字形式出版或发行的期刊内容，包括与最终出版物密不可分的所有文件 注：包括最初以数字形式发表和印本数字化的内容
数字对象唯一标识符 （Digital Object Identifier，DOI®）	分配给一个数字内容并提供其当前位置永久链接的、唯一的字母数字标识符 注：CrossRef 数字对象唯一标识符名称所有权转让指南，见 http://www.crossref.org/02publishers/guidelines.html
数字对象唯一标识符注册机构 （DOI registration agency ）	提供数字对象标识分配、登记的服务，并提供维护所需要的基础设施的机构 注：CrossRef是为学术和专业研究内容提供服务的国际数字对象唯一标识符注册机构
域名（Domain name）	指向一个网络资源主页的唯一的、可识别的名称
期刊目次通报服务（E-alert）	向已注册用户发送关于期刊内容的电子版通报
有效转让日期（Effective transfer date）	接收出版商被**期刊所有者**指定为**期刊出版者**的合同日期
加强版转让通告服务 （Enhanced Transfer Alerting Service，ETAS）	旨在帮助发布期刊转让信息的服务，由接收出版商完成相关信息并记录在数据库中，然后通知已注册的收件人 注：见网址 http://etas.jusp.mimas.ac.uk/
主页［Home page(s)］	由出版商维护的有关某特定的期刊信息/内容的在线页面，是了解该期刊的信息中心
国际标准连续出版物号/国际标准期刊编号（ISSN）	期刊识别的国际标准代码，包括电子期刊 注：ISSN编号显示为两组四位数字，由连字符分隔开，号码由国家ISSN中心协调网分配。如果某期刊刊名有重大变更，则必须分配一个新的ISSN号。更多信息见 http://www.issn.org
国际标准连续出版物记录中心 （ISSN Center）	负责给期刊分配国际标准连续出版物号的国家级中心 注：更多信息见 http://www.issn.org
期刊所有者（Journal owner）	期刊的法定拥有者，无论是出版商、学术团体或其他第三方
法定缴存图书馆（Legal deposit libraries）	按出版物的法律要求，保存呈缴期刊副本的存储库 注：国家图书馆通常履行这个职责
许可条款（Licensing terms）	内容作者和期刊所有者之间的协议，涉及内容作者向期刊所有者赋予或转让版权或版权的相关方面
链接解析器（Link resolvers）	提供软件工具，用于连接文章的著录描述与文章全文的服务
在线编辑系统（Online editorial system）	贯穿期刊出版从提交到接收出版的编辑过程，用于提交和跟踪期刊内容和相关数据的系统 注：也被称为稿件跟踪系统

续表

术　　语	定　　义
永久访问（Perpetual access）	在订购或合同期限结束后，保留对数字内容的访问权 注：也被称为取消后访问
保存安排（Preservation arrangements）	保存数字内容的服务安排，以确保这些资源长期可用 注：更多有关这些服务的信息，见 http://thekeepers.org
出版平台（Publishing platform）	软件/硬件架构，提供了可在线访问数字内容的用户界面
接收出版商（Receiving publisher）	根据合同由期刊所有者指定在有效转让日期后接手出版该期刊的一方
订户（Subscribers）	**订购**或根据其他合同接收印本/在线访问期刊内容的一方 注：包括免费用户、个人、成员和机构（不论是企业还是学术团体）客户。规则的第4.1节包含转让中订户类型的更多详细信息
订购（Subscription）	订户为接收印本/在线访问期刊内容付款，通常按照固定时间段收费
订购代理（Subscription agents）	作为与出版商的供应链链接者，向**订户**提供服务的企业
订购列表（Subscription lists）	完整的订户信息交换，以确保持续的服务和商业安排 注：此信息将被**期刊所有者、接收出版商、转让出版商**和任何其他参与转让期刊的第三方视为商业机密
补充数据（Supplemental data）	期刊所有者拥有的数字文件，由转让出版商在线提供，以支持该期刊所发表的一篇或多篇文章 注：实例包括相关的数据集和多媒体文件
转让合规（Transfer compliant）	根据转让网站上列出的程序公开采纳《转让实施规则》，并在随后的期刊转让过程中履行规则的机构被视为**转让合规** 注：转让委员会在转让网站上持续更新转让合规的出版商名单
转让出版商（Transferring publisher）	根据合同由**期刊所有者**在期刊**有效转让日期**之前指定的期刊出版商
使用统计（Usage statistics）	在**出版平台**上关于期刊数字内容的使用统计 注：建议这些统计数字符合网络电子资源在线使用统计标准（COUNTER） 网络电子资源在线使用统计标准（COUNTER）设置的指标，可以促进以一致、可靠、兼容的方式记录和报告在线使用统计。更多信息参见 http://www.projectcounter.org

附录A：补充信息

所附补充资料不构成本规则的内容，但有助于理解和实施，参见www.niso.org/workrooms/transfer/。

第二节　美国NISO《转让实施规则》的分析及其对我国的启示

1　《转让实施规则》产生的背景

近年来，期刊更换出版者或发布平台的现象越来越普遍，这种现象被称为“期刊转让”或者“期刊迁移”。据《转让实施规则，3.0版》（Transfer Code of Practice，Version 3.0，Transfer 3.0）统计，2006年前10个月，EBSCO公司收录的期刊中，有超过5000种期刊更换了出版者。多年来学术期刊在出版商之间的不断流动一直是学术出版领域的一个既定特征。学术界经常要求出版商招标出版期刊，较大的出版商可能会购买较小的期刊、目录或个人期刊，往往就容易发生期刊转让和迁移。期刊迁移对图书馆、中间机构（如期刊订阅代理、链接解析器管理者以及大规模发现系统供应商）和读者都有负面影响，最常见的问题是失效的在线访问或无法订阅。大多数情况下，期刊仍在出版，但迁移后像是消失了，现有信息系统中期刊内容的链接也会中断，影响对期刊的订阅与访问。

因此，为解决学术交流社区中期刊在不同平台或所有者之间转换的问题，使期刊的变动对利益相关者的影响最小化，英国连续出版物集团（United Kingdom Serials Group，UKSG）将所有利益相关者代表组织到一起开会，并自2007年4月发布《转让实施规则》，2008年9月发布第2版，2014年转由美国国家信息标准协会（NISO）主持，同年发布第3版Transfer 3.0。

2　《转让实施规则，3.0版》的主要内容及其作用

在充分分析当前在线期刊环境，了解市场驱动因素，并完成法律审查等一系列步骤后，UKSG推出了《转让实施规则》。[1]《转让实施规则》明确了为什么期刊会被迁移，迁移涉及什么以及最严重的问题发生在哪里，并认为反垄断问题是必须解决的问题之一。2014年，UKSG迁移工作组接洽NISO，希望NISO接手《转让实施规则》的长期维护工作。NISO组织成员投票后批准了此项业务，并特别成立了Transfer常务委员会，其工作内容是：鼓励出版商更广泛地采用《转让实施规则》，向3个主要利益相关团体（图书馆、出版商和研究学会）开展有关迁移委员会及其工作内容的宣传教育，评审对《转让实施规则》提出的修改和更新建议，以及在需要的时候修订《转让实施规则》。

到目前为止《转让实施规则》一共有4个版本：第1版于2007年4月发布，随后，针对一些出版商关于商业模式的反馈意见，在2008年9月发布了第2版，第3版是在2014

年3月由NISO接手后发布，即Transfer 3.0，第4版（NISO RP-24-2019 Transfer Code of Practice，Version 4.0）发布于2019年4月。[①] 相较于第1、2版，第3版做了一些关键更新，内容主要是关于如何处理新内容类型、用户类型说明、期刊统一资源定位符及重定向和命名、发布的时间和内容等。[2] 关于修订的详细说明可以从网站获得（www.niso.org/workrooms/transfer/）。本文主要以第3版即Transfer 3.0为基础进行研究分析。

2.1 准则

Transfer 3.0，其目的是推出一套适用于期刊从一个出版商或出版平台迁移到另一个时的迁移指导标准，并鼓励业界接受将这些标准作为期刊出版质量和性能的水平基线。该规则主要关注的是在线内容，而非纸本内容。出版商公开签署《转让实施规则》，并将其应用在实践中，即被认为是"转让兼容"。Transfer 3.0鼓励转让兼容的出版商使用"加强版转让通告服务"（Enhanced Transfer Alerting Service，ETAS，http://etas.jusp.mimas.ac.uk/），提前给图书馆员和相关机构提供关于即将进入或离开出版平台的期刊信息。

2.2 加强版转让通告服务

出版商一旦签署《转让实施规则》后即可注册迁移信息，其注册信息会立即推送到"转让通告服务"系统。图书馆和其他感兴趣方可以通过注册电子邮件了解所有权的迁移情况。2012年5月《转让实施规则》发布了"加强版转让通告服务"（ETAS），添加了可检索的数据库，目的是促进期刊迁移过程中各相关方的沟通。转让出版商与接收出版商协商，确保在有效转让日期之前让所有电子资料注册者都收到关于出版商或出版平台变更的通知，并注册和接收出版商发出的电子资料快报。接收出版商通过ETAS服务，在转让合同签署的4周内或有效转让日期前的4个月宣布迁移期刊，以较晚者为准。具体由以下几点组成。

（1）迁移通讯录。鼓励图书馆员、信息专业人员和对期刊迁移感兴趣的任何其他组织加入迁移通讯录。每一次期刊迁移会通过增强版的迁移资料快报服务进行公布，在迁移通讯录中的组织会收到电子邮件通知的详细日志、书目信息及参与出版商的联系方式。

（2）期刊迁移通知表单。此表单是出版者迁移期刊传输信息的一种简单方式。根据Transfer 3.0的规定，每当出版商接收新期刊时，都要求其同意使用该服务。使用该表单需要登录详细信息页面，并将这些信息提供给支持迁移条例的任何出版商。

（3）迁移通知博客。这个博客页面存储出版商以前迁移期刊的信息，充当由出版商传输迁移信息的存档。

---

① 本章是以第3版为基础进行的翻译和研究工作，鉴于第4版只是更新了少量内容，而且是在本章工作完成之后发布的，就没有对第4版进行翻译和研究。——作者注

2.3 对不同利益方提出具体要求

2.3.1 出版商的主要职责

转让出版商的主要职责有两个方面：①促进将准确、全面的订户和其他有权使用的用户的信息有效、迅速地迁移给接收出版商，以确保用户可不受干扰地访问期刊内容；②促进期刊内容有效和快速地迁移到接收出版商。

接收出版商的主要职责有：①确保在有效迁移日期内，可将内容提供给现有订户和其他授权用户；②确保订户和其他授权用户可以不间断地访问期刊内容。

2.3.2 不同类型文件的处理要求

（1）数字内容文件。转让出版商要将所有的数字内容文件（当前文件和归档文件，包括所有补充数据），在合同签字后的4个星期内或在有效迁移日期4个月前（以时间较晚者为准）提供给接收出版商。如果转让出版商不是期刊所有者，要在获得期刊所有者明确的书面许可后才能向接收出版商提供数字内容文件。

（2）其他数字资料。转让出版商也会与期刊所有者达成协议，约定是否向接收出版商迁移为某些期刊设置的应用程序或音频/视频档案，以及是否迁移其负责管理的为某些期刊开发的社交媒体网站。

2.3.3 关于用户访问的要求

转让出版商在合同签字后的4个星期内或在有效迁移日期6个月前（以时间较晚者为准），向接收出版商提供期刊的订阅列表。如果在这之后订阅列表有更新，则转让出版商应向接收出版商提供此信息。[3]转让出版商需提供以下类型的订户数据：

（1）购买了当前的纸版期刊/订阅电子版杂志的单个机构或机构联盟成员；

（2）会员订户（缴纳年费的用户）；

（3）个人订户（不包括会员用户）；

（4）前订户（在上一年年底停止订阅的用户）；

（5）永久订户（被授予永久访问权的用户）——转让出版商将不限定此类用户的访问权限和范围。

对于上面的每一类用户，转让出版商将指定其订阅类别（纯电子版、纸版+在线、纯纸版）后提供给接收出版商。Transfer 3.0不要求将期刊订阅机构的详细信息进行迁移，这主要是为回避大规模采购获得的折扣价格等信息。[4]

如果接收出版商已经收到了所有的数字内容文件，但无法在有效的迁移日期提供访问，转让出版商需继续向现有用户提供访问权，直到接收出版商可提供文件访问，或持续到有效迁移日期后的6个月，以时间较早者为准。

接收出版商将从有效迁移日期开始向现有用户提供访问。如果接收出版商届时还没有从转让出版商处收到所有的数字内容文件，或者虽然已收到所有数字内容文件，但无法从有效迁移日期开始提供访问，那么必须允许转让出版商可以继续在非独家的基础上提供文件，直至接收出版商开始提供访问。

2.3.4 关于告知时间的规定

转让出版商应尽力将期刊迁移信息告知Transfer 3.0里明确指出应该告知的所有群体以及其他相关组织，时间为签署转让合同的4周内或有效转让日期前4个月内，以较晚者为准。转让出版商将向接收出版商提供迁移期刊的所有版权授权渠道列表，例如EBSCO、ProQuest、JSTOR等。

接收出版商将期刊迁移信息告知Transfer 3.0里指出应该告知的所有群体。时间是在合同签署的4周内或有效转让日期前4个月内，以较晚者为准。[5]

3 《转让实施规则，3.0版》指导下的迁移示例

图11-2-1是一份杂志从泰勒-弗朗西斯出版集团迁移到SAGE出版公司时的期刊迁移通知表单示例。

Receiving Publisher	
Name	SAGE Publishing
Contact name	SAGE Library Team
Contact email	librarymarketing@sagepub.co.uk
Transfer compliant	Yes
Transferring Publisher	
Name	Taylor & Francis
Contact name	William V. Williams
Contact email	lq@cathmed.org
Transfer compliant	Yes
Journal	
Title	The Linacre Quarterly
Society	Catholic Medical Association
Print ISSN	0024-3639
Online ISSN	2050-8549
DOI	
Frequency	4
Transfer details	
URL	http://journals.sagepub.com/home/LQR
Effective transfer date	2018-01-01
First vol, issue, date	85, 1, 2018
Special circumstances	
Perpetual access	
Digital preservation agreements	CLOCKSS; LOCKSS; Portico;
Perpetual access policies	Subscribed Volume by E-Only or Combined subscriptions. For rights from former publisher, contact SAGE. Also, search the Keepers Registry (http://thekeepers.org/)

图11-2-1 期刊迁移通知表单示例

图11-2-1示例中的典型条目包括以下信息。

（1）接收出版商和转让出版商的联系信息和传输兼容性信息。图11-2-1中转让出版商是泰勒-弗朗西斯出版集团，接收出版商是SAGE出版公司。

（2）期刊的具体信息，包括刊名，ISSN，独特的标识符，如刊号/数字对象唯一标识符（DOI）。图11-2-1中转让期刊的刊名是*The Linacre Quarterly*，出版频次是每年4期。

（3）迁移细节，包括标题的最新统一资源定位符（URL）、迁移的生效日期等。[6]图11-2-1所示的迁移自2018年1月1日生效，迁移后首次出版应该是2018年85卷第1期。

（4）永久访问的细节，如数字保护协议及其网址等。

4 《转让实施规则，3.0版》的特点与功能

《转让实施规则》主要关注的是在线内容，而非纸本内容，除非是《转让实施规则》要求提供纸本订阅列表的情况下。Transfer 3.0的特点与功能如下。

4.1 创建了加强版转让通告服务（ETAS）

NISO Transfer常务委员会联合主席M.埃里森（M. Alison）指出，Transfer 3.0最值得称赞的是其创建了“加强版转让通告服务”（ETAS），此服务中提供的公开的检索数据库可帮助出版商清晰地掌握期刊迁移的具体情况，使得图书馆员和读者可以很容易地知道期刊迁移的消息以及搜索过往期刊迁移的提示。[7]ETAS服务目前是由UKSG、期刊使用统计门户（Journal Usage Statistics Portal，JUSP）、英国联合信息系统委员会和克兰菲尔德大学（Cranfield University）合作提供，并承诺在未来几年仍会持续下去，其中JUSP提供主机服务环境。转让兼容的出版商可通过使用“转让通告服务”，提前向图书馆员和第三方告知即将进入或离开出版平台的期刊信息。

4.2 为迁移过程持续提供实践支持

Transfer常务委员会的建立旨在为出版过程中的出版商、图书馆员和其他利益相关者提供实践支持。Transfer常务委员会向期刊发行过程中遇到问题的出版商和图书管理员提供非正式建议。若要讨论或报告任何不遵守迁移守则的情况，可以发电子邮件给常务委员会联合主席。

4.3 Transfer 3.0自身的持续更新

自Transfer 3.0发布以来，NISO每年都召开公开远程会议对其进行推广。2015年2月，NISO召开公开电话会议，指出Transfer 3.0需要给学术期刊界提供一致的指引，帮助出版商在期刊迁出或接收过程中将破坏和中断降到最低，让图书管理员及读者等利益相关人能

继续获取期刊内容。2016年5月，NISO召开免费的网络研讨会，会议的幻灯片及记录都可以在NISO网站免费获取。NISO也一直在更新支持Transfer 3.0的转让出版商名录网页（http://www.niso.org/standards-committees/transfer/transfer-publishers）。

4.4 普遍适用于任何出版商

不论是否涉及第三方，或是否一家出版商被另外一家出版商收购，Transfer 3.0均被视为普遍适用于任何出版商。鉴于商业上的合理努力是为了与第三方所有的期刊达成转让兼容协议，任何没有成功的案例都不会影响出版商转让兼容的身份。转让兼容的出版商在转让中如果遇到对方出版商并非转让兼容，则鼓励但不要求转让兼容的出版商必须遵循条例。条例执行过程中不允许任何一方有违法行为，包括不正当竞争、违反隐私和数据保护的法律和法规。

4.5 业界自愿参与的最佳实施规范

《转让实施规则》并不取代合同条款、知识产权、出版商之间激烈的市场竞争，在所有的期刊转让中，以双方协商的合同条款为准。然而，签署过Transfer 3.0的出版商可以选择通过商业上的合理努力，来保证所掌管刊物的转让合同能和Transfer 3.0一致。Transfer 3.0明确指出不强迫任何出版商签署该文件，每个出版商可以自由地签订与条款有实质区别的合同。如果出版商不签署《转让实施规则》，则对其没有任何约束力。

5 《转让实施规则》在美国的实践应用

《转让实施规则》自推出以来，获得不少美国出版商的认可，他们承诺会尽其所能保证出版的期刊在转让过程中符合其规则。在NISO网站上注册支持Transfer 3.0的美国出版商有20多家，[8]其中包括康奈尔、杜克、麻省理工、加利福尼亚、芝加哥、威斯康星等多家大学出版社。

使用数据显示，Transfer 3.0提供的增强版的迁移资料服务获得了持续增长的订阅，[9]这有利于使这项服务成为图书馆员、读者和第三方供应商获取期刊迁移信息的首要渠道。

Transfer 3.0在美国大学图书馆里的应用似乎并不太广泛，主要原因可能与大学图书馆的电子期刊采购方式和渠道有关。以南加州大学图书馆为例，由于读者需要的期刊涉及的学科非常广泛，而且种类繁多，图书馆通常都会通过第三方数据库供应商，而不是单个的期刊出版商来采购电子期刊。图书馆与数据库供应商签订的采购协议里，会包括允许期刊迁移的相关条款，但是并没有遵照Transfer 3.0来制定这些条款。根据采购协议，数据库供应商会及时向图书馆提供期刊迁移变更等信息服务，因此图书馆也不需要专门订阅Transfer 3.0提供的增强版迁移资料服务来获取相关信息。

6 《转让实施规则》对我国的启示

1999年，新闻出版署发出《关于〈关于期刊核验及重新登记的通知〉的补充通知》，要求“期刊迁移（期刊由某省、自治区、直辖市迁移到外省、自治区、直辖市）或更名须重新编号”。2005年由新闻出版总署通过《期刊出版管理规定》，[10][11]规定期刊出版单位不得出卖、出租、转让本单位名称及所出版期刊的刊号、名称、版面。随着网络技术的发展、数字出版的普及，今天的网络出版界出现了新的挑战，期刊变更出版者或发布平台现象也在我国涌现，数字出版的行业标准及国家标准有待完善。[12]

2017年6月国务院办公厅发布《关于印发政府网站发展指引的通知》，从总体要求、职责分工、开设与整合、网站功能、集约共享、创新发展、安全防护、机制保障8大方面规定了政府网站发展指引规则。其中“开设与整合”环节提出了对网站迁移的具体要求：“政府网站因无力维护、主办单位撤销合并或按有关集约化要求需永久下线的，原有内容应做整合迁移。整合迁移由主办单位提出申请，逐级审核，经省（区、市）人民政府办公厅或国务院部门办公厅（室）审批同意后，方可启动。拟迁移网站要在网站首页显著位置悬挂迁移公告信息，随后向管理部门注销注册标识、证书信息（如ICP备案编号、党政机关网站标识、公安机关备案标识等）和域名，向国务院办公厅报告网站变更状态。网站完成迁移后，要在上级政府网站或本级政府门户网站发布公告，说明原有内容去向。有关公告信息原则上至少保留30天。”[13]此通知明确规定政府网站迁移过程需要做到有始有终，可以为期刊迁移提供指导与借鉴，表明我国政府已经开始重视网络技术发展带来的各种新变化。而数字出版环境也要求我们出台符合中国国情的期刊迁移规范标准。

综上所述，《转让实施规则》对我们的启示主要有以下几个方面。

（1）建议由相关机构成立工作组共同研究我国网络期刊发展所面临的新问题。例如，由图书馆、出版商或中间机构如期刊订阅代理，以及其他与学术期刊供应链相关的机构等代表共同成立工作组。此工作组的目标是围绕我国期刊在出版商之间的迁移，制定程序和政策，使期刊的变动对利益相关者的影响最小化。

（2）避免对开发过程中的任何参与者或任何可能受到条例/标准影响的公司进行歧视。受影响的缔约方包括出版商、代理商、图书馆和最终用户，工作组应创建对所有各方都公平的程序，确保条例/标准的每一个方面都有正当的商业目的，并向所有受影响方提供参与制定代码或标准的机会。确保没有强制性的协议来迫使相关机构遵守标准，任何一方应该有自由遵循或拒绝他们认为合适或不适合的条例/标准。定期复查或更新条例，仔细处理条例的任何解释或应用。建立并遵循为潜在受影响者提供充分通知的程序，以及参与或寻求对解释或应用程序进行审查的机会。

（3）在实际操作过程中有效解决期刊内容的主要购买者和用户所面临的问题。期刊的迁移被证明对图书馆和最终用户是有负面影响的，特别是第三方所拥有的期刊。第三方拥有的期刊迁移案件的法律情况可能非常复杂。期刊标题变更已被证明对用户是存在负面影响的。而出版社之间的期刊变动会持续下去，因此必须有效解决期刊内容的主要购买者和用户所面临的问题。建议根据不同情况细化标准细节，例如期刊名称没有变动，但内容可能已经授权给客户联盟和其他许可协议，[14] 制定标准以确保用户如何在有效转让日期之后继续获得先前许可内容的无缝在线访问，以及确保现有客户如何能够继续在线访问新发布的内容等，尽量减少期刊迁移给用户使用带来的负面影响。

参考文献

［1］BEALS N. A Librarian's View of the UKSG Transfer Code of Practice［J］. *Against the Grain*, 2011(1): 16–18.

［2］Transfer Code of Practice［EB/OL］.［2017-06-08］. http://www.niso.org/apps/group_public/download.php/14411/rp-24-2015_Transfer.pdf.

［3］Bannerman I, Buckleyn, McMillan J. Project Transfer: a Publisher's Perspective［J］. *Serials Librarian*, 2008, 55(3): 411–418.

［4］Code Tackles Journal Transfer Problems. Research Information［EB/OL］.［2017-06-08］. http://www.researchinformation.info/news/news_story.php?news_id=75.

［5］Yvonne C, E.Pentz. Transfer Code of Practice: the Publisher's Point of View［J］. *Learned publishing*, 2009, 22(4): 289–294.

［6］［9］Phillpotts J, Devenport T, Mitchell A. Evolution of the Transfer Code of Practice［J］. *Learned publishing*, 2015, 28(1): 75–79. https://doi.org/10.1087/20150112.

［7］Hutchens C. Journal Title Transfers: the Process, the Complexities, the Problems, and What the Transfer and KBART Working Groups are Doing to Address Them［J］. *Serials Librarian*, 2011, 61(3–4): 389–395.

［8］NISO. Transfer Publishers.［2020-07-24］. https://www.niso.org/standards-committees/transfer/transfer-publishers.

［10］新闻出版总署. 期刊出版管理规定［EB/OL］.［2017-06-08］. http://www.mofcom.gov.cn/aarticle/bh/200511/20051100744249.html.

［11］国务院. 出版管理条例［EB/OL］.［2017-06-08］. http://www.gov.cn/zwgk/2011-03/19/content_1827821.htm.

［12］张立军. 馆藏音像电子出版物质检与迁移的长期保存实践研究［J］. 图书馆建设，2015（7）：37—41，45.

［13］国务院办公厅. 国务院办公厅关于印发政府网站发展指引的通知［EB/OL］.

［2017–12–12］.http://www.gov.cn/zhengce/content/2017–06/08/content_5200760.htm.

［14］王世伟.新环境下图书馆权利的再认识［J］.图书馆建设，2015（1）：42—45.

［注］本研究报告根据笔者的如下文章修改：

刘春鸿，蒋玲，郑惠伶，李唐.美国NISO《期刊迁移实践条例》分析及对我国的启示［J］.图书情报工作，2018，62（6）：32—36.

第十二章　分析优化开放链接（IOTA）：面向链接解析器供应商的推荐实施规范

第一节　标准规范译者

刘春鸿　蒋　玲（中国人民大学图书馆）

邹秀英（美国克莱蒙特大学联盟图书馆）

柳　瀛（加拿大维多利亚大学图书馆）

肖　珑　姚晓霞（北京大学图书馆）

薛　燕（美国加州大学伯克利分校东亚图书馆）

邓　石（美国加州大学圣地亚哥分校图书馆）

第二节　研究报告作者

蒋　玲　刘春鸿　郑惠伶（中国人民大学图书馆）

邹秀英（美国克莱蒙特大学联盟图书馆）

柳　瀛（加拿大维多利亚大学图书馆）

肖　珑（北京大学图书馆）

基本信息

名称：分析优化开放链接（IOTA）：面向链接解析器供应商的推荐实施规范

简称：IOTA

发布时间：2013年4月26日

发布时间（中译本）：2020年3月22日

标准规范编号：NISO RP-21-2013

修订时间：

修订后编号：

主要责任者：美国国家信息标准协会IOTA工作组

中文版译者：刘春鸿　蒋玲　邹秀英　柳瀛　肖珑　姚晓霞　薛燕　邓石

类型：推荐实施规范

关键词：开放链接，链接解析器，完整性指数，IOTA

摘要：本推荐实施规范着重于某一特定类型的用于提供访问期刊文章的开放链接，协助信息专业人员参与管理开放链接环境，为他们提供必要的工具来优化开放链接，衡量开放链接质量。

英文版国际标准书号（ISBN）：978-1-937522-18-6

中文版国际标准书号（ISBN）：978-1-937522-94-0

英文版链接：https://www.niso.org/publications/niso-rp-21-2013-improving-openurls-through-analytics-iota-recommendations-link

中文版链接：http://www.libconsortia.edu.cn/Standard/list.action

其他关联标准规范：ANSI/NISO Z39.88-2004 (R2010)　情景敏感服务的开放链接框架

Introduction

Title: Improving OpenURLs Through Analytics (IOTA): Recommendations and Enlightenment for Link Resolver Providers

Abbreviation: IOTA

Publication Date: April 26, 2013

Publication Date (Chinese Version): March 22, 2020

ANSI/NISO Serial Number: NISO RP–21–2013

Revised Date:

Revised ANSI/NISO Serial Number:

Creator: National Information Standards Organization IOTA Working Group

Chinese Version Translated By: Chunhong Liu, Ling Jiang, Xiuying Zou, Ying Liu, Long Xiao, Xiaoxia Yao, Susan Xue, Shi Deng

Type: Recommended Practice

Keywords: OpenURL, Link Resolver, Completeness Index, IOTA

Abstract: The recommended implementation focuses on a specific type of OpenURL that provides access to journal articles, assists information professionals in managing the open link environment, and provides them with the tools necessary to optimize open links and measure OpenURL quality.

English Version ISBN: 978–1–937522–18–6

Chinese Version ISBN: 978–1–937522–94–0

English Version URL: https://www.niso.org/publications/niso-rp–21–2013–improving-openurls-through-analytics-iota-recommendations-link

Chinese Version URL: http://www.libconsortia.edu.cn/Standard/list.action

Relation: ANSI/NISO Z39.88–2004 (R2010) The OpenURL Framework for Context-Sensitive Services

第一节　分析优化开放链接（IOTA）：面向链接解析器供应商的推荐实施规范

关于NISO推荐实施规范

A NISO Recommended Practice is a recommended "best practice" or "guideline" for methods, materials, or practices in order to give guidance to the user. Such documents usually represent a leading edge, exceptional model, or proven industry practice. All elements of Recommended Practices are discretionary and may be used as stated or modified by the user to meet specific needs. This recommended practice may be revised or withdrawn at any time. For current information on the status of this publication contact the NISO office or visit the NISO website (www.niso.org).	美国国家信息标准协会（NISO）的推荐实施规范以引导使用者为目的，推荐在方法、资料或具体操作上的“最佳实践”或“指南”。这些文件通常代表某前沿领域，优秀模式，或公认的行业惯例。推荐实施规范中所有元素都可以由用户酌情采用，既可全部采纳，又可为满足特定需要修改使用。 本推荐实施规范可能会随时被修改或撤销。有关本出版物的现状信息，请联系NISO办公室或访问NISO网站（www.niso.org）。

中文译本 ISBN：978-1-937522-94-0

This translation has been provided as a service to the library community by the Task Group on Translation and Research Project on Electronic Resources Standards and Recommended Practices, consisting of members from the Council on East Asian Libraries (CEAL), China Academic Library & Information System (CALIS)/ Digital Resource Acquisition Alliance of Chinese Academic Libraries (DRAA).	应图书馆行业所需，北美东亚图书馆协会（CEAL）、中国高等教育文献保障系统（CALIS）暨高校图书馆数字资源采购联盟（DRAA）提供此中译本。
Translated by: Chunhong Liu, Ling Jiang, Renmin University of China Libraries	翻译： 中国人民大学图书馆：刘春鸿、蒋玲
Review by: Xiuying Zou, Claremont Colleges Library Ying Liu, University of Victoria Libraries	审校： 克莱蒙特大学联盟图书馆：邹秀英 维多利亚大学图书馆：柳瀛
Reviewed & edited by: Long Xiao, Xiaoxia Yao, Peking University Library Susan Xue,University of California, Berkeley Libraries Shi Deng, University of California, San Diego Library	总审与统稿： 北京大学图书馆：肖珑、姚晓霞 加州大学伯克利分校东亚图书馆：薛燕 加州大学圣地亚哥分校图书馆：邓石

前言

关于此推荐实施规范

NISO开放链接（OpenURL）质量委员会，后来被称为IOTA（分析优化开放链接），被赋予的职责与工作目标如下。

开放链接（OpenURL）标准是广泛应用的技术，用于支持链接图书馆供应链中的各种资源。按照开放链接标准制作的URL将关于某资料的数据递交给图书馆的链接解析器（Link resolver），解析器通过比较嵌入OpenURL的元数据与图书馆馆藏数据，在结果页面中呈现该资料的馆藏状况。对于一本书，通常是链接到图书馆的编目记录；对于一篇文章，理想情况下，是直接链接到文章全文。典型的学术图书馆每周可收到数千个OpenURL链接请求。问题是，这些链接往往不能如预期的那样准确工作，让用户因为这较低的服务质量恼火不已。时常有图书馆文献提到关于OpenURL链接的问题，然而现有的开放链接标准是10年前制定的，目前还没有设计出系统的方法来检测本标准。这项工作试图填补这一空白。

作为该项工作的一部分，委员会分析了数以百万的OpenURL，开发了以完整性指数作为量化开放链接质量的概念。委员会发现，不成功的OpenURL有一种模式。包含某些特定数据元素的OpenURL的表现胜过那些缺失一个或多个此类元素的OpenURL。完整性指数作为一种预测OpenURL能否成功的方法，通过检查供应商网站提供的OpenURL中所包含的数据元素，认为某些数据元素相对于其他元素，对于链接的成功更为重要，从而赋予这些元素更大的权重。

从技术层面而言，一个给定的供应商的完整性指数来自于分析该供应商提供的所有OpenURL的完整性得分的平均值。其中，完整性得分是每个OpenURL所含的核心数据元素权重的总和除以总潜在得分。如果所有的核心元素都算在内，则完整性得分是1。

EBSCO公司和Serials Solutions公司的独立测试验证了完整性得分和完整性指数的理论。在这些试验中，数千个成功地创建了链接到全文的OpenURL被测试，并表明成功链接与完整性得分相互关联。测试也证实，建立一套统一通用的元素权重集合是不切实际的。链接环境和链接解析技术的差异会影响某些特定元素的重要性。例如，一个链接解析器如不能改善OpenURL中的数据，且没有提供国际标准连续出版物号（ISSN），其失败率会非常高；然而，典型的商业OpenURL链接解析器可以使用期刊名称来查找ISSN，因此ISSN的缺失也就不是很重要了。再举个例子，一个链接解析器如果可以使用卷号、期号、作者和文章题名在类似开放式参考链接系统（CrossRef®）的服务中查找到一篇文章，当其OpenURL缺失起始页码时可以谅解；而不含文章级增强元数据的OpenURL的失败则不能接受。

基于上述工作和测试，IOTA委员会建议，链接解析器提供商（或其他对开放链接环境感兴趣方）应该引入完整性指数及其内含的完整性得分概念，以期建立定量的机制来评估不同提供商的链接质量。因为元素权重的环境依赖性（如例示的ISSN和起始页码的例子），委员会创建此实施规范作为指南以计算元素权重，生成一个完整性指数，用于分析链接结果并对改变结果产生影响。

NISO“从发现到传递”专题委员会成员

“从发现到传递”专题委员会批准了这项推荐实施规范，时任委员会成员如下：

Tim Babbitt
Cambridge Information Group

Pascal Calarco, Co-chair
University of Waterloo Library

Peter Murray
Lyrasis

Jeff Penka
OCLC Online Computer Library Center

Tim Shearer
University of North Carolina Chapel Hill Libraries

Lucy Harrison, Co-chair
Florida Virtual Campus

Chris Shillum
Reed Elsevier

NISO IOTA工作组成员

NISO分析优化开放链接（IOTA）工作组研制并批准了这项推荐实施规范，小组成员如下：

Adam Chandler, Chair
Cornell University Library
Rafal Kasprowski
Rice University Fondren Library
Susan Marcin
Columbia University Libraries
Oliver Pesch
EBSCO Information Services
Clara Ruttenberg
University of Maryland Libraries
Elizabeth Winter
Georgia Tech Library
Jim Wismer
Thomson Reuters
Aron Wolf
Serials Solutions

致谢

IOTA工作组感谢菲尔·戴维斯提供的宝贵援助，指导我们使用逐步回归分析方法。

商标、服务商标

1 导言

1.1 目的和范围

本推荐实施规范是为了协助信息专业人员参与管理开放链接环境，为他们提供必要的工具来优化OpenURL的链接，衡量OpenURL的质量。

IOTA（分析优化开放链接）工作组的重点是由开放链接信息源（OpenURL source）传送给解析器的元数据的质量。链接解析器知识库本身的数据质量不在IOTA考虑的范围。这个问题是由NISO《知识库及其相关工具推荐实施规范》(KBART：Knowledge Bases and Related Tools）来解决。另外，链接解析器与全文内容提供商之间的链接质量也不在IOTA关注范围之内。（据我们所知，还没有任何有计划的倡议来解决此部分的开放链接质量问题。）

本推荐实施规范着重于特定类型的用于提供访问期刊文章的OpenURL。本规范中提供的信息可以很容易地适用于其他类型资料，比如书以及书的章节。

1.2 术语和定义

用于本推荐实施规范中的术语及其定义如下。粗体显示的术语表示其在本节中有定义。

术　　语	定　　义
文摘索引数据库（A&I database，Abstract and index database）	提供有关内容条目信息的、描述性的内容发现产品，但不是全文内容。文摘索引数据库经常是OpenURL的信息源。
完整性（Completeness）	相对于预期的或核心的数据元素的数量，某OpenURL可提供的元数据元素的数量。

续表

术　　语	定　　义
完整性指数（Completeness index）	一个基于内容提供商数据（OpenURL的参考源或信息源）的数值，用于衡量该提供商集成的OpenURL总体完整性。这个指数本质上是来自内容提供商OpenURL完整性得分的平均值。
完整性得分（Completeness score）	单一OpenURL的完整性测量方式。
数字对象唯一标识符 （DOI®，Digital Object Identifier）	数字内容对象的唯一永久标识符，指在线的文章、期刊、章节、书或图像等；标识符使用ANSI/NISO Z39.84和ISO 26324句法结构定义。DOI提供关于数字对象的当前信息，包括如何在互联网上找到它。通常，DOI会在已获授权的机构注册，如开放式参考链接系统（CrossRef，www.crossref.org）。人们可凭借DOI，利用提供的免费服务，查找关于某内容项的描述元数据。有时也称作DOI名称。
发现平台（Discovery platform）	一个用户可以发现内容项的网站或产品。
元素（Element）	在OpenURL中使用的描述元数据元素，如ISSN、卷、期、起始页等。
元素权重（Element weight）	一个分配给元素的值，用于计算完整性得分。元素的权重值表示元素在OpenURL为用户成功获取全文过程中的相对重要性；值越高，该元素就越重要。
增强型开放链接 （Enhanced OpenURL）	一套OpenURL元素，由链接解析器增强工具对初始OpenURL处理后所得。一般来讲，一个增强型OpenURL比原始OpenURL包含更多的数据元素。
增强工具（Enhancer）	一个利用内部和外部资源补充OpenURL数据元素从而增强该OpenURL的自动化过程。例如，增强工具使用OpenURL内包含的DOI从CrossRef查找文章级元数据。
失败（Fail）	一种状态，描述OpenURL没有产生任何全文链接。参见“成功”。注：在此推荐实施规范背景下，以下情形均不算产生全文链接：链接到期刊主页、某期的内容目录页，或供应商网站的搜索页面。
全文目标链接 （Full Text target link）	完整性文本链接——包括目标网站上一篇文章的所有引用参考文献、图像和表格。如果引用的文献是刊物文章，全文链接会将用户直接引导到该文章的内容提供商网站，且不需要进一步导航或检索。
知识库（Knowledge Base）	和OpenURL一起使用的一种数据库，包含链接解析器的用户可以获得的目标信息。知识库中的数据包括链接句法结构和馆藏范围细节，但不限于此。一个给定机构的链接解析器环境可以个性化定制以反映该机构的馆藏，且只对该机构已订阅内容提供目标链接。
链接解析器（Link resolver）	控制信息源和目标之间链接的技术。链接解析器接受并解构来自信息源的描述内容项的OpenURL，使用知识库和相关程序来为用户确定全文和其他适用目标，创建可预见的链接。链接解析器的作用是给出上下文本的情景敏感链接，以定位到某个内容项的适用文本。
开放链接（OpenURL）	正如在《情景敏感服务的开放链接框架》ANSI/NISO Z39.88-2004中所定义的那样，OpenURL是一种统一资源定位符（URL），用于传输元数据，使信息资源如文摘索引数据库（信息源）能够与图书馆服务（目标）如在线或印刷或其他格式的学术期刊链接起来。这个链接是由链接解析器或链接服务器介导，通过图书馆使用的知识库来解析OpenURL中的元素和提供到适用目标的链接。

续表

术　　语	定　　义
PubMed标识符（PubMed ID）	分配给PubMed数据库（www.pubmed.org）内每个记录的唯一标识符。PubMed记录通常描述文章或其他内容项。使用PubMed标识符，用户可以通过由美国国家医学图书馆提供的免费在线服务查找内容项的描述元数据。
参考源（Referrer）	作为开放链接信息源的网站或发现平台的标识符。在OpenURL里，常表现为SID（源标识符）或参考源标识符。在有些情况下，参考源与信息源交替使用。
必备数据元素（Required data elements）	创建成功的OpenURL目标链接必备的数据元素。例如，如果出版商到某文章全文的链接是由ISSN、卷、期和起始页组成，那么这些字段就被认为是必备数据元素，如果缺少其中的任何一个，则访问全文链接将失败。
信息源（Source）	信息源是用户发现感兴趣的内容并由此启动OpenURL的网站。信息源由参考源标识符来识别。在一些语境中，信息源与参考源可互换使用。
成功（Success）	描述OpenURL能够产生一项或多项全文条目链接的状态。所生成的链接旨在帮助形成链接解析器菜单；不过，“成功”之义并不能保证用户直接到达所需全文内容，在该链接只是直接链接到内容提供商网站的情况下。参见“失败”。
成功分值（Success score）	基于一个OpenURL生成链接到一篇或多篇全文条目时给予该OpenURL的评分值。如果OpenURL生成一个全文项链接，得到的成功分值是1分，否则是0分。
目标（Target）	目标是全文所在的网站，也是用户通过链接解析器被链接到所查看条目内容的站点。例如，目标可包括出版商平台、机构目录或存储库，以及内容网关中的内容。

2　确定最优元素权重

本节描述如何按步骤为优化某一特定链接环境而创建完整性指数元素权重。从推荐方法背后的理论开始，继而指导如何准备测试用的链接解析器环境，选择样本所需的OpenURL，进行试验，最后利用测试结果确定元素权重。

2.1　逐步回归法

完整性指数可以是一个好的指标，显示OpenURL的成功概率或OpenURL生成一个定位到参考条目全文链接的能力。OpenURL链接使用的元素是按照其对于链接成功的重要性来决定其权重的。确定一个给定元素的重要性的方法是：观察该元素被省略时对OpenURL链接成功的影响。不含此元素的OpenURL失败率越高，此元素对于OpenURL的成功就越重要。该元素的重要性将体现在分配给它的权重值上。

元素权重采用逐步回归和落后淘汰的方法来决定，即将核心元素从OpenURL中去除，以观察其对链接成功的影响。期刊文章链接的核心数据元素见表12–1–1。

表12–1–1　期刊文章链接逐步回归的核心元素

元　　素	说　　明
atitle	文章题名
aulast	作者姓氏
date	出版日期
issn	（在线或印本的）国际标准期刊编号
issue	期号
spage	起始页
title	期刊题名 （注：元素“jtitle”会按“title”同等对待）
volume	卷号

注意：用于逐步回归测试的核心数据元素中，我们有意不包括DOI和PubMed标识符。大多数链接解析器具备使用DOI或PubMed ID来查找完整元数据组的增强功能；因此，有DOI或PubMed ID的OpenURL相当于拥有所有核心元数据元素。DOI和PubMed作为核心数据元素用于测试，会对逐步回归的结果产生不适当的影响。

逐步回归测试需要一组具备以下特征的OpenURL：拥有所有核心OpenURL元素，并通过测试证明已成功找到至少一个该OpenURL所指的全文目标（见第2.2节配置测试环境）。这种测试的样本数量应大于1000个OpenURL，来确保在数百个潜在可能的目标中有足够的结果分布。

确定某个元素的权重是从发现此元素缺失时OpenURL的失败率开始的。表12–1–1所列的元素表中，每去除一元素，则测试集中的OpenURL将被修改。修改后的OpenURL会通过链接解析器执行，执行失败的链接数目将被逐一记录。表12–1–2的结果显示使用一个商业链接解析器对1500个OpenURL的测试实例。

表12–1–2　回归测试结果示例表

从OpenURL中去除的元素	说明	失败率
atitle	文章题名	0.74%
aulast	作者姓氏	0.07%
date	出版日期	0.40%
issn	（在线或印本的）国际标准期刊编号	22.02%
issue	期号	20.27%

续表

从OpenURL中去除的元素	说明	失败率
spage	起始页	33.27%
title	（在线或印本的）期刊题名	0.61%
volume	卷号	74.14%

因为失败率数值范围广，从小于0.1%到74%，为确保所有值都是有意义的，权重差异也是合理的，元素权重以每10000个OpenURL[①]的故障率的日志log（10）进行计算。表12–1–3显示了根据表12–1–2中测试结果所计算出的权重。

表12–1–3　来自失败率的样本元素权重

核心元素	失败率	元素权重
atitle	0.74%	1.87
aulast	0.07%	0.85
date	0.40%	1.60
issn	22.02%	3.34
issue	20.27%	3.31
spage	33.27%	3.52
title	0.61%	1.79
volume	74.14%	3.87

2.2　准备链接解析器环境

确定最优元素权重的过程需要链接解析器环境能够测试大量的OpenURL，并记录是否每个OpenURL可发现至少一个适用的全文目标。

2.2.1　使用批处理的自动化检测

要得到有意义的结果需要相当大数量的OpenURL。对1000或更多的OpenURL进行测试需要使用批处理，以执行测试一个包含上千个OpenURL的文件，并自动记录结果。如果被测试的链接解析器没有一个批处理模式，则需编写或采用一个简单的应用程序来执行该任务。参见附录A如何执行批处理的一个样例。

批处理的目标很简单：

① 选择用日志log（10）记录每10000个OpenURL的失败率的方法，是在经过了多个其他运算法的测试之后，如直接百分比、日志log（10）记录失败率和失败百分比的平方根。当OpenURL的成功率（无论是否产生全文目标链接）与被测试元素权重集的完整性得分相比时，日志log（10）记录失败率的方法产生了最高的相关系数。——原文注

- 从输入的文件或文件流中读取每个OpenURL；
- 用链接解析器执行OpenURL；
- 检查链接解析器反馈的结果以确定是否返回全文目标（参见2.2.2）；
- 记录结果（如果找到一个全文目标，设置“成功”为“真”）；
- 重复直到阅读并测试了所有的OpenURL；
- 保存结果。

2.2.2 检测全文目标

当链接解析器评估一个OpenURL时，该测试过程必须能够确定这个OpenURL是否已经匹配到至少一个所需类型的全文目标。例如，当生成期刊文章OpenURL的元素权重时，这个过程应该寻找（在文章层级）能链接到全文文章的目标链接。

大多数链接解析器使用基于规则的流程来选择目标链接。在知识库里查询馆藏状况以确定哪一个目标可能含有要找的全文；查询馆藏范围来确定要找的刊物是否在某个目标网站可获得；检查单个元素以确定OpenURL是否有足够元素产生必需的链接。为了达到此测试的目的，以下条件可用于帮助确定是否能找到全文目标。

- OpenURL所指向的条目必须在知识库中被找到。
- 客户级的馆藏/馆藏范围权限不适用于此测试过程。
- 增强型OpenURL必须包括能成功地链接到全文目标所必备的全部数据元素。
- 全文目标链接必须直接链接到所寻找的全文项或其登录页。如果没有足够的数据来创建一篇文章的直接链接，很多链接解析器会直接链接到期刊首页，其设想是希望最终用户可以在期刊网站上搜索到该文章。然而，由于我们的测试是检测OpenURL直接链接到全文的成功率，链接到一个期刊的首页，一个通用的搜索界面，甚至期刊某一期内容目录页都不应算作可确定元素权重的全文链接；链接到馆际互借或文献传递申请表，也不应该算作成功的链接。

2.3 为逐步回归选择OpenURL

逐步回归分析需要一组OpenURL，它们包括所有的核心数据元素（亦称完美的OpenURL）并能解析找到至少一个全文目标。选择OpenURL的过程分为两步：第一步是找出一组包含所有核心数据元素的OpenURL，第二步是确定其中有一部分能解析找到全文目标。为了使第二步中的那组OpenURL数目超过1000，第一组的数目可能需要增加几倍。

如果有OpenURL的信息源，比如记录在被测试链接解析器的日志，则可以使用。不过，我们建议建立一个类似于图12-1-1的文件，其中OpenURL能被解析，每个元素是一个单独的列。这将更容易进行逐步测试。

ID	URL	DateTime	Referrer	Major Referrer	Genre	Atitle	Aulast	Date	Issn	Issue	jTitle	Spage	Volume
5	?genre=article&isbn=&issn=10502556&title=Journal+of+Divorce+%26+Remarriage&volume=49&issue=1&date=20080101&atitle=Conflict+in+divorcing+and+continuously+married+families%3a+A+study+of+marital%2c+parent-	2012-05-29 11:17	EBSCO:PsycINFO	EBSCO	Article	conflict+in+divorcing+and+continuously+married+families%3a+a+study+of+marital%2c+parent-child+and+sibling+relationships.	noller%2c+patricia	20080101	1050-2556	1	journal+of+divorce+%26+remarriage	1	49
6	?sid=HWW:OMNIFT&genre=article&pid=<an>200210502570009</an>&aulast=Shabani&aufirst=Daniel+B.&issn=0021-8855&title=Journal+of+Applied+Behavior+Analysis&stitle=J+Appl+Behav+Anal&atitle=Increasing+social+initiations+in+children+with+autism:+effects+of+a+tactile+prompt&volume=35&issue=1&spage=79&epage=83&date=2002&ssn=spring	2012-05-29 11:17	HWW:OMNIFT	HWW	Article	increasing+social+initiations+in+children+with+autism:+effects+of+a+tactile+prompt	shabani	2002	0021-8855	1	journal+of+applied+behavior+analysis	79	35
10	?genre=article&isbn=&issn=08943796&title=Journal+of+Organizational+Behavior&volume=20&issue=5&date=19990901&atitle=The+costs%2c+benefits%2c+and+limitations+of+organizational+level+stress+interventions.&aulast=Briner%2c+Rob+B.&spage=647&pages=647-664&sid=EBSCO:PsycINFO&pid=%3	2012-05-29 11:17	EBSCO:PsycINFO	EBSCO	Article	the+costs%2c+benefits%2c+and+limitations+of+organizational+level+stress+interventions.	briner%2c+rob+b.	19990901	0894-3796	5	journal+of+organizational+behavior	647	20

图 12–1–1　含有用于测试的OpenURL的文件示例表

一旦建立了第一组OpenURL，就可以通过链接解析器处理每个OpenURL，根据第2.2.2节中所描述的标准来确定它们是否成功链接。

对于逐步测试，1000或更多的OpenURL应该产生“成功”为真的结果。

2.4　进行测试

逐步回归要求对每个被选中测试的OpenURL（见2.3节）用链接解析器进行多次处理，即每去除一个核心元素，便做一次处理。一个简单的做法是就参加测试的每个OpenURL，创建对应每个特定元素的变量。图12–1–2显示了示例文件，其中对于测试的每个元素，其OpenURL被重复或调整。在这个文件中，3个新的列添加到原有的文件中：**元素列**，**检测OpenURL列**——它包含原OpenURL中的各元素但省略了被测元素，以及显示OpenURL是否解析到全文的**成功列**。作为参照点，含有所有元素的原始OpenURL也包括在内（“全部”在被测元素列内）。我们建议，每当进行逐步测试时，都应反复测试所有的元素，这样可以确保测试时知识库或链接环境没有任何变化。

如果测试开始于1000个OpenURL，并对8个核心元素进行检测，以一篇期刊文章为例，由此产生的需批处理的OpenURL为9000个——原来的1000个加上代表每个元素的每个OpenURL的8种变量。

需要注意的是，测试的OpenURL不能包含如PubMed ID或DOI的标识符。由于大多数链接解析器的工作方式，这些标识符能使解析器增强工具取代省略的测试数据元素，从而使测试结果毫无意义。

一旦创建了被测OpenURL列表，通过链接解析器处理每个OpenURL，如发现有效的全文目标，则将OpenURL的成功列设定为“真”，反之，则设定为“假”。

	D	E	F	G	H	I	J	K	L	M	N	O	P	Q
1	Referrer	Major Referrer	Genre	Atitle	Aulast	Date	Issn	Issue	jTitle	Spage	Volume	Element Being Evaluated	Test OpenURL	Success
2	EBSCO:PsycINFO	EBSCO	Article	commentary+on+mood+and+memory.	bower	19870101	0005-7967	6	behaviour+research+and+therapy	443	25	all	?genre=Article &atitle=commentary+on+mood+and+memory &aulast=bower &date=19870101 &issn=0005-7967 &issue=6 &jtitle=behavior+research+and+therapy &spage=44 &volume=25	TRUE
3	EBSCO:PsycINFO	EBSCO	Article	commentary+on+mood+and+memory.	bower	19870101	0005-7967	6	behaviour+research+and+therapy	443	25	atitle	?genre=Article &aulast=bower &date=19870101 &issn=0005-7967 &issue=6 &jtitle=behavior+research+and+therapy &spage=44 &volume=25	
4	EBSCO:PsycINFO	EBSCO	Article	commentary+on+mood+and+memory.	bower	19870101	0005-7967	6	behaviour+research+and+therapy	443	25	aulast	?genre=Article &atitle=commentary+on+mood+and+memory &date=19870101 &issn=0005-7967 &issue=6 &jtitle=behavior+research+and+therapy &spage=44 &volume=25	
5	EBSCO:PsycINFO	EBSCO	Article	commentary+on+mood+and+memory.	bower	19870101	0005-7967	6	behaviour+research+and+therapy	443	25	Date	?genre=Article &atitle=commentary+on+mood+and+memory &aulast=bower &issn=0005-7967 &issue=6 &jtitle=behavior+research+and+therapy &spage=44	
6	EBSCO:PsycINFO	EBSCO	Article	commentary+on+mood+and+memory.	bower	19870101	0005-7967	6	behaviour+research+and+therapy	443	25	ISSN	?genre=Article &atitle=commentary+on+mood+and+memory &aulast=bower &date=19870101 &issue=6 &jtitle=behavior+research+and+therapy &spage=44 &volume=25	
7	EBSCO:PsycINFO	EBSCO	Article	commentary+on+mood+and+memory.	bower	19870101	0005-7967	6	behaviour+research+and+therapy	443	25	issue	?genre=Article &atitle=commentary+on+mood+and+memory &aulast=bower &date=19870101 &issn=0005-7967 &jtitle=behavior+research+and+therapy &spage=44 &volume=25	

图 12-1-2 测试个别元素时修改过的OpenURL示例表

2.5 计算最优元素权重

当测试结束后，下一步是对元素逐个进行分析。Excel数据透视表的功能可以分析每个元素及按成功值显示OpenURL的数量。如图12-1-3示例。

	A	B	C	D
1	Stepwise Test Success Analysis by Element			
2				
3		Success of OpenURL		
4	Element being tested	FALSE	TRUE	Total
5	all	0	1000	1000
6	atitle	7	993	1000
7	aulast	1	999	1000
8	Date	4	996	1000
9	ISSN	220	780	1000
10	issue	202	798	1000
11	jtitle	6	994	1000
12	spage	332	668	1000
13	volume	741	259	1000

图 12-1-3 OpenURL逐步样本的试验结果分析表

下一步是计算失败率百分比。计算方法很简单，每一个元素的失败率是以其“假”列中的数值除以“总数”列中的数值。图12–1–4显示了对图12–1–3所示的失败率的计算。

	A	B	C	D	E
1	Stepwise Test Success Analysis by Element				
2					
3		Success of OpenURL			
4	Element being tested	FALSE	TRUE	Total	Failure Rate
5	all	0	1000	1000	0.0%
6	atitle	7	993	1000	0.7%
7	aulast	1	999	1000	0.1%
8	Date	4	996	1000	0.4%
9	ISSN	220	780	1000	22.0%
10	issue	202	798	1000	20.2%
11	jtitle	6	994	1000	0.6%
12	spage	332	668	1000	33.2%
13	volume	741	259	1000	74.1%

图12–1–4　OpenURL逐步样品测试结果与失败率

最后一步是元素权重的计算。本推荐实施规范建议使用基于每10000个OpenURL的失败率的日志log（10）。在我们的示例中，公式=LOG10（<失败率>×10000），或使用Excel的公式，atitle元素权重=LOG10（E6×10000）。图12–1–5展示了计算元素权重的示例。

	A	B	C	D	E	F
1	Stepwise Test Success Analysis by Element					
2						
3		Success of OpenURL				
4	Element being tested	FALSE	TRUE	Total	Failure Rate	Element weight
5	all	0	1000	1000	0.0%	
6	atitle	7	993	1000	0.7%	1.85
7	aulast	1	999	1000	0.1%	1.00
8	Date	4	996	1000	0.4%	1.60
9	ISSN	220	780	1000	22.0%	3.34
10	issue	202	798	1000	20.2%	3.31
11	jtitle	6	994	1000	0.6%	1.78
12	spage	332	668	1000	33.2%	3.52
13	volume	741	259	1000	74.1%	3.87

图12–1–5　OpenURL逐步样品测试结果，失败率和元素权重

3　生成完整性指数

3.1　回顾完整性指数背后的理论

本推荐实施规范的前言描述了怎样利用完整性指数来计量来自某特定信息源的OpenURL的成功概率。它通过计算出自该供应商的OpenURL完整性得分的平均值而得出。完整性得分代表着OpenURL会成功地找到所查寻条目全文链接的概率，此得分是用每个

出现在该OpenURL的核心元素权重的总和，除以最大可能得分所得出的数值。拥有所有核心元素的OpenURL，其完整性得分为1。

此推荐实施规范的第二节讲述了如何确定一个给定链接环境的最优元素权重。

3.2 选择纳入计算的OpenURL

3.2.1 信息源

理想情况下，用于计算完整性指数的OpenURL的信息源应是被测试的链接解析器已经接收到的实际OpenURL。

3.2.2 类型

应该仅包括需计算完整性指数的那种类型的OpenURL。例如，如果OpenURL的分析是针对期刊文章进行的，那么只选择那些明显代表或默认指向期刊文章这一类型的OpenURL。按文章、书籍或其他类型给OpenURL分类的逻辑，见IOTA项目管理和文档网站：www.niso.org/workrooms/OpenURLquality。

3.2.3 数量

如果OpenURL是随机选择的，需确保被选中参加测试的OpenURL的数量充足，从而使每个被纳入测试的供应商都有足够数量的OpenURL，确保其样品具有代表性。

3.2.4 时间周期

如果目标是确定当前链接环境的完整性指数，最好选择过去1至3个月链接解析器日志记录的OpenURL。如果测试的目标是看完整性指数如何随时间推移而变化，可选择多套来自不同时间周期的OpenURL，每套OpenURL将为它代表的时间周期提供一个完整性快照，可以相互比较。值得一提的是，IOTA报告网站（www.OpenURLquality.org /）提供极有深度和价值的资源（分析了超过2300万的OpenURL），可以帮助了解不同时期OpenURL供应商提供了哪些数据。

3.3 准备测试

选择了OpenURL后（见3.2节），下一步就要准备用于计算的数据。图12–1–6给出了一个用于计算完整性指数的电子表格示例。

图12–1–6所示的工作表可以自动计算每个OpenURL完整性得分。元素权重被包含在行2和行3的一个小表中。注意行2和行3的元素名称如何与行5中的元素名称对齐，这一点很重要。

行5包含要被分析的OpenURL的标题行。表12–1–4概括说明了电子表格中每一列的内容。

	A	B	C	D	E	F	G	H	I	J	K	L	M	N	O	P
1	OpenURL Completeness Index Worksheet															
2			Element	Atitle	Aulast	Date	Issn	Issue	jTitle	Spage	Volume	Maximum Score	DOI	PMID		
3			Weight	1.85	1	1.6	3.34	3.31	1.78	3.52	3.87	20.27	20.27	20.27		
4																
5	URL	Referrer	Major Referrer	Atitle	Aulast	Date	Issn	Issue	jTitle	Spage	Volume	Core Element Complete-ness Score	DOI	PubMedID	Identifier Complete-ness Score	Completeness Score *(best of Core and Identifier)*
6	?genre=article&isbn=&issn=00057967&title=Behaviour+Research+and+Therapy&volume=25&issue=6&date=19870101&atitle=Commentary+on+mood+and+memory.&aulast=Bower%2c+Gordon+H.&spage=443&pages=443-455&sid=EBSCO:PsycINFO&pid=%3cui%3e1988-09729-001%3c/ui%3e&%3cdate%3e19870101%3c/date%3e&%3cdb%3ePsycINFO%3c/db%3e	EBSCO:PsycINFO	EBSCO	commentary+on+mood+and+memory.	bower	19870101	0005-7967	6	behaviour+research+and+therapy	443	25	1			0	**1**
7	?url_ver=Z39.88-2004&url_ctx_fmt=info:ofi/fmt:kev:mtx:ctx&rft_val_fmt=info:ofi/fmt:kev:mtx:journal&rft.atitle=The%20photosynthetic%20activity%20of%20ornamental%20plants%20under%20varying%20conditions%20of%20light%20and%20growth%2E&rft.aufirst=W%2E&rft.aulast=HILLER&rft.date=1956&rft.epage=210&rft.genre=article&rft.jtitle=Arch%2E%20Gartenb%2E&rft.pages=178-210&rft.spage=178&rft.volume=4&rfr_id=info:sid/www.isinet.com:WoK:UA	www.isinet.com:WoK:UA	www.isinet.com	The%20photosynthetic%20activity%20of%20ornamental%20plants%20under%20varying%20conditions%20of%20light%20and%20growth%2	HILLER	1956			Arch%2E%20Gartenb%2E	178	4	0.671929			0	**0.671929**
8	?url_ver=Z39.88-2004&url_ctx_fmt=info:ofi/fmt:kev:mtx:ctx&rft_val_fmt=info:ofi/fmt:kev:mtx:journal&rft.atitle=A%20new%20method%20for%20the%20analysis%20of%20germination%20and%20emergence%20data%20of%20weed%20species&rft.aufirst=A%2E&rft.aulast=Onofri&rft.date=2010&rft.epage=198&rft.genre=article&rft.issn=0043-1737&rft.issue=3&rft.jtitle=WEED%20RESEARCH&rft.pages=187-198&rft.spage=187&rft.stitle=WEED%20RES&rfr_id=info:sid/www.isinet.com:WoK:WOS&rft.au=Gresta%2C%20F%2E&rft.au=Tei%2C%20F%2E&rft_id=info:doi/10%2E1111%2Fj%2E1365-3180%2E2010%2E00776%2Ex	www.isinet.com:WoK:WOS	www.isinet.com	A%20new%20method%20for%20the%20analysis%20of%20germination%20and%20emergence%20data%20of%20weed%20species	Onofri	2010	0043-1737	38	WEED%20RESEARCH	187		0.8090775	10%2E1111%2Fj%2E1365-3180%2E2010%2E00776%2Ex		1	**1**

图12-1-6　计算完整性指数的电子表格示例表

表12-1-4　图12-1-6的标题列说明

列	标签	内容说明
A	url（统一资源定位符）	OpenURL的查询字符串
B	referrer（参考源）	内容提供商从SID（源标识符）提取的实际参考源或OpenURL的参考源
C	major referrer（主要参考源）	参考源的第一节。例如，如果参考源是EBSCO：PsycInfo，则主要参考源是“EBSCO”
D	atitle（文章题名）	A列OpenURL中的文章题名元素值。如果atitle元素缺失或为空，则此格为空
E	aulast（作者姓氏）	A列OpenURL中的作者姓氏元素值。如果aulast元素缺失或为空，则此格为空
F	date（日期）	A列OpenURL中的出版日期元素值。如果date元素缺失或为空，则此单元格为空

续表

列	标签	内容说明
G	issn（国际标准刊号）	A列OpenURL中的国际标准期刊号元素值。如果ISSN元素缺失或为空，则此格为空
H	issue（期号）	A列OpenURL中的期号元素值。如果issue元素缺失或为空，则此格为空
I	jtitle（期刊名称）	A列OpenURL中的期刊名称元素值。如果jtitle或者title元素缺失或为空，则此格为空。注意jtitle和title是同义的
J	spage（起始页）	A列OpenURL中的起始页元素值。如果spage元素缺失或为空，则此格为空
K	volume（卷号）	A列OpenURL中的卷号元素值。如果volume元素缺失或为空，则此格为空
L	core element completeness score（核心元素完整性得分）	对A列中OpenURL完整性得分的计算。计算工作是将所测OpenURL所有元素在第3行中的权重值相加，用其总和除以最大得分值。用此计算的EXCEL公式如下。（这是以行6为例。） =（IF（D6<>"", D$3, 0）+IF（E6<>"", E$3, 0）+IF（F6<>"", F$3, 0）+IF（G6<>"", G$3, 0）+IF（H6<>"", H$3, 0）+IF（I6<>"", I$3, 0）+IF（J6<>"", J$3, 0）+IF（K6<>"", K$3, 0））/L3
M	DOI（数字对象唯一标识符）	A列OpenURL中的数字对象唯一标识符元素值。如果DOI元素缺失或为空，则此格为空
N	PMID（PubMed ID，美国国家医学图书馆数据库标识符）	A列OpenURL中的PubMed标识符元素值。如果PMID元素缺失或为空，则此格为空
O	identifier completeness score（标识符完整性得分）	计算标识符的完整性得分。如果OpenURL中有DOI或PMID存在，则得分为1；如果不存在或为空，得分是0。用此计算的EXCEL公式如下。（这是以行6为例。） =IF（M6 &N6 "", 1, 0）
P	completeness score（完整性得分）	OpenURL的最终完整性得分可以是核心元素完整性得分，也可以是标识符的完整性得分，以较大的那个值为准。用此计算的EXCEL公式如下。（这是以行6为例。） =IF（O6>L6, O6, L6）

3.4 计算完整性得分

如果已成功创建如第3.3节[①]所示的电子表格，则按照以下步骤计算完整性得分。

- 将要分析的OpenURL复制到电子表格A列，从第6行开始。
- 将来自OpenURL中的元素值复制到B列及至K列、M列和N列。
- 将公式添加至L列。将表4的相关公式输入L列第6格，然后复制并粘贴到所有行。

① 此处原文为“If a spreadsheet like the one shown in section 3.2 has been successfully created, calculating the completeness score involves the following steps:”，根据上下文，此处应该是指第3.3节中的图12-1-6，已与NISO确认系原文疏漏。——译者注

- 将公式添加至O列和P列。将表4的相关公式分别输入O列和P列第6格，并复制到所有行。

以上步骤完成后，被分析的OpenURL的完整性得分将呈现在P列。

3.5　计算完整性得分

根据第3.4节创建的电子表格，利用Excel数据透视表的特征来确定每个主要参考源的平均完整性得分。图12–1–7展示了一个使用数据透视表创建的示例分析。

	A	B	C
1	OpenURL Completeness Index		
2			
3	Major Referrer	Count of OpenURLs Analyzed	Completeness Index
4	achs	3	1.000
5	ams	40	0.930
6	aph	3	0.946
7	brepols	24	0.864
8	cas	140	0.869
9	csa	85	0.980
10	EBSCO	3,486	0.982
11	hapi	1	0.809
12	hww	44	0.870
13	isinet.com	4,982	0.990
14	itergateway.org	2	1.000
15	libx	52	0.985
16	mendeley.com%2fmendeley	6	1.000
17	muse	5	0.951
18	oclc.org	29	0.947
19	refworks	564	0.876
20	serialssolutions.com	89	0.960
21	umich.edu	1	1.000
22	unknown	1	0.623
23	webfeat	8	0.959
24	worldcat.org	5,438	0.964
25	**Grand Total**	**15,003**	**0.972**

图12–1–7　完整性指数示例

在图12–1–7中，完整性指数是此供应商（在主要参考源栏内注明）提供的所有OpenURL的完整性得分的平均值。在最终的完整性指数中，将分析的OpenURL总数包括在内，这也是可取的。在这个示例中我们可以看到，一些供应商仅有一个或两个OpenURL可供分析，因此我们没有足够大的样本来得出任何结论。

如果一些主要内容提供商提供的OpenURL数量太少，则有必要增加来自这些内容提供商的OpenURL样本数量。

4　分析结果和影响变化

4.1　解释完整性指数

完整性指数可以作为一种工具，来帮助确定哪些内容提供商更容易因为缺少OpenURL中的数据元素，导致链接问题。

4.1.1 完整性指数值的意义

在已有的研制完整性指数方法的研究中，大量的链接被测试，以确定链接是否成功。当一个OpenURL生成一个全文目标链接，则获得1分成功得分；如果没有生成全文链接，则成功得分为0。所有这些0和1都加起来，然后除以从内容提供商得来的OpenURL总数。内容提供商的平均成功得分率与其完整性指数有很高的相关性。基于此，人们可以笼统假设完整性指数会提供生成全文链接的OpenURL的大致比率。例如，一个0.75的完整性指数意味着大约75%的OpenURL能提供全文链接。

以这种方式来解释完整性指数，是一个从给定信息源理解OpenURL质量的简单方法。

4.1.2 使用完整性指数

完整性指数可以用来主动检查一个机构的所有内容提供商，特别关注那些完整性指数值较低的内容提供商，以改善来自他们网站中的OpenURL质量。

或者，如果一个机构收到问题报告，表明来自某开放链接信息源的链接有问题，完整性指数可以提供一种快速的诊断方式，找出问题是否出自数据元素。如果是，那么是哪些数据元素。这样就可以对内容供应商采取相应措施，提高质量（见4.1.3）。

4.1.3 分析具体问题的完整性指数

IOTA网站上提供一系列分析报告，用于调查某个特定内容提供商所提供的OpenURL，并逐项细致分析。

当完整性指数得分低于期望值时，打开用于计算该完整性指数的含OpenURL的文件，使用Excel进一步分析。将有问题的主要供应商提供的OpenURL筛选出来，然后将这些OpenURL按照完整性评分排序（最小到最大）。首先出现的是关键数据元素缺失最多的OpenURL。仔细浏览此列表，寻找字段缺失的状态。

如果要采取一种更科学的方法来分析字段，可以在OpenURL表格顶部增加一个简单控件，以计算表格中有数据的某特定内容提供商所占行数的百分比。图12-1-8显示了添加到电子表格第4行的字段百分比。

	A	B	C	D	E	F	G	H	I	J	K	L	M	N	O	P
1	OpenURL Completeness Index Worksheet															
2			Element	Atitle	Aulast	Date	Issn	Issue	jTitle	Spage	Volume	Maximum Score	DOI	PMID		
3			Weight	1.85	1	1.6	3.34	3.31	1.78	3.52	3.87	20.27	20.27	20.27		
4			ebsco	99.9%	97.9%	100.0%	100.0%	94.0%	100.0%	98.1%	96.9%		30.5%	0.0%		
5	URL	Referrer	Major Referre	Atitle	Aula	Date	Issn	Issue	jTitle	Spage	Volume	Core Element Complete-ness	DOI	PubMedID	Identifier Complete-ness Sc	Completeness Score *(best of Core and Identifi*
6	?genre=article&isbn=&issn=00057967&title=Behaviour+Research+and+Therapy&volume=25&issue=6&date=19870101&atitle=Commentary+on+mood+and+memory.&aulast=Bower%2c+Gordon+H.&spage=443&pages=443-455&sid=EBSCO:PsycINFO&pid=%3cui%3e1988-09729-001%3c/ui%3e&%3cdate%3e19870101%3c/date%3e&%3cdb%3ePsycINFO%3c/db%3e	EBSCO:PsycINFO	EBSCO	commentary+on+mood+and+memory.	bower	19870101	0005-7967	6	behaviour+research+and+therapy	443	25	1			0	1

图12-1-8　通过参考源分析OpenURL元素频率的示例

增加字段群百分比需要使用Excel中的COUNTIF和COUNTIFS函数功能。在图12–1–8中，单元格C4包含了要分析的主要参考源的名字。单元格D4包含以下公式：

=(COUNTIF($C6:$C15004,C4)–COUNTIFS($C6:$C15004,C4,D6:D15004,""))/COUNTIF($C6:$C15004,C4)

注意：在这个电子表格示例中，第6到15004行中都有OpenURL；需要相应地调整公式中的这些范围，来匹配自己的电子表格。

上述公式是计算与单元格C4相匹配、有主要参考源的行数。计算方式是减去D列字段中没有数据的主要参考源的行数，然后除以该数据提供商的总行数。将结果按百分比格式化。

复制单元格D4内的公式，粘贴到单元格E4至单元格N4。你就可以看到某个内容提供商存在问题字段的OpenURL占多大百分比。

4.1.4　当内容提供商经常缺失核心数据元素时

当分析显示某内容提供商经常缺少核心数据元素时，首先要检查本机构是否掌控该内容提供商的OpenURL链接。如果是，很可能是配置方面的问题，机构可以自行解决问题而无需涉及内容提供商。例如，可能有字段在链接模板中缺失，或者有元素名称拼写错误。

如果该机构不能控制内容提供商的OpenURL链接配置，那么需要联络供应商的客户服务部门，通知他们其URL中缺失一些核心数据元素，要求他们对此进行调查和纠正。如果可能的话，提供你在调查中发现的有问题的OpenURL。

4.2　更多检查项目

如果缺失的数据元素不是导致OpenURL不能生成全文链接的原因，则需要做更多的检查。

- **检查链接解析器知识库里是否有你的机构馆藏信息。**OpenURL可能由于数据元素缺失之外的其他原因而无法生成全文链接。例如，机构可能没有订阅包含该文章的期刊，从而导致链接解析器检测不到馆藏信息，从而省略全文链接。另一种可能是，该组织订阅了此内容，但馆藏信息有可能没有正确反映出来。
- **检查目标链接配置。**如果该机构已掌控链接解析器全文链接的配置规则或模板，需对配置进一步检查，以确保所需数据元素的设置是正确的。例如，合适的元素是否被列为必备元素？它们的拼写是否正确？如果全文提供者同时拥有图书和期刊文章，则需确定链接规则是要求ISSN和ISBN不能同时存在。（但可能需要两个独立的目标链接。）
- **无法获得全文时需提供替代链接。**没有任何图书馆可以访问所有已出版全文，因此，已订阅数据库的多少和性质将决定终端用户能够直接链接的全文数量。如上所述，如果一篇文章没有收录在已订阅数据库里，即使具备所有必备数据元素，该OpenURL仍然不可能链接全文。在这种无全文订阅的情况下，应该使终端用户能够选择通过馆际互借甚至谷歌搜索索取文献。

- **控制终端用户的预期。**许多终端用户会想当然认为链接到馆际互借表或图书馆目录的是个“死链接”，其常见预期是每一次点击都应立即访问到全文。有些发现和搜索系统能够限制OpenURL链接的出现，只在该机构馆藏里确实有检索结果时才出现。采取这种措施，可以很好地控制链接何时出现。此外，文献检索课上适当解释全文链接的原理也会有用。如果链接解析器允许，当馆际互借选项出现时，也可以在链接菜单上加一个说明，向用户解释馆际互借选项出现的原因。

附录A 用于计算IOTA完整性指数的检测链接解析的方法

Serials Solutions公司360链接解析器用于检测链接解析、以计算IOTA完整性指数的批处理方法，是用于标准质量保障的中介链接产品端对端测试程序的更新版。它利用了免费可用的开源软件，是一个近似程序脚本的简单工作示例，可供数据商或图书馆使用，自行进行测试。

用Ruby 1.9.2编写，使用Selenium Webdriver与Firefox接口，该系统可能无法优化速度，但它确实可使每个查询都是利用浏览器的用户代理发送的，因此最终结果看起来其实与实际的终端用户发出的查询完全相同。根据约定俗成的网规，应在循环程序中设置1秒钟的延迟，以避免查询指令太多，使目标服务器超载，尽管通过浏览器加载延迟通常是足够的。

该程序脚本将OpenURL的参考源查询作为输入指令，并且附带适当的Serials Solutions用户标识符——本例中为360Link QA演示库，然后将查询指令发到360Link，寻找知识库和文章解析。它用普通表达式解析360Link检索结果页面，寻找页面上的任何全文层次的链接。如果找到了任何这样的链接，则该参考源URL就IOTA完整性指数而言是成功的。

然后，这一简化的成功/失败标准将与初始查询中的元数据字段做比较，以便量化展现链接生成的情况。

参考文献

ANSI/NISO Z39.84–2005 (R2010), *Syntax for the Digital Object Identifier*. Bethesda, MD: National Information Standards Organization, September 30, 2005. Available at: http://www.niso.org/standards/z39–84–2005/.

ANSI/NISO Z39.88–2004 (R2010), *The OpenURL Framework for Context-Sensitive Services*. Bethesda, MD: National Information Standards Organization, April 15, 2005. Available at: http://www.niso.org/standards/z39–88–2004/.

Chandler, Adam. *Results of L'Année Philologique Online OpenURL Quality Investigation, Mellon Planning Grant Final Report*. Ithaca, NY: Cornell University, February 2009. Available at: http://ecommons.library.cornell.edu/handle/1813/23171.

Chandler, Adam, Glen Wiley, and Jim LeBlanc. "Towards Transparent and Scalable OpenURL Quality Metrics." *D-Lib Magazine*, March/April 2011, 17(3/4). doi: http://dx.doi.org/10.1045/march2011–chandler. Available at: http://dlib.org/dlib/march11/chandler/03chandler.html.

Culling, James. *Link Resolvers and the Serials Supply Chain: Final Project Report for UKSG*. Oxford: Scholarly Information Strategies, May 21, 2007. Available at: http://www.uksg.org/projects/linkfinal.

Glasser, Sarah. "Broken Links and Failed Access: How KBART, IOTA, and PIE-J Can Help." *Library Resources & Technical Services*, January 2012, 56(1): 14–23. Available at: http://www.questia.com/library/1G1–277520979/broken-links-and-failed-access-how-kbart-iota-and.

ISO 26324:2012, *Information and Documentation-Digital Object Identifier System*. Geneva, CH: International Organization for Standardization, April 23, 2012. Available at: http://www.iso.org/iso/home/store/catalogue_tc/catalogue_detail.htm?csnumber=43506.

KBART (Knowledge Base And Related Tools) [website] . A joint NISO/UKSG project. Available at: http://www.niso.org/workrooms/kbart.

Ponsford, Bennett Claire, Jane Stephens, and Robin R. Sewell. "Improving OpenURL Menus: User Testing of Revisions to SFX® Menus." *Serials Review*, 2011, 37(3): 162–170. doi: http://dx.doi.org/10.1016/j.serrev.2011.03.016.

Trainor, Cindi, and Jason Price. "Rethinking Library Linking: Breathing New Life into OpenURL." *Library Technology Reports*, 2010, 46(7). Available at: http://alatechsource.metapress.com/content/k38116t41000/?p=55c47eeef5b147b0a889841a92c1f3e9&pi=18.

Trainor, Cindi, and Jason Price. "Digging into the Data: Exposing the Causes of Resolver Failure." In: *Rethinking Library Linking: Breathing New Life into OpenURL*, *Library Technology Reports*, 2010, 46(7): 15–26. Available at: http://alatechsource.metapress.com/content/m466322w0472g385/?p=efe2eec62aec47eab75e5150662ab46e&pi=2.

Van de Sompel, Herbert, and Oren Beit-Arie. "Open Linking in the Scholarly Information Environment Using the OpenURL Framework." *D-Lib Magazine*, March 2001, 7 (3). doi: http://dx.doi.org/10.1045/march2001–vandesompel. Available at: http://www.dlib.org/dlib/march01/vandesompel/03vandesompel.html.

Wakimoto, Jina Choi, David S. Walker, and Katherine S. Dabbour."The Myths and Realities of SFX in Academic Libraries."*The Journal of Academic Librarianship*, March 2006, 32(2):127–136. doi:http://dx.doi.org/10.1016/j.acalib.2005.12.008.

第二节　分析优化开放链接（IOTA）推荐实施规范对成功获取电子资源的意义及启示

1　背景

分析优化开放链接（Improving OpenURLs Through Analytics，IOTA）工作组由美国国家信息标准协会（NISO）于2010年成立，其前身是2009年成立的“NISO开放链接（OpenURL）质量委员会”，目的是延续梅隆基金会资助的康奈尔大学开放链接质量项目，开发一个评分系统，用于衡量内容提供商在引用级别生成的开放链接的质量。[1][2]

NISO于2004年确定了OpenURL 1.0标准（即《情景敏感服务的开放链接框架》ANSI/NISO Z39.88–2004 The OpenURL Framework for Context-Sensitive Services，中文简称为“开放链接”），主要用于解决许可内容提供商之间链接关系脆弱的问题，并使链接解析器在诸多文本中链接到“适当文本”（appropriate copy）成为可能。这是一项广泛应用的技术标准，用于支持链接图书馆供应链中的各种资源。其工作原理是：按照开放链接标准制作的URL将某资料的元数据递交给图书馆的链接解析器（Link resolver），解析器通过比较嵌入OpenURL的元数据与图书馆馆藏数据，在结果页面中呈现该资料的馆藏状况——对于一本书，通常是链接到图书馆的书目记录；对于一篇文章，理想情况下是直接链接到文章全文。典型的学术图书馆每周可收到数千个开放链接请求。但随之出现的问题是，这些开放链接往往不能如预期的那样准确工作，让用户因为这较低的服务质量恼火不已。时常有图书馆学文献讨论到关于开放链接质量问题，然而开放链接标准是多年前制定的，并没有设计出系统的方法来检测该标准。

NISO试图通过分析改进OpenURL即IOTA计划填补这一空白，使基于开放链接标准的引用链接系统更加精确，解决OpenURL元数据质量不均衡的问题。因此，NISO于2009年12月成立了开放链接质量委员会，此后更名为分析优化开放链接（IOTA）工作组，制定同名规范。IOTA的主要工作原理是依据特定的评估指标，通过收集数据和分析，挖掘出正常工作和非正常工作的OpenURL，生成完整性得分及完整性指数，从而对内容提供商开放链接质量进行测量评估；它还可以让OpenURL提供者查明链接问题，寻找并发现OpenURL错误解析的原因，进一步优化OpenURL。

通过近3年的研究与测试，IOTA工作组开发出了定性报告以帮助内容提供商与其同行对比OpenURL质量，任何内容平台都可以使用这些报告来查看发送给客户的内容，并与其他供应商发送给客户的内容进行比较。同时，工作组也开发了一套分析工具，尤其是计算OpenURL必备核心元素（Core element或Core data element）权重、完整性得分（Completeness Score）及完整性指数（Completeness Index）的方法，以期建立定量机制来评估不同的供应商的开放链接质量，并且该分析工具可以检查分析开放链接不能成功找到期刊原文的原因，从而加以系统性改进。2013年4月26日，NISO正式批准了该推荐实施规范。[3]

2　IOTA的主要内容

IOTA推荐实施规范是为了协助信息专业人员参与管理开放链接环境，为他们提供必要的工具来优化开放链接，衡量开放链接质量，提高链接成功率，从而促进用户成功获取所需的电子资源。其应用重点是提高由开放链接信息源（OpenURL source）传送给解析器的元数据质量。链接解析器知识库本身的数据质量不在IOTA工作组的范围，而是由NISO《知识库及其相关工具推荐实施规范》[Knowledge Bases and Related Tools (KBART) Recommended Practice，KBART，见本书第三章] 来解决。另外，链接解析器与全文内容之间的链接质量也不在IOTA工作组关注之内。

IOTA着重于某一特定类型的用于提供访问期刊文章的开放链接，其提供的信息可以很容易地适用于其他类型资料，比如书以及书的章节。

IOTA内容的创新之处在于提出了完整性指数，为衡量开放链接质量提供了量化标准。IOTA工作组跟踪发送到链接解析器的开放链接信息源，利用机构或供应商的日志记录分析评估OpenURL的质量。在假设有选择地修正OpenURL并能够在本质上提高链接效率的前提下，IOTA通过分析OpenURL链接中的必备元素及其权重，单个OpenURL的完整性得分以及整体OpenURL的完整性指数，来查找并修正影响OpenURL成功链接原文的主要因素，从而提高开放链接的质量与可靠性。生成完整性指数的主要流程包括确定OpenURL最佳元素权重，计算完整性得分，最后生成完整性指数，简述如下。

2.1　确定OpenURL最优元素权重

OpenURL元素权重是基于元素对于链接成功的相对重要性来确定的，元素的重要性可以通过观察一个特定元素被省略对于链接成功的影响程度来确定。如果不含此元素，OpenURL的链接失败率越高，该元素对于OpenURL的成功就越重要。元素的权重采用逐步回归和落后淘汰的方法来观察和确定，但核心元素不在这个过程中，以便发现其他元素对链接成功的影响。期刊文章链接的核心数据元素定义见表12-2-1。

表 12-2-1　期刊文章链接逐步回归的核心元素

元　素	描　　述
atitle	文章题名
aulast	作者姓氏
date	出版日期
issn	国际标准期刊编号
issue	期号
spage	起始页
jtitle	期刊名称（注：元素"jtitle"被视为等同"名 titile"）
volume	卷号

需要注意的是，用于逐步回归测试的核心数据元素中，不包括DOI和PubMed标识符（PubMed ID）。大多数链接解析器具有使用数字对象唯一标识符或PubMed标识符来查找完整元数据组的增强功能；因此，有数字对象唯一标识符或PubMed数字对象唯一标识符的开放链接相当于拥有所有核心元素，将对逐步回归的结果产生过度的影响。

确定某个元素的权重是从找出此元素缺失时开放链接的失败率开始的。表12-2-1所列的元素表中，如果删除任一元素，则开放链接测试集将被修改。修改后的开放链接会通过链接解析器执行，执行失败的链接数目将被逐一记录。表12-2-2的结果显示使用一个商业链接解析器和1500个开放链接的测试实例。

表 12-2-2　回归测试结果举例

从开放链接中删除的元素	描　　述	失败率
atitle	文章题名	0.74%
aulast	作者姓氏	0.07%
date	出版日期	0.4%
issn	国际标准期刊编号（包括电子版和印本）	22.02%
issue	期号	20.27%
spage	起始页	33.27%
jtitle	期刊名称（包括名 title 和 jtitle）	0.61%
volume	卷号	74.14%

因为失败率数值范围广，从小于0.1%到74%，为确保所有数值能在合理的权重空间中得以表现，元素权重计算以每10000条开放链接故障率的日志记录为依据。表12-2-3显示了根据表12-2-2中测试结果所计算出的权重。

表 12-2-3　来自失败率的样本元素权重

核心元素	描　　述	失败率	元素权重
atitle	文章题名	0.74%	1.87
aulast	作者姓氏	0.07%	0.85
date	出版日期	0.40%	1.60
issn	国际标准期刊编号	22.02%	3.34
issue	期号	20.27%	3.31
spage	起始页	33.27%	3.52
jtitle	期刊名称	0.61%	1.79
volume	卷号	74.14%	3.87

确定最优元素权重的过程，需要链接解析器环境能够测试大量的开放链接，并记录是否每个OpenURL都能发现至少一个适用文本目标。为此，IOTA规范为各流程推荐了具体的操作步骤，比如，如何确定OpenURL样本的数量及特征，如何使用批处理模式对大量的OpenURL进行自动化检测，如何确定OpenURL是否成功搜索到全文并生成目标链接，如何为逐步回归分析选择适宜的OpenURL，逐步回归分析的具体测试步骤，以及用Excel数据透视表对元素逐个进行分析，计算其成功率和失败率，从而得出各元素权重，确定最优元素的权重。详细流程及步骤请参见IOTA原文相关章节。[4]

2.2　生成完整性指数

完整性指数作为一项工具，可用于测量来自某特定信息源的OpenURL的成功概率。基于OpenURL的主要概念和工作原理，IOTA分析了数百万的OpenURL，提出了以完整性指数作为量化开放链接质量的概念。IOTA发现，OpenURL存在一种失败的模式。包含某些数据元素的开放链接的表现，胜过那些缺失一个或多个此类元素的开放链接。完整性指数，作为一种预测开放链接能否成功的方法，通过检查供应商网站提供的开放链接中所包含的数据元素，发现某些数据元素相对于其他元素，对于链接的成功更为重要，从而赋予这些元素更大的权重。

完整性指数的基础是每一个OpenURL的完整性得分。将所有的完整性得分相加后除以OpenURL总数，即得出完整性得分的平均值，也即完整性指数。因此，要生成完整性指数，首先须计算每一个OpenURL的完整性得分。

完整性得分代表着OpenURL能成功地找到所查寻的文档的全文链接的概率，是用每个出现在该OpenURL的核心元素的权重的总和，除以最大可能得分所得出的值。拥有所有核心元素的OpenURL，其完整性得分为1。计算完整性得分包括3个步骤，即选择纳入计算的OpenURL，准备用于计算的元素数据值，最后计算完整性得分。

选择纳入计算完整性得分的OpenURL时，需要考虑以下因素。

（1）OpenURL的信息源。理想情况下，用于计算完整性指数的开放链接信息源应是被测试的链接解析器已经接收到的实际OpenURL数量。

（2）OpenURL的类型。计算完整性得分是为生成完整性指数做准备，因此所选择的OpenURL类型应该与计算完整性指数的OpenURL类型保持一致。例如，如果OpenURL的分析是针对期刊文章进行的，那么只选择那些明显是代表或默认指向期刊文章这一类型的OpenURL。

（3）OpenURL的数量。应该使每个被纳入测试的供应商都有足够数量的OpenURL，以确保其样本具有代表性。

（4）OpenURL的时间范围。应该根据生成完整性指数的目标来确定选择哪一时间段的OpenURL。如果目标是确定当前链接环境的完整性指数，最好选择过去1–3个月链接解析器日志记录的OpenURL。如果测试的目标是看完整性指数如何随时间推移而变化，可选择多组来自不同时间段的OpenURL，每组各有一个完整性快照，可以相互比较。

用于计算完整性得分的元素数据包括文章题名、作者姓氏、出版日期、国际标准期刊编号、期号、期刊名称、文章起始页、卷次，以及各元素相应的权重值。IOTA提供了一个电子表格样本，可以自动计算单个OpenURL的完整性得分。表格中的元素及数值都有详细描述。表格包含了各元素权重，以及计算核心元素完整性得分的EXCEL公式。

单个OpenURL的完整性得分计算出来，则可利用EXCEL数据透视表的特征来确定内容提供商OpenURL的平均完整性得分，即完整性指数。IOTA提供了计算完整性指数的相关示例分析，可供参照执行。

完整性指数可以作为一种工具，来帮助确定哪些内容提供商更容易因为缺少开放链接数据元素而导致链接问题。IOTA工作组的测试发现，内容提供商的平均成功率与同一内容提供商的完整性指数有很高的相关性。也就是说，完整性指数可以提供开放链接会产生全文链接的粗略比例。例如，一个0.75的完整性指数意味着大约75%的开放链接能提供全文链接。IOTA工作组网站上提供了一系列分析报告，某个特定的内容提供商可据此检查所提供的开放链接，并逐项细致分析。当完整性指数得分低于预期时，供应商可以进一步查找原因，尤其是缺失的关键数据元素，从而有针对性地补充核心元数据，提高开放链接质量。可以说，完整性指数是一个检测并改进开放链接质量的快捷有效方法。IOTA建议，链接解析器供应商（或其他对开放链接环境感兴趣方）应该引入完整性指数及其内含的完整性得分概念，以期建立定量的机制来评估不同的供应商的开放链接质量。

3 IOTA在美国的历史作用与现状

3.1 历史作用

2013年4月26日，NISO正式批准并发布了IOTA推荐实施规范。与此同时，NISO也发布了IOTA工作组撰写的技术报告。该报告总结了工作组的活动以及取得的成果，列举了IOTA推荐实施规范对图书馆、内容提供商以及链接解析器供应商的重要性。对图书馆来说，不言而喻，通过开放链接成功获取的全文越多，用户的满意度就越高。对内容提供商来说，IOTA有着不可小视的实际参考作用。IOTA的质量分析报告可被用于监督并改进内容提供商提供给链接解析器的开放链接质量，使用户点击开放链接后，能成功到达内容提供商的资源平台获取全文。在IOTA项目进行期间，美国物理联合会（American Institute of Physics，AIP）与西裔美洲期刊索引（the Hispanic American Periodicals Index，HAPI）两家数据库商都与IOTA工作组联系，利用IOTA开发的分析工具，检测评估各自的OpenURL。对链接解析器供应商来说，现行的解析技术绝不可能保证开放链接能百分之百地成功，因为成功的链接解析还取决于链接解析商之外的系统的正常运作。但是，通过对集成征引数据组的大规模质量保证测试，链接解析商可以预防潜在的数据问题，在用户报告问题之前即发现并加以解决。这实际上是一种“大数据”手段。也就是说，通过测试成千上万数据组，横跨多家内容提供商平台，链接解析器供应商的质量保证团队可以评估最佳链接实践模式，找出数据在出版商平台之间传输的精简方式，并将其观察经验与出版合作伙伴分享，共同为产品的最佳互动努力，用更为全面的方式检测开放链接生态系统的健康运行。为此，IOTA工作组开发了开放链接报告系统以及以完整性指数为核心的开放链接质量分析工具，并提出了一系列具体的建议，包括内容供应商应该尽一切努力，保证期刊文章的开放链接包含确保链接成功的核心元素。图书馆、内容提供商以及链接解析器供应商应该充分利用IOTA所提供的分析工具来优化开放链接的元数据，并提供日志数据，更加充实IOTA的报告系统，等等。

IOTA在开放链接发展的初始阶段为检验出版商所提供的大量开放链接的质量提供了一个基本且统一的工具。2010–2013年间，它为美国图书馆界大规模地比对、检验各电子数据库产品的开放链接有效性提供了可能。IOTA的历史作用主要包括以下3个方面。

第一，完整性指数的概念为提高开放链接质量提供了可供量化及执行的分析工具。IOTA的指导方针是通过调查分析开放链接的工作原理，来改进开放链接质量。工作组相信，如果对开放链接做一些有针对性的改变，OpenURL的质量将会大大提升，由此产生了IOTA的座右铭“小改变，大改善”（small change，big improvements）。[5] 其目的是生成质量报告，开发业界驱动的质量指数，使OpenURL供应商能快捷地比较彼此的元数据质量，以测量并改进内容供应商提供的开放链接质量。为此，工作组收集了来自11个内容供应商的2300万条OpenURL，建立了IOTA网上报告机制，并提供一系列分析报告，以调查某个特定的内容提供商所提供的开放链接，并逐项细致分析，得出完整性评分与完整性指数。完整性指数可被机构组织预警式地采用，检查本机构的所有内容提供商，特别关注那些完整性指数值较低的数据库，以改善来自那些数据库的开放链接的质量。完整性指数也可以为链接解析器供应商提供一种快速的诊断方式，在OpenURL信息链接出现问题时，找出问题是否出自数据元素，如果是，那么是哪些数据元素。这样就可以与内容供应商采取相应措施，提高质量。

第二，IOTA提供了开放链接系统中确保链接成功的核心元素，如文章所在期刊的期号、文章起始页、国际期刊标准编号（ISSN），从而为内容供应商或链接解析器供应商确定其提供的开放链接中应当包括哪些重要元素提供了参考依据。2004年开放链接标准施行之初，链接成功率相对不很理想，近年来链接的成功率大幅提高，IOTA起到了相当重要的作用。另外，IOTA所认可的成功率和读者感受上的链接成功率有所差异。研究发现，即使开放链接找到了相关目标文献，但是由于所在图书馆馆藏不包括此文献，开放链接提供跨馆借阅的页面，这在读者看来，等同于不成功的链接。所以在技术层面提高开放链接成功率的同时，还需要提高读者的信息素养，才能总体上提高图书馆文献的利用率。

第三，IOTA工作组对多家内容提供商的OpenURL的大规模检测，揭示了标识符以及链接解析器增强功能的重要作用。IOTA的实验数据表明，链接解析器如果包括诸如国际标准书号（ISBN）、DOI或PubMed等标准标识符，其查找完整元数据组的功能将大大增强。同时，链接解析器如果具备增强功能，不仅可以寻找自带知识库的元数据，而且能跟踪含有众多内容提供商所提供的数据的知识库，充分利用其中文章题名层级的元数据，补充修正开放链接信息源中缺失的关键元素，从而使用户成功获取所需的文章全文。这为日后链接解析供应商专注于改进链接解析技术、提升链接解析器的增强功能提供了实践依据。[6]

3.2 IOTA规范在美国的现状

2014年1月23日，IOTA工作组组长亚当·钱德勒（Adam Chandler）在IOTA博客网站宣布，IOTA工作组已经完成其使命。自此以后，美国图书馆文献中很少再出现有关IOTA的报道，笔者与IOTA工作组成员以及NISO负责人的电子邮件交流也证实IOTA推荐规范并未在美国得到广泛实施。[7]这里面有多种原因，其中一个重要原因是链接解析技术的发展大大改进了链接解析器的增强功能，而增强功能可以弥补OpenURL链接中某些元数据的缺失，使得链接元数据的完整性不再如链接解析器尚处于低级版本的开放链接初始阶段那么重要。以EBSCO的新生代链接解析器Full Text Finder为例，如果开放链接信息源只有期刊题名、卷号和起始页，增强功能通常可以找到纸本及电子版的ISSN、作者名、文章名，以及DOI。如果只有纸本的ISSN，增强功能可以找到电子版的ISSN号以及与文章题名相关的元数据。如果只有ISBN，链接解析增强功能会从知识库里寻找与该书章节相关的元数据；如果只有作者的全名，增强功能可以将全名分解为姓和名；如果缺失出版社名，增强功能可以利用标准的辨识符从知识库里提取出来。Full Text Finder链接解析器自带的期刊论文知识库含2000多万篇论文，其增强功能不仅可以充分利用如CrossRef里的数据，而且能跟踪2000多家内容提供商所提供的超过20000条的数据库和文献包，其开放链接信息源中充分的元数据使找到匹配的原文全文的几率大大提高。

另一个重要原因是，随着各种新的规范和工具的产生，使用IOTA的分析工具来进行大规模检测开放链接质量变得不再那么迫切。相关工具的完善与发展对提高开放链接质量以及链接生态系统的整体良性循环与互动发挥了极大作用，尤其是NISO正式发布的推荐实施规范与最佳实践，如《知识库及其相关工具推荐实施规范》（KBART）、《电子期刊的展示与标识》（PIE-J）、数字对象唯一标识符（DOI）相关标准，等等。

KBART第一期与IOTA工作组的工作紧密相关，其目标是在链接解析器知识库层面上，改进对OpenURL成功链接全文至关重要的元数据，在内容提供商、链接解析器以及图书馆之间提供有效交换与传输。两个工作组的最终目标都是为了提高开放链接的准确性和有效性。IOTA关注的是开放链接过程中的第一环，即解析器从信息源所获元数据而生成的开放链接中元数据的数量及质量；KBART关注的是开放链接过程中的第二环，即知识库里的元数据的准确性，以使链接解析器能成功匹配信息源与知识库里的元数据，使用户成功获取所查找的全文。KBART第一期发布的推荐实施规范重点针对电子期刊元数据中诸多不一致的情况，如标识符、题名、年份、日期格式、内容描述、馆藏信息，等等。KBART第二期则着重于扩大知识库元数据的范围，深化元数据供应传输规范，完善联盟元数据、开放获取元数据、电子图书和会议论文集的相关内容。[8] KBART规范的发展大大提高了知识库元数据的准确性与多样性，进一步提高了OpenURL成功链接全文的几率。

4　IOTA对我国相关领域的启示

IOTA是与开放链接标准紧密相关的标准规范。众所周知，OpenURL是一种开放的互联网资源整合工具，在数字图书馆领域不断普及，在网络信息资源整合和内容服务中得到广泛应用。借助于OpenURL强有力的资源整合能力和关联数据的关联服务，可以较好地实现图书馆信息资源的整合，并构建基于OpenURL和关联数据的图书馆资源整合新模式。

从目前的应用来看，OpenURL的质量问题是一个全球共同关注的问题。它的改善和提高，对用户而言，能够从图书馆获得更好的使用体验和服务质量，提高对电子资源使用的满意度；对图书馆而言，能够加强对订阅的电子资源和交叉链接的发现。此外，OpenURL质量的改善对目前的研究热点——关联数据的链接质量控制研究也具有重要的借鉴意义。

在国内，开放链接技术在国内图书馆的信息资源整合和情景敏感链接服务方面得到了一定程度的推广，但总的来说应用并不广泛，特别是开放链接标准要求的数字对象唯一标识符（DOI）未得到大范围采纳，很多出版商和内容提供商还大多使用自设题名标识符嵌入链接（embeddedURL）；与开放链接相关的期刊文章中文元数据的语义格式还有很多与国际标准未能接轨，如中文卷期号、作者姓氏等。因此OpenURL质量不佳，大量用户在使用时因链接错误而深感不便，而这往往又阻碍了开放链接技术的研究和应用推广，阻碍了其质量的改善和提高。

因此，我国图书馆界、出版商、内容提供商和知识库链接解析服务商有必要加快以下进程。

（1）加快建立数字资源之间的关联与整合，通过采纳开放链接协议和标准，创建数据的开放接口，延伸到用户服务终端，为用户提供一系列整合服务，如检索、浏览、链接、下载、个性化定制、导航等。

（2）加快OpenURL质量预测与控制的研究进程，健全质量控制机制。根据我国的应用现状，建立一套完善的开放链接质量控制机制，更好地发挥开放链接的作用。[9]

（3）图书馆及内容提供商应当广泛应用如IOTA或链接解析器增强功能等规范，测量评估内容提供商的开放链接质量，并对元素做局部调整，优化OpenURL元数据的设置，进而提高链接的有效性，为用户提供更优质的服务。

（4）出版商和内容提供商应尽可能采用如开放链接标准、KBART标准（特别是可以支持中文的第三期）、《信息与文献　期刊的展示与标识》（ISO 8:2019 Information and Documentation—Presentation and Identification of Periodicals，见本书第四章）、《电子期刊的展示与标识》（NISO RP-16-2013 PIE-J：The Presentation & Identification of E-Journals，见本书第四章）等标准及推荐规范，充分做好开放链接，扩展内容的使用范围，提高开放链接服务质量。

（5）鼓励用户对图书馆的信息资源利用情况进行反馈和评价，也可以向图书馆推荐较有实用价值的资源，帮助图书馆充实馆藏，提高和改善图书馆的服务效率和服务水平。[10]

参考文献

[1] Chandler A L. NISO IOTA：Improving Open URLs Through Analytics，in Context [J]. *Against the Grain*, 2011, 23(1), Article 13. DOI: https://doi.org/10.7771/2380-176X.5736.

［2］Pesch O. Improving OpenURL Linking［J］. *Serials Librarian*, 2012, 63(2): 135–45.

［3］NISO. NISO RP–21–2013, Improving OpenURLs Through Analytics (IOTA): Recommendations for Link Resolver Providers［EB/OL］.［2021–10–01］. http://www.niso.org/standards-committees/iota.

［4］NISO. NISO TR–05–2013, IOTA Working Group Summary of Activities and Outcomes［EB/OL］.［2021–10–01］. http://www.niso.org/publications/niso-tr-05–2013–iota-working-group-summary-activities-and-outcomes.

［5］Kasprowski R. NISO's IOTA Initiative: Measuring the Quality of OpenURL Links［J］. *The Serials Librarian*, 2012, 62(1–4): 95–102, DOI:10.1080/0361526X.2012.652480.

［6］Pesch O.［Email Communication with Zou Xiuying］.［2021–09–08］［Oliver Pesch 是EBSCO信息服务首席产品策略师］.

［7］Lagace N.［Email Communication with Zou Xiuying］.［2021–10–04］［Nettie Lagace 现任NISO执行副主任］.

［8］Ma Bie-Hwa, Deng S., & Xue S. Leveraging NISO standards and best practices to improve discovery and access of digital resources［J］. *International Journal of Librarianship*, 2016, 1(1): 17–37［2021–10–01］. Doi：http://dx.doi.org/10.23974/ijol.2016.vol1.1.18.

［9］邱玉婷. 国外开放链接质量控制的进展及启示［J］.图书与情报，2013（3）：80—86.

［10］东方. 基于OpenURL和关联数据的图书馆资源整合新模式［J］.新世纪图书馆，2013（9）：61—64.

第十三章　标准化电子资源使用统计收割协议（SUSHI）ANSI/NISO Z39.93

第一节　标准规范译者

陈大庆　叶　兰（深圳大学图书馆）

蒋树勇（美国伊利诺伊大学厄巴纳—香槟分校图书馆）

钟　静（国际货币基金组织图书馆）

肖　珑　姚晓霞（北京大学图书馆）

薛　燕（美国加州大学伯克利分校东亚图书馆）

邓　石（美国加州大学圣地亚哥分校图书馆）

第二节　研究报告作者

陈大庆　叶　兰　丁　培（深圳大学图书馆）

蒋树勇（美国伊利诺伊大学厄巴纳—香槟分校图书馆）

钟　静（国际货币基金组织图书馆）

基本信息

名称：标准化电子资源使用统计收割协议（SUSHI）

简称：ANSI/NISO Z39.93

发布时间：2007年10月29日

发布时间（中译本）：2020年4月7日

标准规范编号：ANSI/NISO Z39.93–2007

修订时间：2014年12月5日

修订后编号：ANSI/NISO Z39.93–2014

主要责任者：美国国家信息标准协会

中文版译者：陈大庆　叶兰　蒋树勇　钟静　肖珑　姚晓霞　薛燕　邓石

类型：国家标准

关键词：使用数据，电子资源，SUSHI，COUNTER

摘要：本标准定义了一个利用Web服务（Web services）框架收割电子资源使用数据的自动请求与响应模式，这个模式代替人工来收集使用数据的统计报告。它的设计为一个通用协议，并可扩展应用于多样的使用统计报告。本标准提供了专门处理COUNTER报告的扩展应用。本标准基于“简单对象访问协议”（SOAP），用于传输请求与响应消息。“获得报告”（GetReport）方式用于传输，“报告请求”（ReportRequest）作为输入消息，并返回“报告响应”（ReportResponse）作为输出消息。本标准使用版本化的Web服务描述语言（WSDL）描述Web服务的命名空间和操作，并包含SUSHI传输句法的模式XML Schema。统计报告的命名规则由一个外部统计报告注册系统来概述与补充，该系统提供COUNTER与非COUNTER报告的定义。

英文版国际标准书号（ISBN）：978–1–937522–47–6

中文版国际标准书号（ISBN）：978–1–937522–95–7

国际标准连续出版物号（ISSN）：1041–5653

英文版链接：https://www.niso.org/publications/z3993–2014–sushi

中文版链接：http://www.libconsortia.edu.cn/Standard/list.action

其他关联标准规范：

ANSI/NISO Z39.7–2013　信息服务与利用：图书馆和信息服务机构计量统计数据词典

NISO RP–14–2014　NISO SUSHI协议：COUNTER-SUSHI实施纲要

COUNTER　实施规则，第5版

Introduction

Title: The Standardized Usage Statistics Harvesting Initiative(SUSHI)Protocol

Abbreviation: ANSI/NISO Z39.93

Publication Date: October 29, 2007

Publication Date (Chinese Version): April 7, 2020

ANSI/NISO Serial Number: ANSI/NISO Z39.93–2007

Revised Date: December 5, 2014

Revised ANSI/NISO Serial Number: ANSI/NISO Z39.93–2014

Creator: National Information Standards Organization

Chinese Version Translated By: Daqing Chen, Lan Ye, Shuyong Jiang, Jing Zhong, Long Xiao, Xiaoxia Yao, Susan Xue, Shi Deng

Type: National Standard

Keywords: Usage Statistics, Electronic Resources, SUSHI, COUNTER.

Abstract: This standard defines an automated request and response model for the harvesting of electronic resource usage data utilizing a Web services framework that can replace the user-mediated collection of usage data reports. It was designed as a generalized protocol extensible to a variety of usage reports. An extension designed specifically to work with COUNTER reports is provided. The standard is built on SOAP (Simple Object Access Protocol) for transferring request and response messages. The GetReport method is used for transferring ReportRequest as the input message and returning ReportResponse as the output message. The standard is accompanied by a versioned Web Services Description Language (WSDL) to describe the Web service namespace and operations, and an XML Schema constraining the syntax of the SUSHI transaction. Rules for report naming are outlined and complemented by an external reports registry, which provides for the definition of both COUNTER and non-COUNTER reports.

English Version ISBN: 978–1–937522–47–6

Chinese Version ISBN: 978–1–937522–95–7

ISSN: 1041–5653

English Version URL: https://www.niso.org/publications/z3993–2014–sushi

Chinese Version URL: http://www.libconsortia.edu.cn/Standard/list.action

Relation:

ANSI/NISO Z39.7–2013 Information Services and Use: Metrics & Statistics for Libraries and Information Providers Data Dictionary

NISO RP–14–2014 NISO SUSHI Protocol: COUNTER-SUSHI Implementation Profile

The COUNTER Code of Practice for Release 5

第一节　标准化电子资源使用统计收割协议（SUSHI）

关于NISO标准

NISO standards are developed by the Working Groups and Committees of the National Information Standards Organization. The development process is a strenuous one that includes a rigorous peer review of proposed standards open to each NISO Voting Member and any other interested party. Final approval of the standard involves verification by the American National Standards Institute that its requirements for due process, consensus, and other approval criteria have been met by NISO. Once verified and approved, NISO Standards also become American National Standards.	美国国家信息标准协会（NISO）标准由NISO下设的工作组和委员会制定。其制定过程颇为严格，拟议标准经过各投票委员会成员和其他相关各方严谨的同行评审。标准的最终批准需经美国国家标准学会论证，确认NISO满足了其要求的正当程序、一致同意和其他批准条件。一经核实批准，NISO标准即成为美国国家标准。
This standard may be revised or withdrawn at any time. For current information on the status of this standard contact the NISO office or visit the NISO website at: www.niso.org.	本标准可能会随时被修改或撤销。有关本标准的现状信息，请联系NISO办公室或访问NISO网站（www.niso.org）。

中文译本 ISBN：978-1-937522-95-7

This translation has been provided as a service to the library community by the Task Group on Translation and Research Project on Electronic Resources Standards and Recommended Practices, consisting of members from the Council on East Asian Libraries (CEAL), China Academic Library & Information System (CALIS)/Digital Resource Acquisition Alliance of Chinese Academic Libraries (DRAA).	应图书馆行业所需，北美东亚图书馆协会（CEAL）、中国高等教育文献保障系统（CALIS）暨高校图书馆数字资源采购联盟（DRAA）提供此中译本。
Translated by: Daqing Chen, Lan Ye, Shenzhen University Library	翻译： 深圳大学图书馆：陈大庆、叶兰
Reviewed by: Shuyong Jiang, University Library at University of Illinois at Urbana-Champaign Jing Zhong, Joint World Bank-IMF Library	审校： 伊利诺伊大学厄巴纳–香槟分校图书馆：蒋树勇 国际货币基金组织图书馆：钟静
Reviewed & edited by: Long Xiao, Xiaoxia Yao, Peking University Library Susan Xue, University of California, Berkeley Library Shi Deng, University of California, San Diego Library	总审与统稿： 北京大学图书馆：肖珑、姚晓霞 加州大学伯克利分校东亚图书馆：薛燕 加州大学圣地亚哥分校图书馆：邓石

前言

［本前言不是《标准化电子资源使用统计收割协议（SUSHI）》ANSI/NISO Z39.93–2014的组成部分，仅提供信息。］

关于本标准

本标准是应图书馆更为高效地收集符合COUNTER标准①的使用统计之需而产生。COUNTER作为一项国际先导计划于2002年3月启动，旨在帮助图书馆及出版商记录及交换电子资源的使用统计。通过遵循“COUNTER实施规则”，经销商可为图书馆客户提供符合COUNTER标准化格式及数据元素的Excel、CSV（逗号分隔）或XML使用数据文档。截至2014年6月，COUNTER已有近220家成员，并且有50多家经销商已认证遵循一个或多个“COUNTER实施规则”版本。

COUNTER使用难点

COUNTER的成功为图书馆员带来了一个新的问题——他们撷取、存储及整合COUNTER报告需要花费大量时间。对于每个COUNTER报告的供应商来说，图书馆必须人工连接至

① 即“网络电子资源在线使用统计”标准（Counting Online Usage of Networked Electronic Resources，COUNTER）。——译者注

他们的网站下载Excel或CSV文档。撷取完成后，馆员通常面临来自多个提供商的多个数据文档，尽管都是标准化的数据，但馆员仍需要对数据进行大量的操作及标准化处理以整合统计报告。很多图书馆正在研发或购买电子资源管理系统以帮助存储与管理这些使用数据，但是将Excel或CSV数据传输至仓储的过程或者需要人工完成，或者需要定制的编程。

SUSHI发展背景

利用一种自动化方法来解决COUNTER数据报告问题的想法由亚当·钱德勒（Adam Chandler）和泰德·方斯（Ted Fons）在2004年的查尔斯顿会议上首次提出。方斯是Innovative Interfaces公司电子资源管理系统的产品经理。钱德勒是康奈尔大学图书馆信息技术与技术服务部服务设计小组的协调负责人，曾积极参与数字图书馆联盟的电子资源管理先导计划（ERMI）。他们议定推动一个Web服务协议来处理XML格式的COUNTER报告。在2005年6月举办的美国图书馆协会会议期间，华盛顿大学的蒂姆·杰威尔（Tim Jewell）和EBSCO公司的奥利弗·佩什（Oliver Pesch）被招募进来并进一步完善这个概念。一个项目小组由此成立，该项目开始扩大并吸纳其他成员。2005年7月，项目小组开始草拟协议的要求及规范说明。2005年10月，NISO同意支持该项先导计划，项目小组正式命名为SUSHI，研发该项标准的工作正式开始。

SUSHI Web服务

SUSHI阐述利用一种“Web服务”方法以解决COUNTER报告的撷取与整合问题。该协议是一个SOAP[①]（简单对象访问协议）请求/响应的Web服务封装包，用于XML格式的COUNTER报告。在该协议中，一个传输始于一个客户端，此客户端可以是图书馆开发的某个应用系统的一部分，或者是某使用数据整合服务系统或图书馆自动化系统/电子资源管理系统的组成部分。这个客户端向作为数据提供方的SUSHI服务器发送请求者的身份识别，代为请求的使用数据的客户身份识别，以及所需具体统计报告的请求。而后服务器以XML格式提供包括请求者和客户信息的统计报告，或者相应的错误消息。

SUSHI开发者设想这样一个系统：在这个系统里，客户端系统经过编程能按月自动撷取与图书馆有商业往来且遵循COUNTER的经销商的统计报告。客户端人工触发报告请求的功能可能也同样需要，以便更容易地测试新的SUSHI实施效果，以及撷取以往月份的使用数据。

尽管SUSHI最初开发时主要是针对COUNTER报告，但实际上它是按一个通用的协议来编写的，可扩展应用至其他定制的非COUNTER使用统计报告。COUNTER报告提供特定的扩展模式以配合应用该通用协议。

试用

在2006年9月20日至2007年5月20日期间，SUSHI协议标准草案开放试用。在试用

① 即Simple Object Access Protocol。——译者注

期间，该协议的客户端或服务器端的很多实施与应用都很成功。根据试用期间所发现的问题，对SUSHI模式做了小幅修改。2007年的标准体现了这些变化。试用期间的模式版本为1.0，2007年标准出版时的模式版本为1.5。最新的模式版本由SUSHI模式网站（http://www.niso.org/schemas/sushi/）维护。

2013年修订

到本标准的5年重申审查时，SUSHI常务委员会建议对本标准进行了两处小修订。

- 在表17中增加一个新的错误代码1020以解决在某个时间节点出现客户端向服务器发出的请求超过可允许的请求数量的问题。这个修订考虑到一些SUSHI服务器供应商有设置访问限制以管理服务器运行效率的需求。
- 修订资料性附录G“安全考虑”。尽管安全问题不属于本标准协议的一部分，但安全问题仍是本标准发展过程中考虑的一个因素。此附录提供了安全问题的相关建议。这个修订是依据技术变迁以及SUSHI协议初步实施所获得的经验而更新的。

本版标准在2013年1月24日由NISO批准通过，在2013年2月20日由美国国家标准学会批准通过。

2014年修订

SUSHI标准建立时包含有“过滤器”的概念，但是，所提供的唯一过滤器是限定统计报告的日期范围。随着标准的应用，出现的一些个案显示更多过滤器或其他的统计报告属性可能会更有利。在现行的标准中，唯一的解决办法是重载Requester/ID（请求者标识）[①]元素或CustomerReference/ID（用户标识）[②]元素，这并不是一个理想的状态。

此次对SUSHI标准的修订扩展了过滤器支持功能，以允许在SUSHI Request（SUSHI请求）中增加多个可选的过滤器或统计报告属性。

这类过滤器列举如下：

- 当一个SUSHI服务器提供多个平台的使用数据时，可指定一个收割的具体平台；
- 当需要获取一个客户账号下某部分使用数据时，可指定一个或多个IP范围；
- 当需要获取一个客户账号下某部分使用数据时，可指定具体的部门。

这类统计报告属性列举如下：

- 允许客户将零使用的统计项从统计报告中排除，以精简统计报告。
- 指定输出的统计报告日期的细粒度。（默认情况下，COUNTER报告提供统计项目的月度总数据，而在某些情况下，客户期望获得按天、按季度或按年度的总使用数据。）

---

① 由于COUNTER及本标准的版本变化，“请求者标识”的英文先后有多种写法，如Requester/ID、RequesterID、Requestor/ID、RequestorID、Requestor ID等，但含义相同。——译者注

② 由于COUNTER及本标准的版本变化，“用户标识”的英文先后有多种写法，如Customer Reference/ID、CustomerReferenceID、CustomerReference ID、CustomerID、Customer ID等，但含义相同。——译者注

此次修订，还参照升级版的模式及相关文档更新了文档中所提供的示例和图表。

商标、服务商标

本标准中涉及的所有商标或服务商标，原拥有者保留知识产权。

NISO投票成员

在本标准投票时，以下团体是NISO Z39.93 SUSHI 2014修订版投票组的成员，并批准了本项标准。NISO批准了本项标准并不意味着所有投票组成员都投票赞同通过。

AIP Publishing LLC

Aravind Akella

American Chemical Society (ACS)

John Ochs

American Library Association (ALA)

Nancy Kraft

American Psychological Association (APA)

Janice Fleming

Association for Information Science &Technology (ASIS&T)

Mark Needleman

Association of Research Libraries (ARL)

Julia Blixrud

Cambridge Information Group (ProQuest)

Beat Barblan

Consortium of Academic and Research Libraries in Illinois (CARLI)

Kristine Hammerstrand

EBSCO Information Services

Oliver Pesch

Ex Libris, Inc.

Mike Dicus

HighWire Press

Alexandra Bash

ITHAKA/JSTOR/Portico

Amy Kirchhoff

Jisc Collections

Liam Earney

John Wiley & Sons, Ltd.

Duncan Campbell

Library of Congress

John Zagas

Los Alamos National Laboratory

Dianna Magnoni

Minitex

Paul Swanson

Music Library Association

Nara Newcomer

National Federation of Advanced Information Services (NFAIS)

Marjorie Hlava

OCLC Online Computer Library Center

Tam Dalrymple

Public Library of Science (PLOS)

Cameron Neylon

Scholarly iQ

Gary Van Overborg

Statewide California Electronic Library Consortium (SCELC)

Rick Burke

NISO商务信息专题委员会

在NISO商务信息专题委员会委员批准这项标准时，其成员如下：

Anne Campbell

EBSCO Information Services

Denise Davis

Sacramento Public Library

Suzanne Hopkins

Thomson Reuters

Norm Medeiros

Haverford College

Greg Raschke

North Carolina State University Libraries

Christine Stamison

Center for Research Libraries

Timothy Strawn

California Polytechnic State University

Charles Watkinson

University of Michigan Library

Nawin Gupta

Association of Subscription Agents (ASA)

SUSHI常务委员会委员

SUSHI常务委员会委员研制并批准了此次标准修订，其成员如下：

Marie Kennedy, Co-Chair

Loyola Marymount University

Oliver Pesch, Co-Chair

EBSCO Information Services

Paul Needham

Cranfield University

James Van Mil

University of Cincinnati Libraries

Chan Li

California Digital Library

致谢

在2007版SUSHI标准的研制初期，SUSHI工作组成员得到以下人员的支持与帮助：

Ben Burbridge

Innovative Interfaces, Inc.

Matthew Connolly

Cornell University Library

Cynthia Hodgson

NISO

Curt Kohler

Elsevier

Tony Li

Innovative Interfaces, Inc.

Joshua Santelli

Project Euclid

Rolf van der Tang

Swets Information Services

Dennis Vaux

Innovative Interfaces, Inc.

Petar Vucetin

EBSCO Information Services

James Wismer

Thomson Scientific

1 目标

SUSHI协议创设的目的是利用可机读的XML容器提供一种自动的方法来撷取标准化的使用统计报告。协议使用Web服务简单对象访问协议SOAP。

2 范围

SUSHI协议是一个通用协议，适用于任何符合协议要求的定制化使用统计报告。特定的统计报告可通过协议的扩展应用来处理。协议的最初目的是处理COUNTER报告，因而随通用的SUSHI协议也提供了针对COUNTER报告的特定模式的扩展。（参见附录C的COUNTER-SUSHI模式。）

SUSHI协议是一种使用统计报告的传输机制，而不是一个使用数据的仓储。本标准并未指定或界定所撷取使用数据的仓储；因此，XML格式的使用数据可收集至电子数据表、内部数据库、商业电子资源管理（ERM）系统或用户所建立的以存储为目的的其他任何仓储中。

3 参考文献

本标准参考了以下文献：

（1）*The COUNTER Code of Practice for e-Resources*. Release 4. Edinburgh, UK: COUNTER, published April 2012; valid from January 1, 2014. Available from: http://www.projectcounter.org/code_practice.html.

（2）*COUNTER Register of Vendors*. http://www.projectcounter.org/compliantvendors.html.

（3）The Unicode Consortium. *The Unicode Standard*. Version 7.0.0. Mountain View, CA: The Unicode Consortium, 2014. ISBN 978-1-936213-09-2. Online version available from: http://www.unicode.org/versions/Unicode7.0.0/.

（4）W3C Note-datetime, *Date and Time Formats*. http://www.w3.org/TR/NOTE-datetime.

（5）W3C Recommendation. *Simple Object Access Protocol* (*SOAP*), version 1.2. World Wide Web Consortium, April 27, 2007. http://www.w3.org/TR/soap12.

（6）W3C Recommendation. *Extensible Markup Language* (*XML*), version 1.0 (Fifth Edition). World Wide Web Consortium, November 26, 2008. http://www.w3.org/TR/2008/REC-xml-20081126/.

4 定义

标准中所使用的术语及其定义如下：

术　语	定　义
客户端（Client）	通过网络连接至SUSHI服务器以撷取使用统计的电脑系统
网络电子资源在线使用统计（Counting Online Usage of Networked Electronic Resources，COUNTER）	一项有助于在线使用统计的记录与交换的国际先导计划。在本标准中指该先导计划所定义的统计报告
电子资源（Electronic resources）	可通过网络化客户端计算机访问的数字信息资源（如在线期刊或数据库）
电子资源管理［系统］（Electronic Resource Management［system］，ERM）	用来处理电子资源编目、许可、访问及其他使用方面事宜的数据库与软件系统
过滤器（Filter）	支持进一步限定所请求的数据类型的元素。唯有数据符合该元素的定义时才被允许通过该过滤器
全球唯一标识符（Global Unique Identifier，GUID）	一个实体的标识符，该标识符在全球命名空间中是唯一的，目的是在任何系统的语境或经销商中都可清楚地识别该实体
图书馆自动化系统（Integrated Library System，ILS）	一套自动化的图书馆服务，如在线目录、流通管理及连续出版物追踪，这些服务共享一个共同的数据库
版本（Release）	“COUNTER实施规则”的某个版本及其条例中所定义的统计报告
请求（Request）	从客户端发送至服务器的SOAP消息，以请求指定客户及指定统计报告类型的使用统计
请求者（Requestor）	代表某个客户请求使用统计的实体。请求者可能但不一定是客户本身
响应（Response）	从服务器发送至客户端的SOAP消息，包含客户在请求中所指定的使用统计
服务器（Server）	响应SUSHI SOAP消息并通过网络向客户端提供使用统计的计算机系统
简单对象访问协议（Simple Object Access Protocol，SOAP）	一个协议，指定了用于通过网络（通常是因特网）交换数据及访问服务的独立消息系统
传输（Transaction）	一个完整的SUSHI交换过程，包括从客户端到服务器的请求和从服务器到客户端的响应
使用统计（Usage statistics）	详细描述给定时间段内某客户的电子资源使用情况的统计报告。
Web服务（Web service）	一个基于服务器的软件系统，该系统为响应通过因特网发送的XML消息而提供信息或功能
Web服务描述语言（Web Service Description Language，WSDL）	一个XML协议，完整定义一个Web服务所提供的功能和数据，以及使用该Web服务所要求的消息格式及输入数据
可扩展标记语言（Extensible Markup Language，XML）	一个协议，以封闭式标签的形式对具有意义信息的文本或数据进行编码

5 元素参考指南

5.1 元素列表

本标准第6节定义了SUSHI协议的XML Schema① 元素。对于每一个元素，本标准都提供一个表格描述其属性。表13-1-1定义了第6节中用以描述模式元素的表格的各列内容。

表13-1-1 元素表的描述

元　　素	元素名称
类型（Type）	指定可允许的数据类型。参见5.2中的类型列表
必要条件（Requirement，Req'mt）	M=必备（Mandatory） MA=有则必备（Mandatory if Applicable） R=推荐（Recommended） O=可选（Optional）
句法（Syntax）	描述属性变量所需的句法
赋值示例（Value Examples）	提供一个或多个例子说明有效属性值

5.2 数据类型

表13-1-2列出并定义了本标准所描述的元素的适用数据类型。所有数据需符合Unicode UTF-8字符集。

注：UTF-8是Unicode的字符编码形式。

表13-1-2 数据类型定义

数据类型	定　　义
任何URI（AnyURI）	任何有效的统一资源标识符（URI）
任何数据类型（AnyType）	任何数据类型；没有限制
复杂数据类型（ComplexType）	由元素组合形成的数据类型
日期（Date）	具体的年月日，与W3C注释中的日期时间相一致，格式为：YYYY-MM-DD
日期时间（DateTime）	日期和时间，与W3C注释中的日期时间相一致，格式为：YYYY-MM-DDThh:mm:ss.sTZD （小时采用0—24格式，时区指示符设置为常数“Z”以表明所有时间是以世界统一时间UTC来表示）
枚举（Enumerated）	赋值需来源于元素表中句法栏所规定的枚举列表
整数（Integer）	一个正整数

① XML Schema可以理解为XML模式、XML框架、XML架构等，本书按照国内通用做法，不再翻译。——译者注

续表

数据类型	定　　义
字符串（String）	一个或多个字母数字字符
sushi: 异常（sushi:Exception）	一种SUSHI模式所定义的复杂类型

6 SUSHI协议

SUSHI协议包含XML Schema和WSDL（Web服务描述语言），以表示在电子商务环境中客户端与服务器之间的数据协议与服务协议。数据协议（XML Schema）包含“报告请求”（ReportRequest）与“报告响应”（ReportResponse），这些架构在6.2中详细讨论。6.3讨论服务协议（WSDL），并定义SUSHI协议所支持的功能。

6.1 命名空间

表13-1-3说明了SUSHI协议中的XML消息如何声明其模式及命名空间。

表13-1-3　SUSHI协议头标

```
<?xml version="1.0" encoding="UTF-8"?>
<xs:schema xmlns:sushi="http://www.niso.org/schemas/sushi/1_7"
xmlns:xs="http://www.w3.org/2001/XMLSchema"
targetNamespace="http://www.niso.org/schemas/sushi/1_7"
elementFormDefault="qualified" attributeFormDefault="unqualified"
version="1.7">
```

SUSHI数据协议在模式文档的开头即声明其命名空间。命名空间用于区分不同模式中的数据类型。SUSHI的命名空间为：

http://www.niso.org/schemas/sushi/［version no.］

跟随在命名空间后面的版本元素［version no.］表示所使用的sushi.xsd的版本。由于SUSHI协议使用完全限定的类型名称，版本前置有elementFormDefault="qualified"。

6.2 数据协议

数据协议代表客户端与服务端交互操作时以SOAP请求/响应机制传输的数据元素。它包括ReportRequest（报告请求，6.2.1）、ReportResponse（报告响应，6.2.2）、Exception和Error（异常与错误，6.2.3）。此标准出版时最新的XML Schema版本可参见附录A。

6.2.1　元素

ReportRequest（报告请求，见表13-1-4）是一组描述Requestor（请求者，6.2.1.1）、CustomerReference（用户参考，6.2.1.2）及ReportDefinition（报告定义，6.2.1.3）的服务

输入参数。

Requestor是用于识别代表客户请求使用信息的组织机构。客户信息通过Customer Reference元素传输。统计报告的类型及适用的数据过滤器的详细信息则通过Report Definition元素传输。

表13-1-5定义了ReportRequest的变量元素。图13-1-1列出了ReportRequest的全部元素（包括6.2.1.1—6.2.1.3描述的部分）。

表13-1-4 SUSHI协议的ReportRequest（报告请求）模式

```
<xs:complexType name="ReportRequest">
    <xs:sequence>
        <xs:element name="Requestor" type="sushi:Requestor">
        </xs:element>
        <xs:element name="CustomerReference" type="sushi:CustomerReference">
        </xs:element>
        <xs:element name="ReportDefinition" type="sushi:ReportDefinition">
        </xs:element>
    </xs:sequence>
    <xs:attribute name="Created" type="xs:dateTime" use="required"/>
    <xs:attribute name="ID" type="xs:string" use="required"/>
</xs:complexType>
```

表13-1-5 ReportRequest（报告请求）的元素

元素	类型	必要条件	句法	赋值示例
创建于 （Created）	日期时间 （DateTime）	必备 （M）	YYYY-MM-DD Thh:mm:ss.sZ	2013-12-17T09:30:47.0Z
标识 （ID）	字符串 （String）	必备 （M）	任何唯一的ID. （Any unique ID）	7e36aaf7-ee8d-4364-97b5- e06daabb362b

6.2.1.1 Requestor元素

Requestor元素（请求者，见表13-1-6）用服务端来控制对客户使用统计的访问。Requestor用来识别发出请求的机构，其与代为收割的使用数据的客户可能并非同一机构。Requestor ID[①]（请求者标识）在保证SUSHI安全传输中起着核心作用。服务提供商可选择将访问权仅限于其所认可或客户所认可的Requestor ID（更多关于SUSHI安全的信息参见附录G）。表13-1-7定义了Requestor的变量元素。

注：当请求者也是客户本身（如客户拥有一个本地托管的使用数据整合应用系统）时，Requestor ID（请求者标识）与CustomerReference ID（用户标识）[②]相同。

① 由于COUNTER及本标准的版本变化，请求者标识的英文先后有多种写法，如Requester/ID、RequesterID、Requestor/ID、RequestorID、Requestor ID等，但含义相同。——译者注

② 由于COUNTER及本标准的版本变化，“用户标识”的英文先后有多种写法，如Customer Reference/ID、CustomerReferenceID、CustomerReference ID、CustomerID、Customer ID等，但含义相同。——译者注

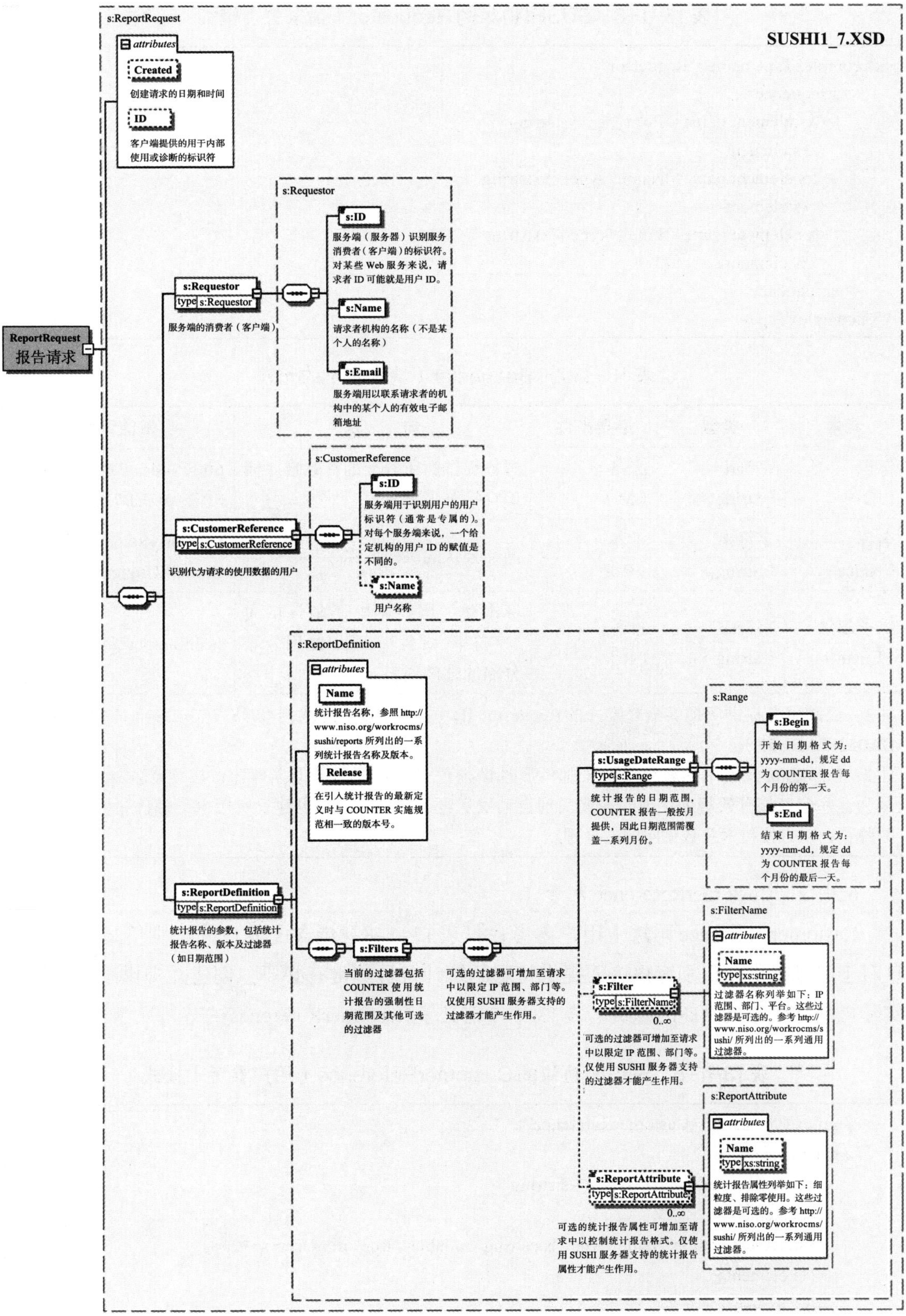

图 13-1-1　SUSHI ReportRequest（报告请求）示意图

表13-1-6　SUSHI协议的Requestor（请求者）模式

```
<xs:complexType name="Requestor">
    <xs:sequence>
        <xs:element name="ID" type="xs:string">
        </xs:element>
        <xs:element name="Name" type="xs:string">
        </xs:element>
        <xs:element name="Email" type="xs:string">
        </xs:element>
    </xs:sequence>
</xs:complexType>
```

表13-1-7　Requestor（请求者）的元素

元素	类型	必要条件	句　法	赋值示例
标识（ID）	字符串（String）	必备（M）	服务提供商所分配的有效唯一标识符字符串。	60099445-3B1C-4862-8B15-B2EB72E6BE4B
名称（Name）	字符串（String）	推荐（R）	国际公认的机构名称。	ScholarlyStats Cornell University Library
电子邮件（Email）	字符串（String）	推荐（R）	标准化的因特网电子邮件格式“字符串.域名”。可以是用分号分隔的邮件列表。	sushiSupport@cornell.edu
注1：鼓励服务提供商提供全球唯一的Requestor ID（如GUID中的范例48D537C3-B240-4d58-ABC9-BA052FFADB5F）。 注2：Requestor元素中的名称及电子邮件属性的使用是可选择的，但强烈建议客户端发送这些信息，因为这些信息能有效帮助处理问题或实现自动发送电子邮件。同时也建议所用电子邮件是服务管理者的邮箱，以方便技术及数据问题的处理。				

6.2.1.2　CustomerReference元素

CustomerReference元素（用户参考，见表13-1-8）包含了客户的识别信息，这些信息对于服务提供商识别客户进而提供特定的统计报告非常有必要。创建并提供用户标识的实际机制是服务提供商的职责。表13-1-9定义了CustomerReference的变量元素。

表13-1-8　SUSHI协议的CustomerReference（用户参考）模式

```
<xs:complexType name="CustomerReference">
    <xs:sequence>
        <xs:element name="ID" type="xs:string">
        </xs:element>
        <xs:element name="Name" type="xs:string" nillable="true" minOccurs="0">
        </xs:element>
        </xs:sequence>
</xs:complexType>
```

表 13-1-9 CustomerReference（用户参考）的元素

元素	类型	必要条件	句　法	赋值示例
标识（ID）	字符串（String）	必备（M）	能够在服务提供商的系统中识别客户并由服务提供商所识别的任何标记或标识符。	12345 JBC12345
名称（Name）	字符串（String）	推荐（R）	国际公认的机构名称。	Cornell University Library
注：尽管客户的名称并不是必须要提供的，但还是强烈鼓励客户端提供其所代为请求使用数据的该机构的国际通用名称。这个信息能有效帮助发现和解决问题。				

6.2.1.3 ReportDefinition元素

ReportDefinition元素（报告定义，见表13-1-10）用名称和版本属性以及请求数据所用的过滤器的范围等来描述客户端请求的是何种统计报告。参见第7节“统计报告的命名”中对统计报告名称及版本号的要求。表13-1-11定义了ReportDefinition的变量元素。

SUSHI协议支持使用强制性过滤器UsageDateRange（使用统计日期范围）。表13-1-12定义了UsageDateRange的变量元素。该过滤器界定了所请求的使用数据信息的起止日期范围。

除了UsageDateRange过滤器，SUSHI Request（SUSHI请求）还可包含一个或多个过滤器元素以便进一步限定统计报告所含数据的范围。SUSHI Request也可包含一个或多个ReportAttribute（报告属性）元素以更加准确地界定所请求的报告。表13-1-13和表13-1-14分别定义了过滤器及ReportAttribute的元素。

如果服务提供商不支持所请求的统计报告的名称或版本，服务端必须将这个异常情况返回给客户端（参见6.2.3）。同样，如果服务提供商不支持某个过滤器或报告属性或其赋值，服务端也必须将这个异常情况返回给客户端（参见6.2.3）。

表 13-1-10 SUSHI协议的ReportDefinition（报告定义）模式

```
<xs:complexType name="ReportDefinition">
    <xs:sequence>
        <xs:element name="Filters">
            <xs:complexType>
                <xs:sequence>
                    <xs:element name="UsageDateRange" type="sushi:Range"/>
                    <xs:element name="Filter" type="s:FilterName" minOccurs="0"/>
                    <xs:element name="ReportAttribute" type="s:ReportAttribute"
                                minOccurs="0"/>
                </xs:sequence>                    </xs:complexType>
        </xs:element>
    </xs:sequence>
    <xs:attribute name="Name" type="xs:string" use="required"/>
    <xs:attribute name="Release" type="xs:string" use="required"/>
```

续表

```
</xs:complexType>
<xs:complexType name="FilterName">
    <xs:simpleContent>
        <xs:extension base="xs:string">
            <xs:attribute name="Name" type="xs:string"/>
        </xs:extension>
    </xs:simpleContent>
</xs:complexType>
<xs:complexType name="ReportAttribte">
    <xs:simpleContent>
        <xs:extension base="xs:string">
            <xs:attribute name="Name" type="xs:string"/>
        </xs:extension>
    </xs:simpleContent>
</xs:complexType>
```

表 13-1-11　ReportDefinition（报告定义）的元素

元素	类型	必要条件	句　　法	赋值示例
过滤器 （Filters）	复杂数据类型 （ComplexType）	必备 （M）	各个过滤器所定义的变量	见表 13-1-11，表 13-1-12 和表 13-1-14
标识 （ID）	字符串 （String）	必备 （M）	有效的统计报告名称 （参见第 7 节）	JR1 DB2
版本 （Release）	字符串 （String）	必备 （M）	统计报告的有效版本号 （参见第 7 节）	4
注：COUNTER 使用术语"版本"表示一个版本号。				

表 13-1-12　UsageDateRange（使用统计日期范围）的元素

元素	类型	必要条件	句　　法	赋值示例
开始 （Begin）	日期 （Date）	必备 （M）	年－月－日 （YYYY-MM-DD）	2013-07-01
结束 （End）	日期 （Date）	必备 （M）	年－月－日 （YYYY-MM-DD）	2013-07-31
注 1：UsageDateRange 包含指定的开始日期及结束日期。 注 2：对于开始日期到结束日期的范围跨度没有限制。如果服务提供商不支持请求的日期范围或不能提供所有请求的数据，服务端将返回其所能提供的数据，并向客户端发送一个异常情况的警告。				

表 13-1-13　Filter（过滤器）的元素

元素	类型	必要条件	句　　法	赋值示例
名称 （Name）	字符串 （String）	必备 （M）	任何公认的过滤器名称	IP 范围，条目标识符，平台
注 1：名称属性及过滤器元素的赋值不受本标准管辖。当需要在 SUSHI Request 中包含过滤器元素时，客户端及服务器必须相互商定该元素的句法及期望的内容。				

表 13-1-14　ReportAttribute（报告属性）的元素

元素	类型	必要条件	句　　法	赋值示例
名称（Name）	字符串（String）	必备（M）	任何公认的过滤器名称	细粒度，排除零使用数据
注 1：名称属性及ReportAttribute元素的赋值不受本标准管辖。当需要在SUSHI Request中包含ReportAttribute元素时，客户端及服务器必须相互商定该元素的句法及期望的内容。				

6.2.2　ReportResponse 元素

服务端接收及处理了请求之后必须发送一个ReportResponse元素（报告响应，见表13-1-15），包括重复的Request元素及一个强类型有效载荷的Report元素的XML片段。SUSHI模式在ReportResponse中提供了一个统计报告响应模板。该模板使用一个通用的Report元素以返回任何类型的使用统计报告。如果服务端希望实现开放的、多种有效载荷的响应，必须通过扩展ReportResponse元素，即以一个强类型有效载荷或舍弃anyType（任何数据类型）定义来覆盖Report元素。

COUNTER-SUSHI模式扩展是一个用来传递COUNTER报告的强类型有效载荷案例。

COUNTER有效载荷模式是为对应“COUNTER实施规则”的发布所创建的。可登录以下网站查找有效载荷模式：http://www.niso.org/schemas/sushi/#counter。

图13-1-2列出了SUSHI模式（schema）中的ReportResponse元素，表13-1-16描述了ReportResponse的变量元素。

表 13-1-15　SUSHI协议的ReportResponse（报告响应）模式

```
<xs:complexType name="ReportResponse">
        <xs:sequence>
          <xs:element name="Exception" type="sushi:Exception" nillable="true" minOccurs="0" maxOccurs=
"unbounded"/>
          <xs:element name="Requestor" type="sushi:Requestor"/>
          <xs:element name="CustomerReference" type="sushi:CustomerReference"/>
          <xs:element name="ReportDefinition" type="sushi:ReportDefinition"/>
          <xs:element name="Report" type="xs:anyType" block="substitution"
  form="qualified" nillable="true"/>
        </xs:sequence>
        <xs:attribute name="Created" type="xs:dateTime" use="required"/>
        <xs:attribute name="ID" type="xs:string" use="required"/>
  </xs:complexType>
```

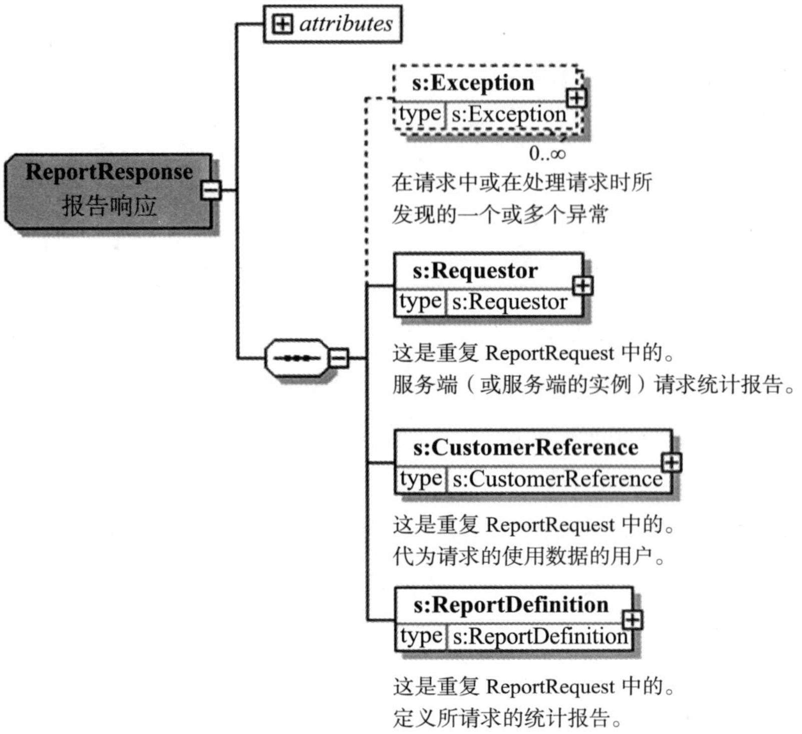

图 13-1-2　SUSHI ReportResponse（报告响应）示意图

（注：Requestor、CustomerReference 及 ReportDefinition 元素是重复 ReportRequest 中的元素）

表 13-1-16　ReportResponse（报告响应）的元素

元素	类型	必要条件	句　法	赋值示例
创建于（Created）	日期时间（DateTime）	必备（M）	YYYY-MM-DD Thh:mm:ss.sZ	2006-10-17T09:30:47.0Z
标识（ID）	字符串（String）	必备（M）	有效的唯一标识符字符串，重复 ReportRequest 中的元素	60099445-3B1C-4862-8B15-B2EB72E6BE4B
异常（Exception）	sushi：异常（sushi:Exception）	有则必备（MA）	参见 6.2.3 “异常与错误”	
统计报告（Report）	任何数据类型（AnyType）	必备（M）	任何有效的 XML	Report 元素可以为空值

6.2.3　异常与错误

Exception（异常，见表 13-1-17）是一个有则必备的元素，该元素在服务器遇到错误时通过 ReportResponse（报告响应）消息发送给客户端以提供解释信息。服务器的程序将检查 ReportRequest（报告请求）中的错误及不一致的地方，并在 ReportResponse 的 Exceptions 元素中报告这些不一致情况。

表13-1-18定义了组成Exception元素的要素，图13-1-3以图的形式解释该元素。

表13-1-19列出了SUSHI服务器在处理一个请求时可报告的异常列表。

表13-1-17　SUSHI协议的Exception（异常）报告模式

```
<xs:complexType name="Exception">
    <xs:sequence>
        <xs:element name="Number" type="xs:int">
        </xs:element>
        <xs:element name="Severity" type="sushi:ExceptionSeverity">
        </xs:element>
        <xs:element name="Message" type="xs:string">
        </xs:element>
        <xs:element name="HelpUrl" type="xs:anyURI" nillable="true" minOccurs="0">
        </xs:element>
        <xs:element name="Data" type="xs:anyType" nillable="true" minOccurs="0">
        </xs:element>
    </xs:sequence>
    <xs:attribute name="Created" type="xs:dateTime" use="required"/>
</xs:complexType>
```

表13-1-18　Exception（异常）的元素

元素	类型	必要条件	句法	赋值示例
创建于（Created）	日期时间（DateTime）	必备（M）	YYYY-MM-DD Thh:mm:ss.sZ	2013-10-17T09:30:47.0Z
数字（Number）	整数（Integer）	必备（M）	一个一至四位的整数。	2000
严重性（Severity）	枚举（Enumerated）	必备（M）	信息，调试，警告，错误，致命错误。	
消息（Message）	字符串（String）	必备（M）	任何有效的字符串。	拒绝访问。账号“60099445-3B1C-4862-8B15-B2EB72E6BE4B”不能访问康奈尔大学图书馆的资源“B03BA8AD-CF3C-4E10-ABA6-2963F46E7BD0”。
帮助Url（HelpUrl）	任何URI（AnyURI）	R（推荐）	帮助页面的URL。	http://sushi.ebsco.com/somehelppage.html
数据（Data）	任何数据类型（AnyType）	可选（O）	任何标准的或个性化的类型。	

注1：严重性类型的定义如下：
信息—提供更多关于响应的信息；
调试—提供关于响应的调试信息；
警告—不会中断传输过程，而是提供更多关于响应的信息；
错误—由于请求出现问题，服务器无法处理请求，返回无有效载荷；
致命错误—服务器处理请求失败，返回无有效载荷。
注2：数据元素大多用于服务器向客户端发送更多数据时的调试，如一个堆栈跟踪。

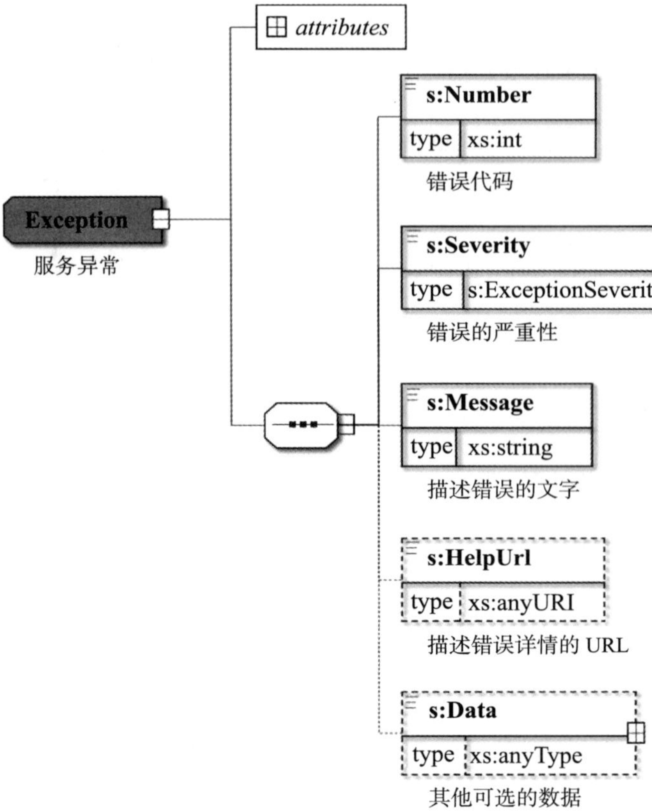

图 13-1-3　SUSHI Exception（服务异常）报告示意图

表 13-1-19　标准的SUSHI Exceptions（SUSHI异常）列表

异　　常	严重性级别	异常代码	调用条件
信息或调试（Info or Debug）	信息或调试（Info Debug）	0	任何消息或调试。这些信息永远不会被标准化，服务提供商可以自行设计其认为合适的信息或调试。
警告（Warning）	警告（Warning）	1–999	任何警告。用于服务提供商提供其自定义的警告。
服务不可用（Service Not Available）	致命错误（Fatal）	1000	服务端正在执行一项请求，但由于内部错误不能完成请求。服务端必须返回 ReportResponse 并返回无有效载荷。
服务忙（Service Busy）	致命错误（Fatal）	1010	服务端太繁忙以至于不能执行接收的请求。服务端必须在 ReportResponse 中返回这个异常并返回无有效载荷。客户端可在某个合适的时段重试请求。
客户端过量请求（Client has made too many requests）	致命错误（Fatal）	1020	如果服务器设置了在某个给定时间段内客户端的请求次数限制，当客户端的请求次数超过这个限制时，服务器将返回这个错误，并在错误消息中提供对该限制的解释，如“客户端过量请求。服务器仅允许一个 RequesterID 及 CustomerID 一天内请求 5 次。”

续表

异　常	严重性级别	异常代码	调用条件
请求者未获得访问服务授权（Requestor Not Authorized to Access Service）	错误（Error）	2000	Requestor ID未获得服务端认证或未获得授权访问。
请求者未获得访问机构使用数据授权（Requestor is Not Authorized to Access Usage for Institution）	错误（Error）	2010	请求者未获得代表机构（通过CustomerReference ID识别）收割使用数据的权限，或Customer Reference ID未得到认证。
不支持的报告类型（Report Not Supported）	错误（Error）	3000	所请求的统计报告的名称、版本或服务端可处理的识别统计报告的其他方式与服务端所支持的统计报告不匹配。
不支持的报告版本（Report Version Not Supported）	错误（Error）	3010	服务端不支持所请求的使用数据的版本。
无效日期参数（Invalid Date Arguments）	错误（Error）	3020	关于日期计算的任何格式或逻辑错误，如截止日期不能小于开始日期。
没有请求日期内的使用数据（No Usage Available for Requested Dates）	错误（Error）	3030	服务端查找不到指定日期范围内的任何使用数据。
返回部分数据（Partial Data Returned）	警告（Warning）	3040	不能满足请求的全部条件，仅返回可获得的数据。
不支持的过滤器（Filter Not Supported）	警告（Warning）	3050	请求中的报告定义（ReportDefinition）元素包含一个或多个服务器不支持的过滤器元素。服务器应在Exception元素的Message元素中列出不支持的过滤器的名称。 注：服务器应该忽略不支持的过滤器继续处理请求，从而返回无法应用过滤器时可获得的使用数据。
不支持的报告属性（Report Attribute Not Supported）	警告（Warning）	3051	请求中的报告定义（ReportDefinition）元素包含一个或多个服务器不支持的报告属性元素。服务器应在Exception元素的Message元素中列出不支持的统计报告属性的名称。 注：服务器应该忽略不支持的报告属性继续处理请求，从而返回无法应用报告属性时可获得的使用数据。
无效的过滤器赋值（Invalid Filter Value）	警告（Warning）	3060	请求中的报告定义（ReportDefinition）元素包含一个或多个服务器不支持的过滤器赋值。服务器应在Exception元素的Message元素中列出不支持的过滤器赋值的名称。 注：服务器应该忽略不支持的过滤器继续处理请求，从而返回无法应用过滤器时可获得的使用数据。

续表

异　　常	严重性级别	异常代码	调用条件
无效的报告属性赋值（Invalid ReportAttribute Value）	警告（Warning）	3061	请求中的报告定义（ReportDefinition）元素包含一个或多个服务器不支持的报告属性赋值。服务器应在Exception元素的Message元素中列出不支持的报告属性赋值的名称。 注：服务器应该忽略不支持的报告属性继续处理请求，从而返回无法应用报告属性时可获得的使用数据。
注1：异常情况等级为“错误”时，一般不会中断传输过程（就导致程序故障而言），尽管因一定的原因不会返回所期望的统计报告。异常情况等级为“致命错误”时，无法完成传输过程，但是这个问题可能是暂时性的，重试可能会获得成功。 注2：可选择性的响应：服务端可能会反馈“信息”级别的其他异常情况并在Message元素中包括附加信息。例如，如果客户端请求的使用数据的开始日期早于服务端可提供的时间，服务端可能会在Message元素的附加信息中返回一个“HelpURL”以提供更多关于其所支持日期的信息。			

6.3 服务协议（WSDL）①

服务协议是由客户端和服务端所同意的具有输入与输出参数的一系列操作。这些操作由核心SUSHI WSDL定义。SUSHI标准出版时的核心WSDL版本可参见附录B。通常，查询服务端可使其提供动态的WSDL文档，如http://sushi.ebscohost.com/EpSushiService/SushiService.wsdl。

6.3.1 服务协议的定义与类型

每个服务提供商必须实施SUSHI操作及消息协议，并至少需要另一个数据协议直接或间接地参照SUSHI数据协议。

表13-1-20 SUSHI服务协议的定义与类型

```
<definitions xmlns:tns="SushiService"
xmlns:soap="http://schemas.xmlsoap.org/wsdl/soap/"
xmlns:import0="http://www.niso.org/schemas/sushi/1_7"
xmlns:xsd="http://www.w3.org/2001/XMLSchema" name="SushiService"
targetNamespace="SushiService" xmlns="http://schemas.xmlsoap.org/wsdl/">

  <wsdl:documentation xmlns:wsdl="http://schemas.xmlsoap.org/wsdl/" />
  <types>
    <xsd:schema>
```

① 原文为“Service Contract（WSDL）”，指由Web服务描述语言（WSDL）定义的服务协议，并非指服务协议的缩写为WSDL，下同。——译者注

续表

```
        <xsd:import
schemaLocation="http://www.niso.org/schemas/sushi/sushi_1_7.xsd"
namespace="http://www.niso.org/schemas/sushi/1_7" />
      </xsd:schema>
  </types>
```

6.3.2　服务协议的操作

SUSHI服务协议只执行一项操作：GetReport（获得报告）。该项操作接收Report Request（报告请求）并返回ReportResponse（报告响应），参见表13-1-21。

表13-1-21　SUSHI服务协议的操作

```
<portType name="SushiServiceInterface">
  <wsdl:documentation xmlns:wsdl="http://schemas.xmlsoap.org/wsdl/" />
  <operation name="GetReport">
      <wsdl:documentation xmlns:wsdl="http://schemas.xmlsoap.org/wsdl/" />
      <input message="tns:GetReportIn" />
      <output message="tns:GetReportOut" />
  </operation>
</portType>
```

6.3.3　服务协议的消息

表13-1-22列出了服务协议的输入与输出消息的定义。

表13-1-22　SUSHI服务协议的消息

```
<message name="GetReportIn">
    <wsdl:documentation xmlns:wsdl="http://schemas.xmlsoap.org/wsdl/" />
    <part name="messagePart" element="import0:ReportRequest" />
</message>

<message name="GetReportOut">
    <wsdl:documentation xmlns:wsdl="http://schemas.xmlsoap.org/wsdl/" />
    <part name="messagePart" element="import0:ReportResponse" />
</message>
```

6.3.4　COUNTER-SUSHI服务协议

表13-1-23列出了服务协议对COUNTER-SUSHI服务（扩展模式）的定义。在这里列出是为了说明SUSHI可扩展其模式以支持特定的统计报告类型，在这里是针对COUNTER报告的扩展应用。重要的条目用粗体标出。用于数据交换的类型将在WSDL的类型部分声明，具体为数据服务提供的强类型有效载荷。

表13-1-23　COUNTER-SUSHI服务协议的定义与类型

```
<definitions xmlns:tns="SushiService"
xmlns:soap12="http://schemas.xmlsoap.org/wsdl/soap12/"
xmlns:soap="http://schemas.xmlsoap.org/wsdl/soap/"
xmlns:import0="http://www.niso.org/schemas/sushi/1_7/counter"
xmlns:import1="http://www.niso.org/schemas/sushi/1_7"
xmlns:import2="http://www.niso.org/schemas/sushi/counter/jd02_1_0"
xmlns:xsd="http://www.w3.org/2001/XMLSchema" name="SushiService"
targetNamespace="SushiService" xmlns="http://schemas.xmlsoap.org/wsdl/">
    <wsdl:documentation xmlns:wsdl="http://schemas.xmlsoap.org/wsdl/"/>
    <types>
        <xsd:schema>
            <xsd:import
schemaLocation="http://www.niso.org/schemas/sushi/counter_sushi_1_7.xsd"
namespace="http://www.niso.org/schemas/sushi/1_7/counter"/>
            <xsd:import schemaLocation="
http://www.niso.org/schemas/sushi_1_7.xsd"
namespace="http://www.niso.org/schemas/sushi/1_7"/>
            <xsd:import schemaLocation="
http://www.niso.org/schemas/sushi/counter_jd02_1_0.xsd"
namespace="http://www.niso.org/schemas/sushi/counter/jd02_1_0"/>
        </xsd:schema>
    </types>
```

7　统计报告的命名

7.1　统计报告类型

使用SUSHI协议可请求三种统计报告。

（1）COUNTER报告

SUSHI最初开发即作为一种传输COUNTER报告的方法。因此，SUSHI紧密结合COUNTER的发展。注册表列出了所有COUNTER报告（参见7.3节）。

（2）SUSHI注册的非COUNTER报告

SUSHI协议支持符合7.2节所列出要求的非COUNTER报告。非COUNTER报告的注册是自愿的，但强烈建议对任何可能跨越商业伙伴的统计报告进行注册（参见7.3节）。

（3）其他统计报告

SUSHI的设计可以处理任何XML格式化的统计报告。鼓励利益相关者在合适的情况下将该协议用于其他目的。

7.2　统计报告的命名要求

SUSHI XML Schema要求统计报告必须用名称与版本号来作为唯一识别标识。这两种元素必须符合既定的字符串类型，但在字符串长度上没有任何限制。

7.3　统计报告的注册

官方的SUSHI统计报告注册由NISO SUSHI网站维护：

http://www.niso.org/workrooms/sushi/reports/。

所有COUNTER报告会由SUSHI维护者在注册表中列出。

非COUNTER报告的注册是自愿的，但强烈建议将任何可能跨越商业伙伴的报告进行注册。注册将采取先到先服务的原则来预定报告名称。NISO成员可代表他们自己或其商业伙伴注册非COUNTER报告。

8　版本与扩展

8.1　SUSHI版本控制

随着SUSHI协议的发展，为了避免未来出现混淆，本标准明确定义了SUSHI数据协议及操作的版本控制规则。尽管实际的统计报告有效载荷的版本控制不在本标准的范围之内，SUSHI工作组仍在8.2节里简要介绍了其在这方面的目标。

SUSHI版本控制规则如下。

（1）下列款项必须按照NISO标准修订过程进行版本化：

（a）在SUSHI模式（XSD）中记录所有SUSHI数据类型。该模式是作为一个整体而版本化。

（b）SUSHI服务协议文档（WSDL）的元素：

--Message元素；

--PortTypes及Operations元素；

--Binding元素。

注：SUSHI服务协议中的类型部分，只要是参照SUSHI数据类型（参见6.3.1）或数据协议扩展，就不纳入版本控制过程中。

（2）对SUSHI数据类型或服务元素的任何变更都会导致模式重新指定下一个主要版本号（如1.0，2.0，3.0等）。

（3）NISO将负责维护SUSHI数据类型模式（XSD），如果模式包含了实质性的变更，NISO会将模式升级到下一个主要版本。

（4）只有当模式、消息或操作元素有增加或修改时，NISO才会发布一个新的WSDL文档。该项新服务协议的实施者需要使用新的版本号发布其服务。

（5）每项的URI格式如下：http://www.niso.org/schemas/sushi/sushi<major-ver>.xsd

注：强烈建议服务提供商在实施新版本的SUSHI时使用唯一的URI，以便尚未更新到最新版本的客户端能继续请求与撷取使用报告。

8.2 扩展数据协议以适用于其他统计报告

ReportResponse（报告响应）消息的一个可扩展的部分是Report（报告）元素，它可以接受任何数据类型。作为一个扩展案例，图13–1–4和图13–1–5列举了用于撷取COUNTER报告而编写的COUNTER-SUSHI扩展。完整的COUNTER-SUSHI模式参见附录C。

协议的实施者在具体实施过程中当征引与Report元素相一致的数据协议（模式）。

附录D进一步讨论了对标准中Report元素的扩展。

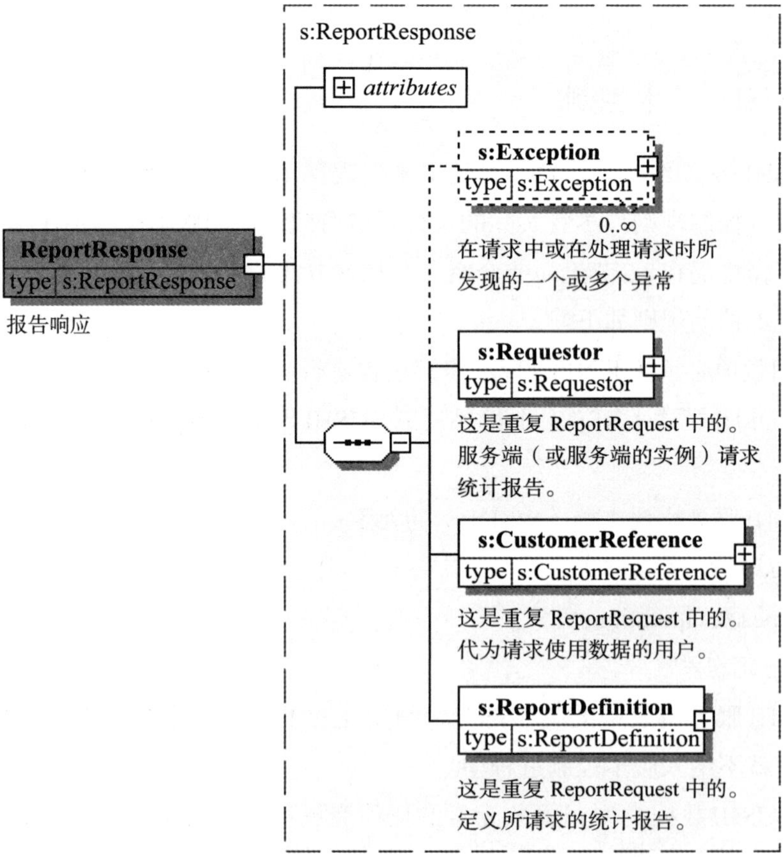

图13–1–4　COUNTER-SUSHI扩展的ReportRequest（报告请求）示意图

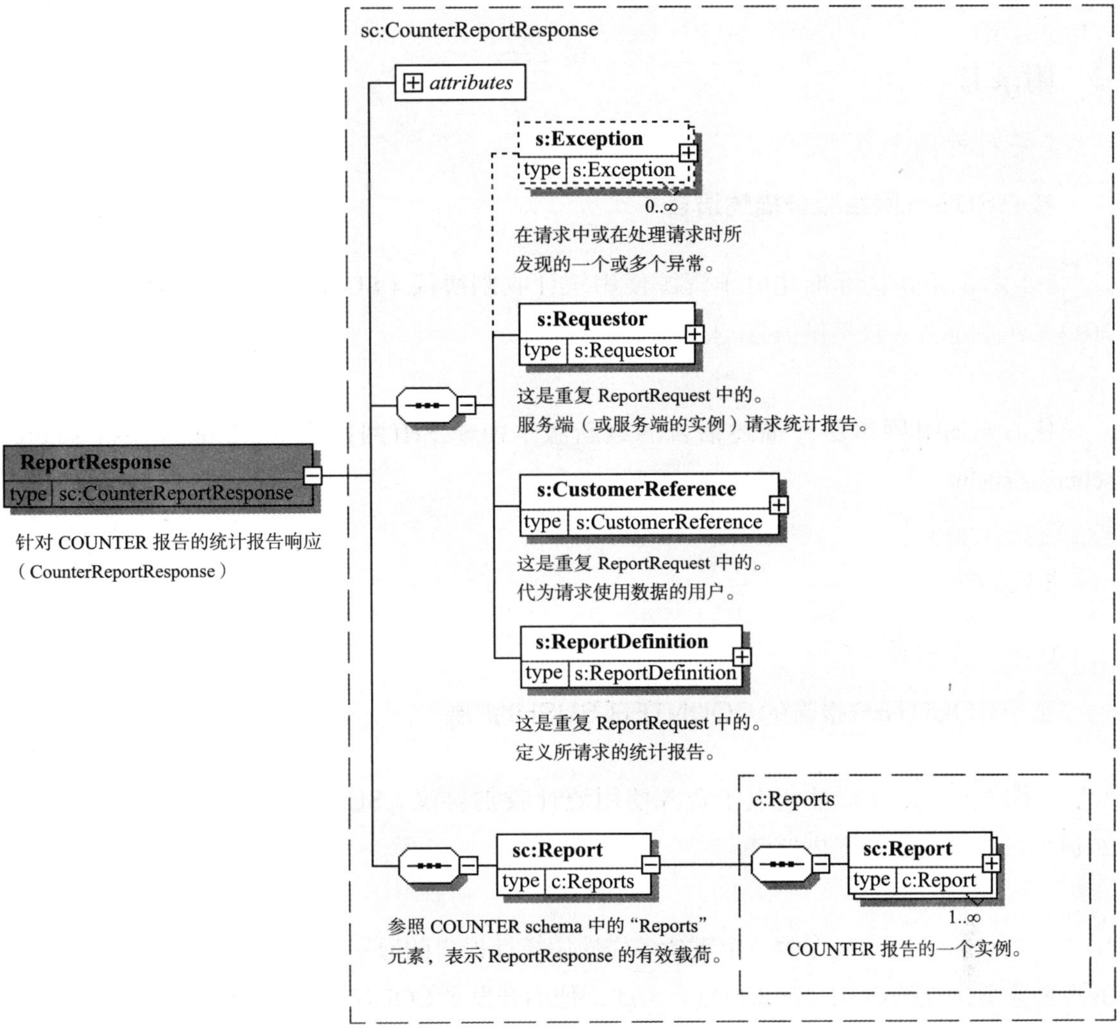

图13-1-5　COUNTER-SUSHI扩展的ReportResponse（报告响应）示意图

附录A

（资料性附录）

SUSHI协议XML Schema

［本附录不是《标准化电子资源使用统计收割协议（SUSHI）》ANSI/NISO Z39.93-2014的组成部分。仅提供信息。］

本标准发布时的XML Schema版本为1.7。SUSHI模式的最新版本由SUSHI模式网站维护：http://www.niso.org/schemas/sushi/。

附录B

（资料性附录）

核心SUSHI网络服务描述语言

［本附录不是《标准化电子资源使用统计收割协议（SUSHI）》ANSI/NISO Z39.93-2014的组成部分。仅提供信息。］

核心SUSHI网络服务描述语言的最新版本由SUSHI网站维护：http://www.niso.org/schemas/sushi/。

附录C

（资料性附录）

基于COUNTER报告的COUNTER-SUSHI扩展

［本附录不是《标准化电子资源使用统计收割协议（SUSHI）》ANSI/NISO Z39.93-2014的组成部分。仅提供信息。］

尽管SUSHI模式是作为一个支持多样使用统计报告的通用协议来编写的，但是开发者的主要意图是支持COUNTER报告。由此，他们开发了COUNTER-SUSHI模式的扩展以与通用SUSHI协议一起使用。

XML格式的COUNTER-SUSHI模式的最新版本由SUSHI模式网站维护：http://www.niso.org/schemas/sushi/。

注：COUNTER-SUSHI模式的命名空间为：http://www.niso.org/schemas/sushi/counter。

附录D

（资料性附录）

使用SUSHI收割其他统计报告

［本附录不是《标准化电子资源使用统计收割协议（SUSHI）》ANSI/NISO Z39.93-2014的组成部分。仅提供信息。］

如8.2节所述，在SUSHI协议版本化时，只考虑sushi.xsd和sushi.wsdl。NISO有意识地做出决定将统计报告有效载荷的发展与版本变化从标准中剔除。该决定主要是为了保证协议在一定程度上的灵活性，以便不需要修改标准就可处理新的统计报告。

在SUSHI标准中，统计报告通过通用的ReportRequest（报告请求）操作使用自由形式的文本标识符来撷取。相关的SUSHI统计报告注册表（参见7.3）提供SUSHI实施所支持的一系列可能的统计报告/版本组合。如果客户端请求的统计报告不是SUSHI实施所支持的，服务端将返回一个Exception（异常）结构，包含相关错误信息。实质上，SUSHI协议将统计报告作为一个模糊实体来处理。因此，SUSHI协议无需为支持统计报告有效载荷的变化而做出任何改变。

但这并不是说支持一个新的或更改的统计报告，客户端或服务器的代码不需要做出相应变化。

- 服务提供商的实施过程必须做出相应变化以识别及生成一个新的或升级的统计报告。不过，这些变化可根据服务协议的版本以向客户端透明的方式施行管理。执行一项统计报告的调整对客户最友好的方式应该是在同一个WSDL终端利用加强版的服务协议代替旧版的服务协议。不过服务提供商没有被要求这么做。
- 同样，客户端的整合也必须做出相应修改以请求新的或修订的统计报告及处理由此产生的XML文档。不过，由于客户端必须指定一个特定的报告名称和版本来撷取统计报告，服务提供商报告的任何变化对它都没有影响，直到它要开始处理这些报告。如果服务提供商的统计报告调整涉及剔除所请求的统计报告的具体版本，客户端将收到一个标准的Exception（异常）响应消息，包含详细报错信息。

附录E

（资料性附录）

持续维护规程

标准化电子资源使用统计收割协议（ANSI/NISO Z39.93）

［本附录不是《标准化电子资源使用统计收割协议（SUSHI）》ANSI/NISO Z39.93–2014的组成部分。仅提供信息。］

关于变更的建议

根据NISO的持续维护规程，任何人可随时提议对ANSI/NISO Z39.93（SUSHI）做出变更。SUSHI常务委员会根据第2小节中所提到的计划对每个变更予以考虑。SUSHI常务委员会及NISO领导委员会也可能提出变更建议。

SUSHI常务委员会应以本标准中的持续维护规程代替周期性维护和稳定性维护规程。所有对Z39.93 SUSHI标准的变更都应按照本标准的规定执行。

第1小节　在持续维护规程下提交对ANSI/NISO Z39.93（SUSHI）标准的变更意见的说明

针对本标准任何部分的评论或修订建议可以书面方式（包括电子版）在任何时间提交至NISO。提交时需包含提交者的姓名、所属机构及电子邮箱地址。

改善本标准的建议同样受欢迎。评论可以书面方式提交至：

National Information Standards Organization (NISO)–ANSI/NISO Z39.93

Attn：Standards Program Manager

3600 Clipper Mill Road, Suite 302

Baltimore, MD 21211

Tel.：301–654–2512 (main)

Fax：410–685–5278

E-mail：nisohq@niso.org

评论亦可通过NISO在线网址www.niso.org/contact提交，进而转发至常务委员会审核。

第2小节　维护审核议程

NISO收到的所有提交建议都会得到确认并转发至SUSHI常务委员会予以考虑。

SUSHI常务委员会将所有评论纳入其每月定期举行的远程电信会议的议程。

SUSHI常务委员会将在每次会议结束后的一个月之内通知提交者关于其建议的处理情况。

第3小节　关于变更建议的决议

SUSHI常务委员会通过以下几种方式回复所提交的建议：

（a）变更建议不经修改而接受；

（b）变更建议经修改后接受；

（c）变更建议被接受用于进一步研究；

（d）变更建议被拒绝；

回复由SUSHI常务委员会投票决定，获得多数委员赞成即获准通过。

SUSHI常务委员会将提供做出该回复的理由，如需采取行动，则会提出预期日程计划。

所有提交的变更建议及常务委员会的回复都记录在变更日志中，可在网站http://www.niso.org/workrooms/sushi中查看。另外，NISO还会通过新闻通讯及SUSHI开发者列表公布维护活动：http://www.niso.org/workrooms/sushi/developers_list/。

当获准通过的变更建议积累到足够数量，但距上一个批准日期不超过4年时，SUSHI常务委员会将着手准备标准的修订工作，修订将根据NISO操作规程中标准修订的投票与批准条款进行。修订变化将以补充形式记录在标准中。

第4小节　新版本的发布或版本的重申

对于一项持续维护中的标准，在其发布后的5年内应当推出新版本。对于已有标准，在其发布后的4年之内没有修订的，应该在第4年的年初重新评审。如果评审决定该标准仍有留存必要但是不需要修订，则应启动对该标准的重申行动。

附录F

（资料性附录）

SUSHI数据交换示例

［本附录不是《标准化电子资源使用统计收割协议（SUSHI）》ANSI/NISO Z39.93-2014的组成部分。仅提供信息。］

COUNTER-SUSHI请求与响应的示例可在NISO SUSHI网站（www.niso.org/schemas/sushi）的模式页面查找。

示例包括：

- SUSHI请求JR1统计报告；
- SUSHI响应JR1数据；
- SUSHI响应JR1统计报告返回部分数据并提出警示；
- SUSHI没有可获得之数据的警示响应；
- SUSHI不支持的统计报告之警示响应。

附录G

（资料性附录）

安全考虑

［本附录不是《标准化电子资源使用统计收割协议（SUSHI）》ANSI/NISO Z39.93-2014的组成部分。仅提供信息。］

SUSHI标准包括sushi.xsd及sushi.wsdl，并没有一套集成的安全机制。然而，安全问题仍是本标准发展过程中必须考虑的一个因素。SUSHI常务委员会意识到对很多机构来说，使用数据及馆藏信息都具有机密性且受机构安全政策保护。即使标准中没有设立集成的安全机制，强有力的安全保护依然是可能的。本附录讨论SUSHI客户端及服务器可应用的3个层次的安全措施：

（1）保护数据传输渠道；

（2）对请求机构进行验证（SUSHI客户端软件）；

（3）对请求机构访问某特定客户时使用数据的权限进行验证。

G.1 保护数据传输渠道

SUSHI基于SOAP（简单对象访问协议）建构，而SOAP又使用HTTP（超文本传输协议）或HTTPS（超文本传输安全协议）实现客户端与服务器之间的数据传输。通过使用HTTPS，客户端与服务器之间的数据传输使用SSL（安全套接层）加密，因而能防止任何第三方拦截数据传输与发现传输的内容。

建议所有SUSHI开发者在应用Web服务时使用HTTP及HTTPS。

G.2 对请求机构进行验证

数据传输渠道通过使用HTTPS得到安全保护，然而，非授权的软件程序仍有可能访问SUSHI服务器并请求使用数据。为防止这种情况，内容提供商可在SUSHI服务器内允许施行一个安全层。以下提供两种选择：

- Requestor ID认证；
- IP认证授权。

最简单的一种认证授权方式即是对Requestor ID（请求者标识）进行验证。服务器除非能确认Requestor，否则对其请求不予处理。Requestor ID可以是一个能识别客户端的简单数字或代码，如果期望更强的安全性，Requestor ID的值可包含加密信息，如客户端域名，以便当客户端提交SUSHI ReportRequest时，服务器可解密Requestor ID以验证客户端的合法性。

增加IP认证授权是建立更强的安全保护级别的又一选择。请求机构需要向服务提供商注册运行SUSHI客户端软件的计算机的IP地址。服务提供商仅处理可识别的IP地址的请求。在对SUSHI客户端进行IP地址认证授权时，需要注意的是很多机构可能会使用托管的使用数据收割服务，这意味着具有相同IP地址的同一客户端可能代表多个机构做出请求。

注：为保证SUSHI客户端与服务器之间的互操作，不要在SOAP或HTTP层使用WS-Security扩展或类似的机制进行用户名/密码认证授权。

G.3 对请求机构访问某特定客户使用数据的权限进行验证

大部分内容提供商会存储很多个机构的使用数据，也会有很多请求机构寻求收割使用数据。内容提供商可引入另一种安全保护层以限制获得授权的请求机构只访问某特定客户的使用数据。

SUSHI ReportRequest（报告请求）包含Requestor ID（请求者标识，用来识别请求机构）及CustomerReference ID（用户标识，用来识别代为收割的使用数据的机构）。服务提供商可以非常简单地建立一种机制来要求他们的客户给请求机构授权，以收割其使用数据。如果服务提供商登记请求机构，可以同时向用户与客户提供一个简单的用户界面以使其能选择激活SUSHI收割，并识别获允许收割其使用数据的请求机构。这需要建立CustomerReference ID与Requestor ID之间的映射，使SUSHI服务器在继续处理请求之前能够先确认数据收割是获得允许的。

对于向机构请求使用IP认证授权的服务提供商来说，当请求者与客户相同时，可施行一种简单的模式，即SUSHI服务器确定请求者的IP地址是否包含在客户所注册的IP范围内，如果是，则继续处理请求。

G.4 安全考虑总结

尽管安全问题并非本标准的一部分，SUSHI仍可以是一个非常安全的协议。使用HTTPS保证了数据传输渠道的安全性。服务提供商可使用IP地址和Requester ID向请求机构认证授权。服务提供商可让客户进一步保护其使用数据，即首先要求客户选择激活SUSHI收割，进而确认允许收割其使用数据的请求机构（如在服务提供商处注册的SUSHI客户端）。

附录H

（资料性附录）

创建专属的SUSHI扩展

［本附录不是《标准化电子资源使用统计收割协议（SUSHI）》ANSI/NISO Z39.93-2014的组成部分。仅提供信息。］

尽管SUSHI工作小组努力为SUSHI创建并定义了一个综合的框架，预计本标准协议将不可能解决所有可能的突发事件。工作组的想法是能让客户和提供商创建专属的SUSHI扩展应用以满足这些需求。为保证核心SUSHI规范不会受到这些扩展的影响，在扩展该规范时必须遵守以下规则。遵循这些规则的扩展应用仍被认为是遵循SUSHI，即使扩展本身不会成为SUSHI标准的一部分。

（1）专属的WSDL（Web服务描述语言）扩展必须基于sushi.wsdl副本创建，文件名应在其所扩展的SUSHI协议的版本号的小数后附加第二个数字来表示，如sushi_1_7_1.wsdl，即是对1.7版本的sushi.wsdl的扩展。

（2）在扩展的WSDL中，任何版本的sushi.xsd都不能被修改，其他任何版本的sushi.xsd也不能代替SUSHI官方维护的版本。

（3）任何来自SUSHI官方维护的sushi.wsdl的操作都不能被删除。

（4）任何来自SUSHI官方维护的sushi.wsdl的操作的参数都不能被修改或重载。

（5）专属的WSDL扩展可以引入其他模式以及利用sushi.xsd的数据类型及元素以实施扩展的功能。

（6）专属操作的命名应避免与其他提供商的扩展存在潜在的命名冲突。

注：推荐使用X_<provider/client/groupName>_<operationName>这种命名方案。

表13-1-24展示了一个通过引入新的模式来扩展SUSHI模式的示例。图13-1-6列举了如何在这个新模式中引入扩展的统计报告请求。

表13-1-24　SUSHI扩展示例

```
<xs:schema
        xmlns="http://schemas.vendor.com/schemas/sushi/copy_sushi1_7" <- New schema
        targetNamespace="http://schemas.vendor.com/schemas/sushi/copy_sushi1_7" <–
New schema
        xmlns:xs="http://www.w3.org/2001/XMLSchema"
        xmlns:ns1="http://www.niso.org/schemas/sushi/1_7" <– Imported SUSHI schema
        elementFormDefault="qualified"
        attributeFormDefault="unqualified">

        <xs:import namespace="http://www.niso.org/schemas/sushi/1_7"
schemaLocation="sushi1_7.xsd"/> <– Imported SUSHI XSD
        <xs:element name="Root"> <– New TYPE extending original SUSHI type.
            <xs:annotation>
                    <xs:documentation>Comment describing your root
element</xs:documentation>
        </xs:annotation>
      </xs:element>
      <xs:complexType name="ExtendedReportRequest">
          <xs:complexContent>
                  <xs:extension base="ns1:ReportRequest">
                       <xs:sequence>
                            <xs:element name="MyNewProperty" type="xs:string"/>
                       </xs:sequence>
                  </xs:extension>
            </xs:complexContent>
       </xs:complexType>
</xs:schema>
```

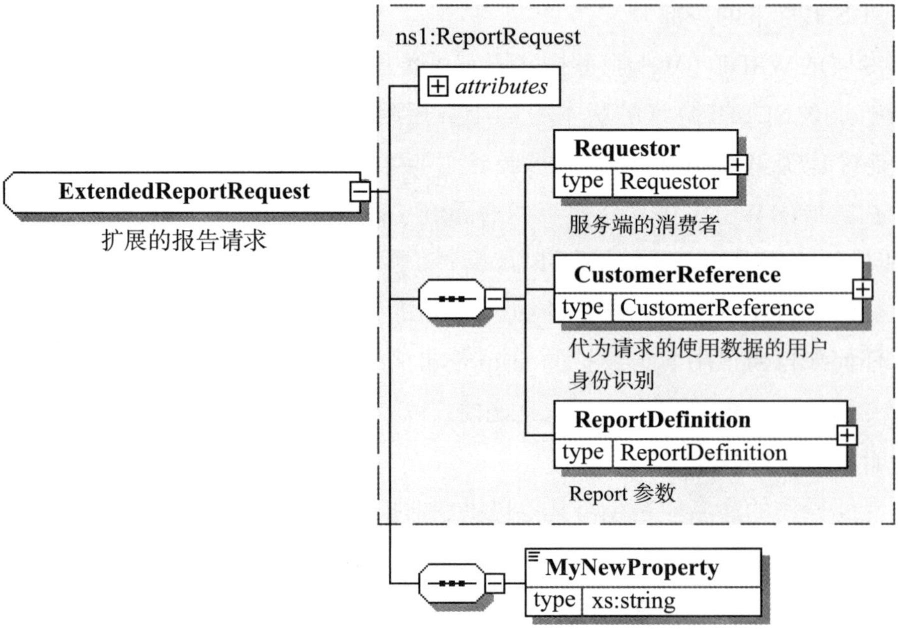

图13-1-6　扩展的SUSHI模式示意图

参考网站

［本附录不是《标准化电子资源使用统计收割协议（SUSHI）》ANSI/NISO Z39.93-2014的组成部分。仅提供信息。］

SUSHI资源（SUSHI Resources）

Standardized Usage Statistics Harvesting Initiative (SUSHI) homepage:

http://www.niso.org/workrooms/sushi/

SUSHI For Librarians，including FAQs

http://www.niso.org/workrooms/sushi/librarians/

SUSHI For Developers, including FAQs

http://www.niso.org/workrooms/sushi/developers/

SUSHI Schema webpage

http://www.niso.org/schemas/sushi/

SUSHI Reports Registry

http://www.niso.org/workrooms/sushi/reports/

SUSHI Server Registry

http://www.niso.org/workrooms/sushi/registry_server/

SUSHI Server Recommendations

http://www.niso.org/workrooms/sushi/server/

COUNTER-SUSHI Implementation Profile (NISO RP-14-2014)

http://www.niso.org/publications/rp/rp–14–2014/

SUSHI Tools and Other Aids

www.niso.org/workrooms/sushi/tools/

Web服务资源（Web Services Resources）

Axis：Apache <Web Services /> Project [an open source, Java-based SOAP implementation]

http://ws.apache.org/axis/

Apache CFX [an open source services framework]

http://cxf.apache.org/

Microsoft Developers Network, Web Services and Other Distributed Technologies

http://msdn.microsoft.com/webservices/

SoapUI by SmartBear [an Open Source Functional Testing tool for API testing that supports SOAP]

http://www.soapui.org

Simple Object Access Protocol (SOAP), version 1.2. W3C Recommendation. World Wide Web Consortium, June 24, 2003. Available from: http://www.w3.org/TR/soap/.

第二节　标准化电子资源使用统计收割协议（SUSHI）的实施与应用研究

引言

《标准化电子资源使用统计收割协议（SUSHI）》，即SUSHI协议（Standardized Usage Statistics Harvesting Initiative，简称ANSI/NISO Z39.93），是应图书馆更为高效地收集符合“网络电子资源在线使用统计”标准（Counting Online Usage of Networked Electronic Resources，COUNTER）的使用数据之需而产生的数据采集与传输的标准协议，解决了图书馆电子资源使用数据的自动化收割和管理问题。SUSHI自2007年成为美国国家信息标准协会（NISO）标准至今，已有十多年的发展历程，但无论是图书馆还是数据库商对如何使用SUSHI仍比较迷茫，并不清楚各自需要做哪些准备工作以实现利用SUSHI自动收割使用数据。目前国内图书馆界对SUSHI的研究也较少，仅杜莹琦、[1]闫晓弟、[2]刘芳、[3]张静[4]等对SUSHI的内容、结构及工作原理进行研究，介绍基于SUSHI构建的ScholarlyStats使用统计收集整合平台，研究SUSHI对电子资源规范化管理所产生的影响。这些研究较少涉及SUSHI的具体实施与应用环节，因此，我们亟需在SUSHI标准实施操作层面的研究。本节将简要介绍SUSHI的发展，包括其产生背景、版本变化及工作原理，侧重研究国内外SUSHI实施与应用现状及SUSHI实施的具体流程与步骤，并剖析期刊使用统计门户（Journal Usage Statistics Portal，JUSP）和高校图书馆数字资源采购联盟（Digital Resource Acquisition Alliance of Chinese Academic Libraries，DRAA）电子资源使用统计模块两个联盟应用案例，以呈现SUSHI应用的具体操作细节，同时总结推动与阻碍SUSHI实施和应用的因素，并提出基于利益相关方推动SUSHI实施与应用的相关建议。

1　SUSHI简介与最新发展

1.1　SUSHI产生的背景与版本历史

SUSHI的产生主要是为了解决图书馆长期以来手工处理COUNTER格式的使用统计数据的问题。COUNTER作为一项国际首创计划，于2002年3月启动，在一定程度上规范了数据库商向图书馆提供的数据格式、内容、术语等，使各数据库商生成的使用数据具有一致性、可靠性和兼容性，并且方便记录和交换。[5]但是，图书馆需要登录多个数据库商的网站下载COUNTER使用数据，获取、存储及整合COUNTER报告需要花费大量时间，迫切需要一种高效收集与整合COUNTER报告的方式。

利用一种自动化方法来解决COUNTER报告问题的想法，由亚当·钱德勒和泰德·方斯在2004年11月的查尔斯顿会议（Charleston Conference）上首次提出。方斯是Innovative Interfaces公司电子资源管理系统的产品经理；钱德勒是康奈尔大学图书馆信息技术与技术服务部服务设计小组的协调负责人，曾积极参与美国数字图书馆联盟的电子资源管理先导计划。他们商议推动使用一个Web服务（Web Services）协议来处理XML格式的COUNTER报告。华盛顿大学的蒂姆·杰威尔和EBSCO公司的奥利弗·佩什在2005年6月举办的美国图书馆协会会议上被招募进来，并进一步完善这个概念。一个项目小组得以成立，该项目由此扩大并吸纳其他成员。2005年7月，项目小组开始草拟协议要求及规范说明。2005年10月，NISO同意资助该项计划，项目小组正式命名为SUSHI，研发该项标准的工作从2006年正式开始。

2007年10月，SUSHI 由NISO发布，并经美国国家标准学会（ANSI）批准成为国家标准（ANSI/NISO Z39.93–2007，第1版）。2013年1月，NISO发布第2版（ANSI/NISO Z39.93–2013）。2014年9月，NISO发布SUSHI修订版（ANSI/NISO Z39.93–2014），[6]该修订版在SUSHI请求中增加了多种过滤器及报告属性，以更准确地定义所请求的报告。2015年7月，NISO发布了SUSHI的轻量级版本《SUSHI—轻量级：按轻量级协议通过网络服务部署SUSHI以交换使用统计》（NISO TR–06–201X SUSHI-Lite：Deploying SUSHI as a Lightweight Protocol for Exchanging Usage via Web Services）。[7]该文档只是一个技术报告，还未成为一项新标准。该技术报告描述了一种利用新Web服务方法（HTTP/REST、JSON）交换从单篇文章/单种期刊/单本图书等片段式的使用数据到完整COUNTER报告，其并不是要取代SUSHI标准，而是作为SUSHI标准的补充，提供另一种请求与交换使用数据的方法，未来将成为SUSHI标准的一部分。

1.2　SUSHI工作原理

SUSHI标准定义了一个利用Web服务框架收割电子资源使用数据的自动请求与响应模式，这个模式代替人工来收集使用数据的统计报告。该标准基于简单对象访问协议（Simple Object Access Protocol，SOAP）传输请求与响应消息，其工作原理见图13–2–1。[8] SUSHI客户端是一个运行在图书馆服务器上的软件，通常与电子资源管理（Electronic resource management，ERM）系统/使用统计收集与整合服务平台（Usage Consolidation Application）结合在一起。电子资源使用统计收集与整合服务平台又通常嵌入ERM系统中，作为ERM系统的使用统计模块或子系统。SUSHI服务器是一个运行在数据库商服务器上的软件，通过它可以访问使用数据。当ERM系统/使用统计收集与整合服务平台需要一个COUNTER报告时，它向SUSHI客户端发出请求，客户端收到后，向数据库商提出请求，这个请求详细说明了报告的具体要求和哪个图书馆需要这个报告，SUSHI服务器读到这个请求后，会处理相关的使用数据。之后，SUSHI服务器创建一个XML格式的请求COUNTER的报告，依据SUSHI XML架构，SUSHI服务器准备响应信息，COUNTER报告（XML）被加载到响应信息中，这个响应被传送到客户端，SUSHI客户端会处理这个响应信息并且抽取COUNTER报告，被抽取的COUNTER报告会被传送到ERM系统/使用统计收集与整合服务平台中做进一步的处理。

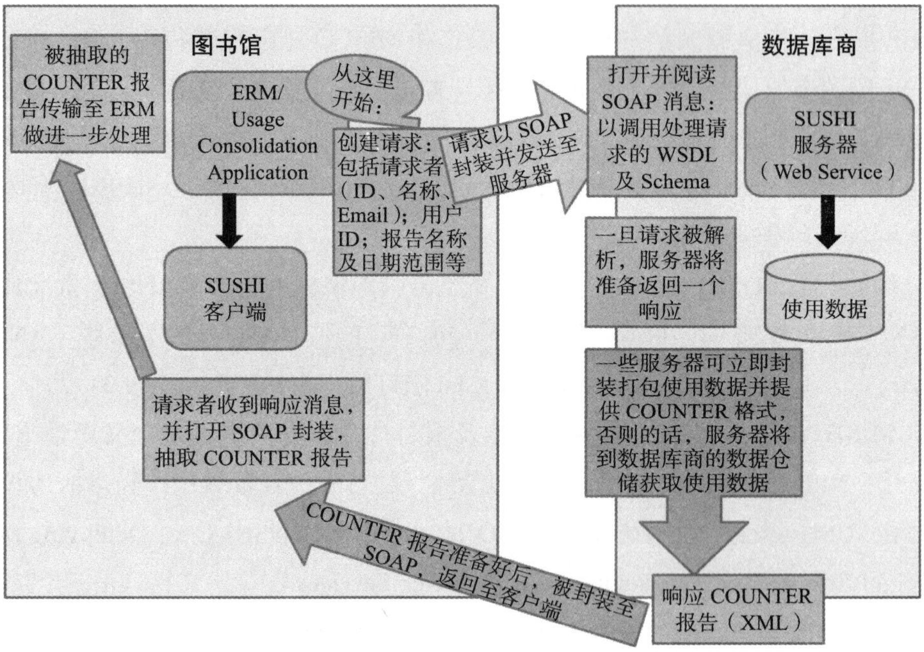

图13-2-1　SUSHI工作原理

2　SUSHI的实施与应用框架

从图13-2-1可看出，SUSHI作为一项通讯或消息传输协议，其运行需要SUSHI客户端和SUSHI服务器两个层面的传输与对话。因此，SUSHI的实施与应用需要从客户端和服务器两方面考虑。

2.1　SUSHI客户端的实施（面向图书馆/图书馆联盟/ERM系统销售商）

SUSHI客户端层面的实施主要涉及图书馆/图书馆联盟/系统提供商（主要是ERM系统销售商）等利益相关方对SUSHI的支持与应用。图书馆/图书馆联盟/ERM系统销售商在实施SUSHI时主要需要完成以下几个步骤与流程。

（1）选择SUSHI客户端

为有效利用SUSHI收割COUNTER报告，图书馆/图书馆联盟首先必须拥有一个SUSHI客户端应用程序以向SUSHI服务器发送消息。SUSHI客户端应用程序有两种选择。[9]

一是使用具有使用数据管理功能的系统，包括ERM系统或专门的使用统计收集与整合服务平台。如Innovative Interfaces公司的ERM系统、ProQuest公司（原为Ex Libris）的Verde、ProQuest公司（原为Serials Solutions）的360资源管理（360 Resource Manager）等ERM系统，EBSCO公司的使用统计整合工具（EBSCONET Usage Consolidation）、ProQuest公司的UStat和360 COUNTER、MPS Technologies的学术统计工具（ScholarlyStats）等使用统计收集与整合服务平台。这些商业性ERM系统或使用统计收集与整合服务平台通常内嵌了SUSHI客户端，可辅助使用数据管理与分析。此外，还有一些图书馆自主开发的开源ERM系统或使用统计收集与整合服务平台，如受英国联合信息系统委员会（JISC）资助，由英国三所大学联合开发的JUSP系统，深圳大学图书馆自主研发的电子资源使用统计系统（Usage Statistics System for E-Resources，USSER）都支持SUSHI协议自动收割使用数据。

二是使用开源SUSHI客户端。开源SUSHI客户端功能较为简单，其通常只有收割COUNTER报告而不提供使用数据的分析、展示与保存功能。SUSHI官网列出了一些可供图书馆使用的开源SUSHI客户端工具。[10]

- MISO客户端：是Serials Solutions于2009年5月推出的开源SUSHI客户端，其基于Windows或基于命令行驱动，在实施时对技术要求较高。
- SUSHI启动项目（SUSHI Starters Project）客户端：是COUNTER在线计量公司（COUNTER Online Metrics）与克兰菲尔德大学基于英国联合信息系统委员会资助的期刊使用JUSP统计门户项目，在2011年7月至2011年10月期间利用PHP语言合作开发的基于Web的SUSHI客户端，便于用户对JUSP SUSHI服务器的连通测试。
- SoapUI客户端：由SmartBear在2005年10月推出，该工具可作为一个简单的SUSHI客户端，还可用于快速测试SUSHI服务器。
- SUSHI工具包和客户端（SUSHI Toolkit & Web Client）：由宾夕法尼亚大学图书馆开发，是较早提供使用数据下载的SUSHI客户端之一。
- Pycounter客户端：由匹兹堡大学健康科学图书馆开发，支持使用数据导入至电子资源管理系统中。

不过，MISO、SUSHI Starters Project、SoapUI、SUSHI Toolkit & Web Client等这些早期推出的开源客户端程序很多已经停止更新。

（2）配置SUSHI客户端

一旦选择好了SUSHI客户端，则需要对SUSHI客户端进行参数设置以使其正常运行。SUSHI客户端需要配置的参数包括：①SUSHI服务器的URL；②请求者标识（Requestor ID①），是由数据库商分配的用于识别使用数据的请求者；③用户标识（Customer ID②），用于识别代为收割的使用数据的所属用户（注：请求者与用户可能并非同一机构，如某图书馆使用ProQuest的使用数据整合系统360 COUNTER，这时，ProQuest是请求者，该图书馆则是用户）；④COUNTER报告的名称，需使用规范的缩写名称，如JR1、BR1等；⑤日期范围，代表使用数据的起始日期与结束日期。其中，SUSHI服务器的URL、请求者标识、用户标识等客户端配置所需的信息可通过以下3种方法获取。①从数据库商的网站或其使用数据管理网站获得。图书馆需要由数据库商提供的账号登录，以获取某一数据库或平台的SUSHI服务信息，这主要是出于安全考虑。②查找SUSHI服务器注册表。SUSHI网站的SUSHI服务器注册表提供了每个数据库商的SUSHI服务的配置信息。③利用第三方平台。很多出版商授权第三方组织托管其内容及处理COUNTER使用数据。目前提供这类使用数据服务的第三方组织主要有Atypon、Highwire、MPSInsight、ScholarlyIQ、SilverChair等公司或平台。这意味着利用同一提供商使用数据服务的不同出版商，其SUSHI配置过程具有相似性，如使用ScholarlyIQ的出版商平台有11个，[11] 这11个平台基本都将采用相同的SUSHI配置。

（3）利用SUSHI收割COUNTER报告

在SUSHI客户端配置好后，即可使用SUSHI收割COUNTER报告。图书馆登录ERM系统、专门的使用统计收集与整合服务平台或开源SUSHI客户端，选择所需使用数据的平台、使用数据日期范围等条件以利用SUSHI获取使用数据。所获取的使用数据为COUNTER XML格式。

2.2 SUSHI服务器端的实施（面向数据库商）

SUSHI使用Web服务框架，利用SOAP消息协议检索XML格式的COUNTER报告。对于SUSHI服务器而言，其需要完成的主要任务是将XML格式的COUNTER报告从数据库商传输至图书馆。该项任务由数据库商完成。SUSHI官网列出了一些可供数据库商或SUSHI服务器的开发者利用的应用工具。

① 由于COUNTER及本标准的版本变化，“请求者标识”的英文先后有多种写法，如Requester/ID、RequesterID、Requestor/ID、RequestorID、Requestor ID等，但含义相同。本章第二节的研究报告，一律按照最新版本统一为Requestor ID，下同。——作者注

② 由于COUNTER及本标准的版本变化，“用户标识”的英文先后有多种写法，如Customer Reference/ID、CustomerReferenceID、CustomerReference ID、CustomerID、Customer ID等，但含义相同。本章第二节的研究报告，一律按照最新版本统一为Customer ID，下同。——作者注

- 联盟SUSHI收割器（SUSHI Harvester for Consortia）：是SUSHI服务器端的应用工具，由EBSCO于2010年8月开发的免费Microsoft Access应用，与开源SUSHI客户端MISO配合使用，帮助联盟自动收集所有成员的COUNTER使用数据。
- SUSHI软件开发工具包（SUSHI Software Development Kit，SUSHI SDK）：由EBSCO于2009年7月开发，既可作为SUSHI客户端，也可作为服务器端的应用工具。它提供的样本客户端可请求与浏览COUNTER报告，不需要MISO客户端所要求的认证与故障处理。它提供的样本服务器仅是提供代码，并不是一个成品工具，但可为快速开发一个服务器成品提供框架。

一般而言，开发一个SUSHI Web服务需要完成8项工作：[12]①收集用户所需的符合COUNTER标准的使用数据；②使用COUNTER模式生成XML格式的COUNTER报告；③部署与应用安全认证模式，对请求者的标识或IP进行验证；④开发SUSHI Web服务用于用户提交请求，如利用以上提及的SUSHI软件开发工具包（SDK）等；⑤开发可以分析用户请求并授权其访问（如果允许其访问）相关数据的程序，如检查用户是否有访问权限、用户代码是否有效、服务器是否能提供所请求的报告、请求的报告的日期范围等；⑥开发一个报告服务（reporting service）去获取所请求的COUNTER报告；⑦整合SUSHI响应，该响应包含了所获取的COUNTER报告；⑧发送SUSHI响应至请求的客户端。

3 国内外SUSHI实施与应用现状

3.1 国外各利益相关方对SUSHI的应用情况

被各参与方接受与使用是检验一个标准是否成功的重要标志。在国外，SUSHI得到了图书馆、图书馆联盟、数据库商、系统提供商（主要是ERM系统销售商）、标准组织等的支持与应用。这些利益相关方在SUSHI研发与推广初期（2005—2007年）成立SUSHI项目启动与研发小组，对SUSHI的测试与应用起到了积极的推动作用。其中包括图书馆代表华盛顿大学图书馆和康奈尔大学图书馆，这两个图书馆也是美国数字图书馆联盟电子资源管理先导计划（ERMI）的推动者，以及ERM系统销售商代表Innovative Interfaces和Ex Libris公司，数据库商代表EBSCO、Swets及汤森科技等。各利益相关方对SUSHI的推动具体如下。

3.1.1 系统提供商与数据库商

系统提供商特别是ERM销售商与数据库商在SUSHI的研发过程中起到了非常关键的作用。Innovative Interfaces和Ex Libris负责SUSHI协议客户端程序的代码撰写，EBSCO与Swets负责SUSHI协议服务器程序的代码撰写。[13]2005年11月，Swets宣布作为第一个数据库代理商测试利用SUSHI，将使用数据传输至Innovative Interfaces、Ex Libris两家公司的ERM系统中。[14]与此同时，Ex Libris也宣布成功测试SUSHI，其电子资源管理系统Verde利用SUSHI成功请求来自内容提供商的使用数据。[15]这标志着SUSHI协议开发取得初步成功，Innovative Interfaces和Ex Libris开发的客户端程序成功测试EBSCO与Swets开发的服务器程序，实现客户端从服务器获取COUNTER使用数据。汤森科技公司在2006年初加入，其产品既作为服务器，也作为客户端。

之后，ERM系统销售商代表Innovative Interfaces、Ex Libris公司积极探索在其ERM系统中嵌入SUSHI功能。Innovative Interfaces在2006年2月发布了一个支持SUSHI的ERM系统版本，[16]成为首个为图书馆搭建SUSHI客户端的ERM系统销售商，Ex Libris公司紧随其后，在2007年发布的Verde3.0版本开始支持SUSHI。不少系统提供商和数据库商还开发电子资源使用统计收集与整合服务平台等SUSHI客户端与服务器端的应用工具，如MPS Technologies推出的学术统计工具（ScholarlyStats），EBSCO推出的使用统计整合工具（EBSCONET Usage Consolidation）、联盟SUSHI收割器（SUSHI Harvester for Consortia）、软件开发工具包（SDK）等工具。根据COUNTER网站统计，目前提供SUSHI服务的有28个实体和42个平台[17]（检索日期：2020年7月8日）。

3.1.2 图书馆/图书馆联盟

华盛顿大学、墨尔本大学、耶鲁大学、华盛顿州立大学、韦恩州立大学等大学图书馆是首批实施SUSHI的图书馆。这些图书馆主要通过使用开源或购买商业的电子资源管理系统或电子资源使用统计平台来实现对SUSHI的应用。因Innovative Interfaces公司的ERM是首个内嵌SUSHI功能的电子资源管理系统，MPS Technologies的学术统计工具（ScholarlyStats，2006年1月推出）是首个为图书馆提供一站式使用统计数据整合与管理的服务产品，因此，这两个系统产品获得大多数图书馆的青睐。如华盛顿大学图书馆利用Innovative Interfaces公司的ERM系统，通过SUSHI收割来自学术统计工具（ScholarlyStats）的使用数据，同时因为其ERM系统与集成系统（Integrated Library System，ILS）的采购模块关联，所以系统可获取来自ILS系统的资金成本等数据。通过订购资金与使用数据的结合，ERM系统即可呈现资源的平均使用成本数据，大大方便了其采购决策。[18]

图书馆联盟也积极利用SUSHI规范与管理使用数据。如：澳大利亚大学图书馆联盟（Council of Australian University Libraries，CAUL）从2006年起应用学术统计工具（Scholarly Stats），为CAUL电子信息资源联盟（CAUL Electronic Information Resources Consortium，CEIRC）成员馆提供使用统计服务。[19]英国联合信息系统委员会的电子资源采购联盟（JISC Collections）开发JUSP，探索SUSHI的实施与应用（详细介绍见4.1节）。美国宾夕法尼亚州学术图书馆联盟（Pennsylvania Academic Library Consortium，Inc.，后改名Partnership for Academic Library Collaboration & Innovation，PALCI）领头的8家图书馆联盟从2018年起研发图书馆使用统计云端联盟平台（Cloud-based Consortial Platform for

Library Usage Statistics，CC-PLUS），[20] 以支持和利用SUSHI。

3.1.3　标准组织

NISO SUSHI常务委员会作为SUSHI的专门维护机构，主要提供SUSHI宣传与推广、支持服务（包括培训与技术支持）及标准持续维护等，包括：①建设SUSHI网站，提供SUSHI相关的报告、文章及新闻报道；②利用会议宣传与推广SUSHI；③负责SUSHI标准的解读；④建设SUSHI开发者列表，为SUSHI客户端与服务器开发者提供问题交流与解决的平台；⑤提供SUSHI服务器注册列表，列出SUSHI服务的数据库商及如何使用其SUSHI服务；⑥推出COUNTER-SUSHI实施纲要，为SUSHI服务端及客户端应用的开发者提供指南；⑦制定SUSHI标准的持续维护流程和技术评审指南，实施不间断维护和管理，每隔4至5年完成标准的升级与更新，确保SUSHI标准的实时性和有效性，以应对需求和技术的发展。

3.2　国内各利益相关方对SUSHI的应用情况

SUSHI在国内的应用远没有国外广泛，具体表现为以下几个方面。

（1）在标准层面，国内目前尚处于研究与探索阶段，还没有类似COUNTER和SUSHI这样统一的电子资源使用统计标准。

（2）在数据库商层面，各中文数据库商在使用统计方面仍各行其是，没有可供遵循的统计标准和一致的统计报告格式。对于国际通用的COUNTER和SUSHI标准，只有CNKI之前提及遵循COUNTER 4，但对于新版COUNTER 5还未有消息，对于SUSHI服务的提供也还在筹划中。

（3）在图书馆/图书馆联盟层面，其努力推进使用数据的管理与利用，但是囿于标准、技术等因素，SUSHI应用探索之路较为曲折。SUSHI的实施与应用需要ERM系统的配合，国内图书馆对于ERM系统的应用几乎处于空白，导致其缺乏实施SUSHI的基础工具。清华大学、西安交通大学、上海交通大学、复旦大学、北京大学等图书馆自主研发电子资源使用监控与统计系统，但是这些系统主要是通过分析用户访问电子资源的本地日志文件自行获取使用数据，并不是基于数库据商提供的COUNTER使用数据，因而对基于COUNTER使用数据的SUSHI标准的利用探索较少。目前只有深圳大学图书馆基于数据库商提供的COUNTER使用数据研发使用统计平台USSER（2013），[21] 并探索利用SUSHI自动收割使用数据，实现国内图书馆应用SUSHI零的突破。

高校图书馆数字资源采购联盟（DRAA）在USSER系统的基础上委托深圳大学图书馆研发电子资源使用统计模块，探索利用SUSHI规范与管理联盟采购电子资源的使用数据，真正开启了国内图书馆界实施与应用SUSHI之旅（详见4.2节）。

4 SUSHI的实施与应用案例剖析

4.1 JISC Collections联盟应用SUSHI开展电子资源使用统计服务的探索

2004年，英国联合信息系统委员会电子资源采购联盟（JISC Collections）在对来自英国国家试点许可证计划二期（NESLi2，Phase 2 of the National Pilot Site Licence Initiative）所合作的出版商的使用统计数据进行分析的基础上，提出在英国高等教育领域建设一个JUSP的需求，并于2008年着手研究建立使用统计服务的可行性。2009年初，JISC Collections、曼彻斯特大学Mimas数据中心、伯明翰城市大学Evidence Base评价与咨询中心以及克兰菲尔德大学合作推出使用数据服务的原型系统JUSP，为图书馆提供一站式浏览、下载来自NESLi2所合作的出版商的使用统计报告。[22] 自2009年推出以来，JUSP迅速发展壮大，目前已有共计306家大学图书馆及机构、105家出版商参与JUSP（其中100家提供COUNTER 4报告，56家提供COUNTER 5报告，数据截至2020年7月8日）。JUSP目前提供COUNTER 5报告类型，[23] 包括11种题名报告（Title Master Report，TR）、2种平台报告（Platform Master Report，PR）和3种数据库报告（Database Master Report，DR）。

JUSP研发团队积极探索应用SUSHI以开展电子资源使用统计服务，其对SUSHI的应用主要涉及以下方面。

（1）SUSHI客户端软件的开发

随着2008年第3版COUNTER提出支持SUSHI的要求，JUSP研发团队即开始推动SUSHI的应用。在推动SUSHI实施的初期，JUSP研发团队面临两个问题。一是缺乏可用的或合适的标准SUSHI客户端软件。在2009年仅有的SUSHI客户端软件是在Windows环境下运行或使用JAVA开发，运行非常复杂且JUSP研发团队缺乏相应经验。二是很多加入JUSP的出版商并不支持SUSHI。尽管很多出版商使用第三方数据服务平台（如Atypon、Highwire等）收集并提供使用数据，但是更多的出版商在SUSHI应用方面没有显著进展，很多出版商的SUSHI服务器未经过任何测试，也未曾被使用过。于是，JUSP研发团队决定利用通用且简单的程序语言PHP自主开发SUSHI启动项目客户端软件（SUSHI Starters Project），并测试与联通Oxford Journals出版公司的SUSHI服务器，成功获取Oxford Journals的JR1期刊请求量统计报告。[24]

（2）SUSHI服务器的开发

在使用自主开发的SUSHI客户端收割使用数据后，考虑到作为图书馆与出版商之间的中介及维护COUNTER的责任，JUSP决定开发SUSHI服务器（SUSHI Server）以利用服务器实现使用数据的二次输出，作为使用数据的提供方。JUSP SUSHI Server利用PHP语言开发，允许图书馆或授权第三方使用数据整合平台（如 Ex Libris的 UStats）从JUSP收割使用数据。在认证方面，在JUSP站点安全范围内使用Shibboleth统一认证和OpenAthens开放认证管理，通过SUSHI实现机器与机器间交互的请求者，除了使用请求者的ID认证，还使用IP进行验证。参与的图书馆需要注册允许向JUSP SUSHI服务器发送请求的机器的IP地址。JUSP还提供JUSP API接口，可实现与UStat、360 Counter、Millennium、EBSCO使用统计整合工具（EBSCONET Usage Consolidation）等第三方使用数据整合平台的互操作。使用第三方使用数据整合平台的图书馆可直接在JUSP的SUSHI服务器管理与授权页面授权第三方平台访问JUSP，即可实现第三方使用数据整合平台收割JUSP的使用数据。JUSP SUSHI服务器的开发使得图书馆仅需从一个SUSHI服务器下载使用数据，而不用重复登录多个出版商的服务器，大大提高了图书馆的工作效率。

（3）SUSHI客户端的配置

首先，JUSP需要获得图书馆的授权以收割其使用数据。英国高等教育领域的图书馆都可免费参与JUSP（也欢迎英国以外的机构参与），只需签署JUSP协议，并授权JUSP代表图书馆获取其使用数据。之后JUSP团队将联系图书馆以获取所采购资源涉及的出版商列表，并发送登录详情及每一出版商的使用数据收集的处理过程（可能的话需要提供账号或SUSHI认证等信息），最后将图书馆加入参与列表。[25]

其次，需要数据库商提供SUSHI服务相关信息。数据库商参与JUSP SUSHI服务应满足以下3个条件：一是JUSP参与图书馆所请求与推荐的；二是至少提供一种可利用SUSHI收割的COUNTER报告（包括JR1、JR1a、JR1 GOA、JR2、JR5、BR1、BR2、BR3①等期刊与图书各类型统计报告）；三是签署数据库商参与协议，并提供SUSHI服务相关信息。JUSP在收集使用数据前还将对数据库商的SUSHI服务进行验证与测试。JUSP鼓励数据库商将JUSP设置为第三方代理而不是联盟，以代表各成员馆获取其使用数据。数据库商可通过两种方式允许JUSP代表各成员馆获取其使用数据。①为JUSP分配一个中央的请求者标识（Requestor ID），并授权该账户收集所有参与JUSP的图书馆的使用数据。JUSP再使用这个Requestor ID，与具体图书馆的用户标识（Customer ID）获取该数据库商的使用数据。②为JUSP提供所有Requestor ID及Customer ID，JUSP再使用这两者下载使用数据。JUSP推荐使用第一种方式。[26]

（4）利用SUSHI收割使用数据

SUSHI客户端配置好后，即可使用SUSHI收割使用数据。每个使用数据文件的下载所花费的时间因出版商或平台的不同而有所差异，平均下载时间约为31秒。使用数据的

---

① 这些都是COUNTER不同类型的期刊与图书使用统计报告的名称缩写，其具体含义请见本书第十四章第一节“NISO SUSHI协议：COUNTER-SUSHI实施纲要”。——作者注

质量检查由机器自动检测并辅以人工审核完成。使用SUSHI大大减少了馆员的工作量，以JUSP在2012年5月为140多个图书馆所收集的2809份使用数据文件为例，每月收集一次这样量的使用数据，完全使用人工需要180个工作日（包括下载与审核的时间，每份文件平均下载时间和审核时间分别为15分钟），意味着每月需要8个全职馆员去完成这些使用数据收集与处理工作，而使用SUSHI每份文件平均下载时间约为31秒（总计花费24小时），机器自动检测每份文件平均约5秒（总计花费约4小时），再加上人工审核这些文件约花费5小时，总计仅需大约4个工作日，节省了近98%的时间。

4.2 DRAA联盟应用SUSHI开展电子资源使用统计服务的探索

高校图书馆数字资源采购联盟（DRAA）共有700余家成员馆（据2021年统计）。为促进组团数据库合理化利用，节省图书馆的经费和技术投入，DRAA联盟委托深圳大学图书馆的技术开发团队研发电子资源使用统计模块，利用SUSHI自动收割COUNTER报告，为成员馆免费提供方便及时、高效精确的一站式统计数据获取工具。DRAA门户的SUSHI客户端于2013年初投入使用。DRAA于2014年2月和3月两次倡议实现组团数据库统计数据按月自动化收割与规范化管理，[27]并于2015年9月正式成立资源使用统计工作组，梳理DRAA数字资源使用数据收集与统计工作现状及问题，敦促数据库商配合使用数据收集工作，对使用数据质量进行抽查与验证，目的是建立使用数据收集的长期监督保障机制。

目前，DRAA电子资源使用统计模块支持如下格式的COUNTER标准使用统计报告：①XML格式，第3版及第4版COUNTER定义的全部单馆报告格式，暂时不支持联盟报告。②Excel格式，支持Excel格式的JR1、DB1期刊请求及数据库请求统计报告类型。③CSV格式，支持JR1、DB1期刊请求及数据库请求统计报告类型。

DRAA电子资源使用统计模块对SUSHI的应用探索过程如下。

（1）SUSHI客户端的配置

DRAA SUSHI客户端的配置，首先需要获得成员馆的授权以收割其使用数据。DRAA联盟要求成员馆登录DRAA门户“机构管理”菜单下的“本馆的服务列表”，完成对DRAA收割各馆COUNTER统计报告的授权工作。具体授权内容为：“允许数据库商把本机构已购库的使用统计报告及其相关信息（如SUSHI ID等）提供给DRAA，委托DRAA为本机构收割（含通过SUSHI ID自动收割）COUNTER统计报告，允许DRAA将本馆的统计数据用于集团对数据库使用的评估分析。”截至2019年4月30日，已有334个成员馆完成在线授权。

其次，需要数据库商的支持与配合。实现自动化收割与规范化管理使用数据的前提是数据库商要为成员馆统一开通SUSHI服务。DRAA联盟要求数据库商登录DRAA门户，依次点击：我的DRAA>统计管理>管理SUSHI服务器，填写数据库商SUSHI服务器信息和各成员馆SUSHI账户信息。开通SUSHI自动收割的数据库仅需要数据库商定期维护成员馆的SUSHI标识（SUSHI ID）列表，DRAA统计平台即可实现按月自动收割成员馆的最新COUNTER统计报告。[28]

（2）使用数据获取模式

DRAA统计平台已实现使用数据从手动上传到自动收割，在2014年之前，对于无论是COUNTER标准格式的还是非COUNTER标准格式的使用数据，DRAA门户主要采取手动上传模式，且主要采用DRAA扩展统计规范格式上传报告。DRAA扩展统计规范是DRAA为了兼容非COUNTER标准格式的使用统计数据而定制的一种统计规范。原则上在数据库商不能提供COUNTER标准格式的使用数据的前提下使用DRAA扩展统计规范，但是由于COUNTER标准格式统计报告需要单馆分别上传，DRAA扩展统计规范支持批量上传多馆多月统计报告。因此，大多数据库商选择采用DRAA扩展统计规范格式上传报告。自2014年3月发布《关于DRAA开展统计数据自动化收割与规范管理的通知》[29]后，对于组团数据库提供的COUNTER标准格式报告，已实现利用SUSHI按月自动化收割；对于非COUNTER标准格式的使用统计数据，仍可采取手动上传模式。

（3）使用SUSHI收割使用数据

在2018年完成的141个DRAA组团数据库中，大部分组团数据库厂商已经支持SUSHI协议。其中24个数据库通过SUSHI自动收割统计数据，统计可以达到内容级别；110个数据库使用DRAA扩展（DRAA-Extend）格式上传统计数据（含36个已实现SUSHI收割但由于多库无法分割使用统计的数据库），统计只能达到库级别；7个数据库由于无用户、软件库等原因不予收割。[30]

DRAA电子资源使用统计模块解决了使用数据的收割问题，实现支持SUSHI自动收割COUNTER格式报告和手动上传DRAA扩展格式报告以获取联盟成员馆的使用数据；同时提供更加灵活的统计分析及统计报告，包括统计对比分析、生成各类排行榜、基于单库或单馆的各类统计等，便于成员馆在一个平台下查看本馆多个组团数据库的统计报告，并能查看本馆在集团中的使用情况，促进资源更好利用。此外，还注重保护成员馆的隐私，DRAA保证所收割的各馆COUNTER统计报告仅用于本馆和集团对数据库使用的评估分析，各个成员馆只能看到本馆统计报告，无权查看其他馆的统计报告。

5　SUSHI实施和应用的推动与阻碍因素分析

从SUSHI的国内外应用来看，其成功实施和应用离不开标准化组织、图书馆、图书馆联盟、数据库商、系统提供商等各方的相互合作与支持（见表13-2-1）。图书馆的需求是标准研发的源动力。SUSHI的研发源于图书馆对自动化获取使用数据的渴求，在没有SUSHI之前，图书馆面临统计数据获取依靠手动方式费时费力、统计报告格式混乱、统计数据更新不及时等困境，图书馆期望及时获取更新的使用统计数据，实现更多的统计分析对比数据，以期为图书馆的电子资源建设提供更多的依据。标准组织NISO联合图书馆、数据库商及系统提供商共同研发解决图书馆使用统计收割问题的SUSHI标准，提供SUSHI相关的支持与推广服务，并不断完善标准。SUSHI的推出离不开数据库商与系统提供商的技术支持，他们积极参与SUSHI研发与实施，为图书馆提供具有SUSHI功能的ERM系统及电子资源使用统计收集与整合服务平台，研发SUSHI客户端与SUSHI服务器的应用工具。图书馆联盟作为图书馆的联合组织，具有一定的话语权，可对数据库商遵循标准的情况进行审核，还可对数据库商提出统一要求，如要求其在合同中明确提出支持SUSHI，推动数据库商积极配合图书馆联盟的SUSHI服务。

但是在SUSHI的实施和应用过程中仍存在一些阻碍其广泛应用的因素，具体如表13-2-1所示。

表13-2-1　SUSHI实施与应用的推动与阻碍因素

利益相关方	推动因素	阻碍因素	未来应采取的行动与措施
图书馆	需求	①意识 ②技术	提高意识
图书馆联盟	①需求 ②在图书馆与数据库商、系统提供商之间起到沟通协调作用	①意识 ②技术	①提高意识 ②提供培训支持 ③宣传与推广
数据库商（包括出版商、代理商等）	SUSHI研发初期，积极参与实施应用	①意识 ②使用数据的准确性 ③统计数据规范不一导致难以跨平台分析使用数据	提高意识
系统提供商（主要是ERM系统销售商等）	开发嵌入SUSHI客户端功能的ERM/ILS系统		推出定价合理、功能完善的ERM/ILS系统
标准组织	①宣传推广 ②标准完善 ③实施指南	某些定义不明确或某些方面有待完善	完善标准

（1）意识层面

图书馆对SUSHI的认知度不高。虽然图书馆已意识到使用数据对采购决策与管理的重要性，但是在具体执行时，一般仅在续订时简单分析单篇使用成本。此时，图书馆获取使用统计数据通过向数据库商索要或自行通过数据库商给的账号下载即可满足，并未形成持续收集、下载与整理使用数据的强烈愿望，再加上各图书馆也没有一个用于存储所有订购数据库的使用统计数据的平台或系统，使用数据的管理与保存分散、不连续。尽管有的图书馆开发了电子资源使用统计平台，但平台主要用于监控本地日志服务器信息，并不是收集数据库商的使用数据，因而对SUSHI的应用认知不强。

数据库商对遵从SUSHI的响应不积极，主要体现在以下几个方面。①目前遵循COUNTER 5的有40个实体及64个平台，其中提供SUSHI服务的只有28个实体和42个平台（数据截至2020年7月8日）。[31]②SUSHI客户端配置信息的准确性问题：遵循SUSHI的数据库商除了在COUNTER网站列出，还可以在SUSHI服务器注册表中注册，向图书馆提供SUSHI客户端配置所需的信息。但是，部分数据库商并未在SUSHI服务器注册表中注册，或提供的信息不准确、不完整。而通过数据库商网站查找其支持SUSHI的信息也并非容易，部分数据库商并没有提供实施其SUSHI服务的相关支持服务。这不仅影响新的SUSHI客户端的开发，还在一定程度上影响已有SUSHI客户端的配置。③不少数据库商尤其是中文数据库商在方案中未明确说明提供SUSHI收割访问且提供COUNTER报告。

（2）技术层面

SUSHI的实施必须通过ERM系统或使用统计数据整合产品实现，而商业ERM系统或使用统计数据整合产品通常定价较贵，如学术统计工具（ScholarlyStats）根据平台数量定价，按照1至9个平台/10至24个平台/25至39个平台划分为3个级别，大部分图书馆被划分至级别3，价格非常昂贵，即使是在级别2，价格也不便宜。汤森路透的“期刊使用报告”（Journal Use Reports，JUR）基于机构大小与研究产出定价，还取决于图书馆需要上传的报告数量，价格也不菲。[32]经费有限的图书馆，根本没有能力去购买这些商业系统。尽管商业系统昂贵，图书馆限于技术力量薄弱也难以自主开发ERM系统或使用统计数据平台，而利用开源SUSHI客户端也存在一定的技术困难。没有ERM系统/使用统计整合平台等客户端软件在一定程度上阻碍了图书馆对SUSHI的应用。

技术方面存在的其他问题还有：由于数据规范不易，跨平台分析使用数据存在局限性，极少能够满足联盟使用数据的分析与整合需求；数据库商的SUSHI服务器变动频繁，有时因更换SUSHI服务器导致图书馆无法正常收割使用数据。此外，数据库商的SUSHI服务器在认证方面非常复杂，对于刚接触SUSHI的新用户来说，使用较为困难。

（3）标准层面

标准的推出对于行业行为的规范具有重要作用。COUNTER在一定程度上规范了使用数据的格式、内容及术语等，SUSHI解决和实现使用统计数据的自动化收割和管理问题。但COUNTER和SUSHI在实际操作层面仍然存在诸多无法有效解决的问题。如COUNTER在读者检索、浏览和下载行为等方面并未给出明确的定义。以检索行为为例，COUNTER第4版对初步检索结果进行筛选、排序、改变显示顺序、翻页和结果中检索行为没有相应的定义，无法确定这些行为中全部或者部分是否应该纳入相应检索统计计数。[33]再如SUSHI的实施应用，SUSHI客户端在请求的消息中需要提供“报告定义”（ReportDefinition）元素的“名称”（Name）属性确定请求的具体报告名称。但是，Name属性仅是一个简单的字符串，SUSHI标准并未提供统计报告名称的具体规范。如某客户端请求JR1a报告，但如果某SUSHI服务器只认JR1A，则该客户端的请求可能会遭到拒绝。[34]因此，标准是否完善，是否推出权威的实操指南，也是影响标准广泛应用的重要因素。

6 基于利益相关方推动SUSHI实施与应用的建议

鉴于SUSHI实施与应用中存在意识、技术、标准等层面的阻碍因素，标准组织、数据库商、图书馆、图书馆联盟未来应继续分工与合作，各自承担力所能及的工作，努力推进SUSHI的实施与应用。

6.1 标准组织角度

标准组织在标准研发过程中起着主导作用。因此，COUNTER组织和NISO SUSHI委员会未来需要做好以下工作。

（1）不断促进标准的更新发展与完善。标准推出后并不是一成不变的，标准组织应根据需求的变化不断推动标准的更新与发展。COUNTER组织和NISO SUSHI委员会在这方面都已做得非常不错。COUNTER和SUSHI是目前电子资源使用统计标准中发展更新最快最好的标准。COUNTER自2003年推出以来，经历了4次升级与改进，第5版COUNTER于2019年1月1日起正式使用。每一次版本的变化都实现了新的突破与发展，如第4版COUNTER集成了在线期刊、数据库、在线图书及多媒体内容等电子资源的使用统计规范，在文档结构、术语、测量指标、数据元素、使用报告及审核等方面发生了许多变化，第5版COUNTER简化了报告类型与测度指标，消除了相同测度指标或报告的不一致性。SUSHI自2007年成为NISO标准以来，经历了两次修订，并随着替代计量学、COUNTER期刊使用因子、机构库等的兴起，推出轻量级SUSHI-Lite以满足图书馆实时交换片段式使用数据的需求。未来NISO和COUNTER组织仍需要不断推动标准的改进与完善工作，确保标准的实时性与有效性，以应对图书馆需求和技术的发展。

（2）推出标准的应用指南。在标准的具体应用过程中，不同的人对某一项标准有不同的解读，这也是有的标准需要推出权威应用指南以指导具体实施的原因。目前COUNTER 5推出了“友好指南”（Friendly Guides to Release 5），为数据库商和图书馆应用COUNTER提供帮助。[35]NISO SUSHI委员会推出了COUNTER-SUSHI实施纲要（见本书第十四章），相当于SUSHI实施应用的指南，为服务端及客户端的应用提供具体操作细节规范，保证了SUSHI在服务端及客户端的可利用、可互操作和可持续发展，极大推动了SUSHI的应用。

（3）推动各标准的配合使用。标准的使用并不是孤立的，SUSHI标准除了需要COUNTER的配合使用，还需要其他标准的支持。如图书馆利用SUSHI自动收割COUNTER使用数据至ERM系统中，收割的使用数据必须对应至ERM系统中所属资源下，这需关联

ERM系统的知识库，其涵盖图书馆所订购的电子资源。而ERM系统知识库来源于数据库商，为保证图书馆ERM系统知识库与数据库商知识库之间的一致性，需要应用《知识库及其相关工具推荐实施规范》[Knowledge Bases and Related Tools (KBART) Recommended Practice，KBART]。使用数据与具体资源对应之后，图书馆进行成本分析所需的成本数据需要通过“资源交换成本”标准（Cost Of Resource Exchange，CORE）从集成系统（ILS系统）中获取。COUNTER、SUSHI、KBART、CORE等标准的配合使用将资源、使用数据、成本数据等关联，帮助图书馆完成使用统计分析。因此，SUSHI标准的应用还有赖于其他标准的配合。NISO组织需要关注SUSHI相关标准的发展，推动各标准之间的互操作。

6.2　数据库商角度

数据库商首先应该意识到规范使用统计数据所带来的效益是双向的，并不仅仅是使图书馆单方面受益，使用数据对于数据库商分析用户需求、规划公司发展、推进资源开发、优化平台功能、开展竞争对手比较等方面同样具有重要作用。因此，数据库商应积极配合图书馆/图书馆联盟，为其提供SUSHI服务所需的信息和技术支持。

鉴于目前COUNTER和SUSHI是国际上影响力最大、使用最广泛的电子资源使用统计标准，已遵循COUNTER标准但还未支持SUSHI服务的数据库商，必须在SUSHI服务器注册表中注册其SUSHI服务器，并提供准确的SUSHI配置信息，如有变化，及时更新，同时在网站上向图书馆员提供详细的SUSHI客户端配置信息及配置指南。而还未遵循COUNTER标准的数据库商，应尽可能按照该标准规范自身的使用数据，确保使用数据的准确性、可靠性与一致性。这点对于中文数据库商来说任重道远。

6.3　图书馆角度

图书馆应提高利用SUSHI自动获取使用数据以更充分利用使用数据的意识。对于单个图书馆来说，加入联盟的SUSHI服务是最理想与经济的方式。如果本国已有联盟提供SUSHI服务（如DRAA、JISC等），应积极参与并授权联盟获取本馆的使用数据。同时，还应积极鼓励数据库商提供SUSHI服务或参与图书馆联盟的SUSHI服务。对于大多数据库商来说，他们并未感受到来自图书馆要求其支持SUSHI服务的强烈愿望与需求。因此，让数据库商了解到图书馆对于加入图书馆联盟的SUSHI服务的强烈需求，对于数据库商的参与具有重要作用。在日常工作中，图书馆如有机会接触数据库商代表或联系数据库商索要使用数据时，可向其介绍图书馆联盟的SUSHI服务，并鼓励其参与。此外，对于经费充裕、技术力量强大的图书馆来说，他们可考虑引进或自主开发ERM系统或使用统计数据整合产品，积极探索SUSHI的应用。如深圳大学图书馆自主开发Open ERM系统及使用统计平台USSER，探索利用SUSHI自动收割使用数据。

6.4 图书馆联盟角度

图书馆联盟的主要作用在于协调、监督与制约，其影响力远远超过单个图书馆。它可充分利用联盟的力量，督促各数据库商在方案中明确说明提供符合COUNTER标准规范且能应用SUSHI协议自动收割的使用数据。同时，图书馆联盟还可利用通报方法向数据库商施压，如DRAA联盟利用每年的培训周向各成员馆及数据库商通报上一年引进资源集团采购情况及用户满意度调查情况，DRAA理事会肖珑副理事长每年都会代表DRAA联盟对各评估项下做得好的数据库商提出表扬，对表现不好的进行点名。如2017年培训周即列出了按时提交使用数据的22个数据库及逾期提交的3个数据库。笔者认为这是一个非常好的方式，一定程度上推动数据库商改善其服务并遵守联盟的要求。此外，图书馆联盟还应定期开展使用统计相关的培训，如DRAA在2017年1月针对来自30家公司的37位数据库商和代理商学员举办第一届集团采购业务培训班，就DRAA统计规范和相关操作等进行培训，一定程度上提高了数据库商对使用统计的认识与重视。最后，图书馆联盟还需加强宣传与推广，向成员馆宣传使用SUSHI收割使用统计数据的重要性及效益。如DRAA拥有成员馆700余家，但目前也只有近2/3成员馆授权DRAA为本机构收割使用数据，这意味着还有很大一部分成员馆并未加入DRAA SUSHI服务，也预示着DRAA未来还需加大宣传力度，督促各图书馆积极参与。

7 结语

SUSHI是继COUNTER之后图书馆界与出版界展开协作，共同制定并维护电子资源使用统计标准的又一成功案例。相信随着图书馆/图书馆联盟和数据库商对SUSHI认知度的提高，随着ERM系统及相关使用统计整合与管理产品等技术工具的成熟与应用，以及COUNTER和SUSHI标准本身的不断完善，SUSHI将得到更广泛的应用，从而推动图书馆电子资源使用统计规范化管理与有效利用。

参考文献

［1］杜莹琦，郑琳．解读SUSH——标准化的电子资源使用统计获取协议［J］．新世纪图书馆，2008（4）：42—43.

［2］闫晓弟，李娟．SUSHI网络电子资源利用与统计数据获取协议［J］．大学图书馆学报，2009（2）：51—54.

［3］刘芳，朱沙．SholarlyStats——基于SUSHI协议的在线电子资源使用统计收集和整合平台［J］．农业图书情报学刊，2010（8）：81—83.

［4］张静，魏青山．SUSHI对电子资源规范化管理的影响［J］．图书情报工作，2014（10）：112—116.

［5］李洪．新版COUNTER的特征及未来发展［J］．中国图书馆学报，2012（11）：29—37.

［6］ANSI/NISO Z39.93-2014 SUSHI Protocol［EB/OL］．［2017-06-03］．http://www.niso.org/apps/group_public/download.php/14217/Z39-93-2014_SUSHI-1_7.pdf.

［7］NISO Releases Draft Technical Report on SUSHI Lite for Public Trial and Comment［EB/OL］．［2017-06-03］．http://www.niso.org/news/pr/view?item_key=677cb4775ebbe8120f6cebfa37b4717270045529.

［8］SUSHI for Developers［EB/OL］．［2017-06-03］．http://www.niso.org/workrooms/sushi/developers/.

［9］Pesch O. Implementing SUSHI and COUNTER: A Primer for Librarians［J］. *The Serials Librarian*, 2015, 69 (2): 107-125.

［10］SUSHI Tools & Other Aids［EB/OL］．［2017-04-25］．http://www.niso.org/workrooms/sushi/tools/.

［11］Scholarly iQ List of Supported Platforms［EB/OL］．［2017-05-04］．http://www.scholarlyiq.com/SushiPlatforms.aspx.

［12］Shah B. SUSHI implementation: The Server Side Experience［J］. *Information Standards Quarterly*, 2011, 23(1): 20-22.

［13］Yu H, Breivold S. *Electronic Resource Management in Libraries: Research and Practice*［M］. Hershey, PA: Information Science Reference, 2008: 301.

［14］Swets and SUSHI Take First Ground-Breaking Steps［EB/OL］．［2017-4-10］．https://librarytechnology.org/repository/item.pl?id=11683.

［15］Ex Libris Verde ERM System Successfully Tests SUSHI to Deliver Raw Usage Statistics［EB/OL］．［2017-4-7］．http://www.exlibrisgroup.com/?catid=%7B8A9DF714-C577-4346-B1D2-BFDB0CB22BE4%7D&itemid=%7B6E38B2C3-54DB-463B-83AB-721A1643004B%7D.

［16］Introduction to SUSHI［EB/OL］．［2017-05-03］．http://www.niso.org/workrooms/sushi/info/SUSHIWebinarslides051506.pdf.

［17］Release 5 Register of Compliant Content Providers［EB/OL］．［2020-07-08］．https://www.projectcounter.org/about/register/.

［18］Lagace N. SUSHI: Beyond Trial into Real Use［J］. *Serials Review*, 2009, 35(1): 50-51.

［19］ScholarlyStats［EB/OL］．［2017-05-06］．http://www.caul.edu.au/caul-programs/

ceirc/publishers/scholarlystats.

[20] Cloud-based Consortial Platform for Library Usage Statistics [EB/OL] . [2022-04-20] . https://palci.org/.

[21] 陈大庆，叶兰，杨巍，崔晓松.电子资源使用统计平台USSER的设计与实现 [J].图书情报工作，2015（1）：106—112.

[22] Journal Usage Statistics Portal [EB/OL] . [2017-06-15] . http://jusp.mimas.ac.uk/.

[23] R5 Reports, Views and Functionality in JUSP [EB/OL] . [2020-07-08] . https://jusp.jisc.ac.uk/guides/r5-overview.html.

[24] Meehan P, Needham P, MacIntyre R.SUSHI: Delivering Major Benefits to JUSP [J/OL] . Ariadne, 2012 (70) [2017-06-15] . http://www.ariadne.ac.uk/issue70/meehan-et-al.

[25] Join JUSP for UK Academic Libraries [EB/OL] . [2017-05-10] . http://jusp.jisc.ac.uk/join/uk-academic-libraries/.

[26] Join JUSP for Publishers [EB/OL] . [2017-05-10] . http://jusp.jisc.ac.uk/join/publishers/.

[27] 关于开通SUSHI自动收割DRAA成员馆使用统计服务的通知 [EB/OL] . [2017-05-07] . http://www.libconsortia.edu.cn/Acqothernotice/view.action?id=06d024ec-9c50-41ab-95a6-80356208fc59.

[28] DRAA联盟配置SUSHI信息的操作指南 [EB/OL] . [2017-06-02] . http://www.libconsortia.edu.cn/Acqothernotice/view.action?id=06d024ec-9c50-41ab-95a6-80356208fc59.

[29] 关于DRAA开展统计数据自动化收割与规范化管理的通知 [EB/OL] . [2017-06-02] . http://www.libconsortia.edu.cn/Acqothernotice/view.action?id=3779c09c-bd6a-41d2-842f-34c099b97410.

[30] 姚晓霞. 2018年高校引进资源集团采购状况暨2019用户满意度调查 [EB/OL] . [2020-07-08] . http://calis17.jlu.edu.cn/uploads/ueditor/file/20190517/1558054903.pdf.

[31] Release 5 Register of Compliant Content Providers [EB/OL] . [2020-07-08] . https://www.projectcounter.org/about/register/.

[32] Xu Fei. Implementation of an Electronic Resource Assessment System in an Academic Library [J] . *Program*, 2010, 44(4): 374-392.

[33] 张计龙，殷沈琴，汪东伟. 基于COUNTER的电子资源使用统计中的标准问题探讨与研究 [J] .图书馆理论与实践，2016（5）：95—99.

[34] Pesch O. Perfecting COUNTER and SUSHI to Achieve Reliable Usage Analysis [J] . *The Serials Librarian*, 2011, 61(3-4): 353-365.

[35] Friendly Guides to Release 5 [EB/OL] . [2020-07-08] . https://www.projectcounter.org/friendly-guides-release-5/.

［注］本研究报告根据笔者的如下文章修改：

陈大庆，叶兰，丁培. 电子资源使用统计收割标准SUSHI的实施与应用研究［J］. 中国图书馆学报，2018（2）。

第十四章　NISO SUSHI协议：COUNTER-SUSHI实施纲要

第一节　标准规范译者

陈大庆　丁　培（深圳大学图书馆）

张梦佳（加拿大阿尔伯塔大学图书馆）

陈　垚（美国加州大学圣塔芭芭拉分校图书馆）

姚晓霞　肖　珑（北京大学图书馆）

薛　燕（美国加州大学伯克利分校东亚图书馆）

邓　石（美国加州大学圣地亚哥分校图书馆）

第二节　研究报告作者

陈大庆　丁　培　杨　巍　叶　兰（深圳大学图书馆）

张梦佳（加拿大阿尔伯塔大学图书馆）

陈　垚（美国加州大学圣塔芭芭拉分校图书馆）

基本信息

名称： NISO SUSHI协议：COUNTER-SUSHI实施纲要

简称： COUNTER-SUSHI

发布时间： 2012年8月10日

发布时间（中译本）： 2020年8月14日

标准规范编号： NISO RP-14-2012

修订时间： 2014年6月24日

修订后编号： NISO RP-14-2014

主要责任者： 美国国家信息标准协会标准化电子资源使用统计收割协议（SUSHI）常务委员会

中文版译者： 陈大庆　丁培　张梦佳　陈垚　姚晓霞　肖珑　薛燕　邓石

类型： 推荐实施规范

关键词： SUSHI协议，COUNTER标准，电子资源使用统计，实施纲要

摘要： 为实施有效、兼容的SUSHI服务，传递一致、可对比并符合第4版“COUNTER实施规则”的COUNTER XML报告，COUNTER-SUSHI提供了多种选择和预期。该推荐实施规范侧重讨论通过SUSHI协议提供COUNTER报告传递的各类不同XML Schema，推荐了SUSHI检索COUNTER报告时如何定义SUSHI请求和SUSHI响应信息，以及COUNTER XML报告格式，并提供了XML文件内容的指南以及一些SUSHI实施的实用主题，如安全性、SUSHI客户端身份验证。

英文版国际标准书号（ISBN）： 978-1-937522-45-2

中文版国际标准书号（ISBN）： 978-1-937522-96-4

英文版链接： https://www.niso.org/publications/rp-14-2014-counter-sushi

中文版链接： http://www.libconsortia.edu.cn/Standard/list.action

其他关联标准规范：

ANSI/NISO Z39.7-2013　信息服务与利用：图书馆和信息服务机构计量统计数据词典

ANSI/NISO Z39.93-2014　标准化电子资源使用统计收割协议（SUSHI）

COUNTER　实施规则，第5版

Introduction

Title: NISO SUSHI Protocol: COUNTER-SUSHI Implementation Profile

Abbreviation: COUNTER-SUSHI

Publication Date: Aug 10, 2012

Publication Date (Chinese Version): Aug 14, 2020

ANSI/NISO Serial Number: NISO RP-14-2012

Revised Date: June 24, 2014

Revised ANSI/NISO Serial Number: NISO RP-14-2014

Creator: NISO SUSHI Standing Committee

Chinese Version Translated By: Daqing Chen, Pei Ding, Mengjia Zhang, Yao Chen, Xiaoxia Yao, Long Xiao, Susan Xue, Shi Deng

Type: Recommended Practice

Keywords: SUSHI Standard, COUNTER Standard, E-Resources Usage Statistics, Implementation Profile

Abstract: This Implementation Profile addresses the choices and expectations for successfully implementing a compliant and effective SUSHI service delivering consistent and comparable COUNTER XML reports compliant with Release 4 of the COUNTER Code of Practice. This document focuses on the use of the various XML Schemas that provide for the delivery of COUNTER reports via SUSHI. Implementation Profile addresses specific implementation questions related to the SUSHI protocol as it is used in defining the SUSHI Request and SUSHI Response messages when used to retrieve COUNTER reports, deals with the COUNTER XML report format and provides guidance on the contents of the XML file, and also touch on some practical topics of implementation including security and SUSHI client authentication.

English Version ISBN: 978-1-937522-45-2

Chinese Version ISBN: 978-1-937522-96-4

English Version URL: https://www.niso.org/publications/rp-14-2014-counter-sushi

Chinese Version URL: http://www.libconsortia.edu.cn/Standard/list.action

Relation:

ANSI/NISO Z39.7-2013　Information Services and Use: Metrics & Statistics for Libraries and Information Providers Data Dictionary

ANSI/NISO Z39.93-2014　The Standardized Usage Statistics Harvesting Initiative (SUSHI) Protocol

The COUNTER　Code of Practice for Release 5

第一节 NISO SUSHI协议：COUNTER-SUSHI实施纲要

关于NISO推荐实施规范

A NISO Recommended Practice is a recommended "best practice" or "guideline" for methods, materials, or practices in order to give guidance to the user. Such documents usually represent a leading edge, exceptional model, or proven industry practice. Use of Recommended Practices are discretionary and although they may be used as stated or modified by the user to meet specific needs, a Profile Recommended Practice by its nature needs to be used in its entirety. This recommended practice may be revised or withdrawn at any time. For current information on the status of this publication contact the NISO office or visit the NISO website (www.niso.org).	美国国家信息标准协会（NISO）的推荐实施规范以引导使用者为目的，推荐在方法、资料或具体操作上的“最佳实践”或“指南”。这些文件通常代表某前沿领域、优秀模式，或公认的行业惯例。推荐实施规范中所有元素都可以由用户酌情采用，既可全部采纳，又可为满足特定需要修改使用。但是从本质上讲，推荐实施规范应作为一个整体使用。 本推荐实施规范可能会随时被修改或撤销。有关本出版物的现状信息，请联系NISO办公室或访问NISO网站（www.niso.org）。

中文译本ISBN：978-1-937522-96-4

This translation has been provided as a service to the library community by the Task Group on Translation and Research Project on Electronic Resources Standards and Recommended Practices, consisting of members from the Council on East Asian Libraries (CEAL), China Academic Library & Information System (CALIS)/ Digital Resource Acquisition Alliance of Chinese Academic Libraries (DRAA).	应图书馆行业所需，北美东亚图书馆协会（CEAL）、中国高等教育文献保障系统（CALIS）暨高校图书馆数字资源采购联盟（DRAA）提供此中译本。
Translated by: Daqing Chen, Pei Ding, Shenzhen University Library	翻译： 深圳大学图书馆：陈大庆、丁培
Reviewed by: Mengjia Zhang, University of Alberta Library Yao Chen, University of California, Santa Barbara Library	审校： 阿尔伯塔大学图书馆：张梦佳 加州大学圣塔芭芭拉分校图书馆：陈垚
Reviewed & edited by: Xiaoxia Yao, Long Xiao, Peking University Library Susan Xue, University of California, Berkeley Libraries Shi Deng, University of California, San Diego Library	总审与统稿： 北京大学图书馆：姚晓霞、肖珑 加州大学伯克利分校东亚图书馆：薛燕 加州大学圣地亚哥分校图书馆：邓石

前言

关于本实施纲要

为信息专业人员提供准确和及时的用户使用统计数据的重要性不言而喻。为了图书馆员及其他相关人员能从日益增多的信息提供商处简单且自动地收割“网络在线电子资源使用统计”（以下简称COUNTER）报告，“标准化电子资源使用统计收割协议”（以下简称SUSHI）应运而生。

SUSHI协议以及COUNTER XML Schema[①]的设计具有前瞻性，无需重写即可满足未来的需求。SUSHI和COUNTER中所应用的“发展框架”建立在抽象化和弹性原则上以适应未来发展需求。因此，对于弹性和抽象化原则带来的选项，实施者可以根据实际需要自行取舍。用户可选择的内容可以很简单，例如项目标识符（ItemIdentifier）中的“类型”元素值，也可以很复杂，如XML中总值所包括的所有内含项，甚或是使用数据不存在时的应对方案等。

如果在实施操作上缺乏适当的指导，开发者有可能轻易创建一个不能完全互操作的方

① XML Schema可以理解为XML模式、XML框架、XML架构等，本书按照国内通用做法、不再翻译。——译者注

案。SUSHI服务器在实施上的互操作性的缺乏，需要SUSHI客户端开发者为每一个不同的SUSHI服务器提供定制式的配置，或者需要SUSHI服务器开发者重写操作方案，从而增加时间和费用成本。上述情况增加了SUSHI广泛应用的阻碍，同时也给SUSHI希望服务的社区带来额外支出及困难。基于SUSHI及COUNTER XML实施的这一现状，委员会制定了本实施纲要。

本实施纲要用于加强实施过程中SUSHI客户端和服务器之间的互操作性和一致性。本纲要为SUSHI服务端及客户端应用程序开发者提供指南。本文档通过设定详细的预期，指明SUSHI协议以及COUNTER XML报告应该如何实施，以便有效地满足信息社区的需求，即依据使用报告来获取一致、可信且可对比的使用统计数据。本纲要制定的另一个目的是用此作为COUNTER审核员验证内容提供商的SUSHI服务器是否合规的一个手段。

版本修订历史

最初的“实施纲要”发表于2012年8月10日。

第二版略做修改，解决了出版物年份未知时出版年（PubYr）值设定的问题（详见3.4.7节）。第一版中的设定值不再适用于COUNTER框架，因而必须修正。本版本同时还规定了COUNTER报告名称应该如何出现在文档的不同表格中，以及简报名称不应包含空格。

提交对本实施纲要修改建议的说明

若需要对标准的条款进行增加或者删除，必须提交书面的条款内容。关于本标准的任何修改评论或建议，可以随时提交给NISO。

内容提交时必须附有提交者的姓名、机构、联系电话号码和电子邮件地址。

书面意见可发送至：

National Information Standards Organization (NISO)

3600 Clipper Mill Road, Suite 302

Baltimore, MD 21211

Tel.：301-654-2512

Toll-free：866-957-1593

Fax：410-685-5278

E-mail：nisohq@niso.org

相关评论可以在NISO网站www.niso.org/contact上在线提交。

NISO商务信息专题委员会

在NISO商务信息专题委员会批准这项实施纲要/推荐实施规范时，其成员如下：

Nawin Gupta
Association of Subscription Agents (ASA)
Norm Medeiros
Haverford College
Greg Raschke
North Carolina State University Libraries
Gary Van Overborg
Scholarly iQ
Charles Watkinson
University of Michigan Library

NISO SUSHI常务委员会成员

本实施纲要在NISO SUSHI常务委员会指导下提出。在NISO批准本实施纲要/推荐实施规范时，其成员如下：

Marie Kennedy, Co-Chair
Loyola Marymount University
Chan Li
California Digital Library
Paul Needham
Cranfield University
Oliver Pesch, Co-chair
EBSCO Information Services
James Van Mil
University of Cincinnati Libraries

商标、服务商标

本标准中涉及的所有商标或服务商标，原拥有者保留知识产权。

1　导言

1.1　目的

本实施纲要用于改进实施过程中SUSHI客户端和服务器之间的互操作性和一致性。本纲要为SUSHI服务端及客户端应用程序开发者提供指南。本纲要通过制订详细的预期，指明应该如何实施SUSHI协议以及COUNTER XML报告，以便有效地满足信息社区的需求，即基于使用报告来获取一致、可信且可对比的使用统计数据。本纲要制定的另一个目的是用此作为COUNTER审核员验证内容提供商的SUSHI服务器是否合规的一个手段。

1.2　范围

为成功实施兼容、有效的SUSHI服务，传递一致、可对比并符合“COUNTER实施规则”第4版（Release 4）的COUNTER XML报告，本实施纲要提供多种选择和预期。本文档重点集中针对各类XML Schema的使用，主要用在基于SUSHI的COUNTER报告传递。具体而言：

sushi1_6.xsd	描述SUSHI请求（Request）和响应（Response）信息的XML Schema。其中响应信息包括COUNTER XML报告
counter4_0.xsd	描述COUNTER报告的XML版本的XML Schema。其中COUNTER XML语言内嵌在SUSHI的响应信息中
counterElements4_0.xsd	包含特定COUNTER数据元素的可用值枚举列表的XML Schema，比如项目标识符类型（ItemIdentifier type）、报告项目数据类型（report ItemDataType）、使用类别（usage Category）和度量类型（MetricType）等
counter_sushi4_0.xsd	XML Schema描述SUSHI服务的概况和如何将COUNTER报告包含在SUSHI响应信息中

本实施纲要还涉及一些实施的实际问题，如安全性、SUSHI客户端身份验证。此外，本实施纲要也帮助实施机构更加容易地获取SUSHI服务器信息。

1.3 原则

本实施纲要旨在支持广泛实施及采用SUSHI协议来收割COUNTER XML报告。委员会意识到只有SUSHI协议及通过SUSHI传递的COUNTER XML报告在实施过程中保证兼容性和一致性，才能成功应用SUSHI协议。由于SUSHI协议和COUNTER框架（定义了基于SUSHI协议传递的报告）自身的灵活性，委员会有必要制定多个实施决策以确保其一致性。

本委员会工作中的判断是基于对图书馆员在统计数据上的需求以及COUNTER提供的一致、可比及可信报告目标的理解。

1.4 参考标准

ANSI/NISO Z39.84-2005 (R2010), Syntax for the Digital Object Identifier（数字对象唯一标识符语法）。获取地址：http://www.niso.org/standards/z39-84-2005/[①]。

ANSI/NISO Z39.93-2013, The Standardized Usage Statistics Harvesting Initiative (SUSHI) Protocol（标准化电子资源使用统计收割协议）。获取地址：http://www.niso.org/standards/z39-93-2013/[②]。

The COUNTER Code of Practice for e-Resources, Release 4（COUNTER 电子资源实施规则，第4版），2012年4月发布。获取地址：http://www.projectcounter.org/code_practice.html[③]。

---

① 英文原文中NISO Z39.84-2005的链接已失效，可参见Z39.84-2005 (R2010)修订版：https://groups.niso.org/apps/group_public/download.php/14689/z39-84-2005_r2010.pdf。——译者注

② 英文原文中NISO Z39.93-2013的链接已失效，可参见Z39.93-2014版：https://groups.niso.org/apps/group_public/download.php/14217/Z39-93-2014_SUSHI-1_7.pdf。——译者注

③ 在COUNTER主页（https://www.projectcounter.org/）上，该文档已经被新版代替。——译者注

ISO 2108:2005, Information and Documentation-International Standard Book Number (ISBN)[ISO 2108:2005 信息与文献 国际标准书号（ISBN）]。获取地址：http://www.iso.org/iso/iso_catalogue/catalogue_tc/catalogue_detail.htm?csnumber=36563。

ISO 3297:2007, Information and Documentation-International Standard Serial Number (ISSN)[ISO 3297:2007 信息与文献 国际标准连续出版物号（ISSN）]。获取地址：http://www.iso.org/iso/iso_catalogue/catalogue_tc/catalogue_detail.htm?csnumber=39601。

SOAP Version 1.2. W3C Recommendation (Second Edition)，[简单对象访问协议1.2版，W3C推荐（第2版）]，2007年4月27日发布。获取地址：http://www.w3.org/TR/soap/。

The Unicode Standard, Version 7.0.0. Mountain View, CA: The Unicode Consortium, 2014（Unicode标准7.0.0版。Unicode联盟，加利福尼亚州山景城，2014）。ISBN号978-1-936213-09-2。获取地址：http://www.unicode.org/versions/Unicode7.0.0/。

SUSHI协议、COUNTER标准、COUNTER元素以及COUNTER_SUSHI框架在1.2节有详细说明。

1.5 定义

术　语	类　型	定　义
期刊（Journal）	项目数据类型（ItemDataType）	以连续有序方式出版的任意出版物，例如期刊、杂志、报纸、时事通讯、会议论文集等
图书（Book）	项目数据类型	文本类型的专著，包括印本书籍和电子书
多媒体集合（Collection）	项目数据类型	多媒体内容项集合，包括音频、视频、图像等
数据库（Database）	项目数据类型	可以作为一个单元进行访问的内容项集合，例如引文/全文
平台（Platform）	项目数据类型	提供内容访问的主机，例如EBSCO*host*、Science Direct、Informaworld等
多媒体（Multimedia）	项目数据类型	任何的非文本内容项，如音频、视频、图像等
所有权者（Proprietary）	项目标识符类型（ItemIdentifier type）	内容提供商分配给一个项目的唯一标识符
国际标准连续出版物号（ISSN）	项目标识符类型	分配给连续出版物题名的一个标准标识符。在ISSN标准的现行版本（ISO 3297）中，一个ISSN号由9个字段组成，包括4个数字、1个连字符、3个数字、1个数字或者字符“X”
国际标准书号（ISBN）	项目标识符类型	分配给专著题名的一个标准标识符。在ISBN标准的现行版本（ISO 2108）中，一个ISBN号由13个字段组成，前12位可以是数字或者连字符，第13位是数字或者大写“X”
数字对象唯一标识符（Digital Object Identifier, DOI）	项目标识符类型	基于DOI标准（ANSI/NISO Z39.84），由认证注册机构（如CrossRef）注册登记的一个报告项目的标识符

续表

术语	类型	定义
COUNTER元素框架（counterElements schema）	COUNTER XML报告元素（COUNTER XML Report elements）	COUNTER元素框架（counterElements4_0.xsd）与COUNTER框架（counter4_0.xsd）关联，包括多个枚举数据元素的有效值

1.6 符号公约

IETF RFC 2119文件中解释了本推荐实施规范中“必须”“一定不”“必要”“应该”“不应该”“建议”“可能”“可选的”等术语含义。

2 SUSHI实施细节

本节讨论SUSHI协议的具体实施问题，即在获取COUNTER报告时如何定义SUSHI请求和SUSHI响应信息。

2.1 XML Schema和字符表示

SUSHI服务器必须按NISO SUSHI网站（www.niso.org/schemas/sushi/）上正式的SUSHI及COUNTER框架成功运作。

SUSHI请求及其响应信息的统一字符编码必须采用UTF-8。

SUSHI响应信息以及SUSHI服务器反馈中内嵌的COUNTER报告必须符合正式的COUNTER_SUSHI规范、SUSHI协议、COUNTER标准以及COUNTER元素框架。这些框架登载于NISO SUSHI网站（www.niso.org/schemas/sushi/）。

2.2 身份验证、SOAP[①] 以及其他扩展

SUSHI服务器可以应用下列方式的任意组合认证客户端：

- 客户端IP地址；
- 请求者标识（Requestor/ID）[②]元素的值；以及/或者
- 用户标识（CustomerReference/ID）[③]元素的值。

SUSHI服务器可能要求SUSHI客户端使用安全的SSL链接方式（https）来与其连接。

① 即简单对象访问协议（Simple Object Access Protocol，SOAP）。——译者注

② 由于COUNTER及SUSHI标准的版本变化，“请求者标识”的英文先后有多种写法，如Requester/ID、RequesterID、Requestor/ID、RequestorID、Requestor ID等，但含义相同。——译者注

③ 由于COUNTER及本标准的版本变化，“用户标识”的英文先后有多种写法，如Customer Reference/ID、CustomerReferenceID、CustomerReference ID、CustomerID、Customer ID等，但含义相同。——译者注

SUSHI服务器必须配置标准的SOAP协议、SUSHI及COUNTER框架以允许客户端接入。具体地说，SUSHI服务器一定不可以要求SUSHI客户端使用以下方式来获取报告：

- SOAP扩展；
- 任何SUSHI或COUNTER框架的扩展；或者
- 自定义的SUSHI及COUNTER框架版本。

2.3 数据元素值

2.3.1 报告名称

针对SUSHI请求信息中的报告定义/名称（ReportDefinition/Name）元素，SUSHI服务器必须接受：

- 匹配SUSHI报告注册表[①]中的“名称”（Name）列内容的值；
- 值的大小写必须准确匹配SUSHI报告注册表中的大小写；以及
- 一个有效的报告名称。

有效的报告名称示例：

  ○ JR1
  ○ JR1a

无效的报告名称示例：

  ○ Jr1
  ○ Journal Report 1
  ○ JR1A

SUSHI服务器要求SUSHI请求中的报告定义/版本（ReportDefinition/Release）元素必须使用整数来代表所支持的报告版本。

若请求信息中报告名称或版本不被支持，则SUSHI服务器必须在响应信息中返回一个异常（Exception）元素（完整的异常元素和返回数字代码表参见ANSI/NISO Z39.93 SUSHI协议标准的表17[②]）。具体来说：

- 若请求报告的名称不被支持，返回异常代码3000；
- 若请求报告的名称被支持而版本不被支持，则返回异常代码3010。

2.3.2 日期范围

对于SUSHI请求中的报告定义/过滤器/使用（ReportDefinition/Filters/Usage）中的开

---

① 英文原文中SUSHI报告注册表链接已更改，见http://groups.niso.org/workrooms/sushi/reports/#Counter，由于COUNTER R4已被COUNTER R5取代，相关变更请参见NISO Z39.93-2014网站https://www.niso.org/standards-committees/sushi。——译者注

② 表17即本书第十三章中的“表13-1-17 SUSHI协议的Exception（异常）报告模式”，下同。——译者注

始和结束元素：

- 请求中必须同时包含开始时间（Begin）和结束时间（End）元素；
- 其格式必须是有效的日期，格式为“yyyy-mm-dd”；
- 开始时间元素中的“dd”项值必须为请求报告时间段内月份的第一天；
- 结束时间元素中的“dd”项值必须为请求报告时间段内月份的最后一天；
- 结束时间元素值必须大于开始时间元素值。

2.3.3 SUSHI异常处理

SUSHI服务器必须支持ANSI/NISO Z39.93 SUSHI协议标准中表格17所列的各类标准错误状况。

SUSHI服务器必须使用SUSHI响应中的异常元素来报告标准的错误情况，同时异常/值（Exception/Number）的值设置必须和ANSI/NISO Z39.93 SUSHI协议标准中表17中的值一致。

2.4 SUSHI报告注册表和信息的可访问性

SUSHI服务器必须在SUSHI服务器注册表页面[①]进行注册，并详细准确说明。

内容提供商必须给图书馆员提供一个清晰的使用说明以便他们能够激活SUSHI客户端。这些使用说明可以在SUSHI服务器注册表页面详细解释，或是在内容提供商的网站上提供相应的系统文档。

3 COUNTER报告的实施

本节内容主要涉及COUNTER XML报告格式并提供XML文件内容的指南。

3.1 XML Schema和字符表示

NISO SUSHI官方网站上的COUNTER框架定义了COUNTER报告的内容。

统一字符编码必须采用UTF-8。

3.2 所支持的报告

SUSHI服务器必须支持COUNTER经销商注册表中各经销商所有可用的COUNTER报告。[②]

---

① 英文原文中SUSHI服务器注册表链接已更改，见：https://groups.niso.org/workrooms/sushi/registry_server/。由于COUNTER 4已被COUNTER 5取代，相关变更请参见NISO Z39.93-2014网站https://www.niso.org/standards-committees/sushi。——译者注

② 英文原文中COUNTER经销商注册表链接已更改，见：https://www.projectcounter.org/about/register/。——译者注

3.3 数据返还

本节主要涉及返还数据的范围，以及服务器应对特定数据元素的数据值无法获取的行为。

3.3.1 请求的使用日期范围决定返还的数据

COUNTER报告一定不能包含超出SUSHI请求规定日期范围以外的使用数据。

若SUSHI服务器无法提供特定时间范围内的任何使用数据，则不会生成COUNTER报告，并且SUSHI响应必须返回代码为3030的异常报告。

如果SUSHI服务器只能提供请求时间范围中部分月份的使用数据，则生成一个仅展示这几个月使用数据的COUNTER报告。返回片段使用数据的同时，SUSHI响应还必须返回代码为3040的异常报告。

3.3.2 符合报告的项目数据类型

COUNTER报告必须只包含与COUNTER报告格式一致的项目数据类型。表14-1-1中列出了所有有效的项目数据类型。这些数据类型的定义可以参考本报告第1.5节相关内容。

表14-1-1 COUNTER报告有效项目数据类型

报告名称	报告描述	适用的项目数据类型
BR1	每月、每个题名的题名成功请求量	图书
BR2	每月、每个题名的章节成功请求量	图书
BR3	每月、每个题名、每种类别的内容项的被拒绝访问量	图书
BR4	每月、每个平台、每种类别的内容项的被拒绝访问量	平台
BR5	每月、每个题名的总检索量	图书
CR1	每月全文期刊文章或图书章节的成功请求量	图书、期刊
CR2	每月、每个数据库的总检索量	数据库
CR3	每月、每个集合的多媒体全部内容单元的成功请求量	多媒体集合
DB1	每月、每个数据库的总检索量、结果点击量及记录浏览量	数据库
DB2	每月、每个数据库、每种类别的被拒绝访问量	数据库
JR1	每月、每种期刊全文文章的成功请求量	期刊
JR1GOA	每月、每种期刊金色开放获取全文文章的成功请求量	期刊
JR1a	每月、每种期刊在回溯库中的全文文章的成功请求量	期刊
JR2	每月、每种期刊、每种类别全文文章的被拒绝访问量	期刊
JR3	每月、每种期刊、每种页面类型中项目成功请求量及被拒请求量	期刊
JR3mobile	每月、每种期刊、每种页面类型中应用移动设备完成的项目成功请求量	期刊
JR4	每月、每项服务的总检索量	平台

续表

报告名称	报告描述	适用的项目数据类型
JR5	每出版年、每种期刊全文文章的成功请求量	期刊
MR1	每月、每个集合的多媒体全部内容单元的成功请求量	多媒体集合
MR2	每月、每个集合、每种项目类型的多媒体全部内容单元的成功请求量	多媒体集合
PR1	每月、每个平台的总检索量、结果点击量及记录浏览量	平台
TR1	每月、每个题名的期刊全文文章和图书章节的成功请求量	图书、期刊
TR1mobile	每月、每个题名下应用移动设备完成的每篇期刊全文文章及每一图书章节的成功请求量（包括适用于正常浏览器的格式/传递至移动终端，以及适用于移动终端的格式/传递至移动终端的内容）	图书、期刊
TR2	每月、每个题名、每个类别全文项目的被拒绝访问量	图书、期刊
TR3	每月、每个题名、每种页面类型中成功的项目请求量	图书、期刊
TR3mobile	每月、每个题名、每种页面类型中应用移动设备完成的成功的项目请求量（包括适用于正常浏览器的格式/传递至移动终端，以及适用于移动终端的格式/传递至移动终端的内容）	图书、期刊

3.3.3 COUNTER XML总计

COUNTER XML报告中返回的每个项目使用情况（ItemPerformance）元素必须代表确切的一个月份时间段。

COUNTER XML报告必须只能包括单一报告项目的统计数据。报告一定不允许包含报告时间段内所有报告项目的使用总计。

3.4 数据元素要求

本节提供COUNTER报告中特定数据元素的信息。

3.4.1 用户识别

COUNTER XML报告中出现的*用户*（Customer）元素必须包括一个用户标识，这个标识出现在报告的*用户标识*（Customer/ID）元素字段。用户标识值是内容提供商用来识别用户的标识符。

*用户*元素中可以包括一个或者多个规范的机构标识符，在可选*用户/机构标识符*（Customer/InstitutionalIdentifier）元素中表示。

- 机构标识符的*类型*（Type）元素必须与COUNTER元素框架中所枚举的值匹配。
- 机构标识符的*值*（Value）元素必须符合公认规则的标识符类型格式。

3.4.2 项目标识符

COUNTER报告中的大多数项目可使用*项目标识符*（ItemIdentifier）。对于COUNTER XML报告而言，标识符类型由COUNTER元素框架规定。具体而言，COUNTER XML

报告：

- 如果内容提供商的报告系统中包含项目标识符，则COUNTER XML报告也必须包含它们；
- *项目标识符/类型*（ItemIdentifier/Type）字段值必须按大小写与COUNTER元素框架中枚举的元素值匹配；
- *项目标识符/类型*字段必须与表14-1-2中项目数据类型相对应。

表14-1-2　项目数据类型对应的有效项目标识符类型

项目标识符类型	适用的项目数据类型
在线ISSN（Online_ISSN）	期刊、图书
印本ISSN（Print_ISSN）	期刊、图书
在线ISBN（Online_ISBN）	图书
印本ISBN（Print_ISBN）	图书
DOI	期刊、图书
所有权者（Proprietary）	任何类型

- *项目标识符/值*（ItemIdentifier/Value）字段必须基于该标识符类型的公认规则进行格式规范，具体如下。
    - 一个ISSN号必须是9位，其中第5位是连字符，详细说明参见ISO 3297。如果ISSN的最后一位是“X”，那么这个“X”必须大写。例如1234-567X。
    - 一个ISBN号必须包含13位数字和连字符，详细说明参见ISO 2108。
    - DOI必须遵照ANS/NISO Z39.84标准的格式进行定义，并在一个DOI注册机构（例如CrossRef）中注册。
- 如果没有标识符可用，COUNTER XML报告项目中必须去除*项目标识符*（Item-Identifier）元素。
- 如果一个项目包含相同类型的多个*项目标识符*（例如有两个纸本ISSN号），COUNTER XML报告只能选择其一显示。
- 依据上述规则，如果报告项目有不同类型的多个标识符，但每种类型没有多于一个以上的标识符，那么必须包含所有的有效项目标识符。

3.4.3　平台

COUNTER XML报告必须包含*项目平台*（ItemPlatform）元素。

*项目平台*元素的值必须和COUNTER表格报告中的“平台”列中的值一样。

3.4.4　出版商

当出版商的名称存在于报告系统中的可用于报告的项目时，COUNTER XML报告必须包含*项目出版商*（ItemPublisher）元素。

若报告项目缺失出版商名称，则报告项目中的*项目出版商*元素必须缺省。

*项目出版商*元素的值必须是所公认的出版商名称。

3.4.5 项目名称（题名、数据库名称等）

COUNTER XML报告中的每一个报告项目必须包含项目名称（ItemName）元素。

*项目名称*元素的值应该是项目公认的名称。

- 期刊公认的*项目名称*是ISSN注册表中的期刊题名。
- 图书公认的*项目名称*是在正式的ISBN注册机构中完成注册的图书题名。
- 若内容提供商会为知识库经销商生成“知识库及其相关工具推荐实施规范”（KBART）报告，那么COUNTER报告中的*项目名称*应该和KBART报告中的题名匹配。

3.4.6 项目数据类型

COUNTER XML报告中每一个报告项目都必须包含*项目数据类型*（ItemDataType）元素。

*项目数据类型*元素的值须与COUNTER元素框架中所枚举的值之一匹配，同时大小写匹配严格（例如Journal是有效的值，但是“JOURNAL”或者“journal”均为无效值）。

表14–1–1中详细列举*项目数据类型*及其适用的报告。

3.4.7 出版年

出版年（PubYr）是*项目使用情况*（ItemPerformance）元素的一个子属性，仅在期刊报告5（JR5）中使用。以下事项仅适于JR5报告：

- 报告项目中的*项目使用情况*元素可以用于表示以下内容之一的使用：
  - 某年的出版物；
  - 跨年的出版物；
  - 在版文章（先于印本在线出版的文章，并且还未指定其*出版年*）；
  - *出版年*未知的内容项。
- *出版年*（PubYr）属性必须用于表示某年的出版物，或者表示预印本或出版年未知的出版物。具体而言：
  - *出版年*属性的值为文章发表的年，其格式为“yyyy”；
  - 用于在版文章时，出版年属性的值必须为“9999”；
  - *出版年*未知且未在版的文章，出版年属性的值必须为“0001”（三个零，一个一）。
- 当*项目使用情况*（Item Performance）元素用于表示跨年度的出版物时，则*起始出版年*（PubYeFrom）和*结束出版年*（PubYrTo）两个属性必须被使用。具体而言：
  - *起始出版年*和*结束出版年*值格式必须为“yyyy”；
  - 值包括首尾两个年份；
  - *起始出版年*的数值必须小于*结束出版年*的数值；
  - 如果使用的项目*起始出版年*缺省，则项目使用情况元素代表小于或等于*结束出版*

*年*的值的项目使用情况；

- ○ *出版年*属性与*起始出版年*、*结束出版年*这一对属性是相互排斥的。

3.4.8 项目使用情况元素使用的时间段

*项目使用情况*的元素*时间段*（Period）表示报告项目使用发生的时间区间。*时间段*由*开始时间*（Begin）和*结束时间*（End）两个元素限定区间，如下：

- *项目使用情况*必须包含一个*时间段*元素；
- *时间段*元素必须包括一个*开始时间*和一个*结束时间*元素；
- *开始时间*和*结束时间*元素所表示的时间区间必须是单一的月份；
- *开始时间*和*结束时间*元素的格式为“yyyy-mm-dd”；
- *开始时间*元素中的“dd”表示使用发生的月份的第一天；
- *结束时间*元素中的“dd”表示使用发生的月份的最后一天，而且这个数字必须是特定月份当中的有效值日期。

3.4.9 项目使用情况元素中使用的类别

项目使用情况（ItemPerformance）元素中的*类别*（Category）元素代表报告使用的通用分类。具体要求有：

- *项目使用情况*元素必须包含一个*类别*元素；
- *类别*元素必须和COUNTER元素框架中所枚举的值之一匹配，并按大小写匹配（例如“Searches”为有效值，而“SEARCHES”为无效值）；
- 使用的*类别*值必须适用于所产生的报告，详细内容参见表14-1-3。

表14-1-3 有效的类别值

报告名称	描 述	支持类别
BR1	每月、每个题名的题名成功请求量	请求（Requests）
BR2	每月、每个题名的章节成功请求量	请求
BR3	每月、每个题名、每种类别的内容项的被拒绝访问量	拒绝访问（Access_denied）
BR4	每月、每个平台、每种类别的内容项的被拒绝访问量	拒绝访问
BR5	每月、每个题名的总检索量	检索（Searches）
CR1	每月全文期刊文章或图书章节的成功请求量	请求
CR2	每月、每个数据库的总检索量	检索、请求
CR3	每月、每个集合的多媒体全部内容单元的成功请求量	请求
DB1	每月、每个数据库的总检索量、结果点击量及记录浏览量	检索、请求
DB2	每月、每个数据库、每种类别的被拒绝访问量	拒绝访问
JR1	每月、每种期刊全文文章的成功请求量	请求
JR1GOA	每月、每种期刊金色开放获取全文文章的成功请求量	请求

续表

报告名称	描　　述	支持类别
JR1a	每月、每种期刊在回溯库中的全文文章的成功请求量	请求
JR2	每月、每种期刊、每种类别全文文章的被拒绝访问量	拒绝访问
JR3	每月、每种期刊、每种页面类型中项目成功请求量和被拒请求量	请求、拒绝访问
JR3mobile	每月、每种期刊、每种页面类型中应用移动设备完成的项目成功请求量	请求、拒绝访问
JR4	每月、每项服务的总检索量	检索
JR5	每出版年、每种期刊全文文章的成功请求量	请求
MR1	每月、每个集合的多媒体全部内容单元的成功请求量	请求
MR2	每月、每个集合、每种项目类型的多媒体全部内容单元的成功请求量	请求
PR1	每月、每个平台的总检索量、结果点击量及记录浏览量	检索、请求
TR1	每月、每个题名的期刊全文文章和图书章节的成功请求量	请求
TR1mobile	每月、每个题名下应用移动设备完成的每篇期刊全文文章及每一图书章节的成功请求量（包括适用于正常浏览器的格式/传递至移动终端，以及适用于移动终端的格式/传递至移动终端的内容）	请求
TR2	每月、每个题名、每个类别全文项目的被拒绝访问量	拒绝访问
TR3	每月、每个题名、每种页面类型中成功的项目请求量	请求、拒绝访问
TR3mobile	每月、每个题名、每种页面类型中应用移动设备完成的成功的项目请求量（包括适用于正常浏览器的格式/传递至移动终端，以及适用于移动终端的格式/传递至移动终端的内容）	请求、拒绝访问

3.4.10　一个项目使用情况元素的使用实例

在报告项目的*项目使用情况*（Item Performance）元素中，实际使用数据表现为一个或者多个*实例*（Instance）元素，并且必须满足以下条件。

- *项目使用情况*元素中必须至少包含一个已经发生的*实例*元素。
- 若在同一个时间段内相同类型中，报告项目有同一类别的多个度量类型的使用，则*项目使用情况*元素必须包含多个*实例*元素。
- 若*项目使用情况*元素中已有至少一个*实例*元素，在某一个度量类型下无使用数据的情况下，可以省略该度量类型的*实例*元素。
- 出版商平台提供的期刊和图书COUNTER使用报告中，必须展示所有订阅的题名，即使某个题名在统计的时间段内没有使用数据。一个报告项目必须在报告时间段的每一个月中至少包含一个*项目使用情况*元素，而*项目使用情况*元素则必须至少包含一个*实例*元素。
- 全文数据库集成平台上的期刊和图书COUNTER统计报告必须只展示使用数据大于0的题名。如果一个*项目使用情况*元素的所有度量类型下都没有使用数据，那么*项*

*目使用情况*元素可以被省略。当一个报告项目没有*项目使用情况*元素出现（比如无使用），那么该报告项目也可以被省略。

- 度量类型的值必须和COUNTER元素框架中枚举的值之一匹配，并按大小写匹配（例如“ft_total”为有效值，而“FT-Total”或者“Ft_total”为无效值）。
- 度量类型的值必须适用于*项目使用情况*元素中的*类型*元素，参见表14-1-4。

表14-1-4　不同类别下的度量类型

度量类型	描　　述	适用类别
ft_ps	后记文件的全文请求量	请求
ft_ps_mobile	移动平台上后记文件的全文请求量	请求
ft_pdf	PDF文件全文请求量	请求
ft_pdf_mobile	移动平台上的PDF文件全文请求量	请求
ft_html	HTML类型的全文请求量	请求
ft_html_mobile	移动平台中HTML类型的全文请求量	请求
ft_epub	以EPUB格式传递的全文请求量	请求
ft_total	全文请求量总量 注释：当一些特定格式的度量类型，例如HTML全文请求或PDF全文请求被包含时，该度量类型必须包含在每月报告项目中。	请求
toc	目录的请求量	请求
abstract	文献摘要的请求量（详细的文章元数据，不包含全文）	请求
reference	文章的参考书目页面浏览的请求量	请求
data_set	文章中参考的补充数据集的请求量	请求
audio	文章中参考的音频片段的请求量	请求
video	文章中参考的视频片段的请求量	请求
image	文章中参考的图像的请求量	请求
podcast	文章中参考的播客的请求量	请求
multimedia	所有的多媒体对象的成功请求量（包括音频、视频、图像、播客以及其他类型的非文本内容项）	请求
record_view	数据库中详细的记录浏览计数	请求
result_click	数据库检索结果列表中内容的点击计数	请求
search_reg	用户常规检索量（去除自动检索或者联邦检索产生的检索量）	检索
search_fed	联邦检索或者自动检索的检索量	检索
turnaway	由于超过并发用户限制导致的请求被拒量	拒绝访问
no_license	由于用户无内容使用权限而被拒绝访问量	拒绝访问
count	某一个类别的简单使用计数（不分类）	勿用（DO NOT USE）

续表

度量类型	描　　述	适用类别
other	counter框架中除上述所有类型外的其他度量类型	拒绝访问（仅用于除请求被拒或无使用权以外的情况）

- 对于包括全文请求的期刊报告来说，除了适当的特定格式的全文计量类型，每月报告还必须包括全文请求量总量。（鉴于内容提供商可能会以表14–1–4中列举的特定格式的全文度量类型以外的格式传递全文，“COUNTER实施规则”并没有假设所有特定格式度量类型的请求量总和等于总的全文请求量。）

附录A：报告的数据元素使用概述

表14–1–5概述了每个报告中所允许的可能的枚举值。

表14–1–5　报告的数据元素使用

报告名称	描　　述	项目标识符类型	项目数据类型	类别	度量类型
BR1	每月、每个题名的题名成功请求量	在线ISBN 印本ISBN DOI 所有权者	图书	请求	ft_ps ft_pdf ft_html ft_total
BR2	每月、每个题名的章节成功请求量	在线ISBN 印本ISBN DOI 所有权者	图书	请求	ft_ps ft_pdf ft_html ft_total
BR3	每月、每个题名、每种类别的内容项的被拒绝访问量	在线ISBN 印本ISBN DOI 所有权者	图书	拒绝访问	turnaway no_license other
BR4	每月、每个平台、每种类别的内容项的被拒绝访问量	所有权者	平台	拒绝访问	turnaway no_license other
BR5	每月、每个题名的总检索量	在线ISBN 印本ISBN DOI 所有权者	图书	检索	ft_ps ft_pdf ft_html ft_total
CR1	每月全文期刊文章或图书章节的成功请求量	在线ISSN 印本ISSN 在线ISBN 印本ISBN DOI 所有权者	图书、期刊	请求	ft_html ft_html_mobile ft_pdf ft_pdf_mobile ft_ps ft_ps_mobile ft_total

续表

报告名称	描　　述	项目标识符类型	项目数据类型	类别	度量类型
CR2	每月、每个数据库的总检索量	所有权者	数据库	检索	searches_reg searches_fed
				请求	result_clicks record_views
CR3	每月、每个集合的多媒体全部内容单元的成功请求量	所有权者	多媒体集合	请求	multimedia
DB1	每月、每个数据库的总检索量、结果点击量及记录浏览量	所有权者	数据库	检索	searches_reg searches_fed
				请求	result_clicks record_views
DB2	每月、每个数据库、每种类别的被拒绝访问量	所有权者	数据库	拒绝访问	turnaway no_license other
JR1	每月、每种期刊全文文章的成功请求量	在线ISSN 印本ISSN DOI 所有权者	期刊	请求	ft_html ft_html_mobile ft_pdf ft_pdf_mobile ft_ps ft_ps_mobile ft_total
JR1GOA	每月、每种期刊金色开放获取全文文章的成功请求量	在线ISSN 印本ISSN DOI 所有权者	期刊	请求	ft_html ft_html_mobile ft_pdf ft_pdf_mobile ft_ps ft_ps_mobile ft_total
JR1a	每月、每种期刊在回溯库中的全文文章的成功请求量	在线ISSN 印本ISSN DOI 所有权者	期刊	请求	ft_html ft_html_mobile ft_pdf ft_pdf_mobile ft_ps ft_ps_mobile ft_total
JR2	每月、每种期刊、每种类别的全文文章的被拒绝访问量	在线ISSN 印本ISSN DOI 所有权者	期刊	拒绝访问	turnaway no_license other
JR3	每月、每种期刊、每种页面类型中项目成功请求量和被拒请求量	在线ISSN 印本ISSN DOI 所有权者	期刊	请求	ft_epub ft_html ft_html_mobile ft_pdf

续表

报告名称	描　　述	项目标识符类型	项目数据类型	类别	度量类型
					ft_pdf_mobile ft_ps ft_ps_mobile ft_total abstract audio data_set image reference toc video
				拒绝访问	turnaway no_license other
JR3mobile	每月、每种期刊、每种页面类型中应用移动设备完成的项目成功请求量	在线ISSN 印本ISSN DOI 所有权者	期刊	请求	ft_epub ft_html ft_html_mobile ft_pdf ft_pdf_mobile ft_ps ft_ps_mobile ft_total abstract audio data_set image reference toc video
				拒绝访问	turnaway no_license other
JR4	每月、每项服务的总检索量	所有权者	平台	检索	search_reg search_fed
JR5	每出版年、每种期刊全文文章的成功请求量	在线ISSN 印本ISSN DOI 所有权者	期刊	请求	ft_total
MR1	每月、每个集合的多媒体全部内容单元的成功请求量	所有权者	多媒体集合	请求	multimedia
MR2	每月、每个集合、每种项目类型的多媒体全部内容单元的成功请求量	所有权者	多媒体集合	请求	audio video image other

续表

报告名称	描　　述	项目标识符类型	项目数据类型	类别	度量类型
PR1	每月、每个平台的总检索量、结果点击量及记录浏览量	所有权者	平台	检索	searches_reg searches_fed
				请求	result_clicks record_views
TR1	每月、每个题名的期刊全文文章和图书章节的成功请求量	在线ISSN 印本ISSN 在线ISBN 印本ISBN DOI 所有权者	图书、期刊	请求	ft_html ft_html_mobile ft_pdf ft_pdf_mobile ft_ps ft_ps_mobile ft_total
TR1mobile	每月、每个题名下应用移动设备完成的每篇期刊全文文章及每一图书章节的成功请求量（包括适用于正常浏览器的格式/传递至移动终端，以及适用于移动终端的格式/传递至移动终端的内容）	在线ISSN 印本ISSN 在线ISBN 印本ISBN DOI 所有权者	图书、期刊	请求	ft_html ft_html_mobile ft_pdf ft_pdf_mobile ft_ps ft_ps_mobile ft_total
TR2	每月、每个题名、每个类别全文项目的被拒绝访问量	在线ISSN 印本ISSN 在线ISBN 印本ISBN DOI 所有权者	图书、期刊	拒绝访问	turnaway no_license other
TR3	每月、每个题名、每种页面类型中成功的项目请求量	在线ISSN 印本ISSN 在线ISBN 印本ISBN DOI 所有权者	图书、期刊	请求	ft_epub ft_html ft_html_mobile ft_pdf ft_pdf_mobile ft_ps ft_ps_mobile ft_total abstract audio data_set image reference toc video
				拒绝访问	turnaway no_license other

续表

报告名称	描　述	项目标识符类型	项目数据类型	类别	度量类型
TR3mobile	每月、每个题名、每种页面类型中应用移动设备完成的成功的项目请求量（包括适用于正常浏览器的格式/传递至移动终端，以及适用于移动终端的格式/传递至移动终端的内容）	在线ISSN 印本ISSN 在线ISBN 印本ISBN DOI 所有权者	图书、期刊	请求	ft_epub ft_html ft_html_mobile ft_pdf ft_pdf_mobile ft_ps ft_ps_mobile ft_total abstract audio data_set image reference toc video
				拒绝访问	turnaway no_license other

第二节　《NISO SUSHI协议：COUNTER-SUSHI实施纲要》应用研究

1　背景简介

《NISO SUSHI协议：COUNTER-SUSHI实施纲要》（NISO SUSHI Protocol：COUNTER-SUSHI Implementation Profile，COUNTER-SUSHI），其中文全称可以逐字翻译为“美国国家信息标准协会标准化电子资源使用统计收割协议：网络电子资源在线使用统计—标准化电子资源使用统计收割协议实施纲要”，由NISO SUSHI常务委员会制定，并经过美国国家信息标准协会（NISO）批准。COUNTER-SUSHI用于提升《标准化电子资源使用统计收割协议》[The Standardized Usage Statistics Harvesting Initiative (SUSHI) Protocol，SUSHI］客户端和服务器实施过程中的交互性和一致性，为SUSHI服务端和客户端应用的开发者提供指南，还可为网络电子资源在线使用统计（Counting Online Usage of Networked Electronic Resources，COUNTER）标准审核员验证内容提供商的SUSHI服务器提供依据。

2012年8月10日，NISO批准通过推荐实施规范《NISO SUSHI协议：COUNTER-SUSHI

实施纲要》(NISO RP-14-2012)。[1] 2014年随着SUSHI修订版（ANSI/NISO Z39.93-2014）的发布，COUNTER-SUSHI也升级为第2版，即NISO RP-14-2014。[2] COUNTER-SUSHI为SUSHI协议收割XML格式的COUNTER报告提供实施框架，包括规范SUSHI服务器端的认证技术及设置方法（包括某些数据元素的赋值）、COUNTER XML文件的结构与内容、适用于SUSHI协议收割的COUNTER报告格式。

之所以推出COUNTER-SUSHI，主要是因为COUNTER和SUSHI标准的设计非常灵活，实施者可以根据实际需要进行相应修改与应用。如果在实施操作上缺乏合适的指导，开发者很有可能开发出一个不能完全互操作的解决方案。这种情况下将会出现SUSHI客户端需要依据每个SUSHI服务器的不同而重新进行定制配置，或SUSHI服务器开发者需要重写操作方案的情形，增加时间和费用成本。这也给SUSHI实施者带来了额外费用与实施上的困难，一定程度上阻碍了SUSHI的广泛应用。基于这些考虑，NISO SUSHI常务委员会制定了《NISO SUSHI协议：COUNTER-SUSHI实施纲要》。

COUNTER-SUSHI的主要内容包括3大部分。第1部分是对标准的目的、范围、原则及相关术语定义等的介绍。第2部分是SUSHI的实施细节，主要讨论利用SUSHI检索COUNTER报告时如何定义SUSHI请求和SUSHI响应信息，如报告名称、日期范围等。第3部分是COUNTER报告实施细节，讨论涉及COUNTER XML报告格式并提供XML文件内容的指南，如COUNTER报告有效项目数据类型、项目数据类型对应的有效项目标识符类型等。

2　COUNTER-SUSHI提升SUSHI实施过程中的交互性和一致性

COUNTER-SUSHI在实践过程中从以下4个方面保证了SUSHI客户端和服务器交互过程中的交互性和一致性。

2.1　实施框架的一致性

（1）技术框架

SUSHI标准定义了一个利用Web服务（Web Services）框架收割电子资源使用数据的自动请求与响应模式，该标准基于简单对象访问协议（Simple Object Access Protocol，SOAP）传输请求与响应消息。COUNTER-SUSHI规定了请求和响应信息的字符编码应统一为UTF-8，允许服务使用安全的安全套接层协议（Secure Sockets Layer，SSL）链接方式（https），同时规定了不允许服务器端使用SOAP扩展协议、任何SUSHI或者COUNTER框架的扩展、自定义的SUSHI或者COUNTER框架版本。

（2）服务描述信息框架XML Schema

服务描述信息框架XML Schema的作用是定义XML文档的合法构建模块，XML Schema

定义（XML Schema Definition，XSD）是万维网联盟（World Wide Web Consortium，W3C）于2001年5月发布的推荐标准，指出应以何种形式描述XML文档的元素。XSD是许多XML Schema语言中的一支。像所有XML Schema语言一样，XSD用来描述一组规则——一个XML文件必须遵守这些规则，才能根据该schema合法（Valid）。XML Schema具体的作用包括以下几个方面：

- 定义可出现在文档中的元素；
- 定义可出现在文档中的属性；
- 定义哪个元素是子元素；
- 定义子元素的次序；
- 定义子元素的数目；
- 定义元素是否为空，或者是否可包含文本；
- 定义元素和属性的数据类型；
- 定义元素和属性的默认值以及固定值。

COUNTER-SUSHI规定了SUSHI服务器的实现必须依照COUNTER和SUSHI的服务描述信息框架XML Schema，具体包括4个XSD文件：sushi1_6.xsd，主要描述SUSHI请求和响应信息，其中响应信息包括COUNTER XML报告；counter4_0.xsd，描述COUNTER报告的XML版本，其中COUNTER XML语言内嵌在SUSHI的响应信息中；counter Elements4_0.xsd，包含确切COUNTER数据元素的可用值枚举列表，比如项目标识符类型、报告项目数据类型、使用的类别和度量类型等；counter_sushi4_0.xsd，描述SUSHI服务的概况和如何将COUNTER报告包含在SUSHI响应信息中。

（3）身份验证

COUNTER-SUSHI规定了SUSHI服务可以使用3种方式的任意组合，对请求者身份的合法性进行验证，分别是客户端IP地址白名单验证、请求者标识（Requestor ID）①信息验证、用户标识（Customer ID）②信息验证，从数据库的实践来看，数据库商通常会选择使用“请求者标识”和“用户标识”组合的方式来验证请求者身份合法性。

（4）COUNTER官方合规验证及服务器信息集中管理

COUNTER官方依据COUNTER-SUSHI对数据库商开发的SUSHI服务的合规性进行验证。COUNTER官方在NISO网站提供了一个SUSHI服务列表页面，通过验证的SUSHI服务器必须在SUSHI服务器注册页面中进行注册，并详细精确说明，包括支持的报告类型、

---

① 由于COUNTER及本标准的版本变化，“请求者标识”的英文先后有多种写法，如Requester/ID、RequesterID、Requestor/ID、RequestorID、Requestor ID等，但含义相同。本章第二节的研究报告，一律按照最新版本统一为Requestor ID，下同。——作者注

② 由于COUNTER及本标准的版本变化，“用户标识”的英文先后有多种写法，如Customer Reference/ID、CustomerReferenceID、CustomerReference ID、CustomerID、Customer ID等，但含义相同。本章第二节的研究报告，一律按照最新版本统一为Customer ID，下同。——作者注

服务地址等关键信息。服务提供商必须提供一个清晰的使用说明以便图书馆员能够正确地使用SUSHI客户端。这些使用说明可以在SUSHI服务器注册页面详细解释，或是在服务提供商的网站上提供相应的系统文档。

2.2　字段定义和数据规范

COUNTER-SUSHI服务在请求响应的交互过程中是通过SOAP协议传输数据，数据中的关键内容都是字符型（String）信息，如果不对交互过程中的关键信息取值做出明确的限定，就会造成使用者在实施过程中的不一致。COUNTER-SUSHI规定了交互过程中的信息名称只能从XSD文件的规定范围内取值，具体包括报告定义/名称（ReportDefinition/Name）、报告定义/版本（ReportDefinition/Release）、项目标识符类型（ItemIdentifier type）、项目数据类型（ItemDataType）、项目类别（Category）、度量类型（MetricType）等标识信息的取值。同时，COUNTER-SUSHI从3个方面规定了数据的规范。

（1）名称规范。COUNTER-SUSHI规定项目标识符的值字段，必须基于该标识符类型的公认规则进行格式规范，包括ISSN、ISBN、DOI等字段的取值方式；规定了图书、期刊、平台、出版商的命名规范。

（2）字符格式规范。COUNTER-SUSHI规定了请求和响应信息中出现的日期、年份、出版年代等字符的具体格式。

（3）数据字段使用规范。COUNTER-SUSHI规定了一些实施细节上的数据字段使用规范。

2.3　明确的异常处理

异常处理是COUNTER-SUSHI中极其重要的一个部分，异常代码的加入提高了SUSHI服务系统的稳定性和灵活性，保证了系统在接受规范要求以外的输入时能够判断异常情况并反馈相应代码，方便客户端进行问题排查。

SUSHI中定义了16种异常代码，分别用来应对系统有可能遇到的各类异常情况，各类代码依照异常的严重程度从轻到重分为4个级别，分别是：信息调试级异常（Info Debug）、警告级异常（Warning）、错误级异常（Error）、致命级异常（Fatal）。依照异常类型分为5个类别：调试类异常、服务商警告类异常、服务器响应类异常、身份验证类异常、数据内容类异常。代码0是调试类异常，用来记录服务提供者调试用的信息，一般不出现在正式的服务响应内容中；代码1–999是服务商警告类异常，供服务提供商显示各类自定义的警告类信息；代码1xxx是服务器响应类异常，用来表示服务不能正常响应的问题，有可能是服务掉线或客户端过量访问造成的；代码2xxx是身份验证类异常，说明调用者未能通过身份验证；代码3xxxx是数据内容类异常，通常是用户发起的SUSHI请求中的关于COUNTER报告的字段有服务器无法处理的内容。

SUSHI服务提供者需要依据COUNTER-SUSHI的要求，处理所有异常代码所涉及的场景，服务使用者需要获取SUSHI响应的异常代码，并对每种代码施以对应的处理方式。下面从服务使用者的角度说明各类异常代码的处理方式：

- 警告级代码：通常不影响数据获取，需要对警告信息内容核实，根据实际情况决定是否正常使用获取到的数据；
- 服务器响应类异常：首先需要检查并确定异常情况的来源是客户端还是服务端。若由于客户端过量请求造成的代码1020异常，则需要调整客户端的访问策略，降低访问频率，以保证SUSHI客户端不会因过量请求被SUSHI服务器拒绝访问；若由于服务端的可访问性造成异常，则需要及时联系服务提供商修复SUSHI服务；
- 身份验证类异常：通常是由于服务提供方所提供的请求者标识（Requestor ID）和用户标识（Customer ID）的访问权限被限制，需要联系服务提供商核对标识信息是否正确；
- 数据内容类异常：可能是由于SUSHI请求中COUNTER报告的描述字段不准确造成，例如报告名称、报告的版本、请求的日期等信息，解决办法是检查请求中关于COUNTER报告描述的字段。

异常代码的详情及客户端处理方式见表14–2–1。

表14–2–1　异常报告代码及客户端处理方式①

异常名称	严重程度	异常代码	异常产生情况	客户端处理方式
信息或调试	Info Debug	0	非标准化异常，服务提供商可以按照他们认为合适的方式设计	一般不出现在正式的服务响应内容中
警告	Warning	1–999	此范围是为服务提供商保留的，以提供其自己的自定义警告	一般不影响数据的获取，可以对警告信息内容进行核实，根据实际情况决定获取到的数据是否可以正常使用
服务不可用	Fatal	1000	服务正在执行请求，但由于内部错误，无法完成请求	需联系服务提供方
服务忙	Fatal	1010	服务太忙，无法执行传入的请求	隔一段合理的时间后重试请求，如果还是无法正常访问，需要联系服务提供方，这里的时间间隔一般是几分钟或几小时
客户端过量请求	Fatal	1020	客户端在给定时间范围内可以发出的请求数的限制，当客户端超过该限制时，服务器将返回此错误	一般在响应的异常信息中会附带服务端对访问的具体请求的限制，需要调整客户端的访问策略

① 参见本书第十三章表13–1–19“标准的SUSHI异常列表”。——作者注

续表

异常名称	严重程度	异常代码	异常产生情况	客户端处理方式
请求者（Requestor）未获得访问服务授权	Error	2000	请求者标识没有通过服务器验证或无授权	联系服务提供商核对请求者标识是否有权限访问服务
请求者（Requestor）未获得访问机构使用数据授权	Error	2010	请求者标识没有请求用户标识（Customer ID）所在机构数据的权限	联系服务提供商核对请求者标识和用户标识权限是否正确
不支持的报告类型	Error	3000	请求的报表名称、版本或其他标识符与支持的报表不匹配	检查请求中的“报告定义/名称”（Report Definition/Name）元素
不支持的报告版本	Error	3010	服务不支持请求的数据版本	检查请求中的“报告定义/版本”（Report Definition/Release）元素
无效日期参数	Error	3020	任何涉及日期计算的格式或逻辑错误	检查日期的格式、范围是否正确，“使用统计日期范围”（Usage Date Range）元素下的“开始”（Begin）和“结束”（End）元素
没有请求日期内的使用数据	Error	3030	在请求的日期范围内服务器没有任何数据	隔一段时间再请求数据，这里的时间间隔一般是几天
返回部分数据	Warning	3040	服务器无法完全满足请求，返回了可用的数据	需要查看异常提示信息，检查获取的数据是否可用
不支持的过滤器	Warning	3050	请求在“报告定义”（Report Definition）元素中包含服务器不支持的一个或多个过滤条件元素。服务器应在异常的消息元素中列出不受支持的过滤条件的名称	检查请求中的“报告定义”（Report Definition）元素是否正确使用。服务器会返回去除无效过滤条件之后的数据，需要查看异常提示信息，检查获取的数据是否可用
不支持的报告属性	Warning	3051	请求在“报告定义”（Report Definition）元素中包含服务器不支持的一个或多个报表属性元素。服务器应在异常的消息元素中列出不受支持的报表属性的名称	检查请求中的“报告属性”（Report Attribute）元素是否正确使用。服务器会返回去除无效报表属性之后的数据，需要查看异常提示信息，检查获取到的数据是否可用
无效的过滤器赋值	Warning	3060	请求在“报告定义”（Report Definition）元素中包含服务器不支持的一个或多个过滤条件的值。服务器应列出不受支持的过滤条件的值	检查请求中的“报告定义”（Report Definition）元素的取值是否正确使用。服务器会返回去除无效过滤条件之后的数据，需要查看异常提示信息，检查获取的数据是否可用

续表

异常名称	严重程度	异常代码	异常产生情况	客户端处理方式
无效的报告属性赋值	Warning	3061	请求在“报告定义”（Report Definition）元素中包含服务器不支持的一个或多个报表属性的值。服务器应列出不受支持的报表属性的值	检查请求中的“报告属性”（Report Attribute）元素的取值是否正确使用。服务器会返回去除无效报表属性之后的数据，需要查看异常提示信息，检查获取的数据是否可用

3 COUNTER-SUSHI的国内外实践应用情况

COUNTER-SUSHI是对SUSHI实施应用的详细配置规范，因此该推荐实施规范的应用和SUSHI标准应用分离不开。SUSHI作为一项通讯或消息传输协议，其运行需要SUSHI客户端和SUSHI服务器两个层面的传输与对话。COUNTER-SUSHI同样在SUSHI客户端和SUSHI服务器两方面均定义相关实施规范。

3.1 COUNTER-SUSHI在SUSHI服务器上的应用

SUSHI使用Web服务框架，利用SOAP消息协议检索XML格式的COUNTER报告。COUNTER-SUSHI对SUSHI客户端发送的请求信息进行规范，包括：

- 请求者标识（Requestor ID）
- 报告名称，发布和日期
- 报告（带有报告数据的实际XML）
- 异常（仅在适用的情况下，任何异常或错误消息）

遵循SUSHI标准以及COUNTER-SUSHI的SUSHI服务器可以在NISO的服务器注册表中进行注册。而NISO针对注册申请，根据SUSHI标准以及COUNTER-SUSHI对服务器实施认证，通过认证的服务器将加入服务器列表范围内。NISO的SUSHI服务器注册列表中共有32家，包括国际计算机协会（Association for Computing Machinery，ACM）、美国化学会（American Chemical Society，ACS）、爱思唯尔科技出版集团旗下的ScienceDirect与Scopus、牛津大学出版社、施普林格、美国农学会（American Physical Society，APS）、美国经济学会（American Economic Association，AEA）、EBSCO信息服务（EBSCO Information Services）、电气与电子工程师协会（Institute of Electrical and Electronics Engineers，IEEE）、汤森路透等。[3] 此列表自2017年后并未实施持续更新。

除了SUSHI实施细节，COUNTER-SUSHI还对SUSHI服务器提供的COUNTER报告的相关字段内容进行规范。COUNTER标准网站上对符合其标准的数据库商实施登记，同时提供它们是否提供SUSHI服务器的信息。[4] 统计发现，截至2020年7月8日，有64家出版商/供应商提供支持COUNTER标准报告的SUSHI服务，包括ACS、剑桥大学出版社、EBSCO 信息服务、爱思唯尔ScienceDirect电子期刊服务和Scopus数据库、工程索引（Engineering Village）、ProQuest、Springer-Nature、美国科学促进会（American Association for the Advancement of Science，AAAS）、APS、Emerald 出版集团（Emerald Group Publishing）、IEEE Computer Society、IEEE Xplore、美国光学学会（The Optical Society of America，OSA）、牛津大学出版社、泰勒-佛朗西斯、Wiley等。

3.2　COUNTER-SUSHI在SUSHI客户端上的应用

SUSHI客户端是图书馆/图书馆联盟/系统提供商（主要是ERM销售商）等利益相关者所布置的，它向SUSHI服务器发送请求，并将SUSHI服务器响应的报告和代码返给用户。

COUNTER-SUSHI对SUSHI客户端发送的请求信息进行规范，包括：

- 请求者标识（Requestor ID）、用户标识（Customer ID）要求的报告名称；
- 请求报告的发布（即版本）编号；
- 要求报告的开始日期；
- 要求报告的结束日期；

SUSHI客户端分为两种形式。第一种是独立的SUSHI客户端，通常而言，它只有收割COUNTER报告而不提供使用数据的分析、展示与保存功能；第二种是嵌入SUSHI客户端的ERM系统或使用统计收集与整合服务平台。表14-2-2列出了这两类客户端的实践情况。

表14-2-2　SUSHI客户端应用工具（截至2021年1月）

SUSHI客户端应用工具			
ERM系统（商业或开源）			
产品名称	公司	推出时间	是否支持SUSHI标准
ERM	Innovative Interfaces，Inc.	2002.6	是（是首个支持SUSHI的ERM系统）
Verde	ProQuest （原为Ex Libris）	2004.6	是（从2007年发布的3.0版本开始支持SUSHI）
360 Resource Manager	ProQuest （原为Serials Solutions）	2005.10	正在计划中
Open ERMS	深圳大学图书馆	2011.4	暂未嵌入SUSHI功能，另有开发专门的使用统计平台USSER支持SUSHI
电子资源使用统计收集与整合服务平台（商业或开源）			
产品	公司	推出时间	是否支持SUSHI标准
EBSCONET Usage Consolidation使用统计整合工具	EBSCO	2012	是

续表

SUSHI客户端应用工具			
电子资源使用统计收集与整合服务平台（商业或开源）			
产品	公司	推出时间	是否支持SUSHI标准
UStat	ProQuest（原为Ex Libris）	2010	是
360 COUNTER	ProQuest（原为Serials Solutions）	2007.11	是
ScholarlyStats学术统计工具	Swets（原为MPS Technologies Ltd）	2006.1	是，目前可提供160多家出版商的统计报告，涵盖8万多种期刊、5万多种图书
期刊使用统计门户（JUSP）	英国联合信息系统委员会（JISC）、曼彻斯特大学Mimas数据中心、伯明翰城市大学Evidence Base评价与咨询中心、克兰菲尔德大学	2009	是，目前可提供80家出版商的统计报告，另有一家已经注册但还未正式加入
电子资源使用统计系统（USSER）	深圳大学图书馆	2013	是，目前通过SUSHI协议自动收割了36家出版商或平台的使用数据
SUSHI客户端（开源）			
工具名称	开发者	推出时间	技术特点
MISO	Serials Solutions（现为ProQuest）	2009.5	①MISO基于Windows或命令行驱动，在实施时对技术要求较高；②支持COUNTER 4；③可将XML格式的COUNTER报告转换为CSV格式
SUSHI启动项目客户端（SUSHI Starters Project）	COUNTER与克兰菲尔德大学（Cranfield University）合作开发，受JISC资助	2011.9	①以PHP语言开发，目前已开发针对COUNTER 4的版本；②可将XML格式的COUNTER报告转换为EXCEL格式
SoapUI客户端	SmartBear	2005.10	该工具可作为一个简单的SUSHI客户端，还可用于快速测试SUSHI服务器
SUSHI工具包和客户端（SUSHI Toolkit & Web Client）	宾夕法尼亚大学图书馆	未查找到具体推出时间	①以Java语言开发；②支持COUNTER 3；③可将XML格式的COUNTER报告转换为EXCEL格式
Pycounter客户端	匹兹堡大学健康科学图书馆	未查找到具体推出时间，但2016年9月有更新	支持COUNTER 3和COUNTER 4，提供CSV、TSV、XLSX格式的报告

3.3 NISO推动COUNTER-SUSHI实施的举措

NISO非常重视SUSHI应用过程中操作实施的标准化。COUNTER-SUSHI尚未发布前，NISO SUSHI常务委员会已经采取多方措施保证SUSHI标准的实施。这些措施包括：

（1）SUSHI开发者列表（SUSHI Developers List）：为SUSHI客户端与服务器开发者提供问题交流与解决的平台；

（2）SUSHI服务器注册列表：列出提供SUSHI服务的数据库商及如何使用其SUSHI服务；

（3）提供SUSHI客户端与服务器应用的开源工具；

（4）提供测试版SUSHI服务器。

2011年1月，SUSHI常务委员会提出成立SUSHI服务器工作小组，开发一个推荐指南以指导数据库商向客户端提供SUSHI服务。2011年8月1日，SUSHI服务器工作小组推出其推荐实施规范《SUSHI服务器的测试模式》（NISO RP-13-201x Providing，试用期限：2011年8月1日至2012年1月31日），[5]为数据库商提供一系列提高其SUSHI服务器的访问性的推荐实践与方法，包括提供一个测试版本的SUSHI服务器；简化或取消SUSHI客户端在访问测试版本SUSHI服务器前的注册要求；技术上相应地提供对SUSHI请求的响应。该项新的最佳实践扫除了SUSHI客户端开发者的技术障碍，使其更容易地创建SUSHI客户端，并使用测试数据测试其客户端软件的基础功能，同时使数据库商在支持客户端上省时省力。

COUNTER-SUSHI发布后，NISO SUSHI委员会一方面继续从客户端、服务器实施开发指导，另一方面对注册并遵循SUSHI标准的SUSHI服务器实施认证服务：NISO SUSHI委员会共为32家SUSHI服务器提供注册验证，确保它们遵循SUSHI标准以及COUNTER-SUSHI。

4 JUSP实施应用SUSHI案例分析

4.1 背景及发展介绍

为保证英国的教育与研究社区获取更多在线资源，降低学术数字资源使用成本，英国联合信息系统委员会于2002年创建了JISC电子资源采购联盟（JISC Collections），专注于通过国家许可实施数字资源集团采购。JISC Collections的主要职责是对数字资源进行质量评估，代表教育与研究部门与数据库商进行集团采购的谈判，为电子内容颁发有效的国家许可，保证各成员馆以最优惠的价格得到最佳的数字资源使用许可方案。2017年，JISC Collections为成员馆提供320项数字资源的集团订阅，既包括国家许可下为成员馆免费提供的数字资源，也包括成员馆自费参与集团采购的数字资源。除了集团采购电子资源许可，JISC Collections还为成员馆提供多项子服务，包括数字存档服务（如数字收藏JISC eCollections、历史图书JISC Historic Books、期刊典藏JISC Journal Archives等）、多媒体服务（JISC MediaHub）、知识库服务（KnowledgeBase+）、机构库使用统计（IRUS-UK）、期刊使用统计门户（Journal Usage Statistics Portal，JUSP）、开放获取（OA）资源服务（JISC Monitor）、采购决策和身份管理工具等。其中，JUSP为成员馆提供精准、可对比的使用统计数据，有效支撑JISC Collections的采购决策，受到英国高校图书馆的广泛欢迎。[6]

2004年，JISC Collections在分析来自NESLi2项目（英国国家试点许可证计划二期，Phase 2 of the National Pilot Site Licence Initiative，NESLi2）合作数据库商的使用统计数据的基础上，做出在英国高等教育领域建设一个使用统计门户的决定。[7] NESLi2是JISC在2003年推出的电子期刊集团采购项目，超过130家高等教育机构及17家知名科技期刊出版商参与，一期涵盖1997—2002年订购计划，二期涵盖2004—2006年电子期刊订购计划。2008年，JISC资助的后续项目提出使用统计平台的技术设计以及原型系统，并在5家图书馆以及3家数据库商中通过测试，从而验证提供平台集成服务具有可行性。[8]

2009年，JISC Collections、曼彻斯特大学Mimas数据中心、伯明翰城市大学Evidence Base评价与咨询中心、克兰菲尔德大学合作正式推出面向英国高等教育领域的数字资源统计使用门户JUSP，为图书馆提供一站式浏览与下载来自NESLi2所合作的数据库商的使用统计报告的服务。

JUSP最初仅有5家图书馆及8家数据库商参与，初期只收集参与NESLi2计划（重点）数据库商的使用统计数据，随着规模的扩大，JUSP向NESLi2计划外的其他数据库商开放。截至2017年9月，共计207家大学图书馆及机构、80家数据库商参与JUSP。图书馆通过JUSP平台可一站式获取使用数据，不必逐一至各数据库商的网站收集数据。此外，JUSP基于SUSHI协议自动收割数据，因此为馆员节省不少时间。JUSP还可实现对不同数据库商、年份以及平台的使用量对比分析，帮助图书馆优化采购决策。所有的使用数据都经过审核与质量控制，保证了数据的可靠性与准确性。

4.2　JUSP应用SUSHI服务实践

JUSP研发团队积极探索应用SUSHI开展电子资源使用统计服务，其对SUSHI的应用主要涉及以下方面。

4.2.1　SUSHI客户端软件的开发

随着2008年第3版COUNTER提出支持SUSHI的要求，JUSP研发团队即开始推动SUSHI的应用。在推动SUSHI实施的初期，JUSP研发团队面临两个问题。一是缺乏可用的或合适的标准SUSHI客户端软件。2009年仅有的SUSHI客户端软件是在Windows环境下运行或使用的JAVA开发，运行非常复杂且JUSP研发团队缺乏相应经验。另一个是很多加入JUSP的出版商并不支持SUSHI。尽管很多出版商使用第三方数据服务平台（如Atypon、Highwire等）收集并提供使用数据，但是更多的出版商在SUSHI应用方面没有显著进展，很多出版商的SUSHI服务器未经过任何测试，也未曾被使用过。

同时，NISO网站上提供的早期SUSHI客户端，如MISO、SoapUI以及SUSHI工具包和客户端（SUSHI Toolkit & Web Client）等均使用JAVA开发，基于Microsoft.NET框架并面向Windows环境，难以与Perl语言开发的JUSP统一服务平台兼容，且JUSP研发团队缺乏JAVA开发经验。在此背景下，JUSP研发团队基于Perl语言开发了SUSHI启动项目客户端（SUSHI Starters Project），并成功测试与联通“牛津期刊”数据库（Oxford Journals）的SUSHI服务器，获取Oxford Journals的JR1期刊报告。尽管大多数SUSHI服务器输出内容几乎相同，但在精确实现上存在较大差异，原因在于SUSHI服务器对SUSHI客户端在认证及授权方面有不同要求。因此，实现与Oxford Journals SUSHI服务器互通后，JUSP在2009—2012年间相继开发了27个基于Perl语言的SUSHI客户端及一个基于PHP语言的客户端，满足了与33个数据库商SUSHI服务器互联的精准需要。[9]

4.2.2　SUSHI服务器的开发

为更好服务联盟成员馆及扩大数据服务范围，JUSP开发SUSHI服务器（SUSHI Server）实现使用数据的二次输出。一方面，JUSP SUSHI服务器便利已拥有使用统计工具的成员馆，他们无需额外配置多个SUSHI客户端以收割数据库商的使用统计数据，可通过JUSP SUSHI服务器实现一站式数据获取；另一方面，非联盟内的图书馆可授权JUSP收集其使用数据，借助JUSP SUSHI服务器一次性获取多个数据库商或中间商的使用统计数据。

JUSP SUSHI服务器利用PHP语言开发，得益于客户端开发经验，此服务器的开发仅花费3周。用户验证是服务器的关键部分。JUSP在站点安全范围内使用Shibboleth和OpenAthens的统一和开放认证管理方式。SUSHI服务器的Requestor（请求者）是一个开放参数，这意味着只要有请求者标识（Requestor ID）即可访问SUSHI服务端的数据，这不利于隐私控制。JUSP借鉴Oxford Journals SUSHI服务器的认证模式，在请求者标识认证外，增加IP地址验证，使用JUSP SUSHI Server的用户需要注册一个用于收割数据的机器的IP地址。[10]另外，针对应用UStat、360 Counter、Millennium、EBSCO使用统计整合工具（EBSCONET Usage Consolidation）等第三方数据整合平台的图书馆，JUSP提供应用软件接口JUSP API。图书馆在JUSP的SUSHI服务器管理与授权页面授权第三方数据整合平台访问JUSP后，即可实现第三方数据整合平台收割JUSP的使用数据。

4.2.3　SUSHI客户端的配置

作为数据中介，JUSP需收集图书馆和数据库商的SUSHI配置信息以及购买交易信息等内容。图书馆加入JUSP，需签署相关协议JUSP Agreement，授权JUSP代表图书馆获取其使用数据。JUSP团队与图书馆确认其所采购资源以及数据库商列表，并提供登录详情与数据库商使用数据收集的处理过程，最后将图书馆加入参与列表。数据库商参与时同样也需签署参与协议，并提供JUSP SUSHI客户端配置所需要的相关信息。数据库商参与JUSP SUSHI服务应满足以下3个条件：一是JUSP参与图书馆所请求与推荐的。二是至少提供一种可利用SUSHI收割的COUNTER报告（包括JR1、JR1a、JR1GOA、JR2、JR5、BR1、BR2、BR3等各类型）。三是签署出版商参与协议，并提供SUSHI服务相关信息。JUSP在收集使用数据前还将对出版商的SUSHI服务进行验证与测试。

SUSHI客户端配置参数包括：SUSHI服务器URL、请求者标识（Requestor ID）、用户标识（Customer ID）、COUNTER报告名称、日期范围。其中JUSP为数据库商提供两种提交请求者标识及用户标识的处理方式：①针对不同的图书馆分配不同的请求者标识及用户标识，JUSP再使用这两者下载使用数据；②为JUSP分配一个中央的请求者标识，并授权该账户收集所有参与JUSP的图书馆的使用数据。JUSP只需使用一个请求者标识，配合具体图书馆的用户标识来获取该数据库商的使用数据。JUSP推荐使用第二种方式。

4.2.4 利用SUSHI收割使用数据

SUSHI客户端配置好后，即可使用SUSHI收割使用数据。每个使用数据文件的下载所花费的时间因出版商或平台的不同而有所差异。文件的大小、服务器配置的差异、报告的产生方式等因素都会影响使用数据文件的传输速度。以JUSP在2012年5月为140多个图书馆所收集的2809份使用数据文件为例，每个使用数据文件的平均下载时间为31秒（总计花费24小时）。

数据收集好后，需要检查其质量与准确性。检查由机器自动检测并辅以人工审核完成。下载的使用数据通过一个Perl脚本运行程序检查数据的完整性、格式、期刊题名、标识符、题名及标识符与JUSP数据库表的匹配度、全文下载量等。如果不符合检测标准，程序将发布错误警示，人工干预并检查相应问题。机器自动检测与人工审核的结合保证了使用数据的可信度与可用性，而这比纯粹使用人工审核与处理节省不少时间。如审核2809份使用数据文件，机器自动检测只用了244分钟，每份文件平均5秒，再加上人工审核与处理问题所花费的额外5小时，相当于总共仅需1个工作日。

使用SUSHI大大减少了馆员的工作量，以JUSP在2012年5月为140多个图书馆所收集的2809份使用数据文件为例，人工处理与SUSHI处理所花费的时间见表14-2-3。从中可以看出，如果每月收集一次这样量的使用数据，完全使用人工相当于需要180个工作日（包括下载与审核的时间），意味着每月需要8个全职馆员去完成这些使用数据收集与处理工作，而使用SUSHI仅需大约4个工作日，节省了近98%的时间。

表 14-2-3　人工处理与SUSHI处理使用数据所花费的时间比较

2012年5月为140多个图书馆所收集的2809份使用数据文件		人工处理所花费的时间	SUSHI处理所花费的时间
下载时间		每份文件平均15分钟	每份文件平均31秒（总计花费24小时）
审核时间	机器自动检测	无	每份文件平均5秒（总计花费约4小时）
	人工审核	每份文件平均15分钟	总计花费约5小时

4.2.5　提供COUNTER数据

JUSP数据所提供服务分为两类：①成员馆登录JUSP平台，直接获取各类统计数据的报告、分析以及图表等；②成员机构利用本地SUSHI客户端软件从JUSP的SUSHI服务器定期收割COUNTER数据，然后在本地使用统计工具中分析。截至2017年底，JUSP的SUSHI服务器提供9种COUNTER标准的报告类型：JR1、JR1a、JR1GOA、JR2、JR5、BR1、BR2、BR3、DB1。

JUSP平台提供多样化的定制数据报告与分析功能。目前，它提供期刊级和电子书级两类使用统计报告。每个级别下又分为多种具体的报告，期刊级别的使用统计报告类型见表14-2-4。

表 14-2-4　JUSP提供的期刊级别使用统计报告一览

报告类型	报告名称	说　　明
期刊级别	JR1，JR1a，JR1GOA	可选日期范围
	JR1（含网关和代理服务器）	可选日期范围，区分网关和代理服务器的使用数据，可识别开放获取类型
	JR1（不含过刊和GOA使用）	可选日期范围，单独区分JR1及不含过刊和GOA使用的JR1数据，增加网关和代理服务器的使用数据，JR1现刊使用=JR1-JR1a-JR1GOA+JR1（中间代理商）
	单一期刊的历年JR统计及趋势	可查询单一期刊的历年使用量，提供趋势对比，区分网关和代理服务器的使用数据，区分当前使用量和过刊使用量
总结报告	国家与高校图书馆协会（Society of College，National and University Libraries，简称SCONUL）年度综合报告	机构购买的所有数据库商的JR1和JR1a数据，按学年度（8月1日到次年7月31日），区分网关和代理服务器的使用数据
	数据库商年度总结报告	和SCONUL年度综合报告类似，时间范围是自然年
	数据库商总结报告（特定时间段）	和SCONUL年度综合报告类似，时间范围是可选时间段
	网关和代理服务器分类的年度统计	以网关和代理服务器分类，统计机构购买的所有数据库商的年度使用，时间为自然年

续表

报告类型	报告名称	说　　明
	过刊的年度使用统计	以JR1和JR1a为分类，统计机构购买的所有数据库商的年度使用，时间为自然年
	数据库商统计数据—使用频率范围（年度）	针对单个数据库商，按使用范围为零、低（1—9）、中等（10—99）、高（100—999）、高（1000）分类统计，可选JR1和JR1a，时间为自然年
	数据库商统计数据—使用频率范围（时间段）	与数据库商统计数据—使用频率范围（年度）类似，区别是时间段可选
	数据库商数据趋势图表	以表格和线图的方式，按月度、年度统计数据库商的期刊使用数据趋势
	使用最多（top100）的期刊统计（年度）	机构使用排名前100的期刊列表，区分网关和代理服务器
	使用最多（top100）的期刊统计（学年度）	与使用最多（top100）的期刊统计（年度）类似，时间为学年度
	数据库商的期刊使用详细（年度）	查看从2009年至今数据库商所有期刊的年度JR1，JR1a及JR1（去除JR1a）使用，提供使用排名前五的期刊列表及次数
	数据库商的期刊使用（时间段）	与数据库商的期刊使用详细情况（年度）类似，时间段可选
	所有期刊标题的使用（年度）	机构购买的所有期刊标题的年度使用，可选所有标题和非零使用标题
	所有期刊标题的使用（时间段）	与所有期刊标题的使用（年度）类似，时间段可选
标题和采购报告	单个交易采购的题名列表（年度）	题名信息来源于知识库KnowledgeBase+，统计时间段为年度
	交易采购的题名列表（跨年度）	同一个交易采购跨年度合同的变化情况，可查看哪些期刊不在某一年的合同内
	交易采购的过刊列表	查看某个交易采购内的过刊列表，时间段为自然年
	同一数据库商的两项采购标题的对比	比对两个交易合同内期刊标题的重复度，时间段为自然年
	数据库商的所有采购标题列表（年度）	显示某一年度所有数据库商的所有采购交易及其交易下的标题数量
	单一机构的数据库商所有采购标题的使用（年度）	包括JR1和JR1a，区分网关和代理服务器，时间为自然年
	编辑机构采购交易信息	录入某机构的年度采购交易
	显示机构核心标题	选择机构核心期刊列表，显示核心期刊的年度JR1和JR1a使用情况
使用分析	使用分析报告	显示机构某自然年或学年的某一个数据库商的平均JR1使用，列出机构所在JISC小组、地区或资源采购小组的平均JR1使用，并进行对比

JUSP从2016年2月起提供电子书的使用统计，电子书级别的使用报告见表14-2-5。

表14-2-5　JUSP提供的电子书级别使用统计报告一览

报告类型	报告名称	说　　明
电子书使用报告	BR1，BR2	显示非零使用的所有电子书使用标题，提供使用量排名前5的电子书标题，可选日期范围
	BR3	可选日期范围，列出被拒访问的前5种电子书，显示被拒原因，列举全部被拒访问的电子书及按月显示次数
总结报告	SCONUL（综合报告）	机构购买的所有电子书数据库商的BR1数据，按学年度
	使用前100的电子书	机构使用排名前100的电子书列表，可选学年度和自然年度
	使用统计时间趋势	以表格和线图的方式，按月度、年度统计数据库商的电子书使用数据趋势，可对比差异

4.2.6　数据维护

质量控制是保证数据服务稳定的重要环节。JUSP采取源头管控，即从数据库商的数据源开始控制数据质量。JUSP采用机器控制和人工控制相结合，并基于COUNTER和SUSHI双标准来规范数据。JUSP开发了一个Perl脚本用以执行各项数据检查，如数据完整性、格式是否正确、标识符是否正确、标题是否存在等。若未满足校验，JUSP则进一步人工分析数据，手动修正错误，完成检查，将问题和结果反馈给数据库商，并督促其尽快修正数据或软件。JUSP还提供多种用户反馈渠道，支持图书馆用户一起监督使用数据的质量。反馈不仅可以通过正式的渠道，如定期用户调查、JUSP网站使用管理与维护、图书馆个案研究等，还可通过非正式的渠道，如研讨会、邮件、论坛等。[11]

5　COUNTER-SUSHI的启示

5.1　遵循相关标准与规范

标准规范对行业行为的规范具有重要作用。是否遵循标准是影响软件广泛应用的重要因素。COUNTER-SUSHI正是响应这种需求的产物。它为SUSHI服务器和客户端间的无错通讯提供指导，同时还推动了SUSHI标准及COUNTER标准间的互操作，保证SUSHI协议通讯过程中的一致性。

上文案例中JUSP能够迅速被绝大部分英国高校图书馆所认可并吸引80多家数据库商参与，这与其遵循COUNTER和SUSHI标准密不可分。JISC是COUNTER标准的早期参与成员之一。相对于部分数字资源使用统计工具曾尝试通过分析使用日志文件来获取数据，JUSP在尚只有少数数据库商提供基于COUNTER标准的使用统计报告的背景下，坚定以COUNTER数据为规范化来源数据。同时在COUNTER标准版本更新后，及时部署兼容新版本的服务。在2009年，COUNTER第3版推荐使用SUSHI标准后，JUSP积极推动应用SUSHI服务，积极与支持SUSHI的数据库商沟通，迅速开发了多个SUSHI客户端与服务器。遵循标准让JUSP平台具有广泛的适用性，也促进了其服务的推广。COUNTER-SUSHI规范的发布，也让JUSP更加重视标准间的互操作，并开发了一个Perl脚本用以执行各项数据检查。

5.2 各方合作推动标准的落地实施

标准的落地实施是多方参与、持续推动的过程。无论是COUNTER-SUSHI规范还是SUSHI标准，他们的落地实施都需要标准组织、数据库商、图书馆或图书馆联盟用户的积极参与。

标准组织肩负标准研发、标准优化及标准落实指导的责任。COUNTER-SUSHI是NISO SUSHI委员会在SUSHI标准应用中发现相关需求所产生的规范。随着新的问题（如出版物年份未知时PubYr值设定出错）和相关标准的改变（如COUNTER标准修订后，实施纲要的部分设定值不适用于新的COUNTER框架），委员会对COUNTER-SUSHI进行必要的修订，保证其能适应新环境。针对COUNTER-SUSHI的应用，委员会还为遵循SUSHI标准的SUSHI服务器实施认证服务。

数据库商应该积极拥抱标准，认识到规范使用统计数据所带来的效应是双向的，并不仅仅是使图书馆单方面受益，使用数据对于数据库商分析用户需求、规划公司发展、推进资源开发、优化平台功能、开展竞争对手比较等方面同样具有重要作用。数据库商应积极开发遵循SUSHI协议以及COUNTER-SUSHI规范的SUSHI服务器，在网站上向图书馆员提供详细的SUSHI客户端配置信息及配置指南。目前提供遵循COUNTER标准的使用数据的数据库商中，60%左右（64/107）的出版商提供SUSHI支持，还有相当多的数据库商未遵循COUNTER标准，也未提供SUSHI服务。

图书馆作为使用统计数据的受众，应提高利用SUSHI自动获取使用数据以更充分利用使用数据的意识，还应积极鼓励数据库商提供SUSHI服务或参与图书馆联盟的SUSHI服务。图书馆参加图书馆联盟，以联盟力量推动SUSHI服务是不错的选择。

在SUSHI服务落地及COUNTER-SUSHI执行过程中，图书馆联盟发挥协调、监督与制约等作用。首先，图书馆采购联盟在建设使用统计平台的过程中首先应主动遵循COUNTER和SUSHI这两个国际上通用的标准；其次，应努力向成员馆宣传两个标准的重要作用，提供其对标准的认知度与理解度；再次，还应充分利用联盟的话语权和影响力，督促数据库商尽快遵循COUNTER和SUSHI标准，提供符合COUNTER标准规范且能应用SUSHI协议自动收割的使用统计数据；最后，在促进国际标准推广和应用的同时还应当加强与国际标准机构的合作，积极参与国际电子资源使用统计相关标准的研究与制订工作，反馈成员馆提出的关于标准的问题，并推动问题的解决，成为标准的贡献者，而不仅仅是移植者或使用者。

6 结语

COUNTER-SUSHI是SUSHI协议应用的配置框架指导。它用于提升SUSHI客户端和服务器实施过程中的交互性和一致性，为SUSHI服务端及客户端应用的开发者提供指南，还可为COUNTER审核员验证内容提供商的SUSHI服务器提供依据。遵循实施纲要规范，SUSHI将得到更广泛的应用，从而推动图书馆电子资源使用统计规范化管理与有效利用。

参考文献

［1］NISO SUSHI Protocol: COUNTER-SUSHI Implementation Profile (NISO RP–14–2012)［EB/OL］.［2017–4–25］. http://www.niso.org/apps/group_public/download.php/9498/RP–14–2012_COUNTER_SUSHI_IP.pdf.

［2］NISO SUSHI Protocol: COUNTER-SUSHI Implementation Profile (NISO RP–14–2014)［EB/OL］.［2017–4–25］. http://www.niso.org/apps/group_public/download.php/13635/RP–14–2014_COUNTER_SUSHI_IP.pdf.

［3］SUSHI Server Registry. https://groups.niso.org/workrooms/sushi/registry_server/.

［4］Register OF Counter Compliant Publishers & Vendors. https://www.projectcounter.org/about/register/ NISO.

［5］Providing a Test Mode for SUSHI Servers (NISO RP–13–201x)［R/OL］.［2012–06–05］. http://www.niso.org/apps/group_public/download.php/7052/RP–13–201x_SUSHI_Servers_draft-for-trial-use.pdf.

［6］丁培，叶兰，陈大庆. 图书馆联盟数字资源使用统计研究——以JUSP为例［J］. 图书情报工作，2018，62（6）：61—68.

［7］Conyers A, Pete Dalton.NESLi2 Analysis of Usage Statistics: Summary Report.［EB/OL］.［2017–09–08］.https://www.yumpu.com/en/document/view/23669916/nesli2–analysis-of-usage-statistics-jisc.

［8］Conyers A, Pete Dalton, Ross MacIntyreet al.Usage Statistics Portal Scoping Study phase 2: Phase ii Technical Design and Prototyping: Summary Report［EB/OL］.［2017–09–08］. http://www.jisc-collections.ac.uk/Documents/nesli2_usage_stats_portal%20_stage2_report_summary.pdf.

［9］Meehan P, Needham P, MacIntyre R.SUSHI: Delivering Major Benefits to JUSP［J/OL］. Ariadne, 2012 (70)［2017–06–15］.http://www.ariadne.ac.uk/issue70/meehan-et-al.

［10］Conyers A, Paul Harwood, Paul Meehan.The Journal Usage Statistics Portal (JUSP) adding value and assessing impact through a collaborative approach to service development and delivery［EB/OL］.［2017-09-08］. http://jusp.jisc.ac.uk/docs/JUSP_Online_29.11.11.docx.

［11］Conyers A, Lambert J. The Journal Usage Statistics Portal (JUSP): delivering usage data through collaboration［J］. *Serials*, 2011, 24(2): 178-182.

［注］本研究报告根据笔者的如下文章修改：

丁培，叶兰，陈大庆. 图书馆联盟数字资源使用统计研究——以JUSP为例［J］. 图书情报工作，2018，62（6）：61—68.

第十五章　术语索引

作者：刘娟娟　王晶晶　肖珑（北京大学图书馆）

英　　文	简　称	中　　文	章节号
A&I service provider		文摘索引服务提供商	5
Abstract and Index database	A&I database	文摘索引数据库	12
Abstracting and indexing	A&I	文摘与索引	5
Abstracting and indexing services		文摘与索引服务	5，11
Abstracts		摘要，文摘	3，5
Academic library		学术图书馆，大学图书馆	2，3
Access		访问，存取	1，2，5，8，13
Access denied		拒绝访问	13，14
Access license		访问许可	8
Access License and Indicators	ALI	访问许可及其标识	1，8
Access-to-Own		从访问到拥有	2
Access_type		访问类型	3
Accompanying material		附加资料	10
Accuracy		准确度	9
Acquisition status designator		采访状态标识	10
Activity		活动	9
Actors		角色，参与者	5，6
Add file		添加记录	2
Adjacent display		相邻显示	10
Aggregate		整合，集成	13
Aggregated central index		集成式中心索引	5
Aggregator		数据库集成商，集成商	2，3，4，5，9
Aggregator database		集成数据库	3，5
Aggregator platform		数据库集成商平台	2
Ahead of paginated issue content		标页定版前的先行出版内容	11
Ahead of print		预印	6
Alphabetic designation		按字母顺序标识	10
Alternative		替代	9
Alternative assessment metrics		替代评价计量	9
Alternative enumeration		交替编次	10
Alternative metrics		替代计量	9
Alternative model		替代模式	2
Alternative outputs		替代产出	9
Altmetric data aggregator		替代计量数据集成商	9

续表

英 文	简 称	中 文	章节号
Altmetric data provider		替代计量数据提供商	9
Altmetrics		替代计量法，替代计量学	9
American National Standards Institute	ANSI	美国国家标准学会	1，6，7，10，13
Anglo-American Cataloguing Rules	AACR	英美编目条例	10
AnyType		任何数据类型	13
AnyURI		任何URI	13
API call		API调用	9
Application program interface/ Application programming interface	API	应用程序接口	5，9
Application programming interface access	API access	应用程序接口访问	5
Approval plan		纲目购书	2
Approval vendor		纲目购书供应商	2
Archive		档案/过刊，存档	3，11
Archiving service		存档服务	6
Article title		文章题名	12
Article-level		文章级，文章级别	5，6，8，9
Article(s)		文章	1，3，4，5，6，8，9，11，12，14
Artifact		作品	9
Atom publishing protocol	AtomPub	Atom发布协议	5
Attention		关注，关注度	9
Audit trail		审计追踪	9
Authenticated access		认证访问	5
Author pays hybrid OA		作者付费支持的混合开放获取	3
Authors		著者	5
Auto-purchase		自动购买	2
Back matter		后附文，后记	4
Base address of data		数据基地址	7
Basic bibliographic unit		基本书目单元	10
Basic metadata		基本元数据	5
Batch Clustering Process		批量集成处理	9
Best practice		最佳实践，最佳实施规范	1，2，3，4，5，6，8，9

续表

英文	简称	中文	章节号
Bibliographic data		书目信息	3
Bibliographic items		书目款目	10
Bibliographic unit		书目单元	10
Bibliometrics		文献计量学	9
Big deal		大宗交易	3，11
Book		图书	1，2，3，10，14
Born digital		原生数字	9
Born-digital journal		原生数字期刊	4
Buying club model		购买俱乐部模式	2
Call number		索书号	10
Caption		卷标文字，编次标题	3，10
Cardinal number		基数	10
Catalogs and indexes		目录与索引	5
Category		类别	14
Central index		中心索引	5
Character		字符	3，6，7
Character set		字符集	7
Check/Checking		校检/校验	3
Checksum		校验和	6
Chronology		年代	4，10
Circulation		借阅，流通	2
Citation		引文，引用	9
Citation title		引用刊名	4
Citations		引文量，引用量	9
Click-throughs		点进	5
Client		客户端	13，14
Closed holdings statement		终止馆藏说明	10
Code		代码，规则	2，7，10，13
Code of conduct		行为准则	9
Code of practice		实施规则	5，11，13
Collection		馆藏/资源包/资源/集合，期刊库	3，11，14
Combined numbering		合并编号	10

续表

续表

英　　文	简　称	中　　文	章节号
Control number		控制号	7，10
Controlled vocabulary		受控词汇（表）	5
Conventional metrics		传统计量指标	9
Conversion vendor		转换服务提供商	6
Copy identifier		复本标识	10
Copy-specific holdings statement		特定复本馆藏说明	10
Core metadata		核心元数据	5
Cost-per-circ	CPC	按次借阅收费	2
Cost-per-use		单次使用成本	2
COUNTER Code of Practice		COUNTER实施规则	5，9，13，14
COUNTER Code of Practice for e-Resources		COUNTER电子资源实施规则	5
COUNTER reports		COUNTER报告	13
counterElements schema		COUNTER元素框架	14
Counting Online Usage of Networked Electronic Resources	COUNTER	网络电子资源在线使用统计	2，5，9，11，13
Coverage		（内容/馆藏/资源/日期）范围	3，4，5，10，13，14
Coverage gap		覆盖范围的中断	3
Coverage_depth		（内容）覆盖范围	3
Creative Commons	CC	知识共享，知识共享许可协议	8
CrossRef		开放式参考链接系统，跨平台参考链接	4，6，9
CrossRef Event Data	CED	开放式参考链接系统事件数据平台	9
Current title		现刊名	4
Currently received		新近收录	10
Customer		客户，用户	3，13，14
Customer ID		用户标识	13，14
Customization/Customized		用户化定制，定制	2，3
Data		数据	1
Data area		数据项	10
Data citation		数据引用	9
Data contract		数据协议	13

续表

英　　文	简　称	中　　文	章节号
Data definition		数据定义	5
Data element		数据元素	7，10，12，13，14
Data element identifier		数据元素标识符	7
Data element values		数据元素值	14
Data field		数据字段	7
Data metrics		数据计量	9
Data provider		数据提供方	13
Data quality		数据质量	9
Data repository		数据仓储（库）	9
Data type		数据类型	13
Data usage		数据使用	9
Database		数据库	14
Database host		数据库托管	6
DataCite		科学数据系统	9
Dataset		数据集	9
Date		日期	3，5，8，10，11，12，13，14
Date information		日期信息	10
Date of coverage		日期范围	10
Date of printing		印刷日期	10
Date of publication		发布日期，出版日期	2，3，4，5，10
Date of report area		记录日期项	10
Date of reprinting		重印日期	10
Date range		日期范围	5
Date_first_issue_online		在线最早日期	3
Date_last_issue_online		在线最新日期	3
Date_monograph_published_online		在线专著出版日期	3
Date_monograph_published_print		印本专著出版日期	3
DateTime		日期时间	13
DDA Working Group		需求驱动采购（DDA）工作组	2
De-duplication		删除重复（数据）	2
Deeply discounted prices		低折扣价格	11

续表

英　　文	简　称	中　　文	章节号
Delayed OA		延迟开放获取	3
Delete file		删除记录	2
Delimiter		分隔符	7
Delivery		(数据)传递	14
Demand-driven acquisition	DDA	需求驱动采购	2
Demand Driven Acquisition of Monographs	DDA, NISO DDA	图书的需求驱动采购	1, 2
Description		描述	1, 5
Descriptive metadata		描述元数据	6
Detailed holdings statement		详细级馆藏说明	10
Digital content files		数字内容文件	11
Digital information resource		数字信息资源	1
Digital Library Federation ILS Discovery Interface Task Group	ILS-DI	数字图书馆联盟图书馆集成系统发现界面工作组	5
Digital Object Identifier	DOI	数字对象唯一标识符	1, 4, 5, 6, 9, 11, 12, 14
Digital Object Identifier System		数字对象唯一标识符系统	1
Digital Rights Management	DRM	数字版权管理	2
Directory		目次区	7
Discovery platform		发现平台	5, 12
Discovery record		发现记录	2
Discovery service		发现服务	5, 6
Discovery Service Providers	DSPs	发现服务提供商	5
Discovery tool		发现工具	2, 3
Display		显示	10
Document		文件，文档，文献	3, 5
Document delivery forms		文献传递申请表	12
DOI name		数字对象唯一标识符名称	4
DOI registration agency		数字对象唯一标识符注册机构	11
Domain name		域名	11
Dublin Core Metadata Element Set	Dublin Core, DC	都柏林核心元数据元素集	1, 5, 6
Dublin Core Metadata Initiative	DCMI	都柏林核心元数据计划	1
E-alert		期刊目次通报服务	11
E-book		电子图书	1, 2, 3

续表

英　文	简　称	中　文	章节号
Effective transfer date		有效转让日期	11
Electronic Data Interchange to Europe	EDItEUR	泛欧书业电子数据交换组织	3，6
Electronic journal	E-journal	电子期刊	1，3，4，5，6
Electronic Resource Management	ERM	电子资源管理	8，13
Electronic Resource Management Initiative	ERMI	电子资源管理先导计划	3，13
Electronic Resource Management System	ERMS	电子资源管理系统	2，3，8，13
Electronic resources		电子资源	1，3，13
Element		元素	1，5，7，8，10，12，13，14
Element weight		元素权重	12
Embargo		时滞期	3，8
Embargo_info		（出版物）时滞期信息	3
Encoded Archival Description	EAD	档案编码描述	5
End user		终端用户，最终用户	3，5，12
Endorsement		认可	3
Endorsement framework		认可框架	3
Engagement		参与度	9
Enhanced		增强，加强，加强级	5
Enhanced library catalogs		增强型图书馆目录，增强版馆藏目录	5
Enhanced metadata		扩展元数据	5
Enhanced OpenURL		增强型开放链接	12
Enhanced Transfer Alerting Service	ETAS	加强版转让通告服务	11
Enhancer		增强工具	12
Entry		款目	7
Entry map		款目映射	7
Entry-level explanation		入门介绍	3
Enumerated		枚举	13
Enumerated list		枚举列表	13，14
Enumeration		编次	4，10
Error		错误	13，14
Event		事件（数据相关）	9

续表

英　　文	简　称	中　　文	章节号
Evidence-based acquisition	EBA	循证采购	2
Evidence-based selection	EBS	循证选购	2
Exception		异常	13，14
Extensible Markup Language	XML	可扩展标记语言	13
Extension		扩展	13
Extent of holdings area		馆藏范围项	10
Extent of unit		单元范围	10
Facebook		脸书	9
Fail		失败	12
Federated search		联邦检索	5
Fee-based		以付费为基础	3
Field		字段	3，7，10
Field terminator	FT	字段终止符	7
Field-normalized		学科标准化	9
File		文档，文件	2，3，6，7
File format		文件格式	6
File transfer		文件传输	6
File Transfer Protocol	FTP	文件传输协议	3，5，6
Filehash		文件哈希值	9
Filter		过滤器	3，13
First_editor		第一编者	3
First_author		第一作者	3
Fixed field		定长字段	7
Focus Group		焦点小组访谈	2
Format		格式	3，4，7
Former journal title		前续刊名	4
Former title		前续题名，前刊名，曾用名	3，4
Free content		免费内容	3
Free discovery		免费发现	2
Free_to_read		免费阅读	8
Frequency		出版频率	4
Front matter		前辅文，前页	4
Full text		全文	5，6，12，14

续表

英　　文	简　称	中　　文	章节号
Full text flag		全文标识	5
Full-text aggregator		全文集成商	6
Full-text journal article		全文期刊文章	14
Full-text search		全文检索	5
Full-text target		全文目标	12
Full text target link		全文目标链接	12
Full-text XML		全文XML	6
Future of Research Communications and e-Scholarship	FORCE11	研究交流和电子仓储的未来	9
Gap		缺期	10
General holdings area(s)		一般馆藏项	10
Global Unique Identifier	GUID	全球唯一标识符	13
Glossary		术语表，词汇表	3
Grandfather		不追溯原则	10
Granular Metrics		细粒度计量	9
Granularity		细粒度	3，13
Gratis subscribers		免费订户	11
Guidelines		指南	2，3
Guidelines for best practice		最佳实践指南	3
Handle		句柄	9
Harvest		收割	3，5，8
Harvester		收割器	8
Hash		哈希值	6
Hierarchical enumeration		等级编次	10
Hierarchical level		层次等级	10
Holding		馆藏	3，12
Holdings note area (s)		馆藏附注项	10
Holdings statements		馆藏说明	10
Holdings Statements for Bibliographic Items	ANSI/NISO Z39.71	书目款目的馆藏说明	1，10
Holdings Statements for Non-Serial Items	ANSI/NISO Z39.57–1989	非连续出版物馆藏说明	10
Home page (s)		主页	11
Host platform		（电子书）管理平台	2

续表

英文	简称	中文	章节号
Hybrid journal		混合型期刊	8
Hybrid open access		混合型开放获取	3，8
ID		账号，序列号	12
Identifier		标识符，识别号	3，5，6，7，12
Identifier length		标识符长度	7
Impact		影响力	9
Improving OpenURLs Through Analytics: Recommendations and Enlightenment for Link Resolver Providers	IOTA	分析优化开放链接：面向链接解析器供应商的推荐规范	1，12
Index		索引	3，10
Index only		仅索引	5
Indexing data		索引数据	5
Indicator		指示符，标识	5，7，8
Indicator count		指示符计数	7
Individual library		个体图书馆	3
Industry standard		行业标准	1
Information and Documentation — Holdings Statements — Summary Level	ISO 10324:1997	信息与文献　馆藏说明—简要级	10
Information and Documentation – International Standard book Number（ISBN）		信息与文献　国际标准书号（ISBN）	14
Information and Documentation – International Standard serial Number（ISSN）		信息与文献　国际标准连续出版物号（ISSN）	14
Information hub		信息枢纽中心	3
Information Interchange Format	ANSI/NISO Z39.2	信息交换格式	1，7
Initiative		倡议，先导计划	3，5，13
Institution identifier / Institutional Identification		机构标识符	1，10，14
Institutional repository	IR	机构知识库	3，5，9
Institutions		机构，图书馆	3
Integer		整数	13
Integrated Library System	ILS	图书馆自动化系统，图书馆自动化集成系统	2，5，13
Integrating resources		集成资源	4

续表

英　　文	简　称	中　　文	章节号
Interchange format		交换格式	7
Interlibrary Loan	ILL	馆际互借	1，2，12
Interlibrary Loan-Purchase on Demand	ILL-POD	馆际互借按需采购	2
International Coalition of Library Consortia	ICOLC	国际图书馆联盟联合会	5
International Organization for Standardization	ISO	国际标准化组织	1
International standard		国际标准	1
International Standard Bibliographic Description	ISBD	国际标准书目著录	7，10
International Standard Book Number	ISBN	国际标准书号，印本国际书号	3，9，10，12，14
International Standard Serial Number	ISSN	国际标准连续出版物号，国际标准期刊编号	4，6，10，11，12，14
ISSN Center		国际标准连续出版物记录中心，ISSN 国际中心，ISSN 中心	4，6，11
ISSN portal		ISSN门户网站	4，6
Issue		期	5
Issue number		期号	12
Item		款目，条目，项	6，12，13
Item identification area		款目标识项	10
Item identifier		文献标识符，款目标识	5，10，14
ItemIdentifier		项目标识符	14
Item URL		文献网址	5
Itemize		逐条级	10
JATS: Journal Article Tag Suite	JATS	JATS：期刊文章标签集	1，6，8，11
JavaScript Object Notation	JSON	JavaScript 对象简谱	8，9
JISC Collections		英国联合信息系统委员会（JISC）电子资源采购联盟	3，13，14
Joint Declaration of Data Citation Principles	JDDCP	数据引用原则联合声明	9，11
Joint Information Systems Committee	JISC	英国联合信息系统委员会	9，11
Journal		期刊	3，12，14
Journal owner		期刊所有者	11
Journal title		期刊名称	12
Journal Usage Statistics Portal	JUSP	期刊使用统计门户	10，11，13，14
Knowledge base		知识库	2，12

续表

英　　文	简　称	中　　文	章节号
Knowledge base supply chain		知识库供应链	3
Knowledge base+		知识库+，知识库服务	3，14
Knowledge Bases and Related Tools (KBART) Recommended Practice	KBART	知识库及其相关工具推荐实施规范	1，3，4，5，12，14
Lacking		缺藏	10
Leader		头标	7
Legal deposit libraries		法定缴存图书馆	11
Length		长度	7
Level		层级	3
Level of specificity		具体等级	10
Library		图书馆	1，2，3，4，5，6，7，8，9，10，11，12，13，14
Library catalog		图书馆目录	2，4，5
Library consortia		图书馆联盟	1，2，3，5，13，14
License		许可，授权	3，5，8
License_reference		许可参见	8
License reference attribute		许可参见属性	8
Licensee		被授权方	5
Licensing model		许可模式	2
Licensing terms		许可条款	11
Licensor		授权方	5
Limited use model		限制性使用模式	2
Link resolver		链接解析器	1，2，3，4，5，11，12
Link resolver suppliers		链接解析器供应商	3，12
Linked data		关联数据	5，12
Linking ISSN	ISSN-L	链接ISSN	4，6，11
Listserv		电子邮件列表	3
Loading		加载	2
Loan period		借阅期	2
Local		本地，本馆	3
Location data area		馆藏位置数据项	10

续表

英　　文	简　称	中　　文	章节号
Machine-readable		机读	9
Magnetic tape		磁带	7
Major referrer		主要参考源	12
Major title change		主要刊名变化	4
Mandatory		必备的	10，13
Mandatory field		必备字段	3
Mandatory if applicable		有则必备	10，13
Manifest		清单	6
Manuscript		手稿，原稿	5，8，10
MARC		机读目录	1，2，5，6，7
MARC 21 Bibliographic Format		MARC 21 书目格式	10
MARC 21 Format for Holdings Data		MARC 21 馆藏数据格式	10
Market product		市场产品	5
Match		匹配	14
Match point		匹配点	2
Media content image		多媒体图像	5
Media content motion image		多媒体影像	5
Media content recording		多媒体录音	5
Media type		媒介类型	6
Mediated		介导	3
Mediated-purchase		中介购买	2
Mediation		中介	2
Mendeley		Mendeley 参考文献管理和学术社交网络系统	9
Mention		提及（社交媒体用语）	9
Message		信息	3
Metadata		元数据	1，2，3，4，5，6，7，8，9，12
Metadata Encoding and Transmission Standard	METS	元数据编码和传输标准	5
Metadata files		元数据文件	6
Metadata Object Description Schema	MODS	元数据对象描述框架	1，5
Metadata transfer		元数据传输	3
Metasearch		元搜索	5

续表

英　文	简　称	中　文	章节号
Methodology		方法	3
Methods of data exchange		数据交换模式	5
Metrics		（衡量）指标，计量/计量法/计量指标/计量数据	2，9
Mixed holdings statement		混合馆藏说明	10
Model		模式	2，3
Monograph		专著	2，3，5，10
Monograph_edition		专著版本	3
Monograph_volume		专著卷号	3
Monographic series		专著丛编	10
Monographic set		专著集	10
Moving wall		滚动墙	3
Multimedia		多媒体	14
Multipart unit		多部分单元	10
Multiplier		乘数	2
Multiplier model		乘数模式	2
Multivolume monograph		多卷专著	10
Mutual subscriber		共同订阅方	5
Name of unit		单元名称	10
Namespace		命名空间	8，13
National Information Standards Organization	NISO	美国国家信息标准协会	1，2，3，4，5，6，7，8，9，10，11，12，13，14
National standard		国家标准	1
National Technical Committee 527 on Press and Publication of Standization Administration of China	新闻出版标委会	全国新闻出版标准化技术委员会	1
National Technical Committee for Library Standization	图标委	全国图书馆标准化技术委员会	1
National Institutes of Health	NIH	美国国立卫生研究院	3
NISO Altmetrics Initiative Working Group		NISO替代计量学创始工作组	9
NISO Business Information Topic Committee		NISO商务信息专题委员会	2，11，13，14
NISO Discovery to Delivery Topic Committee Members		NISO从发现到传递专题委员会成员	12

续表

英　　文	简　称	中　　文	章节号
NISO SUSHI Protocol: COUNTER-SUSHI Implementation Profile	COUNTER-SUSHI	NISO SUSHI 协议：COUNTER –SUSHI 实施纲要	1，9，13，14
NISO Recommended Practices		NISO 推荐实施规范	2，3，4，5，6，8，9，11，12，14
NISO's OpenURL Quality Committee		NISO 开放链接质量委员会	12
Non-calendar year		非公历年	10
Non-gap break		非缺期中断	10
Non-serial unit		非连续性单元	10
Not applicable		不适用	10
Not currently received		尚未收录	10
Not repeatable		不可重复	10
Notational Conventions		符号公约	14
Note area		附注项	10
Num_first_issue_online		在线最早期号	3
Num_first_vol_online		在线最早卷号	3
Num_last_issue_online		在线最新期号	3
Num_last_vol_online		在线最新卷号	3
Numbering		编号	10
OAuth		开放授权	9
Obsolete		已废止的	10
ONIX for Books		图书在线信息交换标准	6
ONIX for Serials		连续出版物在线信息交换标准	6
ONIX for Subscription Products		订阅产品在线信息交换标准	6
Online		在线	3，14
Online editorial system		在线编辑系统	11
Online event		在线事件	9
Online_identifier		在线标识符（ISBN 书号/ISSN 刊号等）	3
Online_ISBN		在线 ISBN	14
Online_ISSN		在线 ISSN	14
Online-format identifier		在线格式标识符，在线标识符	3
ONline Information eXchange	ONIX	在线信息交换标准	3，5，6，8
Ontology		知识本体	5

续表

英　文	简　称	中　文	章节号
OPAC		联机公共目录	2
Open access	OA	开放获取	3，8
Open access designation		开放获取标注	5
Open access repository		开放获取知识库	5
Open Archive Information System	OAIS	开放存档信息系统	1，6
Open Archives Initiative Object Reuse and Exchange	OAI-ORE	开放存档先导计划之对象重用和交换协议	6
Open Archives Initiative Protocol for Metadata Harvesting	OAI-PMH	开放存档先导计划—元数据收割协议	4，5，6，8，9
Open Discovery Initiative: Promoting Transparency in Discovery	ODI	开放发现倡议：提升发现透明度	1，5
Open-ended holdings statement		待续馆藏说明	10
Open Researcher and Contributor ID	ORCID	开放研究者与贡献者身份识别码	5，9
OpenURL		开放链接	1，3，4，5，12
OpenURL source		开放链接信息源	12
Optimal element weight		最优元素权重	12
Optional		可选的	10
Order record		订购记录	2
Ordinal number		序数	10
Out-of-print		（印本图书）售罄	2
Outputs of the NISO Alternative Assessment Metrics Project	NISO Altmetrics	NISO替代评价计量项目成果	1，9
Overlay		覆盖	2
Owned		拥有的	2
Package		资源包，文件包	3，6
Page（s）		页码	5
Parameter		参数	2，7
Parent_publication_id		丛书出版物标识符	3
Parent_publication_title_id		丛书题名标识符	3
Patron-driven acquisition	PDA	用户驱动采购	2
Pay-per-view	PPV	按篇付费阅读	2
Payload		有效载荷	13
Paywall		付费墙	8

续表

英　　文	简　称	中　　文	章节号
Perpetual access		永久访问，永久访问权	2，11
Persistent identifiers		永久标识符	9
Phase 2 of the National Pilot Site Licence Initiative	NESLi2	（英国）国家试点许可证计划二期	3，13，14
Physical form designator		载体形态标识	10
Physical part		实体部分	10
Physical piece		实体件	10
Physical unit		实体单元	10
PIE-J: The Presentation & Identification of E-Journals	PIE-J	电子期刊的展示与标识	1，4
Piece		件，篇，幅，份，等等	10
Platform		平台/主机	2，9，11，12，13，14
Platform provider		平台提供商	2，4，11
Platform-level		平台级	2
Plum Analytics		Plum Analytics分析系统	9
PlumX		PlumX计量分析平台	9
Point-of-purchase record		购买记录	2
Post-purchase use		购买后使用	2
Precalculated link		预先计算链接	5
Preceding title		前续题名	3
Preceding_publication_title_id		前续出版物题名标识符	3
Prepress vendor		预印提供商	6
Preprint		预印本	14
Pre-purchase use		购买前使用	2
Preservation		保存	2
Preservation arrangements		保存安排	11
PREservation Metadata: Implementation Strategies	PREMIS	保存元数据实施战略	1
Preservation Metadata Specification for Digital Library		图书馆数字资源长期保存元数据规范	1
Print		印本，纸本	3，4，14
Print book	p-book	印本图书	2
Print_identifier		印本标识符（ISBN书号/ISSN刊号等）	3

续表

英　　文	简　称	中　　文	章节号
Print_ISBN		印本ISBN	14
Print_ISSN		印本ISSN	14
Print-format identifier		印本格式标识符，印本标识符	3
Print-on-demand	POD	按需印刷	2
Professional Content Digital Reading Technology		专业内容数字阅读技术	1
Profile/Profiling		（参数）配置	2
Programmatic failure		程序故障	13
Proprietary		所有权者	14
Proprietary license		专有许可	8
Protocol		协议	13
Protocol for Exchanging Serial Content	PESC	连续出版物内容交换协议	1，6
Provider		提供商，提供者	3，13，14
Provincial standard		地方标准	1
Public access		公共获取	8
Public Library of Science	PLOS	科学公共图书馆	9
Public Library of Science Article Level Metrics	PLOS ALM	科学公共图书馆文章级计量	9
Public license		公共许可	8
Publication		出版物	1，3，4，5，6
Publication title		出版物题名，出版物名称	3，5
Publication_type		出版物类型	3
Published dataset		已发布数据集	9
Publisher		出版商，出版者	2，3，4，5，6，8，9，13，14
Publisher host		出版商托管	6
Publisher platform		出版商平台	2，3
Publishing data		发布数据	9
Publishing platform		出版平台	11
PubMed ID		PubMed（美国国家医学图书馆数据库）标识符	9，12
Punctuation		标点符号	10
Range		范围	10
Reach		影响范围	9

续表

英　　文	简　称	中　　文	章节号
Really simple syndication	RSS	简易信息聚合	9
Received and complete or ceased		收录完整或停止出版	10
Receiving publisher		接收出版商	11
Recommendation		推荐，建议	8
Recommended practice		推荐实施规范，推荐规范	1，2，3，4，5，6，8，9，11，12，14
Recommended Practices for Online Supplemental Journal Article Materials		期刊文章在线补编材料推荐实施规范	1，4
Record		记录	2，3，7
Record leader		记录头标	7
Record length		记录长度	7
Record terminator	RT	记录终止符	7
Recurring		循环重复	3
Reference Model for an Open Archive Information System	OAIS	开放存档信息系统参考模型	1
Referrer		参考源	12
Referrer URL		来源网址	5
Regional standard		区域标准	1
Related bibliographic unit		相关书目单元	10
Release		版本	13
Rendition		描述格式	6
Repeatable		可重复的	10
Replicability		可复制性	9
Report		报告，统计报告	9，13，14
Representational State Transfer	REST	表述性状态转移	9
Request		要求，请求	3，13，14
Requestor		请求者	13，14
Requestor ID		请求者标识	13，14
Required data elements		必备数据元素	12
Requirement		要求，必要条件	13
Requirements of E-book's Reading Function		电子图书阅读功能要求	1
Research assessment		研究评估	9
Research data		研究数据	9

续表

英　　文	简　称	中　　文	章节号
Research ecosystem		研究生态体系	9
Research evaluation		研究评价	9
Research quality		研究质量	9
Resource Description and Access	RDA	资源描述与检索	5
Resource Sync		资源同步框架	5
Response		响应	13，14
Retention designator		保留标识	10
Retrieve		撷取	13
Retroactively digitized content		回溯数字化内容	4
Retrospective		回溯	2，4
Return on investment	ROI	投资回报	2，9
Re-use		再用，复用	8，9
Revision		修订	1
Rich site summary	RSS	丰富站点摘要	5
Rights assertions		权利主张	8
Role		角色	6
RSS feed		简易信息聚合订阅源	9
Scenario		情景	6
Schema		模式，框架	6，13，14
Scholarly impact		学术影响力	9
Scholarly output		学术产出	9
Screen scraping		屏幕抓取	5
Search engine		搜索引擎	6，8，11
Search models and related concepts		检索模式和相关概念	5
Searches		检索（量）	14
Secondary bibliographic unit		辅助书目单元	10
Section		章节，部分	2，3，4，8，9
Segment		部分（馆藏说明）	10
Selected articles		文章摘选	3
Separate display		分开显示	10
Serial (s)		连续出版物	1，3，4，5，6
Serial Holdings Statements	ANSI Z39.44–1986	连续馆藏说明	10
Serial item		连续出版物款目	6

续表

英　　文	简　称	中　　文	章节号
Serial unit		连续性单元	10
Serials Online Holdings	SOH	连续出版物在线馆藏信息	3
Series		丛编	10
Server		（SUSHI）服务器	13，14
Service contract		服务协议	13
Service-level agreement	SLA	服务级别协议	9
Service provider		服务提供商	5，9，13
Shelving location identifier		架位标识	10
Short-term loan	STL	短期借阅	2
Significant use		高用量，大量使用	2
Simple object access protocol	SOAP	简单对象访问协议	1，13，14
Single-part unit		单一部分单元	10
Snippet		片断	5
Source		数据源，来源，信息源	9，12，7
Special character		特殊字符	3
Specific extent note		特定范围附注	10
Specification of Library Collections Digitization		图书馆馆藏资源数字化加工规范	1
Sponsoring bodies		资助机构	4，8，9
Stakeholder		利益相关者，利益相关方	1，2，3，5，8，9，13，14
Standard		标准	1，7，10，13
Standardization		标准化	1
Standardized		规范化，标准化	3，13，14
Standards Committee AL		AL标准委员会	10
Status		状态	7
Stepwise regression		逐步回归（法）	12
STM collection		医药科技资源包	3
String		字符串	13
Strongly typed payload		强类型有效载荷	13
Structural metadata		结构元数据	6
Structure		结构（馆藏说明机关）	7，10
STS: Standards Tag Suite	STS	标准化标签集	1，6，11
Subcommittee on Machine Input Records		机器输入记录分委员会	7

续表

英 文	简 称	中 文	章节号
Sub-component		子项	8
Subfield		子字段	7
Subfield identifier		子字段标识符	7
Sublocation identifier		分馆馆藏位置标识	10
Subrecord		子记录	7
Subscribed content		订购内容	3
Subscribers		订户，订阅者	3，4，11
Subscription		租订，订购，订阅	2，3，5，9，10，11，13，14
Subscription agent		订购代理	11
Subscription lists		订购列表	11
Succeeding title		后刊名，后续刊名	4
Success		（链接）成功	12
Success score		成功分值	12
Summary holdings statement		简要级馆藏说明	10
Supplement		补编	10
Supplemental data		补充数据	11
Supplier		供应商	2，3，13
Supply chain		供应链	3
Survey		问卷调查	2，3，5
SUSHI server		SUSHI服务器	13，14
SUSHI Standing Committee Members		SUSHI常务委员会委员	13
Sustainability		可持续性	2，3
Syndication		同步聚合	5
Syntax		语句，句法	13
Syntax for the Digital Object Identifier		数字对象唯一标识符语法	6，14
System identifier		系统标识	10
Tab-delimited		制表分隔符	3，5
Tag		字段标识符，字段号	7
Target		目标	12
Target link		目标链接	12
Temporary lease		临时租用	2
Text mining		文本挖掘	8，9

续表

英 文	简 称	中 文	章节号
The Global Open Knowledgebase	GOKb	全球开放知识库	3
The OpenURL Framework For Context-Sensitive Services	ANSI/NISO Z39.88-2004 (R2010)	情景敏感服务的开放链接框架	3，5，12
The Research Data Alliance	RDA	研究数据联盟	9
The Standardized Usage Statistics Harvesting Initiative (SUSHI) Protocol	ANSI/NISO Z39.93	标准化电子资源使用统计收割协议	1，9，13，14
Threshold		门槛，阈值	2，3
Title		题名	3，4，5，9，10，12，14
Title abbreviation		刊名缩写	4
Title change		题名变更	3
Title history		刊名历史	4
Title lists		题名列表	3
Title transfer OA		期刊开放获取的转换	3
Title_id		题名标识符	3
Title_url		题名链接	3，5
Title-level		题名级	2，5
Title-level URL		题名链接网址	3
Track spending		跟踪支出	2
Transaction		交易，传输	2，13
Transcript		脚本	5
Transfer		传输，转让	7，11
Transfer Code of Practice	Transfer	转让实施规则	1，4，11
Transfer compliant		转让合规	11
Transferring publisher		转让出版商	11
Transparency		透明度	9
Trial use		试用	13
Trigger		触发点	2
Turnaway		请求被拒	14
Tweets		推文	9
Twitter		推特	9
Twitter Firehose		推特数据流	9
Type		（内容/数据/服务/标识符等）类型	1，3，5，6，7，10，13，14

续表

英　　文	简　称	中　　文	章节号
Type of record		记录类型	7
Type of unit designator		单元类型标识	10
Unaffiliated users		非本机构的用户	3
Unbiased links		无偏向链接	5
Unique visitors		不重复访问者	5
United Kingdom Serials Group	UKSG	英国连续出版物集团	3，4，11
University press aggregator		高校出版社数据库集成商	2
Unmediated DDA		无中介 DDA	2
Un-owned		未拥有的	2
Unpublished content		非出版形式的内容	5
Update file		更新记录	2
URL		网址，统一资源定位符	1，3，4，5，9，11，12，13，14
Usage		使用量，使用	1，2，5，9，11，13，14
Usage data		使用数据	13
Usage factor		使用因子	5
Usage reports		使用统计报告	5，13，14
Usage statistics		使用统计	1，2，5，9，11，13，14
Usage-driven acquisition	UDA	用量驱动采购	2
Use case		用例	6，9
User		用户	2，5，8，9，11，13，14
Value		赋值	13
Value examples		赋值示例	13
Value of the weight		权重值	12
Variable data field		可变长数据字段	7
Variable field		可变长字段	7
Vendor		经销商	2，3，5，13，14
Version		版本	13
Visual Resources Association Core Categories	VRA	视觉资源协会核心类目	5
Volume		卷	5

续表

英　　文	简　称	中　　文	章节号
Volume number		卷号	12
Waiver		弃权声明	8
Web service		Web服务	13
Web Service Description Language	WSDL	Web服务描述语言	13
Web services framework		Web服务框架	13
Weeding		删除	2
Wikipedia		维基百科	9
XML Schema		XML框架，XML模式	13，14
XML Schema Definition	XSD	XML框架定义，XML模式定义	14
	信标委	全国信息技术标准化技术委员会	1
	文标委	全国信息与文献标准化技术委员会	1